新聞出版改革發展項目庫（項目號：0020121580）
財政部文化產業發展專項資金重點資助項目
天一閣藏古籍珍本數字出版工程

龔延明　主編

天一閣藏

明代科舉録選刊

鄉試録（七）

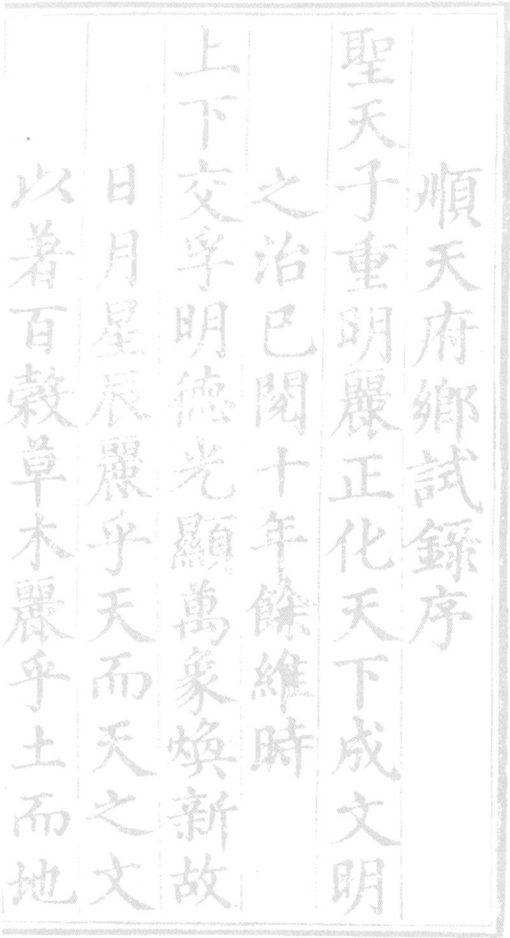
順天府鄉試錄序
聖天子重明麗正化天下成文明
之治已閱十年餘維時
上下交孚明德光顯萬象煥新故
日月星辰麗乎天而天之文
以著百穀草木麗乎土而地

寧波出版社

本册目録

萬曆四年江西鄉試録

江西鄉試録序

江以西大郡十餘蓋古荆揚之域云自廬陵南豊諸君子卓然以古文詞名家而江右之文遂重天下其後鹿洞鵝湖之間相與考道講業學士復靡然趨之一變而爲性命之學流風遺教至于今未艾也明興二百年來通儒碩輔往往出其間而解士制額亦較佗藩爲獨盛豈不謂好學有文斌斌多材賢之國哉維岳不佞心嘗鄉往之矣乃萬曆丙子秋天下當大比士巡按江西監察御史張簡走幣四方徵維岳與教諭鄭卿爲考試官李道焞諸鐍陳傑薄思忠姚一新姚光虞馮季兆郭應翰曾傳段公衮爲同考試官以布政司左布政使柴淶右布政使何子壽提調之按察司副使魏體明李臺監之他百執事畢受約束已乃進提學副使莊國禎所簡士幾三千人入棘三試之而屬維岳等校焉於是維岳始獲縱觀夫此邦賢士之文以快其所嘗鄉往之志遵故事拔俊九十五人授御史以獻是九十五人者業已稱俊無論已即其他并舉争驅者大抵擷藝籍之餘芬究性道之眇緒殆人人能也夫江右士之間於文學固以生諸君子之後雅化使然至於今其亦可謂極盛矣雖然維岳於諸士竊願有言焉昔者孔子喟周末之文欲從先進且不輕以君子與篤論蓋文詞之不足多也如此方今承恬襲熙操觚之士盈於宇内雕章綴辭日趨於浮巧而渾厚悃愊之意顧若少衰憂世者鰓鰓欲亟挽之然則有司者敢謂今日之文爲盡足以得士而諸士亦可自多其文之舉於有司云爾哉且凡有可所爲舉士上之毗主匡時次之展采錯事又其下不失爲廩廩質行之流乃其文直羔雉爾吾無暇遠引第即子鄉往哲論之彼其倡明性命者豈徒以談辯相雄長要皆操行修潔晰義利於秋毫歐陽子號文章家而其嘆昔人之工文章者至擬之木榮之飄風鳥音之過耳考其禔身事主道德勛業咸炳炳可稱述此所謂有本之言而有用之文也諸士果能景行前修潛心實踐异日隨牒而吏即以其言徇職下則庶幾哉不愧言不辱舉而江右士益重矣若第操空文游詞以梯榮媒進既即敝帚視之則國家廣厲博采之謂何無亦偭先資而負上意乎夫

選士稱掄材尚矣荆揚之貢寔惟栝柏篠簜登諸職方而漢以豫章名其郡蓋材藪也諸士亦知夫材乎適楝而楝適桷而桷輻湊并運以共天府乃若曼理窾衷不中繩斧即扶疏百尋之木將作氏且不□弃之謂無適也然則飾文鮮實之士何以异此蓋古之諸侯貢士于天子任之而任亦曰適不適則譴訶及焉今主上明聖方將修舊典以掄真材凡我諸士尚懋戒之其無使有司者抵不適之咎哉是舉也先巡撫江西右副都御史今升工部右侍郎楊成今巡撫右副都御史潘季馴提督南贛軍務右副都御史江一麟先後保厘相與宣風猷以厲文教清軍御史侯堯封將指申度士知嚮方若左參政盧仲佃右參政陶幼學侯于趙左參議沈奎副使朱茹馮叔吉僉事王徽猷霍與瑕參將郭堅署都指揮僉事胡忠張榜則皆協襄于外右參議王問臣副使王象坤署都指揮□僉事陳道以入□行按察使金立敬右參政張士佩以遷秩行皆先與有勞焉刑部郎中史櫝 户部主事史繼志周嘉謨程沂中書舍人姚士觀行人楊四知則皆以使事至而欣覯其盛者於法得并書

湖廣衡州府桂陽州儒學學正馮維岳謹序

萬曆四年江西鄉試

監臨官

巡按江西監察御史張簡(易從直隸静海縣人　戊辰進士)

提調官

江西等處承宣布政使司左布政使柴涞(季東光禄寺籍浙江鄞縣人　丙辰進士)

江西等處承宣布政使司右布政使何子壽(康伯錦衣衛官籍山西交城縣人　己未進士)

監試官

江西等處提刑按察司副使魏體明(用晦福建侯官縣籍福清縣人　乙丑進士)

江西等處提刑按察司副使李臺(國佐浙江壽昌縣人　壬戌進士)

考試官

湖廣衡州府桂陽州儒學學正馮維岳(汝瞻湖廣江陵縣人　甲子貢士)

河南南陽府泌陽縣儒學教諭鄭卿(上卿山西長治縣人　甲子貢士)

同考試官

山東濟南府章丘縣儒學教諭李道焞（亨甫直隸濬縣人　辛酉貢士）

浙江衢州府西安縣儒學教諭諸鐈（鼎臣直隸上海縣人　戊午貢士）

湖廣岳州府澧州慈利縣儒學教諭陳傑（位卿四川成都縣人　戊午貢士）

福建福州府長樂縣儒學教諭薄思忠（孝孚浙江錢塘縣人　乙卯貢士）

湖廣承天府京山縣儒學教諭姚一新（文初浙江慈谿縣人　辛酉貢士）

廣西慶遠府宜山縣儒學教諭姚光虞（繼如廣東南海縣人　乙卯貢士）

河南南陽府鎮平縣儒學教諭馮季兆（汝行浙江慈谿縣人　甲子貢士）

廣東瓊州府崖州感恩縣儒學教諭郭應翰（爲憲廣西懷集縣人　癸酉貢士）

湖廣德安府隨州應山縣儒學教諭曾傳（子遇四川德陽縣人　丁卯貢士）

雲南永昌府保山縣儒學教諭段公衮（佑賢貴陽府籍浙江海鹽縣人　甲子貢士）

印卷官

江西等處承宣布政使司經歷司經歷陳汶（子文浙江分水縣人　歲貢）

江西等處提刑按察司經歷司經歷游希賢（及夫福建莆田縣人　吏員）

收掌試卷官

南昌府知府周良臣（忠甫湖廣公安縣人　乙丑進士）

袁州府知府鄭惇典（維敕福建侯官縣人　壬戌進士）

臨江府知府周大烈（元佐湖廣大冶縣人　乙丑進士）

吉安府知府張振之（仲起直隸太倉州人　己未進士）

撫州府知府王燮（大理浙江山陰縣人　壬戌進士）

廣信府知府姚體信（汝達浙江平湖縣人　丙辰進士）

受卷官

九江府知府李得陽（伯英直隸廣德州人　乙丑進士）

南安府知府陳誥（守巽福建莆田縣人　乙丑進士）

南昌府同知顧其志（太冲直隸長洲縣人　辛未進士）

南昌府南昌縣知縣李得祐（天吉四川宜賓縣人　甲戌進士）

南昌府新建縣知縣詹沂（浴之直隸宣城縣人　辛未進士）

南昌府豐城縣知縣顧九思（與睿直隸長洲縣人　辛未進士）
臨江府新喻縣知縣李大吉（九彰浙江仁和縣人　辛未進士）
建昌府南豐縣知縣鄭秉厚（子載浙江遂昌縣人　辛未進士）

彌封官

廣信府同知林敬冕（紹周福建莆田縣人　戊辰進士）
南昌府進賢縣知縣俞嘉言（彰甫浙江餘姚縣人　辛未進士）
臨江府新淦縣知縣陳奇謀（嘉猷浙江秀水縣人　甲戌進士）
吉安府廬陵縣知縣方肯堂（子升廣東南海縣籍番禺縣人　辛未進士）
吉安府泰和縣知縣唐伯元（仁卿廣東登海縣人　甲戌進士）
撫州府金谿縣知縣唐本堯（世承直隸上海縣籍華亭縣人　辛未進士）
廣信府鉛山縣知縣陸夢熊（伯祥浙江餘姚縣人　辛未進士）
廣信府貴溪縣知縣顧起淹（師范直隸吴縣籍崑山縣人　甲戌進士）

謄録官

南昌府推官常居敬（汝一湖廣江夏縣人　甲戌進士）
吉安府推官朱鴻謨（文甫山東益都縣人　辛未進士）
瑞州府高安縣知縣王焕（子質湖廣咸寧縣人　辛未進士）
吉安府吉水縣知縣江沛然（應吾湖廣江夏縣籍黄岡縣人　辛未進士）
吉安府萬安縣知縣譚希思（子誠湖廣茶陵州人　甲戌進士）
吉安府永新縣知縣龔錫爵（汝修直隸嘉定縣人　甲戌進士）
撫州府臨川縣知縣朱讓（次夔廣東南海縣人　甲戌進士）
建昌府南城縣知縣范淶（原易直隸休寧縣人　甲戌進士）

對讀官

建昌府推官毛在（以明直隸太倉州人　甲戌進士）
九江府推官馬貫（道卿直隸吴江縣人　甲戌進士）
臨江府清江縣知縣郭惟賢（哲卿福建晋江縣人　甲戌進士）
吉安府安福縣知縣倪涷（霖仲浙江上虞縣人　甲戌進士）
撫州府宜黄縣知縣廖希元（伯才湖廣藍山縣人　辛未進士）
廣信府上饒縣知縣王炳璿（幼文直隸崑山縣人　甲戌進士）
廣信府永豐縣知縣蔡國炳（誠中福建晋江縣人　甲戌進士）
廣信府弋陽縣知縣程有守（彦平直隸歙縣人　甲戌進士）

巡綽官

南昌衛指揮僉事費懋平（民倚江西鉛山縣人）

袁州衛指揮僉事葛龍（子化直隸和州人）

袁州衛指揮僉事王重喜（元吉山東武定州人）

撫州守禦千户所指揮僉事仰公顯（士達直隸合肥縣人）

搜檢官

南昌衛指揮使魏元佐（汝相湖廣應山縣人）

南昌衛署指揮同知李宣（承詔直隸武清縣人）

南昌衛署指揮同知趙烺（文明直隸全椒縣人）

南昌衛左所百户郎光祖（以德直隸和州人）

供給官

江西都指揮使司經歷司都事黎應登（用卿浙江烏程縣人　監生）

江西等處承宣布政使司理問所理問石世安（文甫河南項城縣人　監生）

江西等處提刑按察司經歷司知事葉浙（東卿直隸祁門縣人　監生）

吉安府通判王夢麟（維振福建閩縣人　庚午貢士）

臨江府推官華峰（子奇直隸鳳陽中衛人　丁卯貢士）

南康府推官吴邦（子經浙江錢塘縣人　甲子貢士）

南昌府奉新縣知縣陳雋（以奇福建長樂縣人　乙卯貢士）

吉安府永豐縣知陸充齡（子久浙江烏程縣人　壬子貢士）

撫州府崇仁縣知縣陳應梅（汝魁福建莆田縣人　辛酉貢士）

南昌府經歷司經歷童養浩（汝充湖廣施州衛人　歲貢）

廣信府經歷司經歷楊延年（子壽直隸臨淮縣人　恩貢）

九江府照磨所檢校曹慶萃（德甫湖廣宜都縣人　儒士）

南昌衛經歷司經歷陳達欽（元聰福建莆田縣人　吏員）

南昌府新建縣縣丞陳啓（秉開湖廣醴陵縣人　恩貢）

南昌府武寧縣縣丞魯近敏（子明湖廣孝感縣人　監生）

袁州府萍鄉縣縣丞祝繼仁（汝榮浙江山陰縣人　知印）

撫州府金谿縣縣丞洪闢（藏之湖廣攸縣人　歲貢）

廣信府上饒縣縣丞陳茂蕙（毓英福建漳平縣人　歲貢）

南昌府南昌縣主簿彭堯用（任之直隸石埭縣人　監生）

南昌府新建縣主簿張學（子成浙江歸安縣人　監生）

南昌府南昌縣典史童艮（成夫浙江山陰縣人　吏員）

南昌府新建縣典史鄭宗秀（廷茂福建閩縣人　吏員）

吉安府廬陵縣典史戴兆蔭（本源直隸建陽衛籍當塗縣人　吏員）
撫州府臨川縣典史汪伯川（一吏湖廣黄岡縣人　吏員）
南昌府南浦遞運所大使楊守仁（汝德湖廣松滋縣人　吏員）
南昌府新建縣樵舍驛驛丞周點（復賢浙江鄞縣人　承差）

第一場

四書

夫子循循然善誘人博我以文約我以禮欲罷不能既竭吾才如有所立卓爾　唯天下至誠爲能化　堯以不得舜爲己憂舜以不得禹皋陶爲己憂夫以百畝之不易爲己憂者農夫也分人以財謂之惠教人以善謂之忠爲天下得人者謂之仁

易

天地以順動故日月不過而四時不忒聖人以順動則刑罰清而民服豫之時義大矣哉　上九鼎玉鉉大吉無不利象曰王鉉在上剛柔節也　天地設位而易行乎其中矣　精義入神以致用也利用安身以崇德也過此以往未之或知已窮神知化德之盛也

書

臣哉鄰哉鄰哉臣哉禹曰俞帝曰臣作朕股肱耳目　浮于積石至于龍門西河會于渭汭　極之敷言是訓是行以近天子之光　三后協心同底于道道洽政治澤潤生民

詩

七月鳴鵙八月載績　我黍與與我稷翼翼我倉既盈我庾維億　有馮有翼有孝有德以引以翼豈弟君子四方爲則　宣哲維人文武維后燕及皇天克昌厥後綏我眉壽介以繁祉

春秋

夏公會宰周公齊侯宋子衛侯鄭伯許男曹伯于葵丘（僖公九年）公會齊侯宋公陳侯衛侯鄭伯許男曹伯于鹹（僖公十有三年）　春王正月公敗齊師于長勺（莊公十年）冬公會齊侯盟于柯（莊公十有三年）公子遂如楚乞師（僖公二十有六年）冬十月甲午叔孫得臣敗狄于鹹（文公十有一年）　五月公及諸侯盟于皋鼬（定公四年）

禮記

天子視學大昕鼓徵所以警衆也衆至然後天子至乃命有司行事興秩節祭先師先聖焉　故禮也者義之實也協諸義而協則禮雖先王未之有可以義起也義者藝之分仁之節也協於藝講於仁得之者强仁者義之本也順之體也得之者尊　大樂與天地同和大禮與天地同節和故百物不失節故祀天祭地明則有禮樂幽則有鬼神如此則四海之内合敬同愛矣　采蘋者樂循法也采蘩者樂不失職也

第二場

論

文王望道未見

詔誥表（内科一道）

擬漢令禮官勸學詔（元朔五年）　擬唐以裴度爲中書侍郎同平章事誥（元和十年）　擬輔臣進文武職名御屏表（萬曆二年）

判語（五條）

官員赴任過限　人户以籍爲定　致祭祀典神祇　軍民約會詞訟　修理橋梁道路

第三場

策（五道）

問　帝王所以保命凝圖而建無疆之治者莫大於敬天莫要於勤民典謨訓誥所載尚矣我太祖高皇帝受天明命肇造函夏登極之初首舉郊禋乃有感而作存心録以垂訓萬世又詔有司均節財用蠲除租税至形之訓諭者每不一而足列聖相承益隆繼述如成祖文皇帝之聖學心法世宗肅皇帝之欽天記頌并勤恤元元者焜耀日星可得而指陳之與我皇上縱聖神嗣服以來欽崇天道子惠困窮者至矣乃於去歲躬舉南郊之典聖敬昭格且嘉納輔臣所進郊禮圖册邇戒有司之虚飾憫小民之失所聖諭復惓惓焉一念敬天勤民足以光紹二祖而匹休世宗矣爾諸士涵濡聖化有年其悉心揚厲以效忠悃于萬一將藉以轉聞于上

問　聖人法天立政必備一代之典制以昭示臣民唐虞而上無論已周公夾輔成王始作周禮經綸精悉後世稱君臣明聖者必歸焉下此掌故之設

會要之編代有作者然治化未光自難垂範於後也洪惟我太祖高皇帝神聖御天貽謀深遠創製諸司職掌一書列聖世守海内治平嗣我孝宗敬皇帝熙明撫揮加志經制編摩大明會典傳布中外不知二書意義亦有相孚合者與抑各有所仿與其中宏綱細目可得而聞與修輯頒行歷更歲時可得而殫述與世宗肅皇帝纘承先志兩議增續然止及會典而不及職掌何與兹者皇上聰睿天授明哲作輔媲美成周此其會也乃於朝講之暇宣賁綸音重修會典然繼述之中萬化裁之道不知因革損益何者爲最要與我皇上之注意此書者其亦有所本與願詳敷陳以鳴國家之盛

問　天下元元之命係於守令蓋所使承流宣化者也任顧不重與守合稱良惟漢世爲盛然稽前史所載僅僅數人可指而言之與夫吏以良稱宜有奇政可紀而考其所叙述惟曰謹身率先廉平不苛好爲民興利若斯而已至於投巫鄴水鉦筒發奸三异徵奇五褲咏德者顧不得與循吏并傳何與豈當時所稱者專於敦本務實而奇踔非所尚與我國家重守令之選嚴六事之責法至詳矣隆卓异之賞厲不職之罰意至勤矣宜乎循良之風比迹兩漢然猶澤不下究民或愁嘆而治效罔臻焉豈吏未盡良而設施之□多飾虚聲與夫悃愊者難知粉飾者易售兹欲崇實政而黜虚文似又不專在有司也所以精其藻鑒握其權衡者伊誰之責與諸士將出而膺是寄者願悉陳所見以觀用世之學

問　利莫大於裕國阜民錢法之興昔人謂先王以守財物以御人事而平天下乃美利之自然也自莊山竇開九府軌立繼是作者紛紛而議者亦人人殊焉有欲弛盗鑄之禁者有獨專私鑄之利者有下更鑄之令者有罷鑄錢之官者有聽民鑄大錢者有縱民日銷錢者可得而言其概與抑孰得而孰失與夫私鑄與大錢不便固也變而爲半兩榆莢再變而爲當千鵝眼等類將以何者爲適中與七福四美惜銅愛工之説似爲謀議之當可舉而行之與夫錢以泉稱必其流通不滯稽古司市外府泉府之掌出入皆自官導之而民争趨利厥後皮幣飛錢天下病焉錢之行阻果在上而不在下與方今下鼓鑄之令以貽萬世之利古錢當以何代爲準制錢當以何式爲則必如何而後可并行不悖與幸詳言之勿讓勿略

問　江西距山滙湖當吴楚閩粤之交古重地也國家二百年餘其間經略制置爲地方計治安者良既密矣但桑土之徹亦不可不講也試與諸生籌之寧新之間重岡複嶺夙稱盗藪矣邇建議搜獮分憲臣以彈壓之誠足以杜竊發也然嘯聚之徒每乘間焉絶其萌櫱何以處之黄鄉之洞盤據巢穴久逞

桀驁矣邇計處葉酋設縣治以控制之誠足以綏黨與也然反側之輩或生心焉圖其善後何以施之鄱湖匯合三江延袤廣矣而波濤瀰漫匿奸者能逆其不掠商航乎詰其盗階以肅湖防其策安在九江雄據上游連接遥矣而舸艦出没操舟者能保其悉爲良民乎發其隱伏以靖江皋其術安施夫三營并列衛所隸分將領非不備也聯以追胥募以精常戎兵非不足也卒然有警果足恃與説者以爲盗之未弭由於保甲之未嚴然與否與或者猶欲專責之守令其説然與諸生抱董賈之策將志於匡時矧桑梓邦乎願明言之無隱

中式舉人九十五名

第一名　王命爵　吉安府學生　易
第二名　江楫　臨川縣學附學生　詩
第三名　傅一元　九江府學生　書
第四名　毛志尹　南昌府學生　春秋
第五名　陳良材　瑞州府學生　禮記
第六名　劉士翹　吉安府學附學生　易
第七名　甯遵　南城縣學附學生　詩
第八名　朱益隆　建昌府學生　書
第九名　王尚賓　南昌府學生　易
第十名　鄒啓元　宜黄縣學生　詩
第十一名　王德新　安福縣學生　春秋
第十二名　徐君興　南昌府學附學生　易
第十三名　袁仕鋭　豐城縣學附學生　詩
第十四名　樂繼同　新建縣學附學生　書
第十五名　丘一鵬　寧都縣學生　易
第十六名　譚一召　南安府學生　禮記
第十七名　劉應元　撫州府學附學生　詩
第十八名　章邦翰　南昌縣學附學生　易
第十九名　彭而珩　臨江府學生　詩
第二十名　李春華　廣昌縣學附學生　書
第二十一名　張璧　萬載縣學生　易

第二十二名　熊秉衡　豐城縣學附學生　詩
第二十三名　李大欽　浮梁縣學增廣生　易
第二十四名　游圻　豐城縣學附學生　詩
第二十五名　管象章　吉安府學附學生　書
第二十六名　曾可東　廬陵縣學生　易
第二十七名　湯仲尹　南豐縣學附學生　詩
第二十八名　謝邦棟　吉安府學生　易
第二十九名　饒伸　進賢縣學附學生　詩
第三十名　許汝魁　湖口縣學附學生　春秋
第三十一名　孫光祚　湖口縣學附學生　書
第三十二名　龍瑞應　吉水縣學增廣生　易
第三十三名　周國庠　建昌縣學生　詩
第三十四名　廖同春　泰和縣學生　易
第三十五名　黎憲臣　南昌府學增廣生　詩
第三十六名　胡麗明　安福縣學附學生　易
第三十七名　陳以躍　泰和縣學附學生　書
第三十八名　陳邦科　高安縣學增廣生　禮記
第三十九名　劉仕瞻　南昌府學生　易
第四十名　劉曰淑　南昌縣學附學生　詩
第四十一名　劉雩　金谿縣學附學生　易
第四十二名　陳五禮　南豐縣學生　詩
第四十三名　謝繼志　寧都縣學生　易
第四十四名　程可達　廣永豐縣學附學生　書
第四十五名　曾洺　樂安縣學生　易
第四十六名　劉以中　安福縣學附學生　春秋
第四十七名　周以敬　新建縣學附學生　詩
第四十八名　周應雷　廬陵縣學附學生　易
第四十九名　袁業漮　宜春縣學生　詩
第五十名　鄒銘　湖口縣學生　書
第五十一名　方中和　浮梁縣學生　易
第五十二名　曾思孔　南豐縣學生　詩
第五十三名　徐文斗　彭澤縣學增廣生　易

第五十四名　劉德卿　寧州學生　詩
第五十五名　蕭宗禹　鄱陽縣學生　禮記
第五十六名　袁奎　豐城縣學附學生　易
第五十七名　羅相　新建縣學附學生　詩
第五十八名　曾時弘　贛州府學生　書
第五十九名　梁滂　泰和縣學增廣生　易
第六十名　張振葉　南昌縣學生　詩
第六十一名　蔡元相　弋陽縣學生　書
第六十二名　譚曰選　新建縣學生　易
第六十三名　廉靖　鄱陽縣學生　詩
第六十四名　劉春元　峽江縣學生　易
第六十五名　鄧煉　建昌府學增廣生　詩
第六十六名　王夢暘　廣信府學生　書
第六十七名　陳子貞　南昌府學生　詩
第六十八名　李希哲　宜黄縣學生　春秋
第六十九名　張守頤　南昌縣學附學生　易
第七十名　劉一瀾　撫州府學增廣生　詩
第七十一名　陸策　豐城縣學附學生　易
第七十二名　李九芳　南豐縣學增廣生　詩
第七十三名　陳秉浩　泰和縣學生　書
第七十四名　戴鐙　建昌縣學生　詩
第七十五名　鄭選　浮梁縣學生　易
第七十六名　張子珵　萬安縣學生　禮記
第七十七名　彭同魁　貴溪縣學生　書
第七十八名　王賢卿　金谿縣學附學生　易
第七十九名　羅心堯　九江府學生　詩
第八十名　李教　吉水縣學附學生　易
第八十一名　程熙坎　都昌縣學增廣生　詩
第八十二名　廖邦介　奉新縣學生　書
第八十三名　鄔應元　南昌府學增廣生　易
第八十四名　方彭庚　新建縣學附學生　詩
第八十五名　樊轂　進賢縣學增廣生　易

第八十六名　謝一梗　安福縣學附學生　春秋
第八十七名　余孝基　奉新縣學生　詩
第八十八名　康夢相　吉安府學生　易
第八十九名　羅萬程　廣昌縣學生　書
第九十名　楊應祺　清江縣學生　易
第九十一名　錢孔中　臨川縣學附學生　詩
第九十二名　樂上應　東鄉縣學增廣生　書
第九十三名　鄧宗　吉水縣學增廣生　易
第九十四名　喻燭　南昌府學附學生　詩
第九十五名　周世臣　金谿縣學附學生　書

第一場

四書

夫子循循然善誘人博我以文約我以禮欲罷不能既竭吾才如有所立卓爾

王命爵

同考試官教諭姚批（此作不浮不俗理致悠然得顔子歸功聖人之意宜録以式）

同考試官教諭薄批（場中作此辭多纏繞唯此篇刊去陳言直説心髓别於騁浮蔓者矣）

考試官教諭鄭批（思深語到）

考試官學正馮批（精緻典雅取之）

大賢領聖教之善而因以見聖道焉夫博文約禮顔子所由以見乎道者也此聖人善誘之功所以爲大歟想顔子學既有得而歸功于夫子也若曰方吾抑鑽瞻忽之時將謂于夫子之道終無所見矣然不可企而及者道之妙也而其可循而入者教之善也文有不博或失則陋矣夫子則先博我以文焉凡所以廓吾聞見之□者何不用也禮有不約或失則泛矣夫子則復約我以禮焉凡所以養吾德性之能者何不用也自博以之約而先後不紊由文以之禮而知行不偏夫子所以誘我者循循然矣夫理本悦心而復有得于夫子之教其機能自已乎回雖不敏而苟可以竭請事之力其功庸敢惰乎由是真積既久則躍如之妙自昭向之彌高彌堅者恍乎其有定象焉顧諟既專則參前之

機自著向之在前在後者儼然其有定體焉茲固回之竊以自幸者使非夫子誘我焉安能至是哉觀此而夫子之善教顏子之善學兩見之矣抑博約之教即虞書惟精惟一之旨此夫子所以得統于堯舜而授之顏子者也今之學者無見于知行之相須而强一之乃至混博約之序而廢格物之條得無以顏子之學如莊周之所謂墮體黜聰心齋坐忘者耶又焉在其爲博文約禮耶

唯天下至誠爲能化

江楫

同考試官教諭馮批（中庸義最難發揮此作體貼明透而詞更端莊宜録以式）

同考試官教諭姚批（理精詞雅體正調高録式多士）

考試官教諭鄭批（博大精詳）

考試官學正馮批（善發題旨）

中庸舉思誠之極功而屬之至誠見其同歸也甚矣化非至誠不能爲也致曲者而至于化不與至誠同歸哉中庸言人道也若謂誠之在人所入之途雖异所至之域則同致曲者積而至于能化矣是化也可以易能哉唯天下之至誠也天德之備于己者不貳不息既有以端化理之原斯王道之成于外者不識不知自足以致無爲之治人心之同然者自吾得之則以吾之心通天下之心而丕應傒志者熙如焉至誠不期于物之動而天下亦莫知其所以動矣天命之本然者自我全之則以我之天觸在人之天而於變時雍者翕如焉至誠不期于物之變而天下亦不知其所以變矣一性盡而人物之性兼成非强也誠精而應妙機固然也一誠立而天地之功幽贊非勉也誠感而神應道固然也非天下至誠其孰能與于斯夫唯至誠而始足以語化致曲者而至于化則亦不异於至誠矣孰謂天人不相及哉易曰聖人久于其道而天下化成信斯言也非天下至誠不能化至誠非久道亦豈易以化哉聖如堯舜豈不謂天下至誠而時雍從欲之治成于在位七十載之余紹堯之後則信乎化之必以漸也中庸語天地聖人之功用而終之以悠久有以也夫

堯以不得舜爲己憂舜以不得禹臯陶爲己憂夫以百畝之不易爲己憂者農夫也分人以財謂之惠教人以善謂之忠爲天下得人者謂之仁

傅一元

同考試官教諭段批（體製高古詞理渾融時義之絶佳者）

同考試官教諭李批（説二帝得人以仁天下意親切有味直録以式多士）

考試官教諭鄭批（理明辭暢可取）

考試官學正馮批（文思雋永）

大賢言二帝急於得人而因著其所及之大焉夫得人以仁天下其所及大矣此堯舜所以以不得人爲憂歟且自古語治道之隆者莫如堯舜而語憂民之至者亦莫如堯舜推其仁天下之心宜若事事而憂之矣而堯之所以爲己憂者惟以不得舜焉自舜之外非無可憂也舜得而堯之憂皆舜爲之任其責矣堯何憂焉舜之所以爲己憂者惟以不得禹皋陶焉自禹皋陶之外非無可憂也禹皋陶得而舜之憂皆禹皋陶爲之代其終矣舜何憂焉若夫百畝之不易此特農夫之憂耳豈堯與舜之所憂哉然是堯舜之憂也乃所以爲堯舜之仁也何也分人以財惠焉而已惠則有時而窮也非仁也教人以善忠焉而已忠亦有所難遍也非仁也惟堯爲天下而得舜焉舜爲天下而得禹皋陶焉則厚生之政有人以敷之而容保自極於無疆正德之化有人以任之而教思自及於無窮此堯舜萬世所以稱仁也所憂不亦大哉彼并耕者流特憂農夫之憂者耳且不得以語忠惠矣况于仁耶噫堯舜之仁也亦堯舜之所以垂衣而天下治也古之帝王未嘗不勞于求賢而逸于得人其有憂者乃所以成其無憂也故曰天不言而歲功成品物亨者四時之吏五行之佐宣其氣矣此天道也亦君道也

易

天地以順動故日月不過而四時不忒聖人以順動則刑罰清而民服豫之時義大矣哉

王命爵

同考試官教諭曾批（辭不費而豫之義瞭然是深於易者）

同考試官教諭姚批（易旨融徹文義精緻結處尤有深意取之）

同考試官教諭薄批（理既真切詞復簡當宜冠多士）

考試官教諭鄭批（詞不繁而義足佳士也）

考試官學正馮批（純正典雅）

觀於天地聖人之豫而可以見其道之大矣夫順動者豫之道也極之而天地聖人不能外焉其道之大何如哉彖傳廣豫之藴若曰豫之順動豈特建侯行師之利已耶推而言之固天地之道也聖人之道也彼天地之與日月四時以氣相屬者也天地順二氣以施生一太極自然之運而已故日月繫之以著明而不過也四時順之以成序而不忒也造化調于上而太和之氣在兩間

矣斯其爲天地之豫乎聖人之于萬民以心相感者也聖人因民心以出治一皇極大中之道而已故刑不必齊而自若于訓也罰不必施而自孚于化也民心服于下而太和之治在宇内矣斯其爲聖人之豫乎夫莫大于天地而不能外之以成化則所以體天地之撰者此豫也此順動也莫大于聖人而不能外之以成治則所以成聖人之能者此豫也此順動也豫之時義不其大哉吁豫道之大如此觀豫者可以通于三極之道矣嘗謂時至于豫可樂也亦可憂也常人之情每溺于宴安而聖人爲戒必于方盛之日是以泰豐既濟之卦聖人屢致意焉而于豫復叮嚀於順動之義噫聖人之爲世道慮深哉

精義入神以致用也利用安身以崇德也過此以往未之或知也窮神知化德之盛也

劉士翘

同考試官教諭曾批（發得心學其透而文更典實取之）

同考試官教諭姚批（題本易作而聯絡貫穿毫髪不遺則子獨得之高薦允宜）

同考試官教諭薄批（體裁端莊詞意精到是善言聖學者宜録）

考試官教諭鄭批（潔净精微）

考試官學正馮批（思致筆力俱不凡）

大傳舉聖學之全一自然之妙而已夫由下學而上達聖學之全也然一出於自然焉人亦何以思慮爲哉嘗謂天下有自然之理聖學有無心之妙何則天下之事有義存焉而神既義之微者也君子精義而妙入於神非以求利乎外也然析義之既精者自時措之不匱所以出而致用者不本於是乎身之所措有用存焉而用固關乎身者也君子利用而身隨以安非以求預乎内也然躬行之既裕者自心得之益深所以入而崇德者不資於是乎以此利用吾知精吾義也過此則義無可精不得而知也以此崇德吾知利吾用也過此則用無可利不得而知也進而至於窮天地之神與合一不測者有默契焉進而至於知天地之化與推行有漸者若并運焉此則精義之極而德之盛於内者一神之無方夫是以同天地之神也利用之極而德之盛於外者一化之無體夫是以合天地之化也使非盛德而可以强致之耶吁即聖學觀之而屈伸感應自然之理明矣抑論天下無二理聖人無二心精義利用非迹也窮神知化非虛也善學者能自得之而下學上達一以貫之矣噫以此爲訓猶有本末异見有無論道者

書

臣哉鄰哉鄰哉臣哉禹曰俞帝曰臣作朕股肱耳目

傅一元

同考試官教諭段批（發明君臣一體意甚切似於虞廷親見之者）

同考試官教諭李批（深得大舜命禹本意而文又整肅可式）

考試官教諭鄭批（整潔冠諸士）

考試官學正馮批（明雅）

聖君嘆臣職之重因著其義之切也甚矣臣之有關於君也觀諸一體之義而其職之重可見矣且夫人君必明於臣職而後可以責臣人臣必自明其職而後可以事君帝固以弼直責其臣者遂嘆之曰臣哉鄰哉鄰哉臣哉蓋深見乎臣有鄰之道位不得而虚也鄰即臣之實職不得而曠也此其弼豈容以不直耶禹固以弼直事其君者遂應之曰俞蓋深信乎位不可虚臣必思以善其鄰也職不可曠鄰必思以稱其臣也此其直豈能以自諉耶於是帝復推其義以示之曰汝知臣之爲鄰矣抑知所以爲鄰乎彼人非股肱無以運動朕之有臣以憑以翼運動資焉非作股肱者乎人非耳目無以聞見朕之有臣以明以達聞見寄焉非作耳目者乎四體備而後成人良臣輔而後成治兹其爲鄰之義而弼之必期於直也有臣鄰之責者尚無負於一體之托哉雖然臣鄰之責禹不容辭矣然亦不能以獨爲也蓋人君之職在論相而相又統百官以致治者也故君元首也相股肱耳目也百官毫髮形骸也效力於衆收功於獨明於一身之義而天下之治成矣

極之敷言是訓是行以近天子之光

朱益隆

同考試官教諭段批（説敷言之能動民言簡意足）

同考試官教諭李批（以心身發近天子之光處有斟酌）

考試官教諭鄭批（平實光潤）

考試官學正馮批（雅健）

斯民於敷言而由之以幾君德焉夫君德之光未易及也庶民由敷言以幾之不可以觀其所感之深哉箕子之意蓋曰皇極之理通君民而一之者也兹惟以是而敷之言焉將見凡此庶民以敷言也者天子所以使之歌咏而興起者也于是乎訓之反覆致思而王猷之揄揚焉亦所以使之進修而實踐者

也于是乎行之敦行不怠而帝則之率履焉夫天子之建極於上也德音昭矣而民之訓之自有以挹聖謨之英華德輝動矣而民之行之自有以希帝範之精彩以由乎極之體天子心法之彰雖未能即與之協而必非偏黨反則以自异者矣錫保之盛殆焕然於邦國之間乎以由乎極之用天子身法之顯雖未能即與之齊而必非偏陂好惡以自悖者矣會歸之化殆燦然於海宇之内乎是則訓行以合德固庶民感孚之神貞教以淑人尤王者鼓動之善孰謂敷言其可已耶雖然身教者從敷言何以能感人也蓋皇極之建已先天下而端其本而言特以鼓之耳是以其入之易也不然文帝之詔宜其動民之深而貞觀之所以諭民敦俗者何不臻太和之治哉

詩

有馮有翼有孝有德以引以翼豈弟君子四方爲則

江楫

同考試官教諭郭批（君德克修皆由得賢所致此作甚得召公進規之義）

同考試官教諭馮批（詞義醇深寫出召公矢歌忠愛意藹然）

同考試官教諭姚批（理既真切詞復簡明文之古調者宜録以式）

考試官教諭鄭批（温厚含蓄）

考試官學正馮批（老臣愛君之意是如此）

人君得賢以自輔而爲法于天下也蓋君德成于多助也賢才輔而德修矣有不爲天下法乎此召公納誨于成王也若曰人君斂福之本在德而修德之資在賢吾王亦於賢而加之意耳蓋惟我周也道化熙隆而英賢輩出有馮而可爲依者有翼而可爲輔者均之可以待用也有順親而謂之孝者有體道而謂之德者均之足以致主也誠以之爲引焉凝承于後先者罔非正人則涵養之深而進修日底于高明矣以之爲翼焉弼輔乎左右者悉皆端士則啓沃之久而所造日游于廣大矣豈弟君子不爲四方則耶吾知元良既端則表正之體以立皇極既建則物軌之機自章近而百官其訓行以近天子之光者翕如也蓋吾王本合衆賢之善以爲善而四方有不環向取則者乎遠而萬民其會歸而遍爲爾德者熙如也蓋吾王本合天下之德以爲德而群黎有不則君自治者乎至是則文之作孚武之是式於今再睹要之得賢之助焉可誣也王盍亦急親賢之爲務乎大抵憂治世而危明主老臣謀國之心然也觀虞廷極盛之時皋陶賡歌以股肱良哉爲咏而召公矢音亦惓惓於孝德意固相發耳噫後世繼同游之盛而賡卷阿之什者尚有在也蓋不能不深致其望云

宣哲維人文武維后燕及皇天克昌厥後綏我眉壽介以繁祉

甯遵

同考試官教諭郭批(文王格天裕後本於道德作者徒騁浮詞未發旨趣子能悉其藴矣)

同考試官教諭馮批(武王對揚文王之意發揮殆盡詩義之準繩也)

同考試官教諭姚批(莊重典雅且過下處渾無痕迹其善説詩者)

考試官教諭鄭批(簡潔精邃)

考試官學正馮批(格高詞爽)

詩人頌先王道德之全而推其裕後之實也蓋福壽兼隆文王昌後之慶也然非道德之克全其何以致之此武王祭文王也其詩曰奉祭以得人爲孝而先王以裕後爲仁予固得以萃萬國以肆祀矣然孰非皇考之所詒耶彼盡人之道曰宣與哲皇考則宣以通微哲以察則人道其克盡矣備君之德曰文與武皇考則文以經邦武以戡亂君德其全備矣以之怙冒萬民則輯寧之化適慰其求莫之心安乎民者因以安乎天也以之垂裕後昆則監觀之表益隆其眷顧之休福文王者遂以福其後也昌後者貴其壽則綏我以眉壽焉所以膺歷年之多而撫靈長之運者殆有惠我無疆矣而肇稱之禮不藉是以盡耶昌後者尚其福則介我以繁祉焉所以篤思皇之祜而集未成之統者殆有永錫爾極矣而不匱之孝不賴斯而展耶夫眉壽繁祉莫非昌後之洪休而本其垂慶要皆道德之所致然則今日得人以相祀其敢忘所自耶噫此武王之作求乎世德也乃文王之心惟知望道未見遹求厥寧而已六州之獻厚下之防所以終守臣節者如是耳他無所冀也迨夫燮伐之舉亦時之既至武王不能却其來者故孔子贊文王爲至德而武王以達孝稱之其旨深矣

春秋

夏公會宰周公齊侯宋子衛侯鄭伯許男曹伯于葵丘(僖公九年)公會齊侯宋公陳侯衛侯鄭伯許男曹伯于鹹(僖公十有三年)

毛志尹

同考試官教諭陳批(稱公原繫周制人皆以聖人作經發明殆非本旨此篇獨得尊王之義宜録以式)

考試官教諭鄭批(得春秋謹嚴體)

考試官學正馮批(認傳明措詞雅)

春秋序人之爵皆王制所當尊者焉蓋公乃人爵之尊也春秋特於宰孔宋襄稱之其有深意乎且夫人君列爵以馭貴論德而詔爵上公之稱固不輕

以假人者葵丘之會宰孔書公何耶曰天子三公稱公王制也蓋體乾御極惟天王爲至尊論道經邦惟宰臣爲至貴上兼師保作一人之股肱焉下總端揆爲群工之表率焉宰孔以之其視禹周相君雖曰德有隆替然位躋崇階同一調元之任也下而卿大夫士其孰能擬之春秋仍其爵而書曰宰周公義蓋如此于鹹之會宋襄書公何耶曰王者之後稱公王制也蓋曆數相循天命雖改夫殷祚子孫永保恩禮特隆于周封尹兹東夏則曰建爾上公焉作賓王家則曰以備三恪焉宋襄以之其視虞胡錫命雖曰時有後先然世膺殊典同一天潢之胄也下而侯伯子男可若是班乎春秋仍其爵而書曰宋公義蓋如此若如曹州寔固今之諸侯而昔之三公也安得不稱公以明均勞之義耶抑論位重者其體隆賜胙細務也乃宰臣將命得無失居尊之體乎蓋翼戴王室桓實義舉則殊禮相加較夫河陽下勞者不侔矣如宋襄協謀勤王霸圖肇起幾于却楚而尊周其亦無忝先德哉

公子遂如楚乞師（僖公二十有六年）冬十月甲午叔孫得臣敗狄于鹹（文公十有一年）

王德新

同考試官教諭陳批（聖經重使將之微意正欲人君慎其選也此作得之矣）

考試官教諭鄭批（詞嚴意正可録）

考試官學正馮批（發重使將意明盡）

春秋紀使將必立常體以重其任焉夫任之重者責斯重矣春秋特紀使將而略介副謂非立文之常體哉北鄙見伐魯乞楚師以禦齊于時奉命行者公子遂臧孫辰也春秋獨舉遂何耶蓋上客有專對四方之責君命賴以不辱也如楚之役授節請師襄仲繫一國之重輕介紹不得而匹焉雖曰子玉之道文仲亦與有力矣然人君遣使之常體士介於大夫大夫介於卿詞命有特受孰得而侵其職耶經故舉遂而略辰也其詩重皇華之義與鄋瞞侵陵魯因興師以敗狄於時董兵行者叔孫得臣侯叔夏也春秋獨稱得臣何耶蓋元帥有專制閫外之任國家藉以即安也于鹹之役仗鉞臨戎得臣爲三軍之司命偏裨不得而并焉雖曰僑如之獲侯叔亦嘗有功矣然人君任將之常體不間以親信不參以群小法令有專主孰得而分其權耶經故稱得臣而略夏也其易重丈人之義與觀此則使將各重其任而體統正矣其有介副并書者則變例存焉安可以泥之抑是二役也齊始伐我僖則資武于楚狄繼侵齊文乃奮威

于狄不思楚亦狄也狄亦楚也齊可仇也匪可親也二君何倒行逆施如是若後之辯獻納而富甲兵者其明使將之義者哉

禮記

故禮也者義之實也協諸義而協則禮雖先王未之有可以義起也義者藝之分仁之節也協於藝講於仁得之者强仁者義之本也順之體也得之者尊

陳良材

同考試官教諭諸批（仁義禮相須治情必由之是作渾融邃雅蓋深于禮者）

考試官教諭鄭批（詞理精到一洗浮華）

考試官學正馮批（發揮明透）

聖王治情之道皆妙於相須者焉夫禮義仁所以治情也其道固相須者而可偏廢哉且人情不齊聖王備道以防範之故嘗修禮以耕之矣禮非强世也本圓神以定制緣時措以作儀禮乃義之實焉而先王制禮之精意惟有得於義耳夫苟因時制宜適協乎天理之公則稱情立文自可爲人事之則雖不必創於先王而禮自我出矣禮非可以義起者乎亦嘗陳義以種之矣義果何如者耶以立萬事之閑以節因心之愛夫固藝之分而仁之節也協藝講仁而於義有得焉則好義足以服民固天下之所望而震焉者矣何强如之又嘗本仁以聚之矣仁果何如者耶以立化裁之基以裕達順之原夫固義之本而順之體也精義達順而於仁有得焉則體仁足以長人固天下之所仰而慕焉者矣何尊如之是其爲道不同而交錯互用無非管攝身心之要爲德不一而渾融妙合要皆綱紀人道之原此先王以之治情也而豈徒哉抑先王治情之道嘗耨之以學安之以樂矣而此獨遺焉何哉蓋禮義仁足以成德而學也者講明乎此也樂也者和樂乎此也要在會通之焉耳噫以此防民民猶有溺於情者

大樂與天地同和大禮與天地同節和故百物不失節故祀天祭地明則有禮樂幽則有鬼神如此則四海之内合敬同愛矣

譚一召

同考試官教諭批（禮樂和序貫徹造化人心子獨究本旨而詞能達意知禮樂之情者）

考試官教諭鄭批（體裁嚴整婉切有味）

考試官學正馮批（明潔雅暢）

禮樂之成功合造化而感人心也蓋禮樂不外乎和序也和序既至造化且不違也而况於人乎樂記之意謂夫天人有一致之理制作極感通之妙彼大樂人知由天作也而不知與天地同和焉蓋天地本有自然之和而樂則敦和以率神殆有與之相爲融液者矣大禮人知由地制也而不知與天地同節焉蓋天地本有自然之節而禮則别宜以居鬼殆有與之相爲吻合者矣惟和則以和召和而百物由之不失焉并育於化醇之中者熙如也惟節則以序召序而天地可以祭祀焉默享於精禋之表者秩如也是可見禮樂鬼神循其名固有幽明之别究其理初無彼此之殊禮樂之合乎造化如此四海之内有不感孚者哉吾見分之所在而敬同焉燦然有文以相接其至禮不讓而天下治者與情之所在而愛同焉歡然有恩以相洽其至樂無聲而天下和者與夫同和同節是能贊乎化育矣令敬同愛是能管乎人情矣聖人禮樂之盛何如哉抑論聖人建中和之極而天地幽明舉會於一心故形諸制作而感通之妙自有莫知其所以然者使本之則無則禮樂且不爲之用矣况於人乎况於天地乎於此可以觀制作之本

第二場

論

文王望道未見

王命爵

同考試官教諭姚批（望道未見乃聖不自聖之心也此作能發明之而詞史古雅宜録以式）

同考試官教諭薄批（就本題發揮而聖人道統之傳宛然在目非淺學可到）

考試官教諭鄭批（調高詞古）

考試官教諭馮批（善言聖人之心者取之）

聖人之會道也以心是故其心常運而於道常見其無窮夫心者道之管也道不可窮而以有窮之心視之則將自限於其所至而一息少間忽不自知其去道之遠矣聖人之心與道爲一道無窮聖人之心亦無窮雖精神之所孚契固以獨得其真猶不敢以所至者自信而恒以未至者自疑蓋有終其身望之亦終其身茫乎若未之見者嗚呼此聖人之所以爲純其心而天下之道所以會於聖人歟今夫道之大原出於天天之爲道無思焉爾矣無爲焉爾矣然闔闢則不窮其變往來則不窮其通生長收藏則不窮其化動蕩環轉常若有所推乎其内而不

容有頃刻之停無思而無乎不思無爲而無乎不爲天之所以運乎道者其心固如此也天心常運故貞觀于上而天下之道盡於天聖心常運故貞一於下而天下之道盡於聖聖人之道何道也顯之於散殊則爲物秩之於經常則爲倫藴之於所性則爲仁義粹而無所雜則謂之善時措而無所偏倚則謂之中人得此以靈於物而同异之分間不容髮則謂之幾希名殊而致一者也前乎此而聖者非此無以開其先後乎此而聖者非此無以紹其緒由禹湯而降斯道之統之傳文王身之矣其所以望而至之期而趨之者又焉能以自已乎夫其望之也固欲如舜之明之察之也而以明且察自足焉則將有擇焉而不精者矣其望之也固欲如舜之由之也而以既由自足焉則將有由焉而未至者矣其望之也固欲如禹之好之湯之執之也而以好且執自足焉則將有好焉而或遷執焉而未固者矣何也心一也不操則必捨不斂則必逸不聚則必散無二用也道一也不明則必蔽不合則必離不融則必乖無二機也以彼文王之聖亦奚有夫未見之道哉顧其所見者道也其所未見者心也以未見之心視既見之道故其見愈真而其所以求見者愈切凝神於亦臨亦保之中而泯其畔援歆羨之迹聚精於曰旦曰明之表而忘其聲色知識之私廓然至虚無所不備而望之猶若有所遺也炳然至靈無所不照而望之猶若有所昡也純亦不已無始無終而望之猶若有所間也惟其心若有所遺而後至虚者常涵道之溥博而無外者由此而體其撰矣惟其心若有所昡而後至靈者常瑩道之變化而不測者由此而會其神矣惟其心若有所間而後純亦不已者常存道之流行而無止息者由此而立其極矣是故人見文王之聖在帝左右而不知其心則亹亹也人見文王之聖緝熙敬止而不知其心則穆穆也人見文王之聖先登于岸而不知其心則翼翼也以此而紹舜則爲明物爲察倫爲由仁義而舜之所以見道者此心而已矣以此而紹禹湯則爲好善爲執中而禹湯之所以見道者此心而已矣何也道本若是其無窮也以有窮視道者狃於其所見而不知易見之非道也以無窮視道者疑於其所未見而不知未見之爲真見也故於未見而可以識文王之心於其心而可以識文王之見於穆不足以盡天於穆而不已則説天者莫辨乎此矣不顯不足以盡文王不顯而純則論文王者莫辨乎此矣武王之不泄不忘也望道於遠近而未見之心合遠近而一之也周公之夜以繼日也望道於四事而未見之心合四事而一之也此武周之所以得統於文也非直此耳孔子天縱之聖也而曰吾有知乎哉無知也夫無不知而視之爲無知亦猶文王之無不見而視之爲無見也萬古一道千聖一心學者欲得其心法之傳以紹斯道之統則將何始乎亦曰有若無而已實若虚而已學顔子之學則能心先聖之心而幾希之理所以自靈於萬物而卓

然於庶民者亦庶乎其在我矣

表

擬輔臣進文武職名御屏表（萬曆二年）

江榗

同考試官教諭馮批（因名責實進屏之本意也子本以忠悃之心發爲麗藻之詞其不凡士耶）

同考試官教諭姚批（莊重典則衡澹和平此四六之最佳者可録）

考試官教諭鄭批（莊嚴得體）

考試官學正馮批（典實不浮）

萬曆二年某月某日具官臣某等謹以文武職名御屏上進者帝王圖理責實爲先臣子效忠達聰尤要方萬化維新之始正群工交飭之時願獻愚忱用裨宸鑒臣等誠惶誠恐稽首頓首竊惟虞廷稽古以亮工乃成屢省周室備官以立政厥若灼知師師而庶績其凝濟濟而兆民俾乂蓋用人既精於鑒别故致治自躋於熙隆世變漸趨官聯彌濫幽明之典悉委諸司存章癉之權靡關於獨斷屏疏刺史竟綜核之罔聞圖列百官惟叙遷之是計即省臺廊署之邇姓名已不及知矧甸服要荒之遐閱歷何繇致察堂廉遼隔淹速混淆以故玩愒成風視地方如傳舍甚至榮肥溺志等職業於弁髦吏治多奸民功莫叙相襲已成乎積弊更張有待於明時顧轉移之機在上而不在下且簡稽之要以實而不以名惟權衡常注於淵衷庶臧否莫廋於兼照然非出入起居之際觸目而興思尤恐職銜名次之多掛一而遺十知人則哲信自帝以其難托物納忠惟凝神之是冀兹蓋伏遇皇帝陛下命基宥密道邁敬承隆尊養於慈闈孝思維則勤咨詢於講幄聖學懋昭百度惟貞猶廑徹桑之慮四夷率服不忘集蓼之思儆官邪則踐祚之初即示群臣以蕩平皇路嚴武備則防秋之候復諭諸將以震疊威棱所無逸以知艱慮恒周乎民瘼承顯思而敬止德克當乎天心二百年熙洽之休方隆而未艾億萬載靈長之慶益引而彌昌臣等繆列贊襄莫圖報塞惟念人材進退之際實係理道隆污之幾雖九六陰陽陳於帝鑒之圖幸蒙采納而階資浩冗麗於銓曹之籍奚自周知謹按類以區分爰製屏以上獻尊卑有統而百司庶府兼載以無遺大小相維而六服群辟并收而靡漏爲惠疇爲亮采如四肢百體之各效其勞爲禦侮爲折衡如四時五行之各宣其氣置之左右而位序之考詢有據何須取信於簡書不下堂階而人官之論辨已真無庸致疑於耳目循資以課績則御其廢御其置庶可興明作之功隨任以程能則簡厥修簡厥良或少勵精之政心存許國敢徒飾乎虚文人

可事君方共期乎實效伏願舉先選衆愛急親賢端視聽以廣聰明公是非以定取捨無偏無黨運帝德於罔愆惟幾惟康鞏皇圖於孔固臣等無任瞻天仰聖激切屏營之至謹以文武職名御屏奉表隨進以聞

第三場

策（五道）

第一問

王命爵

同考試官教諭姚批（我皇上敬天勤民紹休揚烈子能敷對詳盡末復致交儆意可觀忠藎）

同考試官教諭薄批（是策能對揚我皇上昭事懷保有光前聖而亹亹規言溢于詞表取之不徒以其文也）

考試官教諭鄭批（寓忠愛於揚厲得靖獻義）

考試官學正馮批（美不忘規宜録）

帝王所以妙感孚之機而盡統理之責者其道維何曰敬天勤民而已夫人君一身上而爲天之宗子焉其精意流通與天心相爲孚格故必有時憲之實而後可以奉若而不違下而爲民之父母焉其仁愛旁浹與民命相爲聯屬故必有懷保之誠而後可以宰制而無忝此明明在下赫赫在上其機爲至神而維天惠民維辟奉天其道所當自盡也即是而觀則我祖宗之所以敬天勤民與我皇上之所以丕承光昭者可得而言矣詩曰時邁其邦昊天其子之則敬以事之子道宜耳而其禮莫大於郊祀所謂因名山以升中於天因吉土以享帝于郊者此也書曰亶聰明作元后元后作民父母則勤以保之君道宜耳而其要莫大於官人所謂君以知人爲明臣以任職爲良者此也稽古如欽若昊天也敕天之命也克謹天戒也上帝是祇也小心昭事也莫非所以敬天也命官敷治也璣衡齊政也封山浚川也子惠困窮也遹求厥寧也莫非所以勤民也唐虞三代由此其選矣洪惟我太祖高皇帝膺天眷命表正萬邦當洪武戊申祀天鍾山之陽精誠昭格乃命儒臣作存心録首之以二郊綴之以群祀而物采度數之節致祥召异之徵靡不載焉敕禮官議郊曰聖帝明王嚴于祭祀内致誠敬外致儀文大哉聖謨其敬天也至矣又詔有司節財用以崇儉蠲租税以覃恩耕籍之典躬舉先其倡於農夫種樹之合時申課其數於計吏恤刑而有施鏄之喻賑饑而有待哺之矜一哉聖心其勤民也至矣成祖文皇帝

乘幾務之暇乃采聖賢嘉言編爲聖學心法以示子孫嘗莊誦御製序云爲治莫大於敬天而敬天章首采書之堯典而終以心學之説序又曰聖王之於百姓也恒保之如赤子而仁政章首舉易之坤卦而終以真德秀之言他如因地震而慎陰陽之調爕當晡奏而勉大臣以勤勵免北平之差役蠲鳳陽之田賦孰非所以敬天勤民者乎我世宗肅皇帝舉圜丘之禮乃因甘露降祥遂作欽天記頌以賜臣工嘗莊誦御製頌云先之以珍佩繼之以申酬功惟歸祖而復推及於仁民善則稱親而又克慎於保祚他如免税勸農開其源於衣食發帑施藥軫其念於顛連屢頒欽恤之典特申貪虐之科孰非所以敬天勤民者乎我皇上躬至聖之資撫綦隆之運紀元一詔首以敬天爲言矣而猶未已也灾异則露禱于宮庭敬畏則交修於臣下而敬天之念靡少間焉復於去冬以郊禮爲重精白一心躬祀上帝飭壇戒具之必先省牲省鑊之惟謹而外心之敬已豫矣宿齋宮而儼對越之誠馨明德而隆將享之典而内心之敬已昭矣又於輔臣所進郊禮圖册特賜嘉納隆之以温諭寵之以留覽是我皇上之聖敬昭升天心克享蓋質之祖宗而一揆乎嗣服以來輒以勤民爲訓矣而猶未已也北地旱乾則賑貸遍於黔黎徐淮水溢則發帑賙及昏墊而勤民之念不少置焉邇復加意元元頒降聖諭申飭群工以牧養責之有司而戒其飾譽以自衒以品騭責之銓曹而欲其崇實以黜浮是即幽明黜陟意也憫小民之失所而以催科太濫咎之守令酌逋負之分數而以調停蠲免委之司農是即蠲租大賚意也且於部臣肅將綸綍德意特賜頒行昭示臣工遍布宇内是我皇上之至仁洋溢民心允懷其視前烈有光乎是以恩覃四海則含生之類莫不翹首跂足以沾庥澤今飭百司而嚮風之臣莫不洗心滌慮以奉明威猗歟休哉執事猶欲愚生效忠悃于萬一則豈所敢知哉雖然竊與有聞焉夫帝天之命主于民心而愛民者即所以奉天也我皇上之欽崇天道者豈徙以恪恭于豆登之文哉蓋有敬天之實焉是故思天心之視聽在民則顧民情之岩險可畏政令之布所以宣于民也以代天言不可以不慎也紀綱之運所以或乎民也以代天工不可以不慎也法天之仁以育萬民也則其恩爲雨露焉而天下以熙洽也法天之義以正萬民也則其威爲霜雪焉而天下以震以慴也秉忠宣力者民之庇也則順天之命而彰善行焉此周回遹者民之蠹也則敕天之罰而癉惡行焉豐亨日中之時凛若匹夫之不獲太和遍覆之中隱若下民之其咨則仁不遺其民者孝不違于天以此事天不必祝蝦陳詞而天心自降監矣天之生賢所以弼君而得人者正所以弘化也我皇上之勤恤民隱者豈徙以兢業于宵旰之間哉蓋有勤民之道焉是故念元首股肱之分既明則調元贊

化之責當盡三公所以論道經邦也將何以贊襄密勿而萬國咸寧乎六卿所以分職率屬也將何以克倡九牧阜成兆民乎臺諫之臣耳目乎四方也以主公議使膏澤日流於民者非其寄歟監司之臣總核乎吏治也以持風裁使饕餮之不爲民病者非其責歟典郡邑者以親民爲務果能悃愊無華而不獵虚聲乎否也專封疆者以衛民爲功果能干城無忝而足以禦侮者否也服休服采雅有師師之風百司庶府共效蹇蹇之義則大君恭己而成功人臣靖共以恪職以此勤民雖不必家賜人益而民心自永懷矣然此非愚生之臆説也聖祖諭侍臣曰所謂敬天者不獨嚴而有禮當有其實天以子民之任付於君爲君者欲求事天必先恤民恤民者事天之實也即如國家命任守令之事若不能福民則是弃君之命不敬孰大焉是於敬天之中而寓恤民恤民之内而寓責臣也天人相爲一道君臣各任其責此交泰之時治之極也芹曝之見敢爲執事誦之不識可轉聞于上否

第二問

江梣

同考試官教諭馮批（周禮一書本是太平成迹唯我朝仿之以收治效子能揚述披納其有志者）

同考試官教諭姚批（會典昉乎職掌國家經世之大經大法也其潤色於今日千載一時于能知其原委其通達當世之務者乎）

考試官教諭鄭批（條悉明備宜録）

考試官學正馮批（揚厲殆盡）

聖王所以肇丕基而貽謀燕翼也必有以垂宏遠不易之規聖王所以守成業而潤色鴻猷也必有以盡精微不遺之制創守兼資述作互麗所以開萬世之太平者此也所以衍萬世之治統者此也開太平則政教休明溥利澤於無疆其諸如天之仁乎衍治統則繼述盡善廣令聞於不墜其諸繩祖之孝乎觀此則我太祖高皇帝諸司職掌之作孝宗敬皇帝大明會典之修與夫世宗之敬承皇上之纘述可得而揚厲其萬一矣嘗聞自古王者之興或開物而成務或更化而善治莫非所以奠民生也布之爲制度述之爲訓辭莫非所以垂後裔也典謨遠不可追矣考諸方册其體裁之大經畫之精莫過於周禮一書設官分職立綱陳紀首重三公繼列六官次而卿大夫士下而府史胥徒亦皆備載而無遺焉昔人謂爲致太平之迹非聖人不能作是也維時周公以元聖之親輔成王衝睿之主君臣道合明聖相須則所以堯舜其君而文武其政者信爲一時之間值矣下此漢唐宋掌故之職非不設會要之書非不編然紀綱

未正治化未光後人相承拘泥紛更適足以弊其治無异乎不能比隆於成周也洪惟我太祖高皇帝汛掃胡元肇造區夏謂繼亂世者其道變議禮制度捨成周奚法焉於是仿乎周禮創製諸司職掌一書提其綱領則文武并建六部之外增院司布列條貫則職守分屬户役之末續圖志其中兵柄之分言責之寄司徒司空之分合雖曰間與周禮不同然相乎時宜以殫經綸何嘗失周官之美意耶是書也頒於洪武癸酉至英宗已幾五紀屢議條例之續其亦克遵彛訓者與至我孝宗敬皇帝撫運盈成丕承令緒謂繼治世者其道同宣徽揚烈捨祖宗奚法焉於是仿乎職掌編摩大明會典一書以官職制度爲綱全録職掌附以頒降之書兩京同制而詹事等衙門則增入焉以事物名數爲目雜考條例而存沿革之舊圖式并紀而制辭等類則詳定焉其中勛戚領宗人三公不建府鴻臚欽天之易名雖曰間與職掌不同然黼黻治平溯循意緒何嘗違祖宗之良法耶是書也成於弘治壬戌至武宗已更五歲始爲刊布於世其亦善成先德者與由是而觀讀職掌則惇大之治體備會典之原也讀會典則精明之治具張職掌之委也聖子神孫所當世守而恪遵者也嗣我世宗肅皇帝入繼大統加意會典申命儒臣訂補脱略取令格以續之命下於嘉靖八年至二十九年而進呈焉其增定之大者如郊祇之祀壇廟之儀閣臣不載於國子監後殿試不次於有司科舉其餘可類推矣然修會典而不及職掌者蓋會典一職掌也尊孝宗之制即所以尊高祖之制也寧有二心哉肆我皇上明睿篤生受命以來庶績其凝群工恪職治化之隆真可以軼美成周而匹休列聖矣乃朝講之暇注意會典宣賁綸音重加修輯開編纂之局專總裁之命上而世宗晚年之令甲近而皇考御統之典章無不兼收而備録之以是貽謀則大經大法昭垂于後列聖稱作者之聖焉以是揚休則盡倫盡制光顯乎前皇上稱述者之明焉而開創之仁繼述之孝不於此兩見之哉執事篇終又以會典之修何者爲因革損益之要爲問然愚也陋非識時務而達國體者也竊有一得之愚願爲今日獻焉我朝設官分職本有定員也邇來建議靡一廢置無常添設一官此以便議請而彼以不便議罷朝更夕改閭閻之下能不苦其繹騷乎明職掌而杜紛更之請今日所當講也歲運太倉本有額數也京師之冗役殆數萬計裁之未幾而役者如故甚至日增焉所以坐食而糜費之者何异鼫鼠之盈倉乎汰老弱而終改折之令意者不容已也宗藩帝室之裔所宜優厚者也今則稱繁盛矣窮蹙者比屋矣常禄既有不給小民難於加賦不有以處之何以廣恩於不匱乎限爵限禄之法任官建學之議所當破格而舉行之者也朝任將或出自世胄或起於武科或發身行伍求之未嘗不廣也但邇來各

邊有以真夷薦起作參游者矣狼子野心能保其無他腸乎宜急裁之或曰以夷攻夷豈其然與問刑條例所以補律之不及者也但刊行者有數而續增者無已反以啓不諳法律妄行引擬者之端也削其牽合而定爲畫一之軌此亦欽恤之一誼也造作坐泒顏料後因改徵料銀例甚嚴也今造作不興矣而加泒如常甚或數溢正額屹然爲民間兩税矣查節年之蓄積抵後來之徵輸此非蠲省之一端耶凡此數事皆有關於國體有利於民生今日所當講求而厘正之者或者在此矣但草茅迂腐之見掛其一而漏其萬啓其端未能竟其説耳方今聖人在上聰明睿智所以延納而虚受者即訪落之規賢哲在下協恭和衷所以贊襄而弼承者即夾輔之助然則今日會典之修真千載一時也必能删繁補略神化宜民使是書一出而天下之人皆仰大聖人之制作超出尋常與周禮并傳於萬世豈不偉與愚生歷考往昔深感明良相遇之難而幸見於今也敢因明問敬爲執事者告幸轉而聞之於上

第三問

傅一元

同考試官教諭段批（邇來守令未崇實政正以察實者失其理也子能特詳其故良是）

同考試官教諭李批（監司守令之綱責實務實交修以救時敝誠如子言）

考試官教諭鄭批（説尚實政處剴切）

考試官學正馮批（據言儼然良吏）

親民者有爲民之實功而後無負乎民察吏者責爲民之實效而後無負乎吏夫設官分職凡以爲民也而況親民莫若令其次莫若守守與令有親民之責不思實意爲民而一切從事于靡文以要譽則民何賴焉乃有監臨之責者復以名求之以文法拘之而亦不考其所以爲民者何如則吏又何賴焉以此爲治何惑乎民生之日瘁治效之罔臻而無以復隆古之盛哉是故采實不采名者作新之要術也務實不務名者醇德之休風也上以此察吏故試一功課一最必其利於民者焉匪是雖善不録矣吏以此治民故建一事剔一弊必其利於民者焉匪是雖可以近名不爲矣唐虞三代之治不越此何論漢世哉愚嘗俯仰今昔見吏治之所關重矣昔人有言六合元元之衆懸命于縣令宅生於刺史愚讀其言而悵然悲心焉無論六合即此一郡一邑之民林林總總何可計算可漫然不加之意哉漢之君曰使民安其田里而亡嘆息愁恨者其惟良二于石乎言守重也又曰郎官出宰百里苟非其人民受其殃言令重也三代而下惟漢世良吏爲盛然觀班史所傳西漢之吏僅僅六人則黄霸朱邑

王成龔遂文翁召信臣是已范史所傳東漢之吏僅僅十二人則衛颯任延王景之秦彭王涣許荆孟當劉寵第五倫童恢劉矩仇覽是已夫是數子獨以循良稱意其時必有奇樹偉績赫然一時而標异方册也及考其所述不過曰謹身率先興教化也廉平不苛尚仁恕也爲民興利巡阡陌也夫此數事一庸衆人可按法而治亡他奇也若夫斤斤自號如投巫鄴水一郡震驚有西門豹者鉤筒發奸人稱神明有趙廣漢者魯恭宰中牟蝗不入境馴雉應而豎子興仁因以三异徵奇廉范治成都聽民夜作厲禁削而百姓歡呼至以五袴咏德非不卓然見奇也而循吏之傳乃不在此而在彼者豈非以武健材明終遠道德齊禮之化而表奇釣譽非鳴琴不下堂之治歟彼吏之所謂循者服道德明世務居官如家視民如子所居民富所去見思有悶悶之政無赫赫之名誠專于敦本務實而非世所稱一切辯給之能可同日語也通乎此而吏治之得失兩漢之所由盛者彰彰明矣我國家加惠元元慎重守令而責成以學校農桑户口田野詞訟盜賊之六事法最詳也皇上即位之初宣諭嚴切又大計群吏賞卓异以榮之而治其尤不職者數人德意勤矣然而澤不下究民或愁嘆而治效罔臻誠有如執事所憂者何哉蓋今天下之吏有如傷銘座保百姓如嬰兒者矣而視民命同草菅以赤子之生死而佐其喜怒者不盡無也有却硯選錢不以毫毛自玷者矣而以狼牧羊剥民膏髓而不顧者不盡無也甚則依阿澳□托之乎通變詷伺儇偷托之乎才幹匿智閃鑠托之乎藏用冥行喜功托之乎勇敢苟可以收名而不必獲實不去也苟可以獲實而不必收名不居也爲下者習王成之故智且以僞增户口而希賞爲上者執張敞之偏見反以力行教化而致譏方今之患大率坐此執事欲崇實政而黜虚文甚盛心也愚請先言其弊可乎今之爲吏者其弊有二而今之察吏者其弊亦有二尚苛刻急功利吏之弊也徇毁譽拘繩墨察吏之弊也夫水之深也魚鼈生焉激而躍之則鱗介之族無弗駭矣山之茂也鳥獸歸焉剪其榴翳張之罝畢則羽毛之族無弗駭矣今吏道率務精采獵能聲察見及淵魚而操下若濕薪民且囂然喪其樂生之心而元氣日以耗矣此苛刻之不可尚也夫急轡御者非千里之節也急刀刃者非杰解之神也今則專事炫飾建白易置功不可成者幸其成法不當變者輕於變政令未布而案牘日煩且曰吾能興民利除民害是誰欺乎此功利之不可急也夫人有得燕石者或告之曰此玉也則信而藏之人有鬻樸者驟而聞之曰此璞也則慕而求之故燕石之亂目樸之亂耳誠亦有之彼佞合者不倡而和乘人而中其歡所憎則堯舜可非也所喜則桀紂可譽也甚或計禮數而持短長據好尚以定賢否不幾於失真矣乎此毁譽之不可徇也夫

考牧事者視牛羊之羸茁而已矣不必煩爲之驅也課農業者視其所入之多寡而已矣不必力自已出也今以一守令而大吏十數人制于其上四方之兵甲錢穀營建徵發守令所得相宜而從事者而今弗敢也一方之均賦平刑恤煢達滯守令所得控制而罷行者而今弗敢也以其有所顧忌而掣肘也此繩墨之不可拘也誠使爲監司者而知此精其藻鑒不以毀譽亂是非握其權衡不以文法撓治體非無舉也舉必當賢非無刺也刺必當罪獎恬淡而抑浮兢喜平易而惡深文不以巧慧最老成不以險詐上忠厚禮節闊略而孚至誠簿書不煩而持體要利苟可興不必請而後行弊苟可革不必議而後罷夫上以名求下故可以名應上以實求下不可不以實應所謂實者無他即於國家六事之責而加之意焉耳以實心興學校使學校日興如古之感化蜀民文風比齊魯者而後可也以實心勸農桑使農桑日繁如古之勸農而嘉禾無螟犯者而後可也以實心稽户口使户口日增如古之爲令而鄰縣民歸者而後可也以實心闢田野使田野日闢如古之歲增溉田三萬頃者而後可也以實心弭盗賊使盗賊日以屏息如古之化刀劍爲牛犢者而後可也以實心理詞訟使詞訟日以清簡如古之治獄八年無重囚者而後可也無因循以廢章程無紛更以乖俗尚無紓端而寡究無滯往而鮮功吏以此治民故澤不壅而常流上以此察吏故情不隔而常達悃愊者不病于難知粉飾者不至於幸售政何以不若古人而治何以不臻實效哉由是而績用有叙者則增秩以觀其成久任亦可行也由是而賢能异等者則殊擢以示其勸超遷亦可行也此則銓曹之責也若夫端揆肅紀微機在相臣建極維風本原在主上愚生并有望焉

第四問

毛志尹

同考試官教諭曾批（泉貨流通全在法制一定而官民通用子能言之而終之以利害真僞之辨甚中肯綮）

同考試官教諭陳批（錢乃足用之大者導利於上下王者所以成天地之能也此作得旨）

考試官教諭鄭批（鑄錢因革敷對詳明）

考試官學正馮批（條達無遺）

嘗謂天地有自然之利導利以前民用者裁成輔相之功也斯人有無窮之欲定制以防民僞者整齊嚴肅之法也何則造化陶鎔乎萬物一洪爐大冶也食貨之所資不出於山林川澤然必導利於下而後可以收生養之功王者範圍乎萬民一神工大陶也法令之所出莫妙乎變通鼓舞然必定制於上而

後可以息争奪之欲故曰天生五材民并用之惟君出令而民從之成天地之能操統御之柄寧非人君之所有事哉執事以錢法下詢承學請詳言之今夫造化生物莫非福澤乎民而體重用神者必歸於五金五金之利利也取五金之一而鑄錢尤利之大也利大則民趨而亂由兹啓矣弃利則民困而國由兹病矣皆非也王者興利於民而持阿於己作法於始而嚴禁於終於是權在上而不在下民既足而國亦裕故錢不可不鑄也鑄中錢而不鑄大小錢則利鑄於上而不鑄於下則利此萬世不易之定論也稽古禹湯伐二山之銅太公立九府之法固以開財之源而盡人之能矣司市行布阜商外府泉府掌布待用是官有所入而民有所出矣法善而心公泉流而布布是以上下交相利而致殷富之治有由然也後世不知法此而煩其令者若文帝弛盗鑄之禁吴王專私鑄之利武帝下更鑄之令元帝罷鑄錢之官孫權聽民鑄大錢王安石縱民日銷錢若是乎變更之不同識者亦紛紛議之矣大抵亂則無紀私則不公以言乎虧國困民則均焉中惟漢武帝禁革輕小更鑄五銖錢得圜法遺意而便於用此五銖所以行於數代也後有不知鑒此而煩其式者或半兩榆莢或八銖四銖其名互更乃始變也或赤亥當千或鵝眼荇葉其體各异乃再變也若是乎輕重之不齊小民亦洶洶苦之矣大抵大則病銅小則病物以言乎虧國困民則均焉中惟唐高祖斟酌低昂置造開元錢仿五銖遺法而增文郭此開元所以行於後世也若夫用鹿皮藻幣以代錢者意在抑大賈其實遺大害錢遂阻格而不行乃漢之弊也令富家合券號飛錢者意在便輕裝其實滋詐僞民遂窮乏而無策乃唐之謬也求其商確時事動中機宜者吾有取於賈誼劉秩孔顗三子焉漢文帝放民鑄錢亦厚下之心也誼上七福之説如黥罪不積僞錢不蓄鑄者反耕挾銅平貨等議皆通達國體之見終之以制吾弃財與匈奴逐争其民其意更深遠矣張九齡縱民自鑄亦散財之意也秩有四美之規如銅不布下而盗鑄無因公錢不破錢貨日增等條皆洞察時艱之言繫之以人不犯刑於中其識更卓越矣若顗在南齊推原盗鑄之禍由於人主惜銅愛工發爲議論惟銅擅於官而不惜則體質厚而肉好適均工出於上而不愛則製作精而輪郭周正此則息盗鑄之原夫亦救弊之見也然就三子而論之誼秩欲操公鑄之柄而銖兩不定何以得中正之制顗欲杜私鑄之奸而小患不計實以開大錢之端卒之美利不歸於初漢功費竟寢於南齊難免君子之遺論焉洪惟我太祖高皇帝建極之前即創大中通寶混一之後再鑄洪武通寶以垂法而利民列聖相承各鑄通寶而冠以年號取五銖開元而較量之偉然中正之規若今永樂宣德弘治嘉靖隆慶等寶謂非可流布於萬世者乎奈何

歷年以來鑄錢限於地而未遍及乎寓内錢法行於北而未通行乎江南間有用錢之地則又行於市肆而不達於窮鄉用於民間而不通於官府少得疏通則規利之徒四出磨澤淄染逞制於僞造翦鑿鎔液津利於舊錢甚至伐山匿澤貽患且無窮矣凡若此者蓋由上不操其柄而利源未開下不遵其令而弊竇未塞欲國富而民足也不能不待於今日矣惟我皇上親賢圖治節用愛人惓惓以經國用厚民生爲念邇者順天地之宜體財用之大而鑄錢之令下焉是故銅有定價責有專官開廣局於適中頒定式於各省始也官發銀以鑄錢終也官收錢以抵銀且約以十文市不二價而洪武永樂等寶與歷代古錢兼行制無用之貨以通有用之財何其盡善而盡美耶但天下之事利與害每相因者也夫以銀權錢謂之母以其銀貴於錢也今則假銀充斥市價相欺乃恬不爲异寧無害於錢法乎嚴禁之可也錢出於銅謂之利以其銅賤於錢也今則銅價增高奸商坐索使鑄者傷本寧無害於錢法乎折衷之可也真與僞每難辨者也洪武永樂等錢銅美工精與新錢同體矣惟古錢文制未備不可不辨也去其低磽之甚定以十分之則不可行乎開元太平等錢肉好適均與制錢同用矣若官府止收新錢民將生疑阻焉新舊兼收以抵差銀不可行乎果能此道將見蒙山盡獻瑞之銅嚴道悉燒爐之野匪頒好用淵泉斯流仰事俯育飛□貫索權歸於上而利通於民參贊之功豈小補哉若行之既久而有阻撓私鑄者出焉則惟堅執吾之律令申飭吾之法紀以救正之爾古人置上林三官而滿山盜息得一第五倫而長安奸除謂非得人行法之驗耶抑愚生猶有説焉嘗聞國裕則用奢民富則俗壞有識之士是以懷□山之憂抱近鹽之懼也使在上者不思天地生財止有此數而躬行節儉在下者不思一夫所獲難食□人而終歲憂勤則雖造化爲爐萬物爲銅點沙爲金變礫爲玉亦豈能供無窮之欲哉此亦管子守財御人以平天下之意也謹對

第五問

陳良材

同考試官教諭郭批（弭盜江省要務是作區畫周詳長慮却顧而以核實之説終之有用之才也）

同考試官教諭諸批（敷陳時事不激不迂且利病犁若指掌匪徒空言之施者録之以采）

考試官教諭鄭批（通達時宜具見經濟）

考試官學正馮批（籌畫切中肯綮）

執事發策以弭盜之略下詢承學甚盛心也顧章縫之識未足以達當世

之務視之董賈後矣然承問而不能陳其概焉恥也敢以計安桑梓者僭言之夫古稱極治莫過于唐虞而寇賊奸宄之防猶不免焉周禮之制有司徒以訓五典有司教民誅讓邪惡矣至野廬司寤之禁不少廢也江右連吴楚而接閩越天下稱奥區焉明興以來晝謨建置設險預防如三營之并建兩鎮之分峙而虔中復設參戎焉將領非之也爲衛者三爲所十一有客兵之召募有精常之操備兵非益寡也邇來綏輯日加地方敉寧無疇昔桶岡姚源之變閩廣流突之虞亦既躋元元于衽席矣而執事者猶以爲慮焉豈非欲警衣袽之戒而期計安於萬全也耶顧今之爲盗者四曰饑寒曰奸民曰嘯聚曰羈縻饑寒之盗窮困迫身冀活溝壑甘心於弁髦就戮而莫之悔也奸民之盗深根蟠結陰爲逋藪以至里閈效尤安其黨而莫之恤也肅聚之盗潛匿溪洞流入鄰境防弛則陰肆毒螫勢迫則蛇伏鼠竄也羈縻之盗始雖盤據巢穴繼則俯首聽命而嚮背之機又視我所以御之何如也而今所掃除綏懷不過此數耳何也寧新接壤楚之瀏陽平江重岩複嶺深箐密林延袤三百餘里揭竿之徒向嘯聚焉如華林始禍已明鑒矣邇晝策掃蕩殲其渠魁議分憲臣以彈壓之又增兵立營宜林莽之間一清矣而窺伺者復竊發焉迨旬日始平其故何哉蓋山谷之民多爲盗藪非一窮治之能令其不萌櫱耶黄鄉連跨粤之平遠龍川層巒叠峰巢洞險阻離邑三百餘里負固之徒每怙終焉如葉酋梗化已見計矣邇密計誅戮收其餘黨請設縣治以控御之仍區晝疆界宜新附之衆帖服矣而奸宄者復携貳焉至撫之後定其故何哉蓋頑悍之民陽示效順非一孚結之能保其無生心乎鄱湖環繞豫章三郡洪濤無際矣爲潢池弄兵者虞也設備於康山焉協以巡司邏以戎卒邇復增兵議艘而核之郡倅制至備也而所以洗其湖中之穢者毋亦積窩之是求乎九江控扼江藩門户上游稱雄矣爲萑苻不逞者防也設備於彭蠡焉險要棣分哨守聯絡邇復置卒增餉而統之於江防守加密也而所以清其江上之氛者毋亦詰察之是嚴乎愚以寧新之寇如虺蛇之在山林不急以驅之則有噬螫之凶故必熏灼之剪除之不使復入於窟穴也而猶未也爲之搜藏匿之奸俾奔突者無所容爲之重購賞之令俾獻功者訐其黨爲之開自新之路使脅從者不加誅如是則山谷以寧也矧敢自蹙於網羅哉黄鄉之黨如鹿豕之在圈檻不寛以處之則有奔逸之患故必馴習之飽飼之使常狎人而依附也而猶未也緩其租税而不使之困焉聯以信義而不使之携焉導之知方使悉心嚮化焉如是雖异類可格也其有不樂爲赤子乎鄱湖之寇雜艇商舟其形難窺也乘可掠之機則如鳥飛飆舉忽在左右矣兹欲廣爲緝捕之方非計也蓋濱湖豪猾陰爲窩户以誘奸慝無爲

盜之形而享爲盜之利誠詰而罪之以絶其根而黨與其解散矣九江之寇多出上流其迹難測也因乎迅濤之下則如飄風馳駛倏入江關矣兹欲多爲捉影之略非算也蓋洞庭巨寇剽掠既畢多易舟楫外假商賈之名愚哨邏之卒諜而擒之以遏其來而江漢其澄清矣然是四者皆自今日之所急者陳之也而經久之計則尚有可言焉夫天下之勢必如血脉之周流而後可以無壅閼守封疆者必緩急同患焉而後可以相保今甸服幸賴寧謐間有不逞者不過一二無聊輩矣非有負嵎莫攖勢也列壤者誠共驅之不終朝可撲滅矣乃勢分秦越苟幸寇之不入吾界斯已矣幸鄰壤者足以當之可矣而不知萬一潰流其境是自撤其藩籬而示以可乘之隙也愚以爲此當今之通弊也則鄰封一體之義其可岐乎昔李崇之守兖州也村置樓鼓互爲救援竇儼之立義營也令村自相保盜無所入此保甲意也今之保甲要皆飾文具而無其實耳誠使聯比其居什伍其人責之相防相保則守望相助者仿於古而盜自息矣保甲之所當申飭者此其一也李抱真之守懷州也遍籍人户而簡教之歲終大校以示賞責故兵爲諸道最今江右衛所之卒疲弱大半所恃者客兵土著耳然客兵雖募徒備一時而精常之兵非素練者固有聞鼙鼓而心悸見旌旗而目眩者矣愚以爲當無事之時誠稽其役占嚴其挑選簡壯勇者而練習之擇知兵以爲之長如古所謂以一教十以十教百以百教千之説行之則平時有投石超距之勇而臨敵自收搴旗斬馘之勛矣而練兵之所當行者此其一也今之將領固皆禦侮計也然無事則相率以逍遥寇至則虚張以恐喝少有得則冒功以邀賞其積習使然也於封疆何賴焉愚以爲執綏在於奮勇而致勇莫先於倡誠使慎恩威明賞罰謹號令責功實嚴之紀律以示其法齊之禮義以示其軌而兵識將意將知士情雖以催勍敵如狄青之昆侖岳飛之洞庭者可踵也而將領之當重非其一乎昔歐陽脩言禦盜四事而歸於用良吏以撫疲民則守令者其本也誠使今之守令懼民之未樂生也則奠其居豐其産寬其力而貽之逸薄其征而俾之富以赤子視之而治其心焉懼民之有邪心也則陶其性遏其淫事至而爲之備患生而爲之防以一體懷之而淑其行焉其困於饑寒而群然以逞者則戢而安之如龔遂致治渤海賈琮之刺交州者矣其有終難化服而毋使滋蔓也則陰以圖之如虞詡之三科以募張綱之單騎詣壘者矣又必假之以事權而毋繩以文墨需之以歲月而勿急其近功則理繩之化可弘烹鮮之治不擾循良著而民生阜矣盜何自而起哉雖然所以核將領而察守令者又豈無其道乎今之分藩者非不有守臣乎握符者非不有憲臣乎所以協參驗之法而司振勵之權也誠於將領之勇略者觀望者虚張

首功者摧鋒敵愾者稽其功罪不以訾譽眩於守令之悃愊者誇毗者治行异等者功善無聞者第其上下不以愛憎奪而又精其鑒于臺臣總其綱于撫臣而照臨之于朝廷則紀綱齊一法度精明如絲之有緒而不棼如網之有綱而不紊蕩平之風在是矣方今比虜款邊南服安堵有櫜弓卧鼓之安無揭竿持籌之警康衢擊壤愚生何幸躬逢之測蠡之見惓惓爲江右計治安亦希賈誼積薪喻也敢述所聞以復明問執事者其可否焉

江西鄉試録後序

萬曆四年丙子例大比士巡按江西御史張簡實監臨之日皇皇焉以弗克仰塞上意是懼稽核典制申飭諸司及爾多士視昔益虔毖焉既竣事卿獲藉諸大夫以免於蔽賢之罪宜序諸末簡於是進諸士告之曰是舉也我皇上籲第二科也諸所舉皆長育膠庠亦知江右所以稱盛於海内乎夫人才關氣運鍾地靈而振作則係于教化我高皇帝混一區夏首平僞漢如隆興路時庶務未暇謁孔子廟使士生於其間者相與明帝王聖賢之道淑諸身心以俟用肆肇設賢科而進士第一人首出兹土夫固有以發其祥矣我成祖入正大統選文學臣七人直内閣參機務其出兹土者又五人歷永樂宣德間應鄉薦者至二百餘人由此取進士幾半天下迨景泰丙子裁解額定江西九十五名甲他省如羅倫謝一夔俱由是科奉制對相繼擢冠多士嗣列聖教化漸濡既博且厚以科目進者巨儒名臣後先相望不徒隨時就功名而已今聖天子握乾符踐紫極講學勤政無間寒暑孳孳以進賢興理爲急光紹二祖鴻業即遐方殊族尚靡然嚮風矧兹土素稱多賢涵濡大化而有得者乎卿嘗傾注之思欲一挹其余芳而不可得乃今應御史聘而來竊縱觀山水之秀麗又幸而獲從事校諸生業見其闡明義旨根極理要于古今治亂之迹邪正是非之辯利害休戚之故決策懇晰咸彬彬裁文質不悖於道若陟匡廬而窮其巔凌彭蠡而溯其源庶幾哉無忝文獻之稱不足以應明詔矣乎雖然是曷敢知卿等選才盛世惟言是徵將以措之行也諸生以言爲贄將以成其信也故求玉于昆岡不乏瓌寶則昆岡增重求驥于冀野不乏逸足則冀野增重江右爲東南奥區今之昆岡冀野也上固以連城千里求諸生脱不副其所舉其自待之謂何即無論先哲安社稷覆生民赫然在人耳目者若倫在翰院疏正綱常天下之士聞之争自刮磨舊習爲之一變陳獻章以青天白日稱之足爲前丙子榜重而

昭代增額至意亦不負矣方諸生跧伏草野孰不扼腕高談慷慨自許以行誼爲知檢以勛庸爲易策以仁義道德爲體要與今之贅言無异忍居倫輩下乎記有之五人曰茂十人曰選百人曰俊千人曰英倍英曰賢萬人曰杰萬杰曰聖今九十五人者拔自數千人中行且偕計吏上公車駸駸乎嚮用有階感殊遇思奮不自今日始耶昔周成王緝熙聖學而藹藹吉士思媚天子詩人取喻于梧桐鳳凰之相感皇上秉衡睿御經筵與二三賢碩講明治緒譬之梧桐生于朝陽正諸生一鳴之時也誠心切思媚以周之吉士自待明正始之道端向往之的不計夷險砥志礪行上之寅亮天工次之弼成世教下之康濟生民務求底績毋弃實以釣名則由茂俊躋賢聖皆自一念致之而匡廬名山彭蠡巨匯且因以生色固不止高風直氣如倫輩爾矣繼是尚論江右多賢歸重今丙子榜豈惟嗣徽先哲不佞亦有光焉

河南南陽府泌陽縣儒學教諭鄭卿謹序

萬曆七年江西鄉試録

江西鄉試録序

萬曆己卯天下復當貢士子鄉江西則巡按御史邵陛寔監臨之先期戒事有司奉規畫惟恪馳禮幣聘四方文學博□□□以接雲與教諭趙成孚同考試官學正翁大賓教諭朱孔昭李四維陳公大樊大通陶希皋訓導余光先林維翰張思明史著勳爲同考試官提調則右布政使張大忠左參議吴與言監試則副使王世懋蕭遍簾内外執事咸集相與協誠悫劼合提學副使江以東所選士三千有奇鎖院三試之遵制額拔其俊九十五人并録其文以獻接雲循例當有序序曰夫江右夙稱名勝矣自彭蠡既豬泱然爲東南巨觀而匡廬之綿亘岑嶔乃與衡岳岱宗争雄而鼎峙地靈人杰自古記之接雲應聘而來驅車潯陽下柴桑故里是五柳先生所居也指顧螺川式九賢祠則六一居士爲之領袖比頓轡洪都訪徐孺子廢宅陳蕃之榻隱映在懸已復凝睇鵝湖山中非陸九淵氏故所講業處乎竊謂數君子者振起一代播譽汗青燁然爲山川增重顧或匿踪蓬蓽或堙抑下僚或肩巨乘巍矣而設施靡竟蓋遭時遇主若斯之難也爾諸士戴纚垂纓而譚往昔無論數君子所值即悉數黄虞而下稱盛際者詎有如今日哉我國家布功令羅才俊甍序通一經以上者咸得籍進有司一僐爵效官當於名實則膴仕厚禄若揭而踵其後士振奮翔騰所由來尚已皇上睿聖天授籲俊右文乃益深陶而厚植之廓登進之途詳核實之法幽潔吻昧者悉耀于光明顧猶宵旰憂勤亹亹以遺賢爲慮此千載一時也今天下士波涌林立雷動雲蒸罔弗争自濯磨蘄上應雍熙之會矧兹邦故足文獻甲于四方者乎諸士往矣懸黎結緑剖璞而陳鏌鋣干將發刃于冶則朝市屬目焉爾諸士思所爲報稱明時以厭衆望者宜遵何德哉先民有言不患無位患所以立自古豪杰勒不朽之稱者豈直籍名位顯爾鄉先哲可考而鏡也今諸士業已釋蒯屩駸駸嚮用所遭逢過古人遠甚第令矢心精白華實相副居官則重名節任事則抒忠猷毋持禄以養交毋和光以諧俗毋飾情以釣譽則庶幾哉蜚英騰茂流金石之功軼聲前軌聖世明昌之運江右山川之

勝亦藉是有光已萬一與時頡頏弁髦先資又或眩華采奇無益於殿最俾觀者按籍而訾之曰惡在其爲江右士也將奚以謝明時耶接雲屬望諸士甚厚誠不敢以此相擬惟諸士自愛幸焉是役也先巡撫江西右副都御史今升總督兩廣兵部右侍郎劉堯誨今巡撫兵部右侍郎兼右僉都御史劉斯潔提督南赣軍務右僉都御史蒙詔并宣威澤化洽章縫若協贊于外者右參政余希周左參議李天植副使吴從憲郭孝黄思近劉志業僉事周思敬武尚耕參將尹湘署都指揮僉事張應科楊一經以入賀行者右參議王希元僉事劉魯署都指揮僉事朱家將以遷秩行者按察使陶幼學咸先後與勞若户部主事蔡乾釜黄體乾蔡惟亨苗涬然禮部司務程道淵主事陳述齡工部員外郎鄒迪光主事張賁中書舍人梁敘行人袁國臣馬應圖劉霖皆以使事至樂觀盛典于法得備書云

湖廣永州府祁陽縣儒學教諭林接雲謹序

萬曆七年江西鄉試

監臨官

巡按江西監察御史邵陛（世忠浙江餘姚縣人　戊辰進士）

提調官

江西等處承宣布政使司右布政使張大忠（國楨浙江秀水縣人　壬戌進士）

江西等處承宣布政使司左參議吴與言（志默廣東大浦縣人　乙丑進士）

監試官

江西等處提刑按察司副使王世懋（敬美直隸太倉州人　己未進士）

江西等處提刑按察司副使蕭遍（文明湖廣沔陽衛官籍沔陽州人　乙丑進士）

考試官

湖廣永州府祁陽縣儒學教諭林接雲（喬登廣東陽江縣人　甲子貢士）

直隸蘇州府嘉定縣儒學教諭趙成孚（子忠浙江太□縣人　戊午貢士）

同考試官

山東東昌府濮州儒學學正翁大賓（□敬浙江餘姚縣人　辛酉貢士）

直隸鎮江府金壇縣儒學教諭朱孔昭（□叔福建晋江縣人　庚午貢士）

山東青州府高苑縣儒學教諭李四維（□張河南□溝縣籍陜西慶陽衛人　□□貢士）

湖廣德安府安陸縣儒學教諭陳公大（□□福建閩縣人　甲子貢士）

直隸揚州府江都縣儒學教諭樊大通（□□湖廣荆州衛人　庚午貢士）

直隸和州含山縣儒學教諭陶希皋（直甫雲南姚安所官籍浙江黄岩縣人　癸酉貢士）

直隸廬州府儒學訓導余光先（懋孝湖廣黄岡縣人　丁卯貢士）

浙江嚴州府遂安縣儒學訓導林維翰（周甫廣東揭陽縣人　戊午貢士）

直隸安慶府宿松縣儒學訓導張思明（惟得四川内江縣人　癸酉貢士）

廣東廣州府南海縣儒學訓導史著勳（汝大廣西桂林右衛人　庚午貢士）

印卷官

江西等處承宣布政使司經歷司都事葉之盛（叔履浙江餘姚縣人　乙卯貢士）

江西等處提刑按察司經歷司經歷余顯思（汝抑浙江遂安縣人　監生）

收掌試卷官

南昌府知府王三錫（用懷四川内江縣人　乙丑進士）

瑞州府知府周良賓（以尚福建晋江縣人　乙丑進士）

袁州府知府鄭惇典（維敕福建侯官縣人　壬戌進士）

臨江府知府楊歸儒（季中河南嵩縣籍洛陽縣人　戊辰進士）

撫州府知府古之賢（士希四川梁山縣人　乙丑進士）

建昌府知府王之屏（汝憲直隸□州人　乙丑進士）

廣信府知府林梓（達材福建漳浦縣人　乙丑進士）

受卷官

南昌府同知顧其志（太衝直隸長洲縣人　辛未進士）

贛州府通判唐邦佐（惟良浙江蘭谿縣人　戊辰進士）

南昌府推官常居敬（惟一湖廣江夏縣人　甲戌進士）

袁州府推官徐桂（茂吴浙江餘杭縣籍直隸長洲縣人　丁丑進士）

南昌府南昌縣知縣李得祐（天吉四川宜賓縣人　甲戌進士）

南昌府新建縣知縣張棟（伯任直隸昆山縣人　丁丑進士）

廣信府上饒縣知縣王炳璿（幼文直隸昆山縣人　甲戌進士）

臨江府清江縣知縣郭惟賢（哲卿福建晋江縣人　甲戌進士）
建昌府南城縣知縣范淶（原易直隸休寧縣人　甲戌進士）
彌封官
贛州府通判張道明（行甫金吾後衛籍浙江餘姚縣人　戊辰進士）
九江府推官馬貫（道卿直隸吴江縣人　甲戌進士）
瑞州府推官楊洲（文登浙江錢塘縣人　丁卯貢士）
廣信府鉛山縣知縣陸夢熊（伯祥浙江餘姚縣人　辛未進士）
吉安府永新縣知縣龔錫爵（汝修直隸嘉定縣人　甲戌進士）
廣信府永豐縣知縣蔡國炳（誠中福建晋江縣人　甲戌進士）
吉安府泰和縣知縣唐伯元（仁卿廣東澄海縣人　甲戌進士）
吉安府安福縣知縣倪涷（霖仲浙江上虞縣人　甲戌進士）
謄録官
臨江府推官楊崑（伯原浙江餘姚縣人　壬子貢士）
建昌府推官傅國珍（君聘福建建陽縣人　丁丑進士）
南康府推官丘度（汝洪直隸淮安衛人　丁丑進士）
吉安府廬陵縣知縣蘇酂（漢傑直隸太倉州人　丁丑進士）
南昌府進賢縣知縣王亮（茂大浙江臨海縣人　丁丑進士）
廣信府弋陽縣知縣程有守（彦平直隸歙縣人　甲戌進士）
撫州府金谿縣知縣陳王庭（惟獻浙江仁和縣人　甲戌進士）
南昌府豐城縣知縣李國士（汝志直隸亳州人　丁丑進士）
對讀官
撫州府推官蔡萬里（巨卿浙江蕭山縣人　丁丑進士）
吉安府推官陳紳（觀佩福建仙遊縣籍莆田縣人　甲戌進士）
贛州府推官梁柱臣（彦國廣東順德縣人　丙午貢士）
南昌府奉新縣知縣朱南英（子醇浙江山陰縣人　丁丑進士）
廣信府貴溪縣知縣顧起淹（師范直隸吴縣籍昆山縣人　甲戌進士）
吉安府吉水縣知縣陳與相（卜野浙江海寧縣人　丁丑進士）
撫州府臨川縣知縣朱讓（次夔廣東南海縣人　甲戌進士）
撫州府崇仁縣知縣杜伸（汝直湖廣黄岡縣人　辛未進士）
巡綽官
南昌衛指揮同知耿清（惟静山東巨野縣人）
袁州衛指揮同知王重喜（元吉山東武定州人）

饒州守禦千户所指揮僉事許相（一卿直隸六安州人）

吉安守禦千户所指揮僉事蕭孟京（國元江西吉水縣人）

搜檢官

南昌衛指揮同知謝祖述（維章河南寧凌縣人）

南昌衛指揮同知楊應乾（德夫直隸定遠縣人）

建昌守禦千户所指揮僉事李應陽（時泰湖廣石首縣人）

廣信守禦千户所正千户周光祖（益謙直隸常熟縣人）

供給官

江西等處承宣布政使司理問所理問石世安（文定河南項城縣人　監生）

江西等處提刑按察司照磨所檢校杜時登（登之直隸上海縣人　壬子貢士）

南昌府通判張翼（應龍廣東番禺縣人　甲子貢士）

袁州府通判陳時教（敬天四川�連縣人　辛酉貢士）

撫州府經歷司經歷王重慶（子華直隸吴縣籍浙江錢塘縣人　監生）

袁州府照磨所檢校石洵（希明直隸如皋縣人　儒士）

贛州衛經歷司經歷王家賢（薦卿浙江海鹽縣人　吏員）

饒州府萬年縣縣丞侯一麟（舜昭浙江樂清縣人　監生）

南昌府南昌縣縣丞薛居政（行中雲南蒙化府人　監生）

廣信府永豐縣縣丞王仕（子學直隸六安州籍常熟縣人　監生）

袁州府萍鄉縣縣丞祝繼仁（汝榮浙江山陰縣人　知印）

南昌府新建縣主簿張學（子成浙江歸安縣人　監生）

瑞州府上高縣主簿沈大緒（惟承浙江山陰縣人　知印）

廣信府上饒縣主簿田濟民（以道浙江縉雲縣人　吏員）

南昌府南昌縣典史劉效能（彦□貴州貴陽府人　吏員）

南昌府奉新縣典史陳鏊（汝濟直隸吴江縣人　吏員）

吉安府廬陵縣典史楊仲芳（思立直隸當塗縣人　吏員）

吉安府泰和縣典史胡叙（克正浙江烏程縣人　吏員）

撫州府臨川縣典史孫應魁（進之浙江餘姚縣人　吏員）

饒州府鄱陽縣典史祝朗（世明直隸丹徒縣人　吏員）

臨江府清江縣典史陳文鐸（明振福建懷安縣人　吏員）

南昌府南昌縣武陽驛驛丞沈釜（子薦直隸涇縣人　承差）

撫州府臨川縣孔家渡驛驛丞丘應鏠（仲章直隸溧陽縣人　承差）

第一場

四書

子謂子夏曰女爲君子儒無爲小人儒　詩云予懷明德不大聲以色子曰聲色之於以化民末也詩曰德輶如毛毛猶有倫上天之載無聲無臭至矣　孟子曰無爲其所不爲無欲其所不欲如此而已矣

易

六四至臨無咎象曰至臨無咎位當也六五知臨大君之宜吉象曰大君之宜行中之謂也　象曰雷在天上大壯君子以非禮弗履　卦之德方以知　乾健也坤順也

書

人心惟危道心惟微　昔先正保衡作我先王乃曰予弗克俾厥后惟堯舜其心愧耻若撻于市一夫不獲則曰時予之辜　先知稼穡之艱難乃逸則知小人之依　天齊于民俾我一日非終惟終在人

詩

龍盾之合鋈以觼軜　春日遲遲卉木萋萋倉庚喈喈采蘩祁祁　保兹天子生仲山甫仲山甫之德柔嘉維則令儀令色小心翼翼古訓是式威儀是力天子是若明命使賦王命仲山甫式是百辟纘戎祖考王躬是保出納王命王之喉舌賦政于外四方爰發　無此疆爾界陳常于時夏

春秋

春正月公狩于郎（桓公四年）　春王正月公會齊侯宋公陳侯衛侯鄭伯許男曹伯侵蔡（僖公四年）　晋人宋人衛人曹人同盟于清丘宋師伐陳（俱宣公十有二年）　楚屈完來盟于師（僖公四年）齊人歸我濟西田（宣公十年）夏公會齊侯于夾谷公至自夾谷齊人來歸鄆讙龜陰田（俱定公十年）齊人歸讙及闡（哀公八年）

禮記

晋人謂文子知人文子其中退然如不勝衣其言吶吶然如不出諸其口所舉於晋國管庫之士七十有余家　君子如欲化民成俗其必由學乎玉不琢不成器人不學不知道是故古之王者建國君民教學爲先　文采節奏聲

之飾也　子曰爲上可望而知也爲下可述而志也則君不疑於其臣而臣不惑於其君矣尹吉曰惟尹躬及湯咸有壹德

第二場

論

王道至大至正

詔誥表（内科一道）

擬漢詔諸儒講五經异同於石渠閣詔（甘露三年）　擬唐以裴度爲司空同平章事誥（元始六年）　擬上以御製聽經筵官講大學衍義詩示輔臣輔臣依韻恭和命彙爲一册名曰翊學詩謝表（嘉靖六年）

判語（五條）

舉用有過官吏　錢糧互相覺察　禁止師巫邪術　收藏應禁軍器　乘驛馬賫私物

第三場

策（五道）

問　我國家稽古定制朝與講并蓋御大廷則顯比以理萬幾處燕閑則静淵以友千古此聖德神功所以照耀於後先也於古若路寢視朝而未聞有講者豈其制猶未備耶講之制肇於何載哉便殿經筵宋代始詳宜不自宋始也洪惟我高皇帝至聖好學動有諏稽無非講者自正統初服定爲儀注遂爲典章不易焉我皇上御極以來七載于兹講之視朝常倍其日邇益練習政典翻閲章奏時引輔臣造膝盡言以圖所以登閎三五貽萬世之治安者煌煌乎盛德大業諸士能揚厲之歟夫明主典學務於終始人臣願忠意常無窮也宋之君稱好學者多矣而當時猶有循故事爲美談之譏或欲從容降接以盡下情或謂涉覽書史止學一事或謂治亂得失不宜偏諱或謂因事立訓以廣談議此皆近而易行者也可一一舉其説歟宋制臣僚朝辭日具轉對有上殿札子即非今制所有而宴見陳奏歷朝有之可乘聖天子之勵精而請復也若是則萬方之情僞悉聞九重之聽覽益遠矣試言以備采擇何如敬君之大始於責難毋顧望不盡也

問　八音與政相通文章與時高下其説尚矣五帝三王之文載在六籍中國之人世守之亦可以高下論否也自春秋秦漢以迄於今其文章具在操

觚之士日刳心焉即其才人人殊而一代之機杼較若畫一其故何也論者以爲三代之文至戰國而病涉秦漢復起漢之文至列國而病唐興復起又有謂韓文不如漢漢文不如先秦戰國者其遞相沿以降乎其代有盛衰焉轉移變化之迹其端安在可得詳究之歟古之論文者其書至不可紀有爲典論者有爲文賦者又有文章流别論與文心雕龍二書其詳可得聞歟我國家以文化致理往學士家論著故已富於前代邇年以來作者愈工大氐馳騖於先秦西京以爲復古而日靡於琦麗雕華則可謂甚盛矣然識者顧以文巧太過爲世道之憂其亦有見否歟彼將以文體之變不可不亟反耶抑亦有出於文之外者歟夫賁辭觀乎人文以化成天下孔子卦得之喟然而嘆聖人固無樂乎文盛也誠欲返之其道奚由諸士必有心知其意者尚究言之毋以文應

問　孔子曰君子不可小知而可大受也古之成大功立顯名於世者其居常守職與人不相遠惟當天下之至難才技所不能爲而後其過人者乃見彼遵何道也宋人雅以識量論人如謂士惟識量不可强及器局欲大識見欲遠之言豈不亦論篤歟然識量何以辨也嘗睹古人行事有强臣陳兵入朝而談笑折之者有回紇傾國入寇而單騎見之者有失印不問而得於故處者有下馬嵩呼而軍不敢嘩者或當魏軍方至而圍棋對戲識者即知其辦賊或當車駕渡河而飲博歡呼人主顧恃以無憂其處天下之難一何偉歟又有密薦仁杰而反見擯於外者有數稱寇準而陰見短於上者詘於所知皆不自明又何汪洋無際也小有可以驗大近有可以明遠故有跌寶器於軍中而色不少吝有觸玉杯於座上而神不爲動者事雖眇小固難能矣此其人皆負一代之望當時號爲有識量者今以數事觀之果稱其名否歟假令局曲之士當其所處其亦能辦否也然則大受之具信有不可及者歟夫大音希聲大圭不琢豪俊不群之士固不可以才技取也誠慕而效之其必有本焉諸士將志爲大人者幸明著所由以觀尚友之學

問　孔子贊易而稱説道之大蓋自古及今未有上下不相説而可言極治者然觀詩書所稱君有凛凛於民上而民有兢兢於王法者豈上下之間猶有畏心而終遠於黄虞之治歟太史公左酷吏而右游俠推秦之敝而以爲救火揚沸似矣而游俠捍當世之文綱乃津津道之豈畏當獨在上而不在下歟昔有監謗而劫民以目者寵鶴而不恤其民者卒以致流亡之禍宜也至乃亡徒與上争衡而諫臣憂爲亂階宿衛士擅殺不問英雄聞之而起則民不畏上之禍等耳由斯以言豈爲治者苟取足於相繼而不必於古之所謂説歟今天下雖治而上下之情猶似有不相通者得無畏心之勝而未躋於説道也諸士

有志於論治其明以告我

問　江右舊稱樂土其民沐浴德化且二百余年我皇上御極以來亟下考成之令百司奉職惟謹治具益張其效至於湖波不揚亦可謂吏稱其職民樂其生矣顧治久則易隙法久則易瑕識者摘瑕指隙或有桑土之思諸瑣瑣不暇論試舉其大者與諸士籌之罷遣客戍益募土兵兵畫得矣而武備日弛額伍空虛果足稱折衝之具歟歲穀屢登惠政力崇食策似矣而公私告乏閭閻鮮藏果足稱九年之蓄歟長江大湖層嶺叠嶂形勢足恃也而使奸人得竊以負嵎將要害之扼猶未講歟調租計庸汰濫平役業謂良法乃田里多愁嘆之聲豈推行之術猶有遺議歟蓋聞古有作内政以强國者有議積貯以豫備者有欲固屯守之要者有欲均賦役之法者其説具在也舉而行之可以副今日考成之實否歟抑更有法外之意可探本而言者歟諸士生于其鄉必有抱先憂之慮者顧悉言之以助我所不逮

中式舉人九十五名

第一名　饒位　進賢縣學生　詩
第二名　王守勝　德興縣學增廣生　書
第三名　方鳴盛　浮梁縣學生　易
第四名　衷時徹　南昌縣學附學生　春秋
第五名　涂嘉會　南昌縣學增廣生　禮記
第六名　胡登明　安福縣學附學生　易
第七名　范以淑　南昌縣學生　詩
第八名　郭廷輔　豐城縣學附學生　書
第九名　王松孫　安福縣學附學生　春秋
第十名　劉啓元　金谿縣學附學生　禮記
第十一名　蔣薦　吉安府學生　易
第十二名　郭煒　臨江府學生　詩
第十三名　韓子亨　廣永豐縣學附學生　書
第十四名　李藻　進賢縣學附學生　易
第十五名　徐庭綬　上饒縣學生　書
第十六名　劉日升　廬陵縣學增廣生　詩

第十七名　戴子孝　浮梁縣學生　易
第十八名　諶廷錦　南昌府學附學生　詩
第十九名　吴尚友　湖口縣學增廣生　書
第二十名　程繼志　浮梁縣學生　易
第二十一名　李一色　臨川縣學增廣生　詩
第二十二名　黄章慶　金谿縣學附學生　易
第二十三名　黄之俊　臨江府學生　詩
第二十四名　鄒光弼　撫州府學生　易
第二十五名　樊兆程　南昌府學附學生　書
第二十六名　羅　棟　南昌府學生　詩
第二十七名　彭學夔　宜春縣學生　易
第二十八名　何東鳳　弋陽縣學增廣生　書
第二十九名　彭啓清　上饒縣學增廣生　春秋
第三十名　曾一鸞　泰和縣學附學生　易
第三十一名　左宗郢　南城縣學附學生　詩
第三十二名　黄良幹　金谿縣學生　易
第三十三名　程景伊　浮梁縣學生　詩
第三十四名　熊敏　新昌縣學生　易
第三十五名　胡濟漢　泰和縣學增廣生　書
第三十六名　陳其善　玉山縣學生　禮記
第三十七名　丘體乾　撫州府學生　易
第三十八名　吴穀　高安縣學附學生　詩
第三十九名　汪沛之　饒州府學增廣生　易
第四十名　吴宗漢　臨川縣學生　詩
第四十一名　戴朝用　金谿縣學附學生　書
第四十二名　涂世道　南昌府學附學生　易
第四十三名　朱應隆　新建縣學增廣生　詩
第四十四名　蕭似龍　廬陵縣學附學生　易
第四十五名　黄壂　新淦縣學生　詩
第四十六名　鄭維城　廣永豐縣學增廣生　書
第四十七名　王應禮　安福縣學附學生　春秋
第四十八名　陳昌□　貴溪縣學附學生　易

第四十九名　舒基　靖安縣學生　詩
第五十名　黄日升　吉安府學生　易
第五十一名　劉曰桂　南昌府學生　詩
第五十二名　但貴元　南康府學生　書
第五十三名　邵伯悌　貴溪縣學生　易
第五十四名　蕭以裕　清江縣學生　詩
第五十五名　許安世　臨川縣學增廣生　禮記
第五十六名　朱文璧　峽江縣學生　易
第五十七名　洪世弼　樂平縣學生　詩
第五十八名　吴士楨　宜黄縣學生　書
第五十九名　涂雲雁　新城縣學生　易
第六十名　王志　東鄉縣學附學生　詩
第六十一名　熊復陽　南昌府學附學生　易
第六十二名　陶枋　南昌縣學增廣生　詩
第六十三名　吴文英　進賢縣學附學生　書
第六十四名　李汝祥　瑞昌縣學生　易
第六十五名　周臣　撫州府學附學生　詩
第六十六名　閔有功　浮梁縣學附學生　易
第六十七名　艾自芳　新建縣學附學生　詩
第六十八名　祝學禮　德興縣學生　易
第六十九名　張士魁　瑞州府學生　春秋
第七十名　李應龍　豐城縣學附學生　易
第七十一名　李大臨　豐城縣學附學生　詩
第七十二名　羅繼先　建昌府學生　書
第七十三名　嚴堯武　分宜縣學生　易
第七十四名　程克昌　星子縣學生　詩
第七十五名　葉文熹　浮梁縣學生　易
第七十六名　方廷和　浮梁縣學生　詩
第七十七名　胡拱辰　安福縣學附學生　禮記
第七十八名　羅儒　南昌府學附學生　詩
第七十九名　劉弘道　新昌縣學增廣生　易
第八十名　黄彬　南城縣學附學生　書

第八十一名　鄧以誠　新建縣學增廣生　詩
第八十二名　劉謙　高安縣學附學生　易
第八十三名　潘志立　上高縣學生　詩
第八十四名　湯宏　永新縣學附學生　春秋
第八十五名　徐懋孔　東鄉縣學生　書
第八十六名　彭自新　萬載縣學增廣生　易
第八十七名　陳篚　廬陵縣學生　詩
第八十八名　李正華　上高縣學生　易
第八十九名　元宗孔　崇仁縣學生　詩
第九十名　周國弼　臨川縣學生　書
第九十一名　朱一桂　浮梁縣學附學生　易
第九十二名　曾惟謙　泰和縣學附學生　詩
第九十三名　吴三益　萍鄉縣學生　易
第九十四名　周兆聖　金谿縣學附學生　書
第九十五名　萬民命　南昌府學附學生　詩

第一場

四書

子謂子夏曰女爲君子儒無爲小人儒

饒位

同考試官訓導林批（發揮儒學之辨體認精瑩而格調不凡無一語落蹊徑）

同考試官教諭陳批（清空雅澹洗刷陳言非胸中理會素融安能入此妙境）

考試官教諭趙批（講爲與不爲宛得口氣）

考試官教諭林批（説理之文旨趣雋永）

聖人語賢者以儒而欲其嚴君子小人之辨焉夫儒一也而君子小人則必有分矣可不慎哉昔子夏入聞夫子之道而悦出見紛華美麗而悦則君子小人之介茫然而未有決也夫子乃謂之曰天下有名同而實异者儒也是故有君子儒矣有小人儒矣就君子而言其去小人也遠甚就君子之所以爲君

子而言其去小人也特在幾希之間最易淆也人莫不知君子之爲是而稍有不察遂未免以小人而混于君子矣女惟於儒之中審其孰爲君子而爲焉致知而務期於心得力行而務期於心體蓋無論迹之所在視君子何如而求諸隱微有一爲己之念者即君子也其爲之而已矣此女之不可不勉者也就小人而言其去君子也遠甚就小人之所以爲小人而言其去君子也特在幾希之間最難辨也人莫不知小人之爲非而稍有不察遂未免以君子而混于小人矣女惟於儒之中審其孰爲小人而勿爲焉致知而非以炫俗力行而非以干名蓋無論迹之所在視小人何如而反諸幽獨有一爲人之念者即小人也其勿爲而已矣此女之不可不戒者也吁儒果何常之有哉爲君子則君子矣爲小人則小人矣名實之際尚其慎之雖然今之爲儒者又异矣夫君子小人之辨寬於迹而嚴於心以爲迹可假也今之爲儒者孰不以君子自命究其爲或不齒於小人有起而詰之輒曰吾求心之無愧而已矣何者心可匿也噫迹不可匿也而可假心不可假也而可匿吾不知儒之所終也

詩云予懷明德不大聲以色子曰聲色之於以化民末也詩曰德輶如毛毛猶有倫上天之載無聲無臭至矣

王守勝

同考試官訓導史批（作此題者類襲浮語是篇簡潔清新點綴明徹足爲多士式矣）

同考試官訓導張批（體會傳注直寫心源闡發至矣之義尤爲超脱）

考試官教諭趙批（詞意精到）

考試官教諭林批（能發人所未發）

論不顯之德者必要諸天而後至焉夫無聲無臭天之所以爲不顯也知天則知德矣皇矣蒸民之詩何足以語此中庸推言下學之極功也若曰君子由尚絅之心造篤恭之盛其爲德至矣將何以擬諸形容哉予懷明德不大聲以色吾得諸皇矣之詩矣然而由孔子言之猶以爲末焉德輶如毛吾得諸蒸民之詩矣然而以毛擬之猶有倫焉夫囿于末者耳目見聞可得而及也囿于倫者意言象數可得而及也是皆顯之乎言德也其必如文王之詩所稱上天之載無聲無臭乎蓋謂之聲臭則已忘乎其爲形固不顯也謂之無聲無臭則并忘乎其爲氣尤不顯之至也以之言天而天之精藴見矣以之言德而德之精藴見矣聲色不大謂其囿於末而未至也語至於是則非惟無末之可舉抑且無本之可窺所以發揮乎篤恭之懿者爲甚悉德輶如毛謂其囿於倫而未

至也語至于是則非惟無似之可倫抑且無實之可指所以闡揚乎篤恭之秘者爲甚精吁其斯以爲至乎而不顯之妙可以觀矣要而論之何莫非自尚絅之一念充之耶雖然亦不俟乎充之也人之心蓋如此也是故無聲無臭其本體也曰不見曰不言曰不動其功夫也上智即本體爲功夫下學即功夫爲本體無二也而説者以爲必自有而後可進於無此以枯槁當吾無而疑其入於老氏之寂滅也違無聲無臭之旨遠矣不可以不辨

孟子曰無爲其所不爲無欲其所不欲如此而已矣

方鳴盛

同考試官教諭樊批（構思精深造語雄健末後尤爽剴緊切讀之快心）

同考試官學正翁批（論義盡於不爲不欲之心何等直截）

考試官教諭趙批（盡刷浮靡直窮本旨）

考試官教諭林批（説理精透）

大賢論義盡之於不爲不欲之心矣夫不爲不欲之心義也人能無失其心而義不盡於此哉孟子示人之意若曰夫義何嘗一日而泯於人心也義不可爲則人亦覺其不可爲義不可欲則人亦覺其不可欲是是非非昭然在也自物誘乘於外而不爲者始未免冒焉而爲之矣誠思曰人一心也昔何以不爲今何以冒焉而爲之也就爲之之時反求吾不爲之心而勿之爲焉自已私乘於内而不欲者始未免苟焉而欲之矣誠思曰人一心也昔何以不欲今何以苟焉而欲之也就欲之之時反求吾不欲之心而勿之欲焉是知不爲者義也無爲其所不爲者所以充義也不欲者義也無欲其所不欲者所以精義也天下之事有屬於是者莫不待義以决其是而要之捨吾心之真是別無所謂是天下之事有屬於非者莫不待義以决其非而要之捨吾心之真非別無所謂非故曰如此而已矣彼不求諸心而襲取於形迹之間吾恐得一事止得一事之義也得一物止得一物之義也所遺不既多哉君子尚無自失其心可也先正之言曰學正當求日減勿求日增夫人心至虚萬有不染而强以一切納諸其中豈不悖乎故無爲無欲日減之道也孔子告顔氏以四勿而子思之論下學也推及於無聲無臭夫惟有無爲無欲之心然後可以語無聲無臭之學君子其自得之

易

六四至臨無咎象曰至臨無咎位當也六五知臨大君之宜吉象曰大君之宜行中之謂也

方鳴盛

同考試官教諭樊批（體裁莊整詞意簡嚴易義之最佳者）

同考試官學正翁批（語約而該思婉而切君相用賢之義闡發甚明）

考試官教諭趙批（瑩潔不浮）

考試官教諭林批（布置有法）

臨爻之君相任賢而皆本于德焉夫任賢所以輔治而德則其本也臨爻之君相以之二聖交著其善也宜哉且夫治廣于用人而賢用于純心君相之臨天下未有能違之者也何也以人事君相道之所由光也六四處得其位下應初九則加禮于岩穴之賢者不徒接遇之虚文而出于延訪之實意此無負于相而蔽賢之過寡也故周公繫之以至臨而占則無咎焉乃夫子以位當申之夫亦以天下之士類非無德者所能虚拘而以正感正固豪杰之間風而景附也通是道者所謂相而已矣用人則裕君道之所爲智也六五柔中虚己下應九二則圖維于廟廊之上者不以無不知爲明而以急親賢爲務此克宜于君而得賢之化弘也故周公繫之以知臨大君之宜而占則吉焉乃夫子以行中申之夫亦以天下之治類非自賢者所能幸成而以中行願固明君之恭己而成功也通是道者所謂君而已矣是知相之得士自有相入而無間者在疇咨晋接之先而君之致治亦自有相得而益章者在憂勤宵旰之外周公舉其要而夫子探其本臨道蔑以加矣抑論君人者如天運于上而光明下濟臣如地之承天無成而代有終故君不自役其智而寄之臣臣不自有其功而歸之君周公作周孚先定鼎郟鄏厥功楙矣君子曰亦臣子之分所當爲曾不以爲周公之功而成王之功也噫周公繫爻四僅無咎而吉則歸之五也此公之所以爲遜也

乾健也坤順也

胡登明

同考試官教諭樊批（講健順字義易著色相此作清新宛曲起繳處意味更深）

同考試官學正翁批（不襲塵筌衝然大雅録此以式多士足挽陋習矣）

考試官教諭趙批（善發題旨）

考試官教諭林批（詞不繁而意足）

卦有陰陽之純者而性情因以异焉夫乾坤者陰陽之純也一健一順而性情辨於其間矣説卦之意蓋如此若謂易之所示者陰陽而陰陽之所寓者

理即陰陽以求其理而易卦之性情可識矣何言乎易有八卦而始於乾坤乾之三畫皆奇聖人有見於陽之純而象之者也天下言健者必歸之陽而乾既爲陽之純矣是故無所屈撓無所止息而發强奮迅之理有浩然其獨運者乃其純陽之性情則然耳雖乾元用九若有不專于健者存而要之健者其常也彼諸卦非無以陽名者然皆陽之雜而非純也則亦安得以如乾之健哉坤之三畫皆偶聖人有見于陰之純而象之者也天下言順者必歸之陰而坤既爲陰之純矣是故因而不作受而不宰而柔順安貞之理有退然若無爲者乃其純陰之性情則然耳雖坤元用六若有不專于順者存而要之順者其常也彼諸卦非無以陰名者然皆陰之雜而非純也則亦安得以如坤之順哉于是知乾坤非迹也健順非精也迹之示者使天下有所可窺而精之寓者使天下有所不可測易卦之妙固如此嗟乎性無不善而情因以流聖人能性其情故健也柔克順也剛克二者各協其能以交濟也次之則任其情之偏而猶各得其性之所近甚者則以情鑿性其究也爲强梁爲儒懦而卒以敝噫剛柔相濟之理詩言之詳矣則道性情者信莫辨乎詩也

書

人心惟危道心惟微

王守勝

同考試官訓導史批（危微字義摹寫最難是作不冗不浮逸氣見于言外）

同考試官訓導張批（直抒真見意旨躍然中有自得之語子蓋究心于理學者）

考試官教諭趙批（文多古調）

考試官教諭林批（俊雅不群）

聖君論人心道心而著其幾之可畏焉夫人心欲其安也而危矣道心欲其著也而微矣其幾如此可不畏哉大舜特指而言之以示禹也若曰自昔聖人之以天下相傳非其位之謂也心之謂也汝將有天下之責其亦求端于心乎今夫人一心也心一道也顧自其發于形氣也謂之人心是心也引而之于公也難引而之于私也易有所動于内則不待在外者入而乘之而知誘之隙已啓有所動于外則不待在内者出而乘之而攻取之勢已成蓋去之不可存之不可逆之不可順之不可人心抑何危哉自其發于理義也謂之道心是心也引而之于明也難引而之于昧也易時當未放則杳然伏于方寸之内而莫能窺其始時當既放則茫然游于千里之外而莫能究其終蓋將以爲無又忽焉而呈于有將以爲有又忽焉而隱于無道心抑何微哉要之人心危矣而不

以道御之則危益危道心微矣而復以人汨之則微益微此精一執中之學不容以不講也禹其懋哉嘗考堯之授舜惟曰執中而已舜又益之以人心道心之説何居曰非益之也人心之説指夫中之已涉于欲者言也道心之説指夫中之未涉于欲者言也已涉于欲則當有禁未涉于欲則當有養無非所以保護此中也非益之也雖然繹其旨非益之也迹其言則益之也蓋聖人之防天下也固日以詳哉吁可以觀世變矣

昔先正保衡作我先王乃曰予弗克俾厥后惟堯舜其心愧耻若撻于市一夫不獲則曰時予之辜

郭廷輔

同考試官訓導史批（詞氣悠揚思致縝密大臣任天下之重闡發無余蘊矣）

同考試官訓導張批（格調高古意趣圓融爾雅之文子不啻作經生語者）

考試官教諭趙批（衝淡中有逸趣）

考試官教諭林批（詞意俱精神）

元聖之輔商王也其自任爲至重焉夫以君之不堯舜爲己耻以一夫之不獲爲己辜元聖之自任亦重矣則其所效于湯者豈苟焉而已哉高宗以之期傅説也若謂人臣之在國家所以上毗君德下毗民生而事業炳然于天下者何也彼其初固嘗志之也我聞先正保衡矣昔先正保衡之作我先王也際一德咸有之交慕二代君民之美仰而思及乎君非必反道敗德遂于匪彜然後援之爲己耻也即堯舜之聖天下莫不望而震焉而彼且曰堯舜亦君也致君之責我實身之而弗克使之爲堯舜天下有以舜之事堯者律我我何辭也天下有以稷契皋夔之事舜者律我我何辭也赧赧然有若撻于市者矣保衡之存心于君也如此俯而思及乎民非必四海九州胥于陷溺然後引之爲己辜也即一夫之微天下莫不眇而忽焉而彼且曰一夫亦民也澤民之責我實身之而不能無一夫之不獲是誰爲先知而使後知之至此也是誰爲先覺而使後覺之至此也戚戚然有若推而納諸溝中者矣保衡之存心于民也如此惟其存心于君所以能作我先王爲堯舜也惟其存心于民所以能作我先王之天下爲唐虞也爾盍比美于保衡乎抑不特保衡然也湯亦有之日新之銘栗栗之懼蓋奮然以堯舜自待而視天下爲己責也於是保衡之志得行而商業成矣夫保衡不嘗五仕夏哉而夏德竟何如也故天下之本在君

詩

保兹天子生仲山甫仲山甫之德柔嘉維則令儀令色小心翼翼古訓是式威儀是力天子是若明命使賦王命仲山甫式是百辟纘戎祖考王躬是保出納王命王之喉舌賦政于外四方爰發

饒位

同考試官教諭陳批(天爲君而生賢佐此作善發其旨且典雅明暢子其深于詩者乎)

同考試官教諭李批(體裁整飭意趣悠長渢渢乎復古之音可以雄視諸作)

考試官教諭趙批(純正典雅)

考試官教諭林批(詞達而文)

大臣之生甚重故德職全也夫德職咸備大臣之所以保天子也知此則仲山甫之生豈非天哉作詩者意豈不曰天開一代中興之治有所以主之者必有所以輔之者斯二者皆天也今觀有明德者天子也而天既監之故保天子者天心也而仲山甫實生焉文武成康之德我天子將肆揚于今日而生之以輔其德也文武成康之業我天子將重光于今日而生之以佐其業也如是而山甫之生也豈天生烝民然哉故得一善皆可爲天子使而山甫之德全德也柔嘉維則中和之至備矣儀色善而欽翼嚴表裏何純乎古訓式而威儀力知行何懋乎上可以順天子下可以敷明命則一身而萬善全矣保我天子而一人之令德其有賴哉凡一職莫非自天子命而山甫之命特命也式是百辟屏翰之托重矣纘祖考而保王躬倚之爲腹心焉掌出納而主王命寄之爲喉舌焉上而宣王之德下而發民之應則一身而百職舉矣保我天子而一代之鴻業其有賴哉信乎山甫之生爲保天子生也异于烝民宜矣抑於是而知天人之際也有唐虞必有五臣有成周必有十亂王者名世若相待然非天而何但生賢者天任賢者君讀詩見山甫之德又見山甫之職而後知宣王之中興有由也然我周之盛自文武成康而下有君有臣以共成一堂之遇者僅見乎此則上下之交豈亦有數而不可多得哉

無此疆爾界陳常于時夏

范以淑

同考試官訓導林批(不事雕刻而文藻蔚然時義之準繩也宜録以式)

同考試官教諭陶批(題本平易作者類多衍詞子于明順中更有剪裁

可謂善説詩者）

考試官教諭趙批（清畅）

考試官教諭林批（秀雅）

即常道之廣徵養道之大蓋養民者稷也而常道之行由之其德亦大哉思文祀稷而歌之曰人知唐虞之際我后稷登天下而粒食之不知其胥天下而文明之也曷言乎常道之在人心本未嘗一日亡者但烝民未粒之先一時夏也烝民既粒之後又一時夏矣稼穡教而凡此疆爾界無往非率育之區樹藝成而無此疆爾界隨在皆陳常之地道莫大于君臣也至是始得陳之而衆著于尊尊之義焉凡屬于人合者亦猶是已道莫大于父子也至是始得陳之而衆著于親親之義焉凡屬于天合者亦猶是已以五典則有慎徽者矣而所以康食之者誰與使人心之常道有所賴而大明于斯世則當時時雍之化謂稷貽之可也以五教則有敬敷者矣而所以允殖之者誰與使常道之在人有所藉而四達于中國則萬古禮教之俗謂稷□之可也蓋上天牖民之意非獨緩于惠民之時故后稷養民之時即以成夫教民之化天之生稷稷之承天有如此者尊以配天詎曰不宜大抵天命聖人各司其事如禹不能兼稷稷不能兼契推之皋陶伯益皆然要之列聖者事相成而功相等也故禹身有天下而稷契皋陶伯益則其後世迭有天下乃知天心固右之矣周人南郊之祭其以天事天乎逮觀周禮三農九穀之務與夫七月之陳則又起而嘆曰此天與稷所以享也

春秋

春正月公狩于郎（桓公四年）

裒時徹

同考試官訓導余批（有斷制有風骨鏗然金石當于古調中求之）

考試官教諭趙批（詞意謹嚴筆力蒼老）

考試官教諭林批（得本傳謹微之旨）

經於講武非地者而謹之以全王德焉此見不地之狩雖微而戾于王德則大矣春秋能無謹乎嘗考列國田狩之地各有常所若原圃若具囿未有以易之者魯之去大野而于郎非所矣然此亦淺失也惡足以病公噫此以細娛爲無傷而不去也不曰明王慎德以民物得所爲極致乎吾想其遷迹于郎也豈不以車徒之不遠則不足以窮弋獵而明得意吾有四境而吾狩之庸何擇不思從禽之心勝則場圃無完物淫逞之念滋則道里無寧居有不俟還軫而菑厲萌興怨讟并作也國其謂我何嗚呼此直淺失而已哉王者以民吾同胞

即生之而猶若有傷物吾同與即用之而猶非得已桓乃冒於原獸而忘其國恤以之訓民則不威以之取物則不順將焉用之率是而行則凡以一人肆于民上而弃天地之性者弗可止也已故春秋不以爲微而特書以謹之欲有國者存此心以仁民則百姓和而四境謐存此心以愛物則鳥獸若而草木蕃每謹于微而王德全矣抑無淫于田自古記之郎之狩甚矣咸丘之焚又甚矣東魯必無幸乎雖然親親而仁民仁民而愛物逆德如桓而可求多哉特假桓以訓天下後世云爾而後世猶有馳騁弋獵如長楊上林之役者吾不知于王德何如

楚屈完來盟于師（僖公四年）齊人歸我濟西田（宣公十年）夏公會齊侯于夾谷公至自夾谷齊人來歸鄆讙龜陰田（俱定公十年）齊人歸讙及闡（哀公八年）

王松孫

同考試官訓導余批（書法錯綜作者難于融會是篇結構精密而詞調更覺鏗鏘）

考試官教諭趙批（聖人化强之績提點明透）

考試官教諭林批（意周語勁）

春秋殊辭以紀化强之效而不嫌於序續焉此聖人之化齊去常情遠矣即以序人者而自序何嫌哉昔魯之三田隨夾谷而舉之齊也説者曰謝過也夫齊之親魯不寧唯是前有濟西後有讙闡皆僅以歸書而兹獨以來歸爲文同於屈完之來盟者何邪噫此夫子化强之績也蓋卑屈事人者以言請之而不足禮義責人者以心服之而有余故楚之方漢猶昔也齊桓一聲王貢之闕而同好是承夫亦屈於義也以彼霸者猶然而况于王乎當時鼓噪之齊不減於楚而式微之魯何敢望齊非夫子當之幾殆矣乃攝相從君秉禮責敵裔俘却焉兵車拒焉野饗之設罷焉夫禮至則不争齊固非終入夷狄之俗者能不逡巡而謝過以質哉兩君合好而壇墠之外有奉輿圖而至者非强也我無遷善改過之迹而感者以天彼匪親愛惠遺之私而應者亦以天姑亡論其功化之淺深何如而變齊帖楚其績均焉耳矣故夾谷之下而書齊人來歸鄆讙龜陰田异於他歸而無嫌於與齊同序者一以天自處之心乎嗚呼歸田者齊而歸女樂者亦齊何始焉嚮化之誠後相背之戾也平仲其不在事與尼溪之封躬自沮之無亦限於命邪雖然有管子則桓霸有晏子景不失令名然則嬰亦仲之流亞哉

禮記

君子如欲化民成俗其必由學乎玉不琢不成器人不學不知道是故古之王者建國君民教學爲先

涂嘉會

同考試官教諭朱批（教學乃化成先務古今所重也是作發揮透徹末復歸本君身旨哉）

考試官教諭趙批（措詞嚴整運意周匝）

考試官教諭林批（題旨融貫）

論君子願治有其要而徵諸古之王者焉蓋道者所繇以適治也學而後知道則化民成俗信必由之矣宜王者以爲先務歟且學術者事功之本也教化者風俗之原也君子而安於謏聞動衆已也則固可不必於學者如不屑於小康之陋而慨慕夫帝王之盛欲於民而化之如古之於變者焉於俗而成之如古之時雍者焉是遵何術哉其必以大學者賢士之所關也而賢士者所與共成天下之治也群英才而樂育之使皆知明德以立其體羅俊乂而甄陶之使皆知新民以裕其用則養之有全功用之有實效民化俗成必由此出矣不觀古王者先務之急哉蓋人必知道而後可適於治猶玉必成器而後可適於用也玉之不琢不成器矣人而不學其能知道乎故王者建萬國以親諸侯而獨急於造士之方樹君公以擾兆民而首重夫儲材之地自王公以及庶人莫不有教是以教爲先也自國都以至鄉黨莫不有學是以學爲先也當時黎民由之而厚習俗由之而美則以人皆知道故乎化爲易耳有志於化成者捨學其何以哉信乎君道以師道而備治化以教化而彰君子而誠欲之莫若師王者矣抑觀唐虞之際禹治水稷稼穡民方知有生之樂而司徒之命乃諄諄焉則教學之不容一日緩由堯舜而已然矣然史臣贊之一則曰克明峻德一則曰重華協於帝而後變黎民風四方傳曰堯舜帥天下以仁而民從之知此則化成之要在教學而教學之本在君身明君以務學爲急信哉

子曰爲上可望而知也爲下可述而志也則君不疑於其臣而臣不惑於其君矣尹吉曰惟尹躬及湯咸有壹德

劉啓元

同考試官教諭朱批（通篇無一冗語君臣相得之意自是明盡且結知重尹此必深于事君大義者）

考試官教諭趙批（筆力遒勁思致瑩潔）

考試官教諭林批（詞意冠冕）

論君臣以誠而相得必引書以證之也蓋君臣相得而後功業弘也誠則無疑惑矣即書之所稱一德者何以加焉見於緇衣者若曰君臣之相須亦甚殷矣得明君而事之臣之願也得良臣而任之君之欲也然明良何由以交哉亦曰誠而已矣彼爲君者以上而臨下每患於難知也而君之待臣者一於誠則自下而望之外之所以寵遇我者即其中之所以倚毗我矣不可望而知乎爲臣者以下而奉上每嫌於無述也而臣之事君者一於誠則自上而述之今之所以照當世者即其後之所以垂休光矣不可述而志乎惟上之可知故臣不徒見君之貌而見其心雖堂陛之尊有不能隔者而圖報之益堅矣又何疑於其臣耶惟下之可志故君不徒信臣之名而信其實雖讒邪之口有不能入者而委任之愈專矣又何惑於其君耶載歡之尹吉曰惟尹躬及湯咸有壹德夫湯齊聖之君也尹王者之佐也其始也湯三聘尹而不以爲屈尹五就湯而不以爲要其既也湯舉天下而畀之尹尹舉其身以爲天下果能壹德以有成也君子曰湯可知也尹可志也壹德者誠故不貳也三復尹吉之言而可以識萬世君臣之義矣雖然在君者不可過求在臣者所當自盡伊尹之事成湯也易而其事太甲也難然左右贊襄卒能成君德而中興焉何哉蓋天民先覺其心純乎天也心純乎天則天下萬世皆能諒之故當其時主不疑臣不忌赫然中興之業迄今頌之不衰也噫兹固人臣事君之準也

第二場

論

王道至大至正

饒位

同考試官教諭陳批（王道正大作者類多并言此篇根極理要歸本君心而筆勢縱横妙思溢發必超然玄覽士也）

同考試官教諭李批（反覆數千言無一塵句而筆力高古意味深長至析王伯之辯愈入精微矣）

考試官教諭趙批（章法句法逼近西京）

考試官教諭林批（議論波瀾迴出時調）

王者之道天道也純心以運治是其道之所以同乎天也何者天下之治非可以一切法度整齊而約束之王者不顓任法而必有拊摩涵育天下之具

以濟法於不窮故其道卓然與天比隆焉斯道也張設於治則恢廓而不可禦而宰制於心則純一而不可雜心也者道之窾係而治之樞紐也不能正其心則所爲皆苟道也而徒恃其法曰吾有以治天下豈不難哉宋儒胡氏曰天道至大至正王道至大至正蓋大者其治之成也正者其心之運也心與治相表裏而王道可幾而睹歟今天天窿然覆物以形而穆然周之以神舉萬彙而亭育陶冶使皆生成於元造之中其道之大如此然豈物物焉嘘拂而雕刻之哉功有所不宰誠有所不貳日鼓物而無容心者天道之正也故曰大者正也正大而天地之情可見矣天地包萬物以并生而普之以無心王者聯萬民以并治而出之以無私書之論皇極也無有偏黨無有反側無有作好作惡而總之曰王道正直至於會極歸極舉天下而囿於蕩平之域則大順之治成矣斯非王道由正而大之明驗歟且王道曷爲而始也天生民而樹之君豈其使一人巍然寄於民上而無所注厝者哉蓋嘗覽三代之興陳經立紀以爲民極者何其綢繆而纖悉也天下之勢涣而無以統也而侯衛藩屏置焉天下之分黷而無以辨也而官師位序列焉天下之人群居而無以齊也而符壐量衡設焉無以養也而井牧貢賦定焉無以教也而庠序弦誦備焉無以衛也而卒伍搜閲具焉人皆曰是王者治天下之法也而非道也殊不知王者爲治不盡恃乎紀綱法度之詳而必有禮以節之樂以和之仁以漸之義以摩之其導民也循循乎懇惻而忠厚紆余而易簡使天下揉伏馴擾帖然由吾之法以成敦龐純固之盛此王道之卓越乎萬世也所謂至大而至正者也故道在朝廷非必日省而月申也然而休采之臣摶心揖志以象其指者有同式矣道在邦國非必家至而户曉也然而樂利之氓矯手頓足以咏其澤者有同戴矣道在天下又非必馳騖乎兼容而并包也然而六服承德四夷來賓執萬玉累九譯以效順者有同嚮矣王道之行也胥一世而尊之如天地仰之如日月親之如父母歸之如流水淳化旁沾洋溢乎方内外既其久也雅頌管弦之聲歷數千歲而勿絶豈不誠至大矣哉而所以權輿之者固在心也王者之心主之以誠慤行之以公溥而要歸於至正天理盎然充滿具足無有虧欠無有假借無有歆羡制立而無私造作功著而無私炫飾法用而無私控揣惠周而無私施予機智巧僞洗濯消融靡絲毫留於胸臆故武不逾閫閾而聲氣之孚捷於影響言不及表著而德信之感堅於金石此所謂心之至正而王道繇以出焉者也故王者之心洞達純白如鑒之明如衡之平斤斤焉規之矩之準之繩之而無少差跌者其正也是所以爲致大之基也王者之治恢閎廣博如水之源溢爲萬派木之根蔚爲千尋而漸漬之末流播散之余種猶勃乎不可禦遏者其大也是所以

爲積正之效也故必有純王之心而後有純王之道有純王之道而後有純王之治參相成者也且夫王者之爲天下威命靈爽非不運也而有不假威而震者焉禁誡憲令非不宣也而有不藉令而喻者焉物采文章非不華也而有不倚文而辦者焉何則其心正也心正則精神念慮日旁皇周浹於海寓化理所運自可拱已而不勞王道之隆至於以天下爲一家中國爲一人者非意之也後之人君其心未必能正而矻矻焉疲思竭知以炫逐乎外由是恣睢驅迫之威行焉而窮束縛籠□之令施焉而沮藻繢雕飾之文工焉而敝其爲治也日趨於苟且簡陋之歸偏曲而不通踦缺而不具規摹所立不勝其淺隘狹小而去皇極之中正王道之大全遠矣故曰粹而王駁而伯王伯粹駁之判在幾微眇忽而其究懸於千里不可不察也自夫世之人不核其根而徒課效於末迹則曰素樸之化奚與夫歡虞之可喜也必世之仁奚與夫速成之爲快也孰知王者之治雖不規規圖耀於衆所見聞而浹肌膚藏骨髓者固已膠結而不可解伯者日擾擾焉塗天下之耳目而術之既窮則掩左而右動鎮前而後起卒至於齟齬衡決而不可收拾王者之業雖不能取成於倉卒而制定功立則垂之來世咏歌舞蹈莫有厭斁之意伯者徇情以飾虛於旦夕而一振之後無復余味終霍然冰釋爾矣譬猶樸桶椎輪利用於堅久而粉藻丹繪者不歷時而渝和風甘雨收功於噓潤而衝溢凌暴者不終朝而止假令以王伯而較論其治效固有相萬者矣周德下替伯之盛者莫尚乎齊桓九合一匡攘夷尊華之功非不燁然可觀也然宮中七市女閭七百其本之不端而徒以詐力之習偷取近利故一振矜而叛者蜂起功烈曾不能以訖身仲尼之徒耻而不道誠小之也漢之興也承敝救變不務襲迹於三代而雜伯王道行之夫王之與伯金之鍮石玉之碔砆禾之稂莠也邪正之幾間不容髮雜而行之是伯而已矣何王之足云哉然則世變之趨將泛泛乎如舟流之靡届而走凡峻坂之必極也三代之盛其終不復矣乎嗟乎曦馭馳於蒙谷晨而旭耀蟄蟲潛於坏户春則振鳴故法古以興化者知道之君也矯世以易俗者善治之主也漢文帝一尚恭儉而貫朽粟紅烟火萬里唐太宗一敦仁義而外户不閉行旅不齎糧夫文帝之恭儉强勉而非純也太宗之仁義假襲而非真也而其效已章灼若是矣况粹乎一出於正者功化之隆又當何如哉荀卿曰國者巨用之則大綦大而王蘇軾氏曰王道不可以小用也夫人君不能恢拓治功於至大者特繇正之未至耳誠純心定志不駁雜於功利之私不遷惑於因循之陋則上理可登而三王可四此固還至而立有效者也君天下者尚無阻其至大而務先圖其至正也哉

表

擬上以御製聽經筵官講大學衍義詩示輔臣輔臣依韻恭和命彙爲一册名曰翊學詩謝表（嘉靖六年）

同考試官教諭樊批（叙事衝融摛詞貫徹模寫明良意象忠敬藹然他作非不工有此翩翩神采否耶）

同考試官學正翁批（語如戛石意若貫珠六朝之精華唐宋之風度此表兼得之矣）

考試官教諭趙批（莊重典則非馳騁浮靡者）

考試官教諭林批（叙述敷揚曲盡四六之妙）

嘉靖六年某月某日具官臣某等伏蒙聖恩以臣等恭和御製聽經筵官講大學衍義詩命彙爲一册名曰翊學詩臣等誠歡誠忭稽首頓首謹奉表稱謝者天啓宸聰千古契簡編之要雲回睿藻九重錫臺輔之光虫吟慚和於玉音貂續幸登於寶册嘉名不朽休命曷揚竊以歌敕時幾本大舜謨聞之後銘申敬義實太公書受之餘惟王者能自得師非聖人莫之有作上能率下宣鹿野之周行臣亦媚君答凫涇以令德同聲唱和協力進修自典學浸荒而摛詞亦戾過沛興思猛士安事詩書横汾致慕佳人空施仁義投戈講業書徒細於札行開館延儒製乃希於宫體即句聯殿閣僅撤炎蒸至詩進牡丹祗賢博奕風斯下矣文在兹乎恭惟皇帝陛下剛健粹精神明宣哲河清雲見兆載應於大横日就月將志彌勤於小毖尊親饗帝本仁孝以綏猷稽古求聞識行言而畜德謂魯聖闡皇王之秘揭三綱八目於遺書而宋儒摻經史之精備四要六條於衍義曾書高皇之廡壁屢進列祖之經帷爰納臣言用恢天聽窮百代聖賢之奥恍若見諸羹墻探千古得失之林粲如陳諸指掌心通耳順已融吾道於青編旨遠思深遂焕斯文於紫極義追風雅道溯噩渾聊借體夫五言不取材於六代若帝中聞命申發危微如孔教悟心退明忠恕戒堯言於時謹勒湯誨以日新光逾河洛之文寵被絲綸之地固非游情翰墨琬琰徒頒實亦訪落臣鄰瓊瑶望報顧念臣等十五雖從於大學三千莫得於宗傳誦經未達六情補衮曾無一字何人筆老能賡慶曆之詩有賦言微尚約魏徵之禮庶暄日無忘於田叟豈陽春可和於巴人天維顯思莫答保明之望公何能爾翻承挺直之褒乃萃成書載名翊學志交於泰信已如地如天聲應於乾安得從龍從虎且聖功常習雖羽翼以何施惟帝度益弘乃菲葑之罔弃遂令螢爝依光於日月碔砆綴質於球琳并載金函長傳璧府緊黄扉之盛事爲丹扆之殊恩敢不祗奉王言懋襄天德修予作醴勉抒啓沃之忠示我佛肩少助緝熙之學非誠

意正心不獻遠法宋臣惟齊家治國是期上符文后伏願始終遜志夙夜殫心廣明德以新民允已治三二典觀人文而成化不獨言七六經股肱喜哉元首起哉歌載賡於虞室泮奐游矣優游休矣音永矢於周岡臣無任瞻天仰聖激切屏營之至謹奉表稱謝以聞

第三場

策（五道）

第一問

饒位

同考試官訓導林批（我皇上講學勤政度越□□子能揚厲其盛而猶以宴見陳奏惓惓致望忠悃溢於詞矣）

同考試官教諭陳批（朝講非二事政學無二理有味哉其言之也末欲廣延衆論益懋聖修是深知靖獻之義者）

考試官教諭趙批（美不忘規詞意懇至）

考試官教諭林批（叙述詳明忠讜見于言外）

執事發策而首以朝講之制下詢承學承學蓬累而居不闚扆黼之略丹□而誦豈堪旃厦之議雖然亦射執事之策耳聖王之治天下也雖秉靈體睿而不敢自謂神聖也思天下之戴己者尊則思所以副其求而襁褓之者甚備將副其求則思所以察其瘼而規晝之者甚詳將詳其晝則不待其事會而預設衡鑒以俟之者不得不審故出以應夫棼籍入以正其幽眇日鰓鰓焉而不遑暇豫誠思天命宜嚴而民嵒不可不畏也蓋自有君臣以來則有會朝之制而後世之可詳者在周官矣師氏之詁曰王日視朝於路寢門外天以日運故健日月以日行故明一日二日萬幾故昧爽丕顯坐以待旦蟲飛而會盈日出而視朝朝退而聽於路寢日中而考政日夕而糾虔天刑日入而潔奉粢盛當是時芻蕘之所陳如臨師保邇言之所察若籍故府自常伯常任至於虎賁綴衣趣馬小尹左右攜僕百司庶府必皆吉士自公卿至於列士師□矇工庶人親戚瞽史耆艾皆有賦誦故有朝之名而未始無講之實也自秦迨漢而制浸异焉叔孫通起朝儀務尊君卑臣趨於簡闊至於宣帝五日一聽事而公卿之進見益疏唐宋而後太氏皆因漢制故願治之主無以廣嘉聞延讜論於是有若光武數引公卿郎將講論經理夜分乃寐矣有若唐太宗命學士杜如晦等十八人更直閣下討論經義矣至宋而後制益加詳便殿經筵秘閣直廬書侍

講讀夜備召對於是乎講制立焉然或免隻日或輟寒暑故議者以爲徒循故事爲美談已耳我高皇帝之初下婺州也則禮其碩儒而講帷幄中其後雖干戈倥偬而手編不去定鼎之後尤孜孜矣慮俯仰而再周四海之外中夜思四方之事待旦而行之朝與講皆如此其數數然也此所謂帝王有用之學而經天下萬世無窮之心乎及夫定爲儀注肇自正統初載累朝以來循蹈無易我皇上聖資天授性學日成其於率由古訓自然非强臨御以來七載不倦蓋朝之日一而講之日二故明主有日新之德而四海仰臨照之神鏡治本矣昔者殷宗三祀其惟弗言曰以台正於四方臺恐德弗類既得傳説則曰爾交修予罔予弃予惟克邁乃訓成王即位始謀於廟其言憂思深遠若隕淵谷而群臣進戒獨以學問爲先故詩曰念兹皇祖陟降庭止又曰維予小子不聰敬止學有緝熙於光明佛時仔肩示我顯德行夫不憂承式而憂其無多聞不憂多難而憂其無繼序聖人之意遠矣皇上之意即商宗周王之意也今神睿益充國家政體益習特從輔臣之請輟揮翰之暇披省章奏與二三執政切劘講肄煌煌乎無强之盛德大業其在兹矣乃執事復舉宋臣之議爲問意以聖人之學純亦不已而願皇上軼三五之上乎敢不補綴所聞效芹曝焉夫詢事質疑非論不彰問駁相發情態溢出竊聞日講之際德音無所辯難遂使執經者不得盡其説陳事者無所見其裹則何以入理閫而廣意域故韓維欲從容降接以盡臣下之情往復研究以見聖人之奥似爲今日言也一簣虧成十寒戕生日就月將始於時習今近臣入直有時見不得亟皇上退而與處者誰歟得無藏修之時少而游息之日多歟程顥有言涉書史覽古今乃學之一端耳涵養氣質薰陶德性斯習與知長而化與心成亦今之讜論也趙忭曰易有吉凶詩有美剌禮有污隆樂有治亂春秋有善惡史有得失并舉則易見偏陳則難明乃經筵講吉不講凶讀得不讀失言筌尚滯意匠將屈此豈所謂臨文不諱耶愚恐今之不無是也李淑曰自昔人主講讀本欲因事立訓鑒往知今假借是名與近臣譚議政事耳司馬光吕公著蘇軾諸臣風流相形美政美事多自講筵發之如其占□而已所益幾何此又愚之所望於今者也猶有一焉日御應門聰明四達皇上之采聽弘矣而敷奏之禮尚略獻納之績罔效非有司之過乎宋制臣僚朝辭日具轉對景祐之詔後殿説書之日權引諸司對事今制獨輔臣對便殿自餘雖六卿公孤莫望清光焉意者非典歟無論洪永之時即蹇夏而下代有宴見如蒙曠然發明詔令部寺卿貳隨輔弼侍從之臣不時召對躬聽覽則庶務之情實具見數考問則百官之忠僞周知上以廣聖睿聰明之用下以責翼爲明聽之實此章化軌物之大者也夫聖人所以動天地應神明正

萬物而成王治者必本乎真實而已故在上者審則儀道以建皇極非以飾羽儀聳觀聽盛一代之典而已也銓經徵聖以務修身非以馳辨洽縟辭説人文化成天下而已也酌史論世以資反躬非以托褒貶考興廢虛評陳人之己事而已也議政制事以謀治安非以修節文糾度數搜選庭間之馳驟而已也古之興王惟恐天下之不明已也故其學問猶之殖焉既培芘之又日溉焉而其於治猶農之有畔日夜思之朝夕而行之行無越思此善經也願皇上修德於淵蜎蠖濩之中而不待於大廷懋學於夢寐幽獨之際而不必於典訓深慮於千百萬億之後而不止於眉睫綜實於言語筆札之外而不因於緣飾務設誠於内而致行之則帝何以不三五而俗何以不唐虞哉愚生自忘其迂輒誦所聞惟執事虞其然否

第二問

王守勝

同考試官訓導史批（文章遞變諸士類能言之惟印證古今推及世運此作獨得其要領亟收之以風靡麗者）

同考試官訓導張批（文體關乎士習代有盛衰子能貫穿百家獨宗大雅而歸本于務學其得文家之三昧者耶）

考試官教諭趙批（氣格渾雄足爲詞壇赤幟）

考試官教諭林批（千古藝林品隲精當）

嘗謂天下之事有可言而不可知者有可知而不可言者氣之有淳澆也而文因以高下此講藝之士所詳也然而轉移變化之迹若有朕焉而不得其故此可言而不可知者也文之有盛衰也而治因以隆污此識微之士所憂也然直析而僂陳之則見以爲汗漫而無當於實此可知而不可言者也執事有概於中而以文策士令揚榷古今文章之變誠意不爲文也愚生惡足以知之然嘗讀易之渙矣渙之象曰風行水上渙天下之至文夫風與水相遭而天地之文以著人與世相閲而古今之變以成故風不能不以地推移而文不能不與時高下彼風之行於濫觴之淵也泓渟泱瀼有龍鱗而霧縠者焉風之文也及其行於盤渦大峽而湍悍蕩□起濤飛沫電激輪轉者亦風之文也及其行於洞庭彭蠡之澤而汪洋浩渺浮天無岸連山歕雪不可嚮邇者亦風之文也文之與時高下亦若是而已矣是故五帝之事若有若無三王之事若存若亡論者猶謂黄唐淳而質虞夏質而變商周麗而雅又或稱虞夏之書渾渾商書灝灝周書噩噩蓋取諸六籍而萬世文藝之淵源肇焉春秋戰國之文繼六籍而作而其理不及也然而攻奇飾説本原百物極窈窕閎肆之談使後世工文

者雖出入萬變而未可得易斯已奇矣兩漢之文竊春秋戰國之意用之而又不及也然而椎雕爲樸反華爲質善叙事理能得人情言之精者可以不朽斯已偉矣晋宋六朝竊漢之詞用之而又不及也然而善鎔鑄古人之言以耀光鷟采霞駮雲譎如登赤城之嶠炫目動心麗而不淫者矣唐人竊六朝之體用之而又不及也然而沈浸醲鬱貫穿百家其詞平易爾雅不爲琦辯雖風骨靡而不振其韞富矣有韓愈氏至於宋變唐人之體而去其辭而又不及也然而探賾鈎深咀載道要刊落華藻而歸之本根雖時有蕪陋然其淵源正矣劉禹錫曰三代之文至戰國而病涉秦漢復起漢之文至列國而病唐興復起如是則盛衰有時勢極必反矣孰振之哉而朱子謂韓文不如漢漢文不如先秦戰國則直以古今風氣日趨於澆薄已耳孰靡之哉此可言而不可知者也意者文之有高下以氣之淳澆耶氣之有淳澆以運之升降耶合之則古今之升降爲一代而分之則一代之升降爲古今故觀之風與水之推移而二子之説可互見也雖然涣之文至矣然而聖人曰涣者離也物不可以終離故授之以節又可以説也國家文化宣朗與帝典王風比隆敦烈自弘正以來鴻裁哲匠操觚登壇修詞之子景合雲起靡然嚮風家握隨侯人懷和氏口不掛江左之籍目不涉唐宋之簡直欲極騁逸軌於先秦兩漢之間而上與六籍按迹豈不甚瑰壯哉執事乃憂其太過有意還淳返樸一與之更始此非諸生之所及也竊嘗俯仰古今而求文之所以高下以爲其相習而不察者其過有六而詞不與焉其相推而不可已者其敝有四而文亦不與焉六過者皦皦然在文之中而四敝者墨墨然出乎文之外所謂可知而不可言者也嘗言其似夫文者器也器各有體體方圓也彼莊生論議之文也故雖徵之以寓言而不可謂之史馬遷叙事之史也故雖濟之以談説而不可謂之文今不思遷之爲史也而概模之以爲文是猶慕璧之圓而規瓚之邸也失其裁矣是何也不辨體之過也大塊噫而萬竅皆號比竹者一一而吹之以稱於天籟則遠矣春氣生而百昌皆遂雕玉者葉葉而鎸之以稱於大巧則迂矣文而肖此至陋也是何也不練氣之過也夫握徑寸之珠而衣褐入市不以爲窶家有敝帚享之千金而過者無不笑也君子誠有高世之識則辭之所運縱横曲直無所不可若必求工於偏解矜激乎一致而以片語單辭仰模作者雖精不逮矣是何也不廣識之過也梓慶之爲鐻也十年而不敢懷非譽巧拙栗林父之承蜩不以天地萬物易蜩之翼彼篤於物者猶若是若乃夫績文之士逐時以爲工偶世以爲好失已者也是何也不定志之過也夫五味調鼎而和羹之啜不辨酸鹹五音成文而咸池之奏如出一管是故古之爲文者沉涵百氏醞釀千古汒乎泱泱而不知其

門若夫學一先生之言讀之而可辨也則下矣是何也不儲學之過也夫文者以神會者也得其似而未真是胡寬之營新豐也得其真而未化是優孟之學叔敖也古有以舞劍而悟書者入神矣若乃不求其所以言而丹青藻緑惟其色之是肖不亦遠哉是何也不會神之過也是故文有六過而辭之工拙不與焉此世之所習而不察也雖然未足憂也世之所憂者在於頽波横流不知紀極視之若甚緩而其關於世道之升降不啻形響故不可弗之思矣請畢其説夫古之人非不能艶采辯説窮極瑰麗以駭里耳也以爲文而至於誇則太優而無統元氣漓矣故弗爲也又非不能哀歌忼慨眦裂髪指若彈鋏擊□之流也以爲文而至於悲非治世之音太和散矣故弗爲也又非不能離析堅白連類要眇若畫工之圓鬼魅也以爲文而至於怪是陋者之所托雅道流矣故弗爲也又非不能雕鏤刻畫棘喉滯吻以呈其工也以爲文而至於巧言華道隱太樸鑿矣故弗爲也此四者古人之所謂敝也乃今講業之士盛稱引以爲高舉天下而群赴之若鶩不知其比於誇與悲而以爲壯麗也不知其近於巧與怪而以爲瑰奇也得非有所推而不已者乎夫六者之過也過於文之中憂在文而不在世四者之敝也敝於文之外憂在世而不在文此遠識之士所爲察機於微眇而口不得言者也乃執事又舉古著書論文者數家以資諸生射覆此非所以索於文之外矣夫魏文之爲典論直品第建安名家而陸機文賦備述九變盡其曲折劉勰文心雕龍十卷其詞辯博不可殫述而摯虞爲文章流别論捃摭上下亦無余藴然皆藝苑之指南而非世教之砥柱可略而無談矣愚獨以爲聖明在上誠欲還淳返樸以成一代文明之治則莫若使人務學務學者何以博文强識爲能而不以虚辭藉也又莫若正本正本者何以六經孔孟爲宗而不以百家之説間也又莫若尚實尚實者何以好修篤行爲賢而不以浮華取也如是則靡巧之敝革淳樸之原砏而治道之隆見矣此易之所謂節也

第三問

方鳴盛

同考試官教諭樊批（鴻巨之士雅先識量子能尚論先哲究極本原足覘胸中抱負矣）

同考試官學正翁批（古大臣不標能見奇而斷斷休休所建竪自别是作援引詳確而軒輊較然他日必可任重者）

考試官教諭趙批（即子所陳説藴藉可知）

考試官教諭林批（才德大小之辨允爲確論）

古之所謂大受者有應天下之識有勝天下之量者也識者何高視玄覽創思遠圖揆善敗之端究是非之紀萬物并興莫不響應明不足道也量者何并包兼蓄一齊殊軌以静持躁以重待輕險夷輻輳莫之動摇弘不足道也識而擴之以量然後權疑制變應天下而不窮量而濟之以識然後負大荷艱勝天下而不匱自古及今所以拯立人紀恢翊世運撥亂反正排難解紛必此人者爲之而非世之所幾矣嗟夫士當其居常無事扼掔鼓頰天下非難爲也卒有意外之變禍福利害亟如迅霆旋轉易形呼吸异狀有不恒顔怖肝怵然而自喪者乎無有矣甚至得失憂喜之微口吻所不道一旦感於心之所易忽而發於情之所難隱有不暴越其底裏而莫之韜匿者乎無有矣若此者固非才之不足也程子有言人惟識量不可强今人有所見卑下者識量不足也而張子韶謂器局欲大識見欲遠宋人議論好窮本原依於道德則所稱引必有試矣請先言其義夫世所謂識者不以其權奇慧辨爲察而已乎而實非也譬之登高登瑰阜之丘則十里不能隱登名都之鎮則百里不能隱登岱華之巔而天下弗能隱也所處高焉耳矣夫世所謂量者不以其僮侵迂恢爲容而已乎而又非也譬之量物以鍾釜受則升斗不能滿以江河受則鍾釜不能滿以尾閭歸墟受而天下弗能滿也所蓄深焉耳矣是故其豫之有素其徵之有時其持之有故其出之有宜往往以卒然之應而關天下之安危以偶然之感而定終身之優劣是故天下之事有所迫焉而易懾而氣不爲之撓有所交焉而易惑而目不爲之眩有所發焉而易擾而志不爲之亂有所拂焉而易怨而色不爲之忤有所觸焉而易驚而神不爲之動此所謂識與量也而明問所指者即其人矣可得而揚榷之乎夫桓温操問鼎之謀而陳兵新亭之下廷臣皆俎上肉耳然而謝安從容就生談笑自如辭未及畢而壁後之甲解矣是大傅以一笑之歡而存晋之宗祊也回紇以傾國之師侵至涇陽兩京如纍卵耳然子儀單騎出見使之下馬羅拜交臂求和日陰未移而勝負之機决矣是令公以一騎之任而安唐之社稷也此非當人之所易懾而不撓者乎以丞相而失印人之所徬徨而急索者而裴度不問也左右復白果於故處得之此何以故當吏人之竊急而隘之則其情易敗而匿益堅緩而開之則其間可乘而迹易解故以不索索之也方大閲而嵩呼人之所怖愕而急止者而張咏弗駭也亦下馬東北嵩呼攬轡復行衆不敢嘩又何以故當萬衆歡嘵之時以令禁之或反激而爲亂而置之不問且至難以自明故以不止止之也此非當人之所易惑而不眩者乎魏兵西下蜀以一旅當之此何時也費禕乃圍棋對戲終日無倦而識者知其辦賊契丹入寇車駕親幸澶淵此何時也寇準方飲博歡呼倦而熟

寐而人主恃以無憂又何以故蓋兩國之壘既陳士而視吾之舉措爲安危也而吾以動示之則恇怯而不振敵而視吾之淺深爲進退也而吾以静示之則惘疑而不前矣此非當人之所易擾而不亂者乎狄仁傑不知婁師德之薦己也而欲出之於外師德不自明也於是仁傑嘆曰婁公盛德我爲所包容久矣寇準不知王旦之薦己也而數短之於上旦不爲愠也且對真宗曰準對上無所隱益見其忠直夫二者非奇節也獨以世之論交者當其聲名相藉之時則异形爲肝膽而至於權位相軋之日則同心爲胡越况於施德而不知者乎故二公者可謂當人之所易怨而不忤矣裴行儉以器識論人者也其平都支出所獲瑪瑙盤以示蕃酋將士忽爲軍士所跌而色不少吝韓琦以寬厚稱者也其鎮大名有獻玉杯二隻者一日出以宴客爲侍吏所碎而神色不變夫二者至瑣事也然常人之情當其志有所持或可以辭千乘而至於情無所攝不能不失聲於破□况千金之璧乎故二公者可謂當人之所易驚而不動矣夫使天下之事皆可以持策預計而運之掌握有知者盡能索耳惟其出於卒然之應而有所不及圖故機之敏鈍懸而識之高下列矣天下之事皆可以迫性閉欲以號招名聲有足者能企及也惟其出於偶然之感而有所不能强故體之静躁异而量之深淺形矣之數子者有應天下之識有勝天下之量者也識足以應天下故能當機立斷如迅弩之機敵不及距而又擴之以量量足以勝天下故能從容制動如萬仞之壁物不能摇而又濟之以識豪杰之士所以名成而不墮功立而不□垂鴻光於圖史流景耀於春秋也而孔子之所謂大受者歟嗟夫士何其難論也材有短長器有大小小者不可使大而大亦不可以爲小短者不可使長而長亦不可以爲短是故夏后氏之鼎鑄以九牧之金庋之廟堂爲國傳器然以之烹鷄則不能爲釜鬵之用吴鈎湛盧陸截犀兕水斷鼂鵠萬户之都不易而以之苴履則無以效刀錐之能何者大小异分而長短殊宜也故曰有大略者不可責以捷巧有小智者不可任以大功今夫機智才辯之士下者因時浮沉與波上下參偶比周以準主意見便而赴知難而避不爲福始不爲禍先其趨會投機非不工也左圓中規右方協矩循令而行按法而治小文細謹白黑不渝其奉官貞度非不當也或好謀喜功見奇賈慧釋結應劇欵如轉圜碆如導窾嬈其精營以馳騖於世其樹聲進趣非不利也談者察於一辭審於一技華言偷説縱横四出辯解連環捷過炙轂其晰微研理非不奥也然而明於切切之迹而不知大節之所由廉於間間之智而不知大數之所紀誠使豪杰之士與之挈長於尺寸較重於銖兩則有所不及矣要以定難持傾應卒制决於咄嗟轉盻之間而樹蓋世絶倫之績則其相懸也豈不甚哉

何也大受之才與小節异百司群吏以用爲才者也故其才在技數將相大臣以不用爲才者也故其才在識量劉邵曰一官之任以一味協五味一國之政以無味和五味則明於大小之分而通於長短之宜者矣雖然識有所蔽量有所塞今夫離朱之目天下之至晰也一塵眯之則不見丘山外有所蔽也魏王之瓠可實五石呺然大也堅而無竅則不能受卮水中有所塞也利蔽之外則識易昏私塞之蟲則量易隘而全才不幾於世矣故程子又謂學進則識進識進則量進則學不可已也而學之要在思誠誠則明明則不可蔽而量益宏誠則虚虚則不可塞而識益遠故能適變無方利用不匱定乎内外之分而辨乎榮辱之境也夫伯昏瞀人之射臨百仞之淵足外垂而神不栗當此之時禍福利害猶浮芥也痀僂丈人之承蜩累凡二而不墜身如橜株枸當此之時得失憂喜猶飛塵也誠之至也士而論功名於當世若伯昏瞀人之射與丈人之承蜩也則卓矣

第四問

袁時徹

同考試官訓導余批（説道成于相畏此化理之本子能推究□□剴切詳□而□□□□□□□司□□□綮）

同考試官教諭李批（□説畏之旨□□□原而國體民情歷歷中□□經世之策非□□□□工者）

考試官教諭趙批（議論縱横無□□□□□）

考試官教諭林批（遠猷卓識深于時政□□）

天下之治必上下相説而後成而其機未始不得於相畏夫治人之與見治於人也分迥然殊也而相説之與相畏也情判然别也然而勢固有相待而成而理固有相因而至者上不畏下是以其下爲可侮也侮而不已民且仇上故君子之不可失者在人心也下不畏上是以其上爲可玩也玩而不已君且仇下故小人之不可犯者在紀綱也議者徒見先王熙皥之世百辟萬姓歡忻交通以爲狉狉榛榛之俗固然而孰知其所繇來蓋未始不從凛凛兢兢而得也今不謹其所繇始而徒望於説道之成至或師心任愛剖去藩籬一切儆懼維持之義廢而不講即家人父子猶不能以愛勝而以施之上下之際幾何其不潰壞而卒以亂哉請因明問所及言之嘗聞之易曰説以先民民忘其勞説以犯難民忘其死説之大民勸矣哉此以言上下之相説也蓋唐虞三代之治上下之情相通上之視下真如赤子疾痛痾癢必關其身下之視上真如父兄緩急休戚必同其慮説者謂太和在成周宇宙間於時狴犴設而不用機阱懸

而不入上安所虞其下而下安所猜其上哉然考諸詩書傳記所稱凛凛乎人心之防而兢兢焉紀綱之飭若恒見其可畏而不見其可説者書曰民可近不可下又曰愚夫愚婦一能勝予此上畏下之説也詩云維桑與梓必共敬止又云豈不爾思畏子不敢此下畏上之説也夫聖人豈不樂有其皞皞而顧爲是以相聳動哉要以知上下之説不得之於説而得之於畏耳秦不師古而日斬刈其民漢興破觚爲圜居官者長子孫似知所以聯人心矣而閭巷之雄以武犯禁景武之世是以有游俠之誅若郭解諸人駢首就戮似知所以振紀綱矣而□擊之吏快意屠割元封之□是以有酷吏之任太史公以好奇之才而身罹蠶室之禍見酷吏寵遇之如此而游俠誅死之若彼故其辭多疾首於酷吏而激贊於游俠類爲有概而然要之疾是也而贊非也紀綱人心相恃而爲治游俠酷吏相倚而爲非下之不得不畏上猶上之不得不畏下也是故死生制命有受無反從下言之則爲治民從上言之則爲敖辟虐我則仇其君實甚從上言之則爲誼辟從下言之則爲亂民何以明其然也昔者周厲王川防其口而不能免流彘之菑衛懿公鶴弃其民而無與共熒澤之難此不畏下之致也夫人心也彼其于民撫劍疾視之不暇而何暇於赤子之視哉山陽亡徒蘇令起漢梅福以爲匹夫窺國家之權輕而與上争衡羽林虎賁擅殺征西將軍魏主不問高歡見而散財結客此不畏上之效也失紀綱也彼其於君揭竿嘯呼之不暇而何暇於父兄之衛哉苟爲上者而亟反之知吾恃人心以安也愓然覆舟朽索之是戒而不敢過求於下則下必親而就之夫上方其畏時易感耳不圖吾民之易使至于此也是安得不愈説其下乎爲下者而亟反之知吾賴紀綱以生也愓然三尺五刑之是懷而不敢責望於上則上必親而安之夫下方其畏時易德耳不圖吾君之易事至於斯也夫安得不愈説其上乎即是而古治之所以萃叔世之所以離其大要可知已我國家重熙纍洽之化二百餘年來而我皇上汲汲於太平之求七祀於兹矣然貪夫屠伯之罪不絶於彈事而犯上干紀之刑時挂於司敗或者以爲太平之未洽而思古説道之難復愚則以爲今日之政不患於上下之間不相説而猶患於相畏之未至夫所謂上者非必於九重負扆之謂也自開府而下凡一命之寄一成之長職在治民者皆得謂之上也所謂下者非必於甕牖繩樞之謂也自齊民而上凡鄉之縉紳學之青衿聽治於長者皆得謂之下也今天下之吏爲天子牧養元元豈無不侮不虐凛凛於四民之上稱任職其人哉然而暴戾恣睢顛倒三尺法日漁獵而草艾之者不可謂無其人也甚者上愚其監司之耳目而下鉗其民之吻舌明視而莫敢誰何者有矣天下之民爲國家供賦税豈無不怨不庸兢兢於當

世之網稱醇固其俗哉然而誣上行私把持吏長短日幸其有事而輕重之者不可謂無其俗也甚者陰□其排陷之術而公倡爲□呼之禍迫逐而使之去者有矣有一於兹是一邑之長終不能有其民而無告之民終不能安其上也夫欲使上之必畏其在重監司之責乎漢宣帝綜核之政本以救武帝酷吏之失也大節如嚴延年猶以酷誅而况其他乎路温舒之疏可誦已今誠使監司時以此意提撕而覺察之使夫殃民者必不容於堯舜之世然後擇其善者而示以賜金露冕之寵則庶乎吏務循良而下樂有易事之長矣欲使下之必畏其在重守令之權乎漢景武游俠之誅本以救惠文法網之寛也行義如郭解猶以族死而况其下乎公孫弘之請可思已今誠使守令時以其權震懾而摧破之使夫犯上者必不容於堯舜之世然後煦其良者而示以減租賜復之恩則庶乎民重犯法而上樂有易使之民矣行之以晝一需之以久道如是而曰説道之必不可成古治之必不可復則愚未之信也雖然猶有進於此者億萬之人之心萃而注于人主之一心而所謂紀綱亦即此心之迹耳故夫一方之饑祲而賢主八珍之膳若不下咽匹夫瞋目而扞格九重之榮衛爲不流通毋恃威於鈇鉞毋藏富於府庫恭默之思時幾之敕不下殿陛間而其精已旁皇周浹於蔀屋窮檐之下矣此又吏治所繇察而民俗所繇成也愚敢以是爲吾君獻

第五問

涂嘉會

同考試官教諭樊批（經生□時務匪激則迂子能籌畫機宜揣摩情變仰措諸行事梓□其受福乎）

同考試官教諭朱批（四議皆江藩所急即當事者猶或難之是作區畫周詳各有成筭可以仰副考成之實矣）

考試官教諭趙批（指陳時事鑿鑿可行）

考試官教諭林批（識見不群必當心經濟者）

君子之議法也其猶醫者之視疾也以無疾之人無故而投之藥則汗漫而不中窾會待其已成而後藥之則疾逃於膏肓而不可救故善用藥者在於未病病脉之時而善用法者在於未亂亂法之漸道窮而後法法久而弊將復生法立而後治治久而勢將復蠹此正君子用劑之時也後世稱治安者無若漢文帝而賈生慟哭流涕於其側彼其頌文帝之治者未嘗不甚賈生之言然而生之言歴三世猶若蓍鑒也則文帝之治安繇生言也昔者杞人憂積氣之將墮天下皆笑之扁鵲三見桓侯而走後世神其術焉今夫譚戰格於櫜弓卧

戈之日而慮盈縮於粟紅貫朽之時外户不閉而郊場之是虞中邦成賦而徭征之是恤是杞人之類也然而脉微病矣失今不治後且瘕積衡决故議法者寧爲賈生之過言而不願爲越人之術以自神也江右非無事之國也地儉而寡於入民貧而鶩於利境錯於四壤而多隱伏之奸博徒游客三五於都市椎埋鼓鑄之輩潛伏於深山大澤有司小不當其意輒群起而噪呼盗賊直須時耳比歲數稔國無大興作取辦於民猶尚鰓鰓可畏如此設不幸有旱潦饑饉之菑胡以待之幸賴聖天子在上剔弊源振積弛赫然下考成之令月課歲程諸司惴栗奉職不敢後譬之於人豢養偷惰之驅筋駑肉緩一旦而整齊訓飭之振袖策步而精彩已燁然見矣式遏斯舉鳴吠晏然潯陽彭蠡之間商舶霄濟豈非所謂治安之券歟而執事者猶欲引繩批根以副聖天子綜核之實意甚盛心也江右一時事寧復有大於兵事財用之當備乎屯守賦役之當議乎以一身視之屯守身之郛廓也財用身之腸胃也而賦役者養身之粱肉也兵事者治身之鍼砭也郛廓欲强腸胃欲實粱肉藉其滋養針砭賴其辟除捨是而語攝生妄矣江右故無兵頃寇發虔南則調兵柯氏再發盱江則募兵浙省柯氏應而跋扈之漸啓浙兵應而驛騷之釁滋邇乃稍稍廢置更募土兵則有分營犄粗之設不可謂無兵矣顧衛所之額戍日朘削於武弁之誅求部帥按空藉而召漕挽勢且不給安望其蹶張超距也其募在民間者常兵名爲兵而實以供郡縣之郵使精兵名爲精而實無以异於市井之游手是不遇敵聞鉦鼓即色變而走耳保甲之法雖行暮夜嘯呼閉户無應者卒遇大敵而以驅之赴湯火得乎如是而武備曰修未也食足而後可以養兵府庫充倉廪實而後可以當緩急今之時非甚絀也歲登二熟余糧棲畝而撫填諸使又力宣德意而節縮之是宜以財力雄諸郡國奈之何其猶枵然待餔之腹也釁歲之儲括於先年之指使贖鍰之積罄於每歲之濟邊語公儲則豪右之隱没者駕言於逋負語京輸則大猾之侵牟者株累於平民常平義倉之設祗以滋出納之弊而嗷嗷者未實沾也蠲貸减編之惠或以入墨吏之囊而嗤嗤者未盡知也宗禄歲逋而月掛有司東柱而西枝甚者籌十金之費袖手相視而莫之措如是而尚可謂財用之裕乎江右之地四接於閩廣蘄黄衢歙諸郡包以崇山聯以長江浸以巨匯此亦天險之國也而藩籬未固堂奥素虚如姚源之變飄忽而至衢信宸濠之發瞋目而越九江足爲往事之鏡已比者寧州盗作上廑聖衷駐官設備而後底定夫寧州發而後成備也其爲永發之寧州者非一所也大都層巘叠壘我常得與奸人共之我能守則險爲我有而盗不能窺我不能守則險爲盗有而我不能奪今之形勢雖壯有如一旦有萑苻之雄乘危而據迅

突而來有能扼其吭而搚其背乎愚以爲封守未可言固也賦役之有條編也自江右始也其法計口受庸緣畝定直悉籍其一歲之費而輸之於官官爲召募民無擾焉朝而輸金暮而安卧江右之人安之以爲良法久矣顧其始之議法也十三郡之輕重苦樂已抱不均之嘆而好名者又取成額而日裁之於是乎費益繁而用愈不給則有那借有預徵那借而官困矣預徵而民困矣逮夫法行之久民不見德而惟上誅求之怨甚者飛詭以亂籍匿産以逃租上户高枕而素封窮丁棰楚而莫措則差銀之入日削而募役枵腹于公庭有司坐困而莫可誰何矣形見勢屈官且不能使其民即以謂賦役之平可乎夫是四者聖天子所以責成於下而百執事所以告成于吾君以爲如是足矣而積弊之當究乃更有隱然可憂而未可即安者是故兵銷而言戎器之除易曉也粒絶而議饘粥之給易明也羊亡而補牢計易行也弦絶而更調説易入也惟夫人以爲治而中抱不可測之憂法以爲良而中涵不可繼之實則譚者見謂迂狂而聽者每忽而難入此良醫所爲苦心於察微而策士所爲先事而太息也管敬仲以區區瀕海之齊作内政以寓軍令使其民夜戰聲相聞晝戰目相見而桓公遂以霸天下今之江右非必盡弱於齊也愚以爲官軍隱占之罰令甲最嚴倘可按籍而核數乎丁户清勾之苦遠涉异國倘可就近而充籍乎毋曰有精兵之名也分曹角射雜以五兵將程其能而實教之陣乎毋曰有保甲之名也比閭族黨聯屬以時將課之實而守望相助乎聯鄉兵千落於各郡以防小盗而萃精兵□千於中權以防大寇若是何殊於内政之指也晁錯論積貯於恭儉之朝其言堯湯之水旱國無捐瘠者歸於蓄積之多愚以爲郡邑京師之外府也今太倉之粟陳陳相因泉流鏹積而獨使外府空虚非計也正供之入不敢望留田租之賜不敢望半若九江贛州之税與贖鍰之例進者不可力請而留乎倉穀累積非侵歲不發腐之是弃有用之物於地而繩之則坐無罪之人於法曷若以新易陳以銀代粟而相兼以待用乎奸胥大猾聽其盗用巨萬而不之覺是有司之過計也業已發之亟正其誅没入其産而毋縱其攀染以累良民可乎積逋之盡赦驛傳之免編上恩至渥也而間有復徵此何爲者也今使未徵者亟歸之民而已輸者悉入之公官帑實而民沾實惠可乎他如復水利於陂塘修義倉於鄉社國有九年之蓄而下有不涸之倉無幾哉當於貯積之議矣宋華徵之議曰屯守之地當其衝要則一人可以敵萬非其衝要則萬夫不足以敵一今之衝要自寧州而外可議者猶多也九江據金陵上游湖口爲鄱湖綰轂厥險在澤關津之當警者也其更添舟師而耀之武乎王山爲入浙之衝鉛山當入閩之扼厥險在陸門户之當嚴者也亦嘗飭亭鄣以示之

限乎長寧界萬山之中反側子初定設狼心未息一縣令能制其命乎是不可不加之備也黎源與楚接壤亡命者多竄匿其中戍守稍不慎不復蹈寧州之轍乎是不可不預之防也謹斥堠明信地繕雉堞布干掫是泰山而四維之也華氏之議有徵已蘇軾氏之議賦役曰户無常賦視地以爲賦人無常役視賦以爲役故其在元祐時常欲兼顧募衙前而用之今之議法非有改于條編之舊也郡縣之賦不齊而偏累者重困業不能不取之民夫亦總十三郡而酌劑之使得其平乎户田之弊不一而飛詭爲最甚即不能一一丈量之能所在爲一清查而使疲民蒙福乎與其掣襟露肘而爲不終日之計曷若明增其所未備以免於那借預徵之弊此不爲可行而可繼乎與其顰首蹙額而忍視此嗷嗷之役曷若半輸銀於官半徵役於力此不爲兩用而兩利乎凡吾所爲議以救其窮而使之行非絀其辭而别爲議即子瞻復生不易吾言矣是在古人爲已試之方而在今時爲對病之藥執事者倘不迂書生言而條舉次第行之實務應聲而毋以彌文塞責言可底績而毋以持久怠成庶朝廷之德意日宣而考成之實政斯在矣雖然此猶其末也一人之身所恃以久植而不僕者非在元氣乎所恃以日運而不息者非在血脉乎今之所謂考成譬猶神氣之振刷耳若元氣内損而不固血脉内壅而不周乃欲於精爽動蕩之間求其燁而不槁亦已難矣孔子曰君子學道則愛人小人學道則易使也今江右之民多糊其口於四方而懵于上下之分特异中州要之其本不植而其情不相攝矣如欲使元氣之固其必也綏之以養如欲使血脉之周其必也漸之以教此非可以歲月致也是在聖天子所作新於上而百執事所奉行於下何如耳斯意也即紀綱法度猶不能與而况於簿書期會之間乎賈生曰醫能治之而上不使愚非其人也敢因執事之問而竭所聞以對

江西鄉試録後序

我皇上紀元之七祀歲在己卯亶安之辰教諭成孚實應御史聘主江西試入其疆而睹田畯饁婦之至喜薦黍苗芃芃如也入其國而睹都人士之盛衣冠棼如也始入簾而御史董百執事懲毖以聽則内外斬如已閲諸士所爲文多矯矯國香余膏剩馥至不可盡收拾而拔其尤者九十五人以獻則所謂楚材翹翹者也於戲胡此都人士之盛歟天下中原之地敝於四争而其余皆以海堧荒□爲徼獨此地沃壤四包而衽席其内自黄虞以來不大受兵燹厥

土所出無丹青赭堊珹玏南金之屬可當於蜀漢無珠琲翠翅朱提鞢鞨之珍可當於南海六詔無竹箭蒻阿阿錫綺紈之美可當於會稽三吴即所稱任土作貢廑廑若信之赫蹄饒之陶型而已蓋倚天之匡廬黏天之彭蠡不爲物産效而盡以融凝暢泄於人文自高皇帝定洪都有天下而此邦之士常爲天下選其盛至於正德己卯之歲而微中於陽九元二之數維時宗子内訌潢池弄兵楚之東蓋岌岌然然而館閣之臣見微而逆拒搢紳之士毁家而從戎斯亦足明得士之效已世廟中興南紀敉寧以及三朝煦覆而齒息之又六十年而爲今皇帝之己卯頒白之老目不識兵革徒見夫穹然高者爲匡山黝然深者爲彭湖即求往日囂呶之所而無能言者士之戴上恩良厚矣牢慅仳離之感無迫乎其中而家弦人誦以求中於上之所任使上者談性命稱節義以傳於鄉之先達而下者亦攻爲一切占□之業以覬于升斗自致之路語有之荆山之下以玉抵鵲彭蠡之濱以魚食犬夫士有浮於額而不盡登耳此邦之所患寧少文哉成乎不佞獲副兹典與有一日之長則請以而土之産爲而多士告今夫赫蹄之在信也陶型之在饒也其質皆任之於天而其力恒盡之于人木采而楮山采而土沃以流泉鍛以大火日取而不稱竭焉足也材堅而完體質而素然後染以五彩被以丹青華而不稱靡焉實也大之以供軍國輸尚方下及乎萌隸以爲日用飲食之需罔不稱利賴焉適也是二者之用於世則誠切矣夫士國之所謂南金大寶也其爲用豈直於爲紙爲陶而已行將爲縣官匠鑄萬有衣被黎庶乃其所樹建將無有淺中而不足於求者乎外澤而不麗於實者乎一曲一偏而不適於用者乎有一於兹是賨其名而其用顧出於赫蹄陶型之下也玉卮之無當土缶之弗如而多士其性命之談而務實之以學節義之稱而思蹈之於道异日效於世而裒然有稱曰某某某所取士也則不佞席有榮焉毋寧使人謂子利器之求而無當於好用之式猥以爲爲工師者罪也而多士其幸勖之

直隸蘇州府嘉定縣儒學教諭趙成乎謹序

成化七年湖廣鄉試録

湖廣鄉試録序

鄉試有録尚矣即古鄉大夫所獻賢能書也獻之必上登于天府天府者國之重寶皆在焉書之獻之而藏之必於是者寶之也今士預名鄉薦人其賢能録其鄉書也其貴重荣遇孰加焉仰惟聖朝寶賢属意科目作興士類湖廣實西南大藩賢能淵藪天子重其地故太監王定由近侍内臣出鎮都察院右副都御史楊璿右僉都御史吴琛咸以内臺大臣來撫下車首集藩臬重臣誠其修飭學政選進生徒皆求所以上副作興之意於是士有奮氣益知進學成化庚寅之冬荆襄山中嘯聚無頼流徒忽至萬以百計道路驚突民用弗寧夫置榻於萬鼓之側憇者少霖士欲從容講學得乎幸而右都御史項忠承命仗節寔來督師而右都督李震以邊鎮舊鉞往總戎事麾旗一指千里肅清於是民獲奠居士庯進業越明季辛卯秋適當大比所司先期走幣禮聘文鳳等典司文衡維時都御史吴琛實綱維試事而巡按監察御史江泝則監臨文場内則有左布政使杜銘右参議劉觀按察使張綱僉事邵琮提調而監試之外則有右布政使陳雲鵬左参政王讓右参政甯瑛右参議段慎劉寅之副使戴珙李益余洵應欽僉事郁文博尚褫湯清侯由贊襄而防範之副使嚴洤又專督教事飭勵生徒者也至期合其考定之士得千三百有奇鎖院而彙試之况貢院新闢地位軒豁規模宏敞士之就試若有所助悉皆極精運神揚眉吐氣如此者己酉壬子乙卯凡三日而文鳳等及一時群執事又皆相誠務秉至公期在得人以無負聖天子寶賢圖治之盛心閲卷拔尤取文之入格者八十有五遵定制也小録既成謂文鳳宜序夫自成周鄉舉里選之法不行而科舉之名立焉漢唐宋設科之不一得人之賢否姑未暇忠論自我太祖高皇帝受命教養天下百季于兹鄉舉之科凡幾行矣而士生遭逢景運綴名鄉録登于天府仕宦于時者凡幾人矣諸士子寧無歷指其名而有私議者乎是必曰某也賢某也能德望如彼勛業如彼文章政事如波甚爲國之寶也不虚矣某也异是其不知自寶者乎今諸士子亦綴名鄉録登之天府又將仕宦干時矣他日人亦將指其名曰某也賢某也能德望如此勛業如此文章政事如此其爲國寶

不虛也某也异是是亦弗自寶者也如是寧不敕然可警乎然則尊所聞行所知爲上爲德爲下爲民使德望勛業文章政事赫赫揚揚無忝於前可稱於後是則文鳳輩之所望也亦諸士子之所以自寶也尚念之哉

廣東肇慶府儒學教授王文鳳謹序

監臨官

巡按湖廣監察御史江泝（本達福建建安縣人　丙戌進士）

提調官

湖廣等處承宣布政使司左布政使杜銘（敬脩四川金堂縣人　乙丑進士）

湖廣等處承宣布政使司右參議劉觀（廷賓直隸武進縣人　辛未進士）

監試官

湖廣等處提刑按察司按察使張綱（大振山東長清縣人　甲戌進士）

湖廣等處提刑按察司僉事邵琮（叔璋浙江仁和縣人　庚辰進士）

考試官

廣東肇慶府儒學教授王文鳳（廷儀江西浮梁縣人　己酉貢士）

直隸順德府儒學教授黄綸（廷經福建莆田縣人　丙子貢士）

同考試官

山西平陽府臨汾縣儒學教諭黄時（孟寅直隸宜興縣人　甲子貢士）

直隸河間府景州東光縣儒學教諭戴魯（民望直隸當塗縣人　庚午貢士）

四川成都府金堂縣儒學教諭鄧林（梓材江西貴溪縣人　庚午貢士）

浙江紹興府餘姚縣儒學教諭胡壂（原阜福建龍溪縣人　丙子貢士）

直隸太平府蕪湖縣儒學教諭謝文禮（仲謹福建長樂縣人　乙酉貢士）

浙江台州府黄巖縣儒學訓導謝諫（獻忠福建甌寧縣人　乙酉貢士）

收掌試卷官

湖廣武昌府知府程宗（源伊直隸常熟縣人　辛未進士）

印卷官

湖廣等處承宣布政使司經歷司經歷高鏻（子健江西南昌縣人　監生）

受卷官

湖廣武昌府興國州知州葉普（澤宗福建龍溪縣人　監生）

湖廣荆州府江陵縣知縣胡琮（文德直隸長洲縣人　丙戌進士）

彌封官

湖廣等處提刑按察司經歷司經歷丁暉（士楊直隸銅陵縣人　丁卯貢士）

湖廣荆州府石首縣知縣黄本（喬嶽江西樂安縣人　丙戌進士）

謄録官

湖廣黄州府黄陂縣知縣李恒（彦常河南儀封縣人　監生）

湖廣衡州府耒陽縣知縣張時謹（惟厚江西泰和縣人　丙戌進士）

對讀官

湖廣長沙府湘鄉縣知縣徐慱（德宏直隸嘉定縣人　丙戌進士）

湖廣武昌府蒲圻縣知縣葛鳳儀（應韶直隸天津衛人　己卯貢士）

巡綽官

昭勇將軍武昌衛指揮使王騰（景昇直隸豐潤縣人）

明威將軍武昌左衛指揮僉事吴純（仲德直隸滁州人）

搜檢官

武德將軍武昌衛正千户張旺（仲暉河南祥符縣人）

武略將軍武昌衛副千户曹倫（廷序河南汝州人）

武略將軍武昌左衛副千户沈綱（孟常直隸鳳陽縣人）

武略將軍武昌左衛副千户孟瑄（廷璋河南南陽縣人）

供給官

湖廣武昌府通判魏平（貴平江西南昌縣人　監生）

湖廣武昌府經歷司知事鄒璧（良玉福建長汀縣人　監生）

湖廣岳州府巴陵縣縣丞馬珍（廷聘河南鈞州人　監生）

湖廣武昌府江夏縣縣丞楊義（仲理直隸臨淮縣人　監生）

湖廣武昌府江夏縣湯孫湖河泊所官王晁（宗義四川青神縣人　監生）

湖廣衡州府衡山縣皇華驛驛丞程順（克和福建建安縣人　承差）

湖廣岳州府平江縣大荆驛驛丞趙瑄（文琪河南祥符縣人　承差）

湖廣荆州府石首縣通化驛驛丞李敬（允恭直隸定遠縣人　承差）

掌行科舉文字

湖廣布政司禮房令史朱清富（郴州桂陽縣人）

湖廣按察司禮房書吏譚經（郴州永興縣人）

第一場

四書

知者不惑仁者不憂勇者不懼　上天之載無聲無臭至矣　大舜有大焉善與人同舍己從人樂取於人以爲善自耕稼陶漁以至爲帝無非取於人者取諸人以爲善是與人爲善者也故君子莫大乎與人爲善

易

大君有命以正功也　后以財成天地之道輔相天地之宜以左右民　聖人立象以盡意設卦以盡情僞繫辭焉以盡其言變而通之以盡利鼓之舞之以盡神乾坤其易之緼耶　萬物出乎震震東方也齊乎巽巽東南也齊也者言萬物之潔齊也離也者明也萬物皆相見南方之卦也聖人南面而聽天下嚮□而治蓋取諸此也

書

厥貢羽毛齒革惟金三品杶幹栝栢礪砥砮丹惟箘簵楛三邦底貢厥名包匭菁茅厥篚玄纁璣組九江納錫大龜浮于江沱潛漢逾于洛至于南河　七世之廟可以觀德萬夫之長可以觀政后非民罔使民非后罔事　我有大事休朕卜并吉肆予告我友邦君越尹氏庶士御事　其惟不言言乃雍不敢荒寧嘉靖殷邦至于小大無時或怨

詩

瑟兮僩兮赫兮咺兮　薄伐玁狁至于大原文武吉甫萬邦爲憲吉甫燕喜既多受祉來歸自鎬我行永久飲御諸友炰鼈膾鯉侯誰在矣張仲孝友　穆穆皇皇宜君宜王不愆不忘率由舊章威儀抑抑德音秩秩無怨無惡率由群匹　夙夜基命宥密於緝熙單厥心肆其靖之

春秋

蔡人衛人陳人從王伐鄭（桓公五年）　公及齊侯宋公陳侯衛侯鄭伯許男曹伯會王世子于首止（僖公五年）叔孫豹及諸侯之大夫及陳袁僑盟（襄公三年）公會晋侯宋公衛侯曹伯莒子邾子滕子薛伯杞伯小邾子齊世子光會吴于柤（襄公十年）公會晋侯及吴子于黄池（哀公十三年）　楚人伐鄭（僖公元年）齊侯宋公江人黄人盟于貫（僖公二年）齊侯宋公江人黄人會于陽穀（僖公三年）遂伐楚次于陘（僖公四年）楚屈完來盟于師盟于召陵（同上）楚人陳侯蔡侯鄭伯許男圍宋（僖公二十七年）晋侯侵曹晋侯伐衛　晋侯齊師宋師秦師及楚人戰于城濮楚

師敗績（俱僖公二十八年）楚人圍江晋陽處父帥師伐楚以救江（文公三年）楚子國宋（宣公十四年）宋人及楚人平（宣公十五年）季孫行父臧孫許叔孫僑如公孫嬰齊帥師會晋郤克衛孫良夫曹公子首及齊侯戰于鞌齊師敗績　齊侯使國佐如師及國佐盟于袁婁（俱成公二年）吴伐我（哀公八年）　公觀魚于棠（隱公五年）築郎囿（昭公九年）

禮記

大夫士見於國君君若勞之則還辟再拜稽首君若迎拜則還辟不敢答拜大夫士相見雖貴賤不敵主人敬客則先拜客客敬主人則先拜主人　故祭求諸陰陽之義也殷人先求諸陽周人先求諸陰　春作夏長仁也秋斂冬藏義也仁近於樂義近於禮樂者敦和率神而從天禮者别宜居鬼而從地　故天下有道則行有枝葉

第二場

論

仁者宜在高位

詔誥表（内科一道）

擬漢高祖令博士叔孫通起朝儀詔　擬唐擢李素立授侍御史誥　擬宋真德秀爲參知政事謝表

判語

擅離職役　收粮違限　弃親之任　飛報軍情　恐嚇取財

第三場

策

問　自古聖帝明王之君天下必有典則以垂憲萬世若舜之慎徽五典湯之肇修人紀武王之重民五教其有裨於世道也大矣我朝列聖相承維持斯道欽惟太祖高皇帝勸善懲惡條成大誥三編太宗文皇帝敦本務德首製孝順事實爲善陰騭二書宣宗章皇帝繼志述事纂成五倫書三聖四書天葩睿藻昭回雲漢誠制作之盛典嘉惠於斯世斯民也至矣伏讀大誥三編無非爲民造福之言慮胡俗之亂彝倫也則申之以五常之教慮人之不知孝養也則重之以勞于父母之言斯言特見於何條歟續編所載有曰有德有行者至於貴陰騭無疵者至於富斯言果合於何書歟事實所載專言能孝之人其間

有兼盡他倫者誰歟陰隲所紀專言爲善之報其間又有能孝者誰歟五倫六十二卷備載五常之道其亦有同於三誥二書之旨歟諸生欽服有素願陳所欲聞

問　鹵簿儀文之大者不可不講也請與諸士子商之夫鹵簿之用古者王輅十有再就見於事天而以朝以賓不與焉與登鳳凰而翳華芝徒見於行幸甘泉者爲孰得歟大常十有二旒見於祭天而以田以戎不與焉與乘綉象而靡雲旗第用較獵上林者爲孰失歟其孰戈盾而夾王車獨用於祭祀之時與出□入蹕從車羅綺爲東游出守之舉者爲孰是歟服冕服而從王車惟行於郊祀之際與千乘萬騎羽葆霓旌施於游幸求仙之事者爲孰非歟厥後討論故事定而爲圖者誰歟爲禮儀使定而爲制者又誰歟導駕押仗執仗之服色次第從何代之禮與何所取義歟秉輿增造五輅備用六引作於何時用於何世歟其制度凡四曰大駕曰法駕用於何所歟曰鸞駕曰黄麾仗用於何地歟論者謂制度儀文莫善於周抑果然歟洪惟聖朝比隆成周其鹵簿之制與所用之時視古何歟諸士子樂育庠校講明素矣其酌古準今言之庶於國家禮文之事有補也毋諉曰如其禮樂以俟君子

問　武備有國重事也姑請教其所欲聞夫車戰舟師用得其道則戰勝攻取心矣古人以車戰而致有扈有夏之捷成南征北伐之功者誰歟以兵車而破李田以輕車而出雲中者又誰歟何人以武剛車員陣車擊匈奴平代郡歟何人以扁厢車大車擒頡利解虜敵歟以大車而環壘取澶淵之捷以拒馬爲行寨致陽城之勝果出於孰之才略歟載兵車而爲營陣駕牛車而置鎗刃抑法於孰之制智歟古人以舟師而成江漢淮夷之功致出没如神之勢者誰歟以樓船而破東越發水軍而平南越者又誰歟何人大治舟艦水陸并進遂平江陵歟何人選步艦二萬人卒平希烈歟逆虜有維揚之戰而風濤效靈一隔千里致有海道之安者在於何世歟逆虜有儀真之役提艦接戰鼓枻若神遂有黄天蕩之捷者見於何時歟且漢無志兵之書唐闕水戰之史其故何歟漢以北方之將能用南方之技唐以中原之人而取舟師之功其故又何歟出將入相古今所同諸生楚産也於車戰舟師之利必嘗耳濡而目染者其有宜於今而合於古者幸歷舉以對庸待致用而發焉

問　自古重守令之職皆任賢選能以充之欲其明吏治而承流宣化也吏治之要曰户口曰墾田曰賦役曰案牘曰囚繫曰奸盜曰選舉曰學校此八者民之休戚係焉然任之必欲得其人則可以稱厥職矣古之守令列於循吏者多也何其龔黄卓魯之見稱歟守郡宰邑皆有异政其於八者吏治果能行

歟令之守令慎選精矣或擢以進士之科或嚴以大學之選專之以吏治而吏治何未臻歟重之以安民而民何未安歟試以荆襄言之流民動以萬計昔皆置之不問今則屯結爲患天討已加于渠魁良善遣回其鄉里老稚負戴呻吟道塗深爲可憫揆其流徙之由不知其迫飢寒而然□不知其因徭役而避歟之二者必有所致也將以爲灾患也則朝廷已有備荒之政矣將以爲役累也則朝廷屢下寛恤之典矣何其不能安土重遷而樂流亡之禍歟如是者必有所由也兹欲使天下守令皆盡得人而務吏治之兼舉使四方生民皆得其安而底盛世之隆平果何道以致之歟諸生酌古準今必有定論願陳其切至録以獻于上焉

問　出處士君子之大節其出也不輕則其爲也不苟昔伊尹耕莘起必待三聘傅説版築用必由夢兆太公釣渭非後車之載亦將終身焉故旃諸功名發諸事業光先絶後卓乎不可及矣孟子曰人有不爲也而後可以有爲良以是夫降兹而往若漢若唐若宋名相輩出其志不一其事業亦不一高祖開基蕭曹爲冠宣帝中興丙魏有聲厥功大矣初未嘗栖迹衡門以俟幣聘也厥後諸葛亮躬耕南陽抱道自樂昭烈三顧于草廬之中然後决興漢之策其出也可謂高於諸子矣竟不能使炎祚復興其故何歟太宗龍飛房杜戮力玄宗致治姚宋同心其績懋矣初未聞其考槃山澗以索高价也厥後李泌隱居穎陽爲白衣山人肅宗强以紫袍加之猶遜避而不受其出也豈不過于諸子哉竟不能復河北坯土其故又何歟至若宋之名相□其尤者若韓范富歐輩其嘉謀嘉猷照耀史册未聞有安車而迎抑未聞有蒲輪而徵也彼時有王安石者屢勤詔命輒辭不起原其出處豈不高哉卒使宋室一變靖康大亂而其治效與諸公霄□不□其故又何歟若以孟子之言爲非何前人之事若合符節若以孟子之言爲是何後世之事有若矛盾此皆不能無疑于心者也試與諸士子論之明言以對

中式舉人八十五名

第一名　章爵　隨州學生　詩
第二名　謝讓　華容縣學生易
第三名　辛鑒　武昌府學生書
第四名　萬祥　麻城縣學增廣生　春秋

第五名　陳銓　永州府學武生　禮記
第六名　吴維　衡山縣學生詩
第七名　周縉　道州學生　易
第八名　文獻　安鄉縣學生　書
第九名　李本芳　黄州府學生　春秋
第十名　曹佺　永興縣學生　禮記
第十一名　黄頤蒲　圻縣學生　詩
第十二名　劉憲　益陽縣學生　書
第十三名　鄧昌　長沙府學生　易
第十四名　鄧玉　應山縣學生　詩
第十五名　嚴禎　孝感縣學生　書
第十六名　周仲芳　江夏縣學生　詩
第十七名　周廣　永州府學生　禮記
第十八名　唐霖　長沙府學生　詩
第十九名　王祥　公安縣學生　書
第二十名　劉□　龍陽縣學生　春秋
第二十一名　譚子經　湘鄉縣學生　易
第二十二名　沈英　荆州府學生　詩
第二十三名　劉繼周　石首縣學生　書
第二十四名　趙瑩　衡陽縣學生　詩
第二十五名　吴原正　通山縣學生　易
第二十六名　范潔　岳州府學生　詩
第二十七名　馮鑾　黄州府學生　春秋
第二十八名　鄧誠　零陵縣學增廣生　禮記
第二十九名　許節　武昌府學生　詩
第三十名　陳九叙　武昌府學生　書
第三十一名　蕭仲禄　華容縣學生　易
第三十二名　曾福庸　宜章縣學生　詩
第三十三名　李恭　沅陵縣學生　書
第三十四名　□時中　江陵縣學生　易
第三十五名　李宏　黄州府學生　春秋
第三十六名　舒申　襄陽縣學增廣生　詩

第三十七名　徐賦　黄州府學生　禮記
第三十八名　陳輅　興國州人監生　詩
第三十九名　田伯棟　石首縣學增廣生　書
第四十名　胡安　荆州府學生　易
第四十一名　劉述　監利縣學生　詩
第四十二名　陳鈺　武岡州學生　書
第四十三名　周鳳　龍陽縣學生　易
第四十四名　鄧璜　郴州學增廣生　春秋
第四十五名　張湛　永州府學生　禮記
第四十六名　簡諡　安鄉縣學生　詩
第四十七名　陳憲　衡山縣學生　書
第四十八名　李莊　武陵縣學生　易
第四十九名　華純　武陵縣學生　詩
第五十名　海瑄　武昌府學生　書
第五十一名　王麟　黄梅縣學生　詩
第五十二名　程春震　雲夢縣學生　易
第五十三名　何相興　寧縣學生　禮記
第五十四名　王溥　武昌府學生　詩
第五十五名　尹陵　京山縣學生　春秋
第五十六名　謝文獻　華容縣學增廣生　書
第五十七名　楊纓　岳州府學生　詩
第五十八名　吴政　平江縣學生　易
第五十九名　袁昂　興國州學生　書
第六十名　王凱　應山縣學生　詩
第六十一名　黎熙　荆門州學生春秋
第六十二名　孫暹　蒲圻縣學生　詩
第六十三名　孫蛟安　陸州學生　禮記
第六十四名　單忠　攸縣學生　書
第六十五名　鄧俊　永州府學生　易
第六十六名　周慶　荆州府學生　詩
第六十七名　李欽　應城縣學生　書
第六十八名　胡濟南　黄州府學生　春秋

第六十九名　夏震　醴陵縣學生　易
第七十名　黎衷　寧遠縣學生　詩
第七十一名　鮑琦　麻城縣學生　禮記
第七十二名　高成　麻城縣學生　春秋
第七十三名　夏澤　石首縣學生　易
第七十四名　黄鑒　寧遠縣學生　書
第七十五名　曾□　永興縣學生　詩
第七十六名　楊鎮　藍山縣儒士書
第七十七名　甯洪　邵陽縣學生　春秋
第七十八名　程慶　鎮遠衛官生　書
第七十九名　匡贇　耒陽縣學生　禮記
第八十名　龔冕　巴陵縣學生　詩
第八十一名　陳大經　應城縣學生　書
第八十二名　黄訓　漢陽府學生　禮記
第八十三名　吴憼　荆州府學生　書
第八十四名　黄璽　衡陽縣學增廣生　詩
第八十五名　孔宏　襄陽府學生　詩

四書

知者不惑仁者不憂勇者不懼

章爵

同考試官教諭謝批（此章孔子本言知仁勇之人心下自是不惑不憂不懼欲人依□學將去場中往往止就學者身上説於本題者字無歸者此獨得之是宜録出）

同考試官教諭戴批（立意既高遣詞亦暢足以發衆論否決之疑可嘉）

考試官教授黄批（詞切理明集注之意正如此）

考試言教授王批（辭理通暢足有可觀）

聖人言知明仁守而勇行者此學之序也夫知以明此理仁以守此理而勇以行此理也聖人言此豈非欲學者循序而進哉且夫人不可以不學而學莫先於知也彼知者靈臺洞徹而察乎幾微内境昭融而燭乎物理故真知灼見而不惑也于此而學焉則亦可以明乎理而不爲他岐惑矣知及之非仁以

守之可乎彼仁者渾然天理而物欲不萌廓然大公而私意不蔽故樂天知命而不憂也于此而學焉則亦可以守乎理而不爲外物動矣仁守之非勇而行之可乎蓋勇者其氣浩然配乎道義故見義必爲而無所懼焉學至於勇則所知者益明所守者益固毅然行之不至半途而廢矣又何懼之有哉吁知不惑而後仁不憂仁不憂而後勇不懼聖人歷言其序如此所以勉人進學之意至矣抑考此章既以知序於仁之先他章又以仁序於知之先何哉蓋仁者知之體統故論德則以仁爲先誠而明也知者仁之根柢故論學則以知爲先明而誠也至於勇則仁知之發而要其成功者所以皆序於後歟聖人之言各有攸當因併及之

上天之載無聲無臭至矣

周縉

同考試官教諭胡批（中庸一題正欲觀士子性理之學場中作者於至矣處多無發明此篇能引上文二詩爲講深合本旨健羨健羨）

考試官教授黄批（形容不顯之妙切當可嘉）

考試官教授王批（文理平順深合題意）

中庸引詩言天道無形之妙所以贊聖德不顯之至也蓋不顯之德未易明言之也苟不引詩言天道無形之妙又何以贊其至哉昔子思子於中庸三十三章言聖人不顯篤恭之德故引文王之詩以明之謂夫凡物之有聲者可聽也惟上天之載於穆不已運一氣於四時而莫測其機緘初無聲之可聽凡物之有臭者可聞也惟上天之事至誠無息妙萬化於兩間而莫窺其眹兆初無臭之可聞天道之妙如此聖德之妙豈异是哉是故不顯之德微妙而難知也彼皇矣之詩所謂不大聲色則猶有聲色者存固不足以喻之唯此詩然後可以喻其至焉篤恭之妙幽深而難測也彼蒸民之詩所謂德輶如毛則毛猶有可倫者亦不足以擬之惟此詩然後可以擬其極焉謂之至矣信乎形容之至而無以加也抑考此章子思因前章極致之言反求其本復自下學爲□慎獨之事推而言之以馴致乎篤恭而天下平之盛又贊其妙至於無聲無臭而後已焉蓋舉一篇之要而約言之其反復丁寧示人之意至深切矣學者其可不盡心乎

大舜有大焉善與人同舍己從人樂取於人以爲善自耕稼陶漁以至爲帝無非取於人者取諸人以爲善是與人爲善者也故君子莫大乎與人爲善

辛鑒

同考試官教諭黄批（此題言大舜有大焉下文不過詳其所以爲文也他作皆泛而不切惟此篇可以録示後學）

考試官教授黄批（説聖人夫所以爲大之意明白）

考試官教授王批（詞理蔚然翹出衆作高薦何忝）

大賢言聖君樂善有大於人必詳其所以爲大也蓋樂善莫大乎公天下以爲善也苟非大舜之聖其孰能然哉昔孟子之意蓋曰禹之聞善則拜固大於子路聞過則喜而舜之所爲又有大於禹與子路焉然其所以爲大者果何自而見哉誠以善者天下之公理人皆私諸己而舜則與人同己未善則無所係吝而舍以從人人有善則不待勉强而取之於己其公天下之善而與人同如此觀其耕稼陶漁乃側微而爲匹夫時也紹堯致治乃受命而爲天子時也自側微而至受命無非廣詢傳訪取之於人由匹夫而爲天子無非好問察邇得之於衆夫取善於人若無預於彼也然取彼之善而爲之於我則彼益勸於爲善是我之取善有助於彼也取人之善而行之於己則人愈勉於爲善是己之樂善有與於人也取之無窮勸者益衆能使天下之人皆勸於爲善君子之善孰大於此哉由是觀之則舜之所以大於禹興子路者可見矣雖然子路有過必待人告則改固不足較矣若乃禹之聞善則拜疑與舜樂取諸人者無异孟子獨稱舜之爲大何哉蓋拜善固出誠意是善猶有彼此也至善與人同則善不分人己矣在禹則着意而爲在舜則自然氣象吁同一聖人也生知學知於此别歟

易

大君有命以正功也

謝讓

同考試官教諭明批（題本平易作者忽之皆於有命處即講正功而於正功處却全無發揮間又有以小人勿用一節亦講作正功内事殊失本旨此作得之故取而録焉）

考試官教授黄批（講有命正功處發明詳盡）

考試官教授王批（詞理通暢允爲杰作可取）

象言王者行爵賞之命所以正武功之等也夫武功固有大小之等也然非王者行爵賞之命又何以正之哉且師之爲卦合坤坎而成上六一爻周公係以大君有命之辭矣吾夫子小象申之以正功也何□誠以上六當師之終處順之極正班師奏凱之日論功行賞之時也大君於此當何如哉必也涣綸

音於九重布恩典於諸將或命之開國使得以分茅胙土而爲諸侯焉或命之承家俾得以伐冰受采而爲卿大夫焉所以然者豈有他哉蓋以正武功之大小耳彼斬將搴旗功之大者也功之大者開之以國非厚也所以正其功之大也告捷獻俘功之小者也功之小者承之以家非薄也所以正其功之小也苟功大而命之承家則吝矣功小而命之開國則濫矣是豈正功之謂哉故曰王者行爵賞之命所以正武功之等也如此抑考吾夫子傳師上□之文既申之以此而下文又曰小人勿用必亂邦也何歟蓋兵行詭道而販繒屠狗之人孰不願出奇以立功而立功不必皆君子也彼小人有功固當例以賞之若使之參預國家之謀議則挾功以逞必生僭竊亂邦之禍故於小人特致戒焉聖人翊易之意嚴矣

萬物出乎震震東方也齊乎巽巽東南也齊也者言萬物之潔齊也離也者明也萬物皆相見南方之卦也聖人南面而聽天下嚮明而治蓋取諸此也

謝讓

同考試官教諭胡批（説卦一題作者多分截不明且不知隨帝以出之義此篇講貫條達而於蓋取諸此處又能發揮聖人所以取離之意必善於説易者矣取冠本經以式多士）

考試官教授黄批（隨帝以出之義講貫明白可取）

考試官教授王批（詞理簡明允宜表出）

論萬物隨帝生長本乎易而聖人臨御致治法乎易蓋萬物之隨帝生長聖人之臨御致治皆不外乎易也非説卦聖人言之以示人孰能知其然哉且夫盈天地之間者惟萬物向之成於艮者今則隨帝而出乎震矣蓋震爲東方之卦於時爲春萬物其有不出於是乎然物之出也必齊向之出於震者今則隨帝而齊乎巽矣蓋巽爲東南之卦於時爲春夏之交萬物其有不齊於是乎然齊之爲言所以言萬物之鮮美而畢達也若夫離之爲卦其德則明於時爲夏萬物之隨帝出震而齊巽者又豈不明盛而相見哉然離爲南方之卦非震爲東巽爲東南比也聖人出震繼離代天理物正南面之位于以總萬機而臨兆民嚮陽明之方于以敷文教而弘治化然此何所取哉取之震則震之德動而居東方非正也取之巽則巽之德順而居東南非正也惟離之德則明而位則南聖人爲治不取諸此而奚取耶吾夫子説文王後天之易無餘藴矣抑考上文言帝出乎震至成言乎艮者帝之所乘也此言萬物出乎震至成言乎艮者萬物之所主也帝乘之萬物主之者悉皆由乎八卦也聖人象八卦而爲治

故南面而治取諸離然聖人不獨取諸離以爲治至於握乾符闡坤維興震巽次允之治無非取之也學易者不可不知

書

七世之廟可以觀德萬夫之長可以觀政后非民罔使民非后罔事

文獻

同考試官教諭黄批（伊尹舉成湯德政興君民祖須之意□□太甲勉其盡君道而不忍乎民作者多得此失彼此□體認精切措詞簡當故表而出之）

考試官教授黄批（組織傳注成文一結深得伊尹旨君之意）

考試官教授王批（暢然而理明蔚然而詞達閡□得此表出誠宜）

觀大臣之告君既言德政有可驗之實復言君民有相須之理夫見後世脉當時者此德政可驗之實也罔使罔事者此君民相須之理也大臣以是告君其欲知所勉而不敢忽者爲何如哉昔伊尹之告太甲而言觀德於七世之廟者何哉蓋先王感時代謝立爲奉先之所也太祖居中三昭三穆列于左右也夫七廟親盡則遷必有德之主則不祧毀故七世之廟可以觀德以見諸後世而言也觀政於萬夫之長者何哉蓋人君繼天出治而任子民之責也尊居九重萬方萬民歸於統馭也夫萬民最難悦服必政教深服乎人而後萬民悦服故萬夫之長可以觀政以服乎當時而言也德政而有可驗之實如此人君其可不謹君道而知夫相須之理乎且夫君之與民以分而言固有上下之殊以勢而言實有相須之理君而非民則無以爲助而供使令之役即所謂后非民罔以辟四方也民而非君則無以爲主而盡奉戴之誠即所謂民非后罔克胥匡以生也君民而有相須之理如此人君其可輕視乎民而怠忽之哉論而至是則知伊尹之言實寓告戒之意以爲湯能修德而爲不祧之主欲太甲繼其德也湯能修政而爲萬邦之君欲太甲繼其政也使今之德政即湯之德政也使後之視今猶今之視昔也然尤未足其意又欲不忽乎民以盡君民相須之理民心所存成功所在故下又戒之以毋自廣以狹人以終其成功其忠愛何如哉

其惟不言言乃雍不敢荒寧嘉靖毁鄆至于小大無時或怨

辛鑒

同考試官教諭黄批（高宗無逸之實不過一和而已作者多牽强不明此篇文理明□且簡當可嘉宜冠本經）

考試官教授黄批（以一和字貫講且文理通暢可觀）

考試官教授王批（此篇發明高宗無逸之實深合經旨）

論前王無逸之實不越乎一和之流通而已夫發於身達於政著於民者皆和之流通而無逸之實也大臣舉是告君其忠愛之意爲何如哉昔周公舉高宗之無逸以告成王謂夫高宗之爲君也抱弗類前人之慮致恭默思道之誠此其所以不言也惟其不言則已故間有號令之發如絲如綸罔不和順當理矣涣汗之須可法可則罔不雍容有章矣夫出諸口者既極其和則發於身者無不和矣然不惟發之於身而臨御之時又能不敢怠荒而益勤其事恭己之餘又能不敢安寧而益修其政是以禮樂明備蔚土民於安居樂業之中教化旁達藹殷邦於雍熙泰和之内非和之達於政乎然不惟達之於政至於天下之大民情雖萬有不齊也莫不小大同情樂於熙皞之天求其厥心違怨者無有焉四海之廣民心雖萬有不一也莫不□此同心而底於安和之治求其厥口詛祝者無有焉非和之著於民乎一和流通人己無間此其所以爲無逸之實也歟吁無逸者君之所也而逸者君之戒也自古有國家者未有不以勤而興以逸而廢也商之高宗舊勞于外於小民稼穡艱難備嘗知之及起自民間而即帝位又能不敢荒寧以□業而是圖之其以勤而不以逸故能享國長久也今周公之告成王必舉以告之者蓋以高宗商之賢君也猶且不敢自逸如此欲成王知所法而知所勉也厥後果能爲周賢主而保丕基於無窮謂非周公告戒之功而誰歟

詩

薄伐玁狁至于大原文武吉甫萬邦爲憲吉甫燕喜既多受祉來歸自鎬我行永久飲御諸友炰鼈膾鯉侯誰在矣張仲孝友

章爵

同考試官教諭謝批（本房連日閱卷作此題者多蹈襲陳言漫不知旨是篇能以傳注融會成文且於攘夷受福處發明詩人婉曲之意殆無餘藴可羡可羡）

同考試官教諭戴批（此作説出吉甫得先王治戎狄之法於憲萬邦受多福處尤合本旨高薦何忝）

考試官教授黄批（得全才示法之旨飲至獲福之由善説詩者）

考試官教授王批（此卷七篇詞理俱優惟此一篇杰出衆作允宜録出）

大將攘夷有道而全才足以法乎人飲至獲福而與燕有以得乎人蓋吉甫之全才可法於諸侯者良由得孝友之賢以輔成之也使其燕樂而非得乎賢又何以見吉甫之賢哉詩人備述以美之宜矣昔宣王命尹吉甫帥師北伐

玁狁有功而歸詩人作歌以叙其事謂夫我吉甫上承王命以伐玁狁師旅精鋭非不可直抵其巢也但簿伐之逐至於太原而還不逞威以窮追焉車焉調習非不可□入其阻也但略討之驅至於太鹵而止不縱兵以遠討焉夫吉甫兵威不逞則文足以附衆矣彼萬邦諸侯欲修德以柔遠者莫不以其文而爲法焉振兵服遠則武足以威敵矣彼天下群后欲養威以敵愾者莫不以其武而爲則焉然吉甫之全才足以示法如此則夫成功而歸宜何如哉於是肆筵設席式燕以衎而多福之駢臻洗爵奠斝式燕以樂而繁□之畢集所以然者蓋以歸自千里之鎬而奔走非一日自鎬遠方來歸而驅馳非一朝是以飲酒而獻炰鼈於諸友所以供獻酬之需酌酒而進膾鯉於同儕所以將殷勤之意于此之時果誰與其宴乎有若孝子父母之張仲在焉抑誰同其飲乎有若友于兄弟之張仲與焉吁以斯人而與斯燕則吉甫之賢而是燕之善也可見矣孰謂吉甫全文武之才有不由於得張仲以助之哉大抵宣王非吉甫無以成其功吉甫非張仲無以成其德詩人美吉甫之燕而并及張仲者正以見宣王之中興以有吉甫而吉甫之成功以有張仲也苟無孝友之人朝夕講貫於其素則文武之德何自成修攘之功何自立哉讀者不可不知

夙夜基命宥密於緝熙單厥心肆其靖之

吴維

同考試官教諭謝批（題本乎易作者蓋因講貫不明多爲所窘此篇見理真切而詞足以發之允宜録出）

同考試官教諭戴批（周頌一題作者破截多欠詳明講説往往失成王垂裕後人意此篇得之是宜録出）

考試官教授黄批（美盛德而告成功此作得之）

考試官教授王批（理明而暢詞正而葩表而出之允愜輿論）

詩人美賢王勤於積德以承天命嘆賢王繼明先業而盡其心必言後世所賴以安也蓋德者保天命之本也賢王能盡繼明先業之心固不外於積德以承天命矣夫何後世不賴以安哉是詩多道成王之德疑祀成王之詩若曰成王爲文武之子孫嗣文武之基業夙夜之間仰文王有緝熙之敬而受維新之命則戰兢惕厲積德以承乎天命者既宏且静而淺露不形求無愧於文王緝熙之敬焉朝夕之際念武王有於昭之德而受匪懈之命則戒慎恐懼修德以基乎天命者既深且密而疏略無有求無忝於武王於昭之德焉夫天命之所在王業之所在也保天命即所以保王業也故又從而嘆之意謂彼四方攸

同文王之業也成王積德以承天命如此是能繼明文王之業足以紹休聲於不昧而無不盡其心矣四海永清武王之業也成王修德以承天命若此是能緝熙武王之業足以振丕烈於有光而無不盡厥心矣然既能紹先業而盡其心故我今日能安靖天下得以紹熙洽之治而保其所受之命於無窮寧謐海宇得以嗣盈成之運而保其所受之命於不替者是又成王之所賜也宗廟登歌之際以是美盛德而告成功何其至歟嗟夫周家之興積德累仁非一世矣不有文武受命以基於前則成王雖賢將何先業之可守不有成王積德以繼於後則文武之業亦無所托矣抑豈能遺安後世而保其所受之命哉噫成王光前裕後而撫一代之大業真可謂有周守成之令主矣宗廟之中頌聲之作洋洋盈耳得不有以慰成王之神於右享之時乎

春秋

公及齊侯宋公陳侯衛侯鄭伯許男曹伯會王世子于首止（僖公五年）叔孫豹及諸侯之大夫及陳袁僑盟（襄公三年）公會晋侯宋公衛侯曹伯莒子邾子滕子薛伯杞伯小邾子齊世子光會吴于柤（襄公十年）公會晋侯及吴子于黄池（哀公十三年）

萬祥

同考試官訓導謝批（題主尊君抑臣内□外夷又當辨其事意同場中作者往往講貫不明此作見理親切措詞簡當允宜録出）

考試官教授黄批（嚴君臣美夏之辨深得聖人書法）

考試官教授王批（叙事與核深得褒貶之旨）

春秋既因講好以明君臣之義而意不同復因講好以著内外之辨而事則异此前有首止袁僑之事後有于柤黄池之役春秋書之各异皆變例之變者歟且王室之視諸侯猶諸侯之視大夫其分不可一日紊也今齊桓創伯率諸侯定世子于首止之會晋悼復伯使大夫盟袁僑于鷄澤之餘聖人意謂世子雖弱實王儲也大夫雖强實臣下也以諸侯而列會世子是卑可敵尊於禮不可訓也以大夫而自盟大夫是臣疑於君於義又安在哉故于首止書及以會不以世子儕於諸侯若曰王世子在是諸侯咸往會焉示不可得而抗也袁僑書及以及而以諸侯統乎大夫若曰大夫受命于諸侯示不可得而專也然首止尊王儲以定大本桓之美也袁僑縱臣下以專大柄悼之失也豈非皆以明君臣之義而意不同乎若夫中國之視外夷猶君子之視小人共辨不可一日混也今晋悼主伯欲資吴以困楚乃往會于柤之地晋定嗣伯夫差欲恃强以争長乃來會於黄池之間聖人意謂晋伯雖弱實中國也吴人雖强猶外夷

也以中國而往會外夷是加冠于屨其策不可施也以外夷而入主中國是首顧居下其禮不可行也故於于柤書會以會所以外之不與中國之會外夷也黄池書會以及所以抑之不與外夷之長中國也然于柤則晋猶主伯吴人與我之會也黄池則晋不復伯吴人主我之會也豈非皆以著内外之辨而事則异乎吁冠屨上下於一會之頃涇渭華夷於一言之間此春秋之功所以與天地并歟大抵春秋爲尊君抑臣内夏外夷而作也豈特此而已哉觀于洮葵丘迭書王人于上垂隴新城屢書諸侯于首其所以明若臣之義一也于向鍾離迭以殊會爲文于宋于虢屢書中國爲主其所以著夷夏之分一也先儒謂非聖人莫能修信夫

楚人伐鄭（僖公元年）齊侯宋公江人黄人盟于貫（僖公二年）齊侯宋公江人黄人會于陽穀（僖公三年）遂伐楚次于陘（僖公四年）楚屈完來盟于師盟于召陵（同上）楚人陳侯蔡侯鄭伯許男圍宋（僖公二十七年）晋侯侵曹晋侯伐衛　晋侯齊師宋師秦師及楚人戰于城濮楚師敗績（俱僖公二十八年）楚人圍江晋陽處父帥師伐楚以救江（文公三年）楚子圍宋（宣公十四年）宋人及楚人平（宣公十五年）季孫行父臧孫許叔孫僑如公孫嬰齊帥師會晋郤克衛孫良夫曹公子首及齊侯戰于鞌齊師敗績　齊侯使國佐如師及國佐盟于袁婁（俱成公三年）吴伐我（哀公八年）

李本芳

同考試官訓導謝批（此篇組織傳注渾然如胸臆中流出伯謀工拙列國得失一目俱見其亦熟于春秋□歟忻羡忻羡）

考試官教授黄批（伯主優劣列國得失此篇斷書無遺矣）

考試官教授王批（麟經華筆削萬古至公閲卷得此深合題意）

春秋嘉伯主善於恤患而嗣伯失其道可譏予大國善於禦患而望國失其謀可責于以見襄公不□于齊桓晋文我魯有愧于華元國佐也何則春秋之初荆楚陸梁始肆毒于鄭繼駕禍于宋桓公則遠結江黄而大舉以南征文公則許復曹衛而交鋒于城濮經營圖回計出於萬全巧譎多方利在於一戰由是屈完惠來舘穀收捷而二國之患息矣今江國小而弱有非宋鄭之比楚人圍之不待撤四境之兵也爲晋襄者正當命秦甲出武關齊以東兵略陳蔡而南處父等兵駐方城之外聲其覆載不容之罪則楚必震恐而江圍自解矣夫何獨遣孤軍遠攻强國既無補于江又無損于楚使有齊桓晋文之伯豈至于

此乎故春秋特書伐楚以救江言救江雖善而所以救之者非其道矣豈非春秋嘉伯主善於恤患而嗣伯失其道可譏乎迨夫春秋叔時兵戈愈熾宋受楚之圍齊罹晋之毒易子而食析骸而爨宋亦急矣焚雍門之茨侵車東至海齊亦殆矣及楚欲盟城下華元則曰有以國斃不能從也晋却賂不受國□則曰請合餘燼背城借一由是退舍結平袁婁講□而二國之患弭矣今魯國未及虧初無宋齊之急吴輕而遠非有久留之計也爲我魯者正當下令國中厲兵秣馬深溝固壘徐喻以辭令則吴必危懼而班師不暇矣夫何俯首城下帖耳聽盟含垢忍耻以偷安侵削陵遲而不顧使有華元國佐之臣則不至此矣故春秋不言四鄙及與吴盟者欲見其實而深諱之也又非春秋予大國善於禦患而望國失其謀可責乎雖然襄公不如桓文固無庸論矣獨我魯之多君子顧乃不及齊宋之臣耶觀夾谷會而夫子之化行槖皋會而子貢之功箸冉有之入齊軍仲由之墮郈費使魯尊而用則東周可期矣奈何斗筲李氏竊柄日久使賢人君子不得以伸其志此魯之所以日衰也此夷狄之所以侵陵也噫

禮記

故祭求諸陰陽之義也殷人先求諸陽周人先求諸陰

同考試官教諭鄧批（題本平易作者多以陰陽爲魂魄殊戾本旨於殷周之祭又欠發揮此作析理詳明措詞平順宜取以冠本經）

考試官教授黄批（發明陰陽之理殷商之祭痛快可嘉）

考試官教授王批（見理精徹遣詞通暢可取）

陳銓

論祀禮求神於造化必舉二代以實之也蓋鬼神與造化同一理祭必求之陰陽而殷周各有所求者得無意歟且祭所以追養繼孝而報本反始也先王宗廟之祭若之何而求諸陰陽乎蓋人之死也形魄歸于地非求之於陰不足以格其神故先王制祀親之禮必求諸陰于以冀其靈之來饗焉魂氣歸于天非求之於陽不足以報其魂故聖人創祭先之典必求諸陽于以欲其神之來格焉夫祀先之禮主求乎陰陽者如此苟不舉二代以實之抑何以見其然哉是故殷人之祀先也觀其作樂三終於臭味未成之先聲音號詔於天地顯幽之間蓋以鬼神與陽氣相爲流通故感之以聲樂之陽庶幾乎親之來饗也所謂殷人先求諸陽者是已周人之祀先也觀其灌用畅臭使陰氣達於淵泉灌以圭璋俾玉氣通乎置□□以鬼神與陰氣相爲凝聚故感之以臭氣之陰庶幾乎親之來格所謂周人先求諸陰者是已雖然殷人求諸陽非不求諸陰特求於祭之始者陽而已周人未諸陰非不求諸陽特求於祭之初者陰而已

然殷人尚聲故先作樂以求諸陽然後迎牲周人尚臭故先灌地以求諸陰然後迎牲若夫有虞氏之祭也尚用氣而求神於陰陽之問此三代所尚不同皆以宗廟之祭言之至於天地之祭則天以升煙爲主地以薦血爲主百王之所不易也讀禮者宜知之

故天下有道則行有枝葉

曹佺

同考試官教諭鄧批（場中作是題者講天下有道多失於泛而於行有枝葉處不知王意此篇見理明而措詞健足見學識宜表出之）

考試官教授黄批（世教之盛則人致文於行此篇深得主意）

考試官教授王批（得天下有道則致文於行之旨）

惟治化極其盛斯人行致其文蓋行有枝葉此致其文於行也苟非治化之盛則人之行曷能致其文哉表記孔子之言如此請申言之君君臣臣父父子子舉一世皆囿於泰和之域謂非天下之有道乎夫夫婦婦長長幼幼曠四海咸遂其性命之天又非天下之有道乎當天下有道之世正治化隆盛之待於斯時也天下之人不習夸詐而惟務實德不事矯僞而惟修實行孝弟之道非但誦説而已必力行於事親敬長之間仁義之理非徒講論而已必允蹈於愛親忠君之際禮儀三百經焉若是之多靡不形諸踐履秩乎其有文不翅生物之得所本體盛而枝幹自爾而暢達也威儀三千曲焉如是之縟罔不見諸設施蔚乎其有章不翅植物之遂養根柢壯而枝葉自爾而敷茂也然則人之致文於行如此何莫而非治化之盛之所致耶抑言行之有關於世教也尚矣三代以上世教之盛人皆躬行致其文於行也行致其文莫非實德也三代以下世教之衰人皆飾辭致其文於言也言致其文何實德之有乎吁有德者必有言有言者不必有德然則取人之法不于其言而于其行故曰君子不以辭盡人

論

仁者宜在高位

鄧昌

同考試官教諭胡批（此篇筆力道勁且文勢滔然如長江大河一瀉千里略無滯礙非老手不能到視彼初學之士奚啻卧之地下）

考試官教授黄批（議論正大且有開闔抑揚是杰作者）

考試官教授王批（有斷制有歸宿可見作乎）

論曰天生斯民勢若懸絶而其心之仁之也獨至焉然則天將撫摩鞠育之乎抑將提携飲食之乎蓋天不能自致其心必命之人君以致其心焉是故人君者承乎天以仁乎民者也任豈輕乎哉命豈易乎哉孟子曰惟仁者宜在高位厥有由也何則聖人之大寶曰位是位也即所謂高位也人君所以定四海之民者在是所以總萬幾之務者在是天命人君以位非私之也實以斯民付托之也以天命之歸則予之者厚矣以付托之重則望之者深矣予之者厚苟不體是仁於己是弃天也望之者深苟不用是仁於民是褻天也弃天不可褻天亦不可不有仁者其誰宜在是位而任是責乎然謂之仁者何有仁心仁聞擴而充之以行仁政是也有其心而無其政是謂徒善徒善不足以爲政有其政而無其心是謂徒法徒法不能以自行是以仁君者以不忍人之心行不忍人之政不以天下視天下而以家庭視天下不以民視民而以同胞視吾民故老皆吾老也幼皆吾幼也鰥寡孤獨疲癃殘疾皆吾顛連無告者也由是心乎養民也必制曰里教樹畜使皆有以遂其生心乎教民也必立學校明禮義使皆有以復其性一民之饑由己饑之一民之寒由己寒之皆吾仁之推也典天秩也吾敕之禮天叙也吾庸之皆吾仁之施也紀綱法度一此仁之敷暢政事號令一此仁之發越不興制外之利以虐吾天民不窮度外之費以殄吾天物囿天下於彝倫教化之中措斯民於安養生全之地沐浴乎膏澤者不啻黄鍾動而萬物皆勃勃也霑濡乎德化者不啻淑氣至而萬物皆熙熙也仁君受天命而治天民如此此其所以宜在高位也歟雖然齊宣王不忍一牛之死以羊易之可謂有仁心梁武帝終日一食蔬素宗廟以麵爲犧牲斷死刑必爲之涕泣天下知其慈仁可謂有仁聞然而宣王之時齊國不治武帝之末江南大亂其故何哉一則不學無術奪於功利一則惑於异端避罪要福皆不能行仁政故也求其有仁心仁聞而行仁政者其惟古之二帝三王典我朝一祖四宗爲然乎方今聖天子在位光膺寶曆治教休明仁心吻合乎天地仁政徧及於萬方斯世斯民何其幸歟

表

擬宋真德秀爲參知政事謝表

黄頤

同考試官教諭戴批（可觀）

考試官教授黄批（駢儷有別）

考試官教授王批（得體）

位亞台衡恩并紫薇之寵職參鈞軸□聯黄閣之榮自揆腐材曷膺重任

仰承天眷俯切冰兢兹蓋伏遇文武聖神聰明睿智恢洪圖而光臨八表撫大業以澤被九區崇尚真儒緝熙正學知人哲而庶明勵翼御衆寬而遠邇安和成功至大并日月之光華盛德難名同乾坤於永久臣托生閩嶠竊餘緒於諸儒荐仕天朝冒寵榮於列聖疏君德疏聖學疏治道采納久契於聖衷論綱常論邊防論人材取用深孚於宸斷詎知衰耄誤被超遷既堅訴讓而靡從當效涓埃以圖報燮調元化願四時叙而風雨和□亮天工期庶績熙而人民育華嵩致祝慶聖壽于萬年葵藿傾誠殫臣忠于少日臣無任瞻天仰聖激切屏營之至謹奉表稱謝以聞

策

第一問

辛鑒

同考試官教諭黄批（筆力雄健敷答詳明非老於策手者不能）

考試官教授黄批（鋪張揚厲而不遺事實博雅之士也）

考試官教授王批（敷答詳贍）

嘗謂聖人迭出闡斯道於天經地緯之中制作大明囿斯民於日照月臨之下蓋有一代之□人必有一代之制作夫豈偶然哉蓋欲其建立無窮之事功以成夫一代文明之盛治也夫聖人之治本乎道聖人之道本乎心而書也者又聖人心術之所寓也自古帝王之興未嘗無典則以敷蔭後人而垂憲萬世也是誠爲天地立心爲生民立命爲萬世開太平者也粤稽諸古當堯之時人文始著而綱常之理漸明故命舜以慎徽五典而五典克從則萬邦有協和之美矣商周之時辛受不道而綱常之理漸斁故湯武修復五常而五常以彰則四海有永清之效矣當是時也使天而不生聖人則彝教不幾於泯乎賴有聖人者出扶持而植立之誠千古攸宗萬世允賴其有裨於世道也大矣迨至我朝當世道休嘉之日正人文宣朗之時列聖相承勵精圖治闡斯道於承平敦文風於丕振其盡維持參贊之功者列聖一心先後一道也父慮善無所勸惡無所懲我太祖高皇帝條成大誥三編大經大法於是乎備矣太宗文皇帝製成孝順事實爲善陰隲二書誠足以敦本而務德也宣宗章皇帝纂成五倫書而繼志述事之孝莫大焉天葩散采睿藻颺芬昭日月之大明垂天地於永久其與舜之五典湯武之人紀王教同一揆也生斯世也爲斯民也何其幸歟伏讀大誥三編無□爲民造福之言嘉惠於臣民也至矣慮胡俗之亂彝倫也則申之以五常之教特見於婚姻之際慮人之不知孝養也則重之以勞于父母之言此見於諭官生身之恩之條也續編所載有德有行者至於貴豈不同

於書之所謂天命有德五服五章之言乎陰隲無疵者至於富豈不合於書之所謂惠迪吉作善降之百祥之意乎事實所載專言能孝之人其間兼盡他倫者若考叔遺美施及莊公此兼盡君臣之倫也閔損表單憂及二弟此兼盡兄弟之倫也陰隲所紀專言爲善之報其間又有能孝者若黄香之憂濟由乎扇枕之孝仕杰之申理本乎望雲之心是也五倫六十二卷着君臣父子之倫明夫婦兄弟朋友之道與三誥之申明至常者不殊二書之言孝言善者不异三聖一心四書一旨于以丕闡乎人文于以恢弘乎治道誠與唐虞三代之書曠百世而相同亘古今而一致也吁聖人之道著於書猶化工之妙着於物家傳人誦樂斯道於鳶魚之天子孝父慈囿斯民於綱常之内制作之盛古今罕倫聖德仁恩先後廣被是誠足以經緯天地而照耀古今也愚生樂育庠序欽讀聖訓沉潜有年矣因明問所及而陳其膚見如此惟執事其進教焉

第二問

章爵

同考試官教諭謝批（鹵簿一策場中士子率演問目此篇條答無遺足見該博之學）

同考試官教諭戴批（考據詳明斷制切當宜表出之）

考試官教授黄批（援古證今而得失有定見策手也）

考試官教授王批（敷歷代鹵簿制作之詳與用者之得失極當）

論鹵簿之儀於前代其得失有議論鹵簿之儀於今日其制度無可議蓋儀文莫大於鹵簿也用於大事者雖費而不及奢固無容議用於自奉者惟縱一己之欲適足以來後世之譏此前代之儀文所以有得失而今日之禮制所以盡善盡美而無可議者歟諧因明問所及而條陳之鹵簿之制其來尚矣制度之備莫如周儀文之善亦莫如周故輿服之必飾者非自奉也所以備君國之儀仗衛之必嚴者非自侈也所以謹事天之禮成周鹵簿之儀雖備且善用於已奉者甚簡而易用於事天者至備而嚴故王者玉輅十有再就惟祀天用之而以朝以賓不與焉大常十有二斿獨祭天用之而以田以戎不與焉此成周盛美之舉所以爲得也彼登鳳凰而翳華芝徒見於行幸甘泉之日乘繡象而靡雲旗第用於較獵上林之時者乃漢武驕矜之爲其失可見矣執戈盾而夾王車不他用也獨用於祭祀之時服冕服而從王車不他見也獨見於郊祀之際此成周欽若之事所以爲是也彼出警入蹕從車羅綺爲車游出守之舉千乘萬騎羽葆霓旌爲游幸求仙之事者又秦漢侈大之作其非可考矣宋承五代簡陋之習制度疏略駁無庸議太祖命討論故事始定而爲圖者范質也

南郊爲禮儀使始定而爲制者陶穀也其導駕押仗執仗之服色次第則從開元五色之禮與五行相生之次焉其乘輿則增造五輅奉身則備用六引作於乾德之四年用於開寳之四年焉然嘗考其制度矣天子之制凡四曰大駕曰法駕豈非郊祀與明堂太亨所用者乎曰鸞駕曰黄麾仗豈非朝謁陵廟及省方親征所用者乎至若所用之人數大駕凡二萬人省三之一者法駕也半於法駕者鸞駕也又減於鸞駕者非黄麾仗乎雖然宋人嚴於祭祀也故大駕法駕鸞駕其用爲甚重其數爲甚備焉略於自奉也故黄麾仗其制爲甚疏其數爲甚簡焉蓋亦得周人祀享之禮者歟嗟夫禮文莫備於成周則鹵簿之制亦至周而始備矣洪惟聖朝鹵簿之設損益成周之制立爲萬世之典至精至備盡善盡美誠非漢唐宋之可及矣愚也學不足以博古才不足以通今其於國家禮文之事奚敢一辭之贅謹以是復惟執事裁之

第三問

章爵

同考試官教諭謝批（隨問隨答略無遺漏場中策學未有能出其後者擢魁多士允愜輿情）

同考試官教諭戴批（敷答所問鑿鑿皆實秋闈首選舍子其誰）

考試官教授黄批（專戰舟師條答詳盡桂林一枝舍子其誰）

考試官教授王批（歷代用武制勝之術條答不遺足見所學□）

嘗謂備攻戰之具當有以隨其地用攻戰之法當有以得其人蓋江淮以北非車戰無以宜江淮以南非舟師無以利苟得其人隨機應變則舟師車戰各適其用而戰勝攻取也必矣尚何有於失律覆軍之患哉執事以舟車之戰下詢承學不敢以嘿夫武備有國重事也粤自誓御以正而勝有扈龍旂十乘以克有夏者夏啓成湯也出車彭彭爲北伐之行其車三千爲南征之舉者吉甫方□也以兵車而破李田者非夏侯嬰乎以輕車而出雲中者非公孫賀乎衛青之擊匈奴也以武剛車而單于以遁田豫之平代郡也以員陣車而北虜以逃以扁厢車足以擒頡利者李靖也以大車足以解盧敵者李陵也澶淵之戰以大車環壘步騎處中戎馬因是而遁去陽城之勝以拒焉爲行寨虜騎因是而莫禦者則負才略之李德隆抱將才之符彦師焉行載兵車止爲營陣駕以牛車上置鎗刃乃郭固式馬燧之舊制吴淑法衛青之故智焉此漢唐宋車戰之利也若武夫洸洸而淮夷以伐者召虎也波濤汹涌而臨江興嘆者曺丕也治樓舩而破東越者非朱買臣乎發水軍而平南越者非楊僕乎河間王大治舟艦水陸并遂平江陵曹成王選步艦二萬人卒平希烈遇逆虜維陽之戰

而風濤效靈一隔千里遂有海道之安者則宋高宗之韓世忠焉當逆虜儀真之役提艦接戰鼓楫若神致有黄天蕩之捷者亦宋高宗之韓世忠焉此漢唐宋舟師之利也執事又策以漢無志兵之書唐闕水戰之史者蓋漢唐之都遠在關中固非舟師履歷之地雖或取勝亦間有之非若東南常用之技此史氏所以闕而不書也漢以北方之將能用南方之技唐以中原之人而取舟師之功者豈非平時素閲而得其人乎故漢之昆明池所以爲習戰之地而唐人亦踵其故事以訓兵焉此漢唐所以恒得志於水戰也洪惟我朝世際隆平俊杰在位將相之才遠邁古昔江南之舟師給練習有素江北之車戰較閲已精以將相之才得措用之宜則戰勝攻取克敵成功也何難之有愚也生長湖湘樂育庠序軍旅之事固未之學於舟車之戰亦嘗聞其略矣兹因明問所及謹以是爲對

第四問

陳佺

同考試官教諭鄧批（時務一策正欲觀士子學識此答議論斷制超出衆作）

考試官教授黄批（因時制宜綽有處置足見有用之學）

考試官教授王批（此答深明時務可佳）

嘗謂爲治莫重乎守令而守令尤在乎得人甚矣守令之不可不得其人也尚矣然非選任之得其人又何以承流宣化而盡安民之責哉請因明問而條陳之夫親民者莫如守而於民最親者莫如令守令得人則一郡一邑受其福守令非人則一郡一邑受其殃然則守令之賢否生民之休戚係焉可不慎選賢能以任之乎且守令之責莫先於明吏治而吏治之要有曰户口墾田賦役案牘囚繫奸盗選舉學校八者而已爲守令者誠能撫字勤勞而遂其休養生息之心循行阡陌而督其盡力農桑之業則户口增而田野闢矣因田以税賦驗丁以差徭明慎而斷乎獄中正以理乎訟則賦役均而案牘清矣囚繫貴乎寬以恤之也不然則有淹滯之獄奸盗貴乎弭以息之也不爾則有滋蔓之患果能隨其輕重而論斷之明决察其幾萌而防範之周密則獄囚其有所繫而奸盗其有不息乎賓興賢能在於精選舉儲養人材在於興學校果能抑奔競而開衆正之門禮師儒而盡督勸之典則選舉其有不精而學校其有不興乎之斯八者誠守令所當務也古之守令如文翁之作興學校王成之勞來流民列於循吏者多矣而獨見稱於龔黄卓魯者蓋以龔遂治勃海而盗賊息黄霸守潁川而户口增卓茂之令密邑而道不拾遺魯恭之宰中□而蝗不入境

豈非能行此吏治之八者而然乎今之守令或以進士而選或由冑監而登其慎選固精矣然而吏治有未臻生民有未安者豈無其故耶蓋由其雖有慎選之名而無慎選之實雖曰進士永必皆賢雖曰監生豈能皆善求其稱厥職以安民者信乎其難矣且以今之荊襄流民言之蜂屯蟻聚蓋非一日連結爲患動以萬計彼之有司悉皆置之不問以致貽患生靈動勞聖慮於是天討已殄于渠魁遺孽遣回于鄉里老稚呻吟之聲聞徹道路深可憫焉然揆其流徙之由固由饑寒所迫亦由徭役所驅朝廷雖有救荒之政彼之任守令者不能奉行而賑恤之此民之所以貧乏者衆也朝廷雖有寬恤之典彼之爲有司者不能奉行而寬省之此民之所以流移者衆也□者田皆井授民以族居自能安土而重遷也今富者田連阡陌貧者家無檐石一遇旱澇皆相率而遠徙又何足怪乎實由不得已而然也兹欲使天下守令皆盡得人四海生民皆得其安必先慎選銓曹之官嚴明考課之法舉非其才者必加其罰任非其人者必連其坐如是則天下守令皆得其人而吏治無不舉民生無不安于以底天下於隆平于以措斯世於熙皞夫何難哉管見如斯未知是否惟執事進而教焉

第五問

萬祥

同考試官訓導謝批（筆勢滔滔一氣呵成有斷制有歸宿其策場之巨擘者歟）

考試官教授黄批（始終以一心字立論非有斷制者不能）

考試官教授王批（此策原人心功業以定論絶高）

論士君子出處之迹當論士君子出處之心蓋迹隱而心乎道則道固可行迹雖不隱而心乎道則道無不行道之行否顧其心何如耳豈可以其迹而泥之哉知此則可以復明問之萬一云請詳陳之晦迹山林韜光畎畝非好高也所以守乎道也出疆必載質無君則皇皇非好通也所以行乎道也二者其迹雖殊要其不爲之心則一耳是以隱于山林者固爲得在朝市者亦未爲失也若以隱于山林者道必可行則托隱自媒者得以售其奸若以在朝市者道必不可行則席不暇暖者不足以爲法又豈人心之至論哉孟子之言亦即人心而論也伊尹有此心成湯聘之則商家之鼎以調傅説有此心高宗求之則商家之川以濟太公有此心文王用之則周家之業以昌深仁厚澤浹于海宇豐功偉績聳動千古良有以也漢之時若蕭何之法令嚴明曹参之清净守一開高祖四百年之基者未必非二子之功也丙吉之能知大體魏相之請行故事成宣帝中興之業者未必非二子之力也曰蕭曹曰丙魏迹雖未嘗隱也然

一念忠君之心則不可泯故有以成漢之治焉厥後諸葛孔明躬耕南陽昭烈以三顧致之八陣一圖光照宇宙出師二表忠貫日星出非徒出也何大業未造營星已殞功之所以不成者實□于天也使天假之以年則中原肅靖而無鼎沸之虞矣唐之時太宗龍飛有房玄齡之善謀有杜如晦之善斷非若而人則真觀之風息矣玄宗嗣世有姚崇之應變有宋景之守正非若而人則開元之治末矣曰房杜曰姚宋迹雖未嘗隱也然一念愛國之心則不可掩故有以成唐之盛焉厥後李泌隱居穎陽肅宗强以紫袍加之運籌帷幄豪杰歸心興復兩都犬羊破膽出非虚出也何大業垂成君志鴻鵠功之所以不建者實係于人也使肅宗能盡用其謀則河北削平而無反復之患矣宋之時若韓琦富弼之剛斷方正范仲淹歐陽脩之文章德行雖無安車而迎初未嘗枉尺而直尋也雖無蒲輪而召初未嘗衒玉以求售也其忠義一心鬼神實鑒玫嘉謀嘉猷史不勝載彼時王安石以氣節自高舘閣之命屢下安石輙辭不起及神宗任其爲相歷變祖宗成法斥逐忠良任用奸邪靖康之禍已醖釀于斯矣揆厥所由以其任一己之偏也使其舍己從人則治效亦不下于韓范諸公矣由前三子而論則傅説不异于伊尹伊尹不异于太公是無優劣之辨由後三子而論則李泌不如孔明安石又不如李泌不能無得失之議伊傅太公以不爲之心發于有爲之業孔明有此心而業未遂李泌此心有之而不純安石此心無之而外飾其致治污隆隨響隨應孟子之言誠可謂窮天地亘古今確乎不可易也又何疑之有哉噫心之關係大矣爲富貴所動則流于淫爲貧賤所動則流于濫爲威武所動則流于怯事君失此心不欺則佞矣治民失此心不貪則酷矣用兵失此心不殘則暴矣至于用人理財興學典刑何可一日而失此心也出處雖爲士君子之大節愚則以爲一心之外無他道也寸晷之下筆不盡言敢以心爲終篇獻未知執事以爲何如

湖廣鄉試小録後序

洪惟我太祖高皇帝奄有天下稽古爲治必建學以育材設科以取士蓋所以建千萬載之鴻圖而紹唐虞三代之盛也皇上繼承大統而於教養之術尤注意焉湖藩在江之南地廣以沃民物富饒人材之出著自往昔况代遭聖明而親被鼓舞者哉成化七年適天下大比其藩臬諸臣先期禮聘綸等爲考試官至期合所轄角藝之士於棘圍而群試之者三事竣録成俾綸序其後若

夫兹科之舉作興有由前序之述備矣竊惟全湖勝概有衡岳之高横跨數百里巍乎爲炎方之巨鎮有洞庭之深延袤數十州茫乎爲故楚之巨浸士因山川之氣生于其間是其所鍾者秀矣沐聖朝菁莪之化涵濡漸漬已餘百年是其所資者深矣以所鍾者之秀加以所資者之深厭經飫史玉琢金鎔是其所學者富矣故發爲文章其氣勢則雄渾有體蓋有如材木足以任裁也其議論則興實適用又有如粟帛□以資世也是皆本之於經宗之以理足以形體性命裨益治道者焉今而獲捷鄉闈登名兹録學一售也行將挾是以上容臺對大廷登名黄甲學再售也莅官服政尚當攄其所學見諸行事上有以致其君下有以澤乎民則是其學益售於天下俾聲光籍甚事業不刊顧不偉歟苟徒沿章句弄筆墨以求幸利於科場姑徇於仕禄則非朝廷所以建學育才之意矣綸忝主司之末故有以告諸士子

直隸順德府儒學教授黄綸謹序

成化十六年湖廣鄉試録

湖廣鄉試録序

聖天子丕承駿命于兹十有七年天下以鄉舉選士凡五科矣成化庚子復當大比之期湖廣藩臬重臣援故事預聘元等以司去留時太監王定韋貴式鎮南服惇崇儒雅都察院右副都御史白行順大理寺右少卿吴道宏受命宣撫咸汲汲作興士類巡按監察御史楊謚寔總試事以興賢國家令典尤究心焉提調學校副使薛綱先期遍歷郡邑考其可舉者得千三百有奇俾就試有司至期環棘三試之提調則左布政使何喬新左參議徐恪監試則副使徐懷僉事汪進贊理防範則左參政倪輔右參政馮孜副使馬震武清王億右參議楊琚林迪韓文僉事蕭禎李冕萬繡徐輝龔澤郭經姚倫暨百執事懋簡以充咸矢厥心慎厥事罔敢怠遑既撤棘取其文之合於經者得八十五人遵制額也乃次其氏名并録文之粹者爲鄉試録以獻于朝僉謂元宜有序仰惟我太祖高皇帝肇造區夏當天下甫定之初即詔有司以科目取士凡規畫皆斷自聖心又嘗諭吏部曰鴻鵠之能遠舉者爲其有羽翼也蛟龍之能騰躍者爲其有鱗鬣也人君之能致治者爲其有賢人以爲之輔也天哉皇言所以開億萬載太平之業者在是矣聖子神孫祇遹彝典繇是賢才出爲國家之用者彬彬焉湖廣東南名藩衡岳之巖嶂江漢之泓渟靈淑之氣鍾爲俊英百餘年來士繇科目進者或以文學魁天下或以謀猷贊聖謨或以宏材懿德宣力乎四方於戲盛哉昔先正有言豪杰之士繇科目而進誠哉是言也夫國家以科目取士以豪杰之士待之也諸士子登名賢書行將試禮闈奉廷對顯融于時盍以豪杰之士自待乎道德足以經邦文章足以華國風節足以厲俗以爲聖世之羽翼鱗鬣斯可謂豪杰之士而無負朝廷期待之德意矣不然彯纓鳴珮而德與業無聞焉是科目之玷也是鄉邦之羞也是元與二三執事者之辱也豈不有負列聖興賢之令典哉庸序諸卷首以爲多士勖

廣東廣州府東莞縣儒學教諭李元謹序

成化十六年湖廣鄉試

監臨官

巡按湖廣臨察御史楊謐（文寧河南傳封縣人　己丑進士）

提調官

湖廣等處承宣布政使司左布政使何喬新（廷秀江西廣昌縣人　甲戌進士）

湖廣等處承宣布政使司左參議徐恪(公蕭直隸常熟縣人　丙戌進士）

監試官

湖廣等處提刑按察司副使徐懷（明德浙江建德縣人　庚辰進士）

湖廣等處提刑按察司僉事汪進（希顔直隸婺源縣人　甲申進士）

考試官

廣東廣州府東莞縣儒學教諭李元（乾伯福建莆田縣人　乙酉貢生）

直隸松江府上海縣儒學教諭孫昇（孔暘浙江餘姚縣人　丁酉貢士）

同考試官

山東兖州府東平州東阿縣儒學教諭謝恩（顯親江西泰和縣人　己卯貢生）

直隸蘇州府吴縣儒學教諭汪洋（有本四川岳池縣人　己卯貢生）

直隸蘇州府崑山縣儒學教諭崔中（蓈文福建邵武縣人　甲午貢生）

山東兖州府嶧縣儒學教諭吴伯淳（原朴四川廣安州人　辛卯貢生）

浙江台州府太平縣儒學訓導張濬（文哲福建僊官縣人　己卯貢士）

江西吉安府泰和縣儒學訓導桑悦（民懌直隸常熟縣人　乙酉貢士）

印卷官

湖廣布政司經歷司經歷楊紹（紹祖應天府溧陽縣人　監生）

收掌試卷官

武昌府知府薛恭（□容順天府薊州人　丙戌進士）

衡州府知府何珣（廷瑞河南羅山縣人　甲申進士）

受卷官

湖廣按察司經歷司經歷葛浩（養直直隸無錫縣人　監生）

黄州府羅田縣知縣沈雷（弘震直隸華亭縣人　監生）

彌封官

荆州府荆門州知州陰子淑（宗孟四川内江縣人　壬辰進士）

黄州府麻城縣知縣劉規（應乾四川巴縣人　己丑進士）

謄録官

德安府同知胡瑛（不器河南光山縣人　監生）

武昌府崇陽縣知縣劉信（明節四川南溪縣人　乙未進士）

黄州府黄梅縣知縣金章（相用雲南中衛人　乙未進士）

對讀官

長沙府同知毛瓊（漸明江西豐城縣人　庚午貢士）

武昌府蒲圻縣知縣周洪（廷誥直隸上海縣人　□戌進士）

長沙府寧鄉縣知縣晏鑣（御麟江西上高縣人　壬午貢士）

巡綽官

武昌左衛指揮使□經（孟□直隸和州人）

武昌左衛指揮同知馬經（大經直隸盱眙縣人）

武昌衛指揮同知滿瑄（大用直隸定遠縣人）

武昌衛指揮同知羅（天爵江西新喻縣人）

搜檢官

武昌衛前所正千户郝觀（廷輝直隸鳳陽縣人）

武昌左衛右所副千户孟瑄（廷璋河南南陽縣人）

監門官

武昌衛左所正千户羅震（時鳴四川南溪縣人）

武昌左衛後所副千户劉隆（仕昌湖廣江陵縣人）

供給官

武昌府推官□昊（時欽浙江西安縣人　己卯貢士）

武昌府通山縣知縣戴譓（惟智浙江山陰縣人　丙子貢士）

武昌府江夏縣縣丞周傑（士英應天府上元縣人　監生）

武昌府武昌縣縣丞蹇霆（時振四川巴縣人　監生）

荆州府荆南驛驛丞黄瑶（□士四川天竹縣人　承差）

武昌府江夏縣夏口驛驛丞朱鏞（克聲福建懷安縣人　承差）

第一場

四書

瑟兮僩兮者恂慄也赫兮喧兮者威儀也　師冕見及階子曰階也及席

子曰席也皆坐子告之曰某在斯某在斯師冕出子張問曰與師言之道與子曰然固相師之道也　陳良楚産也悦周公仲尼之道北學於中國北方之學者未能或之先也彼所謂豪杰之士也

易

飛龍在天乃位乎天德　九四噬乾胏得金矢利艱貞吉象曰利艱貞吉未光也六五噬乾肉得黄金貞厲無咎象曰貞厲無咎得當也　知周乎萬物而道濟天下故不過旁行而不流樂天知命故不憂安土敦乎仁故能愛　定其交而後求

書

乃聖乃神乃武乃文　予念我先神后之勞爾先予丕克羞爾用懷爾然惟天降命肇我民惟元祀　未定于宗禮亦未克敉公功迪將其後監我士師工誕保文武受民

詩

一之日于貉取彼狐狸爲公子裘二之日其同載纘武功言私其豵獻豜于公五月斯螽動股六月莎雞振羽七月在野八月在宇九月在户十月蟋蟀入我床下穹室熏鼠塞向墐户嗟我婦子曰爲改歲入此室處六月食鬱及薁七月亨葵及菽八月剥棗十月穫稻爲此春酒以介眉壽七月食瓜八月斷壺九月叔苴采荼薪樗食我農夫　允矣君子展也大成　申伯信邁王餞于郿申伯還南謝于誠歸王命召伯徹申伯土疆以峙其粻式遄其行申伯番番既入于謝徒御嘽嘽周邦咸喜戎有良翰不顯申伯王之元舅文武是憲　既右烈考亦右文母

春秋

夏城中丘（隱公七年）浚洙（莊公九年）冬城防（襄公十三年）仲孫何忌會晋韓不信齊高張宋仲幾衛世叔申鄭國參曹人莒人薛人杞人小邾人城成周（昭公三十二年）　諸侯城緣陵（僖公十四年）仲孫羯會晋荀盈齊高止宋華定衛世叔儀鄭公孫叚曹人莒人滕人薛人小邾人城杞（襄公二十九年）　公會晋侯齊侯宋公蔡侯鄭伯衛子莒子盟於踐土公朝于王所　公子遂如齊（并僖公二十八年）齊侯使國歸父來聘（僖公三十三年）晋人宋人衛人曹人同盟于清丘　宋師伐陳衛人救陳（并宣公十二年）楚子伐宋（宣公十三年）　季孫行父臧孫許叔孫僑如公孫嬰齊帥師會晋郤克衛孫良夫曹公子首及齊侯戰於鞌齊師敗績（成公二年）

禮記

名子者不以國不以日月不以隱疾不以山川　炮取豚若將刲之刳之實棗於其腹中編萑以苴之塗之以謹塗炮之塗皆乾擘之濯手以摩之去其皽爲稻粉糔溲之以爲酏以付豚煎諸膏膏必滅之鉅鑊湯以小鼎薌脯於其中使其湯毋滅鼎三日三夜毋絶火而后調之以醯醢　宵雅肄三官其始也　東面執八筭興請賓曰順投爲入比投□□

第二場

論

人君守城業而致盛治

詔誥表（内科一道）

擬漢聽民徙寬大地詔（景帝元年）　擬唐以顔真卿爲刑部尚書誥（大曆元年）　擬宋以張浚爲尚書右僕射兼知樞密院事謝表（紹興五年）

判語

私創庵院及私度僧道　守支錢粮及擅開官封　收藏禁書及私習天文　私出外境及違禁下海　獄囚脱監及反獄在逃

第三場

策（五道）

問　自昔帝王奄有四海必有圖志以著疆理之廣狹山川之形勝貢賦之登耗人材之盛衰而明君賢相每因之以施其政教焉章亥所步禹迹所及未暇悉論姑以湖廣言之疆域川澤田賦貢篚見於禹貢山澤川浸利民畜穀著于職方可舉其概歟我國家受天明命奄甸萬姓際天所覆極地所載咸入版圖英宗睿皇帝嘗詔儒臣輯天下圖志以爲一統志頒之學宫傳之天下以著國家一統之盛信可與夏之禹貢同之職方并垂于不朽豈其他山經地志可比哉其間所載有所謂名宦有所謂人物以名宦言之令儀令色頌于周雅三仕三已見于魯論或切著鳥林或威行南覊或興庠序之教或定婚喪之禮或綏懷遠近得江漢之心或措置屯田圖恢復之策或有惠愛于復州或著忠即于長沙其人可得悉數歟以人物言之或有聲周宣中興之日或立功漢高創業之初或能作訓辭或能通訓典或托志忠雅負社稷之器或清雅知人有水鏡之稱或首居公位舉奏貪污或官至宰相不營産業或以文章魁三試之

選或以道學紹千載之傳其人可得詳陳歟國家承平百餘年矣自他郡而來莅兹邦其勛烈惠政追配昔人者誰歟起南服而入仕皇朝其功業節義媲美往哲者誰歟諸士子生長於斯考之熟矣試爲我陳之

問　孔子之作春秋朱子之作通鑑綱目皆以史之文寓褒貶之意也先儒謂春秋大義數十在於大一統正三綱内憂外夷尊王抑伯而已可得指其實歟或謂智如子貢未可以言春秋賢如子路未可以見春秋何以知其然歟至於綱目之作也褒貶之法殆未易識韓信以反誅者也特書曰殺謝靈運不忘晋者也特書曰誅管寧卒於魏也而不繫之魏狄仁傑卒於周也而不繫之周宇文士及邪諂之臣也而卒書其爵馮道失節之士也而卒具其官周鼎已遷或謂宜以東周承其緒何以不之取晋社已屋或謂宜以宋齊梁陳紹其統何以不之從袁紹討曹操何以不書其討昭烈誅楊奉何以不書其誅是蓋有深意存焉願析而言之以見聖賢褒貶之旨

問　人君南面而聽天下其所倚重而恃力者相與將耳考之於古陳謨於虞者董征苗之師迪教於周者著鷹揚之勇固未有將相之分也三代而下文武始岐爲二以相言之欲斬晁錯與欲斬田仁者孰賢不知决獄與不問鬥死者孰是决策以平元濟與决策以誅劉稹者其功孰大能兼用魏延楊儀與不能兼用曲端吴玠者其林孰優以將言之二十四而封侯與二十八而建節者其成功孰多以八千兵而敗秦與以五百騎而敗金者其用兵孰勝斬張用濟於軍門與不誅蘇建於境外者孰爲得擅命以誅莎車與矯制以誅郅支者孰爲非夫隨陸不武縫灌無文昔人以爲耻求其出將入相文武惟其所用者亦有其人□願歷舉而評之以觀予奪之公

問　離騷屈原之所作也迹原之仕楚入則圖議政事决定嫌疑出則監察群下應對諸侯未爲不得志也何爲而作是經歟其經有曰九歌者無非所以寓忠君愛國之意也而太乙之篇則繼之以湘君果有議歟曰九章者亦所以寄思君念國之意也而惜誦之章則繼之以懷沙果有失歟其美騷者一則謂國風好色而不淫小雅怨誹而不亂而是經兼之一則謂至方不能加矩至圓不能加規而效騷者似之何者爲定論歟其議騷者一則曰鳳凰翔於千仞覽德輝而下之一則曰臨江瀕而掩涕何有九辨與九歌何者爲過言歟宋玉之招魂近乎譎怪而或者謂譏原然歟否歟小山之招隱□爲高古而或者謂招原然歟否歟大招何知出於景差之手成相何知非原之徒抑今之論騷者將以不編騷於通鑑爲失而以所謂風雅再變爲得歟夫原楚賢諸士子生長於斯必知之熟講之素請詳以告我

問　所貴乎儒者以其博古而通今也不稽諸古固簡陋不足法不通乎今則迂遠不可行天下之事多矣姑舉其要者言之井田不可復矣師丹李安世之制何者近先王之良法歟封建不可行矣范氏胡氏之論何者得先王之遺意歟虞夏殷周之禮不可得□見矣欲復先王之禮則度數未易盡循莖英韶頀之樂不可得而聞矣欲復先王之樂則音律未易精審寓兵於農古法也行於熙寧何以爲保甲之弊養馬於民古制也行於熙寧何以爲保馬之病取人以文章非古也欲盡選材之方何法爲可用人以資格非古也欲盡官人之道何法爲宜此數者皆方今之要務也願酌古之制審今之宜而陳之以觀明體適用之學

中式舉人八十五名

第一名　何説　郴州學生　易
第二名　余瑶　武昌府學生　詩
第三名　劉涣　江陵縣學生　書
第四名　陳典　永州府學生　禮記
第五名　宋崟　湘陰縣學生　春秋
第六名　黎民表　華容縣學增廣生　書
第七名　王瑞　沔陽州學生　詩
第八名　董朴　麻城縣學增廣長　春秋
第九名　覃昂　常德府學生　易
第十名　劉壽山　麻城縣學增廣生　禮記
第十一名　張伯温　安陸縣學生　詩
第十二名　羅胤衡　益陽縣學生　書
第十三名　李承恩　嘉魚縣學增廣生　詩
第十四名　趙瀚　荆州府學生　書
第十五名　歐陽涵　安仁縣學生　詩
第十六名　譚憲　巴東縣學生　易
第十七名　魏廷相　華容縣學生　書
第十八名　張鳳翔　襄陽府學生　詩
第十九名　趙繹　麻城縣儒士　春秋

第二十名　何禎　興寧縣學生　書
第二十一名　黄寶　長沙府學生　易
第二十二名　陳完　武昌府學武生　禮記
第二十三名　嚴永灌　華容縣學增廣生　書
第二十四名　阮章　麻城縣儒士　春秋
第二十五名　葉大用　德安府學生　詩
第二十六名　丁世和　醴陵縣學生　書
第二十七名　李芃　漢陽府學生　詩
第二十八名　徐紹先　蘄水縣學生　易
第二十九名　陳能　衡山縣學生　詩
第三十名　李和　荆門州學生　書
第三十一名　陳中　隨州學生　書
第三十二名　李庭芳　岳州府學生　詩
第三十三名　周紳　道州學生　易
第三十四名　丁世熙　醴陵縣學生　書
第三十五名　梅秀　黄州府學生　禮記
第三十六名　廬岳　岳州府學生　詩
第三十七名　楊鼐　彬州學生　春秋
第三十八名　徐貴　平江縣學生　書
第三十九名　酉仁　常德府學生　詩
第四十名　莫英　道州學生　易
第四十一名　皮輔　長沙府學生　書
第四十二名　晏璽　巴陵縣學生　詩
第四十三名　宋鈞　安鄉縣學生　書
第四十四名　楊儀　常德府學生　詩
第四十五名　徐傑　黄陂縣學生　易
第四十六名　陳良　常德府學生　書
第四十七名　陳鑾　永州府學生　禮記
第四十八名　崔巖　郴州學生　易
第四十九名　歐陽俊　沔陽州學生　詩
第五十名　陳情　麻城縣儒士　春秋
第五十一名　吴淵　德安府學生　書

第五十二名　黄彦俊　孝感縣學生　詩
第五十三名　曹鎧　雲夢縣學生　易
第五十四名　程鵾　華容縣學生　書
第五十五名　舒泰　沅州學生　詩
第五十六名　樂明　寧遠縣學生　書
第五十七名　馮允中　永興縣學生　易
第五十八名　李榮　九谿衛學軍生　詩
第五十九名　何玘　景陵縣學生　書
第六十名　王頫　辰州府學生　詩
第六十一名　徐麟　永州府學生　禮記
第六十二名　孟思聰　道州學生　易
第六十三名　王昊　衡州府學生　詩
第六十四名　敖憲　華容縣學增廣生　書
第六十五名　劉璲　麻城縣學增廣生　春秋
第六十六名　周孟童　慈利縣學生　詩
第六十七名　顔端　德安府學生　易
第六十八名　張肇　臨湘縣學生　詩
第六十九名　劉泰　衡陽縣學生　書
第七十名　陳富　黄州府學生　禮記
第七十一名　王瑀　襄陽縣學生　詩
第七十二名　王忠　黄梅縣學生　易
第七十三名　劉翀　廣濟縣學生　詩
第七十四名　郭軒　景陵縣學生　書
第七十五名　李玟　永興縣學生　詩
第七十六名　陳良弼　華容縣學生　易
第七十七名　郭莘　孝感縣學生　詩
第七十八名　曾鼐　祁陽縣儒士　易
第七十九名　曹琚　桂陽縣學增廣生　詩
第八十名　毛玠　澧州學生　書
第八十一名　姜英　崇陽縣學生　詩
第八十二名　米明　華容縣學生　易
第八十三名　李成　寧遠縣學生　詩

第八十四名　鍾朝綱　長沙縣學生　書

第八十五名　羅紳　安仁縣學生　詩

第一場

四書

瑟兮僩兮者恂慄也赫兮喧兮者威儀也

何説

同考試教諭吴批（發明君子德容之盛語意精切允宜録出）

考試官教諭孫批（理明詞畅當是作者）

考試官教諭李批（題似易而難發出德容之盛無如此作）

大學釋詩以見君子德容表裏之盛也夫恂慄者德之存於中威儀者德之著於外也自非明德君子之止於至善其能然乎傳大學者引淇澳之詩釋明明德者之止於至善以爲君子學問自修以盡求之之方則内完外著而有得之之驗彼詩之所言瑟然而嚴密僩然而武毅者豈無謂哉蓋言明德君子嚴敬之心恒存乎念慮警惕之意不忘於須臾戰兢有如凜乎天監之在玆也戒懼自若悚然上帝之臨女也恂慄如是則怠心不生而無麄疏頽□之失矣德之存於裏者不其盛乎詩之所謂赫然而宣著喧然而盛大者亦豈無意哉蓋謂明德君子美在其中而暢於四肢德根於心而形於動静衣冠瞻視之尊嚴有威而可畏也動容周旋之中禮有儀之可象也威儀若是則惰氣不形而無暴戾傲慢之容矣德之見於表者不亦盛乎君子德容表裏之盛如此明明德止於至善之驗豈不於斯而可見哉大抵君子之學以明德爲本而明德之要以至善爲極明德而不止于至善是德有未明又何以爲新民之地乎大學傳之三章釋止于至善前既言得之之由此又言得之之驗末又指其實而嘆美之其示人之意深切矣

師冕見及階子曰階也及席子曰席也皆坐子告之曰某在斯某在斯師冕出子張問曰與師言之道與子曰然固相師之道也

余瑶

同考試官教諭崔批（不搜奇獵异而融會傳注成文時文中之杰然者也是用録之）

同考試官教諭汪批（此題人能作之而發明親切者少是篇詞理俱到必有學之士也）

考試官教諭孫批（此題不難於體認而難於鋪叙鋪叙有法者無如此篇宜録之以範後學）

考試官教諭李批（詞簡理備當是作者）

樂師進見聖人盡夫待之之誠大賢疑問聖人明爲相之之道蓋樂師進見而聖人待之誠者所以盡相師之道也大賢疑而有問得不明其爲相之之道哉昔樂師名冕者進見吾夫子夫子不惟矜之而且敬之於其及階也則告之以階使其知所升焉及席也則告之以席使其知所就焉及衆皆坐之餘又歷告以某在斯某在斯使其知在坐之人而得以通問焉若是者一皆聖心天理之流行也及師冕之既出于張竊窺而有問意謂夫子之於師冕即即而告之諄諄而詔之是乃與師言之道歟夫子即告之□是與師言之道也彼師冕無目矣階席之處非所自知我所以告之者相師之道當然也師冕廢視矣在坐之人非所自識我所以詔之者相師之道宜爾也吁聖人之待樂師而盡其誠如此夫豈作意而爲之哉抑論之道無往而不在聖人動静語默無非道也故其見是人則有待是人之道遇是事則有處是事之道師冕之見一事之微耳而聖人待之曲盡其道何莫非道之所在哉學者於此而求之則聖人不侮鰥寡不虐無告之心亦可見矣

陳良楚産也悦周公仲尼之道北學於中國北方之學者未能或之先也彼所謂豪杰之士也

劉涣

同考試官教諭謝批（揭書得題本爲平易場中作□不泛則略此作詞理俱到説出陳良學識之正快愜人心是宜録出）

考試官教諭孫批（文以理爲主而氣以□□□作其廢幾矣）

考試官教諭李批（詞暢理明足發孟子稱良之意）

賢者善變而所得過於人此所以爲才德出衆之士也夫所貴乎豪杰者以其用夏變夷也賢者生于异邦而慕乎聖道可謂善變者矣豈非豪杰之士哉昔孟子述陳良之賢以責陳相之倍師謂夫陳良楚之儒者也生於江漢之間其去中國也遠矣産於荆衡之域其漸文化也淺矣然良也不安於陋而慕周公之道北游中國以學之焉不溺於俗而悦孔子之道北游諸夏以學之焉彼禮樂周公之所制作道之所寓也良則服習乎周公之禮樂詩書孔子之所

删定道之所存也良則涵泳乎孔子之詩書其慕道也深其求道也篤雖北方學者素被周公禮樂之化而其所就未有能出乎其右者也雖中國學者素聞孔子詩書之教而其所得未有能超乎其上者也若良者可謂有過人之才而能自拔於流俗矣可謂有出類之德而能特邁乎等倫矣謂之豪杰之士豈不信哉嗟夫陳良生於楚而學于中國是出幽谷而遷喬木者也陳相倍其師而學於許行是下喬木而入幽谷者也是則陳良用夏變夷而陳相變於夷也故孟子特稱陳良學識之正以責之下文又言聖門弟子之敬其師雖至死而不忘視彼師死而遂倍之如相者烏可同年而語哉

易

飛龍在天乃位乎天德

何説

同考試官教諭吴批（題本正大作者多不會天德□天位之義往往分而二之間有知音又欲言而未能發揮□白僅見此篇且辭氣充蔚决非稚筆故録以示）

考試官教諭孫批（發明天德即天位之義殆無餘藴）

考試官教諭李批（文言申九五取象之義此作明甚）

文言舉乾九五之象而申以聖德之居乎尊也蓋乾九五以天德而居天位者也爻擬飛龍在天之象庸非有取諸此歟昔周公繫乾之九五爻辭曰飛龍在天吾夫子文言復申之謂夫龍乃陽物而飛則陽性龍至於飛則靈變莫測而奮起乎天衢之上乾旋坤轉鼓元氣而雷域中矣豈潜見之可倫乎神化無方而超逸乎雲漢之表陰吸陽噓騰百川而雨天下矣豈惕躍之可擬乎此九五之象也而何取於是邪誠以初二雖陽剛而處地位不可以言位天德惟以九居五陽剛而遇中正爲聖人在天子之位則德由位顯所以繼天立極而致天下之化成者在是矣是天德也即聖人之天位也而九五有之非天德之得位者乎三四雖陽剛而當人位亦不可以言位天德惟五以九居中正而履帝位爲聖人御大寶之尊則位由德稱所以代天理物而致萬國之咸寧者在是矣是天位也即聖人之天德也而九五當之非天位之有德者乎吁此九五所以有飛龍在天之象而爲天下之所利見也歟抑考之文言贊乾之九五而曰位乎天德釋坤之六五則曰正位居體何歟蓋乾九五以德居尊堯舜之君也坤六五雖有德而居下體皋夔稷契之臣也唐虞君臣之際遇是即乾坤之配應貞元之會合也豈偶然哉

知周乎萬物而道濟天下故不過旁行而不流樂天知命故不憂安土敦乎仁故能愛

覃昂

同考試官教諭吴批（繫辭題言盡性之事難於措辭尤難於析理此作兼之必精於易者允宜高薦）

考試官教諭孫批（聖人盡性之事此作得之）

考試官教諭李批（用易盡性發揮無餘）

備知仁之體用而各造其極聖人之盡性然也夫知也仁也皆性之德也備其體用而各造其極者豈非聖人以易盡性之事哉大傳四章論聖人與天地相似之實如此誠以天之道知而已聖人大明乎幽明死生鬼神之理而知無不周地之道仁而已聖人兼利乎天下群黎萬物之生而仁無不濟知且仁則其知也適乎中而非術數之知得其正而非苛察之明矣然周萬物者知之體也其見於事也酬酢應變之曲當因時舉措之咸宜其用有以行藿焉濟天下者仁之用也其本諸己也貞静而不入於變詐純一而不流於邪僻其體有以守正焉有周物之體而達諸行藿之用知已深矣至於静與天俱而默契乎天命流行賦予之妙動與天游而貫徹乎事物所以當然之故則心廣體胖而自無所憂其知之益深也爲何如有濟物之用而本諸守正之體仁已篤矣至於無入不得而渾乎天地生物之心隨寓皆安而篤乎本心全體之德則民胞物與而自無不愛其仁之益篤也又何如吁聖人用易而盡知仁之性如此此其所以與天地相似而不違也歟雖然人得天地之理以爲性本與天地同體也但人汩於形氣而自失之耳聖人性之者也窮理盡性雖不假乎易而亦未嘗不用乎易所以先天而天弗違後天而奉天時直與天地同流而不悖同體而無間矣故曰惟天下至誠爲能盡其性

書

乃聖乃神乃武乃文

劉渙

同考試官教諭謝批（聖德變化不測作者多爲所窘此作體認親切發明詳盡必熟於壁經者高薦何忝）

考試官教諭孫批（寫出伯益贊堯之德如繪盡然）

考試官教諭李批（形容聖德變化之妙宛然）

大臣贊聖君之德必隨其變化而名之也蓋聖神之德無迹武文之德可見其實一而已大臣隨其變化而名之其善於形容聖德之盛矣昔伯益因舜

尊堯遂美堯之德以勉之意若曰帝堯之德大而能運則變化不測故自其聖而言之德日益盛泯然無迹之可見仁日益熟渾然無形之可窺然不徒聖而已變化不測而且神焉是以盛德之極非耳目所能盡至仁之妙非心思所能測也非神之德而何聖也神也渾然全體而妙於無迹者也自其武而言之神武不殺天戈一揮而女真之師宵潰黄鉞載秉而逆豫之衆潜奔將恢復乎青氈用咨詢于黄髪肆令迂拙亦荷甄收臣敢不勉竭駑庸上承眷注封狼胥而禪姑衍用綏九廟之靈走甌脱而降休屠期雪百王之耻坐見全燕之疆土復歸大宋之版圖文德誕敷式睹舞干之化王猷允塞載歌常武之詩臣無任瞻天仰聖激切屏營之至謹奉表稱謝以聞

第三場

策

第一問

余瑶

同考試官教諭崔批（此卷五策文勢滔滔略無滯筆而於一統志尤記憶親切鋪叙整嚴得士若此朝廷作養之效足徵矣健羡健羡）

同考試官教諭汪批（此策湖湘山川物産人才名宦略無滲漏蓋嘗留心典籍而景仰前修者也置之高選孰曰不宜）

考試官教諭孫批（此卷於湖荆之山川物産名宦英賢條答無遺末復以尹吉甫楊文定自期待其必有學有在之士也高薦何忝）

考試官教諭李批（五策俱善答而此作尤佳足見學識允宜高擢）

九丘之志除而荆南之山川名物著于聖經一統之志作而荆南之名宦英賢昭于國典夫荆南名藩也其地大其民衆其貢賦皆供國之需其人材皆濟時之具夫豈他邦之可擬哉粤稽諸古帝王肇域四海必有圖以著山林川澤之險阨如所謂輿地圖是已必有志以紀貢賦人物之繁盛知所謂寰宇志是已明君賢相知其阨塞而爲吾兵險易之備察其風俗而爲吾政弛張之宜夫豈苟然哉姑以湖廣言之荆及衡陽其疆域也江漢雲夢其川澤也其田則下中其賦則上下貢則羽毛齒革之屬篚則玄纁璣組之類禹貢所載然也鎮曰衡山藪曰雲瞢其川江漢其浸穎湛其利舟銀齒革其民一男二女其畜鳥獸其穀宜稻職方氏所紀然也是則湖南山川名物載于夏書紀于周禮垂之萬世而爲經矣洪惟聖朝受天明命奄有萬邦章亥所步悉歸版圖之内禹迹

所及咸在統御之中英宗睿皇帝爰命儒臣發祕閣所藏采郡國所上編輯大明一統志頒之學宫傳之天下之昭國家一統之盛誠可與夏之禹貢周之職方并垂于不朽也其間所載有所謂名宦有所謂人物以名宦言之仲山甫令儀令色爲周名臣子文三仕三已爲楚賢相周瑜當炎光將燼之際功著于烏林劉弘當金行失馭之時威行於南服衛颯修庠序之教而文治興欒巴定婚喪之禮而舊俗變綏懷遠近得江漢之心則有如羊祜措置屯田圖恢復之舉則有如岳飛狄仁傑出刺復州其惠愛可稱也李芾死節長沙其忠義可仰也此皆吾荆南之名宦也以人物言之吉甫之勛烈有聲宣王中興之日梅鋗之材武立功漢高創業之初制誥典贍無愧能作訓辭之觀射父則歐陽玄其人博通經史無愧能通訓典之倚相則黄香其人托志忠雅負社稷之器非蔣琬乎清雅知人有水鑒之稱非司馬徽乎黄瓊首居公位舉奏貪污其忠鯁可知岑文本官至宰相不營産業其節儉可見馮京以文章魁三試之選周茂叔以道學紹千載之傳此皆吾荆南之人物也我國家承平百有餘年矣或自他郡而來莅兹邦若鄧愈之鎮襄陽恩敷襄漢四境以寧陶安之守黄州安輯民庶政務一新其勛烈惠政足以追配昔人而無愧或起南服而入仕皇朝若楊文定公謙厚温恭典機務於内閣何忠節公讜言正色著忠義于南交其功業節義足以媲美往哲而有光嗟夫萬古此山川則萬古此人物孰謂今人之不如古又焉知後來之不如今哉愚也生長是邦撫汗簡之沉馨仰前修之芳躅每感慨思自勵焉倘執事進而教之敢不近法文定遠追吉甫以效其尺寸而垂名竹帛乎

第二問

何説

同考試官教諭吴批（本房幾三百卷連日披閲初二場盡有可意者至三場多掛一漏百令人厭觀此卷此策俱稱春秋綱目策尤深得聖賢褒貶之旨况前二場已在優等取魁多士允愜輿論）

考試官教諭孫批（末場士子多爲此策所困往往敷衍問目而已此卷於二書事實一一剖析詳明不啻繩貫櫛比然必老學也允宜高薦）

考試官教諭李批（春秋之旨知之者多綱目書法鮮有知者此卷條答無遺而文足以發之必有學有識之士也彼敷衍問目者風斯下矣）

春秋作於聖人有以昭百王之典禮綱目作於大儒有以定千載之是非此春秋所以爲經世之大法綱目所以爲致治之明鑒也非道足以周天下之用智足以通難知之意文足以發難顯之情者其孰能作之哉慨自周東遷而

典禮紊矣於是孔子出而春秋作焉宋南渡而是非昧矣於是朱子出而綱目作焉以春秋言之書正而次於王書王而次於春揭一王之號於一歲之首所以大一統也河陽書狩而君臣之綱正子同書生而與子之法明如齊同行見夫之不夫會禚獨往見婦之不婦所以正三綱也楚稱王矣則書楚子越嘗霸矣則稱於越其内夏外夷之法嚴矣楚丘緣陵之城予其事而責其專城濮踐土之舉大其功而著其譎其尊王抑霸之旨著矣書閏月不告朔猶朝于廟春秋愛禮之意也而子貢欲去告朔之餼羊是子貢之智永可以言春秋也書趙鞅帥師納衛世子蒯聵于戚此春秋正名之意也而子路乃以正名爲迂是子路之賢未可以見春秋也以綱目言之韓信未有反心也舍人上變之辭欲加之罪耳故書以殺謝靈運已臣於宋也韓亡秦帝之詩借以自文耳故正其誅管寧雖卒于魏而不受魏之官爵故不係之魏者所以著其潔身之節狄仁傑雖仕于周而不忘唐之宗社故不係之周者所以表其忠君之誠宇文士及邪諂之臣也而卒書其爵非責太宗親狎佞人歟馮道失節之士也而卒書其官非責時君寵遇失節歟周鼎已遷葉氏謂宜□東周承其緒而綱目不之取者東周亦諸侯耳非有恢復舊物之志也晋社已屋胡明仲謂宜以宋齊梁陳紹其統而綱目不之從者宋齊梁陳皆偏據耳非有統一天下之志也袁紹討曹操嘗聲操之罪矣不書其討者志在兼并初非爲漢計也昭烈誅楊奉彼固有罪可誅矣不書其誅者誘而殺之不得爲天討也噫春秋作於前而典禮以明綱目作於後而是非以定聖賢有功於天下有功於萬世爲何如哉管見區區未知是否惟執事進而教之幸甚

第三問

宋銮

同考試官訓導張批（歷舉三代而下將相事□而是非之末獨推許范虞数君子非灼有定見者不能异時登庸必能□勛業而著聲光也健羡健羡）

考試官教諭孫批（將相一策能條答者固多然□奪品題之當似此者絶少且文氣舂容詳整有如天馬行空步驟不凡吾於此子讓之一頭地矣）

考試官教諭李批（將相之策多爲所窘此作事實無遺必熟於評品人物者也）

秉鈞當軸以熙帝載固莫重於相擁旄仗鉞以揚天威尤莫急於將相得其人則德教敷而四海以均將得其人則威武振而四夷以靖有天下者其可不擇文武偉人以當將相重任邪執事以古之將相下詢承學敢不摭所聞以復明問之萬一乎夫人君南面而聽天下其所倚重而恃力者相與將耳考之

於古大禹告其君以克艱之謨矣而征苗之師禹實統之太公迪其君以兵書之戒矣而牧野之兵太公實將之當是時人皆全才出焉而將則□□萬里之外入焉而相則論道一堂之上固未有將相之分也三代而下文武始岐而爲二以相言之申屠嘉欲斬鼂錯與劉屈氂欲斬田仁其欲舉相職雖同然嘉之忠言謇謇賢於屈氂之終陷刑戮也陳平不知决獄與丙吉不問□死其能知相體雖一然平之元勛赫赫優於吉之無所建明也裴度决策以平淮蔡李德裕决策□平澤潞功皆大矣然度不立朋黨而德裕立黨相攻是度之德量優於德裕也孔明相昭烈於炎燼重嘘之時張浚相高宗於宋室再造之際忠皆著矣然孔明能兼用魏延楊儀而浚不能兼用曲端吴玠是浚之材器劣於孔明也以將言之鄧禹二十四而封侯荀羡二十八而建節皆以年少而立功也然禹爲東都元勛而羡之功業未著其成功之多寡可知矣謝玄以八千兵而敗秦岳飛以五百騎而敗金皆以兵寡而制衆也然飛以偏師獨克而玄以徼幸成功其用兵之勝否可見矣李光弼斬張用濟於軍門衛青不誅蘇建於境外其處事雖异然光弼遭事之變而從權衛青當時之平而守經各得其宜也馮奉世擅命以誅莎車陳湯矯制以誅郅支其專命雖同然莎車□國勝之未足威敵郅支勁虜誅之足以安邊其功有間也夫隨陸無武遇高帝而不能建封侯之業絳灌無文遇文帝而不能興太平之治昔人嘗以爲耻矣求其出將入相文武唯其所用者亦未嘗無人焉武侯表追伊傅而有興漢之功杜預學專春秋而有平吴之績范仲淹儒臣也宣撫陜右而元昊乞和虞允文儒臣也督戰江上而女真敗走是皆才兼文武□也愚也鼓篋芹宫沐浴至教文事□□□學未能予奪品題有志不暇惟執事恕其狂斐而教之幸幸

第四問

陳典

同考試官訓導桑批（能折衷諸人論騷之得失非深於騷者不能宜表而出之）

考試官教諭孫批（能熟乎騷者難能悉衆論之得失諸作之是非者爲尤難也此作剖析隱微而爬梳剔抉一絲莫遁低頭拜東埜尚忍於子而抗顔邪）

考試官教諭李批（論騷者當究原之心此作能折衷衆論而抑揚頓挫之際備見其憂愁鬱悒之情殆所謂曠百世而相感者歟）

讀滋蘭樹蕙之辭則知騷人之志潔歌乘鷖駕虬之句則知騷人之志高惟其潔故常自疏濯污淖之中惟其高故常欲俘游埃□之表彼賈生吊之楊雄反之未必知原之志蘇子許之朱子注之斯爲得原之心執事發策以楚騷

下詢承學殆亦憫原之忠而惜其過感原之志而悲其不幸歟夫原之在楚也以宗室之英爲三閭之職序其譜屬率其賢良以厲國士内則倚之爲蓍龜外則賴之爲衡鑒夫何一沮於上官之讒而懷王疏之再厄於子蘭之譖而襄王放之菉葹盈室非幽蘭之可佩雄鳩鳴逝而鳳鳥之難當其登閬風而緤馬就重華而陳辭夫豈得已哉故憂心煩亂而離騷作焉述唐虞三后之制序桀紂羿澆之敗以冀君之一悟而還已也不幸襄王終不悟而九歌九章作焉彼太一之歌而繼之以湘君或者譏其靡而不知九歌之作皆以事神不答而不忘其敬比事君不合而不忘其忠也何靡之有惜誦之章而繼之以懷沙或者譏其矯而不知九章之作皆忠愛之心發於嗟嘆之餘憤懣之情形於言意之表也何矯之有淮南王安曰國風好色而不淫小雅怨誹而不亂離騷可謂兼之是知騷之爲辭無愧於風雅矣宋景文公曰離騷爲詞賦之祖如至方不能加矩至圓不能加規是知騷之爲辭冠絶乎古今矣賈誼吊原謂鳳凰翔于千仞覽德輝而下之蓋譏原之不去而不知原爲貴戚之臣不可以去也楊雄反騷謂臨江瀕而掩涕何有九招與九歌蓋譏騷之不實而不知騷乃托興之語固非其實也若夫招魂作於宋玉極言上下四方之害而陳楚國之樂即其辭而考之知其爲招原之辭夫豈譏原乎大招作於景差粗識屈伸動静之道國體時政之宜以大小言賦驗之則知出於景差之手夫豈原詞乎招隱之作則出於淮南之小山其辭最爲高古矣或因王孫不歸之辭而以爲招原恐未必然也成相之辭則出於蘭陵之荀况其辭可爲監戒矣今與佹詩六賦之辭同載于荀子固非原徒也東坡以騷爲風雅再變而讀者謂得體蓋所學有得於騷也温公不以騷編入通鑑而論者謂未純蓋其例不取詩賦也豈可執是而輕議哉嗟夫屈原之忠忠之過也屈原之過過乎中也紫陽夫子有定論矣世之狺狺者豈足以知原哉讀離騷者以周公鴟鴞之詩劉向灾异之疏合而觀之則知宗臣忠愛之心矣愚也生長楚邦景仰先哲蓋嘗泛流江過湘水采江瀕之芳草吊魚腹之忠魂未嘗不感慨太息想見其爲人也兹承明問欲悉陳之恐留更僕略摭舊聞以對惟進而教之幸甚

第五問

劉涣

同考試官教諭謝批（此篇答者多敷演問目酌古準今事全無斷制晚得此卷條答詳明識見超越且文采翩翩真獸中之麟鳥中之鳳也有用之學非吾子而誰歸）

考試官教諭孫批（時務一策正欲觀諸士子學識此卷五策皆能敷答

無齟齬而此篇稽古訂今尤條析詳整演□洋譬猶孫吴制勝愈出愈奇而岷江厚源一瀉千里實學高識其真湖湘之俊杰歟用世之才吾端於子是屬）

考試官教諭李批（答此策者多謂井田可復封建可行禮樂之屬皆欲一一復古非通變之論也此作酌古準今鑿鑿可行明體適用之學舍子其誰）

善爲治者不可不法乎古善法古者不可不通乎今爲治而不法古俗吏之見耳固淺陋而不足法泥古而不通今迂儒之論耳亦拘滯而不可行酌古之制而審今之宜斯可以行之而無弊矣執事發策以時務下詢承學蓋待以俊杰也愚也不敏敢不以俊杰自待乎天下之事多矣姑因明問所及而陳之自溝洫圳澮之制壞於秦而井田不可復矣彼師丹之限田李安世之均田皆救弊之法也然均田之制不能無弊必也用限田之法王侯之占田有限庶人之授田有差則兼并之患塞豈不有近先王養民之良法乎侯伯子男之邦廢於秦而封建不可行矣彼胡氏謂封建可復范氏謂封建不可復是各有所見也然胡氏之論高遠難行必也本范氏之説擇人以任守令久任以責成功則龔黄之化行豈不有得先王建邦之遺意乎虞夏商周之禮不可得而見矣世之議禮者每病夫器數之難循欲制一代之禮必本朱子儀禮經傳通解之書而參以唐宋之典儀祭必用俎豆而今之盤杅不廢也朝必以弁冕而今之衣冠不革也則禮可制矣莖英韶頀之樂不可得而聞矣世之論樂者每病夫音律之難審欲作一代之樂必用蔡元定律吕新書之法而參以唐宋之制作截管候氣而聲氣之元可求也累黍定律而長短之度可驗也則樂可作矣兵寓於農周制也居則爲比閭族黨州鄉之民行則爲伍兩卒旅軍師之衆王安石保甲之法蓋出於此然農務方殷有點集之煩期會稍稽有鞭笞之害是泥其法而不知其意也必也用成周什伍之法使之三時務農一時講武則民兵精鋭而可以銷坐食之費奚至於病民邪馬養於民古法也平居則散之於民而閑牧之有法有事則斂之於國而攻戰之有備王安石保馬之法蓋本於此然賦牧地於農民而斂其租課散國焉於編户而責其孳息是知其利而不見其害也必也復成周車乘之制而又寬其孳息之額嚴其隱盗之刑則牧馬蕃息而可以給戎行之用豈至於厲衆邪以文章取士非古也欲盡選材之法莫若於文章之外兼察其德行每當開科之期督學憲臣察其浮薄無行者詞華雖贍而必黜奔競無耻者學問雖博而不容則凡就試有司者皆經明行修之士矣以資格用人非古也欲盡官人之道莫若於資格之外兼考其賢否每當選用之際典銓大臣考其廉慎有爲者資格未及而必升貪庸不職者資格雖及而必殿則凡效官内外者皆潔己奉公之人矣此數者皆當今之要務也愚也

學不足以博古才不足以通今然幼而學之壯而欲行之亦情之不能自已也執事恕其狂而進之教之幸甚

湖廣鄉試録後序

成化十有六年時維大比湖廣藩臯重臣協謀于巡按監察御史楊謐聘昇等校文主去取士昇等至合列郡暨戎衛之士嚴試之定其可舉者得八十五人故事有録録既成謂昇宜序其後竊惟人才致治之具也然人之才不一上以是取則下以是進而治之醇駁係焉虞周取士之□稽諸經概可見已自漢以來有賢良方正之科有明經進士之科有博學宏詞之科當是時士各以所長進不專於經術故其措諸事業者亦有醇有駁焉我國家稽古立法盡罷諸科專以明經取士其試之也四書五經以驗其本領論詔誥表以驗其詞藻判以觀其理事之材策以觀其博古通今之學蓋兼明經宏詞之法以取士也故士之進身者一本於經術而措諸事業者粹然出於正矣夫經以載道道以出治明乎經然後明乎道明乎道然後可推於治焉我朝以明經取士蓋以此也湖廣古荆州之域北接雍豫南控蠻獠東連吴粤西通巴蜀地大而人衆衡山磅礴之氣元巖奇秀之精鍾爲俊茂之材而又遭遇列聖以經術造之以科目□之故百有餘年荆楚之□□明經進者昭崇勛揚休烈卓然爲世名臣者不可稱數人才治效之盛比隆虞周矣夫豈漢唐宋可及哉諸士子登名斯録榮且幸矣行將羽儀天朝以展其所學盍思自勉以□其名乎能自勉焉异時覽斯録者將指其名曰是忠肅以事上者是惠和以保民者是恭儉以禔身者則豈惟斯□之光昇等亦與有□□□□施施焉衎衎焉切□□□□播其惡焉人將指其□□□□毁信廢忠者是服讒□□□是侵欲崇侈者則豈□□□之玷昇等亦與有□□□□可不懼哉可不戒哉

直隸松江府上海縣儒學教諭孫昇謹序

弘治五年湖廣鄉試録

湖廣鄉試録序

皇上臨御之五年壬子天下當開科取士湖廣藩臬諸臣協謀於巡按監察御史汪宗器預期聘曉等以司文衡顧貢院湫隘爲之闢而新之時巡撫右副都御史謝綬撫治右副都御史王道清戎監察御史梁廷賓祗若德意惇尚文教而鎮守太監劉雅分守太監韋貴潘記總兵官鎮遠侯顧溥又協德贊襄士風丕振至期左布政使劉喬左參政李琮副使俞振才吴欽則提調監試於内右布政使王範右參政劉聰副使鄭恭陳孜王玹左右參議章玄應李俊馬銓鄭觀僉事馮鎮戚昂張賓馬璠富玹陳璉則綜理防範於外御史汪宗器寔監臨焉凡諸執事皆遴選以克期得真才用圖報稱合提學副使焦芳所簡拔士凡一千五百有奇三試之得其尤者八十五人將録其名并文以獻曉當序其端嘗聞之先民有言曰山川之秀麗必有俊杰居其間然而湖湘有荆衡太和諸山有江漢洞庭諸水形勝甲於天下徵之前時俊杰之生于其間者固不可謂無人亦未見其多也竊嘗疑之今觀諸生場屋所作詞粹理完奇珍疊見而英焰奪目令人顧接失次俊杰之士一何多歟然嗇於前而豐於今蓋嘗求其故矣湖湘土曠人稀田者利沃饒漁者利豬澤賈者利丹銀齒革以是終其身而遺其子孫焉其於禮樂文章經綸仕進之心泊如也惟我列聖相承誕敷文教漸漬薰蒸多歷年所然後俊杰往往抱藝而出及我聖天子在上鼓舞維新甄陶益至則士類趨焉若流文風爲之蔚然而無復狃於曩時之習矣胡怪乎俊杰之多於今日也哉嗚呼有此天地即有此山川而俊杰之盛寔聖朝重熙累洽氣化使然也山川何預乎詩所謂維岳降神生甫及申亦乘有周氣化之盛而生焉耳崧岳奚功哉然人物固無預於山川而山川必待人物而有名如隆中以武侯名春陵以茂叔名是也諸生亦能如武侯茂叔以名山川乎或曰子之論得矣但以言而謂湖湘俊杰之多言果足以定其人乎余曰言者心之聲文又言之成章者也言之在人猶水之瀾木之華也溯源於瀾反本於華水木之凡异可知已孟子曰我知言言豈不可以知人乎雖然知不知主薦者

之責而俊杰之實則被薦者之責諸生其以俊杰自待毋使余失言也哉

福建延平府南平縣儒學教諭梁曉謹序

弘治五年湖廣鄉試

監臨官

巡按湖廣監察御史汪宗器（鼎夫直隸繁昌縣人　甲辰進士）

提調官

湖廣等處承宣布政使司左布政使劉喬（述憲江西萬安縣人　丙戌進士）

湖廣等處承宣布政使司左參政李琮（義方浙江景寧縣人　甲申進士）

監試官

湖廣等處提刑按察司副使俞振才（仲才浙江新昌縣人　乙未進士）

湖廣等處提刑按察司副使吴欽（禹鄰浙江仁和縣人　乙未進士）

考試官

福建延平府南平縣儒學教諭梁曉（景默廣東順德縣人　辛卯貢士）

直隸寧國府南陵縣儒學教諭何昌（謌卿廣東南海縣人　丁酉貢士）

同考試官

山西平陽府蒲州儒學學正侯相（良弼陝西武功縣人　己酉貢士）

直隸真定府平山縣儒學教諭吴焕（文明直隸山陽縣人　丙午貢士）

陝西慶陽府寧州真寧縣儒學教諭强晟（景明河南汝陽縣人　丙午貢士）

直隸大名府元城縣儒學教諭鄭藴中（德輝福建閩縣人　庚子貢士）

浙江衢州府常山縣儒學教諭陳明（汝學福建懷安縣人　己酉貢士）

直隸揚州府高郵州寶應縣儒學訓導沈瀾（源達浙江山陰縣人　丙午貢士）

直隸揚州府泰州儒學訓導閔鶚（廷舉江西浮梁縣人　丙午貢士）

山西平陽府儒學訓導吴洪（寬夫陝西西安後衛籍　丙午貢士）

印卷官

湖廣等處承宣布政使司經歷司經歷許時勉（惟善四川灌縣千户所人　乙酉貢士）

湖廣等處提刑按察司照磨所照磨尹正（執中雲南南寧縣人　監生）
收掌試卷官
荆州府知府段正（以中山西澤州人　丙戌進士）
武昌府知府冒政（有恒直隸泰州人　乙未進士）
受卷官
漢陽府知府張鋭（抑之陝西秦州人　乙未進士）
岳州府知府張綱（萬善直隸來安縣人　戊戌進士）
彌封官
衡州府同知鄧淮（安濟江西吉水縣人　辛丑進士）
永州府同知徐瑚（宗獻江西浮梁縣人　監生）
武昌府興國州知州吴紳（廷端直隸歙縣人　丙子貢士）
武昌府蒲圻縣知縣羅列（天爵廣東南海縣人　庚戌進士）
謄録官
武昌府通城縣知縣褚潭（濬之浙江天台縣人　戊戌進士）
岳州府平江縣知縣黄華（實夫直隸歙縣人　辛丑進士）
荆州府江陵縣知縣馮浩（養正應天府江浦縣人　丁未進士）
長沙府長沙縣知縣戴同（公大福建閩縣人　甲辰進士）
對讀官
漢陽府漢川縣知縣林堪（舜卿福建莆田縣人　辛丑進士）
長沙府瀏陽縣知縣張淳（宗厚直隸合肥縣人　丁未進士）
武昌府嘉魚縣知縣姜溥（希廣直隸廣德州人　丁未進士）
荆州府松滋縣知縣華津（濟之直隸無錫縣人　丁未進士）
巡綽官
武昌衛指揮同知李瓛（廷陳湖廣長沙縣人）
武昌衛指揮同知高雲（天章山東嘉祥縣人）
武昌左衛指揮使黄經（孟綸直隸和州人）
武昌左衛指揮使張英（子雄直隸定遠縣人）
搜檢監門官
武昌衛前所正千户王海（潮宗直隸合肥縣人）
武昌衛中所副千户瞿瑛（世傑直隸盱眙縣人）
武昌左衛右所副千户孟瑄（廷璋河南南陽縣人）
武昌左衛左所副千户王雄（世傑山西趙城縣人）

供給官

武昌府通判李璽（廷實山西稷山縣人　乙酉貢士）

武昌府江夏縣知縣魏宏（大器廣西桂林中衛人　乙酉貢士）

武昌府江夏縣主簿翟海（容衆河南上蔡縣人　監生）

武昌府江夏縣金口鎮巡檢司巡檢汪鑒（致明四川涪州人　吏員）

武昌府江夏縣滸黄洲鎮巡檢司巡檢劉敏（文聰山東嶧縣人　吏員）

漢陽府漢陽縣漢口鎮巡檢司巡檢康篤（資行江西廬陵縣人　承差）

黄州府黄岡縣陽邏鎮巡檢司巡檢胡琰（廷玉河南杞縣人　吏員）

武昌府江夏縣夏口驛驛丞蔣山（安重廣東新會縣人　知印）

武昌府江夏縣東湖驛驛丞趙鐀（大器直隸鳳陽縣人　承差）

黄州府黄岡縣團風鎮税課局大使楊銘（克新雲南安寧州人　承差）

武昌府江夏縣長江河泊所官張元（全仁雲南安寧州人　監生）

第一場

四書

知之爲知之不知爲不知　以王季爲父以武王爲子　禹之行水也行其所無事也

易

龍德而正中者也　節以制度不傷財不害民　天之所助者順也人之所助者信也　舟楫之利以濟不通

書

象以典刑流宥五刑鞭作官刑扑作教刑金作贖刑　東會于泗沂東入于海　王曰旨哉説乃言惟服乃不良于言予罔聞于行説拜稽首曰非知之艱行之惟艱　考制度于四岳諸侯各朝于方岳

詩

采采芣苢薄言采之采采芣苢薄言有之　乃生男子載寢之床載衣之裳載弄之璋　作邑于豐文王烝哉築城伊淢作豐伊匹匪棘其欲遹追來孝　如火烈烈則莫我敢曷

春秋

蕭叔朝公（莊公二十三年）公朝于王所（僖公二十八年）　宋公楚子陳侯蔡侯鄭伯許男曹伯會于盂執宋公以伐宋楚人使宜申來獻捷（俱

僖公二十一年）　取汶陽田（成公二年）公如晋（成公三年）晋侯使韓穿來言汶陽之田歸之于齊（成公八年）公會晋侯齊侯宋公衛侯鄭伯曹伯莒子杞伯同盟于蒲（成公九年）　入邾以邾子益來（哀公七年）齊人取讙及闡歸邾子益于邾　齊人歸讙及闡（俱哀公八年）公會吴伐齊（哀公十年）齊國書帥師伐我（哀公十一年）

禮記

大司徒大司馬大司空以百官之成質於天子　德發揚詡萬物大理物博　此之謂大當然後聖人作爲父子君臣以爲紀綱紀綱既正天下大定天下大定然後正六律和五聲弦歌詩頌此之謂德音德音之謂樂　間歌三終合樂三終

第二場

論

大有爲之君

詔誥表（内科一道）

擬漢遣將軍周亞夫等屯兵備邊詔（文帝六年）　擬唐以戴胄爲大理少卿誥（貞觀元年）　擬宋以司馬光爲翰林學士謝表（治平四年）

判語（五條）

增減官文書　立嫡子違法　僧道拜父母　主將不固守　告狀不受理

第三場

策五道

問　有非常之君必有非常之製作有至德之行必有至德之文章典謨訓誥誓命唐虞三代之製作文章善矣洪惟我太祖高皇帝條成大誥三編太宗文皇帝製爲性理一書宣宗章皇帝製爲五倫一書殆與唐虞三代之製作文章合轍而同符也伏讀誥中所載有所謂君臣同游申明五常者又有所謂京民同樂斷指誹謗者與典謨所載有合者乎有所謂朝臣優劣知報獲福者又有所謂居處僭分無作非爲者與訓誥所載有同者乎性理書備述先儒之言而敘周張於首矣然而周張之所立者何言五倫書昭示綱常之理而敘君臣於首矣然而君臣之所重者何事其所立之言所重之事抑與誓命諸篇有意指弗殊者乎諸士子服膺聖訓于兹有年其必知之悉矣試爲我言之

問　自古有天下者未嘗不以儲嗣爲重仰承明詔建立東宫誠足以固邦本定名分安人心矣然賈誼嘗曰天下之命繫于太子太子之善在於早諭教與選左右教得而左右正則太子正而天下定真確論也故太甲當幼冲之時師保得伊尹而爲令主成王居繦褓之日太傅得周公而爲賢君兹者列職東宫罔匪正人易所謂蒙以養正書所謂罔不在厥初生者聖天子固已處之盡道矣而區區小臣願望之誠猶自不能忘情也漢以下東宫之官雖不在幼冲繦褓之年而隨時左右者代有其人姑舉一二言之如恭謹無比皆推可傳者必有所取如朝野咨詢爲世儒宗者必有所徵賜步輿而引入問政者不知其何裨於治道得遺表而書笏求諫者不知其何感於君心歡會賦詩迹若放矣胡爲而服其度量如肆飲酒檢若疏矣胡爲而稱其忠實之數子者不知在今日亦有所取顧當置之勿論而必欲上法乎伊周也諸士子沐浴聖澤作興有年指日皆當爲國家任使其必有忠愛保護之誠可爲明天子獻者請言之毋隱

問　布衣而先廊廟之憂匹夫而繫古今之慮故曰高山仰止景行行止又曰他山之石可以攻玉人之賢否得失皆不可不知而亦不可無定論也試與諸士子言之天命有德也何以有嗔而與人官者有笑而不與人官者天討有罪也何以有專尚仁恕者有一於慘刻者同一事人也有全君者有爲母者孰爲是歟同一交友也有順友者有賣友者孰爲失歟任人而逸與夫任己而勞有優劣歟減竈示弱與夫增竈示强有智否歟功名損於治郡果其才之有局耶北伐竟無成功果其名之不副耶壞相白麻卒以諫顯似可取也而君子又作争臣論以譏之其論然耶否耶瘞鹿於圃不受饋遺似可羡也而或者又以爲矯激而議之其説是耶非耶諸士子抱藝而來其於人物賢否得失評論之久矣請陳所見以驗格物窮理之學

問　莫爲之先後將何述莫爲之後先將何傳故生乎先者冀後人以繼述而生乎後者景先哲以依歸且湖廣巨藩人物無代無之諸士子生長於斯其於鄉先達豈無知之審而可以諭人者乎濂溪周子生於春陵也其道何傳二程夫子生於黄陂也其實何據胡文定嘗與張南軒講道於衡山矣所得者何學張宣公嘗與朱晦庵講道於湘潭矣所窮者何理諸葛亮之起隆中其出師二表詞氣何所比元次山之居道州其中興一頌得失何所議屈原之事楚懷王忠矣而其離騷之賦胡爲乎怨伯奇之事尹吉甫孝矣而其履霜之操胡爲乎悲諸士子其詳言之以觀所以景行先哲者何如

問　古人謂識時務者在俊杰故問馬於伯樂而良馬可知問材於公輸

而良材可得理必然也且天下之事可言者多矣姑舉其切於湖藩者與諸士子商之灾荒在所恤也湖民往歲乾旱今年水溢疲則甚矣何以救之風俗在所正也湖民尚鬼好游勁悍獷夷習則敝矣何以革之原渚异居農賈無定流移可畏也安得如古之居民按堵乎旅行氓處恒遭剽竊賊盜可憂也安得如古之路不拾遺乎武昌漢陽適當都會之衝而行伍多缺未免有防禦不及之憂古者兵農之制可復耶德安安陸方有營繕之舉而工費甚繁未免有會計不足之慮古者榷筭之策可用耶刁頑相訐而獄訟蝟興清之何術蠻酋相混而豪强狼拒抑之何方諸士子積學待問行當有民社之責願著于篇以觀經濟毋托之曰君子思不出其位

中式舉人八十五名

第一名　楊褫　常德府學生　書
第二名　何孟春　郴州學生　易
第三名　謝訥　耒陽縣學生　詩
第四名　王賓　麻城縣學生　春秋
第五名　陳襄　永州府學增廣生　禮記
第六名　王大本　京山縣學生　詩
第七名　何珊　公安縣學生　書
第八名　朱祺　咸寧縣學生　易
第九名　周卿　江華縣學生　詩
第十名　張維　石首縣人監生書
第十一名　李承勛　嘉魚縣儒士　詩
第十二名　鄒彦奎　武昌府學生　書
第十三名　曾念　永興縣學增廣生　易
第十四名　方琛　咸寧縣學生　春秋
第十五名　聶冕　潛江縣學生　詩
第十六名　李廷貴　常德府學生　書
第十七名　李忠　黄岡縣學生　禮記
第十八名　歐陽光　永明縣學生　易
第十九名　鍾湘　興國州儒士　詩

第二十名　姚文道　江夏縣學生　書
第二十一名　黄琉　道州學增廣生易
第二十二名　魏頨　蒲圻縣學生　詩
第二十三名　徐廷璋　華容縣儒士　書
第二十四名　易宗化　攸縣學生　易
第二十五名　談世熙　長沙縣學生　詩
第二十六名　何鉞　興寧縣學生　詩
第二十七名　周鼎　石首縣學生　書
第二十八名　艾英　襄陽縣學生　詩
第二十九名　張伯洪　黄州府學生　春秋
第三十名　梅雪　黄陂縣學增廣生　易
第三十一名　李如璋　澧州學生　詩
第三十二名　陳僖　蘄州學生　書
第三十三名　陳天祐　通城縣學生　詩
第三十四名　蔣班　道州學生　易
第三十五名　李廷鵬　廬溪縣學生　詩
第三十六名　康貴　江夏縣學生　書
第三十七名　何弘濟　監利縣學生　詩
第三十八名　唐書　麻城縣儒士　春秋
第三十九名　李廷鸞　廬溪縣學生　詩
第四十名　曹自學　黄岡縣學生　禮記
第四十一名　凌九皋　永興縣學生　易
第四十二名　鄧文璧　桂陽縣學增廣生　詩
第四十三名　陸彦廣　江夏縣學生　書
第四十四名　童旭　沔陽州學增廣生　詩
第四十五名　何馨　道州學增廣生易
第四十六名　袁傅　棗陽縣學生　詩
第四十七名　文讓　祁陽縣學增廣生　書
第四十八名　王衮　麻城縣學生　春秋
第四十九名　歐陽禄　永明縣學生　易
第五十名　鄭宗仁　蒲圻縣學增廣生　詩
第五十一名　夏璋　岳州府學生　書

第五十二名　寇仲芳　武昌府學增廣生　詩
第五十三名　趙輔　道州儒士　易
第五十四名　蕭時臣　羅田縣學生　詩
第五十五名　蕭旻　漢陽府學生　書
第五十六名　何頣　道州儒士　易
第五十七名　王駿　荆門州學生　詩
第五十八名　黎民望　華容縣學生　書
第五十九名　陳銘　道州學生　易
第六十名　袁倫　麻城縣儒士　春秋
第六十一名　葛茂　巴陵縣學生　詩
第六十二名　蕭時賓　羅田縣學生　書
第六十三名　周郁　善化縣學生　易
第六十四名　宋以方　靖州學軍生　詩
第六十五名　沈良佐　永州府學生　禮記
第六十六名　姚志聰　沅陵縣學生　詩
第六十七名　方應斗　岳州府學生　書
第六十八名　曠聰　攸縣學生　易
第六十九名　李永植　永興縣學生　詩
第七十名　陳思誠　襄陽府學生　書
第七十一名　詹易　蘄水縣儒士　詩
第七十二名　喻文英　麻城縣學增廣生　春秋
第七十三名　陶成　道州學生　易
第七十四名　甘景平　湘陰縣學生　詩
第七十五名　丁璿　慈利縣學增廣生　書
第七十六名　王甸　崇陽縣學增廣生　易
第七十七名　吴廷璋　武昌府學生　詩
第七十八名　樊立　咸寧縣學生　書
第七十九名　徐有爲　石首縣儒士　易
第八十名　曾嘉能　永興縣學生　詩
第八十一名　柳觀　岳州府學增廣生　書
第八十二名　汪儉　澧州學生　詩
第八十三名　李常　安鄉縣學生　易

第八十四名　石鉞　興國州學生　書

第八十五名　杜循序　嘉魚縣學生　詩

第一場

四書

知之爲知之不知爲不知

何孟春

同考試官訓導吴批（理明詞暢化腐爲新場中無出其右者故録之）

考試官教諭何批（題本平易場中多窘於措詞發揮詳盡僅見此作）

考試官教諭梁批（純正可取）

不昧其所已明不强其所未明聖人之教賢者也甚矣學者不可以自欺也彼已明者固所不昧矣未明者其可强以爲明哉昔子路强所不知以爲知故夫子誨之若曰天下之事理無窮吾心之所知有限知之之道要在毋自欺而已是故理之寓於事者果能真知其當然而判無所疑果能灼見其所以然而了無所惑雖燭照數計焉不是過也知之如此則曰我於此即其始而見其終據其表而知其裏求之於内自惟昭昭之可信驗之於外非復昏昏之可倫是吾所已知者也此知之者實以爲知而勿自欺以爲不知焉若或理之寓於事者未能真知其當然而猶涉於想像未能灼見其所以然而猶滯於恍惚欲條分縷析焉不可得也不知如此則曰我於此得其似而未見其真知其一而未達其二影響之間冥然罔覺之尚在議擬之際豁然貫通之未能是吾所不知者也此不知者實以爲不知而勿自欺以爲知焉夫然則心無自欺之蔽知有可盡之理汝由也其亦於斯乎致力歟大抵子路好勇勇本美德也好勇而過則喜於自高而不欲下人故强所不知以爲知者有焉噫此豈學者之心哉獨不觀未信之對漆雕開特見説於夫子乎厥後子路以正名爲迂而卒不免於孔悝之難其未能深念夫子之教也可惜哉

以王季爲父以武王爲子

謝訥

同考試官訓導沈批（明白條暢可取）

同考試官教諭强批（詞順理明非稚筆所及）

同考試官教諭吴批（説出文王無憂之意殆無餘藴）

考試官教諭何批（理明而詞贍可嘉）

考試官教諭梁批（簡而文此作近之）

有賢王以爲之先有聖王以爲之後此聖人所以無憂也蓋父先乎我而子則後我者也文王父賢而子聖則先後有其人矣夫何憂之有哉中庸引孔子之言謂夫欲知文王之無憂當觀文王之父子且人孰無父也父如瞽瞍焉如伯鯀焉則上無所承矣惟我文王則以王季而爲父焉夫王季有周之賢王也克明克類有王此大邦之德積功累仁有其勤王家之休王季之賢如此而文王父之則父爲賢父而先於我者有其人矣人孰無子也子如丹朱焉如商均焉則下無所授矣惟我文王則以武王而爲子焉夫武王有周之聖王也世德作求足以收三分有二之天下永言孝思足以成九年未集之大統武王之聖如此而文王子之則子爲聖子而後於我者有其人矣有賢父以爲之先而上有所承者聖子以爲之後而下有所授文王俯仰於其間夫復何憂哉是則父子重光祖孫一道或以聖而繼賢或以聖而繼聖文王之事如此宜中庸引之以明道之費也歟抑考周家王業之成雖在於武王得天下之時而天命之定已見於泰伯讓王季之日泰伯當立而不立文王可爲而不爲故皆謂之至德然非文王之聖無以垂武王之統非泰伯之讓無以成王季之功溯而言之愚則曰武王以文王爲父文王以王季爲父王季以泰伯爲兄

禹之行水也行其所無事也

楊褫

同考試官訓導閔批（詞不雕琢亦得大禹行水之智録爲好奇者式）

同考試官學正侯批（詞簡而意備可羡）

考試官教諭何批（明暢）

考試官教諭梁批（典雅可觀）

聖人有事於天下而以無事處事焉蓋禹之治水水之道也曾何以私智穿鑿而有所事哉孟子論智而言此謂夫天下之理本皆利順小智之人務爲穿鑿獨不觀禹之行水乎當堯之時洪水横流禹也爲司空之官任平治之責疏三江導九河除氾濫於滔天之日俾九州之一壑者於是乎各有所歸而平成之休以臻焉决汝漢排淮泗去壅塞於懷襄之際俾四海之一區者於是乎各得其乂而府事之養以興焉禹於此夫豈以私智爲之哉蓋循其源而浚其流因其流而通其道築堤壅泉非所事也而處有事於無事搏躍激行非所爲

也而運有爲於無爲三江九河因其自然之勢而疏之導之爾初何造作於其間汝漢淮泗順其自然之性而决之排之爾初何矯揉於其内夫以禹之治水而行所無事如此禹之智大矣使智者之處事亦若是焉其尚何惡於智哉抑論之鯀與禹皆治水者也鯀嘗以無功被殛禹則以大功受賞夫水一也以鯀則不治以禹則治之何耶蓋鯀之治水以鯀治水禹之治水以水治水此所以功業頓殊而成敗异勢也然則有志於大智者可不以禹爲法以鯀爲戒乎

易

節以制度不傷財不害民

朱祺

同考試官訓導吴批（此題作者類能析而爲文理明詞暢無逾此篇）

考試官教諭何批（明净可嘉）

考試官教諭梁批（有節用愛人意非徒作者）

聖人立當然之節故用有不匱而下無所損焉甚矣人欲之無窮也向非聖人立當然之節欲其用之不匱而下無所損其可得乎彖傳極言節道如此謂夫天地非節無以成四時之功聖人非節無以定萬用之限於是爲之禮樂刑政以品節乎天下爲之法度紀綱以節制乎人心如車服采章之有等截然名器之不紊也如宫室器用之有辨凛然冠屨之不易也節以制度如此殆見向焉費出無經未免侈用以傷財今則衆志以定無復窮奢極欲之爲而公私之積陳陳相因矣何有於傷財乎昔焉征斂無藝未免傷財以害民今則國用以舒無復横征暴斂之政而遠近之民比比相安矣何有於害民乎噫聖人盡節道之善如此此其所以爲天下人物之宗主也歟彖傳極言之以示人其垂世立教之意至矣由是觀之天地節而四時成者造化自然之節也節以制度不傷財不害民者聖人當然之節也造化節而成化育之功聖人節而成致治之美此聖人所以有功於天地有功於斯人也故曰如古之無聖人則人之類滅久矣信夫

天之所助者順也人之所助者信也

何孟春

同考試官訓導吴批（説出天人所助順信之旨詳明條暢故録之）

考試官教諭何批（辭暢意足）

考試官教諭梁批（文義平正得天人所與之旨）

天所與者由不違乎天之理人所與者由不違乎人之理夫天人之理不

外乎順信而已苟非不違乎此理其何以得天人之與哉大傳釋大有上九爻義如此且夫莫高匪天予奪莫測也兹焉默而相之以祉元吉保佑命之受兹介福是天助之者矣天之所助果安在耶其必履繩蹈矩而身心不違乎天秉彝循理而舉措皆合乎道静與天契動與天游逆於理者未嘗萌諸念慮義以制事禮以制心褻於天者未嘗形之設施其順如此此天所以助之歟若夫莫衆匪人從違靡定也兹焉不戒以孚皆於我乎盍簪厥孚交如皆於我乎協力是人助之者矣人之所助又安在耶其必有孚盈缶可以貫金石感豚魚也有孚攣如可以應乎天化乎邦也慥慥乎其誠慤而僞妄之不生恂恂乎其信實而欺詐之無有其信如此此人所以助之歟噫天人所助不出於順信如此是則上九履信思順而尚賢其得自天祐之吉無不利者有由然矣抑又論之天人有感通之機人心有同然之理然亦必盡其在己者而後可得其在天者故信順交盡得天人之助者有之矣未有不信不順能得乎天而獲乎人也然則今之君子亦當於信順求之毋徒委諸天而望諸人

書

王曰旨哉説乃言惟服乃不良于言予罔聞于行説拜稽首曰非知之艱行之惟艱

楊裭

同考試官訓導閔批（寫出君臣相與氣象宛然在目）

同考試官學正侯批（首尾貫串詞氣和平無逾此作）

考試官教諭何批（氣充而理得）

考試官教諭梁批（理不悖而詞足以發之可取）

賢君契乎臣而美其言之可行大臣敬乎君而冀其言之必行夫進言在臣而力行則在君也賢君契大臣之言而美之大臣安得不以力行之難責望之哉昔高宗因傅説陳憲天聰明之事而深有味於説之所言謂夫憲天聰明之説汝固陳於我矣然而或以修己或以用人詞指不同也旨哉斯言誠可致之於躬行焉或以處事或以宅心條目非一也美矣此言信可施之於踐履焉使汝括囊自晦而不良于言則修己用人之道我固面墻如也果將何所知而致之躬行乎使汝含章不發而弗善于言則處事宅心之道我固聾聵如也抑將何所聞而施之踐履乎傅説於是拜手以致其恭稽首以盡其禮以爲憲天聰明之説我已陳於王矣然而若修己若用人王固知之於敷奏之頃也知之於耳夫何難之有哉若處事若宅心王固聞之於獻納之際也聞之於耳又何難之有哉要惟允以蹈之使所謂修己所謂用人者知不徒知而真有以致之

於躬行斯則爲難焉要惟力以行之使所謂處事所謂宅心者聞不徒聞而真有以施之於踐履斯則爲難焉是則高宗之美惟恐傅説之不言傅説之對惟恐高宗之不行賢君賢相之相與責難者如此夫抑論之知對行言古所未發自傅説始發之然知行兩盡學之道也説乃以知之爲非難而重望高宗以力行何哉蓋未知則知之爲難既知則行之爲難高宗舊學於甘盤其明哲作則恭默思道知之有素矣所患者行之不力耳此説之深意也在他人則致知其可緩乎此又讀經者所當知

考制度于四岳諸侯各朝于方岳

何珊

同考試官訓導閔批（形容周王巡狩之美詞氣春然）

同考試官學正侯批（講時巡之意詳盡無遺）

考試官教諭何批（詞暢而不繁）

考試官教諭梁批（明備可取）

君察乎臣而各至其地臣覲乎君而各隨其地此盛世巡狩然也夫考制度覲諸侯人君作新天下之要務也然考之各至其地而覲之各隨其地王者立法之善何如哉維昔有周六年五服一朝又六年王乃時巡然其時巡也豈無事而空行哉彼若治若教凡卿之所以倡乎牧者皆制度所在也其或久而紛更者於是乎考其孰爲同孰爲异而有所分别焉若兵若刑凡牧之所以承乎卿者皆制度所存也其或久而懈弛者於是乎考其孰爲修孰爲廢而用以維持焉東岳考之而南岳亦考之使東與南不异政也西岳考之而北岳亦考之使西與北不殊俗也故夫王者之至於東南也東南之諸侯莫不赤芾金舄會同有繹而拜舞於明堂之下奉承休德敢後乎王者之至於西北也西北之諸侯莫不有來雝雝至止肅肅而俯伏於方岳之前對揚休命敢緩乎東者於泰山而南者於衡山玉帛之陳各有以申其敬也西者於華山而北者於恒山圭幣之獻各有以展其誠也吁制度考而一統之治以舉諸侯覲而上下之情以通有周巡狩之典兹其所以爲善歟雖然有周立法豈無所自而然哉其曰考制度者猶舜之協時月正日同律度量衡等事也諸侯各朝于方岳者猶舜之肆覲東后也然而疏數异時煩簡异制帝王之治因時損益者如此噫是法也一見於有虞千百載之上而後再見於有周後世稱善治者必曰虞周豈非以其體統立而綱紀定歟

詩

乃生男子載寢之床載衣之裳載弄之璋

王大本

同考試官訓導沈批（題本難於措詞此篇條暢可録）

同考試官教諭强批（詞出忠愛得詩人頌禱之意蓋嘗究心於本領者）

考試官教諭何批（忠愛之意藹然言表）

考試官教諭梁批（正而葩此作得之）

詩人祝王者之生後嗣而待之無不致其隆焉蓋後嗣之生國本攸係也待之而不致其隆豈王者所以重國本之意哉詩人以是而祝君其亦忠愛之深意歟此築室既成而燕飲以落之因歌其事而頌禱之及此意以天下之大懸重於一人人君之福延襲於後嗣吾君寢居有夢矣夢兆有祥矣殆必派自天潢衍爪瓞之綿綿而男子以生慶鍾王室踵麟趾之振振而男子以育皆將有室家君王之責也使寢不以床則不尊矣不可也必載寢之床下莞上簟居然休息即其寢以致其尊焉亦將有朱芾斯皇之服也使衣不以裳則不盛矣不可也必載衣之裳有文有章燦然華美即其服以致其盛焉至若玩之必以物也弄不以璋何以尚其德乎玉乃德之比而璋則玉其質焉又必弄之以璋使知温潤可愛而冀其後日涵養之相似也使知純潔可美而冀其後日德行之相符也吁床以寢之裳以衣之璋以弄之於其幼也待之之隆如此其長也奚有不宜於君王者哉大抵人君之至福莫大於有嗣亦天下國家之至願也故華封人祝堯而曰願多男子既醉荅行葦而曰從以孫□斯干詩人而曰乃生男子蓋男子之生誠足以固邦本而繫人心臣子祝君舍是孰重哉合而觀之則古人頌禱之意概可見矣

作邑于豐文王烝哉築城伊淢作豐伊匹匪棘其欲遹追來孝

謝訥

同考試官訓導沈批（場中多以克君克孝對講硃戾本旨此篇説理明白而辭氣簡古讀之令人起敬）

同考試官教諭强批（意圓語潔無逾此篇）

考試官教諭何批（説出文王遷都安民之意甚善）

考試官教諭梁批（體認真切其嘗究心於説詩者）

詩人述聖君遷都而贊其克君必舉其事而原其心也蓋安民固文王之心亦先人之心也今文王遷都以安民詩人得不贊其克君而原其心哉此詩

言文王遷豐之事蓋謂文王當崇侯既伐之餘武功告成之際民歸日衆非舊邑所能容於是相彼崇國據豐水以爲都使下民於此而王焉國勢浸盛非舊邑所能居於是度其崇原就豐土以作邑使萬邦於此而方焉夫下民有王則民無不安者矣文王遷都何君道之克盡與萬邦有方則邦無不寧者矣文王作邑何君道之克全與然遷都必有城也築之果何所準一以舊溝爲限而不過越焉築城必有居也作之抑何所稱一以城郭爲匹而不侈大焉築城而伊淢豈文王急成己之所欲耶蓋自古先公志在安民今而所以築之者特追先公之志而來致其孝耳作居而伊匹豈文王速成己之所謀耶蓋在昔先王心求厥寧今而所以作之者特追先王之心而求盡其孝耳吁文王遷都下以繫人心上以繼先志如此此厥功所以成而厥聲所由大也與大抵周之遷都非擇而取之不得已也自后稷居邰公劉遷邠太王遷岐至文王又遷於豐厥後武王遷居鎬京而卒有天下皆非爲己謀而爲是以勞民也蓋民歸日衆而不容以不遷耳夫都屢遷而愈大世屢傳而愈盛有周興王之勢蓋有不可遏者綿綿瓜瓞此之謂歟

春秋

蕭叔朝公（莊公二十三年）公朝于王所（僖公二十八年）

王賓

同考試官教諭鄭批（題有明傳作者億説紛紛殊無定見此篇認理既真措辭尤雅其步驟不凡者歟）

考試官教諭何批（句皆警策）

考試官教諭梁批（此作甚佳宜録）

小國事大之禮非其地春秋寓一國之意望國事上之禮非其地春秋示一統之意此蕭叔朝公于外不言所諸侯朝王于外特言所聖人於君臣名分之際嚴矣且夫以小事大諸侯交鄰國之道也必朝于國都于廟乃其地焉今魯莊因結昏於齊爲于穀之遇蕭叔以附庸邦君爲朝魯之舉合嘉禮於草茨之間將恭敬於斯須之頃是朝非其地與後日王所之朝非地一也春秋於此不言公所者聖人意謂諸侯以一國爲土者也魯雖人望不過五等之侯爵其國止□千乘其地儉於百里東蒙之外皆鄰封也曲阜之外皆友邦也于穀齊地也魯何與焉區區一國安敢上擬於天子哉不言公所一國之規模蓋如此若夫用下敬上人臣事天子之禮也必朝于京師于廟乃其地焉今襄王因晋文克楚而下勞諸侯即鑾輿所在而修禮既非時巡方岳之覲亦非述職京師之典是朝亦非其地與前日蕭叔之朝非地同也春

秋於此特言王所者聖人蓋謂王者以天下爲家者也周雖不振猶爲天下之共主號祭之名尚存車服之制未改駐蹕於此歟此即其所也行幸於彼歟彼即其所也踐土行宫也天子在焉赫赫宗周安可下同於列國哉特言王所一統之氣象蓋如此吁修禮同非其地書法獨异其文聖人於君臣名分之際其嚴乎雖然周自東遷以來地不大於曹滕民不衆於邾莒較之齊魯大邦逕庭矣吾夫子修春秋獨拳拳於尊周雖一字之間不少假借有王者起正名統實其庶幾乎此作經之意也噫爲王道計爲世道計信非聖人莫能修之

宋公楚子陳侯蔡侯鄭伯許男曹伯會于盂執宋公以伐宋楚人使宜申來獻捷（俱僖公二十一年）

方琛

同考試官教諭鄭批（此篇專以爲魯諱立説而辭氣雍容麟經之巨擘歟）

考試官教諭何批（得大傳意）

考試官教諭梁批（義正辭嚴）

望國不申義以抑外夷之强春秋特婉詞以諱望國之惡此魯僖失安攘之道觀春秋書法而意自見矣且魯以周公伯禽之裔號儒書秉禮之邦膺懲之家法在焉安攘之責任係焉子孫可不世守之乎乃今宋襄圖伯與楚會盂楚成既伏兵車執宋公於壇坫之上乘勢而伐其國又使宜申獻宋捷於曲阜之邦假威而脅夫魯其執宋也以襄公欲繼桓烈方修盟會肆威而陵轢之其獻捷也以諸侯從楚伐宋魯獨不與矜威而恐動之楚之横逆莫此爲甚爲魯僖者因宋捷之來守膺懲之訓拒其使而不受則理直氣壯足以却之國門之外矣聲其罪而致討則詞嚴義正足以震乎漢水之濱矣奈何計不出此偷安是圖甘受宋捷之獻而外攘之謀落落其無聞隱忍蠻荆之侮而内安之策寥寥其未見魯之不競如此聖人修經意謂宋爲先代之後與我魯同等也今遭楚執伐我受其捷而不辭其於尊中國之義何有哉楚爲蠻夷之雄與我魯异類也今敢伐盟主我受其捷而不慚其於攘夷狄之義安在哉故於宜申來獻而不曰宋捷特爲魯諱之也諱之雖婉其詞而公之罪自不可得而掩矣雖然僖爲魯之賢君不能申大義以攘荆楚尊中國固可罪也宋襄欲繼齊桓之烈而與楚盟會豈攘戎狄尊王室之義乎且猶不知鑒其覆轍至于泓之戰獨愛重傷與二毛竊效帝王之兵卒以取敗爲天下笑何其迂疏之甚耶何以主盟當世耶先儒謂襄公非特無功而又

階亂詎不然

禮記

大司徒大司馬大司空以百官之成質於天子

陳襄

同考試官教諭陳批（講百官之成有考據必熟於經學者）

同考試官教諭吴批（題本艱於措詞而此篇安行於衆人窘步之餘當是作者）

考試官教諭何批（鋪叙詳整可嘉）

考試官教諭梁批（發揮百官質成處無餘藴）

大臣以所達群臣之功而爲之考正於大君焉蓋歲終獻功王者之盛典也大臣以百官位卑而爲之考成於天子其尊君之意何如哉記王制者謂夫一歲之成不進於上則情不通不考於上則拳不立彼司會既先質矣大樂正大司寇市又從質矣百官之質于三官者大司徒大司馬大司空不爲之達於天子可乎是故次于冢宰掌邦教敷五典者大司徒也次于司徒掌邦政統六師者非大司馬乎又次于司馬掌邦土居四民者非大司空乎當質成之日若大胥若小胥之屬官不一也而一歲之費用有常經若小司寇小司馬之屬職不同也而一歲之制用有定數至若廛人質人盧人之類亦皆各有所掌而各有一歲經用之制焉然以位卑不敢專達故其屬於司徒司馬者皆書其計要而獻之或當耶或否耶悉歸於一人掌握之中以聽其平斷是雖司徒司馬何敢以上千乎其屬乎司空者皆舉其計要而致之或宜耶或非耶咸總於大君綱維之内以聽其平報是雖司空何敢以上預乎吁先王崇重天功天職之意一何至哉抑考周官司會之職以歲會考歲成專言在内之王臣也虞書三載考績三考黜陟幽明兼言在外之侯臣也王臣在内而近故考之不欲疏侯臣在外而遠故考之不欲數因内外之异爲疏數之期此先王之制歷萬世而無弊也歟

此之謂大當然後聖人作爲父子君臣以爲紀綱紀綱既正天下大定天下大定然後正六律和五聲弦歌詩頌此之謂德音德音之謂樂

李忠

同考試官教諭陳批（本大注立説卓有定見）

同考試官教諭吴批（以大樂之作原於化洽禮序得旨）

考試官教諭何批（典雅純實此作近之）

考試官教諭梁批(講語以樂爲重最是)

聖王當大化之洽也必先序之以大禮而後和之以大樂蓋王者治定功成而後制禮作樂也化洽而禮序矣然後和之以樂則古樂豈易易乎子夏告魏文侯問樂而推其原謂夫古昔盛時天地順而四時當民有德而五穀昌疾疢不作妖祥不生至和之薰蒸也大化之均調也大當如此不有制作何以昭宣化育乎於是聖人備禮樂之本操制作之柄以禮莫大於父子君臣也則作爲父子君臣之禮以爲六紀三綱之目使諸父有善諸舅有義族人有叙昆弟有親師長有尊朋友有舊焉使君爲臣綱父爲子綱夫爲妻綱焉内外相維而倫理以明孰敢有不正也小大相安而恩義以篤孰敢有不定也天下大定而禮序矣樂於是乎作焉彼樂莫大乎六律五聲也于以正夫黄鍾太簇姑洗蕤賓夷則無射之六律而相生也有次和夫宫商角徵羽之五聲而相宣也有節弦之琴瑟非溺音可比歌之詩頌皆倫理所寓不謂德音而何由是父子聽而和親君臣聽而和敬足以修身及家平均天下非新樂可及矣謂之古樂不亦大哉吁化洽禮序而樂之作也有關於治道如此大抵樂記一篇論樂必先於禮論禮樂必先於天地何哉蓋聖王之制禮樂未有不本於造化者子夏以此告魏文侯意有在耳惜乎文侯方不知倦於聽鄭衛之音而唯恐卧於聽古樂又安足以語此

第二場

論

大有爲之君

楊indeed

同考試官訓導閔批(温厚而有餘味豐偉而無羨詞其場中之杰然者歟)

同考試官學正侯批(説出大有爲氣象甚大而文從理順讀之令人快然)

考試官教諭何批(有根據有開闔論手也)

考試官教諭梁批(其氣充其詞富其理明佳作也)

論曰孰爲非常之君必其立大志宏大量用大賢而大有所作爲斯則非常之君矣蓋有大抱負者必有大設施有大涵養者必有大運用其或狃於見聞局於近小拘於勢分志不大量不大而於大賢不能禮而用焉祇見其規規翦翦徒自尊大而不足與有爲矣烏可謂之非常之君哉孟子所謂大有爲之君請廣其義夫上天生物而厚於人上天生人而尤厚於人君是故天位曰大寶何貴如之天下曰大器何重如之天子曰大君何尊如之苟不大有所作爲

奚足以稱此大寶堪此大器而當此大任也耶揚雄曰天下爲大治之在道不亦小乎是則大有爲者固不過擴充此道而小天下於吾方寸間耳何則禮其皇極之門禮必齊莊中正而後已義其共由之路義必發强剛毅而後已不煦煦爲仁而必底乎如天之仁不察察爲智而必底乎如神之智以天下之心志爲心志而不私其心志必如堯之協萬邦焉以天下之耳目爲耳目而不私其耳目必如舜之闢四門焉其制禮也必同乎衣裳繪繡之象其作樂也必同乎咸英韶濩之音刑必期於無刑化必妙於神化其爲威也必如雷霆如神明非若弃灰以示威其爲信也必如四時如金石非若徙木以立信其事業其文章必斡乾轉坤而後爲大必經天緯地而後爲大必泰華不爲高滄溟不爲深而後爲大必萬彙不爲繁八極不爲廣而後爲大君將大有爲若此任力而力易疲用謀而謀有限如之何則可辟之良農有志於大獲必得善稼者爲之傭辟之良將有志於大勝必擇善兵者爲之掾大有爲之君欲大有爲於天下而非用道德之大賢吾見其倡之無與爲和也行之無與爲徒也其農之不傭將之不掾而不餒且敗焉者幾希夫君雖貴於用賢而賢非可以輕致丹山之鳳不入於凡羅碧海之鯨不餌於常釣麒麟不可以羈縶松栢不可以藩籬道德之士抑豈可以召而臣之也哉故大有爲者或就而從學焉或師而後臣焉不以崇高爲尊而惟德是尊不以富貴爲樂而惟道是樂夫然後所謂大賢者變丘林之志爲廊廟之謀乾之同聲相應也泰之上下相交也蓋股肱喜而元首以起所以偉無前之烈者在是耳目明而腹心以安所以創不世之勛者在是志則大矣而不狃於見聞量則大矣而不局於近小大賢則禮而用矣曾何拘於勢分哉人君之大有爲復有加於此乎使非非常之君其疇能若此乎苟徒尊其尊而不知尊乎德樂其樂而不知樂乎道君固不足與有爲也若抱道德者不俟其君之致敬盡禮而輕爲之就焉亦豈足與有爲哉故君貴於有志而臣貴於有節君之大有爲有志者也臣之不可召有節者也有志者必冀有節者以成其功有節者必得有志者以達其守若堯舜禹湯文武爲之君必有皋夔稷契伊召爲之臣君聖臣賢其大有爲不可尚已自時厥後漢唐宋之所謂大有爲者蓋寥寥焉惟我太祖高皇帝復華夏於腥羶之餘太宗文皇帝卧赤子於衽席之上列聖相承益光前烈今聖明在上簡用真才恢弘至治會明良於一時被光華於四表誠足以駕唐虞軼三代而陋漢唐宋於下風矣然則所謂大有爲之君愚謹爲聖天子頌

表

擬宋以司馬光爲翰林學士謝表

李承勛

同考試官訓導沈批（得駢儷體）

同考試官教諭强批（組織事實成文）

同考試官教諭吴批（可觀）

考試官教諭何批（擬宋體當如此）

考試官教諭梁批（表佳）

伏以禁地清高實一代圖書之府水天深遠近五星奎璧之光矧兹學士之冰銜尤荷一人之春育叨膺宸選切抱淵兢伏念臣光西鄙庸流中朝弃物學未稽於前古文不逮於中人發迹賢科歷官諫院具陳三札知無補於聖朝再進五規愧徒塵於清覽方虞廢黜詎意登庸自惟四六之非長未許再三而固遜覥顔供職揣己懷憂兹蓋伏遇堯仁天縱湯德日新大孝洽於重闈盛德光於五廟四海悦維新之政九圍仰至治之休博采幽蘭曾不遺於葑菲廣求德驥偶濫及於駑駘遂使庸陋之材誤蒙文學之奬仰孤天澤俯怍朝紳臣敢不憂國如家曲盡平生之志愛君猶父允輸没齒之誠朴忠不負於明君清白惟存乎舊業論思政理潤色□音輯陳編續斷簡期無忝於漢代之董揚監成憲遵舊章寔有望於皇朝之堯舜風行雷動訖聲教於八荒川至日升鞏基圖於億載臣無任瞻天仰聖激切屏營之至謹奉表稱謝以聞

第三場

策（五道）

第一問

楊褫

同考試官訓導閔批（此非潛心經史佩服聖訓者不能其强學待問之士乎）

同考試官學正侯批（策能答所問而詳贍可嘉）

考試官教諭何批（五策皆佳而此作鋪張尤善録之）

考試官教諭梁批（條答無遺足見揚厲無前之學）

繼天立極而作於前者既盡善而盡美繼體守成而述於後者亦至精而至密皆與唐虞三代之製作文章信乎合轍而同符也蓋開物成務不可以無作作之者盡善盡美然後愈盛而愈彰履盈撫運不可以無述述之者至精至密然後可久而可大皆所以備萬世之典章固非徒爲一時之觀美也洪惟我太祖高皇帝干戈靖胡虜之塵禮樂回文明之治再造華夏重闢人倫萬幾之

暇條成大誥三編昭仁義道德之懿示威福予奪之公真格言也誥條有曰君臣同游曰申明五常曰京民同樂曰斷指誹謗者愚嘗稽之典謨諸書矣君臣同游即明良賡歌之謂也申明五常即敬敷五教之謂也京民同樂其平章百姓百姓昭明者乎斷指誹謗其庶頑讒説若不在時者乎所載與典謨合者如此誥條有曰朝臣優劣曰知報獲福曰居處僭分曰無作非爲者抑嘗考之訓誥諸書矣朝臣優劣即大明黜陟之謂也知報獲福即作善降祥之謂也居處僭分其不率大戛時乃引惡者乎無作非爲其元惡大憝速由作罰者乎所載與訓誥同者如此太宗文皇帝製爲性理一書拓道統之淵源振斯文之委靡而其書則先周子而張子次焉周子則録圖説通書張子則録西銘正蒙也泰誓所謂天有顯道所謂天地萬物父母與夫相上帝綏四方其與御製周張所立之言豈有不合者乎宣宗章皇帝製爲五倫一書敦萬古之綱常厚四海之風俗而其書則先君道而臣道次焉君道則重聖德聖學臣道則重輔德經國也説命所謂從諫則聖所謂念終始典于學與夫佑烈祖格皇天其與御製君臣所重之事豈有不同者乎是則聖作聖述前輝後暎著非常之製作煥至德之文章誠大有爲之君貽不世出之典於乎休哉愚也章句暨生草茅賤品是行是訓不識不知况天地之大非可以管窺日月之明非可以螢照執事矜而進焉尚當以伏羲之卦文王之易大禹之疇畫一爲明天子獻

第二問

王賨

同考試官教諭鄭批（此篇條答無遺蓋知重國本而尚友古人者歟）

考試官教諭何批（忠愛之誠溢於言表可以獻諸上矣）

考試官教諭梁批（敷答詳明高薦無忝）

主器惟長用是立邦家之基錫命以時寔維爲社稷之福三王以來百世不易恭惟聖天子在上氣鍾乾坤萬古之清淑德起華夷千載之聽聞大孝孚于兩宫至仁漸於八極皇天眷命元子誕生乃者明詔涣頒儲嗣寵建布離照於重光轟震雷於萬里凡有知識孰不鼓舞夫皇儲之建上關宗社之重下繫黎元之生前以承祖宗創守之艱後以垂子孫長久之計然必擇人而與之居則朱熹所謂明月之珠夜光之璧斯有托而無虞矣粤稽諸古太甲當幼冲之時得伊尹爲之師保夫然後克終允德而爲有商之令主焉考諸商書所載可知已成王當襁褓之日得周公爲之太傅夫然後德義有訓而爲有周之賢君焉觀諸賈誼之疏可見已伊周之事冠冕萬世自時而下東宫之官之善於輔導者漢有石奮焉孝謹傳家聞乎郡國人謂齊魯諸儒自謂弗及夫豈不宜晉

有賀循焉定立制度一時儒宗詔謂躬訓儲宮默而成化夫豈不當李伯紀之有疾也太宗賜以步輿引至禁中而問政焉觀太子弼諧審喻之褒獨無裨於治道乎魏玄成之已殁也太宗就凾得表命臣書笏而求諫焉觀所言善惡邪正之辨獨無感於君心乎李適之改官東宫寔見斥於林甫也適之歡會賦詩不以爲意其曰避賢罷相樂聖銜杯何度量如之魯宗道任職諭德曾見召於真宗也宗道歸自肆中但以實告其曰飲酒常情欺君大罪何忠實如之之數子者在當時雖有可稱以之而較伊周則相去遠矣方今明明在上穆穆在下列職東宫者侍從皆老成之人前後率俊乂之士輔之必無不至處之必無不周必如易之養正於蒙而全其正理必如書之習善於初而保其善心浴日于扶桑而畜四海照臨之象豢龍于淵海而充九霄飛奮之祥使伊周而在今日固惟如斯而已愚何贅焉雖然養之不可不慎望之不可不仁臣子忠愛之情容有已乎倘得立玉堦方寸地則夫志伊尹之所志行周公之所行而坐漢唐宋諸子於下風固所願也謹對

第三問

謝訥

同考試官訓導沈批（辯論古人得失其義正而嚴其詞明而備可取）

同考試官教諭强批（有考據有折衷佳士也）

考試官教諭何批（不爲問目所窘宜表而出之）

考試官教諭梁批（策善答）

鑒在懸而人之妍媸以别衡在拳而物之輕重以定蓋鑒必自明而後能明諸人衡必自平而后能平諸物埋塵之鑒未星之衡烏能别妍媸而定輕重哉此人物之賢否得失必格物窮理者能知之顧愚何人而足以與此然明問所及不容緘默是故五服五章天命有德也昔有任銓部者顔峻毅不可犯於除選之時謝莊歡笑相答於宣訴之頃故有所謂顔公嗔而與人官謝公笑而不與人官者然一則過於威厲欲要孤介之譽一則曲爲容納圖止怨謗之尤而揆之正理豈能無議哉五刑五用天討有罪也昔有任法曹者徐有功直誣搆之獄活數百家來俊臣用羅織之計破千餘家故有所謂遇徐必生遇來必死者然一則專尚仁恕亦無廢職之愆一則過爲慘刻乃有忍心之惡而人之臧否尚何待辯哉母在敵手徐庶辭先主而卒全其母焉故程子是之若趙苞之遽戰而殺其母忠則似矣其如母何友陷無罪左儒諫宣王而卒死於友焉故史臣稱之若酈生之下齊而欺其友計則行矣其如友何昔有治單父者子賤任人巫馬期任力任人爲逸而任力爲勞其爲善政均也昔有用兵法者孫

臏減竈虞詡增竈減竈示弱而增竈示强其爲善戰一也人之才有長有不長也黄霸之在潁川嘗著循良之譽及其爲相而功名損於治郡此無他才之局耳人之名有實有不實也殷浩之在江東嘗渴蒼生之望及其既出而北伐竟無成功此無他名之浮耳諫官以吐剛爲羞則陽城之□相裂麻可取矣然在官七年以此塞責何怪乎論者之預譏士風以不廉爲耻則裴寛之瘞鹿於圃可羡矣然究其心術有意沽名奚免乎識者之所議夫人物之賢否得失論固然矣然亦有行高而被求全之責才劣而遭不虞之褒者故美玉雖瑕終非碔砆之比良驥雖老豈爲駑駘之匹此又秉衡鑒者所當知

第四問

何孟春

同考試官訓導吴批（明白通暢）

考試官教諭何批（援引詳明必該博之士）

考試官教諭梁批（知先賢出處而善於鋪陳其有學有志者歟）

中州之清淑必有材德生其間此韓公之格言也山川之秀麗必有俊杰居其間此歐公之確論也以韓歐之言而徵諸吾鄉之先達以先達之賢而驗諸山川之靈异則執事之問可復而先達之果由於山川也信矣濂溪周子雖築居廬山然世家營道以生默契道體不由師傅聖朝爲之立祠營道而官其子孫焉二程夫子雖派系河南然父尉黄陂以生受學濂溪充然有得宋人爲之立坊黄陂而思其父子焉胡文定之在衡山嘗與張南軒講學而春秋之旨大明學春秋者宗之張南軒之居湘潭又與朱晦庵講學而義利之辨甚嚴談義利者主之隆中今在襄陽也諸葛亮高卧之所其起於漢昭烈之三顧也乃爲出師二表以上焉先民獨謂忠貫日星表裹訓命然其氣之正也孰當浯溪今在祁陽也元次山居官之所其喜夫唐肅宗之即位也乃作中興一頌以美焉先民雖謂背父擅立適爲罪狀然其文之壯也孰與屈原事楚懷王靳尚譖而疏之作離騷賦以自况其怨也怨其不得於君也伯奇事父吉甫後毋讒而逐之作履霜操以自傷其悲也悲其不得於親也之數君子或以道德顯或以文章名或以功業著或以忠節聞蓋山川毓秀豪杰挺生非湖湘之士天下之士也非一時之才百世之才也愚也高山仰止景行行止久矣執事與其進竊有志焉

第五問

楊褫

同考試官訓導閔批（灼有定見舉而措之沛然矣）

同考試官學正侯批（重於得人其識時務之俊杰歟）

考試官教諭何批（議論鑿鑿可用令人起敬）

考試官教諭梁批（深知救時之急務）

論事非難任事惟難任事非難任人惟難故時事之難處非所患而任事之得人在所患苟得人任事則隨事收功夫復何難哉執事以時務之切於湖藩者爲問蓋因愚所知者示之也請以得人爲明問復可乎嗟乎老醫一匕危病立痊善奕一着敗枰坐勝得人故也兹湖藩之可患者多矣而其所從來者尚矣然非得人安能變其故而新之哉夫以灾荒言之湖民往歲乾旱塡餓殍於溝壑今年水溢沉廬舍於深淵疲則甚矣立視其死奚忍哉必施賑恤之典寬賦役之征得人如朱元晦之在浙東而活人以數萬也如范仲淹之在江淮而招商以貿易也庶其有濟乎以風俗言之湖民尚鬼好游争徼福於淫祠勁悍獷夷傳箕裘於弓弩習則敝矣坐視其陋奚可哉必嚴左道之禁重禮義之俗得人如陳襄之在仙居立約以教民也如文翁之在西蜀興學以勸士也庶其可正乎流移以江漢爲居止而農賈靡定鴻雁無安集之期雞犬失孕字之候豈無屯結之可畏乎殆必各因久近或占籍或遣還得人如富弼之在青州隨遠近而給歸糧則居民按堵之樂可期矣賊盗以荆衡爲淵藪而剽竊靡常虎狼有入室之虞狐鼠肆嚙嚙之計豈無嘯聚之可憂乎殆必嚴立保伍或聯捕或分督得人如龔遂之在渤海賣刀劍而買牛犢則路不拾遺之效可臻矣武昌漢陽之東西相峙一省都會之衝莫先焉以兵戎言之武昌數不滿萬而漢陽數不及千能無防禦不及之慮耶但戎籍已定事難驟更要在選統領之官于以嚴操練之法優糧賞之頒而私役者痛革焉必得人如韓琦之領兵事而賊聞膽寒可也寓兵於農何必拘拘於古制哉德安安陸之王府并建一時營繕之舉莫煩焉以工費言之德安動以萬計而安陸不止數千能無□計不足之嘆耶但藩封攸繫事非得已要在重督理之官于以嚴考核之程謹費出之度而過侈者弗爲焉必得人如劉晏之領度支而以羡補乏可也榷筭征商何必屑屑於民利哉以非爲是以曲爲直而噓灰鼓焰者争鬥之風日長刁頑何其多然使民無訟理之正也但庶頑未可以易感今使爲司牧者公以爲明廉以爲威如子路之片言折獄如曾子之哀矜勿喜夫何獄訟之弗清而患其蝟興乎以强凌弱以衆暴寡而狼子野心者攻殺之患相尋蠻酋何其肆然聲罪致討法之正也但小醜未足以加兵今使帥邊城者懷之以恩懾之以威如趙充國之在金城如郭子儀之在涇陽夫何豪强之弗服而患其狼拒乎愚非伯樂也烏足以知良馬非公輸也烏足以識良材姑摭拾以對然騏驥脱鹽車

之厄而樟楠充廊廟之用則有望於賢執事也

湖廣鄉試録後序

弘治壬子湖廣鄉試巡按監察御史汪宗器暨藩臬提調監試諸執事惟公惟慎遵例取士若干刻其文之優者若干將録以進昌謹序其後曰元氣在天地發於人爲文元氣之盛衰而文寔乘之故有治世之音有亂世之音氣之盛衰徵於世有吉人之言有凶人之言氣之盛衰徵於人文之繫于元氣有以哉三代而上文以時异元氣噩如也自漢而下互爲醇疵固元氣升降乎其中爾我朝酌古爲治養元氣於斯文洪武永樂間雖棘屋之文恢恢古度元氣盛不可當厥後浸涉華靡甚至論範錦綉策諸書傳焉文習幾趨於陋元氣嘗少損矣比年作者甫嚮初轍適遇聖天子紹統之明年鄉試又明年會試諸録舉黜浮就實粹然温厚之詞學者翕然崇尚今歲復當大比群湖湘士而三試之文多典雅絶無險陂淫蕩之偏如額取上春官者尤爲翹楚治世之音吉人之言也嗚呼元氣盛矣哉夫元氣猶水也文舟也水勢壯則舟雄而速弱則委以滯焉舟之通塞不乘水之盛衰乎然則文之大昌于今日者寔元氣攸充所謂水漲舟行更無着力處莫之爲而爲者矣書曰天惟純佑命則商實詩曰思皇多士生此王國玆維其時諸君子尚相與勉力以永我國家元氣於億萬斯年乎

直隷寧國府南陵縣儒學教諭何昌謹序

弘治十一年湖廣鄉試録

湖廣鄉試録序

易曰聖人久於其道而天下化成又曰觀乎人文經化成天下惟我皇明太祖高皇帝以武功定天下所在輒建學養士三年例一開科取之迄列聖率遵是道蓋百三十有餘年亦既三十有餘科矣人文之化以久而成允有徵於易所云者粤自先憲宗純皇帝以成化改元固已應其時矣今皇上顧化爲已成改元弘治治不以人文而弘邪治愈弘斯化愈成而無替矣猗歟休哉十有一年歲值戊午寔惟開科之期湖廣藩臬舉行如例先是白於巡按監察御史王恩相與計曰夫開科以文取士治之弘化之成悉有攸繫先務尚有急於是者哉乃走使具幣聘曰宗等以司文衡維時巡撫右副都御史閻仲宇撫治右副都御史黎福清戎監察御史牟道協德一心作興士風鎮守太監劉雅分守太監李祺總兵官鎮遠侯顧溥又相與從臾之士風益勵而御史王恩寔監臨焉爰合提學僉事楊春所取士覆閲之得一千五百有奇内而提調監試則左布政使李濬按察使吴雄友左參政梁方副使鄭惟桓外而防範贊畫則右布政使熊佑右參政夏祚副使湯全陳孜顧源陳寓馮鎬左參議胡瑞右參議陳睿夏昂王璽僉事曹玉陳雍張鎮危容鄭軾祝祥至凡執事咸遴選以充三試之拔其尤者八十五人乃刻其名氏與文之優者爲鄉試録録成曰宗宜序諸首竊惟湖廣南方大藩地介乎離離也者明也萬物皆相見南方之卦也蓋據江漢上游漫不與他藩鄰海徼一隅者等延袤三數千里衡岳巋然當其中中州清淑之氣蜿蜒磅礴之所在者離文明之象而湖藩固文明之地哉爲其士者生長文明之地瞻文明之象養之學宫肄習乎聖經賢傳暨凡百家子史皆是文也優游厭飫積有年歲一旦鏖戰場屋摛之筆端鋪張之紙上衍是文之緒餘而爲之文風檐寸晷之下才美畢露詎不有昔人所謂光焰萬丈長者出於其間邪曰宗等疲精殫神連校數旦暮於是乎拔而取之務使過眼而不爲日五色之迷庶幾不負於其文矣雖然是科之文曰宗固占知其非復昔時之文之比何則是科歲值戊午午正離之所位是歲也非文明之歲而何湖藩士

值文明之歲以其文見取於是科其於是文則亦無□哉矧今皇上南面而聽天下嚮明而治其文焕若堯重華若舜不顯若文王弘文之治愈有以成天下同文之化矣爾湖藩士行將觀光上國與天下士會角於南宫倏復見取有官守言責之寄以其文潤皇猷飾治具弼我皇明文明之治於無窮則亦有無窮之聞顧不偉歟曰宗固不能恝然無情於是文也不能不顒然有望於湖藩士也

河南開封許州儒學學正楊曰宗謹序

弘治十一年湖廣鄉試

監臨官

巡按湖廣監察御史王恩（克承浙江餘姚縣人　丁未進士）

提調官

湖廣等處承宣布政使司左布政使李濬（德深直隸武進縣人　己丑進士）

湖廣等處承宣布政使司左參政梁方（惟義廣東南海縣人　壬辰進士）

監試官

湖廣等處提刑按察司按察使吴雄（文英浙江仁和縣人　戊戌進士）

湖廣等處提刑按察司副使鄭惟桓（用文浙江常山縣人　戊戌進士）

考試官

河南開封許州儒學學正楊曰宗（汝慶福建莆田縣人　壬子貢士）

浙江湖州府長興縣儒學教諭俞鎧（武元直隸無錫縣人　己酉貢士）

同考試官

廣西南寧府横州儒學學正潘常（秉彝福建閩縣人　癸卯貢士）

直隸鳳陽府泗州儒學學正蔡廷周（希旦江西豐城縣人　己酉貢士）

直隸鎮江府金壇縣儒學教諭張居仁（元之浙江新昌縣人　丙午貢士）

山西平陽府聞喜縣儒學教諭蔣忠（廷臣直隸歸德衛人　庚子貢士）

山東濟南府章丘縣儒學教諭許性（秉彝浙江天臺縣人　壬子貢士）

陝西延安府甘泉縣儒學教諭李健（子乾四川崇慶州人　壬子貢士）

四川嘉定州峨眉縣儒學教諭易紘（道張江西吉水縣人　壬子貢士）

直隸寧國府涇縣儒學教諭陳垣（子崇浙江江臨海縣人　壬子貢士）

印卷官

湖廣等處承宣布政使司照磨所照磨劉溥（公濟直隸懷寧人　庚戌進士）

湖廣等處提刑按察司經歷司知事張紞（公冕直隸南陵縣人　監生）

收掌試卷官

武昌府知府冒政（有恒直隸泰州人　乙未進士）

長沙府知府王瑫（宗玉浙江鄞縣人　辛丑進士）

受卷官

荆州府知府吴彦華（汝和應天府句容縣人　辛丑進士）

德安府知府王宥（敬之浙江淳安縣人　辛丑進士）

彌封官

衡州府同知鄧淮（安濟江西吉水縣人　辛丑進士）

襄州府同知周楫（濟之四川内江縣人　丁未進士）

岳州府推官弓元（大方應天府江浦縣人　丙辰進士）

德安府推官胡世寧（永清浙江仁和縣人　癸丑進士）

謄録官

德安府隨州知州李充嗣（士脩四川内江縣人　丁未進士）

安陸州知州王朝卿（升之江西新建縣人　丙辰進士）

武昌府興國州同知胡瀛（孟登河南羅山縣人　乙未進士）

黄州府蘄州判官張弘宜（時措直隸華亭縣人　辛丑進士）

對讀官

襄陽府推官周澤（天雨浙江嘉善縣人　庚戌進士）

黄州府黄岡縣知縣陳曦（景和錦衣衛籍　庚戌進士）

黄州府蘄州黄梅縣知縣徐行慶（思道江西金谿縣人　丙辰進士）

永州府祁陽縣知縣喻時（子乾四川内江縣人　丙辰進士）

巡綽官

武昌左衛指揮使黄經（孟綸直隸和州人）

武昌左衛指使方震（仲威直隸霍丘縣人）

武昌衛指揮僉事沈英（世傑直隸華亭縣人）

武昌衛指揮僉事李璁（朝鳴河南汝陽縣人）

搜檢監門官

武昌衛前所正千户許起（升之直隸泰州人）

武昌衛前所正千户王海（潮宗直隸合肥縣人）

武昌左衛左所副千户王雄（世傑山西趙城縣人）

武昌左衛右所副千户孟瑄（廷璋河南南陽縣人）

供給官

湖廣等處承宣布政使司照磨所照磨杜芳（廷美河南盧氏縣人　監生）

黃州府黃陂縣知縣吕調陽（宗律浙江蕭山縣人　庚子貢士）

荆州府石首縣知縣李鴻（凌霄四川巴縣人　甲午貢士）

長沙府瀏陽縣知縣王傅（翼之直隸銅陵縣人　庚子貢士）

武昌府江夏縣主簿伍從玭（仲明四川滎縣人　監生）

武昌府江夏縣夏口驛驛丞蔡敬（克謙江西南昌縣人　承差）

黃州府齊安水馬驛驛丞胡庭（仲直直隸藁城縣人　承差）

黃州府黃岡縣陽邏水馬驛驛丞方珠（貴之四川南溪縣人　承差）

長沙府湘潭縣湘潭驛驛丞蔣金（世良廣西灌陽縣人　承差）

漢陽府漢川縣劉家驛驛丞張恒（德常雲南太和縣人　承差）

襄陽府城縣鄢城水馬驛驛丞陳嘉猷（大忠四川墊江縣人　承差）

第一場

四書

周監於二代郁郁乎文哉　和也者天下之達道也　仁者無不愛也急親賢之爲務

易

夫大人者與天地合其德　巽而耳目聰明柔進而上行得中而應乎剛是以元亨　繼之者善也成之者性也　利用安身以崇德也

書

克勤于邦克儉于家　聖謨洋洋嘉言孔彰　乃服惟弘王應保殷民亦惟助王宅天命作新民　惟周公克慎厥始惟君陳克和厥中惟公克成厥終

詩

如金如錫如圭如璧　我有嘉賓德音孔昭　上天之載無聲無臭儀刑文王萬邦作孚　俾侯于魯大啓爾宇爲□室輔

春秋

六月雨（僖公三年）　宋公陳侯衛侯曹伯會晋師於棐林伐鄭（宣

西元年）公會晋師於瓦（定公八年）　叔孫舍至自晋（昭公二十四年）叔孫州仇帥師墮郈季孫斯仲孫何忌帥師墮費（定公十二年）

禮記

悉其聰明致其忠愛以盡之　禮樂刑政四達而不悖則王道備矣　誠信之謂盡盡之謂敬敬盡然後可以事神明　以之軍旅有禮故武功成也

第二場

論

士以名節忠義爲本

詔誥表（内科一道）

擬漢定太初曆以正月爲歲首詔（太初元年）　擬唐以馬周爲監察御史誥（貞觀三年）　擬宋以韓琦爲陝西安撫使謝表（康定元年）

判語（五條）

選用軍職　收養孤老　禁止迎送　辯明冤枉　修理倉庫

第三場

策（五道）

問　嘗伏讀我□宗文皇帝御製性理大全書序有曰聖人未生道在天地聖人既生道在聖人聖人已往道在六經六經者聖人爲治之迹也大哉王言誠知聖人之治本於道也然未識所謂道者何道也千聖一心萬古一理洪惟我朝自太祖高皇帝肇造鴻基創制立法列聖相承勵精圖治莫不各有作述若大誥三編我太祖高皇帝之所條成也爲善陰隲孝順事實二書太宗文皇帝之所編輯也宣宗章皇帝則有五倫書之頒英宗睿皇帝則又有大明一統志之作憲宗純皇帝又命緒儒臣續編資治通鑑綱目聖祖神宗宸章奎翰輝耀古今如日中天萬方仰照觀其文字似各异指究其旨歸無非勸善懲惡所以使民避凶趨吉全性分篤倫理歸於至治而已治天下之道豈復有加於此哉誠與古聖人之六經吻合無間同一爲治之迹也然其所以吻合無間者何在可各舉一二以實之歟今我皇上繼體守成孳孳宵旰日御經筵講求治理凡所以稱制臨决訓飭臣民無非有得六經之旨申明祖宗之制而天下臣民惟皇敷言是訓是行允光前烈愈隆而愈盛也諸士子誦習六經服膺聖訓有年于兹矣願明揚以對使天下後世知我朝列聖治化之所由盛

問　忠孝當道類能言之亦能行之惟若臨大節有不能兩全者其幾間不容髮苟察之毫厘不精則處之多有失當者矣試將往事評之陳情養祖孝矣宜忠也而何有僞朝之稱奉表勤王忠矣宜孝也而何有絶裾之忍守城弃母而泣□喪生者忠孝全矣其處之果盡道乎報君備父而隨父殺身者忠孝全矣其處之果盡善乎漢有二母同質敵營也其子或事漢而功則成或從母而名隨泯其心孰爲安歟晋有二父同死非命也其子或從王而節以著或讎晋而身終隱其事孰爲得歟又有貧躬執爨而先憂後樂迎母廬墓而盡忠報國者其人可歷指歟昔人有言凡學者所以學爲忠與孝也諸士子志學有年矣不知居平日魯何以爲孝自今日將何以爲忠抑忠孝兼全如往哲者以何人爲可法患難當處如前事者以何道而能濟幸相與講明之毋隱毋略

問　書所以載道能明夫書則明夫道矣然太博則學者無後入太約則徒爲經約故必由約而博由博而反之約則其道得矣故紫陽夫子與伯恭先生讀周子二程張子之書懼其浩瀚不便初學故掇取其關於大體切於日用者纂爲一書之約首之以求端次之以用力次之以處已又次之以治人不知其求端用力者何事處已治人者何道闢邪所以衛正也爲我兼愛异端也何爲此道同出於儒直内方外儒道也何謂异端得此失彼答導氣之問其言何術答神□之説其指何歸方人所以窮理也何者德似堯舜何者德似湯武元氣春生秋殺所擬何人過多過少所論何士度越諸子道有未盡其事必有可言一隱君子近世豪杰其實必有可考窗前草不除食便不美者是果何意一團和氣瞑目立雪者是果何人此則其關於大體切於日用之不可不考者諸士子博學待□有日願悉言之毋隱

問　文武并用國家久安長治之策也然文非操觚染翰而已而謀謨足以經邦詞藻足以華國武非汗馬血戰而已而建功於創造之時宣力於艱難之際勝國以前姑置勿論天啓皇明我太祖高皇帝以武功定天下以文德綏太平列聖相承文恬武熙而文臣武將之中所以掀揭天地光昭簡册者夥矣兹不暇泛論請舉其尤者與諸士子言之文臣有才堪王佐炳於幾先而運籌制勝翼龍以飛者誰歟有學本聖經粹於德容而輔導青宫文章名世者誰歟有爲中丞而以守法見稱者有爲司成而以純德是許者又誰歟其他或秉節堅貞而匡輔四帝或遇事剛果而擁佑三朝或養學中秘之久而危言動主者其人可歷陳歟武將有功高一代反狄陰山而攻城不屠可方宋之曹彬者誰歟有勇冠三軍席卷强漢而光復中土可比唐之鄂公者誰歟有封侯而著平交之績者有封伯而興漕運之利者又誰歟其他或取方氏而靖海上之難或

縛明昇而收全蜀之功或貴爲帝甥而宣威萬里之遠者其人可悉數歟彼若人者建立於天造草昧之秋遭逢於重熙累洽之世或以文德顯或以武功著皆一世之賢豪而無容議矣然其間亦有優劣可言歟方今聖天子在上文治丕顯武備精强凡列名於文武之班者濟濟然蹌蹌然碩德重望鴻勛偉烈皆足以媲美前修而無愧矣然其間亦有得失可議歟諸士子儲養學宫寤寐賢豪久矣兹應賓興而來駸駸嚮用有日文事武備尚以何人爲法歟請陳爾志用愜予懷不然則裹粟而問捫燭而對發策之意荒矣

問　方今天下之急務多矣姑舉湖藩之急者與諸士子言之朝廷大封宗藩本以親親亦以固邦本誠所當厚也今宗支日漸繁衍府第之工役累歲無間莊田之錫予頻年有加湖湘之民財力亦既竭矣不知將來何以待之兹欲財力少節上下相安如有宋之家法果何者可采而行之世襲武臣本以報功亦以修武備誠所當重也今武臣日習紈綺可累干憲典而科剋倍常或虚冒軍功而廕襲如故湖湘之軍尺籍亦既耗矣不知將來何以處之兹欲刑賞嚴明軍伍充實如祖宗之成憲果何者當謹而守之流民繡聚嘗特命大臣以撫治可無患矣近者鄖襄山谷之中雜聚萬計識者不能無厝火積薪之慮遣之不可也留之亦不可也兹欲體當今立撫治之本意果有要歟苗賊劫殺嘗特遣大臣以鎮守似無虞矣邇者永郴寶靖之地劫殺靡常議者不能無履霜堅冰之戒窮追不可也少縱亦不可也兹欲取古人備禦之長策果何當歟天士當先天下之憂而憂諸士子生長湖藩習聞其事蓋必籌之熟矣請酌古準今詳陳以觀用世之學

中式舉人八十五名

第一名　張鍾靈　武昌府學生　詩
第二名　朱衮　永州府學生　禮記
第三名　蘇純　湘陰縣學生　易
第四名　曾得禄　鄖陽府學生　書
第五名　羅濟　沔陽州學生　春秋
第六名　劉概　安陸州學增廣生　詩
第七名　戴恩　荆州府學增廣生　易
第八名　黄□　石首縣儒士　書
第九名　彭綸　安陸州學生　禮記

第十名　李文欽　麻城縣儒士　春秋
第十一名　沈賁　武昌府學增廣生　書
第十二名　李如圭　澧州學增廣生　詩
第十三王金　道州學生　易
第十四名　易廷憲　華容縣學增廣生　書
第十五名　程鵬　孝感縣學生　詩
第十六名　李繼宗　衡州府學生　書
第十七名　熊泰　武昌縣學生　詩
第十八名　鄭奎　安陸州學生　易
第十九名　李廷蕙　武昌縣學生　詩
第二十名　吴仲善　宜都縣學生　書
第二十一名　楊瑞　武昌府學生　詩
第二十二名　王濟　黄岡縣儒士　禮記
第二十三名　崔諭　湘陰縣學生　易
第十四名　范輅　桂陽縣學增廣生　詩
第二十五名　王貢　公安縣學生　書
第二十六名　王朝　澧州學生　詩
第二十七名　劉天和　麻城縣儒士　春秋
第二十八名　莫鏊　道州學生　易
第二十九名　王從善　襄陽縣學增廣生　詩
第三十名　咼校　公安縣學生　書
第三十一名　林本　武昌府學生　詩
第三十二名　何恩　道州學增廣生　易
第三十三名　楊廷傑　公安縣學增廣生　書
第三十四名　王良佐　夷陵州學生　詩
第三十五名　高德崇　安陸州學生　禮記
第三十六名　趙昂　寧遠縣學生　書
第三十七名　劉經　夷陵州學生　易
第三十八名　曾汝能　永興縣學增廣生　詩
第三十九名　毛廷爵　公安縣學生　書
第四十名　劉漢　麻城縣儒士　春秋
第四十一名　周效　應城縣學生　詩

第四十二名　蕭綬　安陸州學增廣生　易
第四十三名　張佐　武昌縣學生　詩
第四十四名　胡琇　道州學增廣生　書
第四十五名　劉九成　衡陽縣學生　禮記
第四十六名　梁憲　澧州學生　詩
第四十七名　易舒誥　攸縣學增廣生　易
第四十八名　毛棠　澧州學生　書
第四十九名　陳文　麻城縣儒士　春秋
第五十名　張璞　武昌府學生　詩
第五十一名　何海　道州學生　易
第五十二名　黄大受　永興縣學增廣生　诗
第五十三名　賀憲　益陽縣學生　書
第五十四名　黄昭道　平江縣學生　詩
第五十五名　陳大韶　常德府學增廣生　易
第五十六名　許應宗　耒陽縣學生　書
第五十七名　盧鏜　江陵縣學增廣生　書
第五十八名　郁浩　零陵縣學生　禮記
第五十九名　吴座　襄陽縣學增廣生　詩
第六十名　朱宸　永州府學生　易
第六十一名　郭憲　應城縣學生　書
第六十二名　王宇　麻城縣學增廣生　春秋
第六十三名　汪穎　荆州府學增廣生　詩
第六十四名　周宣　道州學增廣生　易
第六十五名　羅鏜　武昌府學生　詩
第六十六名　黄釜　武昌府學生　書
第六十七名　張軾　零陵縣學生　易
第六十八名　袁龍　石首縣學增廣生　書
第六十九名　章應奎　善化縣學生　禮記
第七十名　石麟　黄梅縣學生　易
第七十一名　李時節　岳州府學生　詩
第七十二名　唐昂　常德府學生　書
第七十三名　劉綸　江華縣學生　易

第七十四名　陳鍊　應城縣學生　書
第七十五名　翟鎣　九谿衛學官生　詩
第七十六名　梅霄　黄陂縣學生　易
第七十七名　徐爵　耒陽縣學生　詩
第七十八名　陳時　麻城縣學生　春秋
第七十九名　邢寰　黄梅縣儒士　詩
第八十名　徐吉貞　蘄水縣學生　易
第八十一名　張鵬　岳州府學生　詩
第八十二名　王京　安陸州學生　易
第八十三名　黄昇　興寧縣學生　詩
第八十四名　楊岕　岳州府學生　書
第八十五名　張浩　沅州學生　詩

第一場

四書

周監於二代郁郁乎文哉

張鍾靈

同考試官教諭陳批（立意正大措辭詳明讀之宛然目睹周家制作之盛是宜録出）

同考試官教諭許批（周家制作發揮殆盡末提出教養尤見親切）

考試官教諭俞批（辭理俱到）

考試官學正楊批（周之文盛類能言之來其詳盡切當者僅見此篇）

聖人美時王之制酌諸古而獨盛焉蓋成周之禮監夏商而斟酌之者也然則其文之盛不亦宜乎夫子美之如此蓋謂天地定位而禮制已行聖王繼作而禮制斯備時維有周以文武周公之元聖接夏商道統之正傳欲夏禮之從歟夏尚忠不能以皆善也周則視乎夏而損益之欲商禮之從歟商尚質不能以無弊也周則視乎商而修飾之若六官若六典凡所以爲家國天下之綱維者莫不監夏商而爲之潤澤曰禮儀曰威儀凡所以爲修齊治平之品式者莫不監夏商而爲之裁成夫參二代之舊章以立一代之成法由是忠不徒忠有文以濟其忠質不徒質有文以飾其質典章文物至明而至備不啻日月星

辰之麗天制度文爲盡善而盡美不啻江淮河漢之行地語其養民也自都鄙以及鄉遂九一什一之法合夏商而并行文命四訖果何如其郁郁邪文則至矣盡矣不可以復加矣語其教民也自國都以及閭巷大學小學之制合夏商而兼立文教誕敷又何如其郁郁邪文則美矣大矣不可以復尚矣吁酌諸古而成於今合其二而歸於一此有周之文所以爲盛與氣數相爲始終而前後相爲損益固非一人一日之所能致也三代之禮至周大備則以氣數至此而極盛損益至是而大成也夫子美其文而從之豈苟云乎雖然他日答顔子爲邦之問又有取於四代之禮樂者何邪蓋從周之文者所以遵一代大成之制取四代之禮樂者所以立萬世常行之道也此又不可不知

和也者天下達道也

曾得禄

同考試官教諭蔣批（發皆中節斯可言和作者窘於措辭類分喜怒哀樂爲兩□講和且不就人倫上説却興達道處全不照應殊戾本旨此篇得之允宜録出）

同考試官教諭張批（理明辭暢可取）

考試官教諭俞批（此篇説理詳明取置前列孰曰不宜）

考試官學正楊批（説出和字與達道字相貫穿明白可取）

論情之皆正乃世之通行蓋和乃情之正而即率性之道也孰謂情之皆正而非天下古今之所共由者哉子思子即情之德以明道不可離之意如此蓋謂道原於性而發於情人莫不有是性則莫不有是情情之和道之用也何則人生而静感物而動使其動有不正則其情有不和矣乃若君臣父子之相接夫婦昆弟朋友之相與惟無喜怒也或順其心而喜逆其心而怒喜怒之形在物而不在己惟無哀樂也或喪所欲而哀得所欲而樂哀樂之動以天而不以人隨感而見見皆當理無有於乖違隨觸而發發皆中節無有於咈戾由乎中而應乎外一出於自然之情徵於色而發於聲不越乎當然之則情之和也如此若何而爲天下之達道乎誠以情焉不和未免有我之累情焉既和實愜人心之公吾知是和不獨一家行之也推之一國亦莫不然不徒一國由之也達之天下亦莫不爾如君臣父子而和焉則爲親義之道合天下之爲君臣爲父子者所通行矣如夫婦昆弟朋友而和焉則爲别序信之道合天下之爲夫婦爲昆弟爲朋友者所共由矣驗之古而古無間於今有若大路然人莫不由之以出入也驗之今而今不殊於古有若康莊焉人莫不由之以往來也吁和

雖出於一人之情道實通乎天下之大則道之不離於人可見矣君子烏可須更離也哉抑論之道原於天而賦於人命之則謂之性率之則謂之道修之則謂之教推而極之位天地育萬物則謂之業然皆不外乎吾之一心故曰放之則彌六合卷之則退藏於密學者欲求至於是豈他求哉亦曰反求諸身而自得之以去其外誘之私充其本然之善而已

仁者無不愛也急親賢之爲務

朱衮

同考試官學正蔡批（作者類講仁民愛物爲無不愛竟不體下文不遍愛人之意且不知親賢爲務則自無不愛也此作深得本旨是宜録出）

考試官教諭俞批（仁者急於親賢正欲廣吾之愛也此作得之）

考試官學正楊批（辭贍理明说出仁者之知務殆無餘藴）

論仁人之恩固博於所施恒先於所重蓋君子固無所不愛也使不急於親賢則無以廣吾愛矣仁者固如此哉昔孟子之意蓋謂仁之爲用固欲具博而用之所施貴得其要維彼仁者體乾父坤母之心合天覆地載之德意以一民不安伊誰之責一夫不獲時予之幸存心於天下加志於窮民饑者思與之食寒者思與之衣固無一不在所愛之中愚者欲使之明柔者欲使之强亦無一不在所愛之内視天下猶一家惟恐其施之不博視中國猶一人每患其濟之不衆仁者之無不愛如此果將家賜而人益之歟抑將家至而日見之歟亦曰急親賢之爲務耳何則一己之恩有限天下之衆無窮使自我愛之又自我而遍焉將自我行之亦自我而止矣何以遍天下哉以故養民非所急也宵旰孳孳常以親賢爲之急教民非所先也夙夜遑遑恒以親賢爲之先如尊德樂義足以匡吾之不逮此賢者也吾則翕受敷施與之共天位也與之治天職也雖一沐而三握髪不暇計焉如樂道忘勢足以輔吾之不及亦賢者也吾則旁求博訪與之食天禄也與之治天民也雖一飯而三吐哺不遑恤焉夫急親賢之爲務如此則君子在朝賢者在位將廣吾力之所能而恩惠極於廣大繼吾身之所存而教化推於無窮愛自無所不及矣仁人之恩一何博哉我思古人克當此者其惟堯舜乎堯仁如天舜德好生非不愛人而亦曷嘗遍愛人哉第以不得舜禹皋陶爲己憂耳所以然者正惟以己愛人則所及有限以人愛人則所及無窮此博施濟衆所以爲聖人之猶病而爲天下得人所以爲聖人之仁也歟

易

繼之者善也成之者性也

蘇純

同考試官教諭易批（繼善成性之说觀朱子注通書數語最爲明白此作獨能參考宜取以冠本房）

同考試官學琭潘批（理氣分明一洗塵陋）

考試官教諭俞批（得旨）

考試官正楊批（说得理氣明白且通篇無陳語相雜作易義正是如此）

大傳之論道也行而爲大化之渾然具而爲萬化之本然夫盈天地間皆道也然所以具於陰而行乎陽者何莫而非是道哉昔大傳論道之體用不外乎陰陽至此若曰一陰一陽之所以迭運固謂之道矣然道無終窮也自其流行而觀之歸藏之後繼之以發舒闔翕之終繼之以流動鼓元氣於冲漠無联之中絪緼而交密嘘太和於於穆不已之際融液而薰蒸斯時也氣之方出理斯行焉未賦於人而太極之本體渾淪自如未著於物而無妄之本貞純粹不雜此蓋化育之功善之謂也善之所在道之所在也曰繼善非道之行於陽者乎自其賦予而言之流動之極妙合而成形發舒之餘凝聚而成質大以成大具元氣於軀殼之中小以成小涵太和於邪郭之内斯時也氣以成形理亦賦焉□而爲人莫不各全夫本然之善而不相假借蠢而爲物莫不各得其有生之理而不相凌奪此蓋天命之正性之謂也性之所存道之所存也曰成性非道之具於陰者乎是則繼之者屬乎陽陽一道也成之者屬乎陰陰一道也道之體用不外乎陰陽而其所以然者又何嘗倚於陰陽也哉嗟夫天地之間陰陽兩端而已陰不一於陰而陽繼之陽不一於陽而陰繼之莫非道之全體也而世之偏見者或以爲仁或以爲智而氣禀每下者則又昧而不知皆非也殊不知陰陽一氣也形而下者也道則理也形而上者也故曰動静無端陰陽無始非知道者孰能識之

利用安身以崇德也

戴恩

同考試官教諭易批（題本明白作者多欠體認此篇獨得其旨是宜録出）

同考試官學正潘批（題本下學交養這事而作者□泛泛不切明白可觀者無逾此篇）

考試官教俞批（辭順理明）

考試官學正楊批（崇德處發揮明白）

裕所行於外充所得於中下學屈信之機也蓋爲學之機内外交相養而互相發也然則所行既裕於外則行而有得於己者豈不日積而益高乎大傳釋咸九四爻義至此蓋謂屈信往來豈特造化物理爲然哉觀之下學亦可見矣是故内外有交養之理屈信有相感之機下學君子夫既精義入神以爲致用之本矣由是日用常行之間事至物來之際雖曰有常有變應之皆將觸機而中無有於固滯身亦隨之而無適不安何危殆邪雖曰有經有藿御之皆將迎刃而解無有於括礙身亦因之而無往不得何鯨飑邪如遇父子而親遇君臣而敬動罔不宜吾身爲之怡然其順適如遇賓主而恭遇賢否而哲行無不得吾身爲之泰然其安舒夫利用安身如此若無與於内也殊不知躬行益熟則涵養益深踐履愈純則操存愈固行既有以裕於外矣德豈不有以充於中邪將見理之得於己者日進而益盛道之得於心者日積而益高如德不外乎仁義也今父子君臣之道既行之而無不裕則仁義之德將由美而大由大而化日造乎高明矣土自一簣而成九仞之山曷足以喻之乎德不外乎禮智也今賓主賢否之道既行之而無不得則禮智之德將由知而好由好而樂日詣乎高遠矣木自拱把而聳千尋之榦何足以方之乎是則裕乎外者信也充乎内者屈也屈信相感莫非自然咸之九四何以憧憧爲哉大抵天下之理有感必有應有屈必有信造化且然而況於物類乎況於下學乎世之人智不出此往往溺於私感而自役於憧憧亦獨何哉此傳易聖人所以有感於世而極言之也然則君子當何如亦曰以虚受人則無私感矣

書

克勤于邦克儉于家

曾得禄

同考試官教諭蔣批（作者率以克勤作治水之功得其旨者僅風此篇）

同考試官教諭張批（辭贍理明優於衆作本房之冠舍子其誰）

考試官教諭俞批（勤儉二字發揮殆盡場中如此作者絶少是宜録之）

考試官學正楊批（通暢可取）

不怠於公事不侈於私養惟大臣能然也夫勤儉美德也今大臣處家國而能之其賢於人也何如哉昔帝舜命禹居攝而因其辭故叙其功德之盛及此蓋謂水滔天而卒致平成厥功偉矣常人處此將恃功而怠烏能勤邪汝則不然蓋嘗觀之在邦百揆是宅何官弗總宜可責任而自逸矣汝則祗承于帝而思日孳孳猶昔過門不入之心克艱厥臣而終日乾乾猶昔娶妻弗顧之念

汝翼汝爲命汝多矣曷嘗以賢勞而辭汝明汝聽責汝備矣曷嘗以怠荒而廢凡此皆汝之克勤于邦而予所親見者也廷臣出汝右者誰歟民鮮食而卒能乃粒厥功大矣常人處此將矜功而侈烏能儉邪汝則不然又嘗驗之在家百禄是遒何求不得宜可從厚以自奉矣汝則飲食之菲而旨酒是□殆得大羹不和之餘風宫室之卑而峻宇是懲殆得茅茨不翦之遺意色荒禽荒自戒嚴矣而用度曷由以奢惡衣惡服自奉薄矣而經費何由以侈凡此皆汝之克儉于家而予所素知者也廷臣求汝似者誰歟夫然則勤儉之德備而賢於人也遠矣天位之攝汝終誰讓也邪故下文又稱其弗矜弗伐而遂曰天之曆數在爾躬汝終陟元后者此也雖然竊有惑焉天下大器而謂禹惟勤儉曆數遂歸者何也蓋天之爲民而立君也欲以一人治天下不以天下奉一人夫以一人而治天下匪勤則事隳矣以天下奉一人匪儉則民□矣民蠹事隳如天心何此自古得天下者必以勤儉而失之者必以縱逸也是知勤儉也者天之心民之命而君之德也後之人主可不深思而加念之哉

聖謨洋洋嘉言孔彰

黄鉞

同考試官教諭蔣批（場中作者講洋洋孔彰類欠明白惟此篇體認真切措辭通暢是宜録出）

同考試教諭張批（聖謨嘉言一本風愆之戒作者類多分析不明此篇鋪張明白獨异衆作）

考試官教諭俞批（先王儆有位之意伊尹告賢王之心宛然在目）

考試官學正楊批（辭暢而矩度不差）

先王貽謀爲甚大垂訓爲甚明夫三風十愆之戒先王所以厲臣而正君者也其貽謀豈不甚大而垂訓豈不甚明哉昔太甲嗣位伊尹作書訓誥而終之以此蓋謂非謀無以制訓非訓無以達謀使謀出常情則或溺於淺近未可謂之大也乃若三風十愆之戒在我先王之心熟思審處知犯此者必敗必喪事制曲防使縱此者必墨必刑謀實聖謨而其謀也不惟爲卿士有家者計而且爲邦君有國者計不惟爲邦君有國者計而且爲嗣世有天下者計以儆有位憂之也深以訓童蒙慮之也遠神機默運周流事物洋洋乎如江淮河海之行地豈不爲甚大乎訓非至理則或涉於荒唐未可謂之明也乃若三風十愆之戒出我先王之口綱舉目張事關乎家國天下詞嚴義正道貫乎修齊治平訓實嘉言而其訓也曰風曰愆森然耽葛之陳前而進嘗必死曰刑曰墨凜然斧鉞之在後而退縮必誅

其儆有位言之也切其訓童蒙説之也詳天語丁寧光昭簡册燦燦乎如日月星辰之麗天豈不爲甚明乎夫謀之大而訓之明知此若之何可忽而不念邪抑太甲昇時欲敗度從敗禮伊尹先見其微故惓惓及此尹言弗用湯祀幾覆不得已而爲桐□之舉弗順之人使之弗狎蓋刑墨或加焉□□桐之餘克終允德傳之後世其君罔不成王畏相其臣罔不厥棐有恭而殷禮至於陟配天則由成湯前日謨訓之及伊尹今日告戒之功也讀是書者所宜悉之

詩

如金如錫如圭如璧

張鍾靈

同考試官教諭陳批（作者多於武公精純温潤之德體認不真且於金錫圭璧處發揮不出此作形容殆盡讀之使人興起）

同考試官教諭許批（發揮武公成德由進修中來明白通暢宜録以式後學）

考試官教諭俞批（純正）

考試官學正楊批（能發揮詩人比德之意）

詩人美賢侯德之成必擬以物之似者也甚矣武公之德之成精純温潤之至也詩人即物以擬之不亦宜哉念昔武公慨俗學之沉迷資朝士之交戒盡學問自修之功極恂慄威儀之盛其德之成宜何如哉是故自其德之精純者言之我武公由明而底於誠由反而復於性人泯天定一真爲之自如欲盡理還萬感爲之俱寂□之至義之盡無二而無雜也德之精純如此不如金如錫乎蓋金錫之爲物出於鍛鍊也查□不留渾然無粗迹泥沙盡汰瑩然無餘疵莫精純如也武公如之則德之精純有在於進修也明矣自其德之温潤者言之我武公自勉然而造於自然自可欲而至於無欲優游涵泳心廣而體胖和順從容睟面而盎背仁之愛義之和非猛而非厲也德之温潤如此不如圭如璧乎蓋圭璧之爲物語其生質也具精粗之美雖廉而不劌□天人之道恒柔而可嘉莫温潤如也武公如之則德之温潤能充其美質也審矣吁不惟精純而又温潤如此則武公之德之成至是而無以加矣詩人即金錫圭璧而形容之其亦樂道人善而善言德行者歟抑考武公作聖之功老而彌篤行年九十有五猶箴於國以求交戒自警有懿戒之詩悔過有賓筵之作及是詩所咏自切磋琢磨以至於瑟僩赫咺寬綽戲謔則其動容周旋之間無適而非禮也然則盛德至善民不能忘而謂之睿聖武公豈不有由然哉

俾侯于魯大啓爾宇爲周室輔

劉概

同考試官教諭陳批（成王分封宗室意正如此學者偏見臆説類以大啓爾宇將錫之山川土田附庸入講殊與傳注居字相礙此作一本經傳發揮深得本旨）

同考試官教諭許批（文辭雄偉真作家也取置前列允稱）

考試官教諭俞批（此作體認親切一洗塵腐）

考試官學正楊批（辭理俱優）

重宗室之封爲王室之計周王告親臣然也甚矣封建之不苟也成王封伯禽而重之者正所以爲周室計耳豈特爲伯禽計哉昔魯人美僖公修廟而推原有魯之由至此述成王告周公之意若曰當牧野敦商之日正叔父建功之時迨我小子豈敢忘哉爰舉報功之典允宜元子之封封之何如蓋地有不善不可以爲爾元子處也我今爲爾圖之蒙羽之野實惟形勝俾侯于此信圭鶩冕照耀乎泗水之湄乘馬路車馳驅乎泰山之麓鳬繹龜蒙舉奄有而無外須句常許悉兼統而不遺隱然爲東方之巨鎮也宇有不大不可以爲爾元子居也我其爲爾啓之宫宇之制實惟宏壯使居於斯竹苞松茂夏屋爲之渠渠鳥革翬飛堂寢爲之翼翼規模以拓不苟合而苟完制度以新必美輪而美奂屹然爲東魯之雄藩也是則隆封建之典者豈直爲爾元子富貴之計哉誠以王都乃藩國之本根藩國實王都之保障正欲爾元子思恩之所自出而敏於效勞念本之所由來而勤於圖報作之屏作之翰翊我宗社於無虞謹乃度慎乃心鞏我皇圖於不拔郟鄏之鼎扶之於萬年保爾魯於萬年也蒼姬之統輔之於百世綿爾魯於百世也是則我魯之封其來之遠如此爲僖公者可不知所自哉抑論封建非古也而肇於周周之封建豈苟焉哉因其有功而報之非濫冀其立功而托之非輕也繼周而漢封三庶孽分天下半已失周人之遺意矣降及後世支庶益繁分封益廣而民之財力益竭不識是時司民命者節奢費省勞役而厚邦本果若之何留意邪斯固魯人言之未及者故表而出之

春秋

六月雨（僖公三年）

李文欽

同考試官教諭李批（題本平易作者不失之枯則失之泛殊爲可厭此篇説出僖公喜雨之意詳盡允宜録出）

考試官教諭俞批（説出當時喜雨氣象）

考試官學正楊批（僖公敬天勤民之意宛然可見）

春秋志天道之順所以著人君之賢蓋喜雨而樂民之樂其必閔雨而憂民之憂矣春秋特書六月雨則僖公有志於民而君道之盡也端可見矣慨昔魯僖當國旱魃爲灾歷三時之不雨將五穀之不登僖也上懼天灾下恤民隱遠惟殷帝桑林之責近體周王方社之勤一誠格天百神受職當三時旱暵之際適六月亢陽之時龍騰霄而陰雲四合鸛鳴垤而甘雨溥施地之赤者以潤苗之槁者以興由公及私在在以之而霑足自中徂外物物以之而欣榮大有可期而滿慰三農之望昔之呻吟者轉而爲謳歌矣豐登可卜而頓消四境之憂向之疾蹙者移而爲歡欣矣公於斯時也夫豈不曰國以民爲本民以食爲天雨而不降食何所仰邪又豈不曰民以君爲心君以民爲體民而不樂君能獨樂邪顧兹時雨之施竊喜豐年之兆彼農歌于野工歌于肆民之樂矣天公亦樂形舞蹈而不之知商歌于市旅歌于途民之喜矣公亦喜動顔色而莫之御時乎燕享而爾游爾休則與卿士樂於朝矣臺池鳥獸曷足以方其樂乎時乎巡行而一游一豫則與農夫樂於野矣鍾鼓管籥曷足以擬其樂乎吁以吾心之和感天心之和以民心之樂爲吾心之樂天人相爲流通君民相爲一體然則僖公其賢矣哉故春秋特於三時不雨之後而有六月雨之書雨云者喜雨也所以美僖公之賢而爲後世人君不以民事繫憂樂者之戒垂訓之義不其大歟抑考僖公之賢不止此也儉以足用寬以愛民務農重穀則誠賢君也較之文公忽天灾而不懼視民隱而不恤自樂其樂而不與民同者大相遠矣夫何中年漸肆荒怠失政於大臣取執於伯主從夷慢王之類經不絶書大非初年之比此僖所以不得全爲賢侯也詩曰靡不有初鮮克有終其僖之謂歟

叔孫州仇帥師墮郈季孫斯仲孫何忌帥師墮費（定公十二年）

羅濟

同考試官教諭李批（作者爲題目所窘率多牽摭成文令人厭觀此篇説出聖人抑私家以張公室之意明白痛快是宜録之）

考試官教諭俞批（辭嚴義正深得聖人爲國□之意）

考試官學正楊批（聖人過化之功觀此篇可以見其一節云）

即聖人以禮化强之速見聖人以禮爲國之兆夫爲國莫大於禮也聖人以禮而革强都之僭如此則其爲之兆也可見矣且郈乃叔孫之私邑費則季孫之强都之二邑也嘗聞相繼而減矣今相繼而墮何邪蓋由聖人以禮革其

僭耳誠以制國不過千乘都城不過百雉禮之大防也家無甲兵之藏邑無百雉之城禮之大閑也叔孫越禮城其郈季孫僭禮城其費公室由之不張私家因之屢叛是蓋昧於禮之大防忽於禮之大閑也幸而孔子用魯得政期月以治世之禮律衰世之臣諭以陪臣屢叛之由諭之以禮也示以食邑恃强之故示之以禮也由是叔孫悔悟首起而墮郈季孫感化繼起而墮費圮其城湮其池王制由之而正收爾兵出爾甲□勢以之而尊以身使臂之義斯明何有尾大不掉之患强幹弱枝之勢已立何有末大必折之虞不動聲色而公室自張不假威力而私家自服何莫非聖人以禮爲國之所致歟所謂期月而可豈虚語哉是禮也推而形諸魯國而準則地方五百里吾知疆理必正興滅繼絶之義舉而王政行矣郈費之墮乃其萑輿也吾知君臣交順事上使下之禮得而王道復矣私邑之革乃其造端也若此者豈非聖人以禮爲國而發此以爲之兆也歟所謂三年有成有由然矣雖然聖人以禮爲國不特致魯臣之感化當天夾谷之會齊君亦感化而有三田之歸變齊變魯之機無非一禮之所爲者使魯終用聖人則文武成康之治復見於今日矣惜夫女樂皋門聖轍汶上豈天未欲平治天下而使之不克終用也邪殆將欲其删述六經以垂憲萬世也斯又不可不知

禮記

禮樂刑政四達而不悖則王道備矣

彭綸

同考試官學正蔡批（作者多以王道務處就指禮樂刑政爲言殊失本旨此篇照應上章好惡無節以下入講最爲得之）

考試官教諭俞批（講王道備處明白可取）

考試官學正楊批（理明辭順）

治具畢張而無違王者之治化成矣甚矣治化之難成也使非王者治具畢張而無違又何以致之哉思昔先王慨人好惡之不平馴至人道之不正得不有以平天下之情而復人道之正乎平之何如是故出治之本莫先於禮樂也于焉爲之禮樂以動化於其始輔治之法莫要於刑政也于焉爲之刑政以維持於其終然禮節民心樂和民聲固行之天下而無間矣及刑以防之政以行之亦達之四海而不遺焉生斯世也爲斯民也莫不心節於禮聲和於樂曾無一人之或悖莫不奸防於刑教行於政亦無一夫之敢違若然則是上焉綱舉目張而無遠弗届下焉近悦遠懷而有感心從矣王道寧有不備者哉吾見人人囿於化育之中在在歸諸範圍之内危者安微者著人情由是而平善有

勸惡有懲人道由兹而正合衆寡强弱而各安其分何有於悖逆詐僞之心合老幼孤獨而各得其所何有於淫泆作亂之事無一地而不沐至治之休所謂王道蕩蕩無偏無黨矣無一民而不蒙至治之澤所謂王道平平無反無側矣王者之治道豈不於是而備也邪抑論之人君之爲治也有禮樂而無刑政是謂徒善有刑政而無禮樂是謂徒法皆不足以言治也古之聖王有見於此制禮于履作樂於豫致刑於豐明政於賁既有禮樂以爲出治之本又有刑政以爲輔治之法所以能使四海爲一家中國爲一人者由舉此而措之耳後世則有不然或徒事刑威而禮樂之未遑或有志禮樂而淫慝之靡正治之所以卒不古若也然則欲求王道之備必禮樂刑政四達不悖而後可

以之軍旅有禮故武功成也

朱袞

同考試官學正蔡批（發揮行師之義詳盡本房無出其右者矣）

考試官教諭俞批（辭暢理明蓋究心於是經者）

考試官學正楊批（辭理俱到）

論行師之有制則無敵於天下矣甚矣天下無敵遇武功之成可知矣自非行師有制烏能以致是哉仲尼燕居因論禮之無乎不在至此蓋謂國之大事莫過乎戎戰之必克在得其道彼王者受命而爲天子繼世以有天下或蠻夷猖獗奉天討以徂征則軍旅不容於不出也或藩屏跳梁梁奮神威而薄伐則軍旅不容以不興也然果若之何而有禮邪是故萬二千五百人爲軍五百人爲旅也當其命將出師之日選士□兵之時無忽心無惰氣持重謹畏之恒存不□取不妄動防範綱維之甚密左之右之而部□嚴明節制足以壯三軍之膽坐之起之而□□整肅紀律足以奮六師之威出師有名不枉尺以圖直尋之利殺人有禮不詭遇以要十禽之功凡其金鼓旗物之用與夫攻圍擊刺之舉莫不有禮如此吾知恃我之備乘彼之間以戰則克以攻則取月羽一麾而渠魁授首向之猖獗者于焉草薙而獸獮無復犯我邊陲矣星旗一指而元惡就擒昔之跳梁者于焉魚散而鳥驚無復干吾天憲矣獻俘執馘而沙漠爲之肅清奏凱班師而疆埸爲之嘉靖在創業者以之則有以成一□之盛在守成者以之則有以成中興之美外患息而内變寧矣尚何武功之有不成也哉抑論之兵凶器也戰危事也不得已而後應之非聖人之所欲也蓋嘗求之易之師卦自初六師出以律至於上六大君有命開國承家小人勿用則一卦之間而出師駐師將兵將將與夫奉辭伐罪旋師班賞之義無所不載王者軍旅

有禮而武功之成端不出此後世好大喜功勤兵遠略者不此之鑒而或至於敗衄不支亦獨何哉

第二場

論

士以名節忠義爲本

朱袞

同考試官學正蔡批（連日檢閱論場中非無作者但多辭浮於理殊厭人觀晚得此卷辭氣高古議論疊出讀之令人愕然名節忠義果自其胸中流出也邪得士如此可以薦之上矣）

考試官教諭俞批（議論切當文勢崢嶸全楚出色之士）

考試官學正楊批（辭健而豐氣雄而正擢魁多士允協輿情）

士君子之身欲自立於天下則亦於其本者先之而已夫天下之貴莫如士所貴乎士者爲其有本也本得則士得本隳則士亦隳矣然則士也者固可以徒爲邪士而徒爲士之無用者也用之不濟則是自溺於世有之不爲補無之不爲缺而尚足以爲貴哉蓋必有本之在焉而非士之至者不能立也本者何也時而窮則名節爲本時而達則忠義爲本名節忠義可相有而不可相無者於此不之立而謂之士吾不知也本之立有道焉其始也必貴有一定之見見不定則功利异術易以攻之未免得其似而失其真其終也必貴有一定之守守不定則榮辱百端易以移之未免强於常而渝於變始之不明終之不勇泛然而議茫然而即卒然而罷汗漫恍忽無所歸宿之地則亦何有於其身而何在於其本邪吾獨愛夫古之人渾渾噩噩如標枝野鹿然德之在天下者人皆有之人皆全之士之名未命也名節忠義之事亦未彰也迨夫皇降而帝帝降而王王降而下不可知矣其俗於是大澆澆變而偷偷變而亂亂變而邪邪之習日成而人皆以正道爲諱是豈世道爲之蓋士之自昧其志自喪其守自鑿其情而又自滅裂其所學是以初無以制之則患得之心勝而枉道求進者有矣卒無以持之則患失之念動而固寵欺君者有矣其於名節忠義之道不亦澌盡矣乎是故有士之至者焉於是以身先之方其窮也若無與也而達之本資焉故毅然者固其守也浩然者直其氣也道不可枉則紆金之榮不若仁義之良也進不可求則軒冕之累不若泉石之雅也涵養以大之泰山可頽滄海可變而吾之名不可渝也勉强以堅之天地可臨鬼神可質而吾之節不可

奪也時則視天下之事無有大於名節者及其出而在位則身之本又有不同其寅亮者天下之工也其經綸者天下之化也君不如堯□□使就其如堯者去其不如堯者君不□□引之使就其如舜者去其不如舜者道苟在焉則裾可引榻可叩檻可折而君不可欺也道苟非焉則履可納冠可掛綬可解而寵不可固也時則視天下之事無有大於忠義者夫以所居之不同而所立之德亦异則時與道二者而已道如是而時如是士則以道從時道如是而時不如是士則以時從道道固無异也而時則變耳雖然天下未有外名節而可以爲忠義者亦豈有無忠義而能以先名節者哉何也天下之事制之在始始不可制不可要其終窮也者達之始也始以是存之終以是措之故發而爲文章之潤身推而爲政事之及物者皆其本之餘事也然外此士固有不同者華言華服繩趨尺步問其業顓顓然問其威儀賓賓然問其行萎萎然者僞也内之不足以理身外之不足以行於人剽竊形似恈恈然詭遇以爲榮者利也旅逐旅進侈然以自饜舉平生所學如弁髦而盡弃之者惑也若乃耳目司之股肱任之營營焉惟所私硜硜焉無所建明而上負其君下負其學者賊也之數者其於名節忠義之在我者何如其於所以謂之士者何如而顧以是自置其身於蕩然之地哉然此亦有其故矣固非士之得已也蓋君上之趨向士習之藿興君不能作養而濯磨之則士亦孰肯自重而不愛市其欲於君乎夫士固有無所待而興者然爲人上者何可無道以風厲之故庠序學校所以養其身詩書禮樂所以陶其性禮義廉耻所以張其維而見於進黜予奪抑楊好惡之間者又皆出於人心之同然而不涉於毁譽愛憎之私恬退者必進而奔競者弭矣鯁直者必容而諂媚者退矣廉介者必揚而貪墨者懼矣然後天下之士皆奮然以行檢自勵曉然以得齒於士君子之行爲□見其所見守其所守而所謂名節忠義皆相忘於無何有之鄉也夫是之謂士之全者是故其道在乎上之人也謹論

表

擬宋以韓琦爲陝西安撫使謝表

張鍾靈

同考試官教諭陳批（善表魏公忠君愛國之意）

同考試官教諭許批（典則而故實不遺足見該博之學）

考試官教諭俞批（辭語渾成略無補綴蓋善於四六者也）

考試官學正楊批（表佳）

伏以作牧建麾分陝以西之寄安邊授鉞專閫以外之藿職統兵民事兼文

武顧兹師藩之重允宜經國之賢詎意凡庸誤蒙任使念臣琦才非勇智年未老成素抱朴忠幸叨科甲臚傳適彩雲之瑞史占表捧□之誠天假微臣受知明主小官二轉遂歷清階司陳三年復兹兼詞掖籌邊無定策慚非李迪之明使蜀甫成功又更梁顥之職捫心知感揣分奚堪兹蓋伏遇堯德安安文心翼翼恭儉出乎天性仁愛浹于民心躬大禹之克艱開天章而日旰乃食邁高宗之時敏御經筵而盛暑弗停睦族之恩弘敷求言之詔屢下財以不蓄爲富刑以不殺爲威信及豚魚誠孚夷狄凡居覆載悉荷生成蠢兹元昊之小羌蕞爾繼遷之遺孽犬羊其性梟獍爲心錦繡忘恩衣冠僭號异圖潜蓄賴曹瑋之先知大亂敢行偶劉平之敗衄螳螂奮臂雖彼勢之無成豺虎磨牙奈吾民之受毒我皇上赫發徂征之怒大興薄伐之師爰命儒臣出撫邊鎮臣今受命而往拜表即行敢竭庸愚用圖報稱鼓戎行而戮力進分五路之兵偕僚佐以同謀務出萬全之計先招吐蕃以爲掎角之勢次收靈夏以爲興復之基直搗賀蘭山願縛單于於萬里大搜地斤澤期克鬼方於三年坐收中國之舊疆丕振皇朝之新化伏願道大而不自以爲大益嚴至儆於無虞功高而不自以爲高必致太平於有象九夷八蠻通道永全四海之金甌群黎百姓歸心長保萬年之玉燭臣無任瞻天仰聖激切屏營之至謹奉表稱謝以聞

第三場

策（五道）

第一問

蘇純

同考試官教諭易批（發揮聖制與六經貫通略無滲漏足見博洽之學也）

同考試官學正潘批（五策皆才思優裕此篇尤條答詳明録之）

考試官教諭俞批（聖聖相傳古今一道此作得之）

考試官學正楊批（善敷揚我朝制作之盛）

聖人之治天下也本於道而其傳諸後□也托於書蓋道者治之本書者道之寓道見於治則其澤被於當時道傳於書則其澤及於萬世此古聖人之六經與我朝列聖之制作無非斯道之所寓同一爲治之迹也請復明問一氣未分斯道寓於太極兩儀攸位斯道具於聖人聖人以一身體天地之道以斯道治天下民義農之所以皇天下者斯道也堯舜之所以帝天下者斯道也禹湯文武之所以王天下者亦斯道也先聖後聖授受一道夫豈别有所謂道哉原於帝降之衷根於烝民之彝見於日用事物之間其體仁義禮智其倫君臣

父子昆弟夫婦朋友其用禮樂刑政斯道之在天下曷嘗一日亡哉惟其傳於人者或絶或續故其行於世者有明有晦使天下常有聖人則斯道以行而天下自治矣奈何日不常午聖人不常出使六經不作則道何從而明天下何由而治哉噫此六經所以不得不作也是故易以道陰陽則凡羲文之卦爻周孔之彖象無非天道人事之消長吉凶欲人知所以趨避也書以道政事則凡虞夏之典謨商周之訓誥無非修齊治平之大經大法欲人知所以嚮順也詩以理性情其言善惡於三百篇之中蓋欲使人知吟咏得其性情之□而已春秋以正名分其寓褒貶於一字之間蓋欲世之亂賊禁其人欲之肆而已以至禮以謹節文所謂安上治民者在是樂以和民心所謂移風易俗者在是六經一出斯道大明出治者有所取則趨治者有所依歸倫理以正恩義以篤而天下賴以治矣故曰六經者聖人爲治之迹也千聖一心萬古一理洪惟我朝太祖高皇帝肇造區夏輯寧邦家欲天下臣民之向善去惡也萬幾之暇條成大誥三编自是聖聖相承皆有作述太宗文皇帝欲天下臣民之爲善爲孝也編輯爲善陰隲孝順事實二書宣宗章皇帝欲天下臣民盡人倫之道則有五倫書之頒英宗睿皇帝欲天下臣民歸一統之治則有一統志之作憲宗純皇帝欲天下臣民知古今治亂之機人才進退之道風俗盛衰之由乃命儒臣續編資治通鑑綱目聖祖神宗宸章浩瀚如天地之覆幬無外睿藻輝煌如日月之照臨不遺萬邦至寶億世成規化理天下之道豈復有加於此誠與古聖人之六經吻合無間同一爲治之迹也然其所以吻合無間者豈無證哉觀大誥申明五常之諭即易之家□□父父子子兄兄弟弟夫夫婦婦而家道正也君臣同游之言即書之元首明哉股肱良哉者也爲善陰隲其與易之積善餘慶書之作善降詳夫何殊孝順事實其與書之克諧以孝詩之永言孝思夫奚异五倫書所以明人倫非即書之五典乎一統志所以載輿圖非即書之禹貢乎續編資治通鑑綱目又非春秋之筆削乎世有古今而道無古今聖有先後而道無先後方今我皇上以天縱之資嗣祖宗之緒孳孳圖治夙夜靡遑聖不自至而日御乎經筵治不自足而時講夫治道凡所以稱制臨决訓飭臣民無非有得六經之旨申明祖宗之制而已由是詩書之澤漸涵於中外道德之化覃被於邇遐會極歸極者熙熙乎春臺玉燭之中遵義遵道者皞皞乎光天化日之下普天率土莫不歸心華夏蠻貊罔不仰德自生民以來未有盛於今日也執事乃欲諸生明揚以對於乎泰山之高不可以丈尺計滄海之深不可以斗斛量我朝列聖治化之盛天之高也地之厚也豈區區膚見陋識所能形容其萬一哉惟進教之幸甚

第二問

曾得禄

同考試教諭蔣批（忠孝一策士子多演問目此篇條答無遺其積學待問者歟）

同考試官教諭張批（於人倫難處之際能蘿低昂而善處如此足見擇理之精）

考試官教諭俞批（答之詳處之當其學爲忠與孝者乎）

考試官學正楊批（有考據知適從可嘉可嘉）

天下莫難成者仁莫難取者義義精仁熟而天下無難處之事矣何謂仁當理而無私心之謂仁何謂義行而宜之之謂義仁義人心之所固有也而以爲難者則以其氣稟拘之物欲蔽之曠其心而不求舍其路而不由由是視之殆若登天之難矣有志於學者擇善以明之克己以復之日愈新月愈盛吾義既精吾仁既熟蘿度在我而新切不差由是遇君則爲忠遇親則爲孝吾之處常固各盡其道而處變亦不失其常矣往事難處有如趙苞職守君城而母爲虜執當此之時守城弃母不可也從母弃城不可也苞也始爲君戰而弃其母繼痛母死而喪其生苞之死死於忠孝矣愚所追恨者苞不死於執母之時而死於母喪之後也蓋當母之被執而不可請也苞則當以軍旅之責寄之副貳而對賊自殺則彼庶知專城不在吾而質母爲無用城守而母全矣忠孝不兩盡乎此則義精仁熟之事而苞之倉卒蓋未能也李璀身爲王臣而父謀不軌當此之時黨父危君不可也爲君賣父不可也璀也始則報君以備其父終則隨父以殺其身璀之死死於忠孝矣愚所追惜者璀不死於諫父之時而死於父叛之後也蓋當父之欲叛而不可回也璀則當以家族之危泣之再三而對父自殘則彼庶知人心不附已而赤族爲立致父悔而君安矣忠孝不兩全乎此則仁至義盡之事而璀之計處蓋未及也乃若李密陳情養祖母而表稱所事漢爲僞朝忘君諛讎於忠安在雖有烏鳥之私情不足尚也温嶠泰表赴江南而母留不可遂至絶裾急仕忘親於孝何有雖有犬馬之微勞不足道也漢王陵之母與徐庶之母同質敵營也陵不顧母而致其殺身以成事漢之功心能恝然乎若庶則辭昭烈而奔母所在名雖泯而心則安矣晋嵇紹之父與王裒之父同死非命也紹不讎晋而仕爲侍中以著蕩陰之節事能全善乎若裒則辭徵辟而隱居教授身雖隱而事則得矣忠孝兼全有如范文正公者先憂後樂志形於言其出將入相忠效於宋仁宗之世者多矣而其貧時養母妻躬執爨孝莫大焉又有如岳武穆王者盡忠報國銘涅於背其攘夷却狄忠效於

宋高宗之朝者大矣而其遣人迎母守喪廬墓孝莫尚焉昔唐陽城爲國子司業引諸生告之曰凡學者所以學爲忠與孝也旨哉言乎今忠孝之道具載對經而掌於邦教愚生樂育庠序之中漸摩仁義之化于兹有年矣平日在家庸行之常黽勉朝夕蓋無足道者而太節之處則幸逢熙皞之世萬不一遇無足慮焉但高山景行之懷每念昔賢文正公之爲人平生勵風節樂名教信而好古六經之旨通於斷虀之時憂不忘公萬言之書上於枕塊之日其任天下之重也毁譽憂戚不動其心其恤祖宗之後也恩例俸賜嘗均於族凡所以立身行道處家報國者磊磊落落如青天白日無疵瑕之可議竊不自揣事君事父處窮處達一願學之而未能也若夫等而上之聖人義精仁熟之道則猶陟華始步未敢望巔惟執事進而教之幸甚

第三問

張鍾靈

同考試官教諭陳批（條答無遺蓋嘗究心理學者）

同考試官教諭許批（近思録一書最切於日用□者所當用心者也此篇敷答詳盡是宜録之）

考試官教諭俞批（考據詳悉）

考試官學正楊批（載道之文精熟如此於道亦庶幾矣）

對道有體用而著書者必由體以達乎用道有邪正而著書者必崇正以闢乎邪甚矣古人之著書無非所以爲道計耳體用既分則進道者有所歸邪正既别則志道者無所惑此近思録一書之作有功於吾道也大矣仰惟執事先生發策秋闈下詢承學而舉近思録之書爲言蓋以朱吕之學望承學其嘉惠之心盛矣愚雖不敏敢不悉心以對念昔紫陽朱子與東萊吕氏會止寒泉精舍讀周程張子之書嘆其廣大閎博若無津涯而懼夫初學不知所入也因共掇取其關於大體而切於日用者以爲近思録一編考圖書傳集之精粹溯濂洛關陝之淵源條分類别而體用以之兼該綱舉目張而邪正以之明辨信六藝之喉襟四子之階梯也觀其首之以求端而論道體指性之本原以示人底止之地明道之體統以起人嚮望之心次之以用力而論爲學既致知以推極吾心之識復存養以涵泳吾心之理由是而處己曰克己曰家道曰出處義利無非處己之方也由是而治人曰治體曰治法曰政教警戒無非治人之要也至於辨异端觀聖賢其説亦無不備載焉以辨异端言之如兼愛爲我本楊墨之道也而師也過則漸至於兼愛商也不及則便至於爲我噫過與不及同出於儒者之爲而兼愛爲我實由於末流之弊所以録此者欲學者不可以不

察也直内方外本吾儒之事也而釋氏之收斂虚静敬以直内則有之其所以滅絶倫理義以方外何有焉噫觀其心之所存若相符合究其行之所檢實相悖戾所以録此者欲學者不可以不審也論導氣之術則以順理窒欲爲養生而闢其長生久視之非焉論神仙之説則以保形鍊氣爲延年而闢其白日飛昇之妄焉若此者非所以辨异端而何以觀聖賢言之論又王不識不知似堯舜之性之也論大禹不矜不伐似湯武之反之也論仲尼渾侖而溥博不猶元氣之流行乎論顔孟純粹而英發不猶春生秋殺之氣象乎謂荀卿才高而過多如以人性爲惡是已謂楊雄才短而過少如以法言擬易是已以道義而陳江都謂仲舒度越於諸子者此也以詐力而取劉璋謂孔明未盡於王道者此也作中説而極有格言稱王通爲一隱君子也宜矣作原道而灼有定見許韓愈爲近世豪杰也當矣周茂叔觀庭草之交翠不除生意何充滿邪張子厚見餓莩而食便不美仁心何周遍邪論明道之接人温厚挹和氣者則朱謝其徒也論伊川之師道導嚴立門雪者則游楊其輩也若此者非觀聖賢而何合而言之則知近思録之一書規模之大而進修有序綱領之要而節目詳明學者誠於此而玩心焉亦足以得其門而入矣由是以求四子之全書會其博而反諸約則其宗廟之美百官之富庶乎其有以進而見之矣此朱吕纂集是書之微意也謹對

第四問

羅濟

同考試官教諭李批(我朝名臣之文德武功此策悉之而尤知嚮慕可嘉)

考試官教諭俞批(故實無遺優劣具見蓋嘗竊寐賢豪者矣)

考試官學正楊批(歷述當代名臣有若親見必平日知所景仰者歟)

對誦易有雲龍風虎之喻而知君臣相與之幾讀書有元首股肱之歌而知明良際會之盛此上有文武之君則下必有文武之臣感雲龍風虎於一堂會元首股肱於一體夫豈偶然之故而已哉執事所典者文衡所取者文士而策試諸生顧兼問乎武豈不以鏖戰文場之士亦有能敵愾禦侮拔幟先登者乎而愚也非其人雖然明問不可以虚請誦其所聞而求正焉嗟夫文武之并用於世其來尚矣然必有是君然後有是臣故有丕顯文王則有周公操制作之文有丕承武王則有太公著鷹揚之武由成周而至勝國上下三千年間未嘗有有是君而無是臣者也亦未嘗有無是君而有是臣者也兹欲縷數之而執事有戒請以我朝言之太祖高皇帝誕膺景命肇造鴻業天戈一揮四方響應其武一帝堯之武也聖製諸書天葩競發布告臣民昭回雲漢其文一帝堯

之文也聖子神孫繼體守成太宗文皇帝之神文聖武仁宗昭皇帝之弘文欽武宣宗章皇帝之欽文昭武英宗睿皇帝之昭文憲武憲宗純皇帝之崇文肅武列聖相承文武兼備而文臣武將之中其功業足以軒天地而昭日月銘鍾鼎而勒旂常者夥矣兹欲泛論之而執事有命試舉其尤者言之文臣之中若誠意伯劉基才堪王佐而炳物幾先翼龍以飛而運籌帷幄繼乎子房之名也爲無愧翰林學士宋濂學本聖經而德容之粹輔導青宫而文名之高得於溍卿之傳也爲不忝御史中丞章溢之器宇夷曠著名臺端而高廟以守法稱之宜也國子祭酒宋訥之雅性持重蜚聲六舘而高廟以純德許之宜也至若文貞公楊士奇秉節堅貞優崇舘閣而匡輔四聖恩寵始終之不渝文敏公楊榮遇事剛果掌制經綸而擁佑三朝身名保全之不替厥功甚著而文毅公李時勉以剛大之氣積學中秘歷陳時事危言動主何烈哉武將之中若武寧王徐達翊我皇祖功高一代而反狄陰山屠城不戮比之武惠之仁爲無間開平王常遇春輔我皇祖勇冠三軍而席卷强漢光復中土方之鄂公之勇爲不殊昭靖王沐英之長於智勇而著績平交由侯而進之公宜也平江伯陳瑄善於任使而興利漕運由伯而進之侯宜也若襄武王湯和之奄舉甌閩摧堅撫順而坐收方氏海上之難以靖潁川侯傅友德奮身戎伍間關百戰而縛取明昇全蜀之地以平厥功甚偉而武靖王李文忠以勛戚之貴淹貫群籍甲囊盡赤宣威萬里何壯哉於乎彼若而人建立於天造草昧之秋遭逢於重熙累洽之日或以文德顯或以武功著斯皆百年之英而無容議矣執事尤以優劣爲問草野書生何敢容喙第以文臣皆未易及也而吾所尤景仰者誠意伯之智辨慶雲而識真主則其智誠爲天下之大智矣武將皆未易能也而吾所尤敬慕者武寧王之功殪群雄而翼景運則其功誠爲天下之大功矣方今聖天子日御經筵講求治理其文繼祖宗之文也皇威丕振海隅臣服其武繼祖宗之武也而文臣之立朝者非但辭翰之工緻而已而識見足以經邦武將之分閫者非但弓馬之習熟而已而驍勇足以壯國斯皆一世之豪而無容訾矣執事尤以得失爲問韋布小子何敢僭言第以明珠之圃不能無魚目之混嘉禾之場不能無稂莠之雜今日郡縣之中筮仕者皆章句之儒豈能保其悉閑於文事乎衛所之内廕襲者皆紈綺之子豈能保其悉精於武略乎而鼓舞振作之者其機亦由乎上之人何如耳愚生儲養學宫寤寐英豪久矣儻沾一命而文事武備尚當以當代之諸賢是法執事與其進也幸甚

第五問

朱衮

同考試官學正蔡批（此策有識見有議論非練達時事者不能□他策皆善他日立朝豈安於尋常尺寸者歟是宜録出）

考試官教諭俞批（有敷揚有斷制其亦明體而適用者歟）

考試官學正楊批（區書時事允當人心薦之於上殆亦有用之士也）

議天下之事當究其源處天下之事當求其要蓋不究其源則天下之事空言無據不求其要則天下之事漫然無成斯二者皆非明體適用者也范文正云士當先天下之憂而憂顧生何人乃敢以希文自待乎雖然明問彰彰自有不容於默默者竊惟朝廷大封宗藩本以親親亦以固邦本誠所當厚也今宗支日漸繁衍府第之興作累歲無間則農之時不能不違莊田之錫予頻年有加則民之産不能不去此亦勢之必至非所敢言但緣此而董工役者假公濟私而糜費之無筭附聲勢者以强凌弱而兼併之無厭民之財力如之何而不竭邪往事已固無及然本支百世誠不可不預爲之計嗣是而後宗藩之對一遵祖宗之成憲以處之府第限常制而程其工使董工役者不得以糜費禄秩限常數而杜其請俾附聲勢者無由以兼併凡所以勞民而傷財者悉爲之裁抑則上下相安湖湘之民財力庶其少紓矣古人良法亦何以出此邪朝廷世襲武臣本以報功亦以修武備誠所當重也今武臣日習紈綺或累干憲興而科尅倍常則軍固不免於逋逃或虚冒軍功而襲廕如故則軍亦不免於私役此亦弊之必至固不可堪况外此而更戍瘴鄉死亡之過半守禦苗寨生全之無幾軍之尺籍如之何而不耗邪往事已不可追然宗社萬年不可不重爲之慮繼今以往兵戎之職一遵祖宗成法以治之累犯科尅者嚴降級不叙之條非止立功而帶俸虚冒廕襲者坐罔上欺君之罪匪直削爵而除名凡所以更戍而守禦者舉爲之存恤則刑賞嚴明湖湘之軍尺籍庶其少登矣祖宗成法烏可不謹守邪流民嘯聚嘗厪宵旰之憂不惟命藩臬之臣以分治而又命臺憲大臣以總治焉綱維甚嚴可無患矣比來鄖襄山谷之中雜聚萬計欲盡遣之恐無所於歸激之而成變欲盡留之恐無以自給釀之而成禍議者誠不能無厝火積薪之憂也爲今之計莫若仰體當今設撫治之初意于以審其軍匠籍其姓名編之里甲孤苦貧窮者輕傜薄賦仁以綏之而安其懷土之念凶暴惡逆者嚴刑峻罰義以治之而弭其不軌之心加之民牧擇人必有如龔黄卓魯者之在郡邑如此庶幾寬嚴相濟而撫治之意得矣苗賊劫殺嘗煩廟堂之筭不獨命兵民之職以分守而尤命勛舊大臣以總鎮焉備禦甚密可無虞矣邇者永郴實靖之地劫殺靡常欲窮追之則魚散鳥驚依險以自匿姑少縱之則豺噬狶勇干紀而弗馴識者誠不能無履霜堅冰之戒也爲今之計莫若

兼取古人備禦之長策于以蘭其卒伍利其甲兵謹其烽堠順則戢武而懷之以恩如舜之格有苗不咎其既往逆則奮武而震之以威如周之伐獫狁不輕其非敵加之備邊得人必有如韓范李趙者之在軍中如此庶幾攻守兩得而備禦之策善矣夫湖湘之弊固多而此其最甚究其源求其要愚生所見似不出此惟執事進而教之

湖廣鄉試録後序

弘治戊午秋八月當天下試士之期巡按湖廣監察御史王恩以求賢盛事也精白一心咨謀于藩臬重臣預聘鎧等司校文于時諸臣工有事場屋者罔不夙夜勤勵胥成厥事録成鎧謹序諸後竊惟士者之學貴於有用治己治人而已學而不知所以用亦奚以學爲哉是故五經者天地之心也三才之紀也道德之源也學者幼而學壯而行思所以治己者在是所以治人者在是於易得其中於□書得其正於禮得其文於春秋得其斷明善誠身以立其本篤近舉遠以達其用參天地贊化育以極功用之全斯爲有用之學也夫舟以濟川車以行陸菽粟以療饑布帛以禦寒各效用於天地之間者也而謂士者之學率皆空言不能周一世之用何足尚哉古之學以治己後世之學以欺己古之學以治人後世之學以驕人内欺外驕欲人己之治難矣甚者剽竊陳言以求合有司之選則既不足以致用而適以壞之虚車虚舟以莫不惜顧投以矢石寧不爲可太息邪蓋嘗論之欺與驕學者之病根也病根不去學亦不固矧望其有用乎本草脉經聖人所以濟夭札也不探病根固已茫然無下手處乃歸罪於本草脉經之不效豈不厚誣也哉諸士子遭際昌辰涵泳清化厥惟舊矣其所以爲學必求於有用也審矣兹以明經登名是録駸駸焉有官守言責尚益勵所學嚴諸己弘厥施毋爲情勝毋爲利撓毋爲習移毋爲私蔽俾所以自治所以治人與所以爲學者一致爲孝子爲名臣爲大儒隱然將與五經同垂不朽矣庸非是録之光哉斯固鎧之所深望也

浙江湖州府長興縣儒學教諭俞鎧謹序

正德十一年湖廣鄉試録

湖廣鄉試録序

正德丙子歲當鄉試巡按湖廣監察御史張翰謂國家圖治莫大於興賢而人臣事君亦惟以薦賢爲急顧兹司考校者宜慎所舉乃集藩臬議走幣聘幹等而提學副李文郎中唐錦伍全王宗計宗道主事鄭玉彭大治詹晨以公事至各贊襄之提調則左布政使龔弘右布政使周季鳳監試則按察使王時中僉事謝廷柱防範則左參政王泰右參政張天相副使惲巍范希淹聶賢翁理汪賜陳璧左參議王蓋右參議夏從壽張瀚熊紀僉事張鳴鳳高顯丁沂顧英汪玉都指揮劉宗仁咸克協相諸執事亦皆遴選以克分經校閲則學正周禧教諭林文焯陳惟淵鄭坤吴大田李應奎訓導李佑鄭朝美而幹與教諭魏綸寔主其事巡按御史矢天勵衆監臨而三試之拔其尤得八十五人録其名及文以獻幹謹拜稽而爲之序曰三代聖王以道化天下天下士非道弗學學成而官之謨謀贊畫動協于道故其治莫尚焉周衰孔子述先王之道著之六經漢興號稱表章顧其爲教猶駁而不純隋唐而後專事詞章習浮艷而去道日遠夫上之所取而用之者若是而止也其治之不古若也固宜宋周子程子者出知漢唐諸儒之陋刊其支離協于一去其謬誤復之正然後孔子之道明當其時猶且抑遏排擯柅其説而不行我太祖建國始純以經術教天下下非是弗學而上非是弗取是以百五十年治化之盛遠追隆古亦固宜也顧夫習而不察或取以爲利禄之媒言道學顧以爲諱甚者或從而笑之又詆訾焉何哉夫疑饑渴者之飲食而怪夫出入之必由户嗚呼其惑矣誦聖賢之言日惟其義句研而字析措之文詞無非修齊治平之道考其見乃背戾若是則士將焉用習此上亦何賴而必是之求哉維兹湖藩名山大川甲于天下周子程子於是乎生焉實以繼絶學而啓國家文明之運矧今治隆化洽涵濡積久之餘豈無若三子者出其間以嗣揚丕績者乎今觀諸士之文剖析幽微雄深而俊雅宜若有見於道道明矣篤信而必行之以副我皇上側席之求而措諸事業則周子程子昔所未試而今乃獲大行焉其宜爲世道慶何如也夫士之始進

其學術之醇疵識操之定否豈惟其終身榮辱之機而世道隆替實於是乎關焉司考校者惡敢弗重有以勵之

直隸和州含山縣儒學教諭林幹謹序

正德十一年湖廣鄉試

監臨官

巡按湖廣監察御史張翰（汝楨騰驤右衛人　乙丑進士）

提調官

湖廣等處承宣布政使司左布政使龔弘（元之直隸嘉定縣人　戊戌進士）

湖廣等處承宣布政使司右布政使周季鳳（公儀江西寧州人　癸丑進士）

監試官

湖廣等處提刑按察司按使王時中（道夫山東黄縣人　庚戌進士）

湖廣等處提刑按察司僉事謝廷柱（邦用福建長樂縣人　己未進士）

考試官

直隸和州含山縣儒學教諭林幹（克貞福建懷安縣人　甲子貢士）

直隸保定府雄縣儒學教諭魏綸（理之山東利津縣人　丁卯貢士）

同考試官

山東東昌府臨清州儒學學正周禧（原德江西崇仁縣人　丁卯貢士）

直隸廬州府無爲州巢縣儒學教諭林文焯（士明福建閩縣人　丁卯貢士）

直隸鳳陽府泗州盱眙縣儒學教諭陳惟淵（主静浙江慈谿縣人　庚午貢士）

河南衛輝府汲縣儒學教諭鄭坤（一寧山東武定州人　庚午貢士）

河南開封府扶溝縣儒學教諭吴大田（絡曾福建莆田縣人　甲子貢士）

陝西西安府高陵縣儒學教諭李應奎（文輝山西平定州人　庚午貢士）

直隸真定府藁城縣儒學訓導李佑（德卿山西襄垣縣人　庚午貢士）

直隸松江府華亭縣儒學訓導鄭朝美（充之福建閩縣人　庚午貢士）

印卷官

湖廣等處承宣布政使司經歷司經歷蘇謙（尚吉直隸徐州衛人　監生）

湖廣等處提刑按察司經歷司經歷王憲（汝成江西會昌縣人　監生）

收掌試卷官

長沙府知府陸相（良弼浙江餘姚縣人　癸丑進士）

德安府知府馬龠（汝載四川西充縣人　己未進士）

岳州府知府黄巽（啓亨浙江鄞縣人　壬戌進士）

受卷官

荆州府知府姚隆（原學直隸嘉定縣人　壬戌進士）

武昌府推官衛道（正夫河南業縣人　甲戌進士）

黄州府推官朱節（守中浙江山陰縣人　甲戌進士）

沔陽州知州李濂（川甫河南祥符縣人　甲戌進士）

安陸州判官余珊（德輝直隸桐城縣人　戊辰進士）

彌封官

興國州知州唐珉（玉和浙江杭州右衛人　壬了貢士）

澧州同知歐陽席（崇珍江西泰和縣人　戊辰進士）

蘄州同知俞敬（一中浙江永康縣人　乙丑進士）

沔陽州判官李楫（濟之直隸懷寧縣人　乙丑進士）

江夏縣知縣胡斐（時章浙江湯溪縣人　甲戌進士）

謄録官

桂陽州同知歐陽申（相周江西安福縣人　戊辰進士）

黄陂縣知縣周昺（文卿貴州永寧衛籍江西寧州人　甲戌進士）

襄陽縣知縣楊銓（仲衡江西豐城縣人　甲戌進士）

巴陵縣知縣林豫（民服福建莆田縣人　甲戌進士）

武昌縣知縣丁洪（季學江西鉛山縣人　甲戌進士）

對讀官

孝感縣知縣翁素（誠夫浙江慈谿縣人　辛未進士）

麻城縣知縣蔡時（純中江西新昌縣人　甲戌進士）

石首縣知縣簡霄（騰芳江西新俞縣人　甲戌進士）

慈利縣知縣周尚賢（時謙浙江臨海縣人　辛酉貢士）

零陵縣知縣吴彰德（昌符福建蒲山縣人　壬子貢士）

巡綽官

武昌衛指揮使□□□（希達江西樂平縣人）

武昌衛指揮使王鋭（晋之直隸含山縣人）

武昌衛指揮同知高經（仲常直隸定遠縣人）

武昌左衛指揮使張松（喬齡直隸樂平縣人）

武昌左衛指揮同知張鋭（抑之直隸大興縣人）

武昌左衛署指揮僉事劉閑（大方湖廣蒲圻縣人）

搜檢官

武昌衛指揮同知易煜（文明湖廣江夏縣人）

武昌左衛指揮使張榮（承恩直隸定遠縣人）

武昌衛左所署正户侍經（秉常浙江婦女縣人）

武昌衛中所副千户晋表（國童河南靈寶縣人）

武昌左衛左所正千户孫繼（克承直隸定遠縣人）

武昌左衛右所副千户彭綬（廷童直隸臨淮縣人）

供給官

湖廣都司經歷司經歷黄廷瑞（鳳儀廣東長樂縣人　監生）

湖廣等處承宣布政使司經歷司都事張珏（廷玉浙江鄞縣人　吏員）

湖廣等處提刑按察司照磨所檢校黄榦（國用四川龍州宣撫司人監生）

武昌府通判郭郁（文盛河南新鄉縣人　己酉貢士）

荆州府通判郭鳳（文瑞直隸清苑縣人　甲子貢士）

蘄水縣知縣王伯（希席四川灌縣人　戊午貢士）

寧鄉縣知縣韋鑾（君用廣西馴象衛人　乙卯貢士）

武昌府經歷司知事楊茂（時茂四川成都後衛人　監生）

江夏縣縣丞沈珐（惟善直隸江都縣人　史員）

江夏縣主簿張鳳（文祥貴州思南府人　監生）

松滋縣典史姚立（大本直隸武進縣人　吏員）

夏口驛驛丞李一陽（子元□□永年縣人　承差）

將臺驛驛丞丘瀛（東洲山東樂安縣人　承差）

簰洲驛驛丞李潮（宗會山東臨清縣人　承差）

鄖陽水驛驛丞裴玄（微之山西蒲州人　承差）

第一場

四書

述而不作信而好古　凡事豫則立不豫則廢言前定則不跲事前定則不困行前定則不疚道前定則不窮　有布縷之征粟米之征力役之征君子用其一緩其二

易

大哉乾元萬物資始乃統天　九四大吉無咎　易簡而天下之理得矣天下之理得而成位乎其中矣　往者屈也來者信也

書

水火金木土穀惟修　有言逆于汝心必求諸道有言遜于汝志必求諸非道　在昔殷先哲王迪畏天顯小民經德秉哲自成湯咸至于帝乙成王畏相惟御事厥棐有恭　政貴有恒辭尚體要不惟好异

詩

俴駟孔群厹矛鋈錞蒙伐有苑虎韔鏤膺交韔二弓竹閉緄縢　肅肅謝功召伯營之烈烈征師召伯成之　威儀孔時君子有孝子孝子不匱永錫爾類　燕及皇天克昌厥後

春秋

公如齊公至自齊（宣公四年）　公如齊玉月公至自齊（宣公十年）取汶陽田（成公二年）晋侯使韓穿來言汶陽之田歸之于齊（成公八年）公會晋侯齊侯宋公衛侯鄭伯曹伯莒子杞伯同盟于蒲（成公九年）　會于蕭魚（襄公十一年）楚子蔡侯陳侯鄭伯許男徐子滕子頓子胡子沈子小邾子宋世子佐淮夷會于申（昭公四年）　季孫意如叔弓仲孫貜帥師伐莒（昭公十年）　齊人取讙及闡齊人歸讙及闡（俱哀公八年）

禮記

命市納賈以觀民之所好惡　天道至教聖人至德　樂至則無怨禮至則不争　言而履之禮也行而樂之樂也君子力此二者以南面而立夫是以天下大平也

第二場

論

正心術以立紀綱

詔誥表（内科一道）

擬漢令具親耕桑禮儀詔（文帝十三年）　擬唐以張蘊古爲大理丞誥（武德九年）　擬宋太祖親贊孔顔文臣謝表（建隆二年）

判詔（五條）

文官不許封公侯　蒙古色目人婚姻　見任官輒自立碑　隱匿孳生官畜産　聞有恩赦而故犯

第三場

策（五道）

問　帝王之心學有關於世道之治忽大矣然爲學之要不外尊德性道問學而已堯舜禹湯文武固邈不可及肆惟我太祖太宗以天縱之資法古爲治列聖相承克闡家學觀其造觀心亭而命儒臣作記祀方丘而與儒者論心豈不有得於心學之要乎以至爲學士而進□大學正心章講義蒙聘召而講正心誠意之説者果有裨於德性否耶觀大學衍義而知濫刑黷兵之非講周易而知齊家治國之無二理豈不有得於窮理之要乎以至論克明峻德之一章與論夢卜求賢之説者果皆有資於問學否耶聖祖神宗家法具在經筵進講聖學之要當亦無出於此諸生駸駸嚮用思欲啓沃聖心者要必有説幸陳之以觀格心之學

問　古之聖人著書其大道炳如日星萬世而下宜服膺而莊誦焉後之爲書有名真而實僞者人或從而信之有議論不本於道顧其言猶或有可取者世傳三墳爲伏羲神農黄帝所作其言大道遂以在孔子時已有此書夏小正先儒以此爲孔子所謂行夏之時者遂以爲夏之遺書汲冢篇謂爲周書即孔子删定之餘或謂三略太公之書而又爲之講義辨釋子華子謂程氏書曾子十篇謂曾子所著彼固皆托而僞焉者然亦何從而辨其爲僞耶三代而降剽掠聖人之餘者著荀子以詐相欺者著孫子不知仁義者著吴子號刑名家者著慎子刑法苛刻而著尹文子一卷嚴酷督責之行而著鄧析子二篇大賈乘勢致富貴著吕氏春秋彼固非聖賢之徒也就中所言果亦有近於道否乎是皆不可不辨而亦學者格物窮理之大者耳尚著于篇

問　節行治化所關廉耻風俗攸繫蓋下之效視乎上流之清本乎源故士必廉介恬退而后可望治化之隆風俗之美也古者吏之廉介有單車去邑而蒙脂膏不潤之譏有辭還白紬而來今日清卿之譽有爲太常以竹爲屏風

有出按部斷帶爲燈炷有號獨立使君有稱公清如水其人可悉言歟古者士之恬退有不肯留東閣而斥時宰爲小生有不爲五斗米折腰而即日解印綬有好古嗜學安於静退有久次儒舘惟求外補有無書抵政府有不爲呈身御史其人亦可歷數歟是數公者巍然峻節足以挽治化之隆凛乎清聲足以反風俗於厚奈何世道日降潔己之吏寡而貪污之行彰自重之士稀而奔競之風長其有愧於古人也非一朝夕矣膺世道之責者可坐視乎伊欲變貪污以崇廉介之節革奔競以振恬退之風如砥柱之障頽波也其道安在願明言之

問　三代而下稱致用之學者莫如賈誼陸贄誼當漢文帝上治安一策曰可爲痛哭者一可爲流涕者二可爲長太息者六夫文帝處其常也而誼之言詞乃慷慨激切如是其果皆中當時之病否歟贄當唐德宗上中書二奏其一論沿邊守備事宜其失有六其一論均節賦税恤百姓其條有七夫德宗處其變也而贄之敷陳乃從容詳備如是其果皆適時政之宜否歟昔人稱誼謂董子得聖人之經而流爲迂晁錯得聖人之藋而流爲詐誼之正而藋果何以見歟昔人稱贄謂智如子房而文則過辯如賈誼而術不疏贄之智與辯果能若是歟方今國運熙洽海字一家固昇平之時矣而邇年邊塵屢驚桴鼓數起國用匱乏民力疲困亦不可謂無事也常變無形智者所慮誼之所陳亦有可舉而行於今日乎時之急務亦有蹈乎贄之所論者乎請著于篇以觀致用之學

問　法久而弊勢固有必然者而邇年之弊於湖廣爲甚往時倉廩餘粮今則逋負之梗令其恒侵欺之作奸相踵而儲蓄屢至於空虚往時尺伍足數今則丁竭於哨守之班財傷於科斂之令而武衛頓稱乎單弱國税不加多也而禄米歲增坐受倍納之苦民户日加貧也而客民蠶食且肆兼并之强郴桂之邊蠻夷縱暴獻策者以爲非犂庭擣穴不得數年之安果欲行其言則兵食不足更須動調土兵而土兵之殘忍又慘於邊夷之侵掠鄂岳諸郡水滂爲災憂民者以爲非肆赦免租無以存待哺之輩使盡蠲其租則運留并竭未能飽齊民之腹而已失軍士之心伊欲使倉廩歲足常支尺籍名復舊額禄米無重困之偏客民斷侵奪之害與夫郴桂之邊籌鄂岳之荒政諸士子必有見矣願稽古酌今明以告我

中式舉人八十五名

第一名　羅星　攸縣學生　易

第二名　梅賢　黄州府學生　禮記
第三名　張佾　荆州府學生　詩
第四名　丁濬　醴陵縣學生　書
第五名　吴孔祥　麻城縣學增廣生　春秋
第六名　羅雲　江夏縣學生　詩
第七名　程轍　蘄水縣學生　易
第八名　易詔　夷陵州學生　書
第九名　李文瑞　安陸州學生　詩
第十名　王德純　羅田縣學生　春秋
第十一名　冷儒宗　大冶縣學生　詩
第十二名　張治　茶陵州學生　易
第十三名　龔元亨　常德府學生　書
第十四名　陳栢　漢陽府學生　詩
第十五名　吕應陽　永州府學生　禮記
第十六名　王橋　京山縣學生　詩
第十七名　裴椿　安陸州學增廣生　易
第十八名　白汝翼　華容縣學生　書
第十九名　吕憲　湘潭縣學生　詩
第二十名　李獻　漢川縣學生　春秋
第二十一名　毛鳳吱　武陵縣學生　易
第二十二名　向光振　應山縣學生　詩
第二十三名　魯彭　景陵縣學生　書
第二十四名　黄滐　平江縣學生　詩
第二十五名　夏邦　醴陵縣學生　易
第二十六名　吴拱辰　武昌府學生　詩
第二十七名　饒繼明　廣濟縣學生　書
第二十八名　閔廷圭　常德府學生　詩
第二十九名　王聰　善化縣學生　易
第三十名　王廷録　黄州府學生　禮記
第三十一名　羅璋　衡州府學生　詩
第三十一名　高鵬　蘄州學生　書
第三十三名　劉鈞　監利縣學增廣生　詩

第三十四名　曾述　長沙府學附學生　易
第三十五名　楊蔚　巴陵縣學生　詩
第三十六名　黄表　咸寧縣學生　書
第三十七名　歐陽遷　衡州府學生　易
第三十八名　成弘弼　祁陽縣學生　詩
第三十九名　劉傑　蘄州學生　春秋
第四十名　李朴　蘄州學生　易
第四十一名　周策　寧鄉縣學生　詩
第四十二名　夏文璧　監利縣學生　書
第四十三名　蔡曰經　蘄水縣學生　易
第四十四名　傅鳳翱　應山縣學生　詩
第四十五名　張本潔　景陵縣學生　書
第四十六名　錢朝用　棗陽縣學生　詩
第四十七名　朱選　道州學附學生　易
第四十八名　嚴整　華容縣學附學生　書
第四十九名　汪儼　景陵縣學生　詩
第五十名　徐煒　麻城縣學生　春秋
第五十一名　毛豸　江陵縣學增廣生　易
第五十二名　陳之良　隨州學生　詩
第五十三名　王頤　公安縣學生　書
第五十四名　方鈍　岳州府學生　詩
第五十五名　李文岳　華容縣學附學生　易
第五十六名　王廷儒　黄州府學生　禮記
第五十七名　宋賓　衡州府學生　詩
第五十八名　徐一鳴　醴陵縣學生　易
第五十九名　馮錫　辰州府學生　書
第六十名　李旦　永興縣學生　詩
第六十一名　熊大輅　黄州府學增廣生　春秋
第六十二名　李時　襄陽縣學增廣生　詩
第六十三名　趙鼎　道州學附學生　易
第六十四名　吴潮　襄陽府學生　詩
第六十五名　王□　石首縣學增廣生　書

第六十六名　陳鑾　武昌縣學生　詩
第六十七名　蔣烈　東安縣學生　易
第六十八名　嚴詢　潛江縣學生　書
第六十九名　鄭重威　監利縣學生　詩
第七十名　吴廉　麻城縣學增廣生　春秋
第七十一名　張達　蘄州學生　書
第七十二名　陳誨　崇陽縣學生　詩
第七十三名　高節　安陸州學生　易
第七十四名　鄒大詔　新化縣學生　詩
第七十五名　曹誥　黄岡縣學增廣生　禮記
第七十六名　姜茂　黄陂縣學生　易
第七十七名　方田　巴陵縣儒士　詩
第七十八名　萬松　常德府學生　書
第七十九名　曲璽　沅陵縣學生　易
第八十名　曾大啓　蒲圻縣學生　詩
第八十一名　鄒崇仁　麻城縣學生　春秋
第八十二名　漆筵資　祁陽縣學生　詩
第八十三名　程象　蘄水縣學生　易
第八十四名　丁淑　醴陵縣學生　書
第八十五名　裴相　枝江縣學生　詩

第一場

四書

述而不作信而好古

羅星

同考試官教諭鄭批（題本平易學者苦爲陳言制縛殊欠脱灑此篇只體夫子語意説去而理明詞順且不排比爲文似當如是）

考試官教諭魏批（夫子傳道之功正在述而不作處惟此作能道之）

考試官教諭林批（述作信好字講獨分曉）

事惟因於所傳心由切于所仰夫先王所傳皆心之所仰而不能已焉者

也則夫所以因之者顧無謂哉夫子之意以爲道自先王而傳典自先王而具吾惟懼聖典之或湮也始取而闡明之大經大法皆因其已具之文恐後世之無傳也乃收而編次之傳信傳疑悉仍其相沿之舊删詩書定禮樂祖述而已矣若别有所制以求日附于立言之後則吾豈敢乎贊周易修春秋傳述而已矣若是更有所制輒欲相侔於閑物之功望我所能乎所以然者相亦惟信古而好之焉耳蓋古焉弗信或疑之而妄有所作吾則信之也篤而知其言之一不誣信焉弗好又忽之而漫無所述我□好之也專而味其意之無倦言必詩書用□禮樂想像之頃恍若精神之與合雖欲不傳憤能以自已耶心存周易志在春秋孚契之餘儼乎形容之若見雖欲立异心能以自安耶呼作固夫子之能事也乃辭之而以述自居其謙己之意至矣抑夫子賢於堯舜者也而於作焉何有今既不敢當作者之聖而於老彭之賢亦不敢顯然以自附蓋盛德之言有如此者然集群聖之大成而折衷之其事雖述而功則倍於作矣噫以此垂訓後世猶有續經擬經以自僭者何哉

凡事豫則立不豫則廢言前定則不給事前定則不困行前定則不疚道前定則不窮

丁濬

同考試官教諭李批（於豫於前定處見誠極難下筆摹寫似此其邃於體認者歟）

考試官教諭魏批（跆困疚窮之義作者多失之晦此獨能發揮得出録之）

考試官教諭林批（如此作要亦思致之精到者）

中庸論事當先立乎誠而必推誠之所以當先立也蓋誠爲萬事之本誠豫而事立自然之理耳中庸得不推言其意哉昔孔子告哀公問政及此謂夫人君以達德而行達道以九經而爲天下國家皆本於誠也誠豈襲取之可得哉養之於念慮未動之先而心體素明存之於事物未來之際而操持素定則道可由也德可據也而九經莫非實事矣凡事有不立哉其或雜於私僞而無純一專確之念趨於苟簡而無真積力久之功則道相離也德相悖也而九經莫非虚文矣凡事有不廢哉事之立與廢係於誠之豫與不豫如此烏可以誠爲後而不前定乎是故唯諾應對之未形而誠已具言前定矣隨其所語有上下而淺深詳略之節井如也何跆之有酬酢施爲之未著而誠已存事前定矣隨其所處有常變而錯綜斟酌之藿裕如也何困之有措於躬者或未免惡于志行不豫也前定乎誠則所見真切而行有常發邇見遠隨寓而無不慊矣夫何疚足於此者或不能通於

彼道不豫也前定乎誠則所資深遠而道有本千變萬化隨取而無不足矣夫何窮惟至誠爲能定惟誠定爲能立反是則不豫而皆廢矣中庸引此以明道之費隱有以夫大抵天下國家之本在於身身之本在於心心之要在於誠一誠之立萬化之源也其所繫不亦重乎孔子推明素定之理以爲哀公告下文又詳言學問之功而示以人誠之事其所以啓之者可謂明且切矣而哀公蔽固已深終不能繹孔子之言舉文武之改一變而至於道也惜哉

有布縷之征粟米之征力役之征君子用其一緩其二

羅雲

同考試官教諭吴批（此題上三句是定賦下乃説取之之法朱子注意甚明場中作者率顛倒冗俗詞意足以發之而鋪叙明整僅見此耳）

同考試官教諭陳批（一歲之賦三時取之先王之法能提掇明白如此者不多見也）

同考試官學正周批（不作綺麗語只平平遣去而孟子當時論賦意思却明悉）

考試官教諭魏批（三股文字筆力似此者亦難得）

考試官教諭林批（録此取其潔也）

大賢論賦定於一歲者而不併取於一時也夫歲有常賦取之當各以其時也苟併用之而無節焉則民有不堪者矣君子豈爲之哉孟子因當時諸侯取民無度而警之以此蓋謂爲國不能不取於民而亦不可併取於民是故布縷之需經費有必資焉者則因民之有蠶績也而爲之賦之繭焉以獻績焉以供而布縷之征於是乎行焉粟米之用儲蓄有必賴焉者則因民之有稼穡也而爲之賦之都鄙以貢鄉遂以助而粟米之征於是乎興焉凡有興作民之力役又在所當藉矣則因民之力而賦之壯者於其力工者於其能力役之征又不于此而定哉夫賦民之法歲有常數如此君子以爲蠶績乃成布縷其時也故於夏而用之者亦惟布縷而已矣外此而粟米而力役則必緩之不併取以重民之困也稼穡乃登粟米其時也故於秋而用之者亦惟粟米而已矣外此而力役而布縷則又緩之不兼用以竭民之財也歲晚務閑民力可用玆又其時矣故力役用之於冬一有興作取能于其工也取力于其壯也而布縷粟米之征則徐待其時焉其忍取盈于歉以傷民之心乎是則雖取于民而民不加損先王之經制固如是哉大抵民者邦之本也本固邦寧財者民之心也財聚民散君子之所以以義爲利者正欲民之有餘而已國之不足非所患也昔人

謂百姓足君孰與不足知本之論概如此世之不知恤民而用二甚至於用三焉古法至此蕩然無復存者噫民殍且離國豈能以獨富乎其亦不忍之甚矣

易

大哉乾元萬物資始乃統天

羅星

同考試官教諭鄭批（説出資始乃統天處一氣流行甚明場中類以四德并講殊戾元義不見聖人嘆元之所以爲大取而録之例其餘也）

考試官教諭魏批（得大傳釋乾元之旨）

考試官教諭林批（辭贍意足）

彖傳贊乾元之大肇庶類而專化育焉甚矣庶類至繁而化育之功無盡也乾元有以肇其始而專其功焉可以見其大矣昔伏羲畫卦以乾爲首文王繫辭以元爲端蓋乾乃天之性情而元其德之大始也孔子傳彖而贊之曰大哉乾之元乎何以見之蓋當夫肅殺之餘生意哉幾乎泯矣氣一動焉而物即與之俱動凝寂之時化機或幾乎息矣帝一出焉而物即與之俱出洪纖高下類雖不一也咸藉是以爲之端倪動植飛潜數極于萬也皆資焉以爲之朕兆斡自静而動之機造自無而有之化蓋無一物而能外焉其施可謂博矣然乃肇造於始而自達其流行之機發露於初而馴致夫變化之道由是而流形而正命人皆曰亨利之功也而不知推行於兩間者皆是氣之貫徹由是而正命而歸根人皆曰利貞之德也而不知順布於四時者皆是理之充周妙乾行之不息引化育於無窮蓋無一時而或間焉其功可謂專矣乾元之大不於是而見乎抑天道之元賦於人爲仁故仁兼萬善統四端猶元之始萬物而統四時也是以天體元而美利天下聖人體仁則萬國咸寧蓋天體物不遺而仁體事元不在也學者求至於聖人亦曰自强不息以體夫天行□□□一如是則文王所謂元亨利貞者其藴乃盡而孔子之易未必非文王之易也

易簡而天下之理得矣天下之理得而成位乎其中矣

程轍

同考試官教諭鄭批（理本自然凡有所艱難頌擾則是未離於欲而理猶爲二耳懸簡則無所容心故理無不得場中多以一本而貫萬殊爲説甚悖乾知坤能之義子獨能發明其説必其究心易學久矣）

考試官教諭魏批（發揮明透刻之）

考試官教諭林批（説聖人與天地合德處最是）

惟兼體乎乾坤之道則可以配天地矣夫乾坤之道易簡而已人既有以兼體其道而又何忝哉大傳因明作經之理而言人當盡體道之功至此謂夫乾坤之理真於易書學易者豈惟以成賢人之德業哉是故志氣精純而有獨運之力日用之間當行即行而不爲人欲之沮撓一乾之以易而知始焉方寸静虚而極感孚之□應酬之際隨物付物而無事私智之造作一坤之以簡而成物焉則理在萬殊本不外乎身也而撓於私欲斯失之耳今焉當行即行而不見其難則無行而不適其宜夫焉有不獲乎理寓萬物本皆備於我也而役於私智斯失之耳今焉隨物付物而不見其煩則無物而不得其當又焉有不獲乎吾知天之所以爲天者以易而知天下之物也吾亦以易而得天下之理天何所加於我哉地之所以爲地者以簡而成天下之物也吾亦以簡而得天下之理吾何所歉於地哉天位乎上其大無加焉耳人身雖眇而德則有以配其無垠夫何异地位乎下其廣無加焉耳人身雖微而得則有以應其無疆夫何殊是豈不有以成位其中而參爲三才也歟至此則體道之極功聖人之能事而不徒爲賢人之德弃矣大抵天下同歸而殊途一致而百慮故□□者失道而易簡則理得矣天地與人本同此理但憧憧之徒容心於擾擾而不能行其所無事故始與天地不相似耳聖人作易無非欲人克去己私以求復乎天地之性觀象玩辭觀變玩占豈容已其功哉

書

有言逆于汝心必求諸道有言遜于汝志必求諸非道

丁濬

同考試官教諭李批（場中作者類於□□□□上漫説而於所謂求諸道求諸非道者多欠體貼惟此篇辭理俱到至於矯情之偏處尤發明得透徹真得老臣告君之體録之以爲學書者式）

考試官教諭魏批（氣昌理明可取）

考試官教諭林批（寫得伊尹意思出）

大臣告君以聽言之要所以矯乎情之偏也夫以人言之順逆而爲己之從違此情之偏也上於聽言之際可不審於是哉伊尹告太甲欲其矯情之偏者如此意謂進言者未必皆合於□傳述已矣若更有所創輒欲相侔於開物之功豈我所能乎所以然者亦惟信古而好之焉耳蓋古焉弗信或疑之而妄有所作吾則信之也篤而知其言之不誣信焉弗好又忽之而漫無所述我則好之也專而味其意之無倦言必詩書用惟禮樂想像之頃恍若精神之與合雖欲不傳情能以自已耶心存周易志在春秋孚契之餘儼乎形容之若見雖

欲立异心能以自安耶吁作固夫子之能事也乃辭之而以述自居其謙己之意至矣抑夫子賢於堯舜者也而於作焉何有今既不敢當作者之聖而於老彭之賢亦不敢顯然以自附蓋盛德之言有如此者然集群聖之大成而折衷之其事雖述而功則倍於作矣噫以此垂訓後世猶有續經擬經以自僭者何哉凡事豫則立不豫則廢言前定則不跲事前定則不困行前定則不疚道前定則不窮知之而顧自失者何哉蓋人主一時之見每受欺於其遜志而忘情於其逆己固所難免也抑孰知諫鼓之設謗木之立聖人且然而况後世者乎太甲不類嘗不惠阿衡矣尹恐其病未除而復萌故藥之以忠愛何如哉

政貴有恒辭尚體要不惟好异

易詔

同考試官教諭李批（經生作經義務將旌別淑慝一句填塞在内反覆□繞令人厭觀至講好异處便自支離而多與上文不相關涉最爲失旨此作認理真切而詞更純稚形容周家仁厚立國之體宛然在目故録）

考試官教諭魏批（作國命文當如此）

考試官教諭林批（詞簡理完是亦知體要者）

賢王於大臣告以爲治之體戒其妨治之事蓋治皆有體而不可易焉者也苟惟异是好焉則妨乎其治矣豈善於爲治者乎康王命畢公保厘東郊告之及此蓋謂爲治者當先識其體公往東郊其知所務哉是故旌別殷民不能以無政也使不有恒則徒法矣民孰與守汝必惟有恒之是式循其常而使相安通其變而使不倦於凡法制之行皆經常不易之道也斯其爲可貴乎訓化殷民不能以無辭也使失體要則徒言矣民孰與信汝必惟體要之是存趣完具而理不浮體會歸而詞不泛於凡播告之修皆協于克一之論也斯其爲可尚乎夫然則爲治之體立矣而其所以妨乎治者可忽之哉誠以政固貴於有恒而有恒與异每相違也汝若厭其常以爲不樂爲則將作其聰明務有以新人之耳目悦須臾而爲异常之事矣殊不知暫雖异也而久必乖如政體何公其戒之無立异立自高焉辭固尚於體要而體要與异每相反也汝若惡其同以爲不欲爲則將騁其私智務有以駭人之見聞喜夸詐而爲异同之辯矣殊不知文雖异也而理必悖如辭令何公其戒之無求异以自衒焉吁政有體也异非所貴辭有體也而异非所尚康王以是而告公可謂得册命之恒者矣□□□公□□□□□績久著於□爲政不患其不恒師言素重於朝命辭不患其無體要好异之事知其必無也康王乃以是告之何哉蓋當是時商俗未

化靡靡之風盛而有恒之政微利口之習深而體要之辭變在公雖無是失而所以告戒之道當如是也噫有周君臣規飭之氣象於此猶可想見

詩

肅肅謝功召伯營之烈烈征師召伯成之

張佾

同考試官教諭吴批（以肅肅言邑功以烈烈言征師此詩人善形容處能體貼成文者莫過此篇）

同考試官教諭陳批（此皆歸美之詞見召伯感人之素作文者已得之矣）

同考試官學正周批（道徒役當時歸美意不啻若自其口出）

考試官教諭魏批（此雅詩近風者文亦類之）

考試官教諭林批（善寫召公克副若命之）

□人於大臣而以其所治□□□□其功焉天大臣所治者城邑所統者□□□□其賢而足以有功詩人亦烏得而歸美之故宣王封申伯于謝命召穆公往營城邑故將徒役南行而行者作此以爲封謝者國之大典也而營謝者國之重務也誠以營度非人則無以壯其國邑體勢爲之不重矣今此謝功宫室門杜之鼎建棟宇簷阿峻起而軒翔也城郭樓櫓之聿新制度規模整飭而弘壯也是肅肅之功豈他人能營之實我召伯教護属工凡以程土物而度有司者皆聽其指揮董課章程凡以定經制而平版榦者悉資其區畫是其作事雖出於衆工而營之者非我伯其誰歟若夫統御非人則無以激勸人心而邑功爲之弗亟矣今此征師志氣踴躍毅然於道途之上而略其室家之念精神奮發矯然於畚鍤之餘而忘其歲月之侵是烈烈之師豈他人能成之實我召公以恤下爲德凡以節其勞而憫其□者自有以感乎人心以集事爲忠凡以作其勤而警其怠者又有以勵乎士氣是其敢奮雖在於我輩而成之者非我公其誰歟夫以召伯之功如是則上慰王者待元舅之念下成親臣保南土之功而豈細故也哉詩人可謂善言其功者矣抑考之易觀象於雲雷而知建侯之道玩占於順僉而知帥師之宜宣王之封建雲雷之義也召伯之營謝其知順險者乎嗚呼先王之用人以得人心爲本宣王得召公之心而任之召公得師徒之心而役之其於營謝何有後世大馬其臣而牛羊其民有如皇甫之作都者可以深戒也夫

威儀孔時君子有孝子孝子不匱永錫爾類

李文瑞

同考試官教諭吴批（此題與上下章血脉聯絡可以該括嘏詞祝君之意所謂常山之蛇擊其中而首尾俱應者也是作獨得之）

同考試官教諭陳批（意思完具而詞釆不浮經生似此亦可與言文矣）

同考試官學正周批（朱傳宜字能體認講類字用胤祚意而不露其詞其學詩有得者歟）

考試官教諭魏批（詩意牽聯不斷而文不失其意）

考試官教諭林批（講孔時不匱殊明白）

詩人述嘏詞答君惟祭有以協其誠宜神有以永其庇夫祭以誠爲之本也王者奉祭以至於舉奠者無不用其誠焉則神豈有不永庇之哉既醉之詩父兄所以答行葦也及此乃述尸告之詞若曰追遠者多怠於終獲善者恒難於久君知神之意乎蓋以今者之祭而其主則吾君焉但見孝心内蘊形而爲對越之容其立也詘其進也愉而禮儀無不卒度誠意中函著而爲祼將之敬其親也慤其行也趨而動容無不中禮威儀何甚時耶迨祭之終而其禮有舉奠焉吾君之嗣子也孝因於心篤之於廟庭入而受□蓋已在旅酬之後矣猶必盡其敬而敬宛乎祝祭之初也孝子之舉奠也誠根於中敦之於祀事酌而獻尸蓋已在告成之際矣猶必盡其信而信恍乎迎牲之始也孝誠寧有匱耶夫一祭之間而無所不備如此彼籩豆静嘉猶曰盡夫物爾今則見其威儀之甚時是宜隆爾以幽貺朋友攸攝猶曰相以人爾今則徵其孝誠之不匱是宜惠爾以無疆默有以相之永錫以元吉之休有所集斯有所受始之於今日者將衍於萬年焉陰有以扶之恒畀以貞嘉之慶有所授斯有所承肇之於一時者將垂於永久焉因吾君之孝享冀吾君之恒吉此公尸之詞神之意也亦吾人之深願也噫既醉詩人何其忠愛之懇至與載觀行葦之遇同姓凡其需於燕者無所不致其備既行射爲樂復舉酒以爲壽焉上之恩亦云厚矣親親之仁也則其父兄耇老感激思報奚容已哉故祝之以神貺而必爲可大可久之圖於此既曰永錫爾類至下章又反覆以萬年祚胤爲言正以發此意爾尊尊之義也上以是施之下以是報之彼我之間略無扞格焉者吾於是益徵有周之泰

春秋

取汶陽田（成公二年）晋侯使韓穿來言汶陽之田歸之于齊（成公八年）公會晋侯齊侯宋公衛侯鄭伯曹伯莒子杞伯同盟于蒲（成公九年）會于蕭魚（襄公十一年）楚子蔡侯陳侯鄭伯許男徐子滕子頓子胡子沈子小邾子宋世子佐淮夷會于申（昭公四年）

吴孔祥

同考試官訓導鄭批（每見讀春秋者僅以記傳爲優不思義理深粹往往以易忽之此作發明景悼之事迥异於衆似有獨得之妙者）

同考試官教諭林批（詳據盟會而本末得尖自别作者率多引用繁瑣論斷支離使經傳爲之一晦獨此篇説出誠信爲服人之本句句不誣是嘗究心於理者録之可式）

考試官教諭魏批（正是謹嚴家數）

考試官教諭林批（能以義理爲斷案可録）

□服人之本而徒而以强其從者春秋罪之得服人之本而足以堅其從者春秋嘉之蓋人心向□顧伯者之誠信何如耳此景悼之本末得失所以分也慨昔諸侯以汶陽之故而咸有貳心□景爲盟于蒲以妥之自將以爲得救其失寧無以服人乎殊不知信貴在於言前誠貴出於令外固結之本所當務也奈何景公有昧於此初嘗下令而歸地於魯尋有二命而返地於齊一予一奪而信不可知諸侯解體殆有由焉故乃不知惇信明義以補反覆之愆徒欲刑牲歃血以挽涣散之勢回視馬陵甫逾無幾蹟其要言詔神勉强相從特亦彼此勞焉耳噫盟之不能强於人如此否則諸侯當自協矣何以不能尋夫二年以前之故轍耶春秋特書盟蒲於歸田之後而罪之者所以爲務末而不知本者之戒迨夫鄭伯以三駕之伐而遂令行成晋悼□會蕭魚以欵之衆將以爲威不充愛安足以於人乎殊不知信可不言而喻誠可不令而行固結之本所當急也幸而悼公有見於此納堠禁侵而不疑禮囚歸國而相與一感一應而信以交孚鄭人懷德無容已焉是以兵不必血非惟有以革其而牲不待歃自能有以固其心迨會于申動經逾世顧其執臣辱國撻伐相尋尚亦始終斯僉焉耳噫誠之足以感於人如此否則鄭國即自叛矣何其有待於二十四年而改轅耶春秋特書蕭魚於會申之前而嘉之者所以爲務本而不事末者之勸是知盟誓者要人之末誠信者服人之本經斯世者可不知所擇哉雖然悼之有賢於景固云然矣然而還師之策罃實無負於悼請田之使穿亦有愧於景也詩曰其惟哲人告之話言罃則得之又曰猶之不遠是用大諫穿則失之二公行事之臧否寧不由於用人之得失耶故説者謂爲政以人才爲先善治者盍於此求之

齊人取讙及闡齊人歸讙及闡（俱哀公八年）

王德純

同考試官訓導鄭批（拈書得此亦可爲易矣作者於言魯處顧欠體認何哉子能發之而筆勢雄偉如此其真爲春秋者乎）

同考試官教諭林批（題本年易而難於作文用傳語則陳言擾之舍之又不可也出新奇於陳腐如此者甚少録之可以式矣）

考試官教諭魏批（健而不倔春秋義當如此）

考試官教諭林批（斷魯之善惡詞簡而嚴）

春秋於地之得失有著外逆而原其惡於内者有著外順而顯其善於内者此齊之逆順皆魯有以自取之也何則讙闡者魯故地也齊曷爲而取之蓋邾益齊出也我哀恃强凌弱入而執之齊人寧不爲之動念乎於是取我二邑請吴三軍而怒猶未怠焉孰不以齊暴也而不知曰伐曰入誰爲之先孰不以齊貪也而不知以獻□囚誰遺之戚固齊之惡實魯□惡也否則齊□爲是哉齊有取地之罪魯有失地之辱傳曰出爾反爾哀實以之聖人惡結怨特書取著齊之逆而魯君造惡不悛則有謀取其國家莫能保者讙闡齊既取矣又曷爲而歸之蓋邾益魯俘也我哀悔過遷善釋而返之齊怒寧不爲之少怠乎於是侵疆歸我佳兵辭吴而德猶未泯焉人徒知齊之不暴也而不知我有執邾之悔以動之人徒知齊之不貪也而不知我有歸邾之事以來之固齊之善實魯之善也否則齊肯爲此哉齊無取地之罪魯無失地之辱語曰過而不改公何有焉聖人大改過特書歸著齊人順而魯君去惡不積則有不侵其封境而自安者吁因其惡而惡之則人不敢於爲惡因其善而善之則人不憚於爲善聖人道大德宏樂與人爲善如此其真能司賞罰之藿哉大抵天下莫大於理而理即善也强衆不與焉以魯事觀之可見矣謂理不足以服人而區區較威力以□必勝之功者何其謬耶然斯時也有孔子焉可用之則妙過化存神之功魯可東周矣惜乎其不能也適越之辱咎將誰執

禮記

樂至則無怨禮至則不争

梅賢

同考試官訓導李批（學者多於無怨不争處用下文入講失之繁瑣其不然者則又簡淡而無味此作能脱去陳腐且詞氣和平蓋嘗有志於禮樂者）

考試官教諭魏批（辭理精到可嘉）

考試官教諭林批（樂記題必如此講乃得）

大樂有以和天下大禮有以序天下夫莫難化者天下之心也禮樂至而能有以和之序之尚安有怨争者哉樂記君子之言如此蓋謂天下有難一之

心君子有能一之道是故欣喜歡愛之和出於中而静焉者固爲樂而非樂之至也樂而曰至必其上下同流合絪緼之妙顯微充塞契摩蕩之機如乾以易知而不勞也是樂可謂至矣樂之至則自有以和天下之不和而人皆得其所吾見强不脅弱衆不暴寡欣然同樂於熙皡之天知不詐愚勇不苦怯怡然相忘於仁壽之域欲心平而躁心釋蓋無處而非樂化之流行焉求一人之怨何有乎若夫進退周旋之序著於外而文焉者固爲禮而非禮之至也禮而曰至必其儀文秩然高下之勢别等威截然散殊之義明如坤以簡能而不煩也是禮可謂至矣禮之至則自有以序天下之不序而人各安其分吾見君臣以定貴賤以位凛乎名分之不敢逾親疏有序長幼有倫肅乎异常之不敢亂乖氣息而忿氣消蓋無地而非禮教之通達焉求一人之争奚有乎吁禮樂之功效其大如此兹非所謂至樂無聲而天下和至禮不讓而天下治者歟雖然禮樂豈易作哉亦豈易言哉蓋必明於天地之道兼夫德位之隆而後可以議此是以王者功成作樂治定制禮故能大有以化乎人心微有以育乎萬物上有以贊乎天地幽有以通乎鬼神而成天下之大治焉後世之君不此之務而淫其樂慝其禮者多矣無怪乎其民之怨而争也噫

言而履之禮也行而樂之樂也君子力此二者以南面而立夫是以天下大平也

吕應陽

同考試官訓導李批（言行即禮樂此聖人論禮樂最親切處謂以此刀行以此治人皆非有假於外也獨此卷以言行二字貫講終篇深得聖人立言之意）

考試官教諭魏批（能説出君子以禮樂致治之效最爲明白非獨工於文而已）

考試官教諭林批（通篇體貼親切殊快人意）

禮樂之得名也切於人禮樂之能行也臻於治甚矣禮樂之切於人也君子能行之其成天下之治何有哉夫子告子張爲政之道因其復問而答之及此意謂汝聞爲政之在明於禮樂也孰知禮樂之不外於吾身乎彼人不能無言履之爲難言而履之有以措諸躬行之實而得之序是即所謂禮焉人不能無行樂之爲難行而樂之有以造於安行之地而得其和是即所謂樂焉禮樂之切於身如此顧可斯須去之哉君子者以修身爲本以新民爲責知禮之非由外鑠也致力於禮而著誠去僞必極其序于焉居南面以出治有德而有位

也知樂之非由外至也致力於樂而反情和志務極其和于焉向離明以答陽有德而有人也由是以序感序言而人莫不信以和感和行而人莫不從凡被吾之禮教者皆熙熙然於敏德之天一至序之洋溢凡感吾之樂化者咸皞皞然於同仁之域一至和之流通諸侯朝而萬物服也庶尹諧而百官承也天下之平何如哉夫禮樂之本於身而成大治如此彼鋪筵酌獻之爲羽籥鍾鼓之作皆禮樂之末而已惡足以言政耶嗟夫禮樂之道大矣自古聖帝明王未有不用禮樂而能成治者吾夫子有德無位不敢當制作之柄而於禮樂每拳焉其意深矣然子張他日問政一則告之以無倦以忠一則告之以尊五美屏四惡與此不同何歟蓋爲政之道非一端禮樂則其本焉爾噫以子張之賢志於爲政徒以少仁而卒不得與政事之科爲治者當知所務矣

第二場

論

正心術以立紀綱

張佾

同考試官教諭吴批（論場作者詞多浮冗或將陳方平鋪成篇茫無貫串收拾不惟題意無所發明而昔人論文所謂言之短長聲之高下者亦漫不復識則亦何所於取而必以是觀士爲哉此作秉其定見抑揚反復幾千言而皆出自肺腑是足以爲式矣）

同考試官教諭陳批（闔闢往來無常而脉絡分明不苟措一語佳作也）

同考試官學正周批（以天下事勢運量胸中措之文詞如水涌山出而抑揚豐約自中法度殆素有所養者）

考試官教諭魏批（題本正大却難約束是作若操縱自由而前却顧盼字字詳密且辭氣雄渾敷暢決非初學可到）

考試官教諭林批（文思精到筆力健古其視拾掇補綴者相去遠矣）

天下之治有本也善爲治者亦惟端其本以運諸天下而已矣天下之遠民物之繁必有所以維持經畫之具繁者理而不可棼也遠者舉而不可廢也夫然後有以布其恤民之實而天下可以言治然不本於人君心術之正則其維持規畫將必有偏而不舉之處甚則潰散決裂頽敗委靡而不足以運諸天下其能治軍省賦以恤天下之民而成治也哉善爲治者亦體諸天而已矣日月星辰行於上昆蟲草木形於下莫非天道之運也道無不正故其運於外者

各得其爽也人君之心天之心也其術天之道也固未始有不正也然原於天而具於人動以天曰道心動以人曰人心人或得以勝天而其術始有不得其正者正則公公則溥不正則私私則偏故君心天下之本而其術不可以不正也五方風氣异宜暴悍之徒橫戾乎其間其勢易涣而不屬强者弱者狡而黠者愚者詐者縱横雜揉相侵越而不得其分其勢易紛而不理苟非法以制之則合涣解紛卒無其道雖欲恤民而澤不下究民焉所恃而安乎是故紀綱不可以不立也其所以爲之者心也心之所嚮好惡取舍出於私人亦得以其私所好惡者干焉巧者辯者奸而佞者日變其情以投吾隙柄移於人人而提之也無綱法竄於紛更而肅之也無紀天下其曷由治哉蓋徒法不能以自行而欲正夫法不本諸心術之正不可也是必稽之往昔驗之當今考之天人之際慮之熟而辨之精异端邪説舉不足以惑吾聽趨向端矣存養之也密而體驗擴充之也至聲色貨利游畋之欲舉不得以萌于心其有好也好必出於天理之公人不得以其私好者干我也非惟人不得而干吾亦不得而與吾私焉其於惡也亦然□是朝廷之上子奪慶讓咸以天下之公左右侵嬖雖欲肆其巧佞以售其奸吾且以天下之公而黜罰之矣而况敢貳吾柄乎哉由是以兆民責司徒以百工責司空則幾優其財力時其征賦皆舉之矣以大禮責宗伯以軍旅責司馬以刑罰責司寇則凡事神育才治軍衛民皆舉之矣强不得以凌弱詐不得以罔愚奸暴不得以肆侮經營區畫條分而旷别絲牽而繩聯親而不相越也辨而無或睽也且又各以其属而統諸大者尊者上振而下肅内舉而外張自朝廷而百官而萬民無非承一人好惡之公而莫敢或私焉而天下固運諸掌矣蓋人之心其始得於天也極天下之物而無乎不包故其用也盡萬物之性而無一或謬正如天之化成萬物而莫有外乎道者也人君紀綱天下以致其恤民之實者豈有求於心之□也哉抑斯言也朱孚之所以告其君也當其□師以債名士爲私役賦役繁興而民日困紀綱之不立至是蓋亦甚矣朱子以格心之學拳拳焉欲以正君德而飭天下之治乃卒不見用焉何哉顧其言垂於今猶足以爲百世法舍是而圖治未有能行者也然心術邪正必學焉然後能擇擇焉然後能守舜所謂惟精惟一者是也君天下者欲正其心術必自明學術始

表

擬宋太祖親贊孔顔文臣謝表（建隆二年）

羅星

同考試官教諭鄭批（以孔顔事實識組成篇且騷儷可誦噫子其負楚士之重名者乎）

考試官教諭魏批（表多警句讀之令人起敬）

考試官教諭林批（爾雅典重表必如此乃佳）

某年某月某日具官臣等欽蒙聖恩親贊孔顔者昌言贊聖兆啓虞廷本傳稽賢事隆漢史光昭闕里典出清朝時祀聿崇夙荷無涯之寵奎章是錫式垂不朽之名感無任于再三恩復覃乎七十臣等誠懽誠忭稽首頓首上言伏以夫子不可及也緬懷鑽仰之無階顔氏其庶幾乎竊擬修爲而有據高天厚地屹爲萬世之宗和風慶雲夐出儔人之右燕居琴瑟陋巷簞瓢間譽聖而更疑或推賢而竟詆師生相信授受一時忘食忘憂不知老之將至亦趨亦步雖欲從之末由絃歌不輟於在陳雅公頌頓厘於反魯安其所遇有惟與爾之稱悦而不疑啓非助我之嘆典刑具有影響終遐緒論家藏末學日盛入耳出口疇能悟一貫之傳買櫝還珠亦鮮窺十知之奥漢祖太牢一祀禮則倉皇唐宗廟貌肇新制仍疏略容徇名而昧實僭以僞而仇真遂令二帝謨謀猶寓簡編之陳蹟與夫四代禮樂徒爲問答之空言粤自生民以來惟賜也能道其盛抑昔吾友從事非參乎孰與於斯蓋談海岳每難爲言譬飲江河僅止知足措片詞之未易矧兩贊之兼工兹蓋伏遇天挺真人民歸義主沉幾先物至誠感神懋文王之德之純似周公之才之美身親軍旅寧忘展卷之勤洞開殿門大悟正心之學釋兵藿僅憑杯酒購奇書不吝千金宰相用以書生宿儒處之翰苑遂留情於俎豆乃稅駕於宫墻憤悱聖賢搜羅幽賾望儼然而莫即諒今也之則亡謂孔子集未集之大成功高千古謂顔子發不發之精藴名冠四科道渴潛心教明指掌顧幽光而未闡惜舊典其猶虧乃啓宸裁親摛神翰攄胸中之藻思涣天下之至文點竄不加揄揚殆盡想魯論半部次第施行仿鄉黨一篇分明書出雖後聖之復作亦斯言之必從也臣等簉羽鵷班濫竽儒列志存師孔學竊晞顔遅回於意必固我之間奮迅於視聽言動之頃幸逢盛典雅愜初懷知一朝之塞雖窮匪窮信萬祀之長不壽亦壽事固有期而益顯道實待人而後行傳心之教彌章在天之靈亦慰臣工朗誦朝野忻聞反己而求誓終身取法于上因言以獻願奕葉允執厥中五星永聚于奎躔人文與天文争耀六籍大明於日出國脉與道脉同春臣等無任瞻天仰聖激切屏營之至謹奉表稱謝以聞

第三場

策

第一問

羅星

同考試官教諭鄭批（尊德性道問學此聖賢心學工夫自古帝王及我聖祖神宗之所以授受講説者皆是物也著之簡策實爲昭明諸士子言之而或遺焉豈習矣而未之察邪抑亦聖學淵深而來易以言語形容之邪此篇條答詳明鋪叙嚴整足以發我列聖獨得之妙於一日之間非仰窺聖心有左者不能末復歸之主敬一語尤爲有見録之可以爲當字獻矣）

考試官教諭魏批（讀子前場已諒其不凡及觀五策尤見學識此篇鋪張我祖宗心學之大鑒鑒無遺又能揭出敬天恤民爲其必積學而知要者乎擢居首選允愜輿情）

考試官教諭林批（事核而實辭富不華能誦列聖心學之詳居常必思報創業垂統覆載之恩歟）

帝王學術之先務豈有他哉正心以立其本窮理以盡其要而已蓋尊德性所以正心而道問學所以窮理也然欲務其學而以正心爲本欲正其心而以窮理爲要則凡所以施爲舉措必皆不失其心之權度而爲治者之能事畢矣此自古帝王心學之急務皆我祖宗列聖所優爲也執事發策下詢首及於此敢不敬對於萬一乎何以言之人君一身爲天下之主天命去留之所繫民情安危之所關而心也者又萬化之所從以出也是以古昔帝王莫不以心學爲先務若堯舜禹湯文武之爲君曰人心惟危道心惟微惟精惟一允執厥中而已顧諟明命緝熙敬止建其有極而已是雖無事於講習而學在其中宜其治道之隆巍乎不可尚焉自是以降秦不足言而漢而唐而宋其間英君誼辟亦非不願治也然或不事詩書或内多慚德或詞藻末務焉良以心有未純而學無足取治不古若有由然哉洪惟我太祖高皇帝嘗作觀心亭命宋濂爲之記而復示以返觀却聽上契冲漠之言其有事方丘問宋濂以心之不寧而嘉納其養心寡欲心清身泰之奏太宗文皇帝於學士解縉進呈大學正心之講義而有明鏡止水之諭英宗睿皇帝於處士吴與弼啓沃誠意正心之理學而有寵賚進擢之加寧非尊德性以爲之本乎太宜高皇帝觀大學衍義晁錯之言而知其濫刑黷兵爲可戒聞學士朱善周易家人之講而悟其齊家治國無二理太宗入皇帝覽楊士奇進呈講義特信其克明峻德一章已具一部大學之道宣宗章皇帝覽歐陽脩夢卜求賢之説深知其恭默思道且嘆君臣相遇之難寧非道問學以爲之要乎是則尊德性固所以爲道問學之本而道問學

實所以爲尊德性之要二者更互爲用誠亦不可以偏廢焉揆諸精一執中之傳千載同符列聖相承永爲家法其所以垂萬世無疆之休者豈偶然之故耶噫帝王之學與韋布不同苟徒區區於記誦詞章之末則非所以窮理而立天下之本矣然是學也其所以成始而成終者又有在於敬焉必思上帝之臨汝則此心凛凛不敢怠也必視小民之如傷則此心皇皇不敢肆也此皆帝王相傳之大法祖宗垂裕之要道而不可忽焉者方今上天子在上聰明睿知敬天恤民克嗣前烈而□□□□儒臣名皆素抱格心之學其□筵所講者諒必有及於此久矣此固天下臣民所同望而草茅之懷尤有未釋焉者也倘得旅進于廷則尚有大於此者當爲次第陳之

第二問

吴孔詳

同考試官訓導鄭批（僞書雜出觀者味其詞義考其世之先後自不能逃諸子中理之言當不以人廢胸中無真見其不眩於疑似取舍者幾希此篇辨悉殆邃於理學者乎宜録以傳）

同考試官教諭林批（子書一策味者不知所答爲大言者又輕之以爲不足答而於諸子之真僞得失竟無折衷子能辨析而末歸重於六經之説其亦友諸子而的有卓見者歟噫必子之言出而後諸子不足以惑人矣）

考試官教諭魏批（三墳以下的辨其僞不取荀子之言又出問目之外古所謂茂异者非若士耶柄文之責可少遠矣）

考試官教諭林批（策以尊孔氏黜百家爲定論佳士佳士）

著書有無據者論其是非君子所弗信也立言有近理者論其可否君子所弗弃也自夫聖人作經之後書有真僞之殊然一以其道而論之雖號稱名儒未必不爲□誣而况其他乎概以其人而論之雖其□合於儒者亦未必不在弃絶之宁矣是□可不深辨之哉請以是而復明問所及今夫以山墳爲伏羲以氣墳爲神農以形墳爲黄帝之書其辭不類淺陋無稽孔子繫易但云伏羲氏畫八卦神農爲耒耜黄帝垂衣裳未嘗論有所謂三墳書也孔子不言安國何據而言之耶夏小正書孔子有取於夏時者以建寅之月爲歲首非誠謂此書也果夏之遺書何不編於禹貢胤征之間倘見此書何不曰得小正而曰吾得夏時焉鄭康成抑何解而信之耶汲冢十卷論哉周事如世俘篇曰馘魔俘人皆以萬計豈謂武王而有是殘酷乎官人篇曰醉酒以觀其恭縱色以觀其常豈謂周公而以此取人乎劉向不當以爲删定之餘也三略三篇雜援軍讖其曰奸□相稱曰霸者制士以蘿曰非譎奇無以破奸非陰謀無以成功夫

讖書起於戰國之後太公之時曾有此乎中略之末謂三略爲衰世而作太公之佐文王果衰世乎三山施子美何至謙釋以炫其博也程本與孔子同時乃所傾蓋而敬之其言宜有過人者十篇之中如語道德則頗襲者列之旨專對則仿左氏之文辨黄帝鑄鼎之事不能直排其謬傅會不經而乃以爲子華子之書信乎晁公武謂元豐以後人所誣也曾子在孔門獨得其正傳其言必皆純粹者十篇之中言孝尤備如曰喜之而觀其不誣怒之而觀其不□近諸色而觀其不逾飲之而觀其有常决非曾子之言而或者成於漢儒之手也據名責實而直以大道論之諸書真僞自無所匿而何惑人心之有哉至若荀卿之著荀子剽掠聖經肆然居於孔子之道沛乎若有所宗淵乎執之無窮要其大旨則謂人之性惡以仁義爲僞其言似是而實非世欲擯悖道之書而不用必自荀卿始而何言之足取乎孫子十三篇所論先計謀而後攻戰先智謀而後料敵用衆□實周備明白雖不足與於仁義之師苟以之戰則非良將乎吴起受學於曾子其書雖間談仁義而豈知仁義以自律及觀在德不在險之論信乎戰國時之名言也慎到亦韓非之流墮於曲學而豈知仁義之爲治其謂立天子以爲天下是由儒者君爲輕之意也尹文子一卷謂任道不足以治而用法術萑勢劉向斷爲刑名家者也但其爲民之心頗切未章□中時君之弊使舉而行之亦足以善其國而仲長統獨好之則過矣鄧析子所著二篇以干諸侯實爲嚴酷之行如曰令煩則民詐政擾則民不定又曰目貴明耳貴聰心貴公雖其言足以資治而要其人則李斯之輩矣吕不韋乘勢致富貴而行不謹功業無可道而著於春秋亦有足取者觀其節喪哀死篇譏厚葬之弊其勿躬篇言人君之要在于任人用民篇言刑罰不如德禮達鬱分職篇皆盡君人之道吴子以下凡言之幾於理者君子不當因其人而弃之而荀卿則固在黜列也學者格物之要舍是而不辨辨而不慎則作者借名以惑人而僞書滋蔓矣于其人而不于其言則天下皆弃人矣雖然書之僞者不必信焉而諸子之書有志者顧以是爲景慕也哉六經之言本於道德所以正人心而淑萬世執事所謂聖人著書其大道炳如日星是其師法者乎區區管見不足以語格物之學唯進而教之幸甚

第三問

張佾

同考試官教諭吴批（士風一策正欲觀諸士子所養子能於古之廉退者悉数無遺而獨推重於靖節元城尤爲有見噫子其尚友而知所向方者乎）

同考試官教諭陳批（廉退之行士君子不可一日離者士子多據題敷答此獨以有所爲無所爲立説末尤歸重於無所爲而爲之士亦可以占其平日之所養矣）

同考試官學正周批（節行廉退古人以爲第一事而今或忽焉此發策之所願聞而求其故者子獨言之痛切又推其本之有自其真不易之論哉）

考試官教諭魏批（援古道今而發於奮迅激昂之氣蓋必能砥柱於中流者主司當試自俟之）

考試官教諭林批（歷叙卓异之行以風人心有志之士也）

欲匡世教當有以審其機□正人心當有以端其本蓋不審其機則無以挽天下之變不端其本則無以定天下之經是故廉介也恬退也乃世道轉移之機治化之污隆風俗之美惡繫焉管子曰四維不張國乃滅亡則亦非細故也矣可不求所以正人心而端其本源之地乎執事發策下詢有及於此蓋爲世道憂敢不因明問以對古今天下未嘗無廉介之士也亦未嘗無恬退之人也然有有所爲而爲之者亦有無所爲而爲之者據其迹而言非不曰某廉介也某恬退也然不出於心術之正則始雖善而不能掩其終人將指議之不暇尚何望其變天下之俗以成治化哉惟其無所爲而爲則其見於事者本諸心所謂富貴不能淫貧賤不能移而世道之賴必斯人矣嘗稽諸古孔奮守姑臧而妻子蔬食或議之曰脂膏不潤也袁聿修爲太常卿而辭還白紬人稱之曰今日清卿也吴隱之爲尚書而以竹爲屏風皇甫無逸爲長史而斷帶爲燈炷至若裴俠趙軌或號獨立使君或稱公清如水而其人猶可想也朱雲見時宰出峻厲之辭陶潜令彭澤發高抗之語韓維爲主簿安於恬退蘇頌爲校理惟求外補至若劉安世韋澳或無書抵政府或不爲呈身御史而其名猶未泯也之數人者清風高節雖心術未盡察其微而狂瀾砥柱世道亦藉之而少補此固機之一轉移耳然就其中不容以疵議者吾得二人焉其陶淵明乎劉安世乎是又不可以一節盡之洪惟我國家以道德成人才以廉退勵士行爲士者争相濯磨以建勛立名視古所稱殆遠過之何邇年人心一變淳風漸漓苞苴媚竈遂忘其耻者且將日增而月盛矣然履霜之戒君子慎之此執事所以爲今日之慮也此正愚□之所謂審其機者也而所以端其本者豈他求哉亦繫乎在上之人爾蓋好惡不示無以定其趨向黜陟不嚴無以別其淑慝必也杜飾詐則考名實之歸拔超异則立保薦之法表率之地下爲虚文而觀法之士惟求實踐使廉介者盡用而嗜利者不容恬退者咸收而希進者必抑則鼓舞之下懦士將奮而企矣鄙夫亦從而變矣由是在野在位無非正人又何患治

化不日隆風俗不日厚乎雖然此持以待有所爲而爲之士也若夫無所爲而爲者雖無文王猶興又在乎聖君賢相搜羅之以爲世道計爾謹對

第四問

梅賢

同考試官訓導李批（賈陸之論已定於蘇氏此策又能發其未盡之意且善用題中常變二字寫出二子忠愛之心蓋不可以尋常慮舉之文求之也）

考試官教諭魏批（即今以按古用古以法今策士意也豈在編簡文字間邪子知之而議論引断有補於今賈陸二子當不悼其不遇於當時矣經世者采而用之必子之言夫）

考試官教諭林批（論斷賈陸才辯學術與遭際之詳皆卓有的見若二子聞之亦將有以服其心矣）

人才出乎一代而論有定於後人論議尼於一時而用有資於後世甚矣豪杰之才不易得也吾於漢而得賈誼於唐而得陸贄焉二子者學足以引翼時君而知之者則未真才足以康乂一世而用之者則未盡故其終身之定論不見於當時而平生之論議猶足爲百世有天下者之資也執事發策以二子爲問而必稱其致用之學得非有忠君愛國之心欲起斯人而與之論當世之務乎朱子以尚論古人爲格物之一端風簷寸晷使得盡其愚則不但爲致知之助而已也竊嘗尋繹蘇氏父子稱二子之言而推其意曰經與藿聖人之道也董子以經晁錯以藿誼獨兼之而且無流爲迂詐之失洵之稱誼者果當耶智與辯致用之才也子房以智賈誼以辯贄則兼之而且有文而不疏之美軾之推贄者果是耶又嘗求其告君之言而得其救時之意蓋天下之常變猶天道之陰晴也和風麗日有時而變處常而狃於常可乎迅雷驚霆或不崇朝處變而安於變可乎當文帝之時海内富庶黎民醇厚固常情安享太平之時也而誼也長慮却顧其論國勢也諸王國大勢將難制則曰可爲痛哭匈奴爲患威令不遠則曰可爲流涕其論時務也禁僭侈定經制教太子崇德教諭堂陛遠近之等辯公卿刑譴之過則曰可爲長太息也忠誠激發若有不測之憂言論慷慨以爲必至之患蓋不狃於常而以變處夫常者矣當德宗之時戎馬交馳財力俱困固常情坐觀成敗之秋也而贄也殫精竭思其論邊備也措置課責之有乖而兵冗財匱者備陳不均遥制之有失而將多力分者悉舉其論恤民也登税數停加徵減絹錢稱折估重斂移徵之政徵役科配之條無不縷析而言也却戎保國之謀皆出於經綸之妙惜民重本之論一發乎忠愛之心蓋不安於變而欲以常濟其變者矣嗚呼誼之策雖未可擬皋夔之謀謨而亦可

爲漢庭之藥石使其人大用焉不但預消七國之禍亦可以庶幾三代之風惜哉文帝竟使有梁傅之行此漢之止於漢也贄之奏雖未可方伊傅之訓誥而亦可爲唐室之龜鑒使其言盡行焉不但克平寧寇亂之功亦可以再睹貞觀之治惜哉德宗卒使有忠州之貶此興元之止於興元也今之時固非德宗之時亦未可比文帝之治雖我祖宗立國弘規非漢唐所及而法久必弊政久則必蠹誼猶爲文帝憂今可以無憂乎贄且爲德宗圖今可以弗圖乎執事所謂邊塵屢驚則其制匈奴措邊備之策可用也所謂桴鼓數起則其張威令定經制之言可用也若夫國周匱乏如其禁止僭侈可矣民力疲困如其均節賦税可矣軾又嘗謂藥雖進於醫手方多傳於古人其執事發策之意乎愚生以爲今時之弊殆不止此約而言之恤民之爲急求賢之爲大儻欲考正於先王貽安於萬世則又當有陳而不敢隱焉謹對

第五問

丁濬

同考試官教諭李批（登明選公不拘拘於經書章句而又兼之策者蓋宏博之學經濟之才必於此乎見之此卷前二場固佳而五策援引故實切中事情此九鑿鑿可行者豈可書生例目之乎噫不圖奇偉之至於斯也）

考試官教諭魏批（區處湖南時務諸事而究弊責成有歸非空言比也子即效用其必有可觀者）

考試官教諭林批（荆湖時弊所當爲之謀有莫此六事爲急使老成諳練者窮日夜之思或未能得其方略而此於風簷寸晷之間乃能事事處置停當若燭照数計而龜卜然雖未當盤根錯節之地而利器之鋒芒已見矣楚材云乎哉）

善治者必審弊以修政知藿者必因變以爲法夫政之弊有因變之生無定或出於人或出於天而事機會于一時也故救弊必有其策濟變必有其方其惟善治而知變者能之乎苟弊而弗謀變而弗圖則民病無瘳日而治且愈難矣執事軫荆湖之民困於弊遭其變而明問及焉甚盛心也敢不竭其愚以對且今日之荆湖即前日之荆湖也不知安民治戎之政備邊救灾之策視前日果何如哉自我□充平僞漢德化涵煦而政令修明百餘年矣以倉廩言之昔盈而今則虚以爲梗令侵欺害之固也豈亦民財之竭官吏之過乎必也申警催徵之司益嚴出納之法侵多者重其典梗甚者遷其家而又禁冒濫清附餘則一省之用可以漸裕矣以尺伍言之昔充而今則缺以爲班戍科斂害之是也豈亦處置失度召募無方乎必也減省哨守之班斷絶科斂之弊募强壯

以充伍時衣糧以恤窮而又廣屯種查隱蔽則武衛之氣可以漸生矣言夫禄米也賦税不增於今宗室日盛於音重以三倍輸納之横奪其八口期月之供其勢必難繼也今宜申明分封之例嚴立類納之規或兼撥他省漕運而牧輕賫或改還鄰境歲輸以紓支用而民力亦可以少蘇究夫客民也逃户役而來商憑容虚以自植本輕息重而蠶食孤貧黨盛奸叢而虎噬善弱其漸亦可憂也今宜革其詭寄之奸禁其過取之息賣典田業官司所必稽附報册籍本貫當備載而民害亦可以暫省郴桂沿邊之夷歲勞調度固執事不能已之情也誠如議者犁庭擣穴則恐窮山之壑難填必如往歲動調土兵則恐長蛇之毒得肆爲今之計且當選將治卒禁遏窺伺徐募精勇以減疲戍之班勤練土著俾爲鄉井之障然後積粟養鋭觀釁而動可乎鄂岳洪水之灾閭閻憔悴固執事不忍見之事也若欲租税盡免苟可以活涸轍之魚而運留并竭或無以慰樵蘇之士爲今之計且當停徵省役稽歉核穰稍發本地預備之粟以先疲癃漸徵稔郡儲積之糧以還流徙然後勸義罰罪濟其春荒可乎書曰事事乃有其備言處事之當豫也易曰用拯馬壯吉言處患不可緩也執事之意固然矣而爲之豈不在人□夫智足以燭弊才足以應變而懷憂國憂民之心者端於今日之當道有切望焉

湖廣鄉試録後序

此正德丙子湖廣鄉試録也録者何録其人也録其文也其人爲何監臨也提調也監試也主考也同考也諸執事也與凡中式者名第也其文爲何孔子子思孟軻易書詩春秋禮記之義也論也表也策也録其人將何爲者示勸戒也録其文又將何爲者驗邪正也勸戒著上下胥焉以懼邪正明趨向胥焉以定懼則日進於善定則日堅其守古之□士懼人之有邪心也樹之□聲著之物采德以先之法以垂之政以糺之禮義廉耻以範之忠信誠慤以要之懸之中制而使人趨焉趨之而後舉之舉之而後官之爵禄以昭其等威刑以警其怠有賓興之儀有勸駕之典有蔽賢之誚有連坐之誅使不入于邪是故舉者無德色受者無漸容無遺才無幸進以成其名而天下治用是道也録也者先王之遺意也我朝以之豈無謂乎天下後世觀是録者將不有指而稱之曰某人□某經也湖之才也正德丙子所取之士也建兹功也立兹事也爲臣而忠爲子而孝其偉然振古之人豪乎又從而言曰是科也某爲考官也某爲監

試也某爲提調也某爲監臨也得文如是得人如是豈不與有光哉否則自有公論而不可逭者在則又烏用是録也爲哉監臨而下爵里名氏前序備之矣兹不列

直隸保定府雄縣儒學教諭魏綸經序

正德十四年湖廣鄉試録

守太監李鎮始至暨總兵安遠侯柳文分守太監梁英吕憲司權太監李文僉以文事爲重喜觀厥成適郎中王宗伍全員外郎徐咸主事茅貢胥以事至而藩司奉臺檄所聘諸師儒亦相繼至戊辰入院御史伯温乃以重暨教諭劉大清爲考試官武文周潮張時啓粘燦季鎬訓導胡山楊喬褚嵩爲同考試官左布政使周季鳳右参政夏從壽爲提調官按察使聶賢僉事顧英爲監試官右布政使方璘左参政葉相副使惲巍陳鼐黄天爵左右参議黄質顧珀僉事汪玉田登張萱吴欽都指揮張勲劉淳石壐皆贊試于外者也綜理既定乃合提學副使張邦奇陶簡士而三試之取士八十有五刻文之粹者篇□十丙戌啓院以榜以宴諸俊士於是乎進矣重不肖濫柄乎文兹與諸俊士始見也其可以無辭乃揖諸俊士而告之曰嗟爾俊士其知君子所以進者乎夫君子之進也行吾道也非爲爵禄也科舉者以言進者也爾之言豈端爲科舉計邪書曰敷奏以言明試以功言責實也嗟爾俊士其知君子所以自立者乎蓋義利之分幾微之間也君子講之熟見之定審其幾而罔惑是故惟義之尚匪義弗爲也雖衆人非之毅然而不顧此君子所以自立於一世也孟子曰欲知舜與蹠之分無他利與善之間也言不可不審也嗟爾俊士其知君子所以不朽於後世者乎崇階鴻閥一時之人則知之歷代稍深乃滅没弗能見已君子藏修於其家懋明厥德靡怠靡間故徵於身則面睟背盎推於人則物動民化及其立人之本朝也隨事宣力皇皇焉惟素食是赧而務樹一代之駿功暇則篤志載籍力誦而静思以會古聖賢之心或有所得則起而筆之績成一家之言以詔來世蓋言之不容己者此之謂不朽是故魯穆叔曰太上立德其次立功其次立言夫知所以進則知所以立知所以立則知所以不朽於後世者矣重致望於爾俊士者如此爾俊士平日自期待者亦有合於是乎抑頗戾於是乎夫見與是合而厭聞焉謂之自盈見與是戾而弗之取謂之自是自盈則日荒自是則日損荒與損學者之大患也嗟爾俊士其敬聽之哉其敬聽之哉

四川眉州儒學學正孫重序

正德十四年湖廣鄉試

監臨官

巡按湖廣監察御史毛伯温（汝厲江西吉水縣人　戊辰進士）

提調官

湖廣等處承宣布政使司左布政使周季鳳（公儀江西寧州人　癸丑進士）

湖廣等處承宣布政使司右參政夏從壽（如山直隸江陰縣人　癸丑進士）

監試官

湖廣等處提刑按察司按察使聶賢（承之四川長壽縣人　庚戌進士）

湖廣等處提刑按察司僉事顧英（順中浙江慈谿縣人　壬戌進士）

考試官

四川眉州儒學學正孫重（威卿貴州清平衛籍直隸如皋縣人　庚午貢士）

江西撫州府崇仁縣儒學教諭劉大清（思憲福建莆田縣人　庚午貢士）

同考試官

河南南陽府鄧州内鄉縣儒學教諭武文（翰儒直隸平山縣人　甲子貢士）

江西吉安府吉水縣儒學教諭周潮（望盈直隸太倉州人　癸酉貢士）

直隸大名府内黄縣儒學教諭張時啓（惠民浙江餘姚縣人　癸酉貢士）

浙江杭州府仁和縣儒學教諭粘燦（中美福建晋江縣人　辛酉貢士）

河南衛輝府汲縣儒學教諭季鎬（興周山西瀋陽中護衛人　丙子貢士）

陝西西安府長安縣儒學訓導胡山（邦鎮四川富順縣人　庚午貢士）

廣東肇慶府四會縣儒學訓導楊喬（遷之廣西蒼梧縣人　丁卯貢士）

江西饒州府安仁縣儒學訓導褚嵩（惟中直隸華亭縣人　丁卯貢士）

印卷官

湖廣等處承宣布政使司經歷司經歷林渠（希瑩福建莆田縣人　乙卯貢士）

湖廣等處提刑按察司經歷司經歷王憲（汝成江西會昌縣人　監生）

收掌試卷官

武昌府知府沈暕（景明浙江雲和縣人　乙丑進士）

永州府知府何詔（廷綸浙江山陰縣人　丙辰進士）

受卷官

長沙府知府宋卿（與弼福建莆田縣人　戊辰進士）

襄陽府知府路迎（賓暘山東汶上縣人　戊辰進士）

辰州府通判歐陽席（崇珍江西泰和縣人　戊辰進士）

郴州知州沈炤（文明直隸嘉定縣人　壬戌進士）

荆州府夷陵州知州彭本用（汝玉江西安福縣人　丁丑進士）

彌封官

荆州府同知邊偉（朝儀直隸任丘縣人　戊辰進士）

常德府同知吴寅（敬夫直隸常熟縣人　乙卯貢士）

沔陽州知州李濂（川甫河南祥符縣人　甲戌進士）

永州府道州寧遠縣知縣謝能讓（弘禮江西安福縣人　丁卯貢士）

岳州府澧州慈利縣知縣劉最（振廷江西崇仁縣人　丁丑進士）

謄録官

安陸州知州王槐（公甫直隸常熟縣人　乙卯貢士）

永州府道州知州賀位（惟德江西永新縣人　戊午貢士）

德安府隨州知州藍渠（志張福建興化衛人　丁丑進士）

黄州府黄陂縣知縣周舄（文卿貴州永寧衛籍江西寧州人　甲戌進士）

沔陽州景陵縣知縣李東（元震廣東番禺縣人　辛酉貢士）

對讀官

武昌府通判尹覺（之先四川嘉定州人　丁卯貢士）

鄖陽府通判梁穀（仲用山東東平州人　辛未進士）

襄陽府推官李萬仁（壽夫四川彭山縣人　戊午貢士）

黄州府麻城縣知縣王世禄（子延直隸廣德州人　丁丑進士）

岳州府澧州安鄉縣知縣汪集（惟義浙江餘姚縣人　己酉貢士）

巡綽官

武昌衛指揮使龎文（公器直隸蒙城縣人）

武昌左衛指揮使張榮（承恩直隸定遠縣人）

武昌衛指揮同知張鑾（君與□□□□縣人）

武昌衛指揮僉事劉良（元□直隸□□縣人）

武昌左衛左所副千户馮京（宗□山西洪洞縣人）

武昌衛鎮撫郭經（體常浙江麗水縣人）

搜檢官

武昌左衛指揮同知張鋭（益之順天府大興縣人）

武昌左衛指揮僉事孫繼（克承直隸定遠縣人）

武昌左衛指揮僉事梅振方（德孚直隸六安州人）

武昌左衛左所副千户陳斌（儀之湖廣大冶縣人）

武昌左衛後所副千户張昂（伯顒湖廣孝感縣人）

供給官

湖廣等處承宣布政使司照磨所照磨李輅（質中山西高平縣人　監生）

武昌府通判張宗德（希元直隸固安縣人　戊午貢士）

鄖陽府推官白瑄（世美陝西清澗縣人　監生）

沔陽州判官張克（廷實浙江泰順縣人　監生）

武昌左衛經歷司經歷張恩（天祐直隸鳳陽縣人　吏員）

武昌府江夏縣縣丞沈琺（□□直隸江都縣人　吏員）

武昌□□□□□□□□□（□□直隸永□縣人　□□）

武昌府江夏縣將臺馬驛驛丞丘瀛（東洲山東樂安縣人　承差）

武昌府嘉魚縣簰洲水驛驛丞李潮（宗會山東臨清州人　承差）

黄州府黄岡縣陽邏水驛驛丞張汝礪（時用山東嶧縣人　承差）

襄陽府襄陽縣吕堰馬驛驛丞劉叙（用之廣東番禺縣人　承差）

荆州府夷陵州鳳棲驛驛丞誰崇脩（進大四川南充縣人　承差）

岳州府巴陵縣鹿角水驛驛丞楊金（异夫山東曹州人　承差）

黄州府蘄州廣濟縣雙城驛驛丞陳言（以忠直隸邯鄲縣人　承差）

第一場

四書

未有上好仁而下不好義者也未有好義其事不終者也未有府庫財非其財者也　君子以文會友以友輔仁　君子之言也不下帶而道存焉

易

九四由豫大有得勿疑朋盍簪　觀其所舉而天地萬物之情可見矣　聖人設卦觀象繫辭焉而明吉凶剛柔相推而生變化　神而明之存乎其人默而成之不言而信存乎德行

書

惟德動天無遠弗届　惟后非賢不乂惟賢非后不食其爾克紹乃辟于先王永綏民説拜稽首曰敢對揚天子之休命　夙夜罔或不勤　庶獄庶慎文王罔敢知于兹

詩

何彼穠矣華如桃李平王之孫齊侯之子其釣維何維絲伊緡齊侯之子平王之孫　六月棲棲戎車既飭四牡騤騤載是常服玁狁孔熾我是用急王于出征以匡王國比物四驪閑之維則維此六月既成我服我服既成于三十里王于出征以佐天子　王之藎臣無念爾祖　黄髮台背壽胥與試

春秋

齊侯鄭伯盟于石門（隱公三年）鄭伯髡頑如會（襄公七年）　齊侯衛侯胥命于蒲（桓公三年）盟于召陵（僖公四年）　晋欒書帥師救鄭（成公六年）遂滅偪陽（襄公十年）　楚公子貞帥師伐鄭（襄公八年）

禮記

三年耕必有一年之食九年耕必有三年之食　君再拜稽首肉袒親割敬之至也敬之至也服也拜服也稽首服之甚也肉袒服之盡也祭稱孝孫孝子以其義稱也稱曾孫某謂國家也祭祀之相主人自致其敬盡其嘉而無與讓也　致禮樂之道舉而錯之天下無難矣　上好仁則下之爲仁争先人

第二場

論

孟子言必稱堯舜

詔誥表（内科一道）

擬漢禁采黄金珠玉詔（景帝後三年）　擬唐以陽城爲諫議大夫誥（貞元四年）　擬宋頒戒石銘于州縣群臣謝表（紹興二年）

判語（五條）

娶親屬　盗印信　詐假官　不應爲　擅造作

第三場

策（五道）

問　自古帝王受天命而有天下其所以肇鴻基而垂大統者必有非常

之德不世之功觀諸吾夫子繫易而序書五帝功德固無間然矣五帝之後傳世乂遠者二代而已夏禹商湯周武王固開基之主也其功與德果有异乎若一時名世之臣亦能贊襄與否也三代之後享國長久者漢唐宋而已高祖文皇藝祖固創業之君也其功與德抑孰優乎若當時在廷之臣其爲輔佐何如也元以胡夷久竊正統蓋天地之大變也我太祖高皇帝汛掃腥膻再造華夏則亘古所未有也顧神功在人萬世如見若聖德如天則有非後世之所能悉者然載之聖製傳之父老豈無可窺測而想見者乎于時翊戴文武之臣固亦不可泯泯也今皇上嗣大歷服勵精圖治將以衍億萬年無疆之休宜無出於法祖之外者然則德何爲而修功何爲而建諸士子誠欲希名臣碩輔於古昔者將何以爲獻納乎請敬陳之

問　禮義廉耻謂之四維管子之言也後之人有論其言爲非者有論其言爲是者試證以先聖傳心之要則謂之禮義者自有一中之大道而謂之廉耻者持禮義之一節耳管子之言不亦偏矣乎然竊嘗疑之道統之傳始於堯其授舜也則曰允執厥中舜之授禹則益之以三言何以不及於禮義也成湯聞知於禹者也仲虺稱之曰懋昭大德建中於民以義制事以禮制心何以不及於精也文王聞知於成湯武王周公見知於文王者也文王之德咏於詩人者其於湯之禮義亦有所吻合乎武王受戒於丹書周公繫辭於易爻其於文王之禮義亦有所孚契乎孔子繼文武者也其進以禮退以義矣至於教人則曰克己復禮博文約禮言禮而不言義者何歟孟子學孔子者也既曰義路也禮門也至論養氣則曰是集義所生者非義襲而取之也言義而不言禮者何歟此在先正必有定論矣諸士子皆游習於禮義相先之地者其各述所聞毋隱

問　歷代之文人可考而知也然有文思之速者或食頃即成或援筆立就或倚馬萬言或擊鉢四韻或當食草奏或七步賦詩或思如涌泉或文如宿搆何其不經意歟又有文思之遲者或搆思十年或鍊句一紀或疾感於苦思或氣竭於沉慮或濡筆腐毫或輟翰驚夢或閉門覓句或空齊卧思何其太勞心歟謂文能使人窮邪寄身幕府而因詩召見者乃爲登相之階分教輔郡而因詩入對者遂擢掌符之職樂府被之管絃而翰林增重詩聯書之御屏而侍讀馳名因未見其饑寒流落也謂文能使人達邪隨友直宿而幸見明皇者即放歸於南山隱姓爲僧而幸遇宣宗者卒殞命於司倉種桃一咏而黜刺連州新井一篇而左遷溢浦亦未見其際會風雲也諸士子餘力學文於此必有定見幸明以復我以驗評確之功

問　士之讀書凡古昔人物臧否皆當究其所歸不徒誦説而已也若汲

黯蕭瑀趙普果皆爲社稷之臣乎李陵關羽張飛果俱有國士之風乎蘇章張鎮周裴垍同一不私故人也亦有優劣之可言歟馬援王昶柳玭同一戒子有書也亦有□失之可議歟前席而聞霸道與前席而聞鬼神者孰爲宜鄭人之鑄刑書與晋人之鑄刑鼎者孰爲當勸舉進士而不從與勸無舉進士而不從者何進退之不同毋不顧身以全子與母不顧子以全身者何慈忍之頓别斷機勉學與斷織勉學者何其同多請田宅與不買田宅者何其异守并州而恃於長城與在河朔而恃於金城者孰賢相延齡而欲壞白麻與相鄭注而欲壞白麻者□愈馮讙之焚券與李士謙之焚券其皆輕利者乎孟明之焚舟與杜詩之焚舟其皆敢死者乎不飲盗泉之水與飲貪泉之水者何以同傳不喜詩書而亡與不喜詩書而興者何以异效是皆吾之所深疑而諸士子所嘗用心者也試言之以觀博古之學

問　古者三年耕必有一年之蓄九年耕必有三年之蓄是故王制冢宰之制國用也必於歲杪五穀皆入之後視地之小大年之豐秏以三十年通融爲制而量入以爲出焉故當時倉廪充盈不識匱乏以之建功興事而無有不成即或遇水旱之灾發有餘以賑不足蓋無足患者矣今天下諸藩湖湘稱巨我聖祖均田定制歲收之額不過二百一十萬耳今歲支之數多至二百二十萬焉縱使歲皆豐稔之秋民無升斗之逋猶不贍也夫何頻年以來踵遭洪水之患上廑南顧之憂至遣廷臣發内帑羨餘借於他省納銀開於新例而僅克有濟竊謂將來可憂者不但饑饉之卒遇也在平時財賦之最急且大者有二曰宗室之日蕃也軍功之續録也不知歲禄之漸增月俸之荐加而復遇乎水旱之灾將何籌以處之乎記曰國無九年之蓄曰不足無六年之蓄曰急無三年之蓄曰國非其國而宋儒亦曰爲國有三計有萬世之計有一時之計有不終月之計然則兹藩之匱乏誠不可不亟爲之處也今欲徐致九年之蓄而永爲萬世之計使平時而禄俸完遇灾而賑恤備其道安在諸士子待用于時理財足食之方必素講矣幸爲我詳言之

中式舉人八十五名

第一名　唐愈賢　辰州府學生　書

第二名　童承叙　沔陽州學生　詩

第三名　吴憲　興國州學生　易

第四名　嚴志迪　孝感縣學生　春秋
第五名　劉桂　黄州府學生　禮記
第六名　宗良臣　隨州學生　易
第七名　張琉　巴陵縣學生　書
第八名　馮世雍　武昌府學生　詩
第九名　鄭宗古　石首縣學生　易
第十名　黎循典　華容縣學生　書
第十一名　詹文光　武昌府學生　易
第十二名　汪文正　崇陽縣學生　詩
第十三名　李文會　安陸州學生　易
第十四名　張珩　武陵縣學生　春秋
第十五名　李遂　荆州府學生　易
第十六名　陳銓　江陵縣學生　禮記
第十七名　陳昉　黄梅縣學生　詩
第十八名　汪本良　江陵縣學生　書
第十九名　蕭璆　沅陵縣學生　詩
第二十名　馬練　蒲圻縣學增廣生　易
第二十一名　詹文慶　武昌府學生　詩
第二十二名　魯嘉　景陵縣學生　書
第二十三名　胡仲謨　蘄水縣學生　易
第二十四名　謝文載　華容縣學附學生　書
第二十五名　鄭瑝　蒲圻縣學生　詩
第二十六名　劉寓春　石首縣學生　書
第二十七名　喻希禮　麻城縣學附學生　春秋
第二十八名　康科　江夏縣學生　書
第二十九名　徐一龍　醴陵縣學生　易
第三十名　高岱　江夏縣學生　詩
第三十一名　王芳　石首縣學生　書
第三十二名　鄔爵　安陸縣學生　詩
第三十三名　吴惟學　沔陽州學生　易
第三十四名　劉恪　黄陂縣學增廣生　詩
第三十五名　趙揩　荆州府學生　易

第三十六名　柳應陽　岳州府學生　書
第三十七名　劉秩　醴陵縣學生　易
第三十八名　翟表　江夏縣學增廣生　詩
第三十九名　陽鳳　麻城縣儒士　禮記
第四十名　胡紳　長沙府學生　易
第四十一名　寇傑　德安府學生　書
第四十二名　金國用　黄岡縣學生　春秋
第四十三名　初芳　潜江縣學生　書
第四十四名　謝存儒　蒲圻縣學生　詩
第四十五名　汪必登　崇陽縣學生　易
第四十六名　陳泗　崇陽縣學生　詩
第四十七名　劉增秩　石首縣學生　書
第四十八名　李景達　安陸州學生　易
第四十九名　谷汝喬　衡陽縣學附學生　詩
第五十名　李崇信　潜江縣學生　書
第五十一名　陳仲愚　麻城縣儒士　春秋
第五十二名　謝廷舉　郴州學生　詩
第五十三名　王伯鸞　石首縣學增廣生　書
第五十四名　朱友仁　襄陽府學生　詩
第五十五名　詹乾　武昌府學增廣生　易
第五十六名　周嘉慶　咸寧縣學生　詩
第五十七名　陳本儒　藍山縣學生　春秋
第五十八名　鄧材　武昌府學生　詩
第五十九名　陳欽　蘄水縣學生　易
第六十名　李清　龍陽縣學生　詩
第六十一名　甯鎬　衡陽縣學生　易
第六十二名　劉翰用　衡陽縣學生　詩
第六十三名　彭鳳儀　麻城縣儒士　春秋
第六十四名　朱廷立　通山縣學生　禮記
第六十五名　陳縞　郴州學生　詩
第六十六名　龍翔霄　武陵縣學生　易
第六十七名　伍佶　松滋縣學生　詩

第六十八名　易沖　岳州府學增廣生　書
第六十九名　祝咏　衡州府學生　詩
第七十名　袁一貫　醴陵縣學增廣生　書
第七十一名　程翰　廣濟縣學生　詩
第七十二名　余坤　巴陵縣學生　春秋
第七十三名　曹詔　黄岡縣學生　禮記
第七十四名　李璞　蒲圻縣學增廣生　詩
第七十五名　謝惟寅　石首縣學生　易
第七十六名　李表　辰州府學生　詩
第七十七名　張瑨　蘄水縣學增廣生　易
第七十八名　胡廷召　襄陽府學生　詩
第七十九名　艾夔　荆門州學生　書
第八十名　蔡珀　黄州府學生　春秋
第八十一名　游鳳儀　蒲圻縣學增廣生　詩
第八十二名　皮紀　德安府學生　書
第八十三名　張惠　安陸州學生　詩
第八十四名　解冠　道州學生　易
第八十五名　余大鵬　平江縣學生　詩

第一場

四書

未有上好仁而下不好義者也未有好義其事不終者也未有府庫財非其財者也

唐愈賢

同考試官訓導褚批(題本平正求其措詞穩帖得傳文意者此作爲最宜録之)

同考試官訓導楊批(場中大學文字不失之拘滯則失之糾棼發揮明暢無如此篇)

考試官教諭劉批(傳意連屬處正如此)

考試官學正孫批(説出百姓親上之意甚明快)

上能體天下之情而必有以享天下之利甚矣民心之易感也上能有以體其情焉又焉有不享其利者哉大學釋治國平天下至此謂夫平天下者不患民之不義而患己之不仁誠使心存於閭閻之下而常以一身體其私利歸於草莽之間而不以百姓從吾欲仰事俯育恒必給其所需送死養生不至乖其所願上之好仁如此吾知事上之義民固有恒性也今則感恩而思報者皆不約而自同戴君之誠民自有秉彝也今則被德而圖忠者咸不賞而自勸曾有上好仁而下不好義者乎既知有以好義則趨上之事正惟義之所先耳由是事在君者猶其在父也而畢力以圖其成事在公者甚於在私也而傾意以裕其後其或怠緩不前而使上有廢事之憂者吾固未之見也既知所以終事則財用之需正惟事之所急耳由是錢帛充於天府而斯民視之猶己物貨泉積於公帑而百姓保之如己有其或暴戾不共而致上有悖出之患者吾曾未之聞也是則散財以聚民民聚而財亦聚矣平天下者惡可以不絜矩也哉嘗以曾子之言證諸前古事理至明無可疑者然覆轍相尋而莫之知戒何哉大學之道不講於天下久矣人君之心迷而不復安其危而利其菑蓋無怪乎其然也有爲上爲德之心者盍亦以經傳之旨日陳於君前以開泰平之治乎

君子以文會友以友輔仁

嚴志迪

同考試官教諭武批（文氣充然無一長語而渾厚典雅時文之佳者）

考試官教諭劉批（曾子兩言相對待而實相鈎聯此作獨能得之）

考試官學正孫批（最善體貼題意）

君子之於學也有所資以明其道有所資以進其德蓋學不容以自足也以明道進德之功而皆資於友焉斯可謂善學者矣昔曾子之意蓋曰非學無以成身非友無以成學友固不可以不會也然會友而不以文猶無會也道何由而明乎君子以爲天下之事理無窮而吾之知識每病於孤陋也是故以文而會友焉考古今之故也辨禮樂之節也而以集吾之同志究人物之原也窮天地之奥也而以萃吾之同方舉其所未知者質其所已知者夫然後聞見不限於一己而道爲之益明矣明道固將以有行仁固不可以不力也然輔仁而不以友猶無輔也德何由而進乎君子以爲所性之全體無疆而吾之修爲每患於作輟也是故以友而輔仁焉或出言有倫也或作事有法也而悉取以爲行道之資或孝友宜家也或愷悌宜民也而咸藉以爲居業之助即其所已能者輔吾所未能者夫然後衆善積累於一身而德爲之日進矣夫以知行之功

而皆資於友君子爲學之方所以大其所就者歟抑易有之君子以朋友講習書曰德無常師主善爲師皆曾子之意也後世矯厲之士曾未旦夕施功而訑訑焉以爲有餘其自弃亦甚矣尚焉望其成哉詩曰温温恭人維德之基古之君子其納善之道也蓋如此

君子之言也不下帶而道存焉

童承叙

同考試官訓導胡批（作孟子義者多浮浪不根讀之了無意味子能融會先賢之意而出之紆徐若不見其窮者豈亦玩理而有得邪）

同考試官教諭周批（學者平居類能談道理下手便錯平淡之詞玩而不厭斯亦所謂善言者歟）

考試官教諭劉批（觀此義力不費而意有餘故是作者）

考試官學正孫批（孟子此言即中庸之理欲人向近易處着力此篇不惟能發明其意其文之氣象亦相似）

君子之言不越乎至近而自寓乎至理蓋道未嘗遠於人也即至近之事而至理寓焉此其所以爲善言也歟孟子之意以爲道無事於旁求人當察其所忽世固有刻意以立高遠之論者矣而道何嘗偏於高遠亦有肆志而爲荒唐之説者矣而道未始淪於荒唐君子之言豈其然哉蓋衣帶之間事之至近人情所恒忽也君子即此而發精深之旨佩紳之上物所習見人情鮮加察也君子於是乎泄微妙之機涵藴於方寸之間而擬議於觸目之際罔非斯道之發越根柢於固有之天而指示於顧瞻之地孰非是理之呈露語不離乎日用若無以動人之聽也然推之無窮曾可以淺近窺乎辭不越乎常行若無以駭人之聞也然味之不厭何可以尋常視乎夫君子之言之善也如此彼言愈高而違道愈遠者亦奚取於言哉考之先聖之言其遠如天其近如地不可尚矣後世若程子即雞雛庭雀而發揮至理邵子之於數即所見之物而推之往往驗焉彼皆玩之熟而見之真故耳今於近小之處言猶永瑩而徒曰道云道云者皆未足與議也

易

九四由豫大有得勿疑朋盍簪

吴憲

同考試官教諭粘批（豫道通乎上下作者多泥於卦名之訓及講勿疑又昧因占示戒之義此作語意斟酌而爻義躍然是用録出）

同考試官教諭張批（九四時義發明殆盡是必究心經學者）

考試官教諭劉批（得周公繫爻之旨可嘉）

考試官學正孫批（明贍可録）

聖人於豫之九四著其致豫之善戒以處豫之宜夫治世而至於豫所得不假言矣苟不以推誠致賢爲戒又何以盡治豫之道哉且豫之爲卦一陽而五陰應之坤順而震動濟焉是則九四當致豫之位有致豫之資者也即象而觀殆見其左右厥辟而躋安富尊榮之休朝廷之所以豫者由於四也子惠下民而成親賢樂利之化四海之所以豫者由於四也占者能然則上有以得君而天寵之優渥百僚群辟舉於我乎推先志無不得矣下有以得民而人心之愛戴九夷八蠻悉於我乎仰德行無不獲矣夫九四之功業盛而獲福隆如此亦寧無所戒邪且非賢無以爲治而非誠無以求賢蓋必親賢不惑洞然肝膽之相悉而過防夫嫌隙之生用人勿疑翕然意氣之相孚而絶去夫猜忌之念將見精神之所感召藹藹吉人惠然爲彈冠之聚不約而皆同矣相助以爲理者何患其乏才邪風聲之所披拂濟濟多士翻然爲拔茅之征不疾而自速矣相資以協恭者寧憂於失士邪吁周公於治豫大臣因其爻義之善而示戒焉其教人保豫之慮亦何遠哉大抵豫大之世明良兢業之日也蓋以怠荒易生而群疑易作則去而之亂也不難矣又九四以陽居陰雖有順動之美而多不盡之懷加之群陰觀望合從爲難此亦戒爻者之一義也噫至誠以來天下之賢在豫且然世未底於豫者其大臣又當何如邪

聖人設卦觀象繫辭焉而明吉凶剛柔相推而生變化

宗良臣

同考試官教諭粘批（觀象二字已盡繫辭來歷下句正是聖人知蓍策有此變化所以繫辭前民用處本義兩所以字虚心玩之自可見而士子多惑焉此作詞理精到足以破積習之疑矣）

同考試官教諭張批（先天生卦有序磨盪成象文王周公之所觀以繫辭者此耳易中九卦之變亦後天之易就此卦生此義也朱子謂卦變多在占處用義正如此此作灼然有見其亦潛心於先天之學者歟）

考試官教諭劉批（潔凈精微易義不當如是邪）

考試官學正孫批（聖人繫辭之意正如此）

大傳論聖人著占之妙而必原其由焉蓋辭以明象變以考占也聖人繫辭之旨良有以哉昔者文王之作易也觀一卦之象而申明其所以成卦之由

蓋有以契夫蓍策之神矣周公之作易也觀一爻之象而擬議其所以生爻之義蓋有以涵夫九六之變矣於是因得失而繫辭本憂虞而著占俾其隱於象者顯於文凡辭之屬乎吉者皆示人以所趨也潛于畫者昭於策凡辭之屬乎凶者皆示人以所避也夫聖人觀象繫辭如此抑將何所待邪蓋以揲蓍求卦之初一變得奇而剛之推柔也無迹必三變之皆奇則進極而退陽化爲陰而化所由生矣一變得耦而柔之推剛也有漸必三變之皆耦則退極而進陰變爲陽而變所由生矣於是即變化所在之卦而決以文王所繫之辭吉凶之旨因變而推行即變化所在之爻而斷以周公所繫之辭得失之變由占而暴白聖人蓋先得此理而稽實以待虚也衆人則各因其所值而通志以定業也作經之意不於斯而可見哉抑論之易有象而後有變有辭而後有占蓍策所值之變寧外於聖人所觀之象乎但聖人會易理於一心無卜筮而知吉凶所以辭因象繫而能通其變也其曰剛柔相推變在其中矣繫辭焉而命之動在其中矣蓋以剛柔交錯以成卦爻者而爲言爾要之初無二理也不可不知

書

惟德動天無遠弗届

張瑤

同考試官訓導褚批（此題二句是相粘説遠即天之遠也分講者非是此作得之）

同考試官訓導楊批（伯益贊禹修德而禹即還兵卒收苗格之效此正見虞廷君臣同心處此篇敷語暢達已見作手而結復出此意其讀典謨而有得者邪）

考試官教諭劉批（虞書義是如此作）

考試官學正孫批（莊重）

大臣論德極感通之妙所以贊同列之意深矣甚矣天之難動也惟德有以動之其感通之妙豈有遠而不至哉昔伯益從禹征苗因其逆命而贊之禹者如此意謂苗之恃頑臨之閲月與其服之以威孰若化之以德獨不觀德有感通之妙乎是故德備於身克全夫天賦之本然初無意於天之動也殆見以我之心契彼之心可以洞達之而無間難動者於是乎動矣德有諸已不失夫天命之全體初無心以動乎天也殆見以我之理孚彼之理可以昭格之而無外難動者于焉而動矣蒼然上覆望之而不可窮天何如其廣遠也德之動之流衍洋溢有不疾而速之幾未嘗以其廣遠也而有不至者焉穹然下臨仰之而不可測天何如其高遠也德之動之薰蒸透徹有不行而至之神未嘗以其

高遠也而有弗及者焉夫德之感通其妙如此既不限於天之遠而況於苗之頑乎抑於是而見虞廷君臣相與之誠也方禹之征苗也承舜之命其事勢有不可已者益也從容數語而禹從如響及其師之旋也而舜無讓焉乃徇其所贊若有契於心者卒之干羽舞而苗格君臣同心之效蓋如此後世君臣之間猜嫌排沮至於僨事而不悟亦獨何哉

庶獄庶慎文王罔敢知于兹

唐愈賢

同考試官訓導褚批（庶獄庶慎文王所以罔敢知者非一切不理也既得人以充其職吾惟信任之專而已此正見文王任人之心旨達詞暢無如是篇）

同考試官訓導楊批（説罔敢知處意到語瑩非作筆妙者不能）

考試官教諭劉批（起落處俱有關鍵時文之優者也）

考試官學正孫批（整健可録）

大臣揭臣職必原前聖專任之心也夫信任獄慎之職而至於罔敢知可謂專矣大臣原□聖之心以爲嗣君告厥有旨哉想其意謂欲知文王立政之道當求文王任人之心彼國必有獄也參錯訊鞫非一律之可齊可謂庶矣輕重取舍之間民命關焉非所以持天下之平者乎國必有慎也禁戒儲備非一端之可悉亦云庶矣張弛盈縮之際國脉係焉非所以先天下之防者乎文王於此其心以爲我於庶獄既得人以任之矣使參以廟堂之獨斷則淪於侵職而人不得以自盡欲獄之平得乎故輕重何如取舍何如一付之有司而已惴惴然若有所畏而不敢知焉蓋非徒聞見之所弗及而心思亦不之加矣我於庶慎既得人以司之矣若間以黼扆之自裁則涉於出位而人不得以自效欲慎之理得乎故張弛何如盈縮何如一委之當職而已兢兢然若有所禁而不敢與焉蓋不但耳目之所靡逮而意慮亦爲之忘矣噫文王之於獄慎非罔知也罔敢知也不有周公舉而言之抑孰知其任臣之專之心也哉大抵明君用人而不自用故能恭己而成功如天之運四時寒暑各司其序而歲功成焉此王者所以與天同道也後世人主勤於政事者則親歷有司之勞而宴安自逸者又置萬幾於度外無怪乎治不古若也文王罔敢知而逸所當逸不遑食而勤所當勤可謂得人君之體者矣是豈獨成王之所當法哉實萬世之龜鑒也

詩

六月棲棲戎車既飭四牡騤騤載是常服玁狁孔熾我是用急王于出征以匡王國比物四驪閑之維則維此六月既成我服我服既成于三十里王于

出征以佐天子

馮世雍

同考試官訓導胡批（題本冠冕作者類無定見有如此者真足慰有司矣）

同考試官教諭周批（長題以詳整不遺爲準講者不失之詞多未免疏略詩經卷不下六百有奇刻此無他取其可式也）

考試官教諭劉批（戒行啓行此是有據者而文亦温雅與諸作不侔）

考試官學正孫批（説出宣王任將之意蓋明經有素者）

大將之伐狄治兵以戒行惟正其國擇馬以啓行惟輔其君蓋禦狄之要惟將得人也其無所不治而速於行者有正國輔君之寄焉吉甫之被命亦重矣宣王命尹吉甫帥師伐玁狁有功而歸詩人作歌以序其事如此蓋謂征伐之師非時不興而亦有不得已者故六月徂暑人心皇皇出有戎車也如數整之而兩服兩驂亦無不强出有戎服也如法制之而韋弁衣裳皆無不載維玆玁狁方張熾盛之勢犯我京邑事當危急之時外夷來侵國之動摇也甚矣今得良將如吉甫者王命於是出兵以正之使外患除而王國有自固之重也微國之故何爲而有六月之師乎夫兵不可以不治而馬亦不可不擇既比其物而色曰四驪馬有餘矣閑習之而皆中其法教有素矣於是此月之中即成我服應變以速爲主既成我服即日引道從事以敏爲先不疾不徐盡舍而止而又不失其常度如此夷人猾夏王之愾怒也甚矣今得名將如吉甫者王命於是將兵以佐之使功既成而天子無北顧之慮也微君之故何爲而有六月之師乎於其戒行而及其啓行也其所倚賴如此卒致告成而享休兵飲至之樂中興君臣并可誦矣抑觀宣王承厲王之亂有玁狁之患當時人心觀變若甚恐也然逐出太原盡境而還不待戰而屈之者何哉蓋中國有道夷狄雖盛不足憂中國無道雖微有足畏者宣王側身修行任賢使能所以治内者既詳則夷狄不勞而却矣故曰聖王制禦夷狄之道其本不在威强而在德業其具不在兵食而在紀綱

王之藎臣無念爾祖

童承叙

同考試官訓導胡批（周公告君之意發揚殆盡莊重若此篇者可多得耶）

同考試官教諭周批（雅適夫人而能言也場中日晷有限求温雅無痕鑿此最難者取以冠本房）

考試官教諭劉批（文以理爲主氣爲輔此是作者）

考試官學正孫批（雅義不多見宜録以傳）

周公呼王臣而喻以當念先德其望於王者至矣夫商士助周之祭文王之德誠可念也周公不斥言於成王而托之臣不亦婉乎周公作詩以戒成王此呼藎臣以告之曰我周有得天下之事而尤有保天下之道凡爾王之藎臣録名于朝無一念不在其君忠愛之篤進進不止而以安危爲己任者食人之禄無一時不顧其君贊相之謀翼翼無怠而以休戚爲己責者今觀膚大而敏達殷之士焉其不事周可也天眷爾祖之德而我周之京有是祼獻是可監者也能無念爾祖之德乎黼裳而冔冠殷之制焉其在殷廟可也天釋有商之命而我周之廟有是常服此可警者也得弗思文王之德乎文王既没矣其緝熙之敬昭于天而不昧當知所以念之而弗懈于修有弗念焉則天道之去就未可知而所謂商臣者不能常走我周之廟矣純德之譽傳于時而不已當知所以思之而允迪于行有弗思焉則人心之去留未可信而所謂商服者不能恒在我周之庭矣吁周公以此戒王而不敢斥言非啓導之深意也哉抑此詩當周公制作天下盈成之時乃深陳絶商之禍以警之者蓋君子在朝則常有亂世之言使人主多憂而善心生小人則常有治世之言使人主多樂而怠心生況周公身任天下之重恐成王不法祖以墜厥宗而無以副托孤之責故見之書有曰毋若殷王紂公之竭忠對越上天者如此豈以禍商之事爲可諱而不之進也哉後世稱守成業而成治者莫如成王而周公相天下之功於是章矣

春秋

齊侯鄭伯盟于石門（隱公三年）鄭伯髠頑如會（襄公七年）

張珩

同考試官教諭武批（胡傳論春秋名不名之意甚明讀者類忽之此篇立議時出新奇且反覆百數言無一贅字當未可以時文觀也録之以式）

考試官教諭劉批（詞意高古録之）

考試官學正孫批（得謹嚴體）

春秋於諸侯有所以不名者有所以必名者甚矣春秋之正名也諸侯不名於生而名於卒焉其皆有深意乎且諸侯未始不策名矣石門之盟齊之禄父鄭之寤生非諸侯乎會盟嘗名之載書矣聘問亦名之簡牘矣今而獨不名焉豈史失而經因之耶曰非也生而不名者禮也蓋禮莫先於名諸侯之於大夫而大夫生則獨名者以其臣於人耳諸侯何人而可與大夫等乎以貴則辟公也以富則一國也彼其命大夫如單伯如祭仲生猶不名況諸侯乎吾故知春秋不名齊鄭者非私之也不欲以大夫處諸侯蓋禮之中也夫諸侯固不當

名矣于鄢之會鄭之髡頑未至而卒非諸侯乎猶禄父之侯于齊也猶寤生之伯于鄭也今而卒獨名焉豈昔貴而今賤之耶曰非也卒而名之者亦禮也蓋禮莫嚴於名諸侯之於天子而天子赴不以名者以其大一統耳諸侯何人而敢與天子擬乎吊賻皆同盟也葬送皆友邦也彼其首霸如齊桓如晋文卒猶以名况他國乎吾又知春秋必名髡頑者非薄之也不敢以天子處諸侯亦禮之中也吁同一諸侯惟其不名也然後有以异於下而不替惟其必名也然後可以别於上而不陵或抑或揚何莫而非以禮爲世道計哉嗟夫齊鄭不名然矣語石門之盟已淪於傾危之習髡頑名之然矣迹會鄢之志不失爲禮義之君於戲二公已矣髡頑不没於從夷而没於從夏百世之下史策書之其將不泯乎

齊侯衛侯胥命于蒲（桓公三年）盟于召陵（僖公四年）

嚴志迪

同考試官教諭武批（此篇比兩傳不盟不戰立論而孔子志大道之行與三代之英之意發揮殆盡詞甚俊逸亦時文中之杰出者矣佳士佳士）

考試官教諭劉批（文有起伏可録）

考試官學正孫批（語意自别）

信以相喻者春秋固善之禮以勝敵者春秋尤美之此齊衛之胥命于蒲桓公之盟于召陵皆春秋僅見者也聖人樂與人爲善安得不特書之哉愚嘗聞屢盟長亂之訓而嘆大道之不可復矣孰謂春秋之初乃有不盟而喻如胥命于蒲者乎斯時也齊僖欲伯于東衛宣欲伯于北瓦屋之參盟怨隙雖釋東門之分黨敵勢猶存使懷疑者處此孰不曰必歃血而後定哉而二公不然衛命齊以牧伯而彼之心已信齊推衛以雄長而此之心無疑雖曰自相命伯非盛世所欲聞然盟誓紛紜之秋口血未乾而渝盟者有矣交質子而猶不信者有矣二公於争名定伯之際獨一言而喻焉其於有虞氏未施信而民信夏后氏未施敬而民敬豈相遠乎春秋特書胥命于蒲非善其事也善其不盟也荀子以爲春秋善胥命得經意矣又嘗聞善戰上刑之戒而悲古人之不可作矣孰意春秋之中亦有不戰而屈如盟于召陵者乎斯時也齊雖欲伯于北楚亦欲强于南包茅昭王之問桓之義雖伸方城漢水之對楚之詞且抗使好攻者處此孰不曰必剪此而後食哉而桓公不然退舍以避之而此之兵不交結盟以禮之而彼之心自服雖曰愛情而盟亦先王所欲禁然兵争俶擾之餘争地以戰而戮人盈野者有矣争城以戰而戮人盈城者有矣桓公於方張難制之

楚獨談笑而麾之其於大舜之舞于苗格文王之因壘崇降殆庶幾乎春秋特書盟于召陵蓋美其盟者美其不戰也楊子以爲春秋美召陵知經者矣吁胥命善焉而後知屢盟之可惡召陵美焉而後知善戰之可刑春秋經世之書信夫於戲胥命可善矣不越世而小伯於襄創伯於桓語王道僖宣其五伯之首亂乎召陵可美矣不旋踵而志驕於陳業怠於楚語王德桓公其立王之罪人乎噫其可慨也夫其亦可悲也夫

禮記

三年耕必有一年之食九年耕必有三年之食

刘桂

同考試官教諭季批（國家之儲蓄當以民食爲重而經文亦自明白作者乃以喪祭平説或又專講喪祭而民食反不之及殊失輕重之倫此篇理明辭順深合本旨末復推本於君心可以占子他日之用矣宜魁多士）

考試官教諭劉批（得古人制國用廣儲蓄意）

考試官學正孫批（脱去陳腐自是一機軸）

先王之經國歷歲漸久而儲蓄漸廣焉蓋廣儲蓄經國之首務也使爲之不以其漸豈善於經國者哉記王制者謂夫天地之生財有限國家之用度無窮冢宰之制國用可不廣儲蓄以爲之備耶蓋公家之所有由於耕者之所入故自一年耕積而至於三年則歷歲既久所入亦多矣苟以每歲所入用其三而餘其一以三年所餘之三又已足一歲之用雖或遇夫水旱之灾也吾見有備無患凡民之艱於粒食者于焉發倉廩以賑貸之使得以遂其仰事俯育之願他如喪葬祭祀之需有不足言也向使制用無法則旦夕之急且不可救况一歲之間乎耕者之所獲必爲公家之所供故自三年耕積而至於九年則歷歲滋久所供益多矣苟以每歲所供餘其一而用其三以九年所餘之九又已周三年之用雖或遭夫凶荒之變也吾見救荒有策凡民之苦於饑餒者于焉出穀粟以賙恤之使得以免夫轉徙流亡之患至於朝聘燕享之資有不足計也向使費出無經則一歲之艱尚不能濟况三年之久乎吁自三年之耕積而至於三十年之通由一年之食推而至於有九年之蓄先王經國之善孰有加於此哉大抵國以民爲本民以食爲天論治而先於足食誠萬世之常道亦夫人之常談也雖晁錯楊炎之流亦能詳其説以獻於君而况後世老成謀國之士視錯炎之説何如而有國者每自摇其本自絶於天何哉用之侈也用之侈心之邪也心正則用節節則本固天定而天下不足治矣故曰君志定而天下之治成

致禮樂之道舉而錯之天下無難矣

陳銓

同考試官教諭季批（樂記題本冠冕類能作之但不失之冗俗則失之混殽殊無可人意者晚得此卷乃組織經傳成文不假剽竊而文采燁然是用録出）

考試官教諭劉批（説得禮樂感人處明白可取）

考試官學正孫批（整潔可誦）

君子極夫和序之理則致治爲甚易矣蓋禮樂之道和序而已誠能於此而致其極焉其致治也豈不易易然哉樂記君子意謂治吾身莫切於禮樂治天下一本於吾身君子知禮自外作也故以之治躬使莊敬嚴威之日著而鄙詐易慢之心無自而入焉□樂由中出也□以之治心使易直慈良之心生而安久天神之妙漸造其極焉禮焉極其順而無斯須之不順則義理爲之外見所謂周旋中禮者是已樂焉極其和而無斯須之不和則德煇爲之内動所謂英華發外者是已若然則禮樂之道致其極矣吾知至序秩秩而感人之本於我乎具太和洋洋而動物之機於此乎存舉是禮而錯之天下則蕩蕩堯封悉囿於合敬之中望容貌而弗敢慢也推此樂而放諸四海則茫茫禹方咸歸於同愛之内瞻顔色而弗與争也不必驅之以刑也而民之承順者合衆寡而同心捷於風之偃草矣不必迫之以勢也而民之承聽者合遠近而一致速於響之應聲矣其於治天下也夫何難哉吁禮樂之致治其易如此君子可不究心於斯哉雖然天下不可一日無禮樂尤不可一日無聖人古之聖人履中正而樂和平故能成雍熙泰和之治降及後世雜以刑名黄老之術至叔孫通曹褒之徒出而禮樂之義愈晦焉所以布於四體興於閨門著於宗廟朝廷者秪見其日入於紕繆而已故曰不復古禮不變今樂而欲言治者遠矣或又謂治之隆替不由于此何發言之易哉

第二場

論

君子言必稱堯舜

唐愈賢

同考試官訓導褚批（以精一之功其機只在吾心便見堯舜之必可爲

反覆辯論千餘言皆不出此義而孟子必稱堯舜之意焕然一新於戲孟子遠矣是論其可少哉）

同考試官訓導楊批（題極正大士子類能言之然多蹈襲陳言漫無歸着未見的然有見自肺腑中出者是篇初讀殊不甚經意徐而尋繹則脉絡貫串意趣無窮説理文字正不貴於一覽而可盡也觀者當自得之）

考試官教諭劉批（命題後嘗仿范文正公意自擬一篇蓋作而後知其不易也況性理文字尤難下手子於寸晷中出千餘言而無一長語中間開闔起伏變化無窮且意義層出而當侍孟子所言門人所不能悉記者如得而盡聞焉起敬起敬）

考試官學正孫批（人謂時文無所於用觀此作直是發明心學宜録以傳）

聖人萬世之師也舍聖人則無所於師君子是以亟稱之也聖人之性吾性也彼能盡而我乃不能盡夫是以有异而其初則未嘗异也人知其异而忘其初孟子於是乎有性善之説而徵諸堯舜焉蓋以聖人而望人人也且堯舜何如人也其知生知其行安行其盛德崇功振古無加焉夫人而知之也人不皆聖人也究其一或遺其二勉於此或仆於彼視諸堯舜之德譬則天之不可階而升亦夫人而知之也然則孟子何爲而必稱堯舜也吾知之工言必稱垂射言必稱羿奕言必稱秋醫言必稱岐扁師其至也何獨至於士而疑之堯舜人道之至也吾而非人則已吾亦人也將非堯舜誰師哉吾之性非堯舜之性歟吾嘗驗之吾心焉淵乎其神而無方也亦嘗驗之吾身焉浩乎若化而無累也耳極天下之聲目極天下之色口極天下之味鼻極天下之臭形足以盡其然而心足以通其所以然天之與我者本如是全也有不全者吾身之私蔽之耳而堯舜獨無身乎哉目之於色也耳之於聲也口之於味也鼻之於臭也堯舜與人同耳彼惟以身從心而不以心徇欲故其言曰人心惟危道心惟微惟精惟一允執厥中是乃堯舜之所以聖夫聖人之心既吾同也吾失之而吾復之其機又無難也則信乎其可爲而孟子之稱之非過也且聲色臭味之交於我也有則焉人知其不可過也辨之必明守之必固存乎心而已矣舉天下之萬事萬物凡有聲色臭味而接乎吾身者一聽於心而莫吾蔽焉則天之與我者全矣天之與我者全而所謂峻德克明玄德升聞者可幾而及矣孟子之時何時也功利之私横流於天下性惡義外之説交騖而不可弭自滅其天自弃其身而不復知人之所以爲人也孟子起而倡言之然後人知天之生人之厚也人之本部异於聖人也聖人非有能加於吾性之外也然後知孟子之功與堯舜并而天道賴以立也不知道者惑焉曰聖賢以是立教云耳而非其實也

夫聖賢者寧有立無實之教以欺天下後世哉工醫奕射之流必師其所至士而曰堯舜堯舜云者則笑之以爲狂爲惑問之則曰堯舜性之也非人力也質柔則不前氣暗則有蔽嗚呼聖道之不明可知矣工醫奕射之流君子不齒今其智乃反不能及可怪也歟且不精非氣之罪也吾弗精耳不一非質之罪也吾弗一耳是故無智無愚無賢無不肖聖道之所在師之所在也滕世子者嚮道而至烏得弗舉堯舜而語之然孟子不特爲滕世子語也於曹交則曰堯舜人皆可爲也於齊梁諸君則告以文王之政文王之政亦堯舜之道也及滕世子之復見不過引成覸諸子之言而終之曰若藥弗瞑眩厥疾弗瘳蓋作聖之功亦惟致其精與一焉無他術也欲法堯舜之道盍自求諸心

同前

童承敘

同考試官訓導胡批（舉業家有言凡論以立意爲先造語次之若立意高遠而遣詞不工未害爲佳苟立意不高雖文如綵綺亦不足觀也已此題場中士子無不知者率皆蹈襲陳腐牽連隊仗動至一二千言殊爲可厭此篇以覺字立説脱去陳腐隊仗之言議論層疊而愈出愈奇讀之惟恐終篇如登衡廬嵩華而睹煙雲突出巖岫間輪囷紛緼交生互發令人有日暮忘歸之趣杜牧之云意勝者詞愈朴而文愈高其是之謂乎）

同考試官教諭周批（開闔抑揚悉中法度而轉换過接處血脉聯屬不見痕迹蓋大手筆也宜高薦）

考試官教諭劉批（此篇僅九百字而字字相應如常山之蛇宜録之以爲冗長者戒）

考試官學正孫批（蒼老雅健必優於古作者也）

君子思有以覺天下而必以聖人望天下天下之不易於覺也久矣而君子思有以覺之蓋甚不得已也不得已而覺之而顧以聖人望之不幾於責天下以不可能之事邪夫天下之事凡彼有而我無者曰不可能宜也若夫性者天下之所同也而性之善非一人之私也聖人有之我亦有之而聖凡异焉者我自异之也因其异而反諸同則人人皆可以爲聖人而天下之迷者始覺君子所以望於天下者始慰矣孟子言必稱堯舜悲哉其覺天下之心也非獨爲滕世子覺也昔者周道衰聖王不作邪説横議譊譊然而鳴於天下者紛如也楊以爲我墨以兼愛鞅以富强之術起以戰衍儀以辯申韓以刑名法術之學貿貿焉不知吾性爲何物也天下之迷誰其覺之此孟子之所以悲也間有知

人物之有性者則又擬之杞柳擬之湍水擬之食與色辭愈繁而理愈晦矣此孟子所以深悲而不容已於言也蓋性者吾之所固有也渾然而至善也粹然而無惡也喜怒哀樂之未發也惻隱羞惡辭讓是非之未形也即書之降衷詩之有則中庸之天命其理微妙而難言也惟其微妙而難言也故夫子不言子貢曰夫子之言性與天道不可得而聞也夫孟子學孔子者也孔子不言性而孟子諄諄然曰性善性善云者何也孔子之時楊墨諸家之説未熾也而天下之民猶有覺者孟子之時則非孔子之時矣使孟子亦如孔子之不言則天下之群於迷者將無復覺之望此孟子所以不得不倡明性善之説也然欲倡明是説於天下而不舉古之能盡其性者以實其言天下之人將曰是何誑我也欲覺之而反俾之疑非善覺者也孟子思有以弭其疑而納諸聖域焉故言必稱乎堯舜且堯舜者天下皆知其爲大聖人也巍巍蕩蕩夫子嘗贊之莫不皆以爲不可及也曰不可及則沮矣沮則怠怠則安於故常而不克自振抑豈知堯舜無加於我而我不損於堯舜者乎自孟子之是言出而後天下之沮於堯舜者始釋君聞之而盡其性焉則戰國之君亦堯舜之君也民聞之而盡其性焉則戰國之民亦堯舜之民也孟子以聖人而望天下之意如此果天下之人皆聖人焉則楊墨鞅起衍儀申韓之説將誰售乎杞柳湍水食色之論將誰然乎愚於是知孟子道性善稱堯舜者蓋默寓惓惓望治之深意也抑嘗求古之善覺者矣有曰伊尹者以斯道而覺斯民其言曰吾豈若使是君爲堯舜之君哉吾豈若使是民爲堯舜之民哉即孟子稱堯舜之意也楊雄著書十三篇意亦欲覺斯世也其稱舜之孝禹之功皋陶之謨曰君子絶德是處天下於不可能之地也是故沮天下爲善之心必自雄言始君子於是見雄之不知性宜其有善惡混之論也雄論且然無怪乎後之論性者愈謬也嗚呼猶幸有孟子之説在也

表

擬宋頒戒石銘于州縣群臣謝表（紹興二年）

李文會

同考試官教諭粘批（表體貴典則不貴浮艷貴疏暢不貴艱澀貴莊重不貴纖巧此篇起處闊大而中間鋪叙復有條理典則疏暢莊重兼有之宜録之爲表式）

同考試官教諭張批（戒石銘數語凡爲守令者觀之不能不惕然此表自叙感愧之詞甚有動人處良守令讀之未必不益知勉也）

考試官教諭劉批（駢儷中含忠愛意起敬起敬）

考試官學正孫批（得諷諫體）

紹興二年六月某日具官臣某等伏蒙聖恩以贈直龍圖閣臣黄庭堅所書戒石銘頒各州縣令刻石者詢咨四岳虞廷首重黎元訓迪百官周典申嚴牧伯六條察吏法舉唐宗八計稽良疏陳陸贄夷考勵臣之語何如戒石之銘臣等誠懽誠忭稽首頓首上言伏以竹使分符屬專城之保障銅章出宰寄百里之安危顧兹民命攸司宜我皇心軫念爰稽古昔肆有箴規宣帝思賢禁諸郡勿爲苛暴漢光圖治飭有司時勸農桑心雖切于閭閻言未登諸碑碣欽承异賚喜溢同官善哉經世之言美矣名臣之筆瞻辰稽首莊誦盤盂涓日命工敬礱琬琰大書深刻期永久以無磨蚤視暮瞻儼神明之有鑒兹蓋伏遇聖學自天神謨振古求言罪己配三王二帝之明立政任人弘一祖五宗之制還元祐黨人之爵而士氣伸表靖康伏節之臣而人心悦慮求才不廣復賢良方正之科謂取士無方定詩賦經義之法殿廷延老靡倦咨諏宵旰憂民尤先郡邑鄙嶧山之刻石虚侈秦功陋泗水之鐫銘徒張漢烈燕然數語事愧於詞桐栢遺碑贊浮其實觀黄氏四言之帖類楊子百官之箴頒諸邇遐昭乎鑒戒臣等銜叨守令政拙催科荷聖主之優慈濫隨五馬幸銓曹之俯録浪擬雙鳧自虞斧鉞焉逃詎意銘辭之及闔門食禄飽逮妻孥終歲安居坐克賓祭兩岐莫頌舉匕箸以增慙五袴無謡顧釜鍾而重懼昭昭上帝居高而聽卑蠢蠢下民好仁而惡虐維斯片石若彼嚴師觸目警心不必酌泉而知勵締觀熟誦終期載石以見廉摩挲感厥丹衷摹搨傳乎墨本自兹以往益殫乃心雖無來暮之歌尚勉去思之愛不貪爲寶敢植園葵惟儉是圖何羞布被魚懸虎避仰懷循吏之高風三畏四知寤寐古人之盛事素餐可耻寧忘君子之譏樂土爰懷永鑒魏風之刺誓保民若赤子願守俸如井泉伏望顧畏民岩克謹天戒内修外攘邁宣王恢復之功雪耻除凶跨光武中興之業紀豐功於磨崖之石納直諫爲丹扆之箴澤沛廟堂慶延州縣臣等無任瞻天仰聖激切屏營之至謹奉表稱謝以聞臣等誠懽誠忭稽首頓首謹言

第三場

策

第一問

唐愈賢

同考試官訓導褚批（場中士子於皇祖神功處類能言之至於聖德之實茫乎不知所謂亦如萬物荷天地生成之德而不知元氣運行之所以然也

此篇獨能言之而末復寓規諷之意蓋不必試以職司而其忠君愛國之心可覘知矣賢科首薦宜哉）

同考試官訓導楊批（修德法祖以保其成功此正今日急務子能言之切當且詞温意婉有章疏體告君者不當如是邪）

考試官教諭劉批（説法祖處忠愛藹然讀之令人斂衽）

考試官學正孫批（詳而整）

作於前而建神功者必本之聖德繼於後而修聖德者斯保乎神功夫德者功之本功者德之發德之大者功之大也顧作之者匪功不垂而繼之者惟慎修厥德焉爾矣故曰創業固難守成不易然則不世之神功建於我皇祖者固本諸非常之聖德而今日欲保其神功以衍億萬年無疆之休者豈有出於修德之外者乎今夫聖人之道蘊之爲德行行之爲事業而况大君之任至重也開基之主尤難也使非有配天地之聖德極參贊之神功其何以肇鴻基而垂大統哉昔者吾夫子繫易之爻而見諸十三卦者如羲農黄帝之開物成務制器利用渾渾乎無以尚矣序書斷自唐虞而載之二典者如堯舜之俊德重華治曆明時蕩蕩乎無能名矣後五帝而傳世久遠者爲夏商周始受命則大禹成湯武王也語其功則地平天成兆民允殖四海永清固無以异矣語其德則文命四敷懋昭大德惇信明義皆聖人也而孟子以爲堯舜性之湯武反之焉然禹固無愧於堯舜而湯武及其成功則一豈有异乎哉其爲之贊襄者若稷播百穀契敷五教阿衡格天之勛尚父鷹揚之烈皆一時之聖賢也後三代而享國長久者爲漢唐宋始創業則高祖文皇藝祖也語其功則誅秦之暴除隋之亂較之取天下於幼主者不無優劣矣語其德則豁達大度畏義好賢寛仁多恕皆賢君也而史臣以爲天資偶合事多假仁焉然漢有大綱宋有家法較之閨門聚麀禁庭蹀血者亦豈無優劣哉其爲之輔佐者若良何之元功房杜之相業普有仁者之功彬有不伐之美皆一時之勛舊也於戲三代風遐世不聞純王之治久矣胡元竊命污我中華三綱既淪九法盡斁蓋自開闢以來未有之亂也我皇祖龍飛淮甸汛掃腥羶盡收諸夏之境土大明天命之彝倫則自生民以來未有之功也使不有非常之德抑何所本邪然如天之德莫可名狀愚也叨被覆載之下伏讀聖製相傳父老蓋嘗竊窺其一二矣觀論道而本乎執中論治而主乎堯舜孝先有哀感之誠遇灾有修德之諭悟庶徵之應則洪範爲之親注得大學之傳則衍義書於兩廡聖政有精誠之録祖訓有典則之貽豈不足以匹休三代聖王之德而陋漢唐宋諸君於下風也哉當時佐命元臣文如沉幾先物稱爲子房之劉基論思納誨稱爲純臣之宋濂武如伐

狄陰山雪耻千古之徐達席卷吴漢功如敬德之常遇春其所以翊贊皇猷於海宇昭布人文於黼扆者豈非聖祖之良股肱哉今皇上嗣大曆服勵精圖治執事以爲修德建功宜無出於法祖之外者固也愚則曰繼非常之德者保不世之功者也何也普天之下莫非王土今日之土宇聖祖之土宇也率土之濱莫非王臣今日之人民聖祖之人民也雖使五帝更生三王復作尚何功業之可建邪然則宵旰孳蕁圖惟繼述者宜何如哉必也敬天而勤民必也親賢而遠奸必也謹慈宫之奉必也嚴郊廟之祭必也節游觀而窒嗜欲必也開言路而重爵賞則洪武之治復見於今日而彌光寶曆之傳遠及於億萬年而益固矣芻蕘之見如此廟堂密勿必有至論儻采而獻之則涓埃之微未必無海岳萬一之助也

第二問

童承叙

同考試官訓導胡批（性理之學本自難言此策問道統相傳同异處非潛心玩理之士其何以措一辭即使措辭華贍而不中肯綮亦徒辭也是篇析論群聖禮義之旨而合之於一中之説不蔓不枝不浮不强其關濂洛緒論而有會於心者邪）

同考試官教諭周批（廉耻不得抗禮義而爲四維柳子厚嘗有是論此篇發明痛快足破群疑子厚復作必以子爲知言哉）

考試官教諭劉批（禮義策如此答者絶少）

考試官學正孫批（是析理文字）

善論道統之傳者不徒于其言而必于其心夫道原於天而具于人心心之同者道之同也群聖之言無非所以明道然有互相發明者言雖不同道則未始有异也苟徒于其言而不于其心何足以論一中之妙於千古之上乎愚未聞道也道統之傳不敢妄議請因執事之問而言之禮者天理之節文義者人心之裁制配乎天則爲亨爲利而分四時屬乎人則合仁與智而爲四德若夫有分辯之廉有羞惡之耻固非出乎禮義之外也故人有禮義者必有廉耻無廉耻者必無禮義則廉耻者誠禮義中之一事大德中之小節耳舉禮義并仁智而稱四德可也推廉耻抗禮義而稱四維可乎柳宗元雖未爲知道其論管子爲失言是矣真西山雖號稱儒者其以管子爲未可非則誤也且禮義者人所禀於天之性也其爲體也不偏不倚其爲用也無過不及此允執厥中之言堯得之天而舜得之堯也顧雖上智不能無人心雖下愚不能無道心故精以察之一以守之則人心以安道心以著惡有非禮之禮非義之義哉此禹之

所以得統於舜也成湯懋昭大德建中于民蓋能以義制事以禮制心則事得其宜而心得其正惡有察之不精守之不一哉此湯之所以得統於禹也文王純一之德咏于思齊之詩則曰不顯亦臨無射亦保又曰不聞亦式不諫亦入夫亦臨亦保即湯制心之禮亦式亦入即湯制事之義一德相承豈復有毫厘之差哉武王受丹書之戒則曰敬勝怠者吉義勝欲者從周公繫易爻之辭則曰敬以直内義以方外夫謂之敬者即文王之制心謂之義者即文王之制事一心相授豈復有先後之間哉若吾夫子得統於文武周公其進以禮其退以義禮義未嘗不兼也至於教人曰克己復禮則欲盡而禮還博文約禮則知盡而行至于以馴致夫精義入神之地不言義而義在其中矣孟子得統於孔子以義爲路以禮爲門禮義未嘗不該也至論養氣曰生由集義則動息有養取非義襲則物我不留于以優入于周旋中禮之域不言禮而禮在其中矣是知群聖之言明載於書者雖若不同群聖之道默傳於心者初無二致故曰前聖後聖其揆一也勉齋黄氏親得朱子之傳蓋亦有志於道統者其言豈無謂哉嗚呼群聖邈矣其書固在也今天下之號爲士者莫不皆誦其書也而能得其傳者誰歟此執事所以有憂而下問也愚竊有志焉奈之何未得其門而入也今惟篤守禮義之訓以上溯精一之傳儻少有所得而免乎童習白紛之誚皆執事之教也幸勿以爲不知量云

第三問

鄭宗古

同考試官教諭粘批（文章遲速窮達本非所計主司設爲此問正欲觀諸士子志向如何子能脱去問目而卓然以道立説三復久之嘆服自不容已昔歐陽公讀東坡文亟口稱之至欲讓出一頭地吾於子之是篇亦云）

同考試官教諭張批（雕蟲末枝於道未尊世俗以遲速窮達爲言甚悖於道也此篇提出道字以掃遲速窮達之説如奏黄鍾大吕而天下之俗樂盡廢矣得士如此可不爲科目慶邪）

考試官教諭劉批（詞嚴誼正觀此知子之學術）

考試官學正孫批（擅場之作）

文以載道外道而爲文君子不取也蓋文苟合乎道矣其思之遲速時之窮達固不必言苟戾乎道矣其思之遲速時之窮達亦不足論苟不以道而惟文之評喋喋於孰遲孰速之辯切切於或窮或達之疑夫辯其遲速是求工之心也疑其窮達是計利之心也求工而計利爲文之弊一至於此哉執事□□取士正大振雅道之秋顧乃以文思之遲速文人之窮達爲問是豈其溺於文

哉愚固知覘諸生之志向也且文思之速本乎天資若吕思禮作露布而食頃即成王勃作滕王閣序而援筆立就倚馬而萬言可待李太白也擊鉢而四韻如神蕭文琰也當食草奏有若禰衡七步賦詩有若曹植思如涌泉有若蘇頲文如宿搆有若王粲速可嘉矣於道概乎未明也夫何貴於速哉文思之遲亦本乎天資若左思作三都賦而搆思十年張衡作兩京賦而鍊句一紀疾感於苦思者桓譚也氣竭於沉慮者王充也濡筆腐毫有若相如輟翰驚夢有若楊雄閉門覓句有若陳無已空齋卧思有若薛道衡遲則工矣於道亦未之得也又何取於遲哉文能窮人古人蓋有是論矣王欽若寄身幕府而因詩召見後之登相此其權輿也陳簡齋分教輔郡而因詩入對掌符之遷此其根本也李太白作樂府而梨園被之管絃翰林何增重歟楊徽之獻詩篇而太宗書之御屏侍讀何馳名歟由此觀之文曷嘗盡能窮人邪文能達人古人亦有是言矣孟浩然隨王維直宿幸見明皇因詩忤而放歸誠可恨也賈閬仙爲法乾寺僧幸遇宣宗拜司倉而遽卒良可悲也劉夢得坐種桃之句黜刺連州何途窮歟白樂天坐新井之篇左遷溢浦何命薄歟由此觀之文曷嘗盡能達人邪大抵君子所講者惟道所行者惟道所傳於後世者惟道文之速固不必矜文之遲亦不必計也時之達固可兼善時之窮亦可獨善也愚雖不敏尚願潛心於理學之淵源而弗敢喪志於詞章之枝葉先本後末斂華就實不得已而或有所述以鳴我國家文明之盛決不敢計其遲與速窮與達也惟執事不以爲狂進而教之焉幸甚

第四問

嚴志迪

同考試官教諭武批（此策以古人事迹相類者爲問場中間有能記者而文體冗亂漫無紀律或筆勢可觀而又不能記亦大過款衍成篇而已連日較閱深以不得士爲□□得此卷不惟條答無遺而文字整嚴無一贅語策手也）

考試官教諭劉批（多識而有斷博雅之士也）

考試官學正孫批（峭拔）

事之在天下异勢而同理者謂之同可也同行而异情者謂之不同可也知其同不同之迹者考諸史斷其同不同之理者本諸心善評人物者豈可泥其迹而不究其心哉請因明問而對之所謂社稷臣者惟汲黯可以當之武帝許之是也瑀則忠於後而失於前普則忠於前而失於後果若是□乎所謂國士者雖李陵亦有所愧司馬遷許之過也羽報效曹操飛義釋嚴顔其殆庶幾

乎蘇章張鎮周裴垍不私故人之事雖异而同於守國法焉援王昶柳玭教子之言雖殊而同於謹家教秦孝公聞霸道於商鞅漢文帝聞鬼神於賈誼均非朝廷之先務也其前席也奚益子産鑄刑書於鄭趙鞅鑄刑鼎於晋均非德教之良圖也於鄭晋也何補伊川勸尹和靖舉進士而和靖不從時可以止而止是所見之高也或勸桑維翰無舉進士而維翰不從不宜沮而不沮是所志之定也王陵之母不顧身之死以全其子移孝於忠母之死何烈也趙括之母不顧子之死以全其身諫王不聽母之生非忍也斷織勉學樂羊子因妻而感奮可也以亞聖之才亦待斷機而後成乎此蓋出於好事者之言無疑矣多請田宅王翦術君以自污固也以吴漢之賢孰謂不買田宅之非真乎此蓋成於尚名節之世有由矣李英公之守并州而恃於長城顔魯公之在河朔而恃於金城所謂固國不以山溪之險者歟德宗欲相裴延齡而陽城欲壞白麻文宗欲相鄭注而李甘欲壞白麻所謂匹夫不可奪志者歟馮驩李士謙之焚券同一輕利之心要之士謙自焚其券不若馮驩焚薛券之尤難也孟明杜詩之焚舟同一敢死之志要之杜詩之討楊异不若孟明伐晋師之尤難也孔子不飲盜泉之水者惡盜之名吴隱之飲貪泉之水者破俗之忌也秦不喜詩書而亡者有不喜之實漢不喜詩書而興者有不喜之名也執事之所問者如此抑愚又有説焉天下之事莫不有理天下之理皆原於心事雖散於簡册之至繁理則具於吾心之至約持一心之理照萬古之事未有不得陽秋之當者也否則歷覽古今徒爲玩物喪志而已豈君子窮理之學哉敢以是而推廣執事之問

第五問

吴憲

同考試官教諭粘批（此篇説理財之道惟在去其所以害財者切中時弊非留心經濟者不能末復舉文帝仁宗暨我聖祖用財多而財不匱處寓意微婉迥出群對萬一廟堂采納豈獨胡藩之幸邪）

同考試官教諭張批（五策俱善如長江大河一瀉千里而此篇尤杰特過人唐人號劉長卿爲五言長城子其萬言之長城歟宜取之以冠本房）

考試官教諭劉批（篇末引宣公之言尤切要）

考試官學正孫批（有用之學）

理財之道無他焉亦曰惟去其所以害財者而已矣夫天下之財歲聚於官者有定額而給散之數日增焉無惑乎日益不足也使事之害財者未去雖求財而益之財愈不足若事之害財者既去不求豐財而財自豐矣昔人所謂去之甚易而無損存之甚難而無益者其斯之謂乎執事以湖藩財賦最急且

大者爲問此廟堂之深籌非草茅之士所與知也雖然一得之愚弗容緘默請試陳之王制三年耕必有一年之食九年耕必有三年之食以三十年之通雖有凶旱水溢民無菜色然後天子食日舉以樂蓋王者與民同患民不安食不甘也周禮春官天府祭天之司民司禄而獻民數穀數則受而藏之蓋獻數者俾其知登耗多寡也故管子曰倉廩實而知禮節賈誼曰積貯者天下之大命由此觀之是財賦常宜有餘不宜不足也今湖藩之在天下誠巨藩也我聖祖均田定制歲收之額不過二百一十萬耳今歲支之數多至二百二十萬焉縱使歲皆有秋民皆無負而用猶不足誠有如執事之所言者夫何邇年以來洪水爲患上俞撫臣之請至遣廷臣發内帑借他省之羨餘開納銀之新例而僅克有濟焉是豈其得已哉蓋一時權宜之術也况湖之爲省也宗藩視天下諸省爲多分封之漸蕃戚里之彌盛將來方蔓衍而未已也壤地與蜀貴江廣相接往年有篁子坪之征去年有郴桂香爐之役將來恐用武之難免也夫宗藩日盛則歲禄日增歲禄不可損也軍功纘録則月俸荐加月俸不可减也斯時也欲以二百一十萬之儲而供二百二十萬之用而將來增加者又不可計雖使劉晏度支李翺司計楊炎典籌亦末如之何也已矣然則爲今之計奈何愚惟曰去其所以害財者而已何謂害財曰冗官也冗兵也冗役也之三者總而計之一日之費幾何積日而爲月一月之費幾何積月而爲歲一歲之費幾何因其一年之所支而通計累年之所用則倉廩之匱乏生民之雕敝有由然矣誠使冗食者去則歲之所入足用而有餘倉之所儲先事而有備雖遇水旱之變螟蝗之害盗賊之憂官府可以從容處之而民不告瘁蘇東坡所謂天下能使之灾地不能使之貧盗賊不能使之困者此之謂也由是平時而禄俸皆完矣遇灾而賑恤有備矣九年之蓄可以徐致萬年之計可以永保其爲我國家之利何其大哉抑嘗有疑焉我朝疆宇較之前代爲甚廣而儲積當數倍也漢初時有匈奴和親之繒黄河築塞之勞邊徼出師之費財宜不充矣而文帝累下蠲租之詔焉宋有郊賚有歲幣有祠禄財宜不充矣而仁宗减畿内諸縣之税焉是何也蓋文帝仁宗皆恭儉之主也朝無冗食國有餘財此去其害財者之明效也我聖祖建極之初正創制立度之始凡城池宫室官署學校壇壝祠廟之費不可勝筭而免税之詔無歲無之蓋我聖祖節用愛人尤非文帝仁宗所可擬者此所以結人心凝天命而培千萬年不拔之基也矧今列聖重熙累洽之後我皇上垂拱仰成不必别求理財之道也唯察其害財者而去之則府庫自爾日盈灾沴自爾有備以之建功而功無不成以之興事而事無不治尚何匱乏之足慮哉昔陸贄告其君曰生物之豐敗由天用物之多少由人是以

先王立程量入爲出雖遇灾難下無困窮旨哉言乎誠萬世人君制用豐財之要道也敢以是復

湖廣鄉試録後序

湖廣鄉試例取士八十五人第其氏民擇其文之最純者二十篇彙書爲録以薦聞于上制也我國家政教旁達南極滇粤之間前代所不能臣者皆立學校被文教計以幅員湖廣於今日爲中州地也故士之文亦莫盛於今日正德己卯（清）濫試事于兹則見夫多士之文雄深俊逸渾厚典雅浹旬之間如探萬玉之府取之無窮爲之目眩心動蓋雖不能盡録而士之登名焉者可以概見之矣湖廣學校凡百四十有二士極于萬且贏焉今所取百不能一不可謂不難也群超萃拔於一鄉之中遂以策名天朝而遍播天下不可謂不榮也然古之所謂文者深涵而富負經綸規畫彪炳而輝赫孔子曰文不在兹乎非言辭之謂也言且不足以盡文況空言乎其文足以不朽而名亦隨之書曰終有辭於永世言無窮也名不足以昭遠與無名同況未核之名乎考之唐虞敷奏考言期于底績是故功言俱立而名無窮焉苟或以飾於外者自誣爲已得遇於人者□□□身榮是猶矜□□□□□□澤視溝澮□□遍播天下不□以爲多也□□□所謂文□□□□萬狀□□□□□變態不可勝□斯□□之至文也故澤被海宇而秩隆百世諸士子生長中土毓秀于洞庭衡岳之間豈其侈詞章炫朝夕而已（此處底本缺頁——編者注）

嘉靖七年湖廣鄉試録

湖廣鄉試録序

嘉靖七年當大比士湖廣藩司遵著令馳使請主試官于禮部禮部疏郎中臣日休主事臣龍請于朝制曰可乃啓行於五月壬辰八月壬寅戾止湖湘御史臣符司監臨來會同考試官學正臣大奇教諭臣屺臣鳳鳴臣縉臣士載臣賢訓導臣愷臣本純亦先後至臣等曰今日之事君事也簾以内考試者主之簾以外監臨者主之明試事貞憲度求無負我皇上求賢待士之意乃各慎攸司試有提調以左布政使臣儀左參政臣鋭爲之有監試以按察使臣期雍僉事臣鈇爲之乃若鎮守太監臣潘真巡撫右副都御史臣朱廷聲總兵官清平伯臣吴傑皆祇承明德無敢少懈右布政使臣胡訓右參政臣徐金陵副使臣侯綸　臣胡岳臣張鯤左參議臣許路右參議臣蔣同仁　臣崔桐僉事臣汪溱　臣何鰲　臣柴經　臣蔣珙咸綜理防範于外其副使臣屠應塤右參議臣楊易先期入賀戊申乃合提學副使臣許宗魯所取士二千四百有奇棘院試之辛亥又試之甲寅又試之拔其尤者八十五人録其姓氏若文以獻臣當序之首乃言曰我太祖高皇帝設科最得古人取士之意而得人之盛真可與古相方其所以致雍熙悠久者夫豈無自哉然或者謂以文取士非古也而得人則或猶夫古焉夫得人猶古而曰取士以文非古非也蓋古者敷奏以言言心之聲也文乃言之華者耳其爲心之聲均也然今之文失古之聲也今之制失古之意也官以試爲名所以試士也人品或混於堂下而考校反屬之他官文以明道也習故者失之陳腐好异者流之纖新程式有文所以録士之文以式也乃皆出於主司之代筆客乘主也世變日趨非我高皇立法之初意故近者大臣建議一曰正文體崇雅黜浮也二曰明實録文必于其人也三曰慎考官主之者必以賢也皆所以復高祖之法之舊以贊我嘉靖之治上可其奏乃下之禮部行自國都外及藩省而聖子神孫可世守而勿失者也是舉也孝廟之世亦嘗行之然祇承僅止於兩省故事仍踵於他科文體雖號爲純正代筆猶屬之主司未若今日制之備行之廣垂之遠也於乎休哉臣樗材被命職

司考校與諸士子相知以文者知其文者冀知其心也諸士之文其以心與其不以心與皆未可知也其以心也則亦已矣或不以心而徒夫言已也其將何以稱明詔而當帝心與於乎諸士其毋徒夫言焉爾矣

户部山西清吏司朗中郭日休謹序

嘉靖七年湖廣鄉試

監臨官

巡按湖廣監察御史唐符（信伯直隸常熟縣籍太倉州人　甲戌進士）

提調官

湖廣等處承宣布政使司左布政使盛儀（德章直隸江都縣人　乙丑進士）

湖廣等處承宣布政使司左参政邵鋭（思抑浙江仁和縣人　戊辰進士）

監試官

湖廣等處提刑按察司按察使周期雍（汝和江西寧州人　戊辰進士）

湖廣等處提刑按察司僉事陸釴（舉之浙江鄞縣人　辛巳進士）

考試官

户部山西清吏司郎中郭日休（德夫福建莆田縣人　辛巳進士）

禮部祠祭清吏司主事吴龍（允際浙江孝豐縣人　丙戌進士）

同考試官

山東萊州府平度州儒學學正陳大奇（偉先福建莆田縣人　己卯貢士）

浙江處州府雲和縣儒學教諭汪屺（秀之直隸祁門縣人　丙子貢士）

江西撫州府臨川縣儒學教諭林鳳鳴（周祥廣東海康縣人　甲子貢士）

福建漳州府龍巖縣儒學教諭黄縉（宗儀廣東海豐縣人　己卯貢士）

江西瑞州府新昌縣儒學教諭陳士載（以文福建莆田縣人　癸酉貢士）

福建汀州府清流縣儒學教諭周賢（士希廣西柳州衛人　乙酉貢士）

浙江金華府湯溪縣儒學訓導郭愷（汝才江西泰和縣人　壬午貢士）

江西袁州府宜春縣儒學訓導佘本純（一卿福建清流縣人　庚午貢士）

印卷官

湖廣等處承宣布政使司經歷司經歷茹鳴玉（行父直隸無錫縣人　乙卯貢士）

湖廣等處提刑按察司經歷司經歷袁昆（友之河南魯山縣人　辛酉貢士）

收掌試卷官

武昌府知府張希尹（子脩山東臨清衛籍山西萬泉縣人　丁丑進士）

永州府知府黄焯（子昭福建南平縣人　甲戌進士）

岳州府知府蕭晚（啓旦江西吉水縣人　辛巳進士）

受卷官

德安府推官韋商臣（希尹浙江長興縣人　癸未進士）

襄陽府均州知州惲釜（器之直隸武進縣人　辛巳進士）

德安府隨州判官楊瑞（惟賢四川岳池縣人　丁丑進士）

武昌府通城縣知縣衡準（公式直隸寶應縣人　辛酉貢士）

岳州府華容縣知縣張真（仲理直隸南陵縣人　丙戌進士）

彌封官

襄陽府推官李磐（伯固河南固始縣人　丙戌進士）

武昌府蒲圻縣知縣範范言（孔嘉浙江秀水縣人　丙戌進士）

長沙府攸縣知縣何繼之（克肖廣東順德縣人　丙戌進士）

長沙府瀏陽縣知縣陳鯨（石卿浙江慈谿縣人　丙戌進士）

荆州府石首縣知縣徐汝圭（德升浙江淳安縣人　丙戌進士）

謄録官

長沙府推官陳楠（彦材浙江上虞縣人　丙戌進士）

寶慶府推官竇一桂（元方山西武鄉縣人　丙戌進士）

漢陽府推官程瑀（時鳴直隸歙縣人　監生）

荆州府歸州知州趙章（達卿四川合州人　辛巳進士）

辰州府沅州黔陽縣知縣汪倖（克學江西貴溪縣人　丁卯貢士）

對讀官

黄州府同知蕭珩（朝用山東兗州護衛籍直隸山陽縣人　庚午貢士）

武昌府武昌縣知縣許檣卿（丹仲浙江海寧縣人　丙戌進士）

靖州綏寧縣知縣應照（天監浙江永康縣人　庚午貢士）

長沙府湘潭縣知縣劉鏞（世諧浙江慈谿縣人　丙子貢士）

武昌府嘉魚縣知縣陳一言（獻可廣西柳州衛人　癸酉貢士）

巡綽官

武昌衛指揮使王言（汝綸直隸和州含山縣人）

武昌衛指揮同知羅英（朝舉江西新喻縣人）
武昌左衛指揮僉事張秀（繼實直隸順天府大興縣人）
武昌左衛指揮僉事李經（天叙湖廣安陸縣人）
武昌衛中所正千户晋表（國章河南靈寶縣人）
武昌左衛右所正千户彭綬（廷璋直隸臨淮縣人）

搜檢官

武昌衛指揮使馬鑾（應和直隸和州含山縣人）
武昌衛指揮同知高松（節夫山東兖州府嘉祥縣人）
武昌左衛指揮僉事王忠（克臣直隸揚州府江都縣人）
武昌左衛後所正千户解純（本厚山東兖州府滕縣人）
武昌衛左所副千户馬經（用常山東濟南府青城縣人）
武昌衛左所署副千户徐節（子山直隸鳳陽府壽州人）

供給官

湖廣等處承宣佈政使司照磨所檢校楊梅（濟用山東安東衛人　監生）
湖廣等處提刑按察司照磨所照磨孫福（良祐浙江山陰縣人　監生）
德安府同知聶瓚（玉甫山東臨清衛籍河南祥符縣人　戊午貢士）
武昌府通判楊梓（國用江西南康府建昌縣籍安義縣人　癸酉貢士）
武昌府通判李楷（大正四川成都中衛人　癸酉貢士）
武昌府江夏縣知縣文誠（惟一四川合州人　癸酉貢士）
武昌府大冶縣縣丞李一中（大本江西廣信府上饒縣人　監生）
武昌府江夏縣縣丞任山（汝壽直隸鳳陽府穎州人　吏員）
武昌府興國州富池鎮巡檢司巡檢楊廷茂（宗本四川涪州人　吏員）
荆州府荆門州魚料驛驛丞周露（惟澤直隸嘉定縣人　吏員）
荆州府荆門州建陽驛驛丞慕鳳（天瑞直隸六安州人　承差）
荆州府夷陵州屈溪驛驛丞趙采（元素四川漢州人　承差）
荆州府石首縣柳子驛驛丞唐廉（清之順天府固安縣人　吏員）
岳州府臨湘縣雲溪馬驛驛丞王曜（應宿陝西涇陽縣人　承差）

第一場

四書

無爲而治者其舜也與　溥博淵泉而時出之　人性之善也猶水之就

下也人無有不善水無有不下

易

乾道變化各正性命保合大和乃利貞　損益盈虚與時偕行　是故剛柔相摩八卦相蕩　天地設位聖人成能人謀鬼謀百姓與能

書

五月南巡守至于南岳如岱禮八月西巡守至于西岳如初十有一月朔巡守至于北岳如西禮歸格于藝祖用特五載一巡守群后四朝敷奏以言明試以功車服以庸　罔俾阿衡專美有商　王拜手稽首曰公不敢不敬天之休來相宅其作周匹休公既定宅伻來來視予卜休恒吉我二人共貞公其以予萬億年敬天之休拜手稽首誨言　三后協心同底于道

詩

知子之來之雜佩以贈之　鶴鳴于九皋聲聞于野魚潜在淵或在于渚樂彼之園爰有樹檀其下維蘀他山之石可以爲錯　厘爾圭瓚秬鬯一卣告于文人錫山土田于周受命自召祖命虎拜稽首天子萬年虎拜稽首對揚王休作召公考天子萬壽明明天子令聞不已矢其文德洽此四國　受小球大球爲下國綴旒何天之休

春秋

無駭帥師入極（隱公二年）翬帥師（隱公四年）公子友如陳（莊公二十五年）臧孫辰告糴于齊（莊公二十八年）公子遂如齊（宣公元年）季孫意如會晋荀躒于適歷（昭公三十一年）　齊小白入于齊（莊公九年）公孫歸父如晋（宣公十八年）叔弓帥師圍費（昭公十三年）　公會晋侯宋公衛侯曹伯齊世子光莒子邾子滕子薛伯杞伯小邾子伐鄭會于蕭魚（襄公十一年）

禮記

夫子之極言禮也可得而聞歟孔子曰我欲觀夏道是故之杞而不足徵也吾得夏時焉我欲觀殷道是故之宋而不足徵也吾得坤乾焉　天道至教聖人至德　奮至德之光動四氣之和以著萬物之理　天子者與天地參故德配天地兼利萬物與日月并明明照四海而不遺微小

第二場

論

君子之道費而隱

詔誥表（内科一道）

擬漢除挾書律詔（惠帝二年）　擬唐以楊綰爲中書侍郎同平音事誥（大曆十二年）　擬宋以翰林學士歐陽脩知貢舉謝表（嘉祐二年）

判語（五條）

舉用有過官吏　檢踏灾傷田糧　術士妄言禍福　縱放軍人歇役　詐欺官私取財

第三場

策（五道）

問　創業垂統之君與中興之主皆有謨訓以遺後世若典謨訓誥諸書純乎無以議也下至漢唐宋之英君誼辟其所遺一代之典章亦有符於古否乎我太祖高皇帝首創洪基今聖天子入繼大統其聖謨嘉言見於史氏之所書儒臣之所記嘗竊窺其一二莫不盡善盡美真與典謨訓誥相爲表裏然高皇聖上非徒言之亦允蹈之見於修齊治平以爲創業中興之懿其必有可言者諸士子請揚厲之以鳴國家之盛

問　三禮之書聖人治天下之大經大法也慨自脱落於去籍之後掇拾於煨燼之餘周禮六典而缺冬宫論者謂冬官之不缺儀記二禮各自爲書論者謂經傳之相附吴文正公奮乎百世之下作爲三禮考注取他官以補冬官之缺尊儀禮以爲禮記之經考之前言而孰據質之文義而何居且置官之意尚有可疑而篇目增損不能無憾請詳言之以觀考古之學

問　六經之道同歸而禮樂之用爲急禮樂之制既亡而樂之壞尤甚請以所聞一二與諸子商之功成作樂夫古有初六經何者爲論樂之始律吕既亡歷世無考六樂何以得創作之妙十二律一也黄鍾何以爲重五音一也宫何以爲主八音之序何先於金石二音之變何獨於宫徵擅神解之名得暗解之譽何以無補於樂以鍾律爲本以秬黍爲則何以不得其平若周濂溪程伊川張横渠蔡西山四子皆有復古樂之論舉而行之果可以復制作之妙否與請試陳之

問　刑者聖人愛民之具所以弼教而使之弗入于邪也其見於典謨訓誥之書大易記禮之言詳矣然論者或主於寬或主於嚴而程子不取刻核之論朱子獨憫夫死者之無辜其何所取中與大舜之制刑文王之慎罰漢唐宋皆有刑法志之作其寬乎其嚴乎張子謂治獄不得其平者蓋有數説真西山

帥長沙誠同官六事將謂失於寬乎失於嚴乎自漢以來司刑者有善可爲法惡可爲戒見於爲善陰隲歷代臣鑒之書者公私之辯寬嚴之效如在目前諸子其明以告我

問　職時務者在俊杰今日之務莫急於財用而諸士有俊杰者敢以理財之道詢焉三代之制莫備於成周而成周之制莫詳於周禮繫之以九兩任之以九職而又有九府九式之法卒至民殷國富則周禮信乎周公致太平之典也夫何西漢之末熙寧元豐之間有用之者乃至禍天下而亂國家耶漢至文帝唐至太宗宋至祥符天禧之間可謂足於財矣後世皆不免於財乏者其故何與昔人謂天地間財只有此數不在官則在民今日則官民俱困抑又何與此司國計者不能無憂也其詳著于篇將轉以聞于上

中式舉人八十五名

第一名　曠宗舜　醴陵縣學生　易

第二名　周采　寧鄉縣學增廣生　詩

第三名　胡彦　沔陽州學生　書

第四名　周資　黄州府學附學生　春秋

第五名　陳錠　江陵縣儒士　禮記

第六名　李時言　蘄州學生　易

第七名　范永官　桂陽縣儒士　詩

第八名　郭讞　益陽縣學生　書

第九名　甯元伯　衡州府學增廣生　易

第十名　李楝　盧溪縣學生　詩

第十一名　張景遠　安陸州學生　易

第十二名　尹相　嘉魚縣學生　詩

第十三名　李樂　盧溪縣學生　易

第十四名　曾朴　石首縣學生　書

第十五名　方民悦　麻城縣學生　春秋

第十六名　張衮　東安縣學附學生　禮記

第十七名　譚朗然　茶陵州學生　易

第十八名　李寶聯　嘉魚縣學生　詩

第十九名　陳曾　崇陽縣學增廣生　易
第二十名　王舜章　衡州府學生　詩
第二十一名　胡明書　羅田縣學生　書
第二十二名　周包荒　興國州學生　易
第二十三名　汪宗元　崇陽縣學增廣生　詩
第二十四名　張儒　靖州學生　易
第二十五名　夏芳　監利縣學生　書
第二十六名　任邦彦　澧州學增廣生　詩
第二十七名　黄瑜　應城縣學生　易
第二十八名　夏寶　益陽縣學生　書
第二十九名　張札　武昌府學生　詩
第三十名　王近素　崇陽縣學生　春秋
第三十一名　何仲方　郴州人監生　易
第三十二名　羅傅　荊門州儒士　詩
第三十三名　余鏖　黄岡縣學生　禮記
第三十四名　汪宗凱　崇陽縣學生　詩
第三十五名　朱大式　黄州府學生　易
第三十六名　唐相　常德府學生　書
第三十七名　沈瀛　襄陽縣學生　詩
第三十八名　李寵　麻城縣學附學生　春秋
第三十九名　王文瑞　崇陽縣學生　易
第四十名　趙維　武昌府學生　詩
第四十一名　杜文寵　保康縣學生　書
第四十二名　朱希賢　衡州府學生　詩
第四十三名　陳仕　崇陽縣學附學生　易
第四十四名　順境　武昌府學生　詩
第四十五名　林文明　麻城縣學附學生　春秋
第四十六名　謝臨亨　石首縣學生　易
第四十七名　葉國華　興國州學生　詩
第四十八名　成敏貫　石首縣學生　書
第四十九名　蕭溥　武昌府學生　禮記
第五十名　楊睿　孝感縣學生　詩

第五十一名　王近敏　崇陽縣學生　易
第五十二名　周宏　黄州府學生　詩
第五十三名　孫宜　華容縣學生　書
第五十四名　劉勳　潛江縣學生　春秋
第五十五名　殷相　蘄水縣學生　易
第五十六名　劉邦儒　常德府學生　書
第五十七名　陳效忠　耒陽縣學生　詩
第五十八名　周佐　茶陵州學增廣生　易
第五十九名　馮天馭　蘄州學生　書
第六十名　翁景昕　蘄州學生　詩
第六十一名　羅大會　麻城縣學附學生　春秋
第六十二名　胡明通　羅田縣學生　詩
第六十三名　傅大才　醴陵縣學生　易
第六十四名　李梓芳　華容縣學生　書
第六十五名　方啓參　岳州府學生　詩
第六十六名　朱鵬翔　黄岡縣學生　禮記
第六十七名　魏正初　蒲圻縣學生　詩
第六十八名　郝光潤　華容縣學附學生書
第六十九名　龔良猷　蒲圻縣學增廣生　詩
第七十名　陳念　麻城縣學生　春秋
第七十一名　彭浩　華容縣學生　書
第七十二名　文世用　醴陵縣學生　易
第七十三名　孫煇　南漳縣學生　詩
第七十四名　鄭翕　德安府學生　春秋
第七十五名　葉允昌　崇陽縣儒學訓導　詩
第七十六名　陳栢　沔陽州學生　書
第七十七名　毛汝清　瀏陽縣學生　詩
第七十八名　王廷槐　黄州府學生　易
第七十九名　曾嘉誥　麻城縣學生　禮記
第八十名　咼文光　公安縣學生　書
第八十一名　李完　江陵縣學生　詩
第八十二名　黎遵訓　安陸州學生　易

第八十三名　曹希周　興寧縣學生　詩
第八十四名　張仁　蘄州學增廣生　書
第八十五名　馮瓏　興國州學生　詩

第一場

四書

無爲而治者其舜也與

周采

同考試官訓導余批（帝舜神化人所難言是作渾融爾雅若足以發其蘊録之）

同考試官教諭周批（題有明注場中士子各主偏見殊戾無爲本旨此作得之）

考試官主事吴批（明暢）

考試官朗中郭批（瑩潔無疵）

聖人舉天下之至治歸諸有虞之至聖蓋治固難而治至於無爲則尤難也求其可以當此者舍舜奚以哉昔夫子意謂至人無爲大聖不作吾嘗於古而有徵矣彼君以化民爲難有爲而後化則其治也勞矣治以民化爲極無爲而自成則其於化也神矣是非不欲爲也惟玄惟默而世已底於隆平雖欲爲之將安施乎是非不能爲也不識不知而民已臻於康乂雖能爲之將焉用與然若此者誰足以當之彼前此而帝固非有爲而後治也然不若舜之尤泯其迹焉後此而王固皆無爲而成化也然未若舜之尤享其盛焉蓋其浚哲文明之德有以秘神化於無形又况勞於前者有允恭克讓之聖事之可爲者而堯已爲之則禮樂教化之洽自仰成於重華之朝矣温恭允塞之德有以斡元功於莫測又况勞於下者有禹皋稷契之賢事之可任者而臣皆任之則雍熙悠久之盛自不勞乎宵旰之憂矣此舜之治所以度越帝王而超出百代與抑夫子此言則舜若無所事事者然考之書察器觀象輯瑞時巡封山浚川命官咨牧史不絶筆則舜又若此之勤勞也嗚呼不讀魯論無以知舜之逸不讀舜典無以知舜之勤合二書觀之則聖人從事可見矣

溥博淵泉而時出之

胡彦

同考試官教諭陳批(聖德淵微此題該括殆盡作者類弗能文之此篇認理真命詞當其善於形容者乎)

同考試官學正陳批(作此題者類遑浮詞殊非本色説理精當僅見此耳)

考試官主事吴批(説時出處迥异衆作)

考試官朗中郭批(語意渾融當是作者)

中庸論聖德充積之盛而時見於外焉蓋積中形外乃德盛自致也非天下之至聖孰能與於此中庸承上章而言小德川流以發明天道意謂惟天下之至聖聰明睿智既妙于生知仁義禮智獨全其固有故其充積于中也太極之體以全冒天下之道而無外天命之性以具統天下之善而無餘充周不窮而無所限量其周遍廣闊矣乎寂然不動而至静之體足以立天下之有退藏於密而於穆之妙有以具萬化之原測之愈遠而資之益深其静深有本矣乎所謂充積於中者蓋如此然又感之遂通而全體呈露不待見之而後章觸之即應而妙用顯行不待擬之而後合聰明睿智之德出焉則視遠聽聰知來藏往而圓神不滯得夫時措之宜矣仁義禮智之德出焉則以容以執以敬以别而旁行不流效夫天下之動矣所謂時見於外者蓋如此是則積于中者藏諸用也見於外者顯諸仁也體用一原聖德之妙一至此哉抑此以充積發見者而言非其極也故下文又言其積中發外之盛而極夫配天之功必如是而後爲聖德之全體聖學之極功也然則聖可學乎亦曰先明諸心知所往而後力行以求至焉

人性之善也猶水之就下也人無有不善水無有不下

曠宗舜

同考試官訓導郭批(性善無不善處提掇明白深得孟子悟時之意而缴尤見體認可與言性矣)

同考試官教諭林批(理到之文自不費詞可以式矣)

考試官主事吴批(説性善無不善處明白)

考試官朗中郭批(親切簡當)

大賢於人性必發明其有善而無惡也夫有善無惡性之本體也大賢因時人之言而發明之則性之本善可知矣昔孟子謂告子曰性善也不善非性也爾謂性無定體固可使之爲善是蓋溺於意見之偏而不知夫性之本善也蓋人之爲道也仁義之性根於固有而有純粹至善之妙焉猶夫流水之爲物

也盈科後進由地中行而有沛然就下之勢焉夫善者人之性下者水之性水既有必下之性而謂人性本無善豈可乎哉又謂性無定體亦可使之爲不善是蓋梏於耳目之受而不知夫性之本無不善也蓋均是性則均是善固無有匪仁匪義而邪焉者也猶夫同是水則同是下固無有過顙在山而逆焉者也夫無不善者人之性無不下者水之性水既無不下之性矣而謂人性有不善又可乎哉是則性本善也而謂之無分於善本無惡也而謂無分於不善孟子以是而折告子可謂精矣惜乎卒不聞其能自反而有所疑也抑考善者天地之性也形而後有不善氣質之性也論性不論氣不備論氣不論性不明孟子之論天地之性也張子之論輔之以氣質之性也故孟子發前聖所未發而張子發孟子所未發云

易

乾道變化各正性命保合大和乃利貞

李時言

同考試官訓導郭批（易義深奥作者先要明理理明則意到意到則詞暢録此不獨以其文而已）

同考試官教諭林批（詞約理盡瑩潔無暇讀之令人有豁然超悟處録之）

考試官主事吴批（只用本色語融化可録）

考試官朗中郭批（簡潔中有含蓄）

大化運而物得其理以自全彖傳釋乾之利貞也夫物之有成實大化之運爲之也乾之利貞不於是而可見乎吾夫子傳乾之彖而以天道明之此釋利貞之意若曰天道之元亨固始而亨矣然而氣序之流行有變以爲化之漸流行之既極有化以爲變之成夫乾道變化無所不利以故萬物之有生者得生理於禀受之初而不相假借具實理於付畀之始而無少過差秩然大小之攸宜也自有以各正矣於是冲和之氣凝於體質之中者詳密而不露會合之精全於軀幹之内者完固而弗虧充然彼此之具足也不有以保合乎夫如是吾知顯諸仁者藏諸用氣機之收斂驗諸物理而有徵矣成乎始者成乎終化工之歸藏觀諸物候而可知矣不謂之利貞而何是則乾之利貞固有不外乎天道者彖傳舉而明之其旨精矣抑嘗因是而知造化相生之妙也是故非元亨以爲之先固無以肇生物之端矣使非利貞以爲歸宿之地則藴畜無本而天道或幾乎息矣化育之功其何以亘萬古而如一邪故曰不專一則不能直遂良有以也學易者效法天道以求盡乎復性之功誠能動静不違而尤必主静以爲之本焉則存之爲天德發之爲王道而萬國咸寧之治可以馴致矣

天地設位聖人成能人謀鬼謀百姓與能

曠宗舜

同考試官訓導郭批(此題括盡一部易書士子深契其旨者不多見此作從容數語而意味含蓄殆盡宜録之以爲多士式)

同考試官教諭林批(義理得之積學精華斂於筆端易義如此可與言潔凈精微矣)

考試官主事吴批(精粹明瑩)

考試官朗中郭批(詞整意足)

聖人本造化以作易有以利民之用焉夫造化易之原也微聖人易幾乎毁矣民何所利其用哉大傳論聖人作易之事蓋謂人徒知易爲斯民作也庸詎知其原乎自夫混沌闢而二儀奠其位陰陽消息之際法象垂焉清濁分而兩間運其化剛柔進退之中至教寓焉由是聖人有作觀文察理畫卦爻以闡秘而險易陳其端窮神知化係辭占以盡言而憂患明其故是天地之所欲言而未能者聖人爲之成之矣夫易不作則民貿貿焉爾乃今行而有疑既先爰咨爰諏就人謀以審其可否謀而未定則必以筮以卜假鬼謀以斷其成敗由是百姓雖曰至愚然幾有以開其先而所向不迷擬議成變化之功事有以啓其衷而有爲不怠變通盡出入之利是聖人之所以能前知者百姓亦得以與之矣是知易書之作其原出於造化其功及于斯民聖人之能事豈復有餘哉雖然三才一道八卦一理天地先之聖人發之衆人用之故易之書遠如天近如地神用而不窮妙應而不測其斯所以爲易乎後世作潛虚太玄以擬易者其僭侮聖經甚矣噫其亦何庸損于易

書

五月南巡守至于南岳如岱禮八月西巡守至于西岳如初十有一月朔巡守至于北岳如西禮歸格于藝祖用特五載一巡守群后四朝敷奏以言明試以功車服以庸

胡彦

同考試官教諭陳批(巡守述職二者治體最大非有大識見者未能如此形容)

同考試官學正陳批(此篇鋪張巡守述職之典儼若躬際虞廷之盛者佳作也)

考試官主事吴批(讀此可想見虞廷之盛)

考試官朗中郭批（典雅可式）

聖人舉時巡之禮而歸告於祖者其禮隆定朝巡之期而統御乎臣者其法備蓋巡守述職人君致治之大端也大舜攝位而舉行之其知治體者與昔舜受攝位之命適巡守之期故五月而南至於南岳祀禮舉之諸侯覲之正朔一之禮則岱宗之禮也制度同之五禮修之五器如之政則東巡之政也由是自夏而秋自南而西則至于西岳矣儀文之典政事之施者西固猶夫東焉由是自秋而冬自西而北則至于北岳矣儀文之典政事之施者北固猶夫西焉于是薄言旋歸京師至止格廟以反面致其如在之誠特牛以將事示其無文之敬其巡守之禮蓋如此又以歲序易更人心或懈五載之内天子巡守者一上情得以下達諸侯來朝者四下情得以上通敷奏以言以觀其蘊而因言知政幽隱皆得以畢達明試以功以考其成而聽言觀行殿最不得以或逃有功則賜之輅車乘馬以安其體使有功者於是而益勸玄衮及黼以華其躬使無功者因是而知勉其朝巡之禮蓋如此是則朝巡之制立而統御之法周上下相承體統不紊有虞之治所以不可及與抑易有之天地交而萬物通上下交而其志同也故古之君臣分嚴而情親勢疏而心密觀之唐虞概可見矣後世尊君卑臣之制立而是禮不復講矣惜哉

三后協心同底于道

郭謙

同考試官教諭陳批（協心同道此周家善處殷民之術子能命詞而發其意是亦可與語治者）

同考試官學正陳批（心道二字多講不明此作詞意明整是宜録出）

考試官主事吴批（康王屬望本意此作得之）

考試官朗中郭批（文有體式）

賢王於大臣既言其同前臣之治本復言其同前臣之治具蓋心者治之本也道者治之具也三后協之同之其於治也何有康王期畢公意謂天下之治莫善於同而化殷之道尤恐其异公與二公其有合哉是故存諸中者之謂心而三后協之謹始和中成終政雖有不同也皆能即其行事而濟其事有若成於一人觀其用心而濟其心有若出於一時公後二公而生未至而難料也二公則若豫見乎公而已逆與之合二公先公而生已往而難知也公則追考乎二公而亦暗與之孚謹始者此心和中者此心成終者亦此心也所謂協心者非歟至若施之於外之謂道而三后同之始之中之終之事若有不同也但

以道有升降拘於勢之必然政由俗革質之道而皆合撫世酬物同夫致理之宜二公之道猶夫公也稱物平施均之適治之路我公之道猶夫二公也謹始者此道和中者此道成終者亦此道也所謂同道者非歟是則三后協心則内之所存者無异思同底于道則外之所施者無异法化頑之方斯其至矣於乎武王成康何君也周畢君陳何臣也君臣一心先後一道非直三公之協且同而已也乃能化頑成仁民用攸勸不然則商人之洶洶尚未可知也雖然於此亦可以見商先哲王之德之入人之深也在周視之爲頑在商則不失爲義矣

詩

厘爾圭瓚秬畅一卣告于文人錫山土田于周受命自召祖命虎拜稽首天子萬年虎拜稽首對揚王休作召公考天子萬壽明明天子令聞不已矢其文德洽此四國

周采

同考試官訓導余批（此詩前一章詩旨明白至後章末四句亦是勒銘之詞學者往往掉開説去甚戾本旨殊不知恃功者易驕用武者易黷召公恐宣王之驕且黷也故美其令聞而進以不已仍以矢文德□四國勸之此忠君第一義當時對揚之本心正在此子獨能言之而公之心益白録之不獨以其文也）

同考試官教諭周批（宣王賞功之典召公愛君之心盡於此詩而形容簡當盡於此作是宜録之以式來學）

考試官主事吴批（歙繫于約自是作手）

考試官朗中郭批（雅健）

大臣受君賜而祝之至彰君賜而望之深蓋君賜所以報有功也大臣受之而致其祝望焉忠愛之情蔑以加矣昔宣王命召穆公平淮夷詩人美之至此意謂江漢之功虎既成矣王錫之策其詞維何蓋我有圭瓚秬畅一卣則於爾厘之以供乎祀維山土田告我文祖則於爾錫之以廣其封又命召虎言往于岐式承我之寵賚以爾先祖受命兹土爰表爾之世功於是虎也至拜稽于天子祝壽考於萬年握瑶圖而主百神克享無疆之慶負册扆而朝群后永綏戩穀之休其受策于朝而祝之至也如此夫虎既受策載展拜稽之恭對揚休美之命作彼彝器置諸康公之廟勒兹命詞考我武功之成又祝以維天錫嘏俾我天子享眉壽于益錦維王受祉與兹軌物歷永世而不朽於是虎也復致明明之稱於天子以爲禍亂既戡厥聲亦既昭矣又必庶幾夙夜不已其令聞可焉武功告成修文維其時矣又必丕揚德教周遍于四國可焉其銘器于廟

而望之深也如此是則祝之至者感之至也望之深者愛之深也宣王所以得此于其臣者豈偶然哉大抵君臣休戚關乎一體故祝望者忠愛之至情規戒者憂危之深慮皆不可無也宣王克平諸夷中興之業可謂盛矣召公拳拳于令聞文治之箴豈直爲感謝發邪噫後世志怠于平吴功隳于克蔡者其亦未聞召公之訓與

受小球大球爲下國綴旒何天之休

范永官

同考試官訓導余批（講綴旒處親切有味末句尤善發揮且無一語蹈襲陳言可愛可傳）

同考試官教諭周批（發天與人歸意明白而氣亦充贍録之）

考試官主事吴批（寓精采於冲淡可録）

考試官朗中郭批（得詩人頌體）

聖王朝群后而繫其心所以承天之眷也蓋人心之歸天意所在也商王所以得此者謂非敬德所至哉詩人頌美之意蓋謂維我成湯以一德之純而爲九圍之式于何見之觀其坐明堂以朝諸侯秉玉而入覲者有小國也小球受焉其獻享之敬有郝之而弗能者矣居南面以臨百辟執瑞而聽命者有大國也大球受焉其歸嚮之誠有違之而弗克者矣之綱之紀而聯屬乎萬方如縿在斿旒實綴之涣焉者有萃聚之勢會極歸極而維繫于一人如斿有旒維縿是綴散焉者有合一之機夫天命難諶每驗于人心之去留人心既得自獲夫上天之眷注宜默之中而保祐存焉四海之格萬福之攸萃也湯其有以秪承之矣赫臨之下而默相寓焉萬方之同百祥之攸集也湯其有以克荷之矣觀此則知天人之際感通無間而成湯福德之盛所以隆有商之業者不在是與抑論德者福之本敬者德之聚有商之業肇於受國是達恢於海外有截而盛于九圍之命原其本則率復不越者實其之矣聖敬日躋特光大之耳噫使後之子孫勿替引焉商雖至今存可也詩人雖以頌商之世德然萬世人君祈天永命之道豈外是哉

春秋

無駭帥師入極（隱公二年）翬帥師（隱公四年）公子友如陳（莊公二十五年）臧孫辰告糴于齊（莊公二十八年）公子遂如齊（宣公元年）季孫意如會晋荀躒于適歷（昭公三十一年）

方民悦

同考試官教諭汪批（此題作者多認傳不明而於聖人書法茫然不知所謂間有知者又皆窘於立言或冗泛不切要亦均未達吾夫子筆削之意耳此作斷制明白且辭不繁而意自足是用録之）

考試官主事吴批（主胡傳立説而詞尤嚴整用録爲式）

考試官郎中郭批（詞嚴義正）

春秋幸公選而明天刑有兩譏夫私者有兩示夫變者此無駭之不書氏异於季友臧孫羽父之不書卒异於仲遂意如義各有在矣何則仕不世官人臣無將魯有無駭以賢見任匪緣父兄之私以能見使不由宗親之故春秋於入極而不書氏非幸公選之猶存乎魯有羽父將兵奉使既柄用於公家迷國誤朝嘗躬行乎不道春秋於既没而不書卒非明大刑之所當討乎夫駭之不氏公選尚存矣則夫如陳之季友告糴之臧孫可無譏邪彼其靡周王之告命辰以備官者魯公也感翼戴之勤俾友以世卿者僖公也噫辰之官可私命矣友之卿可世授矣其如一王一統惟賢惟能之義何故友稱公子譏以貴戚故使爲卿也辰不書官譏不請王而自命也翬不書卒大刑是明矣乃於戕赤之仲遂逐昭之意如何不然邪誠以閳大臣之變恝然猶繹者宣公也幸大位之獲懵然忘讎者定公也噫仲遂之死可恝矣意如之惡可置矣其如一體一心在宮在官之義何故仲遂書卒因變以明卿卒之不當繹也意如書卒因變以明私勞之不當賞也比事以觀异同誠可考矣指意信無窮矣不寧惟是二百四十二年之間筆則筆削則削因則因革則革常以明道之正變以明道之中若山岳徒步异狀若化工隨物賦形謂之曰非聖人不能修游夏莫贊一辭諒乎

公會晋侯宋公衛侯曹伯齊世子光莒子邾子滕子薛伯杞伯小邾子伐鄭會于蕭魚（襄公十一年）

周資

同考試官教諭汪批（題本平易作者於悼之服鄭駕楚類能言之但於書法上多欠挑剔不失於分則失於混且集舊成篇殊爲可厭求其簡而明渾而當者僅見此篇取之）

考試官主事吴批（得謹嚴體）

考試官朗中郭批（深合傳意）

春秋序復伯之績有服貳之誠有駕外之謀觀伐鄭蕭魚之舉知悼伯之

功同於桓文矣昔鄭□中目楚憤俘樊晉楚之争鄭□日已久至是兵觀東門會講蕭魚悼之績底矣君子喜其事而序之若曰惟誠足以感人鄭之友覆苟徒以要誓爲質則尋盟尋叛亳北之載書可鑒也悼也知之禮囚納堠示不疑以結其心禁侵遣告矜不能以勸其來由中之信虛懷之款豈規規於盟詛約劑之末邪噫誠能動物悼其以誠而動者矣不然鄭固鄭也何二紀不復背而前之狐疑頓革邪至哉誠之能感人也惟謀足以制敵楚之憑凌苟徒以戰克爲威則勤民勤兵荆南之軍實方强也悼也知之和戎修事聽魏絳以息其民分軍逆鋭用知罃以敝其師待勞之策制動之□豈僕僕於戎伍奔闕之遑邪噫弗謀胡獲悼其以謀而獲者矣不然楚固楚也何三駕不能争而前之虐焰頓挫邪信哉謀之能屈敵也吁感鄭而鄭思附駕楚而楚知避悼之烈自城濮以來未有也序其績于會伐之下而不曰鄭會用見鄭非可信惟悼能結之楚非可馴惟悼能制之耳抑悼之賢豈至是始見邪子展曰晋君方明必不弃鄭則鄭之知悼也久矣子囊曰晋不可敵事之而後可則楚之知悼也素矣惜乎明於駕楚暗於通吴工於撫鄭拙於懷陳兹悼之止於悼君子不能不爲之重惜也

禮記

天道至教聖人至德

陳錠

同考試官教諭黄批（題本正大平易作者不冗則泛此篇以天道聖人互講而語不重複録之）

考試官主事吴批（講德教字有味）

考試官朗中郭批（説理之文明整如此非苟作者）

造化有極至之教聖人有極至之德蓋禮樂陰陽相爲流通者也在天者示於人在人者本於天此其所以爲德教之至也歟且造化默其教於無聲聖人法其道於有迹其妙一而已是故天道之運有陰陽也混兮闢兮而其運不窮一屈一伸而其流不息日月代行而明生也寒暑相推而歲成也天道陰陽之運如此至德之本不於是而著見乎吾知混闢之無窮即制作之根柢而默然有以肇其機屈伸之相感即禮樂之藿興而渾然有以通其妙無聲無臭之真實有體有聲之主蓋若有教使之而不能已者焉聖人之作有禮樂也玉帛交錯獻酬行而動不妄聲容具舉倡和應而音有倫肅肅乎禮儀之卒度也雍雍乎終始之相生也聖人禮樂之作如此天道之妙不於是而效法乎吾知禮由陰作經畫於躬行心得之餘者翕然與混闢者同其妙樂由陽來推本於精

神心術之運者藹然與屈伸者同其機聖人有心之爲一天道無心之化蓋實有奉承之而不能違者焉是則天道示自然之妙聖人成制作之功其教其德豈不各極其至哉抑嘗究之禮樂未作聖人之妙藏於天地禮樂既作天地之妙寓於聖人相爲體用而未始有二也易曰先天而天弗違後天而奉天時又曰天地設位聖人成能此之謂與然必建中和之極而後足以語此不然天地至於今位也陰陽至於今運也而制作之妙何未之多聞邪

奮至德之光動四氣之和以著萬物之理

張袞

同考試官教諭黃批（題意甚明而士子率謂奮動著是樂聲中具者不是樂之功用審爾則奮之動之著之孰致之而樂亦將奚用邪此作得之）

考試官主事吴批（講奮動著字不類衆作）

考試官朗中郭批（樂記義不當如是邪）

發動天人之妙而著明事物之理君子之作樂然也甚矣天人至妙而物理至廣也君子作樂而發動著明之樂之用大矣哉見於樂記者如此謂夫君子之樂修身以立其本矣聲容以備其文矣其用何如哉是故至德之光隱而難見也樂則有以章之聲音洋溢有以宣其忻喜懽愛之情而有耳者可行於其聲文采昭宣有以發其優柔平中之妙而有目者可得於其容剛之發而見其嚴毅焉柔之發而見其寬裕焉揄揚昭灼德之光不亦章乎四氣之和妙而莫測也樂則有以動之聲音以鼓之而生物之機藏諸用者顯諸仁文采以揚之而運行之妙過於前者續於後陽之動而不至於散焉陰之静而不至於密焉流行磅礴氣之和不亦動乎至若物之情理有萬其殊也樂則有以明之清濁大小之節秩乎親疏貴賤之倫而物類以之感動高下隆殺之分焕乎類聚群分之理而倫理以之貫通翕合之中有分際聲容之外無餘理矣物之理又何其明乎君子作樂之妙一至於此則其廣之以成教也有以哉抑論樂之道大矣其未作也天人物理肇其體其既作也天人物理資其用效法感應之機有固然者然非君子窮理治心以至安久天神之妙則亦愧天怍人而於物不相管矣如樂乎哉是故必友情和志修身以立其本而後可以語此

第二場

論

君子之道費而隱

周采

同考試官訓導余批（我國初文體莊重典雅近來士習頗尚奇靡故建議者諄諄以黜浮崇雅爲言期不失其初耳昔朱晦菴嘗謂嘉祐中文人雖若甚拙皆當世有名之士所以風俗渾厚後來窮極華麗都散了和氣誠確論也此作理充詞暢一洗近習不求工而自工噫得士如此可以當明詔之求矣）

同考試官教諭周批（士子平時作論類能敷演一遇性理文字便爲束縛此作議論醇正而文思溢發猶若未竟其説者豈嘗留心理學者耶）

考試官主事吴批（文有思緻有筆力讀此則素窘是作者釋然矣）

考試官朗中郭批（此題是子思發聖人之所未發子能體認真切又發子思之所未發者佳士佳士）

道散於萬而原於一論道者達諸天而已矣天者道之原也天一故道亦一一者萬之實也萬者一之分也以其實故謂之體以其分故謂之用維天之命於穆不已是故一者不可得而見矣夫其不可得而見也非秘也其體固若是隱也命之立也性之涵也神之宅也太極之妙也而所謂天者則一而已矣百姓貿貿焉生死大道之内而不求其原淆諸萬而昧其一馳志於無所紀極之求而離真於汗漫不可執之歸遂以爲道終不可求焉嗚呼天下豈有不可求之道哉子思子憂焉爲之説曰君子之道費而隱其達諸天之論也乎且費隱之説吾未之前聞也子思子胡爲言之夫子蓋嘗示其端矣曰吾道一發貫之又嘗發之易矣曰一陰一陽之謂道又曰陰陽不測之謂神夫其所謂貫者所謂陰陽者而謂非道之費也可乎所謂一者所謂不測者而謂非道之隱也可乎子思子蓋有所受之矣今夫道之在天下陰陽五行以闢其化鬼神屈伸以握其機彝倫典秩以彰其實禮樂名物以盡其繁飛走動植以綜其變元會運世以窮其紀是故言乎上下而察也言乎遠近不禦而静正也言乎大小敦化而川流也言乎巨細精粗兼體而不遺也此道之用也夫人能知之而亦能言之曰道若是廣矣道若是廣矣然而徒見其廣而不求其所以廣知其用之萬而不知其體之一也不知其一可謂知原乎不知其原可謂知天乎不知其天可謂知道乎蓋天下之道有無盡之矣庸詎知其無無而有有者乎無無者入于幻矣語寂滅者之所以往而不反也有有者滯于器矣徇生執有者所以物而不化也是故有非真有以其可見謂之有無非真無以其不可見謂之無可見者用之廣乎□可見者體之微乎體無定用惟變是用無斯有矣用無定體惟化是體有斯無矣費隱之説將於有無之間求之乎曰未也吾借有以形費費不盡于有也吾借無以彰隱隱不盡于無也有無不足以盡道道將惡乎

求亦求其一諸天者而已乎夫天寂然静而已矣淵然密而已矣冲然虚而已矣其流行者謂之命賦予者謂之性我微而充周者謂之神渾淪而不可加者謂之極道之體於是乎存矣故命者道之立乎性者道之成乎神者道之運乎極者道之建乎而其在于人也則具之心矣心涵乎性則爲喜怒哀樂未發之中而天下之大本立焉性達乎情則爲發而皆中節之和而天下之達道存焉而所謂天者實行乎其間矣天清通而不可象而道何象之可擬天不言而成化而道何言之可求不見不聞泯其朕矣無聲無臭寂其機矣是故出其淵然者以宰動而實天下之至静也出其粹然者以應感而實天下之至密也出其冲然者以受有而實天下之至虚也推而至於日月星辰有變化矣而不知其所以變化之者孰綱維是山岳河瀆有流峙矣而不知其所以流峙之者孰主張是昆虫草木禽鳥魚鼈生且死其中而不知其所以生之死之者孰隆施是故以上下則無所於拘以遠近則無所於就以大小則無所於求以巨細精粗則無所於執蓋其放也渾淪磅礴若不可竟而探之不盈乎一掬其發也昭晰呈露若不可掩而斂之則歸于無朕道之體如是其微已矣不然聖賢將以覺天下者豈好爲是詭秘之談而愚其民以不可測哉亦曰道之不明不行也始于求之太遠而遺其近逐於其所不可窮而忽其所易忘是故指其原而示之曰斯道也費也一之萬也隱也萬之一也皆天也非人也蓋示之密也非鑿之深也約之歸也非秘之晦也憂之之至意而非愚之之術也於是天下之人曉然知道在我而不假於外求有至命之事有盡性之功有窮神之學有立極之功以一統萬則不潰以微制顯則不迷以我合天則道自我御以致中和位天地育萬物矣而何有於不明何有於不行哉抑是道也堯舜得之以用中武周得之以達孝仲尼得之以祖述憲章通有無合内外一顯微斯其至矣自周衰先王之道不明老聃莊周以其虚誕曠蕩之説馳騖于天下而管晏申韓之徒又以權謀功得之術雜出乎其間而其極也至以道爲贅疣而弃之子思子其誠有不得已於言耶子思子没孟子爲之説曰夫道一而已矣孟子没董子爲之説曰道之大原出於天其後周子復爲之説曰無極而太極皆所以明道體也固費隱之説也噫學者苟無得于戒慎謹獨之功以身體之以心驗之而遽欲求造夫斯道體用之妙豈不難哉故曰神而明之存乎其人

同前

曠宗舜

同考試官訓導郭批（文以理爲主以氣爲輔理勝而氣不充則詞萎萎

則靡氣充而理不足則詞粗粗則浮二者兼到而又出之以和粹則之以矩度方是大家之文若吾子者其可以與是耶）

同考試官教諭林批（天下之道費隱盡之矣費隱之説微顯盡之矣此是中庸第一等議論全著不得他語場中士子摭拾陳言殊是厭觀晚得此卷只據有無立論而子思于之本意自見于言外蓋亦可謂費而隱者矣）

考試官主事吴批（蒼然之氣蔚然之文且體裁脱俗自是一家當有能辨之者秋闈首選無以易子矣）

考試官朗中郭批（詞健氣昌奇偉之作也讀之令人起敬）

甚哉斯道之神也至有而至無焉有無不測斯神矣於其有見道之用焉於其無見道之體焉充塞天地貫徹占今其所謂有乎上天之載無聲無臭其所謂無乎夫徇生執有者求有於有者也語寂談虚者求無於無者也有無分斯道荒矣達無於有推有於無混融合一彼此無間斯其謂神乎斯其謂神乎夫是道也嘗見其沛然行勃然來充然滿盎然澤綴然而聯矣亦嘗見其卒焉止忽焉去黯焉消瘁焉枯涣焉而散矣亦嘗見其統乎天地包乎岳瀆被乎窮荒漸入於毫髪砒□野馬絪緼矣然而其行也止也來也去也滿而澤也消而枯也聯而復散也其所統也包也被也漸而入也不以速不以故不以約無所於自無所於因無所於朕無以引之竟無以繫之弭無以鑽之入夫以速則可御矣以故則可求矣以約則可待矣有所自則可預矣有所因則可必矣有所朕則可窺矣有以引之繫之鑽之可執而玩矣可御可求可待可預可必可窺可執而玩則形器矣形器則亦可弊矣惡乎曰隱乎非隱惡以爲有而費乎夫惟其行也不可速也來也不可求也滿澤而消瘁不可待也去而止也來而散也不可預也其所統所包所被所入也不可窺繫而執玩也斯則天下之至有焉斯則天下之至無焉夫至無則能有矣至有則能無矣夫有而無有非實也無而有無非虚也有而不實無而匪虚其不測之神乎是故君子虚以通其有睿以燭其無合一以窮其神虚則無所執而有可通矣睿則無所墮而無可燭矣合一則化而神可窮矣虚而不執睿而不墮合一而不偏其與道爲體乎亦嘗驗之焉寂然不動喜怒哀樂之在中者何如也感而遂通發而皆中節者何如也但一念之間方無方有一日之間朝無暮有雖或全無也而亦有時而有者焉雖或全有也而亦有時而無者焉是則體道之功奚可闕乎故必自戒懼而約之則富有自謹獨而精之則日新富有之謂大業日新之謂盛德德業至有無妙矣有無妙則天也人也混融而無間矣君子之道其不在兹乎其不在兹乎

表

擬宋以翰林學士歐陽脩知貢舉謝表（嘉祐二年）

周資

同考試官教諭汪批（宋自歐公知貢舉文體始變亦是世道一大關鍵吾子蓋善道歐公心事者）

考試官主事吴批（凡作表寓議論於駢儷中方是家數此作明暢渾融不見痕迹佳士佳士）

考試官朗中郭批（詞婉而盡似得歐公三昧者高薦允宜）

具官臣脩謹言伏蒙聖恩命臣知貢舉者鑾坡視草久叨儤直之榮鎖院掄材誤辱明揚之寄知人在哲揣已奚堪臣誠惶誠恐稽首頓首竊以虞闢四門來嘉言而罔伏商儲三後陟耿命以丕厘惟明主立賢無方故治世得人爲盛賓興之典既墜科目之制斯隆漢舉賢良尤兼乎射策唐工詞賦奚取于明經法屢變以愈新士浮華而無用恭逢昭代式重鴻規伏念臣少厄孤貧長知問學撥寒灰而畫地時憶毋劬搜敝篋之殘編仰懷賢哲有爲則是慨駑劣之未前何處得來慚聖明之見録戇諫偶遭乎三黜虚名幸厠于四賢自外郡召至内廷忽拜絲綸之寵非宿儒處以重地再瞻日月之華論思每乏乎格心報效已窮于綿力况霜毛衰颯方馳情六一之居而冰鑒沉霾敢妄意三千之選適承人乏過被恩私兹蓋伏遇撫運亨嘉凝圖丕赫三聖有光于纘緒萬機每飭乎時幾偶因黠夏以勤兵時御經筵而問道刈麥著省耕之咏憫農再見于豳風燒羊忍中夜之饑惜費奚稱乎漢德龍圖賜詔明端增敢諫之風鹿洞頒經海宇仰崇儒之化謂貢舉係人材之進退而文章關氣運之盛衰自五星奎聚以來詞華盛矣沿八角磨盤之後士習靡然險句聱牙競逐雕虫之技狂瀾倒海孰收砥柱之功爰命詞臣出司文柄許經幃而暫輟秉鉛槧以來臨點綴珠璣聊借上方之彤管輝緟錦繡遥分□□之青藜此儒者之榮觀奚菲才之濫及臣敢不矢心天日竭智涓埃筆陣生風聽春蠶之競巧墨花飛霧看萬蟻於戰酣東壁横斜驚睹文芒之耀夜堂深閴躬親校閲之勞辨白璧于塵中敢謂眼迷日色拾青錢于選内可憑頭點朱衣道不本諸聖經言雖工而弗取文能變乎怪體善雖微而必收蓋鑒别在公公則明明則妍媸具見而甄求貴審審則精精則巨細罔遺未敢望拔十得五之稱冀可免掛一漏萬之誚韓昌黎之起衰濟溺在昔已然王師旦之崇雅黜浮于今可法伏願萬邦作乂九德咸宣求賢傾饑渴之誠尚期帝賚望道儼羹墻之見益闡皇猷有翼有憑濟濟咏周禎於王國乃文乃武明明協唐運以中天臣無任瞻天仰聖激切屏營之至

謹具表稱謝以聞

第三場

策（五道）

第一問

曠宗舜

同考試官訓導郭批（仰惟我皇祖聖上嘉謀懿範垂播中外如日月之麗天繪畫者難于形狀此作鋪叙詳盡模寫獨真其涵濡聖化而有得者耶）

同考試官教諭林批（士子習讀經史至本朝典章彝訓鮮能究心者子獨敷揚殆盡且詞藻焕發真足鳴國家之盛者即此可以魁多士矣）

考試官主事吴批（策有規頌得體）

考試官朗中郭批（起結處亦自不凡不獨善敷對而已）

天下之治其天下之聖爲之乎天下之道其天下之聖盡之乎所謂治創業中興是也所謂道修齊治平是也故必有道焉而後可以爲創業中興之本有治焉而後可以爲修齊治平之徵道以興治則明明則章章則化治以達道則順順則行行則神故創業而非道則非可久可大之規中興而非道則非善繼善述之道然則非天下之至聖不足以創非天下之至聖亦焉足以致中興也哉此古之堯舜禹湯所以爲創業之君而中興之主又孰能過商宗周宣者乎宜乎其典謨訓誥垂之萬世而無弊也執事以我聖祖及今上之創業中興之懿下詢承學愚生也晚雖有所聞不過管窺蠡測而已何能揚厲其萬一乎然執事所謂與典謨訓誥相表裹者其大本大原愚則知之矣敢不摭拾以對欽明文思浚哲温恭堯舜所以開唐虞之治也然而曰命官曰齊政曰授時曰敦典曰庸禮非其典之所示乎祗台德先肇修人紀禹湯所以開商周之治也然而曰奠山曰播藝曰允殖曰建中曰懋昭非其謨之所載乎至若商道中微高宗振之矣周室不競宣王復之矣其説命等篇江漢諸詩皆其所垂之訓也是蓋盡善而盡美至大而至純吾何間哉先儒曰虞書渾渾爾夏書噩噩爾商周其洋洋乎是即執事之所謂純乎無以議也漢之高帝不五載而成帝業矣大風之歌可以爲典乎唐之太宗化家爲國矣帝範政要可以爲謨乎宋之太祖不戰而有天下矣海日之作可以爲誥乎武帝宣帝謂之漢中興可也表章詔令此之謨訓則難憲宗高宗謂之唐宋之中興可也政事文章進之典謨則愧君子曰漢雜伯唐雜夷宋仁柔而懦執事所謂符於古者殆難矣然則非唐

虞三代何以見吾聖祖今上之同乎非漢唐宋何以見我聖祖今上之大乎我太祖高皇帝以天授之資神武之略掃腥膻於沙漠平僭亂於中原定禮樂於淫污復衣冠於左衽渡江一檄凛凛乎華夏之防登極一詔渢渢乎天地之紀而又有存心省躬之録表其誠也啓忠延賢之篇昭其度也卧碑監規之設端其則也修女誡以示内也著職掌以示外也教訓諸王則有昭鑒一録訓誡臣民則有大誥三編禮儀有定式軍政有定例則所以辨上下詰兵戎者善矣律令有定條賦役有定額則所以詰奸慝時地利者善矣注洪今治亂之迹章矣觀莫論輔臣有曰心爲身之主帥若心不正則萬事非矣又曰朕上畏天地下畏兆民兢兢業業不敢自逸又曰人心之欲無涯不可不節至於山川去帝王之號則祭禮有典與徼福於金馬碧鷄者异矣婚姻重同姓之防則男女有别與瀆亂天倫者殊矣此嘉言善行見於史氏之傳録真足以超漢唐宋與堯舜典謨相并矣今我皇上應祖訓之遺文順中外之推戴起於藩封入繼大統正紀綱廢弛之餘權奸播弄之際思欲振刷整飭之乃嚴毅以去奸佞謙恭以禮大臣徽號正而父子以親世廟立而祀禮以定後宫無盛色之譏宦寺復掃除之役减租税以益民重國本也節妄費以足食厚國儲也罷四方無益之獻則德謹矣塞諸途幸進之門則官正矣諸臣奏疏親賜批答其克勤庶務者乎四方灾异敕諭修省其謹天戒者乎廟祀有詩所以著尊祖敬宗之心除夕有作所以寓省過進善之意敬一有箴傳聖賢之心法五箴有訓闡程范之微言表尚書之三要疏遺治之五事製冠服而有圖説之頒遇灾异而下罪已之詔此嘉言善行見於儒臣之傳録真足以紹我高皇帝之統而陋漢唐宋於下風者矣嗚呼莫爲之先雖美弗彰莫爲之後雖盛弗傳是蓋王業肇啓固貴於嗣守之有人世德作求尤賴於前烈之丕顯我高皇帝作之於前聖天子述之於後真若成湯武丁之相者聖祖神孫後先相望盛德大業啓佑無疆有以衍國家億萬年之休猗與盛哉

第二問

曠宗舜

同考試官訓導郭批（禮經一策用觀士子留心古學此作考據精詳敷對明暢録之非直取其强記云耳）

同考試官教諭林批（禮經全缺在人此是獨得之見如或知爾執此以往可矣）

考試官主事吴批（才與識俱優可録）

考試官朗中郭批（博洽中有斷制高識之士也他作俱優録此以例之耳）

讀聖經於錯亂之後則當會其心用聖經於殘缺之餘則當師其意夫經果全乎吾不知也讀之而不得其心焉則全猶缺矣經果不亂乎吾不知也用之而不師其意焉不亂猶亂矣會其心則通其禮於异同而合其儀於隆殺師其意則不泥其文於久遠而同其政於和平是故經之亂匪經亂也人亂之也經之全匪經全也人全之也讀易而至於韋編三絶豈記誦於言語者乎一言而誦之終身豈習説於詞章者乎若夫後世之誦經者以臟敗擬易者以謏名元凱失左氏之意孔光柳宗元之不識字是皆爲讀書而不會其心者矣尚何望聖經之全乎執事以三禮下詢承學愚敢曰會其心可也師其意可也三禮者何周禮儀禮禮記是矣周禮之爲書也備體國經野之規建官分職之義誠哉周公致太平之書也奈之何封建之制不與王制合建都之制不與洛誥合則曰此文王治岐之書成周理財之書也見九畿之制不與禹貢合六官之制不與周官合則曰此戰國陰謀之書漢儒附會之書也亦何不思之甚也及至劉歆以考工記補之遂至不可致詰而冬官若亡矣故先儒謂聖經不亡於秦火而壞於漢儒若内史司士之類當屬之天官大司樂之類當屬之地官春官之文有雜在他官者如封人大小行人之類是也夏官之文有雜在他官者如御枚氏司隸之類是也掌祭之類知其非秋官之文縣師廛人之類知其爲冬官之文長必有屬屬必以隸長緣職掌以考之參文義以稽之則冬官固未嘗缺也明矣此非吴文正公之意也陳氏俞氏之意也古者述朝享聘祭之儀車旗服飾之制謂之曰儀禮孔門弟子述其古禮之遺變禮之由謂之曰曲禮夫固先王經世之典也奈之何議儀禮者則曰馬鄭叙述周禮而不及儀禮劉班叙述儀文而不及儀禮喪服皆講師問答之語終篇無天子諸侯之文其議禮記者則曰曲禮作于曲臺王制成于博士月令記秦世之官緇衣非魯論之舊吁亦何不思之甚哉及至王安石参以新經義遂至不列學官而此書遂廢矣故愚謂聖經既壞於漢儒復大壞於宋相若儀禮有冠禮有昏禮禮記則有冠義昏義儀禮有士相見禮有鄉飲酒禮禮記則有士相見義鄉飲酒義儀禮有鄉射禮有大射禮禮記則有鄉射義大射義儀禮有燕禮有聘禮禮記則有燕義聘義禮必有義義以釋禮緣文義以考之參經籍以證之則禮記非自爲經明矣此非吴文正公之意也考亭天子之意也然説周禮者有謂九嬪九御何以雜乎天官庖人饔人何以勞乎冢宰宗伯典禮文矣而遺於教司馬專賦税矣而兼乎兵其他絲人司裘近乎奢貫齒塞淵近乎誣灑灰殺黽近於慘置官之可疑已如是矣抑不知周公大小相維之深意乎讀儀禮有謂古禮五十七篇今而冠公符於首則是分飲射爲二則非置投壺於末則是分器運爲二則

非篇目增損之可疑又如是矣抑不知二戴之去留固非而飲射諸篇之不可合者固也必欲足古目之數析文義之同而章句之間有不能强通者矣惡乎貴哉嗟夫周禮果可行於今乎曰奚爲而不可行焉匪周禮宜惟人無弊不行焉惟人之弊匪周禮弗宜慨昔周公未作之時思兼三王以仰思四事固不獨求三王之迹也欲師周公者其不合者亦仰而思之耳若一一按其迹而行之則古今异宜彼此异勢此新莽所以敗於前而神宗又敗於後乎或謂王通如用周禮其行乎愚曰幸王通之未用耳使通而見用則人見周公而戚嗤矣夫王通之學夫子不以其道而拘拘於言語文字之間其能會周公之意於千載之上乎夫明以達道道以會禮禮以察物物以經政政以是則周公之意得矣故曰天下之禍莫大於悖古亦莫大於泥古謹對

第三問

周采

同考試官訓導余批（自樂經既亡此學失傳久矣有宋諸大儒繼作始有定論吾子敷對詳明鑿鑿可據讀之使人忘倦真所謂善待問者）

同考試官教諭周批（問樂一策經生能得肯綮者甚少此作長於考據蓋其用心之日久矣健羡健羡）

考試官主事吴批（求元聲以後古樂此今日要務知樂如子者可以薦矣）

考試官朗中郭批（不泛不略）

欲求聖人作樂之妙當先求之作樂之本次求之作樂之文蓋聖人之樂有本有文本者其體也文者其用也非體不立非用不行體者何聲氣之元是也用者何律吕之具是也因聲氣以定律吕因律吕以和聲氣此二者交相爲用而不可偏廢者然於先後之間當知其序庶乎樂之妙可求矣奈何世之言樂者不求之金石之錙銖則求之秬黍之毫末嗚呼其於樂也淺矣安得知樂者而與之言樂哉此三代而下愚深有取程張朱蔡之論而不徒於律吕金石之間已也敢以是爲明問復夫自黄帝堯舜皆以功成而作樂其曰雲門言衆和之所出也其曰咸池言無不被也其曰韶謂其紹聖人之後也曰大濩非謂其能救民乎曰大武非謂其能止戈乎是其樂也既非無因而强作而其作也又得夫聲氣之元此其志氣天人交相感應不吕而和不律而節論倫無患樂之情也欣喜歡愛樂之官也執事所謂獨得創作之妙者非與易曰雷出地奮豫先王以作樂崇德書曰詩言志歌永言聲依永律和聲既象其聲復取其義聲所由生聲所由和執事所謂論樂之始者非與天地之數始於一終於十一三五七九爲陽九者陽之成也二四六八十爲陰十者陰之成也陽聲之

始陽氣之動均其長得九寸審其圍則九分此十二律以黄鍾爲重宫最大而沈濁羽最細而輕清商之大次宫徵之細次羽而角居四者之中然世之論中不以角而以宫蓋聲陽也自下而上未及其半則屬於陰而未暢故不可用上而及半然後屬於陽而始和故即其始而用之以爲宫之一聲正當衆聲和與未和陰陽際會之中此五音所以以宫爲主也八音之序先於金石金石土爲陰陰逆推其所始是以先金石而後土匏竹木爲陽陽順序其所生是以先匏竹而後木革絲居陰陽之正是以先革而後絲二音之變獨於宫徵者宫與商商與角徵與羽相去者一律角與徵羽與宫相去皆二律一律則近而和二律則遠而不相及故宫羽之間有變宫角徵之間有變徵此皆出於自然以濟五聲之不及奈何聖遠道湮代更樂壞逮於東漢之下以接西晋之初歷魏周齊隋唐五季論者愈多而法愈不定及宋而胡阮李范諸賢終不能以相一也執事欲復古樂而以四子之説爲問生以用四子之説而古樂庶可復也故必先求之作樂之本如周子之復古禮以變今樂程子之考音聲以定秬黍張子則以人之德性爲本蔡子則先求聲氣之元庶乎元氣可求中聲可得也如荀勖得牛鐸於趙人而聲律以諧故當時有暗解之譽阮咸得玉尺於田夫而較量無异故當時有神解之稱者然徒區區於器數之末本則未知也次求之作樂之文考漢斛之積分以定黄種圍徑之法稽小司馬之説以定寸以九分之則五聲二變之數變律半聲之例則杜氏之通典具焉變宫變徵之不得爲調則孔氏之禮疏因亦可見庶乎吹之則聲和候之則氣應如王朴之所定以鍾律爲本范鎮之所論以秬黍爲則然徒區區於文爲之具本固未論也古樂何望哉嗟夫周衰樂廢典籍不存後之言樂者拘夫器數之末雜以鄭衛之音漢有宗廟樂有房中樂唐有凱樂有燕樂宋有雅樂有平晋樂有朝天樂不過助欲長怨何能有補哉然樂之制雖亡而樂之本尚在蓋和樂者樂之本也學者誠能和樂以養其心而樂之本庶其在是乎執事以爲何如耶

第四問

胡彦

同考試官教諭陳批（刑之爲用固不可廢允有不可不慎者此策稽經證史雖舉寬嚴并論而必以矜恤爲主藹然長厚之意溢於言表可以占其所存矣）

同考試官學正陳批（刑罰之道本諸仁義隨其所感而順應之耳觀其所對具得此意蓋知要領者）

考試官主事吴批（條答不遺非淺學可到）

考試官朗中郭批（明贍）

君子之用刑也寬而不失於縱嚴而不至於殘夫用刑之道寬與嚴耳寬以濟嚴之太過嚴以損寬之有餘則刑罰中而民服矣或主於寬寬則民慢而惠奸長惡之風不可禁也或主於嚴嚴則民殘而草薙禽獮之慘豈不良可憫哉故寬可也一於寬則不可也一於寬不可也一於嚴尤不可也不一於嚴則嚴未嘗不寬不一於寬則寬未嘗不嚴寬嚴相濟刑斯理矣執事以寬猛之宜下詢承學其意不在兹與愚也敢以是爲明問復天生五材孰能去兵聖人五教孰能去刑刑之説何自而始乎易曰利用刑人又曰利用獄曰先王以明罰敕法曰君子以折獄致刑書曰五刑有服五服三就曰上刑適輕下服下刑適重上服小司寇一曰詞聽二曰色聽三曰氣聽四曰耳聽五曰目聽則刑固聖人之所不免也曰罪疑惟輕曰辟以止辟曰君子以議獄緩死曰君子以赦過宥罪曰聽獄訟求民情曰原父子之親立君臣之義其微意所在何嘗不主於寬乎大舜之制刑曰欽曰恤欽則恭承民命恤則視民如傷文王之慎罰曰敬曰忌敬則有所不忽忌則有所不敢故程子不取刻核之論謂嚴而不求其情而其流必入於酷朱子獨憫死者之無辜謂寬而失於縱則非所以爲寬二子主寬之意將無同與漢之法始定於蕭何中紛更於張湯桑弘羊再論於仲長統崔實其近於寬者惟文帝乎故志曰躬修玄默勸課農桑禁網疏闊斷獄四百唐之法始議於長孫無忌戴胄中變於來俊臣李林甫得其平者其高祖太宗乎故志曰受隋禪而命劉文静定律令之制以寬仁而用魏徵行仁義之言宋祖以仁厚立國以禮義爲治故志曰宋興削除苛暴委任儒臣士初試官皆習律令一坐深文終身不進其刑法之定於趙普諸賢則寬新法之更於王安石則嚴中變於司馬光者則寬繼變於秦檜者則嚴果可謂之純於仁義乎刑之不得其平亦已久矣其間若張釋之無冤民于定國之不冤暴勝之之納諷徐有功之平恕求其善可爲法者非斯人乎若商鞅之車徇張湯之自殺嚴延年來俊臣輩之不得其死求其惡可爲戒者又非斯人乎我國家稽古定制律令有條不得以私情爲出入頃歲以來皇上有恤刑之詔又命不必以成案爲因循其所以保邦本慎國脉之意周且密矣今之司獄者將如何而後可善乎張子之言曰治獄所以不得其平者蓋有數説視上官之趨向而重輕其手惑胥吏之浮言而二三其心不盡其情而一以威愓之不原其初而一以法繩之西山真氏之誡同官曰斷獄不公聽訟不審淹延囚繫慘酷用刑泛濫追呼招引告詰吾何爲犯其議以虧皇天好生之德乎嗚呼夫刑非得已而用之也以不得已而用之則刑寬而民服以得已而用之則刑酷而民冤故聖人之治

尚德不尚刑聖人之刑尚寬不尚嚴司刑者毋或得已而不已也

第五問

陳錠

同考試官教諭黄批（理財乃今日之急務周禮實理財之成法用觀士子識以裨實用此策援古證今論有根據且經晝利弊纖巨不遺鑿鑿可施之用不意韋布中乃有留心天下如此者大庭之對吾於子不能無望矣）

考試官主事吴批（博洽之才經濟之學場中如子者可多得耶）

考試官朗中郭批（區晝時務悉自胸中流出末復歸重儉德可謂知本之論矣）

國依於民則知民財之不可不足財蠹於用則知國用之不可無經夫財出於民者也而豐儉之度則制於君也使其取諸下者無藝用于上者無節則上下俱困而國非其國故八政以食貨爲先而庶矣必繼以富此制治保邦之要道而聖君賢相不可一日不講者也理財之法吾於成周得其詳焉周禮一書周公致太平之典也而理財之道大要有三生天下之財存乎仁取天下之財存乎義用天下之財存乎禮是故繫之九兩以定其業任之九職以厚其生雖無常職者允使之轉移執事仁以生財之謂也財足矣然後制九府之法以取之輕重多寡内外遠近皆酌爲中制而無一毫之過焉義以取財之謂也而又制爲九式之法以用之自祭祀賓客以至匪頒好用從而均節之焉禮以用財之謂也三者舉而理道得矣若王莽用之而敗於前王安石用之而敗於後非周禮之罪也用之者之罪也孔子曰若欲行而法則周公之典在王通亦曰如有用我執此以往舍周官而言經制者未見其爲可也賦役繁重秦不足道也漢懲秦弊田租十五税一加以文帝之躬行節儉專務休息却駿馬而不御罷露臺而不修此其所以海内富庶錢朽粟紅至於武帝之時内侈土木外勤兵役海内虚耗則財惡得而不匱哉賦役煩苛隋不足道也唐承隋後授人以口分世業之田加以太宗之敦行仁義安養困窮重民力而罷遠戍鑒秦失而停殿材此其所以斗米三錢夜户不閉至於天寶之時内寵哲婦外縱强藩四方多事則財惡得而不竭哉宋則版部有左計有右計有總計其後三司有使度支有使磨勘有司會計有録祥符天禧之間可謂盛矣然一壞於熙寧君臣之變更再壞於紹興以後之妄費而用遂不可支矣恭惟聖祖立國之初費用并集蠲租之令無歲不下而財用不聞其有匱乏者蓋由聖祖仁義之德本乎天性而儉約之風洽於海内而又出納之有度也積貯之有素也然而歷世既久用日以煩弊日以積其勢有不得不然者矣惟我皇上即位之初制節謹度

宜夫財之無不足也夫何頃年以來少有警急則動支内帑其曷故哉蘇軾有曰爲國有三計九年之蓄常閑而無用者萬世之計一歲之入纔足以爲一歲之出者一時之計也至于最下而無謀者量出以爲入用之不給則取之益多此不終月之計也竊見夫入粟之令數行而郡國之虚如故榷税之官并設而内帑之用不充萬世之計顧如是乎蘇軾又曰足財之道非求財而益之也去其所以害財而已害財有三吏冗一也兵冗二也費冗三也竊見諸司有定員而武功之賞太濫軍士多失伍而食粮之籍日增其他不急之務無益之費亦往往有之則於是三冗者夫亦未能免乎蓋理財之道無他在節與不節耳能節則雖虚必盈不節則雖盈必虚節之爲言人君制用之要誠不逾此否則必爲桑弘羊王安石之説非國家所宜聞也洪惟我皇上秉離照之明奮乾剛之斷務其所以生財如周官之所載去其所以害財如蘇轍之所謂惜名器而爵及有功慎錫予而賞以天下然後可以議制用矣雖然非要也慎乃儉德刑於家邦樸素之教始自貴近則財用不其節而自節王制所謂十年之餘蘇子所謂萬世之計庶幾在此矣謹對

湖廣鄉試録後序

皇上嗣大歷服稽古圖治凡禮樂刑政典章名物悉協厥中矧取賢斂才之法尤國家首務哉今年爲嘉靖戊子秋八月寔維天下貢士之期上命郎中臣日休主事臣龍主湖廣試事臣等聞命兢惕惟弗克祗承明德識拔真才以弼盛治是懼乃兼程而南就事事竣當疏名梓文彙爲録以獻臣龍以職事謹拜手稽首序其後臣惟文運之昌實與氣運相爲流通所以敦篤培養斡旋轉移之機則在上之人耳惟我聖祖高皇帝繼天立極用夏變夷以經術造天下之士雖諸子史無不學而經爲重設科取士雖論策諸文無不校而經義爲主凡非聖之書不經之學如近代詞章誦記之格悉擯焉列聖相承益隆紹述行之百六十餘年於兹士争自濯磨非六經不以言非本諸身心該諸物理不以學漸磨涵煦充足有餘故凡形之啓沃紀之國史布之祠祝著之章疏雖繁簡華實不能盡同而國初渾厚之氣淳朴之習皆於是乎徵之恬熙既久文日益盛而體裁之异不無漸失其初者變而通之兹非其時乎皇上頃緣大臣之議特賜明詔以風勵天下文體務在平實爾雅根諸理核諸事者進之蓋將驅浮華詭异之習以復我祖宗深厚淳古之風士際斯時亦何其幸哉宜必有光明俊偉奇特之才穎脱其間者矣矧兹荆湘之士涵濡聖化尤深又安敢謂無若

人袖然爲天下先者出邪孔子曰有德者必有言顔淵曰舜何人也予何人也有爲者亦若是夫文言之精者也玆多士見録有司馴且再升論定服有官政尚舉所學與今日先資之言力行以求其信本之於身施之於民極之於輔理成化舟楫霖雨若傅説之於高宗篤業迓衡若周公之於成王世道亦或有攸賴以復古者而何國初人才之不相及哉則斯文者雖謂之經緯天地固可也祖宗之所深培厚植皇上之所鼓舞作新均無負矣一或工於詞而德之不孚言於始而終之或違則藝焉而已多士尚其思之毋使今日之文後之人以藝觀之則至幸焉臣玆濫竽校文之責極知譾陋不足以仰副皇上旁求之志然而惓惓以人事君之誠亦自有不能已者故於録之終以是告之

禮部祠祭清吏司主事吴龍謹序

嘉靖十年湖廣鄉試録

湖廣鄉試録序

嘉靖十年例應鄉試取士禮部以湖廣考試官請上命給事中臣王禎行人臣朱隆禧行矣未幾臣隆禧弗果至禮部復以請上命行人臣謙往時蓋七月十二日也臣受命祗懼嚴程以進越十有三日入湖境則聞臣禎又弗果至矣益爲惕然初湖中但知二臣者之去而不知臣之來也自鎮守太監臣潘真巡撫右副都御史臣凌相以下咸慮焉顯陵督理大工内官監太監臣傅平工部左侍郎臣黎奭撫治鄖陽右副都御史臣潘旦巡撫南贛右副都御史臣陶諧清戎御史臣陸琳慮亦如之若郎中臣劉佐臣張淑主事臣華察行人臣李遂錦衣衛千户臣李鵬皆奉命而莅兹土者亦與厥慮臣至則皆喜曰來何速哉事其濟乎其尤深喜者監臨官巡按監察御史臣組提調官右布政使臣鐸左參議臣日休監試官按察使臣峨副使臣錫也其參政臣黄焯臣劉棟參議臣胡德臣鄺灝副使臣文明臣朱珮臣陳卿僉事臣周佐臣孟居仁臣毛紹元臣陳嘉言都指揮臣王表臣周邦簡臣陳曉罔不欣然樂相其事若副使臣李顯右參議臣張天性則先期入賀矣維時先綜理試事巡按監察御史臣劉濂暨左布政使今陞太僕寺卿臣盛儀所聘同考試官教授臣克昌臣嘉秀臣汶學正臣燦臣登教諭臣文昌臣河臣璣臣士奎等畢集乃合提學副使臣崔桐所取士二千七百有奇三試之遵制額得士八十五人并録其文之優者以獻臣不佞敢颺言于衆曰湖南山川之美甲天下然自開闢以來至于今日而大聖人始作何也蓋天地至精至粹之氣久于積泓于蓄故其發也昌以大是氣也一鍾之冀北而堯舜者出以開百有餘年之帝治再鍾之岐周而文武者出以開八百餘年之王業鍾之淮甸則聖祖興焉億萬年鴻基兹啓矣鍾之湖南而我大聖人作豈非無疆之休乎然其間亦必有附是間氣而挺生於若地者爲之名世故元凱冀産周召岐英而我朝開國功臣又皆淮之豪杰也則夫今日獨無若人者奮於湖南乎矧天降甘露瑞諸物也瑞諸物未有不瑞諸人者也天於湖南其亦不靳若人也已維兹辛卯黄帝之曆伊起也建酉之月日月

會於壽星是蒼龍宿之首也抑時必有非常之士應大聖人求焉求而得非常之士則曰元凱曰周召者爲時庸矣然臣懼以一已目力而欲悉搜人材於無遺亦殆矣所幸諸執事者盡心殫力以克成之諸執事亦曰懼哉閲卷貴詳校才貴精取士貴當難乎其庸力也殆益懼哉臣乃喜曰均是懼也諸士子聞之必將自奮爲大聖人之名臣罔俾諸賢專美於前

行人司行人徐謙謹序

嘉靖十年湖廣鄉試

監臨官

巡按湖廣監察御史倪組（維朱福建閩縣人　丙戌進士）

提調官

湖廣等處承宣布政使司右布政使胡鐸（時振浙江餘姚縣人　乙丑進士）

湖廣等處承宣布政使司左參議郭日休（德夫福建莆田縣人　辛巳進士）

監試官

湖廣等處提刑按察司按察使張峨（蜀望四川成都前衛人　甲戌進士）

湖廣等處提刑按察司副使李錫（晋卿山東臨邑縣人　甲戌進士）

考試官

行人司行人徐謙（子恭四川富順縣人　己丑進士）

同考試官

直隸揚州府儒學教授陳克昌（德貽浙江仁和縣人　丙戌進士）

江西饒州府儒學教授張嘉秀（文英浙江海鹽縣人　己丑進士）

浙江杭州府儒學教授唐汶（源魯福建建寧右衛人　辛酉貢士）

直隸廬州府六安州儒學學正區燦（渾卿廣東番禺縣人　丙子貢士）

山西遼州儒學學正劉登（進之陝西西安後衛人　乙酉貢士）

浙江杭州府臨安縣儒學教諭陳文昌（希周福建福清縣人　庚午貢士）

山東兖州府滕縣儒學教諭黄河（汝清直隸通州人　壬午貢士）

河南開封府杞縣儒學教諭徐璣（子美浙江鄞縣人　丙子貢士）

山東登州府寧海州文登縣儒學教諭韓士奎（文徵直隸豐縣人　戊

子貢士）

印卷官

湖廣等處承宣布政使司經歷司經歷茹鳴玉（行父直隸無錫縣人　乙卯貢士）

湖廣等處提刑按察司經歷司經歷楊敷頤（養正雲南太和縣人　辛酉貢士）

收掌試卷官

武昌府知府仲選（思舜直隸沭陽縣人　辛巳進士）

衡州府知府章僑（處仁浙江蘭谿縣人　丁丑進士）

永州府知府汪漢（淵之直隸懷寧縣人　癸未進士）

受卷官

湖廣等處承宣布政使司照磨所添注照磨王納言（惟允河南信陽衛籍襄城縣人　己丑進士）

岳州府知府蕭晚（啓旦江西吉水縣人　辛巳進士）

荊州府同知李章（民俊四川長壽縣人　辛巳進士）

襄陽府通判顧瑛（德華直隸太倉州人　戊午貢士）

荊州府潛江縣知縣周洪範（伯陳四川漢州人　己丑進士）

彌封官

襄陽府推官張鈇（德威山東冠縣人　己丑進士）

武昌府興國州知州楊祜（汝承浙江錢塘縣人　己丑進士）

荊州府石首縣知縣張溪（伯清直隸壽州人　己丑進士）

黄州府麻城縣知縣陳子文（在中福建閩縣人　己丑進士）

襄陽府南漳縣知縣袁載（安道浙江慈谿縣人　癸未進士）

岳州府巴陵縣知縣江滿（謙之江西進賢縣人　己丑進士）

謄録官

湖廣等處承宣布政使司照磨所添注照磨薛甲（應登直隸江陰縣人　己丑進士）

寶慶府推官竇一桂（元方山西武鄉縣人　丙戌進士）

長沙府推官卞偉（子充四川宜賓縣人　己丑進士）

荊州府歸州知州趙章（達卿四川合州人　辛巳進士）

荊州府夷陵州知州石萬鈞（汝重四川眉州人　辛酉貢士）

黄州府黄陂縣知縣林東海（世觀福建莆田縣人　己丑進士）

對讀官

德安府推官饒中（性甫河南固始縣人　己丑進士）

黄州府蘄州同知趙廷松（子俊浙江樂清縣人　癸未進士）

武昌府蒲圻縣知縣吴本固（道深河南商城縣人　己丑進士）

長沙府瀏陽縣知縣陳鯨（石卿浙江慈谿縣人　丙戌進士）

荆州府枝江縣知縣高公夏（大德四川内江縣人　癸酉貢士）

靖州綏寧縣知縣應照（天監浙江永康縣人　庚午貢士）

巡綽官

武昌衛指揮使王言（汝綸直隸含山縣人）

武昌衛指揮使滿容（汝德直隸定遠縣人）

武昌衛指揮同知黄經（世常福建連江縣人）

武昌左衛指揮僉事張秀（繼實直隸大興縣人）

武昌左衛指揮僉事彭意（克誠直隸舒城縣人）

武昌左衛署指揮僉事劉閑（大方湖廣蒲圻縣人）

武昌衛中千户所正千户晋表（國章河南靈寶縣人）

武昌左衛右千户所正千户彭綬（廷章直隸臨淮縣人）

搜檢官

武昌衛指揮使王堂（道升山後人）

武昌衛指揮同知賀恩（克承湖廣麻城縣人）

武昌左衛指揮僉事余學（希賢湖廣黄岡縣人）

武昌左衛指揮僉事胡綸（大中直隸臨淮縣人）

武昌衛左千户所副千户徐節（子山直隸壽州人）

武昌衛中千户所副千户瞿能（國才直隸盱眙縣人）

武昌左衛左千户所副千户葛方（汝春直隸宣城縣人）

武昌左衛左千户所副千户孫元（體仁直隸定遠縣人）

供給官

湖廣等處承宣布政使司照磨所檢校楊梅（濟用山東安東衛人　監生）

武昌府通判雙桂（月鯽四川寧川衛人　癸酉貢士）

武昌府江夏縣知縣葉宗傑（子才廣西靈川縣人　己卯貢士）

德安府安陸縣知縣李一中（大本江西上饒縣人　監生）

德安府應山縣知縣王尚用（賢卿江西安福縣人　丙子貢士）

武昌衛經歷司經歷彭搏（千漢江西清江縣人　吏員）

黄州衛經歷司經歷孫基（志積浙江餘姚縣人　吏員）

武昌府江夏縣縣丞任山（汝壽直隸潁州人　吏員）

辰州府溆浦縣龍潭巡檢司巡檢周露（惟澤直隸嘉定縣人　吏員）

武昌府大有倉副使胥盛（繁衍江西臨川縣人　吏員）

武昌府江夏縣魯湖河泊所河泊盛大（德宏山東清平縣人　吏員）

武昌府江夏縣將臺驛驛丞王舟（濟川陝西華州人　承差）

武昌府蒲圻縣官塘驛驛丞王潤（本德直隸永年縣人　承差）

荆州府石首縣調絃驛驛丞郭宗義（循禮山東清平縣人　承差）

荆州府監利縣塔市驛驛丞周灝（仲源福建侯官縣人　承差）

第一場

四書

志於道據於德依於仁游於藝　郊社之禮所以事上帝也宗廟之禮所以祀乎其先也　使天下仕者皆欲立於王之朝耕者皆欲耕於王之野商賈皆欲藏於王之市行旅皆欲出於王之途

易

牝馬地類行地無疆柔順利貞君子攸行　安節之亨承上道也　廣大配天地變通配四時陰陽之義配日月易簡之善配至德　天地之道貞觀者也日月之道貞明者也天下之動貞夫一者也

書

無怠無荒四夷來王　股肱惟人良臣惟聖　所寶惟賢則邇人安　不剛不柔厥德允修惟周公克慎厥始惟君陳克和厥中惟公克成厥終

詩

躋彼公堂稱彼兕觥萬壽無疆　赫赫南仲玁狁于夷　王赫斯怒爰整其旅以按徂旅以篤于周祜以對于天下　喤喤厥聲肅雍和鳴先祖是聽我客戾止永觀厥成

春秋

冬十有二月祭伯來（隱公元年）　夏公會齊侯宋公陳侯衛侯曹伯伐鄭圍新城（僖公六年）　丁亥楚子入陳（宣公十有一年）　季孫斯仲孫何忌帥師墮費（定公十有二年）

禮記

天子祭天下名山大川五岳視三公四瀆視諸侯　以正君臣以篤父子以睦兄弟以齊上下夫婦有所　諸侯以龜爲寶以圭爲瑞　地氣上齊天氣下降陰陽相摩天地相蕩鼓之以雷霆奮之以風雨動之以四時暖之以日月而百化興焉如此則樂者天地之和也

第二場

論

孔子聞而知之

詔誥表（内科一道）

擬漢賜農民今年租稅之半詔（文帝十二年）　擬唐以馬周爲監察御史誥（貞觀三年）　擬宋頒訓廉謹刑二銘於中外群臣謝表（淳祐四年）

判語（五條）

信牌　匿稅　失儀　越城　誣告

第三場

策（五道）

問　自古聖哲之化天下未有不須于内助者若文王之於太姒武王之於邑姜是已我太祖高皇帝首御家邦貽謀萬世雖古聖哲之君殆無以過然而贊元斡化孝慈高皇后有力焉其嘉言善行載之傳者可得而聞歟至仁孝文皇后復廣高皇后之教爲内訓二十篇邇者章聖慈仁皇太后復製爲女訓十二篇其亦皆有序歟伏睹三書可以仰窺我列聖修齊之化矣今天下家傳人誦風化丕行諸士子皆有正家之責者抑嘗習此以教否乎請敬陳之以觀修齊之實學

問　周禮周公致太平之書也而唐六典則彷乎是何其間大不同歟周禮無公孤之職意有三師三公之官此固成王立公孤之遺意乃若吏部掌天下官吏選授勛封考課户部掌天下户口井田禮部掌天下禮儀祠祭燕享貢舉兵部掌天下軍衛武官選授刑部掌天下刑法及徒隸勾覆關禁均有政令焉者其與周禮立五官之職掌同歟周禮缺冬官而後人以考工記補之矣唐乃有工部掌天下百工屯田山澤之政令者何所據歟此外又有門下中書秘書殿中四省御史臺太常光禄衛尉太僕大理鴻臚司農太府諸寺司國子少

府將作諸監左右等衛及太子與親王府國公主邑司官屬何其多歟意者其唐太宗觀會通而立政歟願悉言之以采聖人制作之意與夫後世因時之政

問　天心仁愛人君乃出灾异以譴告之昔殷高宗以雊雉興周宣王以旱魃興蓋天於中興之君尤拳拳焉者也我皇上仁孝誠敬之德通乎神明近年以來黄河清甘露降天之所以協應者至矣夫何偶有彗星之見歟我皇上痛自修省又敕諭群臣各加戒飭遂致彗滅是即先王克謹天戒臣人克有常憲之意也然春秋書孛者三左氏公羊皆以彗言之矣自後見者不一載之史册可考也漢文宣光三帝唐太玄憲三宗宋太祖暨太宗仁宗皆所謂希世之賢君者而彗皆屢見何歟自古遇彗陳言之臣若申繻高堂隆之説其誣不言可知若宋吕公著程頤富弼吕大防吕大鈞邢恕王安禮陳并吕好問王襄諸臣之疏其切要之旨可爲上下交修之助者願有聞也

問　儲蓄國之大計而漕運又儲蓄之所自也漢唐都關中運道止河渭一路宋都汴梁運道所至凡四路今其法可得而言歟至元都燕始通海漕元史謂爲一代良法又謂視河槽之數所得蓋多然則其議倡於何人歟我朝洪武永樂初猶通海漕至會通河通利始罷自此歲運充積京師富盛矣然慮者猶謂海漕亦不可廢其果然歟夫制用非一端要之利國利民而已若成淮南湖蕩之田如魏鄧艾之計耕京東瀕海之處如元虞集之策墾監苑牧馬之地如宋熙寧之法抑可以寬民力省歲漕否歟事關經國謀貴遠慮請畫一以告俟廟堂之上擇焉

問　荆楚天地之要區也其地廣濶五方雜寓故宜城有梧州之孝子荆州寓高平之詞人吴興考功留之穀城濟源少保處于長沙有舉進士第一而自濱州遷襄州者有爲時宰所惡而弃武夷居當陽者廣漢南軒之家潭州廣信叠山之徒興國其他若耿介出塵如丁鶴年矜式學者如龍仁夫邑民敬之如李安國州里增重如劉凝之兹數人者抑何負於湖哉我朝自國初以至今日荆楚之民固晏如也夫何流民之聚者乃成客户凌主之勢或假繼贅而奪之産或誘借貸而取其貲或駕虚詞而重其禍其將何以生生歟伊欲俾居者安來者撫其道果安在歟諸士生長是邦必有能言之者幸以告我

中式舉人八十五名

第一名　傳頤　沔陽州學增廣生　書

第二名　丘枏　麻城縣學增廣生　春秋
第三名　胡鰲　辰州府學生　易
第四名　龔卿　隨州學生　詩
第五名　蔡完　麻城縣學附學生　禮記
第六名　李相　桃源縣學生　書
第七名　熊鳳儀　京山縣學生　易
第八名　陳京　襄陽府學生　詩
第九名　周廷聘　麻城縣學生　春秋
第十名　畢仕和　石首縣學附學生　書
第十一名　魯思　景陵縣學增廣生　詩
第十二名　王添表　衡州府學生　易
第十三名　程宗舜　華容縣學附學生　書
第十四名　牛鳳　盧溪縣學生　詩
第十五名　盧本實　襄陽府學生　易
第十六名　李學顔　黄岡縣儒士　詩
第十七名　王東興　崇陽縣學附學生　禮記
第十八名　李載贄　石首縣學附學生　書
第十九名　謝九遷　黄岡縣學附學生　詩
第二十名　黄梅　麻城縣學附學生　春秋
第二十一名　周南　善化縣學生　詩
第二十二名　徐綱　興國州儒士　易
第二十三名　王宗茂　京山縣學增廣生　詩
第二十四名　譚述　景陵縣學生　書
第二十五名　艾叔午　崇陽縣學生　易
第二十六名　唐大輅　荆門州學生　詩
第二十七名　吕禧　黄州府學生　春秋
第二十八名　周繼學　黄梅縣學生　詩
第二十九名　傳朝珍　荆州府學生　書
第三十名　魏堂安　陸州學增廣生　易
第三十一名　吕臯　石首縣學附學生　書
第三十二名　劉壽嶠　興國州學生　詩
第三十三名　白仁　華容縣學增廣生　易

第三十四名　廖希顔　茶陵州學生　春秋
第三十五名　尹大本　漢川縣學生　易
第三十六名　王一元　九谿衛學生　詩
第三十七名　周良相　道州學生　易
第三十八名　邵思學　蘄州學生　書
第三十九名　吕調音　江夏縣學增廣生　詩
第四十名　何璋夷　陵州學生　春秋
第四十一名　鄧士元　道州學增廣生　易
第四十二名　卿文瑞　公安縣學增廣生　書
第四十三名　文大才　廣濟縣學生　禮記
第四十四名　黄嘉樂　安陸州學生　易
第四十五名　黄珙　沅州學生　書
第四十六名　潘廷皋　京山縣學生　詩
第四十七名　文載道　東安縣學生　禮記
第四十八名　李徵　桃源縣學生　書
第四十九名　高如極　常德府學增廣生　春秋
第五十名　戴蓼麟　華容縣學生　書
第五十一名　劉欽薦　攸縣學生　易
第五十二名　甘澧　蘄州學生　詩
第五十三名　劉賓　石首縣學附學生　書
第五十四名　洪人　攸縣學生　易
第五十五名　郭誧　宜陽縣學生　書
第五十六名　熊奎　道州增廣生　易
第五十七名　王健　華容縣學生　禮記
第五十八名　田助　潛江縣學生　詩
第五十九名　李南喬　京山縣學生　易
第六十名　郭鳳　漢川縣學生　書
第六十一名　李位　桃源縣學生　詩
第六十二名　趙應祥　長沙府學生　書
第六十三名　劉昪　監利縣學生　春秋
第六十四名　周思道　石首縣學生　書
第六十五名　蔣忠溥　衡陽縣學生　詩

第六十六名　李承陽　蘄水縣儒士　易
第六十七名　奚朴　黄州府學生　禮記
第六十八名　姜仲賢　蘄州學生　書
第六十九名　汪玉　黄梅縣學生　詩
第七十名　丁奎　華容縣學附學生　書
第七十一名　王鳳陽　黄岡縣學生　春秋
第七十二名　廖正僑　衡州府學生　詩
第七十三名　吴紹曾　武昌府學生　易
第七十四名　沈廉　安陸州學生　詩
第七十五名　劉世選　華容縣學附學生　書
第七十六名　張道　衡陽縣學生　詩
第七十七名　易凌　岳州府學生　書
第七十八名　李珊　衡州府學生　詩
第七十九名　饒士亨　蒲圻縣學增廣生　詩
第八十名　趙沚　岳州府學生　詩
第八十一名　李山　枝江縣學生　春秋
第八十二名　謝佑　松滋縣學生　詩
第八十三名　戴元　安陸州學增廣生　易
第八十四名　周宗鎬　岳州府學生　詩
第八十五名　方啓智　岳州府學生　詩

第一場

四書

志於道據於德依於仁游於藝

龔卿

同考試官教諭韓批（簡而文是復古者）

同考試官教諭黄批（雋永自然可以式矣）　同考試光教授陳批（發明孔子論學之旨無餘）

考試官行人徐批（傳明）

聖人論學而序其功也蓋爲學有序也知所先後其庶矣乎聖人之意豈不以學也者其序不可紊而其功不可缺知此者斯善學矣故學莫先於立志

而人倫日用當行者道也道而志之則尊所聞行所知趨向正而無他歧之惑矣學尤貴於有守而道得於心者德也德而據焉則守之貴行之利終始一而有日新之功矣以至心德之全曰仁仁弗依非學也其必功夫益密而無終食之違則成性存存何適而非天理之流行歟若夫藝又至理所寓焉者藝弗游抑非學也其必朝夕與游以博其義理之趣則以我物物而心亦何所放哉該本末而不偏合内外而無問下學之全功盡之矣抑學以求諸内者也故聖人每教人以務本然何終取於游藝耶蓋不外物以求理而常玩物以養性雖聖賢亦有不得而廢者故曰有始有卒者其惟聖人乎噫周孔多藝夫豈無謂也哉

郊社之禮所以事上帝也宗廟之禮所以祀乎其先也

丘枘

同考試官教諭陳批（説出達孝意宜録之爲士子式）

考試官行人徐批（達於禮者）

聖人制祀禮享帝享親者也夫禮莫大於祭祀聖人制禮皆以義起所以謂達孝也歟中庸十九章引此明道之費者成周制禮有曰郊社曰宗廟者以郊社言之冬至有事于圜丘夏至有事于方澤是禮之所以者以天地大父母也大哉乾元萬物資始至哉坤元萬物資生惟大君爲之宗子其必齊祓一心達此精明之德對越于上下者也故曰祀帝于郊敬之至也以宗廟言之追始祖所自出而配以始祖舉四時之常祭而享于群廟是禮之所以者以先王啓邦土也誕膺天命以撫方夏佑啓後人咸正無缺惟曾孫既已大正其必有孚顒若將此觀盥之誠仰承于祖考者也故曰宗廟之禮仁之至也合而觀之尊尊親親周道備矣此武王周公其達孝也歟抑夫子嘗曰周之文至矣使成周子孫世而守之周至今猶存可也何至有韓宣子適魯之嘆夫子老聃之問也信夫知其説者其如視諸斯爾夫

使天下仕者皆欲立於王之朝耕者皆欲耕於王之野商賈皆欲藏於王之市行旅皆欲出於王之途

傳頤

同考試官學正區批（明王道者讀之灑然）

同考試官教授張批（講仁力明白如此者絶少）

考試官行人徐批（簡古）

大賢於齊君啓其見與於天下也夫仁天下莫不與也齊君其知本哉孟子之意蓋謂今王發政施仁則推恩保民矣惻隱根於一心而趨向鼓于天下豈但已耶使夫仕與耕者皆欲立于王之朝焉耕于王之野焉或利用賓王而尚觀光之志或舍彼穡事而思樂土之歸丕應徯志固有不約而同者是孰使之然哉惟所欲之在此耳商賈行旅皆欲藏于王之市焉出于王之途焉或願聚貨於日中而交易得所或願問禁於國門而即次懷資罔不是孚固有不召而至者抑豈私於我哉惟民歸於德耳夫仁之感人其速如此校之以力其難易當自辯之大抵唐虞無力法三代無力兵豈其智之不桓文若哉取舍定而功業隨焉否泰分矣噫聖人之情其可見也夫

易

牝馬地類行地無疆柔順利貞君子攸行

胡鰲

同考試官教諭徐批（説坤之利貞甚善）

同考試官教授唐批（善言坤德録之）

考試官行人徐批（精潔）

彖傳言坤之利貞徵諸物而歸于人也蓋物有得乎坤道之純者也而君子所行如之利貞於是乎可見矣且坤德有四文王於利貞而以牝馬爲言者何也蓋物各有類也馬雖乾象而形乃坤道所成則爲牝矣於稽其類其惟地乎類各相從也馬雖動物而行乃下麗乎地則爲順矣致遠不禦何有疆乎凡同類者舉相似也以牝馬觀之是知坤之爲德相見者於此致役若柔而無爲也知始者於是代終惟順以承天也然其遂乎物也賦形有定分各宜焉其成乎物也實理具足静而正焉順而且健如此君子法之必有道矣分所當然即之以爲安立不易其方也義所當從順之以爲利履不變其素也夫是之爲安貞其斯免於過舉乎大抵天下之道乾坤盡之坤之德常减於乾之半而能配乎乾以是道也不順則倡始不健則無終是其健者亦順之常耳此坤德所以爲美而妻道臣道所當知也苟處坤之位而昧其義難矣哉君子慎之

天地之道貞觀者也日月之道貞明者也天下之動貞夫一者也

熊鳳儀

同考試官教諭徐批（能體貼經意）

同考試官教授唐批（觀於文可以知子之慎動矣）

考試官行人徐批（明暢）

大傳論吉凶貞勝必即造化而推其理之一也蓋天下不一者動至一者理也大傳推諸造化以明之欲人慎動也夫聖人之意蓋曰辯吉凶者存乎辭生吉凶者存乎動所以一乎動者理而已且法象莫大乎天地也而其爲道體之隱者不可掩化之顯者無非教雖或時有愆違其所正而常者觀而已矣懸象莫大於日月也而其爲道陰陽之精互藏其宅晝夜之運相推而生雖或時有晦蝕其所正而常者明而已矣造化不違乎貞如此而況於吉凶乎執是而推可見天下之故性以物感而愛惡之相攻事以情遷而得失之互見夫何常之有然途雖殊而歸同慮雖百而致一順之而動則罔不吉所以致吉者此理也逆之而動則罔不凶所以爲凶者亦此理也不曰貞夫一乎學者審於此焉可以慎動矣雖然天下之事固有貞而凶不貞而吉者何也此以事論也如其貞而不吉於道實競吉孰甚焉不貞而不凶於道實疚凶孰甚焉故君子不以吉凶在外者爲虞而以貞於道爲貴

書

無怠無荒四夷來王

傳頤

同考試官學正區批（可爲儆戒者法）

同考試官教授張批（虞廷保治氣象如在目前）

考試官行人徐批（善警）

勤内治而來遠人大臣警聖君然也蓋内治聖王所自盡者也遠人之來其有所感已夫伯益警帝舜之意若謂人君守成業而致盛治者其惟憂勤乎是故儆戒之道有所謂法度逸樂焉用舍理欲焉用舍理欲焉帝其念哉曰弗慮胡獲兢兢然極深以通天下之志曰弗爲胡成業業然惟幾以成天下之務説誦心研諸慮朝夕其戒懼也將有爲將有行内外其交修也夫是之謂克艱夫是之謂惠迪而治道益隆矣豈惟中國之服從也哉彼四夷者昔在放勛之朝嘗率服矣今則復通言語於重譯昔仰於變之休無猾夏矣庶幾再格干羽于兩階蓋重華協帝也而聲名洋溢莫不尊親帝德光天也而道洽政治罔不咸賴何有弗來王者耶治于此無虞者可永保矣夫自古聖人之於夷狄治之以不治而已彼之來否何足爲中國輕重而益乃揭諸儆戒哉蓋夷狄來而後自治有足徵者聖人志壹動氣之功於是爲大

所寶惟賢則邇人安

李相

同考試官學正區批（句句是召公本意）

同考試官教授張批（融會處無滲漏可語經矣）

考試官行人徐批（知所寶）

惟君一於貴德斯中國寧矣蓋賢者中國所恃以爲安也然則君之所寶夫豈從哉昔召公告武王意若曰君天下有寶也而物不與焉王之慎德亦惟嚴之好尚無玩人爾矣人有賢者不珍奇而適於用不异産而瑞於時至矣其爲寶也王惟謹貞度於陆遇之時重耳目於明聽之寄展親修職是固有可嘉者則合同姓异姓而頒德貺焉盡心盡力固亦有當重者乃隨君子小人而無狎侮焉寶賢如此則志不妄發以害有益之功諫則必行而有膏澤之益藩垣屏翰外禦其侮彼蠻夷其弗猾夏矣乎親賢樂利各得其所我中國其永康矣乎否則功弗成民弗足豈但遠人不之格也是以明王慎之抑受簝細故也而召公䫉䫉至此何耶蓋持衡相勝而剥復乘之憂危者所必爾也童牛弗牿堅冰晚矣嗚呼相天下者其毋晚之哉而以蹈悔也

詩

王赫斯怒爰整其旅以按徂旅以篤于周祜以對于天下

龔卿

同考試官教諭韓批（興師之義模寫殆盡）

同考試官教諭黄批（雅義莊重）

同考試官教授陳批（聖人不得已之心溢於言表）

考試官行人徐批（温厚）

聖人之行天討而所係者大焉夫王者之師爲天下國家舉也兹其所以爲師之貞也歟此詩言文王伐密之事蓋謂維我文王其爲德也出乎天授其用武也奉乎天心是故密人不恭罪人不可不得也於是乎神武形于獨斷而赫然一怒焉大邦敢距天憲不容不章也於是乎明威將於告敕而爰整三軍焉侵阮者遏之俾不得虔劉我人民也徂共者止之俾無以憑陵我疆宇也夫興師以禦外侮非曰一人之慶也蓋宗社之佑也彼斫之我敦之周邦根本如地斯載矣何孔厚乎行罰而安乎民非曰一人之願也蓋天下之心也民望之王慰之上下交感如響斯應矣豈解望乎吁王者一有所舉而兩有所係如此蓋亦因可怒而怒之何嘗有所畔援歆羡也哉甚矣周人之善乎奉天也觀其述祖德也而皆歸于天宅曰帝顧配曰天立對曰天作心曰帝度至于伐罪則曰帝謂而其要在求民之莫而已八百年有道之長孰謂無所自哉

喤喤厥聲肅雍和鳴先祖是聽我客戾止永觀厥成

陳京

同考試官教諭韓批（周人音樂之盛此作盡之）

同考試官教諭黄批（形容作樂合祖意盡）

同考試官教授陳批（尋殆有感喤喤之聲者）

考試官行人徐批（和平）

周人合祖之樂其聲盛而其感同焉蓋樂以感神爲盛也而且及其人之難感者焉周廟之樂可知矣此始作樂而合乎祖之詩蓋謂我周之祀乎其先也大禮斯舉大樂備焉堂之上下喤喤焉和聲動蕩足以昭祖功也樂之大小喤喤焉雅韻鏗鏘所以播宗德也雍而弗肅則失之縱非和也樂其皦如也無有所紊焉肅而弗雍則失之戾非和也樂其純如也無有所乖焉其和鳴矣乎夫是樂也豈曰奏於明而無關于幽也哉但見祖之既合也聲之神者有以通其氣形響既隔宜乎其罔聞矣若有知焉而恍惚其聽之蓋享之者孝而歆之者自速也豈曰格于親而或間于疏者哉但見我客之來也感其异者亦以忘其情和奏既闋宜乎其或倦矣若始作焉而終有以觀之蓋可悦者深而可慨者自失也吁樂足以格祖則其子孫可知足以感客則其臣庶可知周之德其盛矣乎抑考之易曰雷出地奮豫先王以作樂崇德殷薦上帝以配祖考夫神非德不足以享此人非德不足以作此故曰樂由人心生也心和氣和則陰陽和而萬物得天地位矣况鬼神乎况人乎欲觀成周之盛當於此求之

春秋

夏公會齊侯宋公陳侯衛侯曹伯伐鄭圍新城（僖公六年）

周廷聘

同考試官教諭陳批（齊桓心事發於此作）

考試官行人徐批（有斷制）

觀伯兵討貳有制而有名也夫有制有名仁義之兵也春秋得無美之者歟且經書公會齊侯宋公陳侯衛侯曹伯伐鄭圍新城抑何美之耶蓋齊自召陵之後威令幾于改物今合六國僅討一鄭宜若振槁然圍而不舉者何吾以諒桓之心矣討亂以平定安集爲先不戢將自焚也殖禮以兼弱攻昧爲後志滿族乃離也故兵猶遲巡于新城以用兵之法攻心者爲尚使鄭尚有不寧方來之想桓之心斯已矣又况齊自首止以來信義被于諸侯今合中國獨遺一鄭似未涣群乃伐而復圍者何吾以諒桓之職矣諸夏親暱不可弃也失同人之義者王法不赦周室大義所當尊也爲下喬之行者連帥必懲以故師直進

止于新城正以九伐之法負固則侵之使鄭畨有悔過自新之善桓之職斯已矣故經直書伐鄭圍新城伐者聲罪之謂也圍者寓遺力之意也可概見矣雖然王者之兵不試齊桓之節制終不若湯武之仁義也而况久假不歸者乎然經所以直予者蓋首止葵丘二百四十餘年不二見也此亦小康之治也歟

丁亥楚子入陳（宣公十有一年）

丘柟

同考試官教諭陳批（善恕楚子）

考試官行人徐批（謹嚴）

春秋於外兵討罪不以利掩義不以過弃功夫正倫經世大典也觀春秋書丁亥楚子入陳有以哉夫楚莊入陳也討其賊爲義取其國爲貪義利之分明矣經先書殺後書入者何蓋君子用人之仁去其貪也楚雖有取陳之惡終不可没其正陳之善事起于正陳之善其流則爲取陳之惡是則事有義利交集者而義所當重也於此使不權先後之書以原其情焉非用人之仁去其貪之意也奚可哉夫楚莊入陳也雖得爲討罪之舉亦肆彼滅國之暴功過之分審矣經不書取陳而猶書入者何蓋君子以義度人則難爲人也縣陳之虐故難儕以存亡興滅之師栗門之轘實則异夫伐莒攢函之爲是則事有功過相凖者而功不可没也於此使不權輕重之宜以末减焉是以義度人則難爲人之意也奚可哉然則春秋以恕待人而不求備其在此也歟雖然道大如天見在乎聖人之制行也不制以己曲暢旁通可以入道者皆經世所不弃也信夫曾子曰夫子之道忠恕而已矣

禮記

天子祭天下名山大川五岳視三公四瀆視諸侯

蔡完

同考試官學正劉批（望祀儀節甚明潔於禮者）

考試官行人徐批（不浮）

王者祭地之望而所秩有定分焉夫山川者地之望也秩而祭之斯所以嚴其分頁歟王者之制分以禮而定禮以稱爲善天子者天下之主也有天下者祭百神地示之下非山川邪蓋祭以禮神能成其變化者皆曰神而當禮祭以報功能資其財用者皆曰有功而當報是非夫山而皆祭也天下之名山乃其宗矣祭之者於吾身有所統也亦非百川而皆祭也天下之大川乃其會矣祭之者於吾身有攸主也天子之望遍于天下如此禮豈混而無别者哉山之

至高者爲岳五岳其名山也望秩之禮則視三公焉川之獨遠者爲瀆四瀆其大川也望秩之儀則視諸侯焉服用毳冕從其類矣然獻而貍之者乃公之桓圭牢數則九也豆數十六也其在岳者猶其在三公歟籍用席蒲取其象矣獻而沈之者乃侯之信圭牢數則七也豆數十二也其在川者猶其在諸侯歟吁先王制禮其爲天下之防也至矣雖然人存而政舉禮廢而防决不務民義而檄福于鬼神斯有僭旅而崇川者矣蓋制不存而分不明故也有之於天下者惟辨上下而定民志

地氣上齊天氣下降陰陽相摩天地相蕩鼓之以雷霆奮之以風雨動之以四時暖之以日月而百化興焉如此則樂者天地之和也

丘柟

同考試官學正劉批（樂法天地之和子又能法作樂之和矣）

考試官行人徐批（雅淡）

記樂者推造化之功而著其爲效法之本焉蓋天地有自然之樂也聖人法之樂斯作矣夫樂也者人心之動也何假於外哉然所本則在於天地爾彼地位乎下也承天而行氣則上齊矣天位乎上也有隕自天氣則下降矣動而陽静而陰相摩之不已焉乾以君坤以藏相蕩之不息焉陰閉而陽之在内者不能出則搏而爲雷矣相激而甚乃霆之大者也陰凝而陽之在外者不能入則旋而爲風矣相畜而解乃雨之潤者也一寒一暑之互推四時之序有以動之也或晝或夜之迭見日月之烜有以暖之也由是天地絪緼合同而化萬物其有不醇者乎樂之見於天地者如此聖人作樂蓋有取焉吾知樂之興也生於感物變以成方以宣吾和也而生氣之和亦以之而合矣以達吾順也而順氣之應亦於是而肇矣清明者天也廣大者地也雷霆非有聲者乎終始者四時也周還者風雨也日月非有光者乎樂爲天地之和者如此聖人作樂豈無本歟大抵禮樂固皆不可去身也然禮序而樂和禮先而樂後知和而不以禮節之亦不可行矣是禮尤成始而成終者也有志于樂者宜以禮爲質

第二場

論

孔子聞而知之

傳頣

同考試官學正區批（孔子聞道之妙此作悉之）

同考試官教授張批（善言道統者）

考試官行人徐批（知孔子者）

論曰天下有至悟焉惟聖人神之夫道天之秘也而命之聖人聖人者不數出於是乎有至悟焉故因而啓者達諸天也有所據而覺者明諸人也因而非因據而非據而悟焉者聖人之神也神也者不以其時之久而弗值不以其幾之寂而弗章天以時啓之動其幾使自覺之聖人之心洞然協天人一古今而道弗藏其秘矣此孔子之聞知所謂至悟而神者也夫繼善成性天道竊矣五百餘年而聖人生焉氣之竊也於是以其造化之渾然者寄之聖人則亦天之心大竊也故堯舜達諸天湯達諸堯舜文王達諸湯而禹皋伊萊吕散明諸堯舜湯文此至悟之神傳道者有不傳之傳也噫不傳之傳孔子其神乎蓋超古今而無滯者神也歷萬世而無弊者道也曠數十世而相感者氣也越數百年之口耳而相孚者心也是故有時焉以俟乎人時弗至人弗值也有幾焉以觸其蘊幾弗融蘊弗彰也孔子知悟于聞聞神於悟爾已不然則前之授迴其響後知受不順于聰孰從授之孰從得之哉其所以得之者亦天以道久斯晦晦弗傳故疑其會以開聖人之時通其寂以闡聞知之幾而聖人於道孚之於心感之於氣神而明之於詩聞緝熙之敬純一之誠焉於書聞懿恭之德敬忌之心焉於易聞六十四卦之蘊焉於禮樂而忠信和順之本聞焉於經制而榮辱予奪之權衡聞焉則孔子之聞有至悟也至悟斯有知故有擇善固執之訓有克己復禮之教有志立不惑知命耳順不逾矩之全功有廣大變通陰陽易簡之德象有爲邦四代之禮樂有春秋二百四十二年之經制孔子之知至此殆神矣乎抑豈惟於文王然也達諸湯達諸堯舜而群聖人大成集也曰知我其天曰天何言哉天且弗達而况於列聖乎哉蓋道天之道也列聖之傳也而孔子至悟之神至於斯也雖然見知者聞知之因後作者之據也孔子亦因之吕散而有據焉者也彼子貢見而未悟顔曾大而未化孟子之所爲嘆者見知者之惜而聞知者之望也又不但曰列聖之悟達而行孔子之悟窮而藏已也噫繼往開來以俟后聖於無窮天非無意于孔子也後有神乎悟孔子者則亦達諸天而已矣

同前

李相

同考試官學正區批（意格自別）

同考試官教授張批（論有援據録之）

考試官行人徐批（明顯）

事有曠百世而相感者大聖承列聖之統者在是矣夫天下未嘗一日無道統其生聖人有期而不數也故有達而親授於一時窮而神會於百世要之心同也道同也前夫所見者殆即其所聞後夫所聞者殆即其所見必其時之至而精元以會若有機焉而特不得其朕者焉爾知此則以夫子而上溯文王一旦乃喟然曰文不在兹乎而道統之傳誠有自來者孟子發爲斯論正以明其傳之有在又以竢後聖於無窮也孔子聞而知之請遂言之吾道流行於天地未嘗一日而有間也聖賢之興值五百載而一見不常有也其間固有適丁其盛際會於一堂者有身處其窮垂憲於萬世者語其時皆不可得而同也然時有先後世有古今而人心之所同然者一而已苟得其所同然則雖越宇宙若親炙之者爾自今觀之二帝三王之治本於道二帝三王之道本於心由堯舜至湯五百有餘歲若禹皋陶則見而知之其所以爲堯舜者固不异也湯處其後不得爲禹爲皋陶也亦豈有异夫堯舜者哉由湯至於文王五百有餘歲若伊尹萊朱則見而知之其所以爲成湯者固不异也文王處其後不得爲伊尹爲萊朱也亦豈有异夫成湯者哉由文王而至於孔子又適五百有餘歲是亦堯舜成湯之一大承也太公望散宜生既見文王之所見夫子其不聞文王之所聞者乎是以删詩書也定禮樂也贊周易也修春秋也有進退存亡者焉有德仁誠敬者焉有中正和平者焉有感發懲創者焉有用舍予奪者焉其所以爲精一爲執中爲建中爲建極爲純亦不已爲穜德爲一德爲平格爲迪教無所不在亦無所不聞也博文約禮同志之義老安少懷付物之仁委吏攝相屈伸之感志學從心始卒之地合之爲一理散之爲萬事放之彌六合卷之藏於密萬象异形而同體也百王异世而同神也未有文王無不爲夫子也既有夫子無不爲文王也若語其迹而遺其心不足以語聖人矣惜夫鳳鳥不至河不出圖故不復夢周公夫子之心亦已矣積其所窮孰知其事功反有賢於堯舜者是亦不獨聞知於文王焉爾雖然孟子終篇歴叙群聖之統正以明其傳之有在也夫子聞知於文王孟子見知於夫子無有乎爾至説亦有見其所自任而不得辭者觀夫七篇之中無非此理故韓子曰孔子傳之孟軻信夫

表

擬宋頒訓廉謹刑二銘於中外群臣謝表（淳祐四年）

胡鰲

同考試官教諭徐批（寓規諷於騈儷深得表體）

同考試官教授唐批（檃括二銘以代己意可謂表矣）

考試官行人徐批（典則）

淳祐四年正月某日具官臣某等伏蒙皇上頒賜御制訓廉謹刑二銘戒飭中外者德協龍占永戴清寧之治功垂象典弘欽恤之仁敷言用錫於庶民設教允資乎神道群工滌垢萬物回春臣等誠惶誠恐稽首頓首竊以六計周官循良是屬三章漢約寬大爲先惟義重而利情必刑平而民服伯夷播迪探本於直清太史懲奸寄意於食貨慨簠簋之弗飾厭鞭朴之日繁大肆狼貪而己肥民瘠罔懲鴟義而下虐上欺心易酌泉法忘畫地此鰥寡爲之無告而父母所當動心者也恭惟儉合禹文信孚虞芮政復乾淳之善法章噬嗑之明本源潔而屢戒誅求惠愛深而務存忠厚離明夬決苞苴不行履泰屯亨瘡痍是憫惟貨利之不殖致禁網之濶疏投珠既挽乎玄機東矢自歸於皇極猶蒙睿慮拜涣宸章蓋欲登進乎羔羊且大懷來於鴻雁朋龜益下省元吉之弗違山火賁明闡人文而成化渢渢乎廉頑之志洋洋乎儆位之謨望塵可以洗心扶杖莫不垂泣臣等謬官庶列莫稱激揚叨受嘉師空存惻怛花對拙牧顧稍警於四知柳下驀資慚未免於三黜彼安貞之節方仰法天地之時而赦宥之恩遽俯承雷雨之解憂深碩鼠患切豮牙臣等敢不克慎厥猷敬明乃罰奉申命而行事同寅畏以和衷嚴取舍於義利之從審重輕於出入之用靖恭爾位誓勿納於官邪康乂我民勉聞由於聖哲庶冠紳之弗愧而光命之對揚伏願恭默爲心好生洽德顧畏民碞清入聖而興四海之淳風仁如天而啓八荒之壽域振紀綱於棫樸繩孫子於螽斯臣等無任瞻天仰聖激切屏營之至謹奉表稱謝以聞

第三場

策

第一問

傅頤

同考試官學正區批（歸美中有期望意忠愛者如是乎）

同考試官教授張批（修齊之學自是不同）

考試官行人徐批（修叙森然涵濡而有得者）

聖人之化自近而遠者也聖人之教自身而言者也身教焉以建天下國家之極言教焉以理天下國家之治極建而天下國家可理也治理而天下國家可化也身教盡倫者也言教盡制者也兩盡足爲天下極矣近之齊治而放乎均平之遠自創業而垂繼體無窮之盛聖人之化優優大哉嘗觀之詩矣關

雎舉聖德之全體也葛覃卷耳言志行樛木螽斯美惠及桃夭兔罝芣苢則家齊而國治之效漢廣汝墳則見天下有可平之漸麟趾則王者之瑞而關雎之應也説者曰妻道無成本諸文王詩人之意固有在夫嘗觀之易矣乾父道也彖曰大哉乾元萬物資始乃統天坤母道也彖曰至哉坤元萬物資生乃順承天傳曰陰陽合德剛柔有體以體天地之撰通神明之德聖人之意其有妙蘊存焉者乎我太祖高皇帝修齊之化媲美周南而統天之功上擬乾道時又得孝慈高皇后天作之配斡化贊元母儀天下嘉言善行載之傳者真足以表勵宫壼爲法天下可傳後世矣是故仁孝文皇后廣其教而爲内訓二十篇首德性次修身慎言謹行勤勵警戒節儉積善遷善崇聖訓景賢範事父母事君事舅姑奉祭祀母儀睦親慈幼逮下而終之以待外戚其綱目炳如也邇者章聖慈仁皇太后復集大成而爲女訓十二篇首閨訓次修德受命夫婦孝舅姑敬夫愛妾慈幼妊子教子慎静而終之以節儉其條理秩如也噫是道也高皇后皆已有之姑舉其一二言焉如貞静端一孝敬慈惠則所謂德性矣正位中宫益自勤勵則所謂修身矣其警勵也有曰無功受福造物所惡當勤女工以報造物其積善也有曰惟以不殺人爲本顛者扶之危者救之以至念家世之忠厚而曰吾父平生急於義以不逮事舅姑爲恨而當祭躬治膳羞内訓之道高皇后身有之者如此不寧惟是如講求古訓以諭六宫非所謂閨訓乎訪問家法惟取仁厚非所謂修德乎其教子也勉令務學諄切懇至其節儉也衣服澣濯不喜侈麗以至撫育李文忠沐英等愛如己出推此心也慈幼至矣宫人有過執付宫正司議罪推此心也愛妾周矣女訓之道高皇后身有之者又如此然則高皇后非不欲言教也其爲言固已寓乎身教之衆矣若文皇后之身教也則有所謂貞静純明孝敬仁厚恭勤婦道足範宫闈者矣若章聖皇太后之身教也則有所謂克配乾元躬備聖善徽柔恭懿仁順貞慈者矣此身教修而倫盡言教行而制盡以聖佐聖所以匹休姜姒體德乾坤啓創業之盛著守成之美而恢中興之治者功獨可誣乎哉雖然愚於此有以仰見我列聖之修齊矣斥侈靡而絶游幸敦儉朴以先天下以一夫不得其所自責而聞加惠窮民之對以化家爲國歸美而聞警戒治安之規我太祖高皇帝刑于之化周南以後所未聞也恭儉服澣濯之衣夙興養清爽之氣則太宗文皇帝之宣重光者也日躋聖敬之功天授欽明之德則又恭睿淵仁寬穆純聖獻皇帝之欽止率祖者也三后之身教言教要皆我列聖有以倡率之云爾否則本之無機風之無自其何以行化而宣教乎故曰聖人之化自近而遠者也聖人之教自身而言者也方今皇上純孝深仁本於天性雖處深宫無异臨朝至化刑于宫壼而

御於家邦列聖之化在是矣聖后正位中宫克宣陰教以助理聖治三后之教在是矣則夫兆麟趾振螽斯永綿我國家無疆之福俾斯世斯民訓行以近天子之光者孰不獻天保而祝華封以仰答吾君也哉愚敢曰至敬一享天心至和以迓天休斯臣子之願足矣謹對

第二問

丘枏

同考試官教諭陳批（議論滂洽可與講禮者）

考試官行人徐批（建官之意是如此）

立民極者達損益之宜者也究制作之意者也制作之在聖人也譬大匠之巧也損益之在後世也譬仿大匠之規矩準繩而不必於小大長短之區區也夫宜可變而通也巧不可驟而得也宜以時言末也巧以藴言本也禮有本末知所先後立民極者其庶乎周禮聖人立民極之規矩準繩也觀其會通行其典禮則後世於大小長短之度不必於其區區者也若夫聖人之意固有妙運乎制作之外亦在夫立民極者之究之爾昔唐太宗嘗讀是書撫卷浩嘆愚讀史至此又未嘗不撫卷而善夫太宗之意也何也有成周建官之制斯有阜成之效仿成周建官之制僅止於雜夷之陋愚寧能以無惑乎試以周禮言之建官有曰冢宰曰司徒曰宗伯曰司馬曰司寇之五官其所掌則邦治邦教邦禮邦政邦禁止不同總衆屬而約之近二萬三千職焉若冬官則尤爲缺典公孤則尚未及列也以唐制言之建官有曰吏曰户曰禮曰兵曰刑曰工之六部其所掌則有選授勛封考課户口井田禮儀祠祭燕享貢舉軍衛武官選授刑法徒隸勾覆關禁百工屯田山澤之政令此外又有四省諸監諸寺司各衛及太子親王等官屬焉匪惟冬官之備三師三公之立而已合而觀之周或爲兼官而唐則存其名位周或相聯屬而唐則分爲特任周或散在列國而唐則會於全書不可謂唐制盡非古也蓋道有升降事有繁簡故唐虞之惟百視夏商之官倍不爲寡而周之多官視唐虞之惟百步爲冗况唐去周既久又可概拘以周制邪執事所謂唐太宗觀會通而立政是已夫制有迹也有意也太宗之所得者聖人立民極之迹耳若聖人之意彼胡有得哉是故愚嘗謂讀周禮不可不讀周官何也周官曰明王立政不惟其官惟其人又曰官不必備惟其人蓋建官在於得人不在乎其備也若徒取其備則孔子所謂德薄而位尊知小而謀大力小而任重者其能免刑渥之羞乎若不主於得人則沈既濟所謂安行徐言非德空文善書非才累資積考非勞者寧不乖銓選之法乎是必有推賢讓能之訓崇功廣業之戒而後可者故曰讀周禮不可不讀周官夫牧羊無

芻何益於牧建官者豈异此哉是故愚又嘗謂讀周官不可不讀立政何也立政曰克知厥若丕乃俾亂又曰則克宅之克由繹之蓋有才而不盡用與無才同也惟不知惟正是乂之道而任之不專斯有如陸執所謂捨僉議而重己權廢公舉而行私惠居常則求精大過有急則備位不充者矣謂不知罔兼罔知之説而信之不篤斯有如司馬光所謂有勤恪之臣悉心致力以致其職在上疑之同列嫉之在下怨之朝廷或以衆言而罰之則勤恪無不解體者矣是以一則戒以勿間憸人一則戒以勿誤獄慎而其意遠矣故曰讀周官不可不讀立政也雖然衡鑒或迷妍□曷辨知恤豈無本哉德者本也周官之祇勤立政之忱恂實明王建官之精蘊後世不本乎此其始也定官職之品則防慮之未周頒爵禄之制則磨礪之未至清入仕之路或至銓選之未公開推薦之門或至資格之未恢而建官於是乎無定制其卒也用術以爲知人之明陰察以爲核實之功督責以爲勵精之治疑斥以爲振起人才之道而官於是乎爲徒建彼唐太宗者雜流鳴玉玷列縉紳讒佞售奸間疏守道况慚德閨門乏關雎麟趾之意兼行將相又無四牡采薇之情乃欲取岩壁之殘書爲粉飾太平之具譬則跛匠眇目於持斤而曰規矩準繩盡在是者可謂巧乎此臺閣之規模雖定而禮樂終愧于成周郡邑之赤牒雖省而治理僅止于李唐也記曰爲政在人取人以身修身以道修道以仁此萬世建官之準則愚敢以爲終篇獻

第三問

胡鰲

同考試官教諭徐批（敬一格天修省之大者）

同考試官教授唐批（條對中具見心學）

考試官行人徐批（古復）

對天何以格曰心而已心何以存曰敬而已敬何以主曰一而已夫一外無敬也敬外無心也心外無天也凝一以主敬則動静合矣篤敬以存心則運用神矣存心以格天則轉异爲祥矣斯道也以觀古今而進退在我以察上下而彌綸在我以律政紀而權衡在我以裨化理而參贊在我大哉要乎其皇上所自得者乎彗星之异執事爲皇上慮也愚爲皇上喜也夫憂樂而樂憂得無近佞矣乎夫有所受之也詩曰天監在兹言天也無貳爾心言心也聖敬日躋言敬也純一不已言一也是故君人者無問其在天者惟守其在我者蓋天之未始不爲人而人之未始不爲天也天定能勝而人定尤能勝天也天之示人者祥异而已矣君之格天者敬一而已矣昔者水於唐堯之天未定也兢兢以格之而啓時雍之治旱於商湯之天未定也栗栗以格之而垂允殖之休是豈

灾之不足懼而憂之可喜哉蓋敬一則心存心存則天格天且弗違而况於人乎而况於鬼神乎是故高宗之雊雉宣王之旱魃天於中興之賢君有拳拳焉而其异也亦甚矣然一則恭默而思道憲天而正事一則側身而修行任賢而使能存是心以格之而天者定矣彗星之异也或見于漢文宣光三帝或見于唐太玄憲三宗或見於宋太祖太宗仁宗天於希世之賢君若數數焉而其异也亦屢矣然數君者玄默而勵精也恢廓而大度也寬仁而果斷也恭儉而仁恕也存是心以格之而天者亦定矣以創大業以美中興以光簡册則夫譴告之者謂非仁愛之乎即是而觀則春秋左氏之紀明是道者也申繻高堂隆之説昧是道也吕公著程頤富弼吕大防吕大鈞邢恕王安禮陳并吕好問王襄諸臣之疏又皆以扶翼斯道者也此世治所以隆污化理所以淳薄立言所以得失心術所以邪正造物所以從違灼乎判矣君心之外果有天乎果無天乎敬一之外抑有格乎抑無格乎可監也已我皇上莅極以來稟英明純粹之資極仁孝誠敬之德敬一有箴存心至矣五箴有釋主敬至矣郊壇世廟有享格天至矣存神過化天地同流大政宏綱膾炙千古足以陋漢唐宋于下風矣由是禱雨而雨零祈雪而雪集甘露降黄河清僉曰吾君之祥也愚則曰天欲其敬一而已矣又由是而山川或未寧蝗螟或未息而彗星偶見僉曰吾君之异也愚則曰天欲其敬一而已矣夫敬一者而豈徒哉喜怒哀樂心之發也用舍予奪心之則也典章文物心之著也禮樂法度心之推也弗純則雜雜則二弗嚴則肆肆則隳惟二與隳非存心也是故存心於宥密者毋徒克謹之文而已必不蔽不惑如程頤所謂而後可治本緩末如吕大防所謂而後可得人省費如吕大鈞所謂而後可法祖致治如王襄所謂而後可以是存心殆媲美于商周矣贊佐於廟廊者不但修輔之故而已也必内外無乖擾之失如吕公著之説左右絶朋黨之私如王安禮之説戒成鍛煉如邢恕之説戒趨時迎合如陳并之説以是贊佐追商周而無讓焉愚見内外交修上下恭敬敬與心一心與天一天與我一喘息呼吸氣通乎微闔闢弛張自作元命中庸位育之功大易裁成之道禮運諸福至祥胥此焉在承天休而延寶祚萬世之業也抑何彗之足憂哉故愚願皇上之敬一也勿以彗爲有無勿以祥爲敬怠允執其要惟盡吾事而已昔董仲舒以灾异之來爲天心仁愛愚敢以是爲今日喜謹對

第四問

蔡完

同考試官學正劉批（守當代之法而能通其變此有據之説）

考試官行人徐批（識時務）

經國者有一定之法法外之意而後享其利于不窮夫利之不窮法與意爲之也法不定則無執守之素而或至於弊法定矣而不得其意則無通變之宜而或至於拘斯二者皆過也其可以享利乎是故守常者洪其源者也通變者續其流者也源洪而不可塞流續而不可禦久大之業于是焉在謂非國家無窮之利也哉漕運一策執事所以謀國者甚深慮事者甚遠非區區所能測識者雖然豈敢以終默哉夫天下之法每患其弗能行而其行也則患其弗能繼非弗繼也時勢爾也所貴乎君子有通變之意焉耳易曰制而用之存乎法推而行之存乎通夫通所以行也法之意也且漕運孰始乎王者重九年之食而所于起禹貢詳九州之貢而駸駸乎盛矣然必貢道通而後田賦入則漕運爲儲蓄之自也固宜夫漢唐都關中三面阻守之地也或悉仰乎山東或兼仰乎江淮然其路則止於河渭而已宋都汴梁四通八達之區也或自汴河黄河而來或自惠民廣濟而至要其路則凡四而已至元都燕獨用海運之法焉浙米由浙而入海江米由江而入海自是達于直沽而運者可歲至矣是法也既省夫兑支之耗且免夫牽輓之勞倡議于伯顔成事于朱清張瑄而元史謂爲一代良法所得蓋多其有見矣夫海運之便固也若鄧艾耕淮南湖蕩之田以兼屯守若熙寧墾坊監空餘之地以理稼政至元虞集又有海田之法焉取瀕海之地而築堤以捍潮設世襲之格而分給以行賞由是漸征而京師之儲可充矣之數法也皆足以壯朝廷之勢而供兵食之需者也惜其僅行于一時而不得盡舉于當日所謂寬民力省漕費者得無遺恨也哉是故法立也而尤不可無法外意也通其意弗泥其法因乎時弗窒乎勢天啓其大利者不有待于今日乎我祖宗以天授神聖之資定萬世常行之策自永樂以來罷海舟而漕會通河則水陸安而所以輸積于京師者裕如也而漕法精矣定土壤而成賦税則財之出於五方者崇如也而賦法精矣其良法美意度越千古有非歷代之可及也抑何資於海運諸議乎哉而執事顧猶拳拳焉者蓋以京師猶人身也會通河猶咽喉也咽喉寧保其無梗乎是故海運不可廢惟聖明斷自宸衷見其可也然後經始兩浙自平江劉家港以至海門開洋以至成山上海以至楊村皆募人以導之而造船按試焉行之既熟則雖有不測之虞可以交發而互至而丘文莊之議是或一道也京師譬富室也墾田譬附郭也附郭其可以弗穫乎是故墾田不可廢惟聖明參諸衆論行之當也然後間命守臣自淮南以及壽穎遼海以及青齊太僕以及監苑空地皆設官以理之而勸農力穡焉田之既成則必享豐登之慶足以居安而慮危而丘文莊之説未必厚誣者矣夫主之以會通河輔之以海運經之以常賦緯之以墾田并行不悖以利國而

利民也國家萬世之業其在乎此嗚呼古今勢也推行時也經常法也變通意也用而利焉通之爾也是故寒暑推而歲成焉屈伸感而利生焉天道之利者一通而已矣知周而道濟焉旁行而不流焉聖人之利者亦通而已矣變通以宜民鼓舞以盡利非皇上之至神至聖其孰能與于此而或者謂海運乃勝國之遺無以勤盛世而諸議瑣瑣皆李悝緒餘曾若王政之皞皞也不知天地之氣有開必先何忌于勝國而古簏之良方取其奏效足矣況自古及今嘗行之而既效者乎易曰神而明之存乎其人芹曝之忱亦惟廟堂加之意而已

第五問

龔卿

同考試官教諭韓批（憂深言切子其悉湖湘利害者歟）

同考試官教諭黄批（不泥不疏）

同考試官教授陳批（意見超然）

考試官行人徐批（善區處）

君子之均夫民也綏之而已矣制之而已矣蓋人以安居爲樂以財足爲生不陷於刑戮爲慶是人心所同然也惟爭趨於利斯强暴譸張者出矣苟吾之所以均之者泥之乎一定之迹無以綏之制之則不惟生聚長養未能即遂而斯民之擾擾何由息乎是不可不加之意也流民雜寓客户凌主今日爲政在所必處者執事以此下詢豈非以愚生長是邦或知居安來撫之策哉嘗聞醫之於病也必先有以達其致病之原而後可以施治病之藥病之入人乘乎其元氣之虚庸醫者不究其五臟之受疹毒也而悉以急攻卒治之劑决癰疽而必除之可乎哉治流民者何以异此是故荆楚天地之要區其地廣澗其利富饒固宜其五方之雜聚也乃至今日而成凌主之勢者殆亦仁義之政未足厭服其心駕馭其力焉耳考之於古丁蘭以孝居於宜城王粲以詞依於荆州錢徽自考功郎中而留穀城裴休由太子少保而處長沙第進士而遷襄陽者胡旦也忤蔡京而居當陽者胡安國也家潭州而以道學名世非張拭乎徒興國而爲宋室忠臣非謝枋得乎他如丁鶴年之耿介出塵龍仁夫之明經式學李安國之孝行邑民矜式劉凝之之仁德鄉里增重又皆彰彰於書黄衡寶之域之數人者在一邑則一邑重在一郡則一郡重真無負於湖矣今之流寓乃至以客凌主何古今人相遠邪自今觀之假繼贅而奪其産産奪而人之祀絶矣誘借貸而取其貲資盡而人之性傷矣至于駕虚詞以重其禍則一人構訟或結黨於同鄉各户斂財或連詞於終歲弗勝其健反直爲曲則又盡貲産而傾之矣可惡孰甚焉嘗聞理道乖方版圖脱漏人如鳥獸飛走莫制家以之乏

國以之貧奸宄漸興此杜佑之所爲慮也不農則不地著不地著則離鄉輕家民入鳥獸嚴法重刑猶不能禁則鼂錯之所爲憂也流民之患自古而然猶未至今日之甚者也然爲今日之計亦曰普天皆王土率土皆王臣流民孰非吾赤子乎當立爲通融之法凡置成産業者名以税户之目爲人耕佃者曰耕佃户專於販易傭作者曰營生户隨其所在定爲版册肆貪鼓暴而逞計者又重其刑以禁之而於吾荆湘之民制以恒産使皆有田可以自養寬其賦役使皆有財可以自給明其教化使皆不惑不恐於奪攘矯虔之徒則亦足以保其産守其財而無憂於告訐矣於此二者處之既得其道又知與民最親而狎者里胥也慎重其選使之屬民讀法如周之旅師辨施舍行秩叙如周之胥宰如酇長之趣其耕耨稽其女工如閭師之任農耕事任圃樹事又如鄰長之相糾是之有所警而不爲惡相受使之有所勸而必爲善守令者復督察之于上重擾害之禁嚴誣告之法不至如董仲舒所謂師帥不賢主德不宣而恩澤不流監司有振飭之於上宣明教化開釋冤滯必至如陸贄所謂互術省風俗四賦經財實六德保罷瘵如是則仁義行而居者安來者撫元氣内固而外邪弗得侵淫矣尚何民病之足慮哉噫是道也推而行之天下之民舉安又不但荆楚爾也執事以爲何如

湖廣鄉試録後序

湖廣辛卯鄉試事竣臣克昌從諸執事後當任楮墨役敢序諸簡末用告諸士曰楚人文地也自昔稱天下之奇必曰楚才無乃造物者啓其機以肇今日文明之翊邪夫文非機弗先機非會弗合機之際有期焉聖天子龍飛江漢物睹之餘楚文彌盛無乃造物者嘉其會以共成文明之治邪於是乎有本焉夫極弗建則機弗會會弗協則治弗純此有本之治唐虞三代所以保世滋大而無取於叔季之小康也聖天子天章睿藻爲絲爲綸文之華也準古酌今昭物明度文有用也然而敬一以宅心仁孝以懋德是爲學之樞要致治之根本真所謂建有極以嘉厥會者也文不在兹與或曰吉甫之才文以武屈平之才文以忠宋孟之才文以雅茂叔之才文以理楚之良也楚産者師其人而修其文其庶幾矣乎是不然君子居其地不累其俗軼其俗必追其古是故幹不與角謀笴不與金錫謀廬不與函謀鑄不與劍謀器也若夫可秦可粵可燕可荆可夷可夏天下之大器也傳曰五百年必有王者興其間必有名世者今聖天

子堯文思矣舜文明矣湯懋昭矣文明德矣諸士子感機以作協會以俟隆古明良之一期也於是乎師其本而歸極焉修乎其家而始於親親施之天下而篤恭是務文武焉而不惑忠焉而不過雅焉而不溺理焉而純聖則洋洋纚纚皆典謨訓誥其言皇皇濟濟皆皋夔周召其人不足以當名世而翊化理矣乎是不特曰楚之才而已爾

直隸揚州府儒學教授陳克昌謹序

嘉靖十九年湖廣鄉試録

湖廣鄉試録序

嘉靖己亥皇上大狩幸承天其年祔慈宫于顯陵從孝思也明年庚子屬當比士巡按湖廣監察御史陳豪稽典始事乃藩司先期議聘文學之官用司簡校移經而不檄氏以須四方憲臣遴于衆以充遵著令也大廉不佞獲與教授谷宇齡胥膺禮聘爲考試官至則御史豪條貫規防百爾咸恪乃八月戊辰進提學僉事劉汝楠所簡士二千七百有奇者而三試之其言多平正通達而根極理要其實遂其情質厚其致沉雋而有餘思渢渢乎瀁瀁乎蓋仁義之餘而孝弟之所充積已御史豪顧謂大廉曰美哉斯帝鄉之産也雖畿甸之靈江浙之英未能或之先也是固有以作之者其積世之澤乎夫地步改闢也材不改觀也而士之見録者額獨隘之非以盡賢也厚靈者施采鐘英者流祥將必有异數焉以昭之者矣是故先兹御史姚虞觀風閲材篤意章顯其去楚也則既以上聞矣數其在兹乎越明日辛未始得奉上旨曰湖廣朕皇考德化所及之地解額准增足九十名大哉聖言從孝思也何也周道之興也成王周公其盛矣非有文武之積莫之能至也皇上録楚之士追慕先德昭前詒後至矣天恩浩蕩江漢浮輝挾術之士益蒸蒸然感奮而不可嚮邇大廉作而嘆曰休哉爾諸士共維帝臣之願始自今矣成周而降以文拔士體裁風格氣運高下天不能齊况於人乎故自道學昭明心術統一忠文與質自成一代靡不賢才間出隨其分量以就治功迨其衰也漸變澆漓起於化導而人趨之愈趨愈下不可復制宋理宗之季濂洛關閩繼作未盡一世每遇大比輒下詔黜浮而浮不止蓋子夏之後流爲子方程朱之後流爲詭薄晋人清談梁宋靡麗乖風餘敝殊途同歸其大致也我聖祖高皇帝表章六經陳極垂訓天下師門弟子專孔孟之學至皇上初登繁有條理簡有旨趣典則可誦文獻足徵也邇者反病空言不稱吏治過在大夫士厭窮經之淡背古傳注高者爲頓超徑悟之説次則移力莊騷史記以及諸子百家騁其軌轍擅業殊門好極險誕蔽而不懗士以文學飾治者頗矣盛極而漸理或固然先皇帝道化潛孚人文丕變聖天子定

制明禮風海内以仁義之實明詔敷言傳播區宇反本上行天下將亹亹焉矧荆楚之士與在昔歧豳豐水者伍而襄郢尤邇者聖神過化加惠留聽之邦乎是故薰炙濯磨奮勇愉懌其作新變化之無難也尤不可禦矣今觀其譚性命繹忠孝之理商人品高下與夫政務失得靡不懇切至到於堯舜孔孟之旨無背馳焉要自純孝一念和動懋趨者有以先之耳然言之非艱行之惟艱周武王之興也太顛閎夭散宜生諸賢生於王國爲周室輔諸士子念之行將奉大對以服官政陳謨宣力毋負兹先資之言其亦周多士也已謂不可以光斯録乎是役也同考試則教授陳建教諭何延賢黄瑩楊應知李重王子聰陳玉相與分經矢心於内提調則左布政使劉勲右參議胡松監試則副使宋宜僉事錢照協恭於外而御史豪兢兢夙夜實監臨之維時提督大工内官監太監袁亨工部左侍郎顧璘祇揚聖孝夙風多士兵部尚書毛伯温咸寧侯仇鸞秉鉞寧宇士氣聿申巡撫右副都御史陸杰撫治鄖陽都御史先王以旂今戴時宗提督南贛汀漳都御史先吴山今李顯先巡按御史朱篪陳物作人先事綜表副使汪堅參議潘九齡則後先經畫防範維周均之有成勞焉士與録而登進者凡九十人文二十篇

江西吉安府儒學教授黄大廉謹序

嘉靖十九年湖廣鄉試

監臨官

巡按湖廣監察御史陳豪（志興附件長樂縣人　壬辰進士）

提調官

湖廣等處承宣布政使司左布政使劉勲（紹功福建莆田縣人　甲戌進士）

湖廣等處承宣布政使司右參議胡松（汝茂直隸滁州人　己丑進士）

監試官

湖廣等處提刑按察司副使宋宜（獻可陜西鄜州人　丙戌進士）

湖廣等處提刑按察司僉事錢照（叔初浙江慈谿縣人　壬辰進士）

考試官

江西吉安府儒學教授黄大廉（潔甫福建莆田縣人　壬辰進士）

直隸鳳陽府儒學教授谷宇齡（道延河南祥符縣人　乙未進士）

同考試官

江西臨江府儒學教授陳建（廷肇廣東東莞縣人　戊子貢士）

河南開封府鄭州滎澤縣儒學教諭何延賢（君謨福建莆田縣人　辛卯貢士）

浙江嚴州府壽昌縣儒學教諭黄鎣（廷輝江西贛縣人　壬午貢士）

直隸和州含山縣儒學教諭楊應和（子聲福建長樂縣人　甲午貢士）

浙江湖州府長興縣儒學教諭李重（威甫直隸嘉定縣人　甲午貢士）

直隸滁州來安縣儒學教諭王子聰（汝達福建閩縣人　甲午貢士）

江西贛州府會昌縣儒學教諭陳玉（汝良福建長樂縣人　辛卯貢士）

印卷管

湖廣等處承宣布政使司理問所理問程世禄（汝功直隸歙縣人　監生）

湖廣等處提刑按察司經歷司經歷葉潤（仲德福建甌寧縣人　監生）

收堂試卷官

武昌府知府張明（元亮福建浦城縣人　壬辰進士）

長沙府知府季本（明德浙江會稽縣人　丁丑進士）

德安府知府陳謨（師禹四川巴縣人　癸未進士）

荆州府知府李元陽（仁甫雲南太和縣人　丙戌進士）

受卷官

武昌府同知沈本（致中直隸興化縣庚午　貢士）

永州府通判金椿（伯齡浙江山陰縣人　丙戌進士）

襄陽府通判陳世熙（師晦福建懷安縣人　乙酉貢士）

荆州府石首先知縣繆文龍（惟德貴州烏撒衛籍直隸華亭縣人　戊戌進士）

荆州府松滋縣知縣袁成能（從道福建閩縣人　乙酉貢士）

彌封官

永州府同知魯承恩（光世浙江建德縣人　乙卯貢士）

黄州府同知郭顯文（簡之江西泰和縣人　壬午貢士）

辰州府通判王瑩之（伯潤福建長泰縣人　戊子貢士）

鄖陽府推官程時思（以學江西浮梁縣人　戊戌進士）

漢陽府川縣知縣顏齊（思賢江西安福縣人　乙酉貢士）

襄陽府南漳縣知縣陳鐸（孔振福建懷安縣人　丁酉貢士）

謄録官
岳州府同知管登（弘升江西雩都縣人　壬午貢士）
寶慶府通判徐子忱（世孚浙江上虞縣人　己卯貢士）
漢陽府推官陳器（伯時河南汲縣人　辛卯貢士）
郴州同知莊壬春（子仁福建晋江縣人　己丑進士）
岳州府華容縣知縣周弘範（立夫江西永豐縣人　戊子貢士）
武昌府通城縣知縣林涣（文夫福建莆田縣人　辛卯貢士）
對讀官
黄州府蘄州知州高惟孝（一仁河南偃師縣人　戊子貢士）
承天府荆門州同知陳進（德仕福建閩縣人　監生）
武昌府嘉魚縣知縣李璣衡（在之浙江錢塘縣人　乙酉貢士）
黄州府羅田縣知縣祝珝（珍卿浙江蘭谿縣人　壬午貢士）
荆州府夷陵州長陽縣知縣蔡廷春（載賜福建莆田縣人　壬午貢士）
巡綽官
武昌衛指揮使謝承恩（廷錫直隷定遠縣人）
武昌衛指揮使王堂（道升山後會州龍山縣人）
武昌左衛指揮僉事丁鉞（廷衛江西廬陵縣人）
武昌衛左所正千户羅錦（子華四川南溪縣人）
武昌衛前所署正千户何綱（邦憲浙江淳安縣人）
武昌左衛前所副千户李震（伯聲直隷宿州人）
搜檢官
武昌衛指揮同知胡寧（靖之江西樂平縣人）
武昌衛指揮僉事路良（德卿直隷盱眙縣人）
武昌左衛指揮僉事劉閑（大方湖廣蒲圻縣人）
武昌衛左所副千户侍綸（秉言浙江歸安縣人）
武昌左衛左所副千户王欽（良佐直隷定遠縣人）
武昌左衛左所副千户林松（秀夫福建長樂縣人）
供給官
湖廣都指揮使司經歷司都事趙泉（東生直隷巢縣人　監生）
武昌府通判龍雲（望之雲南趙州籍江西南昌縣人　壬午貢士）
湖廣等處承宣布政使司理問所案牘鄒令昂（□英四川眉州人　吏員）
湖廣都指揮使司斷事司吏吕李椿（廷芳直隷桃源縣人　吏員）

武昌府經歷司知事周楫（時濟江西湖口縣人　監生）
武昌府照磨所照磨李向陽（汝葵山西靈丘縣人　監生）
武昌府江夏縣知縣馬舜民（原孝直隸江都縣人　己卯貢士）
武昌府左衛經歷司知事汪世卿（承選直隸歙縣人　監生）
武昌府江夏縣主簿朱錫（時賢浙江鄞縣人　知印）
黄州府黄陂縣主簿常協（元和四川璧山縣人　吏員）
長沙府攸縣主簿莫簡（居敬廣西蒼梧縣人　監生）
武昌府興國州通山縣典史朱佩（廷用浙江崇德縣人　吏員）
承天府荆門州當陽縣典史梁翼（騰宵四川巴縣人　承差）
武昌府興國州富池驛驛丞汪寬（齊之直隸休寧縣人　吏員）
黄州府黄岡縣陽邏驛驛丞鄭崗（叔鳴福建莆田縣人　承差）
漢陽府漢川縣劉家驛驛丞史璽（朝信山西高平縣人　承差）
武昌府蒲圻縣港口驛驛丞謝榮（子仁廣西西全州人　承差）
武昌府江夏縣東湖驛驛丞陳達（其顯福建莆田縣人　承差）
武昌府嘉魚縣魚山驛驛丞陳恩（承甫浙江餘姚縣人　承差）

第一場

四書

子曰誰能出不由户何莫由斯道也　詩云維天之命於穆不已蓋曰天之所以爲忝也於乎不顯文王之德之純蓋曰文王之所以爲文也純亦不已　舜明於庶物察於人倫由仁義行非行仁義也

易

六二不耕穫不菑畬則利有攸往　艮止也時止則止時行則行動静不失其時其通光明　理財正辭禁民爲非曰義　神也者妙萬物而爲言者動萬物者莫疾乎雷撓萬物者莫疾乎風燥萬物者莫熯乎火説萬物者莫説乎澤潤萬物者莫潤乎水終萬物始萬物者莫盛乎艮故水火相逮雷風之不相悖山澤通氣然後能變化既成萬物也

書

欽哉惟時亮天功　王懋昭大德建中于民以義制事以禮制心垂裕後昆予聞曰能自得師者王　兹乃允惟王正事之臣兹亦惟天若元德永不忘

在王家　欽若先王成烈以休于前政

詩

我溝之子籩豆有踐　吉甫燕喜既多受祉來歸自臨我姓永久飲御諸友炰鼈膾鯉侯誰在矣張仲孝友　成王之孚下土之式用言孝思孝思維則　時邁其邦昊天其子之實右序有周薄言震之莫不震叠懷柔百神及河喬岳允王維后明昭有周式序在位載戢干戈載櫜弓矢我求懿德肆于時夏允王保之

春秋

九月及宋人盟于宿（隱公元年）夏六月衛侯朔入于衛（莊公六年）春正月寘來（桓公六年）　秋公會劉子晋侯齊侯宋公衛侯鄭伯曹伯莒子邾子滕子薛伯杞伯小邾子于平丘 八月甲戌同盟于平丘公不與盟晋人執季孫意如以歸（俱昭公十有三年）　晋趙鞅帥師納衛世子蒯聵于戚（哀公二年）

禮記

冢宰制國用必於歲之杪五穀皆入然後制國用用地小大視年之豐耗以三十年之通制國用量入以爲出　立太傅以養之欲其知父子君臣之道也太傅審父子君臣之道以示之少傅奉世子以觀太傅之德行而審喻之太傅在前少傅在後入則有保出則有師是以教諭而德成也師也者教之以事而喻諸德者也保也者慎其身以輔翼之而歸諸道者也記曰虞夏商周有師保有疑丞設四府及三公不必備唯其人語使能也　君子曰禮樂不可斯須去身　敬讓之道也故以奉宗廟則敬以入朝廷則貴賤有位以處室家則父子親兄弟和以處鄉里則長幼有序孔子曰安上治民莫善於禮此之謂也

第二場

論

聖人在天子之位

昭誥表（内科一道）

擬漢舉質樸敦厚遜讓有行者詔（元光元年）　擬唐以張弘靖爲宣武節度使誥（元和十四年）　擬承天守臣率百姓謝賜聖諭表

判語（五條）

官吏給由　功臣田土　禁止迎送　盤詰奸細　帶造段匹

第三場

策（五道）

問　古之論治者嘗謂近有所遺而遠有所慕至謂有其君而無其臣則不得不慨乎其臣然古之人臣則固有違忤於當代取容於世主而萬世之遠殆有追思而遺恨者矣斯亦不可不謂之遇乎試自我朝觀之天兵攻贛而思鄧禹之妄殺封爵功臣而戒候君集之犯法崇學校而思董子養士之言儆臺臣而舉于公陰德之報念民力而思魏徵圖賑貸而慕汲黯諭國子以習射而吉甫不可作矣警戚里之豪横而薄昭在所戒矣求老成而伏生在所羡矣却瑞應而李沆之灾异所願陳矣正旦日食而富弼之奏所樂從矣夫當起時諫説不行而從違靡定顧其君既罔是非而人亦莫之取舍乃今遭遇聖明善者舉以法而惡者舉以戒若有餘榮而顯戮焉斯不可言遇乎斯豈遺近慕遠若漢唐諸君拊髀頗牧慨然思魏徵李絳者乎豈亦因以垂訓示則警切有位俾之知所嚮往也乎今聖天子超然遠覽思古賢俊而一時臣工罔不精白以承休德斯亦所謂一世之才自足一世之用乎切觀宸翰又每有舜臯賡載山甫補衮及伊傅周召交修共弼之思見於平壹之賜除夕之章者可繹也不知陪侍密席而仰承睿眷者其都俞吁咈氣象不可想見而颺言之乎夫有君有臣明良相逢斯唐虞之盛再見於今日矣子諸士行有臣鄰之責於此獨能默默不以效鳳凰梧桐之咏乎

問　太子天下本也教導之法誠不可不慎矣故曰一人元良萬邦以貞稽諸商有風愆之訓周有保傅之規而周禮所載尤詳可考也是以繼述稱賢而致治悠久誠非偶然嗣後此道不講有教以法律者矣由授以韓非書者矣以至帝範有貽開元有訓仁孝有詩戒子有篇承華有略元良有述矣不知果得教導之法否歟洪惟我太祖高皇帝即位之後首建儲宫妙選僚屬列聖相承率遵斯道如祖訓録如文華實鑒如儲君昭鑒録至今昭如也亦可得而言其一二歟聞欲仿元舊制設中書令矣而何竟不果設聞欲專設府僚特置賓客矣而何竟以廷臣兼之聞建大本堂矣不知所廷攬而評確者何道也聞輯聖學心法矣不知所采録而傳授者何意也鐘山從往俾知王業之艱瓦剌扈征俾知用兵之法斯皆慎重以端元良之本者也不知又何可得而言其一二歟今聖天子仰法祖宗蚤建儲貳其於輔導僚屬亦既擇之精而慎之至矣不知當周召師傅之位所以輔儲德而端本源者亦可得而言其略歟考之國初

有爲起居注而致書以勸進修者矣有爲正字而侍講必稱堯舜者矣有爲學士而講乾之九四以規之者矣有進周易直指而舉修齊治平以爲論者矣有因留意詞章而進以帝王之學者矣斯皆輔導之良也不知何者爲足法歟諸士子行將出而世用矣斯本源之慮獨無概於中乎有則明以告我

問　舉士選將方略之科古今論者非一有云開僥幸之門者有云不得真才者有云必以兵術進者夫苟忘實而徇名懲噎而廢食二者無一可者也漢高誅秦蹙項兵威最著史稱帝知人善任使然考其將非直英盧韓彭輩也主閑厩也而名厩將主輜重也而名重將將如林之師而名林將將築城之兵而名城將弩則有由弩將騎則有郎騎將以至謹畏則謂之謹之謹將勇特則謂之特將又有長隊將二隊將三隊將將之名號隨職而授豈從宜建置初無定制耶抑秦楚間故有是名也然皆見於楚漢未决之時而天下既定乃不多見何也豈所重在主將自餘皆無益於成敗故不顯耶反復漢之任將則今武舉之科亦有可以參酌者歟昔有治兵於蔿終日而畢鞭七人貫三人耳或以爲剛而無禮有試以婦人而遂見信用其略可得聞歟宋儒論選將之道欲先之以無益之虚名而□之以可見之實其道將何施而可抑别有説也夫天下雖安忘戰必危可以二三子而不講也

問　水經山海經二書原本山川極命草木爲博學多聞之助故禹貢疏義地理史志類多引以爲證雖不立學官固學者所不廢也然作者代殊桑欽郭璞酈道元何其自相牴牾乎斤江漸江之微不遺紀載何滹沱之名川而不紀乎章亥豎亥有其人乎步里之詳其可信乎怪誕之産信乎罔乎經水枝川三者之名有以别乎二書所載將無同乎漢儒睹重常致异辯貳負之奇其事有可言者乎夫水者地址血氣筋脉之通流其功兼后土而利生人自禹而下至於秦濱水枝民斑白而不識濡足之患自漢而下江河之患綿綿不絶試以其近者言之楚之腴田藏於潜沔今蒲葦被於良疇人巢沮澤之際豈聖人之功烈至是而窮歟江漢以導流洞庭以宅溢何以横流歲至與羊祜墾田江漢杜預開瀉長江王起修復濱漢防埭皆楚之思也其法亦有可言者歟今欲使水安其宅不爲田廬患子惠之務宜莫急於此矣子等行將以禹貢營田溝洫繼志式陳開物之宜毋效循常之對

問　古之有天下者罔不登進賢哲招選俊茂使各修其職以康有衆代天工而經理財用量其賦予常令食貨羡溢緩急足賴此其治弗可及也已乃其制置損益大抵無慮數千萬言固不能具數而陳然其概可言也永惟我列聖所以爲治大致率先厥兹今天子神聖道久化洽是宜無所置慮然百爾有

位時未厭人安民之吏世所稀鮮豈科目果不足以得人抑執事者所以建莅化導之者非也古之用人弗借异世斯言代聞也伊欲中外稱職而民安其業厥道何繇夫積貯天下大命而國之所急也比聞金部之積視舊耗半矣他司稱匱爲甚諸言取於民者備矣自頃輸貲給牒之令即江南浙西所云富壤饒域亦不能應古稱不在官則在民乃兹官民俱病何也夫今天下乂安號無事矣即藩禄邊供吏士奉養已不能給假而加之師旅因之饑饉四方多故九邊弗寧不知何以給之通變宜民百王通道子諸子行且爲世用其矢心極言以觀爾志

中式舉人九十名

第一名　謝登之　巴陵縣學附學生　詩
第二名　周之冕　黄州府學增廣生　禮記
第三名　康正宗　寶慶府學生　書
第四名　劉燧　漢陽府學增廣生　易
第五名　劉瀾　麻城縣學生 春秋
第六名　吴鏜　咸寧縣學生　書
第七名　周尚文　靖州學生　詩
第八名　何志實　桂陽縣學附學生　易
第九名　王有爲　黔陽縣學生　詩
第十名　方民懷　麻城縣學生　春秋
第十一名　王朝曙　襄陽府學增廣生　易
第十二名　陳大爲　岳州府學生　書
第十三名　張鵬翼　衡陽縣學生　詩
第十四名　錢仕　荆州府學生　易
第十五名　劉拱　黄岡縣學附學生　禮記
第十六名　李本恕　岳州府學附學生　詩
第十七名　尹尚孔　茶陵州學生　易
第十八名　沈淇　襄陽府學生　詩
第十九名　王麒　宜城縣學生　書
第二十名　蔡錀　承天府學生　詩

第二十一名　童承夔　沔陽州學生　詩
第二十二名　高岡鳳　城步縣學生　書
第二十三名　方治　麻城縣學生　春秋
第二十四名　陳萬策　黄州府學增廣生　詩
第二十五名　周大烈　大冶縣學附學生　易
第二十六名　丁乾　桃源縣學增廣生　詩
第二十七名　易本文　華容縣學生　書
第二十八名　徐步雲　蘄水縣學增廣生　易
第二十九名　邵演　湘陰縣學生　詩
第三十名　張居正　荆州府學生　禮記
第三十一名　王守成　武昌府學生　書
第三十二名　楊芳　蘄州學附學生　詩
第三十三名　李喬齡　嘉魚縣學生　春秋
第三十四名　張楫　承天府學生　易
第三十五名　曾造　長沙府學生　易
第三十六名　宋應奎　江陵縣學生　易
第三十七名　方逢時　嘉魚縣學附學生　書
第三十八名　任惟賢　黄陂縣學生　禮記
第三十九名　王霽　黄陂縣學生　詩
第四十名　蘇奈　湘陰縣學生　易
第四十一名　李承恩　寶慶府學生　書
第四十二名　陳墀　江夏縣學生　詩
第四十三名　錢邦偁 蘄水縣學生　春秋
第四十四名　辜佑賢　竹山縣學生　易
第四十五名　劉汝化　孝感縣學增廣生　詩
第四十六名　覃廷謐　沅陵縣學生　書
第四十七名　李時芳　孝感縣學生　詩
第四十八名　張价　廣濟縣學附學生　易
第四十九名　趙子伯　江夏縣學生　詩
第五十名　黄如傅　長沙縣學附學生　易
第五十一名　梁恩　巴陵縣學生　詩

第五十二名　高尚志　石首縣學附學生　書
第五十三名　涂瑜　黄州府學生　春秋
第五十四名　朱寵　漢陽府學生　詩
第五十五名　顔嘉善　長沙府學增廣生　易
第五十六名　熊偉　黄梅縣學生　詩
第五十七名　鄭琉　石首縣學生　書
第五十八名　劉乾　崇陽縣學生　春秋
第五十九名　周廷琮　郴州學增廣生　詩
第六十名　劉景韶　崇陽縣學附學生　詩
第六十一名　張邦珠　寧鄉縣學生　詩
第六十二名　馬應祥　常德府學生　書
第六十三名　喻良材　襄陽府學附學生　詩
第六十四名　鄭佶　黄陂縣學生　易
第六十五名　李廷柬　寧縣學生　詩
第六十六名　邵大爵　江陵縣學生　易
第六十七名　文簡　善化縣學附學生　詩
第六十八名　徐南州　孝感縣學生　書
第六十九名　於文徵　常德府學生　禮記
第七十民何价　衡州府學增廣生　詩
第七十一名　羅士俊　湘潭縣學生　易
第七十二名　易疑道　巴陵縣學生　詩
第七十三名　劉世臣　華容縣學增廣生　書
第七十四名　劉師穎　興國州學生　易
第七十五名　吴翰詞　應山縣學生　詩
第七十六名　彭曉　麻城縣學附學生　春秋
第七十七名　徐卿成　醴陵縣學增廣生　易
第七十八名　杜一山　江夏縣學生　詩
第七十九名　夏祚　通山縣學附學生　書
第八十名　張椬　武昌府學生　詩
第八十一名　徐應登　夷陵州學生　禮記
第八十二名　李邦憲　衡州府學生　書

第八十三名　黄鑰　監利縣學附學生　詩
第八十四名　胡伯資　廣濟縣學生　易
第八十五名　羅奎　岳州府學生　詩
第八十六名　月華　清浪衛武生　春秋
第八十七名　錢尚青　永州府學生　易
第八十八名　陳仁近　蘄州學生　書
第八十九名　張筵　蘄州學生　禮記
第九十名　陳德駿　應城縣學附學生　書

第一場

四書

子曰誰能出不由户何莫由斯道也

謝登之

同考試官教諭陳批（是篇作者多失夫子語意純正平達黜浮崇雅此足録矣）

同考試官教諭楊批（平實而有藻思）

考試官教授谷批（語不繁而意足）

考試官教授黄批（簡明）

聖人嘆道切於人而人自離之其致意深矣夫道不可以須更離也人離而弗由是其罔而不察耳聖人得不怪嘆以致警哉春秋之時道之不行也久矣夫子欲挽之不可得也故其意曰夫道也者其大原雖出於天而全體皆備於我其大本雖具於心而日用實無不在故人之有是道也猶其有是户也户爲人之所必由也道尤人之不可離也今夫天下之人有出不由户者乎吾知其不能也弗能出不由户何舍道而弗由乎吾不知其可也道本近也而自遠之本有也而自弃之冥於出入起居之正而忽於視聽言動之則莫之禦而弗爲謂之何哉事本易也而故難之本内也而故外之茫於食息動静之端而於作止語默之察莫之禁而弗由抑何謂哉使愚不肖而弗由也猶可諉也吾固末如之何已乃賢智而不知由也則不可言也吾誠有所不知焉苟知道之猶户則必行之而弗離知户之猶道亦必由之而加察和離道之患乎是則怪而嘆之也所以動其反觀之心而激其進爲之力也聞是説而興起者能求諸心

知所往焉道其庶幾矣抑此聖人憂世之心也憂故不忘不忘故嘆嘆故博喻鮮能之感不行之嗟與此豈异旨哉蓋其傷也傷明王之弗作莫能宗已使天下回心而向道此其藴也而非以絶人也乃天無意當時而使徒傷也悲夫

詩云維天之命於穆不已蓋曰天之所以爲天也於乎不顯文王之德之純蓋曰文王之所以爲文也純亦不已

王有爲

同考試官教諭陳批（此篇善言文王純亦不已）

同考試官教諭楊批（聖同天之意明矣可録）

考試官教授谷批（體認真切可以破俗學矣）

考試官教授黄批（平順得旨）

中庸引詩而申之見聖與天道之一致也蓋天道非誠則化機息矣聖人非誠則功用息矣微子思引詩而申明之又孰知其妙哉子思論至誠無息之意蓋謂人知至誠之功用有以配乎天而不知至誠之無息亦未异於天也合一之妙蓋嘗徵之於詩矣曰維天之命於穆不已是詩也善言天者也今夫天非以其巍然覆昌群生之謂也要之所謂於穆者語其誠也不已者語其不息也一元絪緼於亭毒淵乎無極之貞而二氣闔闢於冲漠渾然太和之運引之於前而不見其始推之於後而不見其終夫孰非於穆者爲之綱維也斯其爲天命矣外此而言天命者不知天者也曰於乎不顯文王之德之純是詩也善言文王者也今夫文王非以其焕然顯於西土之謂也要之所謂純者亦天之於穆也既純矣則亦天之不已也精粹含神明之藴妙運用於無窮而緝熙臻篤恭之盛達臨保於無間天以於穆而不已其命文王以純而不已其德夫是以見天人之無二致也斯其爲文王矣外此而求文王者不知文王者也夫知天之所以爲天又知文王之所以爲文則夫至誠無息之旨天人合一之妙皆可類見矣子思舉以明天道有以哉雖然此特以聖之同天者言耳苟求其至則雖謂之有功於天可也蓋天之所不及化育之所缺而不周其所彌綸而替助之者皆於聖人焉是賴斯所謂有相之道存乎我也故曰天地無心而成化聖人有心而無爲噫所謂心其諸替化育之道乎其諸純一不已之理乎

舜明於庶物察於人倫由仁義行非行仁義也

張鵬翼

同考試官教諭陳批（聖生知安行自是明白顧有分先後説者有説有

仁義於庶物人倫之間者此作脱去學者支離之詞矣）

同考試官教諭楊批（詞徹意冲録之）

考試官教授谷批（春容）

考試官教授黄批（純惟）

聖人之窮理盡性而皆出於自然者焉蓋不思不勉非聖人不能也然則舜於所性之理其知行夫豈有所勉哉孟子叙道統之傳而推其原於大舜如此若曰道之任天下也存誠之學固有望於君子而知行之妙不無待於聖人是故虞舜爲不可及已何也吾性之理以言乎散殊之謂物以言乎經常之謂倫夫人莫不自知而昧焉者衆矣惟舜心之虚靈有感即應而德之浚哲無微不通不必即物以窮理也而明睿有以通天下之頤以究終時以達本末析之極其情而不亂矣不必擇善以明善也而宣哲有以貫□正之道以昭經制以秩以秩典常合之盡其□而無餘矣蓋惟明以象其物宜也惟察以建其皇極也要之皆明覺之自然耳謂舜非生知可乎吾性之理以言乎愛之謂仁以言乎宜之謂義夫人莫不當行而悖焉者多矣夫惟舜精一之幾既以純乎天而允塞之妙自以裕乎用至愛根於天性施之踐履而純粹著擴之民物而惠澤流中心所安非有所存而自不亡也至宜本於良能蘊之念慮而藋度審顯之事爲而酬應詳精義所措非有所理而自不亂也蓋體仁而非以利仁也和義而非以襲義也要之皆時中之順應耳謂舜非安行可乎如是則其一念幾希之理不待存而自無不存矣窮理盡性之學非大舜所以開萬世傳心之法者歟粤自精一之語發至虞廷而後之言道者必稽焉孟子叙道統之傳而獨舉明物察倫以爲言子思論舜之智乃亟稱其好問好察執中用中要之豈有异指哉好問好察明物察倫精至究也執中用中由仁義行一之會也精一語其全也子思孟子析其微也其致一也後儒推原道統之承而要其流於思孟不可謂無見於道矣

易

六二不耕穫不菑畬則利有攸往

劉燧

同考試官教諭王批（聖人示人養心之學而感德大業任焉此作發明殆盡）

同考試官教諭李批（簡當而可深□□之）

考試官教授谷批（平通）

考試官教授黄批（精潔）

無妄六二聖人象其心無私而行有得也夫心效天下至動者也無私則百順應之矣其何有於弗利乎周公爻易致旨遠矣且無妄之卦合乾震而成體以無妄而爲義爻至六二周公擬其象曰不耕穫不菑畬者何也夫農始于耕而卒于穫勤于菑而期于畬其起於意而動以人者也是妄也是學之反也六二以柔順之資有中正之德其中淡然而無欲也無妄者也是復之效也蓋其動以天其守以正無意也而亦無必純乎正已之盡其不耕穫者乎其擇惟精其執惟一弗助也而亦弗忘也廓乎無我之至其不菑畬者乎如是而有不利於往者耶吾見體信者自以妙達順治孚守貴者自以致行利之益物來順應左右以至逢原處經而能立也遭變而能藿也夫固無適而不安矣有感即通酬酢以之時措達可而大行也不遇而無悶也夫固無入而弗得矣如是而謂不利於行者耶吁周公擬議二爻象占而示人以無妄之學如此信乎其爲精微之教也歟抑斯義也内聖外王之道也存之於心謂之天德措之事業謂之王道無爲而爲斯君子所以坦蕩而天下後世之所諒也彼區區伯術藿數之爲上未有弗窮者也然致此無難也程子有言其要先謹獨也夫獨謹而無妄也無妄而有誠也夫然後天下之大本在我也是聖人繫易之旨也

理財正辭禁民爲非曰義

何志實

同考試官教諭王批(此聖人之功業配造化處是篇體貼傳意明整其經生之精於易者)

同考試官教諭李批(得聖人範圍不過之意)

考試官教授谷批(純實)

考試官教授黄批(古雅)

聖人制天下之治而必協天下之宜焉夫理財正辭禁非皆聖人治天下之具也所以制之者一也天下豈有義外之治哉昔者夫子之傳易也其意如此若曰聖人者與天地合德者也其所以守位與聚人者夫固曰人與財矣是財也者以聚人民以佐食貨斯邦國之所急而衆庶之所依也不有以理之吾恐賦入無藝施舍靡經國非其國矣是故聖人之政必謹於理財然又有辭焉夫辭也者以詔上下以一道德是政教之所先而遠邇之所信也不有以正之吾知施之天下而悖傳諸後世而誣訓非其訓矣是故聖人之政致慎於正辭以至五方异俗萬姓异齊民不能無爲非也不有以禁之何以興化而致治乎是故聖人厲其法禁懸之教象也夫如是其不在於義乎故財之理也辯其豐

凶而量其出納酌其贏羸而均其式節非有義以裁乎其間抵見悖於出入而民散矣其辭之正也本典則以敷言而於道不詭明中正以爲教而俟聖惑非有義以制乎其中將見流於詖邪而民眩至乃非之禁也止於未發勤於早論防以五禮而欲其中也糾以八刑而使其畏也苟非以義而劑量詳度焉豈徒非不可禁其不僭且濫者鮮矣吁此聖人功業之盛所以不可及也歟抑治道亦大矣仁義人主之所并用也此獨言義而不及仁者何哉義舉而仁寓矣聖人將以制其流也後世求詳於禁令之末理財適以聚斂正辭以晦經苛法適以起天下之亂功業之不振有由也昔之告君者曰内多欲而外施仁義奈何欲效唐虞三代之治其識此夫

書

欽哉惟時亮天功

康正宗

同考試官教諭黄批（虞廷命官之嚴事天之道發明詳盡可録以進矣）

同考試官教諭何批（敬天事處善體貼）

考試官教授谷批（平通切實足警浮誇）

考試官教授黄批（純正）

聖君申命群臣之致敬必舉其任之重者責之也蓋事雖出於天而相之存乎人也聖君欲群臣之致敬而責之重有以哉帝舜所以總命之意蓋謂德業雖成於上下之交治功多隳於逸豫之失汝岳牧九官也固各有其職矣然臣職之修明不易而人心之操舍無常苟斯須而不莊不敬則易慢之心入之矣職能免於曠乎必兢兢戒懼夙夜儼上帝之臨於凡職分所當爲者慎其難毋怠其易焉斯須而不矜不畏則怠荒之氣乘之矣職不幾於隳乎必栗栗抵承動静凛如天之鑒於凡職業之當務者謹其大毋忽其細焉然果何爲哉蓋萬幾者天之事也天之所付君則任之敬者事之輿也事之所善敬則始之是故弼君以奉天之職修敬以善事于天賢俊必欲其來壅蔽必欲其决禮樂刑政必欲之各得其當替君之所不及以成天道之能者惟茹之職也其可少懈耶民生使之必厚内治使之必修工虞教養使之必循其理助君之所不逮以替造化之功者惟汝之能也其可或忽耶夫然則在廷無不稱之官天下無不理之事矣帝舜之命群臣何其詞嚴而意切哉抑考有虞之世恭已無爲命官賡歌之外無餘事也而萬國咸寧後世言治者率不能先焉何也蓋勞於求賢者聖人不遍物之智逸於任人者聖人不遍愛物之仁得其要不得其要故耳不然衡石傳餐者亦勤矣而何治之遠戾於古耶故曰後世有作者虞帝爲不

可及已

王懋昭大德建中于民以義制事以禮制心垂裕後昆予聞曰能自得師者王

吴鎧

同考試官教諭黄批（雖仲虺以釋湯慚古帝王傳心之要法盡之矣是作能説出可録）

同考試官教諭何批（詞不費而意獨至）

考試官教授谷批（簡切）

考試官教授黄批（明實）

大臣勉聖君以立極之效而歸諸自得之學焉夫學之用大矣務學則立極裕後皆舉之仲虺之勉成湯其知務者乎想其作誥之意蓋曰莫難於制治而中爲之極莫備於帝德而學爲之要吾王思以繫屬天下之人心也而可不知所勉哉惟德在我匪昭則昏是必聖敬懋日躋之美緝熙不怠於時幾也維民罔中惟爾之中由是執中大皇極之敷表正不遺於民物也然將何所致力乎義者事之準事匪義則括矣故宫廷之顯設必協諸時宜裁諸中正而後可以言義禮者心之輿心匪禮則佚矣故睿思之精微必察之惟寅守之惟一而後可以言禮夫然則内外合德中道備矣吾知不特用中于天下也軌範所在子孫仰燕翼之貽不特爲法於當時也德澤所流後王動親賢之慕是裕後之休固昭德之致也然此豈可以襲取哉予聞之曰無窮者義理也有限者見聞也誠知已不足而人之有餘又知自用之小而用人之大也取衆善而舍已吾心獲自有之師集衆思以從人已德有師資質益則德崇於虚受而王政溥治優於達順而大業隆由是建中由是裕後而帝道舉矣是則能自得師謂非聖學之要懋德建中之地耶抑考盤銘之警伊尹之學湯固不待於告詔者仲虺釋慚之初將以飭新政而散群疑也顧復諄諄於務學焉何哉蓋君心萬化之原也君心正則天下之心亦正矣斯固仲虺意也湯之聖商道之盛要之天資所得仲虺之功其兩造之矣云無自哉

詩

成王之孚下土之式永言孝思孝思維則

謝登之

同考試官教諭陳批（武王達孝不過繼先德配天命而信之法之亦不外此此作善説詩者故録）

同考試官教諭楊批（成信爲法雖是一事但詩人一字一句之義亦不可混作者多信式一倒語意是篇得之矣）

考試官教授谷批（典而則近而不腐）

考試官教授黄批（簡古）

詩人表聖人所以感天下者達孝之應也夫孝通乎人心者也聖人盡之而成信垂法焉謂非感應之必然哉詩人美武王之纘緒也以爲人君固順天下以爲治天下亦視人君以爲準武王之法祖配命也有足徵矣是故上之布乎其下也苟孚感之未通將誠之而愈貳矣又何信焉今則上下之誠傾不惑于慮也君臣之志同不間于衷也蓋大君公天下而不疑天下仰大君而作孚矣民之望乎其君也苟德音之或薄將脅之而罔從矣又何法焉今則表儀所著象之莫或違也皇極所敷歸之莫或後也蓋感之者固出於無心應之者自神於有覺矣所以然者實惟武王思莫大致續也以盡子道焉而繼述之恐後凡其建殊勛以光前烈者蓋事天明而事地察矣思莫重之厚也以盡君道焉而嗣服之無替凡其崇大業以弘丕緒者蓋通神明而光四海矣是故因親以法其愛而天下之愛同焉丕應之速殆不肅而成者也使感之也不因其心寧保應之者不越厥志耶因嚴以法其敬而天下之敬同焉媚兹之誠殆不動而變者也使率之也不久其道寧保化之者不易厥履耶是則孝之至則教化立感之至則天下和平要之皆繼德配命者基之爾抑此武王之有天下也順乎天而應乎人聖之事也後世有惑焉湯也此下武之什本武王繼德配天而必歸之媚順治民焉豈不以民者天之視聽而先王之澤又人心之所思慕而灌溉者得天得人昭兹詒後武王於此皆無慚焉以俟百世猶一日也慰當時而信後世詩人詞外之意微矣讀者識之

時邁其邦昊天其子之實右序有周薄言震之莫不震叠懷柔百神及河喬岳允王維后明昭有周式序在位載戢干戈載櫜弓矢我求懿德肆于時夏允王保之

周尚文

同考試官教諭陳批（此詩首言昇天眷下皆天眷之實也是生知立意其精於經學者歟）

同考試官教諭楊批（下二允字即應上其字所謂天不言以行與事示之而已之意也此篇得旨）

考試官教授谷批（發明詳盡）

考試官教授黄批（敷暢）

周王巡狩而冀天眷也必兩稽諸行與事焉蓋天無私眷顧人君所以事之者何如耳周王始有所冀終以自信夫亦徵諸行與事之示乎此巡狩而朝會祭告之樂歌也若曰人君之馭天下所可能者人也所不可能者天也吾亦盡其所可能者而已是故以天子而適諸侯巡狩之典也以其時而間行之先王之迹也省方觀民固非以慢游而頒王輯瑞蓋將以飭治但天子之事所不敢怠也帝天之眷所不敢知也承休襲祉不無覬望之私而默示潜孚或有出於意念之外者乎然天固難必事則可徵今夫右序有周天意固有在也是故示威於百辟而百辟震言小大皆承德矣懷柔於百神而百神享焉河岳亦效靈矣夫所謂天子者幽明之宗也今幽明孚神人閲則所以君天下者信乎得敦臨之宜矣是不足以稽天眷乎且運啓文明我周固昭代也是故慶賞刑威所以别吏治也於是行黜陟以警有位淑慝章矣干戈弓矢非以綏太平也於是求懿德以布中國文命敷矣夫所謂天子者政教之準也今政教舉法度明則所以保天命者信乎得永孚之休矣又不足以稽天眷乎觀此則周王巡狩之行不徒爲禮樂之飾而且得祈天永命之道矣登歌之頌固不宜乎抑巡狩一也虞夏商周之盛尊天重民之典也漢唐而下雲夢之僞也梁父之侈也天書鴟尾之誣也敬天勤民之實無聞焉流連逸豫以快其欲已矣兵衛徵求之擾王通氏之慨可知也盛治之不見於數君何尤故曰有關雎麟趾之意而後可以行周官之法度

春秋

九月及宋人盟于宿（隱公元年）夏六月衛侯朔入于衛（莊公六年）

劉瀾

同考試官教授陳批（盟宿入衛皆惡中之惡者視一失者又甚焉春秋特書而功罪之是篇獨能委曲發明可録）

考試官教授谷批（詞嚴義正）

考試官教授黄批（古雅博洽經生之不易見者）

聖人之志公天下故於私盟争國者有惡焉夫世之爲公也無盟詛而有禪讓也私盟則惡争國則惡聖人之情見矣且魯宋交惡公立而求成焉是以有宿之盟也夫謀睦之不足而要諸明神解紛息争從兹時矣而君子曰否蓋大道之行也天下爲公講信修睦以爲大同雖周官盟載之法弗之尚也而乃如宿也私相要誓載既不掌於司盟卒弃簡書盟又自渝於口血慢鬼神祀刑政則明信之道衰而傾危之習成民不立矣有虞氏未施信而民信焉夏后氏

未施敬而民敬焉下是猶有背命不盟而春秋以爲近正者何公之汲焉欲盟若是耶故書及以盟惡其私也而豈以先王之制例之哉若泄職逐君朔奔而籍援焉是以有衛之入也夫寓公之反正而復其疆宇正名定分從兹時矣而君子曰否蓋大道之行也天下爲公選賢與能以爲達節雖大人世及之禮未之貴也而乃如朔者始構二兄于弟弗念乎天顯卒連五國以臣而抗乎王官弃人倫蔑天道則君臣之位失而畔陵之敗起民不順矣唐虞公天下則與賢焉三代家天下則與子焉下是猶有讓國不居而春秋賢後世者何朔之紾焉施奪若是耶故書名以入惡其争也而豈以諸侯之禮待之哉由是則信必由中而屢盟寔所以長亂位必居正而六逆非所以取國春秋之大義明矣抑三物之詛蘇公以要其孔艱之人而二子之及衛人所爲賦乘舟也則盟爲衰世之事而朔之逆理亂常其爲國人所憤嫉舊矣夫何約劑之煩多而終之質子諸侯之黨比而卒以歸俘無信不立不奪不饜如之何其止也故君子以信易生而爲國以義爲利經世者尚慨于斯

秋公會劉子晋侯齊侯宋公衛侯鄭伯曹伯莒子邾子薛伯杞伯小邾子于平丘八月甲戌同盟于平丘公不與盟晋人執季孫意如以歸（俱昭公十有三年）

方民懷

同考試官教授陳批（此見晋霸之所由隳以脅盟往魯立可謂得旨者録之）

考試官教授谷批（有斷制）

考試官教授黄批（簡健）

世霸威與國而蔑宗封春秋所以不貸于貶也此晋昭平丘之役以威以利屢舉而無一可者也春秋備惡之也嚴矣自夫虒祁落成友邦携而楚人横御此而昭德塞違晋所得爲也沉被侮於齊而代興之辭已見於宴享苟有内修之實則九合之業又孰禦之也顧不是之省焉攝以羊舌鮒既大會於平丘告諸劉獻公復尋盟於會地夫霸之所以長諸侯者固皆明信之喻也今則上要天子之老以同盟下失兄弟之歡而肆脅晋昭之不競君子有以卜其終矣聖人以禮教天下曰會曰同盟蓋愚晋而惡其威劫之非也貶之肯逭耶邾莒浸愬鄆郠取而主君逼於此而正義行辟晋所得爲也况壬申復旆而列侯之慴已動於兵威苟有問罪之討則三都之墮又孰過之也顧不是之能焉辭惠伯之請既致昭公於不與嚴狄人之守復蒙意如以來歸夫魯之所以紊分義

者固非故共之愆也今則甘食投則利之言忍辱周公之後晋昭之黷貨君子有以覘其衰矣聖人以義教天下曰不與曰晋人蓋幸魯而奪晋侈肆志魄也責之肯貸耶此義明則恃威非所以長人而饕利適所以害己有國者可深長思矣抑晋昭席文悼之餘威乃日事宫室之私本之則亡而先業仆矣士鞅取貨於季孫而納魯之議寢荀寅求利於蔡侯而伐楚之攻微卒歸於外携内叛焉惜哉

禮記

冢宰制國用必於歳之杪五穀皆入然後制國用用地小大視年之豐耗以三十年之通制國用量入以爲出

周之冕

同考試官教授陳批（先王重民惜財保國之道發明詳盡可録以進矣）

考試官教授谷批（整肅）

考試官教授黄批（明健）

大臣以時而經國用其法爲甚悉也蓋財以足國法以制之也取之審而用之節大臣經國之慮遠矣見於王制者如此意謂財用者軍國之需而天下之大命也古之冢宰所以經理制置之者何如哉蓋以國之用度無窮未有不取給於財者也天之生財有數未有無經而能裕者也故必於歳終焉五穀既入其數可陳也數陳而賦可成矣歳事聿成其用可制也用制而流可坊矣然酌之不審則登耗或异非以示均也故多寡隨乎地而必則小大之壤厚薄分乎時而必約豐歉之宜始而計三年之入必可以餘一年之用積而計三十年之入必可以餘十年之用損下益上之是慮而後經久可常之制立耳用之不慎則糜濫莫禁非以示節也故必計盈縮之入而品式之是頒量虚實之登而封靡以爲戒既不敢以有限之藏而供不盡之費亦不敢以無厭之欲而竭有待之需制節謹度之不忘而後豐亨豫大之可享耳夫惟不輕於人則民生厚不輕於出則國用舒此大臣足國之要道而經世之良猷也夫抑國家之於財用在大臣不可無經制之法在人君不可無節儉之心經制之法惟以防其未流而本原之地則固在人君之一心關石和鈞之典固克勤克儉爲之先耳漢文躬行節儉富庶之澤至景武而不衰焉開皇仁壽之富則不再傳而敝矣言出之無本也然則富國裕民之道尚於君心焉求之

立太傅少傅以養之欲其知父子君臣之道也太傅審父子君臣之道以

示之少傅奉世子以觀太傅之德行而審喻之太傅在前少傅在後入則有保出則有師是以教喻而德成也師也者教之以事而喻德者也保也者慎其身以輔翼之而歸諸道者也記曰虞夏商周有師保有疑丞設□輔及三公不必備唯其人語使能也

劉珙

同考試官教授陳批（説王者慎教世子之意明盡是宜録出）

考試官教授谷批（不費詞不晦意）

考試官教授黄批（明實整飭）

記者於先王之重儲必詳其輔德之職而證以任賢之義焉夫養儲所以端國本也建其職而必擇乎賢則儲德之不底于成者鮮矣載之文王世子者如此意謂養德善後之急務也任人輔德之要圖也故立太傅少傅之職以爲養者欲其於君臣父子之道無不明也夫所謂傅者何也蓋在太傅則詳審乎父子君臣之道以身教而示於先矣在少傅則奉世子以觀其德行以言教而喻於後焉以行則太傅前而少傅後也以居則入有保而出有師也夾持之功密而德教之美成矣夫所謂師保者何也蓋師者教以盡倫而喻諸德所以啓其致知之功也保者慎其輔翼而歸諸道所以勵其力行之實也以出入則誠有所資焉以前後則交相爲禆焉德不難於喻而道不難於歸矣然豈徒備其職而已哉亦惟以其賢耳記有之曰虞夏商周天下之盛王也師保疑丞四輔三公先王之衆輔也然雖多其名而未嘗備其職亦惟擇其人而求以勝厥任耳是則傅也師也保也夫亦以成吾世子之德而已又何樂於備職以循名忘實而無益也哉抑人君於世子之養不可以不慎蓋如此後世此誼不明而教養無法是故賈誼治安之策言雖忠而道則疏義府承華至箴雖切而要則寡甚者開博望以延賓以智囊爲家令則處之非其地而輔之非其人矣又何怪繼體者之弗可負荷而治道之不古若或是故先王之治必自教太子始

第二場

論

聖人在天子之位

周之冕

同考試官教授陳批（此即唐虞三代之時事也下若漢唐宋皆歉此矣是作議論意深詞暢可録且以天生聖人立意正合我聖天子應期而出之事

所謂五百年必有王者與禮樂積德而後可者此生其草茅而知當世之事者矣佳士佳士）

考試官教授谷批（通微之思駸古之筆）

考試官教授黄批（逸發條達）

天下之化雖以其人而實不能無俟於其天其志氣之交相爲感也何也天群物之祖也以宰時者也人天地之心也以替化者也匪天弗因匪人弗濟其相須而常相成者也此其機微而顯遠而邇時而不忒者也是故古之善言天者必徵諸人而善言人者必歸之天其治之盛而之極也天人志氣交感之理後世不可不察焉夫天有陰陽以斡四時世有禮樂以綱維萬事此其一上一下一幽一明交相感而恒相因者也傳曰志壹則動氣氣壹則動志理之不可易者則然陰陽之運弗齊而世故之變靡定則天之與人亦或往往違戾牴牾而不相值故賤者思起而維之將畏天下之議其後而其徒尊者又狃於狎習之安而莫敢輕議夫是以治窳而化闕爲世大憾在昔禮序樂和氣順歲豐民物康阜天則有是時而聖人適焉以居乎其位故恒相須而常相成也是故其形不可見而理則固然其微而顯也是故天不違人人則相天其遠而近也是故物極則復易窮則變其時而不忒也夫上古渾渾噩噩太昊炎帝之事也遠矣其詳不可得言也中世之聖之爲天子也如黄帝也堯舜禹也湯也武也五六聖人者其選也其皆孔子所謂作也然數聖人豈規規然樂改作哉天之會時之趨勢不得不然也易曰神而化之與民宜之也又曰湯武之革應乎天而順乎人也記有之禮時爲大而順其次也是則聖人作禮樂之意焉者自今言之人物之生漸繁結繩之治未革則書契之易律曆之制所不可已也原隰之茫無辯飛走之倫與偕則井野衣裳之畫冠弁車輿之度所不可已也六相分治萬邦協和風動之休重華協帝則雲門大卷咸池大章簫韶大夏濩武之作所不可已也九州萬國蠻夷貉貊戎狄之音互异則考文正辭之教所不可已也至如禘郊宗祖之异倫也巡狩朝會之殊制也三禮五禮六樂八音之异齊也度量藿衡之弗襲也忠愿文質之异尚也百官三統五德五刑之不相沿也夫固各有當也統之奉天地之宜通神明之德而類萬物之情者是之謂大順焉是故軒堯非嗜功而舜禹非喜事也湯非務改而武王非上作也會逢其適而聖人之德與位足以成之其志氣之感時之趨不得不然也所以和氣愈益旁魄而諸瑞畢降也而非秦漢唐宋之偏之雜之駁竊其一而不得其二之所敢望而窺也故當時之人尊之信之咏歌之曰安安曰允塞曰不矜不伐曰懋德建中曰匪棘其欲言聖人之制要於順天宜民而非有所歆羡矜慕以耀

天下而侈後□者矣故非其人而嘉其號不得其本而欲襲其名是楚相之擬而西氏之迹也比弗肖不然啓也太戊也高宗也成王宣王也皆聖人之資而三王之胤也彼其於禮也度也文也其議而制且考也皆謙讓未皇焉何也彼誠明天之道察人之情而不自以爲聖者後天而奉天時者也故有舉結繩畫冠之治於虞夏殷周之代則歡於庶民矣有爲博士諸生之禮於堯舜文武之世則僇於有司矣故時也者聖人所以統會天人感通志氣興化之藉而致治之繇也雖然聖人之爲禮樂豈直緣政飾治秖取具而已也乃與其公卿輔弼大夫師長相與警戒修飭反躬稽敝而其心未已焉是故詢於芻蕘咨於合宫訪於總章聞善則拜從諫弗拂望道未見不泄邇忘遠也所以盡天下之情博天下之議也將恐制不宜民俗或訛僞或以矯世而更化焉者亦曰剛裁文致要於忠質以與天下相生相養不愆不忘而寡其過斯已矣此所以八風從律六府順叙百嘉暢遂其治閎遠崇侈而不可及也聖之所以益聖也孔子所以從先進而弗敢自用自專也

表

擬承天守臣率百姓謝賜聖諭表

謝登之

同考試官教諭陳批（此我聖天子仁孝之實是篇模寫萬一悉見忠愛然臣民仰戴之懷殆有過於此者非儒生四六可盡也）

同考試官教諭楊批（是能鳴國家億萬年之盛者楚之忠士也宜薦而録之）

考試官教授谷批（典則）

考試官教授黄批（博雅）

嘉靖十八年某月某日伏蒙聖駕南巡狩至于承天宣諭百姓臣等謹率叩謝者道越百王聖帝盡慎終之大孝仁流萬物名君溥敷教之洪恩事豈尚夫彌文情寔超於亘古澤沾臣庶化溢寰區臣某等誠懽誠忭稽首頓首上言竊聞元后建四方之極以孝慈并舉爲先王者當萬國之尊惟故舊不遺爲厚故易重中行之尚而詩稱維則之思周室三朝致彝倫之攸叙塗山一會執玉帛以咸宗叔季以來鮮由斯道御章陵而祠舊宅僅聞款曲之私娱集慶善以叙成功徒事管絃之佚樂西巡遣使蕭霍偶被乎中牢洛幸興搜寔僑秖行乎薄醧誇將軍以三組漢君之敕璽既卑思猛士於四方霸主之歌風尤下蓋心非存於奉先思孝政則缺於敬故親民何足异哉固宜然耳恭惟聖考睿宗獻皇帝聖母慈孝獻皇后乾德裕天坤貞應地仁螽徵於麟趾慶遂衍於螽斯顧

惟襄郢之都實誕聖躬之所金盤湯帶萃王氣而遠邁錢塘漢緑河清兆貞符而高超華渚山連巫峽巍峩寓進德之資江遶石城溯湃示朝宗之準扶輿淑於純德未言馬鬣牛岡地樞磅礴於顯陵何數龍蟠虎踞配九天而作極含萬物以化光八柱長擎百川并溯誠足嚴寢允宜合祔以慈宫者也茲蓋伏遇皇帝陛下聖由天縱孝極淵微貞明侔日月之光溥博并乾坤之大興百年之禮樂兆萬世之太平上廟號以推崇恩既隆於一本配皇天而報祀享尤備以多儀乃謂送終實當大事遥辭五鳳望荆楚以幸臨親御六龍拜寢園而經晝翠華至止江鷗幸借影於朝陽黄繖翾翩徑草喜生香於過輦群神望徧燔柴曠舉於崇朝百辟修誠佩玉榮瞻于咫尺既占祥以卜兆遂襄事於展陵古木皆青玄堂即晝天德享承于旭日郭門高揭以陽春輝華流不夜之城滲漉被窮桑之邑進柔良而仁桎梏帝心示顧於思名布時令以正農祥王政式勤于就列睠茲舊國屬意增光恩切枌榆諭敷琬琰順庶心而陳藝極揚王道以經彝倫一札十行妙契乎六經之旨趣五常百行綱提于數語之詳明箋燦五雲陋晋批之鳳尾聲騰八表鄙漢句之牛頭謂洛汭永安小民莫識若老子柱史百姓何知旨遠而辭不深文理微而事已顯著聽之則匹夫婦所共識充之則大聖大賢未易全山若增而高水若增而深榮誇十錦子焉教以孝父焉教以慈貺逾百朋勤生理做好人引迷途于大道尊高年恤孤弱化薄俗以淳風周誥商銘麗光躔於東壁堯章瞬命暎精耀於西崑彼秦府之章縱面談而亦曷輔若山東之令雖感動而竟何聞邇乃載遣中書爰精篆籀粃糠倉史奴僕鍾王既石鐫乎禹碑復亭護乎義畫破昏愚之萬姓永作監觀醒心目以千年非徒眩矚龍文璀璨萬里飛雲鳳製輝煌八垓驚霧皇言重鼎實嚴警省之珍銘聖訓勒鴻更布科條干寶籍臣等官叨守令居此閭閻侈榮遇於帝鄉近耿光於天表敢不申巽命而行事携老幼以刻衷讓畔讓居期同風於雷澤度田度舍抑逾制於南陽奉以周旋修身爲正家之本所其顧諟努力求治生之方篤天顯之懿親追步紫荆之舊變陽阿之俚習共賡白雪之辭鄉表讓廉未屑漢明之遺問里名孝悌必追清獻以流芳講效嵩呼俯申華祝伏願存神過化與天地而同流正義育仁法陰陽之并運饗于親饗于帝百靈歆明德之馨作之君作之師萬世仰綏猷之盛仁不遺於蔀屋媲美有唐慕罔替於耆頤紹休虞氏導迎和氣顧畏民碞麟趾振振共仰宗盟於益茂典謨噩噩更期聖作之相輝將見聖子神孫世世享靈長之福夷陬夏壤人人頌嘉靖之章臣某等下情無任瞻天仰聖感激隕越之至謹奉表率謝以聞

第三場

策

第一問

謝登之

同考試官教諭陳批（敷揚我國家交泰之盛此策曲盡明良喜起之歌不是過矣）

同考試官教諭楊批（實而不諛忠而能規）

考試官教授谷批（渢渢乎大雅之旨）

考試官教授黄批（詞意懇切）

大臣固以得君爲難而尤以盡忠爲急夫君臣相得自古不易治否之機恒必繫之故明君嘗切慕治之懷而不衰大臣之貌而所謂蓋臣者思以效吾忠而行其所學則亦每以不得君爲阻夫吾誠得君矣則既免於未信之謗而君亦悉心嘉納以樂於受矣君子秉機遘會方自慶其遭逢之不偶則亦豈敢徒懷寵靈以自矜詡也是故竭盡忠悃委身輸力圖以報稱知遇於萬一固其衷也故曰君臣相與之際其心貴相知而其道貴相成也斯上下之交也天地之泰也元首股肱一體之義也和氣薫洽而百暢嘉達之機也稽古則堯舜禹湯文武在上而下有皋夔稷契伊傅周召之時也軻之言曰五百年必有王者興其間必有名世者此數之會也當是時君得臣而咨清問之恐後臣得君而匡贊弼直惟懼其弗力故都俞風動之化至今稱述爲烈於乎斯泰道也自是而後此意寖失秦漢以尊君卑臣之法好自夸矜君亢而驕以肆臣安於卑而疏以自怠前席之寵僅一見於賈生而長沙之命至不旋踵君臣相遇之難甚矣則臣雖素負正君之念思以其學行之得乎是則鄧禹諸人之不得盡行其學於當時而徒足以昭懲勸來世亦相遇之未殷致然也嗟夫明良相逢之盛孰有過於今日者哉我祖宗優待士之禮士之被知遇者既以效忠於累朝聖上隆輔弼之恩大臣之承眷渥者又皆竭力圖報於□今日唐虞三代不足侔焉猗與休哉然嘗竊窺列聖之心矣在太祖則思鄧禹於攻贛之日舉侯君集爲封爵之戒而于公之陰德李沆之日陳灾异伏生之年老傳經皆思之不置在成祖則崇學而思董子日食而思富弼矣仁宗則魏徵之直汲黯之賢在所思矣宣宗則警戚里而思薄昭矣夫當其時英賢濟濟布滿有位而密勿論思顧復及於前代諸賢何哉且夫一代之才自足一代之用列聖拳拳之意豈獨少若而人哉劉基宋濂之文學論議豈直仲舒後也徐達郭英之清謹蓋可方

駕吉甫而王翱之老成虞謙之仁恕顧佐之嚴明李賢之純正亦不在汲黯諸人右也雖謂古之皋夔伊召可也數君子遭際之奇而各以其忠愛傾心效力則亦豈敢有負於知遇哉設有之固非列聖所望亦非數君子所自處矣嘗觀太祖謂侍臣傅瓛曰君臣一體苟知謹懼天心方回卿等其盡心力以匡不逮仁廟賜少傅蹇義等銀圖書其文曰繩愆糾繆仍論之曰君臣之間盡誠相與庶幾朝無缺政與大學士楊榮等誥詞親御宸翰曰勿謂崇高而難入勿以有所從違而或怠則其有感於前代諸賢而形諸訓誡斯虞廷欽敕之旨成王訪落之意期與諸臣交相儆切以共成正大光明之業固亦美矣盛矣不可復加矣我皇上嘉樂唐虞益隆纘述然聖不自聖以贊助實賴臣鄰而朝夕論思猶在勛輔重臣故於清燕之暇時賜顧問日勤眷與諸輔臣之承恩被寵者亦既極其榮遇矣今觀其切劘治道之迹形於論思而章諸物采達於朝宁而施諸寰宇真唐虞之爲澤而三代之仁也蓋聖明在上而輔之以忠碩是故都俞吁□藹然一堂不獨咏明良賡喜起繼游歌以宣一代之盛於言語文字之間而已吾知爲皋陶迪德之謨也爲益稷罔逸罔游之戒也爲仲虺不邇不殖之誥也爲伊尹風愆之箴也爲傅説遜志時敏之命也爲召公奭王敬作所致訓也爲周公旦明德恤祀之論也其以將順德意而報答殊遇者真古昔君臣一體相成之誼亦不獨平臺之賜除夕之章者可考而見也於乎愚生拭目美盛又何言哉但優憂治世而危主忠臣無已之心而大易於康侯之晝日三接必繫以自昭明德之象夫晝日三接君之寵莫加焉而康侯惟昭德以事其上主方明聖世復治安若可亡慮矣而忠臣每懷憂危之心斯聖人日中則昃之慮而君子遇主之報不但已也是故君子之遭逢明聖而得時行道誠不可上負天子而下負所學矣昔召虎對揚王休曰天子萬壽而繼之曰明明天子令聞不已矢其文德洽此四國於乎盡之哉

第二問

周之冕

同考試官教授陳批（我祖宗良法美意追配帝王此作揄揚殆盡且於翊贊之望三致一焉忠愛可想矣且深得發策之意録之）

考試官教授谷批（忠盡溢於言表）

考試官教授黄批（探本之論）

蓋聞人君之愛其子也則凡所以養儲者無弗至也人臣之忠其君也則凡所以輔儲者亦無弗至也愛其子爲擇才賢以輔導之俾有所養而吾愛周矣忠其君盡吾輔導之方以無負於其職而吾忠塞矣養之弗至則敬承道虧

負荷弗克也非人君愛子以厚國之心也輔之弗至則陳力誼缺徒取位列也非以語忠也是養儲也凡以愛子也亦以厚國也是輔儲也凡以盡職亦以忠君也是則先王所以蚤建太子而豫養之者誠非私憂而過計也達乎此則我祖宗所以慎重儲貳而皇上蚤建豫養之意可得而揄揚其概矣夫太子之爲天下本也不待智者明其然也朱子所謂上之宗廟社稷之重下之四海烝民之生前之祖宗垂創之艱後之子孫長久之計賈誼曰天下之命懸於太子夫如是而先王端本之圖裕後之慮誠不得不汲汲爾也舜冑子之教商風愆之儆其防也記曰王后腹之七月而就宴室所求聲音非禮樂則太師緼瑟而稱不習所求滋味非正味則太宰倚升而言曰不敢侍王太子其胎教素也曰太子始生固舉以禮使士負之有司齊肅端冕見之南郊曰世子齒于學父師司成曰入太學承師問道退習而端於太傅其蒙養端也曰三王教世子必以禮樂曰立太傅少傅以養之使知父子君臣之道曰入則有保出則有師曰選天下之端士孝弟博聞有道術者爲之輔翼曰太子既冠成人則有記過之史徹膳之宰記善之旌誹謗之木瞽史誦詩工誦箴諫其規制備也夫是以太子賢聖元良稱賢曰敬承繼禹之道曰克終允德曰基命宥密其明徵也斯是以三代之君有道之長曰永孚于休曰保我后生曰卜世三十其章章效也秦漢而下知者鮮矣教以法律訓以韓非通以博望其敝也是故治既卑污而國祚亦促或巡游以速亡或宴安以召僇其效亦章章明也於乎其得失可睹已洪惟我太祖高皇帝道高識邁登極之初首建儲宫而慎簡輔導列聖相承益弘前烈自今觀之中書令革元之舊不襲夷制也廷臣兼宫寮而不復别設防慮也建大本堂而所延攬商榷者四方名儒古今圖書也輯聖學心法一書而所采録以授受者建極之學治平之道也如祖訓録如儲君昭鑒録如文華寶鑒無非欲明於修治之要而不忘創造之艱難也以至鐘山之從無刺之扈則周公七月之訓召公張皇之誥也然此皆法也乃原本之地則我祖宗之德雖天地莫可形容而精藴所存嘗莊誦聖訓而獲窺一二矣太祖嘗曰人君一心治化之本曰朕之爲君上畏天地下畏兆民於乎斯古帝王正心修身之學也成祖嘗曰朕每退朝默坐未嘗不思管束此心曰堯舜相傳惟曰允執厥中帝王之道貴乎知要於乎斯古帝王執中建極之道也斯其原本也夫是以宫闈之所觀感潛移默化而德性成就百七十年聖聖相承治隆俗美斯其效亦章章明也肆我皇上聰明仁孝仰配祖宗聖胤繁昌和洽寰宇于是遠稽近述大建儲宫以上慰祖宗之思下繫臣民之望社稷之休端此賴也然又謹簡英賢俾充輔導今之晋職宫寮而參侍鶴禁者真極一時之選即古三公四輔甘盤周召

史佚之匹不獨正大老成如國初所選儀智而已也然愚亦以爲此其法也乃原本則敬一溯心學之源星變切時幾之敕仁孝章於天地禮樂協於中和是即祖宗之學之德也今日教皇太子之道亦奚必它求哉斯原本也雖然保傅諸臣寵膺重選而職司輔導獨能宴然已乎吾知春坊侍講啓迪不倦如桂彦良之爲正字可也獻書納戒忠愛彌切如宋濂之爲起居注可也講乾之九四以致規如王達之爲學士可也進周易直指以論修齊之道因留意詞章而進以帝王之學如楊士奇之爲少傅亦可也蓋必制于動作而不使或逸於志意也必正于服御而不使或縱於奢侈也必節于游戲而不使或習於驕矜也必使凡淫巧靡麗一不接於心目而孝仁禮義日浸漬於見聞也必效忠輸力殫智竭思以盡吾輔導之職而后無負責任之重耳否則朱子言之矣僚屬具員而無保傅之嚴講讀備禮而無箴規之益非妙簡意也故夫人君之養儲其道三而人臣之輔儲其道四曰蚤建儲位以係民望許魯齊積免之喻也曰簡任輔導以端蒙養記所謂不必備唯其人語使能也曰端本善則以身教於上書所謂雖無師保如臨父母也輔儲之道則敬以植德而弗淫於邪也莊以飭躬而弗習於褻也勤以勸學而弗荒於怠也仁以沃心而弗流於刻也如后夔之九德咸事周公旦之抗法伯禽者其的也於乎是道也其諸我朝億萬載靈長之慶也歟愚生一得之忱請以是爲明聞復

第三問

康正宗

同考試官教諭黄批（將才貴於能養作者類能言之而根極理要之論莫逾子矣蓋精學待問之士録之）

同考試官教諭何批（深識遠慮可以論將矣）

考試官教授谷批（善談古今用將之法）

考試官教授黄批（達治體）

嘗聞天下之患莫大於爲之不素而遇卒然一旦之憂將帥之任是已天下無事無所事將及有事變四顧惶惑而不知所措於是不愛高爵重賞以來强兵之術吁亦晚矣唐宋已往前鑒非遥執事發策下詢豈不以愚生有天下之慮乎敢不悉心以對今夫武舉方略之科爲選將設也然登是選者豈嘗戮力疆圉有能如古名將者乎而戮力疆圉以樹尺寸之功者豈盡出於是選乎所養非所用所得非所求議者以爲宜罷其選罷之誠是也然有説焉夫名者人主所以礪世而磨鈍是也故天子之所嚮天下至所奔也懸虚名以來天下之實猶可望二一於千百苟舉其名而并廢之則所謂實者終無可致之日矣

執事慨其開幸門不得真才而復致疑於必以兵術進之一語者豈亦以其有未可盡非者歟愚竊聞之天下非無才之患有才而無以知之之患今將之不良非設科之罪乃試之無法之罪也非試之無法之罪乃養之不素之罪也且夫天下未有不素習而能適用者駟馬不閑不以服車良弓不檠不以向的今武舉之法以四方乍至之人合而試之既無教養之素又無干城之望其志將以取榮寵苟富貴而止耳夫以專閫之寄而居之以苟富貴之心行之以不素教之人是美錦而使人學製也而況讀孫吴之書者不必能戰能騎射者不必能將二區區於言語武力之末以求所謂大將噫亦疏矣愚故曰試之無法養之不素之罪也爲天下計則莫若群聚而教之倉卒而試之以士籍之以將拔之自將而下器能不齊則量才而任之量任而養之而掄選之法斯過半矣蓋天下有百人之英有千人之英有萬人之英夫人平居孰不曰我能是我善是比其與衆較而後知不足矣不足則競勝之氣作而相觀之志勤故貴群而教之如士之於庠序如百工之於肆而後天下之才聚才聚而後英者可得而見矣夫人之英非惟人莫知之而已亦不自知其爲英也及夫事變起於倉卒勇者退知者靡而已徐起而應之而事因以濟若斯人者豈言語可求武力可見哉蓋必出其不意而以難脱之計使之解以觀其智假以微藿而以不練之兵使之陣以觀其視其神色以觀其量察其約束以觀其勇而後若人者可得而見否則千里之馬試之於竈不能過狸宙矣豈足以知豪杰哉昔者子玉治兵於蒍蒍賈以爲剛而無禮知其必敗孫武以婦人陣而闔閭奇之然則觀將帥之法舍治兵之外無可與謀矣夫拔其英以爲將帥其餘即非將帥之才而其技能各有所長有豈可以輕弃耶故愚以爲必籍之爲士養之於官使聽命於新拔之將天下無事則教以戰陣能而授之以任善射則名射將善弩則名弩將善騎則名騎將善戈盾矛戟則名戟將善攻城則名城將凡兵家所必須者皆立志將依仿漢初任將之法而行之抱一藝以上皆籍之又因其所任之重輕以差其廩養夫如是則天子有同憂患之臣而將軍有腹心之士一遇邊境有事不煩智慮而動爲有據矣且天下所貴乎宿將者以其起於微賤而望在四夷而又有腹心之士以爲緩急衡分之用而世禄之家不與焉漢韓信衛青而下拔行伍而陟大將者無慮數百人其在當時皆以身係安危卒光史册及考其所以戰無不利者皆以將指兵情兵知將意故左其頤則士不右右其頤則士不左將數萬之兵而旋動常如一人之身者以有腹心是士布散萬兵之中各爲之領故大將頤指色授於帷幄之深而三軍皆得其意於金鼓旗幟之表用此道也故人主之馭將也平居則養其望而厚其私人而察其所爲有事

則重其藋不牽以中制不繩以文法舉閫外而畀之一無所疑如是而威不加於外夷功不至於四海者未之有也若舍此而復蹈常襲故而惟廕之務授席其先資以爲紆紫目不及前聖之墨太公方叔之猷以下及孫吴之術而智能魯莫一卒若者以將萬人敵見利則逝見難則脱卒然有敗則因而挺之矣疆場有患則吾苟免而已立而觀之耳有出死力得一級者欺賣而利之耳人主又何便於此又其甚者苞苴白晝加轉神捷士卒未識面貌倏然去矣裨將睽异志懷莫相繫屬是粤人操舟而使燕人帆之也其不溺者寡矣夫世廕之德以勸天下之忠孝而明其忠也若行之百年焉而又半之彼先世之澤之藉也將已五世逾矣自古崇德報功久遠綿長之典未有過於此者也而若此又奚賴焉夫觀世以易化者聖也矯時以從俗者明也物必有敝解其敝者復其盛勢必有變善其變者反其常故五帝之世循環不悖而三王之時因革并施今日之事其要亦曰識其敝通其變而已執事以轉聞于上未必以末學之言弃之也

第四問

劉燧

同考試官教諭王批（此策士子多困於寡識而漫爲答辯而有據正而不乖卓然有志世務録之非以其文也）

考試官教授谷批（鑿鑿可行）

考試官教授黄批（指畫明悉）

治天下之野見於夏功而熄於戰國自秦而下弃而不講而聖人之迹猶在水濱之民耆老之口固可訪而識也然而官不以爲職士不以爲學郡縣即有治農之名務爲奉法循令要之如式而止而於蓄泄之大致不敢一毫有所增益是以横流時至輒爲民患而猶訊逋負於巢處之民責徵役於沮洳之户嗚呼無惑乎斯民之轉徒也執事憂楚人之憂而舉山海水經以求治水之本夫事後禹稷功參后土此大人之務愚也何足以知之請得熟數楚水之源委因陳不治之故以竢抉擇願執事俯几而聽之今夫爲楚患者非水乎水之大者非江漢乎蓋嘗讀水經而知其故矣江自岷山以至荆楚所歷四千餘里漢水出嶓冢山亦歷三千餘里後入江所歷既遠則會水不得不多會水既多則積受不得不厚其勢然也且入江之水自天彭闕而下有曰湔水曰沬水曰若水然繩灊鰯耳至符里□部儲水合之而勢時盛比至涪渝而下又有宕渠彭巫諸水夷陵而下沮漳又注之則江雖欲不猛不可得也况其發源本高據地之上游歲夏至則泛溢地上爲田廬邑居之害故上世以來堤其兩岸以備之

蓋起于松滋迄于岳州延袤六百里近洞庭之陂而後弛其防矣乃若漢水總括湍沘兼包潜淯拜吞均粉汲引瀘白至大别善而與江合雖其地平勢緩然水性善溢每歲夏秋之間時漲時涸爲生民患自大禹而下則有雲夢陂以處之而漢嘗有宅矣故愚嘗爲之説曰漢水宜疏而不宜排江水宜排而不宜疏蓋排疏各有攸當也善排者堤障以拒之善疏者陂匯以宅江水不得排漢水不得不疏江而不排則魚鱉其人矣漢而不疏則蒲蘆其田矣何也荆江之堤决其南則澧州公安華容石首諸邑仰面而受之决其北則監利沔阳潜江江陵漢川諸邑坐盎而没之是治江之道豈復有善於堤者乎漢水自失雲夢以來襄郢景雲之間壅闕泛溢無歲無之沙莽被於田疇人巢沮洳之際然則治漢之法豈復有良於疏導者乎然而堤闕百里而不修水灾頻年而不治官司方聚民力而豪石右輒倡爲浮言以散其衆此何故哉蓋江之不堤漢之不陂上虧官賦下損貧民而獨擅其利者豪右也彼漂没之後小民轉徙以避租賦或取什一之貲券與富民業爲已有而官籍則目爲流亡由是并吞開拓莽蕩陂池之利日倍而故主曾不得芟收其中彼富民者乃以絲毫之賦係於公家之籍公家以其嘗有賦也遂置而不問而不知上下咸被其害也昔者漢有鄭白之渠溉田數萬頃至唐則爲富商大賈競造碾磑渠流爲之梗澀時則用長孫祥之奏而毁之而渠利以復今潜沔諸邑腴田萬計徒以惜一堤之費而坐視污萊雲夢之區往往梗澀徒以愛尺寸之利而防廢大計恐非衣食元元之本也信以長孫祥之策施之吾楚則豪右不得專有其利而勞來安集之休易如反掌耳此執事所爲慨然有思乎羊叔子杜元凱王起之徒者歟愚也既陳其概矣若所諭山水二經同异信罔之故事非經見理涉高遐身所未歷難可名述然明問及之豈非以博稽多識望于承學乎夫果蓏且有理何可忽之而不以質也嘗聞之師曰水之目有三發源西極而東入海者命曰經水發源近而引他水入大水及海者命曰枝水出於地入大水及海者命曰川水水經所載貴經水而略枝川以經水有增長而無縮涸也故江漢與河濟并稱而滹沱遺也蓋滹沱之性漲則夷陵涸則龜拆其發源於秦戲山者殆未濫觴至井陘束鹿會龍花牧馬諸水而後大故斤漸視他水爲小而視滹沱則爲大矣此桑酈之志也今滹沱之害半於黄河説者謂治滹沱不於滹沱而治其聚於滹沱者疏易水不於易水而灑其趨於易水者斯亦疏排江漢之意也其稱章亥竪亥里步四極而約知道大地廣袤之數愚竊疑焉夫天地雖廣寸管度之善乎孟子之言曰千歲之日至可坐而致也班固據三統歷十二次配十二野其言最爲知要即有章竪吾弗用之矣而汲郡竹書與山經乃稱穆王駕盗驪騄耳

之乘造父爲御犇戎爲右東升西燕既莫可指切方驗而左丘明亦曰穆王肆其心欲使天下皆有車轍馬迹焉此又何説歟大都宇宙廣遠難窮常怪隱顯若晝夜然不足深异東方生曉畢方之名王頎訪兩面之容海民獲長臂之衣皆與簡竹异代懸符故重常之异聞于仲舒貳負之奇載之劉向夫非天下之至通難與言山水之義矣夫水學之亡也久矣宋儒議訪海濱之老民以興天下之水學誠知務哉古者將有决塞之事必使通知經術之臣計其利害又使水工兼視地勢故不明其學不可以濟也今天下汶濟治運而齊魯不耕滹沱爲灾而京輔寡給昔之國于河之壖者以十數計今其地皆委弃而不毛是欲民之無饑不可得也議者欲以海運代汶濟以遏截釃滹沱而隨黄河以興營田之事其急無以异於江漢桑欽郭璞酈道元數子者之爲書蓋取義于此矣苟略其傳聞之牴牾而立之學官擇水泉大小之分高下之勢與其蓄泄之宜致力之先後多少皆可據經而見矣於戲其亦可以繼禹也夫

第五問

劉瀾

同考試官教授陳批（官人之略財用之耗皆今日所當亟圖者此生獨知肯綮可以有官守矣且無浮詞衍説皆可見之行事非徒文也）

考試官教授谷批（草茅而練世務者録之）

考試官教授黄批（其事核其文通）

古之善爲國者先於善任而其能足用者始於知計而有制節故任弗善雖者負曠世之才弗能理也用靡節雖累奕世之積莫能贍也是以聖王慎之也故其所用爲理孳孳天下之賢而其經國制用剋自損節以爲臣民表故已不勞而化四達財無匱而國常裕也夫古昔帝王之王天下也若三皇栗人上矣遐哉邈乎其詳不可得聞也自時厥後則有若黄帝氏有若堯舜氏有若禹湯文武氏彼其聰明睿智聖神文武其於治天下固寬然有餘也然當其時拳拳焉六相四岳是命也八元八愷九官十二牧是咨也百官之倍是乂也三宅三俊三公三少是擇也六卿九牧諸大夫上士中士下士是建也下至亥陋幽隱版築巖穴羈囚縲繫之間亦罔不是揚是陟故雖其中世其於僕讋賤臣之細亦必作爲辭命而謹于憸人之戒吉士之求俾其勿以貨賄干彝憲蓋先王之所以慎於簡迪謹于建莅其以代天而勤民也如此至其制用經過理財聚人則固躬先節約以爲子孫臣庶無窮之式是故茅茨土堦弗厭也惡衣菲食卑宫弗陋也敝服而即田功康功也重民五教而先食也其他王宫畿甸邦國都鄙門關郊遂莫不皆有式節度量而又領之以冢宰稽之以會要蓋先王之

所以審於貨財藋於豐儉以聚人而守國者如此此其三年耕而有一年之積三十年耕而有十年之積故雖時有兵革暵溢螽螟札厲之變而民弗捐瘠轉徒者有此具也下是若漢晋唐宋雖其治之雜伯雜夷弗純於古乃其開創藝皇纂承令辟統之敷求匡佐惜財重本故其似續黎民亦職有利有元以裔主華先王之政教法理斬焉耗矣我高祖奮自布衣歷試諸難閭閻情僞靡不通曉故其所以敷治垂式首先厥兹列聖丕承益熙懿烈弗殞厥問肆今天子入踐大祚光于前聖其聰明睿智聖神文武視古帝王曷异焉此其治理功業即三尺嬰孺能言之固不俟執事者論説也然化成而易渝法積而恒斁人情無所懲艾則惰故今百爾有位時未厭人安民之吏世所稀鮮誠有如執事之所稱者夫國家之養士也厚矣其來之之路也廣矣今天下郡縣千四五百所爾以四海之遠萬方之貢累世之遺此宜長貳裨倅丞簿尉史人稱其選也以若所聞古良吏不敢謂無其人然竟闊疏也意者考課之法弗嚴而監司之職未修乎貪冒之禁太寬而徵拜之命已亟乎是何怪吏貪民怨水旱弗時而氣候勃亂灾沴繁多也書曰惟治亂在庶官故不可不慎也夫天下之才豪杰

湖廣鄉試録後序

今上御極之十有九年俞禮臣之請大比天下士湖廣獨增解額焉聖化作人之效於兹盛矣然拔之數十人也而一得之亦精矣良矣（宇齡）謹終言曰夫士非能言之難言盛而道日以漓之患乃楚之文一變而復于古詎非積化致然楚南方之國也文王造周始于西北化行江漢賢才所就雖置兔野人腹心干城亦賴用之矧郢友德務爲根本之學其發之文章不出乎人倫日用炳炳鑿鑿皆可論説而天下之巨麗莫尚焉正如衡岳之秀青冥杳緬不可攬結而渾淪磅礴未嘗爲巉峭孤削之狀又如洞庭巨浸渾浩流轉百怪掩抑未嘗自露而其淵然之光蒼然之色常使人望而却焉於戲盛矣詩云思皇多士生此王國王國克生維周之楨濟濟多士文王以寧爾多士親沐聖人之化以成賢才其爲遭誠不偶矣自兹出而效忠宣力爲國楨幹以成聖天子文明之治而載寧之非爾多士之責哉夫古之斂才者或以德進或以事舉或以言揚爾多士之學而入也文焉耳然羸牲腐種而飾粢者廢農也窳質漫觚而飾淫者廢工業隳行違本而飾詞者廢學也孔子曰君子不以辭盡人不以辭盡人者有言者不必有德也爾多士之言藴之爲德行顧將措之爲事業者懼無

殆于廢乎哉矧君子之于位以致志也非以顯庸也若夫澤經術取位用以施之政事操刃而待割已然敦彜瑚璉寶玉大弓陳之廟堂藿石斗筲刀筆簿牘呈之官府其輕重辯也惟多士擇焉苟不惟其德惟其位静言而庸則違之其不爲廢農廢工也幾希曾謂楚之良耶曾謂楚之良耶

直隷鳳陽府儒學教授谷宇齡謹序

嘉靖二十二年湖廣鄉試録

湖廣鄉試録序

嘉靖癸卯秋楚當大比士監察御史桂榮奉命按治寔維監臨申嚴胥飭凡簾内外百執事咸慎簡充之先是前巡按御史史褒善稽典肇事馳幣聘席珍等役校藝至是咸集乃以席珍暨教諭黄國奎考試教授林□金白沈文冕學正歐陽瑜教諭鄭廷□楊世瑞張堯弼潘慎學分試而提調以屬左布政使陳則清右參議陳塏監試以屬副使張承恩僉事柯喬規畫維允罔弗寅恭期得真賢上翊聖治維時尚書樊繼祖都御史潘鑒以督木萬鏜以處夷先後至振雅觀文所至講藝敦奬逢掖都御史巡撫先陸杰今車純保厘化誨人有寧宇士咸思奮撫治鄖陽先喻茂堅張岳今王守提督南贛先李顯今虞守愚并崇軌率物章志貞教總兵豐城侯李熙雅尚儒術守備太監傅霖郎中王之臣員外郎沙稷主事郭乾向宗哲陸愚樂觀巨典右參政鄭重及宦右參議方遠宜魏良輔蔣芝秦鰲副使李義壯盧紳王學孔金燦項喬僉事楊雷米榮李磐孫雲都指揮芮恩劉遠則皆協贊分理于外副使馬坤左參議潘九齡先期入賀萬壽若左布政使今陞都御史顧遂經慮飭材及左參政今陞按察使胡有恒右參政今陞府丞端廷赦都指揮今陞參將李經雖先後去楚亦皆與有聞焉者也既圍棘鎖院御史榮乃矢心勵衆合提學副使先孫繼魯今應檟所選士二千六百有奇而三試之遵近制拔其俊九十人録其文二十一篇登之天府而席珍以職務猥序首簡竊惟楚芊之裔肇系高陽祝融之職世嗣火正本神明之胄荆衡鉅鎮江漢上游紀在職方羽毛齒革金錫箘簵并充王貢土衍物豐莫之尚也矧厲山之鄉有炎帝之播殖焉瀟湘之湄有重華之巡狩焉九江大别有神禹之疏鑿焉江沱汝漢有文王之教化焉迨至鬻熊寔爲文武師而三墳五典八索九丘盡在於楚楚固文獻上國也是故靈淑之所鍾神聖之所格不萃于物則萃于人不作於前則作於後蓋垂千年而得靈均離騷之篇肇開辭賦而宋大夫賈太傅衍之江鄉又垂千年而得元公營道之居默契道體而南軒考亭講之岳麓然或忠而未醇或醇而未庸君子有遺憾焉迨于今

日貞元始合精英交暢我皇上發潛興邸出震郢郊秉元聖之資正大寶之位荆楚之士固已睹聖萬物之先矣禮樂明倫制盡涵濡煦嫗二十二年于兹間者升祔之舉大狩之臨敷告之播典章之述動爲世道言爲世則士尤目覿心醉優柔厭飫成人小子靡不底于造德頃用御史姚虞饒灭民言復增解額士益知上意所嚮咸思奮庸仰熙帝載故席珍等日夕校閲其言蜿蜒磅礴而峭拔汪洋鞱礚而演迤斯山祇川若之委和也其言雅麗而典飭端嚴而敷腴斯神謨聖德之錫極也蓋扣之有弗盡其蘊取之有弗盡其才楚之士于兹盛矣夫雲從風靡聲應氣求類也矧數千餘祀地氣人文浚哲而長發者乎世運之會豈偶然哉抑王國之士固思皇譽髦之流也四方耳目于此乎繫故皇帝王霸性命道德從而徵術焉乾符坤輿民宜物類文經武緯從而徵學焉財成左右彌綸參贊從而徵業焉然此皆性也非由外鑠也反身而求萬物皆備故靈淑之孕毓神聖之謨烈忠醇之抒渫見吾性之中焉見吾性之和焉推而致之大本立達道行可以孚四方之觀聽矣不然遺實而徇名略近而騖遠周行之忽而旁徑之惑且號曰是都人士也亦罔而已爾席珍不佞不敢以一第爲二三子榮而君子成信之義主司敷求之責蓋于是方有大懼也於戲休兹尚知恤哉

河南開封府儒學教授陳席珍謹序

嘉靖二十二年湖廣鄉試

監臨官

巡按湖廣監察御史桂榮(君用江西上饒縣人　壬午貢士)

提調官

湖廣等處承宣布政使司左布政使陳則清(君揚福建閩縣人　丁丑進士)

湖廣等處承宣布政使司右參議陳塏(山甫浙江餘姚縣人　壬辰進士)

監試官

湖廣等處提刑按察司副使張承恩(君賜直隸易州人　辛巳進士)

湖廣等處提刑按察司僉事柯喬(遷之直隸青陽縣人　己丑進士)

考試官

河南開封府儒學教授陳席珍(于聘福建候官縣人　戊子貢士)

福建興化府莆田縣儒學教諭黄國奎（子聚江西廬陵縣人　丁酉貢士）

同考試官

直隸太平府儒學教授林□（仲鎮福建龍溪縣人　己卯貢士）

河南彰德府儒學教授金白（少賁廣西臨桂縣人　壬午貢士）

直隸廬州府儒學教授沈文冕（子中廣東順德縣人　戊子貢士）

直隸揚州府通州儒學學正歐陽瑜（汝重江西安福縣人　戊子貢士）

直隸池州府石埭縣儒學教諭鄭廷□（子亮福建福清縣人　壬午貢士）

浙江金華府金華縣儒學教諭楊世瑞（鳳來福建候官縣籍閩縣人　丁酉貢士）

河南開封府封立縣儒學教諭張堯弼（伯直山西代州人　丁酉貢士）

福建泉州府永春縣儒學教諭潘慎學（行之廣西儀衛司籍浙江青田縣人　丁酉貢士）

印卷官

湖廣等處承宣布政使司經歷司經歷盧溥（文博直隸長洲縣人　監生）

湖廣等處提刑按察司經歷司經歷葉潤（仲德福建甌寧縣人　監生）

收掌試卷官

武昌府知府何城（叔防陜西綏德衛人　壬辰進士）

長沙府知府陳子文（在中福建閩縣人　己丑進士）

德安府知府茅鎜（新之直隸丹徒縣人　壬辰進士）

漢陽府知府應大桂（邦材浙江僊居縣人　丙戌進士）

受卷官

武昌府同知祝珝（珍卿浙江蘭谿縣人　壬午貢士）

德安府同知謝袞（公補直隸桐城縣人　乙未進士）

黄州府推官查秉彝（性甫浙江海寧縣人　戊戌進士）

荆州府石首縣知縣繆文龍（惟德貴州烏撒衛籍直隸華亭縣人　戊戌進士）

彌封官

辰州府同知徐珊（汝佩浙江餘姚縣人　壬午貢士）

武昌府通判高岐（季鳳雲南大理衛人　辛卯貢士）

岳州府推官裘衍（汝中江西新建縣人　丙子貢士）

武昌府嘉魚縣知縣姚梧（文陽浙江慈谿縣人　辛丑進士）

襄陽府南漳縣知縣陳鐸（孔振福建懷安縣人　丁酉貢士）

謄録官

寶慶府同知陳疏（如孟廣東番禺縣人　己卯貢士）

武昌府推官葉應時（際明浙江慈谿縣人　丁酉貢士）

荆州府推官聞賢（國賓貴州永寧衛人　辛丑進士）

襄陽府穀城縣知縣馮薦（伯受四川南充縣人　辛丑進士）

長沙府長沙縣知縣戴廷璋（國器福建莆田縣人　戊子貢士）

對讀官

承天府荆門州知州阮范（崇文江西安福縣人　乙酉貢士）

長沙府湘陰縣知縣梁汝璧（應文四川江津縣人　辛丑進士）

黄州府黄陂縣知縣霍薰（虞南雲南永昌衛官籍直隸壽州人　辛丑進士）

襄陽府宜城縣知縣劉以貞（子恒江西安福縣人　甲午貢士）

衡州府藍山縣知縣吕文緯（道充福建同安縣人　辛卯貢士）

巡綽官

武昌左衛署指揮同知馬寅（敬之直隸泗州人）

武昌衛指揮僉事張玉（汝成直隸句容縣人）

武昌衛指揮僉事段綵（體素直隸當塗縣人）

武昌左衛指揮僉事王忠（克臣直隸江都縣人）

武昌左衛右所副千户晁英（子寶山後會州人）

武昌衛後所百户張羽（子升湖廣南漳縣人）

搜檢官

武昌左衛指揮使高陞（功陟直隸山陽縣人）

武昌左衛指揮使于京（宗本直隸和州人）

武昌衛指揮同知羅英（朝舉江西新喻縣人）

武昌衛指揮僉事路良（德鄉直隸盱眙縣人）

武昌衛指揮僉事易堂（國瞻湖廣江夏縣人）

武昌左衛指揮僉事胡綸（大中直隸臨淮縣人）

供給官

湖廣等處承宣布政使司照磨所檢校蔣琢（廷器山東丘縣人　監生）

湖廣等處提刑按察司經歷司知事謝宗孔（時本江西龍泉縣人　監生）

武昌府江夏縣知縣馬舜民（原孝直隸江都縣人　己卯貢士）

武昌左衛經歷司經歷熊鍾（國震江西豐城縣人　吏員）
襄陽府經歷司知事汪聰（可綬四川富順縣人　吏員）
黄州府照磨所照磨陳德昌（子言四川大足縣籍錦衣衛人　儒士）
武昌府江夏縣縣丞高邦靖（商臣直隸虹縣人　監生）
黄州府羅田縣縣丞任輔（朝佐江西豐城縣人　知印）
黄州府黄陂縣主簿江文焕（堯中四川巫山縣人　監生）
武昌府蒲圻縣主簿徐禎（國兆四川松潘衛人　監生）
武昌府江夏縣典史張承福（君士陝西涇陽縣人　吏員）
武昌府興國州通山縣典史朱佩（廷用浙江崇德縣人）
承天府沔陽州景陵縣典史宋繼稷（粒卿山東博興縣人　承差）
武昌府咸寧縣典史吴鰲（應元直隸休寧縣人　吏員）
武昌府蒲圻縣典史金驥（本良浙江會稽縣人　吏員）
岳州府平江縣大荆驛驛丞王詔（汝欽直隸宜興縣人）
承天府沔陽州沙湖驛驛丞張□（子弘貴州永德江長官司人　承差）
漢陽府漢陽縣蒲潭河泊所河泊王斐（成章山東滕縣人　吏員）

第一場

四書

子曰吾十有五而志于學三十而立四十而不惑五十而知天命六十而耳順七十而從心所欲不逾矩　小德川流大德敦化此天地之所以爲大也　夫義路也禮門也惟君子能由是路出入是門也詩云周道如底其直如矢君子所履小人所視

易

元者善之長也亨者嘉之會也利者義之和也貞者事之幹也君子體仁足以長人嘉會足以合禮利物足以和義貞固足以幹事君子行此四德者故曰乾元亨利貞　允升大吉上合志也　神而明之存乎其人默而成之不言而信存乎德行　與人同者物必歸焉故受之以大有有大者不可以盈故受之以謙

書

成允成功惟汝賢克勤于邦克儉于家不自滿假惟汝賢汝惟不矜天下莫與汝争能汝惟不伐天下莫與汝争功　非知之艱行之惟艱王忱不艱允

協于先王成德　月之從星則以風雨　以佑乃辟永康兆民萬邦惟無斁

詩

六月食鬱及薁七月亨葵及菽八月剥棗十月穫稻爲此春酒以介眉壽　七月食瓜八月斷壺九月叔苴采荼薪樗食我農夫　無弃爾輔員于爾輻屢顧爾僕不輸爾載終逾絶險曾是不意　倬彼雲漢爲章于天周王壽考遐不作人　我其夙夜畏天之威于時保之

春秋

元年（隱公）元年（桓公）　公子遂如齊（宣公元年）仲孫蔑會齊高固于無婁（宣公十有五年）公會晋侯衛侯鄭伯曹伯宋世子成齊國佐邾人同盟于戚（成公十有五年）公會晋侯齊侯宋公衛侯鄭伯曹伯莒子邾子于商任（襄公二十有一年）冬公會晋侯齊侯宋公衛侯鄭伯曹伯莒子邾子薛伯杞伯小邾子于沙隨（襄公二十有二年）衛侯之弟鱄出奔晋（襄公二十有七年）楚公子比出奔晋（昭公元年）夏四月楚公子比自晋歸于楚（昭公十有三年）　冬公孫歸父如齊（宣公十年）公會晋侯宋公衛侯曹伯莒子邾子齊世子光滕子薛伯杞伯小邾子伐鄭（襄公十年）　公會晋侯宋公衛侯曹伯齊世子光莒子邾子滕子薛伯杞伯小邾子伐鄭（襄公十有一年）夏叔孫豹會晋趙武楚屈建蔡公孫歸生衛石惡陳孔奂鄭良霄許人曹人于宋（襄公二十有七年）叔孫豹會晋趙武楚公子圍齊國弱宋向戌衛齊惡陳公子招蔡公孫歸生鄭罕虎許人曹人于虢（昭公元年）

禮記

正室守大廟尊宗室而君臣之道著矣　禮之所尊尊其義也失其義陳其數祝史之事也故其數可陳也其義難知也知其義而敬守之天子之所以治天下也　然則先王之爲樂也以法治也善則行象德矣　用之於戰勝則無敵用之於禮義則順治外無敵内順治此之謂盛德

第二場

論

天地聖人對常

詔誥表（内科一道）

擬漢舉賢良文學詔（元光元年）　擬唐以魏徵爲太子太師誥（貞

觀十六年） 擬賜免承天等府田租湖廣守臣謝表

判語（五條）

同僚代判署文案 弃毁器物稼穡等 見任官輒自立碑 禁經斷人充宿衛 官吏詞訟家人訴

第三場

策（五道）

問 自古帝王創造鴻業以六合爲家矣然於肇迹之所鑾輿再過必錫宴父老賜復湯沐恩賚蓋獨被焉或又發爲詩文以寄情眷昭奕史册如漢高帝沛上之歌唐太宗慶善宫之詩蓋其最著也亦皆有可取者乎我太祖高皇帝自中都還經滁陽有感舊記之作其中意指所述可得聞乎亦有高出前代之外者乎皇上肇迹興都入繼大統已而大狩龍飛恭卜寢園達孝至仁三代而下未有也其御製則有思恩之賦閲純德山再閲顯陵之歌及論父老恩詔諸文雖典謨風雅何以加焉今可舉而盡言之乎天章睿藻上繼高皇遠邁千古固如是矣其亦有所本而然歟爾都人士衣被且久其敬鋪張揚厲之

問 禹貢荆州厥田下中厥賦上下賦加于田五等厥貢亦爲九州最今湖賦長沙爲重尚殺於蘇湖貢則羽毛之外於古所稱皆無之所不及於古者何歟古人有謂荆陽地廣饒財而呰窳偷生者有因土地塉瘠而云不止武昌居者又有云鄂土沃而民剽者然則今之肥瘠登耗果若誰所云者歟自今言之其賦于民者實二百十萬有奇耳兑運撥運之外所以贍内地者無幾矣計一年之全入僅支一年之用聖天子軫念豐鎬屢賜免租惠至渥也則夫所入益寡其不足之數將何以爲取盈者歟親藩環楚而王者八枝葉日益繁數十年後將何以爲制禄者歟制貢之法則有額辦有派辦不容免矣其他若馬船之直漕艘之費及湖中泛應之需務舉其恒議盡其凡一不備則糾之以例有可以節損之者歟大木之采辦不貲平蠻之賞餉亦巨司農調贓罰以濟邊司馬取徒贖以募士督逋之部使相望催輪之部檄襲至一不應則繩之以法有可以劑量之者歟即今江漢水溢千里潰防田廬漂没盗竊且作兹惟賑恤之議矣其何以爲征科之地歟伊欲使貢賦修而上足利國惠澤流而下不病民何施而可夫生於其地者必知其地之故酌古準今竚聞高論

問 楚之勛業文章自古斌斌盛矣而倡道春陵以上接孟氏則自濂溪周子始論者謂其不由師傳默契道體今所著圖説易通固在也果與易書春

秋語孟相出入歟而其言何者爲至要歟或疑其説本於老子或謂圖傳之穆修或又謂出於壽涯信斯言也則亦有師矣而何以謂之默契歟其學授之二程則每令尋仲尼顔子樂處所樂何事蓋引而不發者也今可得而言之歟黄太史稱其光風霽月而明道一再見即吟風弄月以歸是樂也亦有同於孔顔否歟明道之得於師者如此伊川乃謂其得不傳之學於遺經而一言不及濂溪此又何歟明道亦曰吾學雖有所受天理二字却是自家體貼出來豈樂之外復有所謂天理歟夫默契授受之間蓋必有説而生其鄉不知其學吾實耻之故願諸君之深言之也

問　春秋之義以尊王爲正故當時之圖霸者莫不藉是以求服乎諸侯下此則三國之雄亦知斯之爲足以濟也然周之不西漢之不東君子不能無憾焉乃若其事機之失得人品之高下則間有可疑者姑舉數端較之齊桓徵師以伐楚魏武會獵以懼吴一也何以强楚而見屈以弱吴而取勝耶江黄與盟以謀楚　吴蜀同仇以拒魏一也何齊不救黄之滅吴不救蜀之亡耶用孟明而秦霸成誅得臣而晋憂釋以成敗之幾難料也何馬謖之一敗知後效之不可冀耶欒書還繞角之師荀罃致偪陽之績以進退之權在將也何辛毗之一來使無帥之不敢動耶管鮑之相知也而不共君亮統之齊名也而不同國何不審於擇君之初致委曲以相徇耶晏嬰之知孔也而敢肆侮周瑜之知亮也而輒相圖何不思夫引君之術致無成以自悔耶荀或之料人賈詡之料敵中矣何伍參之嬖曹劌之賤亦足以致多筭之勝耶子貢之存魯子産之寛鄭善矣何趙咨之誇鄧芝之狂京足以致不辱之譽耶使生當其時用居其地事必何如而權其中人必何如而取其則固必有道矣願酌言之以觀尚友之志

問　川湖貴竹之徼西南夷之墟古稱槃瓠種落其降才爾殊矣在古禹功畢而三苗叙周道興而蠻荆威治之上也秦置黔中漢開牂牁唐分巫叙宋列誓州有得於制御之道否耶况蠻蛋開春申之宅壺頭肇伏波之祠銅柱鎸李皋之銘降臺勒李誦之記非無震讋之者而或者以爲雖唐虞之仁不能柔秦漢之勇不能威者何耶我太祖高皇帝疆理天下風蠻夷戎貊悉置酋長若采衛然域以山溪寛其法綱即叙之道不治之略盡矣我皇上敷文詰武交南來庭其在中邦罔不懷畏乃今蠟爾一山絞苗出没擾我疆邑彼獨何所恃而然耶夫環而控制之者永順保靖酉陽三司也其鎮筸平茶五寨諸司則錯而抗扼之者也乃縱蠟爾山之惡而不爲之所彼亦何所挾而然耶蓋昔者嘗有徵調於諸司矣往無弗克今環視諸苗而不動若曰諸司昔用苗以成功今籍苗以嫁惡則豈世忠之謂耶即今仰煩聖慮闆遣重臣相機决策用申天威督

府經略之餘具有蕩平之緒矣不知善後之圖使彼若南人不復友者必如何而後可

中式舉人九十名

第一名　程沂　咸寧縣學生　書
第二名　高□　京山縣學增廣生　易
第三名　王宗道　長沙府學生　詩
第四名　童承契　沔陽州學生　禮記
第五名　汪本浹　羅田縣學生　春秋
第六名　蕭淮　湘陰縣學生　易
第七名　劉芬　辰州府學生　詩
第八名　王喬衡　石首縣學附學生　書
第九名　王應明　江夏縣學生　禮記
第十名　王銓　長沙縣學生　易
第十一名　余賢　荆門州學生　詩
第十二名　周冲　武昌府學生　書
第十三名　何廷伯　道州學生　易
第十四名　張岱　襄陽府學生　詩
第十五名　雷孟冬　長沙縣學生　春秋
第十六名　李正彝　岳州府學生　詩
第十七名　夏茂　監利縣學生　書
第十八名　黎文教　長沙縣學生　易
第十九名　堯卿　巴陵縣學增廣生　禮記
第二十名　饒曾　崇陽縣學生　詩
第二十一名　陳德騄　應城縣學生　書
第二十二名　方清　江夏縣學附學生　易
第二十三名　劉耿　岳州府學生　詩
第二十四名　魏稟　景陵縣學增廣生　書
第二十五名　劉炎　麻城縣學生　春秋
第二十六名　李斛　漢陽府學生　詩

第二十七名　張崇倫　應城縣學生　易
第二十八名　祝完　衡州府學生　詩
第二十九名　杜鳴陽　黄州府學生　禮記
第三十名　姜梅　蘄州學生　書
第三十一名　順庭訓　江夏縣學增廣生　詩
第三十二名　艾科　平江縣學增廣生　易
第三十三名　易可久　湘潭縣學增廣生　書
第三十四名　李本思　岳州府學生　詩
第三十五名　郭進賢　黄州府學附學生　春秋
第三十六名　劉良寀　監利縣學生　詩
第三十七名　王學顔　湘潭縣學生　易
第三十八名　黄佩　常德府學生　詩
第三十九名　黄泰然　黄岡縣學生　禮記
第四十名　何正儒　桂陽縣學生　詩
第四十一名　朱星　岳州府學生　書
第四十二名　劉穏　鄘縣學生　易
第四十三名　劉堯誨　臨武縣學增廣生　詩
第四十四名　李成志　長沙府學生　易
第四十五名　劉應圻　攸縣學生　春秋
第四十六名　謝思申　祁陽縣學增廣生　詩
第四十七名　李多祚　石首縣學附學生　書
第四十八名　丘桂芳　江夏縣學增廣生　詩
第四十九名　韓珊　光化縣學生　易
第五十名　梁汝魁　鄖西縣學生　詩
第五十一名　奚世亮　黄州府學生　禮記
第五十二名　范希浚　衡州府學生　詩
第五十三名　劉本學　郴州監生　易
第五十四名　胥爗　巴陵縣學生　詩
第五十五名　高嵩　荆州府學生　春秋
第五十六名　熊丸　孝感縣學生　書
第五十七名　魏鳳陽　黄州府學生　詩
第五十八名　易侃　攸縣學生　易

第五十九名　余廷瑚　平江縣學增廣生　詩
第六十名　戴度　景陵縣學生　書
第六十一名　吴紹周　寧鄉縣學生　詩
第六十二名　陳大賓　荆州府學生　易
第六十三名　瞿星　黄梅縣學生　禮記
第六十四名　陳詔　均州監生　詩
第六十五名　陶采　黄陂縣學生　春秋
第六十六名　伍倜　松滋縣學生　書
第六十七名　吴一元　監利縣學生　易
第六十八名　范希賢　松滋縣學生　詩
第六十九名　吴鶚　江陵縣學生　易
第七十名　盧奎　蘄州學生　書
第七十一名　向淇　辰州府學生　詩
第七十二名　徐行可　監利縣學生　易
第七十三名　嚴宏　黄州府學生　禮記
第七十四名　洪一夔　監湘縣學生　詩
第七十五名　周戴　黄州府學生　春秋
第七十六名　王之誥　石首縣學生　書
第七十七名　熊桴　武昌縣學生　詩
第七十八名　王棟　江陵縣學增廣生　易
第七十九名　吴嵩　漢陽府學生　詩
第八十名　張緎　長沙府學增廣生　易
第八十一名　王克欽　武昌府學生　書
第八十二名　歐世禄　衡陽縣學生　詩
第八十三名　辜用琥　竹山縣學生　易
第八十四名　黎勁節　巴陵縣學生　禮記
第八十五名　宋文木　麻城縣學附學生　春秋
第八十六名　蔣濟川　承天府學生　易
第八十七名　鄭惟僑　石首縣學附學生　書
第八十八名　胡焕　蘄州學生　易
第八十九名　郭□　宜城縣學增廣生　詩
第九十名　周槐　華容縣監生　書

第一場

四書

子曰吾十有五而志于學三十而立四十而不惑五十而知天命六十而耳順七十而從心所欲不逾矩

高□

同考試官教諭楊批（聖人始終心學此作得之）

同考試官學正歐陽批（平淡可誦）

同考試官教授金批（達孔子獨覺其進之意）

考試官教諭黄批（明潔）

考試官教授陳批（雅馴）

聖人自名其進德始于學而成于化也夫聖人之德非積而化也而其自名猶志學以馴至焉夫人可以不自勉哉昔夫子年逾七十自覺其德之所至而爲之言曰吾今之有得非一日之積也學而不息焉耳夫學先於立志也吾自十五蓋鋭然有作聖之志矣大學之道篤好焉而爲之不厭也學貴於能守也吾年三十蓋卓然有自立之操矣道心爲主貞固焉而守之不失也由是而四十焉極深而研幾其於萬物之備自明察其當然之理矣由是而五十焉盡性以至命其於萬理之會自默契其從出之原矣至於六十則神明爲之内蘊入於耳而通於心無適而非道也何待思而後得耶至於七十則大用爲之顯行由乎中而應乎外從容以中矩也何待勉而後中耶夫子自言其進德之序如此夫自十五而七十心與年運忘身之老也自志學而從心德以年卲與天爲一也蓋獨覺其進而因以自名其示學者以進修之階歟抑夫子嘗曰若聖與仁則吾豈敢而至此則仁聖非所辭矣而説者以爲謙何耶蓋德進固學而不厭之驗而推之則其誨人不倦之心也然聖人於此豈遂以爲足哉俯焉孳孳終其身焉耳學者未少有得而遽自滿假宜聖人之不可幾也

小德川流大德敦化此天地之所以爲大也

童承契

考試官教諭黄批（説德之大小處最明此正造化妙用見聖人之合德也）

考試官教授陳批（場中作者率以體用講小德大德惟此作爲得其指）

中庸原造化所由大以見聖人之大也夫天地之大大於德也非德則幾乎息矣而何以爲大耶觀於是則見聖人矣中庸三十章言天道也意蓋曰擬仲尼於天地謂夫天地之大也然天地亦於何而求之是故覆載之間物固不相害矣道固不相悖矣所以然者小德之川流焉耳感元化以屈伸而散殊之有象乘氣機以出入而推行之有常蓋如川之流脉絡分明而往不息也物固并育矣道固并行矣所以然者大德之敦化焉耳陰陽藏其宅而絪緼爲之用太極統其體而闔闢爲之樞蓋敦厚其化根本盛大而出無窮也夫小德以爲之分則富有之業足以見天地之全功大德以爲之本則不貳之真足以立天地之貞觀廣大之生觀諸其道而所謂高明博厚者可識矣易簡之示求諸其德而所謂覆載生成者不偏矣非天地之所以爲大乎自聖人言之物各付物其小德之川流乎純亦不已其大德之敦化乎聖人與天地合德於是知仲充之所以大矣夫子告曾子曰吾道一以貫之夫貫者小德也一者大德也一以貫之而聖人之德無餘藴矣子思子作中庸語夫子之德而譬之以天地之所以大其固受之曾子而曾子唯之夫子者乎

夫義路也禮門也惟君子能由是路出入是門也詩云周道如底其直如矢君子所履小人所視

王宗道

同考試官教諭張批（君子所守處點斷數語便可見孟子自任微意）

同考試官教諭鄭批（孟子學有據守此類可見）

考試官教諭黄批（明切）

考試官教授陳批（質確）

大賢論道必體於君子而徵諸詩焉夫禮義所以立人之道也惟君子爲能體之徵諸詩而益信矣孟子之論如此且人君欲見賢而召之固不以其道矣孰知賢者之自處有道乎夫道有義焉行之而宜焉者是已義辟則路也道有禮焉履之而理焉者是已禮辟則門也是道也人皆有之而未必知務也惟君子也問學而閑之於素厲行而守之於爲故行必以義也而非義則弗行或往或來坦然是路之率由矣動必以禮也而非禮則弗動一闔一闢允乎是門之出入矣舍此而輕身以往見是無義也失已以干進是無禮也無義無禮而君子豈爲之哉且詩不云乎周道如底其直如矢君子所履小人所視夫如底如矢可以見義路矣所履所視可以見君子之能由矣能由是路則其出入是門者可推已君子之自守如此爲人君者顧欲見而召之可乎抑君子之在天

下未嘗不欲有爲於世然而以召則不往不爲臣則不見豈故自重以要之人哉知其進不以正未有能繼以正者也孔子進以禮退以義得之不得曰有命孟子學孔子者也出處之道夫有所受之矣其肯枉道以從人乎彼萬章之徒又惡足以知此

易

元者善之長也亨者嘉之會也利者義之和也貞者事之幹也君子體仁足以長人嘉會足以合禮利物足以和義貞固足以幹事君子行此四德者故曰乾元亨利貞

高□

同考試官教諭楊批（能發性命之藴可録）

同考試官學正歐陽批（辭約理該蓋深於易者）

同考試官教授金批（健以率其性此要括盡之）

考試官教諭黄批（是潔凈精微之義）

考試官教授陳批（明爽）

聖人論乾之德具於人而行於君子之健也蓋天德在人雖無不備而能行之者鮮矣非君子之至健其孰能與於此乾之辭曰元亨利貞夫子既作彖傳以釋之矣而此又盡其藴也今夫乾者天也元亨利貞者其德也是德也豈獨專於天乎故元者人之仁也貫乎萬善而爲善之長焉亨者人之禮也萃乎衆美而爲嘉之會焉利者義也義嚴於分而和所由生不曰義之和乎貞者智也智明於理而事依以立不曰事之幹乎是故人之所同得也而行之者其唯君子乎故體仁以達愛也而足以長人嘉會以立敬也而足以合禮隨物而使之宜則不乖於義而義和知正而守之固則不昧於事而事立夫體仁合禮則元亨之德行矣義和貞固則利貞之德行矣然其所以能行此者何哉亦以其健耳故曰乾元亨利貞言乾唯健故能行此四德君子之健不异於天而豈不能行哉天人合一之道於此見矣抑論之乾者健而無息之謂也天非健則造化之功或幾於息矣君子法天以爲用者故自强而不息子思曰詩云維天之命於穆不已蓋曰天之所以爲天也於乎不顯文王之德之純蓋曰文王之所以爲文也純亦不已是故乾之辭其文王之自謂乎

與人同者物必歸焉故受之以大有有大者不可以盈故受之以謙

王銓

同考試官教諭楊批（爲治之道簡而盡）

同考試官學正歐陽批（是作得致有保有之旨）

同考試官教授金批（嚴整可以爲式）

考試官教諭黄批（簡雅）

考試官教授陳批（清暢）

序卦之義有言致治之道者有言保治之道者夫致治固難而保治尤不易也然則同人以致有者庸可不務其謙乎觀此而序卦之義可識矣今夫雖成而易隳者治也雖持而易縱者志也故夫序卦於同人之後而次之以大有者何也誠以謂之同人則是爲人君者知崇高之非泰也與民均休戚而不拂其情知安享之非榮也與民同好惡而不專其利由是至仁之恩涵濡乎人心盛德之肖敷賁乎遠邇被其澤者咸切父母之依所欲在此而不能外也仰其休者皆興皇王之戴其機甚速而不可禦也夫唯同人如此而後治成於無外是固大有之義矣其受之以大有者不有見於是乎大有之後而次之以謙者又何也誠以大有之時治已極矣則驕心易萌而不知治亂之相倚民已安矣則侈心易肆而不知去留之靡常殆必凝承天命而切兢業之懷顧畏民碞而謹怠荒之戒一日二日有萬幾焉吾其敢以自逸耶匹夫匹婦或勝予焉吾其可以自矜耶夫唯能謙如此而後治保於無虞是固謙之義矣其受之以謙者不有見於是乎吁觀於此義而人君制治保邦之道具見之矣此序卦聖人所以深致意也歟稽古人君克盡是道者其堯舜乎故黎民於變矣猶勤欽若之思四方風動矣猶嚴逸游之警此具所以獨稱大同而治道爲萬世法也夫子贊易至此其祖述堯舜之意歟以此垂訓後世猶有倡爲豐亨豫大之説者

書

非知之艱行之惟艱王忱不艱允協于先王成德

程沂

同考試官教諭潘批（知行難易亦能言而正辭要義惟盎然是篇）

同考試官教授林批（憲天法祖發揮明悉可以占子忠愛之心）

考試官教諭黄批（得傳説責難之意）

考試官教授陳批（明健）

大臣望君以躬行之實而合德于祖也夫世德作求王者之盛也能盡躬行之實豈有不合德於先王者哉傅説因高宗之旨於其言也拜稽首而言曰憲天聰明之道臣言之而王悦之説固有感於相遇之殷矣而願望之私尤有進於是者蓋爲治之道不貴於徒言而納諫之誠當推諸實踐得於耳者不若體之之切樂於聞者恒若於行之之難也夫行之所以難者由信之不篤耳王

如明以致察而信臣言之必可行健以致决而信吾力之必可任則志至氣從而措其知於允蹈説繹從改而尊所聞於高明則亦不爲難矣誠如是則所以繼述先王者不在兹耶夫先王之成德遠矣而王今日則允協之能靈於承所以彰其啓佑者益至有爲之後所以傳其盛美者無窮修身用人之懿率烈祖攸行而粲然殷道之復興矣治民事神之休迪高后遺迹而庶幾湯孫之不愧矣夫於是則知傳説之言底可績而高宗之志大有爲也交責相懋不以近功相徇此所以稱盛治而不衰也歟抑考知行之説傳説始發之遂爲萬世學問之要然知行并者也而曰知易行難者何蓋因高宗舊學之力而進之以行也若夫爲學君子則當自致知始而以行副之從事於遜志時敏之訓則幾矣然則説命一書雖當時告君之言實心學之元經也

以佑乃辟永康兆民萬邦惟無斁

王喬衡

同考試官教諭潘批（能究輔君以安民之旨）

同考試官教授林批（萬邦無斁處能言安民之效）

考試官教諭黄批（成王命官意正如此）

考試官教授陳批（精切）

賢王勉群臣輔君以安民而得天下之心也夫君道莫要於安民也輔之以修職之群臣其得天下之心宜矣成王訓迪百官於篇終而申敕之曰兹欲爾三事暨大夫敬官以治政者豈有他哉亦惟曰安民而已夫安民之責君實主之而臣則輔之者也爾其夙夜匪懈同乃心以匡吾智力之所不及左右有方修乃職以助吾心思之所欲爲使政治益明而萬物各得其所惠鮮懷保之仁可永傳而勿替也教化大洽而一夫無有不獲燮和時叙之澤可敷錫於無窮也是故萬邦者兆民之所止也民安則邦孚矣曰采曰流雖遠於錯建而撫綏有道自盡得其歡心异俗异齊雖不可强同而容保無疆自同歸於大順大邦畏其力也小邦懷其德也其修和有夏者猶其在於文祖矣遠之則有望也近之則不厭也其媚兹一人者猶其在於烈考矣而何有於厭斁者耶安民至是人臣事君之道始無愧矣可不共圖之哉抑考成王之時四海攸同六服承德而殷之頑民已友遜矣而猶汲汲於安民何也蓋嘗求之皋陶之謨曰在知人在安民夫知人安民雖若二事而知人其要也人之弗如而求民之安者末矣故成王董正治官知人之則而安民之寄也勞於求賢而逸於得人乃可以長治若曰治安矣而般樂怠傲則復隍之幾豈遠乎此成王之賢所以益基周歷也

詩

六月食鬱及薁七月亨葵及菽八月剥棗十月穫稻爲此春酒以介眉壽七月食瓜八月斷壺九月叔苴采荼薪樗食我農夫

余賢

同考試官教諭張批（是作從容而可深思）

同考試官教諭鄭批（文義有温厚之味）

考試官教諭黄批（簡净）

考試官教授陳批（朴雅）

豳民因物以制用而致養之道備矣蓋豐於養老而儉以自奉此豳俗异致其養者而其用不匱矣乎周公述之以告成王如此蓋曰我豳風俗之厚每於少長之節見之蓋其有敬德以尊高年於是采四時之异而羞耇之儀行焉六月而食鬱及薁也七月而亨葵及菽也八月則剥棗焉十月則穫稻焉故以之爲酒爲醴畀我尸賓稱觴登堂而眉壽介以無疆矣其於老者不有餘敬哉有儉德以崇敦樸於是循日用之常而逮下之義盡焉瓜之成於七月者可食也壺之熟於八月者可斷也九月而叔苴於野焉采荼以茹而薪樗以爨焉故以之饁彼南畝食我農人利用養生而數口可以無饑矣其於少者不有餘愛哉夫農儉有節則奢不得以敗制少長有辨則瀆不得以敗倫觀豳之俗可以知民德之厚哉抑周公陳無逸以告成王與七月一詩相爲表裏無非欲王知所以觀民即觀於農圃飲食而民之勤儉孝敬之義炳焉夫雖民俗之所自致而上之所以倡率者不可誣已故曰觀於鄉而知王道之易易也

倬彼雲漢爲章于天周王壽考遐不作人

李正彝

同考試官教諭張批（聖化難言子能發之）

同考試官教諭鄭批（春容能得雅義之盡）

考試官教諭黄批（醇雅）

考試官教授陳批（清潤）

詩人即天之文以興聖人之化焉夫觀乎天文而聖人之化可知矣自非文王久於其道其何以與於斯故棫樸詩人歌文王之德曰仰觀於天廓然一太虚耳瞻彼雲漢亘之而流光焉經箕斗之躔與繁星而同耀也垂津梁之象乘氣機以并運也不曰天所以爲文耶况乎我周王也一身任綱常之重而多歷年所有以久至誠無息之功一人統民物之宗而介爾壽祺有以恒悠久無

疆之化所以德澤淪濡者深而舉世懋於作敬會歸有極以翊贊乎綏猷者皆聖人之巨矣禮義綱維者固而四海興於聞風鼓舞盡神以來歸乎泰道者皆王者之民矣此髦士由之宜也六師由之及也蓋天德作則而其施普王道作孚而其化光也不亦曰文王所以爲文耶是知聖與天通也故動合乎高明之象人自誠服也故永孚乎弘遠之休文王之德如之何其可及哉雖然文德惟敬而已矣譽髦成於無斁思皇作於克生無非敬德之實也所以淪浹無間雅道流行人才於是爲盛豈惟曰髦士六師已耶况敬德之輿也由關睢麟趾得其端而後菁莪棫樸顯其化是故君子篤恭而天下平也王其疾敬德召公亦懇懇爲成王言之

春秋

元年（隱公）無年（桓公）

劉炎

同考試官教授沈批（體元編年此作比對詳整）

考試官教諭黄批（镕意鑄詞非苟作者）

考試官教授陳批（簡古）

春秋述古紀元有所以明大用者有所以垂大法者此隱桓元年之書而人君之用編年之法見見矣春秋初葉魯隱紹統經於其首年不曰一而曰元者何蓋元者善之長即仁也故天地之於物亦惟乾元以始之坤元以生之默運兩間而無窮焉人君與天地參不體元以長人烏乎可殆必體天地之用爲治化之用藹然太和廓然無我則一心定而萬物服矣胡捍格之有噫舜典紀元日商訓稱元祀歷數百年之遠如出一揆春秋祖二帝明三王者也托始乎隱而稱元意蓋如此此義行則爲君者知惟克宅心乃克立事遠近莫不一於正王道其大行乎鍾巫艱危逆桓得國經於其始年亦仍今而稱元者何蓋元者數之始即一也故史策之編年亦惟始以始之終以終之累數雖久而不易焉人君爲民社主數改元以駭俗烏乎可殆必率已然之法立可行之法毋惑於言毋狃於事則記注明而始終貫矣胡繁蕪之有噫有夏歷年四百有殷歷年六百終一君之身未聞再元春秋明王法正人心者也肆及於桓而亦稱元意又如此此義明則爲君者知歷世無窮美名有盡畫一可以傳於久王制其有永乎夫體元長人之用爲萬民計也編年傳久之法爲萬世計也詞同義异援古訓今其有徵於是與雖然聖人假魯史以垂大法固矣而褒貶衮斧未嘗爲親者諱竟於弛法也姑自隱桓言之如隱擅立則不書即位以罪之桓不義而立則直書即位以絶之無非以正倫也舍是則淪爲异類耳惡能一朝居耶

於乎若不比而觀之又曷知聖人作經之功

冬公孫歸父如齊（宣公十年）

汪本浹

同考試官教授沈批（知以禮義責其君臣之失是邃於經學者）

考試官教諭黄批（不繆經傳之旨）

考試官教授陳批（得謹嚴體）

春秋譏望國之亟修鄰好以其禮義之胥失焉觀諸歸父再如齊之書魯君臣之罪莫逭矣且魯宣當國刻意事齊逮于十年之冬復塵歸父之聘似可謂交鄰罔替者矣君子以爲罪何居蓋禮者國之維爲國以禮則卓然自樹吾聞有馳詞正色以當强敵者矣何以閔人爲惟宣公構逆諸臣比之齊惠成之其屈已下人不近於禮久矣敢以頃公初政而改轍乎則其移前之事惠者以事頃固惟恐讓及子赤之故也用是接行父之武擁海岱之廷君命臣從亟圖苟免一歲五至恬不憚煩否則逾期修聘亦未爲晚胡窮年之力弗已耶夫詩刺相鼠惡無禮也如魯之君臣寔則蹈之况義者身之衛守身以義則自反而縮吾見偃息談笑而排國難者矣何以畏人爲惟繹爲邾邑歸父奪之邾人耻之其瘠人肥已不比於義甚矣安知附庸赴告不首齊乎使齊以我之加邾者而加我固難保有凫繹之利也用是理曲氣餒幣重言甘貪得既昧於有所不爲患失遂忍於無所不至否則在廷諸臣一無可遣獨利繹之徒甘心耶夫易示鼫鼠戒貪畏也如今之歸父寔則象之故春秋於季孫行父如齊之後即繼以公孫歸父如齊之書讀者自見其罪而後世這鑒昭昭矣謂爲禮義大宗信夫抑魯殆無足喙者特慨王靈不震霸政日媮頃襲齊桓之餘業顧於貪逆之儔轉爲親昵亟煩國佐之聘於未期之先内焉忘哀而守身之本失外焉廢法而賜履之業隳回視滕文之盡禮楚莊之行義亦不逮遠矣戰鞌之禍固自作之孽夫何尤

禮記

然則先王之爲樂也以法治也善則行象德矣

童承契

考試官教諭黄批（暢達得旨）

考試官教授陳批（事即是教中之事經生殊多失旨獨此作得之）

記者於先王之樂叙其化原而要諸化成也蓋先王法天地以爲樂將以化民也樂善而民焉有不化者乎記樂記者意謂聖人作則必以天地爲本而

其則之善必於庶民乎徵之是故先王志和行成而德既備樂象治飾而樂斯作以樂不可以無教也立之學等而導其進爲之序以教不可以無事也廣其節奏以盡乎品式之詳教法天地之寒暑而範圍乎世道者一法象之昭事法天地之風雨而宣道乎人情者即氣化之感是先王推樂以治民不自用其智矣故皇建其極則所以敷錫庶民者足以示向方之所備舉其道則所以附親萬民者足以立合愛之文教以時不至於傷世矣事以節不至於無功矣民乎於作德而同和之化以神仰敷言而彝訓之也有不則君以自治者乎治溥於化光而慎感之道以備綏皇猷而率履之也有敢悖上以行私者乎夫君之法治非以强於人也民之象德非以徇於君也上下相感之機天人合一之道不容以僞爲也如此哉抑論終始象四時周旋象風雨所以狀樂之節也胡於樂之教而復云象之蓋於是知樂之切於人爲至矣寒暑風雨天地運之以成歲功聖人則之以行民治觀歲功之成不能無寒暑風雨則知民亦不能無樂後世古樂既失而所謂樂者聲容器數之末云耳則何關於民治之得失也哉此周子所以必欲變今樂也

用之於戰勝則無敵用之於禮義則順治外無敵内順治此之謂盛德

王應明

考試官教諭黄批（莊重可誦）

考試官教授陳批（作者多以盛德爲戰勝禮義之人此獨歸之聖王良是）

記者極言大勇之功爲德之致也夫勇所以成天下之事也聖王用勇者而成功極其大焉不謂之盛德而何哉聘義君子謂夫勇敢强有力聖王之所貴也然豈徒尚其力而已乎當夫有事之時不能不用之於戰勝矣用之戰勝則克宣壯猷足以伸國家之神氣肆行薄伐足以收廓清之合功曷敢有越志衡行而與吾抗者耶當夫無事之時不能不用之於禮義矣用之禮義則修文覿德而人道爲之克群陳紀立綱而彝倫爲之攸叙曷嘗有倍畔侵陵而與吾戾者耶夫以外至於無敵則威之所及者遠内至於順治則化之所被者深若是者不謂之盛德矣乎蓋無敵順治雖成於聖王所貴之人實本於聖王所具之德皇極建於上故萬邦之黎獻莫不奮庸以生共工度行於下故諸侯之君臣莫不畢力以成務至大至剛而精神之運與天地同流矣允文允武而休明之象與帝世相協矣非天下之盛德其孰能與於此然非得夫勇敢强有力者而用之則何以致是耶夫是以聖王貴之也大抵君子之行禮非以爲觀美也

所以飾人文昭道化戡亂致治爲世道計也是故崇虚文者罔實得專小節者昧遠圖則亦無怪其不足任天下之事矣方叔之顯允南仲之敬戒山甫之柔嘉張仲之孝友夾輔周宣戰勝禮義咸具焉所以内順治而外威嚴也噫聘射之禮行成文則順治之由同欲則威嚴之備君子其勿小之哉

第二場

論

天地聖人之常

童承契

考試官教諭黄批（詞成一氣筆挽千鈞不襲緒言而義理自森然矣）

考試官教授陳批（常字原定性説來顧作者不浮則雜是篇簡古認理精切録之）

天下之至變者迹也其不變者道也道在天地與聖人一也何也天地道也聖人盡道者也天地無心普萬物其心也未嘗有心焉聖人無情順萬事其情也未嘗有情焉普之應之者其變也而無心無情其所不變者也於是見天下之性而道之常也書曰惟皇降衷于下民若有恒性夫性曷常哉蓋嘗觀之人之生理具於心者謂之性體乎性者謂之道散見於道者謂之事物心不能不生性性不能不生道道不能不生事物其常者也聖人之心順事物而應之亦常也夫人豈無所應哉奚聖人之順應而夫人不能也嗟乎此自私用智之過也且事之來也見我而遺物是爲自私牽已而從人是爲用智自私則喜静而其失也内釋老空寂之學是也用智則逐物而其失也外管商功利之學是也夫學而空寂功利則亦豈道之本然哉不觀之天地聖人乎夫夫確然示人易矣天地隤然示人簡矣夫聖人廓然示人以成能矣今夫天地寒暑之推遷也日月之代明也品彙之變化也山川之流峙也若天地一一有心以爲之也而不知其推遷者代明者變化者流峙者乃其所不能已而無心以普之也無心而天地之心見焉是天地之常也知天地則知聖人已天地以公而普物聖人亦以公而順應天地無内外聖人之心亦無内外以言其無所感也渾然寂然已矣一有所感而情出焉以善感而喜出焉以不善感而怒出焉各從其類也未應而非先既應而非後也終日應酬而未嘗應酬也是故堯老而舜禪人以爲尚賢也鲧殛而禹興人以爲録功也南巢之倒戈東山之破斧人以爲趨時弭謗也事若是乎非常者也然而禪也興也倒戈也破斧也三五聖人者以

無情而順應也則亦其常也非常者迹也而常者其道也迹至變也道不變者也是聖人之常也夫聖人之心與天地一天下人之心亦與聖人一其不能聖人者則自私用智之過也聖人心與天地同體應與天地同用喜與天地同舒怒與天地同肅常應常寂常動常静常有常無而其普大公者蓋與天地一也是故不私之謂公當可之謂時無迹之謂化順應之謂定是不變之謂常於乎至哉雖然聖人之常也性定者也合心事内外一者也人之自私用智則離内外而性亡矣欲至於定莫貴乎兩忘故忘於機而後能游忘於我而後能化忘於事而且能應孟子曰必有事焉而勿正心勿忘勿仿長此其定之之法也程子之言其原蓋得孟子

同前

程沂

同考試官教諭潘批（定性之旨是足以發）

同考試官教授林批（是作只順理説去最切）

考試官教諭黄批（詞不費而意足取之）

考試官教授陳批（醇實是説理文字）

天下之道所以順應而不累者一理之自然而已夫理也者原於天命具於人心而著於事物其體渾然而無不備其用粲然而無不周合内外兼動静貫天人而一之者也蓋天下無理外之物亦無理外之事吾惟順其理以應之則萬事萬物各止其所皆吾心流行之地矣故天地不能外萬物以爲化聖人不能外萬事以爲用而學者其可絶外物以求定性乎程子曰天地之常以其心普萬物而無心聖人之常以其情順萬事而無情有以哉易曰乾道變化各正性命言物各有理也詩曰天生蒸民有物有則民之秉彝好是懿德言事各有理也故嘗觀諸天地之間陰陽而已皆陰陽則皆萬物也其日月星辰之著明寒暑晝夜之禪代山岳河海之流峙鳥獸草木之蕃殖皆造化流行之用也而莫不有理焉使天地而容心其間則其著明者禪代者流峙者蕃殖者萬有不齊而規規然爲之所吾見天地亦拘且勞矣惟其於穆之命普於萬物而無心是以万物各得其职而化之所以恒久而不已也观乎天地则见圣人矣夫盈天地間皆万物而人爲万物之一物之感人人之應物機不容息而萬事出焉其倫君臣父子其用飲食衣服其行作止語默其治禮樂刑政其功位育參贊皆吾心流行之用也而亦莫非理也以其未始有事而言則謂之静以其事爲著見而言則謂之動而此理則無動静也以其時静而言則謂之内以其時

動而言則謂之外而此理則無内外也何也静者性之所以立也動者性之所以行也其實皆一理之貫通而何内外之云也惟其無内外也故理在人心不能不感應於物於是静不能不爲動體不能不爲用寂不能不爲感而動復爲静用復爲體感復爲寂如環無端此吾心流行之用自然之理也今以其是内非外之心求絶外物以爲定性之地則是知静而不知動知體而不知用知寂而不知感不惟其動其用其感已鑿乎吾心之本然而其静其體其寂亦將衡决捍格不勝其自私之弊矣是以聖人之道一動静會體用融寂感天下之事其紛然不齊者知皆吾心流行之用一於理而已不與焉不惟不必絶去之而適以爲吾體用之全功是故以叙君臣父子之倫以適飲食衣服之用以善作止語默之則以興禮樂刑政之治以極位育參贊之功天人之理通貫無二而天下之能事畢矣是故君子之學莫貴於循理也循理則知吾心之體本如是其公吾心之用本如是其順廓郭大公以立其體而萬事萬物皆其應用之迹不是内以自私物來順應以達其用而萬事萬物皆其明覺之本不非外以用智合心與事合性與物渾然一致尚何外誘之足惡乎如是而静亦定動亦定天地聖人之常其在我矣程子蓋曰人能於怒時遽忘其怒而觀理之是非蓋已直指循理爲定性之則矣而朱子亦曰内外兩忘非無内無外也一循於理也大公順應尚何事物之爲累哉其發明程子之意尤爲深切學者觀於其説而有得焉定性之學其幾矣

表

擬賜免承天等府田租湖廣守臣謝表

劉芬

同考試官教諭張批（我皇上惠養黎尤而楚民沐浴膏澤則盡於鏗鏘詞語中發之莊誦在目惻然興忠愛之心）

同考試官教諭鄭批（組繹端雅達臣民感激之義）

考試官教諭黄批（情真語實宣達不遺）

考試官教授陳批（言根仁義讀之藹如）

具官臣某上言伏蒙聖恩承天府再免嘉靖二十二年田租一年湖廣地方免二十一年十分之五者達孝顯親華域先開乎龍邸重恩施録玄波不洽於熊封涣命風行豫聲雷動臣誠懼誠忭稽首頓首伏以三農生九穀職謹任民四海奉一人賦成則壤帝命率育民力普存知小人之依享歷年於殷歷陳王業之本考七月於豳風緬惟三代之隆助僅行於耕斂緣其九夫之制利交益於公私自漢祖矢歌風之辭置湯沐而賜復暨孝文茂對時之育昉田租之

議蠲成功遂致於紅陳繼作猶聞於青簡復故邑之田一南歲本因父老之求放天下之逋千萬緡特出臣僚之請郊恩太濫禪錫匪經肆我清朝式茲玄化賦公田而稽王委寬常税以重民天太祖奮淮甸而開基屢見休於南國成祖興燕雲而靖難首致恤於北平垂法來茲增光前古思文獻考肇域興都漢水方城謹宗盟而帶礪陽春白雪攄睿藻以昭回登豆升香帝居歆於後稷羔羊朋酒民介壽於公劉用能冠德履純景命錫神明之胄纂圖受籙聖人當歷數之期謳歌已得於丘民耕鑿遂忘於帝力茲蓋伏遇皇帝陛下經天緯地内聖外王制禮作樂而致太平至德要道以順天下修籍田之今朱紘躬考農祥賦穀祇之壇蒼璧恪承歲事陳常于時夏力穡而有秋雨暘燠寒風時五者來備水火金木土穀六府孔修播奏艱鮮平世而國饑溺勤勞宵旰卑服以即康田爰展義以省方用廣孝而錫類丹陵若水警仙蹕而乾旋朱邸　玄宫運神工而日麗地特重於松櫝社豈侈於枌榆周風首被二南漢治寔開三輔謂盡飾必資乎物力而成勞宜軫乎民艱爰推博濟之仁遂免正供之實同恩列郡悉給半租殊錫承天已沾四稔九年耕三年食正豐豫之可懷五月穀二月絲猶光明之偏燭青雲扶日早開震發之祥協風鳴條襲見解孚之象九重萬里方异出而如綵七澤三江已湛流而若海恩覃雨露天瓢遥挹乎璿源歡動閭閻雲子自抄乎玉粒餘糧棲畝何慚東户之時涸轍無魚罔激西江之水翻廷委玉固將光照乎九阿椓斛瀉珠奚翅香聞於五里惟損上而益下不盡利以遺民蛇虎靡憂官喜催科之拙鴻雁來集吏何横暴這虞黄紙放白紙收笑空言之何補家量貸公量入嗤小惠之未咸豈比乎敦龐純固之成允臻乎親賢樂利之化臣叨承璽節俾職保厘逝澄江漢之源遂荒雲夢之野求農圃而學愧大道之未聞不稼穡而廛知素餐之可畏敢不具宣德意亟行令而致之民加惠黎元俾好義以忠其上伏願馨烈彌茂醲化合參北里禾歸協玄功於紀瑞崆峒麥熟播景頌於休師地平天成允治而萬世賴禮耕義種天順而天下肥陟邃古之登閎享函夏之寧謐教化行風俗美堯民比屋而可封彝倫叙德福隆舜壽與天而無極臣無任瞻天仰聖欣躍屏營之至謹奉表稱謝以聞

第三場

策

第一問

王宗道

同考試官教諭張批（我皇上宸翰誠媲美聖祖光掩前代臣民誦服久

矣子能歷歷言之而又推本於至仁達孝且敷陳明切鋪張殆盡是蓋涵濡聖化而有得者録之豈獨以其文哉）

同考試官教諭鄭批（我皇上大哉之言一哉之心真中以紹聖祖而有光也子能敬述以對是善於揚厲者）

考試官教諭黄批（章叙明肅得稱頌之體）

考試官教授陳批（稱述詳整可式多士）

聖人之有文也不徒繫情一方而已蓋將以致仁孝之實而因以化成天下也何者阜民所以爲仁也盡倫所以爲孝也而仁又所以廣孝也故孝通於天下而仁以廣之故不匱仁藴於一心而文以顯之故不窮其所以施之乎家邦横之乎四海昭之乎當時光之乎史册何莫而非聖人之仁孝亦何莫而非聖人之文哉觀乎此而我皇上配天之德敷天之文對揚聖祖之耿光陋漢唐於下風者可得而窺其萬一矣書曰惟天地萬物父母又曰元后作民父母天地之仁無不覆載父母之仁無不愛育然樂樂其所自生禮不忘其本故光明下濟恩賚獨隆而聖人之仁不病其爲隘容保無疆包括度内而聖人之仁不病其爲博則其施爲固有序焉然三代而上不聞有故都之載何也蓋舜之蒲坂以虞之舊也湯之都亳以商之舊也文武之都豐鎬以周之舊也至仁達孝渾渾乎無所於言已自是以還英君誼辟各徇其資質近似之偏情愛昵比之發而皆不足以語於仁孝之道故漢之高祖誅秦蹙項五載而成帝業其功偉矣過沛而有大風之歌焉曰威加海内兮歸故鄉安得猛士兮守四方何其詞之壯也然不曰德而曰威不曰賢士而曰猛士則固霸心之存者乎雖其留連枌榆賜復湯沐若不勝其情感矣然而分羹擁彗已先失其尊親之實又安望其丕式順休如古帝王者耶唐之太宗雪耻除凶三十而登宸極其勛業盛矣幸武功而有慶善宫之詩焉曰弱齡逢運改提劍鬱匡時又曰一朝辭此地四海遂成家何其辭之麗也然不以省方觀民爲急而以崇高富貴爲誇豈不天下而不與者乎雖其賞洽閭里聲被管絃若有以見一時之盛矣然而脅父推刃已多慚德之累又安望其推恩錫類如古帝王者耶洪惟我太祖高皇帝奮起南服虹光浮泗祥貫斗樞神人告以昌期四海歌其符瑞天兵無敵定鼎金陵則淮滁之地固卿雲華渚之鄉也乃以督工中都駐蹕滁陽覽河山城雉之依然見故人顔面之非昔皇情俯眷睿藻弘敷於是乎有感舊記之作四海流芳臣民莊誦久矣蓋其袪除群盜自采石渡江之時已决迅蕩八荒之志矣所謂祝天以何衆者是也既而西清江漢東定吴越南靖巴蜀北走沙漠而乾坤爲再造矣所謂射欃槍而清太虚者是也逮夫時和歲豐偃兵息民以相忘於

太平之盛所謂民淳風厚閭巷情歡者是也至於高出前代之外則修德兮在古與今之一言盡之矣夫元之失以絶德也群雄之敗以無德也我聖祖之興以德之聖也天命之留人心之固結國祚之所以無疆皆在於此而其尊祖配天之孝愛養蓄衆之仁雖帝王或未逮焉豈漢祖唐宗之所能及哉惟我皇上繼統定倫正位凝命神兆河清之瑞聖作物睹之期龍飛大寶中外底寧則襄郢之都實爲肇聖啓祥之域矣迨夫飾政厘典類和神人卜祔玄宮省方大狩情有觸淵衷義獨融於天粹而至文出焉自今觀之懷柔百神敷賁群秩渢渢乎無所不備矣是故誦思恩之賦則知克艱克慎之謨矣誦純德山之詩及再閱顯陵之歌則知必誠必信之義矣誦祭告諸文則知因山升中之節矣誦奏告之樂章而知天神可格之理矣誦恩詔而知孝道之放於四海矣誦宣論而知教化之先於百姓矣摧裂追痛則終身之慕也迴旋山岡則陟巘降原之勞也冀匡大臣則訪落之求助也咏題漢江麥浪則卷阿之游歌也延接故老則行葦之忠厚也其賦取諸騷古詩取諸選近體取諸唐音律取諸風雅而性命之該括則取諸墳典蓋我皇上至孝根於天性尊則盡制養則備物終則致哀遠則致慕而其至仁所推則蠲承天之租以及列郡又因之以及他省敷德允元作孚媚應大哉王言所以上繼聖祖而遠邁千古者也豈直江漢之民衣被不忘而已哉執事又謂其必有所本而然則又仰窺聖學之宗而道愚生以根極之論者常觀聖祖心學之妙遠宗堯舜凡其省躬之録觀心之記祈天永命之論皆所以涵養此心而不失也我皇上以精一之學日躋於聖凡其敬一之箴五箴之注無逸豳風之圖重華殿等經書之備皆所以敬守此心而不離也故德化之被無遠不届仁孝之達無物不覆由大而化由化而聖由聖而神所以進於德者無窮也由王而帝由帝而皇所以進於治者亦無窮也布之當時而爲典爲謨垂之後世而爲訓爲誥感之者春融而莫知其所入挹之者河潤而莫知其所窮戴之者如天地而莫知其所以爲德愚生也鼓舞於光天化日之下而又烏足以爲天地之形容哉孔子曰大哉堯之爲君蕩蕩乎民無能名焉巍巍乎其有成功煥乎其有文章敢以是爲今日頌

第二問

高□

同考試官教論楊批（楚之財賦閑矣舉其數皆制用之實而不可已者然灾以議免變以救濟通盡臣子之心而祈朝廷之恩可與言匡濟至計者）

同考試官學正歐陽批（談時務曲而中如此者少）

同考試官教授金批（歷數錢穀盈縮以對子亦識時務之杰哉）

考試官教諭黄批（懇惻詳盡）

考試官教授陳批（憂時達變善叙不迂）

愚聞之録不過秉握者不足以言治家不滿擔石者不足以計事執事論楚之貢賦而謀及於諸生知不足辦此矣雖然爲楚人無所知於楚之外而猶能爲楚言也請得悉數之於前可乎今之湖古之楚也其土古以饒今以瘠其賦古以重今以輕何也蓋人力盡地利古也地有餘而人不足今也漢人之論荆陽曰伐木而樹穀燔萊而播粟火耕而水耨地廣而饒財故呰窳而偷生夫此蓋楚之遺也陵遲至於三國則以荆州爲必争故兵革所加致地薄而民窮吴孫皓之所以徙都而失也休息至於六朝則以武昌爲重鎮故人物所萃致地沃而民剽唐崔郾之所以治鄂以嚴也若宋與元則復瘠貧矣我朝分服經野舉全楚地而爲之省醜金陵之上游抗東南之形勢非不重矣然承平既久生齒日繁而不能使地之不爲瘠土人之不爲下農何哉其地利猶未盡耳其賦也蓋不必加於五等民猶以爲重也其貢也蓋不必甲於九州民猶以爲難也是故湖之税糧以石計者二百十萬有奇耳而貢賦徭役皆於是乎成之以漕于京謂之兑運以輸于留都以餽于他省以制藩録以備邊儲謂之撥運以俸百官以廪弟子員以餉守卒謂之存留其賦有如此者非全力則匱而不支羽毛之類每歲上供有常數者爲歲辦丹漆之類因事而取無常數者爲派辦蓋雖名殊於禹貢而實備乎周官矣其貢有如此者非豫事則逋而不前其餘泛應之需有身有田而取之者爲丁糧雇役力役而征之者爲均徭其徭役有如此者非多方濟之則偏而不舉就其中而較之其有常數與雖無常數而義弗獲已者無説也宗藩之録已似不敷矣而况於數十年後乎請稍輕其折直而通融之則猶有數十年之計也何也湖地藩録之折支固重於他所也過此非愚生所能知矣若江濟馬船之夫役國初編之民間而用其人遂以爲户至于今户絶業更而不可稽者多矣而猶責其雇直而輸之夫編發猶謫戍也戍而絶者罷勾而此之不罷何也請自今籍其户存者罷其户絶者存而不願役者輸其直不繼則充發而洊補焉亦庶乎其可也舍此非愚生所能知矣雖然此猶未及其大也楚自比年以來官無藏矣大木之役既括而盈其資苗夷之役又舉而爲之餉皆未底其數也屬者督逋之部使相尋而至楚民雖有一熟之力何以堪之宋人有破分之法既及分則諸司住催版曹不問由是州縣得其贏餘以相補助貧民亦得遷延以待放蠲此不可行之今也乎雖然此猶未及其甚難也比年以來聖恩肆眚則有免恤灾則有免免者無從出矣而又不可不舉其全數以爲用則有多方區畫補助而已姑以十年之事概之癸甲而

後以迄于今則聞計補四百餘萬矣積儲有限經費無窮不曰甚難矣乎則夫贓罰徒贖之調取吾固知當事者之疲於奔命也矣夫聖天子軫念湯沐不忍其供應之煩工役之勞也而屢免其租爲守土之臣者正宜將順德美而亦焉忍使帝鄉之民不獲樂樂利利以謳歌太平而已耶此固忠愛者之所當念而惕也愚聞之竭澤而漁魚焉再得矣反裘而負薪毛安所傅矣執事亦知楚之民乎人無世業易以委弃也糧無定額田已鬻而籍猶存也不能貿遷有無轉移執事無以助耕之不及也樹藝無法起土播種一舉而聽于天時也家鮮蓋藏有急則舉其食以易金而輸之官所謂穀太賤則傷農也濱江之區水暴漲則思免魚高仰之地陂塘之不講而灌溉之無策則水旱之患無歲無之也此六者楚之所以瘠而貧也若今年江漢皆溢決堤防漂田廬流離盜竊之不免則又甚矣爲今之計急務莫先於議賑實惠莫大於緩征永功莫重於興水利常法莫美於修常平要機莫宜於課有司大本莫過於清田賦議賑之説於被灾之外急委之有司使人自爲法而稽其成勞賦恤有虛者罪之可也若繩以文法待以歲月則不及矣緩征之説先蠲積逋次減見供可也不然緩之則爲奸吏之所蠶食急之則爲盜賊之所憑藉矣水利之説昔人有云善爲溝者水必漱嚙之而無所壅以共因水勢故也善爲防者水必淫液之而無所決以其因地勢故也即今俟水涸而修壞防宜勿惜小費而堅厚之是務若陂塘則不可不講矣然豈能易因勢之論哉修常平則昔人有云其弊有四一曰掌倉之弊二曰點檢之弊三曰出貸之弊四曰回收之弊今之預備倉之弊實類此擇人以任之則去此四弊矣而愚以爲有糴糶而無斂散可也夫富民之寄莫先於有司矣長吏以墾田爲課最佐吏以勸農爲職業不取其矯飾外貌而取其悃愊無華不貴其繭絲之能而貴其烹鮮之術則有司知勸於富民矣楚之田與糧不相隸也久矣欲爲一勞永逸之圖則非大更張不可必使田不失其畔糧不失其額然後革飛詭之弊釐附蔭之籍懲兼并之豪察攬納之奸禁告訐之俗約倍息之貸則庶乎民志有定而富庶自臻矣是當徐議而深謀之耳此六者楚之所以待而生也夫國依於民民依於食故惠澤流而下不病民然後貢賦修而上足得國不病民仁之道也利國義之道也吾以仁始彼以義終上下之分也感應之理也故荀卿曰田野縣鄙者財之本也垣窌倉廩者財之末也百姓時和事業得叙者貨之源也等賦府車者貨之流也先後本末之充固如此耳若以爲民可深求而不病而不爲之所則失之矣書生一得之見如此若夫以國之遠猷裕民之良策則在廟堂之上愚固不得而與其憂也

第三問

雷孟冬

同考試官教授沈批（周子崛起舂陵倡明斯道二程因而受之子是之言而其學之傳緒的有可考矣）

考試官教諭黄批（言足以達大儒之奥）

考試官教授陳批（論學有實見）

儒者之於道崛起而能明者性也有所受而傳者教也超然獨契於千載之下而聞見知識不與焉則神解也神解者自得之謂也學不能自得則其求之心也或泥於意見傳之人也或流於口耳博之事物也或蕩决於支離破碎况敢望其神解而有得哉知此始可以論周子之默契矣夫周子之默契者何道也堯舜以來相傳之正道也自堯舜至文武周公自文武周公至孔子自孔子至孟軻而其傳泯焉錯殺于秦火訓詁于漢儒沉幽于晋魏隋唐雖有一二作者察焉而弗精語焉而弗詳聖人之學謂之絶焉可也寥寥千百載直至周子而始續之今觀所著太極圖説易通其言陰陽五行之秘天地萬物之理死生往來之變剛柔善惡之實禮樂刑政治天下之法備矣故其於圖發無極二五之妙於書闡誠源誠立之旨論聖人中正仁義則曰主静立人極懼人於其動失之則曰君子慎動舉學聖之要則曰無欲則静虚動直患人以發策决科榮身肥家希世取寵爲事則曰志伊尹之所志患人以廣聞見工文詞矜智能慕空寂爲事也則曰學顔子之所學是皆言之至要而與易書春秋語孟相出入者也書約而道大文質而義精秦漢以來誠未有臻斯理者而以上接孟氏之傳豈不信哉至於陸子静以無極太極之説本於老子爲疑蓋易言太極以理言也老子之言無極以無形言也周子所謂無極而太極正以其實有是理而無形之可見豈真若老子無極之云哉晦菴之所辯者是也朱子發又謂太極圖傳之穆修修傳先天圖於種放放傳於陳搏夫搏之長往不返蓋與鳳歌荷蓧者伍而蚩聖人無可無不可之道况種穆之所著者又止以古文已乎五峰之所序者是也或又謂周子與胡文恭同師鶴林壽涯而遂疑其學之所自出且孔子問禮老聃矣訪樂萇弘矣問官郯子矣謂孔子無所不學則可而謂孔子之道出於老聃萇弘郯子可乎是壽涯者亦殆其無常師之一也而何足以累其默契道體之全哉蓋在當時人見其政事精絶則以爲宦業過人見其雅志林壑飄然塵外則以爲有仙風道氣妻子□粥不給曠然不以爲意則以爲安貧無累而未見其大也趙清獻惑於讒而感悟李初平聽其言而有得荆公聞其語精思至忘寢食斯亦大矣而未見其所自得也黄太史稱其短於

取名而樂於求志薄於徼福而厚於得民菲於奉身而燕及惸嫠短於希世而尚友千古又謂其胸中灑落如光風霽月見其所自得矣而未見其所以教人也至於授之二程而令尋孔顔樂處則不傳之妙於是而盡泄焉然後見其學之至也執事乃欲愚也言其所樂愚將何言乎謂之樂道耶樂物耶求之曲肱飲水耶求之陋巷耶抑求之曲肱飲水陋巷之外耶蓋周程之去孔子千餘年矣今去程子又數百年矣周子語之而不發程子受這説而未言愚也何足以知之雖然則亦不可以不講也蓋天之生人畀之以心而道具焉人心之本體無不樂者也有不樂則物累之也蓋常察見此心之體有以爲吾之生而一切富貴貧賤可喜可愕之來又儻然以應之而不能爲吾動則我之一心豈不湛然澄徹至虚配天至廣配地至有配萬物而超然宇宙之外哉孔子之樂在其中樂乎此也顔子之不改其樂不改乎此也周子之令尋樂尋乎此也程子得之吟風弄月以歸吟弄乎此也是其傳受之真亦已盡矣又安求所謂天理者而體貼之乎此愚所謂有所受而神解之説也何也可以言傳者道之概也言之所不能盡者則修爲之次第也既竭吾才而後博約之教明三省吾身而後一貫之旨達此聖學也孟子曰可欲之謂善有諸已之謂信天理者可欲之善也體貼出來者有諸已之謂信也自其真機而言謂之樂自其天然條理而言謂之天理樂與天理也非二物也尋樂之與體貼也亦非二功也特其生熟淺深殊焉耳自今觀之動定静定之書其與主静之説何如學者須先識仁其與無欲爲要者何如接人一團和氣其與襟懷灑落者何如記曰善歌者使人繼其聲善教者使人繼其志程子之體貼也不爲繼志已乎執事謂明道得之周子而以伊川謂得不傳之學於遺經爲疑嗟乎此誠愚之所未喻也夫人之氣質有偶而契者有偶而不相契者而其知與不知亦繫爲伯淳之於周子類也正叔稍嚴毅矣然而受學於虔同每令尋仲尼顔子樂處同其所以受易説易通者同故見而知之者得之人也聞而知之者求之經也今固受之周子矣而謂盡得之遺經可乎此誠愚之所未喻也豈以周子之學至伯淳而益光而遂以爲言乎夫周子之倡道也如日之初曙然得二程而授之則日升矣又得伊洛諸賢相聚而講明之則日之中天矣夫見日之中天也以爲异於初曙者而遂以爲言乎未可知也子静嘗謂二程雖同見茂叔後來正叔意思已失愚亦未敢以爲然也愚之距周子若此其未遠也地之相近若此其甚也然於周子之學則茫如也今以執事之問因之以求二程因二程以求周子因周子以求孔顔蓋實有志焉而未能也唯進而教之

第四問

童承契

考試官教諭黄批（是篇因時勢考人材最精卒歸之鄭大夫漢武侯之正可以觀史筆矣）

考試官教授陳批（筆障嚴整品藻確焉）

事無定形揆諸理以論事則失得明矣人無定品原諸心以論人則賢否辯矣故事不可以一端裁其事同其所處不同吾從而求諸理者所以定揆事之衡也不然則泥人不可以一律觀其人同其所遇不同吾從而求諸心者所以定知人之鑒也不然則淆執事舉春秋三國之事機人品之相類者而諗其説於諸生由百世之後等百世之前如之何其莫之違也聊即所聞而復之粤自皇帝王霸世道升隆風氣會流其來遠矣周轍既東王綱漸解侯國盛而霸圖興大雅亡而春秋作蓋不幸而不知有王猶幸而尚知有霸蓋霸也者所以倡諸國而使知有王者也有霸則庶幾乎有王矣于時齊桓合諸侯攘夷狄以尊周室控大扶小而王室之難定束牲載書而天子之禁明可謂盛矣晉文繼霸修齊桓之業城濮一戰克楚師而遂以威服踐土一盟奬王室而能以德攻蓋亦幾焉但其意則欲天下之宗已而非有尊王之實故謂之挾天子以令諸侯周室之所以終於不競也下此又不足言能東漢之末也董卓竊李郭逆獻帝播越而天下無君有能興桓文之事則亦可以有辭於天下矣孫權據有江東袁紹稱雄冀北劉備以帝室之胄而不能伸信義於天下曹操起而收衆人之遺策劫帝遷許奉辭伐罪蓋自謂霸世之遺業忠國之令圖也而不知由君子視之直漢賊耳蓋以天子爲奇貨而居之矣曾是以爲尊王也乎至此則非惟不知有王亦不知有霸矣不亦重可慨耶若中間事機之失得人品之賢否則亦有可言者春秋之楚三國之吴皆江漢之國也齊桓合諸侯以伐楚楚人遂帖召陵之盟曹操下荆州而伐吴吴人友成赤壁之勝非楚無方城漢水而吴獨有長江也齊桓包茅之責授楚以必承之罪屈完所謂以德綏諸侯誰敢不服者也若曹操之廢漢自立則無名矣用舟師而失其利信僞降而中其術操焉得而不敗也君子謂吴之是舉也不爲幸楚之於江黄蜀之於吴皆與國也齊明江黄爲伐楚也楚滅黄而齊不能救蜀好江東爲伐魏也魏破蜀而吴不能援非齊之遠黄而吴之遠蜀也齊桓怠荒已形俾黄無可恃之力管仲所謂伐而不能救無以宗諸侯者也若孫吴之僅知自存則失計矣徘徊老壽春之師廢立成内亂之政蜀焉得而有賴也君子謂吴之相繼也不爲過秦穆之用孟明也收三敗之績以霸西戎楚成之誅得臣也成再敗之實以資敵國夫

馬謖街亭之一敗孔明宜鑒于兹矣而必誅之蓋孔明方弘討賊之義若不誅則無以勵士而定衆也况街亭之役係國存亡謖其可免耶救鄭之舉欒書違衆帥之欲釋蔡而還師會吴之役荀罃違二帥之請圍逼陽而致克夫司馬懿渭南之請戰曹叡宜假其權矣而必以辛毗止之蓋懿本無欲戰之情若不請則無以示武而飾慚也且閫外之寄將軍制之懿其有不知耶事幾之失得其概如此較其大者而論之桓公之伐楚不能正其僭王之罪吴蜀之破操不能訖其篡漢之誅孔明以言取人亦昧知人之鑒仲達握兵自植遂蓄無君之心君子之所以致惜也生我父母知我鮑叔管仲有是言也而所事則不同及仲成射鈎之仇鮑設檻車之術而仲始爲小白用也孔明伏龍士元鳳雛龐德公有是評也而所就則不同及魯肅遺書之薦孔明乘間之言而後統始爲先主用也是非鮑葛違相致之義管龐昧擇君之明出處之初各因其所遇耳然於此而終知管仲之仁龐統之智矣夾谷之會晏子寔從乎景公而不能止其登壇之譟及感於孔子之禮義而始謝之以質也赤壁之戰孔明寔助乎周瑜而忽動其相圖之心及藉乎魯肅之調護而始借之以地也是非嬰有顯君之忠瑜有決事之智淺夫之中自不能容物耳然於此而益知孔子之聖孔明之賢矣荀彧度袁紹之諸臣以破孔融之説使操也一戰而成可謂長於料人矣而楚之嬖人伍參者先能之楚是以有邲之捷賈詡度曹操之還師以教張繡之追使繡也再戰而克可謂長於料事矣而魯之賤士曹劌者先能之魯是以有長勺之捷大抵春秋之世先生之教化未泯人猶襲流風以成其智不可以其嬖與賤者而少之也子貢之長於言語也一説吴而足以存魯趙咨爲吴使魏乃亦以其誇詡之詞而致上國之信焉子産之善於辭命也屢使晋而足以寬鄭鄧芝爲蜀使吴乃復以其口舌之力而結同仇之盟焉大抵秦漢而下戰國之從横未息人猶沿習氣以見其能未可以其誇與狂者而多之也人品之高下其概如此較其大者而論之晏嬰之不知孔子固周道之不興周瑜之不容孔明亦漢祚之不復荀彧之助操無取於死漢而徇名賈翊之助繡無取於降操而徇利君子之所以致惜也雖然君子遇天下之事未必無與古人同者顧吾所以當之何如耳吾以理而論古人之事不可以吾事而違於理吾以心而論古人之品不可以吾躬而失其心夫子萬世準繩固所當學矣論其次於春秋得一人焉曰子産於三國得一人焉曰孔明子産讓不失禮而車服之必辭忠以損怨而鄉校之不毁争承去公侯之貢爲國基也養民致輿人之誦爲遺愛也春秋之賢有能如之者乎孔明隆中三顧得出處之中行出師二表明漢賊之大義開誠布公王佐之才也寧静致遠禮樂之具也三國之賢有能如之

者乎鄭國間於晋楚而勢終於不振蜀漢弱於吴魏而業隳於垂成固非二子之罪也愚生不敏敢取師焉爲其正而已矣尚友之説惟執事教之

第五問

程沂

同考試官教諭潘批（苗夷不可語訓久矣我國家張置控壓深合古虞分北之理乃者約束稍弛遂成搶攘必復處置得宜而服其心此則不可易之策）

同考試官教授林批（夷落孰非臣子大威在上孰敢越志第法敝人玩再須一整頓耳是篇區晝精詳具見經濟之略）

考試官教諭黄批（據實論事斐然成章）

考試官教授陳批（言皆可見之行）

治夷之道三恩威信而已恩也者遂其并生者也威也者堅其不叛者也信也者所以行乎其恩與威者也綏之以恩震之以威而弗孚之以信則褻於恩而黷於威褻於恩而不足以綏也則生戎心黷於威而不足以震也則墮軍實如是而以爲善治夷者否也夫夷之在西南其種類繁矣若介川湖貴竹而居者古謂之武陵蠻或曰三苗之後或曰槃瓠之遺莫有知其所由來也居則環箐以爲圍刀耕火種以爲食出則躡梯犯險以爲能執鎗衛弩前却不常以爲戰故善鬥而不畏死其性然也地瘠而藝薄生聚既蕃則不得不擄掠以圖活其勢然也彼恃其善鬭而迫於圖活苟非吾有以遏絶之則四出而無忌矣故不可無治之之術焉柳子厚以爲雖唐虞之仁不能柔秦漢之勇不能威吾嘗因是而求其説矣稽古治苗實昉於唐虞然惟唐虞爲善治也徂征振旅之後舞於來格之餘竄其君而終就丕叙分北其民而不敢爲惡此萬世治苗之法而孰謂其不能柔也至於周宣振中興之業方叔奏南征之功蓋亦幾焉自是而後内之則疲我以事夷外之則縱彼以猾夏守之則轉餉而難久薄之則勞師而召侮而未有能得之者楚武時蠻羅共敗楚師縊莫敖囚群帥已浸不可制矣吴起相悼南并蠻越拓洞庭蒼梧之地而後有春申之宅焉是取地之始也秦於是置郡黔中焉漢於是改郡武陵焉開牂牁越雋焉唐於是分巫叙諸州焉宋於是置都誓州及誓下州刺史焉是皆以中國之治治之也而其不可治者卒亦不能治若夫諸臣經略代有之矣東漢初劉尚没於武溪馬援隕於壺頭繼之以梁松假之以宋均而後乃能服之雖謂之秦漢之勇不能威可也石晋時馬希範討溪州之叛而立銅柱以爲表李弘皋銘之趙宋時率逢原擊誠州之亂而築臺以受降李誦記之此其最著也然特張功示伐耳而未有能建久安長治之策者我太祖高皇帝混一寰宇桂海冰天率被聲教雕題文

身皆襲冠裳而况川湖之地密邇神州首沾聖澤非若古之處要荒之遠者乎故其設置控馭之方於今爲詳而視古爲得體於湖之永順保靖川之酉陽爲之宣慰宣撫而以宋誓州之後長之代有其地而留後焉錫之誥命勉其忠義而寬其文法所以永奠諸蠻也又爲之長官司及軍民千户所以比次而分隸之若川之平茶貴之平頭湖之五寨鎮溪筸子坪是也乃復以衛所環列於外屯官軍而扼其勢荐設守備參戎假之權而謹其防又爲之總戎自督府出授鉞開府以制其命而又有撫按以綱之藩臬以紀之郡邑以維之皇風神氣赫然而不可狎則夫裔夷耆服華夏奠安有由也我皇上應圖受命敷文章化二十二年於兹矣跂行喙息莫不并育丕順以無失所而胡敢有弄兵以爲厲者况江漢之墟即今豐鎬而五溪在邦域之中乎屬者蠟爾山苗聚黨成寇攻圍疆邑焚掠保聚乃至紛兩省之軍謀煩九重之廟議用起重臣錫之璽書假便宜而經略之夫苗曷爲者也吾又嘗於是而求其故矣永保酉陽與諸司吾之所優假以控諸苗者也蓋昔者常有師旅之役於他方則必徵兵於永保諸司而諸司又必借助於諸苗是諸苗以其諸司之借助也則亦無所畏於諸司而諸司亦以其嘗借助於諸苗也則亦不欲盡去乎諸苗是交賜而兩利焉也又况永保酉陽相尋于仇而諸苗又挾之以規利苗無敢犯永順保靖賂而永順北矣苗無敢犯酉陽永順賂而酉陽殘矣故諸司鼎峙而苗無不得志於其中以諸司之相爲仇也兹驅諸司而治之其德苗者固陰爲之地而其仇苗者復觀望而不爲之力機失於相疑謀敗於相忌急之則功以詭成緩之則賊以縱逸其以老吾師而利吾之餉賞蓋非其至謀也加以兩省偏裨勢不相攝輕則攘功以肆侮重則推敵以賈禍或譸張爲幻以煽其習或交私市利以導其爲則今日之事其由來遠矣然則治之奈何昔宋初有去威已立然後可議招來與之盟則固許之臣則久方今督府決策群工協心提重兵壓境而奪之氣責諸司之負國養寇而破其情則苗之亡無日矣治其魁而威行撫其黨而恩行宣九重之德意以示之而信行又何小醜之足慮也執事舉以策士吾知慮不在苗之平而在苗之守矣請略籌之昔韓愈有云處理得宜自然永無侵叛之事蓋聞宣德間一平叛苗矣于時設立灣溪等十堡而防禦有方正德間再平友苗矣于時設立鎮筸守備而遏絶有要初是守備之敕也控制永保未幾有惡其害已者而去之矣説者謂宜復之俾相攝而聯絡之可也或相苗夷出入之喉咽鎮之以重兵又必使湖貴之勢不分遠近之聲易達屯戍之卒弗怨轉輸之計無阻可也或如宋人之法選土豪爲苗所信服者爲總首以任彈壓之責借補名目以榮其身而坐制之苗之弗靖則於總首焉是責亦可也或如

宋人之法籍邊民之可用者立之團長副苗犯一團則諸團鳴鼓應之又使諸苗之從化者亦視民團結而策應焉又置博易場以通其米鹽犒團長副以謹其約束亦可也彼既不吾擾則吾亦不彼求使彼得安耕植以漸歸吾化則已矣此固有虞分北之遺意也佈置周密則疆圉鎮定彼將畏吾威而弗敢肆示之以相保以生而非吾欲殺之也彼將懷吾恩而弗敢忘曠然納之包荒而坦然示之好惡彼將服吾信而弗敢貳夫孔明之服南人服其心而已矣今之控馭以善其後或不外此是在執事者熟慮而徐畫之耳抑虞之格苗固惟以文德之敷焉耳而傳復以爲究論教焉則聖人之於苗非故付之以不治者顧不以先吾内治耳故太保之訓必先慎德祭公之諫無取勤民而周宣之威嚴實順治以爲之本此固制御之上策聖哲之令圖也然則格苗威蠻以上繼虞周之烈幸有明天子在上

湖廣鄉試録後序

上之二十二年癸卯維楚循彝典闢賢科遵成命廣舊額監察御史桂榮實綱維之品式條貫益恪而處既甄士録文以獻而國奎當綴一言末簡國奎謹按夏書荆州之貢杶幹栝栢楚材之良且繁也從來遠矣周官山虞林衡各有厲禁故雨露之滋歲月之畜罔弗豐棥以需世用比者聖皇聿新廟寢掄材之使道及荆楚復遣大臣董治凡深林窍谷之産蠻嵠夷峒之崈皆奔走牽輓浮江達河纚纚而至而大比之科適與期會國奎私竊有感焉夫掄材之與遴才一也楚之人士其沾溉培植奚翅于木而敷榮滋息搜剔斷斫抑有甚于論材者焉然賢才氣運相爲隆替雖木亦然昔者文王作豐武王作鎬未聞乏材而造德之士徵諸菁莪棫樸之篇周召畢榮篤棐保乂施于奕世其曰思皇多士生此王國王國克生維周之楨楨也者擬諸其材也其後依日月乘風雲若豐沛故人南陽貴族凌煙舊臣陳橋宿將率多椎魯頑鈍文辭佻薄之人其可稱引者張留侯鄧高密魏鄭公趙韓王四三人爾而出處注措之間已不免君子之訾議譬彼木焉其適用也淺矣則才豈易得者哉維聖天子應歷協圖握符受籙江漢之間比于豐鎬非漢唐宋四君所彷佛也精靈之氣久畜而孕昌熙之運浚發而會故百嘉暢遂萬物訢和士生其地始于感奮切于觀摩極于漸漬故皆峨峨濟濟接迹周士子房而下非其儔匹雖我皇上旁招俊乂不比近昵而帝臣之共則楚之才亦莫良且繁也國奎日事披校其毓也遠故其辭

淵以懿穆以貞其化也久故其辭惠以莊明以粹其遭也奇故其辭雄以紓弘以達蓋裒然盛矣彼崇山複嶺干霄翳日之幹苟得其一工師之喜也而連篇累牘交輝互映主司者不幸甚矣乎然國奎聞之傳曰人之有學也猶木之有枝葉也學也者亦敦其本而已矣故本實不撥其末必榮棟楹榱桷胥此焉出而况于人之學乎若乃論篤而色莊静言而庸違猶之荏苒之木櫻外蠹中擁腫拳曲匠氏且弗之顧矣記曰天下有道則行有枝葉爾多士尚懋于學以行前言務期與周之十臣競勛華而紹烈光毋徒若四君佐命之臣寥寥爾也則天下後世交席芘焉矧有榮蔭于楚耶國奎遴才者也敢借掄材之説告之賓筵庶機久要之義云

福建興化府莆田縣儒學教諭黄國奎謹序

嘉請二十五年湖廣鄉試録

湖廣鄉試録序

我國家以經學造士論其秀者而顯庸之學古入官誦詩達政其法蓋古也故奇杰豪俊鴻博忠鯁清强之士繇是以出而元臣碩輔倚毗康濟彬彬然施於社稷域民楨國此其效焉自我神祖列聖以至我皇上天運地漸文明太和之氣焕乎流曜宇宙其治極其盛矣我皇上履乾體正仁涵義洽道久而化成之靡不丕乎況三楚皆在翼軫之分野虹流龍飛休祥浚發謀治翼燕比之豐芑起籲帝之思建共臣之業罔不烝烝然思效其休譽寧能從兩畿後邪乃今歲嘉靖丙午四月監察御史高節奉命來兹土按圖考法去太去甚風紀肅然無不改嚮諸司以秋試期告乃聚謀曰是役也節實監臨之其敢不慎於是稽典肅幣官預其程守疆除舘工綜其役陳軌詰奸吏防其怠崇雅黜浮士濯某志品式物采錯綜咸戒而州等胥以聘至乃以學正何梁教諭楊成周鼎劉三正林一清阮琳包澤宋時分試之而屬州與教諭姜周使總其事曰學也者以徵才也文也者以徵用也匪是則否已於事而竣其百執事自知府以下皆遴選以充而以提調屬左布政使菅懷理右參政鄒守愚監試屬按察使孫應奎僉事卜大同曰内其毋出乎精白一心以稱德意已於事而竣稽其均守辨其旗物罔不祗慎而相與防範之以屬右布政使劉寅左參政丁汝夔右參政許瑄右參議戴邦正張緒鄭有周張拱文副使楊應奇陳仕賢潘九齡公躋奎僉事米榮侯寧王喬齡鄭汝舟都指揮劉遠鐵冠李杲曰外其毋入乎坒厥蠹萌明神其森已於事而竣是時都御史巡撫姜儀振文耀威邇遠服懷士志大興以彌力於學撫治鄖陽先任維賢今葉照提督南贛先虞守愚今顧遂寧宇不聳樹聲克崇總兵豐城侯李熙俎豆臨戎室家無恐故視昔加隆焉比鎖院合提學副使今陞右參政李嘉賓及副使楊勉學所校士二千六百有奇三試之御史節猶慮其 不瀝衷殫力也乃又合而誓之曰所不與祓除其心以報國者有如此哉於是諸事事大用竦惕不懈彌虔拔其尤异者九十人并録其文以獻制也御史乃言曰於乎慎爾多士夫篤培者天靈杰者地化成者人夫明

明赫赫厥類惟彰自烈山氏之興也遐乎邈矣天生聖人起於南離我皇上受圖錫紀遠邁前古而士類之興雲蒸風從蓋其氣然也詩曰天監有周昭假于下保兹天子生仲山甫言乎天也夫高而衡岳環列者以萬數淵而江漢迴繞者以千數泄令德之珍鳩靈貢祉以效於上猶恐其後也士望國紀厥惟在兹詩曰思皇多士生此王國王國克生維周之楨言乎地也夫士以明義所以思奮庸而熙帝載乃今爾多士濟濟蹌蹌炳蔚相章抒經藝之指而敷宏博之詞蓋將贊慮於智廣業於仁要其卓卓可效用者何以加焉可謂吉士也已詩曰藹藹王多吉士維天子使媚于天子又曰藹藹王多吉人維天子命媚于庶人言乎人也於乎慎爾多士州不佞從而申言曰州聞之古者以榮爲懼也是故能以懼爲榮爾多士敬哉無忘爾御史之言州寔與有光耀也矧曰其爾多士言以徵志文以足言州睹其志矣如其貳焉非州之所願於多士者也詩曰庶幾夙夜以永終譽爾多士慎諸是役也左參議戴嘉猷制使魏尚純以入賀萬壽行守備太監廖氏員外郎孫續主事王景象劉慤行人姚一元賀承光以有事兹土至右參政楊本仁按察使林雲同副使孫世祐以遷代去皆嘗與於先事而樂觀其成者法得書

江西南昌府儒學教授陸州謹序

嘉請二十五年湖廣鄉試

監臨官

巡按湖廣監察御史高節（汝膽順天府永清縣籍大興左衛　戊戌進士）

提調官

湖廣等處承宣布政使司左布使菅懷理（一初山東臨邑縣人　己丑進士）

湖廣等處承宣布政使司右參政鄒守愚（君哲福建莆田縣人　丙戌進士）

監試官

湖廣等處提刑按察司按察使孫應奎（文宿河南河南衛籍直隸長洲縣人　辛巳進士）

湖廣等處提刑按察司僉事卜大同（吉夫浙江秀水縣人　戊戌進士）

考試官

江西南昌府儒學教授陸州（汝行浙江海寧縣人　甲辰進士）

浙江處州府麗水縣儒學教諭姜周（廷佐直隸太倉州人　丁酉貢士）

同考試官

河南汝州儒學正何梁（少奕廣東香山縣人　甲午貢士）

山東兖州府寧陽縣儒學教諭楊成（位中福建閩縣人　丁酉貢士）

河南河南府嵩縣儒學教諭周鼎（鳴功四川内江縣人　丁酉貢士）

直隸常州府武進縣儒學教諭劉三正（世準四川内江縣人　庚子貢士）

直隸徽州府績溪縣儒學教諭林一清（子時福建福清縣人　辛卯貢士）

江西撫州府金谿縣儒學教諭阮琳（廷佩福建莆田縣人　庚子貢士）

江西南昌府新建縣儒學教諭包澤（潤之廣西臨桂縣人　庚子貢士）

直隸淮安府贛榆縣儒學教諭宋時（宗易河南鈞州人　甲午貢士）

印卷官

湖廣等處承宣布政使司經歷司經歷官倬（文充福建光澤縣人　監生）

湖廣等處提刑按察司照磨所照磨羅禬（文肅賀州水德江長官司人　監生）

收掌試卷官

承天府知府沈瀚（原約直隸吴江縣人　乙未進士）

武昌府知府何城（叔防江西萍鄉籍陝西榆林衛人　壬辰進士）

漢陽府知府賈應春（東陽直隸真定縣人　癸未進士）

德安府知府李逢（邦吉江西豐城縣人　己丑進士）

常德府知府林應亮（熙載福建侯官縣人　壬辰進士）

受卷官

湖廣等處承宣布政使司理問所理問俞憲（汝成直隸無錫縣人　戊戌進士）

荆州府同知陳蕙（邦馨福建晋江縣人　己丑進士）

德安府隨州知州伍鎧（文衛福建晋江縣人　丙戌進士）

郴州同知王心（惟一直隸天長縣人　戊戌進士）

永州府道州同知貢九皋（汝鳴浙江蕭山縣人　戊戌進士）

彌封官

德安府同知同子恭（欽之江西吉水縣　監生）

岳州府推官鄭河（師程江西新建縣籍應天府江寧縣人　甲辰進士）

承天府沔陽州同知沈友儒（子真浙江海寧縣人　戊戌進士）

荆州府石首縣知縣李廷春（元甫四川江津縣人　甲辰進士）

承天府潛江縣知縣黄學準（本平廣東南海縣人　己卯貢士）
謄録官
永州府通判王宗尹（商甫江西泰和縣人　戊子貢士）
荆州府推官許彦忠（汝敬應天府句容縣人　甲辰進士）
衡州府推官陽佶（以健四川長壽縣人　乙酉貢士）
武昌府推官文方（子静四川合州人　甲辰進士）
德安府隨州應山縣知縣張士讓（敬光四川内江縣人　辛卯貢士）
對讀官
承天府沔陽州知州李長盛（宗裕福建莆田縣人　辛丑進士）
寶慶府武岡州知州李中實（子充江西東鄉縣人　戊子貢士）
武昌府江夏縣知縣蕭韶（希舜江西永豐縣人　壬午貢士）
岳州府華容縣知縣趙占（吉卿四川内江縣人　戊子貢士）
襄陽府宜城縣知縣劉以貞（子恒江西安福縣人　甲午貢士）
巡綽官
武昌左衛指揮使黄衮（子衣直隸和州人）
武昌衛指揮僉事高湜（源潔直隸定遠縣人）
武昌衛指揮僉事段綵（體素直隸當塗縣人）
武昌衛指揮僉事徐節（子山直隸壽州人）
武昌左衛指揮僉事梅美（宗説直隸六安州人）
武昌衛後所副千户宋承（繼恩直隸定遠縣人）
搜檢官
武昌衛指揮使齊賓（子敬直隸沛縣人）
武昌左衛指揮使高陞（功陟直隸山陽縣人）
武昌衛指揮同知李勇（國中直隸六安州人）
武昌左衛指揮同知馬寅（敬之直隸盱眙縣人）
武昌衛指揮僉事沈永（修期直隸華亭縣人）
武昌左衛後所正千户鄧麒（天瑞湖廣蒲圻縣人）
供給官
湖廣都指揮使司斷事司斷事黄立（子豫江西吉水縣人　監生）
湖廣等處承宣布政使司理問所副理問余欽（宗堯直隸望江縣人　監生）
湖廣等處提刑按察司照磨所檢校薛恩（汝霑直隸吴江縣人　監生）

武昌府同知曾才漢（明卿江西泰和縣人　戊子貢士）
武昌府通判劉莆（思徵江西安福縣人　官生）
武昌府經歷司經歷張琛（文璧山西大同縣人　監生）
武昌府興國州同知周國相（文輔廣西灌陽縣人　監生）
　武昌衛經歷司經歷馮瓚（均重四川富順縣人　吏員）
武昌衛經歷司知事杜鏞（大器順天府懷柔縣人　吏員）
武昌府蒲圻縣縣丞金允升（吉甫直隸太倉州人　知印）
德安府孝感縣縣丞錢釗（勉之福建建寧縣人　吏員）
武昌府江夏縣主簿蒲宗義（尚宜四川清川守禦千户所人　監生）
武昌府武昌縣主簿庹宗武（成之四川蓬州人　監生）
武昌府興國州通山縣典史朱佩（廷用浙江崇德縣人　吏員）
武昌府江夏縣典史羅峻（天近江西寧都縣人　吏員）
武昌府咸寧縣典史吴鰲（應元直隸休寧縣人　吏員）
漢陽府漢陽縣典史肩固（恒之直隸穎穎州人　吏員）
漢陽府漢川縣劉家隔巡檢司巡檢杜傑（萬甫河南臨漳縣人　知印）
武昌府夏縣滸黄洲鎮巡檢司巡檢梁子敬（廷肅山西清源縣人　吏員）
承天府鍾祥縣郢東驛驛丞劉守臣（朝用順天府薊州人　吏員）

第一場

四書

立則見其參於前也在輿則見其倚於衡也夫然後行　唯天下至誠爲能盡其性能盡其性則能盡人之性能盡人之性則能盡物之性能盡物之性則可以贊天地之化育可以贊天地之化育則可以與天地參矣　人人親其親長其長而天下平

易

美在其中而暢於四支發於事業美之至也　觀其所恒而天地萬物之情可見矣　易其至矣乎夫易聖人所以崇德而廣業也知崇禮卑崇效天卑法地天地設位而易行乎其中矣成性存存道義之門　艮止也兑説也

書

安汝止惟幾惟康　惟學遜志務時敏厥修乃來允懷于兹道積于厥躬

惟斆學半念終始典于學厥德修罔覺　潤下作鹹炎上作苦曲直作酸從革作辛稼穡作甘　立政任人準夫牧作三事

詩

充耳琇瑩會弁如星　我馬維駒六轡如濡載馳載驅周爰咨諏我馬維騏六轡如絲載馳載驅周爰咨謀我馬維駱六轡沃若載馳載驅周爰咨度我馬維駰六轡既均載馳載驅周爰咨詢　思皇多士生此王國王國克生維周之楨　明昭有周式序在位載戢干戈遺櫜弓矢我求懿德肆于時夏允王保之

春秋

宋公陳侯蔡人衛人伐鄭（隱公四年）邾人鄭人伐宋宋人伐鄭圍長葛（俱隱公五年）冬宋人取長葛（隱公六年）冬公會齊侯于防（隱公九年）春王二月公會齊侯鄭伯于中丘夏翬帥師會齊人鄭人伐宋冬十月壬午齊人鄭人入郕（俱隱公十年）　秋荆伐鄭公會齊人宋人救鄭（莊公二十有八年）　晋侯伐鄭（宣公十有四年）　冬公會晋侯宋公衛侯曹伯莒子邾子滕子薛伯杞伯小邾子齊世子光伐鄭十有二月己亥同盟于戲（襄公九年）夏公會齊侯于夾谷公至自夾谷齊人來歸鄆讙龜陰田（俱定公十年）

禮記

教訓正俗非禮不備　詩云肅雝和鳴先祖是聽夫肅肅敬也雝雝和也夫敬以和何事不行　爲之者明足以見之仁足以與之知足以利之可謂賢矣　仁之爲器重其爲道遠舉者莫能勝也行者莫能致也取數多者仁也夫勉於仁者不亦難乎

第二場

論

君子有絜矩之道

詔誥表（内科一道）

擬漢賜民今年田租之半詔（文帝二年）　擬唐以温彦博爲中書令誥（貞觀四年）　擬宋宴貢士賜緑袍鞾笏詩章謝表（太平興國二年）

判語（五條）

官員赴任過限　虚出通關硃鈔　守掌在官財物　私藏應禁軍器　失時不修堤防

第三場

策五道

問　前代臣子於其祖宗之功德每敷楊而不已非特以歌咏鴻休蓋將垂無窮之憲也詩書所載如益之贊堯皋陶之美舜五子之述禹雅頌之所以稱湯與文武者盛矣嗣是而後若漢祖唐宗宋之藝祖其臣子之所稱頌者固亦郁乎可觀然不能無侈辭焉今可悉舉而言之歟洪惟我太祖高皇帝膺天眷命肇造區夏聖德神功超百王而獨盛其在當日如儒臣宋濂所叙之六者爲得其精要而其餘見於諸臣之所對揚父老之所傳誦洋洋乎真足以被韶護而嗚無窮也列聖承休輝映無極逮我皇上以天縱之資龍興玆上昭受丕其至德之廣運禮樂之重光際天所覆極地所載咸蒙厚澤其與聖祖之功德先後一揆比屋而知之矣矧在諸士沐聖人之化最爲至切而至近者乎願敷楊之併著所以仰裨於萬一者以獻

問　世稱四聖之後無易也而易在楚三百篇之後無詩也而詩亦在楚豈不以周濂溪之有太極通書屈子之有離騷乎自今觀之其所以合於易與詩者其旨可歷舉而言歟或曰詩亡而楚騷作或曰手爲圖筆爲書而孔氏之傳復續即不謂易與詩也其易與詩之遺乎然或詆非吾儒宗旨或作反離騷以吊之則其於潔凈精微温柔敦厚之教亦似若有戾者果何與夫秦漢而下續易續詩擬易補亡何其紛紛也考其旨歸不知亦可以與於斯乎否邪夫易貴神解詩貴性情未易言也然大儒易有易傳詩有詩傳而太極圖通書而離騷又皆各爲之注其於微詞奥義果可以得其要領而無遺恨否乎諸士子楚産也又皆究心於此者幸以其所得者以告我

問　士君子之持身處事以風節爲難而尤必以和平爲極審是二者兼濟而時有權衡焉可也古之人若延陵著讓而才近伯夷抗言存趙而終身不見寛大之主高其義矣尚自爲之逃故人物色致其誠矣意不爲之屈得無嫌於隘歟直節寢謀不無褊心忿疾之疏雅忘澄清或啓東京清議之釁經略中原者急於成功而發憤績偉澶淵者安於峭直而蒙譏得無嫌於激歟乃若志在爲韓心不仕宋南陽嘯歌以俟時洛城從容而論德其立節固未嘗不高也周旋京師危言激論者實一時名賢之首充使條例謂青苗且可放過者曾無損大賢盛德之光或則又處平原一相而獨全正類於嚴迫之時爲轉運使副而善沮新法於盛行之日人亦不得而尤焉然上不至於矯异而下不蹈夫詭隨者何哉豈其所以致嚴者出於不得已而非有意歟抑持心之平而適用之

周歟或時有難易事有可否而不容執一論也夫危行峻詞易以招尤而和厚温醇類多失已君子蓋兩病之處二者之間而不失其必有道乎願明言之

問　學莫先于尚友尚友必自鄉始楚稱大藩宦于斯者有遺澤焉産于斯者有遺範焉固不能以悉數也姑舉其著者言之令儀令色而爲周名臣無喜無怒而爲楚賢相首居公位而舉奏貪污官至宰相而不營産業其德量忠儉可得而言歟功著烏林威行南服綏懷遠近恩孚江漢之衆措置屯田不忘恢復之圖其得失成敗可得而言歟教興庠序禮定婚姻復州惠愛江陵滅火其循良在人至今膾炙也然而有可施於今者何歟令夷陵者終成相業謫道州者克退虜兵衡岳開雲長沙賦鵬其氣節在人至今興起也然而有幸有不幸者何歟勛烈盛于周宣中興之日道學開于有宋全盛之時講學岳麓讀書石鼓要其體用果孰爲得失邪制誥典贍經史博通以文章魁三試之選以兄弟獲聯榜之榮考其學業果孰爲高下邪或負社稷之器或稱水鑒之明然則古人之自任與夫古人之知人要非浪言也不知其人亦可以當之而無愧否乎此皆諸士子之所習聞者也或宦于斯或産于斯請詳言其人而評品之以觀尚友之學

問　書曰有備無患詩曰迨天之未陰雨綢繆牖户蓋言預也昔者堯水湯旱雖以七年九年而民無捐瘠也其法無傳焉不知何道以致之邪比楚大饑前此未有也徙鬻溝壑所不忍聞諸司多方區畫極力拯援帑藏竭矣賑濟行矣雖皆其焦頭爛額之力而民之瘡痍未瘳今幸穡功甫告蠲免溥及民賴以活而曲徙之策尤不可不預爲之講也試與諸士言之積逋淫禁何以紓之而軍儲藩賦何所取足近鬻遠竄何以復之而資糧贖金何以能辦刑何以省而使輕重適中徭何以輕而使欺隱精核倉以貯之何法最良而秋出歲盤民何以不困糴以平之何説最勝而旬申時斂官何以能預兼併何從而定貪墨何從而止如其懲而後可而其害已不細吾必欲足國裕民窮原探本不爲一朝一夕之計而登吾民於富壽者其道何居儒者在於致用況諸士子皆嘗親於剥膚之急者幸無略

中式舉人九十名

第一名　蔡制　寧鄉縣學生　易

第二名　許宏用　松滋縣學生　詩

第三名　劉旦　石首縣學附學生　書

第四名　唐時舉　咸寧縣學生　春秋
第五名　胡伯涵　廣濟縣學增廣生　禮記
第六名　李正時　桂東縣學生　詩
第七名　蕭廷節　江陵縣學生　易
第八名　鄧毬　祁陽縣學生　書
第九名　高嶨　京山縣學增廣生　易
第十名　唐萬幾　巴陵縣學生　禮記
第十一名　萬一貫　黄州府學增廣生　春秋
第十二名　魏裳蒨　浦圻縣學生　詩
第十三名　羅瑶　岳州府學增廣生　書
第十四名　龍慶雲　茶陵州學生　易
第十五名　陳邦治　崇陽縣學生　詩
第十六名　張啓晨　江夏縣學生　易
第十七名　饒之初　廣濟縣學附學生　書
第十八名　田成法　蘄州學生　詩
第十九名　孫鳴世　京山縣學生　春秋
第二十名　龍德化　武陵縣學生　易
第二十一名　王喬吴　石首縣學生　書
第二十二名　盧鳳來　崇陽縣學生　詩
第二十三名　何一達　道州學生　易
第二十四名　張衷　麻城縣學附學生　禮記
第二十五名　饒敬承　蒨蒲圻縣學附學生　詩
第二十六名　柳東伯　常德府學生　書
第二十七名　張可久　承天府學生　易
第二十八名　尹儒　隨州學生　詩
第二十九名　蔣奎　東安縣學生　易
第三十名　鄧廷猷　蒲圻縣學附學生　詩
第三十一名　蕭繼美　羅田縣學增廣生　書
第三十二名　丘梁　麻城縣學附學生　春秋
第三十三名　陳采　崇陽縣學生　詩
第三十四名　朱褒　鄖西縣學生　易
第三十五名　周寀　黄梅縣學增廣生　詩

第三十六名　楊旦　蘄州學增廣生　書
第三十七名　周之屏　湘潭縣學生　詩
第三十八名　劉鋭　長沙府學生　易
第三十九名　沈植　臨湘縣學生　易
第四十名　張師載　潛江縣學生　春秋
第四十一名　丘岳　黄岡縣學生　詩
第四十二名　孫喬　廣濟縣學增廣生　易
第四十三名　易道魯　岳州府學生　書
第四十四名　胡莊　廣濟縣學生　易
第四十五名　賈拱禄　均州學生　詩
第四十六名　明善　黄州府學附學生　春秋
第四十七名　周道　澧州學生　詩
第四十八名　周賜　麻城縣學生　易
第四十九名　黑文耀　常德府學增廣生　書
第五十名　黄廷聘　江華縣學生　易
第五十一名　奚世文　黄岡縣學增廣生　禮記
第五十二名　劉燮　沔陽州學生　書
第五十三名　吴之翰　蘄州學生　易
第五十四名　傅啓仁　辰州府學生　詩
第五十五名　黄卷　荆門州學生　詩
第五十六名　張翯　武昌府學生　書
第五十七名　盧江　荆門州學生　詩
第五十八名　謝鋭　醴陵縣學生　易
第五十九名　趙公輔　棗陽縣學生　詩
第六十名　鄧楚望　麻城縣學生　春秋
第六十一名　倪民望　黄梅縣學附學生　詩
第六十二名　瞿繼志　長沙府學生　易
第六十三名　魏寅　景陵學附學生　書
第六十四名　姚服璜　荆門州學生　詩
第六十五名　賈如愚　均州學生　易
第六十六名　邢奎　黄梅縣學增廣生　詩
第六十七名　粟應瑞　江夏縣學附學生　書

第六十八名　劉存義　襄陽府學生　詩
第六十九名　歐誥　長沙縣學生　易
第七十名　楊廷儀　黔陽縣學生　詩
第七十一名　胡玉璣　麻城縣學生　春秋
第七十二名　龔叔賁　崇陽縣學增廣生　詩
第七十三名　魯直　零陵縣學增廣生　易
第七十四名　丁永鼎　常德府學生　書
第七十五名　曾煇　沔陽州學生　詩
第七十六名　舒大猷　通城縣學生　詩
第七十七名　陶弼　興國州學生　易
第七十八名　易鴻磐　蘄州學生　禮記
第七十九名　劉儲　興國州學附學生　詩
第八十名　郭允楨　通山縣學生　書
第八十一名　杜子喬　黄陂縣學增廣生　易
第八十二名　羅朝錫　黄岡縣學生　春秋
第八十三名　佘應祥　沅陵縣學生　詩
第八十四名　黄模　善化縣學生　易
第八十五名　陳春愚　蘄州學增廣生　書
第八十六胡希寅　大治縣學生　詩
第八十七名　龍錫　湘鄉縣學生　易
第八十八名　黄元吉　鄖西縣學生　詩
第八十九朱廷相　黄州府學生　禮記
第九十名　周德　常德府學生　書

第一場

四書

立則見其參於前也在輿則見其倚於衡也夫然後行

蔡制

同考試官教諭阮批（深得夫子教子張之意）

同考試官學正何批（題本似易實難場中作者於參前倚衡處類多馳騁可厭求其簡當純雅無如此篇録之）

考試官教諭姜批（詞不費而意自足）

考試官教授陸批（明實可取）

聖人教賢者以行之道必體諸身而得之也夫忠信篤敬隨在而常若見之則所以體諸身者至矣而行何有不利者乎此夫子因子張問行而教之也意豈不曰道無往而不存心無時而可懈所謂州里蠻貊之可行者夫可以易言哉蓋必於忠信也篤敬也念念在兹而勵之以勿忘之志惺惺常覺而持之以不息之貞有時而立也則見其參於吾之前焉是非有物也心思之專切有若或參之者矣夫立而見其參焉其不離於須臾者乎有時而在輿也則見其倚於吾之衡焉亦非有象也精神之會悟有若或倚之者矣在輿而見其倚焉其不違於頃刻者乎如是則方其未言未行也既能致夫敬信之極由是而有言有行也自可妙夫感通之機因諸心而時措之則天下無不盡同之理本諸身而順應之則天下無不可與之人惟無言也發之則皆忠信而人易知易知則有親焉其可以通天下之志者此矣惟無行也履之則皆篤敬而人易從易從則有功焉其可以一天下之動者此矣夫何有於蠻貊而况州里有不可行也哉使或行有未得必吾存誠之功有未至耳子張盍亦反求諸身而考其言行乎嘗觀易曰中孚吉信及豚魚也夫以豚魚之物中孚尚可感之况人乎哉故誠能動物人心自然之天不容人爲參焉者也子張學求務外夫子所以教之者至矣而猶不免難與爲仁者豈鞭辟近裏之功終不勝其好高之病與雖然一聞夫子之訓而即書諸紳晚年執德信道之機聖門若子張者不易得也

唯天下至誠爲能盡其性能盡其性則能盡人之性能盡人之性則能盡物之性能盡物之性則可以贊天地之化育可以贊天地之化育則可以與天地參矣

劉旦

同考試官教諭包批（至誠盡人物之性而至於參天地皆其盡性之能事也此篇明簡意盡深得其旨録之以式學者）

同考試官教諭周批（發明中庸言天道之意殆盡）

考試官教諭姜批（理融詞到佳作也）

考試官教授陸批（潔整）

中庸舉聖人之盡性而因推極其盛焉夫聖人者誠而已矣由其身而達於天地則其盛極矣謂非聖人之能事哉中庸二十二章言天道也其意蓋曰天地萬物本吾一體人惟誠有未至則不能盡性而始與天地不相似矣唯天

下至誠也本之則純粹之精全之則湛一之體其寂也誠之復也而貞静立矣其感也誠之通也而無妄行矣使其有一毫焉而或以淆之有一息焉而或以貳之則非誠矣豈可以言至乎夫德無不實則性無不盡以言乎其立本也而化自我出以言乎其經綸也而典自我惇備道全美蓋不异於繼善成性之初也已性盡矣由是及之而盡人之性也則輔翼之以牖其衷而五教敷焉五刑弼焉各足而已矣合同之化蓋吾錫類之仁也人性盡矣由是推之而盡物之性也則區别之以遂其殖而物生阜焉民用興焉各順而已矣曲成之道蓋吾物與之體也至誠而至此吾見天統氣焉以職生也地統形焉以職成也至誠統道焉以職教也裁成輔相是曰成能不可以贊天地之化育乎化育可贊吾見天以覆焉而位于上也地以載焉而位于下也至誠以化成焉而位乎其中也出入彌綸是曰合德不可以與天地參乎是則聖人之能事如此豈可以易能邪故曰天之道也抑嘗聞夫子之贊易也於乾則曰大於坤則曰至而其於堯也則亦贊之曰大由是觀之子思之言蓋有所本也已夫天生物而靈於人天生人而靈於聖人非故以寵异之也亦以參贊之道責之聖人而已吾故曰其始也以聖人爲天地之心而其終也以聖人爲天地之用

人人親其親長其長而天下平

蕭廷節

同考試官教諭宋批（龍體貼孟子言道在邇而事在易之意）

同考試官教諭楊批（過接處有氣力）

考試官教諭姜批（發揮詳盡）

考試官教授陸批（明切）

大賢指言孝弟之裕於治示人知所求也夫孝弟人道之大也達之天下而治平不外是矣何必求之遠且難哉孟子懼人求道之失也故言此以曉之蓋曰天下無性外之道而亦無道外之治求之遠且難者失之矣然而有至近至易者在焉果何以言乎今夫親長在人本甚□□親之長之在人爲甚易也誠使天下之人皆□親之不可以不親也于是乎各親其親焉以隆一本之恩以篤天性之愛蓋油然孝思達焉而不獨親其親矣皆知長之不可以不長也于是乎各長春長焉以廣因心之敬以敦友于之情蓋油然弟道成焉而不獨長其長矣若此者是蓋率其人道之常似無與於天下之治也然而天下雖大合親長而有以盡其人民生雖异舉愛敬而莫不同其性今人人親其親長其長則懿德以孚而天下之爲子者莫不知有孝也民彝以顯而天下之爲弟者

無不敬其兄也惇本尚行而篤實之風以行蓋百姓以親五品以遜熙然大順之治于是昭焉遷善敏德而仁讓之俗以成蓋各安其分各止其所皞乎合同之化于斯溥焉雖不期於治而天下自無不平者矣夫平天下其要不越乎孝弟而事實本於家庭此之謂道之邇也此之謂事之易也而人顧求之遠且難焉亦獨可哉抑斯義也聖帝明王之治天德王道之業也故古人精一執中降衷恒性綏猷遵道之説不一而足然皆非求之親長之外孟子之論固有所受之耳但戰因之時縱横游説之徒各私所學自謂足以平天下而不知害道之尤也噫此固孟子之所以有言見

易

美在其中而暢於四支發於事業美之至也

蔡制

同考試官教諭宋批（措詞詳而體認明蓋精於易者録之以式多士）

同考試官教諭楊批（能發黄裳之藴）

考試官教諭姜批（説中順合一之妙最是）

考試官教授陸批（典雅）

文言於黄裳之義本其合一之妙而贊之焉蓋誠於中而形於外至德合一之妙也此其所以爲美之至歟宜文言復舉而釋之也且六五所謂黄裳者固有得於黄中通理正位居體之義矣然是德也豈固有内外之殊邪蓋君子得於天者既純粹而不雜故其存於中者自静正而無偏渾然至中而天下之大本以立也秩然有理而隨事之精詳不亂也其在於中也不既美乎由是情深而文明而見諸四體者莫非温恭之度有孚顒若蓋不言而喻矣四支之暢非中之流通乎德盛而化神而布諸事業者莫非篤恭之效至誠無息蓋不見而章矣事業之發非德之宣著乎若此者何以見美之至邪蓋德未純於中者固不可以言美中之未盛於外者亦不足以言至也今誠中而發外焉則是統會於一心者雖甚微而昭著于天下則甚大體用以一天德王道于是而終矣其寂也立天下之有而其感也成天下之化内外以合盛德大業于此而至矣德之美也孰有加於此哉故曰美之至也文言以此而復釋之則黄裳之義無餘藴矣而元吉之獲不亦可徵也邪抑此以坤道言之故有取于中順之德然其於乾又曰剛健豈聖人之道有不同邪蓋天地之化動静相生故其變無窮聖人之德剛柔成性故其化無外此固乾坤合體之妙而聖人參贊之功所由以盛也讀易者默而識之思過半矣

易其至矣乎夫易聖人所以崇德而廣業也知崇禮卑崇效天卑法地天地設位而易行乎其中矣成性存存道義之門

高嵤

同考試官教諭宋批（通篇體制明整迥异諸作且首尾見易道之至深得夫子贊易之旨）

同考試官教諭楊批（潔净精微誠易作也）

考試官教諭姜批（不鑿不浮可以爲式）

考試官教授陸批（簡而盡）

大傳贊易道之至必詳夫用易者以見之也夫德崇業廣聖人盡道之極也而皆資夫易焉不可以見易道之至乎且昔者聖人之作易也將以順性命之理而人以卜筮小之不知易者也故夫子贊之曰易之爲書也其至矣乎夫何以見之也蓋日新之謂盛德而聖人之德不可及矣然所以崇者易崇之也富有之謂大業而聖人之業不可限矣然所以廣者易廣之也是故德莫大於智業莫要於禮也聖人以易窮理而智於是崇焉以易循理而禮於是卑焉智禮極其崇卑則知行益見其明實矣是故莫高者天莫卑者地也聖人之智崇也足以效乎天焉其禮卑也足以法乎地焉崇卑象乎天地則德業益見其崇廣矣盍自天地而觀之乎彼天尊地卑而乾坤有以奠其位則陽變陰化而推行有以妙其機故易行乎其中矣聖人智禮兼盡則性達於天而全於已者既能存至誠無息之體由是理本於一而散於萬者自可妙時出無窮之化由當然而有所謂道焉道本此出蓋推行而無盡也由裁制而有所謂義焉義從此出蓋充足而有餘也豈非道義之門乎道義出於成性之餘其與變化行於天地設位之中也一矣此固聖人德崇而業廣也然皆本之易夫易豈不至矣乎抑此亦聖人窮理盡性以至於命也蓋崇德者窮理之始也廣業者盡性之終也成性存而與天地合則又至於命矣然皆以用易爲言豈聖人一一而取諸易哉蓋易固待聖人而後用而聖人齊戒神明其德蓋自有心易之妙也其言用易者此固聖人教人以學易之本心也

書

惟學遜志務時敏厥修乃來允懷于兹道積于厥躬惟斅學半念終始典于學厥德修罔覺

劉旦

同考試官教諭包批（人臣論學受君之意讀此篇藹然溢於言表）

同考試官教諭周批（格整詞潔）

考試官教諭姜批（詳盡）

考試官教授陸批（春容）

大臣告君爲學在協體用而詣其極也夫學以立體教以達用也大臣告君而極言之兹其爲聖學之要乎想昔傅説之意若曰帝王之治本於道帝王之道本於心吾王圖治莫要于學矣然豈可以或偏乎吾王一身所以作則萬邦也學不豫則無以爲感化之原而道因之以日遠矣必於學也存之以虚以遜其志體之以健以敏其功則其心足以有受也其力足以有爲也而道以修而來矣然道無終窮也于是而自足焉所得不亦狹乎必於此而篤信焉以致其專而念兹在兹合久暫而一致也斯則光明得於緝熙逢原本於深造而道之在我者蓋有以統會之而無遺者矣豈徒恭默之爲思也乎然猶未也吾王之心欲以康擾兆民也教未施則無以徵聖修之極而德由之以弗崇矣必於教也以吾之天叙以敦典焉以吾之天秩以庸禮焉則其以成物也亦所以成己也而學居其半矣然學無止法也于此而自息焉所得豈能至乎必于此而克念焉以純其功教學相長貫終始而不替也斯則久道以成其化神妙以達諸天而德之在我者蓋有養盛而不自知者矣又何明哲之弗類也邪夫學與教非二物也道與德非二致也學以修己而所以資其德者益深教以及人而所以驗其道者益至體用全功其斯以爲聖學之要乎大抵聖人身任君師之責天地民物裁成輔相于是乎賴故修己治人自古帝王未有不同者焉然非謙則無虚受之心非勤則無進善之地而學斯荒矣易曰天道下濟而光明言謙也又曰天行健君子以自强不息言勤也天道且然而况于學乎傅説舉以告高宗可謂極其至矣

立政任人準夫牧作三事

鄧毬

同考試官教諭包批（文武知恤之意發揮無餘而一結尤歸之正心此學有根據者可録）

同考試官教諭周批（講作三事處最是）

考試官教諭姜批（文有法度亦善説經者）

考試官教授陸批（詞理俱到）

大臣述前聖之致治建三宅之官而任之職也蓋三宅所以總治者也前聖舉而任之職焉其知恤也爲可見矣宜周公述之以爲成王告也意謂人君以圖治爲先圖治以任賢爲要是故昔者文王武王之立政也設官分職以爲

民極所以詔爵而詔禄者有以極法制之備體國經治以圖化理所以敘位而班秩者有以盡典則之詳政莫大于天事也則宅乃事者有所謂常任之任人焉政莫大于天法也則宅乃準者有所謂有司之準夫焉政莫大于夫民也則宅乃牧者有所謂常伯之牧夫焉是則三宅之官也而其職果何如哉量才以授之而總之官聯以會其要度德以任之而明之法守以考其成任人使掌事典以經邦國而咸熙之績著焉所以理天事者係之矣準人使掌刑典以平邦國而明允之公敕焉所以守天法者係之矣牧夫使掌教典以和邦國而保惠之化洽焉所以子天民者係之矣官常之所定各有攸司而天工之代惟其任也體統之所存各專其業而帝載之熙斯其職也非所以作三事乎吁此文武之以人立政莫有要于此者也不可以見其知恤乎成王宜知所法矣雖然知恤固用人之道而君心則知恤之原故文武之所以知恤者其本尤在于正心也蓋其緝熙敬止敬義夾持則本源澄徹而用人之本端矣其知恤也固有自哉然則成王欲法文武之知恤又當于其心焉圖之詩

充耳琇瑩會弁如星

許宏用

同考試官教諭阮批（義正而詞足以發之可謂得風人之趣矣子亦可言詩者）

同考試官教諭林批（簡嚴得體）

同考試官學正何批（講琇瑩如星處縝密）

考試官教諭姜批（詞莊）

考試官教授陸批（雅重）

詩人美賢侯服飾之盛見其德之稱也夫有其服而無其德君子謂之弗衷詩人以是美武公其賢於人遠矣此美武公作也蓋曰人君之有身也以受命也而其有威儀也所以定命也觀我公之服飾而知其不苟矣今夫瑱之於身所以揜其聽也瑱而以琇瑩爲之取其縝密焉以近於玉也取其堅貞焉以類乎德也吾見瑱以充耳紞以垂瑱純澤而無瑕粹然精華之旁達蓋與衡紞紘綖而并麗者矣雖位寧有典倚几有諫公其聽於無聲矣乎今夫弁之於身所以莊其首也會弁而以玉飾之比之以五色昭其物也綦之以三采昭其文也吾見玉以華弁采以間玉温潤而有光焕然精彩之炫燿有若明星麗天之在上者矣蓋告朔則服眡朝則服公其望之儼然矣乎由此觀之充耳可有也會弁可有也而公之德不可有也此其所以爲有斐也與抑疑之昔者哀公問

舜冠於夫子夫子不對蓋以舜德好生合此不問而冠是問是以不對而詩人獨拳拳於充耳會弁以咏歌焉何邪曰吾嘗以抑之雅與夫左史倚相所聞者觀之武公其蓋幾於知道矣無我老耄之歲其猶在九十有五之後乎夫服以昭德服之不衷身之灾也夫子之諷諫也其亦詩人之咏頌乎觀夫子而後可以言詩

明昭有周式序在位載戢干戈載櫜弓矢我求懿德肆于時夏允王保之

李正明

同考試官教諭阮批（以政教君師立説正得詩人本旨古人祈天求命道蓋如是明净可取）

同考試官教諭林批（詞不繁而意足）

同考試官學正何批（寫出盛時氣象躍然敬服）

考試官教諭姜批（詞旨俱佳）

考試官教授陸批（精潔）

詩人頌聖王之盛必舉其圖治之大者而信□保天命也夫聖王致治所以奉天也于其□□并舉者而驗之則其保天命也必然矣此巡狩而朝會祭告之樂歌其意蓋曰天人相與之際可畏也亦可信也我又何以卜乎我周之光有天下也正位凝命焕文明之景運省方觀民耀赫濯之威靈何其明昭也夫賞罰人主之大柄而淑慝不章治何以肅於是合列侯群辟而式序之而慶讓行焉黜陟加焉以儆于有位所謂賞以馭其恩罰以馭其威而天下以懲以勸矣夫教化國家之先務而彝倫不叙極何以立於是斂干戈弓矢而韜藏之而九疇訪焉五教重焉以布于中夏所謂禮以防其僞樂以防其情而天下以中以和矣吾見總攬乾綱則天下之政出於一而天之寵我以作君者以塞有以克享乎天心保定之固蓋申命於無疆矣雖曰天不言也而其所以示之者此其徵乎敷錫皇極則天下之化成於上而天之命我以作師者以副有以奉若乎天道佑德之隆蓋永膺於不替矣雖曰命不易也而其所以保之者此其信乎由此以觀則下有隆德上有隆命即視聽明威而其幾可測也周王其善於事天者矣抑吾於是而知周之所以興也觀於周禮有削地絀爵加地進律之制蓋式序之説也觀於箕子太公有洪範之陳丹書之戒蓋求懿德之説也周王當時巡之日而天叙天秩天命天討之大法一舉而皆得矣祈天永命之要道實在於此周安得而不興乎故曰帝天之命主於民心此其所以久安長治而卜過其歷也歟

春秋

秋荊伐鄭公會齊人宋人救鄭（莊公二十有八年）

唐時舉

同考試官教諭劉批（齊桓霸義此其最先且世道所係也諸作率草草無所發明此作得之意高詞整佳士佳士）

考試官教諭姜批（謹嚴得體可取）

考試官教授陸批（得聖人扶翊世道之意）

觀春秋所書深黜外夷之虐小而特美霸主之恤患也蓋虐小者犯義恤患者志仁春秋一奪而一予之其爲世道計也豈淺淺哉且荆爲春秋强國日以争鄭爲事蓋將握天下之樞窺周室以兼制諸夏也至是荆成初立子元用事無故以重兵伐鄭齊桓主霸會宋魯之師救之荆遂遁焉夫内夏外夷天下之大限也以夷事夏古今之大誼也荆怙其强不能周旋禮文以從諸姬固已非矣又况於肆暴以猾夏邪以車六百入鄭純門分布諸帥旆之殿之轥逵市刈人民而溱洧之邦騷如也是不徒求從先君之志且將以悦夫人之心不徒陵我懿親之邦實已震及王畿之内是時中國有霸而敢横行如此視之初敗蔡繼入蔡屬時之無霸與霸而未成者其惡爲益烈矣聖人以其犯義不祥不可長也故特舉號以黜之焉然安夏攘夷霸者之大業也以大字小天下之大經也桓主乎霸方將攘斥凶醜以寧中國不但已也能忍於縱夷以生患邪遂連宋魯申救鄭人遠播先聲以讋以驅息虐焰起陷溺而蠻荆之氛廓如也是雖則師不動乎大衆而已克遏桐丘之奔雖則澤僅及乎一方而已發舒華夏之氣是時鄭急朝夕而適相及如此較之狄伐邢楚伐黄坐視而不救與救而無及者其業爲益勤矣聖人以其志仁能愛終有賴也故特書救以美之焉觀於此者可以明義可以體仁可以遏兵争可以定分守世道其永康矣抑此實齊桓所以匡天下之首一舉義也自是而衣裳會兵車同九合諸侯一匡天下王室視之以爲輕重者逾三十年皆由先得乎鄭以執其樞而運衡南北也然則斯舉也豈徒制伏一荆而已哉

晋侯伐鄭（宣公十有四年）

萬一貫

同考試官教諭批（鄭人所以人背晋以其德之不足且勢去也乃復恃力以逞非義矣此作發揮透徹宜録以式）

考試官教諭姜批（氣象嚴毅語意渾成佳作也）

考試官教授陸批（聖人所以厚望晉伯意正如此）

霸者虐小以復怨春秋所以譏之也蓋兵革之於以服人末也晉侯不勝私忿而以兵加鄭焉其未聞綏懷之大道矣乎且晉景伐鄭爲郲故也景蓋忿鄭人背已而不念德附楚而甘即异也故兹執言耳若然則鄭襄者罪之在也春秋何以獨譏晉邪誠以霸者之於天下非離叛之患而惟一德招徠之難非面從之求而必心悦誠服之貴鄭非吾人邪其所以南附於楚亦啖於小惠而逼於浮威耳景而思所以致之誠能修德飭躬任賢立政使誼足以相懷而勢又足以相庇鄭將弃楚如遺不俟加兵而自來矣何乃知不出此德則不競而惟力是恃已實有闕而惟人之求伐焉毒以兵也姑以紓報復之忿搜焉示以整也欲以爲脅服之資曾不思遺義于楚莊使得討陳者何人邪顧可以責鄭之慕義而甘心南向邪又不思失將於林父以致喪師者何人邪寧可以責鄭之畏威而不敢北還邪噫捍王于郟而榮膺錫命文侯所以服天下也釋宋之圍而光啓霸圖文公所以懷友邦也景何爲者襲二祖之成業而墜二祖之休風不競於楚莫致乎鄭秖見其疏焉已矣故春秋直書晉侯伐鄭以譏之焉自是楚日益横陵逼駸駸直至于蜀一盟同之者凡十有一國蓋俯而南向者盡乎諸侯不特失一鄭人而已也厲公之世鄭且依違以其失德猶夫景耳向非清明如悼公者出以服鄭而駕楚晉之業亦云殆哉噫此固賢君之足以光大人國家而藩屏乎天下也

禮記

詩云肅雝和鳴先祖是聽夫肅肅敬也雝雝和也夫敬以和何事不行

唐萬幾

同考試官教諭宋批（説敬和處渾融詳悉體貼明白于□□如古樂而□□□禮者）

考試官教諭姜批（理明詞暢可録）

考試官教授陸批（典實）

賢者引詩而釋之以見古樂之裕於用也夫敬與和古樂備之矣其用之惡有不宜者乎子夏既言溺音之不善而祭祀不之用矣此則引周頌之詩云肅雝和鳴先祖是聽夫所謂肅肅者蓋言聲音節奏而極禮義度數之詳倫之不相奪也統之不相淆也肅然以辨是故可以知敬矣所謂雝雝者蓋言鏗鏘翕合而有優柔平中之美廣大而不奸也會守而各叙也雝然克諧是故可以知和矣夫敬不徒敬而有和以爲之濟和不徒和而有敬以爲之節用之祭祀而先祖且聽之矣况於事有不行乎哉吾知中聲發越之下自啓乎衆妙之門

德音流溢之餘默神乎感通之用以之修身則動正履和可以樂其志而舉其道協至善於克一也其行之何有於悖邪以之爲家國天下則合敬同愛可以通其情而定其分舉遠邇於大同也其施之何有于拂邪夫古樂爲用之妙如此若夫溺音則其害大矣豈但祭祀之不可用而已乎抑古樂之作本於聖人至德之光而協天地自然之和其始也以吾身而推之家國天下其終也以天下而樂之吾心焉蓋樂作於吾心而感於人心無二理也君子於是而道古其所得者深矣魏文侯聽之則惟恐卧何哉孔子曰樂則韶舞又曰放鄭聲夫樂非外作者也必其得之也深則樂之也篤惜夫文侯不足以語此

仁之爲器重其爲道遠舉者莫能勝也行者莫能致也取數多者仁也夫勉於仁者不亦難乎

胡伯涵

同考試官教諭宋批（仁道至重至遠非全體不息者不足以當之此篇説理明净發揮無遺亦善作者）

考試官教諭姜批（讀其文子蓋究心於仁者）

考試官教授陸批（莊重不浮）

聖人狀仁之道大而慨求仁者之難也夫仁非全體不息者不足以當之也求之可以易言乎哉此君子所以議道自已而置法以民也今夫立人之道有所謂仁焉妙天德之渾全而兼統無外自夫人之所任言之其爲器莫重也配乾行之至健而流通不禦自夫人之所行言之其爲道至遠也惟其重也非莫舉之而鮮克勝焉惟其遠也非莫行之而鮮克致焉是以隨所舉之多寡而皆可以分量稱隨所至之遠近而皆可以造就名仁之數如此勉仁者亦難乎其人矣吾知渾然以具者由我而兼體之也一理未純則於仁爲有虧充然自足者由我而操存之也一息少懈則與仁不相似其必孜孜黽勉而貞固足以爲負荷之基庶乎德性我用而無欲好仁者爲可幾矣否則舉其偏而無以體其全欲仁之克勝難矣哉拳拳服膺而强毅足以爲致遠之地庶乎成性是存而中心安仁者可馴至矣否則因其就而無以詣其極欲仁之我致難矣哉仁之難成如此君子之以人望人也亦有見於此歟雖然夫子論仁又曰仁遠乎哉我欲仁斯仁至矣是皆人之所固有其機在我而無難也求仁之道奈何克已其要也强恕其近也取譬其方也偏曲者純全之致近似者同歸之途而强勉不已者下學之功學者觀夫子之論仁合而求之吾心則於求仁之事思過半矣

第二場

論

君子有絜矩之道

蔡制

同考試官教諭楊批（絜矩之道推之可以平治而本之則在格致誠正此大學一書始終本旨士子作者類襲緒言而多不顧傳義此論初讀似覺不甚過人反覆潛玩乃知順理説去而大學一書包括殆盡平淡中自有餘味真程式之文也）

考試官教諭姜批（氣昌體正月根據有照應）

考試官教授陸批（文不務奇而理自足）

君子所以致天下之治者無他焉亦惟其心之公而已矣公則誠誠則天天無私也君子亦無私也天無私公以體天下之物而已矣君子無私公以感天下之心而已矣其始也知吾之心即天下之心其既也以吾之心爲天下之心其久也以天下之心而合于吾之一心天下各得其所而治道成矣于此見心之爲大而君子之不可及也然豈能有所加哉蓋心體本如是其大而君子能不以私蔽之有以全其大耳是故君子絜矩之道夫豈外于心乎蓋嘗觀之萬物之生也造化以主之也造化所以主之者理也造化以理生萬物而物固無有不齊者惟形氣分而物感交而天下始於是紛擾膠雜而不得其所矣豈不猶器物之在天下長短廣狹各殊其體而所以賴匠者裁之制之以成其方也哉方之理盡於矩故矩一設而物不能欺矣治之理盡於心故心一公而天下之治無有不成者則夫絜矩也者所以盡吾之心而成天下之治固非智術之所能與何也今夫自身而家有内外不一自家而國有親疏不一自國而天下有遠近不一君子以一人而統理之家欲我齊國欲我治天下欲我平使用智則有時而窮任法則有時而敝窮與敝吾未見其能治也是故家國天下之不一者勢也而未始不一者心也不一者分也而未始不一者理也君子心以會理理以聯分分以維勢而天下之内外親疏遠近固無有不合於一者大哉心乎冒天下之道如斯而已乎何也人之一心體用具焉蘊之爲孝弟慈性不同也而所以統之者心發之爲好惡情不同也而所以統之者心推之爲理財爲用人政不同也而所以統之者心心之在人本公而無私也本誠而無僞也本天而非人也本大而無外也自夫欲動情勝而公者私矣誠者僞矣天者人矣大者有外矣性不能盡也情不能正也政不能立也而智術以强之是本之則無如之何言治邪君子知心統天下之大而天下不异于吾心也于是乎求

諸天焉非求諸天也求諸心也非徒求諸心也求諸學也積學存乎明德明德存乎修身格物也致知也所以啓修之之端誠意也正心也所以踐修之之實是故察天地之變也通古今之宜也而物無不格精義以入神也窮神以知化也而知無不致戒自欺也求自慊也而意無不誠忿懥也恐懼也好樂也憂忠也而心無不正由是孝之于其親焉弟之于其長焉慈之于其衆焉彝倫攸叙而德無不明矣德無不明而心有不公乎公則誠誠則天天之道所以體萬物而不遺也誠之道所以感萬民而無外也君子體誠而至於是固囿天下於吾心也不難矣是故以此心而推之家也則宜家人也宜兄弟也而孝弟慈行于家矣以此心而推之國也則興仁也興讓也而孝弟慈行于國矣以此心而推之天下也天下之人此心同也此理同也天下有一不孝焉吾之心弗盡也有一不弟焉吾之心弗盡也有一不玆焉吾之心弗盡也是故因天下之不一者而齊之以至一以吾心之至一者而感天下之所同上下不同也其心同也所惡于上下者吾弗施也前後不同也其心同也所惡于前後者吾弗施也左右不同也其心同也所惡于左右者吾弗施也猶未也財者人之所資以養也吾與之聚焉生之衆也食之寡也爲之疾也用之舒也而拂民以從欲者吾弗爲也賢才者人之所賴以治也吾與之集焉休休有容者人之彦聖者保我子孫黎民者見之必舉也舉之必先也而媢嫉以妨賢者所必遠矣至是而君子之所以感天下之心者無不至矣其即矩以度物而長短廣狹無不成于方矣是亦天之所以體物而不遺也是故天下之人得于所感者莫不應之以同觀于其心者莫不率其理之所有人人親其親而天下莫不孝也長其長而天下莫不弟也幼其幼而天下莫不慈也何有争奪悖逆者乎何有不好義終事者乎此之謂天下之治而君子之所以不可及也然非君子有求于天下也理本至順各順焉而已矣亦非天下有私于君子也理本至足各足焉而已矣各順則君子感天下而通所以感之者天也知足則天下應君子而興所以應之者亦天也至微而至彰至遠而至近神化存焉耳君子不得而知也天下不得而知也大哉心乎冒天下之道如斯而已乎而智術以圖治者藐乎卑矣故曰君子所以致天下之治者無他焉亦惟其心之公而已矣是道也求之堯舜書曰惟精惟一允執厥中曰克明峻德曰克諧以孝言乎其心之公也德之明也身之修也天之合也是故推之國家天下自九族之既睦而至于萬邦協和自烝烝乂而至于四方風動絜矩之道堯舜盡之矣故曰堯舜帥天下以仁而民從之堯舜而後禹之祗台湯之制心文武之緝熙建極皆所以善事乎心也故其治化之成爲不距爲彰信爲修和爲丕冒孰非絜矩之所致哉反是則私私則僞

僞則與天不相似矣豈可以言治邪故求治于天下者不必求于天下而求之吾心斯得之矣治心之要何居曰主静而已矣天地之道不專一則不能直遂不翕聚則不能發散天地且然而况于人乎是故無欲其本也主敬其功也無欲則静虚動直主敬則欲寡理明積而久之神乎天德而絜矩之道自我出矣尚何天下有不平哉謹論

同前

唐時舉

同考試官教諭劉批（題本冠冕作者難於精當此篇議論不離本傳而委曲抑揚有法度有精采論場中之健筆也故復録之以式學者）

考試官教諭姜批（開闔無窮自是作筆）

考試官教授陸批（格高詞爽）

君子能以其心一天下而後可以運天下夫天下之求於君子也至衆也勢也君子之運於天下也至簡也心也勢之所極而心行焉則天下莫不各以其分而取足於君子心之所運而勢通焉則君子亦莫不各以其情而均其欲於天下是故勢也者天下之所异也心也者天下之所同也所貴於君子者不過推天下之所同者以一天下而已矣是故其操也非有煩也其動也非有阻也其邇不距也而其遠不禦也至易至簡而天下之化成夫是之謂絜矩之道也故曰君子能以其心一天下而後可以運天下今夫矩也物之所由以方也矩設則天下之物無不方者矣心也者天下之所由以平也心之矩設則天下之民無不平者矣蓋嘗觀之天下至大矣而遠者近者智者愚者衆者寡者紛紛焉擾擾焉以求競於其私遂至於相凌相軋相勝而莫之救止此皆不明於因心之故者也夫心也者至寂而感也至微而著也至近而遠也至無而有也至無而有故用可神也至近而遠故化可博也至微而著故端可求也至寂而感故應可順也而彼以其起於競也皆自廢其心者也天下而至於自廢其心其又可得而平乎故君子於此直因其心之所同者而驗之自夫我之有老老也而興孝之心同矣自夫我之有長長也而興弟之心同矣自夫我之有恤孤也而不倍之心同矣君子之心不約而行於天下非其有强而合之者也天下之心不言而同於君子非其有分而畀之者也於是君子因而推之度吾之矩於好惡也我之所欲也天下之所同也興民同欲之而已矣我之所惡也天下之所同也與民同惡之而已矣夫與民同惡也則恫瘝之心生恫瘝之心生則法天之震曜因之以同去乎其病與民同好也則保合之心生保合之心生則

法天之生殖因之所同滿乎共分於是天下咸服吾之公然其爲好惡之大端者有二曰用人而已矣理財而已矣度吾之矩以用人也則賢者必舉而休休之臣進矣不消者必退而媢疾之人屏矣寅亮熙載則公卿大夫得其職康惠屏垣則州牧侯伯得其職修攘懷服則尹帥師長得其職於是天下咸服吾之義度吾之矩以理財也則其悖入有禁而聚斂之人逐矣其生之有道而損益之政行矣因天分地則阜生得其紀經賦式用則斂節得其紀生富壽逸則生人得其紀於是天下咸服吾之仁是故綱紀法度非以飾治也禮樂名物非以飾文也慶賞刑威非以飾喜怒也其以通民之故順民之性起民之志而行之者凡以天下之所同也夫然後吾矩絜於此而上下四方無不均一於是天下之遠者近者智者愚者强者弱者莫不翕然而惟吾之聽而就於條理天下之老者長者少者各得其所非獨興孝也而不得不孝非獨興弟也而不得不弟非獨不倍也而不得有倍使一夫無不獲之嘆而天下可平也是故君子惟知其絜矩之在我也是以不出户牖而可以知天下如日月之照臨於上雖以幽隱而不能遁也不下階序而可以理天下如天地之長養萬物各正其性命而不亂也以此而總攝群生以此而宰制萬務以此而周流六極絜矩之道斯其至乎故吾聞之史之稱堯也存心於天下一人饑曰我饑之也一人寒曰我寒之也一人有罪曰我陷之也堯德其至矣而必曰我者堯以矩在我者也又曰以親九族九族既睦平章百姓百姓昭明協和萬邦黎民於變時雍是則堯之絜矩也此其效也雖然君子豈强爲之哉亦曰先養之以吾心之矩而已矣夫所謂心之矩何也格致誠正而已矣吾之格致誠正無一而不合於矩焉則由一身以至於家國天下可得而論矣蓋格致則天下之志可通故能以天下之心爲一心而吾絜矩之仁所以殊也誠正則天下之私可勝故能以一心爲天下之心而吾絜矩之量所以博也博則不隘殊則不混而後可以其心一天下使其不然焉則私己而已耳有私視也故有不見也有私聽也故有不聞也有私慮也故有不知也安有運之天下而可以私已參哉是故君子以心爲矩此一天下之本原也吾故曰君子能以其心一天下而後可以運天下

表

擬宋宴貢士賜緑袍韡笏詩章謝表（太平興國二年）

許宏用

同考試官教諭阮批（用事切實措詞典雅非特工於四六而已不亦大之表表者乎）

同考試官教諭林批（佳句愈出愈奇讀此作猶聆韶護之音不覺令人

豁然也可録可録）

同考試官學正何批（表中感激之情溢於言外）

考試官教諭姜批（駢儷典則可取）

考試官教授陸批（得體）

太平興國二年正月某日臣某等伏蒙聖恩錫宴及緑袍韡笏詩二章者伏以義畫堯言麗珠璣於北斗周笥商鼎出珍綺於上方氣協雲龍惠均芊鹿際龍飛之景運煥奎聚之人文臣某等誠歡誠忭稽首頓首上言虞帝闢門明山彝以作服殷宗審象賴麴蘖以交修惟上下之志通故地天之道泰賡歌不聞於喜起幽側安望於明揚雖拊髀以興思豈借才於异代顧玆希典實出昌朝伏念臣某等菲葑下體糟粕斷經技空拙於雕蟲才僅施於襪線詎意網羅之盛選濫塵鱗鳳之兼收需雲著象於六爻章天抒歌於四始履傳飾足卑贊牧身懽授粲於緇衣記對命於玉藻嬰心入寐顧影生慚被褐敢負於懷珠囊螢自分於食藿同岱畎之絲枲獲貢王廷比野人之藻芹豈甘田畝文非韓愈詎懷龍虎之榮策愧仲舒孰抱天人之業不謂縉紳之盛事聿振醇世之希聲心敢侈于五榮恩獨殊於九宴歌擊筑於漢祖惜霸心其猶存忘設醴于穆生嘆明時之不值弊衣空泣於寶應折俎粗寵於宣徽開聞喜於曲江徒炫醵金之會兆先幾於神柳但符尚象之占豈若離裁併隆晋錫玆蓋伏遇敷皇作極大智用中法黄帝之垂裳躬文王之昃食天經地緯志混一於中原虎步龍行兼創垂於藝帝謂太平匪繇一士曜黼黻於皇猷謂大烹所以養賢佇夔調於聖代總五服五章之寵柄降三握三吐之虚衷黻座臨軒灑綵綸之清問彤庭賜第寵閶闔之芳名渥惠下而樽俎星陳□恩暢而冠蓋雲集金釀玉削俾襲雁塔以新題鳳翥龍蟠忽燭雲霄而下濟魚躍式逄於雷化鷺序幸竊於玉聯學豈儒宗叨荷韋彪之珍襲賦非德諷并受司馬之金莖履信美馬周之飾氈耀握嘉孫樵之起鯁飽大官之清馥恍新睹於膏梁釋韋布之卑微懽初陪于履舄臣某等敢不曳婁拜賜煥衣被於日華什襲寶藏思對揚於天藻飾先簠簋補效衮衣操節肯變於伐檀勛名懼慚於濡鵜釀經酣史敢廢淵源緯治經邦誓懷糜殞伏願煥爛時歌於舜旦璣衡長運於堯尊配地配天彌綸至誠之功化得名得壽咏歌大聖之休祥臣某等無任瞻天仰聖忻躍感激之至謹奉表稱謝以聞

第三場

策

第一問

蔡制

同考試官教諭宋批（我皇上至德之運禮樂之光沾被天下真足以遠邁前代而與聖祖功德之隆先後一揆子能二詳述之而又推本聖心敬一之要蓋敷揚殆盡者録之非獨以其文而已也）

同考試官教諭楊批（我皇上心學之秘發而爲功德之盛子能揄揚詳切蓋涵濡而有得者）

考試官教諭姜批（鋪叙明盡可以爲式）

考試官教授陸批（得稱頌體）

對有帝王之盛德大業者以創垂之于上則其時必有立德立言之臣以揄揚之于下是故其精神足以窺天運而摹神功其言辭足以鋪閎休而耀偉績布之天下而天下信其猷流之萬世而萬世侈其盛鏗鍧炳燿赫奕偉煒此固帝王之所隆也由今觀之如在其當時而上古之懿鑠神聖之休靈迄久而逾章而樹之乎無窮凡以此也是故堯舜帝之隆也禹湯文武王之盛也其可以上繼而遠承者其惟我太祖高皇帝逮我皇上乎昔者益之贊堯也曰帝德廣運乃聖乃神乃文乃武皋陶之贊舜也曰帝德罔愆臨下以簡御衆以寬夫其仁之如天也其德之好生也巍巍蕩蕩同於天地至今爲烈以有益與皋陶也曰有典有則以詒子孫則五子所以歌禹也曰聖敬日躋式于九圍則殷人所以頌湯也曰宣哲惟人文武惟后曰執競武王無競維烈則周公所以美文武也夫其靈承帝事肇修人紀地平天成萬世允賴俾三代盛隆昭揭日月獨以詩書之載粲焉可睹也使萬世之下歷選哲辟考德論世焕在方册猗乎盛矣繇是以降神母夜號漢高崛起而史有寬仁大度規模宏遠之稱信乎其爲天授也霍精晝謁唐宗肇業而史有比迹湯武庶幾成康之稱蓋卓乎其不可及也神木兆符日光啓運而藝祖聿興至其曰神武不殺君道偉然其亦近於知言矣然漢之雜霸唐之雜夷宋之卒於仁厚而不競也蓋其侈詞則有之矣其可與二帝三王同日語邪洪惟我太祖高皇帝體神聖之上資握天人之合贊奮起淮甸仗一劍以蕩定群雄掃濯函區歷一紀而隆成帝業拯生人之塗炭還狄虜於漠荒星珠月璧功格乾樞滄海崑崙仁漸坤軸自古功德之隆未有臻於兹理者故其當時若大誥三篇祖訓一録傳於父老家喻户曉而超黄

邁唐越商逾夏見於劉基方丘之頌文武神聖功高千古見於王景平雲南之頌其它諸臣蓋未易以更縷數也而惟宋濂日曆之序六者執事以爲得其精要誠是矣一曰功高萬古二曰得國之正三曰獨禀全智四曰敬天勤民五曰家法之嚴六曰兵政有統此其與堯舜禹湯文武之盛德大業曠世而同經真足以凌耀古初而燕休統緒矣然愚嘗莊誦而伏思之竊以兵政有統懲藩鎮之不掉家法之嚴戒戚寺之預政敬天勤民窺仁敬之廣運獨禀全智仰勇智之天錫則信然矣至於比漢高以爲得國之正也統華夷以爲功高萬古也蓋亦宋濂一時之言君子猶以爲有遺論焉蓋自古創業之君唐因隋資宋襲周業獨漢起自布衣此所謂爲高於川汚爲深於丘陵者也蓋亦難矣我太祖不階尺土起自徒步雖似於漢而義旗四指志在吊伐命將勿殺之戒昭昭乎天地臨之也斯亦以暴天吏於天下矣愚竊以應天順人迹比湯武而功則過之也自古創業之君止以驅除過亂雖其戡定之猷混一之業施鴻名而騰茂烈然其敵皆以吾中國也我太祖訊掃腥羶再造區夏驅禽獸而秩之彝典剗左衽而還之冠裳使晦冥日月穢濁天地得以復其開闢照臨之常愚竊以誠生民之未有雖擬之盤古立極不過也列聖繼統推符配休炳皇謨而贊帝力代有其人永垂無極以逮我皇上應天縱之上聖承無疆之大統首正父子之倫大孝達於今古親裁郊廟之典至誠格于神明澤洽南征則交人繫組威暢北伐則虜褫魄括九圍而旅七緯濡萬物而協庶徵參天兩地體信達順道至于天慶雲見而膏露凝道至于地靈兔儀而鹿出軌事所謂至德之廣運禮樂之重光際天所覆極地所載咸蒙厚澤與聖祖之功德先後一揆者真足以對揚駿惠而熙播休靈矣况於弭筆執經之彥帷幄論思之老必有以默窺彌綸天地之機緘宏鋪幽贊神明之猷績以震天下以幸萬世有非愚草茅之所能窺其萬一也雖然愚聞之帝王之治本於道帝王之道本於心自古及今未有外心而可以爲盛德大業者也觀我太祖造觀心亭召學士宋濂曰人心虛靈乘氣機出入操而存之爲難朕罔敢自暇自逸我皇上御製敬一箴曰敬怠純駁應驗頓殊徵諸天人如鼓發桴大哉皇言與天爲一此與堯舜之精一執中禹湯文武之祗台德先制事制心緝熙敬止不泄不忘者無以异也愚聞之受命不于其天于其人休符不于其祥于其仁然則盛德大業之本原實出於此而愚也譬之天地之不能摹其高浮日月之不能摹其光耀也傳曰君子之道本諸身徵諸庶民考諸三王而不謬建諸天地而不悖質諸鬼神而無疑百世以俟聖人而不惑此之謂大信又曰唯天下至誠爲能盡其性能盡其性則能盡

人之性能盡人之性則能盡物之性能盡物之性則可以贊天地之化育可以贊天地之化育則可以與天地參矣此之謂大順其惟今日乎愚謹誦其盛以獻焉

第二問

孫鳴世

同考試官教諭劉批（周子契易道之源固有以接孔孟不傳之緒而屈子以忠愛之情契詩人之旨是亦未可以詞人視之子能考究經旨深發二子之奥而末又以易詩之理求之吾心非見道明而造詣深者不能道此繼屈周而下者子非楚之豪杰也邪）

考試官教諭姜批（是深悟易詩之旨者）

考試官教授陸批（究對詳悉）

悟於易者深於易者也深於易者道與器而已矣悟於詩者深於詩者也深於詩者性與情而已矣昔者易之未作也非無易也而易具於天地此道器之所繇形也詩之未作也非無詩也而詩藏於天地此性情之所繇出也是故易也者其天地有形之畫乎聖人因而作之以通聖明之德以類萬物之情先天下以開物後天下以成務合四聖而歷三古闡造化而行鬼神而易之道始章故曰易之爲書廣大悉備此之謂也夫詩也者其天地自然之音乎聖人因而删之庶民歌之則以貢其俗君子賦之則以見其志邪正之所感也美刺之所生也扶三綱而明五常動萬物而察庶彙而詩之用始大故曰興於詩又曰不學詩無以言此之謂也是故易之爲道也天道也故夫不悟於易者則其學不足以知天詩之爲道人道也故夫不悟於詩者則其學不足以知人嗟乎學不足以知人不足以知天如是而有作焉者皆妄也執事有感於吾楚之有屈原周子而以易詩爲問愚也抱遺經而究終始或者有一得焉何可不就正之執事之前也夫周子之崛起南服也學匪繇於師傳心不假於智索其爲太極也建圖著書根極道要窺陰陽五行之本推四時萬物之變使學者知主静之可以立極探性命鬼神之奥闡仁誠義利之辯使學者知聖學之可以上達要其淵源精粹以上繼孔孟之绝緒自今觀之其曰無極太極無方無體之旨也動静互根一陰一陽之道也誠通誠復繼善成性之義也五氣順布元亨利貝之體也綱領宏濶而渾成條理整嚴而縝密雖不規規於易也而易之道由是以粲然于世此非易之遺乎胡五峰以爲其功蓋在孔孟之間者此也若文中子之贊易楊雄之太玄秖見其妄矣而陸子静猶詆非吾儒宗旨何邪蓋太極非有也自其至中至正者而强名之也無極非無也自其無聲無臭者而推本

之也是故不言無極則太極之體近於有物不言太極則無極之貞淪於空寂其安能以爲萬化之根柢乎子静之學不免於禪矣善乎北溪陳氏之言曰手爲圖筆爲書而孔氏之傳復續然則易之在楚也非以此邪屈原之爲楚宗臣也嫉上官之猜搆遭聰聽之瞶亂其爲離騷也抒衷以寤主洗志於放言攄其忠君愛國之誠心以寫其繾綣惻怛之情使人知吾身之無所逃而不流於怨出共篤古博物之偉詞以極其跌宕激發之氣使知吾情之有以自遏而不涉於怒文約而詞微志潔而行廉要其清忠狷潔雖與日月争光可也自今觀之其曰耿介祇敬之旨則雅頌之奥也狷狂顛隕之詞則規誦之音也虬鳳芷艾之譬則比興之義也彭咸伯夷之思則廉狷之行也稱文小而指極大取類邇而見義遠命意托物取諸其心雖以迫切忍死而終不忘乎君臣之大義此非詩之遺者乎淮南謂其國風好色而不淫小雅怨誹而不亂而以離騷可謂兼之者此也文中子之續詩束晳之補亡祇見其不知量矣而楊雄乃摭其文作反離騷自岷山投諸江流以吊之何邪蓋屈原之過過於忠者也屈原之忠忠之過者也故有原之地而無其才則不可以語騷有原之才而無其心則不能以知騷雄乃自取於投閣之辱豈龍蛇之謂乎善乎臨川吴氏之言曰詩亡而後楚騷作然則謂詩之在楚也非以此邪厥後程子因之有易傳之作朱子因之有本義之作有太極通書之注其所以發天人之奥洞性命之原究事物之賾統倫理之全粹乎亡以復加也使學者知吾心之爲至靈可以窮神知化知吾性之爲至善可以爲堯舜周公孔子知吾道之爲至大可以位育天地起往聖於一綫覺來學於無窮故當時有再闢渾淪之語至於光風霽月玉色金聲之稱未爲知周子者也朱子之作詩傳自謂可以無遺憾至其離騷之解則曰不敢直以詞人視之也夫推原之爲心雖其志行或過於中庸辭藻或離於經訓然使忠臣孝子怨妾逐婦不幸而處其變則不肯以其身之所遭而自懈於善幸而或悟其非則有以復其民彝天性之常而各止其所此其與易之吉凶悔吝詩之勸戒美刺也何以异焉然則若原者其可以詞人視之乎雖然易詩無二理性命同一源易之元吉即詩之無邪也詩之和平即易之時中也誠能易簡以一其心豈弟以平其志觀於井以辨吾之義觀於巽以行吾之權本之國風以達其情正之雅頌以要其極則易詩之理吾心一以貫之無遺而易不在於四聖詩不在於三百篇矣惜拘於象者不知剛柔相推之義泥於數者不知進退離合之神以文害辭者昧抑楊反覆之理以辭害意者忘監戒懲勸之機此易詩之理所以不得也故曰神而明之存乎其人又曰以意逆志是爲得之學易詩者固求之吾心焉耳

第三問

魏裳

同考試官教諭阮批（論著古人持身處事最爲精詳如身歷其間可以占子它日之風節和平矣佳士佳士）

同考試官教諭林批（學知古人用心到處敬服）

同考試官學正何批（不激不隘蓋有用之士）

考試官教諭姜批（議論明當誦之朗然）

考試官教授陸批（詞旨古雅）

居以明志其失也病於隘君子則以時權之而已矣行以應世其失也病於激君子則以道裁之而已矣夫居以明志也則澹心以遺榮閟影以全真非獨任其身之所至以娛悦其性而或托焉以明其不事之節視世之慕不概于其懷是亦高矣然有時焉否則適以爲隘也夫行以應世也則忘身以瘁國秉道以嫉邪蓋其蹇蹇匪躬之義即有齟齬而不合反以起其狷介憤鬱之氣而動乎其心雖若不可犯矣然有道焉否則適以爲激也是故明志而病於隘伏其身而不見雖其風誼之足以廉頑立懦而樹聲稱於天下要之非適用之體也應世而病於激執其道以求勝固其心之欲有爲於天下而奮焉以必伸其志要之非成務之學也非君子之所尚也是故隱居求志行義達道時之謂也道隆身隆道詘身詘道之謂也愚於執事之問而得二人焉其漢之諸葛孔明宋之程伯子乎愚請歷陳之而執事裁焉夫季子以耕野而堅守延陵之節魯仲連以揮金而併却存趙之封高帝不能致采芝之四皓光皇不能屈披裘之子陵執事固疑其隘矣乃若子房建誅秦蹙項之謀孔明輔三分鼎峙之業淵明班荆於柴桑康節乘車於河洛比之四子則又不遠遁以爲潔者矣要之均以明志也蓋嘗論之季子矢子臧之義懼父子之行私不可訓也況其周旋於諸樊父子兄弟之間其亦逆知釁端之必起者乎才近伯夷美其節也淵明抒荆軻之咏守君臣之大義不可逃也況其書甲子於永初之後其可得而臣乎處士而繫之晋褒其志也四皓之逃漢蓋畏高帝以施其嫚駡之辱者歌唐虞之日遠其志甚高而卒以遺其名然一出而漢鼎定豈膏肓之錮哉子房之報韓蓋借漢以泄其博浪之憤者棧道之燒其志不遂而卒以輔成漢業然辟穀而不爲漢留焉非止足之志哉以懷仁輔義之子陵而不能得之光武諫議之拜豈伊吕之志乎故不若桐江之一絲猶足以九鼎於漢也以卧龍之孔明而能得之於昭烈魚水之投况帝室之胄乎故不若出而鼈跨有荆益之言尚足以興漢也仲連之輕世肆志非以爲傲也排難解紛得之談笑不謂其有經世

之才乎堯夫之與常秩同召非所以待高賢也内聖外王之學聞於天下豈安樂先生之志邪此愚之所謂以時權之者也安可以爲盡隘乎汲黯之嫉惡太甚李膺之持議太高祖逖之發憤太遽寇準之召謗太疏執事固疑其激矣乃若郭林宗之遜言危行程明道之平心和氣史弼之平原無黨鮮于侁之三難比之數子則又不專憤時以爲激者矣然要之均以應世也蓋嘗論之長孺多欲之譏雖武帝且不能堪况敵以下者乎然招之不來麾之不去蓋社稷之臣也林宗瞻烏之慟蓋不免於憤世而黨事獨免焉澄之不清撓之不濁蓋千頃之陂也膺之獨持風裁激素行而立廉尚其志足以風動天下矣使荀爽見險遠害之諷行膺豈有禍邪準之素抱忠節仗大策以却强虜其功足以奠安宗社矣使張咏不學無術之戒行準豈能貶邪弼以無黨獲罪而頡頏嚴吏善類賴以保全何其壯也史曰活千人者子孫必封弼豈爲此者哉逖以中原板蕩爲憂而大功不就卒快快以至於死何其迫也傳曰得時則大行不得則龍蛇逖何爲者哉明道之不非青苗獵較之意也廓然大公物來順應豈其所謂尚氣者哉觀非一家私議之言安石且爲之愧屈爾矣侁之善處新法豈弟之心也上不害法下不傷民豈其所謂泥方者哉觀憂患太息之疏神宗且有文學可用之喜矣此愚之所謂以道裁之者也安可遂以爲激乎夫事之所處有可否焉時之所值有順逆焉勢之所處有難易焉因其事以度其時因其時以察其勢因其迹以原其心庶乎其得之矣雖然君子寧病於隘不隘則必自卑以求幸其道而砥柱之風衰寧病於激不激則必自貶以求歡於時而殉國之志懈愚以是知諸賢之未可以易議也然而君子安所取衷焉是故非澹泊無以明志非寧静無以致遠吾得之孔明嗟乎此伊尹之志也純粹如精金温潤如良玉吾得之明道嗟乎此顔子之學也君子由孔明以志伊尹之所志由明道以學顔子之所學則持心何有於不平適用何有於不周而安有招尤失已之爲病乎若其進而無伊尹之志退而無顔子之學而徒因其氣質之所用以求其居身之所珍即使不至於招尤而失已君子猶以爲未也執事以爲何如

第四問

唐萬幾

同考試官教諭宋批(楚中宦蹟名賢甚多試商確一二而子皆能論君精當且歆慕之懷激昂之志溢於言外未有聖賢而不豪杰者是誠在子健羡健羡)

考試官教諭姜批(學有考據有本原佳士也)

考試官教授陸批(博學强記志向卓然)

夫誦休以崇哲盛德之所思也論世以軌修志士之所奮也斯二者皆尚友之誼而士之本務也夫吾楚之有兹土也封疆之臣或弭難以亨時或振民以育德抗峻操而建茂功宣美績而播休聞而形於甘棠之留滋久而逾懷蓋曰此嘗以父母生全我者如在其耳目且山川靈精賢喆間出抒大雅之華振周行之譽垂道德之光揖高風而起敬起慕則又曰是其出於兒童里社之所跂足而希心者也而顓頊之志油然以興故曰尚友之誼而士之本務也夫子曰事其大夫之賢者友其士之仁者况乎其已試之成績而前哲之遺休可睹也以愚之不敏而仰承執事之問直爲是凛凛焉爾矣夫起於思而核於名則誦説易歡其志信於目而貴於耳則精神必奮其衷蓋人情之所嗜而今昔之所同也何也其投之者必入而其爲心易受也執事之爲惠也蓋遠矣請以宦於楚者言之仲山甫封樊者也抱柔嘉之德炳明哲之幾不茹不吐以行其志立戲之諫料民之箴卓卓乎有補衮之思焉其周之名臣與令尹子文相楚者也奮紓難之忠溥撫下之惠不喜不怒以逃於禄而伐隨伐鄭滅弦滅黄多其力焉其楚之忠臣與衛颯之守桂陽病俗未知禮下車而首興庠序夷考其政則居官如家蓋豈弟君子也欒巴之守桂陽以南陲不閑訓典定婚姻使知禮禁止其視事明察有烹鮮之風焉周瑜破曹瞞於烏林何其偉也兆三分之業其赤壁之戰乎岳飛褫京超於富水何其雄也復中原之志其六郡之屯乎劉弘位居方牧豺狼斂迹然其舉賢登善一州清宴故有振吴起之譽羊祜身受戎閫江漢歸心然其輕裘緩帶開布大信故有樂毅孔明之推服狄仁傑出判復州而惠愛大行狄使君活汝夫豈聲音之所能爲邪賈誼傳相長沙而忠貞不變烈士殉名非賦鵬之所以自廣乎劉昆江陵一拜而反風滅火至誠之所感也長者之言受知於光武此豈獨以德政著邪韓愈祝融一登而雲爲開霽正直之所動也百世之師誦美於蘇軾此豈獨以文章名邪寇凖道州之行憫剛直之弗容也然而澶淵一役談笑却虜而天下服其忠吾久不見寇凖豈人君之言哉歐陽脩夷陵之謫知政事之可以澤物也卒而參議大政以風節自持而天下稱其賢如歐陽脩何處得來蓋亦見知於明主矣凡此者皆遺澤之著于楚至于今不衰也以産于楚者言之尹吉甫發物則之咏廣文武之憲以輔成周宣中興之烈可謂全才矣周子程子闡六經不傳之秘接孔孟垂绝之緒使斯道粲然大明於世可謂聖學矣黄香博學經典有天下無雙之謡至孝之稱蓋有本之學也歐陽玄屢典制語有卓然名世之譽廉平之政蓋有用之才也蔣琬托志忠純負社稷之器休休樂善人服其量司馬徽風致清雅有水鑒之稱伏龍鳳雛人服其明黄瓊位居公輔首奏貪污忠鯁之氣重於海内岑

文本官至中書不營産業恭儉之節比之羔羊馮京發自鄂渚登三魁之選而却張堯佐之孌幸阻王安石之新法范祖禹謂其有中立不倚之操者此也宋庠宋祁本自安陸應并魁之讖而庠之風操祁之文藻宋史謂其與陳堯咨堯叟爲近之者此也胡宏讀書於衡岳而知言一書真道學之樞要制治之蓍龜也張栻講學於長沙而義利一辨真仡仡乎其任道之勇卓卓乎其立心之高也凡此者皆遺範之在于楚不可一日忘也夫古人有言太上立德其次立功其次立言斯之謂不朽愚以爲執事之所問備矣顧立志如何耳賈誼韓愈非純於道者也然誼之治安策愈之原道其大不過乎君臣父子之分仁義禮樂之指其微不出乎飲食裘葛之常斗斛權量之細斯其爲用已廣矣乃若周子程子純於道者也則寧學聖人而未至不欲以一善而成名寧以一物不被爲己病不欲以一時之利爲己功斯其爲體也宏矣斯尚友之誼而士之本務也持此以往廟堂宣其猷謨疆埸樹其勛烈論議效其蹇諤黼黻崇其渾粹則固諸君子之所長者爾幸執事進而教之

第五問

羅瑶

同考試官教諭包批（救荒不如備荒任法不如任人子條答激切詳密可謂通世務者佳士佳士）

同考試官教諭同批（議論精確文辭古雅末言興利二事尤楚人對病之藥敬服敬服）

考試官教諭姜批（有識見可以用世者）

考試官教授陸批（通達治體鑿鑿可行）

拯時之權道貴通變經國之理義在遠猷夫天下無不變之時智者救之以法以察其情以和其心以紓其急是故其情察則幽隱可達於上其心和則怨苦可輯於下其急紓則蕃祉可待於後夫然後可恃以不亂天下無不貫之道仁者晝之以心以經其常以計其變以憲其慮是故經其常故阜生可紀也計其變故裁成可遂也憲其慮故機宜可燭也夫然後有以救之而不敗是故以智者謀之是謂通變以仁者運之是謂遠猷語曰長慮却顧逸而有終舉近遺遠謀而不集正謂此也愚誦執事之問至於足國裕民窮原探本不爲一朝一夕之計而登於富壽爲之浩嘆而流涕也昔者成周之時陰陽調均百物遂生其詩曰雨我公田遂及我私民力於田畝叙時作事其詩曰率我婦子饁彼南畝田畯至喜穡豐其野婦寧其室其詩曰匪且有且匪今斯今振古如兹愚竊以此生人之常何足爲頌也其後也旱魃爲虐而饑饉起其詩曰赫赫炎炎

云我無所君憂於上以銷去之其詩曰上下奠瘞靡神不舉民困於下生理無聊其詩曰周餘黎民靡有孑遺愚竊以此適然之變而云無遺何邪吾楚連歲大饑腴壤石田居掠其聚行遷其次轉徙頓踣道殣相望裂地而薇殫涸川而魚竭曩與吾居也其生也十室而五曩與吾居也其徙也十室而七曩與吾居也其鬻也十室而九宜執事之不忍聞也向非聖明善貸之仁諸司匍匐之惠蠲復不下帑藏不發愚又不知其幾也乃知孑遺之歌斯人生之至勤而振古之頌王道之大成也是故荒政之策載在今昔諸司固已極力拯援見諸施行况在今日則既往之事也聖德格天被于方内上錫順成之惠下起狎野之懽是吾民更生之辰也民惟邦本本固邦寧執事可以無慮矣然而曲突徙薪之思而執事每惓惓而爲之計斯仁智之用心也古者三年之耕藏一年之積九年之耕藏三年之積以三十年之通則雖以凶旱水溢而不懼何也其備之者具也古者詔萬民之食豐則人四鬴中則人三鬴儉則人二鬴人不能二鬴則移以就穀而不病何也其察之者周也繇此觀之則堯之九年湯之七年豈有捐瘠之民乎傳曰田野縣鄙財之本也垣窌倉廩財之末也百姓時和事業得叙財之源也等賦府庫財之流也故必謹養其和使天下必有餘而上不患不足嗟乎執事窮原探本之問其養和之説乎夫積逋淫禁未足爲憂也近鬻遠竄未足爲憂也輕徭省刑未足爲憂也貯粟平糴未足爲憂也豪强兼併貪墨爲虐未足爲憂也愚之過計竊以爲憂者獨曰任人而已也不然則古人之成法儒先之定論具在也任得其人則誚讓自囚如陽城積逋可理也一訊立辯如周濂溪淫禁可解也庸直歸質如柳宗元近鬻可贖也增户四萬如虞翊遠竄可還也蒲鞭示辱如劉寛刑罰可省也居官如家如衛颯差役可薄也閉閤思過如韓延壽豪强可化也望風畏肅如蘇章貪墨可清也秉懵怛這愛調盈縮之權揆俗情之宜建長久之法廣招輯之政推恩信之實則下有按堵之樂上有長城之賴朱子所謂感召和氣以致豐穰者此也任不得其人則牧羊東濕之譏皆得以制乎其上雖日日而程之事事而制之吾懼其不能也况於舉吾民而秦越之雖有良法美意秖見其文焉而已矣而又因以虐乎雖然若舉其勢之緩急事之先後從而斟酌焉夫刑罰省則民重生重生則樂業徭役輕則民安土安土則妄賄息兼併之害除而良善得以遂其日用之常貪墨之吏革則小民得以免漁獵之困四者耗財之最者也四者誠去積逋淫禁可以得紓而軍儲藩賦亦從容可給矣近鬻遠竄可以得復而資糧贖金可以不費而辦矣常平之粟平糴之法可以因時而制矣四者而或不能去焉則愁憤上干于天氛癘下行于地謂之養和可乎故吾楚今日正在撫存休養之時譬之大

病湯劑砭灸雖已少蘇而將護節宣尤其急者惟執事加之意而已是吾民之幸也然愚又有獻焉吾楚地廣民稀而十日之霖大浸也一月之旱赤土也愚竊以爲宜度于官視其地之高亢洼濕一用古人瀦泄浚距之法以興陂塘之利而使不泄以崇堤障之勢而使不浸乃又擇官時督之毋令鹵莽滅裂而使無不耕則穀粟不可勝食矣吾楚湖池最多舊屬課程久多湮塞地極肥饒乃皆爲豪富所有今其赤曆可考也愚竊以爲宜請于上減其歲額而均以則壤成賦之法召民耕佃比於屯田以補軍儲藩賦之不足則財用不患于匱乏矣此萬世之利也朱子曰賑饑無奇策不如講求水利非愚之私言也剥膚之狂惟執事財擇焉

湖廣鄉度録後序

仰惟我睿宗獻皇帝文德之純久洽民心皇上龍興撫運覃敷文教衡郢江漢之區固聖澤之所源委也是以一時賢士莫不勇於趨化而奮庸共臣之願率先寰宇既增解額則旌淑之途愈闢彙征之良益繁彬彬乎恩皇之譽焉嘉靖丙午復當大薦監察御史高節振德維風加慎厥典内外諸司洎百執事咸與矢心恪職和衷翼勵之誠視常爲烈其争相濯磨而起獻藝者夫亦盛倍往昔矣精神意氣所感非機之相爲通者哉且聞之楚歲不登阻饑告瘁用以上廑帝念是年兩暘時若恒應雲霓之望江漢底寧不虞濫溢之流來牟受厥明黄茂遂以嘉暢康年之錫蓋共云希睹者也而賓賢之興適維其期識者知天道爲不虚矣周始入境見甿夫操銍艾群集于稼濟濟焉挃挃焉于是乎太和之蒸得諸在野入鄂則巷謳達於觀風氏依慊於司牧上下承乘胥交爲慶于是乎太和之合得諸在位既入鎖院裒諸士子之辭章俯而讀仰而思雅麗殊則嚴瘦因材則無不冲融豐豫可以觀樂土之華焉于是乎太和之發得諸人文至其撤棘懸象賓筵醴洽蓋所謂有飶其香邦家之光者居然斯明徵也於戲休哉善彰片言則星舍順軌明揚介士則雲物垂祥况俊彦旅升之會而其所以昭天地闡性命者燦然具陳于前哉故曰漸仁摩義神聖作人之化同心協力臣人得士之功也時和年豐上帝啓賢之祚也周等濫司遴拔蚤夜祗慄惟懼不明以遺厥良既懼枝葉之辭或有庸違以眩厥智恃兹三者信可以涣釋所慮矣讌之日諸士序進衆音迭作始歌鹿鳴周乃諗之曰敷奏底績謀猷經邦皆言之貴也諸子行以對揚于廷則務是好君爲勖再歌南山有臺復

曰選賢則克用乂就徵曰圖榮將以利吾邦家也如其言浮而道戾得無忝於基哉湛露歌闋則申之曰柔嘉之德儀色之令樊侯所爲賦政於中外也尚其慎兹以往期永終顯允豈弟之譽主司亦與有望焉由是録成當獻周循職事敬次言之以終其義云

浙江處州府麗水縣儒學教諭姜周謹序

嘉靖三十一年湖廣鄉試録

湖廣鄉試録序

嘉靖三十一年湖廣舉貢士之典先是禮官覆議承天贊學恭承睿宗獻皇帝發帑修建聖蹟具在宜有紀勒以垂殊休詔曰可遣官勒碑焜燿庠序于時人士祗承德意以及全楚聞斯典者愈益思樂激昂夙夜淬磨以待徵令而是秋適當徵貢之期巡按御史胡宗憲瞿然飭慮曰遘會非偶掄材實難監臨是司而敢弗毖慎訪文學馳騁景儒等集院校藝乃以景儒暨學正吴時昭考試教諭姜周用吴國器唐伯傑程宗洛莊嚴李士元王翥李鵬舉分試而提調以屬左布政使楊本仁右布政使魏良輔監試以屬按察使吴悝副使張合及簾外百執事巡咨既周慎簡充之凡所規畫放於故事而虔肅有加内外協慎維時總督軍務兵部侍郎張岳以征苗提督工程工部侍郎陸杰以督工先後至敷文迪雅崇獎士類巡撫都御史屠大山保厘戢寧風化攸賴士咸興植撫治鄖陽都御史沈良才提督南贛都御史張烜并崇軌事允貞文教清軍御史先李初元今周如斗清戎之暇揚搉經術以風多士總兵東寧伯焦棟守備太監劉永雅意崇儒郎中萬衣主事張德熹徐九思吴炳庶祗事樂觀右參政陶欽夔姜恩楊大章左參議楊逢春右參議卜大同張景賢雷賀劉文光副使潘子正沈啓陳紹儒高節何彦僉事冉崇禮翁學淵吴必孝曾才漢任良惲紹芳都指揮周寶賀麟見劉遠分贊經理周防于外皆與有勞左參政顧四科副使鄭汝舟先期入賀皆與有聞焉者也既勵衆展事乃合提學副使林懋和所選士二千九百有奇簡其可者九十人覽其文率磅礴渾厚瓌拔炳蔚折衷於聖人而弗泛濫於諸子信嗚盛之昌言鼓舞而敏化者也列上名氏并其文録之序曰猗與盛哉蓋自陶唐有虞以來而今爲最盛者也唐虞之世史臣紀德自上被之則極於四表自下獻之則共惟帝臣海隅日出之處旁燭輝煌士生其間舉能宣揚雍盛維兹江漢荆衡蓋南表之所經離明之正位也有弗丕變而極盛者乎火正奠維神禹過化其道因之厥後文王遠自岐周而化及江漢固聖德所動抑遺意存焉爾春秋以後稱楚材者斯風漸微而奇節不泯譬諸草

木質體不殊而化光有待洪惟我朝貞元既合一統文明祖宗化澤涵濡有年精英暢萃液洽南紀我睿宗獻皇帝始至興都躬親視學講經錫鑼葺宇寧居而楚郢之間漸潤已久及我皇上以上聖之資直中興之運龍飛九五肇迹在兹建中立極敷錫惟均而教典昭垂首被楚士往歲制增解額人懷感勵屬者賜碑興學益暢休光敬惟睿制闡揚懿績以懋忠孝之道以明孔子之學士之目睹而心融者以楚視之他方以今等於往昔宜其月异而歲不同也大要變化關乎世運作新係於時會鐘毓出於山川融浹原於治教肆觀文義崇經傳而斥百家其磅礴而不劌者本朝變化之澤也至於言人人殊咸著精彩非我獻皇帝皇上作新之效乎持偉議而闡弘訓其峭拔而演迤者楚省山川之委也至於不詭聖人而歸於雅馴者非今日治教之神乎夫堯舜孔子之道一而已堯舜以斯道而行於上孔子以斯道而明於下惟其在下是以鄒魯之士遍奚摳趨中心悦服孔子又施以無隱之教諄諄然命之然身通六藝者惟七十有二人陳良一人崛起楚地遠慕周孔遂稱豪杰隔數百年有宋元公獨紹正學傳入洛陽楚産無聞而今日楚士之數貢者九十楚士之文似通六藝何者斯道之明於下也待人而行斯道之行於上也自無不明故也即孔子之志其在當年寤寐周公舉文武之政以達堯舜之道徒淑區區鄒魯之士其後於楚來一陳良焉豈其志哉元公在宋其道益孤矣易曰雲從龍風從虎聖人作而萬物睹方今文教逢涌道行寰宇薄海内外聲名洋溢將承式彝訓咸歸周行濟濟師師同符堯舜之世况於快睹萬物之先有不夙造與私相淑人及私淑諸人遠矣故曰自陶唐有虞以來而今爲最盛者也景儒與諸士何幸躬逢其盛哉雖然孔氏之門賢通六藝而科首德行唐虞之世化洽遐邇而尤警庸違爾諸士有於六藝之中猶勵行於孔氏之門者乎有於静言之日猶庸違於唐虞之世者乎其深惟而砥勖焉可也

直隸滁州儒學學正李景儒謹序

嘉靖三十一年湖廣鄉試

監臨官

巡按湖廣監察御史胡宗憲（汝貞直隸績溪縣人　戊戌進士）

提調官

湖廣等處承宣布政使司左布政使楊本仁（次山河南杞縣人　己丑進士）

湖廣等處承宣布政使司右布政使魏良輔（師召江西新建縣人　丙戌進士）

監試官

湖廣等處提刑按察司按察使吴惺（仲敬浙江餘姚縣人　丙戌進士）

湖廣等處提刑按察司副使張合（懋觀雲南宋昌衛官□□天府江寧縣人　壬辰進士）

考試官

直隸滁州儒學學正李景儒（席珍廣西全州人　癸卯貢士）

直隸徐州儒學學正吴時昭（以德福建懷安縣人　癸卯貢士）

同考試官

直隸池州府石埭縣儒學教諭姜周用（以興雲南雲南後衛籍浙江海鹽縣人　癸卯貢士）

浙江温州府泰順縣儒學教諭吴國器（君用江西上猶縣人　癸卯貢士）

福建建寧府浦城縣儒學教諭唐伯傑（紹梁廣西靈川縣人　庚子貢士）

江西贛州府興國縣儒學教諭程宗洛（惟道直隸婺源縣人　丙午貢士）

江西贛州府贛縣儒學教諭莊嚴（汝和福建閩縣人　癸卯貢士）

直隸揚州府泰州如皋縣儒學教諭李士元（子仁河南洛陽縣人　丙午貢士）

福建興化府莆田縣儒學教諭王翥（九逵江西泰和縣人　乙酉貢士）

浙江杭州府餘杭縣儒學教諭李鵬舉（起南廣東歸善縣人　丙午貢士）

印卷官

湖廣等處承宣布政使司經歷司都事俞福宗（天錫直隸旌德縣人　監生）

湖廣等處提刑按察司經歷司經歷李孟實（子成四川高縣人　監生）

收掌試卷官

承天府知府孫銓（文揆浙江歸安縣人　戊戌進士）

寶慶府知府方舟（時濟直隸婺源縣人　己丑進士）

衡州府知府蔡汝楠（子木浙江德清縣人　壬辰進士）

長沙府知府鄭維誠（伯明直隸祁門縣人　辛丑進士）

漢陽府知府范之箴（從敬浙江秀水縣人　乙未進士）

武昌府同知焦霖（汝時陝西盩厔縣人　辛卯貢士）

受卷官

鄖陽府同知方純仁（時勉直隸婺源縣人　甲午貢士）

漢陽府推官楊樞（運之直隸華亭縣人　戊子貢士）

武昌府興國州同知林愛民（惟牧福建福寧州人　甲辰進士）

承天府荆門州同知尹纛（明溥浙江龍游縣人　辛丑進士）

承天府沔陽州判官趙世奎（啓文新武右衛籍直隸江都縣人　甲辰進士）

長沙府攸縣知縣杜拯（子道江西豐城縣人　戊戌進士）

彌封官

黄州府推官趙時舉（存晦廣東饒平縣人　庚戌進士）

衡州府推官楊儲（元秀江西廬陵縣人　庚子貢士）

岳州府巴陵縣知縣牟蓁（以登四川巴縣人　庚戌進士）

長沙府湘陰縣知縣張燈（文輝江西浮梁縣人　庚戌進士）

永州府道州寧遠縣知縣何其賢（少愚直隸休寧縣人　辛卯貢士）

長沙府益陽縣知縣劉激（惟楊四川富順縣人　辛卯貢士）

謄録官

武昌府推官楊珂（朝鳴雲南太和縣人　丁酉貢士）

長沙府茶陵州知州鄧天禄（壽學廣西全州人　辛卯貢士）

黄州府麻城縣知縣陶天忠（舜佐浙江鄞縣人　庚戌進士）

荆州府枝江縣知縣董燧（兆時江西樂安縣人　辛卯貢士）

常德府桃源縣知縣陳坦（存覆福建懷安縣人　丁酉貢士）

長沙府寧鄉縣知縣周孔徒（孟淑四川内江縣人　丁酉貢士）

對讀官

常德府推官劉汝順（惟真江西清江縣人　甲午貢士）

衡州府桂陽州知州蔣時行（惟可廣西全州人　丁酉貢士）

寶慶府城步縣知縣胡自化（叔誠河南羅山縣人　甲午貢士）

衡州府安仁縣知縣王守文（伯顯浙江餘姚縣人　丁酉貢士）

武昌府興國州通山縣知縣林金（聲之福建連江縣人　丁酉貢士）

岳州府華容縣知縣曾禮（子和江西樂安縣人　甲午貢士）

巡綽官

武昌衛指揮使龐南（啓乾直隸蒙城縣人）

武昌衛指揮使張繼忠（世臣直隸江都縣人）

武昌左衛指揮使沈禮（子立直隸鳳陽縣人）
武昌衛指揮僉事段綵（體素直隸當塗縣人）
武昌左衛指揮僉事王忠（克臣直隸江都縣人）
武昌左衛指揮僉事朱官（德懋直隸桃源縣人）

搜檢官

武昌左衛指揮使黄衮（子衣直隸和州人）
武昌衛指揮同知賀承勛（繼之湖廣麻城縣人）
武昌衛指揮僉事高湜（源潔直隸定遠縣人）
武昌衛指揮僉事許登（從善直隸泰州人）
武昌左衛指揮僉事□恩（君寵直隸休寧縣人）
武昌左衛指揮僉事張沛（子雨順天府大興縣人）

供給官

湖廣都指揮使司經歷司經歷謝棠（師召福建晋江縣人　戊子貢士）
武昌府通判張鈍（伯穎江西吉水縣人　丁酉貢士）
荆州府經歷司經歷申得樂（誠夫陝西鎮原縣人　監生）
岳州府澧州判官程霦（仲益直隸婺源縣人　監生）
承天府沔陽州景陵縣知縣黄子静（希仁直隸歙縣人　監生）
武昌府江夏縣縣丞劉相（懋德直隸潁州人　監生）
武昌府武昌縣縣丞曹文璧（廷璋直隸太平縣人　吏員）
德安府應山縣典史丁楷（□範江西臨川縣人　知印）
武昌府武昌縣典史許彰（信夫福建閩縣人　吏員）
岳州府澧州嘉山鎮巡檢司巡檢賴錦（襲之江西豐城縣人　知印）
武昌府興國州富池鎮巡檢司巡檢張玠（良佩山東曹州人　吏員）
武昌府武昌縣金子磯鎮巡檢司巡檢楊舉（朝川直隸太和縣人　吏員）
承天府荆門州新城鎮巡檢司巡檢劉仕美（道亨四川成都縣人　吏員）
承天府荆門州建陽馬驛驛丞陽拱（子敬廣西靈川縣人　承差）
岳州府巴陵縣臨江馬驛驛丞賓邦玐（國用廣西全州人　承差）
荆州府石首縣石首驛驛丞任朝卿（重之貴州印江縣人　承差）
荆州府松滋縣潘家溪驛驛丞張櫃（朝資山西夏縣人　承差）
武昌府嘉魚縣魚山驛驛丞孫繼恭（克敬山東平原縣人　吏員）
岳州府巴陵縣鹿角湖河泊所河泊蕭暹（希明四川内江縣人　吏員）

第一場

四書

大哉堯之爲君也巍巍乎唯天爲大唯堯則之蕩蕩乎民無能名焉　溥博淵泉而時出之溥博如天淵泉如淵見而民莫不敬言而民莫不信行而民莫不説　聖人人倫之至也

易

先天而天弗違後天而奉天時　日月得天而能久照四時變化而能久成聖人久於其道而天下化成觀其所恒而天地萬物之情可見矣　唯深也故能通天下之志唯幾也故能成天下之務唯神也故不疾而速不行而至　得其所歸者必大故受之以豐

書

天叙有典敕我五典五惇哉天秩有禮自我五禮有庸哉同寅協恭和衷哉　三百里揆文教二百里奮武衛　佑我烈祖格于皇天　爾克敬典在德

詩

羔羊之皮素絲五紽退食自公委蛇委蛇羔羊之革素絲五緎委蛇委蛇自公退食羔羊之縫素絲五總委蛇委蛇退食自公　出車彭彭旂旐央央天子命我城彼朔方　菶菶萋萋雝雝喈喈　夙夜基命宥密於緝熙單厥心

春秋

秋八月蔡季自陳歸于蔡（桓公十有七年）　秋齊侯宋公江人黄人會于陽穀（僖公三年）春王正月公會齊侯宋公陳侯衛侯鄭伯許男曹伯侵蔡蔡潰遂伐楚次于陘楚屈完來盟于師盟于召陵齊人執陳轅濤塗秋江人黄人伐陳（僖公四年）　齊人歸我濟西田（宣公十年）齊人來歸鄆讙龜陰田（定公十年）　晋荀吴帥師敗狄于大鹵（昭公元年）八月晋荀吴帥師滅陸渾之戎（昭公十有七年）

禮記

千里之外設方伯五國以爲屬屬有長十國以爲連連有帥三十國以爲卒卒有正二百一十國以爲州州有伯八州八伯五十六正百六十八帥三百三十六長八伯各以其屬屬於天子之老二人分天下以爲左右曰二伯　是故學然後知不足　正聲感人而順氣應之順氣成象而和樂興焉　忠臣以事其君孝子以事其親其本一也

第二場

論

士不可以不弘毅

詔誥表（内科一道）

擬漢令郡國舉孝廉各一人詔（元光元年）　擬唐以陳叔達爲禮部尚書誥（貞觀六年）　擬翰林侍講學士樂韶鳳宋濂等進洪武正韻表（洪武八年）

判語（五條）

信牌　鹽法　祭享　夜禁　違令

第三場

策（五道）

問　致治之道莫大乎養士養士之道莫大乎興行學校乃賢士所關而明倫乃興行之要粤稽唐虞敷五教而宣九歌風化穆乎不可尚已三代建學皆以明倫各臻治效洪惟我太祖高皇帝受命之初寧越駐師即命守臣開學延儒及大統既集乃諭中書省京師雖有太學而天下學校未興宜令郡縣皆立學禮延師儒教授生徒以講論聖道時天下郡縣立學建堂皆號明倫革污俗而與維新以後漸摩既久海内人士彬彬美盛而楚士涵泳蓋有素矣暨我睿宗獻皇帝化行江漢比德文王風由郢甸時於學校臨講經術而賜賫鏹命發帑財以弘修建至今家傳而人誦之我皇上臨御以來儒學典制敬循聖祖之耿光賜勒碑文恭紀獻皇帝之休績慎學校之教申忠孝之義盡制察倫立極垂訓媲美唐虞比隆三代爾楚士其有可得而言者與漢唐宋作興學校之制能彷佛萬一否與生崇儒之世何以能揚其休聞大道之要何以益贊其盛矧蓄積待用之士必有善言德行充不可解之心純孝以移忠立不變塞之志精忠以奉國者請竟揚言之

問　治經閲史至理攸存宋儒羅從彦有言讀經以尚書爲先讀史以唐書爲首何與尚書伏生口授二十九篇孔安國增古文尚書二十五篇盛自兒寬至梅賾在晋世全經始行辨證者尚有遺論可得言與唐史舊唐書韋述撰進一百三十卷新唐書曾公亮進二百二十五卷修於歐陽修暨宋祁在宋時新書始定論議者尚多可訾可得言與東萊書説朱子所以稱之者果何所長祖禹唐

鑒朱子亦有非之者果何所失二帝三王之大經大法可以上□歟對唐代之大綱萬目可以旁訂得失略其文字之疑而要其指歸所在抑有説與措之事業而志三代之隆考之事變而鑒初唐之治諸士藴量久矣其明著于篇

問　維楚有材自古記之但謂之人材技能不與焉必出處於世道有關或言行於名教有補夫然後可語於材楚材之在春秋如三仕見忠去楚浮湘出處固著於史傳矣至於在漢則有爲尚書令而天下無雙者有爲太尉而舉奏貪污者其言行亦豈無可法與三國暨晋或爲南州冠冕或曾爲毋犯禁或辭庾亮之薦或知孔明之賢唐士或不拜平章或復唐社稷或賜屬吏清白箴或策吐蕃當劫盟宋士或爲鐵御史或爲中丞中立不倚或爲潭州守節或爲朱子罷官其出處言行抑有可言者與竊聞才節之用也有地虚己之運也無方匡時而行有枝葉處約而道無緇磷以虚己運窮通者如房陵之吉甫營道之元公抑亦可爲師範而尤卓越諸賢者與諸士尚友一鄉知其人則欲考其事以見格言懿行之所存證其事尤欲思其人以追流風餘韻於不泯固其素也至於終身願學必有所在其各陳所見以明友善之學

問　樂經散失樂學不肄於學宫業經者病之唯宋儒律吕新書一編士子誦習而議樂之家尚持衆説其聲律器數既有定論者無容復議也姑舉其大者而折衷之樂記一篇見於戴記果可尊以爲經司樂之職見於周禮果可據以制樂與樂云樂云鐘鼓云乎哉孔子似略乎聲器不以六律不能正五音孟子似重乎律吕何與吕氏月令或沿古樂史記律書或可備考與律吕本於黄鐘而或假於候氣實粟因聲然後起數或歸於用尺定律先儒格言何可爲準與大陰陽小陰陽之説朱子何據而言陰中陽陽中陰之説真氏何自而辨宫聲不屬四時宫將何所屬與十二律還相爲宫何宫聲之多與樂可以通於人物者蓋何道與可以同於古今者又何説與樂之所以切於人而不可缺樂之可以傳於今而無不行其指安在魯兩生難之而先儒以許諸葛孔明可興禮樂有興樂之志者必有説以告我

問　周官之職有掌道地圖以詔地事以辨地物而原其生以詔地求若利之昔有而今無斯爲地慝矣有掌道方志以詔觀事掌道方慝以詔辟忌若害之昔無而今有斯爲方慝矣以楚之地物與方事言之寧無如周官之可詔求而觀辟者乎唯楚八省之衝而江湖之會以田賦則田畝不爲不腴而賦多逋負以水利則湖塘不爲不闢而荒無救備以户口則人民不爲不衆而丁多虚耗此非昔有而今無者乎以風俗則志稱朴野而尚多悍戾之風以盜賊則官嚴督捕而尚有充斥之患以詞訟則向稱事簡而今苦稽聽之繁此非昔無

而今有者乎諸士皆楚産熟諳楚事其究所以致之然者何與説者欲以力田孝弟之政變而通之宋儒乃云力田者民之最勞而孝弟者匹夫匹婦之所不悦玆欲强所最勞而必使之有自喜之心勸所不悦而必使之有相愛之意果何道能變通之與識時務者在後杰幸詳言之以觀救時之略

中式舉人九十名

第一名　王凝　宜城縣學生　書
第二名　謝賓　石首縣學生　易
第三名　胡定　崇陽縣學生　詩
第四名　萬言策　羅田縣學生　禮記
第五名　程一夔　嘉魚縣學生　春秋
第六名　王其勤　松滋縣學生　書
第七名　朱袗　蘄水縣學附學生　易
第八名　李孟彰　衡陽縣學附學生　詩
第九名　王大韶　衡陽縣學生　詩
第十名　胡宗洙　京山縣學附學生　易
第十一名　望廷臣　夷陵州學生　禮記
第十二名　伍典　祁陽縣學生　書
第十三名　朱倫　桂陽縣學生　春秋
第十四名　賀幼殊　長沙府學生　易
第十五名　李成　江陵縣學生　詩
第十六名　王頣　沔陽州學增廣生　書
第十七名　謝鵬舉　蒲圻縣學生　易
第十八名　王宗彦　京山縣學生　詩
第十九名　周祈　蘄州學生　書
第二十名　楊邦憲　岳州府學生　詩
第二十一名　卜馬倜　華容縣學附學生　書
第二十二名　劉侃　京山縣學增廣生　易
第二十三名　王一魁　襄陽縣學生　詩
第二十四名　李儀　承天府學生　易

第二十五名　周思久　麻城縣學生　書
第二十六名　陶性　夷陵州學生　詩
第二十七名　耿定向　麻城縣學生　春秋
第二十八名　蕭泮　湘陰縣學增廣生　易
第二十九名　萬殊　孝感縣學生　詩
第三十名　楊廷相　長沙縣學生　易
第三十一名　蔡幾　漢陽府學增廣生　詩
第三十二名　饒仁侃　崇陽縣學增廣生　禮記
第三十三名　吴詠　澧州學生　書
第三十四名　尹厚　大冶縣學生　易
第三十五名　吴應台　宜都縣學生　詩
第三十六名　李廷龍　湘陰縣學生　易
第三十七名　陳仕　黄岡縣學生　詩
第三十八名　易道談　巴陵縣學生　書
第三十九名　袁亮　麻城縣學附學生　春秋
第四十名　丁惟誠　黄陂縣學附學生　易
第四十一名　雷以仁　夷陵州學生　詩
第四十二名　譚汝賡　衡州府學生　詩
第四十三名　楊芷　安陸縣學附學生　易
第四十四名　楊曰正　武陵縣學生　書
第四十五名　徐應南　衡陽縣學生　易
第四十六名　唐宗元　靖州學增廣生　詩
第四十七名　周啓大　應城縣學增廣生　易
第四十八名　汪之汸　黄州府學增廣生　禮記
第四十九名　范鏜　臨湘縣學生　書
第五十名　郭嵩　潛江縣學生　詩
第五十一名　熊兆祥　蒲圻縣學增廣生　易
第五十二名　李概　荆州府學增廣生　詩
第五十三名　程學顔　孝感縣學生　春秋
第五十四名　熊坦　興國州學生　易
第五十五名　周禧　蘄州學生　書

第五十六名　陳宗德　靖州學生　詩
第五十七名　譚位　常德府學增廣生　易
第五十八名　李得春　承天府學生　詩
第五十九名　劉叔龍　醴陵縣學生　易
第六十名　甘繼忠　蘄州學增廣生　書
第六十一名　彭良臣　衡州府學生　詩
第六十二名　林朝卿　荆州府學生　易
第六十三名　王廷瞻　黄州府學生　禮記
第六十四名　周以載　長沙府學生　易
第六十五名　王作書　崇陽縣學附學生　詩
第六十六名　胡廷黼　瀏陽縣學生　書
第六十七名　李寶蒙　嘉魚縣學生　詩
第六十八名　陳仁　茶陵州學生　易
第六十九名　葛慈　荆州府學生　春秋
第七十名　吴可大　漢陽府學附學生　詩
第七十一名　周道東　應城縣學生　易
第七十二名　王德立　安化縣學附學生　書
第七十三名　劉庠　承天府學生　詩
第七十四名　侯旬　武昌府學生　詩
第七十五名　瞿蒙　長沙府學附學生　易
第七十六名　陶之肖　景陵縣學生　書
第七十七名　劉孜　武昌府學增廣生　詩
第七十八名　余瑞　羅田縣學生　易
第七十九名　周存家　通山縣學生　書
第八十名　孟儆　武昌縣學生　詩
第八十一名　劉涑　麻城縣學附學生　春秋
第八十二名　岳鐘英　江陵縣學增廣生　易
第八十三名　陶賓　衡陽縣學生　書
第八十四名　賈守質　光化縣學生　詩
第八十五名　曹瑯　黄州府學生　禮記
第八十六名　易伊　湘潭縣學生　易
第八十七名　胡順華　武陵縣學增廣生　書

第八十八名　朱繼孔　麻城縣學附學生　易
第八十九名　喻曉　潛江縣學生　書
第九十名　胡鑰　潛江縣學生　詩

第一場

四書

大哉堯之爲君也巍巍乎唯天爲大唯堯則之蕩蕩乎民無能名焉

王凝

同考試官教諭唐批（發揮聖同天之意殆盡可以式矣）

同考試官教諭吴批（渢渢洋洋善形容陶唐氣象）

考試官學正吴批（雅馴可録）

考試官學正李批（渾融昌大）

聖人極贊帝德之大配天而難名也夫至大而不可形容者天也帝堯之德合乎天宜夫子之極贊其大也若曰聖人人之至者也帝堯聖之至者也大矣哉堯之爲君也殆考之前而莫或先俟諸後而弗可尚矣然則堯也其天乎彼高不可極天之體也而帝堯之德則與天同其體大而無外天之量也而帝堯之德則與天同其量故巍巍在上曰唯天耳而物莫能并矣作配在下曰唯堯耳而天弗能違矣夫惟與天同德故自與天同運無方無體充之周遍而不可窮何思何慮發之微妙而不可見黎民之囿其德者皆相忘乎浩蕩之中而順帝則於不識猶萬物之并育於太虚而日熙熙焉爾矣抑孰知造化之爲功而名之乎百姓之被其仁者舉相安乎渾淪之域而忘帝力於何有猶萬物之保合於太和而日雍雍焉爾矣果孰知乾元之爲德而名之乎夫天不可名以其大也堯亦不可名以同天也然則堯也其天乎噫此其所以立君道之極而萬世之所當取則焉者也雖然天之大也以其有至虚之體聖人之大也以其有至虚之心堯德則天自夫人視之則然耳而堯之心方且欽若昊天兢兢而日行其道豈自知其大耶噫此堯之所以爲堯也孔子曰吾有知乎哉無知也夫子之心即堯之心也故則天者莫如堯耳則堯者莫如孔子

溥博淵泉而時出之溥博如天淵泉如淵見而民莫不敬言而民莫不信行而民莫不説

謝賫

同考試官教諭李批（理致題善發揮體製莊整而辭句雋永本房止得此爾）

同考試官教諭莊批（精瑩明澈迥出諸作）

考試官學正吳批（醇雅取之）

考試官學正李批（警嚴邃密）

中庸著聖德具體用之全而必推其盛也夫體用一原者也全體具而妙用行亦積盛自致耳非天下之至聖其孰能之中庸言此以明天道若謂至聖具聰明睿知之資而備仁義禮智之德則其全體大用固宜一以貫之者矣而何以見其然哉方其寂然不動而德與心涵也則廣大悉備而萬物之理會焉静深有本而萬化之源具焉其積於中也何其裕乎及其感而遂通而德與事遇也則與時偕行左右皆逢原之地因物順應四體有自喻之機其發於外也何其時乎然是德之充積也非特囿於吾身已也即其冲虚之量與其深涵之蘊蓋有探之而莫窺其涯際測之而不見其底止其溥博也即天之溥博而無不容也其淵泉也即淵之淵泉而無不蓄也使有一理之未融而與天淵不相似焉又何以爲至聖之充積邪其德之發見也非特止於其身已也即其全體之呈與其泛應之妙蓋有體信而達自順德盛而化自神時乎見也而民莫不敬焉聖作物睹下觀而化一感應之良能耳時乎言也行也而民莫不信且説焉中孚之懷媚兹之願一秉彝之良心耳使有一毫之或滯而與人物不相通焉又何以爲至聖之時出邪夫充積之盛則天德立矣時出之宜則王道備矣此至聖之能事而非至誠不能爲也抑至聖之德可謂大矣然要而言之亦惟率其仁義禮智之性而已及其充積之盛而至於如天配天亦非有加於性分之外也故曰能盡其性則能盡人物之性而至於贊化育參天地皆一以貫之矣子思之言蓋互相發明者歟

聖人人倫之至也

胡定

同考試官教諭王批（題本正大最難模寫作者非窘即泛此作辭理兼到備悉衆美其醇乎醇者可録以式）

同考試官教諭李批（體格奇偉辭采溢發）

同考試官教諭姜批（形容人倫之至此亦文之至者）

考試官學正吳批（氣昌理到）

考試官學正李批（通篇充暢）

大賢論聖人爲人道之極欲人知所法也夫天下之道具於人而獨盡於聖人也此其所以立人之極而世爲天下法與孟子之意若謂規矩設而天下不能外之以爲方圓者以其盡制也聖人之道亦猶是爾彼天叙有典人倫著焉是倫也所以品秩乎人道之常而網紀乎百行之度者也然衆人由之而不知賢人踐之而未盡皆不可以語至也惟聖人者窮理至命而灼見夫人道之原盡性踐形而克全夫天德之懿自其見之於身而爲庸行也則倫理以正恩義以篤經綸乎天下之大經而一代之彝倫攸叙自其見之於事而爲至教也則藝極以陳物軌以彰克綏乎天下之大猷而百王之典禮攸宗雖曰親之所屬有天合人合之异也然因親以施愛者一本乎人心之安蓋達諸四海而皆準矣雖曰分之所值有主恩主義之别也然隨分以適宜者皆順乎天理之正蓋傳諸萬世而舞弊矣出乎身而加乎民一盡善盡美之規道自我凝教自我出凡以繼天而立極者自不能不屬於聖人矣殆猶規一設而天下無遺圓乎發乎邇而見乎遠一大中至正之矩典自我惇禮自我庸凡欲盡倫而歸極者自不能有外於聖人矣殆猶矩一設而天下無遺方乎是聖人也者即人倫之規矩也知方圓之不可以無規矩則知人道之不可以無聖人矣孟軻氏比而言之其示人之意不亦深乎雖然聖人所以爲至者非绝德之謂也亦以其無過不及而得乎中庸之道焉爾故制器而舍規矩雖大匠無以施其巧盡倫而舍聖人雖賢智者亦未免有過中失正之弊也孔子曰中庸其至矣乎民鮮久矣又曰中庸不可能也然則盡斯道者其惟堯舜孔子乎故孟子以人倫之至歸堯舜而以時中之聖歸孔子

易

先天而天弗違後天而奉天時

謝賚

同考試官教諭李批（大人合天之精藴此作足以發之而冲融爾雅結意尤得孔孟論大人之指佳士佳士取冠本房）

同考試官教諭莊批（講先天後天特异諸作是深於易者）

考試官學正吴批（易義不難發揮唯潔浄無庇斯爲難得此作峻整録之）

考試官學正李批（精瑩可誦）

大人之於天合先後而無間焉蓋大人與天合一者也先天後天夫何間之有文言釋乾九五爻義若曰九五之大人所以爲利見者以其位乎天德爾然大人之於天也果何如哉彼斯道本藴於精微而天機方伏於至静乃未定

之天也大人則先天以神其機運開物之智而自作元命秉獨斷之精而默契天心或議夫義起之禮也則天若翼之而將爲昭焉或建夫無前之功也則天若啓之以誘其衷焉裁成範圍之道殆能準乎天也已曾有違之者乎斯道既彰於物象而天機即寓於至著乃一定之理也大人則後天以應乎時奉天則以周旋體坤道代終之義闡皇猷以昭世續乾元不宰之功或寵綏乎四方也而天生之蒸民有以安之焉或陳常于時夏也而天叙之彝倫有以正之焉代天理物之治其殆達諸天者矣曾有違時者乎是則先天不違天之合乎大人也後天奉天大人之合乎天也天下固將先萬物而睹聖人者矣豈不利見也哉大抵大人之所以爲大人全體天地而已天地同流乃大體之全而先天後天則全體之運也言全體者歸於大言大人者原於心孔子善言大人之德孟子善言大人之學亦唯曰先立乎其大而已

唯深也故能通天下之志唯幾也故能成天下之務唯神也故不疾而速不行而至

朱袗

同考試官教諭李批（題於易義本爲微妙此作不蹈襲一語而字字典雅無能出其右者）

同考試官教諭莊批（純正中自有精采）

考試官學正吴批（甚有理趣）

考試官學正李批（闡理明確）

大傳歴推易道之妙用而聖人之心見矣蓋易以前民用也惟深惟幾而會于神焉功用之妙也有以夫人傳之意若曰易道利於斯民之用由易道會於聖人之心蓋嘗有以窺其藴矣彼辭占爲聖人之極深則辭占固深之所在也精微之奥一會於此則萬物之情亦備於此矣將見至不齊者有爲有行之志至不易者爲榮爲辱之樞吉凶得失尚昧於問易之初者悉知於受命之際矣志以深通而通以天下非其至矣乎象變爲聖人之研幾則象變固幾之所在也變化之端既成於此則萬務之動亦出於此矣將見一揆其方也而樂由夫典禮之常一研諸慮也而勉循乎惠迪之道趨吉避凶持乎兩端而未成者貞於一理而有濟矣務以幾成而成以天下非其至矣乎是深也是幾也雖充周於不窮之用而實斡旋於無方之神者也神以通志而天下之志自無不通神以成務而天下之務自無不成其速也不待於疾也其成也不待於至也至無而至有之中有無爲而無不爲之妙易之爲用一至此哉吁非聖人其孰能

之雖然神也者妙萬物而爲言者也物妙於神不知其所以神神妙萬物亦不自知其神也故神之與物本不可離然不可致思焉聖人則會之於深幾學易者唯勉之於志行不期而然神行乎中矣故曰神而明之存乎其人

書

天叙有典敕我五典五惇哉天秩有禮自我五禮有庸哉同寅協恭和衷哉

王其勤

同考試官教諭唐批（此題緊切處在寅恭和衷此作起雄渾後愈精神録之以式多士）

同考試官教諭吴批（氣渾厚而辭典重得陳謨之體）

考試官學正吴批（純粹精密）

考試官學正李批（典潤可觀）

大臣陳安民之謨必推立教之原而重其責於君臣焉蓋道原於天而修於人也則夫立教以安民謂非君臣之所當盡者乎皋陶陳謨之意以爲天之立君以爲民也民之立命以有倫也可不思所以圖之乎彼民彜之有常者典也恒性由于降衷固天叙之也然天能叙之而不能必民之不斁所以正之而益厚其倫者不有在於我乎物則之有儀者禮也實理原於固有是天秩之也然天能秩之而不能使民之不墜所以用之而益恒其道者不有賴于我乎蓋相協之餘固屬之以綏猷之任而有相之道則重之以代終之責矣而可以慢易之心處之乎故君也者操率作之權而主典禮于上者也臣也者盡敬承之道而敷典禮于下者也是必體天意以從事相與兢兢焉持之以寅畏而罔敢或忽奉天則以周旋相與翼翼焉修之以恭敬而罔敢或慢慎徽于上者益端其本也敬敷于下者益虔其終也一德乎融推之無不準以正天常以和民則而協中之治隆焉是有以還民之天矣一誠流通動之無不化以一道德以同風俗而太和之象昭焉是有以慰天之望矣至此則有相之責以盡而安民之本以立帝可不知所務而徒畏其難哉抑五典之從舜既有以成其始風動之休皋陶又有以成其終矣而復惓惓者何也蓋天下之事始于一念之微而風俗之隆污世道之升降恒必由之者敬肆之間而已故皋陶先之以敬而禹復以惟幾繼之此固虞廷君臣圖治無已之心而卒成無爲之治也

佑我烈祖格于皇天

王凝

同考試官教諭唐批（命説而叙及佑祖格天歆動之意溢於言外非子

筆力不能到此允宜高薦）

同考試官教諭吴批（作書義疏暢如此深於書矣）

考試官學正吴批（詞意婉切）

考試官學正李批（昌達之文）

賢王述前臣輔君之極功其屬望於臣者至矣夫輔君以格天功之極也賢王述之以爲大臣告期望之意何切哉昔高宗以伊尹望傅説而先叙其烈以歆動之若曰輔君作聖吾之所以望於汝者固不必遠有所慕也亦惟於尹之相我先王者而匹休之爾蓋尹也堯舜君民之志既有感於三聘之餘堯舜君民之業又自任於五就之後惟其立志之篤故爲之也益力自任之重故行之也必果一德之孚無异於同寅之日戮力之誠不殊於協恭之時其爲上而爲德也則朝夕有恪使懋德之功益日新而不已凡其所以左右厥辟而盡有相之道者皆其親見之初心也其爲下而爲民也則夙夜匪懈使建中之化益彰信而無間凡其所以左右宅師而盡輔治之責者皆其覺民之素志也由是德成於上下之交修而足以爲昭受之本業成於天人之協應而自臻夫峻極之功莫高匪天也而我祖則之大德之懋昭殆與乾元同其運行矣是雖聖敬之日躋而尹之助不亦多乎天位乎上也而我祖配之兆民之允殖殆與造化相爲流通矣是雖聖武之布昭而尹之功焉可誣邪蓋至是而後君爲堯舜之君民爲堯舜之民伊尹之志始可以無負矣説能以之而相予尚何格天之治不可復見于今日也哉抑説之所論者學也高宗之望于説者治也其理一而已蓋學者治之本治者學之推發諸事業則爲格天之功藴諸德行則爲知天之學故必有伊尹之學而後可以言伊尹之志有伊尹之志而後可以言伊尹之功噫師古之學對揚之勇説皆有之此其所以成中興之治而匹休於尹也與

詩

羔羊之皮素絲五紽退食自公委蛇委蛇羔羊之革素絲五緎委蛇委蛇自公退食羔羊之縫素絲五緫委蛇委蛇退食自公

胡定

同考試官教諭王批（羔羊義場中作者多涉陳冗此篇辭不費而意自足是用録出）

同考試官教諭李批（咏節儉正直著於容服而文王之化自見得風人體）

同考試官教諭姜批（詩人歌咏之意此作模仿曲盡可以式矣）

考試官學正吴批（温厚和平）

考試官學正李批（國風義如此作者绝少）

詩人歷美大夫容服之可觀其所得於聖化深矣夫服也容貌也皆所以飾德也大夫均有可觀焉非被化之深其能然乎詩人得於觀感而稱美之也蓋謂大夫以浚明之德爲邦家之光在中之美不可得而測矣吾觀于其服焉裘以羔羊而飾以素絲物采之章不必其備也而闇然示人簡矣儉德之慎不因以得其概乎吾觀于其容焉退食自公而委蛇自得矜持之迹無所於事也而澹然示人易矣直方之操不因以睹其微乎夫羔羊之革而素絲五緎有常度也大夫服是服焉張弛適時措之宜而動容皆和順之發委蛇哉其自公退食也觀於此則其法守不渝而處心無作固溢於容服之外矣羔羊之縫而素絲五總尚純一也大夫衣是衣焉從容於矩度之中而施體有不言之喻委蛇哉其退食自公也觀於此則其持身之約而履道之坦固有出於觀視之表矣是則服一也而在大夫則有章容貌一也而在大夫則可象此其得於文王之化爲不淺矣然文王何以有此哉蓋其純德之顯敬止之範足以默移人心納之軌物而又久於在位作人不倦故其德化漸摩之深自有不識不知者夷考其時免罝之夫爲公侯之匹矣棫樸之士有譽髦之稱矣羔羊大夫蓋首聞其風而興起者故曰周王壽考遐不作人

夙夜基命宥密於緝熙單厥心

李孟彰

同考試官教諭王批（形容成王修德繼業之心殆盡録之）

同考試官教諭李批（頌以美盛德而告成功也此作得體）

同考試官教諭姜批（頌成王之德而歸重於敬知本之論也）

考試官學正吴批（典雅可式）

考試官學正李批（宏深縝密）

詩人頌賢王勉於修德而嘆其繼先之盡道也夫前王之所以成大業者德爲之基也賢王勉修以繼之此其爲守成之令主與是詩周人頌成王也其意曰天之命我周以天下也固於二后之世矣然纘承之責不有在于繼世之君乎故成王明于安危之機而察乎天人之故時幾惟敕兢惕於夙夜之間大命是欽黽勉爲承藉之地充未艾之心而就之不疑於泮涣盛德日宏亹亹乎深造以道也持無逸之敬而約之以至於隱微聖修不顯淵淵乎退藏於密也夫是宥密之德也固二后所以格天而凝命者也而成王有焉是其撫盈成之運而世德是求念繼序之艱而孝思惟永傳後之統非自我始也而益緝之以就大業以崇大化蓋既竭其心思而不徒在於陟降上下之迹矣永清之休實

先所貽也而益熙之以覲耿光以揚大烈蓋皆本諸心德而非徒事於延訪毖戒之文矣夫成王之修德以繼先如此此天命所以保而文武之業所由不墜也詩人頌之不亦宜哉蓋嘗觀周室初定人心之愛戴尚淺而商俗之頑梗未消此成王所爲日兢兢也卒之元聖歸而化理章大憝平而王室固周家有道之長不爲無自矣然考其所以自命與群臣所以進戒止惓惓于敬之一言信乎敬者聖學始終之要也

春秋

秋齊侯宋公江人黄人會于陽穀（僖公三年）春王正月公會齊侯宋公陳侯衛侯鄭伯許男曹伯侵蔡蔡潰遂伐楚次于陘楚屈完來盟于師盟于召陵齊人執陳轅濤塗秋及江人黄人伐陳（僖公四年）

程一夔

同考試官教諭程批（春秋乃五霸之事五霸以桓公爲盛數節經文本自聯屬而桓公用兵之善含蓄殊有深意此作用奇正二字發揮明盡得屬辭比事之體）

考試官學正吴批（其辭鏘然）

考試官學正李批（典確可則）

春秋詳伯主制外之迹而善其謀焉夫好謀而成武之善經也桓之攘楚定謀于前而成功于後焉寧非春秋之所予乎慨桓自創伯以來日以安攘爲事一旦内聯宋魯遠協江黄豫圖伐楚之謀大講陽穀之好想其意豈不以爲克敵之道貴在萬全行師之勝本於多算彼聲罪致討用兵之法固有所謂正也兹將伐楚咨爾八國其厚集大衆以伸撻伐之威而聚而爲正可乎形禁勢格用兵之法固有所謂奇也兹楚之伐維我江黄其按兵不動以張掎角之勢而分而爲奇可乎是其折衝之術不出樽俎之間功心之謀定於帷幄之近用是以正而合也則鋭兼八國有以奪其陸梁之心而荆尸乘廣無所用勇矣觀之侵蔡而潰也伐楚而次也乃屈完來盟于師焉而孰非好謀之獲哉用是以奇而勝也則地守江黄有以深其肘腋之虞而方城漢水無所用其險矣觀之召陵既盟也濤塗既執也而後伐陳與役焉而孰非慮善之動哉是知伐楚之役江黄不與非避難也秉成算耳伐陳之師江黄來同非畏威也告成功耳桓之善謀如此是宜夫子於陽穀之役而特未言以與之與雖然桓之攘楚功固烈矣然徑陳弗果執其臣而侵伐其國都焉所以持勝者何如也謀及江黄似矣荆難罹而告命赴城守逾時而援師不出有志於宗諸侯者固如是乎噫此固伯者之所爲假而君子之所羞稱與

齊人歸我濟西田（宣公十年）齊人來歸鄆讙龜陰田（定公十年）

朱倫

同考試官教諭陳批（孔子相魯遂化强齊以致歸田乃其俄頃之助觀於濟西而公私迥别最是本經大義此作整齊明健得寓意本指可取）

考試官學正吴批（奇雋可録）

考試官學正李批（體製謹嚴）

歸地出於私春秋著成惡者之罪歸也出於誠春秋序化强者之績此齊之惠景歸地于魯雖同而其情則异矣春秋得不寓意于書法間哉且齊人胡爲而歸我濟西也平州會而公位定宣之德齊也久矣用是以妻其臣以會其師以歲其朝而所以事之者無不至焉惠因媚其順已也乃還其所取之邑以彰接納之私而濟西於是乎歸矣噫子赤蒙難市人告哀宣之所以得國者何如也而齊乃與之親愛惠遺焉則是恣逆者宣而所以得撫有侯國者謂非齊惠羽翼之助不可也故經於濟西之歸特書曰我者蓋以著其爲人欲之私非道義之正也而齊人成惡之罪不於兹而彰乎齊人又胡爲而歸我鄆讙龜陰也夾谷會而仲尼相魯之待齊也豫矣用是裔俘以却兵車以拒享禮以罷而所以處之者罔不順焉景因愧其非禮也乃納晏子之言以昭謝過之質而三田於是乎歸矣噫陘亭至止屈完來盟桓之所以服楚者何如也而魯乃得此於齊焉則是歸地者景而所以感其良心者謂非仲尼俄頃之化不可也故經於鄆讙龜陰特書曰來歸者蓋以表齊人心服之誠非由請而得也而聖人化强之績不於兹二著乎是則惡有宜懲也則以之繩人而不嫌於僭功有宜録也則以之自序而不嫌於誇仲尼其以天自處者乎抑其他日之言曰不在其位不謀其政而其作春秋則以之刑人賞人而無所避何哉蓋從周而安土者夫子之心也托之魯史以用其權者非夫子之得已也故曰知我罪我其惟春秋有以也夫

禮記

正聲感人而順氣應之順氣成象而和樂興焉

萬言策

考試官學正吴批（説所以感人處辭甚明暢是可以言樂也已）

考試官學正李批（雅健可取）

記者著和樂之所由興以見君人者當慎於所感也甚矣樂之貴於和也然必感應者皆無不善而後興焉則人君可不慎於所感哉樂記言此謂夫和

樂之不見於天下豈徒制之未盡哉要亦所以爲感者未能盡善也故必制作於朝廷之上而聲音之敷播者一出於性情度數之各正振舉於朝著之間而樂教之洋溢者皆原於心術理義之不忒乃爲感之以正矣由是聞其樂者啓發其良心而和平之意自生蕩滌其邪穢而乖戾之私自釋剛不至于怒也柔不至於慑也而順氣應矣由是積之既厚則發於外者爲益章蘊之既深則生於色者爲益盛剛者儼然其有可象也柔者粹然其有可親也而其象成矣樂有不興乎蓋推樂以化民而民未必應則求之聲音器數之間或有不得其理者未可以言樂之和也今樂作於上而順應於下則吾之所以章德而象功者盡善盡美始足以昭天地而俟後聖矣聖人之和樂豈不自此而興哉樂舉於君而象成於民則吾之所以宣風而平情者優柔平中始足以協神人而無百獸矣昭代之典章豈不由此而備哉夫和樂之所由興如此是蓋天子建中和之極而民俗協化中之美耳苟爲無本則聲之感者未必盡出於正其何得此於民哉抑作樂之本非有他也即吾心之性情也苟能致力於存省而建中和之極則天地自位萬物自育協氣生而和樂出矣然先王猶必采詩以觀民風六律五聲八音以在治忽則審樂知政之心又何如其汲汲哉噫此古樂之所以弗可及也與

忠臣以事其君孝子以事其親其本一也

望廷臣

考試官學正吴批（講忠孝藹然可掬令人有感發處非體味真切何以及此録之）

考試官學正李批（理明辭順）

君子之善事其君親者皆求盡於内者也蓋忠以事君孝以事親可謂以善事之矣然其心豈非皆欲求盡於内哉記者之意蓋謂君子之祀其親者齋莊之心固宜操存於臨祭而道德之行猶當致力於平時所謂内盡於己者何如哉今夫天下莫非臣也而有忠臣焉利國家以爲念翼翼乎靖共之節安社稷以爲悦蹇蹇乎篤棐之忱夙夜匪懈而不知其勞也夷險一致而不有其躬也蓋惟知忠於其君而已莫非子也而有孝子焉深惟一本益充愛敬之心有懷二人不廢寢興之節養志養體而就之無方也用力用勞而其思不匱也蓋惟知孝於其親而已夫君子之善事其君親者如此而豈徒哉蓋其心以爲君臣之義無所逃於天地者使事君之忠少有不至則天經地義之有虧而修之身者未可以言盡也父子之親不容已於天性者使事親之孝少有未足則天

理民彝之有缺而措諸行者未可以言純也故事君事親禮雖殊矣而篤志力行以求本心之自慊者邇之事父猶其遠之事君者也何有彼此之間哉曰忠曰孝名雖异矣而允蹈實踐以求本體之充滿者終於事君即其始於事親者也何有内外之别哉夫君子之内盡於己如此則身心不愧於俯仰而素行已合於神明以此祀親尚何福之不可受哉抑夫子嘗自言祭則受福繼之曰蓋得其道矣及門人記其所慎齋居一焉固以夫子之受福由其致謹於將祭也殊不知天縱之聖天且不違而况於鬼神乎詩曰豈弟君子求福不回夫子以之

第二場

論

士不可以不弘毅

胡定

同考試官教諭李批（曾子得孔氏之宗而此論會曾子之指起處包括渾融入論演迤不匱其究心弘毅之學者乎）

同考試官教諭王批（論以體仁爲要而發明曾子大學之書識見卓犖詞氣汪洋蓋有本之學）

同考試官教諭姜批（體裁高古詞氣春容）

考試官學正吴批（理致精密）

考試官學正李批（雄思閎才）

君子體仁之學亦惟克全其本心而已夫仁者天之心而人得之以爲心所謂元者善之長也是故天大無外而吾之心亦無外天運不息而吾之心亦不息是之謂本心也即天之心也自夫蔽之以有我之私而始有不弘間之以外物之誘而始有不毅不弘則有外之心不足以合天心而非吾之本心矣不毅則有息之心不足以合天心而非吾之本心矣失其本心則不可以爲人而又烏可以言仁哉此君子體仁之學所以非弘毅不可也嘗考之記曰中心安仁者天下一人而已又曰舉之莫能勝行之莫能至蓋言仁道之大而求之甚難也夫中心安仁者肫肫其仁自然而全體不息者也聖人之事也未至乎此而立志以求之非弘毅何以哉孔門之論志曰志於仁矣由是而之焉曰志於道道不外乎性也由是而學焉曰志於學學不外乎道也要之聖學之所以從心成終乎仁賢人之所以志學成始乎仁而弘毅云者舉之必欲其勝行之必欲其至所以立志以任道任道以正學正學以從心乃孔門之心法曾子之獨

傳檃括大學之書而約之一言以其真積力久者而告天下後世之爲士者也且夫人者天地萬物之心也心者天地萬物之主也故性從心生則其生理也本與天地萬物同體者也學焉而求得其心雖至於位天地育萬物曾有出乎人心之外者乎人心之謂仁天地萬物同體之謂仁知心之爲仁則知天地萬物矣知天地萬物同體之爲仁則知心矣知心之體則知不可以不弘矣知心之體而運之無窮則知不可以不毅矣知弘與毅則知大學之道矣大人之學明德新民而止於至善以天地萬物爲一體者也其所以然者非由外鑠我也其心之仁本若是其無間也豈惟大人爲然也人皆有之其憫孺子之陷溺也必有怵惕惻隱之心推之天下有溺由己溺之天下有饑由己饑之充此心之仁也豈惟於人爲然也於物亦有之灾眚殃閼夭墜閼塞必有憫恤之心故調育蕃滋乘服斧斤以盡其物充此心之仁也又豈惟凡物之小也氣塞天地之間愆陽伏陰星緯吉凶山澤童涸百川沸騰必有省敕之心故推極中和宣爕時氣充此心之仁也此仁之爲道也自天子以至於庶人無一人而非此仁也自一心之微以至天地萬物之廣無一處而非此仁也自終食造次以至於富貴貧賤無一時而非此仁也夫然後可以爲學而士之志學必弘必毅焉者所以克其己私而求復乎本心之仁也記曰人生而静天之性也感於物而動性之欲也由其静也雖凡民有端緒之著及其動而欲也雖士君子有有我之私於是乎曰不可不弘焉不可不毅焉心之所之不違乎仁也于以管一身之氣立吾生之命若草木之有根也流水之有源也所謂天地萬物之廣終食造次之時皆吾責志之學之所在也彼此藩籬之形一物有間曰此其未弘乎終身經歷之地一息不存曰此其非毅乎積而久之亦猶根本之貫乎枝葉也源泉之不舍晝夜也向之有間而不存者於是乎融洽繼續而吾心之仁不可勝用矣夫三極之道會通於心無分乎忿懥好樂也而皆吾之天德焉無分於親愛賤惡也而皆吾之王道焉無分於家國天下上下前後也而皆吾三極大中之矩焉民無饑溺物無殃閼氣無違爽倫無乖斁天下國家皆底於齊治均平而後足以言斯道之重士之爲士始慊於志譬之吾身主之者心思調之者元氣運之者百體髮膚主之調之無乎不運則精神流貫色理榮暢感觸神應不言而喻聯屬天地萬物以成其仁者何以异於是哉斯其於我也備物以爲我而非囿於我也其於物也立我以順物而非逐於物也先天地而不見其始亘古今而不見其終故曰不亦重乎又曰不亦遠乎孔門之士狂者蕩然鶩乎其高而莫揜夫不繼之實斯歉乎毅狷者硜然狭乎其中而自見夫不廣之形斯歉乎弘孔子憂之嘗曰老者安之朋友信之少者懷之又曰終日乾乾及復道也

其示之以全體不息之教可謂至矣而自至其中狂狷終有歉焉領會其宗而發明之者唯參之魯乃竟得之弘毅之指其善繼聖人之志者與孔子之道不行於當時而幸有曾子之繼志有以俟真儒於後世使古昔聖賢相傳之道不至於泯而無聞則曾子之功於斯爲大厥後張子之作西銘曰乾稱父坤稱母而以窮神知化爲繼志述事以順事乎父母終其身而不敢少懈焉此即弘毅之旨也其所以自期待者曰爲天地立心爲生民立命爲前聖繼绝學爲萬世開太平則西銘一書蓋幾於允蹈之者矣嗚呼繼曾子者非張子也乎

同前

王凝

同考試官教諭唐批（立論宏大而詞氣滚滚若决百川而東之且入理微妙用句縝密子於理學浸潤精華久矣）

同考試官教諭吴批（以求盡其心立論蓋有所得者）

考試官學正吴批（磊落不群之材）

考試官學正李批（氣雄才達謹見此篇）

君子之學莫要乎求盡其心也蓋吾之一心固斯道統會之地也君子將以其身體斯道之全而不求之心焉則本原之地既失其養而所從出之機塞矣雖竭吾才以求之終無益於得也然吾心至理初非外鑠我者原於帝降之彝而涵乎天命之性自其全體之大也則謂之弘焉自其全體而不息也則謂之毅焉惟弘也而廣大之所由致惟毅也而至善之所由止此吾心本然之量也而或狹以有外之私雜志群動之妄則失其初矣是故君子之學以求盡之也曾子曰士不可以不弘毅甚哉其善論學也蓋嘗觀易以大贊乾而象之曰天行健孔子之贊坤曰含萬物而化光順天而時行蓋天確然在上也地隤然在下也萬物囿於覆載之中者咸以其分取足焉此其德之弘孰得而逾之也而又主宰不居運行無息渾淪廣博而莫測所終始詩曰維天之命於穆不已蓋天地之弘毅也人得天地之心以爲心者也吾心在内見其寂然微淵然密爾已然虚靈之中萬物皆備率之於性則爲仁義爲禮智發之於情則爲惻隱爲羞惡爲辭讓是非著之爲人倫措之爲政事放之爲禮樂名物儀文度數之末盡六合之廣萬有之衆納之吾心而非盈也推吾心而加之六合之廣萬有之衆而非歉也蓋不外于器而亦不囿於器不離於形而亦不滯於形此其全體之廣大所謂天下之至弘者非邪然吾道之在天下散於萬殊而人以一身立天地之間日用酬酢亦奚啻萬變也順之而富貴窮之而貧賤困之而患難

流離暫之而瞬息久之而千萬世近之而日用飲食以至晝夜之禪代鬼神之屈伸内之而己外之而人若是其不齊也而此心之本然則常明常覺常寂常静事至而未嘗有既往而未嘗無引之於前而不見其始招之於後而不見其終此其全體而不息所謂天下之至毅者非邪弘以居天下之善而毅以行之此心之本體我固有之也然而不善養者馳鶩於攻取之私而出入有紛華之間愛憎之辟利害之交日擾擾於吾之中焉吾之自視始縮然不勝其小其或有所惕戒勉强於一日之善而終食之間造次顛沛之際不能無違焉此心之運蓋幾乎息矣何望其於斯道之大舉之而能勝行之而能至哉是故君子之學不可以已而學之所以爲學亦不必求之吾心之外也夫吾心本弘也念慮之微幽獨之地豈無善端之萌而可與天地對者故君子必有察識之功以爲緝熙之地必廣容受之量以爲充拓之基易之升曰君子積小以高大夫惟積之自小則泉達火然之機固自有不可遏者何患乎弗弘也既弘矣或雜以妄動而日新之功不繼焉則此心之弘又非可以一時一事而襲取之者故又必充剛大之氣而黜忘助之私袪外物之誘以求動静之定易之恒曰君子以立不易方故不爲利疚不爲物淆無充詘無隕穫而天下之至毅在我矣夫弘焉而吾心之體不累毅焉而吾心之運不息則斯道之大取足於方寸之間而惟所用之是故以言乎性則爲大本以言乎情則爲達道以言乎人倫則爲大經以言乎政事則爲訏謨遠猷以言乎禮樂名物儀文度數則爲盡制富貴非亨也貧賤患難流離非逆也瞬息非暫也千萬世非久也日用飲食非近也晝夜之故鬼神之情狀非幽也内不見己外不見人亹亹於大道之中與天地爲一而君子之能事畢矣蓋嘗稽古堯舜文王周公者大聖人也今觀授受之際與之而不以爲德得之而不以爲泰蒙憂患而不失其正處多懼之地而赤舄几几天下後世之所望而震者皆若固有之何則其素所蓄者弘毅也故考之詩書紀傳之所記載曰如天曰協帝曰兢兢業業惟精惟一矣曰於昭于天望道未見矣曰思兼三王坐以待旦矣孔子承數聖人之後而祖述憲章之其道德之大蓋當世莫能名而性與天道之妙則雖及門之徒有不可得而聞者嘗曰老者安之朋友信之少者懷之推斯志也雖與天地并弘可也然且致謹於庸德庸言之間至發憤忘食而不知老之將至大道之公未嘗一日忘情也而温良恭儉讓之德終不可磷緇焉非天下之至毅其孰能與於此曾子之在聖門聰明才辯視諸子後焉至於省身之功則日不廢逮夫真積已久而將有所得也孔子呼而語之曰吾道一以貫之夫以吾心之一而貫天下之萬以天下之萬而貫之吾心之一至賾而不可厭也至動而不可亂也事以應事物各付物

而天理之渾然者未嘗息焉何其弘且毅也此弘毅之旨所由發也及曾子告其門人又不過曰忠恕而已矣夫盡吾心而推之以及人謂之忠恕可也謂之弘亦可也由是而不息焉謂之毅亦可也蓋弘毅吾心之體也一貫者弘毅之盡也忠恕者弘毅之功也要之求所以善事其心也故君子不欲弘毅則已君子而欲弘毅焉忠恕乃其所造始矣

表

擬翰林侍講學士樂韶鳳宋濂等進洪武正韻表（洪武八年）

萬言策

考試官學正吴批（我朝同文之盛及書成進獻之詞揄揚貴於宏贍鋪叙難於舂容此作體莊句麗學博辭豐觀者心醉而作之似有餘力允稱敷陳兼擅場屋録之）

考試官學正李批（博雅典麗兼造其極其湘楚之琳琅與）

具官臣韶鳳臣濂等奉詔刊定韻書已完蒙皇上賜名洪武正韻謹用繕寫裝潢進呈者伏以聖君建極陳九重藝極之常天子考文洽四海同文之化爰搜羅于耳學式調協乎□聲祗奉絲綸肅將纂輯臣韶鳳等誠惶誠恐稽首頓首上言竊惟象物形而作字所以治百官察萬民緣天籟以成音當知縱四經衡七緯備庶物之體用者無過字畫包衆字之形聲者咸萃韻書由篆隷以來書體因時而屢變自風雅而下韻法以漸而加嚴原夫韻出於聲有牙舌唇齒喉及舌齒之各半故必音成乎韻乃宫商角徵羽與商徵之中分但埏垓之風土不齊互重輕而清濁在律吕之雜單有定斯參錯以通融緊后夔按律以和聲暨保氏諧聲而守職是聲韻久萌于中古特法程頗异于後人定六樂以相周删四詩于歸魯惟不乖夫節奏即可被諸管絃楚播離騷語弗拘于浮切漢開樂府歌亦取于比和慨六朝倏有北而有南世非一統致三吴遂分平而分仄韻列四聲南音肇盛于一時沈譜更拘于八病唐設科而藝呈詩賦有儀曹官韻之難違宋崇儒而韻屢討論韙夾漈音書之著略顧在上者安舊聞于沿襲未敢推移雖在下者挺特見于喧淆孰從徵信修韻源于大曆帙惟付乎集賢綴韻補于武夷用謹資于作傳古音漸杳正韻難興代入胡元韻行蒙古在中州尚當識别何外夷亦主會同三代之雅音幾乎息矣四海之聲教將焉賴之窮則必通往無不復兹蓋伏遇皇帝陛下道超有象命集維新勛華克配乎唐虞順應有光于湯武握符御宇用夏變夷驅沙漠之犬羊振中國文明之舊除寰區之蛇豕躋斯民和協之休峻德成功巍巍蕩蕩昌期治世皞皞熙熙當賁亨豐大之時急夬決革孚之務適萬幾之閑暇察五韻之舛訛召諭詞臣

往攡書苑繹敦厚温柔之教辨抗攢激矯之因謂東冬清青之儔獨用者當併爲通用若虞模麻遮之屬一門者宜析爲二門猶曉解之咨詢斯酌量而刊定佩天語傳宣之悉測皇衷契悟之玄於是臣詔鳳臣濂等澄思慮以稟承竭聰明而叙次本中原之正音立準尚恐泥於方言就廷臣之博識與謀乃敢執爲定説以併析則畢充其類以咨詢則各效其長平無上下之分故不仍于丁度字有增添之數例實仿乎劉淵偏旁弗悖於説文翻切盡歸于韻母注悉存乎毛氏諱罔避于宋人字之收者餘一萬二千韻之總者蓋七十有六念底經六易頗殫考索之勤幸書獻一人得展對揚之志荷錫名而假寵命爲序以冠端華省收藏檢閲或資於天藻容臺頒布持循應遍於方輿俾臣民相應以相求實聖神盡倫而盡制臣等學漸小悟技乏兼通正文雅尚乎之推説字每懲乎安石欣聆指授勉畢研窮三百篇之遺響復興弊厘已往億萬祀之元聲載定範示方來伏願炳焕至文久照臨於日月裁成大樂布和順於乾坤來重譯之四夷遠希遵路垂德音於百世永賴成能臣詔鳳等無任瞻天仰聖激切屏營之至謹以勒成洪武正韻一十六卷隨表上進以聞

第三場

策

第一問

謝賚

同考試官教諭李批（聖代盡制明倫能歷叙之純暢典則而結意自勖忠愛懇至固知子醖藉久矣刻之以式）

同考試官教諭莊批（觀子對揚非能識聖人之大者未易見此篇末仰答鴻休歸於忠孝亦可謂善言德行矣）

考試官學正吴批（巨麗之文自得揄揚之體）

考試官學正李批（辭氣古雅答問明切）

帝王立教之法必盡制以育天下之材而其敷教之實必明倫以興天下之行惟其盡制也聯凡民之俊秀而甄陶之教之所以通於治也惟其明倫也舉人道之綱維而興起之材之所以出於行也教通於治可以觀聖化之神材出於行可以言人文之盛此二帝三王之世所以才全德備治隆俗美其道有以俟諸後聖而不惑此我太祖高皇帝睿宗獻皇帝我皇上所以同心同道盡制盡倫其功有以追乎帝王而獨盛也與請敬陳之堯舜之世命官於民人既

育之餘免人於逸居無教之患五品惟遜九歌聿宜其時穆乎不可尚已三代學制考之遺經立其官師創其宫室其制甚隆辨其時物敕其條法其事甚備無非欲爲士者原夫道德性命之微著於人倫日用之際暗然日章而不過於高審聲器儀文之備用於事父事君之時德成而上而不局於藝孟子曰夏曰校殷曰序周曰庠學則三代共之皆所以明人倫也斯爲盡之矣至我太祖高皇帝天授神器鼎定金陵爲華夏綱常之主方其寧越駐師此誕膺曆數之始也即開郡學則命知府王宗顯即延經師則屬儒士葉儀宋濂即立學官則戴良爲學正吴沉徐原等爲訓導天下廢學已久至是始聞弦誦之聲愚嘗於是仰窺聖人致治育材之心矣及大統既集之後正經緯文章之時以學制未廣諭中書省臣其言有曰治國之要教化爲先教化之道學校爲本今京師雖有太學而天下學校未興宜令郡縣皆立學禮延師儒教授生徒以講論聖道使人日漸月化以復先王之舊以革污染之習此最爲要當速行之當時承式聖訓建學明倫夫興學於止戈息馬之先定制於一統文明之日而講道明倫尤惓惓焉是其出入二典斟酌三代宜乎人材輩出弼亮有聞我朝倫制之盡即帝王隆古之盛也迨我睿宗獻皇帝受封之初首崇文教爰視州學則行釋奠先師之禮爰命學官則賜聽講周易之書爰錫賓鑼以榮稽古則因出内帑以修禮殿之壞全楚霑化至今頌之愚嘗於是仰窺我獻皇帝丕顯佑啓之端矣及我皇上欽承大統以來懋昭達孝之日用禮官覆議賜勒恭紀先德碑文其中有曰建學所以明倫倫莫大於父子君臣明父子之親則天下知孝明君臣之義則天下知忠我皇考惓惓加意學校正欲教民以忠孝耳又曰學孔子之道其可不盡夫彝倫之實爲子盡孝爲臣盡忠夫修學於賜講錫鑼之會紀績於奕世作人之時而盡孝盡忠尤諄諄焉作述相承綱常攸賴宜其覿德心醉鼓舞不倦我獻皇帝皇上倫制之盡即高皇帝開倡之盛也故由後視前則聖祖之於帝王其揆一也而人文焕於胡元漸染之後則樂趨者愈見其妙矣以聖繼聖則今日之溯國初其道同也而忠孝揭於教化大行之日則務本者愈見其衆矣大抵有聖人之治法則自能爲一代倫制之極有聖人之心法則自能觀上天設教之神上下古今通一無二者也漢唐宋之時或舉行學校而别開孝廉之途是孝廉不關乎學校也或廣立科目而徒工詞賦之學是學校不關乎倫理也以無實之材而爲天下之吏承小康之世而治不教之民治不古若何足道哉愚也幸生崇儒之世而聞大道之要矣發策承學詢及德行何以復明問哉亦唯曰充不可解之心純孝以移忠堅不變塞之志精忠以奉國立

朝守職者不至於或驚殄行明經論道者不至於徒倡游言則庶幾仰答鴻庥之萬一爾謹對

第二問

王凝

同考試官教諭唐批（大本大綱讀經史而能上裨敷對旁訂得夫者端不外此子貫穿古今而折衷以理他日進用談經據史於實用非經濟之儒臣邪敬服敬服）

同考試官教諭吴批（是知經史之要者可以式矣）

考試官學正吴批（博綜合今辭能達意）

考試官學正李批（條答明盡）

讀經者考帝王之大本則得其治理之由讀史者觀君臣之大綱則得其興廢之故夫帝王之道本於心而存於心者可以感神明動天地帝王之治本於道而施之事者可以服庶類懷萬方緣是以考大本之所在而二帝三王由此其盛也物有本末而詳於治法忽乎其本事有終始而圖於有初不防其漸緣是以觀大綱之所在而唐之中葉由此其衰也知帝王之所以盛唐代之所以衰則宋儒羅從彦所云讀經以尚書爲先讀史以唐書爲首其微意可知而尚書古今真贋之辨特章句之餘事而大經大法自昭如也唐書新舊工拙之殊特文章之末技而大綱萬目自可考也何足深論哉以尚書言之伏生口授二十九篇孔安國增古文尚書二十五篇伏生之學始於授同郡張生而盛于兒寬傳至歐陽高及大小夏侯古文尚書晋鄭冲以授蘇愉愉授梁柳皇甫謐得之於柳以授臧曹曹授梅賾晋時始行其書九峰蔡氏之意以今文多艱澀古文反平易伏生背文暗誦乃偏得其所難而安國考定於科斗古書錯亂磨滅之餘反專得其所易諸序之文或頗與經不合而安國之序又绝不類西京文字皆有可疑但其記録之實語難工潤色之雅詞易好以此論訓誥誓命之不同此則定論也晁氏之辯證則曰以禮記較説命以孟子較泰誓大義雖不遠而文不盡同愚以文雖不同義實不遠則所貴乎尊經者以其文乎以其義乎必觀其大義斯可以言尊經矣以唐史言之唐史一百三十卷韋述所撰新唐書二百二十五卷曾公亮所定韋述之書本於吴兢初撰唐史止於開元凡一百十卷而述則刊去其酷吏之傳于休烈增肅宗紀二卷令孤垣等隨紀志傳復增緝成之石晋劉昫因之以爲全史曾公亮之書删定唐史歐陽修撰紀志宋祁撰列傳宋時方有定帙曾公亮等之言以其事則增於前其文則損其舊但謂事增於前必摭街談巷語之陋文損其舊或多裝綴粉飾之詞此亦可

議也馬端臨之考記則曰歐陽爲表志宋爲紀傳各出姓名以示撰述工拙愚以撰述雖有工拙增損總爲牽補況所貴乎信史者以浮詞乎以實録乎必存其實録斯可以言信史矣伯恭解書自洛誥始要之是少穎所未成者此朱子之論東萊書説也至其論林少穎之集解則曰集解儘有好處但洛誥以後非其所解蓋少穎從學於吕居仁而東萊從學於林少穎其淵源當知所自也唐鑒多有緩而不精又多説得散開及草草之甚此朱子之論祖禹唐鑒也至其論祖禹之帝紀則又曰侃侃范太史受説伊川翁春秋二三策萬古開群蒙蓋唐鑒叙大綱則有定論而榷世務則多闊疏其褒貶不嫌互見也由是觀之必略其文字之疑而本乎淵源之學則大經大法不難於指陳即夫實録之中而訂其得失所在則大綱萬目不難於悉舉夫存之爲天德行之爲王道善者天下所與不得而不舉惡者天下之所廢不得而不罪方其盛也教民養民皆由於知人是以官才備修而功叙熙亮世之稍衰也猶存經制尚賴典刑于以維於不墜此尚書之大略也萬目之舉備於前大綱之正缺於始政本隳而漸不終治人亡而治法弊方其盛也租庸調之法足以聚天下之民府兵之法足以聚天下之兵是以兵農富强而條目不紊運之稍移也則租庸調變爲兩税税稽田畝而括田之政出府兵變爲彍騎養兵無素而天下之兵衰以至極弊大壞而不可救此唐史之大略也知人安民之道致治者一定之訏謨矣至於彍騎之漸府兵之益租庸調之足以聚民兩税之足以滋弊旁訂之詳使兵之散於天下者可以聚之於要會田之詭於避役者可以稽之於版籍丁之耗於游民者可以歸之於田畝有唐之利無唐之患斯亦可施之政事乎然而傳帝王之心法有要焉曰欽曰敬是也鑒唐史之綱維有要焉曰修身曰齊家是也以欽敬爲修齊之實以修齊出平治之本此愚生所以志於三代之隆而采夫萬目之備者也不識可以上裨敷對而旁通世務否惟進而教之

第三問

胡定

同考試官教諭王批（全楚人材子綜究心迹甚備至其自期以吉甫元公爲終身願學古有之云士先志斯不可以觀子之志乎敬服敬服）

同考試官教諭李批（品評人物而自寓之意卓有定在奇士奇士）

同考試官教諭姜批（觀此策條答知子能尚友古人矣）

考試官學正吴批（詳確取之）

考試官學正李批（整核可録）

言行爲君子之樞機出處見君子之大節必有志焉而言行之見於達也

足以竟其所志必有學焉而言行之見於窮也足以明其所學君子之志也如射者之於的也斯有所至也君子之學也如百川之於海也斯有所宗也愚生楚產也然竊聞於君子而有意於千古之英執事以楚材爲問敢盡舉夫一鄉之人材以自擬終身之歸宿而愚生尚論古人抑有二道焉盡古人之長則取善無窮足以廣吾言行之資擇古人之善則自待不小足以底吾言行之極楚材之在古昔愚生皆未之逮也而以明問所及言之令尹子文孔門稱之喜怒不形物我無間何其忠也使其修身以道修道以仁悉當於理而無私心則不止於爲忠而已屈原去楚太史傳之志潔行廉衆濁獨清何其賢也使其用之則行舍之則藏終身於楚以善其道則不止於著騷而已安陸之黄香爲尚書令天下無雙憂公如家誠少其匹香子黄瓊爲太尉舉奏貪污彈劾不避僅見其人此東漢之人材也而友其善者或曰使東京之節義概於中庸之爲德又孰得而尚焉襄陽龐統爲南州之冠冕江夏孟宗爲母服而犯禁武昌郭鄱辭庾亮之薦襄陽司馬徽知孔明之賢此三國晋代之人材也而友其善者或曰使魏晋之英賢濟於匡時之實用又孰得而逾焉江夏李鄘之恬於仕進則不拜平章襄陽張柬之之協心仁傑則復唐社稷賜屬吏清白箴者襄陽許圉師刺青州時然也而清操可睹策吐蕃當劫盟者襄陽柳渾爲盟吐蕃時然也而蚤見可稱此非唐士之著名者乎而愚生以柬之乃社稷爲悦者也論功其最優與侍殿中而爲鐵御史興國之吴中復也爲中丞而中立不倚江夏之馮京也興國之吴必大則爲朱子罷官衡州之李芾則爲潭州死節此非宋士之著名者乎而愚生以李芾乃取義爲重者也論忠其尤烈與自宋季以溯春秋所記楚材考其懿行宛見其平生誦其格言若聞其餘韻此愚生之日夜深惟而愧其不及者也乃若所願則寧舍乎是焉允文允武之才可以爲萬邦之憲房陵之吉甫也其在當時孝友之張仲輔佐於内方叔召虎宣威於外而吉甫與之僇力同心弼成宣王中興之績内順治而外威嚴噫以楚士而能志吉甫之所志焉則出而仕也行有枝葉而不患無匡時之略矣太極通書之指可以接斯道之傳營道之元公也其在當時灑落之度則光風霽月之可比節目之大則論獄媢人所不爲而二程因之克紹正傳大啓河洛關閩之學學主静而心無欲噫以楚士而能學元公之所學焉則處而約也道無緇磷而不愧爲聖賢之徒矣説者又言才非易及道本難成數子才節或可自勵而文武之才聖賢之學何敢輕擬哉不知思猶泉也浚而深弃而泥夫亦未之思爾才猶絲也理而修棼而結亦各言其才爾愚生所終身願學者在是執事以爲何如

第四問

程一夔

同考試官教諭程批（律吕雖無完書由新書而上考遺經參訂未備自可窺樂教之全此作搜輯舊聞貫串附離會意處能盡前賢之藴讀之令人躍然）

考試官學正吴批（博極群書而折衷殊有定見）

考試官學正李批（條答詳明深於樂者）

聲音之於律吕也猶方圓之於規矩也故舍規矩則無以成其方圓舍律吕則無以和其音聲聖人律吕之作所以繼其心思之和而聲音之通有以徹於三才之道上欲其通於天也欲其通於地也中欲其通於古今人物也合三才而歸於同氣候於天而非天也粟實於地而非地也管吹於人而非人也會三才而本于一知天地人之一則知聲氣之一矣知聲氣之一則知樂之本矣知樂之本而繼其心思有律吕之作焉律以和聲和以正樂天神之所以降地祇之所以起人鬼之所以格樂之爲用也大矣哉而烏可以弗講也奈之何時至周末而樂師廢中遭秦火而樂經亡前漢之世去古未遠故道雖不行而聲氣猶存魏晋以來浸起多説則聲器併湮而斯道幾泯新書之作成於西山蔡氏新書之叙作於紫陽朱子是書流傳其爬梳剔抉參互考尋歷究古人已試之成法可謂勤矣唯節族未均管絃未被朱子書序之終篇亦有憾焉是以衆説紛拏折衷未定樂記一篇樂之傳也非樂之經也其言曰凡音之起由人心生則開卷而得其大意周禮大司樂之職乃叙用樂也非言制樂也其言曰以樂德教國子中和祇庸孝友則因教而知其本原樂云樂云鍾鼓云乎哉孔子之指蓋有無聲之樂矣而正樂之功自衛反魯雅頌得所豈非宫商不紊而謂之得所也哉不以六律不能正五音孟氏之指蓋有和聲之律矣而原樂之情今之樂猶古之樂豈有情志既和而异於古今也哉吕氏月令者先秦之書蓋樂經未亡之時也故以十二律應十二月其説是已史記律書西漢之書蓋度數猶存之時也故本黄鍾定分寸其説是已候氣實粟固所以求夫元聲也然本之人心以神感應亦曰律吕之法吹聲以驗於人候氣以驗於天實粟以驗於地太史公有細若氣微若聲聖人因神而存之雖妙必效之言蔡氏有多截竹以擬黄鍾之管更迭以吹中聲可得之法以是言之則古人所以驗吾心之和後世所以達權宜之變者可知也用尺定律固爲其準乎秬黍也然準乎天地以起度數亦曰秬黍之驗以長短而起度也以多少而起量也以輕重而起權也程子有以天地之氣爲準非秬黍之比之言王朴有用尺定律太常之聲比唐聲終高五律之謬則古人之所以以黄鍾準度量非以子黍定黄鍾者可

知也自黄鍾至仲吕皆屬陽自甤賓至應鍾皆陰乃陰陽之大自夫黄鍾爲陽間乎大吕之陰乃陰陽之小朱子所以有大陰陽小陰陽之説也樂由陽來而和生於序斯樂中之禮禮由陰作而序無不和斯禮中之樂真氏所以有陰中陽陽中陰之辨也月令言春音角夏音徵秋音商冬陰羽宫聲爲無所屬矣以宫無專位無所不統故也樂記言十二律還相爲宫宫聲似見之數矣以宫主衆音無所不在故也音非有异同人有异同人非有异同方有异同便於喉者不利於脣便於齒者不利於齶律吕調而五音正始可以通於四方要之上可同於天地則下可通於人物矣惟律不足以正樂故樂不足以和聲要其本禮樂先亡於一心稽其器聲音遂隔於天地律既正而聲以和始可以質之古昔要之可以質之古昔亦可以同於萬世矣朱子曰夔教胄子只用樂大司徒之職也是樂是教人朝夕從事於此自樂教失而中行不可得變聲多而淫怨或以滋樂之切於人也何如哉朱子曰今之士夫問以五聲十二律無能知者要之當立一樂學使士大夫習久必有精通者出禮記律書之指可想見乎全經州鳩季札之流皆令出於庠序樂之傳於今也何疑哉大抵禮樂者不可斯須去身者也魯兩生難之者天下統同之禮樂也諸葛孔明可興者君子學道之禮樂也是以非難也非易也本乎性情而已諧於律吕而已説樂不本乎性情猶説易而泥於卦畫説禮而泥於節文也説樂不求之律吕是説易而離乎卦畫説禮而離乎節文也夫樂者三才之和而人心者三才之會此又聲音之所以合乎律吕規矩之所以能爲方員而有志於學樂者不可不深求而自得也

第五問

望廷臣

考試官學正吴批（天下地廣民稠楚省爲最唯得治要方可乂安奈説者不一總非緊切此作究利害之源入人心肺而陳安民之策得其要領讀此者尚令深長太息况吏於此者乎刻之不但以文而已）

考試官學正李批（條陳時務極其懇切）

方今全楚之民何病哉在於利之昔有而今無者不知其所以無之之由害之昔無而今有者亦不知其所以有之之自而士之吏於下者方且整齊乎不急無實之靡文拘攣乎簿牒勾稽之常課徒維持於法制之末而不究極於利害之原然則如周官土訓詔求之地慝何時修之可復其舊之所本有如誦訓觀辟之方慝何時修之可復其舊之所本無也故曰天下之患莫大乎不知其然不知其然而然是拱手而坐弊也全楚之賦各郡不同然傳有之曰田下

而賦上者人功修也又曰厥賦上下是賦之第三等也楚之人功在夏時不爲之惰楚之田疇在夏時不爲之腴曰田腴者自人功之修始也今乃田腴而民惰焉是所甚可念也即是而湖塘户口可知也全楚之俗各郡不同然志有之曰民淳而事簡民之淳自不見其事之多事之簡益可見其民之淳曰悍戾者自風尚之會始也今仍剽疾而無畏焉是所甚可慮也即是而寇竊詞訟可知也所以然者何也全楚之域俗具五方而地聯八省者也魚稻麻縷之所出舟車貨利之所經故不知耕織之勞兼并之所富游望之所殖故不知鄉遂之樂不知耕織之勞者多爲游民不知鄉遂之樂者多爲豪民非豪民即游民皆坐而衣食者也以坐而衣食之人不聞力田尚農之政則農桑之民日寡富民有田而無丁貧民有丁而無田富爲貧者逋逃之藪而邀其鬻售知兼并而不知盡地之利貧爲富者佃作之客而終運他方知苟活而不知盡農之功吾見田賦弊滋逋負自積水政多缺陂塘不修富不增丁貧者愈耗是以田賦也湖塘也丁口也其所以多負所以無備所以虚耗其原實出於一也都鄙爲民藏息之藪故多以書數文法爲終身之技鄉遂爲民誇詡之地故多以史卒胥徒爲里巷之榮自身寄窟穴而木訥者變爲强悍之民自身習文法而淳朴者變爲剽輕之民非恃其强即恃其智皆痼於習尚者也以痼於習尚之民而不聞孝弟興行之教則薄惡之風日熾剽悍之所引即游手之徒窟穴之所與即豪右之侶游手衆而無所忌憚豪右結而日行其私無知者爲悍戾不顧者爲攘竊不畏者爲訐訟是以風俗也寇盗也詞訟也所以悍戾所以充斥所以繁多其原亦出於一也力田尚農之政既不修矣而吏於下者以繭絲爲稽績之課不從則横征而痛警之警之是也然此所以勝民非以裕民也孝弟興行之政既不修矣而吏於下者以刑獄邀公法之名不從則鍛煉而周納之納之是也然此所以服人非以養人也吏治至此亦無惑乎其然也豪游習聽之人久成氣習而長吏之至乃務徼聲名以汲汲遷去之官而馭久成氣習之民間有欲使田里以安其業仁讓以綴其恩以求爲循吏者而或嘆其時有所不暇也不然則炫能伐异之政急疾取辦之時而有曰力田有曰孝弟非迂即僞聽令之人且掩口而笑而宋儒謂力田民之最勞孝弟匹夫匹婦所不悦宜其然矣然而賦役之病終非會斂之所能豐而風尚之弊終非芟薙之所可化也其惟重守令乎守令能興地利戒游手備水旱稽實丁抑兼并如是而養道可得而舉矣然必如漢之置三老嗇夫用謁者勸農因舉其力田者而獎异之則游民漸歸而豪民漸斂矣敦本業清徒史申條教戒妄訟崇保障如是而教化可行然必如陳元之化仇香普明之化蘇瓊因舉其孝弟者而惇禮之則剽疾者漸敦而

强悍者漸化矣由是而久也又聯乎師儒行乎阡陌申之話言風之德行其他條目最急者江以上下荆鄂不耕則求距川之故道漢以上下襄沔歲侵則按湖泊之瀦水湖之南北山寇難防則因依山之民以爲固湖暨荆之東西水寇不測則因依水之民以爲守延訪以使之通濟安集以使之保綏明作而靡不燭奸優厚而靡不馴化斯全楚之民税賦惟正之共固其所不敢負而力作休養之後尤不忍負父老鄉黨之中固有其所不忍薄而禮教政刑之明尤不敢薄所謂不敢與不忍合而道行乎中荒備訟弭丁繁寇息昔有今無昔無今有者豈不能一時而修其慝也哉又豈無自喜之心相愛之意而久安長治也哉雖然治係守令固也有專責之道焉有久任之道焉監司守令之綱可以糾其過也而不以侵其官銓衡黜陟之地可以增其秩也而不妨久其任略其拘攣之細務而使如農功之有畔以冀其必效守令重而教養備如是而楚民之病可以計歲而愈也愚生生長於斯楚之土風熟諳之矣憤切之懷敢因執事明問而悉心以告惟執事圖之

湖廣鄉試録後序

嘉靖壬子秋時昭祗役于楚得與觀多士之文而當序諸末簡謹颺言曰我皇上握符建極躬行達孝加意興都寵錫謨訓人文之盛有繇哉繇士之文以考士之衷精於思而不惑純於氣而不揉仁義道德之言炳如也蓋忠孝之所充積而聖化之所振翼者已故自其所充積而知士之優於庶民自其所振翼而知楚士之盛於天下也昔者虞聖憂夫五品之不遜也遂命司徒敷五教以淑百姓惟時士民罔不風動而九德登俊率由文明之化周禮以鄉三物教萬民而用材之準洪範可睹要之必稽於三德協於皇極者乃可與於士之賓興孔子曰民可使由之不可使知之然則可使由之可使知之者其惟士乎遜於五品由於三物謂之盛世之民遜且由焉爾精思乎道德仁義之原純秉乎中正和平之氣本乎人倫而興於正學興乎正學而暢於言辭暢乎言辭而貫於事物自切近精實者知而弗去品節文章至於不知手之舞之足之蹈之此士之所以异於庶民而需於聖教者也讓若夫漸之以化積之以仁而又衣被之以至德之光振勩之以忠孝之道精神所篤大道潛融而化中動和不行而至此非楚士之所以始盛於天下而媲美於虞周之良者乎譬之含生陵谷靡不化醇而荆衡之峙則陵谷之巨鎮也沐浴沼沚靡不袚除而江漢之匯則水

澤之至潤也諸士之迎風默化與於遴拔者得非含生巨鎮而沐浴至潤者乎磋乎詩有云靡不有初記亦言之忠臣以事其君孝子以事其親其本一也而先之以無所不順者之謂備諸士於忠孝之道既已知且由之盛於天下而异乎凡民發爲文詞純精若是則所以致規於諸士者亦曰恪終備順以不忝思皇譽髦之實而已若意見或改其初而踐履有所弗備則豈惟曰士行之缺不可以言天下士也將有愧於凡民而不齒於楚士矣諸士懋哉

直隸徐州儒學學正吴時昭謹序

嘉靖三十七年湖廣鄉試録

湖廣鄉試録序

嘉靖戊午秋湖廣復當鄉試巡按監察御史吴百朋舉行如制秉公肅度務修成法而加飭焉先是巡按御史黄季瑞招致四方文學至是咸集乃以學詩與教授蔣三近司考試學正余兆陽教諭黄驊顧仕吴鑄朱塗陳夢雷鍾道譚文通同考試提調屬左布政使傳鎮右布政使谷嶠監試屬按察使俞憲副使章士元一切簾内外擇可者然後授事乃合提學副使張天復與先劉起宗所簡士三千三百人三試之得九十人録其名氏并文之式者以獻學詩從諸執事後縱觀楚髦瑰特振振濟濟有不可盡紀者竊惟江漢之麗于王服也任物作貢如元龜包茅之微猶足以待邦之大事自古志之矧斯人文涵濡道化其所遘會尤不偶然者乎昔睿宗獻皇帝肇基于郢知天守道舍靈篤慶誕毓皇上神聖繼天於昭大統夫五百年而王者興其間有命世者多士之生應皇上之會此其效也棫樸之雅曰倬彼雲漢爲章于天周王壽考遐不作人思齊曰古之人無斁譽髦斯士夫多士所以寧文王也詩人不云士之賢乃云文王壽考無斁之所致然則楚材之盛不有所由致哉我皇上道久化成之效章章較著已雖然士之自致與其所由□於上其道未始不相須也士以是應之而异其初之所成上以是道之而違其終之所望是鄉試之録士辟之虚車輪轅徒飾無所用之周之制也三年賓興其鄉之賢者能者而獻其書于王王拜受之登之天府内史貳之此謂使民興賢出使長也使民興能入使治也賢與能皆書矣而其用之德成而上藝成而下其等异也當是時士之所以致於上爭懋其德而不獨以藝自能故置兔在野之人至可爲公侯腹心功棐迪篤罔不在時於稽内史之治信可明徵後世抽天府之藏猶可以指述勵翼篤棐之士而無愧矣今鄉試之典其禮與成周并隆者也書多士之文辭卒澤於道德仁義粹如也其所以應上之求得猶未免於藝乎如以成而下者自獻得無與所望者背乎書曰皇極之敷言是彝是訓惟帝其訓皇之敬德錫厥庶民猶彝訓也矧多士首沐聖化久且益深自兹以往共能克對大章而有指述於後世以

無失其終之望則文王以寧之盛尚亦有稽於斯録也夫學詩不佞敬叙諸首簡維時總督湖廣川貴軍務兵部侍郎王崇先巡撫今總督湖廣川貴采木都御史李憲卿巡撫湖廣都御史趙炳然撫治鄖陽都御史劉學易保厘輯寧文武爲憲江漢若流膠序咸賴巡按直隸御史林騰蛟考賦所至視學談經多士風焉若雅志右文則總兵安遠侯柳震守備太監張方而工部郎中張國珍員外郎朱裳主事方良曙先後有事兹土胥勸得人者也左參政雷賀右參政徐霈游震得張希舉右參議成子學李燧宋廷表郝成性副使龔秉德黄宗器程秀民張正和周鎬王光祖熊勉學僉事于錦周美柳宗葵崔都朱天球署都指揮僉事常勳與入賀副使馮觀參議李萬實皆與有勞焉至是計上而賢能適與計偕斯亦全楚之修以待邦之大用者也於戲備矣

廣東廣州府儒學教授桂學詩謹序

嘉靖三十七年湖廣鄉試

監臨官

巡按湖廣監察御史吴百朋（惟錫浙江義烏縣人　丁未進士）

提調官

湖廣等處承宣布政使司左布政使傅鎮（國鼎福建中左千户所籍福清縣人　壬辰進士）

湖廣等處承宣布政使司右布政使谷嶠（惟升直隸興州前屯衛官籍河南息縣人　戊戌進士）

監試官

湖廣等處提刑按察司按察使俞憲（汝成直隸無錫縣人　戊戌進士）

湖廣等處提刑按察司副使章士元（伯允直隸吴縣人　甲辰進士）

考試官

廣東廣州府儒學教授桂學詩（用言江西上饒縣人　癸卯貢士）

江西南昌府儒學教授蔣三近（兼修四川涪州人　丙午貢士）

同考試官

直隸真定府晋州儒學正余兆陽（少明廣西桂林中衛官籍直隸定遠縣人　乙卯貢士）

江西南昌府豐城縣儒學教諭黄驊（德遠應天府六合縣人　壬子貢士）

河南河南府洛陽縣儒學教諭顧仕（時可直隸興化縣人　乙卯貢士）
江西廣信府玉山縣儒學教諭吴鑄（以範福建長樂縣人　己酉貢士）
浙江温州府永嘉縣儒學教諭朱塗（希禹江西樂平縣人　丙午貢士）
河南彰德府安陽縣儒學教諭陳夢雷（有震福建長樂縣人　癸卯貢士）
山東萊州府平度州昌邑縣儒學教諭鍾道（子弘廣東長樂縣人　壬子貢士）
直隸廣平府廣平縣儒學教諭譚文通（時用廣西濱州人　壬子貢士）

印卷官

湖廣等處承宣布政使司經歷司都事嚴振（再德江西分宜縣人　監生）
湖廣等處提刑按察司經歷司經歷劉克俊（彦甫河南陳留縣人　監生）

收掌試卷官

承天府知府鄔璉（宜瑩江西新昌縣人　甲辰進士）
武昌府知府張淵（惟本河南陳州籍浙江鄞縣人　丁未進士）
衡州府知府胡安（仁夫浙江餘姚縣人　甲辰進士）
荆州府知府陳全之（粹仲福建閩縣人　甲辰進士）
鄖陽府知府夏子開（本初武成中衛籍直隸無錫縣人　辛丑進士）
襄陽府知府汪道昆（伯玉直隸歙縣人　丁未進士）
寶慶府同知彭謹（德全福建閩縣籍江西新淦縣人　辛丑進士）

受卷官

黄州府知府孫渭（清伯福建閩縣人　辛丑進士）
長沙府知府張西銘（原仁山東濱州人　丁未進士）
武昌府同知彭懋（汝德江西南昌縣人　丁酉貢士）
岳州府通判張選（士直直隸高郵州人　庚戌進士）
武昌府推官徐爌（明宇直隸太倉州人　癸丑進士）
郴州同知陳言（宜昌福建莆田縣人　丁未進士）
岳州府澧州判官羅緯（宿甫四川巴縣人　庚戌進士）

彌封官

衡州府通判林騰鯉（士龍福建永安縣人　庚子貢士）
承天府推官袁淳（育真江西雩都縣人　丙辰進士）
長沙府茶陵州知州徐禾（仲年浙江海寧縣人　丁酉貢士）
岳州府澧州同知柯本（正之福建莆田縣人　庚戌進士）
黄州府麻城縣知縣尚德恒（汝見四川南充縣人　丙辰進士）

荆州府枝江縣知縣趙恂（伯温廣西柳州衛官籍浙江仁和縣人　己酉貢士）

承天府京山縣知縣羅向辰（一化廣西馬平縣人　丙午貢士）

謄録官

岳州府推官申佐（懋良直隸永年縣人　丙辰進士）

德安府隨州知州孫鋭（希純浙江臨海縣人　庚戌進士）

寶慶府武岡州知州黄炯（文實江西豐城縣人　甲午貢士）

武昌府崇陽縣知縣鄭一鳳（應周福建晋江縣人　癸卯貢士）

黄州府蘄州黄梅縣知縣胡效忠（汝臣直隸沭陽縣人　己卯貢士）

长沙府湘縣知縣李應春（順元廣西融縣人　庚子貢士）

鄖陽府房縣知縣夏惟寧（惟德浙江餘姚縣人　辛卯貢士）

對讀官

承天府沔陽州知州袁福徵（履善直隸華亭縣人　甲辰進士）

黄州府蘄州知州范信（成之浙江金華縣人　乙酉貢士）

寶慶府武岡州同知周後叔（胤昌直隸昆山縣人　庚戌進士）

荆州府石首縣知縣金甌（汝相直隸六安州人　丙辰進士）

荆州府江陵縣知縣丘暬（潮勝浙江桐鄉縣人　甲午貢士）

武昌府江夏縣知縣吴德元（仁卿直隸歙縣人　癸卯貢士）

荆州府監利縣知縣王纘宗（汝緒四川南充縣人　丙午貢士）

巡綽官

武昌衛指揮使龐南（啓乾直隸蒙城縣人）

武昌衛指揮使張以時（用中直隸沛縣人）

武昌左衛指揮使李寶（善甫河南固始縣人）

武昌左衛指揮使沈禮（子立直隸鳳陽縣人）

武昌左衛指揮同知馬寅（敬之直隸盱眙縣人）

武昌衛指揮僉事周南（汝爲湖廣衡州衛人）

黄州衛指揮僉事李梅（子先山東沂州人）

武昌衛千户所正千户吴礎（承之直隸來安縣人）

搜檢官

武昌衛指揮使張繼忠（世臣直隸江都縣人）

武昌衛指揮同知賀承勛（繼之湖廣麻城縣人）

武昌衛指揮同知高鵬（大舉山東嘉祥縣人）

武昌左衛指揮同知姚應辰（從龍湖廣龍陽縣人）

武昌衛指揮僉事段綵（體素直隸當金縣人）

武昌左衛指揮僉事張沛（子雨直隸大興縣人）

武昌左衛指揮僉事彭應宫（子鳴直隸舒城縣人）

武昌左衛中千户所正千户夏汝蘭（馨甫直隸六安州人）

供給官

湖廣等處承宣布政司理問所副理問丁良卿（翊之浙江長興縣人　監生）

武昌府通判夏時（孔行河南商城縣人　監生）

永州府通判林棐（思忠萬全都司官籍浙江寧海縣人　監生）

武昌府興州同知張阜時（成甫江西吉水縣人　監生）

長沙府茶陵州判官歐陽泉（子清江西分宜縣人　監生）

武昌府通城縣知縣夏汝礪（維金廣西融縣人　丁酉貢士）

德安府應城縣知縣吴哲（士明貴州永寧衛籍直隸定遠縣人　己酉貢士）

武昌府經歷司經歷王世治（時熙山西汾西縣人　監生）

茶陵衛經歷司經歷金魚（朝錫江西豐城縣人　監生）

武昌府經歷司知事宋佐（良弼山東即墨縣人　吏員）

襄陽府棗陽縣縣丞李繼芳（世英浙江縉雲縣人　監生）

武昌府江夏縣典史陳海（守洋福建上杭縣人　吏員）

武昌府武昌縣典史徐廷桂（時馨江西永豐縣人　吏員）

承天府京山縣典史施懋禮（汝立江西永豐縣人　吏員）

荆州府江陵縣典史李官（舜咨直隸合肥縣人　吏員）

黄州府蘄州黄梅縣典吏茅寵（德卿浙江山陰縣人　吏員）

荆州府監利縣典史葉應琮（際瑞浙江慈谿縣人　吏員）

武昌府江夏縣金口鎮巡檢司巡檢彭辰（共之江西樂平縣人　吏員）

武昌府江夏縣夏口驛驛丞劉坦（彦平山東平原縣人　吏員）

黄州府蘄水縣蘭谿驛驛丞梁世勳（民譽四川永川縣人　承差）

岳州府華容縣華容馬驛驛丞張奎（子宿山西襄垣縣人　承差）

荆州府松滋縣潘家驛驛丞梅芝（得兆河南尉氏縣人　承差）

武昌府遞運所大使詹世威（尚德直隸定興縣人　吏員）

第一場

四書

舜有臣五人而天下治　及其至也察乎天地心之所同然者何也謂理也義也聖人先得我　心之所同然耳故理義之悦我心猶芻豢之悦我口

易

元吉在上大有慶也　説之大民勸矣哉　制而用之謂之法利用出入民咸用之謂之神　昔者聖人之作易也將以順性命之理是以立天之道曰陰與陽立地之道曰柔與剛立人之道曰仁與義兼三才而兩之故易六畫而成卦分陰分陽迭用柔剛故易六位而成章

書

惟動丕應徯志以昭受上帝天其申命用休　江漢朝宗于海九江孔殷沱潛既道雲土夢作乂　一曰食二曰貨三曰祀四曰司空五曰司徒六曰司寇七曰賓八曰師　公其惟時成周建無窮之基亦有無窮之聞

詩

采采芣苢薄言袺之采采芣苢薄言襭之　如跂斯翼如矢斯棘如鳥斯革如翬斯飛君子攸躋　虎拜稽首天子萬年　豐年多黍多稌亦有高廩萬億及秭爲酒爲醴烝畀祖妣以洽百禮降福孔皆

春秋

秋九月齊侯宋公江人黄人盟于貫（僖公二年）　歸父還自晋至笙遂奔齊（宣公十有八年）夏蔡朝吴出奔鄭（昭公十有五年）秋晋士鞅宋樂祁犂衛北宫喜曹人邾人滕人會于扈（昭公二十有七年）三月公會劉子晋侯宋公蔡侯衛侯陳子鄭伯許男曹伯莒子邾子頓子胡子滕子薛伯杞伯小邾子齊國夏于召陵侵楚（定公四年）　吴入州來（成公七年）冬楚子蔡侯陳侯許男頓子沈子徐人越人伐吴（昭公五年）夏曹公孫會自鄸出奔宋（昭公二十年）

禮記

凡在天下九州之民者無不咸獻其力以共皇天上帝社稷寢廟山林名川之祀　樂者心之動也聲者樂之象也文采節奏聲之飾也君子動其本樂其象然後治其飾　福者備也備者百順之名也無所不順者之謂備　仁者右也道者左也

第二場

論

大哉堯之爲君

詔誥表（内科一道）

擬漢令郡國求遺賢詔（高帝十一年）　擬唐以姚元之同三品誥（開元元年）　擬賜歷代名臣奏議群臣謝表（永樂十四年）

判語（五條）

官員赴任過限　虛出通關硃鈔　致祭祀典神祇　軍民約會詞訟　修理橋樑道路

第三場

策（五道）

問　養士莫重於明倫化民莫先於善俗斯二者人治之大者也聖帝明王其教思無窮矣而施由近始恒於湯沐惓惓焉書紀平章詩頌譽髦皆是道也兩漢繼周而興稍爲近古詔郡國以孝廉舉士詔有司以孝弟教民流風善政猶有存者然而歌風餘烈徒詫乎帝鄉臨雍上儀無裨於主德方諸古昔遠矣其得失可詳言之歟由漢而下亦有足稱者歟我太祖高皇帝繼天立極用夏變夷治教畢張人士永賴過淮諭父老示之以化俗之大端即位諭中書示之以興學之上務篤近舉遠德教沛然洋洋聖謨萬世爲楷亦可得而誦說之歟至我皇上建君師之極操政教之本聲教所訖莫不彬彬而首善之建始于南國其幸舊邦也頒詔閭里立烝民之彝訓其顯先德也勒文郡學覲皇考之耿光所以丕承祖禰廣勵士民亦必有典要乎視我皇祖之舊章帝王之遐軌同一揆乎否邪夫識其大者唯賢者能之其對揚天子之顯命

問　大倫有五而君親爲重臣之事君子之事親惟忠與孝爾此至德要道萬世不可易也昔之論大孝純忠至虞舜周公止矣載考傳記有分忠孝爲二者有合忠孝爲一者有專問孝而不及於忠者豈其道固當兼盡而亦未始相悖歟孝經一書成於曾子門人之手其言自天子至於庶人孝無終始後世乃有擬作忠經而其中所列則以聖君家宦百工守宰兆人爲序然則忠之爲道又不專爲人臣者訓其可與孝經相爲表裏否歟抑别有可有議者歟我國家以綱常爲治嘗莊誦孝順事實歷代臣鑒與夫五倫書所載所以教天下之爲人臣子者至矣其宏剛要旨可數而敬陳之歟諸士子行且服官移孝爲忠

矣試以平日所講明者著于篇以觀敦本重倫之學毋徒曰藝焉已哉

問　天道運而陰陽相巡故百物化聖德運而文武并用故百志成三代之英非獨文事能也而亦有用武之績若大禹伊尹周公是已聖帝明王咸用之而致盛治其經緯之章戡定之烈果相須乎否邪後世若左袒之師澶淵之役武功競矣或木强少文或不學無術終不以其故貶功獨何歟他若才擬管葛而前部生心言事慷慨而車戰失利之二子非不文也何爲乎勝負無益邪我皇上文武聖神法天爲治思得全才而任使之今搢紳之士莫不知兵封疆之臣莫不講業文武之材具矣南平日本北走匈奴率用此也然而當事諸臣猶或不能稱上意何哉頃者詔求備邊之材群臣得舉所知矣其間才各有長短而華實亦异誇大者或慕請纓之名雍容者或襲緩帶之譽執秩者將何以科察之夫文武爲憲其人楚産也諸士尚友古人必有足述者願聞其概當爲籍奏之

問　六籍而下楚士以論著鳴者吾得二人焉昔稱或爲詞賦之祖或得孔孟之傳固皆不朽之言矣概諸六經何所祖述乎世謂易微而易在楚詩亡而詩在楚信斯議也宜莫如二家之言乃今挾策而讀之則無當二者詩與易安在哉宋玉景差爲騷羽翼其後移官長沙者賦而悼之則皆受绳墨於騷矣可與三閭絜廣狹乎二程伯仲受圖歸洛其後講業岳麓者猶多發明則皆受符節於圖矣可與舂陵相後先乎夫引三后之純粹揭聖人之立極其言弘廓深遠矣使得志當世果能有所建述庶幾疇昔者乎藉令绛灌之言不入黨錮之禁輒罷二三君子所就業孰多邪諸士居其國誦讀其詩書宜論其世矣豈曰方人爲賢

問　楚地踔遠三江七澤在焉大都利病水利與江防是已夫稻人之職周以足民樓船之官漢以弭盗其籍固在可舉而行之與後若芍陂開利漳水興謡引涇而名鄭渠灌蜀而號陸海此皆興民利者也渤海易俗交趾作歌到部而冀州遂安懸鼓而兖州無警此皆捍民患者也所至輒效其果遵何術哉國家之制以營水利則郡縣分職監司董之矣然潛沔之堤防猶或潰溢公滋之利患互爲乘除沙洋之績不終穴口之議復沮是興利而利未滋也以飭江防則吏士分部監司督之矣然沿江而下不廢干掫舟楫所過猶多警備或乘徵調而牟利或爲鄉導而召奸是捍患而患未弭也察斯二者果無治人乎抑亦無治法乎兹欲導地利以布民誥方慝以屏惡將何施而可願爲有司决策焉

中式舉人九十名

第一名　陳述齡　沔陽州學生　詩
第二名　李鳴　潛江縣學增廣生　書
第三名　張楚翹　江陵縣學生　易
第四名　范宗鎮　黄州府學生　禮記
第五名　陳謨　麻城縣學生　春秋
第六名　李畿嗣　蘄水縣學附學生　易
第七名　陳文燭　沔陽州學附學生　書
第八名　歐希稷　衡州府學生　詩
第九名　嚴璞　黄岡縣學附學生　禮記
第十名　魯朝節　衡州府學生　詩
第十一名　董良遂　京山縣學附學生　易
第十二名　張懋仁　潛江縣學增廣生　書
第十三名　劉方　麻城縣學附學生　春秋
第十四名　伍讓　衡陽縣學生　詩
第十五名　王迹　荆州府學生　易
第十六名　胡鶴來　武昌府學生　詩
第十七名　初言　潛江縣學生　書
第十八名　饒一蘭　襄陽府學附學生　易
第十九名　石衡　辰州府學生　詩
第二十名　梅汝求　麻城縣學附學生　易
第二十一名　張彦　承天府學生　易
第二十二名　田應鳴　武昌府學增廣生　詩
第二十三名　名　艾善　雲夢縣學生　禮記
第二十四名　徐祥麟　廣濟縣學生　詩
第二十五名　周祚　蘄州學生　書
第二十六名　王輅　武昌府學生　詩
第二十七名　陳一能　常德府學生　書
第二十八名　熊讜　麻城縣學生　春秋
第二十九名　王宗載　京山縣學增廣生　詩

第三十名　沈時　京山縣學增廣生　易
第三十一名　魯選　郴州學生　詩
第三十二名　費得智　沔陽州學生　書
第三十三名　龍德孚　武陵縣學生　易
第三十四名　盧彦　祁陽縣學附學生　詩
第三十五名　張師載　荆州府學附學生　易
第三十六名　周廷栗　武陵縣學增廣生　詩
第三十七名　丘騰　沔陽州學生　書
第三十八名　魯嘉祐　麻城縣學附學生　禮記
第三十九名　崔文高　江陵縣學增廣生　易
第四十名　陳静觀　宜都縣學生　書
第四十一名　李譽　荆州府學附學生　易
第四十二名　李寶約　嘉魚縣學生　詩
第四十三名　孟宗孔　宜都縣學生　書
第四十四名　涂用賓　湘陰縣學附學生　易
第四十五名　李鳳岡　寶慶府學生　春秋
第四十六名　管東生　零陵縣學附學生　易
第四十七名　馮尚　江夏縣學增廣生　詩
第四十八名　方大治　京山縣學生　易
第四十九名　黄教　荆門州學生　詩
第五十名　陳思育　常德府學生　書
第五十一名　戰符　蘄州學生　詩
第五十二名　黎塾　京山縣學生　易
第五十三名　從行己　承天府學生　詩
第五十四名　白起旦　華容縣學生　書
第五十五名　劉體元　江夏縣學增廣生　易
第五十六名　廖汝恒　衡州府學生　詩
第五十七名　田益善　棗陽縣學生　易
第五十八名　袁國臣　潛江縣學生　書
第五十九名　杜傑　黄州府學附學生　禮祀
第六十名　陳嘉言　武昌府學生　詩
第六十一名　謝慎　石首縣學附學生　易

第六十二名　譚僎　衡州府學生　詩
第六十三名　蔡思舜　攸縣學生　易
第六十四名　雷沛　荆州府學生　春秋
第六十五名　張栢　沔陽州學增廣生　書
第六十六名　曹當勉　武昌府學生　詩
第六十七名　王近愚　崇陽縣學附學生　易
第六十八名　許文鄉　荆州府學附學生　書
第六十九名　王之綱　夷陵州學生　詩
第七十名　陳然　沅陵縣學增廣生　易
第七十一名　王省吾　蘄州學生　詩
第七十二名　成良友　石首縣學附學生書
第七十三名　徐之徠　蘄州學生　詩
第七十四名　魏良知　京山縣學生　易
第七十五名　高世相　蘄州學生　書
第七十六名　侯應爵　武昌府學附學生　詩
第七十七名　楊漸　長沙府學附學生　易
第七十八名　蔡應陽　麻城縣學附學生　春秋
第七十九名　丘養蒙　黄州府學增廣生　詩
第八十名　楊廷寀　永州府學生　易
第八十一名　何思登　蒲圻縣學生　詩
第八十二名　鄧怡　祁陽縣學增廣生　書
第八十三名　曹光　黄岡縣學附學生　禮記
第八十四名　李廷楚　武昌府學附學生　詩
第八十五名　侯智周　安仁縣學生　易
第八十六名　周思大　麻城縣學附學生　書
第八十七名　劉一儒　夷陵州學生　詩
第八十八名　魏雷　應山縣學生　春秋
第八十九名　艾穆　平江縣學生　易
第九十名　李貞元　應山縣學生　詩

第一場

四書

舜有臣五人而天下治

陳述齡

同考試官教諭陳批（揄揚而有典則即有能言斯亦擅場矣）

同考試官教諭吴批（形容虞廷明良相遇之盛讀之令人躍然）

考試官教授蔣批（爾雅深厚一字不苟）

考試官教授桂批（精緻）

聖君得人之盛而天下化成焉蓋君得臣而萬化行也大舜得人之盛如此其治化之隆也有以哉記者之意若謂天之生才不偶而君臣之相遇爲難惟夫舜也以重華之德陟元后之位紹堯致治太和丕著於人文應運而興群賢咸服於有位禹爲司空弃爲后稷凡其所僉受以熙帝之載者皆名世之良弼焉契作司徒皋陶作士而伯益作虞凡其所時舉以亮天之工者皆盛時之黎獻焉以舜爲君使五人者爲臣是不惟有君也而又有臣也不惟有臣也而又衆多也天下欲無治焉得乎蓋舜統治於上則聖人作而萬物睹五人者分治於下則賢才輔而庶績凝股肱耳目各能其職而水土以平也民人以育也野無遺賢玆萬邦之所以咸寧乎左右贊襄各宣其力而百姓以親也五刑以明也鳥獸草木以若也俊乂在官玆四方之所以風動乎天爲舜而生才舜爲天下而得人知人以安民此惟大舜之能事而有虞人才之盛可想見矣抑聞之天不言而萬物亨歲功成者五行之運宣其化矣舜猶天也五人者猶五行之順布於四時也承君之德而宣之民者也舜與天合德則其從欲以治者豈惟得人焉爾乎嗚呼雖甚盛德蔑以加矣

及其至也察乎天地

張楚翹

同考試官教諭顧批（察天地處括盡章旨類以浮詞失之此作良是）

同考試官學正余批（體認既明詞復純正可以爲文矣）

考試官教授蔣批（馴雅可誦）

考試官教授桂批（有理致）

中庸舉斯道之全體而通極於天地焉夫法象莫大於天地也而斯道之全體有以通極之不其費矣乎中庸論費隱而結之以此若曰道之在天下也

始於近不禦於遠君子之於道也析其精必合其全故語道而始於夫婦者特就其造端言之耳而非其全體也若推類以究其極則徵之聖人而聖人無全能質之天地而天地有遺憾小大莫不兼該而上下相爲昭格是不亦察於天地乎故仰觀於天凡高明所覆而在天成象者皆斯道之峻極也俯察於地凡博厚所載而在地成形者皆斯道之蟠委也以兩而化則乾以大生坤以廣生其并行而不悖者孰非太極之各足邪以一而神則天道下濟地道上行其相得而有合者孰非帝則之必察邪是知道始於夫婦而不止於夫婦也察於天地而不盡於天地也其用甚廣而其體則微大哉道乎斯其至矣君子察於此於是乎有體道之焉蓋道也者通於天地而實本於吾心者也夫婦吾心之彝倫也鳶魚吾心之物理也天地聖人吾心之統會也知道具於一心而動静交相爲力則中和致而天地以位萬物以育裁成輔相舉得之矣是故君子不求諸天地而求諸吾心

心之所同然者何也謂理也義也聖人先得我心之所同然耳故理義之悦我心猶芻豢之悦我口

李鳴

同考試官教諭譚批（詞不繁而意已盡深得性善之旨者）

同考試官教諭鍾批（構思精密且無一贅詞宜録以式）

考試官教授蔣批（切當）

考試官教授桂批（簡而文）

大賢深著人心好德之同以見性之善也蓋理義之心人皆有之也即其好德之同情而可以識心矣且夫道原於性性統於心心也者妙衆體而爲言者也惟口耳目尚有同者何獨至於心而疑之心之所同然者何也理義之謂也夫理寓於物者也而吾心之體具焉所以立天下之有也夫義裁夫事者也而吾心之用行焉所以效天下之動也斯二者皆降衷之恒性雖聖人與人同也其知覺超乎庶類若非夫人之可幾及而理義出於一原亦不過先得我心之所同然者耳聖人何以异於人哉唯其取諸心而至足故自悦諸心而無間心不與理義期而理義自不能不契於吾心蓋有天機存焉不知理義之美者無良心者也猶之口不與芻豢期而芻豢自不能不嗜於吾口蓋有至味存焉不知芻豢之美者不知味者也人同則心同心同則悦同觀其所悦而心之所同然者明矣不然則是心也何以能達之天下哉吁彼有陷溺其心而顧於降才之殊是尤焉亦弗思耳矣雖然芻豢者物也外也理義者管於心者也内也

非外也人有芻豢則知求之有理義而不知求此陷溺之所由來也仄而求之則窮理盡性精義入神所以作聖者胥此矣人莫不飲食也鮮能知味也知性者當自得之

易

元吉在上大有慶也

李畿嗣

同考試官教諭顧批（履至上九乃履道之成天人感應之妙也是作闡揚其義無餘蘊矣録之）

同考試官學正余批（不襲陳言而詞理俱足自中矩矱佳士佳士）

考試官教授蔣批（講大有慶處得旨）

考試官教授桂批（明暢）

象傳舉履爻大善之極而深著其得天之佑也蓋履道之成天人感應之機係之也上九既會大善之極矣則天之佑也豈其微哉象傳之意蓋謂履之爲道也本諸已以大善爲極功徵諸天以大順爲極致此視履之所期以自遂而不可必得者玆惟爻至上九履已成矣履至其旋善已極矣合衆善以成其行而德崇業廣之下自足以上格乎天心聚百順以成其身而體信達順之餘自可以永綏乎天命故始而曰吉可以顯惠迪之應矣而尤益之元吉以申其命繼而曰元吉可以彰大善之徵矣而尤要之在上以昭其極則其慶之大爲何如哉蓋惟天顯道而吾考道以爲無失則天命之寵綏者自獲乎多福之懷惟天眷德而吾聚德以爲不回則上帝之賚予者將出於自外之益保佑命之可以言慶矣而又自天申之則嘉樂之休所以凝其命於無疆者何其久而大也福履綏之可以言慶矣而又勿替引之則申錫之祚所以貽其福於無窮者何其遠而大也履而至是則吾之昭格於天者已深而天之降祥於我者益隆履道之成何以加此視履者盍求端於天哉抑嘗因是而得天人之道矣爻之視履非求知於天也爲履善之不可以已也天之垂慶非有私於人也爲福善之不可以已也一善積而慶自集焉乃知盡人足以合天而天之未始不爲人也是故知天人之道者其知履之所爲乎

昔者聖人之作易也將以順性命之理是以立天之道曰陰與陽立地之道曰柔與剛立人之道曰仁與義兼三才而兩之故易六畫而成卦分陰分陽迭用柔剛故易六位而成章

董良遂

同考試官教諭顧批(此題作者類牽强成文殊戾本旨潔净精微此作得之)

同考試官學正余批(説出畫前有易意甚分明其得先天之學者)

考試官教授蔣批(發明性命之理殆盡)

考試官教授桂批(精確)

大傳原易有以闡乎性命因詳言以明之也夫性命之理三才備矣卦爻即三才之道也謂易非性命之奥乎夫子翼易之意蓋以易雖陳乎法象之粗而義實該夫至理之奥昔者聖人之作易非曰意爲之也亦惟融性命於擬議之精而發幽微於形器之顯立象盡意本順乎斯理焉而已何者自天道之所以成象曰陰與陽而静專動直焉地道之所以成質曰柔與剛而静翕動闢焉人道之所以成德曰仁與義而慈愛斷制焉斯固性命之分見於三才者也而何以順之蓋聖人以三才皆以兩而成體而三畫不足以備其體也於是兼三才而兩之貞悔全而大小合故易六畫而成卦矣吾見五上以兩而陰陽分也三四以兩而仁義明也初二以兩而剛柔配也不亦統之而得性命之全乎又以三才每相錯以爲用而定畫不足以盡其用也於是分陰分陽迭用柔剛爻有等而物相雜故易六位而成章矣吾見五陽上陰而動静交也三仁四義而慈斷行也初剛二柔而翕闢時也不亦析之而盡性命之變乎是則非性命無以立三才非易書無以順性命易其至矣乎夫是義也得之河圖焉五位之合即三才之兩也而其相得即剛柔之迭用也一而已矣然圖□中起而三才之所以各二太極太極之所以流行於三才不外是焉噫性命之原淵乎微矣

書

惟動丕應徯志以昭受上帝天其申命用休

李鳴

同考試官教諭譚批(講得天得民處詞莊意切真得古人告君之體)

同考試官教諭鍾批(詞意渾融子蓋善發天人之藴者)

考試官教授蔣批(思致精密)

考試官教授桂批(俊永可玩)

大臣告聖君欲其得民而得天也蓋君德與天人相爲感通者也夫既慎厥位矣而得民得天豈非理之所必至哉大禹陳謨于舜而推言至此意蓋曰人君成位乎中上承天命而下係民情者也夫苟内外交修之至則其所感召者爲何如邪彼民罔常懷而丕從厥志者其情也今惟出其慎修者而著于動作之間則導之者爲盡善應之者爲盡神動之而言也民莫不承聽焉先意以

迎之有不令而從者矣動之而行也民莫不承順焉傾心以嚮之有不戒而孚者矣是何也人之所助者信也君能信以發志而民之順以從君也有不出于必然者乎天無常親而惟德是與者其道也今惟本其慎修者以凝乎至顯之命則受之者非妄圖佑之者非私與荷天之寵固陟此元后矣而保定之休自是垂之於勿替焉享天之祐固奄有四海矣而純嘏之錫自是申之於無疆焉是何也天之所助者順也君能順以承天而天之眷命用懋也有不出于必然者乎吁下而得民則君位以民心之歸而益安上而得天則君位以天命之隆而益固向非交修之力其何以致是哉抑聞之位在德元則慎位者君之道當然耳乃禹猶推及于天與人歸之盛豈亦取必于未然者乎蓋觀天者觀之民觀民者觀我生者也天也人也已也一理也感應一機也舜以玄德升聞而天下謳歌朝覲訟獄者無不歸焉其得天民蓋固有之也而禹實要其至焉耳豈徒托諸空言已邪以是知天人相與之際古聖人所爲兢業而弗懈者蓋深有見于是理矣

一曰食二曰貨三曰杞四曰司空五曰司徒六曰司寇七曰賓八曰師

陳文燭

同考試官教諭譚批（叙次有法詞氣渾成非徒經生組繪之談而已録之）

同考試官教諭鍾批（因天厚民之意發揮殆盡誠非苟作者）

考試官教授蔣批（詞理俱優）

考試官教授桂批（語有典要）

君子列八政之目以緩急而爲叙焉夫八政皆所以厚民而其叙有績急也知所先後斯可以言治乎箕子陳洪範之疇而衍及于此意謂邦本係乎民民生貴于厚所謂農用八政者其目維何食所以養生饑斯困矣則播時百穀以遂其樂利之天者無不足也貨所以利用壅斯匱矣則阜通五材以裕其貿遷之化者罔弗周也是故食居一而貨即次焉祀典不備何以教敬于是乎制三禮而禋五祀焉示天下萃涣之義也司空不建何以奠居于是乎居四民而時地利焉貽天下幹止之寧也是故杞居三而司空又次焉由是而性有未復則利用教乃立司徒以掌教焉敷典和則式訓于既富之餘矣由是而教有或違則利用刑乃立司寇以掌刑焉明罰敕法允防其奸暴之過矣兹二政者不居于五與六乎禮不可廢而有交焉則立之賓晋接之有儀懷柔之有道所以親邦國也勢不得已而有伐焉則立之師不軌者必懲弗庭者有討所以平邦國也兹二政者不居於七與八乎夫八政之用緩急有叙如此人君次第舉之

則民生厚矣何皇極弗建而彝倫不叙哉大抵王政之要在厚生食貨與居有生道焉教所以全其生也祀賓以交神人濟其生也刑師以除不恪衛其生也因天以成民而治道備矣然皇極者八政之本也人君修德建極於其上而又命官率屬以分理之治斯至矣故曰固邦本者尚乎政厚八政者本於極

詩

如跂斯翼如矢斯棘如鳥斯革如翬斯飛君子攸躋

歐希稷

同考試官教諭陳批(創造規模形容親切當時中興氣象宛然在目)

同考試官教諭吴批(王制之壯麗未易以言詩人取譬曲盡其美此作足以稱之)

考試官教授蔣批(閎廓莊嚴)

考試官教授桂批(正而葩)

詩人形容其堂之美而王者之聽治在是矣蓋王者之堂所以聽天下之治者也是宜其盡美而詩人形容之也歟若曰吾王之作室固以繼述爲孝尤以嚮明爲治堂者出治之所其在今日則已成之矣而其美何如哉是故言乎其大勢而中正之制得於辨方之餘者如人之跂而翼焉何嚴正也言乎其廉隅而畫一之規成於绳直之后者如矢之棘而直焉何整飭也以棟宇尚其隆則其崇高而峻起者巍乎其不可逾已不有如鳥之警而革邪以簷阿尚其文則其華采而軒翔者焕乎其不容掩已不有如翬之飛而矯其翼邪夫堂之盡美如此寧非君子之攸躋者乎吾見其正位以凝命也一人出天下之政其宅中而圖大也朝廷立四方之極以臨百官而百官於是乎承式焉上下於庭所以揚底法之訓而成端拱之休者咸與維新矣以統萬民而萬民於是乎具瞻焉南面而治所以修肯構之道而致垂衣之化者此爲之所矣是其堂之美也而豈徒哉吁君子是以知宣王之能率祖攸行也昔者洛邑之成也而召公之告成王必曰我受天命丕若有夏歷年式勿替有殷歷年欲王以小民受天永命夫有周作大邑者非棘其欲也固將以圖治而受命也然則宣王之肯堂由繼先言之則子道盡矣由勤民言之則君道盡矣其王業中興而祈天永命也宜哉噫王可謂丕承先烈者矣

虎拜稽首天子萬年

胡鶴來

同考試官教諭陳批(語和而莊召公報稱之意溢於言外是深於詩者)

同考試官教諭吴批（詞意懇至體制謹嚴足稱善頌矣）

考試官教授蔣批（忠愛之意藹然）

考試官教授桂批（疏暢春容）

大臣拜命而欲壽其君以所感者深也夫壽君之心固不待於有感大臣承寵命而祝之以萬年也尤其情之不能自己者乎昔者召虎經營平僭亂於江漢天王錫祉隆寵命於岐周夫是舉也圭瓚秬暢之厘祀可崇其先祖而山川土田之錫傳遂及之後人虎也睹王命之在前將侈之爲不世之遇榮無以尚矣而敢不拜嘉乎儼天顔於咫尺蓋持之以如臨之心禮不敢越也於是而稽首焉人臣受恩無可以報謝者但曰天子萬年而已矣蓋王者端拱於上惟以高朗令終爲福而人臣願獻於君亦以永錫難老爲忠其必天佑民而王躬是保所以出禮樂征伐於天下者萬年歷有道之長而後帝睱始純也舍是若諸福之物則君之餘爾而又何加焉天篤周而歷數爾常所以修田獵會同於諸侯者四國仰無疆之慶而後臣心始愜也外此如可致之祥皆足以供之而又何尚邪君念勋而寵其臣臣受賜而祝其君上下交相愛也如此周之治所以不可及歟抑因是而知穆公忠愛之心無有已也夫萬年之壽惟一人之福可以當之而萬年之治亦惟一人之德可以成之也公之勸君也欲其令聞不已而洽四國以文德焉其明保治之基乎夫其身本以武功獲懋賞而保治求圖乃欲於文德取之豈謀身不及謀國哉君子於是知古人愛君之心之無已也

春秋

秋九月齊侯宋公江人黄人盟于貫（僖公二年）

陳謨

同考試官教諭朱批（經意專在服楚與國見桓公伯業慮周義著不分對是）

考試官教授蔣批（得春秋予齊桓意）

考試官教授桂批（雅健）

伯主服遠以孤外勢春秋特詞以予之也此貫澤之盟齊桓服江黄以制楚也其慮周而義著矣君子是以許之且江黄者何荆楚之與國也齊胡爲而盟之邪桓自北杏創伯以來日以安攘爲事使楚之黨與未離即齊之計謀弗審也楚何由制幸而桓也有見於此以爲伐强以遠交爲事馭敵以制勝爲先於是約誓以申其詞用合諸侯之衆招徠以携其黨預爲撓楚之權而江黄服焉君子曰是役也二國之從楚已失其右臂矣友邦之附齊固得其先聲也則是今日服遠之謀謂非他日勝楚之績歟自是盟好既定或用之爲奇正之分

或資之爲犄角之圖而計出于萬全矣桓之所以帖遠謀大者其慮不亦周乎厥後威惠并著楚人輸納款之忠斯民免左衽之患而功成於一匡矣桓之所以安夏攘夷者其義不已著乎故聖人謂齊桓之成伯也荆楚之屈服也先定于及江黄之一舉獨言遠國者許是盟也其諸武王誓師牧野遠及庸蜀彭濮八國之勢歟此可見功莫大於攘夷謀當先於服遠桓之伯業斯爲盛矣抑有憾焉江黄從齊其志可嘉矣奈之何爲義不終楚人伐之而齊弗救君子固深閔之也管敬仲曰江黄遠齊而近楚楚爲利之國也伐不能救則無以宗諸侯仲固逆知之矣然則爲二國之謀者其亦不幸也夫

冬楚子蔡侯陳侯許男頓子沈子徐人越人伐吴（昭公五年）夏曹公孫會自鄸出奔宋（昭公二十年）

劉方

同考試官教諭朱批（措詞莊重能融會傳中重世類意春秋義當如此）

考試官教授蔣批（能發明聖人善善長之旨）

考試官教授桂批（峻潔）

春秋論世進人也有因從兵以義者有因去國以禮者此見越與曹會皆聖賢之後也春秋因事各致意於書法之間有以夫吴處慶封楚人執而殺之入棘櫟麻以報朱方狄道也兆龜告吉楚於是有羅汭之師則比吴爲善而師亦有名矣兹越也修我戈矛與子同仇其從兵也是爲得宜噫越何人哉大禹之後也元德顯功通于周室君子安可以後世之夷而累上世之夏故與徐皆得稱人者蓋進越而思禹也美哉禹功明德遠矣會爲公孫曹伯惡而逐之待罪於境以承君命臣道也賜玦則去會於是有自鄸之行則放而後出視君有體貌矣兹奔也善則稱君過則歸已其去國也是爲得禮噫會何人哉子臧之後也能以國讓不取乎爲諸侯君子何幸有後人之賢而益光前人之美其曰公孫自鄸蓋善臧以及會也卓哉子臧達節著矣此見聖人取善之公延賞之厚其義大矣哉抑無瑕者可以戮人楚之虔猶齊之封也其何以徇於諸侯子臧之賢公孫會逐焉爲善者懼矣曹伯之手足腹心安在哉是故正己以率人褒賢以風後君子御世之善物也噫可不慎歟

禮記

樂者心之動也聲者樂之象也文采節奏聲之飾也君子動其本樂其象然後治其飾

范宗鎮

同考試官教諭黄批（言樂則人人能之若順理成章不失和平之體此其先鳴者）

考試官教授蔣批（不費詞而意自足）

考試官教授桂批（典雅）

記者備舉樂之所由成因著君子立樂之方也夫有本有文樂之成也本立而文從之樂之能事畢矣記者之意若曰樂不可以僞爲君子爲能知樂何以言之比諸器之謂樂樂非滯於器也流通於心者也蓋人心涵聲氣之元因感而動者因樂而宣矣播諸言之謂聲聲非止於言也具體乎樂者也蓋人聲極高下之變發言爲聲者成象爲樂矣及夫著而爲文采合而爲節奏凡以盡飾也夫豈徒飾者哉蓋動容以盡其變從律以和其聲所謂比物飾節者在是矣夫樂生於心而聲和於樂君子修此三者故全也然其序惡可亂乎彼知心爲樂之本也則慎其所感而性術於是乎形焉其心和矣知聲爲樂之象也則慎其所發而辭氣於是順焉其聲和矣由是省其文采廣其節奏器數爲之具陳而心聲爲之盡美此和樂之所由興也要之兼體而後樂備知序而後樂成唯君子能之則其廣樂以成教者胥此矣信斯言也宜莫如舜歌南風者其象也舞韶箾者其飾也而文明温恭之德本之乃若胄子之教詩歌聲律有倫矣而和德先焉此有由本也後世房中之歌廟中之舞本之則無如樂何

福者備也備者百順之名也無所不順者之謂備

嚴璞

同考試官教諭黄批（題意曲折作者多蔓説平正通達無逾此篇）

考試官教授蔣批（精切有味）

考試官教授桂批（得旨）

記者推福之義存乎備而因明其所由備焉夫福之爲言順以備者也賢者之福其諸异乎世之福與且夫福之時義大矣弗明其義惡可言福弗能其事惡可致福故唯賢者能之而衆不與焉彼其所謂福者非有祈而得之也備焉耳矣夫事之所當爲者本咸正而無缺而吾之所自致者乃兼舉而無遺外此以言福則誣矣其所謂備者又非無故而獲之也百順焉耳矣夫反諸一身其理未始有違而貞於百度其迹不容有間外此以言備則惑矣既曰百順則是順之至也措則正而施則行有攸往而皆利也體之信而達之順無所動而

不宜也否則矯强者未免於拂經而襲取者不足以成務將有所順有所未順矣惡在其爲備也哉吁由備有福之名則凡可以求備者何不用也由順有備之名則凡可以致順者何不爲也祭之義其盡於此而已乎抑聞易之介福書之錫福皆自天佑之正世之所謂福也賢者盡祭之義則其所佑者大矣而獨不及此何也夫聚百順以事君親則不與福期而福自至但賢者非有心於求之耳詩人紀祀享而恒舉純嘏壽考爲言蓋亦有以識此矣

第二場

論

大哉堯之爲君

陳述齡

同考試官教諭陳批（德不可名堯之所以爲大也此篇獨得肯綮庶幾乎知德之言）

同考試官教諭吴批（題意廣大作者無所措手子獨根極體要如探淵海而得玄珠佳士佳士）

考試官教授蔣批（説堯合德於天意親切）

考試官教授桂批（平順）

論曰聖人以德化天下而天下不有其德斯其化也神矣天下之化將聖人是賴而聖人固以其身先之此非有意於天下之必吾從而遂至相忘於其德然後知聖人之化不可及也吾有導迪之機而使天下皆知其善吾有作爲之迹而使天下遂知其勞此其道非不足以治天下而天下諰諰然得以窺其心之所存而吾方自信以爲天下之吾治焉斯亦小矣非所以與論於神化也夫子論治而獨贊堯之大其深知堯者歟易有之曰大哉乾元萬物資始乃統天夫乾元天之道也而獨以大哉繫之何也謂其能始物也能統天也於其始物也見聖人育民之象焉於其統天也見聖人制治之象焉夫子釋之曰乾始能以美利利天下不言所利大矣哉蓋乾元有利天下之德而天下不知其所以利是以不可得而言也今夫天之運于上也其命則於穆其載則無聲無臭初若無所見於天下者而流行之妙固變化而不可窮夫人見其沛然潤者曰此雨露也虩然震者曰此雷霆也燦然麗者曰此日月星辰也秩然順布者曰此寒暑也夫其雨露之足爲澤也雷霆之足爲威也日月星辰之足爲明也寒暑之足以成歲功也天下莫不知其然而其所以爲雨露雷霆日月之類者舉莫得其所以然此乾元所以爲大也觀乾元之道則知堯矣今夫言聖之大者

莫如堯治之大者亦莫如堯此宜將以非常之事功自异於天下而凡其所以存心加志焉者無從而知也方其時洚水警予懷襄之害未除也而庶土則交正矣蠻夷猾夏疆圉之棘未舒也而四夷則來王矣黎民阻饑稼穡之利未奏也而烝民則乃粒矣兜鯀并進奸宄之萌未□也而四罪則咸服矣五器不遜慎徽之典未備也而萬邦則協和矣此數者天下之大患也堯皆爲天下除而去之而天下且安之若其未有昔之患也堯之德如此其偉也治如此其弘也而天下且忘之若其未有今日之功也故曰殺之而不怨利之而不庸民日遷善而不知爲之者此聖人之神化與天地同流者也是故以功業求之則其功業巍然爾以文章求之則其文章焕然爾如其盡於功業文章而已已非後世所能及如其不盡於功業文章而已則其所爲大者吾不知也彼其股肱之臣如舜禹皋陶皆親見其成而交贊之則以爲帝德廣運而史氏從而筆之則曰此陶唐之治云爾而康衢之歌且曰不識不知順帝之則嗟夫堯何施而得此於民哉今讀其書追想其治功恍然如在千載之上神游伊耆之庭仰睹岳牧夔龍諸賢相與推讓都俞而俯聽擊壤帝力何有之謡至於問之朝野而不知則其所謂大者諒何如也是故雖欲以言擬之不可得也雖欲以意象之亦不可得也言與意之所不能盡可以觀大矣求堯於言與意之所不能盡可以觀神矣甚哉堯之德非後世所能知也豈惟後世雖其時天下之人亦不能知也雖堯亦不自知也此堯所以同於天也夫子之序卦也曰黄帝堯舜垂衣裳而治夫固以其端拱而化成也然并舉三聖而獨取堯之大何也自黄帝而上則顓蒙之俗猶在也自舜而降則淳樸之德下衰也故前乎此者其人有所未至後乎此者其大有所不及堯之德益有徵矣且夫子嘗以君哉稱舜以無間然稱禹以至德稱文王而湯之慚德録之于書武之未盡善論之於樂皆不得與堯并軌也彼舜禹承堯之緒固堯之所嘗委任者也文王之大統未集其化猶未洽也至于湯武之舉雖曰應天順人有不得已之心焉雖欲爲堯之大皆弗可得也或者謂堯稟德而生則天地之中和也應時而興則元會之中數也舉賢而敷治則古今之泰運也非德則無其基非時則無其運非賢則無其助堯之治天下其亦有由矣然而未盡其要也典謨夫子之所定也首叙欽明文思之德而精一執中之訓又屢致意焉則天下化成之本無乃出於此歟夫子嘗祖述其道而病天下之莫能容乃取而明之以垂憲萬世是以兩觀之游有志大道之行而傷其未逮焉宜其重感於堯也

表

擬賜歷代名臣奏議群臣謝表（永樂十四年）

張楚翹

同考試官教諭顧批（我成祖廣忠益於千載之上彙成大典謝疏能敷陳其概辭氣渾融他日可備論思之選矣）

同考試官學正余批（對君之辭貴忠懇深厚不徒駢麗爲工而已唯吾子能之）

考試官教授蔣批（不事補綴而爛然有章黼黻之才也）

考試官教授桂批（清和潤澤）

永樂十四年某月某日具官臣某等伏蒙聖恩頒賜歷代名臣奏議臣等誠惶誠恐稽首頓首稱謝者伏以聖學懋昭求多聞而建事皇極用訓集衆思以作忠諒文獻之足徵羡君臣之相遇遂沐涣頒之寵式占晋接之光竊惟外廷旌善熙帝載於敷言内史獻書茂王猷於納誨若金作礪惟木從繩下達上宣交每通於天地予違汝弼誼尤重乎古今粤稽歷世之名賢恒負匡君之宏略雖就事而論事各因其時然啓心以沃心必求諸道舉爵作戒納牖示占决策鼓音爰重鄙乎肉食聽謀輿誦遂狎主于耳盟都俞之日彌遐謇諤之風斯下炎精啓祚收勝算於轉圜文德受符納直言於止輦英明間作忠讜并陳代不乏人數可更僕懷謀猷而入告善必稱君策便宜以上聞志惟許國式存蓍鑒用比韋弦凡其昭德塞違事或專於報主與夫獻可替否計有切於利民惟多識夫前言庶少裨乎至治顧汝愚之采輯成編僅止於宋臣暨蘇軾之奏陳屬簡惟專於陸相舊章有待曠典尚虚雖逆耳之談在往世未售其志而格心之術非明主孰諒其忠偶尺牘之具存宜寸長之備録恭惟皇帝陛下功符乾始德象帝先誕撫瑶圖格兩階而弘化懋膺寶籙秉九伐以靖時弘謨烈於重光廓乾坤於再造爰屬萬幾之暇旁求一德之資思保大以肇基期執中而布度謂天下之理未盡而日中之治惟幾主善爲師與治同道旁搜歷代藎言偶契于淵衷博覽殘編群策畢收於汗簡令傳左省來宣載筆之臣詔下西崑式啓藏書之府類分彙集綱舉目張自周武迄于宋元由君德至於夷狄前後餘三百卷六籍之旨益明上下幾四千年百氏之書咸備或紆籌於遇主有裨後事之師或抗疏於從王無忝先資之信詐云借才於异代乃亦取善於同人兹特擅場餘皆合轍固四聰之可達靡一得之遂遺對君奚取於面從論世何傷於骨鯁開卷而陳敬怠無庸座右之箴記篋而括古今殆勝席前之問既麗正以懸離照猶虚中而著謙光匪徒觀乎人文實皆關於聖德石渠底績奏功著作之廷天府效珍垂象昭回之域職以太史訓示無疆屬之梓人恩覃有位芸香蘗紙群捧紫泥之封鳳軸鸞章旁耀青藜之影臣等學窺占畢才乏經綸立

志未奇敢抵掌而談世務逢時非偶幸屈首而受成規若或啓衷何宜釋手牙籤侈事無論萬卷之藏金鑒微忠未數千秋之獻蕃錫已逾於什襲博綜寧蘄於三餘敢不益殫論思共圖職業聞道而能識其大期悟意于忘筌取法而僅得其中欲追蹤于補衮伏願凝神宥密侔虞舜之巍巍恢度含弘進周王之諤諤保兹丕緒慎乃永圖武緯文經秉全能於參兩道高德厚饗純嘏於億千臣等無任瞻天仰聖激切屏營之至謹奉表稱謝以聞

第三場

策

第一問

張楚翹

同考試官教諭顧批（我皇上加志郢都明倫化俗之訓同符聖祖媲美典謨子獨能颺言之所謂識其大者非邪）

同考試官學正余批（我皇上以彜倫爲訓而天下化成然文德所洽始於南國子能誦説其盛蓋涵咏之深者取之）

考試官教授蔣批（我皇上之訏謨根極於敬一之學非徒以言教而已韋布之流顧能仰窺其際宜褒然首舉之）

考試官教授桂批（敷對詳明宜録以式）

聖王以道治天下也有人紀肇修之要焉聖王以道教天下也有人文化成之美焉凡其本諸身而見於彜倫之大者均之人紀也道之所由立也凡其存諸心而宣於謨訓之詳者均之人文也道之所由章也明此以治謂之善治而作之君於四方矣明此以教謂之善教而作之師於萬世矣惟我皇祖肇之于前故盛德大業之兼隆惟我皇上述之于後故大烈耿光之并著天下民爭相傳頌以爲復見雍熙太和之化久矣愚也嘗得於父老之所傳聞而追思聖祖繼天立極之化得於耳目之所睹記而祗服皇上化民成俗之方乃嘆曰大哉聖人之言乎又曰一哉聖人之心乎夫樂堯舜之道然後知吾身親見之爲盛也與多士之列然後知王國克生之爲美也今幸際聖世而居帝鄉執事固稱爲首善之地矣其敢無辭以對請先論古帝王治教之由而後及我聖祖皇上之同符者可乎書有之曰平章百姓百姓昭明贊堯治也詩有之曰古之人無斁譽髦斯士頌周教也夫聖人之化理天下也必篤近而舉遠由親而逮疏皆不待求諸彜倫之外故善觀堯之治者不在地平天成之日而在於慎徽五

典敬敷五教之時善論周之教者不在惇信明義之後而在於刑於寡妻至於兄弟之始由得其道以先之故治易行而教易明也三代以降惟漢俗最淳而其施之于政教者每得先王之遺意以孝弟教民教之誠是也然而未及其要也以孝廉舉士舉之誠是也然而未盡其美也今以漢所紀英君考之皆不能無遺憾焉高祖過沛而宴父老意良厚矣猛士之思君子以爲霸心之存爾彼其游雲夢而聞兔狗之嗟招商山而興鴻鵠之嘆其如本之未純何至於民俗之澆漓則有借耰鋤而德色取箕箒而誶語如賈誼之所爲太息者矣明帝臨雍而拜老更禮亦至矣圜橋之聽君子以爲彌文之飾爾彼共撞郎而失居尊之威徵夢而啓後世之惑其如教之未善何至於士習之頽靡則有博士倚席不講學舍鞠爲園蔬如翟酺輩之所議者矣夫以漢之治教猶未及古則唐宋之下及漢可知也自唐宋之外其不及唐宋又可知也夫治迹比于湯武或議其慚德之不免家法過於漢唐或惜其武功之不競下逮胡元而彝倫攸斁極矣天厭其亂以歷數而畀之聖祖又以傳之聖子神孫功高萬古而化被億載固未有如今日之美且盛者也粤稽聖祖過淮因濠州父老來見與之宴飲而遣之閔其遭罹兵燹且諭曰父老宜教導子弟爲善孝弟勤儉鄉有善人由家有賢父兄故也斯言也諄諄乎有家人父子之風雖諭中原之檄教民之榜其在天下者已詳而於湯沐之邑尤加意焉其視徒誇海内之威者相遠矣聖祖即位之初諭中書省臣曰兵變以來人習於戰鬥惟知干戈莫識俎豆恒謂治國之要教化爲先教化之道學樣爲本今京師雖有太學而天下學校未興宜令郡縣皆立學禮延師儒教授生徒以講論聖道使人日漸月化以復先王之舊以革污染之習斯言也渢渢乎有典謨訓誥之義雖禮儀定式孝慈諸録其教天下者已具而于學校之典尤特隆焉其視自炫馬上之治者戛异矣列聖相承重熙累洽曁我皇上肇迹郢中誕膺天命故道化之敷光于四表而特顯于南國考其崇親明倫勒成大典頃因大狩駐驛承天則弘仁達孝之實昭矣及諭父老首叙皇考積德之由備舉父子長幼之道慮民之未知也因俗爲文以曉之是即皇極敷言之意也是與聖祖之治同道者也他若復其田租録其工役所以治民者甚切而其加惠者蓋甚渥也獻皇就國之始親幸孔學命官講周易賁之賓鏹更出内帑以葺廟宇皇上紀述不忘則崇儒重道之心至矣曁諸臣以學碑請于朝時可其奏表章皇考視學之詳其文有曰建學所以明倫倫莫大於父子君臣明父子之親則天下知孝明君臣之義則天下知忠我皇考惓惓加意學校正欲教民以忠孝耳又曰學孔子之道其可不盡夫彝倫之實爲子盡孝爲臣盡忠是即孝思維則之意也是與聖祖之教同道者也他

若增廪生之員加解士之額所以教士者甚隆而其致望者蓋甚殷也自皇上御極以來垂及四紀九德咸事百度惟貞萬物阜寧三靈畅遂舉天下而囿之菁我棫樸之化且從擊壞之歌以咏帝力焉治教休明於斯極矣當聖祖時載筆之賢如宋濂王禕紀述其事而録于大明日曆聖政記至于金匱石室之藏有不可盡讀者今皇上功德之隆追媲聖祖即使文學侍從之臣有如吉甫奚斯之徒猶不足模擬神化形之雅頌而况草莽之士哉然竊觀聖祖皇上化理天下之道莫不有本焉聖祖固言之矣曰人君一心治化之本存於中者無堯舜之心而欲發於政者有堯舜之治不可得也故聖祖存心有録觀心有亭皆所以培植是道而垂創業之弘規皇上敬一有箴心箴有注皆所以發明斯道而章守成之懿軌與堯之克明峻德文之亦臨亦保蓋不期而同者矣此皆惇彝倫修治教之大端也嘗聞治之極者其卦爲泰正君子道長之時也聖人常致慎於復隍之戒洪範之九疇本諸彝倫攸叙者而於錫民保極之旨尤丁寧焉故究言五福明福壽之所由臻也皇上德合天地化侔陰陽其於保泰綏福之機必有深契于宸衷而交盡其道者固非管窺所能及然區區獻曝之忱皆於占畢間得之不識亦可進而聞之否也

第二問

陳述齡

同考試官教諭陳批（求忠於孝移孝於忠無异道也我祖宗示萬世臣子之極謨訓具在子能受簡而敬陳之是達觀其深矣）

同考試官教諭吴批（漢儒忠經之作與孝經相發明至我祖宗貽訓忠孝之道益顯是篇獨得其典要豈徒占畢之士已哉）

考試官教授蔣批（臣子事君父之道子能領會於典章經傳之間執此以往庶幾乎可謂能臣子矣願爲推轂不辭焉）

考試官教授桂批（忠孝一道我祖宗垂訓之意正如此此篇出入經傳發明聖謨非口耳之學所能及資適逢世於子日望之）

君子之於天下無所逃者義也不可解者心也素位而行者分也易地而皆然者道也懷義以事君謂之忠因心以事親謂之孝分殊而推行之謂之守經道一而會通之謂之達變人見君子之事親也而不知其有忠存焉故曰孝者所以事君也人見君子之事君也而不知其有孝存焉故曰家有嚴君父母之謂也明於此然後可與論忘孝之説矣世有恒言皆曰天下不皆舜而後舜有孝之名天下不皆忠而後周公有忠之名夫舜之事瞽瞍非以孝自异也盡吾心而已盡吾心而親不吾愛是吾罪也幸而愛之是親之德也天下不知舜

有焚廩捐階之危而仰其有底豫之化雖象之傲吾何知焉周公之於成王亦非以忠自异也盡吾義而已盡吾義而君不吾諒是吾過也幸而諒之是君之明也天下不知公有破斧缺斨之勞而致其衮衣之思雖管蔡之謗吾無患焉故舜之大孝周公之純忠卒以是稱於天下而後世誦之不衰自腕與周公觀之則皆吾分之常而已矣故舜之孝非不足於忠而周公之忠亦非不足於孝也以叙百揆以徽五典而唐虞之際於斯盛焉舜之忠又向純也善繼其志善述其事而文武之德於是成焉周公之孝又何大也書紀舜之祇載而表夔夔之誠孟子固以盡臣道與之可謂深知舜者矣詩咏周公之碩膚而頌几几之美夫子且以達孝與之可謂深知周公者矣夫君親之倫原諸性者也忠孝之道根諸心者也以心盡倫以倫盡性而君子之道備矣是故由事親而充之則其爲祇服爲幾諫爲幹蠱用譽爲就養無方子道也凡屬乎子道者皆孝也由事君而推之則其爲承順爲貴難爲鞠躬盡瘁爲見危授命臣道也凡屬乎臣道者皆忠也書曰敬敷五教曰天叙五典夫人之有五倫久矣而君親爲重至孔子始言之故傳曰父母生之恩莫大焉君親臨之厚莫重焉此忠孝之名所由以立通乎古今不可易也考之記籍其論忠孝多矣曰邇之事父遠之事君曰爲人臣止於敬爲人子止於孝曰事父母能竭其力事君能致其身言乎其分之殊也曰夫孝始於事親中於事君曰資於事父以事君而敬同曰事親孝則忠可移於君言乎其理之一也至於魯論所紀如以無違對懿子以敬養告子游以色難語子夏似若言孝而不及忠者然勿欺而犯之訓子路嘗開之事上之敬子産以此見稱而以道事君之誼則又斥由求之爲具臣矣然則聖人之所爲訓固無所不備也夫道在天下所恃以常存者惟心而已是爲天經是爲地義是爲民之秉彝古人作經皆以明此心也孝經一書成於曾子門人之手首論孝之終始則敷陳天子諸侯卿大夫士庶人之職而末結之曰孝無終始其論孝無餘道矣或議其百純爲夫子之言蓋其言出於夫子而煨燼之餘或有遺爾若忠經一書乃漢儒馬融擬孝經而作者也自天子以至兆人凡十有八章蓋與孝經相爲表裏雖其論天子之忠兆人之忠不專爲人臣者訓然其意亦善矣或疑其據引敷析不能盡當未免僭經之失要之欲明常道何嘗有戾於經耶我成祖文皇帝懲綱常之亂作孝順事實其紀孝行凡二百有七人帝王之孝有若舜之齊慄文王之問安者焉賢哲之孝有若曾參之養志仲由之盡力者焉處常之孝有若黄香李密焉處變之孝有若伯奇閔損焉其他爲孝不同皆可以教天下之爲人子者也我宣宗章皇帝思古明良之戒作爲臣鑒其叙臣事凡二百八十餘人善可爲法則始於鄭子産焉惡可爲戒則始

於漢田蚡焉漢之蕭曹唐之房杜皆善之類也唐之李林甫盧杞宋之吕惠卿蔡京皆惡之類也其他爲事不同固所以教天下之爲人臣者也然二書衹舉其重而於彝倫之訓尚有未備故章皇帝復命儒臣編緝五倫書以頒示臣民其叙臣道也始於輔德終於恬退又以補臣鑒之所未足而特予其善也其叙子道也始於伯奇終於劉氏又以明事實之所嘗載而特致其詳也聖訓神謨昭映方策所以示章癉於既往垂勸懲于將來雖古帝王之誕告萬方訓迪百官者何以加此天下臣民彬彬向風争自效其忠孝之誠寧有紀極哉夫皇建其有極用敷錫厥庶民則啓迪之本也是訓是行以近天子之光則率從之機也如是而有淫朋比德焉者否矣夫人莫不有忠孝之心也亦莫不欲忠孝之名在其身也天下之爲父者願得以爲子天下之爲君者願得以爲臣然而忠孝之道日以衰熄者由倡之無術而適之非其路也或曰念顧復之恩而爲孝則其孝必不至懷禄位之寵而爲忠則其忠必不盡此責備之意非通俗之見也樹木以時伐禽獸以時殺君子與其孝則天下相慕而爲孝者多矣見路馬而不齒過闕而必下車君子許其忠則天下相效而爲忠者衆矣或者又曰承親以成名不必更求其忠從王以用譽不必復考其孝此又執一之談非議道之心也不順乎親不可以爲子以事君未能矣不獲乎上不可以治民以事父未能矣蓋嘗尚論往□然後知忠孝之不可得兼且悲其時之不幸也是故王祥能屈意以事毋而不能自立於勸進之黨李密能陳情以辭位而不能知其稱僞朝之謬趙苞能禦虜存郡不能不悔弃親之咎温嶠能慷慨赴難不能不貽絶裾之譏彼其所能者於情有所見也其所不能者於道有所不足也甚哉忠孝之難也故有舜之孝必能爲周公有周公之忠必能爲舜若持是以律天下則舜與周公皆所不能而天下之道亦無望其會而通之矣古云求忠臣必於孝子之門固知忠孝非二道也求人之方忠未有可徵則亦徵之於孝而已君子之孝非有覬於忠而爲之也本吾之心行吾之義而循其所當爲則事親不失爲孝子事君不失爲忠臣雖未及舜與周公是亦舜與周公之徒也此愚聞之經籍而又備得之于聖訓者也然而未之逮也願因執事之言而自考焉

第三問

范宗鎮

同考試官教諭黄批（文武全材不可襲取作者不爲高論而當於事情蓋經世之言也録之）

考試官教授蔣批（有真材斯有全材此用人之正義也篇中侃侃正論有味乎其言矣）

考試官教授桂批（官人務切實用則文武自得其人書生而談世務得失較然必良士也）

天之生材有二曰有全材有真材惟其所任使而無所不能者全材也效其所能而不蔽其所不能者真材也得全材則體無不備用無不周天下無不可爲之事所謂可以爲文可以爲武者在是矣得真材則取其所長舍其所短授之事而事亦治焉所謂文能附衆武能威敵者在是矣顧世之須材甚殷而人之爲材不同自天上之人操望治之心以求備於下下之人挾從事之智以借資於上於是張不慚之言襲不情之譽遂灑然信而任之不效明矣語曰騏驥驊騮一日而馳千里捕鼠不如狸往言無全材也又曰齊紫敗素而賈什倍言無真材也要之捕鼠之技曾無損於騏驥驊騮以素爲紫孔子惡之失其真矣故全材爲上真材次之自處乎材不材之間而虛憍以鬥其捷非材也執事發策惟求材爲兢兢此以人事君之義也生也奈何以布衣而操衡石之議干執秩者之權乎請誦所聞而執事擇焉可也夫天以陽生萬物以陰肅萬物而陰陽互爲其根聖人以文綏四方以武定四方而文武互爲其用記曰陰陽長短終始相巡以致天下之和天道運而無所積者胥此矣傳曰文武并用長久之術帝道運而無所積者胥此矣是故陽變陰合异流而同源文事武備异用而同體聖人之於天道一也書契而下四代之文可稽天地合而草木蕃王者興而名世作舜之治也以禹湯之治也以伊尹武王之治也以周公天之降材殊矣禹以文命而格苗伊尹以一德而載亳周公以禮樂而東征是皆材以德全而誠與材合者也故用之禮義則順治用之於戰勝則無敵後世頌有虞商周之治而稱大禹伊尹周公之德不衰有由然矣乃若山甫六月之師仲尼夾谷之會豈其材不類哉而有遇有不遇論其世可知也晋之搜以詩書而將穀鄭之捷以文辭而使僑春秋更霸其材亦有足多者自兹以還不少概見諸吕發難周勃左袒平之當是時功無居勃右者而高帝以爲可屬大事知勃矣雖史臣謂其木强少文惡可以是病勃哉契丹大人寇準請帝自將却之當是時策無出準上者真宗以爲社稷之臣知準矣雖張咏謂其不學無術惡可以是少準哉善談老易人以管葛儗之殷浩文矣以姚襄爲前驅襄遂不利於浩浩何爲者也言事慷慨人以公輔器之房琯文矣任劉秩爲車戰遂喪師陳濤斜琯何爲者也要之質勝文者不處其華而事專乎報主即文之不足狐裘而羔袖者耳此勃之敦厚準之峭直不能不賴之以爲安危也文勝質者不處其實而志存處徼功即文之有餘羊質而虎皮者耳此浩之虛名琯之高論卒無益

於勝敗也乃若孔明之書觀大指而勍敵受其巾幗仲淹之志抱先憂而强虜憚其甲兵兹其倜儻者邪而炎精已缺貝錦遂行視古昔遠矣維我皇上興文治武功邁周而與唐協德比年南比露師上方側席冢宰操吏治司馬辨官材皇皇然求得人以稱上意於是學士談兵材官講業思得一當聖主著功名於當時乃今島夷就禽匈奴遠遁皆一切受成於上而諸臣亦頗有勞矣頃者詔求文武之材可備邊者廷臣各舉所知顧其間長短异齊華實异致則科察之術今之當務也愚嘗謂文武之判久矣俎豆干戈不同其業搢紳介胄不同其官閭閻卒伍不同其治疏附禦侮不同其職文之於武也猶舟之於行陸也狐白之於當暑也尸視之於庖也故疆埸之事各有司存策便宜核殿最給餽餉撫士衆則有督府有撫臣皆運籌者之有事也援枹鼓冒矢石執訊獲醜批亢擣虚則有總戎有偏裨皆受甲者之有事也乃今之弊有二一曰好名吏以詩書發家則援武事以示可用將以騎射爲業則掠儒術以示有文見者群然譽之某善陳某善辭及試之事寬則蠕望急則狼顧失故步矣諺有之曰今之相者舉肥是皆舉肥之類也此好名者之過也一曰喜功三軍之司命在將將之譴舉在督府與撫臣法也頃歲不然將有功則督府撫臣爲最而上賞先之矣夫武夫效命彼顧剿其功即有不戒不得不分其罪失得入其心而威福奪其氣寬則蠕望急則狼顧失本謀矣諺有之曰利令智昏是皆智昏之類也此喜功者之過也然則吾何以科察之亦惟核名實均刑賞而已必也以吏事責諸吏以兵事責諸將不能吏無取其誇大不能將無取其雍容夫然則任職者著其誠聞風者去其僞名實核而真材出矣以立功屬諸將以程功屬督府及撫臣將有功彼不得顓其賞將有罪彼不得逭其罰夫然則利害不怵而智自明功罪不掩而士用命刑賞均而真材奮矣由是而求之庶幾可得全材矣乎愚嘗聞荆人之攻玉者三而可以材喻全材則圭璋也上也大禹伊尹周公是已真材則琥璜也瑜不掩瑕者也其次也周勃寇準是已務誇大習雍容而材焉珉也珉斯爲下矣其殷浩房琯之流與圭璋特矣琥璜猶可爵也藉令以珉爲圭璋其失遠矣要之求圭璋則圭璋進顧科察之何如耳豈借材而後足用哉若曰文武爲憲楚有人焉則吾豈敢

第四問

李鳴

同考試官教諭譚批（楚士辭章性命之學二子先鳴此篇能檃括其業而稱述之蓋論世而知其人矣）

同考試官教諭鍾批（宋儒見道之言與騷人感憤之辭有間子能審其

所尚故披卷而樂誦之）

考試官教授蔣批（離騷太極蓋楚之文獻足徵者此篇能溯其源委條答無遺博雅之士也敬服敬服）

考試官教授桂批（是博古而志於道者）

詩以徵志則詞賦之體備焉而凡求之以藝焉者淺矣文以明道則性命之理順焉而凡泥之以言焉者或矣蓋苟可寓吾忠君之志雖其詩之工否弗論可也而况其工於詩者乎苟可昭吾明道之實雖其文之粹否弗論可也而况其粹於言者乎迹窮而志彌章故不詭於其俗位卑而道益邃故不淆於其真是以作者自得其師而述者競守其轍鑒之不精則附麗爲正而纖巧爲姸索之未融則虚寂爲宗而蕪蔓爲主兹吾有取於屈平之騷茂叔之圖皆可謂千載一人而欲以楚材例論之無亦觀諸生所趨向而嘗試之歟蓋平之有騷也由風雅而載變者蘇軾讀之自謂得體此楚詩之昉也營道著圖秘不示人朱震撰進易解謂傳自种穆非由人授此楚易之符也彼謂辭賦之祖是概之以藝而不識風人之旨謂得孔孟之傳固歸之於理云爾而性與天道之妙正未易聞也今觀騷經所著以離愁幽思之懷而叫號穹壤之間以憤激沉鬱之氣而超脱塵埃之表述九歌類於舛序遠游幾於放命卜居近於太詭迹崑崙涉於非經太一之篇繼以湘君則傷於靡惜誦之章繼以懷沙則疑於矯平之赴湘流也揚雄誚以湛身而斑固議爲揚已似無當於温柔敦厚之意者然三百篇之後賴有此耳舍騷而曰可與論詩則終無詩矣太極圖所述明朕兆之微以極天地性命之變剖幽微之象以推禮樂刑政之施衍五殊而遺相制推二本而遺相間言中正則違利貞語動静則涉生滅初舉太極皆踵象象之緒餘復加無極如襲道德之宗旨周子之立圖也張敬夫初疑其迂而陸九淵力排其非似無當於潔静精微之妙者然千百年之傳僅有此耳舍是而曰我能學易則終無易矣夫詩之爲教也發乎性情止乎禮義以端淫佚之思以暢和平之感故曰可以興可以觀可以群可以怨此詩之本原也彼無得於騷者直以宗國之屬未免出於抗激而不知鴟鴞之誦夫子傳於東周載馳之篇室女遺於既嫁彼固懷君之切而不忍忘爾至於上稱帝嚳下道齊桓中述湯武明道德之廣崇治亂之條貫其于時事有遺憾焉聖人所不廢也史遷曰國風好色而不淫小雅怨誹而不亂離騷兼之矣雖謂詩未亡可也若易之爲道也行乎陰陽通乎鬼神以昭變化之象以决悔吝之途故曰其旨遠其辭文其言曲而中其事肆而隱此易之要領也彼無見於圖者皆以爲無極之語不當涉

於虛寂而不知一元流行即無聲無臭之理五氣順布乃資始資生之端彼固見道之妙而不容秘爾至於首盡乾坤次分陰陽終具善惡究性命之淵微動静之機緘其于聖德無餘蘊焉古人所未發也胡宏曰書約而道大文質而義精圖盡之矣雖謂易猶在可也蓋原忠不售而辭卒垂于民其徒宋玉景差閔原之志而作大招與九辨諸賦亦得騷之旨而揚其波瀾者也其後百年而賈誼遠謫長沙復爲賦以悼之微數子則騷又絶響矣茂叔位不顯而道遂昭于時其徒有程顥兄弟受茂叔之業而作易傳及定性諸篇實得圖之旨而發其蘊奥者也其後再傳而朱熹張栻講業岳麓復因是圖而推廣之微二子則圖將失傳矣君子非文之難難于寓忠非言之難難于明道使皆如其所志則平能竟抱江魚之怨茂叔能終遂庭章之樂哉平也内蒙子蘭之毁外被靳尚之謗澤畔行吟乃與漁父伍爾假令两君見庸謀行職修光復舊物固其材也不然入而圖議政事决定國疑出而鑒察群下應對諸侯亦庶幾一國之士哉敦頤始寄分寧之簿晚司監税之額弄九餘暇卒老濂溪間耳設如韓富同列建立師道志伊學顏固其餘也不然耻於媚人而澤及冤抑鋭於尚友而惠及煢獨將不得爲一代之英哉誼以洛陽年少見用漢室平之流也絳灌之計且以紛更阻之其去憲令之讒幾何雖文帝之明其總惑矣然其改正朔易服色定官制丞諭儲教盡行治安之策亦周官之遺而文學之望也而世獨以其志廣用疏目爲迂闊嗚呼當時將相功臣之列誰爲出誼之右者哉濂溪既没洛蜀諸黨自相攻擊而元豐憸壬之輩潛乘厥釁至於涪陵見謫黨禁日嚴阨冑肆志開禧之時力錮僞學而君子遂屏迹矣向使汝愚不竄同道爲朋凡正心誠意之學展盡底藴豈無導主庇民之功哉聖遠言湮之餘而道不上行固非人力所能爲也嘗取二子而參較之懷瑾握瑜特無鳳凰覽輝之見彈冠振衣猶表日月争光之誠蓋原得之爲騷者也子虛大人諸作更當奴僕命之矣光風霽月吟弄同於浴沂玉色金聲和毅昭於傾府蓋茂叔得之以爲圖者也王通韓愈諸人奚啻伯仲見之哉乃知東南之美不獨品金璣組之貢而已然原之所志志事功也茂叔之志志道德也無原之忠愛而徒襲其音響故浸淫於漢魏愈變而愈下有圖之淵源而漸窮其指歸故發揮乎孔孟益久而益明以茂叔之賢雖安石猶知慕之願與天下效之介潔如原雖自取芳譽終無益矣君子子之而不盡子也學茂叔而未逮猶不失爲令名之士所謂循途而趨者也徒效原之詞賦而靡麗詭异之習群然相高所謂雕蟲之技失故撤矣執事之所問者皆楚賢也非愚所敢議也偶以所聞見從爲之辭將就有道而正焉執事以爲何如

第五問

陳謨

同考試官教諭朱批（楚人論楚事亹亹可聽有司决策行之亦楚之便宜也録之以俟能者）

考試官教授蔣批（議論剴切區畫詳明用世之才可以概見）

考試官教授桂批（事核而謀臧非彌文也佳士佳士）

執事憑軾入楚目攝楚事將畫策而紀綱之儷儷乎□怛忠利之言敢不操牘以對愚惟王者之分土建官以任民治豈徒取充位而已哉必也爲之興利爲之捍患爲之長顧却慮以圖可久爲之先事豫防以銷未萌如是則官不失職民不失和而境内治矣然而興利務滋除害務本執拘攣之議者不足以觀昭曠之原用因循之務者不足以求明作之效故必有非常之事而後者非常之功得人焉爾楚地數千里距秦蜀控九江其間疏而爲三江瀦而爲七澤蓋水國也昔在禹貢雲土夢作乂雲夢於是而始穰依古以來溝洫非不力也乃今田野多萑符而編氓失其恒産則地利薄矣昔在春秋齊桓盟江黄江黄於是而始勁依古以來備禦非不周也乃今草澤多淵藪而細民輕於爲邪則方慝興矣周制稻人以瀦蓄水以防止水以澮瀉水稼下地者賴之足民之道也今則圩有長縣有簿郡有倅監司從而程督之制視周備矣漢法郡國以車騎備平原以材官備山阻以樓船備水泉戒不虞者賴之弭盜之術也今則疆有候吏郡有偵夫衛有艘卒監司從而分莅之法視漢良矣然而利之未滋患之未弭誰任其咎哉古之善興利者若孫叔敖在楚史起在魏鄭國在秦李冰在蜀皆以治水聞焉芍陂之惠漳水之勞鄭渠之饒陸海之沃民到于今稱之矣要之古以導水爲利者也今以防水爲利者也其利殊也古之善捍患者若龔遂之於渤海賈琮之於交趾張敞之於冀州李崇之於兖州皆以治盜顯焉佩犢之諭賈父之歌入境之威名懸鼓之號令民到于今稱之矣要之古以部内爲患者也今以境外爲患者也其患异也以水利言之湘水不爲菑勿治可也江水菑而不害猶可治也松滋公安而下有司業已堤之假令石首奏功可息有矣漢水决沙洋其害潛沔尤甚比年興工塞决口功成而水復齧之則沙洋之績不可不爲之終慮也愚嘗聞宋孟珙入荆郢憂江漢爲患開三海八櫃分殺其流楚饗其利者數世國初遺迹具在監税者治之其後水道湮滅而利擅專門矣昔賈讓陳治河三策後世以爲口實竊謂今之治水者其策有二修孟珙遺政浚支河開穴口塞沙洋此數世之計也是謂上策頃之築沙洋者監司檄縣吏縣吏檄圩長圩長發人徒因朽壤積塗泥將以逭簿責耳即千夫荷

畚惡能底績哉誠使監司爲植郡縣巡功不奪流言不愛重費相土宜順水勢而夾漢爲堤浚其下流以防壅塞此數十年之計也是謂中策使或憚力役而儉不貲之費因人言而持兩端之疑日玩歲愒將立待其涸焉此不終日之計也是無策矣由前二策力持其議行之則今之下地异日之上腴也以此興利寧出古人下哉以江防言之瀕江之大澤以什數而洞庭彭蠡爲巨二澤延袤千百里蓋風波之巨匯納污藏慝之區也群小外連内結不可勝詰又比年徵調夷部方舟所過無不齮齕莫之誰何不逞之徒冒然而濟其惡遂多事矣然則遏盗之機不可不爲之蚤計也國家置監司者二一扼上游以察洞庭一控下流以備彭蠡頃復增置守備護軍巡行慮至周也顧承平以來禁令疏闊雖取辦文法捕盗有人而尺籍之士固無恒心市井之徒何論長技其流之弊曷可勝言或好賓而惠奸或鬻權而罔利即遇大猾辟易不遑以此爲防是以狼牧者也昔歐陽脩陳禦盜四事後世以爲名言竊謂今之治盗者其策有二選吏士簡卒徒分疆域信期會明賞罰某地有盗不期而獲者賞之期而後獲者次賞失期而不獲者抵罪罪先吏士賞先卒徒務操切而不少貸瀕江井邑凡駔會之鬻舟者爲之籍以紀其姓名操舟而漁者立之長以譏其出入即有發覺者連坐之此内治之策也頃因吴越操兵而境外多流賊見兔顧犬不亦晚乎宜布精鋭守要害慎其譏察諜其往來先聲所加無不震慴此外治之策也誠舉二策力持其議行之則奸宄不容而舟楫無警矣以此捍患寧出古人下哉嗟乎地有四瀆江漢居二焉楚以地重久矣蓋由河入淮則齊扼其吭由江入海則楚折其衝乃今舍耒耜不耕罷兵甲不講非所以重楚也興水利固善矣然而土著多游民羈旅多豪猾游則惰農豪則攘利即楚地廣莫而華實之毛歸之四方羈旅者食其毛而土著者供其賦一何誖也必也稽其户口核其田賦爲分籍之法如先臣丘浚之所載者行之則水利興而利歸於楚楚其有瘳矣乎慎江防善矣然而羈旅亡命流轉爲奸無賴相從爲之嚆矢及罪覺則轉而之他不可逮捕而楚人受纍矣必也因其丘乘比其什伍立其約長稽查生業重其連坐爲保甲之法如先臣王守仁之所已試者行之則防患密而無能嫁禍于楚楚其無患矣乎夫築舍道傍者不可以慮始衆議奪之也簡髮而櫛者不可以解紛拘論束之也見彈而求炙者不可與樂成近利急之也去三者之惑治人得而治法舉矣其於利病何有哉楚人守一隅之知固饑者之語餱糧瘍者之語痾癢也惟執事留聽焉

湖廣鄉試録後序

嘉靖戊午秋湖廣鄉試録成三近以職事當叙諸末簡三近惟我國家設科取士垂二百年自高皇帝以來内外宣力佐治平之業者多賢科之士是賴我皇上敬天立極懋德育民大訓敷言昭揭宇内多士應期而興凡十有三舉于兹矣由兹烝而進籲俊尊帝億萬斯年未有紀極三近嘗伏嘆自古帝王久道化成未有盛于皇上者也及如楚遍觀一時髦髦之盛則又竊嘆江漢之澤豐鎬之仁地稱首善非偶然爾爾多士進矣宣力内外上贊聖天子中興之治者多士事也君臣之大義亦嘗聞之矣乎夫君天也臣地也乾知大始坤承天而效成能者地道也臣道也在易家有嚴君故君稱父臣稱子承事而用譽者臣與子之道皆當爾也古之君子竭其股肱之力以媚一人鞠躬盡瘁而不以爲勞者豈不欲自處乎其逸哉分使然爾書曰天惟純佑命則商實百姓王人罔不秉德明恤烝民之詩曰天監有周昭格于下保兹天子生仲山甫蓋言賢才之生上天所以佑保人君也及考六臣之烈内一己德外陳己功上保王躬下乂王室一何勞也仲山甫于周内養君德外總諸侯入典政本出營四方又何勞也彼數臣者皆能敬共其君如事天事父然故名實純粹天下後世侈方之爾多士生于王國式逢明盛固天篤厚我皇用昭壽考作人之化者自今宣力内外亦將格天致治如伊尹以下六臣者之爲乎亦將夙夜匪懈如仲山甫之舉職乎果如其人庶可以翊文明之運迓平壽之休無忝譽髦允徵于首善矣顧不偉歟語曰慎厥終惟其始故于多士之始進也敬申君臣之大義告之

江西南昌府儒學教授蔣三近謹序

萬曆元年湖廣鄉試録

湖廣鄉試録序

萬曆紀元秋八月復當賓興天下士巡按湖廣監察御史舒鰲以故事檄岱暨教授黄鋭周希正學正蕭大謙趙以康教諭陳一定鍾沛朱寬殷乾左懋貞司試事左布政使施堯臣右布政使陳瑞司提調按察使王世貞僉事蔡一槐司監試既入棘百執事受約束御史唯崈唯脊乃合提學副使姚弘謨所選士二千七百有奇三試之録其俊九十及文以獻岱不佞以職事序首簡始岱讀相如子虚而怪之以爲夸張少實且楚雖大何至乃匹漢上林而自稍長益習見楚圖經地志則神州之内五岳者楚得其一其視岳而加尊者楚又得其一所謂岑崟參差日月蔽虧交錯糺紛上干青雲之狀不易指數岷峨導波自萬里來匯爲洞庭黏天浩瀚扶輿之秀結而成丹青赭堊雌雄黄白瑊玏玄厲之屬瓌奇异狀吾故恨賦之未盡也夫地靈則人杰蓋自古記之矣當周之季其南紀有仲山甫尹吉甫者出而弘將相之業以振其微功成而交相頌以蓽路籃縷之楚有臣如鬥轂孫叔爲之左提右挈而後先伯夫豈亦棫樸思齊之遺士固有興於待者耶孔子南游楚雖不遂獲東周而率其徒相與講明皇王之術六籍大指七十子之倫其五楚焉而楚自是稱有文矣乃僅能以其變風變雅之旨創矩矱而爲騷若賦如屈平宋玉唐勒景差者至襄陽之杜而變始極其於稱亦甚著第令天下謂文士足張楚而已不聞其以孔子之道衍而爲公卿將相之業何也今以岱之無似幸而用兹役獲竊觀楚之山川土風又幸而獲從事竟諸生業其峭拔汪瀚珍奇叠發怳若凌巨颸踐名岳入海而探寶藏即無論其選者彬彬乎名實中窾其所不能盡者亦尚芃芃然足以備异日之采庶幾哉楚秀有徵矣自明興不爲騷賦之一端以擬士而大指在尊經術廣時務冀以是得人爲縣官用諸生佩法孔子亦既有年其於所謂經術時務者上固精求之而下亦侥得之矣盍亦思所以善其後乎夫仲山尹吉二甫叔世之毗也鬥轂孫叔偏雄之輔也其下者至不知有經術然各能以其材成其主之業而顯其名况於今聖天子握乾符秉冲睿委柄股肱良臣用以弼成治化而子之鄉在江沱汝漢者去文王之季而四者乎其猶在成康之際而被周

南召南之化爲獨深者乎諸生第勖之孔子之業行而頌聲作天下奉以爲穆如清風若二南者知其不爲牢愁離慅之説明也楚自是稱多賢矣是舉也巡撫湖廣右僉都御史趙賢首勵風猷以倡文教而巡撫貴州兼督湖北軍務右副都御史蔡文撫治鄖陽前右僉都御史凌雲翼今右副都御史湯賓提督南贛軍務右僉都御史劉思問相與翊而章之其有事楚者總兵官懷寧侯孫世忠守備太監張堯于役楚者南和伯方燁都督僉事蔣克謙工科都給事中吴文佳兵科右給事中張楚城刑部員外郎潘頤龍户部主事羅良禎工部主事曹慎中書舍人蔣務樵勞於棘之外者左參政鄭雲鎣右參政楊柏右參議李貴和郭崇嗣胡僖王琁副使楊一魁史嗣元邊維垣徐柏馬顧澤僉事戢汝止余一龍賈館蘇璜李克敬署都指揮僉事馮鋭勞於先者入賀右參政胡邦奇副使盧仲佃署都指揮僉事劉大鄖陞任左參議舒應龍副使徐學謨僉事馮子京皆例得書若棘之内宙執事則具録中矣

浙江台州府儒學教授郭岱謹序

萬曆元年湖廣鄉試

監臨官

巡按湖廣監察御史舒鰲（子化江西德興縣人　乙丑進士）

提調官

湖廣等處承宣布政使司左布政使堯臣（欽甫直隸青陽縣人　庚戌進士）

湖廣等處承宣布政使司右布政使陳瑞（孔麟福建長樂縣人　癸丑進士）

監試官

湖廣等處提刑按察司按察使王世貞（元美直隸太倉州人　丁未進士）

湖廣等處提刑按察司僉事蔡一槐（景明福建晋江縣人　己未進士）

考試官

浙江台州府儒學教授郭岱（峭東廣東番禺縣籍江西龍泉縣人　壬子貢士）

江西九江府儒學教授黄鋭（汝新廣東揭陽縣人　乙卯貢士）

同考試官

廣東南雄府儒學教授周希正（道甫廣西宣化縣人　己酉貢士）

山東青州府莒州儒學學正蕭大謙（民服直隸山海衛籍江西龍泉縣人　壬子貢士）

四川重慶府合州儒學學正趙以康（允錫雲南浪穹縣籍太和縣人　辛酉貢士）

廣東瓊州府瓊山縣儒學教諭陳一定（克静廣東揭陽縣人　甲子貢士）

福建泉州府安溪縣儒學教諭鐘沛（彦周廣東番禺縣人　辛酉貢士）

福建建寧府崇安縣儒學教諭朱寬（汝栗廣西桂林中衛籍應天府溧水縣人　庚午貢士）

河南開封府許州郾城縣儒學教諭殷乾（一清直隸吴縣人　己酉貢士）

四川瀘州納溪縣儒學教諭左懋貞（正夫廣西桂林中衛人　甲子貢士）

印卷官

湖廣等處承宣布政使司照磨所檢校虞廷化（敷德直隸宿松縣人　監生）

湖廣等處提刑按察司照磨所檢校張惠（廷錫直隸寧津縣人　監生）

收掌試卷官

武昌府知府吴一瀾（汝觀江西南昌縣人　庚戌進士）

漢陽府知府程金（德良直隸歙縣人　癸丑進士）

衡州府知府艾可久（德徵直隸上海縣人　壬戌進士）

辰州府知府徐廷綬（受之浙江淳安縣人　壬戌進士）

長沙府知府許自新（試可福建晋江縣人　丙辰進士）

德安府知府馬文煒（仲韜山東安丘縣人　壬戌進士）

黄州府知府潘允哲（伯明直隸上海縣人　乙丑進士）

岳州府同知鐘崇文（仲謨江西南昌縣人　壬戌進士）

受卷官

永州府知府王倖（廉甫浙江秀水縣人　壬戌進士）

鄖陽府知府楊愈茂（伯榮陜西安化縣人　壬戌進士）

武昌府同知王軒（臨卿直隸清苑縣人　乙丑進士）

荆州府同知蔡壁（伯宿錦衣衛籍浙江錢塘縣人　戊辰進士）

常德府同知王用汲（明受福建晋江縣人　戊辰進士）

永州府同知邵城（惟衛浙江鄞縣人　戊辰進士）

永州府推官崔惟植（應德直隸太平縣人　戊午貢士）

漢陽府推官唐維翰（宗卿貴州普安衛籍陜西寧遠縣人　丁卯貢士）

彌封官

承天府同知謝汝韶（其盛福建長樂縣人　戊午貢士）

常德府通判李大瀾（觀甫福建晋江縣人　乙丑進士）

武昌府推官程正誼（叔明浙江永康縣人　辛未進士）

衡州府推官趙世卿（象賢山東歷城縣人　辛未進士）

襄陽府推官馮福謙（文光山西蒲州人　甲子貢士）

鄖陽府推官龍養性（順甫江西吉水縣人　甲子貢士）

荆州府夷陵州知州袁昌祚（茂文廣東東莞縣人　辛未進士）

承天府景陵縣知縣羅應鶴（德鳴直隸歙縣人　辛未進士）

謄録官

荆州府推官劉坤（載伯直隸懷寧縣人　己酉貢士）

岳州府推官孫化龍（時際直隸獲鹿縣人　戊辰進士）

常德府推官蔣輝（子德廣西全州人　辛酉貢士）

寶慶府推官劉點（與志江西臨川縣人　戊午貢士）

荆州府監利縣知縣李純朴（文伯四川定遠縣人　乙丑進士）

襄陽府宜城縣知縣雷嘉祥（和卿四川井研縣人　辛未進士）

辰州府盧溪縣知縣王京（來覲江西上高縣人　戊辰進士）

永州府零陵縣知縣傅應禎（思善江西安福縣人　辛未進士）

對讀官

常德府武陵縣知縣蔣桐（子培錦衣衛籍浙江諸暨縣人　戊辰進士）

岳州府巴陵縣知縣王延（子長四川南充縣人　辛未進士）

荆州府石首縣知縣張一鯤（伯大四川定遠縣人　辛未進士）

荆州府江陵縣知縣李應辰（惟呈浙江慈谿縣人　辛未進士）

長沙府寧鄉縣知縣陳以忠（貞甫直隸無錫縣人　丁卯貢士）

襄陽府棗陽縣知縣王應辰（贍極河南信陽州人　戊辰進士）

襄陽府襄陽縣知縣尹廷俊（位甫雲南蒙自縣人　辛未進士）

黄州府麻城縣知縣錢節用（以中四川富順縣人　辛未進士）

巡綽官

武昌衛指揮使馬呈文（道夫直隸含山縣人）

武昌衛指揮使謝應徵（汝聘直隸定遠縣人）

武昌左衛指揮使姚應辰（從龍湖廣龍湯縣人）

九谿衛指揮使陳乙（子元湖廣慈利縣人）

武昌左衛指揮僉事張時舉（國臣順天府大興縣人）

岳州衛指揮僉事花應魁（本發直隸無爲州人）

九谿衛指揮僉事陳善（子敬直隸江都縣人）

澧州守禦千户所副千户金城（國衛順天府大興縣人）

搜檢官

武昌左衛指揮使陳元嗣（繼本直隸舒城縣人）

武昌衛指揮同知沈高（子謙直隸聿亭縣人）

武昌左衛指揮同知馬坤（承順直隸盱眙縣人）

武昌衛指揮僉事許廉（汝潔湖廣黄岡縣人）

武昌左衛指揮僉事李世勛（紹功湖廣安陸縣人）

武昌左衛指揮僉事胡繡（美中直隸臨淮縣人）

岳州衛左所副千户廖雲龍（伯從湖廣衡山縣人）

澧州守禦千户所副千户王用予（忠甫湖廣石門縣人）

供給官

湖廣等處承宣布政使司理問所副理問劉明學（誠卿江西永新縣人　監生）

武昌府江夏縣知縣韓棟（良材直隸安慶衛籍應天府高淳縣人　辛酉貢士）

德安府雲夢縣知縣陸勛（體堯直隸常熟縣人　己酉貢士）

衡州府耒陽縣知縣徐楠（任之直隸宣城縣人　己酉貢士）

長沙府善化縣知縣陸南陽（起明直隸武進縣人　丁卯監生）

武昌府經歷司經歷柳密（叔縝浙江蘭磎縣人　監生）

武昌府經歷司知事魏烔（汝明直隸丹徒縣人　知印）

漢陽府照磨所照磨王濟時（宗道山東堂邑縣人　監生）

承天府沔陽州判官徐師夔（惟和浙江永康縣人　監生）

武昌左衛經歷司知事張堯仕（子秀河南濟源縣人　吏員）

蘄州衛經歷司知事鄭一誠（守信江西臨川縣人　吏員）

承天府京山縣縣丞吕克寬（敬臣浙江新昌縣人　監生）

襄陽府襄陽縣縣丞沈釗（子容浙江崇德縣人　監生）

武昌府江夏縣主簿吴璘（廷甫江西南豐縣人　吏員）

襄陽府宜城縣主簿張翼（子敬浙江歸安縣人　知印）

武昌府江夏縣典吏馬遠（任重四川墊江縣人　吏員）

黄州府蘄州廣濟縣典吏毛任(愈仁江西豐城縣人　吏員)
德安府應城縣典吏曾謐(子静江西豐城縣人　吏員)
荆州府夷陵州宜都縣典吏孫如河(宗禹浙江餘姚縣人　吏員)
武昌府江夏縣山陂驛驛丞周峻(子高浙江餘杭縣人　承差)
荆州府公安縣孱陵驛驛丞袁漕(九賦浙江新城縣人　承差)

第一場

四書

生而知之者上也　待其人而後行故曰苟不至德至道不凝焉　天下大悦書曰丕顯哉文王謨丕承哉武王烈佑啓我後人咸以正無缺

易

蒙以養正聖功也　上九鼎玉鉉大吉無不利象曰玉鉉在上剛柔節也　問焉而以言其受命也如嚮無有遠近幽深遂知來物　有天地然後萬物生焉

書

文命敷于四海祇承于帝曰后克艱厥后臣克艱厥臣政乃乂黎民敏德　學于古訓乃有獲　嚴恭寅畏天命自度　聰明齊聖小大之臣咸懷忠良其侍御僕從罔匪正人以旦夕承弼厥辟

詩

蒹葭蒼蒼白露爲霜所謂伊人在水一方　鶴鳴于九皋聲聞于天魚在于渚或潛在淵樂彼之園爰有樹檀其下維穀他山之石可以攻玉　虎拜稽首天子萬年　日就月將學有緝熙于光明佛時仔肩示我顯德行

春秋

春王正月公敗齊師于長勺(莊公十年)冬公會晉侯宋公衛侯曹伯莒子邾子滕子薛伯杞伯小邾子齊世子光伐鄭十有二月己亥同盟于戲(襄公九年)夏公會齊侯于夾谷公至自夾谷(定公十年)　八月公會齊侯宋公鄭伯曹伯邾人于檉(僖公元年)　夏四月己巳晉侯齊師宋師秦師及楚人戰于城濮(僖公二十有八年)戊子晉人及秦人戰于令狐(文公七年)夏叔孫豹會晉趙武楚屈建蔡公孫歸生衛石惡陳孔奂鄭良霄許人曹人于宋(襄公二十有七年)　宋公陳侯衛侯曹伯會晉師于棐林伐鄭(宣公元年)公會晉師于瓦(定公八年)

禮記

天子之五官曰司徒司馬司空司士司寇典司五衆天子之六府曰司土司木司水司草司器司貨典司六職天子之六工曰土工金工石工木工獸工草工典制六材五官致貢曰享　五行四時十二月還相爲本也　内和而外順則民瞻其顔色而弗與争也望其容貌而民不生易慢焉故德輝動於内而民莫不承聽理發諸外而民莫不承順　王言如絲其出如綸

第二場

論

君志定而天下之治成

詔誥表（内科一道）

擬漢令郡國舉孝弟有行義詔（地節三年）　擬唐以姚崇爲紫微令詔（開元元年）　擬宋以敬器論賜宰臣王曾等謝表（乾興元年）

判語（五條）

官文書稽程　市司評物價　宿衛人兵仗　斷罪引律令　造作不如法

第三場

策（五道）

問　古推功者重開創語德者歸守成殆未有以易也我高皇帝遂胡元定寓縣再闢天地驅一世之椎結而冠裳之不亦功倍堯舜哉其良法美意提衡畔涣顴若畫一蓋二百有餘祀而天下謐如也文皇戡家難孝皇敦身軌赫然聲施异世焉其後先顯承之烈亦能舉其大略否今上業方在茂齡而薄海内外奉澤共度縉紳黔黎交口而頌聖質以爲過周成漢昭萬萬夫萬古莫二之功我高皇既擅之乃今上秉齊聖履大寶益富春秋萬古嗣盛之德此其時矣將何修而可以比於先皇觀也諸生爲精言之不佞將以聞於上

問　天官家言談説灾祥禍福若指諸掌其大概三焉有遠而不變者如元會所紀陽九百六之類是也有近而可推者日月薄蝕五星躔度正犯之類是也有卒來而不可究者彗孛凌變寒暑霜雹震鶩水旱之類是也然推天以徵人則於法有合有不合推人以徵天則於數有驗有不驗果何也説者以爲三代時人主之精誠徹於天天視聽爲一而後不能蓋然又謂太史失其官躔野變其度而不盡能一一應然歟否耶當世宗末海内報灾异者不虚月而其

奏祥者輒上聞然至於今而寓宇寧晏夷狄賓服民心忻如也即往者心异小小而聖主喆輔交相爲儆固借此益修其德以仰承仁愛顧其數有可推而其道有可盡者乎諸生毋以不經對

問　史有二家左氏志編年而太史公列傳紀其得失亦大略相當自荀悦袁宏之流祖左氏班固陳壽范曄之倫業司馬由陳范而晋南北朝至勝國猶宗之而左氏蓋寥寥也至宋涑水氏始略法其凡而著通鑑業以佐人主治道而已明興國大政閟於金匱石室而不得窺然以修金匱石室而不得窺然以修史者徵之代出人手其賢否不一也不至無矛盾否國史家乘其亦可信而徵否吾欲用班固蘭臺例盡出國史之藏而使賢而才者司其事務合於昔賢之所謂三長者而後成書宋以後事别列爲編年而續涑水氏以備人主乙夜之覽不識有可以當之者否不佞請因諸君子以觀倚相之緒

問　西漢尚事功不如東漢矜節義固也然事功之效能立見於國而節義則先養名而晚收效且寺人黨錮之禍亦云有以激之夫晋人貴清談六代開靡詞其驅江左而削弱亡論已末宋之季明理學者視其人何啻天壤乃入朝而奮袂以稱恢復群居而斂襟以談性命或者謂宋勢之不復振亦與有力焉何也國家履恒泰之運治平久而弘正間有倡古文辭者其儔頗推揚之大概少伸而多抑其卓然欲以節明志者往往抗諫諍而殉封疆君子稱之天下北孽虜南孽倭縉紳先生投筆而修羽檄之業暴起騰貴及至於性命之學興雲合而景從而一切下視爲土苴爲焦螟也是四者於古之所矜尚同耶异耶其於世果孰益而孰損也諸生有辨志之學否

問　今天下爲邊害者毋如虜爲漕害者毋如河即小夫孺子能言之而今虜已幸款塞矣河幸一切徙去漕道通矣説者乃尚謂虜款不足恃一旦而解盟而邊患猶故也河徙不足恃一旦而横潰而漕患猶故也即胡以待之詩云迨天之未陰雨徹彼桑土綢繆牖户今所以綢繆者何筴也主計之臣議通海漕以助河業已睹其效矣將遂漕海耶抑姑爲道以俟緩急耶而功名之士尚欲計復河套未已也夫海漕可暫通而河套似不可復也亦能明其所以否諸生异日爲國家用睹兹二者恐不宜默默也其悉以對

中式舉人九十名

第一名　李登　景陵縣學生　詩

第二名　曾鳳儀　耒陽縣學生　易

第三名　李際春　蘄州學附學生　書
第四名　鄒觀光　雲夢縣學生　禮記
第五名　周弘禴　麻城縣學生　春秋
第六名　李宗魯　漢陽府學附學生　詩
第七名　吕應和　承天府學生　易
第八名　瞿九思　黄梅縣學生　春秋
第九名　王家光　沔陽州學生　詩
第十名　熊夢祥　荆州府學增廣生　易
第十一名　秦嵩　鄖縣學生　書
第十二名　王同晋　黄州府學生　禮記
第十三名　李登庸　岳州府學生　詩
第十四名　王之藩　荆州府學生　易
第十五名　雷化　荆門州學附學生　詩
第十六名　李第　蘄水縣學增廣生　易
第十七名　梅維範　麻城縣學附學生　春秋
第十八名　費尚伊　沔陽州學生書
第十九名　費思箴　荆門州學附學生　詩
第二十名　嚴自察　黄梅縣學生易
第二十一名　余偲　孝感縣學增廣生　詩
第二十二名　石三復　蘄水縣學附學生　易
第二十三名　鄧練　龍陽縣學增廣生　詩
第二十四名　李世薦　麻城縣學增廣生　禮記
第二十五名　龍吟　應山縣學增廣生　詩
第二十六名　郭之幹　潜江縣學生　詩
第二十七名　蕭寬　荆州府學生　易
第二十八名　葉應軫　長沙府學生　詩
第二十九名　王曰然　景陵縣學生　書
第三十名　余應鶴　黄岡縣學附學生　詩
第三十一名　陽寬　衡州府學生　詩
第三十二名　楊滋　雲夢縣學生　易
第三十三名　鄒思亮　麻城縣學附學生　春秋
第三十四名　周慶地　武昌縣學生　詩

第三十五名　舒弘緒　通山縣學附學生　易
第三十六名　劉孚　潜江縣學附學生　書
第三十七名　謝君用　衡陽縣學生　詩
第三十八名　陳汴　江陵縣學附學生　詩
第三十九名　謝誨　荆州府學生　易
第四十名　常居敬　武昌府學生　詩
第四十一名　鄧良翰　永州府學生　書
第四十二名　劉天相　衡州府學生　詩
第四十三名　黄宗聖　黄岡縣學附學生　易
第四十四名　羅樹聲　麻城縣學附學生　春秋
第四十五名　王隴　漢川縣學生　書
第四十六名　李永　荆門州學附學生　詩
第四十七名　張嗣文　荆州府學增廣生　易
第四十八名　劉道　黄岡縣學生　禮記
第四十九名　方學詩　武昌縣學生　詩
第五十名　張希皋　德安府學附學生　詩
第五十一名　劉彦　監利縣學生　易
第五十二名　龔仲敏　公安縣學生　書
第五十三名　陳鑋　武昌府學生　詩
第五十四名　周夢暘　南漳縣學生　詩
第五十五名　陶元愷　湘鄉縣學生　易
第五十六名　程學庸　孝感縣學生　春秋
第五十七名　楊慶鎡　孝感縣學增廣生　詩
第五十八名　吕應詔　承天府學生　易
第五十九名　余心純　黄州府學生　禮記
第六十名　鄧雲臺　永州府學生　書
第六十一名　何鳳起　蕲水縣學附學生　易
第六十二名　丁應泰　武昌府學生　詩
第六十三名　何復初　荆門州學生　易
第六十四名　陳王道　廣濟縣學增廣生　詩
第六十五名　張邦彦　蕲州學附學生　書
第六十六名　譚希思　茶陵州學生　易

第六十七名　葛大禮　武昌府學生　詩
第六十八名　唐興仁　邵陽縣學生　書
第六十九名　劉文定　興國州學生　易
第七十名　陳楚産　麻城縣儒士　春秋
第七十一名　孫斯傳　華容縣學附學生　書
第七十二名　張居謙　荆州府學生　易
第七十三名　謝軫生　蒲圻縣學生　易
第七十四名　蕭譽　羅田縣學生　書
第七十五名　蔡清獻　崇陽縣學附學生　詩
第七十六名　周延甲　蘄水縣學生　易
第七十七名　馬彦　武昌府學生　書
第七十八名　彭應元　德安府學增廣生　易
第七十九名　劉尚友　郴州學生　詩
第八十名　汪京　襄陽府學生　書
第八十一名　石珮　盧溪縣學生　詩
第八十二名　於廷諍　黄州府學生　禮記
第八十三名　王夢麟　黄梅縣學增廣生　易
第八十四名　李沂　嘉魚縣學附學生　詩
第八十五名　吕瀾　沔陽州學生　書
第八十六名　周師道　遠安縣學生　易
第八十七名　熊寅　景陵縣學生　詩
第八十八名　趙廷杞　荆州府學生　書
第八十九名　王梅　江陵縣學生　易
第九十名　王兆　宜城縣學生　書

第一場

四書

生而知之者上也

李登

同考試官教諭殷批（削蔓剔浮獨標理奥蓋杰作也録之）

同考試官教諭鍾批（詞氣渾涵文之近古者）

考試官教授黄批（光彩内藴其色蒼然）

考試官教授郭批（發生知及上字意明徹）

聖人論知而以性諸天者爲至也蓋生而神明則知以天矣非天下之至聖其孰能與於斯宜夫子首列之以啓天下求知之學也今夫人受衷於天地以生孰不有此理之當知與真知之在我者乎顧所禀不齊而知因以异是故有生而知之者焉清明在躬之神潜會夫性真而因生以具者不隨生而漸移虚靈不昧之體夙契夫道妙而以形而寓者不爲形之所囿其本然者常瑩而未嘗汩也故率其天德之良知一觸而上下俱融不必啓知於見聞而凡窮理以爲知者不能外矣其炯然者常覺而未嘗泯也故任其自然之明覺一悟而表裏俱洞不必知新於耳目而凡格物以致知者不是過矣之人也完太極二五之真而寵綏於維皇者獨隆應貞元會合之運而問值於天地者不偶氣之清通極於命其生篤生也是殆聰明睿智之至聖固將縱之以首出之資者也質之粹不離於天其知天知也是殆先知先覺之天民固特授之以獨禀之智者也故就其等斯謂之上而求之天下何可以易見哉要之知者在天者也學者在人者也天下不皆生知也而盡人以成天及其知之一矣故學則次於上而不學斯爲下玆學之不可已而夫子勉人之至意其在斯與然則生知者可遂廢學哉夫孔子聖矣而好古敏求且日孳孳焉堯之欽明舜之浚哲非上乎而猶兢兢業業以從事于學聖人之不純任乎天也如此有生知之質者而又學爲堯舜學爲孔子則知益神矣

待其人而後行故曰苟不至德至道不凝焉

曾鳳儀

同考試官教諭朱批（有體認能發憚）

同考試官學正蕭批（直紓真見意旨嫻然子蓋澤夙道德者乎高薦允宜）

考試官教授黄批（思致精密詞意温粹）

考試官教授郭批（冲淡中有奇氣）

中庸以行道屬諸人而必申言其不虚行也蓋德者凝道之本也苟無其德其何以行之哉中庸明人道也意若曰大哉聖人之道無外無内斯其至矣然豈無所待而行哉涵於太虚其體不能有爲也而以人爲體恒待人以成其能原於天命其用不能自顯也而以人爲用恒待人而運其化合之而天地萬物孰統體是必有致中和者出焉而後位育之效行于兩間也析之而禮儀威儀孰推行是必有觀會通者出焉而後經緯之章敷于群動也是行道之必待

於人如此而道豈可以虚行哉故曰苟不至德至道不凝焉蓋道與德一也得此之謂德固道之所待以行者也苟非其人則中之所存未能完性命之真而知之所格不能達神明之藴雖洋洋者固流動而未嘗息也而無德以統體之則其極于天而殺于物者亦象焉而已矣而與吾心固自爲二也其何能凝斯道之全體而贊其化育哉雖優優者固充足而未嘗間也而無德以推行之則其經而等曲而殺者亦迹焉而已矣而與吾身固自有間也其何以會斯道之妙用而行其典禮哉信乎道不能自行而亦不可以虚行也修德凝道之功其可緩乎抑論道體本虚而體道貴實三千三百固天地萬物之實理也此下學存心致知之功自可以定命而上達天德故論行道而曰凝道其實意可想已推其極則經緯文章先王之所以官天地宰萬物用是道也彼世之蔑禮教隳聞見者吾不知其視天地萬物又何如也行道者其辨之

天下大悦書曰丕顯哉文王謨丕承哉武王烈佑啓我後人咸以正無缺

李際春

同考試官學正趙批（此作振藻研精華實并茂周公相業宛然見之）

同考試官教授周批（提掇照應處神彩動人）

考試官教授黄批（醇雅明暢）

考試官教授郭批（順暢可式）

大賢贊元聖大順之治而必徵諸書焉蓋文武之謨烈盛矣而實周公成之也此天下之所以悦其治與昔孟子釋公都子好辨之疑及此若曰世之治也有啓運之君則必有翼運之臣吾嘗觀于有周而知周公一代之治功矣蓋文武嗣興雖足以對天下之心而害有未除民之望治猶未已也周公相武王而悉殄其害焉夫是以民安於撥亂而萬邦仰奠麗之庥物阜於勝殘而群生蒙煦育之利有夏固已修和矣兹則太和洋溢而民悦益爲之無疆四方固已攸同矣兹則至治浹洽而民心益爲之胥慶此固周公輔相知功有以光昭於前而垂裕於後者也書不云乎丕顯哉文王謨丕承哉武王烈佑啓我後人咸以正無缺蓋丕顯以開厥後文謨固無斁也而實周公勤施于上下俾通駿之聲愈顯於無窮而謨之盡善者爲可傳焉丕承以貽孫謀武烈固無競也而實周公翼贊於先後俾纘緒之業愈承於不替而烈之盡美者爲可久焉以觀文王之耿光子道盡而父道益著以揚武王之大烈臣道盡而君道益隆此所以以致天下之悦而唐虞之盛復見于成周也然則頌文武之德者詎可忘周公之功而一代之治允有以纘禹之績歟雖然天下悦矣公之憂未釋也無逸陳

矣豳風誦矣桑土綢繆赤舄几几矣且吐哺握髪繼日待旦憂愈深焉若其責之未塞者凡以成終始之大忠而立萬世之臣極耳孟子之所願學者夢周公之大志也不得行其道而家好辯之譏可以觀世矣

易

上九鼎玉鉉大吉無不利象曰玉鉉在上剛柔節也

吕應和

同考試官教諭朱批(發揮剛柔不偏意親切有味)

同考試官學正蕭批(得周孔本意結語尤有深思遠識録之)

考試官教授黄批(理明詞達)

考試官教授郭批(體裁偉然)

二聖交以相道美鼎爻爲其業隆而德純也甚矣大業本於盛德也剛柔節而相德純矣聖人之致美於象占也有以哉今夫天下重器也人主舉而寄之相猶之舉鼎而寄之鉉也鼎之上九以陽居陰有中德焉其象不唯鉉而鉉且王矣周公因其德之全而美其業也曰鼎玉鉉大吉無不利則是一啓沃焉而如琢如磨之訓足以導我宸聰而百倍仰圭璋之令望一舉措焉而不競不絿之政足以式是下國而九服蒙潤澤之宏庥鴻業固而鼎命之所以不替者此也邦與家而未孚矣雉膏食而鼎實之所以下究者此也名與位而俱盛矣謂之玉鉉而大吉且利也豈唯無虞於覆餗而已哉真足以配金鉉之而垂慶於有永矣乃夫子因其業之隆而本其德曰剛柔節也則是高明而柔克克者乃所以爲剛用而神氣之所舒發動若有限而不逾沉潛而剛克克者又所以爲柔用而元氣之所渾涵時或有振而不靡人見其張弛之交濟而不知自其温潤而栗者劑之也人見其參和而不偏而不知本其純粹以精者出之也謂之曰剛柔節也豈唯無病於掩瑜而已哉真足以當玉鉉之實而流光於無窮矣然則爲人臣者非相業之難而相德之難非相德之難而協於中者難也二聖交美而交發其義有以哉抑兩觀三都之政夾谷之役蓋有時見其剛柔而未竟者夫子寧無感也周公至矣雖然以公玉鉉之相功成而鴟鴞之詩作蓋几几焉故其象乾上九曰亢龍有悔而夫子之贊用九曰天德不可爲首也夫微伸其用於柔而深示其戒於亢者所以安鼎鉉地也二聖之旨淵矣

有天地然後萬物生焉

熊夢祥

同考試官教諭朱批(發揮天地萬物理既明暢詞亦勁健可以式矣)

同考試官學正蕭批（純雅中有奇氣子蓋學易而有得者）

考試官教授黄批（發然後字最明）

考試官教授郭批（典實雅暢）

觀天地之生乎物而易之首乾坤者可知矣蓋天地群物之祖也有天地而後有萬物乾坤爲諸卦之首也宜哉且夫易不能外陰陽以爲卦而乾坤其綱也物不能外陰陽以有生而天地其統也觀卦序者即天地而乾坤可識矣何也方太極未判之先無所謂天地亦無所謂萬物也惟夫一元闢而清寧之奠位者肇兩間之化育二氣分而易簡之成德者生群物之散殊有是天斯有是大生焉耳高明之上覆固庶類之所以資始有是地斯有是廣生焉而博厚之下載固品彙之所以資生物必得理以成性而天地者理之原也雖性命之各正萬有不齊而凡有是性者孰非此生生之理以發育之耶物必得氣以成形而天地者氣之宰也雖太和之保合萬有不一而凡有是形者孰非此生生之氣以揚詡之耶故自對待而言則天主其始地作其成一之神者兩之所以化也而貞觀立生成之本自流行而言則天道下濟地道上行兩之化者一之所以神也而化醇顯絪緼之機要其理天地不爲先萬物不爲後而稽其序不有天地其何有萬物哉夫物不能不生於天地則易不能不首乎乾坤矣聖人之序卦也有以夫嘗疑之萬物之生原于天地而天地又安從生耶蓋自太極中來也太極者固天地之所以化生萬物而乾坤之所以變而爲六十四卦者也識其妙則易即我我即易而天地位萬物育又安能有外於此者哉是故善學易者求諸吾之心極而後可

書

學于古訓乃有獲

秦嵩

同考試官學正趙批（理明詞暢而意亦懇到）

同考試官教諭周批（發明反己之學甚善亦學之有獲者録之）

考試官教授黄批（思婉詞達）

考試官教授郭批（得傳説納誨意）

大臣啓賢王以學古之益欲其求諸己也蓋理莫備于古訓也學之斯有自得之益矣而何以多聞焉哉賢王宜知反求矣傳説之意若曰訓志之義固臣職之當供而反己之學實君道之當勉王之欲建事也可徒求多聞哉彼修身治天下其事行之古人其理載於古訓不有以學之孰從而得之誠能不以罔顯者諉之已而好古敏求之力亹亹勿忘不以交修者資諸人而多識蓄德

之功孜孜匪懈以懋聖修之極則于古修身之訓學之理無窮功亦無間而欽聖謨以裕明哲者析之精也以弘錫類之化則于古治天下之訓學之理愈備功亦愈密而遵王道以廣作則者合之大也誠若是也將見采討之既精則古訓之理與吾人相浹洽而資深逢原之有機緝熙之罔間則古人之心與我心相感孚而融會貫通之無外自其學修身而明哲之體吾其立之無俟朝夕之納誨而日新之盛德不本之舊章而有餘乎自其學治天下而作則之用吾其具之非必左右之啓沃而富有之大業不監之成憲而自裕乎至是則理無不明事無不建有不終於罔顯者矣學古之益如此吾王尚反而未之抑帝王之學心學也始而學古學此理于心也既而有獲獲此理于心也由是而乃來而積躬而罔覺何莫非此心此理之貫徹乎以此論學而輔德高宗所以爲商令主也宜後世誦中興之烈而稱傳説之功不衰

聰明齊聖小大之臣咸懷忠良其侍御僕從罔匪正人以旦夕承弼厥辟

李際春

同考試官學正趙批（理致精深詞意懇切善發周王責望近臣之意）

同考試官教授周批（詞氣渾融冲然古調）

考試官教授黄批（懇切有裨治道非苟作者）

考試官教授郭批（詞贍意婉）

聖世君臣合德而猶資於近臣之輔焉甚矣輔相有關於君德也以文武明良之盛且於近臣有資焉而况於後王也乎昔穆王命伯冏之意若曰君心係於所養故親賢急矣近臣要焉吾嘗稽諸先王而知其然矣彼文武之君何君也聰明齊聖之資創述其重光焉作哲作謀而有敬有臨君則天下之聖君也文武之臣何臣也忠正純良之志小大其咸懷焉師師在列而濟濟同心臣則天下之賢臣也宜若無籍於近臣之助矣然而在文武也不以廟堂有正人而忽其近侍之選故侍御僕從人不一也而罔非庶常吉士之流在近臣也不以大庭有顯諫而忘乎承弼之忠故旦夕之際時不同也而常效引君當道之益慮聰明之自用而侃侃正倫日敷陳於讌閑之間或以將順或以匡救即其心一大臣忠良之心也而孰有眩之以非禮者哉慮齊聖之自賢而亹亹忠言時贊襄於游息之際或獻其可或替其否即其心一小臣忠良之心也而孰有導之以非辟者哉夫以文武之君臣而有賴於近臣如此則爲之後者可知矣冏爲太僕尚知所以慎其選哉抑人君之德動息有養而燕僻之地漸染尤深苟君德有虧於宮禁之中而欲轉移於殿陛之上計亦晚矣綴衣虎賁周公於

成王屢致意焉老成謀國其遠慮類如此噫穆王之命伯冏亦諄諄矣而車轍馬迹遍於天下曾未聞近臣有匡弼者豈伯冏不能舉其職歟無惑乎文武之業之不振也

詩

鶴鳴于九皋聲聞于天魚在于渚或潛在淵樂彼之園爰有樹檀其下維穀他山之石可以攻玉

李宗魯

同考試官教諭殷批（順題發揮得諷諫體）

同考試官教諭鐘批（諷言須含蓄最難體會此作思婉而義雋有味乎其言之也宜録以式）

考試官教授黄批（意完詞雅）

考試官教授郭批（可與言詩者）

詩人再托物以諷君而其義爲益精也蓋誠明好惡君道也取諸物有餘諷焉爲此詩者其知道乎且夫臣子之事君不難於納誨而善用其誨之爲難鶴鳴詩人蓋有以識此矣故其詞又若曰善比類者必以物善觀物者必以道天下之物理無窮也請得爲王言之鶴之鳴也于彼九皋若幽遠而不可即矣而其聲則不惟聞于野而聞于天焉顯微無間雖鶴不得而秘之也誠之不可掩如此而豈惟鶴哉魚之在于渚也自淵而出若有迹而可見矣而其潛又在于淵而不專於渚焉兩在不測雖魚不得而知之也機之不可執如此而豈惟魚哉園有樹檀不但下維蘀也穀不可以爲檀而檀下生之可樂者有可惛焉愛檀而忘其下之穀豈善用愛者乎而天下之類於檀者尚多也他山之石不但可爲錯也石不可以爲玉而攻玉取之可弃者有可愛焉惡石而忘其玉之攻豈善用惡者乎而天下之類於石者尚多也吾王誠能反觀於身引伸於類即鶴鳴而進於誠矣即魚躍而進於明矣即好惡之必察而進於公矣致治保邦寧有窮乎意詩人可謂微而婉忠而誨者矣雖然誠明好惡皆道也而要之則本於誠焉蓋惟誠則明明則通惟誠則公公則普而天德王道備矣詩人首舉以爲言不既深乎否則中無定主何取於淵魚之察而任賢反貳去邪反疑將有伐檀之咏履石之譏矣豈詩人托物意哉故君子誠之爲貴

日就月將學有緝熙于光明佛時仔肩示我顯德行

李登

同考試官教諭殷批（懋學資臣成王所以圖鴻業也子晢其旨若於有

餘望焉豈直文辭爾雅哉取之）

同考試官教諭鐘批（講成王勉敬求助處甚懇切）

考試官教授黄批（原天命敬德貫之極是）

考試官教授郭批（精純貫徹有志弼示者

賢王勉純敬之學而因求助於臣焉夫人已交修聖學之全功也賢王以之聖敬其庶幾乎成王受群臣之戒而述其言曰敬者帝王之心法也心之體本極其光明而敬之入莫先於德行顧其責在我而交修之益不能不資諸人耳是故惟予小子不敢以不聰之質自諉也必思予之事天以心而事心以敬也其爲力誠不易也凡所以勑天之命惟時惟幾者常亹亹焉日有所就功不間於日矣而又緝而熙之以底于純粹之精月有所將功無忘於月矣而又續而明之以造于聖修之極庶幾吾心之天與在天之天光明而無間斯已焉此固予之不敢不勉者也而豈予一人之可易能哉惟汝諸臣亦無以不聰之質而弃予也尚念子之所履天位而所學天德也爲任誠至重也凡可以爲予之助啓心沃心者日諄諄焉戒之以敬天未已也而復示以入德之方俾就將者有所持循啓之以保命未已也而又詔之顯德之行俾緝熙者有所依據庶幾純天之德與繼天之任克勝而無忝斯已焉此固予之所望于群臣者也汝群臣其尚憫予哉噫成王之疾敬厥德可謂至矣兹其所以能宥密基命緝熙殫心而爲有周之令主歟大抵敬者文武傳心之要而天命自勑交警於上下之間尤虞廷君臣之庥風也成王以幼冲莅政而於此惓惓焉可不謂賢乎然不有寅畏忱恂之訓或亦無以進於是者故敬以格天君道也敬以格君臣道也圖治者審諸

春秋

八月公會齊侯宋公鄭伯曹伯邾人于檉（僖公元年）

周弘禴

同考試官教諭左批（詳於當時事勢且融會二傳意簡明可録）

考試官教授黄批（發揮威勤鄭意精切明當）

考試官教授郭批（縝密簡古氣味冲然）

春秋紀内外之好而與伯者勤安攘之義也此檉之役齊桓致勤於鄭以振中夏之威也春秋所以與之耶昔楚以即齊之故仇鄭齊桓謀救之是以有于檉之會魯之不誠罪也而獨與夫桓者何蓋伯者之主夏盟也勤以恤患則威怠以弃義則無震楚成浸强凌蔑中夏桓不起而圖之其何以宗諸侯矣幸

而齊桓糾合列辟念彼懿親之患其義不可弃也而徵會以急其病揆之中國之樞其勢不可失也而厚集以示之威簡書之急難不即及於鄭然而形禁勢格使自爲解者桓其慮之深矣撻伐之威雖不即懲於荆然而經營圖合戢而時動者桓其籌之審矣折衝於壇坫之上而仗義以遺諸姬之安异曰孔叔完守度德而不忍弃者非以齊有勤我之力與不然鄭患方棘能不巤其南向之轍耶褚顧於俎豆之間而先聲以摧江漢之焰异日屈完納款徼好而惟恐後者非以齊有制彼之慮與不然楚氛方惡能遽遏其北方之圖耶故兹會也在魯人敗邾之師有愆義干盟之咎而齊桓謀鄭之念爲安夏攘夷之勤是故紀會以美之而魯之罪比事見矣抑楚師三至而齊救不至惡在其爲勤噫此所以爲念之深也時熊頵用子文以紓難固仲父耦也撓鄭嘗齊與純門之襲异矣齊何嘗一日忘鄭哉養威蓄謀定交徵詞萬全而後逞固善用其霸之術而庶幾王者之事然豈誠有遺力哉德則不競是以功烈如彼而申侯濤塗之及且紛紛矣然則經之與桓其取節耶

宋公陳侯衛侯曹伯會晋師于棐林伐鄭(宣公元年)公會晋師于瓦(定公八年)

瞿九思

同考試官教諭左批(本傳重衆書法取難發揮是作詞理明透必究心於經學者)

考試官教授黄批(能知謹權大旨)

考試官教授郭批(凛然見抑臣之意)

春秋兩紀兵好而均略伯國之臣凡以謹大權也夫用衆非人臣所得專也宜經於棐林于瓦之役而兩示其義與昔棐林之役晋討鄭也趙盾將之瓦之會晋救魯也士鞅將之吾聞大夫與師其體敵今二卿之董是役將非不尊也何獨言會晋師耶蓋兵權有國之司命君執此以馭臣臣而敢專之非有國之利也盾之伐鄭也執言以討貳于時閫外之寄彼其制之然總表裏之山河而作維辟之威者有晋靈在焉盾雖位上卿執國命固不得私有其衆也鞅之救魯也仗義以恤患于時師中之命彼其承之然擅一國之靈寵而作維辟之福者有晋定在焉鞅雖植根深用物弘又不得上專其權也彼其列國號召而伯叔與同誠惟知有盾而已今則略其將而稱師若不知有盾然者蓋忌上侵之逼爲社稷而貴其民耳諸卿同仇而我公于邁誠惟知有鞅而已今則稱師

以蔽將若未嘗會鞅然者蓋懲君側之横爲邦本而重其衆耳再致嚴於書法非特以繫之於會師將不得并舉之文也又非特别之於君親將不言帥師之例也直重大衆以抑臣以明人臣不得用衆也此義明攬權不移在上無贅旒之勢共命不貳在下無竊柄之奸豈惟戒履霜於晋之卿而厚施盡征如田季者皆臣道之所不敢出也其爲慮遠矣雖然重衆之義君不得而輕用之况自諸侯出乎然則兵可弭耶噫顧治本何如耳采薇出車之意不在天保以前而車攻采芑諸篇實致中興之盛不然乘武備者弱國而中制者無功後之爲國者毋徒曰重衆云

禮記

内和而外順則民瞻其顔色而弗與争也望其容貌而民不生易慢焉故德輝動於内而民莫不承聽理發諸外而民莫不承順

鄒觀光

同考試官教諭陳批（禮樂和順之應難於形容是作獨得之可以式矣）

考試官教授黄批（不事雕刻自然成文）

考試官教授郭批（辭意冲粹必有和順之實者）

論君子禮樂之德盛而感乎人者深焉蓋和順禮樂之德也德盛而感人之深夫乃機之必然者乎嘗謂禮樂之道體之於己則皇極建推之於民則王化行顧君子致之何如耳兹惟樂曰内和則其治心者臻安久天神之妙而太和之德洽浹於中矣禮曰外順則其治躬者造莊敬嚴威之實而大順之德昭宣於外矣由是而徵諸庶民也將見至和見於顔色而瞻之者以和應和忿戾之氣自融焉孰與争乎至順見於容貌而望之者以順應順怠忽之私自弭焉孰生易慢乎然不但已也君子之德形則著著則明而斯民之心動則變變則化故至德之輝動之於内而英華顯文明之盛雖未始期聽於民也而民莫不承聽焉法君子之和以治心若有機焉以通之而四海之内同愛矣感人心而太和豈但不争已耶至順之理發之於外而儀度昭淑慎之章雖未始期順於民也而民莫不承順焉法君子之順以治身若有機焉以率之而四海之内合敬矣定民志而順治豈但不慢已耶此禮樂之道所以爲大而君子不可斯須去身也古者聖人象天地而作禮樂因性情而立節制内外一道也和順一德也感應一機也一者何吾之心是已故曰無體之禮無聲之樂天子中和之極聖人位育之功皆是物也否則鐘鼓云樂上帛云禮其於化民之道遠矣有志於禮樂者審所尚哉

王言如絲其出如綸

王同晋

同考試官教諭陳批（絲綸字當有斟酌此作最善形容可録）

考試官教授黄批（得慎王言意）

考試官教授郭批（簡而文）

王者之言微而著其當慎可知矣甚矣王言之所係匪輕也如綸由於如絲則微者著矣是可以弗慎乎哉記緇衣者以爲人君身居天位則必口代天言吾嘗擬而議之而知王言之當慎矣蓋其鼓舞天下不容恭默而無言也故嘗闡心思之秘而秩之德音敷化理之原而宣之巽命聲必爲律其旨精矣而方發於宫廷猶近於微而未顯言必中倫其義密矣而方形於朝宁猶涉於隱而未章象其小焉不過如絲而已矣然王者之尊天下之所聽命故其言一出而其機自通王者之令天下之所祇承故其發雖邇而其傳自遠經綸之藴以言而宣雖未極于敷錫之大也仰君德之章聞而誦聖謨者罔或後焉微而斯顯有若吐之方爲絲而播之即爲綸矣彌綸之功以言而達雖未極于訓行之廣也仰治典之敷布而遵帝訓者罔或違焉隱而斯章有若始于絲之小而繼以綸之大矣要之王人有絲綸之命斯天下有經緯之文言固不可已也惟其出之如綸則當於如絲之初而慎之爾况其言有不止於絲焉則其出又當何如者而烏可以游言倡哉雖然未已也由是左史紀焉後世述焉孰非是言哉故伊尹告商王曰大哉王言而又曰一哉王心何者心固所以出言者也欲慎言者立誠以修辭則言寡尤而天下法矣

第二場

論

君志定而天下之治成

李登

同考試官教諭殷批（據理揮霍亹亹數千言而忠義之氣溢於詞表）

同考試官教諭鐘批（識遠思深蓋養之裕而發之粹者用録以式）

考試官教授黄批（詞指詳懇非苟作者）

考試官教授郭批（以雄才發真見佳哉）

人主以一身而致天下之治者無他定其所以治天下之本而已本者何志是也夫天下至廣也萬幾至殷繁也歸而取足於吾至微之志而曰有餘者

何也吾無志於治而聽吾不制之軀以殉物之欲物群起而入之吾甫有志而未定遽以其有限之聰明而究天下之聞見天下得以聞見之不及者而蔽之轇轇乎擾擾乎治日遠於我而吾不覺物爲主而我爲役吾志定而天下之才用於我宰制萬物之柄在我而不在物物爲役而我爲主我爲役是我先天下優也我爲主是我先天下理也是故奮然而師千古之聖帝哲王以爲必可法者所以定此志也學古訓崇正學明善惡辨邪正俱所以端此定也蓋程氏之言曰君志定而天下之治成甚矣人主之志不易定也晨辨色而至晦宴息其居處靡匪雕甍重錦文繡也是以四體誘之也其所進靡匪五齊八珍水陸之共也是以口誘之也其所御靡匪曼聲冶容趙衛姝异之選也是以耳目誘之也其所指使靡匪便辟善柔當先而好爲逢者也是以頤氣誘之也然則人主之一身其僅屬我者方寸耳不待遠而五官百骸之用争出其所誘以爲勝而所謂方寸者岌岌乎日爲之動而不吾屬矣方寸之地既日爲之動而不吾屬則自數者之外天下復争出其近似者以誘之而其欲日益廣其志日益以不定嗟呼人主之身非一人之身而天下之身也是故志一移於女謁而章華業臺之側膏首袨服者出羔鴈纏而失時矣志一移於賄貨而折秋毫者出民偷衣食以苟旦夕之命而室若掃矣志一移於游畋而三河之選蹄出民不敢禾稼以待蹂踐矣志一移於土木而秦隴之材蔽大江而出民并家而槁於梗梓之側矣志一移於長生而方士出舍四民之業而談奇詭海則有不返之楫矣志一移於黷武而良家子材官者出九塞五嶺甌脱之地掊以待白骨矣誤不盈方寸而禍立應於四海之遠萌不過頃刻而膠結至於易世而不可解救吁亦大可畏哉明主知其然故不求治於天下而求治於此志凛凛焉若孟水之捧而不敢使有一毫之怠於一切之可喜可動如所謂雕甍曲房重錦文繡者若袒褐誅茅而不爲誘所謂五齊八珍曼聲冶容者若啗蠣空花而不爲誘所謂便辟善柔者若斯養牧畯而不爲誘吾日取古帝王之格言以内驗於身心而外驗於人才以求所謂善惡邪正之介而辯之吾敬天之志定而上帝儼然而臨汝吾尊祖之志定而鬼神洋洋如在其上如在其左右吾好賢之志定而彙征者響應於巖谷之内吾去惡之志定而小人逆伏於魑魅之境而不敢動吾節用之志定而公私之庾不待歲而自羨吾愛人之志定而老者佚少者無夭札而壯者不盡力以至星辰序雨暘時五穀登鳳皇儀於庭麒麟游於藪堯舜之所以獨稱至者且以爲志一動氣之驗而况其下者哉故夫天下非乏才也吾志定則天下之才以其定者爲吾用而致吾志於天下吾志不定則天下之才以其不定者爲吾用而各致其私於天下即亡論其甚者若所謂女謁賄

貨游游畋土木長生黷武而後不治也吾非不欲取其善者正者而好之吾善惡邪正之介戰於中而賢不肖之敵遽以戰於外賢者嘗逆鬪吾欲而易不勝不肖者嘗順導吾欲而易勝賢者一不勝則奉身而求退不肖者不勝則多方以張其譽陰剌以攻賢者所必救臾之直以觸吾所大諱譽則解救則疑諱則怒吾志一不定而天下之事中變矣故夫人主之於志也非精識不能辯也非至敬不能持也非大勇不能决也内志定而朝之賢不肖未有雜進於吾前者也嗚呼以成湯之聖夏正革而六服臣仲虺之所以戒之若恒主曰志自滿九族乃離武周慎德之化浹而西旅底貢厥獒太保乃以爲懼而用訓曰玩物喪志又申之曰志以道寧夫定志之學豈少不足於湯武哉而二公之所以諄偲而進説不已者何也是亦可以惕然懼矣唐文皇之始其志若有定於行仁義也故封德彝詘而魏徵之説伸而貞觀治蓋未幾而志稍滿欲稍動高麗薛延陀之役翠微玉華之繕隱然孽於十漸之時而不自覺矣文皇之所謂定者非真定而其於學淺故也程氏之爲是言固所以示萬世人君之的而要其時則不能無隱憂者當元祐之初政司馬吕范諸賢用而慨然振刷欲幾聖帝哲王之治天下若以爲君志之能定而不知其上束於内教之嚴而下安於欲竇之未啓耳無何紹述之説行左右各以其誘進國是淆而司馬諸賢争之不能得君志之所謂定者安在也故靖康之禍吾以爲不在靖康而在熙寧帝志之不定吾以爲不在熙寧而在元祐也當元祐時天下之欲以所誘進者固已伏而窺帝志矣然則後之有天下者慎無不定其志而爲小人窺也

同前

周弘禴

同考試官教諭左批（詞意疏暢筆力雅健録之以式多士）

考試官教授黄批（精言杰思出人意表）

考試官教授郭批（氣味冲然）

論曰大君致天下之化有本而端天下之本有機操而運之而化斯神矣夫以天下之大也而大君以一人主之其幾務之繁而民物之夥紛紛籍籍於統馭之下以望吾治而非有本焉以操之機焉以運之則心日以勞神日以疲而天下愈不可治誠知其本之所在而執其機則繁以簡御博以約該斡旋於穆穆之中而振起於昭昭之表如桴觸而響應形動而影隨有不知其然而然者矣人見大君之化之神也而孰知其易簡直截若此哉本者何志是已機者何定志是已君志定而天下之治成程伯子之言有旨哉嘗聞論治者曰樹之

風聲彰之物采陳之藝極訓之話言引之常秩約之紀綱禁之刑辟使天下之事秩然惟吾之所欲而不敢違天下之民肅然惟吾之所使而不敢携貳而後天下之治成兹顧略其文章條教之節而歸之人主心志念慮至微此其故何哉蓋的張而射者準焉志有所期也獸伏而獵者從焉志有所獲也志有期則神凝而不散志有獲則力專而不分以不散之神重之以不分之力天下之事隨其所爲罔不立就而何疑於治天下也乎噫甚哉治天下者之不可不定其志也彼衷無所主者感物而移念無所裁者因時而化臨政莅治之始其志漫無所定而惟優豫晏逸以自詭於恭默無爲甚則朝更夕改且行且止而姑托言於俟時要其終不怠玩且厭弃之矣况善惡易淆忠邪莫辨而吾以疑似兩可之見當其衝將以爲善旋自疑之欲以爲惡又自是之既以爲忠復自遠之方以爲邪隨自信之而天下之變始雜然交集於吾前而終不得其所當唯無本也惟無機也大君者則不然誠知乎天下之治也有本而圖天下之治也有機于是稽古正學純心用賢明善惡之歸辨忠邪之分亦聖人之訓爲必可從以先王之治爲必可法自羲黄堯舜以及禹湯文武其所以正心修身以達之天下者取以爲吾志之的百務未遑而其志之所定固已先天下而立其極矣此志一定畢力以從之其立朝之士佐庥風而承德意者又知上意之所在而不忍負其所期而一時事勢之紛至沓來可駭可愕可歆可欲舉無足以變遷而移易者蓋以羲黄堯舜禹湯文武之聖自待而以羲黄堯舜禹湯文武之治待天下不緩之以縱弛而亦不促之以紛更不專之以知慮而亦不飭之以儀文不委之以偏任而亦不矯之以獨斷不沮之以近小而亦不索之以虛無亹亹焉如射之期的獵之願獲而大君之志定矣由是志定則神聚神聚則思精思精則氣鋭氣鋭則力專力專則事就緒事就緒則民易從民易從而天下治蓋君不二於所示以倡其民民不亂於所從以應其上上倡下應較若畫一而萬變萬化惟其所參伍錯綜而莫不自協於軌則由是志羲黄而澹泊敦朴之治成矣志堯舜而風動從欲之治成矣志禹湯文武而平成允殖咸和永清之治成矣然則志也者其出治之本乎定志也者其運治之機乎抑定志之云非執一而已也舉末而後可以言本達變而後可以言機夫惟志定則神完於内氣必從之神運於上下必順治是以不求治於四海九州而求治於古之賢聖不求治於古之賢聖而求治於吾之心志念慮吾之志慮吾自定之吾自運之則率其成憲治也于時取古制以變易之者亦治安其無事治也于時與斯民而更新之者亦治何則本端而末舉機運而變通此定説也治天下者可以知所務矣抑君道即天道也天道無心而君道有志得無异耶嗚呼天道齊萬物

而理以宰之君道順萬變而志以定之志矣定志守一之君也理以宰之不二之天也不二之天守一之君其本同其機同此乾坤之所以不毀而參贊之所以有常也後之人以煩擾而配天之健以空寂而象天之虛均之不知乾道矣不知君道矣而胡以言治哉謹論

表

擬宋以欹器論賜宰臣王曾等謝表（乾興元年）

曾鳳儀

同考試官教諭朱批（能悉欹器故事且得上下交儆意録之）

同考試官學正蕭批（忠愛感激得大臣體）

考試官教授黄批（藻思駢辭足稱麗則）

考試官教授郭批（爾雅詳剴録之）

乾興元年某月某日具官臣王曾等伏蒙聖恩以先皇帝所著欹器論頒賜臣曾等謹奉表稱謝者伏以聖主貽謨小物著持盈之訓仁君繼志遺章發交儆之端政體攸關朝端具聳感將恩切榮與懼并臣曾等誠惶誠恐稽首頓首上言竊惟衢設堯樽廣黎庶庥和之樂廟專殷單表季昆敦睦之誠湯盤之勸日新武户之虞風至雖制器尚象之理攸寓而居安慮危之思尤深儀鑒于殷周公制侑巵而示戒禮盡在魯孔子游威廟以興思滿而覆虛而欹水哉是取中則戻盈則食天且弗違自法言再衍於重黎迨説苑詳徵於敬謹以至風人之撲滿尚猶借諷於滑稽彼長安之薛燈山香何裨治理況大業至耽詢水戲僅托游觀雖遺模賴杜當陽而復傳其至意如李贊皇者能幾名存實泯物是人非無取嬉時有需聖代我文祖燕間之候適詞臣儤直之餘挹金勺而進言屢迴宸聽侈玉堂之盛事長播藝林先皇帝雖庥弗庥損之又損告成封禪顧秦漢之侈心不萌疊表禎祥而文景之謙讓恒在爰自天禧之載首頒雲漢之章指禹桀之所繇假弦韋而爲喻三時召對酒德之論并傳兩府拜觀肉食之徒自警忽及鼎成之日遺弓與兹器而并留追惟衣綴之時憑几聽遺音而逾烈豈期初政再睹睿謨兹蓋伏遇歧嶷夙成元良蚤著朝長信而仰承坤德若周文之事太任按山陵而丕振乾綱如虞舜之放伯鯀甫及諒暗之畢時惟不言言乃雍屬當象魏之陳慮善而動動輒吉謂羹墻之伫想無如恪守洪規總琬琰之空懸不若恭敷大訓啓天章之秘閣開寶笈之真言睿藻昭回恍若日星垂照奎文飛動迴如河洛迎來一覽而重奉龍顔載讀而永存龜鑒音徽若接涕淚交零臣曾等濫先朝侍從之班叨揆地承君之選受□再世銜戢終天敢不奉以撝謙益守盤盂之戒挹而能損寧罹覆餗之譏感履盛治無常馬

匹自亡於幾望思惡盈之當避龜腸不奪於朶頤伏願遠師四守之格辭近體二宗之成法高不危滿不溢長守貴於當年父作之子述之允執中於永世臣等無任瞻天仰聖激切屏營之至謹奉表稱謝以聞

第三場

策

第一問

李登

同考試官教諭殷批（頌美聖德繼以忠愛而燁然皆古文辭子非弟以觚藻鳴也异日爲藎臣兹亦左券哉）

同考試官教諭鍾批（創守一道吾子能備述祖功宗德深仁厚澤爲言深得告君之體）

考試官教授黄批（忠愛必防其漸讜論也）

考試官教授郭批（是有志於格心者）

聖人有先天而創大業者天下歸功焉後天而弘大化者天下歸德焉功不在一時而在百世之後者其所貽者孫謀也德不在一時而在百世之前者其所繩者祖武也功與德不可歧而二者也故夫創有德而守有功振廢之謂功垂訏之謂德二者相因以成其盛者也執事頌國美揚聖哲欲人主上登三下咸五而先以高皇帝之大功與所以垂治安之道而至今者爲問甚盛心也愚敢以不敏對蓋孔子嘗觀河洛而嘆曰微禹吾其魚乎已又美齊氏之績而曰微管仲吾其被髪左衽矣夫禹之功誠大然是時原隰之膏沃比耦而黍稌者尚尚有之即不洽猶不至盡天下而不爲人至管仲之季北不過山戎跳梁燕薊之末垂南不過楚蠶食江漢諸姬而已而所謂楚者猶任中國之衣冠而談禮樂管仲亦僅能膺懲而扞圉我耳孔子尚稱服其仁而况於元以荒服奴虜之衆釁我中國而悉臣之舉一世之豪杰頫首而事椎結之涖傾耳而聽殊離之令俗日化於淫哇而不自覺故夫踐元而土者腥土也臣元而人者行禽也高皇帝起淮右提三尺劍以與群雄角而勝之乘勝而北驅虜而置之大漠之外乾坤闢而再位日月滌而重郎海岳奠而如故民人復而冠履夫豈直得聖人之威哉即軒轅遜五兵而大禹讓玄圭矣高皇帝猶不自聖兢兢焉奉大寶于盤水馭六馬以朽索鷄鷄鳴而起未辨色而視朝不以寒暑間者戒滋逸也六宫取充位而已無燕趙二八之奉戒滋蕩也賜租之詔無歲而不下戒盡民也一記閲江樓幾成而罷之終其身不爲離宫别館戒游豫也去岳瀆神祇

之濫封而歸本號戒褻神也滇詔近卧榻十七年而始克平戒勤兵也朝鮮畔安南阻日本貳閉關而聽其自服而不之討戒啓釁也廢承相析中書省而六之不得相彈壓戒專國也五都督府握兵籍而不與調發兵部得調發而不治兵戒專戎也釋褓褓之教凝旒垂拱而不置母后席戒内干也外戚食國租而不與政戒外移也南面三十年而不改元薄海内外稱臣妾而不加徽號戒侈心也高皇帝雖以神武蓋一世而抑其才以下一世之賢士其尊在九重而洞徹其肺腑以與閭閻之志通其開闢之績足以當天心是故歷十餘祀而天眷益厚其深澤膠固於民志是故歷危疑震撼之際而不動其紀法足以綱維乎後代是故指鹿訓孤之輩欲竊之而不能久執事之所稱高皇帝者功而愚則謂高皇帝之所長有天下者不盡以功也繼高皇而聖者莫若成祖人見其聯數十萬之衆垂百戰而再造區夏六龍之駕四出塞而單于請命餘皇之師遍海内而越裳重譯凡有血氣莫不尊親以爲是成祖功乎不知其大指乃在親近儒臣杜絶女謁表章六經却請封禪而所謂功者不與也繼成祖而聖者莫若孝皇其美政固不可更僕數也大要在奉兩宫睦諸邸御經筵親朝政禮耆輔優言路畏天警悲人窮躬節儉敦仁恕蓋十八年如一日焉人以爲孝皇德乎哉鼎成之日而深山邃壑田畯紅女號泣思慕若孺子之於慈父母故内訌於瑾雄寧彬外躪於鐇濠劉齊藍鄢輩而天下晏如也是則孝皇之功所以不朽也我主上御極之載距高帝戊申所二百餘矣天道運而人事應之焕然鼎革以昭中興之治是天下之大期也屬者歲頗登匈奴解辮南越授首無兵革之警中外得以精意而承令是天下之大機也主上以冲睿握大寶凝然不動聲色尊嚴若神委政耆碩講明經誼一二元老相與夾輔内外宫府一體政不旁落即書史所載周成漢昭之世何敢望萬一焉始天下之大本也期不可忽機不可失而本不可不預培而默滋今虎觀諸儒日横經而講者無非三代帝王之訓而大臣之所進説圖解其善惡凛乎萬世龜鑒也第不知燕閑蠖濩之際亦嘗内驗之身心而外驗政事乎人主一身父母宗子其精神上與天相流通而下與萬姓不隔者也上帝臨汝無貳爾心一夫不獲恫瘝乃身蓋凛乎其可畏而惻乎其不容已者也故人主之念不可使少怠懼其日安於佚也緣□不可使早開懼其旁入於欲竇也才不可使有餘懼其求於治之外也左右不可使便辟懼其唯言而莫與違也我二祖一宗之政不下榻而可以按求至二帝三王之心法又不在簡册而在方寸耳人主中心無爲以守至正公卿大夫日取祖宗法夾持之如是而財不裕民不安夷狄不賓服禮樂教化不漸興者吾不信也夫以高皇帝之烈崔巍昭烜與天地并而後皇以廑廑守成之政仰

而思媲不亦計左失當哉而愚復以塵塵守成之説進得無益其左也雖然人主薄近代狹舊章以爲非至治之績而必欲上等於堯舜其志非不恢乎大也然出之不以本而行之不已漸掇拾經史之陳言而施之不相入之俗强物之情而就我此王安石之所欣然以興而韓富司馬之所愁然而深憂者也孔子曰如有王者必世而後仁又曰無欲速無見小利無欲速則必求所以寬收其效者無見小利則必有所以究其大者請更得從容而愚始敢以文帝之謙讓而未遑者一進

第二問

曾鳳儀

同考試官教諭朱批（該洽之學精核之識忠愛之忱俱於是策見之）

同考試官學正蕭批（象緯苗祥天官家類能言之至其所以格天者即□藻之士弗能悉也此策條答奥衍璨若星懸末於交儆三致意焉其達天人之際而懷忠思獻者乎）

考試官教授黄批（歸重於修省尤見忠愛）

考試官教授郭批（論修德□□有禆治道）

執事發策而以上天之運象與灾祥之應否爲問諸生鄙人也上之不能窮神知化以契上帝陟降之精而下之束於制不能窺見天官推步占候之法毋乃以臆問而令諸生以臆對乎雖然竊有以窺問者之旨不在天而在人也蓋執事之問三而人事不與焉其曰陽九百六者自然之運也載於太乙肘後甚詳曰凡四百五十六年而一陽九二百八十八年而一百六陽九奇數也爲陽數窮百六陰數也爲陰數窮皆所謂戹候也考之羿浞而得陽九七周赧而得陽九八漢延熹光和而得陽九九隋大業而得陽九十周厲幽而其間得百六十二敬王而得百六十三六國與秦之際而得百六十四晋爲十六國而得百六之數極而反於一五代而得百六之數三其分裂乖散可謂章章應矣然舜禹而得百六之數七小甲雍已而得陽九之數五百六之數九庚乙武丁而得陽九之數六不降而得百六之數八盤庚小辛而得百六之數十周成康而得百六之數十一漢明章而得百六之數十五唐文皇而得百六之數二此於時不大小稱治哉而又胡以盭戾若此也夫氣運不足言也至於近而可推者日月薄蝕及五行躔度正犯之類是也象見而天下之禍福因之所謂天感人也卒來而不可究者彗孛凌變寒暑霜雹震騫水旱之類是也幾動而天之灾祥應之所謂人感天也日月之交月行黄道而日爲掩則日食是曰陰勝陽其變重月行在望與日衝月入於日暗虚之内則月食是曰陽勝陰其變輕聖

人扶陽而尊君曰日君道也於其食謹書而備戒之然竟春秋二百四十二年所著見不過三十六而已前漢二百一十三年而食者五十三後漢百九十六年而食者七十二豈春秋之際爲能治於漢耶説者謂史佚而不盡載近矣而是所謂日食者其盡能爲灾於漢否也自日月而下者毋過五星爲其能盡天之五行也歲星最吉其所居國不可伐能伐人填星次之凡國居久則福厚熒惑最凶所居國受殃太白次之辰星又次之要之犯道變色則皆足以爲灾久伏不出則必化而爲彗彗之所指靡不立禍然亦安能一一而令人應耶夫吉星不能挽之而使留凶曜不能推之而使取則所以感人者亦遼邈也吾姑舉數者以證之夫吕后以日食而逝然此非易姓比也歿未幾而真主自代來以二十二年之治而永漢祚於四百日食抑何祥也秦王以太白經天而有天下然此非人主比也立未幾而仁義行有效以二十三年之治而昌唐曆於三百安在太白之爲天下兵也文帝時一日而裂山者二十九一雨而爲日者二十五壞民居至八千之衆法以爲君道廢壞民失所應也夫君道不壞而民安佚孰有逾文帝者也又其四年六月雨雪法以爲誅殺過當應也君仁而不過誅殺孰有逾文帝者也世治則鳳凰見麒麟游芝草生鳳一見於漢桓之元嘉再見於靈之光和蒼麟十六驂駕於石虎芝草數萬供養於宣和彼四君者是遵何德哉世之爲解者曰三代而上人主之精誠與上帝相爲流通上帝亦日卑其視聽而待之是人主與天一也故一遇變而立應一修德而立改三代而下既不克齋明其德以默與之契而又未嘗中心栗栗以承其變是人主與天二也是以有應有不應也然所謂九年之水於堯而七年之旱於湯者亦未聞其能逆銷之也則夫箑脯蓂莢屈軼鮭觥之類吾不敢盡以爲和德應也則又曰帝堯之世羲和欽昊天而其仲若叔分殷四時矣夫以杳眇不易測之政冠萬機而推策無可據之人踞四岳九官十二牧之上其事若迂而甚專篤是以職修而動輒驗漢興太史公之職等於卜筮供奉而今且以一書筭白丁充之矣夫安能望其明天道而察民故也是或一道也則又曰分野非故也夫以益州而遠屬魏以冀州而屬蕞爾之衛燕在北而東配析木魯在東而西配降婁秦西北而鶉首次東南吴越東南而星紀次東北蓋自古猶疑之况於今荆揚二州地半天下而户口人物實當天下十之八夫躔度安得而不下移也且當春秋戰國時國各以地應今廢郡國而盡欲以朝事當之又安能一一驗也是又一道也凡此皆執事之所疑也愚則以爲天地大矣人於其間取吾形氣之似者而欲配之已取吾機制相通者而測之已又取吾法之可推者而模範之以爲天地在是矣其合者固恒而不合者亦恒也當嘉靖時彗若蚩尤之旗無所不

犯山陝之間坼地千里摧百萬人之命夏霜冬雹水旱霆火靡歲無之遠方波臣不得盡睹修省之實而宗伯所陳事非瑞芝即白龜鹿也私心固不勝其憂矣而十載之内歲益登綱紀益振朝野益恬穆無事豈所謂不在天而在人者蓋有道耶抑高皇帝之功德貽後者與宇宙并而灾祥不能撼耶客歲象异特小小耳既非五星之精所化不過周伯王蓬之屬而其在閣道上下者占不過夷狄寇竊伏奸在側耳聖主喆輔公卿臺諫恐然而交相戒者何也愚有以窺其故矣夫人主之攝下也無所不靡而其於言動也無所不快意蓋天下讓尊焉使非有更尊而爲天者以臨之而又出灾异以警示之幾何而不日流於驕且怠耶不然撤樂避殿减膳菲服要亦責躬之虚文而所謂求言宥過賜租省刑亦有國之常政有何必待示變而始克舉也是故人主而能祗敬則大戊之桑穀高宗之雉雊爲大戊高宗昭德也宋景之熒惑爲宋景昭言也人主而汰則含譽彗矣平慮鬼目矣甘露雀錫矣愚故曰執事之旨不在天而在人也

第三問

李際春

同考試官學正趙批（評論今古如視諸掌且思上資清矚裨益治過此豈獨留意史学是有忠愛之忱者録之）

同考試官教授周批（讀史者非徒資辨洽貴得其竊修史者非徒□故事要以示信此作獨能折衷是可録也）

考試官教授黄批（有良史之才）

考試官教授郭批（有學識而才能發之）

愚嘗讀文中子之書曰史之失自遷固始也記繁而志寡則又未嘗不嘆其言之失也夫經有不必記而史有不必志孔子之作春秋也而君臣父子夫婦長幼之倫著焉中國夷狄君子小人之界判焉蓋二百四十二年而千萬世揆是也故經不敢續也亦無所事續也至於史則不然一代缺而一代之迹泯如也一郡國缺而一郡國之迹泯如也賢者不幸而不見德不肖者幸而不見慝故夫三代非無史也周衰天子之史不在周而寄於齊晋之盟主盟主衰而又分寄於列國國自爲史人自爲筆至秦務師吏斥百家而史亦隨燼矣五帝之事若有若無三王之事若存若亡則非史之罪也祖龍爲之也執事試進操觚之士而質之史其論三代有不尊稱尚書者乎然自舜禹湯武及桀紂而外有能舉少康武丁太康孔甲之詳以復者否周之季有不尊稱春秋者乎然自桓文而上有能舉宣平共和之詳者否三漢而下有不裨官晋齊諧六代期期唐書蕪宋史而夷穢遼金元三氏者乎然一展卷而千六百年之人若新而其

迹若臚列也則是史之存與不存也愚非謂晋氏六季唐宋而下之能史也謂治史之有地也凡天下之言史者有二家其編年者居其一而左氏爲最紀傳者居其一而司馬氏爲最左氏之始末在事而司馬氏之始末在人重在事則東於事而不能旁及人苦於略而不遍重在人則東於人其事不能無重出而互見苦於繁而不能竟故法左以備一時之覽而法司馬以成一代之業可相有而不可偏廢者也自漢孝獻帝命荀悦約略班史之文而用左法凡三十篇曰漢紀而袁宏復爲東漢紀亦三十篇其文辭華實略相當後世頗稱述焉而其它如張璠孫盛于竇徐賈裴子野吴均何之元王邵柳芳崔龜從之流曰春秋曰紀曰略曰志曰曆大約又因二紀而爲書執事謂寥寥者非也特其書多散佚不傳耳繼司馬而盛者則無如班氏而范曄之後漢陳壽之三國亦其亞焉大約如司馬而小變其凡例或不能備表志如壽耳自是而後以人主之命撰者則房玄齡等之於晋沈約之於宋蕭子顯之於南齊姚思廉之於梁陳魏收之於魏令狐德芬等之於周魏徵等之於隋劉煦等及歐陽修宋祁之前後於唐盧多遜等之於五代歐陽玄等之於宋遼金是也其自撰者則伏無忌劉珍蔡邕之爲東觀記謝承之爲書華嶠之爲典張勃之爲録何法盛之爲説崔鴻之爲十六國春秋何承天徐衍之爲宋鄧彦海之爲代李百藥之爲北齊是也歐陽修紀新唐而劉煦寢志五代而盧多遜廢則或以其文哉述左氏者宋涑水司馬光氏故好爲史而當熙豐之際不勝其愛君之念纂資治通鑑以上之起周威烈而迄後周世宗於治體無所係則寧削正史而不書有所裨則旁采异書而不廢雖其繁簡不能超時而自爲法然世主稱良焉夫明興其治統政化人才卓然越百世而於史抑何湮略弗振也夫金匱石室之閟度非草茅所與聞然往往傳之薦紳云革除靖難之際其筆不能無曲與諱也輪款而美豈知義抗節而誣其乞哀乃至英憲孝之際秉如椽者陳廬陵劉博野焦泌陽之輩往往鴟張其臆一人而代各賢否一事而人各是非甚或責闕供於仁孝之里詆掠金於勘定之臣將何所取衷哉野史亡慮數十百家其在朝者修郄而滅其公是逞己而欺其獨非在野者剽一時之耳而遂爲目信他人之舌而用爲筆則又不可信也家乘稍具生卒世系遷轉履歷而已要之無非諛墓者改事之非而稱是略人之美而歸己則又不可信也愚故不自量輒因執事之問而有請夫班氏修其父業而仇者以私史間之乃章帝益出秘書給筆札於蘭臺之署而俾續成史以獻帝之世天下日尋干戈而猶能命荀悦修漢紀况於今聖天子秉睿哲履昌運日以文教揆海内而公卿大夫熟於墳典丘索之業者哉有如一旦悉出金匱石室之閟而録其副以授夫載筆之臣而益以郡

國志記及向所云野史家乘之可采者使公平該博之士持衡其是非而爾雅遒古之才藻潤其辭事會典之所輯星官之所職六尚尚書之故牘可以書可以志可以表而我明一代之業當無遜於西京矣其事體稍重大而有益於治道者或起自趙宋而至先朝用左氏之體而達涑水氏之忠微益以文而嚴刈其雜合所謂通鑑者而上之虎觀諸儒得進讀於燕間而黼座之表迴清矚於乙夜其爲益非淺尠也或謂衆力易就也然見錯而辭不馴獨爲不易也然志專而體不雜故夫左氏也司馬班氏也壽與曄也非晋唐與宋之可擬也歐陽氏史五代而傳史新唐而不傳無它衆力與獨之异也夫所謂獨者執事毋亦難其人乎愚以天下大矣不敢逆縮焉而謂無人愚故尚欲法司馬氏而竊意其於帝紀孔氏之文訓故尚書家語而節略之以爲不稱又生不及遇左氏傳故其叙春秋諸世家舛忽而不詳好自發其意故於刺客游俠貨殖佞幸之倫旁采而不忍斥有能剛節其凡例自羲黄而下迨於今爲一家言以藏之名山大川愚且願爲之執鞭而終其身也執事毋以爲迂否

第四問

周弘禴

同考試官教諭左批（人才最關世道此作推論源委而惓惓於上下虚實之際有淶長思矣）

考試官教授黄批（上下今古品騭名流語極剴切可以觀子所處矣録之以式）

考試官教授郭批（諤諤之意渾渾之辭）

天下未嘗乏才也人主欲就天下之治故不得不求之以實天下之所謂才者因而自就其欲故不得不應之以虚應之以虚虚之久而人主卒無以得其實也不獲已而相襲以成虚求之以實而竟無得也人主之求亦虚而天下之材卒無以自見其實上與下交爲虚而名與實相爲悖如之何其得用人之益也夫豈唯無益且有大損今夫山鷄之於長離也鍮石之於金也碔夫之於玉也杞柳之於楩梓也君子見而惡之爲其殽名實也猶之乎可也若夫狃鳥冠而似鳳修蛇角而似龍則見者且却避矣何也謂其似之能爲害也執事之策諸生果取其實乎抑欲得其似而遽已也愚嘗論世而竊思唐虞之際矣禹稷契咎繇各以其職成天下治歸而陳謨訓而靡匪心法也亦靡匪至文也凡執事之所謂事功文章節義理學者故無繇見也三代而後治日以駁而名始出矣漢高帝不愛真王徹侯之印以臚悦天下而所謂求賢詔曰從吾游者吾能尊顯之其意不過欲盡一世之才而爲我用而世之應之者毋論其時蕭曹

韓彭之屬而已也輔相則魏弱侯丙少卿將帥則衛長平霍冠軍趙營平受遺則霍博陸戡難則周絳侯條侯父子循良則黄穎川龔渤海韓馮翊材幹則趙張二京兆尹扶風奉使則張博望蘇屬國立功則傳介子甘陳之屬人主之求材也若探囊而取之所求立至其效用也若探符而合之所效立驗故終西漢之世人主之用在下而不在上而天下之權在上而不在下雖以元成偷而夷狄賓服黎庶愉樂郡國之政修而國勢强者其人才爲國盡也光武感二龔諸賢之事故欲風天下以節義友莊光而不之臣褒卓太傅俾冠元勛而天下翕然改觀矣是故安隗托節于堅苦逢周矯志于冥逸陸戴致躬於府主弘彪昭讓於姻封即欲出而用世者靡不束髮自勵羔雁成群舒徐而應步武鼎鉉而年且老矣而李太尉陳太傅又以勁節峻行而鼓舞之李元禮范孟博之流爲之祓濯縷剔君俊顧及之説興而天下之賢士君子日與權戚佞寺角而漢事變矣當是時人主與左右之好惡伸於上而天下之是非各伸於下是故終東漢之世而賢人君子與社稷而俱盡者或以謂節義激之也晋氏談玄老而王樂爲之倡至於東晋浸淫極矣建安修麗辭而曹劉爲之冠至於六代浮靡極矣夫以五胡索虜日侵尋於干戈而爲之君臣者嬉嬉焉以清談麗辭而待之社稷幾何而不削且淪廢也然是數者皆上以是求而下以是應者也至於南渡之宋其國勢無以大過於東晋六代而一時諸賢名理學者潔修其行而高起説意欲一洗千古而空之而上接三代之緒顧日以恢復之義聞於朝而莫之響應也日以格致誠正之説聞於黼扆而莫之究用也退而修明六經尊其統而正之曰宇宙之在漢唐悫悫耳至宋而始大明也藉令玄談麗辭者曰吾不益晋六代也若安能救宋亡嗚呼宋亡非諸賢罪也蓋下以是待上求而上顧不以是待下應也至我高皇帝神武定天下而一時忠藎石畫之士若徐中山常開平李韓公劉誠意輩各出其長以就功名之會所謂雲蒸龍變蓋先後無偶焉而上甫下金陵賢故元大夫福壽旌之爲予祠春秋祭已才故元學士危素授之官而爲其失節竄臨淮不復用微示天下以軌矣而是時方拮居馬上業乃馳書幣而聘宋文憲王忠文陶安魏觀輩俾之司綸綍而所以奬慰恩禮有加蓋彬彬稱多賢焉而是諸賢者君子猶謂其因沿勝國之陋而不能昭明一代之盛以爲負然亡何而忠文與吴忠節能殉滇孫左司能殉閩葉南昌能殉楚熊岐寧能殉虜至於鼎革之際而庥采之列爲方爲鐵爲陳爲卓之流其争先而就義者何衆也則是高皇帝以實求而天下以實應也夫高皇帝未嘗不言理學也其文辭發於論心論洪範諸書而其事見於尊崇夫子及詔天下先以經術而取士大指欲縉紳士大夫發明心得之學以黼黻皇猷佐理國

事無愧夫子之教而已不欲令其標户别軌以出於所謂功業節義文章之外而創爲尊也列聖益培植之蓋百餘年而諸縉紳大夫往往以實應故楊文貞李文達輩出而爲輔蹇忠定夏忠靖王忠肅王端毅馬端肅劉忠宣輩出而握銓樞于肅愍王文成出而戡大難庶幾哉事功有徵矣而李劉章鐘之抗疏是以諫明節也陳劉孫許之殉義是以守明節也所謂以實應者猶故也當弘正間天下不勝其質人文之所藴崇浡發而爲李何徐薛輩相與修明騷雅西京之業頗翕然争言古矣執事乃謂其少伸而多抑何也驟習之而稍怠事則抑驟言之而稍駭聽則抑露其華天下以其華而掩其實則抑欲自致於用天下不信其用而信其無可用則抑然文士類多沾沾自喜上者厭薄一切而下者相傾爲競也自喜則途分而不爲黨厭薄一切則多避而無所營相傾爲競則各露其短而不能掩故其爲損淺也事功之臣大者股肱腹心而次亦禦圉干城亡論已德靖之季而天下相率尚通以就功善恣肆諱而爲恢廓善干謁諱而爲敏捷善詷刺諱而能用間善乾没諱而能用仁甚或竭天下之力之半以内投貌而外就私然舉事一不當而持衡之臣猶得以議其後其爲益與損半頁也節義之士致命而遂志者尚已其大之批龍鱗抗論扆陛之上次亦請尚方搜城社折檻鎖樹而不動天下高其風而願爲之下然亦有因是而遂自謂高恣行胸臆而莫之能挽天下敢議而不敢折顧其介特自好必不忍舍其舊而下之也其爲益大而爲損小也自理學出而三者俱下風矣即篤行如河汾卓識如新建如新會而疇得而議之彼能見其大者遠者而芥視此數端而亦宜也奈何籠天下之鮮修尠學者而合之取其最汚最下而謂爲遠且大也尠學則避之聞見之外以爲良鮮修則避之性命之表以爲卓隨處體認則隨處緣而喻利萬物一體則一體賢不肖而便其私一語合則囂囂然而遽謂堯舜一不合則嘵嘵然而詈其非人稍抑必借巧而更揚此負必要彼而求勝故夫理學之爲益者大而其爲損者亦非小也夫所謂理學者非能外是三者而創爲高者也其矩矱在心而其用在倫常日用之内出之而業則爲事功功成而紀述之則爲文章功有尼而不得遂則爲節義而其體固未嘗變也然則執事者亦務義實求之而已求之而應以實則進之求之而應以虚則退之而天下自是無虚應矣夫精白一德竭肺腑而媚其上者應之者責也責行辨志耽耽逐逐以來賢者而不示好尚之隙以爲天下窺此非應之者責也愚生之見乃爾毋亦以爲虚而弁髦焉

第五問

鄒觀光

同考試官教諭陳批（國家大計在漕運邊防此作指陳得矣灼有成筭且氣雄詞古滚滚不□非充養之士何以得此録之）

考試官教授黄批（論治河治邊切中事宜識時務者子其人耶）

考試官教授郭批（任大決疑如指諸掌）

執事以天下大筴試諸生而諸生業鉛塹者見以爲計畫無所之耳雖然不敢不罄一得以對夫所謂天下大筴者邊防也漕計也國家建都燕蓋北迫虜而南仰三吴之粟以自給故邊譬之肩背也漕河譬之喉咽也夫肩背喉咽者人之所恃以爲命也奈之何其易言之也當今爲邊害者莫如虜而爲漕害者莫如黄河其悍猛善潰奔突而來若震霆而莫可禦迅疾若風雨而莫之控揣爲勢同也居數歲輒一潰潰輒入爲候同也其潰而入縱横汗漫而無所不陷害聽其來聽其息而手足無所措其不敵同也厚集而禦之乘險而拒之爲堤爲墻數千里咫尺之地瑕而是數千里者皆瑕矣其不易防同也未至而請爲備大司農靳金錢弗肯予即予之而核者乘其後既至而備大司農推金錢以予之予而不必盡用於邊與漕也其積弊同也蓋嘉靖中而虜之雄若俺答者率其黠弟悍子以數十萬騎牧於雲中上谷之間而與我共不入犯三輔則東躪遼西囓晋又西而掠秦凉夏朔之境中國罷於奔命者三十年矣天子爲之北顧而興嗟至數四廢旰食乃隆慶中俺答不勝其孽稚之愛而輸其要領以款我縛中行翕侯於鼎俎之上谷蠡屠耆而下解辮請命者數百人國家因其人而假以封爵大小羈縻之然不爲給禄食也以漢文之盛猶廑廑稱兄弟國焉而我明若天之覆彼而日益尊彼不能講敵禮也漢供呼韓邪歲費四十四億而我市馬不過一二邑之租而已不爲傾左藏也且納款之端在彼而不在我制款之權在我而不在彼即魏絳楊雄所稱何啻焉或以爲虜詐而款我非也虜不款我何以制之而彼故爲詐且俺答誠老厭兵其孽稚誠感我之厚待而思效順夫焉得爲詐也又謂虜卒解媾輕騎哄於互市之下而疾馳叩居庸擣昌平緩急何以應之又非也夫虜將大舉必先厚集諸部祠殢林暴糒晾騎形見勢動而我故得先爲備也大約中國因款而息肩而得專精於虜則可因款而息肩而遂忘虜則不可夫所謂專精者何也比薊鎮歲益省調發各邊鮮按伏羸金錢當以萬計不可裒而積之近鎮乎秋稍登商賈時集贖鍰爵貲不可捐而平糴以實邊乎鹽筴屯政不可時舉乎冗卒不可汰而驍騎不可益練乎山海而西以至雁門不可削夷而爲險乎猶未也而虜酋計已耄且斃耳其貳者必黄台吉而是孽孫故不變也其勢必内猜而不相容降人之在置顔者因中行翕候之縛而中恨且自疑也當其時有能兩匈奴其國而中度

遼且爲維州其降人乎是一大奇也然而不敢盡言也漕之役當嘉靖末而黄河决而東注自華山入飛雲橋截沛以入昭陽湖逆歷湖陵以至谷亭四十里其南溢於徐爲巨浸天子爲之南顧而興嗟亦數四勤宵旰而大司空出計以爲仍故道則河益□而攻無已强捍之則暫見其利而終釀害謀於捍與徙之間而行求廢趾有河自南陽折而南東至於夏村又東南至於留城而浚之橇權版築之役興而誘騰上謂捐天下之財以填無益之壑天子意不能無動而會采輔臣言委計視河者乃止前後役夫九萬有奇白金以兩計者四十萬而粟石稱是兩歲之間漕道通而大司空再受賞而吏士賜爵有差或謂河不久復當變胡以費水衡錢萬萬者非也漢武帝之塞瓠子避河害耳而至發卒數成人自湛白馬玉壁群臣從官自將軍而下皆負薪置决口功成而築宫以侈之今兹通漕大計胡言費也或謂不當逆拒河也逆之則决而爲漕害順之則借以爲漕利又非也夫河性能决而不能安爲順也言借河利者引寇而入室者也然則爲今之計者如之何曰呼决有漸也度其來或增築堤以抗之或决其下流而别引之霖溢有時也多集木石以爲楗嚴耳目以爲偵而已自淮而北則多横潰而成溢自淮而南則或漲入而成塞皆不可不預計而逆爲之所也夫漕河通而海運之説漸絀矣海運之説得之漕河阻而後入其言大計二曰歲往返不過四月而艘卒以三之二而自便耗餘可小裁而羡鏹可積也曰縣官即萬一以喉咽憂能别於喉咽之外而濟大命誠亦利便哉然而不克如勝國終始之海利者何也勝國業下宋而宋之戈船下瀨之卒嘯聚而不敢歸者無慮數萬此其人皆習風濤躑躅待命者也朱清張瑄一劇盜耳驟以東南天下之半而委之金虎符萬户而下聽其自爵賞而不從中命也錢穀聽其自出没而不從中訾也故清瑄得以畢見其才而爲百餘年之利然國紀潰而清瑄亦并族矣今亡論守臣自一嚬笑外斤斤束三尺士亦安能舍燕中牘而見富貴乎夫艘與卒陽爲募而陰則拘攝也别妻子若脱褓見制闒若束濕不待納之鯨鯢之口而稱就死矣吾固筴海漕之不可以久也然亦知創之者之甚難而湮之者之甚易乎哉一旦有緩急鑿空而後思其故則晚矣夫邊計博而悍鋭之臣亦或有理先帥之緒而思復河套者乎藉令國家都長安借河套之地以爲外屏而益斥遠虜可復也長安今不得言重矣我以十萬之衆逐虜而虜果去也勢必設八衛衛五千人而後成軍何所取調也若移鎮何鎮可移也勢必錯衛所州邑得二萬民户以配之何户可徙也勢必築五六城以犬牙錯何所取土石材不也虜必争争當以兵數萬衛之何所取餉也河地饒即可屯虜不能無蹂踐乎何以能且耕且戰也虜既失地獨不能合東大虜而并力我

乎大虜即不東獨不能從之而西以取償於京輔乎我竭天下以奉陝而陝不益安乃以京輔委者非筴也故曰海運可暫通而河套卒不當復也海縱不暫通吾不可遽而廢其道河套縱可復吾且緩而待數十年之後嗚呼天下之事見以爲名美而其實不易舉者固志士才臣所欲迫得以爲功而元老耆哲之所徘徊而却顧者也虜款而吾日汲焉若有事即虜無款而吾坦焉若無事漕通而吾日虞河之决即河决而吾不虜漕之通舉以提衡天下易易耳寧獨此二端也

湖廣鄉試録後序

萬曆元年癸酉秋八月湖廣鄉試録成蓋我皇上龍飛第一科云前是隆慶戊辰我皇上以元良正青宫至壬申以温文踐紫極而薄海臣庶相與欣欣喁喁踴躍而起庶幾沐浴維新之化當是時上猶在岐嶷也乃世所稱述靡匪鴻駿之猷由視聽以至敷言不俟究辨秩秩中矩百辟唯面簾陛不隔萬幾之燕即御經筵與二三賢碩孜孜講求治緒而顧其大旨雅以遴人才飭士習爲重故敕戒一下而中外紳笏之士懍然思洗其翕訿之習而夙夜在公其所登進即陬海巖穴阻深暗㫚咸麗於光明蓋逾年而試期至矣今之捧鄉書而詣闕庭者皆頃者踴躍而起之士也豈非甚盛隆際哉雖然我皇上一鼓舞而天下之治焕然章明稱爲新矣爾多士旦夕且效用亦思所以新其德以仰承至意乎哉夫植幹者節也豫幾者識也展采者才也然而不根於德而有至者否也即多士所陳析經術治道不斤斤守其陳言而時發其超然之見而稱新矣乎不佞不能信异日之必盡讎其言也夫感激慷慨以見節而謂之新權奇達變以見識而謂之新幹濟倜儻以見才而謂之新鋭不敢謂新也鋭所謂新者一切適已自好岐路之見蕩然而盡滌之純乎精白而後庶幾新耳不然而封蔀日蔽雖有三美將焉出之是故節也矜名識也誨巧才也拂經如是而人主亦奚賴也始鋭之來也泛乎雲夢之澤而其陰有浮浸焉河伯之所夸大也而土人曰是漲也新易涸也稍改而之大江浩森朗曠行乎日夜而不息知其出嶓嵱導塚岷波而下也有本者如是是之取耳夫植德以利用隨所用而不違德庶幾乎無負甚盛隆際矣周之詩云周雖舊邦其命維新而又云濟濟多士文王以寧夫文王安能舍多士而新周哉鋭不佞敬以是勖其試事則前序悉之矣

江西九江府儒學教授黄鋭謹序

萬曆十年湖廣鄉試録

湖廣鄉試録序

萬曆歲壬午復當比士於鄉上以士文不中程多鈎棘語以衒奇邪非盛世典詔有司學官凡諸不類者亟斥之謬進者罰於是御史錢岱奉詔按湖廣綱紀其事御史嘗比士東省所録文足爲士程士斌斌皆適用惟楚視東省其地廣倍之而士額多四之一御史於是皇皇益毖慎秉憲申要求所以祗若明詔戒環聚欀幾非常徜不時簾以内外無弗飭者内則幣聘遴暨教諭湯有光爲考試官教諭楊鳳鳴顧爲麟尹禮繼趙永禄訓導王廷俊范調元范時芳趙嘉猷爲同考試官外則自提調官左布政使錢藻右布政使賈待問監試官按察使馬文煒僉事王圻而下咸矢心矢慎如御史指乃合提學副使曹慎管大勛僉事龍宗武所簡士二千七百三試之得俊九十人籍奏上御史授簡於遴屬遴當有稱説遴謂諸生今稱選士於鄉不征矣諸生知爾鄉乎視今日之籍天下雖其鄉之視今日之統天下實莫敢鄉也肅皇帝纘有大命實肇爾南服其更朔元實始諸壬午壬者任也於行爲水萬物莫弗任養焉午南位於卦爲離萬物莫弗明盛焉荆故天地之中南水火既濟之繇也在列宿則麗翼軫爲鶉尾之次東揚西雍南粤北豫在九州則稱閎衍表介二岳江漢九江潛沱雲夢苞絡衡貫其中名神區已自雲陽氏創都沙丘赫然列於神明之紀其太上則離光氏因是以官天地遂皇氏因是以燭萬物昆吾雄諸侯熊氏長五霸皆綿歷千百流祚無窮雖夷陵至於楚即不與中國會盟乃墳典丘索國人類能識之智謀勇鬬獨衡乎天下其次濯靈耀采紛載丹青重黎佐嚳以司爟鬻熊師文以新命尹吉二甫弘弼亮於周莫敖鬬穀競勛華於族三閭以忠憤寤主陳良以文學顯名左史檮杌媲義春秋雞次鐸氏施猷圖鑒要以妙斡精機式叙倫則昭垂懿矩永握神樞自漢而降瑰行姱節茂功竑議代不乏人孰開楚國真神靈之隩賢聖之淵也夫疇能鄉之我高皇帝率虎旅滌清南土漢上實其首事迨武功甫成武昌荆州德安諸郡相次建學迄今道化翔洽髦士滋起濟濟奕奕何綦盛也其後百六十年而肅皇帝赫然龍作群俊雲從九寰承流神化孚合一時縉紳之流莫不質有文武勛著常彝故天下傾心楚材以爲地

王也垂六十年而爲穆皇今上得道之秉處乎中央治瑩化醇無文不懷六幕爲一諸生幸生斯世孕之以泰清奠之以泰寧范無形嘗無味譬大造之育萬物其雨露猶偏焉履不諱之朝戴無垓之宇出即危言處即危行譬大明之燭萬物其照臨猶偏焉是楚人士所任養於皇澤所嚮注於上意者亦至渥已夫亭毒群彙昭蘇化工納於南訛者天地之養物也旁羅民秀奕乎教澤示以周行者聖人之養士也萬物養於天地人養於聖人聖人養士使自養以養天下今主上南面而聽嚮明以治神功暉曜洪洞朗天當其所面之方昭燭休爽尤爲焜顯而士衣被耿光揚景炎騰茂實發攄詩書禮樂之緒宣暢道德仁義之精炳如蔚如雲蒸龍變以翼戴休烈弼成文明之治固士所自養以答我主上宜莫先楚士諸士毋亦考九丘之伊始集三管之所述追蹤前賢流聞來嗣以不負國家煦養以佐主上明盛之理庶哉稱天下士亦庶幾稱所爲壬午所舉士乎乃足以塞楚名若其追琢之不文鞭策之不進即有和璧天馬夫誰與群使天下嗤和氏盲玉九方皋盲馬也亦宜是役也巡撫湖廣兵部右侍郎兼都察院右僉都御史陳省首振聲猷聿倡文教巡撫貴州兼制湖北軍務右副都御史劉庠提督南贛軍務右副都御史王緝共綏疆土翊宣士風其守備地方則太監王禎奉使地方則翰林院編修王懋德刑部郎中王任户部主事于文熙工部主事程奎中書舍人吴嶽秀效勞棘外則左參政沈子木沈伯龍陶大順喬懋敬右參政衷貞吉許守謙項思教右參義蕭九成馬鳴鑾梁問孟副使曹子朝李天植侯堯封僉事夏良心署都指揮僉事周印范恩而左參議田樂義僉事王廷稷署都指揮僉事張應奎則以入賀行例得并書書之

河南歸德府鹿邑縣儒學教諭王遴謹序

萬曆十年湖廣鄉試

監臨官

巡按湖廣監察御史錢岱（汝瞻直隸常熟縣人　辛未進士）

提調官

湖廣等處承宣布政使司左布政使錢藻（自文直隸如皋縣人　己未進士）

湖廣等處承宣布政使司右布政使賈待問（學叔直隸威縣人　戊辰進士）

監試官

湖廣等處提刑按察司按察使馬文煒（仲韜山東安丘縣人　壬戌進士）

湖廣等處提刑按察司僉事王圻（元翰直隸上海縣人　乙丑進士）

考試官

河南歸德府鹿邑縣儒學教諭王遴（惟俊雲南寧州人　癸酉貢士）

山東東昌府莘縣儒學教諭湯有光（子韜直隸常熟縣人　癸酉貢士）

同考試官

河南開封府許州長葛縣儒學教諭楊鳳鳴（襄甫浙江錢塘縣人　庚午貢士）

四川成都府資陽縣儒學教諭顧爲麟（仲祉貴州清平衛籍浙江慈谿縣人　丙子貢士）

福建福州府福清縣儒學教諭尹禮繼（世敬浙江龍游縣人　戊午貢士）

河南開封府許州臨潁縣儒學教諭趙永禄（以廉河南洛陽縣人　甲子貢士）

浙江處州府遂昌縣儒學訓導王廷俊（應才江西安福縣人　辛酉貢士）

直隸滁州儒學訓導范調元（崇敬廣西柳州衛官籍馬平縣人　丁卯貢士）

廣東廣州府東莞縣儒學訓導范時芳（獻芬廣東潮陽縣人　戊午貢士）

河南汝寧府汝陽縣儒學訓導趙嘉猷（子順山西稷山縣人　丁卯貢士）

印卷官

湖廣等處承宣布政使司經歷司經歷郭堯采（思亮浙江蘭谿縣人　監生）

湖廣等處提刑按察司經歷司經歷蔣宇志（懋弘直隸吴縣人　監生）

收掌試卷官

武昌府知府劉易從（簡之河南汲縣人　乙丑進士）

黄州府知府鄒迪光（彦吉直隸無錫縣人　甲戌進士）

承天府知府劉禹謨（平甫江西廬陵縣人　戊辰進士）

德安府知府齊一經（訓汝山東濰縣人　辛未進士）

荆州府知府郝汝松（茂甫陝西綏德州人　戊辰進士）

岳州府知府梅淳（德涵直隸當塗縣人　辛未進士）

襄陽府知府吴道邇（學平福建龍溪縣人　戊辰進士）

衡州府知府李燾（若臨廣東河源縣人　戊辰進士）

受卷官

常德府知府鍾昌（繼文廣東東莞縣人　辛未進士）

長沙府知府葛登名（道行河南泌陽縣人　辛未進士）

襄陽府同知楊士元（仁甫太倉州人　辛未進士）

辰州府同知朱熙洽（鴻甫崑山縣人　甲戌進士）

漢陽府推官宋萬葉（啓紹福建莆田縣人　甲戌進士）

德安府推官錢士完（惟凝浙江歸安縣人　庚辰進士）

岳州府澧州知州伍士望（景周江西南昌縣人　辛未進士）

荆州府歸州知州葛邦弼（右卿直隸常熟縣人　庚午貢士）

彌封官

寶慶府通判楊沂（子與四川南充縣籍西充縣人　戊辰進士）

武昌府推官褚九皋（聞遠直隸長洲縣人　庚辰進士）

黄州府推官曾維倫（恒遜江西樂安縣人　庚辰進士）

承天府府推官李桀（用甫浙江余姚縣人　庚辰進士）

荆州府夷陵州知州蕭景訓（希之江西泰和縣人　甲戌進士）

長沙府茶陵州知州張恒（伯常直隸上海縣籍嘉定縣人　庚辰進士）

黄州府蘄水縣知縣閻士選（儁甫直隸江都縣籍陝西綏德州人　庚辰進士）

襄陽府襄陽縣知縣吴之佳（公美直隸長洲縣人　庚辰進士）

謄録官

衡州府推官黄齊賢（仕思浙江山陰縣人　庚辰進士）

辰州府推官張後甲（丁也南京鷹揚衛人　庚辰進士）

郴州知州張汝賢（用甫武功右衛籍浙江崇德縣人　甲戌進士）

黄州府蘄州知州路雲龍（伯際直隸宜興縣人　庚辰進士）

武昌府江夏縣知縣莫楊（子充浙江安吉州人　庚辰進士）

黄州府黄岡縣知縣趙士登（汝庸直隸涇縣人　庚辰進士）

襄陽府宜城縣知縣張鳴岡（治禎江西萬安縣人　庚辰進士）

永州府零陵縣知縣傅履禮（則庸福建南安縣人　庚辰進士）

對讀官

襄陽府推官孔聞易（子時江西新城縣人　庚午貢士）

武昌府興國州知州張仕可（叔見四川涪州人　甲子貢士）

承天府沔陽州知州史自上（體德浙江余姚縣人　甲子貢士）

武昌府崇陽縣知縣黄學曾（唯吾廣東南海縣人　丁丑進士）
黄州府麻城縣知縣文德（脩甫四川涪州人　庚辰進士）
荆州府江陵縣知縣王三宅（仁所河南懷慶衛籍直隸泰州人　甲戌進士）
常德府武陵縣知縣洪有復（懋純福建南安縣人　庚辰進士）
漢陽府漢陽縣知縣喻應台（元平四川榮昌縣人　甲子貢士）

巡綽官

武昌衛指揮使王弘道（中夫直隸含山縣人）
永州衛指揮使高金（煉之江西南城縣人）
常德衛指揮使鮑希永（士恒直隸泗州人）
寶慶衛指揮同知姚世卿（忠輔河南上蔡縣人）
辰州衛指揮同知高松喬（萬年直隸遷安縣人）
岳州衛指揮僉事花應魁（本發直隸無爲州人）
長沙衛指揮僉事周道隆（克昌河南新野縣人）

搜檢官

武昌左衛指揮使陳元嗣（繼本直隸舒城縣人）
荆州衛指揮同知陳應祖（敬宇直隸清流縣人）
襄陽衛指揮同知吕效忠（明時河南羅山縣人）
武昌衛指揮僉事劉承祖（光先直隸定遠縣人）
武昌左衛指揮僉事高惠（汝濟直隸順天府人）
承天衛指揮僉事胡炅（德光江西浮梁縣人）
衡州衛指揮僉事事段文炳（大德直隸合肥縣人）

供給官

湖廣等處承宣布政使司理問所正理問李東巖（民瞻四川茂州人　監生）
武昌府同知鍾鋭（思久浙江錢塘縣人　乙卯貢士）
黄州府同知李維祜（子受貴州清平衛官籍直隸徐州人　辛酉貢士）
武昌府通判陳九疇（惟叙江西奉新縣人　戊辰進士）
武昌府經歷司經歷王國器（子重河南商水縣人　監生）
武昌府經歷司知事盛時賢（道卿直隸華亭縣人　知印）
武昌府照磨所照磨洪廷宇（汝志直隸祁門縣人　監生）
黄州府黄岡縣縣丞夏清（本潔江西德化縣人　吏員）

武昌府江夏縣主簿力晟（成之直隸宿遷縣人　吏員）
鄖陽府竹山縣主簿張玄（啓虞福建莆田縣人　吏員）
鄖陽府鄖西縣主簿楊春彩（惟新江西鄱陽縣人　吏員）
武昌府江夏縣典史龔鏜（德聲四川綿州人　吏員）
武昌府武昌縣典史馬轍（淑由四川南川縣人　吏員）
武昌府咸寧縣典史蕭勲（宗何江西贛州人　吏員）
黄州府羅田縣典史張檠（國堅四川眉州人　吏員）
黄州府黄陂縣典史朱玨（汝信直隸休寧縣人　吏員）
鄖陽府上津縣典史陳弘毅（原士直隸江都縣人　吏員）
寶慶府邵陽縣典史鄭汴（子梁江西豐城縣人　吏員）
武昌府江夏縣東湖驛驛丞蔡芹（子敬直隸定興縣人　吏員）
寶慶府新化縣蘇溪巡檢司巡檢王之屏（維藩直隸常熟縣人　知印）
長州府沅州晃州驛驛丞鄧尚忠（國臣廣西賀縣人　承差）
辰州府沅州羅舊驛驛丞李瑞玹（祥甫福建崇安縣人　承差）

第一場

四書

曾子曰十目所視十手所指其嚴乎富潤屋德潤身心廣體胖故君子必誠其意　天下有道則庶人不議　孟子曰惠而不知爲政歲十一月徒杠成十二月輿梁成民未病涉也君子平其政行辟人可也焉得人人而濟之故爲政者每人而悦之日亦不足矣

易

六四觀國之光利用賓于王象曰觀國之光尚賓也　大壯利貞大者正也　揲之以四以象四時　雷以動之風以散之雨以潤之日以晅之艮以止之兑以説之乾以君之坤以藏之

書

明四目達四聰

終始惟一時乃日新任官惟賢才左右惟其人臣爲上爲德爲下爲民其難其慎惟和惟一　皇建其有極斂時五福用敷錫厥庶民　夏商官倍亦克用乂

詩

漢之廣矣不可泳思江之永矣不可方思　鞸鞈有奭以作六師　乃及王季維德之行大任有身生此文王　無曰高高在上陟降厥士日監在兹

春秋

齊師宋師曹師城邢（僖公元年）春王正月城楚丘（僖公二年）春諸侯城緣陵（僖公十有四年）　秦人伐晋（文公三年）吴子使札來聘（襄公二十有九年）　夏五月宋人及楚人平（宣公十有五年）夏公會晋侯衛侯于瑣澤（成公十有二年）　冬築郎囿（昭公九年）

禮記

凡德五刑之訟必原父子之親立君臣之義以權之意論輕重之序慎測淺深之量以别之悉其聰明致其忠愛以盡之疑獄泛與衆共之衆疑赦之必察小大之比以成之　固封疆備邊竟完要塞謹關梁塞徯徑　故樂也者動於内者也禮也者動於外者也樂極和禮極順　夙夜其命宥密無聲之樂也威儀逮逮不可選也無體之禮也

第二場

論

天子以好生爲德

詔誥表（内科一道）

擬漢春和議振貸詔（文帝元年）　擬唐以魏徵爲太子太師誥（貞觀十六年）　擬輔臣應制恭咏玄兔圖詩進呈表（萬曆九年）

判語（五條）

無故不朝參公座　見任官輒自立碑　禁經斷人充宿衛　從征守禦官軍逃　聞有恩赦而故犯

第三場

策（五道）

問　帝作儲述記之往牒重國本也成周内立六官外崇禖祀廣御幸而祈嗣續重可知矣秦漢以降内御非不廣也有增級十四者有爵視外朝者有分列八品者此與姬周之數將無同與祈祀非不舉也有設壇城南者有議建石主者有增置配帝者此與月令之儀得無戾與太祖高皇帝御寓之初即命

禮部詳定女職六局之外無復剩員謂皆循用周制然與否與世宗肅皇帝虔祀高禖壇位有所陪祀有配牲牢有品果與周禮有所損益與皇上踐祚十載儲位未蕃兩宫軫念命選九嬪充位掖庭又遣禮官禱祀名山夫欲延重光而衍萬葉慮至周也然螽斯樛木之詩鳴雞佩玉之典彤管書環之法胎教内教之則古所稱述有出於宫寢弓韣之外者豈少哉夫多男之頌封人所不廢也諸士其詳述於篇以爲宗社億萬年無疆之助

問　經費國家大計也成周養兵之私田而不餉養士以公田而不廩歲出不過祭祀宴享匪頒好用數者而已周公方且憂之立九賦九式之法上自王后世子下至有司百官經用具有等差無令浮額以裨人主儉德意何深哉嗣後有上郡國籍者有上元和國計圖若簿者有上景德祥符皇祐治平元祐會計録者要在使人主審其所以入察其所以出節用裕民已耳而民反大困此何以説與我朝自洪武來歷代講求大氐皆損上益下之政國浸饒民浸殷矣嘉隆之際贏絀不常厥咎何繇頃者嚴考成之法定降罰之例閲邊餉省徭役汰冗員恤傳置十余年間國用稍紓乃主計之臣又作萬曆會計録以獻無亦九賦九式遺意與第是録所載如内庫禄餉諸條視會典不啻倍半將來歲久費增度支所領猶然縮也胡以應之説者謂皇上躬節儉慎出入庶幾可救萬一則舍此誠無善後之筴與諸生脱有懷耿耿者即言多寡有無庸何傷

問　先儒云人有古今而學不息世有代謝而書不亡審若是孔壁酉巖之藏雖至今存可耳胡秘閣所儲碩儒所業乃百不一二睹也贏秦煨燼姑勿譚已若漢之七略唐之四部宋之六庫簡帙疑靡逸矣説者猶以類例不明圖書失叙少之而自編爲十二類其優劣可别言歟夫書有名亡而實不亡者有闕於前而完於後者有隱於當世而出於异代者豈當時編次無法坐令泯棼失傳與我聖祖定鼎馬上乃不欲以馬上治戈鋋甫釋日夕延欖儒紳搜尋圖史名山石屋之遺次第登天府蓋增增備矣然經子百家撰注諸卷雜見於藝文志崇文總目者缺漏尚多豈購求未廣而讎校乏人與或謂求書之官不可不遣校書之任不可不專今日所當講者不在兹與或謂求書之道有八編書之難有五其詳顧可聞歟方今内寧外謐主上右文聲名禮樂之典日駸駸舉也諸士生倚相之鄉雖殘篇蠹簡固嘗博極考訂之其攄所藴籍以裨同文盛治慎毋以耳學諉也

問　班孟堅一代良史也蔚宗氏賞其大義燦然贍而不穢詳而有體信哉斯言宜乎寡所駁奪矣乃其作古今人表蓋亦極贍且詳者其所稱不穢與有體者安在乃史通極不滿焉史通之議孟堅雖不敢謂盡然然所糾正此表

即後世甚愛孟堅者似未能曲諱也孟堅所稱良一代史耳至欲盡百代而囊括之何與夫古今人亦大相懸矣概以三科列以九等豈盡無一二佚顧又取閭閻之流而雜評之與就中所掎摭又不特一史通也史通凡四舉張晏凡五舉其説可得聞與乃顔師古獨不然晏語又何與或者謂大家爲其兄卒成之則固不宜深攻孟堅矣顧於何證其爲大家筆也夫論人欲盡不則無以定是非之準而立勸懲之極明知其人之必可軒也然或可稍輊焉明知其人之必可輊也然或可稍軒焉談何容易哉諸士學古有獲於兹擬議蓋已素矣其極著之即使孟堅再作唯唯稱謝而不敢抗吾之精辨亦奚不可

問　井法昉於黄虞至周大備然已上矣自魏盡地力秦開阡陌而田制决裂殆盡即慨然有志復古者莫能盡舉而更之何歟其間二三藎臣或請限民名田或請上限田胡竟以沮格也乾興初毅然下限田之詔而任事者謂不便泰和貞觀顯德間略仿三代均田遺意庶幾小康第行未久輒報罷其咎安在令甲十歳一籍丁業以稽羸耗是國家所重而吏未稱田與賦大剌戾百姓失職不贍楚尤告病上甚憫焉邇詔臺臣如八閩例綜核民田乃今經界竣事户無羨畝人無虚賦群生和樂方外蒙澤己第慮始固難而守成亦不易欲令法久而弊絶爲楚人規萬世之利復何施而後可諸生楚産也當明習楚事願聞所宜罷行之畫

中式舉人九十名

第一名　陳良心　京山縣學增廣生　易
第二名　段藎國　均州學生　詩
第三名　樊玉衡　黄岡縣學生　禮記
第四名　劉承芳　麻城縣學附學生　春秋
第五名　孟養浩　感寧縣學生　書
第六名　徐成楚　竹溪縣學生　易
第七名　吴顯科　澧州學生　詩
第八名　王一鳴　黄州府學生　禮記
第九名　胡允寧　蘄水縣學附學生　易
第十名　瞿甲　黄梅縣學生　詩
第十一名　鄧宦舒　黄陂縣學附學生　詩
第十二名　梅開先　武昌府學生　易

第十三名　田大年　荆州府學生　詩
第十四名　鄺延緒　臨武縣學增廣生　易
第十五名　姜性　岳州府學生　詩
第十六名　唐斯盛　湘潭縣學生　易
第十七名　汪原浩　麻城縣學生　禮記
第十八名　郭正域　江夏縣學生　詩
第十九名　張濤　黄陂縣學生　書
第二十名　黄榜　興國州學生　易
第二十一名　梅森　麻城縣學增廣生　春秋
第二十二名　龔懋　黄梅縣學生　詩
第二十三名　朱期萃　蘄水縣學生　易
第二十四名　李世鰲　漢陽府學增廣生　詩
第二十五名　陸懷贄　荆州府學增廣生　易
第二十六名　袁世振　蘄州學生　書
第二十七名　王肇元　漢陽府學生　詩
第二十八名　馮國祥　蘄水縣學增廣生　易
第二十九名　彭鳳翀　潛江縣學生　詩
第三十名　黄洽中　善化縣學生　易
第三十一名　王之衡　施州衛學生　禮記
第三十二名　劉道盛　潛江縣學生　書
第三十三名　周鳴翰　安仁縣學生　春秋
第三十四名　藍應斗　景陵縣學附學生　詩
第三十五名　閻遇　麻城縣學附學生　易
第三十六名　葉東生　漢川縣學生　詩
第三十七名　王承光　公安縣學生　書
第三十八名　王任皋　均州學增廣生　詩
第三十九名　蕭應鳳　荆州府學生　易
第四十名　熊華宇　黄梅縣學增廣生　詩
第四十一名　唐志德　零陵縣學生　易
第四十二名　吴嵩　黄州府學附學生　詩
第四十三名　申在廷　祁陽縣學附學生　書
第四十四名　任灝　澧州學生　詩

第四十五名　魯之賢　麻城縣學附學生　易
第四十六名　黄在中　麻城縣學附學生　春秋
第四十七名　胡化　荆門州學生　詩
第四十八名　曹志遇　興國州學生　易
第四十九名　王應期　南漳縣學生　詩
第五十名　張星　蘄州學生　書
第五十一名　黄科　枝江縣學生　詩
第五十二名　徐存德　蘄水縣學附學生　易
第五十三名　陳汝璧　沔陽州學生　書
第五十四名　劉廷柱　武昌府學生　詩
第五十五名　徐汝化　興國州學生　易
第五十六名　史與禄　龍陽縣學增廣生　詩
第五十七名　孫大壯　黄岡縣學生　禮記
第五十八名　閔廷甲　黄州府學增廣生　易
第五十九名　顔宇坪　德安府學生　書
第六十名　鍾武瑞　雲夢縣學生　易
第六十一名　郭銑　潛江縣學生　詩
第六十二名　周于德　蘄水縣學附學生　易
第六十三名　盧堯臣　黄安縣學生　書
第六十四名　何其謙　蘄水縣學附學生　易
第六十五名　耿汝忞　黄安縣學生　春秋
第六十六名　商民悦　承天府學生　易
第六十七名　李孟韶　衡州府學生　詩
第六十八名　鄢應薦　沔陽州學生　書
第六十九名　黄蘭芳　德安府學生　易
第七十名　湯沐　德安府學生　詩
第七十一名　龍襄　常德府學生　易
第七十二名　曹大咸　江陵縣學增廣生　書
第七十三名　吴士瑞　黄岡縣學生　禮記
第七十四名　李悦心　鄖陽府學生　易
第七十五名　馬藎臣　均州學生　易
第七十六名　梅樓　麻城縣學生　春秋

第七十七名　李春登　沅州學生　詩

第七十八名　劉儔　荆州府學附學生　易

第七十九名　彭萬里　景陵縣學增廣生　詩

第八十名　盧淳　祁陽縣學生　書

第八十一名　歐陽燦　鄖西縣學生　易

第八十二名　石悦彩　沅陵縣學增廣生　詩

第八十三名　龔世薦　公安縣學生　書

第八十四名　黄大壯　興國州學增廣生　易

第八十五名　瞿成名　　黄州府學增廣生　詩

第八十六名　盧國禎　黄岡縣學生　禮記

第八十七名　陳典　祁陽縣學增廣生　書

第八十八名　王橋　夷陵州學生　詩

第八十九名　王之機　麻城縣學生　春秋

第九十名　梁棟　夷陵州學生　書

第一場

四書

曾子曰十目所視十手所指其嚴乎富潤屋德潤身心廣體胖故君子必誠其意

段盞國

同考試官訓導趙批（發慎獨誠意貫串而潤身處輕輕説過極得題旨）

同考試官教諭尹批（命意精深措辭典雅）

考試官教諭湯批（是析理之精者）

考試官教諭王批（説題意簡當）

傳者甚嚴夫獨而因驗誠之不可已也夫天下之大可畏者獨也慎則意誠而身潤矣此君子誠之爲貴與傳者釋誠意蓋曰夫學必自意始矣意之已誠爲德而意之方動爲獨君子之慎獨非徒鑒於小人也蓋亦有見於獨之嚴焉曾子嘗言獨矣以人之情唯視指則畏唯視指之多則甚畏而至於獨則以爲莫予及也不知視指之實生於意不生於形而幽獨之中無其形已有其意意動於微而我之真視真指已炯乎覺矣意屬於有而人之十目十手尤凛乎集矣何嚴哉此而忽之小人所以惡積而難掩也此而慎之君子所以德修而日章也觀富之潤

屋則德充而身自潤矣惟德之潤身則心廣而體亦胖矣君子知德由於獨之慎而成於意之誠故爲善去惡之力雖不以目之視手之指而始嚴戒欺求慊之功則必以心之廣體之胖而自驗所謂必誠意者以此不然意有不誠詐善已耳何有於德厭然已耳何有於潤如指視何哉雖然不欺之謂誠有所畏而不爲與有所利而爲之則求誠之心即欺矣故其嚴戒肆也潤身語效也皆非所以論於君子之心也先儒有言崇德而外君子未或致知於乎深於誠矣

天下有道則庶人不議

陳良心

同考試官教諭趙批（庶人不議非禁非畏此作能發之而意格亦自不群）

同考試官教諭顧批（氣象雄偉意義精徹）

同考試官教諭楊批（發有道與不議甚警拔）

考試官教諭湯批（莊重古雅盛世之文）

考試官教諭王批（遒勁雅馴非淺學可到）

治出於道徵諸民而信從矣夫民之議議道之失也有道則信而從矣奚議哉且夫上之人以其權威福天下下之人亦以其意是非人主故其得失莫掩於匹夫匹婦之分而其論議不廢於至愚至賤之口庶人而議也勢也乃若天下既頌而無間言耕鑿嬉游之民且忘而不知議大順之徵也極治之象也非世有道惡睹此乎吁夫子之言其有思矣抑召公曰天子有道庶人傳語則不議何稱焉夫宣之而下不議上也議之而上不禁次也下固議之上固禁之則下矣噫一庶人也唐虞忘商周頌春秋議而嬴秦鉗惟議故三世五世希不失也鉗之則二世矣故世治則庶人之私議不可有世亂則天下之公議不可無既頌而無間言耕鑿嬉游之民且忘而不知議大順之徵也極治之象也非世有道惡睹此乎吁夫子之言其有思矣抑召公曰天子有道庶人傳語則不議何稱焉夫宣之而下不議上也議之而上不禁次也下固議之上固禁之則下矣噫一庶人也唐虞忘商周頌春秋議而嬴秦鉗惟議故三世五世希不失也鉗之則二世矣故世治則庶人之私議不可有世亂則天下之公議不可無

孟子曰惠而不知爲政歲十一月徒杠成十二月輿梁成民未病涉也君子平其政行辟人可也焉得人人而濟之故爲政者每人而悅之日亦不足矣

孟養浩

同考試官訓導范批（政惠二字辯論甚析而裁剪呼應處更佳可録）

同考試官訓導范批（意透詞工不落塵格）

考試官教諭湯批（古雅之作卓爾不群）

考試官教諭王批（詞旨雋永足稱大雅）

大賢以惠小大夫而詳政之不必惠焉蓋政平則不必人濟人悦而施自博矣大夫之惠惡足以知此且自王政不行世有乘輿濟人如子産者民輒見德而以爲政在是矣孟子懼後之小惠者藉之乎子産也故曰爲治有大體而小用之則褻濟世以大德而私用之則窮如子産則誠惠人也雖然未聞政也夫奚不引王政以觀之昔者先王亦嘗爲涉者計矣爲杠爲梁無愆期也則經制定而無我濟人之勞徒行輿行無病涉也則利澤公而無人悦我之迹政若是而已君子知此之政微獨杠梁已也而凡政可推也君子平此之政亡庸乘輿爲也而雖人可辟也此謂知爲政者如不以政惠之而已耳豈欲人人而濟之乎抑欲人人而悦之乎吾恐輿有盡而不勝其人之多勢既有所難周人無窮而不勝其日之少時亦有所弗給亡論其體褻也而其究易窮矣政固如是耶由是知惠必期人濟而遺於濟者常多政不令人悦而無不悦者自在則公私大小所繇相遠也此孟氏所以坊焉爾也不然僑稱衆人之毋也彼其口實辟人置民之溺而秦越之視僑又何如人哉吁庸主愛牛遽許保民賢相濟涉不與知政君子用意微矣

易

六四觀國之光利用賓于王象曰觀國之光尚賓也

徐成楚

同考試官教諭趙批（意正詞精發士君子趨時尚禮之心甚徹此可以式矣）

同考試官教諭顧批（言言典雅深於易者）

同考試官教諭楊批（精確明透）

考試官教諭湯批（雅勁有藴藉）

考試官教諭王批（意深調雅）

二聖於觀爻有著其進以時者有原其進以禮者夫時可以進進斯不括矣然非尚君之禮肯遽進哉二聖所以交發其義也且君子之進既度其時又度其君道可用矣而時不吾遇時可爲矣而君不吾禮皆未可進也周公有見於四之進以應乎時也係之詞曰士無用賓之志非自弃也養晦以待時耳四何時也最近於五明王制作親炙而快睹之矣有時如此寧忍負之故或自側微而賓興或自侯服而賓貢相時而動者也豈躁進哉否則談不賓之操於雍

熙之朝則固矣奚其利夫子有見於四之進以應其禮也申之象曰士無觀光之愿非違時也爲主之輕士耳五之君何君也順巽成德天下豪杰賓禮而羅致之矣有君如此寧忍負之故或以尚其作賓之典或以尚其嘉賓之求爲禮而往者也豈輕進哉否則高不屈之節於折節之主則悖矣奚其利要之四之遇天下之盛王也而禮賢下士又天下之盛節也士生而躬逢其盛寧不爲斯道慶歟雖然蘧甯卷舒柳下三黜接輿行歌仲連赴海坐不遇主也然堯舜在上下有巢由則何以稱焉説者謂漢鼎繫於一絲則不賓之士未必無補於大觀之治云

雷以動之風以散之雨以潤之日以晅之艮以止之兑以説之乾以君之坤以藏之

胡允寧

同考試官教諭趙批(題本散涣是作聯絡點掇種種有法而詞旨復莊健可誦)

同考試官教諭顧批(不事雕刻蒼然有光)

同考試官教諭楊批(精透雅健)

考試官教諭湯批(精粹可式)

考試官教諭王批(詞簡意足)

觀卦位於先天而造化備焉夫造化育物必有生成而主藏之者卦位以之兹先天爲得天地之用乎大傳之意曰天地自然之理運於氣機天地自然之機昭於圖位吾觀方圖而知造化之至妙矣彼圖之從中起者震巽也其雷風之象乎而一動一散所以始物者由之圖之次震巽者坎離也其雨日之象乎而以潤以晅所以通物者由之繼之以艮則真機謐而物賴以節宣矣繼之以兑則真精凝而物賴以訢合矣夫有動散而後有潤晅有潤晅而後有止説其序不可紊也爲動散不能爲潤晅爲潤晅不能爲止説其職不可兼也其惟乾坤乎六子各一其氣而乾之元氣足以統之顯仁藏用惟其所樞宰物之權則然耳謂乾以君之非耶六子各一其能而坤之簡能足以成之育神復命皆其所受養物之府則然耳謂坤以藏之非耶蓋迹其生成人見六子之爲而不見乾坤之爲究其化機人不曰六子之功而曰乾坤之功此圖位之所以爲妙與抑是天道也亦王道也君有獨制而藏無專成内外之分也君職其要六卿職其詳尊卑之等也雷不侵風之散風不奪雨之潤日不兼艮兑之權官守之明也達於此者措之天下易易矣

書

明四目達四聰

孟養浩

同考試官訓導范批（詞簡義該發明達意殆盡可録以式浮靡者）

同考試官訓導范批（體格莊嚴起繳更有精思）

考試官教諭湯批（刊落陳言自爾典雅）

考試官教諭王批（虞帝求民瘼之意藹然言表）

聖君謀治内臣欲其通天下之情也夫民情貴周知也明目達聰而天下之情通矣宜舜首詢此謂夫治天下者求賢要矣安民急焉故吾之一身本天下之人之身則天下利病皆吾之利病也但予一人居九重之上而欲達四方之隱其勢恒難周爾四岳處君民之間而欲通上下之情其機常甚便爾其率天下諸侯爲予明四目焉太平之景象予所願見者固得而見之而閭閻之艱難予所不願見者亦得而見之舉寒者饑者疾首而蹙額者咸若集於吾前可矣又率天下諸侯爲予達四聰焉盛治之謳歌予所樂聞者固得而聞之而下民之其咨予所不樂聞者亦得而聞之舉號寒者啼饑者顛連而欲告者咸若陳於吾前可矣其在下民有隱而未達有抑而未伸而恒苦上人耳目之弗逮其在天子隱而使必達抑而使必伸而不阻一人聞見之無由庶治其可保乎吾想自古聰明之主莫若堯舜彼其時皋夔稷契輩即人號稱賢孰有如堯舜之耳目智慮者乃一則曰作股肱耳目一則曰明目達聰何不自用而用人也夫不自用而用人正其聲色不動而天下乂安者耳彼見萬里察淵魚而曰吾能治天下也謬之謬者也

皇建其有極斂時五福用敷錫厥庶民

張濤

同考試官訓導范批（命意精深置辭雄渾宛然皇極君民氣象可録）

同考試官訓導范批（體會真切詞更嚴整）

考試官教諭湯批（精核之文頌之鏗然有聲）

考試官教諭王批（邃思古調書義之最佳者）

王者立極以集福而因公諸天下也夫大君者立人極者也以此集福而推以錫天下此見皇極之道大矣且天人一機而感之者在人不在天君民一理而孚之者在君不在民故皇者繼天出治庶民環向而取則焉用感孚其間者極也以典則惇朝廷立四方之準以禮則庸一人樹天下之觀人君一動一

静無毫髮不通於天而吾建極則已格於昭昭之表矣彼五福來同若來於德也上天一視一德無一息不注於君而吾建極則已鑒於冥冥之中矣彼五福駢臻若臻於德也然是福之錫也錫其所敷於民者而非外天下以私一人則是福之斂也亦斂其所敷於民者而不私吾身以後天下吾惇吾典以迪吉而使民各惇典以自迪其吉是造德以造福也而一夫無不獲矣吾庸吾禮以召順而使民各庸禮以自召其順是布德以布福也而群黎無失所矣天人上下凝爲和氣而不乖朝野内外溢爲休風而無間極之義如此夫君人之福與常人异常人福止一身君人福在天下假令壽富康寧好德考終五福備君身矣彼貧者夭者不寧居者敗德而匪彝者且載道路也是可稱福乎故兆民戴德即君人之福必取效五福猶二之矣

詩

韎韐有奭以作六師

吴顯科

同考試官訓導趙批（習安狃平二語起得作字明徹而末段議論更有關係）

同考試官教諭尹批（得周王保泰之旨可録）

考試官教諭湯批（莊雅可誦）

考試官教諭王批（意透詞雅）

周王親講武之事而治道豫矣夫兵非治世所諱也御戎服以作六師保治之圖豫矣哉且觀兵非得已也天下之勢名爲治平而常伏不測之憂是故明主慎焉東都之會人心同而福禄聚矣乃君子則以理亂循環之幾不可忘戰家邦久遠之計誰能去兵師徒方涣不作則不奮也臨瀍洛以嚴簡閲之教觀聽方新不親則不肅也釋衮冕而躬韎韐之章六師之氣習安而靡矣則勖其止齊以示之勇伍兩軍師莫不起而共武服者作其氣也六師之志狃平而偷矣則申其誓戒以訓之忠文武將吏莫不起而勤王愾者作其志也我周本以戎衣開國而維有奭之御則大烈以揚列侯環視不益震於天威而堅其翊戴之思哉先王嘗以整旅戡亂而今六師之作則顯謨以承六合風聞不將慴於王靈而消其釁孽之萌哉蓋當是時天下之治日趨於尚文不可不耀之以武國家之勢已見其積弱不可不糾之以强兹役也保治之圖也周道復興宜矣自周而後天子宿重兵於京師亦古者六軍遺意彼五柞長楊豈不稱習戎哉而久之漸替故其季也禁衛雖設而非習服愚小警即不能受甲焉噫六師之作詎至此乎是故周雅以頌漢賦以風

乃及王季維德之行大任有身生此文王

段蓋國

同考試官訓導趙批（上二句作者多以王季大任并講殊失輕重下二句作者非枯淡則浮泛此作獨得之）

同考試官教諭尹批（典贍有體）

考試官教諭湯批（體格純正）

考試官教諭王批（詞意俱到）

周有一德之配而聖人生矣蓋父作之母相之天之所以開聖人也此文王所由生與詩人推本以戒成王曰我周受命始於文王固矣而其生豈偶然哉蓋國之將興天必生聖人以長發其祥聖之將生天必厚聖人之所自生以并鍾其德故婦於京而思媚大任之婦道修矣乃及王季殆與其明類者有合德也嬪於周而思齋大任之母道全矣乃及王季殆與其順比者無違行也夫以德配德則帝祉集而大任身焉因以凝醇和之氣以德育德則貞元會而文王生焉遂以協聖作之期胎教於未生之初言教於已生之後人曰任之成厥子也而自其有身之始則乾坤清淑之英已萃之矣近以拓三分之基遠以貽八百之緒人曰文之肇厥家也而自其有生之時則蒼姬靈長之籙已卜之矣故有王季必不可無文王微文則孰爲之後生文王必不可無大任微任則孰爲之先吁於此見聖德之自而後王可繹思矣嘗謂聖人之生天也而其所以聖則非天也人也不有肅雍臨保則天生文王亦虚矣即季任何稱焉故曰昭事上帝聿懷多福此戒成王本指也不然述祖而第夸其誕育之异則亦史臣之侈詞已耳何以爲周公之詩

春秋

齊師宋師曹師城邢（僖公元年）春王正月城楚丘（僖公二年）春諸侯城緣陵（僖公十有四年）

劉承芳

同考試官訓導王批（叙三城書怯得旨經義之佳者宜録以式）

考試官教諭湯批（格嚴詞鍊）

考試官教諭王批（整潔雅健）

霸主專以存小春秋因事而示法焉夫善恤患而惡專命春秋法也此三城之書詞所以异歟齊桓之霸也存三亡國焉城邢而邢安城楚丘而衛定城緣陵而杞無恙其事同矣春秋待之异者何自城邢言之狄難殷而夷儀遷邢亡在旦夕矣桓也即以救邢之師而城以遷之是役也謂之有命固不可獨不

曰爲天子恤庶邦乎邢之存桓之力也故詳列三師以著其善云自楚丘言之狄師入而漕邑處衛亡已逾年矣桓也爰度楚丘之地而城以戍之是役也謂之無功固不可獨不曰無有封而不告乎衛之有周之無也故没諸侯不書以略其功云乃緣陵則异是矣夷勢不若狄勢之張杞禍未若衛禍之烈若之何自遷而自城之豈其知有杞不知有周乎此其義不同於恤患而罪差薄於專封故凡舉諸侯而不序與城邢楚丘异者聖人固權之審矣吁此尊王賤伯意也雖然當周之季天下之不胥爲夷狄者賴有桓公在耳讀定中木瓜之詩則衛之德齊甚矣奈何有意督過之蓋春秋以道義而桓以功利無論緣陵楚丘即城邢亦不能無議焉故聶北之次春秋譏之惡其養亂爲功也夫子大管仲之功而無道桓文之事嗚呼其旨深矣

秦人伐晋（文公三年）吴子使札來聘（襄公二十有九年）

梅森

同考試官訓導王批（貢穆公季札詞嚴義正深得聖人之旨）

考試官教諭湯批（語峻潔意委曲録之）

考試官教諭王批（詞旨明確）

春秋責備之義於賢君賢臣見之也此秦穆貳過季札苦節皆賢者之累也春秋所以備責之興且聖人望天下之心無窮故常人待之略而賢人責之備吾於秦穆季札見之彼三敗未酬穆所爲伐晋也夫秦之怨晋實深之宜得報者經何人之耶蓋殽函敗而誓言作穆也一旦有聲中國矣賢者不貳以蓋愆可也乃郊迎之悔方新而武關之甲復動官郊取焉河舟焚焉人之稱是師也謂何卒至新城圍而言始踐亦已晚矣噫賢如穆方望其修德以達於王事者而顧貳過若是穆何以謝天下哉春秋特人之者責之備也夷昧新立札所爲聘魯也夫札之讓天下高之宜得予者經何名之耶蓋聞魯樂而知功德札也一旦聲施上國矣賢者行權以達變可也乃王季之受不從而子臧之節自附父命去焉兄讓去焉人之稱是辭也謂何卒至刃難發而禍亡已誰則階之噫賢如札方望其達節以庶幾中庸者而顧苦節若此札何以謝先公哉春秋特名之者責之備也噫書取秦誓記取合禮春秋何過之深與蓋摭一事而節取之其詞恕統全節而品騭之其法密故曰春秋聖人之刑書也然觀黄鳥之詩穆真少恩哉而季札之讓猶有首陽之風焉此又不可以并論云

禮記

凡聽五刑之訟必原父子之親立君臣之義以權之意論輕重之序愼測淺深之量以別之悉其聰明致其忠愛以盡之疑獄汜與衆共之衆疑赦之必察小大之比以成之

樊玉衡

考試官教諭湯批（聽訟之權發揮明盡末歸於議緩尤得欽恤之意）

考試官教諭王批（婉曲詳明可爲司平龜鑒）

王制言司理者必詳其聽而後成焉夫聽訟將以成獄也聽之詳斯成之當矣焉往非公哉記王制者有曰聖人貴無訟也訟而聽焉非其心矣矧可弗公乎是故五刑之訟親與義其大矣而輕重而淺深而法比非訟者所能自明也五刑之聽赦與成其要矣而權之而別之而盡之皆聽者所當致詳也故其始也原親於父子明有恩也立義於君臣明有分也法常持於一定用自妙於無方權其容已乎然輕重無序淺深無量未可也則論之以意而測之以愼務區別而不爽者別此權也然論有遺究測有遁情未可也又聰明是悉而忠愛是致求畢盡而無遺者盡此權也於此而猶有疑赦可議矣敢任獨見乎必汜稽於衆而輿論之皆同斯從而赦焉刑無故縱也已至是而無可疑獄斯成矣敢行己意乎必附比於法而小大之咸當斯從而成焉刑無故入也已自權以至於察而上無頗刑由聽以至於成而下鮮濫獄古之公於蔽頗刑若此嘗觀易言治獄者五而獨有取於巽與兑也兑主其議巽主其緩議之以資吾斷緩之以行吾仁中孚所爲取象蓋居然法銓也司刑者毋好深文毋幸速成而服膺兑巽之訓幾矣哉

故樂也者動於内者也禮也者動於外者也樂極和禮極順

王一鳴

考試官教諭湯批（禮樂身心本爲一道是作探原發奥殆造詣之深者）

考試官教諭王批（渾融精切絶無枝蔓）

記者原禮樂所由動而各舉其妙焉夫禮樂以和順爲本也隨所動而會其極治身心者惡能去之且禮樂身心一道也夫人恒岐而二之此功之或間而極未臻耳豈知樂之能治心非心本無樂而以樂冶也蓋樂由中出而鐘鼓干戚特緣物以寄吾心耳故樂非動於聲容者乃未有聲容之先而此心之和動即樂也動於内者也禮之能治躬非身本無禮而以禮治也蓋禮由身體而周旋裼襲特假物以彰吾軌耳故禮非動於器數者乃未有器數之先而此身

之順動即禮也動於外者也夫樂動於内故宜治心心苟斯須間焉猶難語和況和之極哉致樂而至於安久天神是舉其動於内者而渾化之一心之中無動非樂即無動非和也非極和耶禮動於外故宜治身身苟斯須間焉猶難語順況順之極哉致禮而至於莊敬威嚴是舉其動於外者而嘉會之一身之中無動非禮即無動非順也非極順耶吁此感人動物之基也抑樂在心而求之秬黍禮在身而求之綿蕞迹耳舍迹而求其真則身心一動和順自充由是官天地育萬物皆此之推耳故君子反觀於寂然不動之天而禮樂固森然具也所謂斯須不可去者存吾真也

第二場

論

天子以好生爲德

瞿甲

同考試官導導趙批(□生二字乃人君聯屬人心培植國脉之本是篇以剴切之意命俊偉之詞是雅抱忠悃者)

同考試官教諭尹批(學識淵深文藻典雅)

考試官教諭湯批(發好生意明盡)

考試官教諭王批(深得先王制刑本意)

人主宰世以代天也必求全其天之所生而後可夫民之生也天生之天能生民而不能使之全其生乃舉而屬之人主以治之故四海八埏奉曰天子天子一心仁庇億兆爲生生之本則曰天君然則師心爲治終難以諧無厭之欲一喜争之志於是倚智而嘗奸緣巧而搆釁者業纍纍起殆非所以齊衆濟治也不得已而設之曰天刑而後世藉之以播其酷烈屠其生齒則恣睢之法勝而矜全之意微矣聖人伏而思之天下何尊何親也檢於刑故人相尊麗於仁故人相親而奈何以區區督責之術收威於衆乎是故解苛密之網流愷悌之聲弘欽恤之指副樹牧之任而天下始鮮有伐生者嗚呼以好生爲德斯可以爲天子矣嘗溯觀皇王之時其動也習其服也士刻畫衣冠而天下化君子有禮樂之容野人修曾史之行結繩亦治象刑亦治衆庶尊生靡有刑憲刑者所以鋤梗馭宄明飭國章也非以讎匹夫濟虓怒也中孚之象澤上有風君子以議獄緩死夫水體虚故風能入之心體虚故物能感之感於中而仁生焉是議獄緩死之心非即好生之心哉心存而德不婾矣世主不曉競於煩苛之令

摇於鍥薄之風囹圄如市桎梏若林而有司奉上意指復深文巧詆以塗民耳目而不知繁策急轡終不可語造父之御也嚴刑促令終不可語三王之道也德何以稱哉夫民之争非其好也其所由來漸矣激之則淫敦之則一激之也者動其争機敦之也者篤其古初則王者齊民豈堇堇在法制哉視其所以激之敦之者耳故夏之肉辟殷之虔劉鄭之刑書晋之執秩趙之國律楚之僕區法銓愈備奸僞滋萌庸非任刑之過與任刑而至於過皆人主欣嗜誅夷而無復以生爲好故其下靡附而景從也天生民而屬之人主欲生之耶欲刑之耶人主不得已而用刑欲生之耶欲死之耶夫介鯁之士以强直加木羸窶之徒以單力寡控恫愿之衆以訥辨横誣少年之子以孱弱伏辜畜憤之夫以激昂賈罪膏梁之俊以游冶蒙辱豈其皆敢於弄法習於爲奸者而一切置之不原之典委命下吏情斷意訖目矚廷尉愕若鬼魖身受黥掠痛甚湯火血流兩觀之下聲徹九閽之關嗟嗟是亦重可哀矣哀之則必有以生之矣先王之令鳥無覆巢蟲無殺孩骼則掩之髊則埋之乃至刑刈百姓竟若草菅則視胞與賤於羽毛而戴髮含齒之倫不如一道路朽枯之白骨德何衰也故仲尼譏鑄鼎端木惡猛法要以明人主之所好在此不在彼耳夫生者萬民系命之原也書稱其德好生易稱觀我生觀民謂天子而可不好生哉是以古昔聽民具以兩造詳以三剌孚以五辭俟以歷句如此乎矜其生也原以三宥寬以八議參以衆疑設以二石贖以千鍰如此乎求其生也獄既成爲之覆奏爲之籲天爲之垂泣爲之不舉樂不視朝者凡三日如此乎重其生也故世有鉗灼之好而天子則曰寧骫法以毋殘其生世有窮竟之好而天子則曰寧解嬈以毋傾其生世有傅致之好而天子則曰寧文無害以毋傷其生世有攈摭深故之好而天子則曰寧開改惡之路以毋錮其生夫聖人所爲緦緦愍惻而不忍言刑者好生故也考之天官曰天西方句圜十五星曰貫索曰天獄獄口星曰闕以示開也獄事頗多則衆星畢見明王耻之此可以觀天心矣夫天道先燠而後寒先舒而後慘其所好不既彰彰著耶人君心天之心則亦好天之好故草纓艾韠稱爲上業不得已而罹於議則猶誨之以忠聳之以行教之以務使之以和又不得已而干於法則又求明察之官忠信之長慈惠之師以明聽之豈其好爲姑息以博敦大之名哉天心好生人君爲天之子亦好其天之所生者已耳嗚呼纍臣縶而夏隕霜令史殲而血逆流天人感應之理若此況於逞燔灼之毒震鞭貫之威張虎狼之噬峻鷹鸇之擊驅可矜之人陷必死之阱雖國士有不勝其酷而自誣者此則苛密擬於吹毛操切等於束濕圜扉夜哭棘林晝嘯戾氣蒸而不散陰霾鬱而不解三光震動二曜薄蝕其所關豈細故哉虞舜著典

眚灾肆赦禹巡會稽遇罪流泣姬公作戒勿誤庶獄伯夷折民惟刑惟敬武丁明罰不敢怠遑之數君者皆審慎遲留而不敢專决乃其中固自有所好耳當時之政穆於春風暄於冬日五刑式序萬品畢設厥德顧不懋哉若晚近世墨劓剕割之制鑿頂文額拆脅之條一切不係咎繇所設吕侯所記則皆所以缺君德而干天和者也胡可好也是故夏以刑顛秦以慘裂非殃及一身則孽流數世其理彰灼而不爽而况人主撫齊萬方一歲中擊斷無數少逞雷霆之威重以摧折之勢則其隕越生人取雠造物者何可勝計此削木畫地之議所以諄復於綜核之朝也戒之哉雖然刑之立也所以生人故郭璞氏謂重之以死者正所以求其生而罰輕則民易犯在昔議之五服五流誰能去刑則彼所稱好生云者無乃非齊法之大准哉蓋君人權斷主者守文權斷則恩歸於主上守文則法立於有司二者固自不偏廢也故削秋荼之令解凝脂之網而後能爲君蔽淮南之獄執郭解之斷而後能爲臣君養其德臣守其職而民稱平矣善乎龜山氏之言曰天子以好生爲德有司以執法爲公嗚呼盡之矣

表

擬輔臣應制恭咏玄兔圖詩進呈表

陳良心

同考試官教諭趙批（對揚之辭類多剿襲此作事核詞麗懇懇忠愛之心溢于言表得士如此可爲國家慶矣）

同考試官教諭顧批（聲藻并隆雅正不乏而遣詞使事綽有體度可以式矣）

同考試官教諭楊批（莊重典則四六之佳者）

考試官教諭湯批（典雅駢儷宜録以式）

考試官教諭王批（藻麗中有典則録之）

萬曆九年某月某日具官臣某等謹以所撰應制玄兔圖詩上進者伏以聖囿呈祥繪景爰留乎宸鑒天綃焕采摛辭共暢乎皇情蓋質秉玉衡歷千齡而始就而色分玄圃應萬壽以無疆睹兹舞獸之遺容披圖若見慚爾雕蟲之末技表瑞難工臣等誠惶誠恐稽首頓首竊惟治内治外國家以一統爲弘規來享來王夷夏以同文爲盛世故寄象鞮譯獻琛不却於湯廷鱗革羽毛圖貌兼收於禹鼎獒來西旅雉進越裳既顯异而效靈率登歌而獻奏睹赤驃以作頌岑參之讚咏猶存感玄猿以吮豪吴筠之絺飾可玩乃若星精月彩益爲地寶天符俯封卯而毓形仰瑶華以孕質歷稽往牒罕覯奇章白者僅著嘉名赤焉已爲上應然未有毳染淄林之色體分漆澤之光若此者也惟祖功宗德柔

懷誕格於遐夷而航海梯山賓貢充盈於禁苑蟾蜍玉魄無煩罝罟而自來霄漢玄□ 不待筌蹄而畢至在永樂甲申之歲受筐篚於北陲曁宣德己酉之年報璽書於邊將付圉人慎加馴養宣畫史式繪英標緇涅無加掃就若玄珠在掌鉛華弗著瞻來如蒼璧盈眸兩勤侍從之歌章夙表泰階之禎應聲詩已光於往册繼述復慶於今辰恭惟皇帝陛下功參五德道際九玄心含四始之奇葩政列三驅之疏網神營閲武近知沙漠來威王會成編遠羨丹青馳譽求賢無類登庸取駿於中林繩祖有懷清燕探奇於内府毛蟲獻狀清暉長護以玄雲冰縠傳神黝質疑來於北極明視炯然而日映僊儀颯矣其風旋擘春練以規摹爰爰故態織秋煙而點綴趯趯馴姿霜杵澄鮮彷彿瑶臺傳碧墨花揺動分明玉宇飛毫輕縑拂而喜動天顔華軸展而光昭帝業卷藏惟舊宜卜世以卜年賞鑒重新可得名而得象豈留情於玩物將適意於研詮宛文囿之游觀卑哉漢獵恍鎬京之輪賾陋矣梁園方期侈咏以揚休特奉温綸而應制稽昔揄揚之作多歸鉛槧之流故庾信拜表於周墀徒誇藻富而張浚颺言於宋室未闡猷謨睠兹十館之詞林恭贊累朝之瑞牒臣等業專班馬才愧左狐乏南山隱豹之文負東郭鶩盧之懼矢志敢營乎三窟持身寧守乎一目止翫金精神怡月德按圖而知上瑞均騰躍雀之歡搦管以掞清辭殊切戴鰲之懼雕龍技殫徒云下里裁歌繡虎心勞自謂上林借色蕪綴諸臣之什繕塵一夜之觀詞莫罄其鋪張意自關於對育瀟灑煙霞之性難盡品題迷離毛穎之情粗能描寫苟有裨於龜鑒良莫遏於蛩吟伏願緝熙懋學得心頓造於忘蹄寤寐求才式燕頻歌乎斯首斡旋元氣長收百鍊之真精培養性靈不藉千年之僊搗治以不治躋上治俾漢賦绝筆於長楊玄之又玄格重玄令虞舞再儀乎簫管臣等無任瞻天仰聖激切屏營之至謹以所撰玄兔圖詩隨表上進以聞

第三場

策

第一問

段藎國

同考試官訓導趙批（祝願皇儲具見忠愛之至而條對内御祈祀莫不一秉于正庶幾乎藎臣用心哉）

同考試官教諭尹批（守静葆和乃根本之論）

考試官教諭湯批（寓規於祝頌宜録）

考試官教諭王批（條答甚悉而忠藎藹然）

人主荷天地祖宗之托念承祧主器之重則稽典禮以迓神休非本本原原至計哉夫君猶天也頌天者以不息故日重光而乾道昌祝君者以無疆故明兩作而皇圖鞏其克配均也欲隆無疆之業必先本原之地故遐則監於成憲而法古之道備焉邇則稽諸舊章而率祖之心盡焉六職備修三靈孚祐古之誼辟所以式壼則而衍胤祥者事莫大於此矣執事軫重皇儲而以内御祈祀之典筴諸生蓋爲國本慮殷且亟也敢不稽古以復夫大君非命於天者哉其冢嗣則天之宗子也其諸王以下則天所茂衍爲宗子支也而紫薇垣象之矣太乙座其宸極乎第一星以象冢嗣余三星以象庶子森羅列置互爲維亘夫使二得隱曜弗彰則光芒與紫宮不相包絡而何以烜奕宸極乎故天必耦地王必耦后其道相須而後成而天神效順地軸發靈其機亦相感而類應繇斯以譚所以樹兹儲寶克昌來業者其道概可睹已嘗考夐古后稷之生實自元妃下之則簡狄生契慶都生堯娵訾生摯維時閫職未建掖位尚乏烏睹所謂六宫哉自四妃始於帝嚳而成周廣之爲王宫之令立之后以配天子立之三夫人以象三公立之九嬪以象九卿立之二十七世婦以象大夫立之八十一御妻以象元士六宫之位與外班等而翬珩褕組自是稍稍充椒塗也然而未濫也載按禮文天地之祭主自在子次之則秩於山川禋於六宗遍於群神維時祝史未繁祭義尚質烏睹所謂高禖哉自簡狄見於商詩而秦官述之爲祈嗣之文期之仲春以適生機候之玄鳥以符靈契主之高禖以重始合從之嬙嬪以配陰陽授之韣矢以徵先兆禖祀之典與先蠶并而龍旒鳳蹕自是往往列春郊也然而未瀆也後世暗帷房之戒廣事采擇而婦制莫厘昧告虔之儀徒飾虚文而精意未協則去古遠矣譚内御者每藉口於周官以自遂其狎昵之私有增級十四者焉漢之武元是已而巫蠱燕啄内釁相尋不可長也有爵視外朝者焉晋之武帝是已而下逮散位盈溢至萬不可訓也有分列八品者焉唐之襲隋是已而貽謀不善素舒失德不可道也此惟端容麗服陪從宴間内鮮求賢審官之助外叢德纖猜長之譏吁可鑒哉譚祀典者又藉口於秦官以自文其不經之説有設壇城南者焉則漢武以誕生皇子之故而有報無祈何簡也有建立石主者焉則晋采束晳高堂隆之議而瘞埋破石何陋也有增置配帝者焉則北齊以太昊爲配而義無所取何褻也此皆典禮未稱明神不享徒事苟簡攗摭之儀罔識前星少海之重吁可鄙哉高皇帝詑業發神外自階墀内逮房闥靡匪雝雝肅肅以貽神孫令則洪武初年即命禮官詳定女職設立六局尚宫則司紀司言司簿司闈也尚儀則司籍司樂司賓司贊也尚服則司寶司衣司仗司飾也尚食則司饌司醞司藥司供也尚寢則司設

司輿司苑司燈也尚功則司製司珍司綵司計也戒正責罰則董之宫正而其秩無逾六品法何具也或疑六尚之設雜就唐儀不知唐沿隋者也隋沿宇文周者也宇文氏所定又皆本周官者也洪武儒臣采而用之奚嘗不循周制耶肅皇帝鑠勛恢烈大自兩郊細及百祀靡匪皇皇奕奕以光聖祖遐武嘉靖初年即命禮官議崇禖祀設壇震方南鄉則皇天上帝也西鄉則獻皇作配也牲則三品也禮則三獻也樂則奏也舞則八佾也帝位則壇下北鄉也后妃則以次稍南也弓矢弓韣則陳之壇下而其數視乎妃嬪制何詳也或疑禮文之縟半益周制不知壇居東方震繼離也主以上帝答元貺也配以皇考本自出也帝后异位坤承乾也嘉靖儒臣變而通之又奚必泥古法耶夫考之往古參以昭代時之升降可燭己禮之污隆可鏡己方今兩宫兹範齊軌姜嫄中閫壼德方駕任姒且登九列而充六尚書非良家之婉嫕則待年之淑女也簪珥成行環珮振響肅坤儀而修四善體柔範以弘六義俔天之烈小星之歌豈乏哉而郊廟必親海岳必祀祈求胤嗣之典兩宫尤惓惓焉然海内臣民之望又有出于廣内御崇禋祀二者之外蓋亦有説矣夫禮言時御易著貫魚非獨均恩啚寵也將以助天資生也奈之何桂殿迎春則情與愛遷蘭房侍夜則事爲私奪或嬖而專席以妨廣胤之理或溺而濫幸以虧生息之原此豈可不爲長慮哉詩紀玄鳥禮述高禖非尚禨祥小數也將以翊運承祧也奈之何内政未修而專事徼福玄厘濫乞而惑志媚神或假符緯以求赤虹白魚之驗或吊詭幽以要吞鳥履迹之奇此豈可爲後訓哉人主惟致虚守静以儀刑於内啚神葆和以考祥於天則何福不應何瑞不臻故既醉之什曰厘爾女士從以孫子而假樂亦言子孫千億干禄百福應感之機從可識矣乃兹既明慎聘納虔修祀事天下已望明德於造舟爲梁之時而愚生今日則乂竊效封人之祝而推廣之詩序不云天下和平斯婦人樂有子焉藉令軒殿以内凝采髻年賁章笄歲者風流行而雨窈窕而民間多闕於伉儷后宫翡翠火齊膏脣耀首而里巷士女不免葛屨杼軸之困則内外咨怨終傷理道故夙夜幾康以薦天和而施祉孫子者宜講也天道葆光於秋伏精於冬而噢咻於春然後百昌殖萬彚作人主法陰陽之運養性命之精非堇堇焉習熊經鳥伸以耽静息也語曰天子不處全不處極不處盈皇皇上帝挈大寶而屬之而以不貲之身靡曼於佚欲如子孫黎民何如天意何故素封之家有材千章而剸情約志無敢馳者重弃糈也矧至尊哉則上答蒼穹俯順人心往鑒流湎而來茂鼎祚者宜講也樛木螽斯其小者也聖人删詩直取以美后妃則何以張之蓋樛木下垂葛藟得附焉以豐其末螽斯不妒則天氣全而種類繁滋后妃者法樛木之慈以逮衆法螽斯

之仁以馭下則螽螽振振之感固可操左契而責之償則今之修陰教以章内則者可講也古者御幸之禮至嚴且肅將侍君所無論后若夫人息燭以告行易服以告虔奏雞鳴於太師以告時鳴珮玉於房中以告去應門擊柝以告闢其禮恭慎而不苟而又有女史彤管書其環以進退之此非好瑣煩其令所以謹競榮之防而杜色授之漸則今之昵策裯而越矩矱者可講也大任之身文王目無邪視耳無淫聽口無敖言文玉生而褎然聖明爲周宗太姒生十子自少至長恒以正道押持之用成武王周公至德則古昔所稱胎教内教者可講也審能是則陰陽順序恩寵均齊慶澤綿遠本支千億以此格天而上神歆以此格廟而百靈契揚太母徽音之烈成中宫脱珥之賢刑家之化爰達寰宇重輪之貺且延萬葉奚止掖庭未巷之修職哉宋魏鶴山氏言之矣人君居内之日常少居外之日常多所以養壽命之源雖子孫千億亦自此始此祈嗣之本也而非特宋臣有是説也高皇帝初定女職亦嘗言古者建設過多宜防女寵垂法將來以故六局外無復剩員然當時篤生二十四王迄今稱親郡諸府及中尉將軍以下二萬有奇天下比於鳳毛麟趾以爲上瑞然則繼體守成之盛果在内御之繁與禋祀之勤耶詩曰昭兹來許繩其祖武於萬斯年受天之祜以高皇世祖之功耀於日月長於天地神祇降康俾有土者世世明章之矧今上應昌期孚世德雲物告符鍾祥厥後一卜於瑶圖之曆再稽於大人之占多男之慶且旦暮睹之矣

第二問

陳良心

同考試官教諭趙批(是能留心國計者就所條畫次第施行殷富立致矣經濟材也録之)

同考試官教諭顧批(以儉德立論是識時務者)

同考試官教諭楊批(會計始未闡揚殆盡)

考試官教諭湯批(是策有裨主計者宜録)

考試官教諭王批(斟酌時事劈畫允當)

財蓋難言哉聽而不爲之筴則大耗驟起而持之則哀刻難行循故牘則盈縮無稽而間爲陽驅陰脅之法則又近於藉外取而讎民然則理財固無術乎財猶水也疏則流泰疏則涸蓄則止泰蓄則滯故制其出者毋若制其入而已數口之家日有膳月有儲主者手屈心計握其奇贏而量用焉終身可以無困朝得而夕散之廢其什九而不知其存者什一即計然猗頓立窘耳况天下之廣其所仰給又千百億萬而倍之乎夫天地之道至紘以大尚猶節其章光

愛其神明宇宙之財幾何而乃以填溪壑之欲塞江湖之漏哉古今言理財者始於成周考之地官所隷若府史胥徒師瞽眡瞭廩遺稍委之官以保養萬民者甚設而大司空總土地所生料人民所出復辨其山林川澤丘陵墳衍原隰之名物而登之籍是會計之祖也間嘗按而求之兵非不足也而比閭族黨遞相爲伍則犒食不煩民官非不具也而卿大夫士等其功緒以次而世之土爲禄入則廩餼不外索其所爲上供者自祭祀宴饗匪頒好用公旬之外不及焉固非如後世餒其家鬼而淫於外神糜其禄食而疲民於枯魚之肆也乃周公猶心憂之九賦以斂財賄自邦中以至幣余屬焉九式以節財用自祭祀以至匪頒好用屬焉上自王后王世子下至有司百執事經用具有等差無羡額此雖不名爲會計而會計之防密於毫毛所以約人主之侈德禁有司之苛征者無餘術矣漢稱去古未遠而周官典籍一逸於十六國之分裂再逸於七國之從衡已再逸於祖龍之坑焚其所存什一於千伯者廑廑副秦之博士官與藥醫種樹諸書并不苐廢故蕭相國營緝關中得以搜其殘斷而張蒼爲計相更以列侯居公府領郡國上計覆其出入猶有周官之遺焉自漢以來言利者衆而利始竭賦式良法蕩然無存嗣是若曹璠李吉甫之上許於唐則國計圖國計簿是已若丁謂林特田況韓絳蘇轍之上計於宋則景德祥符皇祐治平元祐録是已顧當時淮蔡搆兵澶淵要幣青苗變法則出利之孔或不勝其入利之孔而元和靖康以後生齒蜉蝣於戈鋋金繒罄而宗祚移即具簿書奚裨哉高皇帝戡定海内一統志所轄盡屬之版曹三司使所條悉入之典故二百年來庶府清明黎氓蕃阜乃自嘉靖之季北迫胡南維越大司馬苦兵事士卒暴露赤白之囊一日十道八輩上之旦夕仰急縣官土木嗣興大司農調度不給自顧策亡出則使者在道分部趣督亡休沐暇已而瓠子歌文成進而水衡司宰所積若掃蓋物盛而詘時極而轉固其當也賴先皇帝行義未過德澤有加我皇上踐祚首下奉天子民之詔以節儉發聲於天下當軸者又條上故事督考成嚴殿責核邊實省傜役汰冗員恤傳置不數年間而内庫之貫可朽太倉之粟可腐已乃主計大臣猶然長慮却顧手編會計録呈之燕覽頒之天下綜理詳密仰符六典有非漢唐宋可班者夫處全盛之時當阜殖之世胡以若斯過計也蓋歲月既久時勢漸殊條例雖存沿革數易田額之有增與減也賦額之有盈與縮也中外之需有約與浮也内庫之類如上供也賜給也奉養之類如上供也賜給也奉養之類如宗藩也戚里也武臣也歲餉之類如繕邊也贍兵也市虜也會典所載幾逾倍半自兹年愈久則費愈增費愈增則賦愈急加以吏胥舞文豪强去籍即欲考核往昔而且茫然矣况會典統志非均輸專籍

也不足以盡户事頃故通計萬曆十年之例編爲是録勒成四十三卷首之以舊額見額繼之以歲入歲出大者若邊鎮漕屯小者若茶鹽鈔課靡不畢舉冀皇上一覽瞭然在目且頒行中外所司以垂永據即所稱九賦九式奚遜焉愚嘗伏而思之今天下度田非加損也山林川陂非減於昔也稅侯王之廬筭筐販之緡差量非不纖悉也而其中消息興革月异歲殊數年間領度支者旦暮案計簿持金錢左盻操其贏右盻操其奇所以佐縣官之緩急沃黎民之貨鏹備不冀之虞遏無經之費者無不切至胡海内氓庶富者日就朘削貧者不厭糟糠質子貨穗以供租稅笞肉捶骨以急擎歛此其故莫之能詰矣嗟夫財非天雨也賦非神輸也陸輓川漕有時而息山冶海釜有時而窮私求曲獻有時而禁而軍國有司經費則旦暮歲月無已時度支惡能不告困哉然當内空外乏之時而求足國裕民之道則當論其所以耗財者而不當復論其所以興利者非謾也耗財之路可塞而興利之計已窮也主上御寓以來十余年間師旅未聞有所征發禮樂未聞有所修舉諸侯王未聞與之剖符有所封建而纔一欲謁昭陵上太后壽及爲公主治裝即三詔稱乏至取司寀不足取冏寺又不足取太倉借續之則連年進奉是果安在提空名自炫而内自虛以畜百姓之怨失今不謹必不支矣且司寀猶曰皇上減膳之遺也冏寺所儲馬政所關已不可輕耗而太倉則内贍百司外厭四夷國家根本繫焉即貫朽粟陳積空虛不用猶日懼其匱今讀尚書洎臺省言事諸臣疏則一歲所入未贍所出是何可以片語單詞借也况頻歲河幸安瀾有如一日遷徙胡以筴之虜幸款塞今順義王且死有如一日生心又胡以筴之親王封國諸公主第旦夕次第舉矣又胡以筴之故爲今計莫若矯之以儉矯之以儉莫若倡之以上奈之何人君富有四海其尊無上其快意當前疇能狹小制度而左右褻御輩非從臾以侈無以希寵售恩則儉之一言乃人主之所嗛而左右褻御見以爲吝者故一二大臣寓諷於會計庶幾量天地之數參祖宗之規審内府之盈虛察下里之疾苦節一朝之予而存中人數十家之産節一事之費而留縣官數十年之藏自是不侈於色則是編也醉踞之屏女戎之戒也自是不侈於讒則是編也蘇公之章巷伯之雅也自是不侈於征討則是編也玉關之謝朱崖之罷也自是不侈於馳射則是編也銜蹶之虞羌夷之警也其益主德裨國計豈在周官下哉聖天子既躬行儉德於上賢公卿百執事孰不奉清節以風四方而輶軒使者復明禁令以導之約修刑章以黜之浮丹青刻畫醲脆綺靡者必法而後財不耗於奢緇黄技巧聲色邪欹者必法而後財不耗於蠹蛇賦鼠斂虎噬鷹搏者必法而後財不耗於墨如是則生之有道用之有度委遺山積泉貨川流成周

九府之贏可立致耳釋此不講而區區於膚剥髓啄之術民就窮而賦日急國與民并困雖驅管晏以握算走桑孔以運籌末之能矣

第三問

孟養浩

同考試官訓導范批（遣求書之官專校書之任此編購要務也經生能一一條對足覘博洽）

同考試官訓導范批（叙圖書興廢散合詞腴意博）

考試官教諭湯批（博古通今之士録之以風後學）

考試官教諭王批（有禆右文之治者宜録）

天苞地符顯而圖書出焉蘭臺石室啓而圖書聚焉夫圖書者豈世所稱纖眇長物哉在人爲國華而在天則爲東壁宿東壁次奎室二星之中爲天下圖書秘府其星明潤則圖書集道術行而世常泰其星失色則圖書隱文士賤而世常否否泰污隆之運于圖書占之是惡可令一日廢哉然是物也購之則蝟集匪購則散逸潛藏而莫見編之則鱗次匪編則訛贋舛雜而無章况未嘗求之而謂缺軼焉未嘗任之而謂乏才焉謾也執事稱儒先語人有存歿而學不息世有變故而書不亡誠然哉失典籍天下之神物也玉在山而草木潤珠在淵而崖不枯典籍所聚不啻珠玉當有卿雲輪囷金寳扶疏之氣時呵護焉是非典籍之能爲神也古人往矣其精神在竹素今雖去古遠甚而其神亦未嘗不日與人俱所以炳日月流江河而不息不亡者以此乃孔壁酉巖之藏或廢或興或聚或散代异而世殊何哉惟其爲天下之神物也物神則變見幻化猶干將莫邪焉俄而飛俄而沉俄而合俄而離張華雷焕不能測也矧圖書者抉天地之秘泄元會之精通陰陽鬼神之靈當其時則見不當其時則隱乃其神則晶晶熒熒雖千百祀如一日焉粤自上古俯龜疇以布畫仰鳥迹以成文書契之設所從來遠矣周外史掌三皇五帝之書楚左史讀墳典索丘之籍後世藏書之祖校書之原此始睹矣哲人萎而微言绝諸家百氏各以其説背馳而争鳴至於秦乃燔滅文章以愚黔首漢興除挾書律開獻書路建藏書策置寫書官始稱彬彬焉時歆承父業爲輯略六藝略諸子略詩賦兵書略術數方技略凡七至唐兩都書分爲四部曰經部史部子部集部而哀帙至開元盛矣宋崇文館書設爲六庫曰東昭文一南集賢一西吏館四而哀帙至太平興國又盛矣歷代所藏靡有遺佚而君子猶不能無訾議則以類例不明圖書失記也夫書之類例若將兵然部伍嚴雖多亦治部伍失雖寡亦紛禮一也凡七種而以儀禮雜周官者非也春秋一也凡五家而以啖趙雜公穀者非也推此而

它可知矣惟不明於類例其勢必至脱略唐部有星書而無風雲氣候書宋庫有風雲氣候書而無日月書推此而它可知矣夾漈鄭氏謂七略苟簡六庫荒唐蓋有激於此乎已自别爲一十二類散之爲四百三十二種科條縷析覽者病焉則又不若七略之疏而簡矣又謂書有名亡而實不亡者如文言寓於周易鼓吹寄於樂府之類是也有闕於前而完於後者如淵明集梁僅五卷隋增於梁而唐又倍於隋之類是也有不出於當時而出於後代者如孔安國舜典出晋連山易出唐之類是也鄭氏之意以求書者未得其方校書者或失其職故詳示凡例俾後代知仿而緝之其勤與嗟夫求書者能體鄭氏之志必無掛漏之虞校書者能循鄭氏之法必無紕繆之患奚至泯棼失傳也高皇以馬上得天下不欲以馬上治改元未幾命有司訪求古今書籍藏之秘室又遣使購遺書頒行天下及修治太學藏本文皇奠鼎之初徵召名儒輯四書五經大全梓布中外又開局纂著永樂大典繕寫寶貯以備昭代制作二祖稽古右文之心皇皇若弗及而當時名山石屋之遺牣充天府較漢唐宋去萬矣然子史百家撰記諸書行於世者考之宋崇文總目十無一焉考之漢唐藝文志所載百無一焉誠有如執事所云者此其故謂何大都天下之物不有廢何以興不有散何以合昔奇章公謂自周迄隋書籍已遭五厄况隋唐以後變故滋多胡元以還散亡益甚書缺簡脱奚惑哉國初購募雖張搜訪未廣一旦欲遺編逸録林軸麗麗而與前代埒固難矣第至今日文教大明而武庫所儲猶然絀焉則購求之法未講而校讎之職未修也夫求書之官不可不遣校書之任不可不專乃自古記矣蓋綈緗未富貴在弋搜故漢遣陳農唐遣牛弘已而又遣苗發宋遣孫逢吉李龜祥歷歷可指也今二百年來有奉詔購募者乎則知求書猶未廣矣典籍既彙貴在讎勘故司馬遷世爲史官劉歆卒父前業虞世南顔師古相繼爲秘書監令狐德棻三朝修史班班可睹也今二百年來有世守專官者乎則知校書猶未精矣夫謂求書之道有八曰即類以求也旁類以求也因地以求也因家以求也因人以求也因代以求也求之公也求之私也大要謂既得於此復參於彼既得於遠復取諸近既得於官復采諸民既得於專門復徵諸雜見務在收貯博富耳此求書之官不可不知也謂編書之難有五曰傳記之難也雜家之難也小説之難也雜史之難也故事之難也大要疑其可以合可以無合可以分可以無分可以釋注可以無釋注可以人類書亦可以書類人務在用心精密耳此校書之官不可不講也今大行人所至循故購求歸朝之日彙置本署則周官外史之遺也第問其書果探之禹穴乎果索之汲冢而搜之廬岳乎萬一臭朽蕪穢而令之充東觀之儲必無當矣爲今計者宜分

地遣官設格置募或藩邸如河間之好古者購之或世家如鄴侯之插架者購之或博物家如張華之縹乘者購之或著述家如司馬談之藏名山者購之或學究家如伏生之匿壁間者購之或勛臣家如侯君集之好書者購之或隱逸家如惠施之五車者購之或編氓家如越裴氏白下曹氏之聚書者購之其檢括不稱者若蕭穎士即聽劾免而又若唐之或以爵勸或以鏹購或以縑易即有僞贋毋遽斥罰所謂與其過而廢之也寧過而立之則异典畢出而燦然充棟矣今學士舍人所居稱玉堂清秘而十館列置纂修不計歲月則唐宋校書之任也第考其實果能紬金匱之藏乎果能秉太乙之藜而訂金根之誤乎萬一豨駁謬戾而令之部西崑之帙必不勝矣爲今計者宜分館列職計日受函業經術者專之如梁丘賀夏侯勝董仲舒匡衡大小戴之於五經業韜鈐者專之如任宏之於兵書業博雜者專之如尹咸之於數術李柱國之於方伎乃意見齟齬有仿白虎石渠親制臨决而又如唐之月給楮季給墨歲給穎材即有异同毋相標榜人自爲荀楊家自爲政駿則汗青可就而厘然成帙矣然此猶陳其末耳至本原之地又在人主注意典籍崇尚文儒勤甲乙之觀辨萍釧之誤而後奉購求司校讎者靡不淬厲興起耳譚者又謂帝王之學與韋布殊不宜雜亂耳目經筵講讀自四書五經外無復以它書進夫凡謂之書皆可益人智意羽翼聖道宣暢皇猷苟非旁搜遠觀何以籠宇宙羅古今窮幽索賾標綵散縟以新一代文治乎夫上不好則下不習即今博士弟子六舘諸生誰非業文者哉顧日事呫嗶工帖括以求速化而兄勉其弟父課其子群然以博古通今爲謬世戾俗之具青緗素業蕩然亡有沿至於今將併經傳之旨藐若土苴駕名懸解則爲斫輪之談飾言無用則爲覆瓿之談詭詞官守則爲兼兩之談委過剞劂則爲灾木之談間有絺章繪句擷英咀華者未必皆有本之學乃知亡書之故奚獨祖龍能燎而滅之皇上受圖凝籙嚅嚌道真左經右史不廢朝夕牙籤玉軸之貯固已紬覽無余矣它如奇篇秘籍副在名山石室者安可不按而求也亟宜仿往代之故章廣二祖之遺志俾經生藝士洗滌故習一意嚮道人人知貴典籍而後別鴆聚之林類辨魚豕之訛舛整蟫斷之緹囊祛蠹餘之籤帙徵蠅頭之繕寫則東觀崇文之盛且在下風而聲名文物禮樂之化顯揚百禩愚生何幸身親睹之

第四問

劉承芳

同考試官訓導王批（讓固處令九原可作固亦無以自解足稱雄辨）

考試官教諭湯批（評騭人物表詳核）

考試官教諭王批(掊擊精當不獨其詞雄古也)

論一人而欲盡一人之概也易論百代之人而欲盡百代之人之概也難何者以一人獨觀則其呈德有象專才有形情貌可以洞原顛末得以旋究如夷吾有釁浴之耻許之以仁展禽有裸裎之褻闡之爲介此謂以一言而蓋一人之生平不難也以百代之人并觀則歲歷綿曖稽核難周派别多端参伍寡决上斯人乎猶有上於斯者下斯人乎猶有下於斯者是故辨二叔非難也辨十六族難也然又安知五觀之何如次乎辨四凶非難也辨十二牧難也然又安知十亂之何如次乎使非稱博雅之極精綜核之方協總會之宜定銓次之經其孰能進退古今悉當其則哉此班孟堅古今人表所以不能無遺論也夫史之難難在一代良也史之良良在一代盡也孟堅不惟欲盡一代而且欲盡百代是以此表之作有三科焉謂上中下也三科之中又各有上中下焉於是九等分矣自帝皇而侯伯自師輔而臣僕自伎巧而隱佚即閨閤之流亦靡弗劈肌分理采摭而并著有淑者有慝者有淑淑而慝慝者有美者有惡者有媺媺而惡惡者一等斷自宓羲而後凡一十五人二等斷自女媧而後凡一百七十五人三等斷自倉頡而後凡二百四人四等斷自胤靡而後凡三百二十三人五等斷自昌若而後凡三百三十六人六等斷自仲康而後凡三百五人七等斷自玄妻而後凡二百四十三人八等斷自虞賓而後凡二百三十二人九等斷自蚩充而後凡一百二十四人仰包億載旁貫百家竭馳鶩之力以成閎博之規斯其爲籍亦已勤矣跨略舊筴劍始新詮洞性靈之奥區啓耳目之茫昧其義例昭乎若日月之光華其包括森乎若星辰之錯落蔚宗氏稱其贍且詳也豈溢美哉第一則聖之二則仁之三則智之九則愚之自四以下自八以上即孟聖亦不能揭而號之矣不能揭而號之也豈非雄白之名可詑而雌黄之義難施乎是以劉知幾史通之作每每興慨於斯以爲其篇列之不類於叙言也胡曾参之後伯牛也冉有之後仲弓也抑鄧侯而又不果進聃騅諸甥也晋文諸臣若舟之僑陽處父士會而其班殊舛燕丹諸客若高漸離荆軻秦舞陽而厥次不倫珍瓴甋而賤璠璵策駑駘而舍騏驥以是爲監安所取衷哉至張晏氏又以爲老子與文伯之毋奈何四之而不知老子已巍然聖列也田單魯仲連藺相如奈何五之而不知魯藺二公原以二之而單又未嘗五也大姬與寺人孟子奈何三之而不知寺人固已四之嫪毒奈何七之則表所不及吾又不知安所據而云然若晏者可謂噂嚽之語非旦晝之見也則又何怪乎顔師古之議其後哉夫洪濛之世昊古之初迹其人若有若無論其事若存若亡繇斯以還上下千載文獻紛糅心術幽秘夫孰能衡程而鏡

照焉吾以爲姓氏存而行事無所考見與行事可考而有之不足爲勸無之不足爲戒者即不録可也顓頊之世不可必明孟堅猶且難之孟堅固且以爲備乎何夏禹之時脱一庚辰老君之時脱一尹喜鄹紇之時脱一徵在魯莊公時曾誄縣賁父而不書荆莊王時曾執珪佽飛而不書序四乞術而不及白乙丙收江上丈人而不及激絮女又何也録倉頡謂其肇字也乃始皇時王次仲作隸傳於世胡勿録也録奚仲謂其服駕也乃黄帝時胡曹爲衣伯余爲裳荀始爲冠干則爲屝延鼓爲鍾貨狄爲舟堯時羽壽爲鏡毋句爲琴瑟質以麋爲擊甌胡勿録也既有九黎不妨及偃師矣既有長狄僑如不妨及夸父矣既有醫緩和不妨及桐雷矣孟堅皆略之又何也士會非范文子乎夔非后夔韋非豕韋乎而兩書之漁父非屈平寓言之稱計然非范蠡著書之名乎而并列之又何也且一者聖之無庸議也二者仁之無甚相懸也至於智品則有不可解者矣朱英而得與樂毅同駕樊遲而得與老彭并鑣至於四則史魚之直也而祝鮀亦參之賓須無之諒也而優孟亦參之至於五則包胥不得并於伍員穰苴李牧不得比於白起至於六而所尤冤者叔梁紇穎考叔也至於九而獨昂桀而置紂與幽厲於其評意者以其虐猶未甚與然均之失天下者耳且以毒痡之夫而肩於太康六以下何舛也吾又且究言之伯禽吕伋何遽不及酆郇唐應而置之五徐偃王宋襄公比於諸樊必有分矣而皆置之六樂正子優於公孫丑辨在其師較若白黑而置克丑下充程嬰杵臼之懿心也豈不曰誠仁哉充輔果之蚤見也豈不曰誠智哉然四之則恐泥也巢許卞務荷蕢接輿之流豈不皆高蹈哉而巢許二之卞務三之荷蕢接輿四之何也夫史名漢書乃叙曠遠而脱本朝表載女士乃詳通顯而略幽微則所謂體又安在乎故曰以山澤量者不盡其珍也垢亦受之以鍾釜量者不盡其粲也糲亦納之孟堅之史贍而不免於穢詳而不免於體之紕也則此表之謂也或者謂大家爲其兄卒成之則以孟堅既下請室而八表多出昭之手故遂意之耳雖然吾無暇質此也所爲孟堅計者寄昂抑於一字如麟經之簡辭以立體上也寓斷決於微言如遷史之即事以該情次也智不出此而既立之傳復系之表表而良也且不免於文之駢枝説之疣贅况其舛駁脱漏若是是奚取焉夫聖固無二品也如仁則夷齊是也微箕比干亦是也雖然以方之孔甲伶倫則姱張貌象而失其真也如智則樗里鴟夷是也五羖大夫亦是也雖然以方之方叔召虎則圖寫毫毛而迷其似也夫表之言標也所以標世系詔來許也而棕核名實評騭神理不與焉乃其褒以單辭寵逾爵賞貶以隻字辱過鞭棰則固櫽括於紀載間而等列自具矣故先儒謂列傳之中美惡備著足示鑒誡表可無作信然哉遷

史嘗作十表以彷剛柔十日以定歷代系年而百世而下莫之能易亦莫之能議者無它曰探研博而考核精也曰總會周而銓配當也孟堅之作是表果有得於此否耶嘗考之孟堅在漢以浮華剽獵稱故肅宗問禮樂而固對以在京諸儒必能知之及諸儒奏記固第取叔孫通十二篇以上無乃探研之未博與史稱孟堅掠人之美竊鍾掩耳自武帝以上凡六世則皆彷彿遷書自昭帝以後凡六世則皆憑藉賈劉無乃考核之未精與旁行邪上固且未達漢紹堯運談更無稽周秦既不相因古今斯成間隔無乃統會之未周與帝王儒老方駕并驅人物姓名層出疊見聖賢之詳略不倫品格之低昂失較無乃銓配之未當與夫是四者既皆不出遷右而徒欲以矯遷之失舉古今人物强立差等惡在其不穢與有體焉夫漢孝肅固已窺其疏矣乃其語竇憲曰公愛班固而忽崔駰此葉公之好龍耳而夾漈氏至謂遷之與固猶龍之與豕則固不逮遷遠甚諸史弃遷而用固劉知幾之徒尊班而抑馬又不知其何説也愚因得而評之遺親攘美徵賄鬻筆先儒之所以責班史者當矣然十志該富讚序弘麗宗經以救遷之謬旨豐贍以掩遷之踳落如固者是胡可盡訾哉乃或曰班彪有其業而班固不能讀父書又不能保其身安在其言爲天下法噫是又以固之冤古今人者而冤固也

第五問

樊玉衡

考試官教諭湯批（書生譚田賦利弊犂然若指掌而籌畫詳悉其經世之才耶録之）

考試官教諭王批（洞析弊源而條畫鑿鑿可用）

今天下田賦之當均未有甚於楚者也田賦均矣而爲之圖善後之筴亦未有急於楚者也何也禹貢荆州之域厥土惟泥塗厥田惟下中厥賦上下大都與揚州壤埒而田有加焉則以淖濕同而人力异也楚在春秋稱最强大歲出兵車與秦晋争雄長非盡倚辦地利哉厥後揚州稱隩區而潟鹵瘠罕楚用以絀故漢人之論荆楊曰伐木而樹穀燔萊而播粟呰窳而偷生民亦大困阨矣高皇帝起自由間稔識地事據天下所上墾額定立賦貢其土脉膏确封畛嘆溢疆畝登耗載在圖册可鏡己弘成之際民物殷富稱全盛焉斯去今未遠也而田賦刺戾若是其故蓋難言矣夫楚疆遼邈度一邑地可當東南一大郡天下初定井廬寥闊原野蕪穢故經界靡及焉計今闢地十倍蓰於國初而籍額歲縮德靖以來遞削至數十萬夫土無盈虚避新闢之税匿已定之田此大不均者一鄂州中廬沙羨常武南交麇蘄之間皆諸侯王封國也分茅之始錫

以土疆其籍藏於内府有司不得闞虞芮之田往往没入其國比於湯沐食邑不可勝數皆各爲私奉養焉不領於天下之經費此大不均者二楚故饒湖利而滄桑徙易靡常昔爲沮洳今稱沃衍者不啻萬萬荆郢尤甚大姓與游民强有力者據之計畝歲入數鍾專其厚積坐攫齊民食亡租税而苦積逋者曾不得以塗足而收半穗彼獨非王土哉而吏不敢問如河南南陽此大不均者三屯非獨楚有也而楚之屯非昔之屯矣按制每軍給屯五十畝有奇今屯浮者什伯其額此非獨依山濱水之地耕新墾遺也蓋亦有占射焉夫屯軍不能世其業輒質之民民利其賦薄無他役即以己所有之民田更籍爲軍歷十數傳不可窮竟所謂民竄於屯屯竄於民者非邪此大不均者四先是山澤之羡率弃不理今則皋濕原阪耕者鱗集甚之叢箐幽蕇人力所不能通者亦皆纍纍象耕鳥耘稱常稔焉乃聽其封殖自利幾世幾年不問所收此大不均者五五者弊也而非所以弊也其失在庸有司與舞文之吏不軌之民曰飛詭曰影射曰虚懸曰那移曰隱没曰兼并其奸狀若蝟毛起務欺謾以逃其課以故富者連阡陌而嫁税於貧貧者或不厭糠麧而代富人輸此大不均者六故曰今日田賦之當均未有甚於楚者也議者不勝其憤輒曰井田井田夫井田法黄虞氏以前尚矣靡得而記云至周始備亦子輿氏所謂大略也自李悝商鞅出而其法决裂廢滅不復存二人誠萬世戎首然秦漢迄今炎君誼辟與奇謀石畫之臣莫之能變即有變者或至紕戾無稽此豈商李之法有加於三代聖人耶譚者謂戰國干戈之後丘陵城郭墳垅廬舍鞠爲茂草即有平原亦半荆棘漢去秦無幾已不能比次而經紀之顧處千載之下而欲籠其業以授民踵新莽之覆轍吁亦迂矣是井田之不能復也勢也議者無已又有限田均田之説董仲舒倡限田於元狩而武帝不果行師丹請限田於鴻嘉而成帝不能用乾興初詔限公卿以下與衙前將吏田而任事者以爲不便夫井地即廢富民業已肥殖長子孫傳襲擬於封國而遽欲於歲月間盡褫其所有此亦非人情矣是限田之不能行也亦勢也由周而來七百年而魏孝文納李安世之疏均授民田然不再傳而廢又百二十年而唐太宗定口分世業之法然行未久而報罷又二百三十年而周世宗詔行元稹均田圖法然世族群起而撓之夫周制既遠生齒錯出民之遷徙靡定田之給代亡常而履畝握筭官且不勝其盩矣是均田之不能久也亦勢也夫田不能井又不能限又不能均均亦不能久第建步立畝括田均賦此爲至策邇者八閩守臣議括民田書奏天子覽焉顧哀蒸庶失業天下罷匱乃下其議於是太宰司農御史大夫言便宜者衆乃下令檢括兩都十三部如閩部條章甚具維時楚大小臣工罔不廩廩承德意矢公矢

毖分視督趣量山澤之入視莊屯之額塞飛詭之竇責無籍之户令所輸者與所入相當取他羡補崩決償失額無嫁税匿逋者即驗問嘉與更始弛其罰無論世世偏累疲癃之民驩然若更生即大姓游民豪有力者亦喜過望謂千載始此一睹則田不必井而井之之法存田不必均而均之之法寓之役也楚壤數百年之積蠹已去楚人數百年之沉痼已瘳當事諸臣亦不遺余力矣執事者猶以人窮吏弊爲言而疑其難久復爲楚人規萬世長守之策愚以爲法本無弊也其始也議之難其既也守之尤難人情狃於故常驟而語之以更革則必譸張駭愕而不吾信故議之難然利不十不苟興害不百不苟袪即興具袪矣有一不當於衆心則條格未下而訾者隨其後亟議亟罷遽興遽廢福端未試而禍孽萌矣故守之尤難宋景祐中命郭諮均田賦已而重擾民遂罷怵於害也皇祐中田京蔡挺均田而滄州民言不便詔如舊摇於衆也嘉祐間遣包拯等分按諸路行方田法而高本獨言不便甫均數郡尋罷敗於私也三君子皆任事臣而横罹多口議亦垂寢法可易守哉顧守之難者其弊不在下而在上其端不在未行而在已行惟當事者弗爲害怵弗爲衆摇弗爲私敗持獨斷之意操必然之畫法斯久而無弊耳請即一二所目睹者商之兼并濫冒詔旨嘗懲之而今偷玩繩約狃習故智者何衆也楚諸侯王誠賢顧貴倨不習外事閫豎取累代圂奪者以爲故籍而豪氓巨隸挾高貲以相侈詡不可殫記彼單門孱户廛廛以身守世業者百無一焉豈惟違兩觀之柬逼有司之權將漫漶恩澤之謂何矣宜令憲使者明敕條章無論士若民按一切匿産亂籍隱畝避役之罰廉其尤者下之吏以顯示天子指夫然後仿限田均田之議以稍稍品節之法庶幾可守哉墾荒招流詔旨嘗督之而今草莽封盈户口銷亡者何衆也考之令甲荒間以業貧民占籍以附流徙畸零以寄寒細良規美政具在邇來里社漸縮於舊占籍畸零按圖百不存一而墾田之數率皆便文以罔上則勸罰之未明而招徠之未至也夫荒間易闢而不易守亡徙易還而不易安鎛銍未施有司已履畝而税之煬突未黔有司已按籍而驅之民是以憚於歸耕而溺於偷惰有卒污萊耳宜嚴飭所司嚴僞增之罰科重開疆之勸格上曠矣召佃以廣其來召佃矣免租以固其存免租矣弛役以優其力則歸耕之民纍纍而至而地力有不盡者否也法庶幾可守哉蠲逋省贖詔旨嘗申之而今邑里蕭條屣弃故業者何衆也語曰竭澤無魚焚田無獸往見寬仁令下小民輒枵腹願須臾無死觀相勞也已乃郡縣按簿而索吏一切夤緣爲奸利烏睹所謂蠲耶縣官之捃摭毋慮兩税以上如期徵發而無名之擾雜然并生墨吏之侵鈔毋但羡鍰即受賕綱餉劓剥蒸人者項相望也烏睹所謂省耶兩者妨農

廢業之本也自今憲使者宜宣天子命持三尺以肅百屬取其所朘民脂奪民時者劾而汰之使詔令信而野沾必至之澤吏所至廉平與民休息黎庶堵安而業皆世保法庶幾可守哉崇本殿末詔旨嘗言之而今農祥罔候稼政不修者何衆也夫督耕勉植趨穫勸藏非有司上務哉其次莫若驅末作以緣南畝故國初治農有定職水利有專官其重田事如此後世計其所由入而不計其所由生則見以爲剩員而悉裁之舟車繁而耒耜銷緇黃衆而桑柘稀溝洫堙而灌漑廢罪獨在民哉宜推古建設之意稍復職事令之朝修夕舉日考旬會吏家子弟弃田作者輒斥罷之如邵信臣之在南陽民挾漁獵具者盡屏之使業耕蠶如文翁之在下蔡披荆棘載酒食勞民畎畝如張全義之在河南則農事勸課地力豐贏磽瘠可爲良沃孰忍輕弃之法庶幾可守哉夫是四者其一常在下而上不問也其三常在上而下不筴也要皆君相所常軫念爲之三令五申者直有司廢格不用耳今之謀楚事者不求之上而求之下舛也不求之已行而求之未行悖也即悖且舛而欲圖萬世之慮能乎記有曰地廣大荒而不治士之辱也又曰虞芮之間地有余而人不足君子耻之假令郡縣長吏人人懷耻辱之念而承奉明詔若救火追亡子無敢後則弊無不祛利無不興善後之圖宜無出此矣

湖廣鄉試録後序

御史既大比楚士録成將籍奏之不佞有光以職事載牘宜叙末端則思以國家致士之意與君臣大義明告多士乃後敢受成也洪武初以弓矢平一海内遭明初定未遑庠序之事高皇帝委心精意思爲天下作新更始喟然嘆興於學疾文言之無實乃詔中外博士弟子人各守受一經三歲輒試非受業身通六藝者弗以名聞著爲功令其它空語虚稱若詞賦諸不在令中者禁不得用即漢所設孝廉賢良明經茂才諸科皆一切罷去若曰國家所以致士非曉暢六經大義莫可通今古分際備任使耳列聖承流道化熙洽二百年余百舉百全海内异能之士材懷伊吕行若周孔靡不以此發家爲誦義無窮蓋高皇帝聖神文武於天下萬世皆有以灼睹其竅會而豫徵其微眇既已著爲功令欲以制科網羅俊乂豈其使在野猶有遺賢乎哉不佞應御史聘而來也既卒業多士所爲文則見人人標本經術根柢大義纚纚洋洋足聽聞矣意者楚於今日獨稱最盛山川靈爽默牖其衷以保定王國又其仰承主上廣厲學官至意耳目觀感潜潤臭味以是莫不雲蒸龍變應明詔與雖然臣道至難言也

事使之義非細故矣名爲事君而不造其極謂之不忠苞舉其道告人而不語其至謂之不盡請爲子多士畢陳之今夫士伏處嵁巖究遍六經本指不稱君臣之分無所逃於天地乎事是君也雖以神州赤縣之大至欲有所之而卒無逃焉即終其身猶在日月照臨之内其義可睹已人臣委質事君道固多端總之不自有其身者近是老生豎儒守其師説白首不能窺見聖道之大全一當利害輒掉臂不顧以此爲禀於古昔夫聖人之道具在六經可考鏡也平生誦讀詩書豈真未嘗决擇异同探厥閫奥哉彼其心以爲此可博名此可規利此可遠嫌而避咎以故處其便於厥躬而遺其難於君父有所托而逃耳嗟乎國家舉士之謂何乃重自愛惜如此即有緩急安所賴之爾多士舉矣其務一乃心定乃志毋持禄養交毋詭飾干譽毋相眉睫與時浮沉毋嬌嬌以一節自好毋以利害付諸身以成敗付諸國事矢心殫誠事上使凡所爲唯天地鬼神實臨之其道詎不偉與不佞道襄樊望隆中知諸葛忠武侯楚産也彼當漢末造國步多艱成敗利鈍非所逆睹猶然鞠躬盡瘁今讀其言忠貞之心千古如一日焉矧皇上嚮意文學每飯側席天下賢者百司庶府少有功能罔不畢叙有君如此其忍負之夫結碌蘊山懸璨匿頷良工嬰距爪披逆鱗以求之亡所自愛重適用也士人少負四方之志長試之藝類能刺刺道天下計至令受事則舉其生平而弁髦之斯則燕石魚目末之若矣即工人者安所傳眊矂之誅焉今多士挾筴登途方日夜裝而見天子趨日月之末光非抱空質矣上幸止輦而聽將試之庶官使得自見有日也其尚誦説所聞大義蘄自盡其經術以無負國家設科求材意不佞并有榮施哉

山東東昌府莘縣儒學教諭湯有光謹序

永樂十八年浙江鄉試録

浙江鄉闈小録序

□浙東南大藩也抱湖山帶江海古稱君子尚□庸庶厚龐以故鴻儒碩彦薦生其間若陸宣宣公杜祁公趙清獻公輩奮庸熙載卓异當時流聲後世觀諸載籍可見已洪惟我太祖聖□□武欽明啓運俊德成功統天大孝高皇帝武□□定文教聿興即詔□□□□□師每□歲賓興一仿虞周之制□□□來□甫逢□之士弹冠連茹峨峨于于以□□□國家之盛皇上嗣大歷服益闡儒風頒五經大全諸書嘉惠後學期在顔孟其人禮義其俗而後已士生斯世何□幸歟乃永樂十有八年歲當大比浙江藩憲□臣祇順德意禮聘儒碩官司文衡子時按臨則有監察御史邵武張公誠東廣沈公福綱維則有左布政使六安□□僑按察使王公玘参政周公鎬董試則僉憲梁□謙吴公叔閏與夫簾内外執事莫不精白一心恪共乃職合十有一郡挾藝而來者七百五十人咸得操觚染翰揚眉吐氣掞虹霓抽錦繡於場屋□視前科爲愈盛既撤棘得其文之合程度者二百□□將循故事刻小録以傳永久僉以予宜爲□□□國家□□□治側席求□所進雖非一途而拳拳兮進士□選者蓋以士下明經不必皆諳爲政之體科□進士不必皆得豪杰之才龜山楊氏有云豪杰之才由科目而進諸君子獲與是選不爲不榮然不可自足益當淬礪所學以角捷春闈敷對大廷爲名進士攄其素藴□黼黻太□□□俾文章事業無愧杜陸諸公則不惟不負□面重臣奬勸之美而吾黨亦與有榮焉儒毫受簡作小録序云時

□□□十八年八月下澣徐州碭山縣儒學教諭樂平倪永碩序

浙江永樂十八年鄉闈小録

監臨鄉試

巡按浙江監察御史張誠（字自明福建邵武府建寧縣人　辛卯進士）

巡按浙江監察御史沈福（字應隆廣東廉州府石康縣人　乙未進士）

浙江等處提刑按察司按察使王玘（字孟石北京保定府安肅縣人　監生）

提調官

浙江等處承宣布政使司左布政使孫儁（字士英直隸廬州府六安州人　監生）

浙江等處承宣布政使司左參政周鎬（字宗文直隸鳳陽府潁州人　監生）

監試官

浙江等處提刑按察司僉事梁謙（字時敏四川嘉定州邛縣人　丙戌進士）

浙江等處提刑按察司僉事吴叔閏（字子愉江西南昌府豐城縣人　丙戌進士）

考試官

直隸徐州碭山縣儒學教諭倪永碩（江西饒州府樂平縣人　儒士）

江西饒州府樂平縣儒學訓導林賜（字伯予福建福州府長樂縣人　癸酉鄉貢士）

同考試官

直隸常州府儒學教授廖思敬（湖廣州府衡陽縣人　儒士）

直隸蘇州府儒學教授李琦（字彦珂江西南昌府南昌縣人　己卯鄉貢士）

湖廣衡州府儒學教授戴禮（字本敬江西吉安府永新縣人　乙未進士）

山東東昌府臨清縣儒學教諭徐孟恕（字思忠江西撫州府金谿縣人　甲戌進士）

收掌試卷官

湖州府烏程縣儒學署教諭事舉人周�（字季温直隸蘇州府崑山縣人　辛卯鄉貢士）

印卷官

浙江布政司經歷司經歷張曾（字守約福建建寧府松谿縣人　監生）

受卷官

紹興府□□縣儒學教諭黄金鉉（字大器江西吉安府永豐縣人　儒士）

杭州府於潜縣儒學教諭蔣俊（字集奇江西南昌府寧縣人　丁卯鄉貢士）

彌封官

處州府縉雲縣儒學教諭張策（字功茂福建建寧府甌寧縣人　癸未鄉貢士）

湖州府儒學訓導周禮（字彝恭江西九江府瑞昌縣人　乙酉鄉貢士）

謄録官

金華府永康縣儒學訓導吴繪（字尚素直隸蘇州府吴縣人　戊子鄉貢士）

杭州府余杭縣儒學訓導徐懋（字士勉直隸楊州府興化縣人　監生）

紹興府山陰縣儒學署訓導事舉人陳濬（字潛哲福建泉州府惠安縣人　甲午鄉貢士）

對讀官

湖州府長興縣儒學教諭趙學拙（字以通江西廣信府上饒縣人　戊子鄉貢士）

台州府寧海縣儒學訓導黄誠（字原實廣東廉州府合浦縣人　戊子鄉貢士）

紹興府會稽縣儒學署□□舉人鄧本正（江西南昌府靖安縣人　辛卯鄉貢士）

巡綽官

武略將軍杭州前衛左所副千户方通（直隸廬州府合肥縣人）

武略將軍杭州□□後所副千户李春（北京河間府滄州興濟縣人）

武略將軍杭州□衛右所副千户魯和（直隸廬州府合肥縣人）

武略將軍杭州右衛左所副千户李能（直隸廬州府無爲州巢縣人）

供給官

杭州府通判齊整（山西太原府代州人　監生）

掌行科舉文字

浙江等處承宣布政使司典吏顧琮（嘉興府嘉興縣人）

郭潤（嘉興府嘉興縣人）

浙江等處提刑按察司典吏徐宗遠（嚴州府淳安縣人）

供給吏

杭州府典吏錢誠（余姚縣人）

黄潮宗（仁和縣人）

仁和縣典吏陳孟暘（本縣人）

錢塘縣典吏馬忠（本縣人）

第一場

四書

知者不惑仁者不憂勇者不懼　非禮勿視非禮勿聽非禮勿言非禮勿動　武王周公其達孝矣乎夫孝者善繼人之志善述人之事者也

易

雲從龍風從虎聖人作而萬物睹本乎天者親上本乎地者親下則各從其類也　觀天之神道而四時不忒聖人以神道設教而天下服矣　地中生木升君子以順德積小以高大　君子居則觀其□而玩其辭動則觀其變而玩其占是以自天祐之吉無不利

書

咨十有二牧曰食哉惟時柔遠能邇惇德允元而難任人蠻夷率服　□□學半念終始典于學厥德修罔覺監于先王成憲其永無愆　凡厥庶民極之敷言是訓是行以近天子之光曰天子作民父母以爲天下王　穆穆在上明明在下灼于四方罔不惟德之勤故乃明于□之中率□于民棐彝

詩

天保秋□□□□□罄無不宜受天百禄降爾遐福維日不足　鳶飛戾天魚躍于淵豈弟君子遐不作人　鎬京辟雍自西自東自南自北　無思不服皇王烝哉無競維人四方其訓之不顯維德百辟其刑之於乎前王不忘

春秋

公會齊侯宋公陳侯鄭伯同盟于幽莊公二十七年公及齊侯宋公陳侯衛侯鄭伯許男曹伯會王世子于首止諸侯盟于首止（僖公九年）　楚屈完來盟子師盟于召陵（僖公四年）　齊侯使國佐如師及國佐盟于袁婁（成公二年）　公會宰周公齊侯宋子衛侯鄭伯許男曹伯于葵丘　諸侯盟于葵丘（僖公九年）　季孫行臧父孫許叔孫僑如公孫嬰齊師師會晋□尤可孫良□曹公子首及齊侯戰于鞌□□陽田（成公二年）公會齊侯于夾谷　齊人來歸鄆讙龜陰田（定公十年）

禮記

先王之立禮也有本有文忠信禮之本也義理禮之文也無本不立無文不行　升中于天而鳳皇降龜龍假饗帝于郊而風雨節寒暑時　故聖人作

樂以應天制禮以配也禮樂明備天地官矣　天無私覆地無私載日月無私照奉斯三者以勞天下此之謂三無私

第二場

論

崇德好善

詔誥表（内科一道）

擬□□□□□□明學詔　擬唐以馬周為監察御史誥　擬唐虞世南上聖德論表

判語

安保過付　漏使印信　收粮違限　術士妄言禍福　詐欺官私取財

第三場

策（伍道）

問　蓋聞王者建國君民教學爲先以故四代之學虞則上庠下庠夏則東序西序商則左學右學周則東膠虞庠又有辟雍成均瞽宗之名下逮漢文初置博士武帝置博士弟子員繼因文翁興學乃令天下郡國皆立學光武初起大學順□□□黌宇至唐太宗增築學舍千二百間宋□□制益密及元雖有國子監州郡學然進士不必于學校教官不必明經不過因循而已洪惟聖朝首建學校京師至于府州縣皆然設弟子員有差教官必選明經自甲子開科進士貢士視前代爲有加矣伏讀大誥續編五十七條有曰其賢人君子爲有司也必欲上佐朝廷下福生民惟學校爲之急務又曰有司興舉學校實爲朝廷端本澄源之地夫學校何如而佐朝廷福生民也何如而端本澄源也抑何如而興舉也幸爲陳之

問　詩書禮學之教不可缺一也以故古者樂正崇四術立四教順先王詩書禮樂以造士春秋教以禮樂冬夏教以詩書然詩書禮樂教之以時必有其説吾夫子繼往聖開來學其所以爲教固不异乎□□□之於書有曰興於詩立於禮成於學而不□□書雅素之言□於詩書執禮而不及於樂禮又言執者何其與古之先王异也願聞其詳

問　孝者百行之本故成周之制教民以孝爲先漢重孝廉唐舉忠孝皆此道也其詳可得聞歟太祖高皇帝御製大誥以明孝爲重皇上頒賜孝順事實皆以孝爲德行之本其良法美意可得而明陳歟此教化之首務在學者所

當講其明以告我

問　申明五常見太祖高皇帝化民之心至矣夫五典皆天所叙也古之聖人特敕而惇之耳堯舜之所以爲治三王之所以爲教悉本乎此欽惟大誥之申明其以近世之治不古華夷混其風歟抑民之逸居無教致先王之舊典泯然歟然民有□在豈不能教□而復之歟今欲使民從教□家□户寧果□施以臻是歟諸君子儲才待用必有至當之論幸陳之毋隱

問　湯誥言若有恒性實開萬世言性之端矣其後孔子繫易有繼善成性之論孟子立言有性善之説則性之一字可謂深切而著明矣荀卿大儒也乃謂性惡楊雄名儒也乃謂性善惡混韓子知道者也乃謂性有三品要皆不合乎聖賢之言其所論不一何歟伏讀大誥三十一條有曰□教育民之安爲善陰騭前後序文有曰天人一理曰修德行善聖人敷言之訓不一而足蓋欲天下之人皆歸於善而後已其勸勉來教之盛心何其至歟然則教也理也善也□與恒性成性性善之説同歟异歟願明言之以觀所學

鄉貢合格舉人共計二佰伍名

第一名　陳聳　温州府府学生易
第二名　蘇起　湖州府烏程縣學生　春秋
第三名　何永芳　衢州府常山縣學生　書
第四名　方中杲　寧波府慈谿縣學增廣生　詩
第五名　徐紳　杭州府余姚縣學生　禮記
第六名　于謙　杭州府錢塘縣學生　易
第七名　陳詔　處州府青田縣學生　書
第八名　成矩　紹興府諸暨縣學增廣生　春秋
第九名　沙安　紹興府肖山縣學生　詩
第十名　劉璨　寧波府慈谿縣學生　禮記
第十一名　嚴□　湖州府□安縣學生　書
第十二名　王豫　温州府學增廣生　易
第十三名　□□　處州府青田縣學生　春秋
第十四名　達永定　處州府麗水縣學生　禮記
第十五名　□□　□□府學生　禮記

第十六名　滕瑾　杭州府臨安縣學生　書
第十七名　潘□　湖州府學生　詩
第十八名　林惟名　　處州府學生　春秋
第十九名　徐信　杭州府余姚縣學生　禮記
第二十名　章聰　金華府學生　易
第二十一名　沈謙　杭州府仁和縣學生　書
第二十二名　龔璉　紹興府嵊縣學生　詩
第二十三名　楊安　湖州府歸安縣學生　書
第二十四名　江宗顯　紹興府嵊縣學生　詩
第二十五名　徐逵　衢州府開化縣學生　禮記
第二十六名　留志得　衢州府學生　春秋
第二十七名　吾肇　衢州府開化縣學生　易
第二十八名　王皎　處州府青田縣學增廣生　書
第二十九名　吴瑳　温州府平陽縣學生　詩
第三十名　霍禮　湖州府歸安縣學生　書
第三十一名　朱冕　嘉興府學生　春秋
第三十二名　虞鎬　紹興府余姚縣學生　禮記
第三十三名　高翥　杭州府新城縣學生　易
第三十四名　邵宏譽　紹興府余姚縣學生　書
第三十五名　詹琉　衢州府江山縣學生　詩
第三十六名　胡居安　台州府天台縣學生　書
第三十七名　俞叔度　嚴州府遂安縣學生　春秋
第三十八名　章惟澄　温州府永嘉縣學生　易
第三十九名　吴京　台州府寧海縣學生　詩
第四十名　包敦　台州府學生　禮記
第四十一名　陳誼　杭州府仁和縣學生　書
第四十二名　吴仕由　台州府學生　詩
第四十三名　陳奎　温州府平陽縣學生　書
第四十四名　俞宗　湖州府烏程縣學生　春秋
第四十五名　□文通　紹興府余姚縣學生　禮記
第四十六名　王玘　杭州府錢塘縣學增廣生　易
第四十七名　劉定　温州府学生　書

第四十八名　周同倫　處州府松陽縣儒士　詩
第四十九名　金恕　金華府武義縣學生　書
第五十名　費敬　嘉興府崇德縣學生　詩
第五十一名　丁讓　□□□□□縣學生　□□
第五十二名　楊迪　湖州府歸安縣學生　禮記
第五十二名　蔡侹　温州府平陽縣學生　書
第五十四名　王宗厚　台州府臨安縣學生　詩
第五十五名　朱良暹　温州府學生　易
第五十六名　沈貴　嘉興府崇德縣學生　書
第五十七名　童以思　台州府黄岩縣增廣生　春秋
第五十八名　穆敬　杭州府學生　禮記
第五十九名　徐海　紹興府蕭山縣學生　詩
第六十名　林英　杭州府仁和縣學生　書
第六十一名　唐崇　處州府青田縣學生　易
第六十二名　王宗弘　處州府松陽縣學生　書
第六十三名　葉恩　台州府臨海縣學增廣生　詩
第六十四名　劉世澄　處州府學生　春秋
第六十五名　孫泓　紹興府余姚縣學增廣生　禮記
第六十六名　張綱　杭州府錢塘縣學生　易
第六十七名　李寬夫　杭州前衛軍生　書
第六十八名　吴仲賢　處州府慶元縣學生　詩
第六十九名　王宗惠　温州府学生　書
第七十名　沈廣　嚴州府分水縣學生　春秋
第七十名　胡驩　紹興府諸暨縣學生　禮記
第七十二名　吕琥　處州府縉雲縣學生　易
第七十三名　倪深　處州府青田縣學生　書
第七十四名　潘燦　寧波府慈谿縣學增廣生　詩
第七十五名　戚貴　杭州府仁和縣學生　書
第七十六名　葉純生　處州府青田縣學增廣生　禮記
第七十七名　□規　紹興府諸暨縣學增廣生　春秋
第七十八名　陳永　温州府平陽縣學生　詩
第七十九名　□述　寧波府奉化縣學增廣生　書

第八十名　陳英　杭州府仁和縣學生　易
第八十一名　尤源　寧波府學生　書
第八十二名　王憲　寧波府鄞縣儒士　詩
第八十三名　薛鑒　金華府永康縣學生　春秋
第八十四名　何瑄　紹興府余姚縣學增廣生　春秋
第八十五名　章杲　處州府青田縣學生　書
第八十六名　陳政　紹興府山陰縣學生　詩
第八十七名　留衢　處州府青田縣學增廣生　書
第八十八名　徐熙春　衢州府開化縣儒士易
第八十九名　蔡昌　處州府青田縣學生　書
第九十名　包持　處州府青田縣學增廣生　書
第九十一名　趙樞　處州府慶元縣學生　書
第九十二名　金輝生　台州府黄巖縣學生　春秋
第九十三名　沈章　嘉興府崇德縣學生　書
第九十四名　孫雷　寧波府慈谿縣學增廣生　禮記
第九十五名　范霖　温州府樂清縣學生　書
第九十六名　丁塏　寧波府慈谿縣學增廣生　易
第九十七名　徐永潛　金華府蘭谿縣學生　書
第九十八名　葛敬同　寧波府慈谿縣學增廣生　書
第九十九名　何廣　嚴州府建德縣學生　詩
第一百名　謝文誨　寧波府奉化縣學生　書
第一百一名　俞彬　嚴州府建德縣學生　書
第一百二名　華孟學　紹興府余姚縣學增廣生　春秋
第一百三名　徐忞　衢州府常山縣學增廣生　易
第一百四名　鄭禧　杭州府仁和縣學生　書
第一百五名　葉郊　寧波府慈谿縣學生　詩
第一百六名　周旋　處州府青田縣學增廣生　書
第一百七名　曹南　紹興府學生　詩
第一百八名　錢勝　湖州府歸安縣學生　禮記
第一百九名　□□吉　金華府義烏縣學生　春秋
第一百十名　陳愚　處州府縉雲縣學生　易
第一百十一名　□良　處州府青田縣學生　書

第一百十二名　張淵　金華府蘭谿縣學生　詩
第一百十三名　毛誠　嚴州府遂安縣學生　書
第一百十四名　余文　衢州府學生　詩
第一百十五名　徐熊　紹興府余姚縣學生　禮記
第一百十六名　華怡　衢州府學生　春秋
第一百十七名　陳孝軻　紹興府新昌縣學生　易
第一百十八名　江廉　衢州府開化縣學生　書
第一百十九名　王信　湖州府學生　詩
第一百二十名　戴文同　衢州府學生　詩
第一百二十一名　童勉　金華府蘭谿縣學生　詩
第一百二十二名　汪吉　金華府永康縣學生　易
第一百二十三名　張箕　金華府學生　禮記
第一百二十四名　徐郁　金華府蘭谿縣學生　春秋
第一百二十五名　程祖　衢州府常山縣學生　書
第一百二十六名　卓遠　嘉興府學生　書
第一百二十七名　錢如塤　寧波府慈谿縣學生　詩
第一百二十八名　鄭永義　寧波府學增廣生　書
第一百二十九名　汪恕　衢州府西安縣學生　詩
第一百三十名　徐善　湖州府烏程縣學生　春秋
第一百三十一名　姜通　湖州府歸安縣學生　禮記
第一百三十二名　竺晏　寧波府奉化縣學增廣生　易
第一百三十三名　陳啓　温州府學生　書
第一百三十四名　趙詵　温州府永加縣學生　詩
第一百三十五名　方端玉　台州府仙居縣學生　書
第一百三十六名　鄭道順　温州府永加縣學生　詩
第一百三十七名　方矩　杭州府仁和縣學生　春秋
第一百三十八名　徐朝宗　嚴州府分水縣學生　禮記
第一百三十九名　厲師曾　處州府青田縣學生　易
第一百四十名　魏晟　寧波府慈谿縣學生　書
第一百四十一名　陸壽　紹興府上虞縣學生　詩
第一百四十二名　林文　杭州府錢塘縣學生　易
第一百四十三名　戴浩　□□府學生　書

第一百四十四名　趙普定　台州府寧海縣學生　詩
第一百四十五名　葉昌　台州府寧海縣學生　春秋
第一百四十六名　劉梁　寧波府慈谿縣學生　禮記
第一百四十七名　陳廣　紹興府肖山縣學生　□
第一百四十八名　章廷嵩　嚴州府遂安縣學生　書
第一百四十九名　沈鑾　湖州府□□縣學生　詩
第一百五十名　李浩　紹興縣余姚縣學增廣生　書
第一百五十一名　沈搢　杭州府錢塘縣學生　詩
第一百五十二名　邊寧　處州府青田縣學增廣生　禮記
第一百五十三名　盧廷俊　嚴州府淳安縣增廣生　春秋
第一百五十四名　張道興　衢州府開化縣學生　書
第一百五十五名　倪政　湖州府學生　易
第一百五十六名　章贇　嚴州府遂安縣學生　書
第一百五十七名　鍾興　紹興府上虞縣學增廣生　詩
第一百五十八名　孫塡　嚴州府學生　書
第一百五十九名　韓俊　紹興府嵊縣學生　詩
第一百六十名　葛名　紹興府學生　禮記
第一百六十一名　陳序　湖州府烏程縣學生　春秋
第一百六十二名　詹思名　處州府縉雲縣學生　易
第一百六十三名　潘田　金華府永康縣儒士　易
第一百六十四名　李永本　温州府學生　書
第一百六十五名　王仲賓　紹興府嵊縣學生　書
第一百六十六名　王永中　處州府遂昌縣學生　詩
第一百六十七名　徐善同　衢州府學生　易
第一百六十八名　陳齊　衢州府學生　詩
第一百六十九名　馬敬　杭州府學增廣生　禮記
第一百七十名　林約仲　温州府平陽縣學生　書
第一百七十一名　蔣珉　杭州府學生　□
第一百七十二名　顧綱　杭州府學生　書
第一百七十三名　陳□　□□府學生　□
第一百七十四名　諸用中　杭州府新城縣學生　易
第一百七十五名　楊頔　寧波府鄞縣增廣生　書

第一百七十六名　趙宗榮　處州府縉雲縣學增廣生　禮記
第一百七十七名　齊普　台州府天台縣學生　詩
第一百七十八名　甄完　紹興府新昌縣學生　易
第一百七十九名　錢洞　金華府金華縣學生　易
第一百八十名　唐津　紹興府嵊縣學生　禮記
第一百八十一名　顧蒙　寧波府慈谿縣學生　書
第一百八十二名　杜得臻　處州府青田縣學生　書
第一百八十三名　蔣廷　温州府瑞安縣學生　詩
第一百八十四名　葉定　金華府金華縣學生　易
第一百八十五名　毛寧　紹興府學生　書
第一百八十六名　何杰　嚴州府學生　書
第一百八十七名　皇甫琮　杭州府學生　詩
第一百八十八名　沈英　湖州府歸安縣學生　禮記
第一百八十九名　沈圭　湖州府烏程縣學生　春秋
第一百九十名　徐英　嘉興府嘉興縣學生　書
第一百九十一名　張得潛　寧波府慈谿縣學生　詩
第一百九十二名　俞奎　湖州府烏程縣學生　易
第一百九十三名　張默　衢州府龍游縣學生　禮記
第一百九十四名　徐邦貴　台州府天台縣學生　書
第一百九十五名　員顯常　寧波府定海縣學生　易
第一百九十六名　潘暄　紹興府余姚縣學增廣生　書
第一百九十七名　沈澄　嘉興府學生　春秋
第一百九十八名　趙以端　台州府仙居縣學生　書
第一百九十九名　楊信民　紹興府新昌縣學生　書
第二百名　金福　金華府義烏縣學生　春秋
第二百一名　吴珪　嘉興府學生　詩
第二百二名　史佐　紹興府肖山縣學增廣生　詩
第二百三名　朱希亮　紹興府余姚縣學增廣生　禮記
第二百四名　陳仍　湖州府烏程縣學增廣生　春秋
第二百五名　徐士東　□□府學生　□

四書義

非禮勿視非禮勿聽非禮勿言非禮勿動

陳聳

考官教諭倪批（講貫詳明筆刀精到深得傳受之旨表而出之以冠諸卷孰□□宜）

考官訓導林批（此篇優於文而切於理超出衆作）

即己私之發見致禁止之工夫此聖人答大賢問爲仁之目也蓋非禮者己之私也苟不隨事精察而致禁止之功則又何以□私而復於禮哉今夫人之有生莫不皆具夫耳目口□□□□目□禮□□□有視聽言動四者之用也是皆□□□□固□有□□一定之則但人爲氣禀所拘人欲所□於是己私生而非禮之事出矣故欲爲仁者其必有以致夫勿勿之功焉勿者禁止之辞乃人心之所以爲主而勝私復禮之機也是故精神之運於目所謂視也若不正之物邪淫之□則非禮也吾則禁止而勿視焉所謂目不視惡色而所視看□合乎矣聲音之聆乎耳所謂聽也若鄭衛之音邪僻之□則非禮矣吾則禁止而勿聽焉所謂耳不聽淫聲而所聽者必合乎理矣辞令之出諸口得非謂之言乎若失於躁妄流于支誕亦非禮矣吾則禁止而勿言焉所謂非法□□而所言者皆先王之法言也舉措之運諸身又非所□動乎若悖乎天理徇乎人欲亦非禮矣吾則禁止而勿動焉所謂非道不行而所行者皆先王之德行也凡此四者是皆由乎中而應乎外制於外所以養其中誠能從事於斯則人欲之私以之而克天理之公由之而復動容周旋莫不中禮而日用之間莫非天理之流行矣爲仁□要孰有大於此哉抑考昔者顔子問仁夫子於上文既告以爲仁之道致其功而必獲其效又言爲仁之機在乎己而不□乎人其意可謂至矣顔子既聞乎此而直請其□目夭子於此不得又不告之以此也然非□□□至□則□□以察其幾非顔子之至健則不能□□□□此□□所以□至三月違之功而與聖人未達一間者也顔何人也布之則是

同前

葉遄

考官訓導林批（是題本易曉場中人人作之不失於凡近則流於鄙俗此作獨能探賾精微發揮透徹如親受孔門心法之傳必精於理學者高□□無忝）

考官教諭倪批（此篇辞約理明余如初考）

聖人答大賢爲仁之目惟在於禁止其一己之私而已夫非禮者己之私也苟或不能□正夫一己之私尚何以盡爲仁之功乎請申言之仁者吾心之全德也由其不能不拘於氣稟之偏而亦不能不壞於人欲之私故爲仁者必當致謹乎視聽言動之間也且□者目之所接於形色者也聽者耳之所聞於聲音者也若夫非禮之色吾知其害吾仁矣則必制之於外而□視焉不正之音吾知其害吾仁矣則必閑邪存誠而□□□是則禁之於外無使動於其中者然也至若言者□□之出乎口者也動者舉措之運乎身者也若夫躁妄之言非□吾仁乎吾則發禁躁妄而勿言焉造次之行非□吾仁乎吾則戰競自持而勿動焉是則□□□□無□□□□□者然也如是則人欲日消天理日□□□以□□□曰孰有加於是哉抑考是章之旨蓋由顏淵問仁而夫子告以克己復禮顏子既聞此矣其於理欲之際已判然矣故不復有所疑問而直請其目夫子即以是而告之□□聖賢傳授心法而有其要也顏子請事斯語之後有□月不違之功如有所立卓爾之效若顏子者可謂無□□聖人之教者矣可謂善學聖人者矣

武王周公其達孝矣乎夫孝者善繼人之志善述人之事者也

于謙

考官教諭倪批（講論繼述之實詳明切當致二聖人之孝昭乎穹壤非有學之士不能也宜居首選）

考官訓導林批（此篇文理皆詳密宜置前列）

後聖之論前聖也既贊其孝以爲天下之通稱必推其孝克紹前王之志行蓋前王之志宜後人之所當繼前王之事尤後人之所當述□□武王周公既盡繼述之道而不違則天下之人安得不□□其孝哉且夫孝者百行之源是即庸行之常也但常人之孝或不足見稱於一家而聖人之孝則有以通稱於天下□想夫天下雖大其所以稱聖人之孝□□□辞□□□□其所以美聖人之孝者無間譽謂□□□□□其□□□□有達孝之名必有達孝之實夫豈虛譽之隆而已哉是故常人之於祖考也但能奉承於生存之日而不能繼述於死亡之後則非所以爲孝矣聖人則不然故凡前□□之所欲行者我則以心體之而不忘前王身之所已□者我則以身任之而不失善繼其志則前人之心於是□始□矣善述其事則前人之業於是而始成矣若武□之一□□衣以定九年未集之大統是用大介以一二分有一之□基此武王之善

繼述也爲可知周公成文武之德以追崇其先祖制喪祭之禮以通行於天下此周公之善繼述也爲可見與夫踐其位而行其禮敬其所尊而愛其所親何莫而非繼述之意乎吾夫子以達孝稱之於前而復以善繼善述申之於後者豈虚譽哉噫莫爲之先後將何述□爲之後前將何傳夫以太王王季文王之立□□事□□始者固難而武王周公之善繼善述於其終□無難□武王周公之所以爲達孝也歟此周家所以因之□歷八百年之丕基也歟抑考前章嘗以大孝稱舜矣而□又以達孝稱武王周公者其故何也蓋大舜人倫之至萬世仰之無以加故曰大孝武王周公法制之備天下稱之無有异故曰達孝立言之間各有攸當豈□□□

易經義

雲從龍風從虎聖人作而萬物睹本乎天者親上本乎地者親下則各從其類也

陳聳

考官教諭倪批（□□□□潔静精微之書非造理精到者固未易形容本經□□餘卷於此題鮮能發明此作豐贍明潔確實温雅□□□大河□瀉千里置之首選孰曰不宜）

考官訓導林批（□經義融會傳注文采蔚然蓋易經中之翹楚者也）

即物理類□□□明□□□□應之理此聖人既喻之於前而又申之於□□蓋□□□□類故同類之所應者專聖人出乎類故萬物之所應□□贊易聖人始終發揮乾九五之義可謂竭盡而無余藴矣自今觀之油然布空而變化莫測者雲也去之興必□□龍龍陽物也而雲則陽氣也龍興則雲不期從而自□矣泠然出谷而簸蕩無停者風也而風之生必因乎□□□□也而風則陰氣也虎嘯則風不其從而自從矣然□□□□□之相同而有感應自然之機則其所感者狹矣又□若□人之興起於上而有萬物咸睹之盛哉乾九五之聖人□生知安行之資全剛健中正之德出乎類而拔乎萃首□物而冠群倫其作興於土也如飛龍在天而有利見之庶如大觀在上而有顒然之孚由是普天率上林林捻捻□一人莫不争先快睹翹翹乎雲霓之望也□天極□蚩□蠢蠢莫不仰慕觀感靡靡乎風草之偃也其□□□□□何如哉故贊易聖人既以同類相從之小者□□□□□□未足以盡其藴故復以同類相從之大者由□於後且穹然在上而其氣之輕清者天也然日月之懸□星辰之錯列亦以輕清之氣而麗乎上得非本乎天者視上乎□然在下而其氣之重濁者地也然山川之□□□□發生亦以重濁之質而麗乎下得非本

□□者□□□□乎此則凡天下之物何莫而不各□□□□吁□□□□□虎之相從以喻九五大人聖作物睹之應爲至□終□□乎天地上下之相親以喻九五大人聖作物睹□應爲生大大哉乾之九五乎其爲天地民物之宗主乎□□吾□子贊易之妙亦安能形容至是哉所謂惟聖人□知聖人也論至於是則知乾之九五舍堯舜禹湯文□□□□□□今之聖人其誰歟

地中生木升君子以順德積小以高大

于謙

觀造化之生物而有漸長之象□觀君子之修己而有漸進之功蓋君子之所爲無非法乎物理之象而已今也木生地中固已萌夫漸長之勢則□君子修德又豈不循夫漸進之功乎且嘗求夫升□爲□矣内卦之爲貞者巽也而其象則爲木外卦□□□□□坤而其象則爲地坤居乎巽之上巽居乎坤□□□□□□生木之象焉夫木之生也方其在於地之中□□未露甲拆未形而生意固已具矣及其出於地上也□榮滋長有不可撓之機暢茂條達有不可遏之勢日夜□□息□露之所滋故自甲折而至於拱把自拱把而至□□□□豈一朝一夕之所致哉亦惟以□□□□君□□□□□□所以體之者當何如哉其必曰□□□而□□□□□□可不以漸而進乎夫德者人之所得於天之□□□無失則積累之基在是矣是故静而存養則内□無自而萌動而省察則外物無由而入朝斯夕斯而恒□□懼之□俾帝降之衷有以長存而不昧念兹在兹而□有懈怠之情俾天畀之善有以長守而不忘若然則□□□□□□啻如一簣之土積而成山一勺之泉流而□□□□□而不終於小不期高大而自高大矣愚故曰觀造□□□物而有漸長之象當觀君子之修己而有漸進之功者□也抑嘗考夫漸之大象有曰山上有木漸君子以居賢□善俗與此若同而异者其故何也蓋地中生木木方生□也君子之進德似之進德則在於成己故曰君子以順德積小以高大木在山上木□生者也君子之成德□之□德則有以及物故曰君子以居賢德善俗聖□□□□□不同君子體易各有攸當學易君子尚深究

書經義

咨十有二牧曰食哉惟時柔遠能邇惇德允元而難任人蠻夷率服

楊安

同考官教諭□批（□□□□□□□□有發明又且切當非疏通知遠之才不能□□也宜在前列）

同考官教授李批（場中□□□百六□余卷不失之略則失之泛不失之晦則失之□令人悶□篇造理精行文暢佳作也）

考官訓導林批（此作極□□□□□□□暢可謂深於疏通知遠之教者也）

考官□□□□（理□□□□□□□□□如初考）

聖人總命□□□官□□□□□□之政無不修故遠人之心無不服蓋遠人之所□□□□□於内治之修也苟内治不修則中國且不順治□安能□蠻夷之率服也哉昔者帝舜有見乎此故於總□□□二牧之際發之咨嗟以啓其端形之氣嘆以重其事□曰王政以食爲首農事以時爲先必也順其東作□□□□□□□□□刈獲之期則食足而民生厚矣夫民既□□□□□之於政者容可緩乎是故遠者未易化也□也寬□撫□則聞其風者來矣近者未易齊也必也擾□習之則被□澤者帨矣遠近之勢如此先其略而後其詳也然非進賢退不肖則君子在野小人在位亦何以成民之政乎□故有德者則尊位重禄而待之極其厚仁厚者則委任□疑而信之極其專至於包藏凶惡之人妨賢病國□徒□□而絶之迸而逐之使不得以逞其奸矣噫□□德□□遐邇親君小而遠小人則内治之政無不修□□□□□□□見要荒之外左衽之民莫不梯山航海鼓舞□德化之中輦琛載贄俯伏於帝廷之下謂之蠻夷率服□□自西自東自南自北無思不服矣有虞命官圖治之要□□□於此哉大抵内治修固足以致遠人之服遠人□□□□驗内治之修也帝舜即位之初特□□□繼□□□□□者蓋以爲治之急莫先於來賢俊□□□□蔽□□□□□遠人内外相維體統不紊是致四方風動萬國□□□□自而然歟嗚呼盛哉

穆穆在上明明在脱灼于四方罔不惟德之勤故乃明于□之中□乂于民棐彝

何永芳

同考官教授李批（□□□□□□□篇者非有學之士不能况此卷全場理意□□□□□穆穆在上一篇尤爲杰作宜表而出之以□本經）

同考官教諭徐批（書經作全場者多□□稱惟此卷四書本經皆通揚條達深合本旨而吕刑一篇□□明詳盡諸卷所無可謂熟於經而老於文□也論既□上豐□取爲本經之冠允令公論）

考官訓導□批（書經二百餘卷罕□□作此篇優於文而切於理信場屋

中之巨擘也）

考官教諭□批（經義發□□□□□□高選）

君臣盛德著於遠既□□□□□士師用刑無或偏尤足以輔民性蓋聖人之□□□□□□之本而刑特以輔其治之所不及耳苟不能□德化之於先而以刑輔之於後則將何以感民心而復□性也□昔穆王舉有虞之治以訓刑可謂極夫刑罰之□□□□□想夫穆王之意若曰濬哲文明温恭允塞此□□□□□謂之穆穆可乎謨明弼諧同□□□□虞□□□□也不謂之明明可乎上焉一人以□□□容□□□□□焉人臣盡精白之心而列于庶位是宜光輝□□□□□方無遠不届東而海隅西而流沙此德之光□無□□焉南而交趾北而幽都此德之宣著無不被焉□德昭□如此將見天下之人靡不觀感興起而皆有□□親上之心鼓舞動蕩而咸歸於居仁由義之俗豈不□□□□□□矧民生有欲参差不齊豈無狡佞之未化□□□□□暴之弗順乎不得不假刑以一之也又必命皋陶爲□□□官明夫墨劓剕宫大辟之刑輔乎日用彝倫之常刑□謂之明者欲其審之而使輕重之適宜也謂之中□欲□月之而無過不及之差也刑得其中而率□于民□輔□常性則綱常之理粲然於天下彝倫之□□然于人心□皆協于中道罔或干于正則刑將安所施乎然則□□□□同德以感民而民無不化於善終也大臣□□□□□而民無不復其性所謂刑罰之精華孰有先□□□□□□德者感化民心之本刑者防範民心之具□□□必主於德刑之用必合于中德與刑吕刑一篇之綱□其曰惟克天德曰有德惟刑無非以德爲本也曰觀于□刑□□曰咸中有慶無非以中爲用也刑必合□中而□□□□□德也讀吕刑之書尚當考焉

詩經義

無競維人四方其訓之不顯維德百辟其刑之於乎前玡忘

□□

同考官教授□□□（□□□□□□□□文理詳盡烈文一篇戒飭勸勉諸□□意尤妙）

考官訓導林批（□□□□理明异於衆作）

考官教諭倪批（□□透□□□也）

人道盡而爲天下之所□□□□爲諸侯之所法此先王之德□□□人□□□□□也夫以先王之治天下所□□□於□□□□道明君德而已後王於諸侯助祭之時能□□□□乎昔周天子之告戒諸侯也若謂天地之□□□□人之生也稟仁義禮智之四性具君臣父子□□□□下之達道古

今之通義是則天下之理莫□□□□也人君能盡人道則天下之大四海之□□□□□服其教矣德者即此理之得於心而不□□□□徹萬理昭融是則天下□理莫有顯於君德□□□明其德則侯國之封百辟之衆莫不□而象□□□德感人之效如此爾諸侯曾不思先王之所以□式□此道德乎爾諸侯曾不思先王之所以使人心□□□者此道德乎且以先王道德之實者言之□□文王□聞不已文王之實如是也故三分天下而有其□焉□競武王無競維烈武王之實如是也故一□□而有天下焉文武之道載諸方册者有足考存諸□□□有足□惟汝諸侯苟能盡文武之道明文武之德使後日之心人不忘于今者亦猶今日之人心不忘□王□則夫戒飭勸勉之意如此爲諸侯者其有不感於□□□吁明道德自然之理舉先王已然之實聲□□□□□自已成王之於諸侯何其善□□□□歟□□□□□不顯維德百辟其刑之而曰君□□恭□□□□□□引於乎前王不忘君子賢其賢而親其親□□□□□而利其利此以没世不忘也二詩所引其有得□□人之本旨歟讀烈文之詩者盍亦考夫斯云

鎬京辟雍自西自东自南自北無思不服皇王烝哉

方中杲

同考官教授□批（□我理明文順讀之□□快意鎬京形容人心自然歸化尤化宜□冠本）

考官訓導林批（經義發□□□□且□前列）

考官教諭倪批（文理□□試如□考）

國學既立於上人□悦服□下□王者所以盡君道也夫學校者化民成俗之本也王國□學校既建天下之民心感□武王之盡君道爲何如哉□□□京在豐東二十五里武王之所遷也辟雍者天□之學□□之所建也以鎬京之地而建辟雍之學禮於斯樂於□射且飲於斯藹然德意之孚也蔚然文□□盛也感人於默悟之余化人於不言之表風行而草偃□□而遠來□孰者一人之不服哉是故營東豳西地固有□□□□也莫不同致其歸向之心焉豈有他哉西東□□□□□□而理之在民心者未始不同也□□□北□□□□□□□也莫不同致其愛慕之誠焉亦□□□哉□□□□□异而理之在民心者未始或异也謂之無思□□□□於衆心之同言無一人之不心服之所謂會□□□□也所謂垂拱而天下治者亦此也詩人贊之□□□見其統御之大咏之以烝哉以見其君道之□□豈溢美云乎哉抑考之靈臺辟雍

文王之學也鎬京□雍武王之學也文王建辟雍以明教化於前武王建辟雍以明教化於□□後相承一德而已□□哉

春秋義

楚屈完來盟于師盟于召陵（僖公四年）齊侯使國佐如師及國佐盟于袁婁（成公二年）

蘇起

考官訓導林批（□題場中作者亦多往往得此失彼此篇獨能推明書法深□□□之旨析理既精文尤縝密必飽學之士也又況七篇俱優誠爲難□□□□□本經）

考官教諭倪批（本經文□□□□□□可謂石中之琬琰也宜置高等）

創伯者義以服遠人而□□□□固春秋之所美世伯者力以屈□□□有□□□□□春秋之所嘉此聖人所以美齊□□□□於□□□□□盟國佐於袁婁也何則世至春秋王綱解紐□□□□□噬我諸姬憑陵我江漢爲中國之患非一日□於□□□主伯任安攘之責討罪於方城漢水之間乘□蔡之勢爲次陘之師仗義執言不由詭道包茅不貢□□昭王不復是問由是楚人進不能逞荆尸之强退不能恃方漢之□□皇失據魄褫神奪所以遣屈完之來焉使恒公□其地□□之猷無待於退盟□十里之謙則春秋何以序□□□惟屈完之來既欣然而效順則八國之師亦釋然□退盟是則齊師雖强桓公能以律用之而不暴楚人已服桓公能以禮下之而不驕庶幾乎王者之□矣故聖人所以書來盟于師見楚有求盟之志書盟于召陵見齊□□盟之禮也豈非愚所謂創伯者義以服遠人而有遠盟□□□春秋之所美者乎若□□以太公之後□伯國之餘固□□蹇於晋矣晋自于郤不振以來而乃□聘於齊夫何齊頃不道而有房帷一笑之辱故諸大夫□□專代齊之兵戰鞌有役齊師撓敗國佐如師將以賂免□□□□以齊桓服楚之心爲心待之以禮而無進盟之□□□使亦何以責之哉夫何晋以盡東其畝爲説齊以□□□□□辭然後進於袁婁而强與之□□□□力□□□□□齊桓之盟屈完者大不侔矣□□□□□□□□□□佐如師及國佐盟于袁婁以□其失□□□□□□□□□伯者力以屈大國而有進盟之忿非春□□□□□□□抑又論之齊自召陵以義服楚則楚人之□□□□數年晋自袁婁以力屈齊則汶陽既取之田遂使□□來言歸之于齊是則以力服人者固不若以禮待人□讀春秋者要富有考於斯

公會宰周公齊侯宋子衛侯鄭伯許男曹伯于葵丘諸侯盟于葵丘（僖公九年）

成矩

考官訓導林批（題本平易求其文理純粹者亦不易得是篇析理詳明行文豊贍□在所取）

考官教諭倪批（經義説同於□□而文氣振發合居前列）

□□予伯主講禮以尊王臣充□伯□講信以明王禁于以見齊桓尊王之偉績也夫目□轍□□皇輿脱輻取麥取禾而上下等夷交質交惡而君臣無别當是之時孰知水木之有本源衣服□□冠冕乎幸而齊桓創伯紹賜履之舊任夾輔之責□□□□率諸侯述臣職以尊周室今也葵丘有會宰孔□□□□□□桓公下拜登受對揚天休無一□自矜□□□□□□□敬然宰孔非世子之比而諸□□□□□□□□□□會宰孔者所以□世子之尊□□□□□□□□□□□□□之臣也貴賤不紊尊卑秩然□公尊□□□□□□孔既歸桓公復率諸侯而爲葵丘之盟□□□□□□□□□□王禁之嚴束牲不殺也而諸侯咸喻其志□□□牲也而諸侯咸遵其約五命之詞既敷一王之□□□著桓公尊王之功又爲何如哉故春秋於葵丘之會□書之重詞之□詞繁而不殺者豈非愚所謂春秋予伯□講禮以尊王□□予伯主講信以□□禁者乎抑論之齊桓非功□□□特是也前乎葵丘召陵盟而遠人服者止會而儲□定寧毋之道王貢于洮之安王室其豐功偉烈孰得而□之哉惜乎九國叛於震矜之萌繩墨放於管仲之没□□城而伯政專陽穀會而家法弛其□前日葵丘之盛安□哉故曰仲尼之徒無道

禮記義

先王之立禮也有本有文忠信禮之本也義理禮之文也無本不立無文不行

□紳

同考官教授戴批（題本平易而作者於無本不立一□分截不明甚至雷同可厭此作□□□明先王制禮之意間而□□贍而不複禮記中之錚錚□□□□□本□）

考官訓導□□□（□□□□□□者也宜居優選）

論聖人□禮既□□□□□戒乎本末之偏勝夫禮器大備□□□□□□□□其内有其本而無其末亦豈先王□□□□□□□□□□

禮雖本於天地自然之序而□立之□□□□□□□□□人之立禮也又豈徒然哉必有其本而□□□□□□□以立其體於内文所以行其用於外本□□□□是也文孝何義理是也發己自盡之□忠循物無□□謂信行而宜之之謂義當於人心之謂理忠信而爲之本此禮之體□以立義理而爲之□此禮之用所以行苟無其本則雖□□楫讓之可觀玉□□錯之可美然恭敬而無實則謂□虚拘矣本之不立如禮何苟無其文則委巷之□□足取質朴之儀無足稱誠實雖有余然近於鄙略矣文之不行如禮何務必文因於本而所以飾之者不爲過本因於文而所以行之者中其節矣愚故曰論聖人之制禮□貴□内外之兼全尤戒乎□□之偏勝者此之謂歟大抵禮之□□當先而猶不可□無其文禮之文固當用而又不可□□其本下章曰甘受和白受采忠信之人可以學禮孔子曰禮云禮云玉帛云乎哉若是則本末□□者聖人立禮之方也本先文後者聖人教人之序□□□□□聖人制禮之方循序而進焉則可與之學禮矣

天無私覆地無私載日月無私照奉斯三者以勞天下此之謂三無私

劉瑔

同考官□□□□（□□□□□□□□□□□半此作無一語陳腐尤善□□□□□無□□□恩必深於禮記者宜表而出之）

考官訓導林批（□造語奇特□經□之杰作也置之前列孰曰不□）

觀造化形乎兩間而有至公之德當□聖人參乎兩間而有至公之治蓋造化之德固散見於□□然使天下咸被夫造化之德者非聖人法之以爲治□孰能之哉昔者子夏問三王之德何以參於天地□夫子答之以此今夫造化不可以俄而測也不可以淺而窺也何以見其有至公之德歟蓋乾以氣覆於上坤以形載於下而舉天地之形形色色無有出於覆載之間□□陽□以明於晝月爲陰精以明於夜而舉萬物之纖洪高下□□出於照臨之下均之於覆載也均之於照臨也不以□□加損不以此而加益非造化之形乎兩間而有至公之德歟然聖人者造化之宗主也中天下□□定四海之民是必奉天地之無私而使天下咸囿□□載之間奉日□之無私而使天下咸歸於照臨之下□□□□□□□□□□利乎萬物與日月并明而有以□□□□□□□□□所撫恤也而撫恤之恩□□□□□□□□□□□□也而懷柔之道不容於不盡□□□□□□□□□□□□人奉無私之德舉而措之□斯其□□□□□□□□□□□非聖人參乎兩間而有至公之治□□萬

物□□□□□至公固不足以運行四時而不窮□□□□而不繆□聖人而非法之造化之至公又何以□□庶類而利安萬民哉是知造化示此理於上下聖人法此理於兩間造化以此理而□造化聖人以此理而爲聖人造化□□人也一而二二而一者也

論

崇德好善

陳□

考官教諭倪批（德善之旨發明透徹且□□□之心甚切三復此篇令人崇好之意藹然允爲杰作）

考官訓導林批（□□場）

論曰大□烝民□□□則□□秉□□是懿德蓋德也善也固人心之□□□□□是□□□□善者亦人心之所同然也向□□□□□□□□□□之有善而不知所□□□□□□□□□□□□豈足謂之人心之所同□□□□□□□□□□□□上而無聲無臭者天也蕩蕩□□□□□□□□□也然天雖曰無聲而無臭故於□□□□□有□□□□□以祥雖曰冲漠而無□故於人□□善者未嘗不□之以福是何也一天理之自然也矧□□稟天地之氣□成形具天地之理以爲性而德之與善固本於天之所賦而所以崇之而好之者亦順乎天理之自然耳□□者何人之所德乎□而虚靈不昧者是也善者何□□所賦於己而純粹無惡者是也□而言之曰德曰善合而言之一理而已是故□義禮智之具於己者此德也即此善也孝弟忠信之□諸身者此德也亦此善也然人不徒有是德貴乎崇之而已不徒有是善貴乎□之而已德而曰崇□也恭敬奉持而一毫怠忽之心無有焉日新又新而一念懋勉之情不息焉若然則德□以積於己矣善而曰好必也惟日孳孳而一息遺忘之患無有焉惟日不足而一念篤好之□□存焉若然則善有以修於己矣雖然是德也非□□所獨淂乃天□□人所同得也是善也非吾之所□□□□四海□□□□有也吾能崇其德則天下□□□□□其□□□□好夫善則四海之衆亦能□□□□□□□□□□康之自於天者不□□□□□□□□□□□□於天者不求而自集大哉崇□□□□□乎□□□□□□天錫福之效乎嗟夫崇德好善□□□□之所□□□□□勸善又在上之人所當務也欽□□朝□□聖天子在□法先聖□□□仁義建皇極以開太平黑顛圓顱之衆咸躋夫修德履道之域而聖人之心猶且拳拳焉惟恐□有德之不能崇也聚盧托□之徒率鼓舞於遷善改過之地□聖人

之心猶且切切焉惟恐□有善之不能好也乃於萬幾之暇□摭傳記得夫古之爲善曁有陰騭及人者凡百六十五人編集成書發□衷之論斷者盛世之典謨名曰爲善陰騭特命鋟梓以□其傳蓋欲天下之人法前人之□德者以積其在己之德監前人之爲善者以修其在□□善故崇德好善□訓見於御製序文之篇大哉□□皇之言乎至哉吾□□皇之心乎斯世斯□□□□歟

誥

擬唐以馬周爲監察御史誥

蘇起

考官訓導林批（誥得唐體）

考官教諭倪批（典雅可觀）

敕維糾繆繩愆□□風霜之節揚清激濁尚資耳目之□苟非老□□士曷膺是選□□（具官某）剛明有守正直無阿□□□□□□以□□□□□顔忠諫足以匡□君□□□□□□□□□□□命爲監察御史□□□□□□□□□□□□□清肅海宇奠安往

表

擬唐虞世南止聖德論表

□□

考官教諭倪批（祝願之誠感激之意溢乎□辞非素藴忠義之氣者不能道也令人起敬）

考官訓導林批（□□齊）

聖人臨御開萬載□□平天命攸歸仰□人之有慶功高□□莫及德臣□皇帝陛□龍□□□□□之□□□□而戡禍亂以文亂□□□□□□□□□□□不及惟精一至哉□□□□□□□□□□□□□聖雖三王不足與方□五□□□□□□日□□□□□罄名言之妙山高海□曷勝贊□□□□世□□□□□三才末品素乏論思之學□□□職之榮欲致□□蒭蕘敢陳言於聖德尚冀緝熙□學川方至而日方升永固皇圖天與長而地與久謹撰聖德論一卷隨表上進以聞不勝犬馬待罪之至

策

第一問

陳聳

考官教諭倪批（五策翩翩筆勢浩浩詞□叙事若綱之在綱綸□猶射之中的可謂善於答策者矣學校一篇尤佳足爲萬來□式他日大廷之對非

子其誰與）

考官訓導□□（剖析詳明波瀾層□□誠□學能文之士也宜膺高薦）

天啓皇明□詔□□□□□□□□□□□□□首舉夫古今之學校□問□□□□□也□□□□□閲蠹簡于兹有年矣敢不述□□□復明□□□一焉且夫學校者風化之原人□□所自出也是□七之王者建國君民必以教學□□□誠急務也粤稽諸古有虞之時其大學曰上庠小學曰下庠夏則大學曰東序小學曰西序商則大學曰右學小學曰左學廹至成周而法制加詳焉一曰虞庠亦曰米□即虞學也以養庶老□□書則在焉二曰東膠即夏學也以養國老春夏學□□秋冬學羽籥而大師丞論説則在焉三曰瞽□□商學也以祭樂祖春秋學禮樂則在焉四曰辟雍諸侯曰□宮則凡出征□脉則在焉五曰成均四代之所共也天子承師問道取賢斂才又豈不在是乎此四代之學其名□可知矣下逮漢之高祖以馬上□天下未遑庠序之事孝文旁求儒雅初置博士□□表章六經疇咨俊茂興大學置博士弟子□□是時而郡縣之學則未有也惟文翁守蜀乃□□□於成□由□教化比於齊魯武帝□之□□□□□□□□□□□□□翁始也□□□□□□□□□□□□□帝尊師重傳臨雍□□□□□□□□□□□□□□□安帝薄於文藝博士□□□□□□爲□□□□□修黌宇終漢之□生徒至□□□□人亦□□□之□也唐太宗以武功之天下以□□綏太平大召□儒增廣生　員增築學舍千二百閑□□新羅百濟亦遣子入學鼓笥踵堂者凡八千余□至代宗時夷秋多虞弦誦之地寂寥無聲矣宋德隆盛治教休明當時建學有國子監大學書學律學及内外三舍而□□定之教授蘇湖分經□治事水利□數之齋其法制視古益密矣奈何胡□入主中國非我族類華風以之而淪没彜道竟□於傾頽故當時在京都雖有國子監之設在天下□有州郡學之制然徒有建學之名而無育材之實故人材之登科甲者率多山林田野之夫求其由學校而進身不多得師儒之掌教鐸者咸皆記誦詞章之士求其飽經而稱職者不多見尚何望其教化之大行人才之輩出哉洪惟聖朝大開景運□□文明我太祖高皇帝龍飛□□□□區□□位□□拳拳焉以建學□師爲□□□□□以□□□□爲心故内設國子□□□□□□□□□□□□民間之俊秀爲師□□□□□□□□□□□□□科以來或由進士而□或由□□□□□者□□□□不可勝數信視前代爲有加矣□□□□立學□□□□朝廷之當爲而□□興舉尤有司□者務故太祖於大誥續編五十七條有曰其賢人君子爲有司也必欲上佐朝廷下福生民惟學校爲之

急務又曰有司興舉學校實爲朝廷□本澄源之地夫學校者人才之所自出風俗之所由□也有司誠勸勉之有其道□學校興而人才□□而出吾見其推是學也則可以致是□□□之君施是學也則可以使是民爲堯舜之民信乎上佐朝廷下福生民矣有司誠興舉之有其方則教化行而風俗由之而美□□其尊親敬長藹然孝弟之風隆師親友翕然禮□□習信乎爲端本澄源之地也吁學校興而賢□□師道立而善□多正有在於今日管□區區未□□□□惟矜□□而□教之幸甚

第二問

蘇起

□□□□□批（□□□□□□此篇尤見精於理學非老作不□□以□□）

考官教諭□批（□□□發明性善□□甚當）

秋闈天開多□□集執事典文衡策多士而以古之聖賢方性及□誥爲善陰隲言教理善之同异爲問甚盛舉也愚不敏敢□不急心以復明問之萬一乎且夫人得天地之氣以□□□天地之理以爲性是性也不以聖賢而有加□□□不肖而嗇故堯舜塗人一也豈有不善之□之湯誥言若有恒性實所以開萬世言性之端也君□□□吾夫子之繫易有繼善成性之論孟子立言性善之説是則性之一字可謂深切著明矣皆性之本然也至若荀卿大儒也有性惡之説楊雄名儒也亦有性善惡混之言是皆不知性之本善故有是言則性豈有惡豈有善惡混之理乎及夫韓子乃醇儒而知道者也亦有性有三品之説上爲者善而已矣中爲□□□□□□□□也□□□惡而已矣則性固無不□□□□□□□□謂□□□□所以不無可議也□太祖聖□□□□□萬幾□□□□□玉音□成□□□□□大誥頒示天下於三十一條有曰□教育民之安蓋五教者即五常之性也育民之安者即所以復其善也逮我□上御製爲善陰隲前後序文有曰天人一理曰修德行善□盛□□訓不一而足蓋欲天下之人皆歸於善而咸不以□是以營東郊西非一民也舉皆席於景星慶□□下越南冀北非一地也咸皆囿於春臺玉燭之□□□□□勸免垂教之盛心何其至歟然則教也理也善也其與恒性成性性善之説分而言之雖有不同合而言之則無异也愚也管見區區未知是否惟執事恕其狂妄少垂覽焉

浙江鄉闈小録後序

□□設科取士登庸俊良以躋雍熙之治甚□□□盛典也乃永樂十有八年歲當大比浙江藩憲二司肅致禮□延聘儒碩俾典文衡顧余菲陋亦叨是選至期合庠序生之業成而藝精□與山林□凡七百有□莫不軒騰鼓舞抽□□□□□□□□□□□訓翰之場連日校□□□□□□□□□□千人猗歟盛哉雖曰□□□□□□□□之效實繇□□□□□□也□□藩憲如故事拔□文之工者□□以傳俾□序其後欽惟嗣位以來聿遵成憲至於學校尤拳拳焉邇者□爲善陰騭諸書頒布天下□□□德優渥滂沛雖田野細民莫不涵濡□□□嚮化士生其間誠千載之一遇也諸君子□□□領薦于鄉矣由是策名春官敷對□□□□將有民社之寄尤當攄發素藴砥礪名節□立功業於盛世垂休光於無窮豈不爲是科之榮哉此余深有望於諸君子也尚懋勉之

永樂十八□□□月之吉江西饒州府樂平縣□□□□序

天順六年浙江鄉試録

浙江鄉試録序

天相人君莫大於以人才遺之我朝自太祖高皇帝肇造區夏百年于兹其間□□賢進繇科甲而名於世者不可殫紀列聖相承益宏丕構重熙累洽輔理承化之功無愧古昔此豈人力耶天相之也乃天順六年壬午浙江開科取士所司恪奉舊制敦聘福等爲考試官至期萃十有一郡之士千四百餘於衡度下而精其去取于時鎮守右少監盧永暨都指揮同知王政以委任之重薦意作興而巡按是邦則監察御史孫珂實臨莅以總督之巡核鹺法監察御史張黼清理戎政監察御史黄謹實同德而綱維之提調則布政司左布政使沈義監試則按察司副使張岐僉事劉溥以至贊襄防範則右布政使秦敬按察使曾蒙簡右參政鄭宏楊鏞副使張清馮靖右參議史順高崇僉事吴立和維黄鎬辛訪而澄汰激昂則有提學副使張和内外悉心惟公惟密凡三試其藝制額中程式者九十人登名小録獻于天府故事宜有序福爲之言曰天欲開一代隆平之運必薦生人才以輔翊之而名聞無窮如堯舉十六相舜舉二十二人武王有臣十人其道義忠信廉耻名節莫不相益相濟無施不可以至漢唐宋英君誼辟享祚長久要亦皆有天遺之才以爲之佐焉矧聖朝多士接武茂隆二帝三王之治愈久益盛天意在兹信不可誣漢唐宋未足議也邇者復設督學憲臣振其委靡怠荒之習士氣勃然又爲一新故兹論秀而升率皆敦龐俊偉彙征秀拔敻异於前即其文藝藹然可見行將捷春闈第進士階顯融爲有待其尚思夫天相國家身當貴且賢之責使十六相二十二人與夫十臣之道德功業克盡於己無愧於天如是則真有光於科目不悖於天意唐虞三代之英復見於昭代矣福故預書爲朝廷得人賀

湖廣武昌府咸寧縣儒學教諭伍福謹序

天順六年浙江鄉試

監臨官

巡按浙江監察御史孫珂（廷珍山東福山縣人　甲戌進士）

提調官

浙江等處承宣布政使司左布政使沈義（時□直隸江都縣人　戊辰進士）

監試官

浙江等處提刑按察司副使張岐（來鳳直隸興□縣人　甲戌進士）

浙江等處提刑按察司僉事劉溥（□□江西廬陵縣人　甲戌進士）

考試官

湖廣武昌府咸寧縣儒學教諭伍福（天錫江西臨川縣人　甲子貢士）

廣東韶州府儒學教授方玭（體行福建莆田縣人　辛酉貢士）

同考試官

河南河南府儒學教授黎浩（宜夫廣東高□縣人　辛酉貢士）

江西南昌府新建縣儒學教諭李傑（懷英直隸滁州人　癸酉貢士）

山東兖州府嶧縣儒學訓導裴璘（□□直隸清□縣人　癸酉貢士）

直隸真定府冀州武邑縣儒學訓導章度（□□直隸常熟縣人　庚午貢士）

直隸常州府武進縣儒學訓導劉珍（仲儒江西泰和縣人　庚午貢士）

收掌試卷官

浙江都司經歷司經歷萬寶（廷用直隸密雲縣人　監生）

印卷官

浙江布政司照磨所照磨陳敷（仲寬直隸海州人　監生）

受卷官

浙江紹興府同知李恕（克□湖廣漢陽縣人　監生）

浙江嚴州府通判傅汝楫（濟川陝西膚施縣人　丁卯貢士）

彌封官

浙江杭州府通判閻敬（公肅江西南昌縣人　甲子貢士）

浙江紹興府上虞縣知縣吉惠（澤民直隸丹徒縣人　丁丑進士）

謄録官

浙江金華府東陽縣知縣張立（大本河南鄧州人　監生）

浙江金華府義烏縣主簿張賢（仲遠直隸邢臺縣人　承差）

對讀官

浙江杭州府海寧縣知縣常安（永寧直隸東安縣人　監生）

浙江湖州府武康縣典史胡欽（持己江西星子縣人　吏員）

巡綽官

昭勇將軍杭州前衛指揮使江昇（彦高直隸望江縣人）

懷遠將軍杭州前衛指揮同知吴謹（廷裕直隸貴池縣人）

搜檢官

懷遠將軍杭州右衛指揮同知翟英（彦才河南睢州人）

明威將軍杭州前衛指揮僉事張璘（廷用直隸合淝縣人）

明威將軍杭州右衛指揮僉事黎端（持正直隸梁縣人）

明威將軍杭州右衛指揮僉事孫衡（秉中湖州烏程縣人）

供給官

浙江杭州府通判張本（澄源湖廣松滋縣人　乙卯貢士）

浙江杭州府仁和縣主簿申忠（□孝山西潞城縣人　□□方正）

浙江杭州府錢塘縣主簿陳琋（仲玉江西大庾縣人　吏員）

掌行科舉文字

浙江布政司禮房令史葉程（山陰縣人）

謄録文字

生員金玉等壹百捌拾名

第一場

四書

子使漆雕開仕對曰吾斯之未能信子説　夫焉有所倚肫肫其仁淵淵其淵浩浩其天　達不離道故民不失望焉古之人得志澤加於民

易經

初九不遠復無祇悔元吉象曰不遠之復以修身也六二休復吉象曰休復之吉以下仁也　中孚柔在内而剛得中説而巽孚乃化邦也豚魚吉信及豚魚也利涉大川乘木舟虚也中孚以利貞乃應乎天也　神而明之存乎其人默而成之不言而信存乎德行　是故易者象也象也者像也

書經

在璿璣玉衡以齊七政肆類于上帝禋于六宗望于山川遍于群神輯五瑞既月乃日覲四岳群牧班瑞于群后歲二月東巡守至于岱宗柴望秩于山川肆覲東后　導岍及岐至于荆山逾于河壺口雷首至于太岳底柱析城至于王屋太行恒山至于碣石入于海　一五行一曰水二曰火三曰木四曰金五曰土水曰潤下火曰炎上木曰曲直金曰從革土爰稼穡潤下作鹹炎上作苦曲直作酸從革作辛稼穡作甘二五事一曰貌二曰言三曰視四曰聽五曰思貌曰恭言曰從視曰明聽曰聰思曰睿恭作肅從作乂明作哲聰作謀睿作聖　以覲文王之耿光以揚武王之大烈

詩經

如月之恒如日之升如南山之壽　文王受命有此武功既伐于崇作邑于豐文王烝哉築城伊淢作豐伊匹匪棘其欲遹追來孝王后烝哉　載獲濟濟有實其積萬億及□爲酒爲醴烝畀祖妣以洽百禮有飶其香邦家之光有椒有馨胡考之寧匪且有且匪今斯今振古如兹　古帝命武湯正域彼四方方命后奄有九有商之先后受命不殆在武丁孫子武丁孫子武王靡不勝龍旂十乘大糦是承

春秋

鄭人來輸平公會齊侯盟于艾（隱公六年）鄭伯使宛來歸祊（隱公八年）公會齊侯于防（隱公九年）公會齊侯鄭伯于中丘翬帥師會齊人鄭人伐宋公敗宋師于菅（隱公十年）公會鄭伯于時來公及齊侯鄭伯入許（隱公十一年）公會齊侯盟于柯（莊公十三年）齊人宋人陳人伐我西鄙（莊公十九年）公會齊侯盟于扈（莊公二十三年）齊侯來獻戎捷（莊公三十一年）公子友如齊莅盟（僖公三年）公會齊侯宋公陳侯衛侯鄭伯許男曹伯侵蔡蔡潰遂伐楚次于陘楚屈完來盟于師盟于召陵（僖公四年）　六月雨（僖公三年）衛人代邢（僖公十九年）　衛孫良夫帥師及齊師戰于新築（成公二年）會于蕭魚（襄公十一年）　公及晋侯盟于長樗（襄公三年）叔孫豹如晋（襄公四年）

禮記

命樂師修鞀鞞鼓均琴瑟管簫執干戚戈羽調竽笙篪簧飭鍾磬柷敔命有司爲民祈祀山川百源大雩帝用盛樂　明水涚齊貴新也凡涚新之也其謂之明水也由主人之潔著此水也　尊祖故敬宗敬宗尊祖之義也　爲人祭曰致福爲己祭而致膳於君子曰膳

第二場

論

人君與天地同體

詔誥表（内科一道）

擬漢高帝求遺賢詔　擬唐太宗以李大亮爲工部尚書誥　擬宋以周必大爲吏部尚書兼翰林承旨謝表

判語（五條）

舉用有過官吏　卑幼私擅用財　禁止師巫邪術　私越冒度關津　詐欺官私取財

第三場

策（五道）

問　聖神出而天運昌聖典成而治功盛焕乎鬱乎曠古莫之與京惟我朝爲然蓋嘗伏睹太祖高皇帝一新海宇訓飭臣工而三誥作焉太宗文皇帝繼統重熙敦化正俗而二書製焉宣宗章皇帝丕承鴻業彙萃經史而五倫書成焉列聖相承今典昭垂廣大精詳宜家傳而人誦也然三誥之文昭示禍福其間若有司科歛害民無厭私遞贓私構爲奸比有司超群而加勞官吏下鄉而致罪者其人可歷數歟孝順事實述爲孝之道孝一也其間若大孝達孝孝愛孝德孝感孝忠孝友貧孝孝節其行事之不同可悉舉歟爲善陰隲本愛物之仁仁一也其間若温仁仁厚仁恕仁恤仁惠仁直寬仁其所施之有异可詳言歟五倫書所載皆綱常之典然先儒以爲天屬而以人合者居其三焉可得而知歟或又以人屬天屬分言之者可得而聞歟夫誥書之頒天葩鴻藻昭回雲漢語制作即經天緯地之文極推行即經綸參贊之業蓋與六經之旨相爲貫通又可得而聞其要歟子諸生誦習久矣願詳陳之毋徒敷演問目爲也

問　自古國家用人未嘗不以收人望爲先故一鄉一邑之望一鄉一邑向之一國天下之望一國天下向之衆望所向公論繫焉歷觀前史禹稷契皋夔伊傅周召當時望之聖君用之格天之功不容議矣降自後世衆望在循吏用之而郡國向治衆望在舊士用之而江東歸心衆望以節義爲重一刺荆州而盗賊請降一爲司隸而佞幸屏迹衆望以德勛爲重岩廊一登而幽鎮自臣回紇一見而下馬羅拜有起於南陽而成佐蜀之功有起於東山而致興晋之業并拜相麻而搢紳之流至相慶賀繼鎮關西而骨寒之謡傳播軍中兒童走

卒皆誦其名者再相於何日小兒婦女皆知其功者登揆於何時夫士君子以一身繫中國之觀望固然矣至若無地□樓臺之詩流布北虜長嘯却胡騎之賦傳誦高麗出鎮天雄虜使一過而不敢疾驅出莅大名虜使入境而沐浴潔服是皆人望之杰然用之信足以表治而福民可得而悉數其人歟子諸生學以博古毋以載諸史册爲辭

問　成周政典之書典章文物既明且備學者所當講也然以是書爲王道之極者以是書爲真聖人作者有以廣大精密贊之者有以爲瀆亂不經者有以爲六國陰謀者以爲難行而可疑者矣以爲秦漢諸儒所損益者矣可舉其人而折衷歟彼治官之属教官之属禮官之属政官之属刑官之属可悉知其數歟姑即其概言之其治官府則以八法治群臣則以八柄八法有官属官職官聯官計官成又有官法官刑官常之名可得而悉言其意歟八柄有馭貴馭富馭幸馭行馭福又有馭貧馭罪馭過之目可得而悉述其故歟至若以官府之八成經邦治以聽官府之六計弊群吏之治皆可得而備舉歟法與柄成與計主之者抑又何職歟我朝聖神御極立法裁規設官分職大小相維經拳并舉果有得於古人之遺意歟諸生强學待問願詳陳之毋隱

問　古人之文章事功確確乎必傳也鑿鑿乎可行也若大玄準易而不述中説續經而不慚晋無文章惟歸去來辭原道原性可以方駕七篇而其事功何落落也張子房有儒者氣象諸葛孔明忠見於出師二表李長源之再復兩京何者有優劣之辯彼用夏變夷如張佑侯王景略輩詎無足稱歟王蘇之學術一用之而有熙寧之烈一不用而文章名天下彼東京王符王充徐幹仲長統輩不亦杰丈夫哉何其無聞也十七史皆稱名家而漢書班史獨膾炙人口何也歐爲韓學者也而順宗實録五代史殊逕庭焉若唐書則有間矣而范鑒何獨見取耶若夫濂洛關閩諸君子固不敢以文章事功言也而邵堯夫司馬君實獨不與道統何耶夫讀書不知其人可乎是以尚論其世也請言之以觀所藴

問　經史時務體用相資爲治之要道不可偏廢者也孔門四科若冉閔游夏夫子各以德行文學稱之考其設施何者爲切於時務之言歟漢廷對策若倪董公孫史臣皆以儒雅贊之迹其行事何者有不通世務之譏歟若春秋足以决事書足以推五行休咎行河有考於禹貢剸繁治劇祖於明經其人於儒術吏治何如唐設科目其名至八十有六果儒術吏治兼取歟抑岐而二之歟當時言黜陟者請以八計聽吏治其目可得而詳歟我朝以科目取士固以儒術達於吏治察其振弛考其殿最黜陟之典備矣然撫字非不稽也户口或

未登本末非不稽也田野或未闢廉冒稽矣而何賦役未均聽斷稽矣而何詞訟未息稽其决滯而囚繫愈多稽其禁禦而盜賊未弭風化嘗稽而弦歌之俗未洽教導嘗稽而生徒之業未充酌古準今何以盡設施之要而各臻成效歟

中式舉人九十名

第一名　盧楷　東陽縣學生　春秋
第二名　俞藎　桐盧縣學生　書
第三名　章懋　蘭谿縣學生　易
第四名　蕭昱　山陰縣學生　詩
第五名　趙勝　義烏縣學生　禮記
第六名　俞澤　桐廬縣學生　書
第七名　桂籍　慈谿縣學增廣生　詩
第八名　易森　平陽縣學生　書
第九名　王環　新昌縣學生　詩
第十名　項秉中　瑞安縣學生　易
第十一名　盧□　松陽縣學生　春秋
第十二名　周鑑　紹興府學生禮記
第十三名　柳演　平陽縣學生　書
第十四名　楊粲　慈谿縣學生　詩
第十五名　張文曜　象山縣學生　易
第十六名　商良臣　淳安縣學增廣生　書
第十七名　王瀹　上虞縣學生　詩
第十八名　陳吉　鄞縣學增廣生　易
第十九名　孫能　山陰縣學生　春秋
第二十名　翁遂　余姚縣學增廣生　禮記
第二十一名　沈復　嘉興府學生　書
第二十二名　羅倫　黄岩縣儒士　詩
第二十三名　張錫　杭州府學生　易
第二十四名　邵新　嚴州府學生　春秋
第二十五名　黄伯川　余姚縣儒士　禮記
第二十六名　包鼎　嘉興縣學生　書

第二十七名　范潤　寧波府學生　書
第二十八名　范絪　天台縣學增廣生　詩
第二十九名　王瑞　永嘉縣學生　易
第三十名　袁釗　嘉興府學生　書
第三十一名　裘淑登　天台縣學生　詩
第三十二名　達秦　麗水縣學生　易
第三十三名　李高　慈谿縣學生　書
第三十四名　陳瓘　天台縣學生　詩
第三十五名　陸愈　平湖縣學增廣生　書
第三十六名　馬達　紹興府學增廣生　詩
第三十七名　方銓　新城縣學生　易
第三十八名　徐洪　蕭山縣學生　書
第三十九名　余□　台州府學增廣生　詩
第四十名　張伋　諸暨縣學生　春秋
第四十一名　夏增　天台縣儒士　詩
第四十二名　虞瑤　縉雲縣學生　易
第四十三名　袁寧　天台縣儒士　詩
第四十四名　杜嶠　鄞縣儒士　書
第四十五名　袁晟　紹興府學生　詩
第四十六名　郎澄　杭州府學生　春秋
第四十七名　沈澂　錢塘縣學增廣生　詩
第四十八名　吴春　桐廬縣學生　春秋
第四十九名　趙讓　桐鄉縣學生　書
第五十名　金縢　鄞縣儒士　易
第五十一名　楊昱　紹興府學生　詩
第五十二名　楊榮　余姚縣儒士　書
第五十三名　葉盛　蘭谿縣學生　詩
第五十四名　余英　西安縣學生　易
第五十五名　張琳　台州府學生　詩
第五十六名　方輅　平湖縣學生　書
第五十七名　徐海　海寧縣儒士　詩
第五十八名　馬文　奉化縣學生　易

第五十九名　周肅　慈谿縣學增廣生　詩
第六十名　應祐　黄岩縣學生　易
第六十一名　向秉直　慈谿縣學增廣生　詩
第六十二名　錢珍　余姚縣學增廣生　禮記
第六十三名　陳英　鄞縣學增廣生　詩
第六十四名　詹巨卿　黄岩縣學生　書
第六十五名　章軫　紹興府學增廣生　詩
第六十六名　趙艮　永康縣學生　書
第六十七名　司馬垚　山陰縣儒士　易
第六十八名　陳華　慈谿縣學生　詩
第六十九名　俞俊　麗水縣學生　書
第七十名　吴智　余姚縣儒士　禮記
第七十一名　姚坰　慈谿縣學增廣生　詩
第七十二名　魯璵　會稽縣學生　春秋
第七十三名　鄭燁　金華縣學生　詩
第七十四名　吴慎　上虞縣學增廣生　書
第七十五名　嚴裕　仁和縣學生　易
第七十六名　樊鯤　常山縣學生　詩
第七十七名　陳湘　錢塘縣學增廣生　書
第七十八名　朱瓘　會稽縣學生　春秋
第七十九名　章泓　安吉縣學生　詩
第八十名　葉彬　仁和縣學生　春秋
第八十一名　項旻　瑞安縣學生　禮記
第八十二名　周鑑　仁和縣學生　春秋
第八十三名　吴奎　麗水縣學生　易
第八十四名　鄭繹　樂清縣學生　書
第八十五名　盛璋　寧波府學生　易
第八十六名　張珏　杭州府學生　禮記
第八十七名　楊瑛　平陽縣學增廣生　易
第八十八名　錢鉞　錢塘縣學生　春秋
第八十九名　徐瑺　臨安縣學生　書
第九十名　張奎　臨海縣學增廣生　禮記

四書義

子使漆雕開仕對曰吾斯之未能信子説

盧楷

同考試官教授黎批（題本平易作者於斯字往往指言該括不盡且辨子説處欠發明此作得之）

考試官教授方批（言簡理到允爲佳作）

考試官教諭伍批（文理明整所宜録出）

聖人命賢者之仕也賢者答以理未明聖人喜其志之篤蓋理明而後可以治人也聖人因賢者之對安得不喜其志之篤哉在昔聖人使漆雕開之意蓋謂學古所以入官開也學識之長足以正君而善俗可不出而行其道乎明體所以適用開也才能之富足以修政而立事可不達而行其志乎使他人而聞此則干禄之心起慕外之念動而開也不然卒然之間一語之對意謂學古固可以入官開於是理未能真知而無毫髪之疑豈可輕出以事君乎明體固可以適用開於是理未能灼見而無纖芥之惑豈可苟仕以治民乎賢者之對若此聖人於是聞其言而喜於心意以汲汲於富貴人之常情也今開之篤志若此是不安於小成他日所就豈可量乎孳孳於利達世之常態也今開之見道如此是不誘於近利他日所造豈可度乎噫賢者才可仕而聖人使之賢者志之篤而聖人喜之宜門人有以記之也抑考此章言漆雕開見大意而致聖人之喜他日曾點見大意而致聖人之嘆論資稟之誠慤則開優於點論見起之超詣則點賢於開其視區區於干禄之學規規於事爲之末者其可同日而語

夫焉有所倚肫肫其仁淵淵其淵浩浩其天

章懋

同考試官教諭李批（始終以至誠功用立説蓋嘗究心於性理之學者）

考試官教授方批（融會傳注不尚浮華允爲作手）

考試官教諭伍批（文理醇正宜表出之）

中庸論至誠之功用皆自然而又極言其盛也蓋至誠之功用一出於自然苟不極言以形容之又何以見其盛哉且夫聖人之德極誠無妄於天下之大經則經綸之其所以經綸者初非有所倚於物而後能皆出於自然耳於天下之大本則立之其所以立之者初非有所著於物而後能亦皆出於自然耳

至於天地之化育則又自然與之默契渾融又豈有所倚著而後能哉然至誠之功用不特出於自然而又各極其盛焉是故以言其經綸則人倫之間懇切詳至極其仁厚而無間有以盡乎人道矣以言其立本則所性之德静深有本與深淵而爲一有以合乎地道矣至於知化育也則廣大無外又豈不與天道吻合而無開哉功用如此其盛非天下至誠其孰能與於此抑考上章言至聖之德而曰如天如淵則聖人與天淵猶二也此章言至誠之道而曰其天其淵則聖人即天淵也至誠之道非至聖不能知至聖之德非至誠不能爲不然下文何以曰苟不固聰明聖智達天德者其孰能知之

達不離道故民不失望焉古之人得志澤加於民

蕭昱

同考試官訓導章批（場中作者於達不離道處多不本德義立説殊失本旨此作得之）

考試官教授方批（辭理明達敻出衆作）

考試官教諭伍批（理明辭暢佳作也）

大賢論士用不違於所守而民不負於所期必申言其實也蓋民之遂所望者以士之用不違於所守也苟不申言之又何以見其實哉今夫居廊廟而負鼎鼐之重此士之達也達之所施莫非平日所尊之德雖富貴不能淫任司牧而有民社之寄亦士之達也達之所行莫非平日所樂之義雖勢利不能移惟其達不離道如此故民素望其興道而致治今焉親睹其臨政一皆此德之流行果如其所望焉民素仰其行道而濟時今焉親見其行事一皆此義之發越果副其所仰焉然民不失望之實果何以驗之觀於古人概可見矣彼其言聽計從乃古人得志之時也而其所尊之德加于百姓沛乎膏澤之敷布非民不失望之實乎謨明弼諧亦古人得志之日也而其所樂之義洽于黎元溢乎時雨之沾濡又非□不失望之實乎孟子以是爲宋勾踐告其開示之意深矣嗟夫時至戰國道學不明爲士者惟游説是售往往以人之知不知爲欣戚故孟子於宋勾踐既告以尊德樂義而又歷言窮達之事以曉之無非欲其知内重而外輕則無往而不善何必以游説為哉

易義

初九不遠復無祇悔元吉象曰不遠之復以修身也六二休復吉象曰休復之吉以下仁也

章懋

同考試官教諭李批（此篇以復善從善之義融會成文中以仁字貫講深合題意取冠本經允協□論）

考試官教授方批（説理明而詞不冗易卷中之表表□）

考試官教諭伍批（題長而文約之簡得潔凈精微之旨）

爻有復善從善之美前聖後聖各因其義而交贊之也蓋善莫大於仁初復於仁□能親而下之則不至於□而獲言也宜矣爻象聖人得不交贊之乎且復□□合坤震戌體以反善爲義初以一陽之爻復於□□□下復之最先又居事初是失之不遠而復於善也失不遠而能復則天理由是而明心德由是而全故其占不徒無悔而且不至於悔不徒獲吉亦且大善而吉焉周公係爻之義如此孔子象傳復申其辭曰以修身者誠以有過而不知固非所以修身知過而憚改亦非所以修身惟失之不遠而復此所以爲修身之道也得不元吉乎至若六二以柔順之資居中止之位切近於初志從乎陽乃復之休美者也陰柔而從乎陽是有舍己從人之善有以友輔仁之□□其占不惟免夫從逆之凶亦且獲□畝迪之吉□□公係爻之義如此孔子象傳復申其□曰以下仁者誠以初九不遠復是能堯去己私復於仁也二則從而下之資其善以自益初九無祇悔是能復還天理以爲仁也二則親而比之取其善以自治惟能下於仁此亦以爲復之休美者也得不吉乎爻象聖人交相發明初二爻義無余蘊矣大抵復之初九一陽矣復於下復之主也二比乎初則曰下仁四應平初則曰從道道與仁皆指初言也是則初九知過而改其明睿之君子二四舍己從人其向善之賢者乎

神而明之存乎其人默而成之不言而信存乎德行

項秉中

同考試官教諭李批（作者往往於神而明之處久體認且又分截神明默成爲二事殊戾本旨此篇認理明白措詞簡古是用録出釋群疑）

考試官教授方批（易之理微此作獨能發之）

考試官教諭伍批（以神明默成會合爲説得易之旨佳作也）

妙易之用在乎人而人之妙易本乎德蓋易之妙用□□□之妙理也卦爻之所以變通□在人人之所□能□而明之者豈不本於德行□□則□而裁之存乎變推而行之存乎通是變通也其體雖具於卦爻而用之則在乎人焉是故神而明之有如陰陽可測鼓之舞之而明此卦爻之變使其昭著而易知利用出入民咸用之而闡此卦爻之通使其明白而易見是豈卦爻之自致

哉必待乎體易之君子用易之聖人而後能盡之耳苟非其人道不虛行豈能神明是變通乎然神明變通者固在於人而人之所以能神而明之者則又存乎德行焉故不大聲色而神明之妙成於己不待言説而神明之妙孚於人是豈免强而能哉必得於心者真積之有素履於身者實踐之無瑕然後能盡之耳苟不至德至道不凝又何以默成其神明乎是知神而明之即神明此變通也默成而□即成信其神明也固非變通之外别有所謂神明亦豈神明之外又有所謂默成而信者哉故曰妙易之用在乎人而人之妙易本乎德者以此抑考繫辭傳是章上文自道器變通而言及事業以明聖□作易之用繼而又自卦爻變通言及德行以明聖□□易之妙始言變通而歸之事業自微而顯推易□於民也繼言變通而歸之德行自顯而微存易道於己也要之體用一原顯微無間非知道者孰能識之

書義

導岍及岐至于荆山逾于河壺口雷首至于太岳底柱析城至于王屋太行恒山至于碣石入于海

俞蓋

同考試官訓導裴批（作此題者多不能以大禹經理諸山使水有所歸立説此卷一本傳注文足以發之可取）

考試官教授方批（發明大禹隨山次第宛然在目）

考試官教諭伍批（大禹施功之叙發明允當）

觀史臣記導山之詳見聖人治水之叙蓋聖人治水之次第始之所歷有以見衆水之所經終之所至有以知衆水之所入史臣詳而録之其意深矣且夫天下之水未有不出於山亦未有不依於山故禹之治水而必導山始也是故曰岍曰岐曰荆者皆雍州之山也禹則循而導之自岍而至于岐自岐而至于荆夫導岍而至於荆則治水之功可謂至矣今而又謂之逾于河者于以見諸山之勢其水之所經者皆循故道而禹自荆山遇于河也若夫壺口雷首至于碣石者皆冀州之山也禹亦循而導之自壺口雷首至于太岳底柱析城至于王屋太行恒山至于碣石夫導壺口至于碣石則治水之功可謂盡矣今而又謂之入于海者子以見諸山之水衆水之所入者皆可底于海而無壅塞之患也雖然九州山水之經理已附于逐州之下而此又條列而詳陳者何也蓋言之於九州之下山水之經也言之於九州之後山水之緯也不言其經則無以知其定所不言其緯則無以知其脉絡史臣詳而記之以見太禹之勤民如此此其所以卒致地平天成而萬世永賴也歟

以覲文王之耿光以揚武王之大烈

愈蓋

同考試官訓導裴批（此題作者往往於覲耿光揚大烈處發揮不盡晚得此卷理明詞簡讀之令人起敬）

考試官教授方批（周公告君之意此作盡之）

考試官教諭伍批（發明題意詳盡可取）

觀大臣之告君欲其廣前人之德業也夫前人之德業後王所當廣也苟不能然其何以盡繼述之道乎昔周公舉□兵之訓以告賢王而言及此意謂周之天下文王以明德得之武王以大功成之而皆後王之所當繼述者也彼光于四方而大邦畏其力顯于西土而小邦懷其德非文王之耿光乎文王往矣今王誠熊詰爾我兵以陟禹之迹使普天之下皆被明德之光無异於文王之時則有以覲之使益顯見之使益著文主雖往而耿光不與之俱往豈但光于四方顯于西土而已哉恭天承命而一三分有二之天下燮伐大商而成九年未集之大統非武王之大烈乎武王遠矣今王誠能奮揚威武以方行天下使率土之濱皆仰功業之大無間於武王之時則有以揚之使益盛闡之使益隆武王雖遠而大烈不與之俱遠豈但恭天承命燮伐大商而已哉公之於王可謂期之□而望之至矣抑考立政一篇周公戒成王任用賢才之道篇終告以刑獄之當謹而此以詰兵之訓而繼之蓋犴獄之間尚恐一刑之誤況六師萬衆之命其敢不審而誤舉乎推勿誤庶獄之心而奉克詰戎兵之戒必非得己不已而輕用民命者也公之忠愛爲何如哉

詩義

如月之恒如日之升如南山之壽

蕭昱

同考試官訓導章批（題本乎易作者多不□神錫之福立説此篇認理明白措辭温厚宜冠本經）

考試官教授方批（臣子愛君之意溢於言表）

考試官教諭伍批（發明祝君神錫之福親切可嘉）

人臣之愛君既以天象祝其福之進盛復以地勢祝其福之悠久蓋人臣愛君之心無所不至也今因神錫之福安得不祝其進盛而悠久哉思昔人君以鹿鳴以下五詩燕其臣臣受賜者歌此詩以答其君其意謂夫民之質矣日用飲食雖云神錫吾君之福不過得之於一時而已惟願吾君得是福於己者

如月之上弦而就盈有進而無退也群黎百姓遍爲爾德雖云神錫吾君之福不過受之於一時而已惟願吾君受是福於身者如日之始出而就明有加而無已也夫祝君之福如月之恒宜若至矣然月則有時而或虧不若祝其福如南山之不騫不騰而與宇宙同其悠久可也願君之福如日之升宜若足矣然日則有時而或昃不若祝其福如南山之不震不頹而與天地相為無窮可也天保臣子祝願其君如此其忠愛之心爲何如哉抑又論之人君之燕享而以道德望其臣人臣之受賜而以福禄祝其君君燕其臣臣媚其君君臣上下交相忠愛以成德業此所以均享盛大悠久之福於無窮也歟

文王受命有此武功既伐于崇作邑于豐文王烝哉築城伊減作豐伊匹匪棘其欲遹追來孝王后烝哉

蕭昱

同考試官訓導章批（說出文王作豐得天與前人之□辭理俱到宜表出之）

考試官教授方批（理明辭婉佳作也）

考試官教諭伍批（得文王遷豐之旨）

聖人膺天眷以成武功而興作邑之事循常制以營城邑而繼前人之心此詩人所以兩贊其克君也夫成武功作豐邑皆天與前人之心也文王能繼承之以興王業詩人得不兩贊其克君也哉且夫假哉天命文王受之而戡黎之功由是而成其命維新文王膺之而伐密之績由是而著惟其有此武功而崇俠梗化天討不可以不除文王則是絶是忽而威德益□矣惟其崇侯既伐而民歸日衆豐邑不容以不作文王則經之營之而國勢浸盛矣伐崇俠以除天下之暴作豐邑以立天下之本是文王有以承上天之心而盡爲君之道詩人得不以烝哉之詞而贊之乎夫當豐邑既遷之後正城邑肇作之時其築豐邑之城必因舊溝以爲限而不大其規模也其作豐邑之居必與其城以相稱而不侈其制度也築斯城也非急成己之欲而苟作之特追先人之志而來繼之耳作斯邑也非亟成己之私而苟爲之特追先王之事而來述之耳作城邑而得營建之宜不徇欲而盡繼述之孝是文王有以成前人之志而盡爲君之道詩人得不以烝哉之詞而美之乎抑是詩言文王遷豐武王遷鎬之事於文王則曰文王受命有此武功則文王之文非不足於武也於武王則曰鎬京辟雍無思不服則武王之武非不足於文也文武一道父子一心此周家所以爲有道之長也歟

春秋義

鄭人來輸平公會齊侯盟于艾（隱公六年）鄭伯使宛來歸祊（隱公八年）公會齊侯于防（隱公九年）公會齊侯鄭伯于中丘翬帥師會齊人鄭人伐宋公敗宋師于菅（隱公十年）公會鄭伯于時來公及齊侯鄭伯入許（隱公十一年）公會齊侯盟于柯（莊公十三年）齊人宋人陳人伐我西鄙（莊公十九年）公會齊侯盟于扈（莊公二十三年）齊侯來獻戎捷（莊公三十一年）公子友如齊莅盟（僖公三年）公會齊侯宋公陳侯衛侯鄭伯許男曹伯侵蔡蔡潰遂伐楚次于陘楚屈完來盟于師盟于召陵（僖公四年）

盧楷

同考試官教授黎批（此題頭緒頗多皆有傳注可據作者往往失之是篇説出僖桓求魯暨行事得失一以書決斷之杰作也録出冠本經）

考試官教授方批（行文老健断制謹嚴必熟於麟經者）

考試官教諭伍批（断制僖桓行事得失至爲親切）

急於求望國而假之虐内者春秋著其非勤於結望國而資之攘外者春秋序其績此齊之僖桓多方求魯則同而資以行事則异也春秋得不寓意於書法之間哉且夫齊自厘公而降已小伯於東州矣僖何爲有求於魯乎蓋人望之國不從則人心有未協也是以假鄭輸平未幾而再結于艾之盟因鄭歸祊無何而繼講于防之好施惠利以離其黨重盟好以堅其從則齊魯之交固矣使僖能得魯而資之以行義豈不足以繼前人之烈哉奈何慮不及此惟報復是圖惟吞并爲念今年偕魯謀宋於中丘明年與魯謀許於時來中丘會而迭逞虐宋之師時來會而繼有入許之舉殘東夏之民而不憫逐大岳之胤而不恤聖人於中丘時來之後伐宋敗宋魯之君臣并録而於許則爵三國而盡入匪著其非而何迨夫齊自北杏有會已合四國而肇伯矣桓曷爲有求於魯乎蓋秉禮之邦懷疑則人心有未一也是以于柯釋怨甫已而西鄙之兵遂加于扈姻好方成而戎捷之獻繼至崇信好以結其心示威武以屈其勢則我魯之志從矣使桓徒得魯而不能資之以行義豈能成一□之業哉桓也能明乎此因子友之莅盟定南征之籌策先侵蔡以潰其黨遂伐楚而責以義不亟戰而于陘有次屈完來而召陵退盟師雖强律用之而不暴楚已服禮下之而不驕聖人於侵蔡伐楚之下書次于□來盟于師盟于召陵非序其績而何吁求魯以虐人者齊僖也結魯以攘夷者齊桓也属比而觀得失自見雖然齊僖假魯虐人伯事無成固不足道齊桓資魯行義豈特伐楚一役而已哉自是會首止以定大本盟于洮以安王室盟葵丘以明五禁伯業駸駸乎其盛我魯亦與

有光焉噫此信爲魯之賢君而桓爲五伯之盛歟

公及晉侯盟于長樗（襄公三年）叔孫豹如晉（襄公四年）

盧楷

同考試官教授黎批（此題主獻子相君叔孫奉使而出作者多無□見是篇援左氏以失禮知樂断二子得失殆無餘藴可嘉）

考試官教授方批（詞嚴義正得春秋之旨）

考試官教諭伍批（得相君失禮奉使知樂之旨）

大夫相禮而失禮爲可譏大夫聞樂而知樂爲可予此孟獻子相魯之非叔孫豹奉使之美春秋得不備書之哉且夫孟獻子魯大夫也何爲而有相禮之行當是時也襄公如晉獻子與偕晉悼一聞我公之來出迎長樗之境秩然珠盤玉敦之具藹然謙卑遜順之儀使獻子知禮有素則處置得宜豈不有光於其君耶而蔑也甫造設盟之所贊公稽首於地徒知國介東表晉爲魯之當敬也而不慮分義之有乖第知密邇仇讎晉爲魯之所望也而不思天子之在上瀆亂邦交逾越常典相禮之失莫甚於此春秋得不譏之乎若夫叔孫豹亦魯大夫也曷爲而聞樂於晉於斯際也武子言旋叔孫報聘晉悼一睹我使之至即□勞享之設迭奏肆夏文王之樂繼歌鹿鳴四牡之□使叔孫知樂未精則辭受靡當豈不有辱於君命耶而豹也深知詩樂之旨能達輕重之情聆夫肆夏文王爲享元侯會國君而奏非己敢當也則辭之而不拜察夫鹿鳴四牡爲嘉寡君勞使臣而作己所宜受也則拜之而不辭動容有節辭受適中奉使之美莫過於此春秋得不予之乎吁蔑之與豹皆我魯之卿也一則相禮而失禮一則聞樂而知樂則其賢否不較而自明矣雖然獻子失禮固爲可譏特一事之失也觀其深明義利能行潔短其賢實多叔孫知樂固爲可予特一事之善也觀其袁僑如會戊寅及盟其過莫掩讀經者宜考之

禮記義

明水涚齊貴新也凡涚新之也其謂之明水也由主人之潔著此水也

趙勝

同考試官訓導劉批（此題作者得旨殊鮮忽得此篇發揮明水涚齊貴新之義詞順理明允爲佳作）

考試官教授方批（祭物貴新之義發明無余藴矣）

考試官教諭伍批（詞理明整作手也）

惟奉祭之物同尚乎新必分言以釋其義也蓋明水涚齊報陰之物也二

物之薦既尚其新茍不釋其義又何以知主人敬事祖考之誠哉記禮者知其然謂夫古人宗廟之中正祭之時既設涗齊之尊而又設明水之尊蓋明水者陰鑒所取月中之水也祭而設明水非有調和之用貴其新而已矣涗齊者沸漉五□而使之清也祭而設涗齊非有滋味之美亦貴其新而已矣夫奉祭之物同尚乎新也如此於是又釋其義以見泛齊盎齊雖不一以水和之則新而不嫌於薄也緹齊沈齊雖不同以水解之則新而不嫌於淡也夫涗齊固以新爲義然水而謂之明者于以見此水因鑒而取實本於主人致其潔净而無一毫之垢焉于以見此水自月而生實本於主人致其明著而無纖塵之滓焉故曰奉祭之物同尚乎新必分言以釋其義也如此抑觀上文血祭盛氣也祭肺肝心貴氣主也祭黍稷加肺祭齊加明水報陰也取膟膋燔燎升首報陽也蓋取陽物所以報陽靈取陰物所以報陰靈是知古人祭祀之制何莫而非順乎陰陽之義歟

尊祖故敬宗敬宗尊祖之義也

趙勝

同考試官訓導劉批（作此題者率不知大宗小宗之旨是篇發明親切一結尤當蓋嘗講明宗法者可嘉可嘉）

考試官教授方批（析理詳明必嘗究心於宗法者）

考試官教諭伍批（允得本旨一洗衆作之陋）

因重其所始而厚正體之禮故厚於正體而著重始之義蓋祖者子孫之所始而宗則祖之正體也惟其尊祖故敬宗則所以敬宗者豈非尊祖之義乎且夫繼别而百世不遷謂之大宗而大宗本於始祖也今以尊尊之義而立夫始祖之廟可謂尊祖矣然遠自始祖相傳大宗則一是爲始祖之親故雖五世之外親雖盡矣而猶有三月之服凡若此者豈非尊祖故敬宗乎繼禰而五世則遷謂之小宗而小宗本於高祖也今以親親之恩而立夫高祖之廟亦可謂尊祖矣然近自高祖相繼而小宗有四是爲高祖之統故雖宗有遠近親疏殊矣而必各爲之服凡若是者又非尊祖故敬宗乎人徒知大宗爲始祖之嫡而服三月以寓其敬殊不知所以然者正以尊始祖而重其所由來之義也人徒知小宗爲高祖之統而各爲之服以存其敬殊不知所以爾者正以尊高祖而崇其所由始之義也嗟夫宗法之重於古也尚矣前經有曰族人雖富貴不敢以富貴入宗子之家至於若非所獻亦不敢入於宗子之門若富則具二牲獻其賢者於宗子是皆敬宗尊祖之義也此古之諸侯卿大夫所以敦牧族之典而藹乎親睦之風此道素行歟

論

人君與天地同體

盧璣

同考試官教授黎批（理明詞健能發温公之所未發士林中之翹楚者也）

考試官教授方批（詳實明整得論之體）

考試官教諭伍批（議論層出辭氣蒼然決非膚淺之士）

論曰乘六龍以御天居九重而凝命百神依之而爲主萬姓賴之以爲治者此人君之尊也人君之至尊與天地之高大并立而爲三其一體之相符蓋同運而無間也是知天地之高大以其有剛健厚重之德爲之體也人君之至尊又豈不以其有剛健厚重之德爲之體乎伏讀御製五倫書君道嘉言篇至宋司馬光所謂人君之尊與天地同體三復斯言未嘗不嘆美其善於形容地或曰天位乎上其象也極其高地位乎下其形也極其大人君處天地之中雖曰首出庶物尊爲天子初何嘗與天地同其體哉吁非此之謂也是徒以形而觀非以理而論者也蓋輕清上浮無所不覆者非天之體而於穆不已剛健之德默運於冲漠之中其天之體乎重濁下凝無所不載非地之體而至誠無息磅礴於鴻龐之表其地之體乎人君之尊得天之命而兼天之覆受地之德而兼地之載天地人君本同一體豈天地自天地人君自人君哉故宸断明决人君剛健之體非即乾德之剛健乎威奠八荒人君厚重之體非即坤德之厚重乎光明爲日月照四海而無微小之遺發言如雷霆聳群聽而無遐邇之間仁之静爲太山之安不騫不騰也智之動爲江河之流不括不滯也任賢俊綏犖婺春陽動而雨露敷榮也誅暴慢丟奸慝凝陰肅而霜雪摧折也不出户庭群生沐浴於膏澤之中天之涌爲何如不下堂階萬物鼓舞於陶鈞之内地之育又何如故善觀天地者不必觀諸天地觀吾君之天地耳噫此皆衆人易見而可談者然又有不可名言之妙在其中焉人君之名雖曰天子而性則天命心則天君胸襟之天不□天德之清明也方寸之地不塵地德之平寧也若是者天地同體之藴之妙具於心性之中司馬光引而未發語而未詳愚敢以是擴焉雖然論其理不□舉其實言於今不若徵諸古古之人君有能同此體者堯之皇天眷命舜之天其用休文襲天禄武受天祐巍巍乎參賛天地之功鬱鬱乎經緯天地之文當時尊之後世稱之皆與天地同體者也降自漢唐宋季世之君靈明之天翳乎人欲之雲丹扃之地昏於外物之塵則剛健不足爲乾重厚不足爲坤明不足爲日月威不足爲雷霆奚其體之同耶肆我皇明太祖高皇帝昭揭日月開闢乾坤列聖相承綱維鴻造是皆毓天地之最秀炳天地之最靈方今皇上帝命維新一家之天地同其廣運也聖子神孫貞元

會合萬世之天地同其悠久也華夏蠻貊何幸躬逢當代之盛

表

擬宋以周必大爲吏部尚書兼翰林承旨謝表

周鑑

考試官教授方批（表得體）

考試官教諭伍批（表佳）

伏以掌握銓衡冢宰總兼於六典奉揚綸綍承旨獨冠於群英二職并膺九重深眷臣必大兹蓋伏遇離照日新乾剛天健軍帝堯之德而奄有四海方懋乃武乃文之功立周王之政而灼見俊心不輕常伯常任之選詎云儒紱叨此詔除恩重於戴巨鰲之山神摇於泛大鯨之海竊聞漢以尚書爲喉舌唐以翰苑爲腹心雍容畫省之嚴夔龍接武密勿全□之邃頗牧在中如臣者才疏應務學昧摛辭簡知特被於榮光寵攫叠階於通顯率屬則耀黄金之帶代言則登白玉之堂兼得熊魚自謂舍生而取義胡瞻貆特空慚受禄而素食惟黜陟務翼亮之忠惟侍從效論思之益仰酬休命俯瀝愚衷伏願天與高地與厚綿國祚於無窮月之恒日之升祝聖壽於悠久臣無任瞻天仰聖激切屏營之至謹奉表稱謝以聞

策

第一問

俞蓋

同考試官訓導裘批（詞氣豐贍蔚然可觀優於策學者）

考試官教授方批（善答所問足見策手）

考試官教諭伍批（詞氣老健必有學之士）

嘗謂聖神繼出而光天化日昭至治之功聖經繼作而睿藻奎文耀太平之典蓋氣運之隆治道由是而隆功德之盛制作由是而盛繼天道而立人極新天下而挽淳風率土敷天鈞陶神化猗歟休哉執事先生策承學首舉我朝之製作爲問大哉問也敢不悉心以對乎欽惟太祖高皇帝一新海宇訓飭臣工以示懲惡勸善而三誥作焉太宗文皇帝繼統重熙敦化正俗以示爲善爲孝而二書製焉宣宗章皇帝潤色鴻業彙萃經史以示綱常之道而五倫書纂焉列聖相承制作大備斯世斯民何其幸歟愚嘗伏讀三誥之文首編四十七條續編八十七條三編四十七條其間若有司科斂害民無厭則王廉蘇良之罪法所難容也若私遞贓私搆爲奸比則張夢弼父子之罪豈可釋乎或有司超群而加勞則陳希文何敏中輩其人也或官吏下鄉而致罪則陳泰李汝忠

輩其人也其明示禍福一何至哉孝順事實所載凡二百七人若虞舜底豫於瞽叟是爲大孝武王之善繼志述事是爲達孝秦族割哀慰母而爲孝愛柳遐止風吮雍而爲孝德與夫華秋之孝感岳飛之忠孝高登之孝忠郭全之孝友貧孝之覃氏孝節之廖氏之數人者行之固各有异而孝親之心則一也爲善陰隲所載凡一百六十五人君劉寬臨事優裕而爲温仁李大亮還婢葬族而爲仁厚徐有功平獄無冤非仁恕乎裴度辯冤濟窮非仁恤乎他如曹彬之仁惠趙概之仁直思丁之寬仁之數子者所施固各不同而存心之仁則一也五倫書所載綱常之典先儒朱子謂父子兄弟爲天屬以人而合者居其三夫婦者天屬之所賴以續者也君臣者天屬之所賴以全者也朋友者天屬之所賴以正者也勉齊黄氏又謂析而言之則君臣夫婦朋友爲人之属而天属之親惟父子兄弟爲然夫誥書之頒天葩鴻藻昭回雲漢制作之妙推行之功是皆經緯天地之文參贊化育之業實與六經相爲貫通故誥之彰善癉惡非書之命德討罪乎陰隲之敦德勸善非易之積善余慶乎事實之勸人爲孝即書克諧以孝之義五倫書之綱常爲治即書彝倫攸叙之理以類而推又豈不各有其要哉愚也伏讀聖訓蓋亦有年姑摭其概以對惟執事進而教之

第二問

盧楷

同考試官教授黎批(歷陳衆望不遺事實終蒿歸於用德可謂知本者矣)

考試官教授方批(有考據有議論場中之巨擘乎)

考試官教諭伍批(策答甚佳一結尤有識見)

嘗謂景星鳳凰爲天下之快睹太山北斗聳天下之其瞻卓識奇偉之士又豈不繫天下之觀望哉蓋國家用人衆望所向不可不順也故一鄉一邑之人望一鄉一邑之人心向之一國天下之人望一國天下之人心向之衆望所向公論繫焉是猶景星鳳凰太山北斗之注人耳目也故負人望之重者不用則已用則必能興道而致治福國而庇民安往而不康濟斯世哉歷觀前史若有虞禪治禹稷契皋陶爲之佐殷周肇興伊傅周召爲之臣當時望之聖君用之格天之功不容議矣降自後世衆望在循吏則用召父杜母吏民稱頌郡國向治焉衆望在舊士則用顧榮賀循以結人心江東皆歸焉衆望以節義爲重則李固風裁人多敬慕故一刺荆州而盗賊請降李膺龍門登者爲榮故一爲司隸而邪幸屏迹衆望以德勛爲重裴度碩德一登岩廊而幽鎮畏威自臣子儀元勛免胄見虜而回訖下馬羅拜至若起於南陽而成佐蜀之功者諸葛也起於東山而致興晋之業者謝安也文潞公富鄭公并拜相麻而搢紳之流至

相慶賀韓魏公范文正繼鎮關西而骨寒之謡傳播軍中元祐之初國事改弦之日温公入朝人皆望治兒童走卒皆知司馬久矣渡江之際國勢綴旒之秋張公登揆再立中天小兒婦女皆知都督素矣然則士君子以一身繫天下之觀望固然矣至若無地起樓臺之詩流布北虜而至勤咨問者非寇準乎長嘯却胡騎之賦傳誦高麗而至問安否者非范鎮乎出鎮天雄虜使一過而不敢疾驅其憚曹利用之威爲何如出莅大名虜使入境而沐浴潔脉其敬王德用之名又何如之數君子皆人望之傑然故坐於廟堂則奸雄縮首處於藩方則夷狄望風表治則世底於治福民則民受其福詩曰如珪如璋令聞令望有國家者宜以此爲急務也嗚呼人以所欲向之上以所向用之天下欣欣如有獲焉豈不慰蒼生而寧吾國哉所謂以民治民以天下治天下者也雖然抑有説焉有是聞望必有是實德可也凡執事之策承學皆名實相須者也苟收其名而不察其實是猶市瓜喜大而或失其香畫餅充飢而委無實用烏能有益於人國家也哉愚生疏淺敬以此復惟執事其垂教焉

第三問

趙勝

同考試官訓導劉批（周稽一策始終條答詳明且充彩焕然真强學待問之士也）

考試官教授方批（敷析□道□□用心於□□之學而有得者）

考試官教諭伍批（節節發明□目辭氣沛然）

論成周政典之書而衆議爲有异究周官馭臣之術而立法爲甚詳蓋衆議之得失不可不折其衷而立法之詳又烏可不原其意哉請因明問而陳之周禮一書典章文物既明且修誠先王致太平之迹經世之要務也然隋之王通嘗稱是書爲王道之極宜矣彼林孝存以爲瀆亂而不經何休以爲六國之陰謀豈足以知周禮哉唐之太宗嘗稱是書爲真聖人所作當矣彼歐陽子以爲難行而可疑蘇欒城以爲秦漢之損益又豈足以知周禮哉必如晦庵朱子之論則曰廣大精密其聖代遺制則群言得失不待辯而折衷矣若夫立法之詳稽其大概則治官之屬六十三教官之屬七十九禮官之屬七十一政官之屬七十刑官之屬六十六總之爲三百六十其數固如是爾以治官府之八法言之惟其有官属以舉邦治則治有所統而不亂惟其有官職以辯邦治則官有所守而不侵有官□以會邦治則關節脉絡有貫通而無扞格有官常以聽邦治則綱領條目有秩序而無訛舛所以經邦治者非官成乎有官成則以之經理而有所據依矣所以正邦治者又非官法乎有官法則以之聽治而有所

操執矣官刑者所以糾邦治則人知警戒而無慢心官計者所以弊邦治則人知勉勵而無怠志此八者爲治之經愚故詳言其意如此若夫以八柄言之人情莫不欲貴任官然後爵之所以馭其貴則貴不可苟得也人情莫不欲富位定然後禄之所以馭其富則富不得以苟取也一時之覬望者幸也吾則馭之以錫予之恩而使無僥幸之習平日之所踐履者行也吾則馭之以選置之任而使無妄行之人福者非人所祈乎生之自我是福我所馭人惡得而僥之貧者非人所惡乎奪之自我是貧我所馭人惡得而避之以至罪之顯者廢放以馭之使有罪者不得幸免也過之微者則責罰以馭之使有罪者不得自文也是八者爲治之拳愚又可不詳述其故歟若失以官□之八成經邦治則聽政役以比居聽師田以簡稽聽閭里以版圖聽稱責以傳別聽禄位以禮命聽取予以書契聽賣買以質劑聽出入以要會是也以聽官府之六計弊群吏之治則廉善而有稱譽也廉能而可治事也廉敬則不懈于位廉正則行無傾邪廉法則守法不失廉辯則是非不疑是也夫法與柄主之者太宰之職而成與計主之者又庸非小宰之職乎肆惟我朝聖神御極立法裁規經拳并舉固隱然寓乎周官之遺意然損之益之與時宜之一代盛典超逾萬古禮法大備至治馨香邁迹成周同功堯舜豈拘拘求其有得於古人之法制哉敢以是復明問幸恕其狂斐而教之幸甚

第四問

盧楷

同考試官教授黎批（論諸子文章事功有考據有断制必有學識之士置之首選孰曰不宜）

考試官教授方批（初一場已在優選策場足以稱之宜置魁選）

考試官教諭伍批（該洽之學雄健之文策手也）

嘗謂材才良否非梓匠不能識音之高下非樂師不能知况古人之文章事功豈區區寡學謏見所能辯乎此愚於明執事之問難乎其對也雖然明問下詢豈容終默請誦其所聞而折衷焉夫古之君子學問藏諸身道德藴於己著之爲文章施之爲事業凝芬汗竹可概見也彼漢之楊雄作太玄以準易固謬矣然亦文人之雄也隋之王通著中説以擬聖固惑矣然實隱德君子也歸去來辭知樂天命而其高風靖節足以掃望塵之拜原道原性雖未知道而其雄才浩氣足以啓仰斗之心使時大用寧無足觀者耶張子房進退從容有儒者氣象諸葛亮出師二表與伊訓説命相表裏李長源白衣爲帝者師而有再復兩京之績杜少陵謂孔明爲伊吕之配則子房長源抑□□也若夫機不虚發筭無遺策而能成石

勒之功者張賓也彼自謂不後於子房詎無所挾歟宰正公平務農興學而能濟符堅之業者王猛也彼擬爲卧龍之匹豈無所負歟惜所輔者皆非其人故不足取焉弃經任傳更張舊法一用之而有熙寧之政者非宋之王半山乎朱崖黄岡連遭放逐一不用而文章名天下者又非蘇東坡乎然皆汲汲於事功之心則一也王符之潛夫五論王充之論衡八十五篇仲長統之昌言論王良之贊昌黎可謂知己者矣彼徐幹之法象論獨能以敬爲言非真西山孰能知而表章之歟至於史遷變編年爲史記班固祖述之爲西漢書范燁之東漢書陳壽之三國志唐御撰之晋書沈約宋書蕭子顯南齊書姚簡梁陳書李延壽南北史李伯藥北齊書令狐德菜周書魏徵隋書獨膾炙人口則李翱所謂其書之顯晦由其辭之高下信矣韓昌黎以六經之□爲順宗實録歐陽公五代史固爲韓學者也□筆力過之至於以□□正亂邦尤爲卓然荀子所謂青出於藍而青於藍信矣惜乎唐書以言其辭則宋祁於公爲前輩成書固作一手以言其義則武后之紀大防何在非范太史受説伊川以矯其失則後世將何訓乎若夫濂洛關閩諸君子道德仁義師表萬世固不可以文章事功言也然以邵堯夫司馬君實二大儒不與道統者豈非以邵之數學固精而見道則未純温公相業雖大而入道則未粹道統之傳宜不得而與也嗟夫誦其詩讀其書不知其人是以尚論其世固士君子尚友千古之事明執事期待於諸生厚矣然愚也讀書未到康成處安敢高聲論漢儒惟有以進而教之則幸甚

第五問

章懋

同考試官教諭李批（時務一策正欲觀士子明體適用之學此篇援古證今略無□□□□尤見處置有方必有用之士也）

考試官教授方批（考古人之迹明當今之務此策）

考試官教諭伍批（經史時務條答詳盡一結尤見有爲之才）

嘗謂通經術者爲巨儒識時務者在俊杰蓋明經以致用稽古以準今則經史時務體用相資誠爲治之要道不可偏廢者也執事先生策承學参以儒術吏治而欲詳究其實其以體用相須期望諸生甚盛甚厚顾愚也敢無辭以對乎竊嘗論之經史也時務也明其體所以適其用也在昔孔門高弟若冉雍閔損子游子夏之徒當時各以德行文學得名考其設施則損也因魯人爲長府而曰何必改作夫子稱其言必有中矣雍也以居敬行簡爲臨民之道夫子又稱其言之然矣武城弦歌之聲有以知子游施禮樂爲治之心仕優學優之説有以見子夏發事理相須之意是皆切於時務之言概可知矣漢庭

□策若公孫弘董仲舒倪寬之輩班史皆以儒□贊之其發揮天人之藴鋪張帝王之道善矣□□也不免□□□□□禍其身其策對□□□位居丞□□□□□□□□□□□□□□□曲學阿世至於倪寬爲御史大夫以廉智自□奈何無所匡諫公論沸然是皆未通世務之譏豈不概可見乎若雋不疑引春秋以决事劉向因書以推五行休咎平當之禹貢行河張敞之剸繁治劇祖於明經雖其間猶有可議然皆以儒術飾吏治者也唐設科目有秀才明經進士明法書學筭學之類其名凡八十有六夫書數乃六藝之末法律即經術之推儒術吏治固（此處底本缺頁——編者注）

成化七年浙江鄉試録

（此處底本缺頁——編者注）

巡綽官

杭州前衛正千户白保（廷弼直隷小興州人）

杭州前衛正千户陳貴（用和直隷儀真縣人）

杭州右衛正千户陳全（用周山東汶上縣人）

杭州右衛副千户郭鑑（彦明順天府密雲縣人）

供給官

杭州同知陳翔（鼎昇江西永豐縣人　癸酉貢士）

杭州府通判魏理（宗一陜西咸寧縣人　庚午貢士）

温州府通判余鼎實（廷和江西奉□縣人　庚午貢士）

杭州府經歷張銘（自新順天府東安縣人　監生）

仁和縣知縣梁萬鍾（天錫四川温江縣人　己丑進士）

嘉興府平湖縣縣丞梅清（本潔四川大足縣人　監生）

錢塘縣主簿陳能（惟賢直隷穎上縣人　監生）

掌行科舉文字

浙江布政使司禮房令史鄭續（余杭縣人）

浙江按察司禮房書吏張瓚（烏程縣人）

謄録對讀

生員封垣等叁百名

第一場

四書

居處恭執事敬與人忠　今天下車同軌書同文行同倫雖有其位苟無其德不敢作禮樂焉雖有其德苟無其位亦不敢作禮樂焉子曰吾説夏禮杞

不足徵也吾學殷禮有宋存焉吾學周禮今用之吾從周　樂正子强乎曰否有知慮乎曰否多聞識乎曰否然則奚爲喜而不寐曰其爲人也好善好善足乎曰好善優於天下而況魯國乎夫苟好善則四海之内皆將輕千里而來告之以善

易

君子以成德爲行日可見之行也潛之爲言也隱而未見行而未成是以君子弗用也君子學以聚之問以辨之寬以居之仁以行之易曰見龍在田利見大人君德也　用見大人勿恤有慶也南征吉志行也　易開物成務冒天下之道如斯而已者也是故聖人以通天下之志以定天下之業以斷天下之疑是故蓍之德員而神卦之德方以知六爻之義易以貢聖人以此洗心退藏於密　陰陽合德而剛柔有體以體天地之撰以通神明之德其稱也雜而不越

書

念兹在兹釋兹在兹名言兹在兹允出兹在兹　四海之内咸仰朕德時乃風股肱惟人良臣惟聖昔先正保衡作我先王乃曰予弗克俾厥后惟堯舜其心愧耻若撻于市一夫不獲則曰時予之辜佑我烈祖格于皇天爾尚明保予罔俾阿衡專美有商　我惟無斁其康事公勿替刑四方其世身享周公拜手稽首曰王命予來承保乃文祖受命民越乃光烈考武王弘朕恭　惟察惟法其審克之

詩

迨天之未陰雨徹彼桑土綢繆牖户　藹藹王多吉士維君子使媚于天子　賦政于外四方爰發肅肅王命仲山甫將之邦國若否仲山甫明之　式固爾猶淮夷卒獲翩彼飛鴞集于泮林食我桑黮懷我好音憬彼淮夷來獻其琛元龜象齒大賂南金

春秋

公會齊侯盟于柯（莊公十三年）齊人救邢（閔公元年）公會齊侯宋公陳世子款鄭世子華盟于甯母（僖公七年）公會宰周公齊侯宋子衛侯鄭伯許男曹伯于葵丘諸侯盟于葵丘（僖公九年）宋人圍曹（僖公十九年）宋人齊人楚人盟于鹿上宋公楚子陳侯蔡侯鄭伯許男曹伯會于盟（僖公二十一年）宋公及楚人戰于泓宋師敗績（僖公二十二年）

公及齊侯宋公陳侯衛侯鄭伯許男曹伯會王世子于首止（僖公五年）公會晋侯齊侯宋公蔡侯鄭伯衛子莒子盟于踐土公朝于王所公會晋侯齊侯

宋公蔡侯鄭伯陳子莒子邾子秦人于温天王狩于河陽公朝于王所（僖公二十八年）　晋侯伐秦（宣公四年）楚人侵鄭（宣公三年）　楚子蔡侯次于厥貉（文公十年）公如晋衛侯會于沓公還自晋鄭伯會公于棐（文公十三年）公會宋公陳侯衛侯鄭伯許男曹伯晋趙盾癸酉同盟于新城（文公十四年）叔孫豹會晋趙武楚屈建蔡公孫歸生衛石惡陳孔奐鄭良霄許人曹人于宋豹及諸侯之大夫盟于宋（襄公二十七年）楚子蔡侯陳侯鄭伯許男徐子滕子頓子胡子沈子小邾子宋世子佐淮夷會于申楚子蔡侯陳侯許男頓子胡子沈子淮夷伐吴（昭公四年）

禮記

天地始肅不可以贏　及夫禮樂之極乎天而蟠乎地行乎陰陽而通乎鬼神窮高極遠而測深厚樂著太始而禮居成物著不息者天也著不動者地也一動一静者天地之間也故聖人曰禮樂云　百日之蜡一日之澤非爾所知也張而不弛文武弗能也　君子不盡利以遺民

第二場

論

君道稽古正學

詔誥表（内科一道）

擬漢宣帝下學講五經同异詔（甘露三年）　擬唐以宋璟爲西京留守誥（開元四年）　擬進大明一統志表

判語（五條）

官文書稽程　出使不復命　不操練軍士　因公擅科歛　造作不如法

第三場

策五道

問　書曰惟皇上帝降衷于下民若有恒性克綏厥猷惟后是言人性太善而修道立教使之各安其道以復於善則賴乎君也粤稽諸古爲君而道民於善克盡綏猷之責者堯舜湯武也其所以道之之術可得而言歟後世有親書教經於碑陰者有親書孟子於屏障者何君亦可以道民於善歟欽惟太祖高皇帝條成大誥三編昭示天下固有以感發人之善心而克綏厥猷與堯舜

湯武同一揆矣其所以道民之要亦可得而言歟太宗文皇帝爲善陰隲孝順事實二書拳拳勸人爲善行孝而申之以報應之理其感人尤切然爲善行孝而獲報者可詳其人歟宣宗章皇帝五倫一書備著人倫之道而各舉其善行亦有盡善而獲報者亦可言其人歟二聖製作皆推廣聖祖道民爲善之意而盡夫克綏厥猷之責者也而四書之旨果皆同條而共貫歟堯舜湯武之道載於書我列聖之立言垂訓其亦與書典謨訓誥誓命之文相爲表裏歟諸生服膺聖訓有年願明言以對

問　小學大學皆聖賢教人之法也其道一而已小學一書有内篇有外篇何者爲内何者爲外首之以立教而所教者何事次之以明倫而厘爲幾條次之以教身而分爲幾類次之以稽古而所稽者何代之迹述嘉言以廣之紀善行以實之而所廣所實之綱目亦可□言歟先儒於是書也有言其綱目甚好者有敬之如神明者其人可得而聞歟大學一書外有三綱領而又有所謂綱領中之綱領者内有八條目而又謂有一言而可以該體用之全者果何在歟傳者既釋三綱領而外又有本末章傳者於他章皆以二事相承獨誠意自爲一章又何歟先儒於是書也有言止於正心誠意而無所謂格物致知者有條輯是書而進講于君前而動以誠意爲言者其人又可得而聞之歟且二書之要抑可一言以蔽之歟諸士子由小學而進於大學皆盈耳而充腹者也請詳著于篇

問　國以賢而治賢以薦而升薦舉之法不可不講也古人有内舉不避親外舉不避讎者可得聞歟漢唐宋之臣若袁盎丙吉張悦蕭嵩司馬光吕文靖之徒皆有所薦其所薦之人與其所以得薦之實亦可得而知歟慶曆有薦者三十余人至和中有薦者二十四又有薦其親弟薦其同已者果無愧於古歟有謂我爲相無能但有一能善用人吾輔政何功惟薦二臺官無愧又有身爲諫議未嘗妄薦一人官居執政不敢私薦一士者皆可知其人歟方今聖皇馭極賢路大開然山林泉石之間百司庶府之廣豈無遺逸淹滯者歟伊欲上不蔽賢下無遺賢果何道而致薦舉之公歟諸生應賓興而來必有能言之者

問　三代而後文章之專門名家者不爲不多也説者謂晋無文章惟歸去來辭一篇而已唐無文章惟送李願歸盤谷序一篇而已果何所見而謂其然歟孔明出師一表何以謂其與伊訓説命相表裏杜工部平生詩集何以謂其有三百篇之旨若捕龍蛇傳虎豹急與之角而不暇者誰之文歟軋漢周而凌晋宋凛然爲一王之法者又誰之文歟其文如此其學豈無所自歟讀其文如游帝舜之庭而聆蕭韶之樂者誰歟讀其文如駕千里之駒而御以王良造

父者又誰歟其文如此可各舉其一篇以例其他歟外此又有制誥之文得六經簡嚴之體者記述之文得六經紀實之旨者奏議之文得伊訓召誥之意者詩章之文得周雅商頌之體者又有進士之文不可以科舉輕視者序述之文不可以序體概論者其文可悉數歟諸生學古爲文者也試爲我評之

問　無所不通之謂儒識時務者在俊杰天下之務可言者多矣姑以浙之切務論之守令所以牧民也比年行黜罰之典矣而繼來者猶乏廉潔之士將校所以領軍也近歲行推選之法矣而新任者尚欠撫馭之才民風宜淳古也而刁訟者日滋民俗宜節儉也而奢侈者益甚浙西之地多卑下遇兩連旬瀰漫百里無由疏泄浙東之地多高仰遇旱彌月赤地千里無以灌漑儲蓄所當廣也今郡邑倉廩尚多空虛而仰給於官者道路相望賦役欲其平也今閭閻小民尚多貧乏而横斂於鄉者項背相接之數者皆爲政者所欲急聞而變通之也兹欲守令皆秉廉潔之操將校咸有撫馭之才刁風禁而侈俗革水利興而灾荒備儲蓄廣而賦役均將何法以處之諸士子生長於斯耳聞而講之熟矣願詳著于篇以俟觀風者采焉

中式舉人九十名

第一名　黄珣　余姚縣學生　禮記
第二名　李楠　嘉興府學生　書
第三名　程愈　淳安縣學生　春秋
第四名　司馬垔　紹興府學生　詩
第五名　楊茂元　寧波府學增廣生　易
第六名　陳良　嘉興縣學生　書
第七名　姚鉌　慈谿縣儒士　詩
第八名　陳洵　錢塘縣學增廣生　易
第九名　姚綱　桐廬縣學生　春秋
第十名　盧滋　余姚縣學生　禮記
第十一名　方夔　淳安縣學生　書
第十二名　吴暠　黄巖縣學生　詩
第十三名　陳謙　仁和縣學生　書
第十四名　吴一誠　余姚縣學生　易

第十五名　徐朴　上虞縣學生　禮記
第十六名　王鑑之　紹興府學生　春秋
第十七名　趙瓚　寧波府學生　書
第十八名　陶肱　台州府學生　詩
第十九名　周旭　寧波府學生　書
第二十名　章玄應　樂清縣學增廣生　詩
第二十一名　周洪　西安縣學生　易
第二十二名　陸鏡　平湖縣學生　書
第二十三名　郭紝　台州府學增廣生　詩
第二十四名　陸坡　鄞府學生　書
第二十五名　陳邦　余姚縣學生　春秋
第二十六名　陳轂　紹興府學生　禮記
第二十七名　章鋭　鄞縣儒士　易
第二十八名　戴慶　天台縣學生　書
第二十九名　周宏　德清縣學增廣生　詩
第三十名　施德　秀水縣學生　書
第三十一名　周玘　衢州府學生　詩
第三十二名　張祐　烏程縣學生　易
第三十三名　王琳　嘉善縣學生　詩
第三十四名　胡榮　嚴州府學生　春秋
第三十五名　徐九齡　德清縣學生　禮記
第三十六名　項綱　嘉興府學生　書
第三十七名　張以蒙　紹興府學生　詩
第三十八名　童珪　永康縣學生　易
第三十九名　張秉中　海鹽縣學增廣生　書
第四十名　桂鎬　慈谿縣學增廣生　詩
第四十一名　林資　嘉興府學增廣生　書
第四十二名　范璋　金華府學生　詩
第四十三名　黄中　嘉興府學生　書
第四十四名　范衢　衢州府學生　易
第四十五名　金鉉　余姚縣學增廣生　禮記
第四十六名　吴誠　淳安縣學生　春秋

第四十七名　王鎬　臨海縣學增廣生　詩
第四十八名　凌宷　山陰縣學生　書
第四十九名　屠珙　寧波府學生　易
第五十名　李綸　台州府學增廣生　詩
第五十一名　張韶　遂安縣學生　書
第五十二名　彭融　紹興府學生　詩
第五十三名　徐琛　衢州府學增廣生　易
第五十四名　宋昉　余姚縣學增廣生　禮記
第五十五名　陶懌　會稽縣學生　春秋
第五十六名　沈珪　平湖縣學生　書
第五十七名　闞儀　台州府學生　詩
第五十八名　傳景良　杭州府學生　易
第五十九名　宋昺　奉化縣學生　書
第六十名　余旅　台州府學生　詩
第六十一名　徐同愛　常山縣增廣生　易
第六十二名　孫穎　慈谿縣學生　詩
第六十三名　吕津　新昌縣學生　書
第六十四名　沈元　慈谿縣儒士　詩
第六十五名　薛蕃　上虞縣儒士　禮記
第六十六名　方玘　錢塘縣學生　春秋
第六十七名　徐守臣　温州府學生　詩
第六十八名　沈振　山陰縣學生　易
第六十九名　張銓　杭州府學生　書
第七十名　江瀾　仁和縣學增廣生　禮記
第七十一名　褚潭　天台縣學生　詩
第七十二名　王愷　定海縣學生　書
第七十三名　屠容　崇德縣學生　詩
第七十四名　張顯　麗水縣學生　易
第七十五名　董晟　遂昌縣學生　書
第七十六名　趙坤　慈谿縣學生　詩
第七十七名　董璠　杭州府學生　增廣生　易
第七十八名　金桂　僊居縣學增廣生　詩

第七十九名　吴璿　杭州府學生　禮記
第八十名　凌鳳　錢塘縣學生　春秋
第八十一名　鄭鉉　慈谿縣學增廣生　詩
第八十二名　吴譽　慶元縣學生　禮記
第八十三名　陳璲　富陽縣學生　詩
第八十四名　凌文獻　遂安縣學生　春秋
第八十五名　朱佐　錢塘縣學增廣生　易
第八十六名　張輔　鄞縣儒士　書
第八十七名　賈義　金華縣學生　易
第八十八名　周南　縉雲縣學生　易
第八十九名　王儀　處州府學生　詩
第九十名　張森　余姚縣儒士　禮記

第一場

四書義

居處恭執事敬與人忠

黄珣

同考試官學正陳批（見理詳明措詞簡當是宜録出）

考試官教授劉批（詞理俱稱殊勝他作）

考試官教授鄭批（發明詳盡誠快人意一薦何忝）

隨其身之所寓盡乎理之當然此聖人教賢者之爲仁也蓋仁無往而不在也苟隨所寓而不違乎理則仁豈外是哉昔聖人因樊遲之問仁而告之意謂天體物而不遺仁體事而無不在是故居處謂幽獨之處未應乎事也恭不見於外則怠惰放肆而欲得以間理非所以爲仁也要必容貌端莊威儀儼恪則私意不容而居處得乎仁矣執事謂應事之際未涉乎人也敬不主於中則轇轕紛紜而私得以害公亦非所以爲仁也要必戰兢自持主一無適則此心不放而執事得乎仁矣至若與人則與物接矣與人不忠則僞得以間誠又豈所以爲仁哉必也發己自盡而表裏如一誠實不欺而物我無間則天理流行於與人之時仁豈不在是乎故曰隨其身之所寓盡乎理之當然此聖人教賢者之爲仁也抑考聖人答樊遲問仁者三而此最先下文又言之夷狄不可弃

勉其固守而勿失也然此雖爲樊遲告聖人之言貫徹上下初無二理自始學至成德希聖希賢皆不出此先儒謂充之則睟面盎背推而達之則篤恭而天下平學者可不勉哉

今天下車同軌書同文行同倫雖有其位苟無其德不敢作禮樂焉雖有其德苟無其位亦不敢作禮樂焉子曰吾説夏禮杞不足徵也吾學殷禮有宋存焉吾學周禮今用之吾從周

司馬垔

同考試官教授劉批（此篇融會傳注始終以時王之制立説深合題意非他卷所及宜表而出之）

考試官教授劉批（析理詳明可取）

考試官教授鄭批（發明爲下不倍之意明白可觀）

大賢言時制一統也既申言有德位斯可任制作之事復引言雖大聖亦必遵時王之制蓋時制大同固見天下一統也然非德位兼備固不敢作禮樂而孔子雖聖亦豈得不遵時制哉昔子思子論爲下不倍之意謂夫周爲天下共主自文武以來王制大同由今日觀之以車則轍迹廣狹如一而車同軌也以書則聲音點畫如一而書同文也以至貴賤親疏相接之體又無或异豈非行同倫乎三者皆同則天下一統而無有自用自專反古者矣然此皆我周盛時有聖人在天子之位制禮作樂垂法至今也彼有君之位無聖之德則無徵不信不敢作禮樂焉苟欲作之是愚而自用如禮樂何有聖之德無君之位則不尊不信不敢作禮樂焉苟欲作之是賤而自專如禮樂何夫德位不備固不敢作禮樂然則孔子有德無位亦豈敢專哉故又引孔子言夏禮吾能言之杞爲夏俊文獻不足無可考證之實焉殷禮吾嘗學之宋爲殷後文獻雖存又非當世之法焉惟周禮乃時王之制實今日所用既生斯世則當遵之而不違既爲斯民則當從之而不倍豈敢反古道而從夏商哉抑考此章子思承上章爲下不倍而言上文既引孔子言自用自專居今反古之災必逮身矣又言非天子不議禮制度考文矣而此又以是爲言無非以明爲下不倍之意而示人道之標準也然學者誠能修德凝道而於道之大小無不體則凡身之所處無不宜豈直爲下不倍哉

樂正子强乎曰否有知慮乎曰否多聞識乎曰否然則奚爲喜而不寐曰其爲人也好善好善足乎曰好善優於天下而况魯國乎夫苟好善則四海之

内皆將輕千里而來告之以善

李楠

同考試官教諭王批（此篇能發明章旨組織成文真杰作也宜置優選）

同考試官教諭吳批（此題頭緒頗多場中作者多爲所窘惟是篇詞簡意盡允稱作手）

考試官教授劉批（理明詞約夐异衆作）

考試官教授鄭批（詞理明盡允如初考）

觀大賢屢答門人之問同列見爲政不在於用一己之長而貴於來天下之善蓋善取於己則有盡善取諸人則無窮公孫丑疑樂正子之爲政無所長孟子安得不稱其好善之大以答之哉昔樂正子善人也魯欲使之爲政孟子喜其道行公孫丑乃疑而問之曰世之所尚者强而有勇力也知而能慮事也多聞識於前言往行也夫子聞樂正子爲政而喜以其强而有勇力乎知而能慮事乎抑以其多聞識於前言往行乎丑屢問而孟子皆答之曰否者不然之詞以見三者皆樂正子之所短而爲政不在於用一己之所長也丑未達孟子所喜之由又有奚爲喜而不寐之問則告以其爲人也好善焉丑又疑好善不足以爲政而有好善足乎之問則又告以好善優於天下焉誠以善者天下之公理好善者爲政之先務能好夫善則能虚心求道雖天下之大治之尚有余力曾謂魯國之小而不足以爲治乎誠好夫善則能舍己從人雖四海之遠人將不以爲難而來告我以善况於國中之近而有不樂告以善道乎天下之善言至則天下之善皆歸於我而一己强力知慮聞識尚足爲用乎哉大抵以一己之長爲長其用小以天下之長爲長其用大聖如舜禹猶拜昌言猶取諸人以爲善况衆人乎苟不好善而以訑訑之聲音顔色距人則士止而讒諂面諛之人至矣烏能治國哉孟子因當時所尚不在於善而在於他故有取於樂正子之好善其所以爲天下後世慮者深矣

易義

君子以成德爲行日可見之行也潜之爲言也隱而未見行而未成是以君子弗用也君子學以聚之問以辨之寬以居之仁以行之易曰見龍在田利見大人君德也

楊茂元

同考試官訓導張批（題本冠冕作者多泛惟此作體詔親切文亦簡當健羡健羡）

同考試官教諭周批（此題主隱顯而佳作絶少是篇理明辭潔於日可見之行處發揮極當當是作乎）

考試官教授劉批（親切簡當允爲佳作）

考試官教授鄭批（文理純潔可佳）

備聖德而隨時隱顯者此文言申乾初二之象傳也蓋聖人與時而偕行爾初九以聖德而隱九二以聖德而顯何莫非隨其時而處之與文言聖人申乾初二象傳而推言及此夫乾之初二皆有聖人之德但爻佐有隱顯之不同爾是故以言乎隱則初九之君子本然之性備於中事物之理踐其實是以成德爲行也德焉已成行焉已立日可見諸世用而行義達道也措諸事而爲建功立業也然而爻辭以潛爲言者蓋時當隱處而未見是以晦迹韜光而弗用焉德行可施而未著是以懷寶遁世而不試焉其隨時而隱也爲何如以言乎顯則九二之君子格物致知以會聚衆理之精粗親賢取友以辨別衆理之是非既學聚問辨矣而尤擴本心之量以居是理而與心爲一焉既寬廣以居矣而尤操本然之天以行是理而與天同運焉德至於仁則大人之德成而時位亦當顯矣故舉爻辭而申之以君德者豈非君德備於己膏澤及於民而爲物所利見與其隨時而顯也爲何如大抵乾之初二不可岐而二焉初九之成德即九二之成德二由學問寬仁以成其德而初以成德爲行實本於斯惟時位不同而隱顯异耳先儒謂有隱顯而無淺深信夫

陰陽合德而剛柔有體以體天地之撰以通神明之德其稱名也雜而不越

陳洵

同考試官訓導張批（場中作此題者於稱名處多講爲卦爻辭所稱事物之名殊戾傳意是篇體認真而措詞簡誠空谷足音者録以爲程式）

同考試官教諭周批（晚得是篇復出諸作取冠本房允協輿論）

考試官教授劉批（發明大傳之旨殆無余藴）

考試官教授鄭批（明潔可觀允宜高薦）

原易卦之體成而顯微無不該論稱卦之名雜而至理無所違蓋易無先後之間也前聖作易既該夫理之顯微然則後聖稱卦之名雖雜又豈越夫陰陽之理哉且易書之作有先天焉有後天焉先天之易由乾坤闔闢而成是故坤爲陰物陰之德合於陽則諸卦一柔二剛之體立也乾爲陽物陽之德合於陰則諸卦一剛二柔之體立也陰陽合德而剛柔有體是以顯而陰

陽造化之迹天地之撰也有以體法之而效其至著者焉幽陰陽健順之性神明之德也有以通知之而極於至微者焉伏羲畫卦而無所不該有如是夫想其畫卦之初本有自然之序至於文王稱卦之名無復循其序矣觀上經首乾坤而終之以坎離其間所稱之名如剥如復其義雖雜出也然皆本於陰陽之理而與伏羲仰觀俯察者無或悖焉下經首咸恒而終之以未濟其中所稱之名如損如益其義雖不一也其實原於陰陽之理而與伏羲遠求近取者元或繆焉吁先天後天之易夫何間然之有雖然此特示夫卦之名以爲無言之易也殆夫辭之所擊則彰往而察來微顯而幽闡正言斷辭又無一而不備焉所以然者豈非因貳以濟民行以明失得之報與

書義

四海之内咸仰朕德時乃風股肱惟人良臣惟聖昔先正保衡作我先王乃曰予弗克俾厥后惟堯舜其心愧耻若撻于市一夫不獲則曰時予之辜佑我烈祖格于皇天爾尚明保予罔俾阿衡專美有商

李楠

同考試官教諭王批（寫出高宗期勉傳説之意詳贍明暢宜冠本經）

同考試官教諭吴批（題本平易作者多襲舊文此作能化腐爲新宜在所選）

考試官教授劉批（詞理詳明筆力老健真是作手）

考試官教授鄭批（得高宗命説之意可取）

賢王之告大臣既美其佐治已然之功而喻其輔己也切復舉夫聖臣自任之重而期其輔己也同蓋君德必資於臣輔也賢王既美大臣之功而勉其輔德矣安得不舉聖臣之事而期其匹休也哉昔高宗歸美傳説意謂德化未易覃敷也今焉四海之内東漸西被咸懷我之德者豈我之自能哉惟爾式克欽承風聲之所動也德教未易旁達也今焉普天之下近説遠來咸仰我之德者豈我之自致哉惟祗若休命聲教之所感也然天下之仰如是可不勉輔我德以慰人心乎故又喻之以爲人非手足維持則不能運動而爲人矣必股肱備而後成人爾其作朕股肱焉君非左右輔弼則無以啓沃而成聖矣必良臣輔而後君聖爾其爲朕良臣焉然輔君作聖非取法於前人不可也在昔伊尹以元聖而居保衡作成湯而成大業其自任之言曰予弗克左右厥辟俾如堯舜之爲君則有愧於心若撻而辱之於市焉天下有一夫不與被堯舜之澤曰其罪在予若推而納之溝中焉其自任之重如是用能輔我成湯功格皇天也佑我烈祖德配上帝也今汝爲相迹與尹同其必以尹之所以事君者事君明

輔朕躬俾迪高后母使尹擅休光於前可也以尹之所以治民者治民昭事乃辟永綏兆民罔俾尹專美譽於商可也高宗之期於説者如此説之自任豈得不與尹同哉大抵有商之君莫聖於成湯也臣莫聖於伊尹也高宗之命説曰良臣惟聖是以成湯自期矣曰罔俾阿衡專美有商是以伊尹期説矣异時高宗爲商令王傅説爲商賢佐果無愧於成湯伊尹也宜哉

惟察惟法其審克之

陳良

同考試官教諭王批（場中作此題者多失之泛此篇發明比罪之意殆無餘蘊宜在所取）

同考試官教諭吴批（寫出穆王訓刑忠厚之意真佳作也）

考試官教授劉批(他卷於詳明法意多欠發揮見真而之暢者無逾此作)

考試官教授鄭批（體認題意明白可嘉）

觀賢王之訓刑惟欲詳明法意而盡乎心力也甚矣刑罰之用不可不致其謹也苟於比罪之際不能詳明法意而盡乎心力又何以致刑罰之當也哉昔穆王訓刑以告有邦有土而言及乎此謂夫五刑之屬三千載之刑書有定法也然天下之情無窮刑書所載有限故罪無正律則以上下刑而比附其罪也善用法者可不致其謹哉是故僭亂之辭固不可用之以比附也爾必詳明法意裁度於上下之間不妄比附以差誤於僭亂之辭可也不行之法亦不可用之以比附也爾必詳明律意而斟酌於輕重之際不强比附於今所不行之法可也夫惟察惟法若可以即罰矣然猶恐其有或差也又當研精覃思而詳審密察之盡其心詳明法意亦可以即罰矣然猶慮其有或忒也尤當竭其才能而參錯考求之盡其力則上下比附無不宜輕重比附無不當矣吁既詳明法意而求以合於法尤盡己心力而求無愧於心則刑罰之用焉有不中者哉抑考穆王訓刑以誥四方一篇專訓贖刑而上文言之尤詳然大辟皆贖誠非舜典金作贖刑之意但其哀矜惻怛猶可以想見三代忠厚之遺意而此與上文言其審克之者三又見其丁寧忠厚之至此夫子所以録之於書也歟

詩義

迨天之未陰雨徹彼桑土綢繆牖户

姚鉌

同考試官教授劉批（周公忠愛王室之心此作蓋能發之宜在所録）

考試官教授劉批（詞理俱稱宜冠本經）

考試官教授鄭批（此篇説出周公忠愛王室之意足見學識）

當無事之時爲防患之計此聖臣托喻告君之參意也蓋思患預防爲國之道當然也周公當國家無事而爲預防之計其忠愛之意不既深乎昔周公作詩貽王托爲鳥言以自比意若曰彼雲未有滃雨未既零斯時也居室固無事矣殊不知天道陰晴互爲變化今日雖無事寧保後日之無事乎故我及天未陰雨之時則徹彼桑土而牖户是葺取彼桑根而隙穴是補則居室完固庶可以備陰雨之患矣然周公豈徒爲物評哉正以喻己深愛王室而預防其患難之意耳彼其治隆於上俗美於下斯時也國家固無虞矣殊不知世道治亂相爲倚伏今日雖無虞寧保後日之無虞乎故我及國未多難之際則制作服勞毅然以王事爲己任吐握盡悴慨然以國計爲己憂則國家鞏固庶乎可以免意外之虞矣噫保邦於未危則危不至制治於未亂則亂不生此周公忠愛之深意宜拳拳喻之以爲成王告也抑論之消息盈虚之相蕩安危治亂之相承理之常然苟不預爲之計逮難至而爲之備患生而爲之防則爲計晚矣故古人當泰和盛治之時必思患而預防之也大易亦曰君子思患而豫防之治國家者宜鑒於斯

式固爾猶淮夷卒獲翩彼飛鴞集于泮林食我桑黮懷我好音憬彼淮夷來獻其琛元龜象齒大賂南金

司馬亜

同考試官教授劉批（此題場中作者多以式固爾猶爲修文教殊失本旨是篇體認既真文亦脱腐其深於詩學者歟）

考試官教授劉批（理明詞婉得詩人之旨）

考試官教授鄭批（理有定見文有發揮真絶經之杰作者）

詩人頌願魯侯善兵謀而終以服乎遠必興遠人化文教而有以厚其貢蓋遠人雖服於兵謀之善而尤化於文教之修也魯人以是頌願其君其忠愛之意至矣昔詩人因魯侯飲於泮宫而致頌禱之辭其意若曰淮夷之爲魯患也久矣勢不得以不伐然之徒恃其武孰若審固其謀乎必使兵甲素蕴於胸中籌策常閑於意外慮勝而動不輕舉而妄動也好謀而成不蓄疑以敗謀也果能審固謀猶如是吾知淮夷始雖未服終必稽首來庭所爲孔淑不逆者有焉今雖未從後必帖耳聽命所謂莫不率從者有焉然服遠之道雖貴於兵謀之善尤在於文教之修故詩人又托興而言曰翩彼飛鴞既集於泮林矣于焉食我桑黮則懷其好音矣物止泮宫禮義之地尚有以變其音人感泮宫禮義

之化寧不有以革其心哉吾見蠢爾無知之淮夷不但不逆而已將變惡爲善憬然覺悟而來獻其琛焉不但率從而已將轉逆爲順幡然慕義而來貢其寶焉彼元龜象齒至貴之琛也來獻于我于以表其敬君之禮荆揚之金至重之實也大遺於我于以將其奉上之誠夫善兵謀則遠人服其威修文教則遠人服其德德威并著文武兼資詩人以是頌願魯侯可其至哉抑考淮夷自伯禽以來世爲魯患故詩人頌禱其君必欲其克服以無愧於烈祖伯禽也然其事不見於春秋豈淮夷嘗病杞鄫僖公從齊桓謀以攘斥之歟是詩之頌禱或過其實而明德服遠之意自足以垂訓也孔子亦曰遠人不服則修文德以來之服遠者當以爲法

春秋義

公會齊侯盟于柯（莊公十三年）齊人救邢（閔公元年）公會齊侯宋公陳世子款鄭世子華盟于甯母（僖公七年）公會宰周公齊侯宋子衛侯鄭伯許男曹伯于葵丘諸侯盟于葵丘（僖公九年）宋人圍曹（僖公十九年）宋人齊人楚人盟于鹿上宋公楚子陳侯蔡侯鄭伯許男曹伯會于盂（僖公二十一年）宋公及楚人戰于泓宋師敗績（僖公二十二年）

程愈

同考試官訓導張批（管仲子魚盡忠言於桓襄皆出本傳場中作者鮮有全德其旨此篇者據詳明措詞簡當宜置前列）

考試官教授劉批（筆力老健宜在魁選）

考試官教授鄭批（説出桓襄成敗之由超出衆作）

創霸者屡從忠言而業盛繼霸者屢違忠言而業隳甚矣爲國不可不用忠言也觀齊桓從管仲之言以興宋襄違子魚之諫以敗可驗矣夫功之成非成於成之日蓋必有所由起齊桓欲成九合一匡之功而民卒受賜者無他由用忠言而不自用也是故于柯盟魯魯臣可讎也乃從管仲許諾之言而捐汶陽以收魯狄人伐邢邢患可憫也乃從管仲簡書之諫而遣偏師以救邢子華請臣甯母仲曰當却也即其内臣之請宰孔賜胙葵丘仲曰當拜也即致夫下拜之恭從善如流若此是以宰孔返駕葵丘有盟王朝五禁大明當時天下諸侯咸喻其志霸業於是乎盛矣噫管仲忠於齊者也桓公一則仲父二則仲父其盛也宜哉經曰好問則裕桓其有焉至若禍之作不作於作之日亦必有所由兆宋襄欲繼齊桓之烈而卒不克終者無他由自用而不用忠言也彼其圍曹之役既不聽子魚省德之諫而逞私忿於曹鹿上之盟又不鑒子魚後敗之戒而求諸侯於楚盂之會也子魚兵車之謀善矣而必以乘車之會往泓之戰

也子魚請擊之計得矣而必俟濟險而後擊聞諫愈甚如此是以楚師既濟宋遂不支一鼓而兵敗再鼓而身傷霸事於是乎隳矣噫子魚忠於宋者也襄公有一子魚而不能用其敗也宜哉經曰自用則小襄實以之嗟夫忠言逆耳利於行賢者有益於人國也尚矣莫聖於堯舜而必資命岳牧莫聖於湯武而必師尊伊吕帝王且爾況霸者乎雖然襄公之於子魚不必論矣獨惜夫桓公之任管仲最專且允而仲無誠意正心格君之學以致主於王道也使其得聞聖賢大學之道其功烈豈止是哉

公及齊侯宋公陳侯衛侯鄭伯許男曹伯會王世子于首止（僖公五年）公會晋侯齊侯宋公蔡侯鄭伯衛子莒子盟于踐土公朝于王所公會晋侯齊侯宋公蔡侯鄭伯陳子莒子邾子秦人于温天王狩于河陽公朝于王所（僖公二十八年）

姚綱

同考試官訓導張批（桓文尊獎王室迹雖同而心則异作者多無定見此篇説出二公心術之正譎殆無餘藴可嘉）

考試官教授劉批（得春秋謹嚴之旨）

考試官教授鄭批（詞嚴誼正可取）

尊王之禮出於變春秋美其心之正覲王之禮似乎正春秋著其心之譎夫霸者之行事不惟其迹惟其心觀春秋書齊桓殊會世子晋文兩致天王而二公之心術見矣且齊桓自召陵服楚以來乃心罔不在王室今也惠王寵愛庶孽子鄭之位危疑桓公因前星之照臨講首止之大會控大扶小使天下咸知儲副之當尊辨名定分使列國咸知樹子之難易然世子君也而下會諸侯陵諸侯臣也而上會子則抗是禮之變而不可訓矣殊不知桓之心則以爲王室不寧大國之憂與其後勤諸侯以靖大難不若預定大本以室亂源初非假是以要人心也是一舉而君臣父子之道皆得矣春秋於首止殊會世子豈非美其正乎若夫晋文自城濮敗楚以來志亦在於奬王於是踐土有盟作宫獻捷致王下勞既率諸侯爲衡雍之朝于温之會自嫌强大請王出狩復率列辟展河陽之覲夫以天子再臨彷彿巡狩四方之制諸侯再朝庶幾朝于方岳之典似禮之正不足以爲异矣殊不知文之心則以爲周室雖衰威靈猶在致之於會足以夸示諸侯托之以朝足以號召天下初非有尊奬之誠也是再舉而君臣父子之名實紊矣春秋於踐土于温之下書王所之兩朝又非著其譎乎厥後盟洮序王人於諸侯之上葵丘不盟宰孔桓之正可知翟泉使諸侯大夫

盟子虎於王城之内文之譎愈甚雖然桓文正譎孔子嘗辨之明矣然晋文踐土一盟猶有齊桓尊王余意而召王之事亦未必不由首止積習之漸也此又讀經者所當知

禮記義

及夫禮樂之極乎天而蟠乎地行乎陰陽而通乎鬼神窮高極遠而測深厚樂著太始而禮居成物著不息者天也著不動者地也一動一静者天地之間也故聖人曰禮樂云

黄珣

同考試官學正陳批（場中作者多以禮樂分配造化爲説間有知者又□於分截惟此作能以成功所合爲主一破便合題意且文理俱到宜置高選）

考試官教授劉批（發明經旨透徹無餘）

考試官教授鄭批（説出禮樂之功用有合於造化文理明白可取）

論禮樂之成功充塞妙運於兩間故聖人必昭揭其名以示夫人也蓋聖人禮樂之功用充塞流行於天地間者也苟不昭揭以示人又何以顯名於天下也哉樂記君子謂夫聖人之作樂出於天地自然之和制禮出於天地自然之序及其成功之所合則充塞流行於天地之間彼高明上浮者爲天博厚下凝者爲地而禮樂則峻極乎天而蟠委乎地焉天地之氣分而爲陰陽造化之迹妙而爲鬼神而禮樂則行乎陰陽而通乎神焉以至高遠者難於窮極深厚者難於測度而禮樂則於天道星辰之高遠皆有所窮極地道河海之深厚皆有所測度焉如此則禮樂之功用無顯不至無幽不格無高不届無深不入而充塞天地矣是則樂之爲樂已居乎乾知太始之初而與大哉乾元同一資始之德也禮之爲禮已居乎坤作成物之位而與至哉坤元同一資生之德也昭著不息者天之行健所以爲天而顯諸仁也昭著不動者地之載物所以爲地而藏諸用也惟其顯諸仁而藏諸用是以一動一静循環不已見於天地之間歲功已成一陰一陽妙運不息著於六合之内生化無窮焉聖人於此所以昭揭以示人而名之曰禮樂吾見天下之人向未知有所谓禮樂也今則洞然無不達焉禮樂之功用大矣論而坐是則知天地乃禮樂運行之郛廓禮樂乃天地自然之和序其全體呈露禮樂之本也妙用顯行禮樂之用也苟非聖人心識乎情文之妙身任乎制作之重則禮樂何自而興行哉故曰大人舉禮樂則天地將爲昭焉

百日之蜡一日之澤非爾所知也張而不弛文武弗能也

黄珣

同考試官學正陳批（此題本平易作者紛紛臆説惟此篇前後能以勞逸之義立意况措辭蒼古宜冠本經）

考試官教授劉批（詞達理備可見學識）

考試官教授鄭批（文簡而理明宜表而出之）

聖人言久勞暫逸之恩非賢者所能識其義必喻以久勞不息之政雖聖王不能致其治蓋蜡祭所以報神澤民也聖人因賢者未知其義得不取喻以明之哉昔子貢觀於蜡未知其樂聖人故告之曰古之君子使之必報之蜡之爲祭所以報神之有功於田而因以勞農之致力於田者也彼百日勞苦而有此蜡農民服終歲畎畝之勤今僅使之爲一日飲酒之歡是乃人君之恩澤斯舉也幽足以報於神明足以澤乎民其其義之大豈女所能知乎方其勞之之初猶弓之張而有爲也及其息之之後猶弓之驰而無作也使或久張而不驰則力必絶猶民久勞而不息則力必憊弓必有時而張有時而弛可也民必有時而勞有時而息可也使民常勞而不息則民將不堪雖曰聖如文武亦不能爲治也吁此先王之於民所以使之雖勞而不怨也歟大抵萬物之所以成者神有以相功於其幽民有以致力於其明神有功以相其幽則報之民有力以致其明則勞相功致力者義也報之勞之者仁也先王一舉事仁義并行而不悖也如是夫

第二場

論

君道稽古正學

黄珣

同考試官學正陳批（事有考據文亦豐贍且始終以正心立説蓋有識之士也宜冠多士）

考試官教授劉批（出人意表可嘉）

考試官教授鄭批（詞氣渾厚真爲佳作）

論曰人君欲成盛德大業而致雍熙泰和之治其道何先曰稽古正學而已蓋明君以務學爲急聖學以正心爲要苟不稽古先聖王之正學則心術不明心志不定其何以明善惡之歸辨忠邪之分理天下之務曉然趨道之正而成天下之治哉請申程子君道稽古正學之旨人君以一身而統天下之大以一心而理萬幾之繁善惡沓至乎前是非未易明也忠邪并進於世誠僞未易

辨也况出入起居紛紜酬酢聲色貨利皆戕心之斧斤觀逸游田皆害心之蟊賊苟不稽古正學以爲吾心之權衡繩墨則義理不明多聽而易惑心志不定守善而或移矣夫權衡設而不可欺以輕重者以其平也繩墨設而不可欺以曲直者以其直也學術明而不可惑以邪忒者以其正也人君稽古正學則知聖人之訓爲必當從先王之治必可法心如懸鑒之明志如止水之定權衡在吾胸中繩墨在吾度内而天下萬事萬物無不可理者矣夫古之正學何學也堯舜湯禹文武周孔相傳之心學也非黄老刑名術數异端之學也其要在一中而已堯之授舜則曰允執厥中舜之授禹則曰精一執中湯之建中于民文王之緝熙敬止武王之建其有極周公之思兼三王孔子之祖述憲章皆此中也其弘綱奥旨見於詩書禮春秋之文其大經大法根於性命道德仁義之實堯舜禹湯文武之盡君道而治功卓乎不可及者以有是相傳之正學也若周成王之學有緝熙于光明商高宗之學于古訓於正學亦庶幾焉漢唐宋之君非不盡君道而治化不古若者以不能稽古正學也雖唐太宗有以古爲鑒之言宋高宗喜説命師古之語於正學亦未聞焉人君稽古正學豈徒窺簡牘之陳言務口耳之粗迹哉要必格物致知以明其理誠意正心以實其事從容燕閑訓誦箴諫皆聞正論左右前後朝夕承弼莫匪正人必考古聖傳心之要典而不遷於流俗因循之論必求大中至正之所在而不牽於後世駁雜之政則正學明而吾之心正矣吾心既正則用人之際必如古聖王之任賢勿貳去邪勿疑而善惡之歸忠邪之辨明矣心正則身正而起居之際必如古聖王之允迪厥德慎乃有位而聲色貨利觀逸游田之念息矣由是而正朝廷正百官正萬民而遠近莫不一於正其治化之盛亦可比隆唐虞三代之黎民於變萬邦咸寧矣大哉古聖王之正學乎其爲君道之標準乎堯舜禹湯文武遠矣洪惟我朝列聖相承皆以正學化成天下而頒降性理大全五倫書皆首揭是言於君道篇大哉皇心首其所以垂裕聖子神孫曷有已乎今聖天子日御經筵集儒臣講明二帝三王之道於所謂正學知之明信之篤行之力愚何幸親逢唐虞三化之盛治於今日

表

擬進大明一統志表

王鑑之

同考試官訓導張批（駢麗可取）

考試官教授劉批（表佳）

考試官教授鄭批（表得體）

伏以鰲立坤維肇億萬年之土宇龍飛淮甸開大一統之山河下陋四野遠超三代宜有傳於永世可無紀於當時夙廑聖祖之留心志將垂遠既命儒臣而效力績未究成事竟集兹時應有待恭惟聰明睿智中正齊莊作之君作之師爲群生之共主繼其志述其事纘列聖之洪圖混車書文軌於八埏來玉帛衣冠於萬國道已至而猶以爲未至德愈崇而猶以爲未崇總攬乾綱勤政常臨於日昃緝熙聖學觀書每至於夜分披禹貢閲職方備見前朝之强域涣綸音啓宸斷聿新盛代之典章遂簡及於庸愚俾職司於修纂上以成祖宗欲爲之志下以垂子孫不拔之基涣汗自天震驚無地庸敬偕於寮寀特致謹於編摩文物衣冠表京畿爲四方之極山川形勝列方岳爲諸郡之先曰館榭曰亭臺微必録曰人情曰土俗無遠不書列其自必揭其綱詳乎今不略乎古彼于闐占城之境悉在包荒若高麗百濟之區咸歸統載允陋昔人之九域卓爲今代之全書誠聖朝萬萬世無疆之基業也臣等才慚襪線學愧榛蕪鋪張曠古之規模詞非班馬揚厲無前之功績文乏歐蘇惟願帝德日新祝一人之有慶皇圖固鞏祈萬壽之無强臣等無任瞻天仰聖激切屏勞之至謹以纂修大明一統志若干卷隨表上進以聞

第三場

策

第一問

程愈

同考試官訓導張批（此卷前場七篇俱純五策善條答而此尤詳悉不宜在魁選）

考試官教授劉批（策得事實）

考試官教授鄭批（不爲問自所窘可嘉可嘉）

上天佑民必以綏猷之責付之君人君奉天必以立極之訓示之民蓋有一代之隆興必有一代之制作遠而堯舜湯武之典謨訓誥所以道民爲善固此道也近而我朝一祖二宗之大誥三書所以道民爲善亦此道也又何彼此之間哉書曰惟皇上帝降衷于下民若有恒性克綏厥猷惟后是言人性本善而不能不壞於人欲所以修道立教使之各安其道以復於善則賴乎君也稽之於古若堯舜之勞來匡直教以人倫成湯之肇修人紀武王之重民五教所以道民於善而克盡綏猷之責者非有他術也亦惟因其所固有者而道之耳

是以當時人人士行比屋可封非後世所能及也迨至漢唐宋其間願治之君非不欲道民爲善然其所以道之術則與此异如宋太宗親書孝經於碑陰高宗親書孟子於屏障不過爲文具美觀而已烏能道民於善哉洪惟我朝太祖高皇帝條成大誥三編昭示天下褒善之言藹乎春温誠有以感發人之善心矣觀其申明五常知報獲福之條與夫正婚姻行鄉飲之數則所以道民之要亦不出乎民生日用彝倫之外其克綏厥猷豈不與堯舜湯武同一揆歟太宗文皇帝纘承丕緒慮民之逸居而無教也著爲善陰隲孝順事實二書拳拳勸人爲善行孝而申之以報應之理其間所載如鄧禹之不殺而子孫繼封公侯作配宫闈韓琦之德政而子孫繼登台鼎光榮累世蕭固孝謹而子芝仕至尚書郎黄香行孝而子瓊仕爲僕射是爲善行孝之獲報也豈不與大誥爲善獲報之效同條而共貫歟宣宗章皇帝嗣大歷服慮民之忽於倫理也著五倫一書備人倫之道而各舉其善行其間所載若洪皓盡忠而三子并中詞科趙善應純孝而一子卒登相位是其盡臣子之善行而獲報也又豈不與爲善孝順二盡一軌而合轍歟三聖四書掀揭宇宙宸章奎翰照耀簡策皆道民於善而盡克綏厥猷之責者也是以四海之内家傳人誦風移俗易熙熙然相安相樂於雍熙之世皥皥乎相親相愛於泰和之天於戲盛矣然先聖後聖本同一心典謨四書實相表裏大誥之君臣同游即虞書之元首明哉股肱良哉也陰隲書之爲善獲報即謨訓之惠迪吉作善降祥也孝順事實之虞舜大孝非堯典克諧以孝之謂乎五倫書之紀載善行非二典九族既睦五典克從之意乎愚也生長於鳶飛魚躍之天涵泳於鳳儀獸舞之治服膺聖訓於兹有年謹掇拾所聞以對

第二問

吴暠

同考試官教授劉批（大小學策人多忽略此作綱目畢張文義縝密宜在選列）

考試官教授劉批（五策皆有議論此作尤優）

考試官教授鄭批（此策敷答詳明又以敬之一言貫二書之旨蓋熟於窮理之學者）

聖賢教人之法有小學焉有大學焉始之以小學所以收其放收養其德性而立大學之根本終之以大學所以察夫義理措之事業而收小學之成功二書相因其道一而已矣且小學一書乃子朱子搜輯傳記纂成有内篇以立本原有外篇以衍支流内篇則立教明倫敬身稽古是也外篇則嘉言善行是

也内篇首之以立教而所教者洒掃應對之節愛親敬長之道焉次之以明倫而所明者父子之親君臣之義夫婦之别長幼之序朋友之交焉次之以敬身所以明心術之要威儀之則衣服之制飲食之節也又次之以稽古所以考三代聖賢已然之迹以證立教明倫敬身之言也外篇則述自漢來賢者則嘉言所以廣立教明倫敬身之義又記自漢以來賢人之善行所以實立教明倫敬身之事此小學教人之法爲大學修齊治平之本三代以後不知此義至先儒壯溪陳氏謂此書綱領甚好切於日用魯齊許氏謂此書吾信之如神明敬之如父母蓋欲學者篤信而尊崇之也大學則子曾子述孔子之經傳十章之義外有三綱領内有八條目三綱領則明德新民止至善也而明明德一言又爲領中之綱領焉八條目則格物致知誠意正心修身齊家治國平天下是也而明明德於天下一言又有以該體用而無遺焉傳者釋綱領外又有本末章者釋經文物有本末之義也他章皆以二事相承而誠意自爲一章者以誠意爲自修之首也此大學教人之方而爲小學入德之門漢儒以一來鮮有能知之者至唐韓愈原道篇止及於正心誠意而無所謂格物致知宋朱子進講是書於寧宗之前則動以格物致知誠意爲言者一則語道之未詳一則愛君之盡誠也然小學大學教人之術與夫次第節目雖有不同而爲道豈有二致哉明問又謂二書可一言以蔽之嘗聞之先儒曰敬者聖學之所以成始而成終者也爲小學而不由乎此則無以涵養本原而謹夫立藝之教爲大學而不由乎此則無以開發聰明以進德而修業則敬者二書之要領也愚生雖由小學而入大學然於道未知嚮方姑摭所聞以對惟進而教之

第三問

陳謙

同考試官教諭王批（此策有考據有斷制非胸中素有定論者不能允宜高薦）

同考試官教諭吴批（薦舉一策場中答著率多遺漏惟此作隨問隨答蓋留心於策學者也）

考試官教授劉批（文勢滔滔事實不遺策場之優者）

考試官教授鄭批（策詳贍明白）

爲國莫先於薦賢薦賢惟在於至公蓋爲國而不薦賢非所以愛其國薦賢而不以至公豈能得夫賢哉知乎此則可以復明問矣粤自三代以前俊乂在官薦舉之名未立成周之時舉能其官而薦舉之名始聞自是薦者非一人舉者非一途苟材之可用雖親亦薦如祁奚之薦祁午吕蒙正之薦夷簡而人

不以爲疑者公也雖讎亦舉如解狐之舉荆伯抑吕夷簡之舉范仲淹而人不以爲嫌者亦公也漢張釋之之善聽獄訟于定國之練習法令而袁盎丙吉薦之唐張九齡之學問該博韓休之行誼純篤而張閱肅嵩舉之宋吕文靖之薦包拯非以其同巷不求見乎司馬光之薦劉元城非以其無書抵政府乎之數君子之所薦雖不同而同出於公也至若李師錫乃王德用之甥也以德用故而薦者三十余人陳琪乃寵籍之婿也以寵籍故而舉者二十四人是皆貴要之私耳如公道何王安國荆公之親弟也托荆公以力薦之吕惠卿荆公之同己也犯衆怒而力舉之是皆親故之私耳如公道何此所以不能無譏於人也他如自謂我爲相無能但有一能善用人者吕文穆也自言我輔政何功惟薦二臺官無愧非唐質肅乎二公之急於薦人如此其公可知矣身爲諫議未嘗妄薦一人者謝泌也官居執政不敢私薦一士者非陳升之乎二公之謹於薦人如此則其公又知矣方今聖皇馭極賢路大開當途推轂者皆忠君愛國之臣拔茅彙征者悉秉德守正之士朝無幸位而野無遺賢矣執事猶謂山林泉石尚有遺逸之士百司庶府不無淹滯之才誠過慮也兹欲屈在下僚者悉得擢用誠如近者臺憲大臣所言在京廷臣各舉所知在外風憲鑒司各舉所屬之廉能則才無淹滯矣欲隱於岩穴者咸得彙進誠如明詔所言山林懷材抱德之士有司舉送銓曹擢用則士無遺逸矣然又在於司薦舉者之各秉至公而後可富鄭公嘗曰有德者然後知人之德有才者然後知人之才歐陽公亦曰廉者舉清廉贓者舉貪濁然則薦舉不公當嚴連坐之法請以是爲執事獻

第四問

楊茂元

同考試官訓導張批（敷演略無凝滯必博洽之士也高薦何忝）

同考試官教諭周批（五策文采爛然其論文章一策尤有考據他日所就未可量也宜置魁選）

考試官教授劉批（敷答豐贍優於衆作）

考試官教授鄭批（考究詳明必紊古能文之古）

有義理之文有詞章之文繡章繪句錦心繡口詞章之文也義本六經文關世教義理之文也詞章之文膾炙於人口才士皆可能之義理之文浸漬於人心非有德者莫之能也三代以上莫非義理之文三代以下純於義理者蓋鮮矣有如孔明韓杜之流豈非百鳥中之孤鳳歟是故晋之文章非不多也而歐陽公謂晋無文章惟陶淵明歸去來辭豈非以其蕭然物外高潔簡古乎唐之文章非不富也而蘇東坡謂唐無文章惟李願歸盤谷序豈非以其善狀物

態宛轉新奇乎孔明出師一表其忠肝義膽凛乎其不可犯蘇東坡謂其與伊訓説命相表裏信矣杜子美平主詩集其忠君愛國藹然見於言外黄山谷謂其得三百篇之旨宜矣韓子之文若捕龍蛇急與之角而不暇豈無所自而然歟良由有得於詩葩易奇盤誥詰屈春秋謹嚴之趣也柳子之文軋漢周而凌晋宋凛然一王之法豈無自而爾歟良由上學詩易春秋下得左氏國語之妙也讀歐之文如游帝舜之庭而聆簫韶之樂姑舉一篇以見其他如本論序所以麾异端之道雍容閑雅不勞寸兵尺鐵而聞風遠遁真奇文矣讀蘇之文如駕千里之駒而御以王良造父姑舉一篇以例其余如上神宗書所獻三事廣譬博喻直欲致其君爲堯舜湯武而不犯逆鱗之怒真妙文矣至若制誥之文得六經簡嚴之體者錢穆父作章子厚之謫詞范純仁之遺表焉記述之文得六經紀實之旨者王元之之記待漏院張伯玉之記六經閣焉奏議之文如穎濱之言條例張方平之諫用兵皆得伊訓吕誥之意詩章之文如歐公之咏春帖蘇公之諷水利皆得周雅商頌之體他如進士之文王曾以賦策第而爲賢相張庭堅以經義進而爲名臣豈可以科舉輕視之乎序述之文程伊川自序易傳游定夫爲孫莘老序周易傳豈可以序體概論乎之數子者立言雖不同其所以精乎詞章而根於義理則一也豈可專以詞章之文目之哉愚也學古爲文未聆其要惟執事恕其狂妄而教之

第五問

黄珣

同考試官學正陳批（時務一策正觀士子變通之學場中答者多臆説令人厭觀惟此策有考據有措置足見學識宜冠多士）

考試官教授劉批（策有定見真識時務者也）

考試官教授鄭批（時務一策足見有用之學）

天下無不可用之人在勸懲之有道天下無不可爲之事在任用之得人蓋勸懲有道則守令將校之繼來新任者皆可盡其用任用得人則風俗水利儲蓄賦役之事皆可得而理矣執事先生發策而以浙之切務所宜變通者下詢承學愚何足以知之然一事不知儒者所耻執事以儒者俊杰待承學敢不罄一得之愚以復乎夫守令將校之不得其人在監司之勸懲有道而風俗水利儲蓄賦役之咸得其理又在藩臬令守之得人也蓋監司所以肅百僚而貞百度也藩司所以承流而宣化而守令則民之師帥也彼守令所以牧民當秉廉潔之操將校所以領軍當有撫馭之才今守令之貪墨者已罷黜之矣而繼來者猶未端其操以執守之未定也將校之奸貪者已更選之矣而新任者猶

或非其才以素習於膏粱也爲監司者誠舉憲綱以戒勵之嚴法令以訓飭之其能改過自新者待以禮而不究其遂非不悛者置以法而不貸則守令將校皆將悔禍懼罪之不暇而變爲廉潔有用之才矣民風欲淳也而刁訟日滋民俗欲儉也而奢侈益甚由積習之所致也爲守令者誠能教以孝弟道以忠信而强梗弗率者齊以刑食之以時用之以禮而逾禮過用者禁以法則風俗自淳儉矣浙西地卑而憂澇浙東地高而憂旱由預防之無備也爲守令者誠於浙西疏大湖瀦蓄之水浚河港泥茭之積俾遇澇則水由淞江而下流於海於浙東則浚湮塞之湖藪以瀦水修廢弛之陂堰以節流或遇旱則水以桔槔而上運於田則旱澇可無虞矣自夫水旱之荐臻也民仰食於公而秋成不足以償之是致倉廪空虚況今歲水旱相仍何怪乎仰給者道路相望乎自夫職守之匪人也豪右以富囂閑而困窮者竭力以供役是致民多貧乏況比歲軍需悉出於三等之人户又何怪夫横斂者項背相接乎今欲廣儲蓄以給民必和糴於鄰封或勸助於富室而又謹出納之令使羡余不至於侵欺可也欲均賦役以息民必停不急之徵蠲公土之賦而又審貧富之徭使軍需仍復於舊額可也之數者欲增實效不事虚文固在於爲守令者之得其人然防其奸而革其弊作其怠而董其成又在於爲藩臬者之同其心如此則兩浙之務無難處者矣變通之術無逾於此愚生風檐寸晷未暇援古以對姑述耳之所聞如此倘與而進焉尚當以天下之務爲執事陳之

浙江鄉試録後序

上天純佑我皇明文運誕興乃今成化七年歲當賓興賢能巡按浙江監察御史郭瑞暨藩臬重臣預期禮聘儒紳以司考試及期合十一郡士凡三試之拔其尤者九十人遵定額也既次第其名氏復集其文之純雅者爲録將以獻于上僉謂襄宜序其末欽惟太祖高皇帝肇開文運科目取士雖以文藝而學校教人必先德行蓋與舜之命司徒以敷五教命典樂以教胄子同一揆也列聖相承率由是道皇上嗣位益篤前烈既敕憲臣提督内外學校復命禮部申示教條皆先德行而後文藝凡師之所以教弟子之所以學涵育陶鎔無非所以造成厥德故凡來試者彬彬然善言德行而登名者則又盛焉者也聖天子七八年間德化感人淪肌浹髓有如是夫孔子嘗曰有德者必有言程子亦曰德盛（此處底本缺頁——編者注）

成化十年浙江鄉試録

浙江鄉試録序

洪惟我太祖高皇帝誕膺丕圖繼天出□□治必在用賢乃法成周鄉舉里選與隋唐以來建科取士之意詔有司三年一大比賓興賢能明揚側陋布列庶位用圖康保烝民太宗文皇帝繼體守成聿崇文術列聖相承丕弘聖治率由舊章皆欲以人文化成天下皇上嗣承大統勵精圖治尤惓惓以求賢爲務慮所司奉行未至故申命憲臣嚴加考校爰自洪武□□□□□□先後凡三十有四科得人之盛師師在朝穆穆在位環奇不凡之才胥此焉出書所謂野無遺賢萬邦咸寧詩所謂思皇多士生此王國者是已猗歟休哉夫賢才之生雖川岳靈秀所鍾抑亦上之人有以振作造就之也浙江爲東南大藩山川秀麗人物之産甲於天下歷代賢才項背相望今之諸賢功業文章清風偉望尤卓乎不可尚已比者浙江按察司僉事張悦寔奉提學之命於凡浙士正之以規矩準繩端之以正心誠意甄陶奬勸表正士心邇年以來風教益美乃成化甲午秋洊當鄉貢之期浙江藩臬重臣仰遵成憲先期走聘儒紳以司文柄至期鎖院合十一郡抱藝願售之士二千有奇而群試之時巡按監察御史吴文元總莅其事預爲小試激昂士類汰黜浮藻凡所以抑奔競杜僥幸革奸弊有益士風者靡不嚴立法程且又妙柬属吏之詳慎文雅者以司受卷彌封謄録對讀諸事防閑周至内外肅清先是貢院堂宇傾頹規模卑隘不堪視事而欽命巡撫浙江右副都御史劉敷等特今所司改觀大新聳人瞻望落成之後霪所浹旬陰翳未霽及試之日天光散舒奎文呈彩諸士子得以揚眉吐秀發揮所藴斐然成章人事既修天實默相群寮百執事之贊襄效勤者益恪益謹而欽命太監李義實鎮守其地監察御史夏璣方珪則振肅綱維於外内而提調監試則左布政使張瓚按察使戴珙左參政李田僉事梁昉外而防範則右布政使甯良右參政杜謙張寰副使史瓘楊瑄端宏左參議甯珎右參議傳允吴森僉事劉余慶萬禮李瓛吴□ 林杰蘇慶科協德秉公皆欲靈承皇上側席求賢之意期得真材以資任用撤棘之日得其文之純粹者九十人既次第其

名氏又擇其文之可爲程式者鋟諸梓小録既成僉謂不可無言以勖諸士嗟夫科目誠不易矣古所謂豪杰之士由之而出者諸士子平居衡茅焚膏繼晷伸吟占畢一旦得與兹選固可謂一邦之豪杰矣然德行本也文藝末也科目雖榮士特藉此爲出身之階耳若其所以德澤及人流芳後日者則不在是兹既以明體適用之學得與計偕行將敷對大廷列名進士有爵禄之榮有官守之寄尚當正其心術端其操□慮其始終攄所抱負以濟時行道必趾美於浙之古今諸賢使天下稱爲浙産豪杰斯可矣夫士之學古入官求以致君澤民者忠也履誠蹈實思以顯親揚名者孝也有其具及時而昧圖報稱者不力也賢人君子發昌開祥於前而不能繼芳躅於後者自惰也諸士子於此尚知所自擇而自勉焉若徒摘英搴華以科目爲嘩世取寵之具固非古所謂科目所出豪杰之士抑非予所敢聞者子也么髍狂斐濫叨主司於諸士子有斯文一日之雅故不以頌而以規尚懋慎之

廣西柳州府儒學教授戴紘謹序

成化十年浙江鄉試

監臨官

巡按浙江監察御史吴文元（善长福建甌寧縣人　丙戌進士）

提調官

浙江等處承宣布政使司左布政使張瓚（宗器湖廣孝感縣人　戊辰進士）

浙江等處承宣布政使司左參政李田（舜耕湖廣嘉魚縣人　甲戌進士）

監試官

浙江等處提刑按察司按察使戴珙（廷璧河南沔池縣人　甲戌進士）

浙江等處提刑按察司僉事梁昉（景熙廣東順德縣人　丁丑進士）

考試官

廣西柳州府儒學教授戴紘（子儀廣東南海縣人　丙子貢士）

山東東昌府清平縣儒學教諭趙欽（士敬福建晋江縣人　戊子貢士）

同考試官

湖廣沔陽州儒學學正盧執中（用民四川巴縣人　己卯貢士）

直隸河間府滄州儒學學正方朝清（原潔福建莆田縣人　辛卯貢士）

山東東昌府冠縣儒學教諭侯輔（廷翊河南洛陽縣人　庚午貢士）
河南南陽府唐縣儒學教諭朱輔（良臣直隸懷遠縣人　壬午貢士）
湖廣岳州府儒學訓導吴迪（時康江西泰和縣人　庚午貢士）
四川夔州府奉節縣儒學訓導王璧（器之湖廣蒲圻縣人　癸酉貢士）
山東濟南府儒學訓導孫博（約之直隸景州人　壬午貢士）
江西吉安府廬陵縣儒學訓導林堅（叔玉福建候官縣人　乙酉貢士）

收掌試卷官

杭州府知府李端（宗正湖廣興寧縣人　丁丑進士）
台州府通判樊經（大經湖廣澧州人　己丑進士）

印卷官

浙江布政使司經歷司經歷楊鐸（宣道山西陽曲縣人　丁卯貢士）
浙江布政司經歷司都事李珙（廷璧直隸廣德州人　監生）

受卷官

浙江按察司照磨所照磨李榮（仕顯直隸衡水縣人　監生）
嘉興府崇德縣知縣劉仲輢（大容湖廣麻城縣人　癸酉貢士）

彌封官

台州府黄巖縣知縣鄺文（載道廣東南海縣人　丙戌進士）
衢州府龍游縣知縣孫弁（文冕江西浮梁縣人　壬辰進士）

謄録官

台州府太平縣知縣袁道（德純江西吉水縣人　壬辰進士）
嘉興府秀水縣知縣李燁（文暉福建閩縣人　壬辰進士）
處州府松陽縣知縣吴泰（昌期應天府江浦縣人　壬辰進士）

對讀官

衢州府開化縣知縣林清（源潔福建福清縣人　壬辰進士）
處州府龍泉縣知縣吴文度（憲之應天府江寧縣人　壬辰進士）
紹興府蕭山縣知縣陳瑶（仲華廣西全州人　壬辰進士）

巡綽官

杭州前衛指揮使江昇（彦高直隸合肥縣人）
杭州前衛指揮僉事陳俊（漢傑直隸宿松縣人）
杭州右衛指揮使許璋（宗器直隸定遠縣人）
杭州右衛指揮僉事黎端（持正直隸合肥縣人）

搜檢官

杭州前衛正千户白保（廷弼直隸小興州人）

杭州右衛副千户郭鑑（彦明直隸密雲縣人）

供給官

杭州府推官薛希良（宗直直隸懷遠縣人　監生）

衢州府照磨所照磨韓昭（克明順天府涿州人　監生）

杭州府錢塘縣知縣謝頻（世昭福建郡武縣人　癸酉貢士）

嘉興府平湖縣縣丞梅清（本潔四川大足縣人　監生）

杭州府錢塘縣主簿陳能（惟賢直隸穎上縣人　監生）

金華府雙谿馬驛驛丞程自信（彦實湖廣黄岡縣人　承差）

掌行科舉文字

浙江布政司禮房令史徐肅（嘉善縣人）

浙江按察司禮房典吏吴鵬（海寧縣人）

謄録對讀

生員陸新等叁百名

第一場

四書

大哉堯之爲君也巍巍乎唯天爲大唯堯則之蕩蕩乎民無能名焉巍巍乎其有成功也焕乎其有文章　知仁勇三者天下之達德也所以行之者一也或生而知之或學而知之或困而知之及其知之一也或安而行之或利而行之或勉强而行之及其成功一也子曰好學近乎知力行近乎仁知耻近乎勇　夫物則亦有然者也然則耆炙亦有外與

易

九二大車以載有攸往無咎象曰大車以載積中不敗也九三公用亨于天子小人弗克象曰公用亨于天子小人害也九四匪其彭無咎象曰匪其彭無咎明辨晳也六五厥孚交如威如吉象曰厥孚交如信以發志也威如之吉易而無備也　繻有衣袽終日戒　懼以終始其要無咎　昔者聖人之作易也幽贊於神明而生蓍參天兩地而倚數觀變於陰陽而立卦發揮於剛柔而生爻和順於道德而理於義窮理盡性以至於命

書

人心惟危道心惟微惟精惟一允執厥中無稽之言勿聽弗詢之謀勿庸可愛非君可畏非民衆非元后何戴后非衆妄與守邦欽哉慎乃有位敬修其可願　大野既豬 東原底平　凡厥庶民無有淫朋人無有比德惟皇作極凡厥庶民有猷有爲有守汝則念之不協于極不罹于咎皇則受之而康而色曰予攸好德汝則錫之福時人斯其惟皇之極無虐煢獨而畏高明人之有能有爲使羞其行而邦其昌凡厥正人既富方穀　子惟曰庶有事今王即命曰記功宗以功作元祀惟命曰汝受命篤弼

詩

稱彼兕觥萬壽無疆　皇皇者華于彼原隰駪駪征夫每懷靡及我馬維駒六轡如濡載馳載驅周爰咨諏我馬維騏六轡如絲載馳載驅周爰咨謀我馬維駱六轡沃若載馳載驅周爰咨度我馬維駰六轡既均載馳載驅周爰咨詢　經營四方告成于王四方既平王國庶定時靡有爭王心載寧江漢之滸王命召虎式辟四方徹我疆土匪疚匪棘王國來極于疆于理至于南海王命召虎來旬來宣　眉壽保魯居常與許復周公之宇魯侯燕喜令□壽母宜大夫庶士邦國是有

春秋

鄭人來輸平（隱公六年）宋人及楚人平（宣公十五年）齊侯宋人陳人蔡人邾人會于北杏（莊公十三年）叔孫州仇帥師墮郈（定公十二年）季孫斯仲孫何忌帥師墮费（同上）　諸侯盟于首止（僖公五年）諸侯遂救許（僖公六年）諸侯盟于葵丘（僖公九年）諸侯城緣陵（僖公十四年）　晋人敗狄于交剛（成公十二年）公如京師遂會晋侯齊侯宋公衛侯鄭伯曹伯邾人滕人伐秦（成公十三年）叔孫僑如會晋士燮齊高無咎宋華元衛孫林父鄭公子鰌邾人會吴于鍾離（成公十四年）晋侯及楚子鄭伯戰于鄢陵楚子鄭師敗績（成公十六年）公會晋侯齊侯衛侯宋華元邾人于沙隨不見公晋人執季孫行父舍之于苕丘（同上）公會尹子單子晋侯齊侯宋公衛侯曹伯邾人伐鄭（成公十七年）同盟于柯陵公會單子晋侯宋公衛侯曹伯齊人邾人伐鄭

禮記

主先嗇而祭司嗇也祭百種以報嗇也　大夫拜賜而退士待諾而退又拜弗答拜大夫視賜士士拜受又拜於其室衣服弗服以拜敵者不在拜於其室　是故大人舉禮樂則天地將爲昭焉天地訢合陰陽相得煦嫗覆育萬物

然後草木茂區萌達羽翼奮角觡生蟄蟲昭蘇羽者嫗伏毛者孕鬻胎生者不殰而卵生者不殈則樂之道歸焉耳　曰司命曰中霤曰國門曰國行曰泰厲曰户曰竈

第二場

論

聖人神化上下與天地同流

詔誥表（内科一道）

擬漢令郡國求遺賢詔　擬唐以韓愈爲國子祭酒誥　擬宋以陳堯叟同知樞密院事謝表

判語（五條）

講讀律令　欺隱田粮　服舍違式　多支廪給　干名犯義

第三場

策五道

問　天命聖人以爲億兆之君師使之治而教之以復斯民之性而已稽之於古若二帝三王之治天下所以教斯民者皆本之躬行心得之餘不待求之民生日用彝倫之外教之之要可得而言歟迨至漢唐願治之君尊師重傅大召名儒教亦至矣而治效終不古若者其故何歟洪惟我太祖高皇帝條成大誥三編太宗文皇帝製孝順事實爲善陰隲二書宣宗章皇帝纂集五倫書然誥之載善所以示勸有一條而專指一倫者載惡所以示懲有一條而備舉五倫者其實可得而指陳歟事實所載專言孝固多間有兼乎他倫者陰隲所載泛言善固多間有切於五倫者其人可得而歷數歟以至五倫所載之善行孰爲首稱歟然四書之製固不外於彝倫矣其亦本於躬行心得歟説者又謂先孔子而聖者非孔子無以明後孔子而聖者非孔子無以法然二帝三王實先孔子者其道果待孔子而後明歟我朝三聖實後孔子者其書果有法於孔子歟諸士子佩服聖訓有年其詳言之毋略

問　昔孔子自衛反魯删詩書定禮樂贊周易修春秋六經之道昭如日星不幸燔烈于秦火穿鑿于漢儒口耳异傳源流遂别言易者本田何何之後有施孟梁丘之學并立博士又有京費二氏而後世所宗者王弼也不知弼之學出施孟梁丘歟京氏費氏歟推而上之果得孔子授商瞿之旨否歟言書者本伏生伏生之後有歐陽大小夏侯之學又有孔安國傳古文尚書而後世所

宗者孔氏傳也歐陽夏侯在漢爲最盛而不知何自而微歟安國之書未行而遇禍不知何代而興歟言詩者有齊魯韓毛四家毛詩在當時未立於學而爲後世所宗不知齊魯韓何自而微毛何自而興歟毛之學果得於孔子傳子夏之旨歟春秋之傳有五而後世所傳者左氏公羊穀梁也三家在漢迭爲盛衰不知孰先盛而後衰歟孰始衰而後盛歟杜預何休范甯爲三家章句亦各有受歟禮之經有二曰周禮者周公制太平之典也曰禮記者孔子弟子傳所聞而記之也二經之始出於何代傳於何人而名於幾家歟後世爲章句者皆鄭氏其授受之目有可言歟樂經不傳無所考證説者以爲即禮經中之樂記果然否歟抑別有其説歟諸生號爲明經講之有素願詳著于篇毋略

問　水之爲灾也尚矣古者帝堯之世號稱極治猶有九年之水豈其贊化育之道有未至歟説者謂其雖有水不能爲害然歟使當時無禹治之則其患至今未息歟我朝江南浙之地瀕於江海往歲江濤洶涌海水泛溢壞民廬舍浸傷禾稼環數千里爲害非細也伊欲使其海晏波澄而永保無横濫之虞何道以致之歟將設法堤備以盡人事之當爲歟則工力之費有限而後日之患猶可慮將修德行仁以召天地之和氣歟則恐不免爲迂遠無用之談諸士子應賓興而來必有能爲興利除害之策者願聞其説

問　地靈人杰古有是言也矧浙江爲天下大藩山川之秀人物鳴世者後先相望姑舉一二與諸士子論之夫文武忠孝道德之顯者也如倡道於婺爲世宗師隱居著書以□後進文何人歟少有奇氣而武舉异等少有奇志而武舉絶倫武何人歟以至爲御史中丞而知無不言爲監察御史而彈劾不避均之爲忠也以至孝聞世而來八字之旌以孝廉表坊而應八行之舉均之爲孝也其人可得而悉數歟若夫將相公侯功名之顯者也如爲將在軍旅而親賢接士爲將三十年而家無長物將誰謂耶論諫甚切一本於仁義薦用人材不以私害公相誰謂耶以至生封郇國而陪葬獻陵生封鄖國而卒謚威烈同一爲公也封永成侯而配享廟庭封毗陵侯而恩敬極隆同一爲侯也其人可得而歷言歟諸士子生長于斯景仰有素果將以數君子之道德功名自勉歟抑別有所折衷歟請著于篇以觀尚友之志

問　爲治之法固多端矣訓農桑省賦役簡詞訟厚風俗弭盗賊皆其所當務者□請與諸君子論之古之時農有餘粟女有余布何今之田不加少而衣食反不足歟古之時薄己奉上趨事赴工何今之輕徭薄斂而生理反不遂歟未嘗不欲簡詞訟也而一邑之小日至數百安得如古之虞芮讓田而兄弟感義歟未嘗不欲厚風俗也而十室之邑鮮聞忠信安得如古之比屋可封而

人人君子歟未嘗不欲息盜賊也然而小則穿窬攘奪大則蜂屯蟻聚又安得如古之山行水宿而外户不閉歟諸士子出爲世用其於時務之學必講之有素詳著于篇將采其可行焉

中式舉人九十名

第一名　謝遷　餘姚縣學生　禮記
第二名　李寅　台州府學生　易
第三名　吕獻　新昌縣學生　書
第四名　童潮　慈谿縣學生　詩
第五名　王岐　杭州府學生　春秋
第六名　郭宗信　杭州府學生　易
第七名　姚禎　海鹽縣學生　書
第八名　毛憲　餘姚縣學生　禮記
第九名　吴玠　長興縣學生　詩
第十名　吕洪　東陽縣學生　易
第十一名　聞人珇　餘姚縣儒士　書
第十二名　張綬　秀水縣學生　詩
第十三名　嚴緝　湖州府學生　書
第十四名　陳禮　寧波府學生　易
第十五名　張律　嘉興縣學增廣生　詩
第十六名　朱海　處州府學生　書
第十七名　韓明　餘姚縣儒士　禮記
第十八名　張景暘　慈谿縣儒士　詩
第十九名　姚昕　遂安縣學生　春秋
第二十名　陳鋭　寧波府學生　易
第二十一名　汪澤卿　寧波府學生　書
第二十二名　李靖　臨海縣學生　詩
第二十三名　邵禮　餘姚縣學增廣生　書
第二十四名　周政　縉雲縣學生　易
第二十五名　倪璠　海鹽縣學生　詩

第二十六名　徐貴　武義縣學生　書
第二十七名　徐禮　餘杭縣學生　禮記
第二十八名　毛箴　寧波府學生　易
第二十九名　於珇　嘉善縣學生　詩
第三十名　李福　寧波府學生　書
第三十一名　仰儒　餘杭縣學生　詩
第三十二名　徐愛　開化縣學生　易
第三十三名　周廷瑞　山陰縣學生　春秋
第三十四名　姜學夔　嘉興縣學生　詩
第三十五名　費琮　仁和縣學生　書
第三十六名　劉芳　處州府學生　詩
第三十七名　諸諫　餘姚縣儒士　禮記
第三十八名　丁福　定海縣學生　易
第三十九名　虞煥　紹興府學生　書
第四十名　葛林　慈谿縣學生　詩
第四十一名　趙年　蘭谿縣學生　易
第四十二名　王弼　黄岩縣學增廣生　詩
第四十三名　吴勤　武義縣學生　書
第四十四名　王旷　紹興府學生　詩
第四十五名　鄔昉　寧波府學生　易
第四十六名　韓立　蕭山縣學生　書
第四十七名　吴福　義烏縣學生　禮記
第四十八名　盧鴻　淳安縣學生　春秋
第四十九名　聞旋　海寧縣學生　詩
第五十名　白瑾　山陰縣學增廣生　書
第五十一名　孫紘　鄞縣儒生易
第五十二名　邵逵　淳安縣學生　詩
第五十三名　俞振才　新昌縣學增廣生　書
第五十四名　錢穎　金華縣學生　詩
第五十五名　余絢　蘭谿縣學生　易
第五十六名　任式　象山縣學增廣生　詩
第五十七名　徐諫　餘姚縣學生　禮記

第五十八名　徐祖　餘杭縣學生　書
第五十九名　孫武卿　杭州府學增廣生　詩
第六十名　王佐　紹興府學生　易
第六十一名　王旭　東陽縣學生　詩
第六十二名　徐淑　淳安縣學生　春秋
第六十三名　樓東　鄞縣儒士　書
第六十四名　鈕清　紹興府學生　詩
第六十五名　陳振　寧波府學生　易
第六十六名　應尹　嵊縣學生　詩
第六十七名　郝瓛　餘姚縣學生　禮記
第六十八名　俞深　新昌縣學生　書
第六十九名　許泉　奉化縣學生　易
第七十名　張棨　上虞縣學增廣生　詩
第七十一名　俞振英　新昌縣學增廣生　書
第七十二名　孫珎　台州府學增廣生　詩
第七十三名　馬鉦　奉化縣學生　易
第七十四名　祝玠　山陰縣學生　詩
第七十五名　蔣泰　建德縣學生　書
第七十六名　秦涣　會稽縣學生　春秋
第七十七名　劉珩　上虞縣學生　禮記
第七十八名　周鍇　慈谿縣學生　詩
第七十九名　王中　寧海縣學生　易
第八十名　馮鋼　慈谿縣儒士　詩
第八十一名　馮鑑　仁和縣學生　書
第八十二名　陳鏈　慈谿縣儒士　詩
第八十三名　楊憲　餘姚縣儒士　易
第八十四名　方溥　新城縣學生　書
第八十五名　劉錦　慈谿縣學增廣生　詩
第八十六名　張耀　杭州府學生　易
第八十七名　屠熙　平湖縣學生　禮記
第八十八名　孫明　金華府學生　書
第八十九名　毛泉　鄞縣學增廣生　春秋

第九十名　富麒　平湖縣學生　詩

四書

大哉堯之爲君也巍巍乎唯天爲大唯堯則之蕩蕩乎民無能名焉巍巍乎其有成功也煥乎其有文章

謝遷

同考試官訓導林批（此題本包涵作者往往强爲分析且牽引實事入講殊失本旨獨此篇一氣流行略無阻滯是用録出此範後學）

同考試官教諭朱批（善形容聖人贊堯之旨者僅得此篇故取之以冠多士）

考試官教諭趙批（堯之德非聖人不能言善發揮聖人之言者無出此篇）

考試官教授戴批（此篇語意脱腐宜置高選）

聖人贊聖君之大也必言德之同乎天者爲難名而惟著於外者爲可見甚矣帝堯之德不可得而名也既不可名所可見者惟功業文章而已吾夫子以大哉贊之不亦宜乎思昔聖人之意謂夫先舜禹而有天下者堯也堯之爲君何加焉後羲黄而有天下者亦堯也堯之爲君何尚焉蓋莫高匪天伊誰則之惟我帝堯之德能與之則而無差故其德之廣遠一天之冲漠無眹民奚得以言語而形容之乎但不識不知順帝之則而已莫大匪天伊誰準之惟我唐堯之德能與之準而無間故其德之廣博一天之坱圠無垠人何得以名狀而彷佛之乎但出作入息帝力何有而已夫堯之德固不可名抑豈無著見者乎觀夫黎民於變庶績咸熙巍乎其高大莫非帝德之呈露其成功之可見也爲何如禮樂昭彰法慶振舉煥乎其光明率皆帝德之發越其文章之可見也又何如吁妙於難名者固聖德之大之所存顯於可見者亦聖德之大之所著堯之德如是謂之曰大哉不其然歟抑論之稱唐虞之盛者必并舉堯舜以歸之今而夫子於此贊堯曰大哉及他章贊舜曰君哉何也蓋大哉則極至無以加君哉則君道無不盡言雖不同其實則一而已惡可以差殊觀哉

知仁勇三者天下之達德也所以行之者一也或生而知之或學而知之或困而知之及其知之一也或安而行之或利而行之或勉强而行之及其成功一也子曰好學近乎知力行近乎仁知耻近乎勇

李寅

同考試官教諭侯批（題本難於收拾作者率多冗泛斂繁就簡者無如此篇是宜録出以示學者）

考試官教諭趙批（詞約理盡可取）

考試官教授戴批（作中庸題而文理純正者僅見此篇宜居前列）

論達德非一端而行之本乎誠既詳達德之所以造乎道必言用功而可以入夫德夫達德雖有知仁勇之殊而所以行之則本乎誠也然達道固由達德而造苟德有未及可不用功而求以入之哉夫子答哀公之問因推修身爲爲政之本而言及此意謂知乎達道者知也體乎達道者仁也强乎□□非勇而何是三者乃天下古今所同得之□而爲天下之達德也所以行之則本乎誠焉本之以誠則知皆實知仁皆實仁勇皆實勇而達德於是乎行矣然人之氣質不同故於達道或有生而知之者矣或有學而知之者矣或有困而知之者矣知之雖有曰生曰學曰困之异及其知之則一而已夫何异或有安而行之者矣或有利而行之者矣或有勉强而行之者矣行之雖有曰安曰利曰勉强之殊及其成功則一而已夫何殊夫達德之所以造乎道者如此乃若未及乎知必好學而求以入之也好學雖非知然足以破愚而近乎知焉未及乎仁必力行而求以入之也力行雖非仁然足以忘私而近乎仁焉未及乎勇必知所耻而求以入之也知耻雖非勇然足以起懦矣不近於勇乎夫於是用功而不已焉則達德可及而達道行矣志於修身者可不從事於斯也耶夫子以是告哀公而子思引之以明道之費隱其旨微矣大抵爲政莫要於修身修身不外乎達道達道所以行之者本乎德達德所以行之者本乎誠苟道而非德則道非其道德而非誠則德非其德欲以□身身不可得而修矣尚何爲政之有吁夫子之於君上其曉告精切如此哉

易

九二大車以載有攸往無咎象曰大車以載積中不敗也九三公用亨于天子小人弗克象曰公用亨于天子小人害也九四匪其彭無咎象曰匪其彭無咎明辨晢也六五厥孚交如威如吉象曰厥孚交如信以發志也威如之吉易而無備也

李寅

同考試官教諭侯批（此題人皆知主君臣立意作者不泛則略殊無可觀此篇詞理通暢超於他作一薦何忝）

考試官教諭趙批（簡潔可取）

考試官教授戴批（能明大有諸爻之義他卷莫及）

群臣在下而各守其職分人君在上當兼濟乎柔剛此爻既著之而象復申之也蓋當大有之時貴乎君臣各盡其道也苟非群臣各守其職分於下人君兼濟柔剛於上何以保其所有之大哉周公係爻於前孔子申象於後其義見矣且夫大有之卦合乾離而成體也九二以剛中在下得應乎上是大臣而受君之責任者大車以載之象也有所往而如是復何咎乎爻義如此象又申之以爲九二之大車以載者由其才足以任重猶車之多積於中而不敗也此非九二能盡大臣之職者乎九三剛正以居下體之上而上有六五虚中下賢之君是公侯而亨于天子之象也小人無剛正之德雖得此爻其能當乎爻義如此象又申之以爲九三之公用亨于天子惟君子克之若小人得此則爲害矣此非九三能修外臣之職者乎九四以剛而近柔中之君本有僭逼之嫌然以處柔也故深自謙損而不極其盛厚自裁抑而不過其則占者如是其無咎矣爻之所著若此象復申之以爲四之匪其彭而得無咎者由其明辨之昭晢足以炳於先幾智識之光明而不昧於遠圖此則九四近臣能守其分者也爻至六五以柔中而居至尊之位虚己以應九二之賢上下之間翕然歸之是其孚信之交也然君道貴剛太柔則廢當濟之以威則吉矣爻既陳其義象復申之以爲六五厥孚交如者蓋以其一人之信足以發上下之志也所以必威如而後吉者蓋以君道太柔則人將易之而無畏備之心也六五兼濟柔剛而盡君道又如此吁君臣上下各盡其道此其所以當大有之時而能保有其大也歟抑觀夫唐虞之世上有堯舜之君而下有皋陶稷契之臣三代之時上有禹湯文武之君而下有伊傅周召之臣故能共享大有之盛久而勿替方今聖天子在上正當大有之時内外之臣一德一心共成治理而措天下於泰山之安唐虞三代之盛復見矣何其盛哉

昔者聖人之作易也幽贊於神明而生蓍參天兩地而倚數觀變於陰陽而立卦發揮於剛柔而生爻和順於道德而理於義窮理盡性以至於命

郭宗信

同考試官教諭侯批（此題本言聖人作易之大意第作者分截不明陳腐可厭理明詞暢僅見此篇是宜録出）

考試官教諭趙批（詞理簡明蓋善於説易者）

考試官教授戴批（得潔静精微之旨）

聖人作易不惟備夫形而下者而又盡夫形而上者蓋蓍數卦爻形而下者也道德義理性命形而上者也非聖人作易孰能備而盡之哉説卦聖人推

而言之謂夫昔者聖人之作易也其德足以幽贊乎神明其道足以默佑乎神化是以天下和平和氣充塞蓍之神物於是乎生矣天體圓也圓者一而圍三三各一奇故參天而爲三地體方也方者一而圍四四合二偶故兩地而爲二七八九六之數倚此而起矣陰陽有自然之變聖人從而觀之或變而六畫皆陽則立其卦爲乾變而六畫皆陰則立其卦爲坤六十四卦皆由觀變陰陽而立矣剛柔有一定之體聖人從而發揮之九與六也剛爲老陽老陰之爻八與七也則爲少陰少陽之爻三百八十四爻皆由發揮剛柔而生矣蓍數卦爻至顯者也非備夫形而下者乎然有是器必具是道故吉凶消長之理是謂道德義之統體也易則和順之當吉而吉當凶而凶無乖逆也當長而長當消而消無乖舛也潛見惕躍之宜是之謂義道德之分見也易則條理之或潛或見粲然而不紊或惕或躍秩乎其有條天下之理難窮易無不有故能窮之人物之性難盡易無不具故能盡之理者天命之所在也窮理而與天命吻合無間性者天命之所賦也盡性而與天命渾融爲一道德義理性命至微者也非盡夫形而上者乎吁聖人作易至於如此是乃其極功也歟抑考説卦此章與下章皆以昔者聖人作易發之蓋原易書之所以作也然下章專言卦爻此章則兼蓍數而言之彼之陰陽剛柔仁義已具於此之理性命中矣不可不知

書

人心惟危道心惟微惟精惟一允執厥中無稽之言勿聽弗詢之謀勿庸可愛非君可畏非民衆非元后何戴后非衆罔與守邦欽哉慎乃有位敬修其可願

吕獻

同考試官學正方批（場中作此題者多以心法治法道統治統對説殊失本旨此卷能會傳意成文而筆力雄健是宜録出）

考試官教諭趙批（觀此作如睹舜禹授受）

考試官教授戴批（發明二聖相傳之意宛然可見）

聖君之於大臣既告以存心出治之本而有以戒之必示以上下相須之理而有以警之蓋致治固貴乎中而尤不可以不敬也聖君命大臣以居攝而告戒之詳如此治道豈復有餘蘊哉吾想帝舜之命伯禹其意若曰致治不外乎中道而中道實統於吾心是故發於形氣者人心也人心易私而難公故危殆而不安焉發於義理者道心也道心難明而易昧故微妙而難見焉惟能精以察夫理氣之間而不雜一以守其本心之正而不離則動静云爲自無過與不及之差而信能執其中矣使於是而無以制其外何以護厥中乎彼無稽之

言乃言之不合中道者聽之則必妨害於政治矣是言也汝當勿聽之焉弗詢之謀乃謀之不合中道者用之亦必妨害於政治矣是謀也汝當勿庸之焉如是則内外相資而治道備矣苟守之而不以敬何以保其治乎是故主乎民者君也可愛非君乎統于君者民也可畏非民乎是何也蓋民非其君雖有億兆之衆而無所奉戴此君之所以可愛也君非其民雖有金湯之固而無與守邦此民之所以可畏也君民相須如此今汝將爲君而治民也烏可以不敬哉必也戒謹恐懼而謹其在天子之位不使一念一日之放肆有以貽大憂而召遠患可也戰兢惕勵而修其可願之善罔俾一毫一事之不善生於心而害於政可也若然則謹位之道盡而爲君有可愛之實又何民之可畏哉致治保治之道蓋至此而無以加矣嗟夫中者聖聖相傳之心法而敬者又聖學之所以成始而成終者也人君之治天下非中則致治之本不立非敬則致治之道或□故帝舜有見乎此而舉以命之於禹厥後有夏傳之以爲家法此所以久安長治而非後世所能及歟

凡厥庶民無有淫朋人無有比德惟皇作極凡厥庶民有猷有爲有守汝則念之不協于極不罹于咎皇則受之而康而色曰予攸好德汝則錫之福時人斯其惟皇之極無虐煢獨而畏高明人之有能有爲使羞其行而邦其昌凡厥正人既富方穀

姚禎

同考試官學正方批（此題本難該括是篇能斂華就實醇正典雅必究心於經學者）

考試官教諭趙批（題雖長而意實相承此作得之）

考試官教授戴批（理明詞暢表而出之）

民臣從化而無惡由君有以儀刑之民臣感化有淺深在君所當造就之蓋君之建極實民臣所係以觀化也然所感有淺深苟不委曲造就之何以使之悉歸於極哉箕子衍皇極之壽爲武王告其意如此請申之環居宇内者庶民也遍爲爾德而無邪黨之行是豈自能惟君爲之極使之有所取正焉布列庶位者人也各恭乃職而無比附之私亦非自克惟皇之作極俾之有所視效耳夫下之觀化有係於君如此君固不可不建極也然人之生禀有不同感化不能無淺深君可不有以造就之乎故凡民之有猷有爲有守者其才有可用其德有可取君當念之而不忘不協于極不罹于咎者進之可與爲善弃之則流於惡君當受之而不拒焉迨其見於外而有安和之色發於中而有好德之

言汝於是則錫之以福與之以禄而是人斯其惟皇之極矣然成民之才當無間於至微雖煢獨之有善亦當勸之而不忽成臣之才當□間於至顯雖高明有不善亦當戒之而勿畏故凡人之有才智者必使之進於善凡有設施者必勉之羞其行則官使皆賢才而國可底于明昌矣然禮義生於富足彼在官者必先富之以禄使俯仰皆足繼之以廪俾好于而家然後驅而之善責其□行殆有所顧藉而惟日其邁矣夫隨才造就曲成不遺如此則民人豈復有淫朋比德者哉由是而觀皇極不建固無以率人化造就無方又何以成人才建極使下觀而化者立教之本也造就使激勵而進者陶成之術也不惟立極以化之而又造就以成之此皇極所以無弃人也箕子爲武王陳洪範而獨詳於皇極者如此豈特武王之所當知實天下萬世人主之龜鑒歟

詩

稱彼兕觥萬壽無疆

吴珎

同考試官訓導孫批（此篇形容邠民忠愛其君之意宛然在目讀之令人興起宜置高選）

同考試官訓導王批（題本平易佳者最少惟此篇可觀）

同考試官訓導吴批（邠民之相戒也禮雖野而意其真周家世三十年八百基於此歟）

同考試官教諭趙批（邠俗之厚此作得之）

同考試官教授戴批（邠民忠愛之意周家風化之厚於斯乎見矣）

欲舉酒而祝君壽此豳民之忠愛也蓋人君之福莫大乎壽也今豳民相戒舉酒而祝君壽此所以爲忠愛之至也歟念昔豳民當農事既畢之時相戒滌場之際意蓋曰衣我食我享公之賜厚矣豈可忘所自乎彼其我朱孔陽爲公子裳固嘗少效殷勤而忠上之誠未已也我將舉兕觥之酒於公堂雖以賤瀆貴而不顧焉取彼狐狸爲公子裘固嘗少伸勤渠而愛君之私未罄也我將舉兕觥之酒於公所雖以卑瀆尊而不計焉然所以舉酒於君惟欲祝其壽耳蓋吾君富有豳矣富而非壽何以長守富耶但願萬壽無疆長守其富而爲吾民之父母也吾君貴爲公矣貴而非壽何以長守貴耶但願萬壽無期長守其貴而爲吾民之主宰也吁豳民舉酒而祝壽於君禮雖野而意則真物雖薄而情則厚謂非忠愛之至可乎抑考是詩周公以成王未知稼穡之艱難故陳后稷公劉風化之所由以教之一詩之中汲汲乎衣食之始終拳拳乎上下之忠愛厥後成王果知務農重穀爲有周守成之令主而享鳧鷖既醉之太平得非

周公告戒之力歟

皇皇者華于彼原隰駪駪征夫每懷靡及我馬維駒六轡如濡載馳載驅周爰咨諏我馬維騏六轡如絲載馳載驅周爰咨謀我馬維駱六轡沃若載馳載驅周爰咨度我馬維駰六轡既均載馳載驅周爰咨詢

童潮

同考試官訓導孫批（此題本長作者多泛冗不切惟此篇詳明簡當一結尤出人意表非老於葩經者殆不能也宜置前列）

同考試官訓導王批（此題不難於豐而難於簡簡而明可取也）

同考試官訓導吴批（詞婉順而意和平深得先王教戒使臣之旨）

同考試官教諭趙批（此篇融注成文得遣使臣之旨）

考試官教授戴批（述其所懷而勉其職非此作其孰能形容之乎）

王者之遣使臣既托興行道之勤而恐不能盡其職必歷叙行道之勤而求所以盡其職蓋使臣貴乎盡其職也今既恐其有所不盡得不求所以盡之哉王者遣使之際托興於前而歷言於後其亦因以教戒也歟昔周王之遣使臣美其行道之勤而述其心之所懷曰彼皇皇然而鮮明者草木之華也則生于高平之原下濕之隰矣此駪駪然而衆多疾行者使臣與其屬也則恐上德不能宣下情不能達而常若有所不及矣使臣每懷靡及如此抑將何所務哉彼駕車之四牡則維駒也御駒之六轡則如濡也于以載馳載驅而周於咨諏以補其不及焉駕車之四馬則維騏也制騏之六轡則如絲也于以載馳載驅而周於咨謀以補其不及焉以至駕彼四駱而六轡則沃若也馳驅不已而咨度之必周也度焉而周非所以補其不及乎乘其四駰而六轡則既均也馳驅不已而咨詢之□□□詢焉而遍又非所以補其不及乎若然則上德宣而下情達矣使臣之職庸有不盡者乎吁王者之遣使也教戒之辭謂然溢於咏歌之表忠厚之意一何至哉抑又考之此詩所以遣使臣而四牡所以勞使臣也先王之於使臣一遣一勞而必重之以詩抑何恩禮之至歟蓋君非使臣而德無以宣之民民非使臣而情無以達之君使乎使乎其有補於治道矣乎於乎古之王者聽徹閭閻而明見萬里有由然夫

春秋

鄭人來輸平（隱公六年）宋人及楚人平（宣公十五年）

王岐

同考試官學正盧批（二傳道義功利之説斷盡魯鄭宋楚結平之意是

篇得旨行文老健宜居首選）

考試官教諭趙批（發明正誼明道之旨允合傳意）

考試官教授戴批（得聖人謹嚴之法故録之）

釋怨出於私者春秋著其罪解讐由於下者春秋惡其專此見魯鄭宋楚之平皆非聖人之所予也嗟夫入春秋之始干戈敵仇盟誓固黨列國之人心已虎狼相視矣於怨也相尋無已曾何釋之有哉彼其懿親之鄭當我隱踐祚之先而有狐壤之戰隱也見止鄭也克捷兩君之仇積不相下亦允矣今也鄭莊知魯與宋有可乘之隙將結魯以行夫報復之謀故一旦屈損求成以篤夫姻鄰之舊魯亦溺夫賄賂之交今日歸祊明日取邑抑斯意也豈誠欲以心而相敬哉豈誠欲以義而相睦哉亦豈誠欲彼此釋舊憾而爲玉帛之好哉不過合黨自私以成貪利之計爾噫問其名則是究其實則非奚取乎聖人以大公至正之道望於人於魯鄭也何誅傳曰正其誼不謀其利蓋如此及春秋之中殺人盈城暴骨連莽諸侯之國勢已犬羊相制矣於讐也相傾無間魯何解之有哉彼其貪婪之楚因宋公申舟之戮而决蒲胥之師宋也被圍楚也肆虐兩國之民厄於塗炭亦慘矣今也華元晝内外講好之策與子反成交驩之謀故一夕潛入楚師輕見其情實之危反亦語之以匱糧之急我無爾詐爾無我虞抑斯意也豈真能紓亡國之憂□豈莫能避滅國之罪哉亦豈真能彼此賤欺詐而惡侵伐之患哉蓋欲專權自恣以收平國之功爾噫迹其事則順原其情則乖奚可乎聖人以大公至正之道求於人於元反也何誅傳曰明其道不計其功又如此吁責魯鄭者所以戒人之趨利責宋楚者所以戒人之幸功聖人曷嘗容心於其間哉因其人之罪而示夫斧鉞之嚴也區區功利苟不以道義裁之則人之馳騖於挾私妄作者天下皆是也雖然春秋謹嚴之法奚翅如斯而已乎他如郜鼎之取衛俘之歸楚丘之城濮之戰皆原情定罪不少假借蓋與此意互相發讀經者考之

晋人敗狄于交剛（成公十二年）公如京師遂會晋侯齊侯宋公衛侯鄭伯曹伯邾人滕人伐秦（成公十三年）叔孫僑如會晋士燮齊高無咎宋華元衛孫林父鄭公子鰌邾人會吴于鍾離（成公十四年）晋侯及楚子鄭伯戰于鄢陵楚子鄭師敗績（成公十六年）公會晋侯齊侯衛侯宋華元邾人于沙隨不見公晋人執季孫行父舍之于苕丘（同上）公會尹子單子晋侯齊侯宋公衛侯曹伯邾人伐鄭（成公十七年）同盟于柯陵公會單子晋侯宋公衛侯曹伯齊人邾人伐鄭（同上）

姚盱

同考試官學正盧批（此題諸作議論紛紛分截不明惟此篇寫出晋厲行事得失吻合傳意故表而出之）

考試官教諭趙批（題目本難作者多失旨是篇斷制明白宜在所取）

考試官教授載批（褒貶停當行文典實宜列高選）

春秋幸霸功之迭著而惜霸德之屢隳于以見晋厲之行事無服人心之道也慨自文襄邁往成景荐衰世霸之烈已旁落于一時敵國之情常睥睨乎四境霸中夏者苟不先剪其所忌奚可乎厲公嗣業計幸出此以爲秦狄合黨連兵來伐蓋嘗撓我制楚之謀也此不治則無以立其威故首出偏師以破狄而敗于交剛繼會京師以挫秦而戰于□□狄服而秦恐則西北之憂弭矣吴楚搆兵流毒諸姬蓋將分我主霸之權也此不圖則無以舉其職遂大合邦君通吴于鍾離而約束來同再搜卒乘捷楚于鄢陵而夷氛殄滅吴成而楚弱則東南之慮消矣風聲揚歷於後先威略振蕩乎中外四强退聽外警以寧晋之霸功次第大概有可觀矣是時也慎乃修履圖惟厥終以懷來者尚庶幾哉厲也志不在大汰心易生如人望者魯列辟所瞻當親之也苟拒之則無以属人心故沙隨之會乃入僑如之諸不見我公以絶其好苕丘之執爰聽郤犨之請求多季孫以快其欲君辱而臣執則我魯之心二矣携貳者鄭盛衰所係當懷之也苟虐之則無以勸諸侯始焉致討率列國以臨戎而尹單啓行繼焉往伐盟柯陵以出師而王臣再屈上瀆而下凌則貳國之心叛矣遠近由是而解體奸雄以之而窺伺舉動一失大勢已去晋之霸德至此掃地而無遺矣春秋所以幸其功之著而惜其德之隳者有由然也吁輕逞輒快者無大略堅忍持重者多遠圖夷考晋厲所爲不越數端而心術所存備見惟負芻一討僅能請命之正亦假義飭舉者也他何觀焉求如晋悼之起四代之衰復文襄之盛者惡可例論先儒謂悼公有君子之資而厲無足稱也歟

禮記

主先嗇而祭司嗇也祭百種以報嗇也

毛憲

同考試官訓導林批（此題作者多於祭百種報嗇處講貫不明至有不知主配爲何神者此作體認既明文亦通暢宜置優等）

同考試官教諭朱批（作此題者多昧本旨惟此篇發明蜡祭報功之意殆盡宜表出之）

考試官教諭趙批（此篇説蜡禮祀神報功之意甚嘉）

考試官教授戴批（題本平易作者多欠切實詞簡意盡僅見此篇）

立索饗之神雖异報教穡之功則同夫先嗇司嗇皆司百種而有功於農者先王立爲主配而索饗之豈非報其教穡之功乎見於郊特牲之篇其旨如此昔先王於歲終之時而舉行蜡祭之禮其所立之神有主焉有配焉是故先嗇古之神農始爲耒耜以教民稼穡者也開物成務而有功於先故祭必尊之爲八神之主焉司嗇古之后稷播厥百穀以教民樹藝者也謹司成法而有功於後故祭必次之爲先嗇之配焉夫主以先嗇非徼福也蓋以先嗇乃司百種之神而有教民稼穡之功故主八神而祭之所以報其功也配以司嗇非求媚也蓋以司嗇乃司百穀之神而有教民樹藝之功故配先嗇而祀之所以酬其功也吁舉蜡祭之禮盡報功之道先王敬神重農之意不於斯而可見哉雖然蜡之祭不特報先嗇司嗇而已若農郵表畷坊與水庸貓虎昆蟲亦皆祭之而不遺焉夫合聚萬物而饗之者非特八神也而所重者八神以其尤有功於農故也其神之尊者非特先嗇也而所主者先嗇以其始有事於農故也一蜡之中而禮義周密□此伊耆氏始爲蜡而後世行之也良有以矣

是故大人舉禮樂則天地將爲昭焉天地訢合陰陽相得煦嫗覆育萬物然後草木茂區萌達羽翼奮角觡生蟄蟲昭蘇羽者嫗伏毛者孕鬻胎生者不殰而卵生者不殈則樂之道歸焉耳

謝遷

同考試官訓導林批（此題本冠冕作者多分釋不明此篇獨能融會成文發出聖人制作之功和氣生成之妙所宜録出）

同考試官教諭朱批（作此題者多泛冗可厭惟此篇辭約而理不遺蓋深於禮者也允宜高薦）

考試官教諭趙批（融會傳注成文夐然出乎衆作）

考試官教授戴批（禮樂之感大矣闡其奥者僅見此篇）

惟聖人制作以宣乎造化之妙故和氣生成而歸於制作之功蓋大人制禮作樂將以昭宣天地化育之道也則夫二氣和而萬物生成者孰非由於禮樂參贊之功哉樂記載以示人宜矣且大人以至聖之德居天子之位知禮樂偩天地之情於是法其序以制禮則三千三百秩如也法其和以作樂則五聲六律純如也聖人制禮作樂豈徒然哉蓋以大哉乾元萬物資始將以是樂而昭宣之所謂作樂以應天是已至哉坤元萬物資生將以是禮而昭宣之所謂制禮以配地是已夫禮樂既舉則天位乎上而氣下降至和交感而陰得乎陽

地位乎下而氣上騰太和流通而陽得乎陰天以氣煦之而覆乎萬物地以形嫗之而育乎萬物由是植物感其氣之和草木于焉而暢茂區萌于焉而條達矣動物感其氣之和羽翼以之而奮起角觡以之而發生矣蟄藏之蟲感其和而初出如暗而得明如死而更生焉羽爲鳥属羽者則體伏而生子毛爲獸属毛者則妊孕而育子庸非和氣之所感乎妊鬻爲胎生而胎生者不至於殰體伏爲卵生而卵生者不至於殈庸非和氣之所形乎是則萬物雖衆也皆得遂其生育之性庶類雖繁也舉得安其形色之天若此者豈無自而然哉要之一歸於聖人禮樂參贊之道耳向非聖人制禮作樂何克以臻於斯雖然一氣未分禮樂在於天地兩儀既闢禮樂在於聖人蓋天地者禮樂之本原聖人者禮樂之宗主非天地固無以肇禮樂之體非聖人抑何以顯禮樂之用哉天地也聖人也禮樂也相與流通而無間者歟操制作之柄者察諸

論

聖人神化上下與天地同流

童潮

同考試官訓導王批(立意高行文富佳作也)

同考試官訓導孫批(議論叠出文勢洶涌)

同考試官訓導吴批(説有源流文有操縱)

考試官教諭趙批(豐贍可取)

考試官教授戴批(辭理通暢必佳士也)

論曰大哉聖人乎其與天地同心而同功者乎蓋天地以生物爲心而生生化化之功不可以形容聖人以天地之心爲心而施施化化之功不可以窺測聖人也天地也其同一太和元氣之流行也歟知此則程子所言之旨思過半矣或者乃曰莫大於天地之心非德焉而心不相照莫大於天地之功非位焉而功不相侔然則與天地同心而同功者其惟有德有位之聖人乎彼帝如堯舜有是心而有是功矣如孔子者祖述堯舜心則是矣然位不堯不舜也功安在耶王如文武有是心而有是功矣若孔子者憲章文武心則有矣然位不文不武也功何在耶噫有是哉徒觀聖人之已然而不觀夫聖人之必然難乎與論聖人矣彼十年九水誰不知之苦於水者曰天地無陽和也可乎不可乎八年七旱誰不聞之苦於旱者曰天地無雨澤也可乎不可乎孔子有德無位誰不惜之苦於無位者曰聖人無神化也可乎不可乎蓋善論聖人者正不于其所已然而惟于其所必然也是知孔子之神化上下與天地同流殆理之所必然者乎何則孔子之生形天地之塞也濟而明性天地之帥也純而粹胸襟

大矣乎一天地之包涵知識明矣乎一日月之照臨至誠無息乎一四時之錯行隱顯莫測乎一鬼神之潛伏觀其會相夾谷攝行相事神化之胚胎成矣奈何一沮於女樂一簡於膰俎沮之簡之者之過耳孔子何愧焉尼溪之封書社之聘神化之萌櫱生矣奈何一惑於晏嬰一沮於子西惑之沮之者之罪耳孔子何少焉致使東周之願不遂民無幸以際東周耳於聖人何加損也周公之夢不復民無幸以見周公耳於聖人何榮辱也設使夫有意於斯世斯民君師孔子焉九夷不必居也木鐸孔子焉浮海不必嘆也必將運天地大造之心行天地至公之道秋陽以破天下之暗江漢以濯天下之污化雨不沾于洙泗而沾乎天下之枯槁春風不播于杏壇而播乎天下之愠懊立斯民也不寒而衣不□而食而相生相養者自忘於饑寒知其立而不知其所以立矣道斯民也不刑而驅不勢而迫而會極歸極者自忘於刑勢知其行而不知其所以行矣立之未幾而綏以安之天地之栽培不是厚也凡向之斯立者又將愛戴歸附而捷於桴鼓不啻雨露一潤而萬物濯濯然聖人之神化豈不與天地同運而并行乎道之未幾而動以振之天地之生成不是過也凡向之斯行者又將於變時雍而捷於影響不啻雷霆一鼓而萬物勃勃然聖人之神化豈不與天地同旋而并轉乎禮樂不在周公而在天下則大禮與天地同節大樂與天地同和神化之見於禮樂者可見所以然者胡可得而見耶賞罰不在春秋而在天下則五服以彰天命五刑以用天討神化之見於刑賞者可窺所以爾者胡可得而窺耶人徒知天以神化覆物於上矣而不知聖人之神化亦如天之無不覆幬也與天同流也爲何如人徒知地以神化載物於下矣而不知聖人之神化亦如地之無不持載也與地同流也又何如迨見期月而可三年有成皆不托之空言上律天時下襲水土無不見之實事變春秋之世爲堯舜之世斯世不以孔子尊孔子而以堯舜尊孔子斯世皆從游也豈但三千而已乎變春秋之民爲文武之民斯民不以夫子親夫子而以文武親夫子斯民皆速肖也豈但七十而已乎明良康衢之歌不歌堯舜而歌孔子雖至没世而不忘焉聖人之神化何間於存正哉騶虞麟趾之咏不咏文武而咏孔子雖終身而不忘焉聖人之神化何分於允近哉夫聖人之神化如此所謂與天地合德者在是與日月合明者在是與四時合序與鬼神合吉凶亦在是矣大哉聖人之神化乎所以彌綸天地而無間乎論而至是則知非聖人與天地同心固無以同天地神化之功非程子與子貢同心抑孰能名聖人神化之妙乎雖然寧使聖人有神化□□邦家不可使聖人有邦家而小神化使孔子誠得邦家不過堯焉舜焉而已文焉武焉而已千萬世之下帝王孰爲之師表人物孰爲之儀刑哉是

以孔子不得邦家雖春秋之不幸實千萬世之幸也觀其删詩書定禮樂贊周易修春秋所以爲天地立心爲生民立命爲往聖繼絶學爲萬世開太平而神化之妙豈不與天地同流於悠久乎吁孔子往矣求其□□與天地同流者今幸有聖天子在上謹論

表

擬宋以陳堯叟同知樞密院事謝表

謝遷

同考試官訓導林批(駢麗可觀)

同考試教諭朱批(表佳)

考試官教諭趙批(表典雅)

考試官教授戴批(表得體)

伏以宥省尊嚴近接清光之地樞謨靖密宜資治世之才綸音遽進於崇階朽質實艱於負荷望非意及榮與憂并伏念臣堯叟僻處遐方叨逢盛世芹宫脱迹僭登虎榜之名楓陛傳臚曾沐鳳池之寵首登史館繼判度支兩路撫安沐金紫輝煌之錫三班進職兼銀臺封駁之藋雖任使之荐更實勤勞之罕著自虞隕墜誤被超遷俾參機要之司翊贊兵戎之務捫心知愧揣分奚堪兹蓋伏遇德邁禹湯聖同堯舜聰明睿知同日月之照臨慈愛寬仁配乾坤之廣大臣民胥戴夷□同歸翕受敷施有寸長而必録兼收并蓄雖片善而不遺遂令樗櫟之才謬玷樞機之任藋侔台府位應斗杓敢不勉策駑庸上酬鴻造鼓三軍惰歸之氣大振國威運萬全决勝之謀仰資廟筭伏顧一人有慶同山岳之奠安萬壽無疆并天地之悠久臣無任瞻天仰聖激切屏營之至謹奉表稱謝以聞

策

第一問

謝遷

同考試官訓導林批(治教一策學者多不知其詳是篇發明無滯其熟於策學者歟)

考試官教諭趙批(隨問隨答不爲問目所窘策手也)

考試官教授戴批(敷陳詳盡文理明暢策之尤者也)

對前聖建繼天立極之功而道所由行後聖成垂世立教之典而道所由明夫莫爲於前雖美不彰莫爲於後雖善不傳所謂先聖後聖其揆一也豈欺我哉請因明問而條陳之天生斯民不能自治必作之君師使之治而教之以

復其性焉稽之於古若堯使舜爲司徒而慎徽五典舜命契爲司徒而敬敷五教以至禹之文命敷於四海湯之肇修人紀武王之重民五教是皆本乎躬行心得之余而不出於民生日用彝倫之外者也是以成雍熙泰和之治而非後世之所能及焉自是而後若漢之明帝唐之太宗皆願治之君也一則尊師重傳臨雍拜老一則大召名儒增廣生員名非不美也然教焉而不知所以教徒有儀文之具而無躬行之實此其所以漢止於漢唐止於唐雜霸雜夷而終不古若也洪惟我太祖高皇帝創業垂統條成大誥三編所以勸善懲惡也如君臣同游□官生身之恩非一條而專指一倫者乎民不知報婚姻之條非條而兼舉五倫者乎太宗□□□維□守成製孝順事實爲善陰隲二書所以敦本務德也事實所載固多專言孝者若考叔遺羹蕭固孝謹姜詩出鯉閔損单衣與夫頤之悲戀之類非兼盡他倫者乎陰隲所載固多泛言善者若□王靈應魏顆從治叔通娶啞三□行義與夫道宗葬友之類非切於五倫者□宣宗章皇帝纂集五倫一□所以申明五常也自其善行首稱而言君則黄帝臣則伯禹父子則周公旦尹伯奇也夫則异缺妻則共姜兄弟朋友則虞舜管鮑也夫四書之製切於斯民之彝倫本乎三聖之躬行與二帝三王之教實同條而共貫也夫何間然之有雖然二帝三王先孔子而聖者也非孔子删述六經則帝王之道無所據矣然則先聖之道不明於孔子而誰明我朝三聖後孔子而聖者也非孔子之别述六經則四書之作無所宗矣然則後聖之書不法孔子而誰法愚也服膺聖訓于兹有年敢以是爲復惟執事幸進而教之

第二問

呂獻

同考試官學正方批（場中答者不過敷演問目而已此策詳答無遺足見學識）

考試官教諭趙批（考索精詳無負明經之名）

考試官教授戴批（考據詳悉蓋熟於經學者也）

六經作而聖人之道有所寓諸儒出而聖人之經有所傳蓋不有聖人之作經固無以明斯道之所在不有諸儒之繼出又何以使聖經傳之而不泯哉明問有及於此敢不悉心以對昔吾夫子生當周末有德無位歷聘列國而知道終不行故自衛反魯删詩書定禮樂贊周易修春秋使六經之道昭如日星奈何一燼於秦火而六經殘滅再鑿於漢儒而浚流异别故以易而言之自商瞿學於孔子五傳而至田何田何之後有施讎孟喜梁丘賀之徒并立博士又有京房費氏所宗之學至於後漢陳元鄭康成皆傳費氏易費氏興而諸家息

故王弼得於費氏而高談理致焉若謂其得孔子授商瞿之旨則吾不知也以書而言之自伏生作尚書四十一傳以授同郡張生張生授歐陽生再傳而有夏侯勝建之徒及遭永嘉之亂而是書并亡惟孔安國以壁中之書考論文義定其可知故後世獨宗之焉至若言詩者則有齊魯韓毛之四家也魯詩始於申培而盛於韋賢齊詩殆於轅固而盛於匡衡韓詩起於韓嬰而盛於王吉毛詩起於毛萇而傳於徐敖然毛詩雖最後出而未顯而鄭康成馬融之徒皆發明之故毛詩盛行而三家浸微矣但爲小序牽制多夫本旨豈能有得孔子授子夏之旨歟傳春秋者則有左氏公羊穀梁鄒氏郟氏之五家也鄒氏無師郟氏無書故其傳泯焉惟三家迭爲盛衰祖公羊者則有胡母生董仲舒公孫弘祖穀梁者則有申公瑕丘江公皆傳之於先其後傳之者少故先盛而後衰左氏自張蒼賈誼數家之傳至劉歆始著故始微而終盛其後杜預之集解則左氏之學也何休之注則公羊之學也范甯之集解則又得於穀梁之學焉以言乎禮其經有二曰周禮者周公制太平之迹也曰禮記者孔子弟子共撰所聞以爲記也周禮由漢武帝購求遺典而得於河間獻王所獻以入於秘府至劉歆校書首先好之奏立學官當時惟鄭興能明其義及鄭重爲周官傳鄭玄爲周官注故其學遂行焉禮記本於高堂生受儀禮於蕭奮傳之孟卿孟卿傳之后蒼后蒼傳之戴德戴勝二戴因習儀禮而録之於是鄭玄之徒爲之注孔穎達之輩爲之疏至宋王安石始以設科取士故其學遂盛行焉至於樂經始廢於周末孔子蓋嘗是正再壞於秦火後世遂失其傳説者謂禮記中之樂記即古樂經恐此特樂經中之一篇耳所謂存十一於千百者豈全書也耶若宋蔡西山之律吕新書亦可以補樂經之殘缺焉愚生才疏學淺而欲備論諸經之傳授興廢亦已難矣姑述其概如此未知是否

第三問

李寅

同考試教諭侯批（條答詳明作手也）

考試官教諭趙批（此答謂弭灾之道在於盡人事以勝天時修德以召和氣有識之士也）

考試官教授戴批（敷陳通暢不爲問目所窘）

對有氣化之適然有人事之當然夫氣化之適然者不可必人事之當然者所可爲也此水之爲患固有關於氣化而亦不可不責之人事也歟請因明問所及而條陳之粵若陶唐之時水猶未得所歸是以洪水横流氾濫於天下堯獨憂□使禹治之順其自然之□盡其疏鑿之功然後人得平土而居焉當

是時也欽若昊天敬授人時孰謂參贊之道有未至哉世底雍熙民無菜色又孰謂洚洞之水能爲害哉若我兩浙乃江南大藩地瀕海隅歲月推遷堰堤頽圮豈能無穿齧之慮曩歲江濤洶涌海水泛溢瀕海居民一激而廬舍已去再至而禾稼蕩然雖其氣化之適然抑亦人事之未預也藩臬重臣以爲民患引咎自歸同心協力堤之衝突者輸公家之帑以修治之民之飢饉者發倉廪之粟以賑恤之由是困者漸舒患者漸息事聞當宁以斯民爲念惻然于懷特命近臣以宣德意恩至渥也難然事不可以不預安不可以忘危伊欲永無衝激之患可不堅捍築之功乎奈何群議紛然各持己見司民牧者則曰勞民傷財在於得已獨不曰因民之所利而利之乎談世故者則曰時數使然人力難勝獨不能以理輔智預爲障塞乎嗚呼作舍道傍三年不成謂其言之者衆也使或潮勢復來□前之議者特揖遜救焚徐行拯溺者也夫何補哉必也不入無稽之言務在息民之患□其地勢之宜循其已然之迹宜修築者則爰加修築宜更張者則設法更張可費而費何嫌於議論之不足可勞而勞何避夫怨謗之有歸而又精選廉幹有司以董其事爲監司者時從而督察之責以程限期於必成將見紓今日之急成無窮之利也若求其本則又在於感召天地之和而不假修治之力焉洪惟我皇上嗣大歷服敬天勤民慮修德行仁有未至則修省以祈天慮用刑行罰有未當則命官以審録其於欽承天道之意靡所不至然而休徵雖迭應而灾沴亦間有者吾知天心仁愛之意殆欲其心始是終是而純亦不已焉則四靈畢至重譯來王而海晏波澄矣尚何灾沴之有哉噫雲漢爲虐不害中興天作淫雨宋其興焉其斯之謂歟愚也迂疏淺陋言無可采惟執事其進教之

第四問

王岐

同考試官學正盧批（五策鑿皆實而人物尤有折衷遠大之志於此可見矣他日所就豈可量乎）

考試官教諭趙批（歷數浙之先正無遺其後進之素知景仰者乎）

考試官教授戴批（先正德□發揚大盡他日所立可知矣）

對甚矣人物之鳴世不偶然也關氣運之盛衰繫吾道之升降其生也有所自其出也有所爲顯道德於當時垂功名於宇宙所以扶持綱常師表後進於無窮也夫豈偶然哉恭承執事發策以鄉邦人物下詢承學敢不悉對且地靈則人杰信如古人之所言也江浙多人物信如執事之所稱也彼其文武忠孝人□難全也惟志於道德者有以全之焉觀其倡道於婺而爲一代之宗師

則東萊吕氏祖謙也隱居著書以洲斯文之後進則仁山金氏履祥也少有奇氣而中武舉异等者非東陽王震而何生有奇志而第武舉絶倫者非西安徐徽言而何以至沈與求爲御史中丞而知無不言宜乎謚忠敏焉王萬爲監察御史而弾劾不避宜乎謚忠惠焉陳天隱至孝聞世而門有八字之旌非所以激勵風俗乎仰忻孝廉表坊而身應八行之舉非所以拔用真才乎若夫將相公侯人所難致也惟志於功名者有以致之焉觀夫爲將在軍旅而親賢接士凌統之重義可嘉也爲將三十年而家無長物吕公約之薄取可尚也論諫其切一本於仁義者唐陸贄之相業可稱薦用人材不以私害公者宋史浩之相業無忝封郇國公而陪葬獻陵錢九隴之生死何榮幸耶封郎國公而卒謚威烈杜建徽之始終何全美耶陳之杜稜封永成侯而配饗武帝死而得寵也爲何如吴之朱治封畏陵侯而恩敬極隆生而得君也爲何如夫語數君子之道德則道濟天下德被生民固後學所當勉也等而上之孔孟顔魯之道德皆吾性中物耳敢不于是而取法乎語數君子之功名則功銘鼎彝名垂竹帛固後學所當仰也推而極之伊傅周召之功名皆吾分内事耳敢不于是而期望乎愚也後生小子於鄉邦之人物未能遍觀而盡識於聖賢之事業未能身體而力行姑因明問所及而概陳之惟恕其狂斐而進教焉

第五問

謝遷

同考試官教諭朱批（處置得宜足見學識）

考試官教諭趙批（因時制宜各當其可使見之行事必有可觀者焉）

考試官教授戴批（有用之才觀此策可見矣是宜録出）

嘗聞善爲政者莫先於立法善立法者莫要於得人蓋法因人而後行也有其法而又有其人則令行政舉而民受其福矣孔子曰爲政在人良有以夫請因明問而條陳之爲政之法固非一端而其要則有五焉五者何曰訓農桑曰省賦役曰簡詞訟曰厚風俗曰弭盗賊是已是故百畝之田勿奪其時五畝之宅樹之以桑三代之時農有余粟而女有余布矣今之田畝不減於古而民之衣食反不足者無他蓋由訓農桑者之不得其人耳苟得其人以任其責則必巡行阡陌而盡勞來之方命具籧筐而戒游惰之弊將見男樂於耕女勤於織而衣食何患乎不足歌大田之詩徂東山之役三代之民薄己奉上趨事赴工矣今之賦役不繁於古而民之生理反不遂者無他蓋由省賦役者之不得其人耳苟得其人以司其事則必薄其税斂使無横征之非平其徭役俾無愁嘆之苦將見出納有□勞逸適均而生理何患乎不遂詞訟非不欲簡也然而

一邑之小日至數百何多耶必欲如古之虞芮質成於文王之化兄弟感義於蘇瓊之政者非得其人奚可哉得其人而任之則有德化以爲息訟之本明決以爲聽訟之具由是惡者善而枉者伸詞訟其有不簡者乎風俗非不欲厚也然而十室之邑鮮聞忠信何薄耶必欲如古之仁義薰蒸而比屋有可封之俗禮樂甄陶而人人有君子之風者非得其人又奚可哉得其人而用之則興學校納斯民於衣冠之鄉明禮義置斯民於弦歌之地由是鄙夫敦而薄夫寬風俗其有不厚者乎若乃盜賊者飢寒之所迫非不欲息也然而小則穿窬攘奪大則蜂屯蟻聚又安得如唐貞觀之時山行水宿而外户不閉歟亦惟在於得人而已得其人焉吾見道之以德齊之以禮使之有以勸於善道之以政齊之以刑使之有以懲其惡如是則向之穿窬攘奪者今則化而爲良善之歸昔之蜂（此處底本缺頁——編者注）

成化十三年浙江鄉試録

浙江鄉試録序

天地生物厚於人而賢則人之秀者也自昔君臨天下克承上天休命任人理物以保乂家邦未始不由賢才衆多然後治功有成而丕基永固也書曰天惟純佑命則商實詩曰王國克生惟周之禎是已仰惟皇明統一寰區聖聖御極歷百餘年多賢彙征布列中外而庶績咸熙華夷綏服皆由天眷純至錫賚賢俊而教養之有素選舉之有法也乃成化丁酉值大比興賢之秋浙江觀風臺憲暨藩臬重臣前期走幣聘教授劉祥爲考試官而華亦與焉學正胡淵教諭楚綸何觀陳震單畧闞銓訓導顧宗美先楷爲同考官主司文衡至期合十一郡髦士抱藝操觚鼓勇文場者二千有奇循例三試焉先其未試也提督學校副使胡榮詢察士之學行于庠序既而巡按監察御史侶鐘復核實之然後藩司具名進諸棘院所以杜僥幸而禁奸弊者嚴且密矣于時欽差鎮守司設監太監李義巡鹽監察御史李介他若工部員外郎韓紳亦有事於斯境相與勸勉振作以圖贊襄當宁求賢盛典内而提調則右布政使杜謙右參議張敷華監試則按察使戴珙僉事魏富外而綱維防範則左參政李田右參政張寰李嗣副使楊瑄端宏王齊左參議盧雍右參議吴森僉事劉餘慶李瓛林傑吴□梁昉潘珪錢山以及凡百執事靡不簡任得人恪恭厥職而御史侶鐘實監臨焉華等躬勤考校積日逾旬披卷閱辭黜鄙倍抑怪詭汰浮冗取其言之成文純雅中式者九十名所以鑒别妍媸評品高下者公且明矣故事列在院官屬第舉人氏名并刻文之粹者爲小録以獻諸御覽傳播四方焉華謹拜手稽首爲國家得賢賀用序諸首曰惟江浙東南文物大藩湖山清峙海陸環衍士生其間孕秀鍾靈接武賢科視他邦尤勝兹逢昭代亨嘉之運爾諸士子居養學校衣冠絃誦服禮樂而泳詩書講明大學之道固濟濟衆盛稱凡民之俊秀矣一旦舒英吐秀刊名賢書觀其典則條暢之爲經義嚴整淵奥之爲表誥鋪張發越之爲論策精彩焕鬱又言之秀而文者足以動人耳目振耀一時矣然秀而不實聖師所嘆行將會試禮闈進對大廷荐躋禄位可不思所以充其實乎必曰吾之進身敷奏以言耳言者心之聲行之表言外也心内也言末也

行本也急於外而遺其内競其末而弃其本豈務實乎盍反求諸心主敬以存之寡欲以養之知性以盡之使廣大高明廓然而大公致謹其行非仁無爲非義無行非禮不動而動容周旋循蹈乎規矩由是宅此心以明德則内能成己推此心以新民則外能成物至於調元贊化寅亮天工皆此心之實用行成乎邇則親和而家正行孚乎遠則君正而國定民康乂而天下平皆此行之實效天之厚我以靈秀而同類蚩蚩同生芸芸皆於我而使各遂其性實心普實行順匪直虚言虚文而已秀之充實有如是夫允哉其爲有德之賢也斯可無負上天生賢輔治之心聖明養賢及民之意臺省諸臣舉賢報國之忠而德業建于當時聲光垂于永世皇朝億萬年承保無疆佑命弼寧無疆宗社亦將咸有賴焉名動一時奚足多歟華忝預校文之末敢以是爲諸賢勸循名責實尚願有徵於後云賜進士

江西吉安府廬陵縣儒學教諭莆田鄭華謹序

成化十三年浙江鄉試

監臨官

巡按浙江監察御史倡鐘（大器山東鄆城縣人　丙戌進士）

提調官

浙江等處承宣布政使司右布政使杜謙（益之直隸昌黎縣人　甲戌進士）

浙江等處承宣布政使司台參議張敷華（公實江西安福縣人　甲申進士）

監試官

浙江等處提刑按察司按察使戴珙（廷璧河南沔池縣人　甲戌進士）

浙江等處提刑按察司僉事魏富（□□□□縣人　丙戌進士）

考試官

江西吉安府廬陵縣儒學教諭鄭華（思實□□□□縣人　甲戌進士）

廣東肇慶府儒學教授劉祥（公瑞江西□□縣人　癸酉貢士）

同考試官

山西太原府岢嵐州儒學學正胡淵（仲深江西南□縣人　乙酉貢士）

山西平陽府解州聞喜縣儒學教諭楚綸（大經河南□□縣人　庚午貢士）

直隸安慶府宿松縣儒學教諭何觀（觀見光廣東南海縣人　癸酉貢士）
福建福寧州寧德縣儒學教諭陳震（起東直隸長洲縣人　癸酉貢士）
廣東南雄府保昌縣儒學教諭單暠（廷亮江西泰和縣人　壬午貢士）
廣西桂林府臨桂縣儒學教諭關銓（惟賢廣東順德縣人　乙酉貢士）
直隸廬州府儒學訓導顧宗美（子善福建莆田縣人　壬午貢士）
湖廣武昌府儒學訓導先楷（公模四川瀘州人　乙酉貢士）

收掌試卷官

台州府知府劉忠（攄誠山東濮州人　庚午貢士）
紹興府推官蔣誼（宗誼應天府句容縣人　丙戌進士）

印卷官

浙江布政使司經歷司經歷龐珣（廷實四川南充縣人　庚午貢士）
浙江按察司經歷司知事歐綸（廷音廣東右康縣人　監生）

受卷官

温州府永嘉縣知縣文林（宗儒直隸長洲縣人　壬辰進士）
紹興府餘姚縣知縣胡瀛（孟登河南羅山縣人　乙未進士）

彌封官

衢州府龍游縣知縣孫弁（文冕江西浮梁縣人　壬辰進士）
杭州府新城縣知縣何善（惟吉江西新淦縣人　乙未進士）

謄録官

處州府松陽縣知縣吴泰（昌期應天府江浦縣人　壬辰進士）
嘉興府嘉興縣知縣陳璧（瑞卿山西太原左衛人　壬辰進士）

對讀官

寧波府鄞縣知縣張佶（習之直隸徐州人　壬辰進士）
金華府武義縣知縣陳懋源（懋源福建莆田縣人　乙未進士）
湖州府武康知縣陳景隆（如初福建長樂縣人　乙未進士）

巡綽官

杭州前衛指揮使成傑（士能直隸巢縣人）
杭州前衛指揮同知吴謹（廷慎直隸貴池縣人）
杭州右衛指揮使張祐（永吉直隸河間縣人）
杭州右衛指揮同知翟英（彦才河南睢州人）

搜檢官

杭州右衛正千户周祥（廷瑞直隸山陽縣人）

杭州右衛副千户莫英（世傑直隸盱眙縣人）

供給官

杭州府知府陳讓（德光直隸嘉定縣人　甲申進士）

杭州府通判何克智（廷鑑湖廣均州人　庚午貢士）

杭州府推官薛希良（宗直直隸懷遠縣人　監生）

杭州府錢塘縣縣丞蘇海（恢量直隸邳州人　監生）

杭州府餘杭縣縣丞金鐰（文耀直隸桐城縣人　吏員）

杭州府仁和縣典史齊彰（景昭山東益都縣人　吏員）

杭州府吴山驛驛丞劉宗泰（道亨四川嘉定州人　承差）

掌行科舉文字

浙江布政司禮房令史張潤（餘姚縣人）

浙江按察司禮房典吏吴琦（烏程縣人）

謄録對讀

生員曹洪等叁百名

第一場

四書

顔淵喟然嘆曰仰之彌高鑽之彌堅瞻之在前忽焉在後夫子循循然善誘人博我以文約我以禮欲罷不能既竭吾才如有所立卓爾雖欲從之末由也已　悠遠則博厚博厚則高明博厚所以載物也高明所以覆物也悠久所以成物也　孔子聖之時者也孔子之謂集大成集大成也者金聲而玉振之也金聲也者始條理也玉振之也者終條理也始條理者智之事也終條理者聖之事也智譬則巧也聖譬則力也由射於百步之外也其至爾力也其中非爾力也

易

聖人久於其道而天下化成　父父子子兄兄弟弟夫夫婦婦而家道正正家而天下定矣象曰風自火出家人君子以言有物而行有恒　是故蓍之德圓而神卦之德方以知六爻之義易以貢聖人以此洗心退藏於密吉凶與民同患神以知來知以藏往其孰能與於此哉古之聰明叡知神武而不殺者夫是以明於天之道而察於民之故是興神物以前民用聖人以此齋戒以神

明其德夫是故闔户謂之坤闢户謂之乾一闔一闢謂之變往來不窮謂之通見乃謂之象形乃謂之器制而用之謂之法利用出入民咸用之謂之神　離也者明也萬物皆相見南方之卦也聖人南面而聽天下嚮明而治蓋取諸此也坤也者地也萬物皆致養焉故曰致役乎坤兑正秋也萬物之所説也故曰説言乎兑

書

惟動丕應徯志　往盡乃心無康好逸豫乃其乂民　欲至天萬年惟王子子孫孫永保民　予不允惟若茲誥予惟曰襄我二人汝有合哉言曰在時二人天休滋至惟時二人弗戡其汝克敬德明我俊民在讓後人于丕時嗚呼篤棐時二人我式克至于今日休我咸成文王功于不怠丕冒海隅出日罔不率俾公曰君子不惠若茲多誥予惟用閔于天越民

詩

晝爾于茅宵爾索綯亟其乘屋其始播□穀二之日鑿冰冲冲三之日納于凌陰四之日其蚤獻羔祭韭　保茲天子生仲山甫仲山甫之德柔嘉維則令儀令色小心翼翼古訓是式威儀是力天子是若明命使賦王命仲山甫式是百辟纘戎祖考王躬是保出納王命王之喉舌賦政于外四方爰發　假以溢我我其收之駿惠我文王曾孫篤之　有駜有駜駜彼乘黄夙夜在公在公明明振振鷺鷺于下鼓咽咽醉言舞于胥樂兮有駜有駜駜彼乘牡夙夜在公在公飲酒振振鷺鷺于飛鼓咽咽醉言歸于胥樂兮有駜有駜駜彼乘駽夙夜在公在公載燕自今以始歲其有君子有穀詒孫子于胥樂兮

春秋

盟于召陵（僖公四年）夏公會齊侯宋公陳侯衛侯曹伯伐鄭圍新城秋楚人圍許諸侯遂救許（僖公六年）　諸侯會于扈（文公十七年）楚子鄭人侵陳遂侵宋晉人宋人伐鄭（并宣公元年）　宋華元帥師及鄭公子歸主帥師戰于大棘　晉人宋人衛人陳人侵鄭（并宣公二年）　晉侯使士匄來聘　杞伯來朝　邾子來朝（并成公十八年）公會單子晉侯宋公衛侯鄭伯莒子邾子齊世子光已未同盟于雞澤　陳侯使袁僑如會（襄公三年）　季孫行父臧孫許叔孫僑如公孫嬰齊帥師會晉郤克衛孫良夫曹公子首及齊侯戰于鞌齊師敗績（成公二年）　陳侯逃歸（襄公七年）鄭人侵蔡獲蔡公子燮（襄公八年）冬楚公子貞帥師伐鄭（襄公八年）晉侯使士匄來聘（襄公八年）冬公會晉侯宋公衛侯曹伯莒子邾子滕子薛伯杞伯小邾子齊世子光伐鄭十有二月己亥同盟于戲（襄公九年）楚

薳罷帥師伐吴（昭公六年）秋公會劉子晋侯齊侯宋公衛侯鄭伯曹伯莒子邾子滕子薛伯杞伯小邾子于平丘（昭公十三年）吴滅州來（昭公十三年）齊侯伐徐（昭公十六年）秋齊高發帥師伐莒（昭公十九年）

禮記

土工金工石工木工獸工草工典制六材　是故昔先王尚有德尊有道任有能舉賢而置之聚衆而誓之是故因天事天因地事地因名山升中于天因吉土以饗帝于郊升中于天而鳳凰降龜龍假饗帝于郊而風雨節寒暑時是故聖人南面而立而天下大治　王者功成作樂治定制禮其功大者其樂備其治辯者其禮具干戚之舞非備樂也孰亨而祀非達禮也五帝殊時不相沿樂三王异世不相襲禮樂極則憂禮粗則偏矣及夫敦樂而無憂禮備而不偏者其唯大聖乎　賓再拜受主人般還曰辟主人阼階上拜送賓般還曰辟

第二場

論

明王以孝治天下

詔誥表（内科一道）

擬漢令郡國求遺賢詔　擬唐以韓愈爲吏部侍郎誥　擬增孔子籩豆佾舞國子祭酒率諸生謝表

判語（五條）

隱匿費用税粮課物　公差人員欺陵長官　公使人等索借馬匹　監守自盗倉庫錢粮　有司官吏不住公廨

第三場

策五道

問　自古帝王之治天下必有洪謨大訓以昭鑒萬世如我太祖高皇帝之大誥太宗文皇帝之爲善陰隲以及列聖垂統頒焕典章光同日月其與仲尼所纘述易書詩春秋禮樂之言果有同歟否歟夫讀典謨而潛思堯舜之聖德頌制書而遠想祖宗之神功亦臣子之所當講也且如延歷數所以紀年如漢如唐或遇灾祥而輒改今則紀一元而終始創廟宇所以祀神如宋如元或加美號而創過諂今則立木主以正名至於前代宮室多施繪畫今乃命侍臣以大學衍義書於兩廡者其意果安在歟自古人君多好馳騁今乃命畫工以

經歷艱難繪於圖册者其心果何爲歟他如定歷代名臣從祀帝王廟庭所去者誰氏所增者何官俱可得而詳言之歟爾諸士子沐浴聖化亦有年矣今應賓興而來宜鋪張萬世之宏規揚厲無前之偉績庶使後生晚學有如親睹焉幸毋讓

問　治道隆替風化醇漓係乎賢才之進退而賢才之進其要在乎抑奔競奬恬退而已考之於古若玉堂獻記不入翰苑河平獻頌不留蘭臺兩及相門則却以素定一謁大資則却以不求所以抑奔競也然以名世大儒而甘有美新之作後學山斗而三上宰相之書豈奔競不足鄙歟不以私書至京師則擢之御史不以私事干朝廷則處之諫諍有不就廷試者遷除監學有不肯自陳者薦充館職所以奬恬退也然以首陽逸民無裨於邦家之治桐江高節有乖於君臣之倫豈恬退不足尚歟方今朝廷治理清明登用賢俊選舉有方考察有法所以杜僥幸防請謁至矣盡矣然而望塵奔趨者猶未息鎮静恬退者或未見不知其故安在兹欲使士大夫盡尚廉耻甘事恬退絶夫奔競之迹藹然禮讓之風以驗聖明治道之隆風化之醇不知何道而可爾諸士子涵薰有年抱負而來必有其説願著于篇

問　自孔子删詩三百篇之後即爲楚辭視風雅已一變矣又下而爲漢魏之五言則詩再變矣然三百篇經聖人所筆削善惡昭彰以示勸懲楚辭則經朱子所校録亦取其發於性情爲人臣子不得於君父者讀之亦可以發其抑鬱無聊之態厥後劉坦之輯選詩補注謂其可以羽翼風雅焉夫楚辭作於屈原雖曰南國宗之爲辭賦之祖然其跌蕩怪神怨懟激發醇儒莊士或羞稱之朱子果何爲之集注耶又欲掇經史韵語及文選古詞附于詩楚辭之後果何旨耶其續楚辭也始之於成相終之以鞠歌擬招其意何在至於補注也其立法之意亦有得於朱子注詩及楚辭之意歟其補遺也抑又有得於朱子抄經史韵語文選古詩附于詩楚辭之後之意歟他如續編集之始終其與楚辭後語成相擬招之意同歟否歟不學詩無以言聖人之訓也爾多士必有能言之者幸明以告我毋多讓焉

問　兵凶器也聖人不得已而用之然有文事者必有武備亦君子之所當講焉姑舉一二已往者論其成敗且以見今日之事亦有可憂者焉昔韓信之破趙而李左車説陳余曰信下井陘其勢粮食必在後假奇兵三萬絶其輜重此取勝之策也千載悔其謀之不用若然則拔赤幟於趙壁背綿水而爲陣豈必賴井陘而後可以成功耶是必有一説也諸葛亮之伐魏而司馬懿謂諸將曰亮若出武功依山而東誠爲可憂若西止五丈原諸將可以無事也當時

信其説而不疑若然則遺巾幗而必怒知食簡而不喜豈必在出武功而後可以威敵耶是必有一論也方今浙江東北沿海延袤數千里海賊出没朝廷深以爲慮既設武臣以總督之又設憲臣以監臨之然巡司弓兵僉自均徭守倭軍士太半余丁兼以邊海倉廒多半空虚萬一有警敵之既無人守之又無粮若何而可也爾諸士俱負窮經致用之學可酌古準今條陳長治久安之策以俟上問而發焉

問　旱澇之灾雖堯湯之世所不免也説者謂彼灾自灾耳於堯湯之民無損焉書曰有備無患傳曰凡事豫則立此之謂歟浙爲東南大藩民素富庶地瀕江海比年以來陰陽愆伏水旱相仍浹旬淫雨海水泛溢而一河兩岸民居之壞於蕩析者在在有之經月不雨旱魃爲虐而東疇西畝禾稼之傷於枯槁者比比皆是將欲委諸氣化歟則所司坐視之咎有所歸將欲變置壇壝歟則朝廷擅易之禁無敢任於斯二者日展轉往來於心思焉此救灾禦患所宜講也矧備灾易救灾難考之成周有救荒之政可詳其目歟亦有治水之制可悉其實歟他如後世或發廩減直以濟貧或聽民興造以取給均有恵於浙者參之古果有合歟或作古堤以防江潮或浚二河以免市淘均有功於杭者行於今抑克濟歟夫事不師古無以善於今徒便諸今無以合於古諸生齋所藴而來其參酌古今務宜民情以合土俗我將采其可行者轉而語之所司

中式舉人九十名

第一名　孫昇　余姚縣學生　記
第二名　潘温　新昌縣學增廣生　書
第三名　姜森　慈谿縣學增廣生　詩
第四名　邵誠　太平縣學生　易
第五名　劉湜　山陰縣學增廣生　春秋
第六名　戴豪　太平縣學增廣生　書
第七名　陳邦直　紹興府學生　詩
第八名　莫立之　錢塘縣學生　易
第九名　丁養浩　仁和縣儒士　禮記
第十名　錢鏞　仁和縣學生　詩
第十一名　王宗積　紹興府學生　書
第十二名　姜鳳　天台縣學生　詩

第十三名　朱顯　紹興府學生　春秋
第十四名　許胆　開化縣學生　易
第十五名　湯理　慈谿縣儒士　詩
第十六名　沈鐔　蕭山縣學生　書
第十七名　祝萃　海寧縣學生　禮記
第十八名　徐統　臨海縣學生　詩
第十九名　王濟　烏程縣學生　易
第二十名　陳綺　太平縣學增廣生　書
第二十一名　何洽　富陽縣學生　詩
第二十二名　林華　紹興府學生　書
第二十三名　陳邦榮　山陰縣學生　易
第二十四名　施魯　錢塘縣增廣生　詩
第二十五名　洪機　淳安縣學增廣生　書
第二十六名　馮珏　諸暨縣學生　禮記
第二十七名　祁司員　山陰縣學生　易
第二十八名　楊素　嵊縣學生　詩
第二十九名　何鼎　鄞縣學生　書
第三十名　周鍾　寧波府學生　詩
第三十一名　楊茂亨　寧波府學增廣生　易
第三十二名　方鉞　淳安縣學生　春秋
第三十三名　應元徵　象山縣學生　詩
第三十四名　黄鼎卿　蕭山縣儒士　書
第三十五名　吴明　蘭谿縣學生　詩
第三十六名　范璋　餘姚縣學增廣生　禮記
第三十七名　陳璟　杭州府學生　易
第三十八名　黄禄　永嘉縣學生　書
第三十九名　倪宏　紹興府學增廣生　詩
第四十名　鄭瓘　蘭谿縣學增廣生　易
第四十一名　李珂　黄巖縣學生　詩
第四十二名　胡瑄　德清縣學生　書
第四十三名　金瑞　紹興府學生　詩
第四十四名　洪貫　鄞縣儒士　易

第四十五名　姚禎　湖州府學生　書
第四十六名　陳簡　黄巖縣學增廣生　詩
第四十七名　岑恒　餘姚縣學生　禮記
第四十八名　王宥　淳安縣學生　春秋
第四十九名　勞軏　崇德縣學生　詩
第五十名　沈淳　蕭山縣學增廣生　書
第五十一名　許綸　錢塘縣學生　易
第五十二名　管藍　黄巖縣學生　詩
第五十三名　胡瑛　永康縣學生　書
第五十四名　吴璘　永康縣學生　詩
第五十五名　陸志　鄞縣學生　易
第五十六名　王從鼎　黄巖縣學增廣生　詩
第五十七名　胡傑　餘姚縣學增廣生　禮記
第五十八名　石輝　新昌縣學生　書
第五十九名　張鎮　臨海縣學增廣生　詩
第六十名　徐紹芳　衢州府學生　易
第六十一名　沈禋　崇德縣學生　詩
第六十二名　盧格　東陽縣學生　春秋
第六十三名　何錫　□□縣學生　書
第六十四名　黄俌　黄巖縣學生　詩
第六十五名　胡恩　紹興府學增廣生　易
第六十六名　夏柟　杭州府學生　詩
第六十七名　吴叙　餘姚縣儒士　禮記
第六十八名　莊蘭　海鹽縣學生　書
第六十九名　周服　鄞縣學軍生　易
第七十名　張韶　慈谿縣學增廣生　詩
第七十一名　陳濟　嘉興府學增廣生　書
第七十二名　龐泮　天台縣學增廣生　詩
第七十三名　胡怡　會稽縣學增廣生　易
第七十四名　馬景昌　德清縣學增廣生　詩
第七十五名　黄盛　嘉興府學生　書
第七十六名　羅聰　桐廬縣學生　春秋

第七十七名　張時澤　餘姚縣學增廣生　禮記

第七十八名　張琰　新昌縣學生　書

第七十九名　楊守隅　寧波府學生　易

第八十名　柯昌　黄巖縣學生　詩

第八十一名　王演　嘉興府學生　書

第八十二名　宋澄　建德縣學生　詩

第八十三名　余濬　寧波府學增廣生　易

第八十四名　齊恩　天台縣學生　書

第八十五名　吴侃　會稽縣學生　詩

第八十六名　楊琦　建德縣學生　易

第八十七名　李時新　餘姚縣學生　禮記

第八十八名　鄧公輔　仁和縣學生　書

第八十九名　張輪　錢塘縣學生　春秋

第九十名　陳良器　仁和縣儒士　詩

四書

顔淵喟然嘆曰仰之彌高鑽之彌堅瞻之在前忽焉在後夫子循循然善誘人博我以文約我以禮欲罷不能既竭吾才如有所立卓爾雖欲從之末由也已

潘温

同考試官教諭單批（場中作此題者多牽率一中字講甚不快人此篇發明顔子學聖人處不馳不驟有學有見佳作也）

同考試官訓導顧批（行文條暢命意光明一結尤見學力可取）

考試官教授劉批（説顔子歸功聖人處三復讀之餘意煒然）

考試官教諭鄭批（此作周旋曲折殆繪畫然可謂善作者也）

大賢嘆聖道之高妙必述其教之有序與學之所至也蓋聖道高妙未易學也大賢因其教之有序而學之有得是宜發嘆而歸功於聖人也歟昔顔子學既有得無上事而喟然嘆曰我游夫子之門學夫子之道以爲高而可及耶則仰彌高而不可及以爲堅而可入耶則鑽彌堅而不可入何無窮盡也從容以求之瞻之若在吾前勇猛以進之忽焉又在吾後何無方體也夫子之道雖曰高妙其教人也循循善誘先博我以文使我致知而爲入道之門然後約我

以禮使我力行以爲進道之路教之有序如此故我從事於斯悦之之深自不容已而吾才之既竭味之之至自不能止而吾力之已盡由是向之高堅者今則如有卓立於吾前向之前後者今則如見卓爾於吾目然見之雖親造之尤難欲致知以從之歟夫子生而知也博文之功將安施乎欲力行以從之歟夫子安而行也約禮之功將安用乎吁顔子學既有得述其先難之故後得之由而歸功於聖人如此其可謂深知聖人而善學之者矣大抵顔子之知鄰於生知顔子之行幾於安行其未至於卓爾之地者守之也非化之也假之以年則不日而化矣何卓爾之不可造乎奈何賢哉之稱方興喪予之嘆即繼惜哉

悠遠則博厚博厚則高明博厚所以載物也高明所以覆物也悠久所以成物也

劉湜

同考試官訓導顧批（此篇有鋪叙有發明場中似此不多見焉）

同考試官教諭楚批（中庸一題場中作者多拘拘如鶴處鷄籠局促不舒此作其氣騫騰其文暢達高薦無疑）

考試官教授劉批（體認真確不疾不徐佳作也）

考試官教諭鄭批（此作能發明聖人功業與天地同用可取）

中庸論聖人功業極其盛故能與天地同其用也蓋功業之盛實德之著見也向非積久而益盛何能與天地同其用也哉中庸二十六章發明天道如此謂夫有至誠無息之盛德斯發而爲至誠無息之功業自其功業之悠遠者言之蕩蕩乎寛大無促迫也穆穆乎廣遠無終窮也惟悠遠故其積也漸仁摩義施及中國廣博而深厚焉惟博厚故其發也巍乎成功焕乎文章高大而光明焉此實德之著見積久而益盛也如此故其博厚之積也奠群生於教養之區與地之所以載萬物者同其用高明之發也囿萬類於畢照之下與天之所以覆萬物者同其功至其博厚而悠久也無一物之不得其所高明而悠久也無一物之不被其澤豈不與天地同一成物之妙乎是其本以悠遠致高厚而高厚又悠久也聖人至誠功業何其盛哉大抵誠之爲道有以天而言者真實無妄自然而然也有以人而言者未能真實無妄而欲其真實無妄者也此章之論正以推明前章天道之意其所積而成者乃其實德著見功效氣象之謂非謂在己之德亦待積而後成也故章末引文王之事以證之夫豈積累漸次之謂哉學者詳之

孔子聖之時者也孔子之謂集大成集大成也者金聲而玉振之也金聲也者始條理也玉振之也者終條理也始條理者智之事也終條理者聖之事也智譬則巧也聖譬則力也由射於百步之外也其至爾力也其中非爾力也

邵誠

同考試官諭陳批（孟子一題場中俱能鋪叙求其能將樂之始終射之巧力發明孔子聖之時中僅見此篇）

同考試官教諭何批（能以時字通貫一章深合題意）

考試官教授劉批（融會傳注發明透徹真作手也）

考試官教諭鄭批（此作不窘滯不放肆可采）

大聖論聖人具時中之道既即樂以見其聖智之全復即射以明夫聖智之義蓋孔子之聖聖而時中者也自非大賢即樂與射以著明之又何以見其兼三子之聖而爲一大聖也哉昔孟子之意謂夫夷聖於清而不足於尹之任孔子可仕則仕可止則止兼清與任而時出之焉尹聖於任而不足於恵之和孔子可久則久可速則速兼任與和而時出之焉夫孔子集三聖之事而爲一大聖之事如此不猶作樂者集衆音之小成而爲一大成乎集大成也者蓋於其樂之未作而先擊鎛鐘以宣其聲俟其樂之既闋而後擊特磬以收其韻金以宣之則八音翕然并奏而脉絡不紊此始條理也玉以收之則八音詘然皆止而脉絡通貫此終條理也始條理者猶孔子知無不盡非智之事乎終條理者猶孔子德無不全非聖之事乎然聖智之事如此而聖智之義何如是故以智言之譬則射之巧也以聖言之譬則射之力也由射於百步之外至其地者乃其力之所及非巧也中其的者乃其巧之所致非力也由是觀之三子之力有余而巧不足孔子則巧力俱全聖智兼備此所以爲聖之時中也歟抑此章言三子之行各極其一偏孔子之道兼全於衆理所以偏者由其蔽於始是以缺於終所以全者由其知之至是以行之盡三子猶春夏秋冬之各一其時孔子則太和元氣之流行於四時也

易

父父子子兄兄弟弟夫夫婦婦而家道正正家而天下定矣象曰風自火出家人君子以言有物而行有恒

邵誠

同考試官教諭陳批（家人義求其簡明切當者僅見此篇）

同考試官教諭何批（此篇深得家人正倫理之義是宜録出）

考試官教授劉批（易貴潔静精微此作得之）

考試官教諭鄭批（發明家人之旨殆無餘藴）

推卦畫以見正家之化因卦象以著正家之本蓋天下之本在於家而家之本則在於身也彖象聖人互言以示人其意至矣昔吾夫子傳家人之彖而推之卦畫謂夫上焉爲父初焉爲子則父子之分嚴五焉爲兄三焉爲弟則兄弟之倫序五三夫也夫正位乎外四二婦也婦正位乎内如此家道其有不正乎家道既正殆見天下之大凡爲父子兄弟者莫不於焉是則是效各安其分焉四海之廣凡爲夫夫婦婦者莫不於焉是儀是刑各止其所焉若然天下其有不定乎夫天下定固本於正家而家之正又本於修身焉且家人之卦貞體離也其象爲火悔體巽也其象爲風風自火出自内及外有家人之象也君子體之言不虚言而言皆切乎倫理則言爲有物矣行非僞行而行必本於倫理則行爲有恒矣言行相顧則其身修而家豈有不治哉聖人以是傳家人之象厥旨微矣抑論之言行者一身之樞機也一身之樞機一家之規範也一家之規範天下之規範也能修其身則家豈有不齊國豈有不治天下豈有不平乎不然大學何以曰欲治其國先齊其家欲齊其家先修其身

離也者明也萬物皆相見南方之卦也聖人南面而聽天下嚮明而治蓋取諸此也坤也者地也萬物皆致養焉故曰致役乎坤兑正秋也萬物之所説也故曰説言乎兑

莫立之

同考試官教諭陳批（本德位象時而兼以物隨帝出入爲言説卦之義於斯備矣易卷如子者指不多屈）

同考試官教諭何批（此篇以德位象時立説深得本旨）

考試官教授劉批（講析明白非熟於易者不能允宜高薦）

考試官教諭鄭批（易義如此作詳明者不多見）

聖人説後天之卦有舉德位而推其義者有舉象時而申其義者甚矣後天易卦之妙也自非聖人舉其德位象時而互言之其義何自而見哉昔吾夫子説卦論後天之易謂夫離之爲卦具中虚之體有明照之德故萬物之隨帝出乎震者莫不焕然昭明于焉而相見乃爲南方之卦焉萬物之隨帝齊乎巽者靡不藹然暢茂于焉而嘉會位乎正南之方焉是以聖人端冕凝旒面乎正南而聽天下者非有取於此乎明目遠聰嚮乎離明而治萬民者又非取於是乎然物固隨帝以相見於離矣而致養則在於坤焉蓋坤之爲卦三畫皆陰有地之象也物之相見於離者今皆委之於厚載之中而各遂其長養之天物之

嘉會于離者今悉致之於含弘之内而各遂其發育之性故曰致役乎坤者此也夫物既隨帝以致役於坤矣而和悦則又在於兑焉蓋兑之爲卦居乎正西之位適乎正秋之時故向焉物之長養於坤者今則各正性命不相假借而自足也昔焉物之發育於坤者今則保合大和不相凌奪而自適也故曰説言乎兑者此也是知離以德位言固足以明坤兑之德位坤兑以象時言亦足以明離之象時也聖人以是説後天之卦寧復有餘藴哉抑考大傳上章明先天之學以著其對待之體也此章論後天之學以明其流行之用也至於下章則又合先天後天而言之焉是則非先天無以爲後天之體非後天無以爲先天之用此先天後天所以可相有而不可相無者歟

書

欲至于萬年惟王子子孫孫永保民

戴豪

同考試官訓導顧批（此題本難於描寫求其能説出有周大臣祈君永命之意僅見此篇非究心於本領者不能高薦奚疑）

同考試官教諭單批（人臣忠愛其君之意此作發明殆盡）

考試官教授劉批（理到詞充佳作也）

考試官教諭鄭批（能形容題意而又且質實不浮可取）

歷年遠而世保其民此大臣祈君永命之意也蓋永天命而世保民不易致也大臣祈君永命而言及乎此其忠愛無窮之心爲何如哉吾想有周大臣祈君之意若曰我向告王以明德而懷諸侯用德而和迷民豈有他哉蓋將有所祈也祈之何如惟曰我周之有天下自今至于後日不徒百斯年而已雖千斯年未多也不徒千斯年而已欲至于萬斯年而後可焉殆必繼王而爲子者穆穆皇皇宜君宜王皆以明德而永安斯民非特一世爲然而世世之爲子者莫不以嗣以續於無窮所謂天子萬年者在是矣繼子而爲孫者本支百世君臨萬邦皆用明德而承保萬民非惟一代爲爾而代代之爲孫者莫不勿替引之於悠久所謂無疆惟休者在是矣吁古人於進戒之余而不忘乎祈禱之誠祈禱之中而猶存乎勸戒之意忠君愛國之心一何至哉嘗觀此章有周人臣之祈君既曰欲至于萬年者所以歆動之也又曰惟王子子孫孫永保民者又所以規戒之也告之未幾而戒之隨至如此惜乎全書不可見而忠愛猶可想厥後周家卜世三十歷年八百其大臣祈君永命之明驗歟

予不允惟若兹誥予惟曰襄我二人汝有合哉言曰在時二人天休滋至

惟時二人弗戡其汝克敬德明我俊民在讓後人于丕時嗚呼篤棐時二人我式克至于今日休我咸成文王功于不怠丕冒海隅出日罔不率俾公曰君子不惠若兹多誥予惟用閔于天越民

潘温

同考試官訓導顧批（此篇以天命民心立説深合本旨）

同考試官教諭單批（此題頭緒頗多難於包括是篇文法簡勁而理致炳如概視初場無出其右矣）

考試官教授劉批（長題貴斂繁就實此作得之）

考試官教諭鄭批（寫出周公留召公之深意可佳）

大臣之留同列也既原己之致誥而欲共念乎天民復申己之詳誥而惟用憂乎天民蓋大臣一身天命民心所繫也苟於求去而不反覆致誥以留之又何以終天命而安民心哉昔召公告老而去周公留之若曰商周群臣之輔君文武受命之惟艱我嘗爲公告矣豈不信於人而若此告語乎予惟曰王業之成在我二人汝聞我言而有合哉亦曰在是二人但天命我周休嘉滋至惟我二人將不堪勝汝若以盈滿爲懼則當能自敬德益加寅畏明揚俊民布列庶位以盡大臣之職業以答滋至之天休他日推遜後人於盛大之時而去可也今天休未答豈汝辭位之時乎夫天休固所當答而民心尤所當圖故又嘆息而告之以爲惟我二人左右之功既篤于前時故政教之美式隆於今日然未可以是自足也尤當并力一心共成文王未終之功而罔敢或怠仁覆天下使海隅日出之地無不臣服可也今遠人未俾豈汝求退之時乎然周公之言雖切恐召公之意未信於是又稱君以尊之而申其意謂夫共答天命咸服民心我今爲公告矣豈不順于理而若兹多誥耶誠以乘兹大命公之責也今而遽去則乘載無所托而天命不終矣此我所爲憂焉命作民極公之任也今而不留則作極無其人而斯民無賴矣此我所爲閑焉吁始言若兹誥終言若兹多誥周公之告召公其言語之際亦可悲矣大抵成功不居大臣之道故洛邑既成周公告歸成王親政召公退休雖然忠君憂國之心未嘗已也是以迪將之言一出而事畢矣居室之治其可緩乎彼茅所以補屋也則晝往取茅以爲覆蓋之需索所以編茅也則夜而絞索以爲束縛之用于以亟弃其屋而葺理之惟勤于以急升其居而營繕之不懈所以然者豈好勞哉蓋以來歲將至吾民欲播穀於南畝而不暇於此也來春將及吾民欲有事於西疇而不遑於斯也夫農事固不可忘而君事尤所當備彼二陽之月固陰沍寒冰可取也吾則趨事赴工而鑿之冲冲焉三陽之月風未解涷水可藏也吾則并力齊心而納于冰室焉所以然者惡逸哉蓋以四陽司令蚤朝届期吾君

將獻彼羔羊而司寒是祀以行乎啓冰之禮矣可不及時而爲之藏乎將取彼新韭而司寒是祭以舉乎開冰之儀矣可不先時而爲之備乎邦民不待督責而自相勸戒如此非先公風化之厚能若是哉大抵七月之詩一言以蔽之曰豫而已大寒在冬而備之於秋收成在秋而圖之於春蠶績未成而曰爲公子裳狩獵未舉而曰爲公子裘嘉蔬以養老朋酒以獻君拳拳乎憂勤之意懇懇乎忠愛之心邠俗之厚如是周公舉以爲成王告得無意乎

有駜有駜駜彼乘黄夙夜在公在公明明振振鷺鷺于下鼓咽咽醉言舞于胥樂兮有駜有駜駜彼乘牡夙夜在公在公飲酒振振鷺鷺于下鼓咽咽醉言歸于胥樂兮有駜有駜駜彼乘駽夙夜在公在公載燕自今以始歲其有君子有穀詒孫子于胥樂兮

陳邦直

同考試官訓導先批（形容當時燕飲頌禱之意有餘味焉）

同考試官教諭楚批（題合三章欲觀士子講貫作者類多失此得彼冗繁可厭是篇詞簡意盡故録之）

同考試官學正胡批（詞氣春容筆力老健宜置高選）

考試官教授劉批（詞不冗費理甚明白）

考試官教諭鄭批（頌義宜簡古此作得之）

詩人屢托所乘以興君臣燕飲而頌禱以相樂也夫君臣相樂治世之休詩人屢托興而歌頌其事不亦宜乎此燕飲而頌禱之辭想其托興之意若曰有駜然而肥强者四馬皆黄矣我魯君臣夙夜在公相與辯治豈無燕樂乎燕必有舞則或坐或伏振振然如鷺之下也燕必有鼓則或疾或徐咽咽然其聲之長也斯時也君臣胥慶勢位兩忘醉而起舞以相樂焉詩人之意無窮托興之詞必再又謂有駜然而肥强者四馬皆牡矣我魯君臣夙夜在公相與燕飲豈無樂舞乎蹲蹲舞我則既抑且揚振振然如鷺之飛也坎坎鼓我則既和且平咽咽然其聲之遠也斯時也上下相歡情意交契醉而言歸以相樂焉詩人之意未已托興之詞必三又謂有駜有駜則駜彼乘駽矣夙夜在公則在公載燕矣君燕其臣媚其君惟願自今以始樂歲相仍以一人之慶而爲千萬人之慶也君子有穀詒厥孫子以一己之善而爲千萬世之善也豈不足以相樂乎吁罄歡洽於燕飲之餘竭忠愛於頌禱之頃魯之君臣何相得之深哉大抵君臣之分以嚴爲主朝廷之禮以敬爲主然一於嚴敬則情或不通而無以盡其忠告之益故先王制爲燕飲之禮以通上下之情今魯之群臣宴于公所願其

年穀常登爲庶民之慮切矣願其子孫爲善爲後世之慮深矣亦可謂善頌善禱而盡忠告之益者歟

春秋

盟于召陵（僖公四年）夏公會齊侯宋公陳侯衛侯曹伯伐鄭圍新城秋楚人圍許諸侯遂救許（僖公六年）

劉湜

考試官教授劉批（此篇析理詳明措辭簡健足可以破場中之失體認而尚浮詞以求勝者允宜高薦）

考試官教諭鄭批（有斷制有發揮賢能薦書舍子其誰）

伯功既成而能節其力以討罪竭其力以恤患此見齊桓召陵服楚之後而伐鄭救許又得討罪恤患之義也時而春秋荆楚天下莫强焉齊桓主伯勢不兩立一旦爰整八國仗義南征屈完服辜盟于召陵不血一刃而楚自却不遺一矢而敵自沮□齊之功烈盛矣然齊自召陵之後兵服四夷威動諸夏今而大合列辟問罪懿親之鄭環攻新造之邑然以六國而伐鄭兵車雲集宜若振槁然而公乃圍而不舉者意豈不曰好攻戰樂殺人者於罪爲大於是惟整兵以示之而不狃於速克惟寬容以來之而不急於圖勝豈非伯主節其力以討罪乎繼而楚欲救鄭乃攻大岳之裔計解鄭人之圍然以强楚而陵弱許勢力弗敵不啻拉朽然而公即移師以赴之者意豈不曰救患分灾於禮爲急於是寧釋有罪之鄭亟拯無辜之許寧隳垂成之功速慰引領之望又非伯主盡其力以恤患乎吁討罪猶理亂繩不可急也救患猶解倒懸不可緩也桓知其然故於召陵之後伐鄭救許寬猛適宜如此春秋得不備書以美之歟抑又論之陳不可陵猶鄭不可忘也桓公前乎伐鄭責陳甚備何慈於鄭而忍於陳乎徐不可弃猶許不可忘也桓公後乎救許緩徐不力何勤于許而怠于徐乎先儒謂其功過相半信矣

陳侯逃歸（襄公七年）鄭人侵蔡獲蔡公子燮（襄公八年）冬楚公子貞帥師伐鄭（襄公八年）晋侯使士匄來聘（襄公八年）冬公會晋侯宋公衛侯曹伯莒子邾子滕子薛伯杞伯小邾子齊世子光伐鄭十有二月己亥同盟于戲（襄公九年）楚薳罷帥師伐吴（昭公六年）秋公會劉子晋侯齊侯宋公衛侯鄭伯曹伯莒子邾子滕子薛伯杞伯小邾子于平丘（昭公十三年）吴滅州來（昭公十三年）齊侯伐徐（昭公十六年）秋齊高發帥師伐莒（昭公十九年）

朱顯

考試官教授劉批（場中作此題紛紛無定見惟此義寫出二公之賢否宛在目前所謂過屠門大嚼其知肉味者乎）

考試官教諭鄭批（此作詞嚴義正得春秋之旨宜録出）

勢有難爲而伯主得善勝之道時有可爲而伯嗣無自强之志此晋悼所以克復舊業而齊景所以終於無成也比事以觀賢否昭然矣且夫春秋之中晋悼嗣伯去文襄之時未遠其余澤猶有存者若何而見其勢之難爲耶是時陳嘗與晋同事者也今則不思輔晋而弃于鄬之會鄭亦與晋同志者也今則無故侵蔡而召子真之伐晋方失陳國中之勢未振鄭又侵蔡楚人之詞稍直已而士匄聘魯告將用師于鄭焉則諸侯皆不欲戰而人心亦必有疑怠矣以勢而觀誠難爲也使悼公一以戰伐爲威兵力爲武思復先君之業不亦難乎幸而違荀偃戰楚之言聽武子救楚之策雖合列國而興伐鄭之兵卒許鄭成而結于戲之盟修德息師竟收成功悼公得善勝之道如此非賢而能之乎春秋所□善之也若夫春秋之季齊景代興去桓公之時已遠其餘澤亦已斬矣若何而見其時之易爲耶于時楚實中國勁敵也今而欲雪舊忿命薳罷以伐吴晋乃諸夏盟主也今而欲服列國會平丘以示威楚方攻吴則無睥睨之計晋惟示威則無駕馭之略已而吴并州來又出楚之不意焉則吴之争雄亦不在於中國矣以時而論實易爲也使景公誠能尊事王室輯寧中夏桓公之業獨不可復乎奈何不以德義懷人惟以威力脅人今年既躬親甲胄以伐徐明年復□整師旅以伐莒其心既私其志亦卑景公失圖伯之策如此而謂賢者爲之乎春秋所惟惜之也雖然悼公之復伯固賢矣亦由用武子之策而然也景公之失伯固庸矣亦由不用晏子之謀而爾也噫賢才之用舍係乎政事之得失政事之得失關乎國家之盛衰有國者不用賢才奚可哉

禮記

是故昔先王尚有德尊有道任有能舉賢而置之聚衆而誓之是故因天事天因地事地因名山升中于天因吉土以饗帝于郊升中于天而鳳凰降龜龍假饗帝于郊而風雨節寒暑時是故聖人南面而立而天下大治

孫昇

同考試官教諭關批（此題雖長實易場中作者多强辭求其講貫精切運筆雄健無如此篇也是宜録出）

考試官教授劉批（其文透其氣昌窮理者固如是乎）

考試官教諭鄭批（據理遣詞明白通暢有識之士也）

聖王擇人示戒而舉祀獲其應此所以享無爲之治也蓋祀禮有關於治化也大矣自非聖王克謹祀禮而獲休瑞之應其何以能享無爲之治哉記禮器者謂夫昔聖王之有天下也知天地生成之功而報本之禮不可以不舉但不能自任其事故必擇人以任之焉是故德有諸己者則貴尚之而不敢忽道積厥躬者則尊崇之而不敢慢才能可使者又任用之而無疑焉于以舉衆賢而置於位則小大之官莫不具其職于以聚衆賢而誓其心則小大之官莫不謹其職由是因天之尊而制爲事天之禮郊以祀天子于圜丘因地之卑而制爲事地之禮社以祭地于方澤因巡狩而至於方岳則進此方諸侯治功平成之事以告于天因王都而兆於南郊則於每歲冬至一陽始生之時以饗於帝夫告平成之事于天則誠格乎天而天饗之故鳳凰以降龜龍以假而瑞物臻焉饗郊祀之禮于帝則誠格乎帝而帝饗之故風雨以節寒暑以時而休徵應焉聖王於此夫何爲哉但見正離位而履至尊嚮離明而臨大寳端冕凝旒而已耳萬邦自爾其協和也垂紳正笏而已耳四方自爾其風動也於誠格天之效有如此夫抑嘗因是而考之書曰黍稷非馨明德惟馨鬼神無常享享于克誠然先王既合上下之誠而奉天帝之祭故瑞物之臻休徵之應亦幽明感通自然之理也彼後世不修誠敬以格神徒事對禪以希福者何其謬哉

王者功成作樂治定制禮其功大者其樂備其治辯者其禮具干戚之舞非備樂也孰亨而祀非達禮也五帝殊時不相沿樂三王异世不相襲禮樂極則憂禮粗則偏矣及夫敦樂而無憂禮備而不偏者其唯大聖乎

丁養浩

同考試官教諭闕批（題本冠冕作者缺記問之功漫不知所主間有得者而文又不足以發之此篇如大匠運斤而尺度自合佳作也）

考試官教授劉批（詞簡理明允宜高捷）

考試官教諭鄭批（文理渾融宜録爲學禮者式）

禮樂本治功而帝王不相述禮樂有偏弊而聖人爲獨全蓋禮樂所以象功飭治也帝王隨時世而制作固有异矣然非聖人孰能用之而無弊哉樂記載以示人宜矣且王者受天命爲天下君彼功成於天下而必作樂以象其功治定於天下而必制禮以飭其治惟樂以象功其功之成者巍巍而無外則所作之樂亦無不備惟禮以飭治其治之定者蕩蕩而無遺則所制之禮亦無不具總持干戚而舞不如韶樂之盡善盡美以征伐之功异於揖遜故耳豈得爲備樂哉孰烹牲體而薦不如血腥之得乎禮意以後世之治异於隆古故耳豈

得爲達禮哉故少皞顓頊帝嚳堯舜五帝之時殊矣然各因其功而作樂不相沿焉禹湯文武三王之世异矣然各因其治而制禮不相襲焉夫禮樂本治功而制作如此若奏樂而欲極其聲音之娱樂則樂極悲來矣能無憂乎行禮而不能詳審於節文則偏失不舉矣能無偏乎及夫敦厚於樂而無樂極悲來之憂禮儀備具而無偏粗不舉之失者其惟備道德之全建中和之極功大而樂備治辯而禮具之大聖能然耳是豈常人所能及哉禮樂本治功而制作信然矣抑論聖人之制禮樂不特象功飭治蓋將資之以贊造化扶世教焉經曰禮樂明備天地官矣是造化有資於禮樂也既曰樂也者聖人之所樂也而可以善民心又曰安上治民莫善於禮非世教有資於禮樂乎吁禮樂所關甚大如此非有道德之盛而致治功之隆者烏能當制作之柄哉

論

明王以孝治天下

同考試官訓導顧批（作論貴乎抑揚反覆通暢厥旨場中好高者失之險好奇者失之怪此作深得作論之旨可敬可敬）

同考試官教諭楚批（事有證據文有鋪叙歆羡歆羡）

考試官教授劉批（有源流有發揮允宜高薦）

考試官教諭鄭批（沿經遣辭而文豐贍當是作手）

論曰聖人有至德以履天位必有要道以順天下蓋聖人之德純乎天性而孝爲天之經德之本聖人之道順乎民心而孝爲民之行教之始明王以孝治天下所謂至德要道而民用和睦上下無怨也歟宜孔子以是爲教而曾子述以爲經也愚請敷暢其旨天高地下萬物散殊而聖人則代天理物乾父坤母民胞物與而大君則父母宗子古昔明王備聖人之德居大君之位知天地之化則善述其事窮天地之神則善繼其志固以事親之孝盡事天之道矣然神化雖妙不可使民知也立政以張爲治之具制刑以爲輔治之法道民以政而不從又有刑以一之矣然刑政雖善不能使民從也惟其首出庶物知生物之本於父母者無二本卓冠群倫知人倫之先於父子者同一性而愛親之孝人之良知也孝親之道人之本性也聖人因其良知而導之因其本性而教之何不知不化之有彼有國而爲諸侯有家而爲卿大夫列爵分職如目隨綱皆王臣也林生而族處同類而异形面内環觀如星拱極皆天民也明王以孝而率臣内焉隆是孝以篤於親則祗載共職之是敬問安視膳之唯謹外焉舉斯心以加諸彼則不敢遺小國之臣而尤懷諸侯有恩以孝而化民則上老老而民興孝上有好而下必甚教以六行則孝爲首糾以八刑則不孝爲先制田里

教樹畜使民遂養老之願立學校明禮義使民知愛敬之道制禮以節是孝則生事葬祭隆殺有等而敬親之禮通上下而均行作樂以和是孝則八音克諧神人以和而和親之樂合幽明而咸格親親而仁民仁民而愛物推孝之序有順而無逆家齊而國治國治而天下平成孝之教由近以及遠殆見天下之臣雖萬國也萬國之心靡不欣欣然歡洽天下之民雖萬姓也萬姓之心罔不熙熙然和睦於焉繼志述事踐先王之位而無愧禴祠烝嘗嚴先王之祀而無斁諸侯法之以治國恭儉愛民不敢侮鰥寡故得百姓之歡心以事其先君卿大夫效之以治家刑于寡妻至於兄弟故得人之歡心以事其親由是達諸天下人皆順其自然之性通乎四海人皆遵乎修道之教庶政惟和由有孝以爲根本五刑不用由有孝以爲教化陰陽和風雨時一至德之感也群生和萬物遂一要道之洽也論至於是則知明王之治雖萬目畢張必能孝而後綱舉以父子人倫之綱也雖庶事咸治必克孝而後本立以事親事之本也稽之於古若親睦九族而黎民於變瞽瞍底豫而天下化堯舜之治以孝而成也爲人子止於孝而萬民咸和善繼人之志善述人之事而四方訓之文武之治亦以孝而成也方今聖人在上德堯舜之德道文武之道以天下養而慈闈安其孝嚴郊廟祀而鬼神享其祭是以百司庶府是矜是式皆移孝爲忠用遂顯揚之志群黎百姓是訓是行皆謹身節用欲致孝養之誠和氣充乎兩間休徵應乎五事唐虞成周之治復見於今日矣愚何幸躬逢其盛

孫昇

同考試官教諭關批（初讀此論可驚可駭深潛涵泳如走下坂車如縛白額虎不可以科場文字視之也置居前列允協輿情）

同考試官教諭單批（不險不怪有趣有味議論至此宜當起敬）

考試官教授劉　（此論意深辭古如不施控勤而騎生馬者豈稚筆所能及耶允宜録出以範後學）

考試官教諭鄭批（命意淵深行文蒼古真有學之士也）

土積而成山山之爲山草木生焉禽獸居焉是山之性也水積而成川川之爲川萍藻出焉魚鱉游焉是川之性也以山而植萍藻置魚鱉是反其山之性而所謂萍藻所謂魚鱉者皆失其所焉以川而植草木養禽獸是反其川之性而所謂草木所謂禽獸者亦失其所焉故體物而不遺者天也雲行雨施品物流形化化而無窮天何容心哉隨物而厚生者地也飛潛動植大造普施形形而不已地何容心哉故明王之以孝治天下乃因人之所固有者而開導之即天之體物而不遺因民之所自然者而誘引之即地之隨物以厚生所謂不

立异以求名不反道而敗德如山也必植草木必居禽獸焉如川也必生萍藻必游魚鱉焉其性也如此人或有疑之者曰富國强兵人君治天下之要道所以制侵陵厚邦本如秦如漢當時陳之者莫先行之者恐後求賢取士安天下之良法所以充庶位理繁劇如唐如宋當時告之者諄諄用之者亟亟而仲尼謂明王以孝治天下抑有説歟蓋孝者天之經地之義民之行也明王乃則天之經因地之義順民之行焉故愛敬盡於事親德教刑於四海將見治國者不敢侮鰥寡治家者不敢侮臣妾無有不得其歡心者焉又豈止於如此而已哉大寶之位祖宗之所授也不敢以富貴而驕天下四海之衆祖宗之所遺也不敢以天下而奉一人于以保社稷於靈長于以措斯民於樂業亦何莫而非明王之以孝治天下也耶是以天下和平而四靈畢至禍亂不作而萬國休寧矣古亦有是君歟若虞舜之事瞽叟夔夔齊慄乃以身先天下而四方有風動之休武王之事文王善繼善述亦以身先天下而四海有永清之化則孝之根於人心之固有者可知也已真如山之養草木禽獸川之蓄萍藻魚鱉有不期然而然者焉或又疑之曰在人有上智與下愚爲政有刑驅與勢迫離母而居見罪於孟軻怨親之詩乃形於小弁若曰明王以孝治天下恐四海之廣億兆之衆亦有離母而怨親者焉似未可深信也於乎有是哉人君以仁感天下天下以仁應之者堯舜是也人君以義感天下天下以義應之者湯武是也矧至愚而神者民心也至明而顯者孝道也人君能以孝而自處則天下之人必曰是吾君能孝也吾亦有親焉有親而不事吾亦有子焉不欲子之不順於我則不敢以此事吾親不樂子之不孝於我則不敢以此奉吾親相師相法於治教休明之日相牽相引於仁義道德之場仲尼所謂得萬國之歡心以事其先君而明王以孝治天下至此瞭然矣復民之性導民之善更豈有過於此哉是即草木鳥獸生養於山萍藻魚鱉浮游於水各奠其位各適其性也而明王以孝治天下之功化又當與天之體物不遺地之隨物厚生相參列而不相背馳也如此夫求諸今日聖天子奉聖母以孝治天下則其感化之效又與帝舜文王同驅而并列也仲尼之言幾二千載而始驗矣愚何幸身親見之謹論

表

擬增孔子籩豆佾舞國子祭酒率諸生謝表

孫昇

同考試官教諭關批（表佳）

同考試官教諭何批（氣象寬洪可取）

考試官教授劉批（有典有則佳作也）

考試官教諭鄭批（得體）

伏以先孔子而聖者非孔子無以明後孔子而聖者非孔子無以法道冠古今删六經而垂訓德侔天地配大化以施功宰我有賢於堯舜之稱曾參有潔於江漢之喻故過魯一祀開漢家四百年之帝業入廟再拜啓唐室三百載之王基聞之者喜見之者榮陳綱立紀伊誰之功著德立言是誰之力邇者尊崇盛禮闡昭代之宏規增制鴻休恢太平之盛典景行實超於前哲報功垂法於後人士類歡騰儒風益振兹蓋伏遇默運乾綱布道義以臨天下静含坤造廣仁恕以賴萬方智本生知聖由天縱盛名兼配於三王丕績纘承乎列聖崇儒重道制度考文籩豆加飾增高夫子之門墻佾舞展容用饗天王之禮樂于以格聖靈而厚風化于以補缺典而重彛倫春秋祀事於廟庭中外頒行於庠序郁郁斯文於今爲盛巍巍洪制振古罕聞臣某等職忝司成位登胄監目睹曠世所無之禮身親百代所吝之儀謹率六館之書生敬望九重而稽首趨蹌舞蹈惟思感激之深進退周旋莫罄揄揚之妙伏願宗社奠安世道與吾道而俱泰皇圖鞏固聖壽與國壽以無疆臣某等無任瞻天仰聖激切屏營之至謹奉表稱謝以聞

策

第一問

孫昇

同考試官教諭闕批（氣壯而文達有學之士也）

同考試官教諭單批（有鋪叙有事實至於揭示我聖祖神功聖德處所謂日月之光筆莫能描此作頗彷佛其一二焉允宜充選）

考試官教授劉批（敷對無遺歸美得體空群騏驥非子其誰）

考試官教諭鄭批（讀此策如入武庫得睹天球河圖者乎可佳）

日月□于天而四海仰其光明江河行於地而萬物資其灌溉故有一代之聖君必有一代之聖制光同日月利比江河而可以垂憲萬世統緒後昆者也洪惟我朝太祖高皇帝以生知之資受天明命取天下於群雄之手措四海於一統之盛乃於萬機之暇條成大誥三編以昭示臣民太宗文皇帝甫靖内難一新王度撰述爲善陰隲以曉諭四方以及宣宗章皇帝纂集五倫書英宗睿皇帝修述大一統志皆所以繼前聖之道脉開後學之愚蒙其有功於斯世豈淺淺哉易曰天地感而萬物化生聖人感人心而天下和平書曰至治馨香感于神明黍稷非馨明德帷馨他如詩所謂無競維人四方其訓之有覺德行

四國順之春秋穀梁所謂爲天下主者天也繼天者君也君之所存者命也以至記禮者有云有國者彰善癉惡以示民厚則民情不貳夫列聖之所以垂洪謨大訓其與仲尼所纘述六經如持符取信如造車合轍無往而不同也載思我聖祖之神功聖德真可以超卓高光比方湯武且如紀元所以統曆数也漢武帝得寶鼎而改元唐肅宗因時變而更號紀録紛紜全無定規廟宇所以祀神祇也宋徽宗加鴻號於玉皇元文宗上美謚於天祀瀆亂反覆絶非善政今則紀一元而終始如造化周流則歲功一定而萬物自榮矣立木主以正名如品位分明則尊卑配列而神明自享矣惡宫室之華美則以兩廡書寫大學衍義不事雕飾惟務質朴其思慮之深也又何如知稼穡之艱難則命畫工圖繪經歷艱苦不爲浮名思存實迹其洪圖之遠也又何若所以如斯者蓋欲圣子神孫知正心誠意之學識治亂興正之理有如法家拂士日在左右焉鑒起軍歷農之苦察化家成國之難有如耕圖織譜日張前後焉至於創造歷代帝王之廟考配歷代有功之臣去趙普以爲有負藝祖爲不忠罷安童以爲祀厥祖而難并增陳平馮异以爲君臣有同德之休進潘美以爲節義有始終之善於是定以風后力牧皋陶夔龍伯夷伯益伊尹傅説周公旦召公奭太公望召虎方叔張良蕭何曹參陳平周勃鄧禹馮异諸葛亮房玄齡杜如晦李靖李晟郭子儀曾彬潘美韓世忠岳飛張浚木華黎博爾忽博爾术赤老温伯顔共三十有七人配饗焉嗟夫雖卧首陽而猶當知周家之德雖釣桐江而亦當感漢室之恩矧生於聖明之時膏沐菁莪之化今應賓興而來乃承明問所及恨襪線之才不足以鋪張萬世之宏規管窺之見安足以揚厲無前之偉績聊舉所聞進教是幸

第二問

姜森

同考試官訓導先批（此策於断制處儘明白）

同考試官教諭楚批（場中能記事實者無如此作）

同考試官學正胡批（條答詳明可取）

考試官教授劉批（此作如良馬步□□不驚不驟必佳士也）

考試官教諭鄭批（末以公明二字爲獻其知本者乎）

夫賢才者治天下之本也盛衰所由係焉故孔明有曰親賢臣遠小人此先漢所以興也親小人遠賢臣此後漢所以傾也然其進退之要又在於主司知之明而守之公耳蓋知之不明則惑於讒邪而賢否無定見守之不公則狃於勢利而予奪無定法何以丕隆聖明之治道益醇天下之風化者哉請因明

問所及而詳陳之井田法行學校政舉故人各安分而尚恬静之習井田法壞學校政廢故人無定向而起僥幸之心是知人情之趨避因時勢而轉移然其知所勸戒者亦由上之用舍何如耳夷稽諸古范杲玉堂獻記上惡其躁競終不得入於翰苑胡旦河平獻頌上覽其率繆終不得留於蘭臺两及相門却以素定者王文正之拒張師德嚴矣一謁大資却以不求者程伊川之語韓持國當矣抑之若此則奔競之風俗自將渙然而消釋矣然執事因楊雄韓愈之納交而遂疑奔競者之可宥殊不知楊雄專於媚世取寵特名教之罪人也韓愈急於救時行道實天下之阿衡也豈可以一例而論哉唐介不以私書至京師則擢以御史之職王舉正不以私事干朝廷則處以諫諍之司不通問訊者劉器之也而薦充館職非温公急於親賢而何不就廷試者韓維也而乞加甄録非温公切於勸善而何奬之若此則恬退之風俗自將勃然而興起矣然執事曰伯夷子陵之制行而遂疑恬退者之爲庸殊不知伯夷遠引潔身其清奚擬焉子陵高尚忘勢其節孰加焉豈可以一概而言哉方今朝廷治理清明賢俊登用下之發身有由科目歲貢而明經術者有由賢勞報效而殫才力者固非一方上之考察有三年朝覲而大明黜陟者有諸道按治而細行糾繩者亦非一法其所以杜僥幸防請謁誠如執事之所云矣然而望塵奔走者猶未息鎮静恬退者或未見蓋由聖德寬宏而趨利之徒未遭其懲創幾務業脞而守道之士未荷其顯揚耳今欲使士大夫盡尚廉耻甘事恬退愚敢以明公二字爲執事獻焉蓋明則克知厥若而賢否先見公則不訖于威而取舍無私秉至明於未用之先持至公於已用之後果奔競之妨賢者嚴法制以屏斥之則左右前後莫非正人而朝無幸位矣果恬退之有守者量才德而器使之則萬邦黎獻共惟帝臣而野無遺賢矣又何患夫奔競之迹不絶禮讓之風不興治道不躋於隆盛風化不趨於醇厚哉愚也以力捕風以捷追影固知其無能也執事其教之乎

第三問

邵誠

同考試官教諭陳批（條達明白必曾用心於學詩者耶）

同考試官教諭何批（場屋中有此崛强之文三復起敬）

考試官教授劉批（抑揚反覆足見策乎）

考試官教諭鄭批（寫出三代漢魏政事風俗以見詩道升降一篇古制掃盡陳言場中之作誰出其右）

嘗謂聲音與政通文章與時高下蓋詩者有韵之文也可以卜世道矣三

代之時其政渾渾其俗雅雅家詩書户禮樂雖婦人小子亦能之焉故善有頌惡有懲一經孔子筆削昭然如白日矣自三代之後周道不興王綱解紐即分爲戰國其政烈烈其俗乖乖重功利輕死生則詩降而爲之騷焉故氣傷之激詞傷之放一經朱子校録珍重如九鼎矣自戰國而流於漢自漢而入於魏漢也其政逸逸其俗魚魚魏也其政紛紛其俗靡靡故詩降而爲五言蘇李之作其五言之祖乎世道漸降則聲文漸卑矣王通取漢魏之作以續詩千載譏之則劉履何如人乃敢輯選詩以羽翼風雅焉是必有所授歟姑以朱子之取屈原者論之謂其行雖過於中庸謂其心皆本於愛國則露才揚己怨懟激發乃戰國之士故習耳雖集注有何不可焉至於其初志欲附楚騷也則掇經史韵語采文選古詞所謂根本既立枝葉敷榮人有所準則矣其續楚騷也始於荀况之成相終於張横渠吕與叔之鞠歌擬招所謂使游藝者反而求之則文章有不足爲矣若夫劉履之輯詩其補注也不過竊取朱子注詩之法協音聲疏字義有比有興焉其補遺也不過因襲朱子附詩之意采古詞掇史語自虞至晋焉他如續編始於陳子昂之感遇終於朱子之感遇正如續楚詞始成相而終擬招也嗟夫因人而成事仿古以立言有志者不爲矣今執事以劉履之補注爲問殆取其成前人未就之書闢後輩學詩之徑雖然因集以觀人之用心因詩以觀時之升降未必無補也謹對

第四問

孫昇

同考試官教諭關批（續此策至歸宿處足見有志有學之士也）

同考試官教諭單批（此策正欲觀學者見識二千人中知音寥寥晚得此篇如獲拱璧千古之疑冰消雲散矣）

考試官教授劉批（破千古之疑明今日之務有許力量耶）

考試官教諭鄭批（有傾河倒峽之勢有揮金擲玉之才可重）

嘗聞荀卿有曰齊之擊技不可以遇魏之武卒魏之武卒不可以直秦之鋭士秦之鋭士不可以當桓文之節制桓文之節制不可以敵湯武之仁義仁義之師天下無敵焉今執事將已往之成敗見問沿邊之海寇是憂愚雖不敏敢不拾先正之緒余以答萬一也蓋兵者所以殘暴掃不庭以建太平之基抑强横守邊隅以保無疆之休真聖王之不得已而用之也昔韓信自虜魏王豹以來請益兵以擊趙威振天下燕趙瞻落矣當時雖有智者不能爲之謀勇者不能爲之敵而李左車説趙王曰千里饋粮士有饑色樵蘇後爨師不宿飽誠哉言爾既而曰井陘之道車不得方軌騎不得成列行数百里粮食在後假兵

三萬絶其輜重可謂迂矣殊不知陷之死地而後生置諸危地而後存此信之熟於兵法也當其兩陣未交勝負未見乃令裨將傳餐俟破趙會食則信之目中已無趙矣故信拔趙幟背水陣皆所以陷死求生置亡求存則陳全烏得不斬趙王歇烏得不擒乎馬遷輕信左車之策爲之展轉發明遂令千載悔不用其謀豈得謂之知兵乎若夫諸葛亮自聞曾休之敗以來請出兵以擊魏漢賊不兩立王業不偏安矣當時恩信行於中原威略震乎遠邇而魏平諷司馬懿曰公畏蜀如虎奈天下笑何信哉言爾既而亮至郿懿乃曰亮若出武功依山東誠可爲憂若西止五丈原諸將則無事可謂譎矣殊不知出軍渭南分兵屯田而亮爲久駐之計也當時實畏孔明出五丈原憚於逆擊乃爲億料以安軍士之心矣故亮統大軍入敵境皆所以圖成討賊之功不復有退軍之志則懿安得不甘受巾幗之辱聞食簡而喜乎陳壽小兒之見以爲短於將略遂令當時信之而不疑豈得謂之識兵乎方今天下一家四海一人臣妾九夷梯航萬國浙江沿海獨有海賊出没可慮此亦螳螂鼓臂當車蜉蝣奮力撼樹愚固知其無能爲也但此巡司弓兵有捍禦之責今乃僉自均徭是扶鋤之農民當出没之强横所謂不教而戰者也守倭軍士有望瞭之勞今乃太半余丁是不賞之軍士臨不測之死地所謂救死不贍者也二者既不得其理雖設武臣以總督之憲臣以監臨之亦何爲哉况屯田之法已廢而軍士悉靠食於農存恤之制不明而京儲皆仰給於此民之所種之田有数天之所生之財有限無怪其倉廒空虚而敵守可慮也爲今之計莫若舉古人截貢之典則倉廒實而軍士有給矣行古人募役之法則捍禦熟而海賊可守矣於乎世無韓信安可不慮其絶軍後之粮時無諸葛烏得不憂其乏久駐之食愚生也晚頗有志於經綸得遇也遲慙無補於世事惟進而教之

第五問

潘温

同考試官訓導顧批（場中之作多爲問目所窘及有善對者而於事實又遺此作敷陳詳細鐵中錚錚非此子乎）

同考試官教諭單批（答策貴使人讀之如親歷其事此作有焉）

考試官教授劉批（有断制有收拾蓋嘗用心於策學者乎）

考試官教諭鄭批（識時務者呼俊杰此策其庶哉乎）

孟軻有曰禹思天下有溺者由己溺之也稷思天下有飢者由己飢之也古之聖賢以身任天下之重如此今執事以浙之旱澇下策愚生是欲觀致用之學矣雖不敏安敢不罄竭所抱負以對明問乎夫古者三年耕必有一年之

積九年耕必有三年之積以三十年之通計則國用有余旱澇不憂矣是以堯雖有九年之水不能害堯之民湯雖有七年之旱不能害湯之民信乎執事所謂書曰有備無患傳曰凡事豫則立也且如浙江爲東南大藩朝廷供需比之他處實爲繁劇雖曰民素富庶邀之者無窮地瀕江海生之者有限况比年以來陰陽愆伏水旱相仍民居壞於海水泛溢者比比皆是田禾枯於亢陽肆虐者在在有之若以爲感召而致歟則堯湯之聖必無失德若以爲氣化而然歟則人定之説可以勝天故坐視民患不可專責於有司更置壇壝亦不可輕違乎舊制况平日若無備灾之蓄今日必無救灾之術蓋備灾可以施於平日救灾乃欲行於目前不亦难乎此所以不能不勞執事之問也成周荒政具於典章若散利薄征緩刑弛力之属含禁去幾牲禮殺哀之類莫非良策下此有惠於浙者陳堯佐之發廩减直以濟貧范仲淹之聽民興造以取給因時制宜何爲不可行於今成周治水見於周官司若營溝行水之法則職之匠人止水蓄水之令則領之稻人罔非良政下此有功於杭者則張夏作石堤以防江潮蘇軾浚二河以免市淘臨機應變何爲不可合於古夫以今求古以古合今本人情宜土俗必爲長久之計可也比如浙東一帶地多高仰遇旱则旱則赤地千里束手待斃民患非細爲今之计貴乎預備賑恤而朝廷固已行之久矣必欲民安其生何必他求哉成周之荒政十二今何可舉也陳堯佐范文正之拳宜今可舉也兼是数者而施之於今則雖遇旱而民不被其困矣浙西一帶地多卑下遇澇則浸淫環数百里加以海濤吞吐民患殊甚爲今之計貴乎堤防浚治而朝廷固已行之久矣必欲水無浸淫何必遠圖哉成周治水之制今可行也張夏蘇軾之成效今可行也兼是数者而師之於古則雖遇澇而不能病吾民矣愚也學不足以稽古才不足以通今管見如斯未知是否惟執事進而教之幸甚

浙江鄉試録後序

皇上登極十有三祀歲丁酉秋八月適當大比浙之東西合十一郡就試之士二千有奇先是巡按監察御史侶鐘右布政使杜謙按察使戴珙等合議以禮聘儒紳爲考試官至期鎖院圍棘三試之而得士九十人焉遵定額也小録既成僉謂祥宜序其後於乎賢才者國之元氣也元氣之運行天地間則日升而月沉寒往而暑來與夫山峙川流鳥飛獸走無不各奠其位各順其性若

或日月薄蝕寒暑失候山濯而川泄胎殰而卵殈此乃元氣之塞也人君用賢以理天下何以异此故治教休明風俗淳美此即賢才之進用如元氣之運而物各得其所也若或政施而令廢風偷而俗薄此即賢才之未進如元氣之塞而物各失其所也然上之求賢以應用者□難而下之欲進以匡時者亦難如成湯之舉伊尹文王之舉吕望皆得於側微使二臣之不遇亦終與草木同腐安能成吊伐之功垂簡册之譽故詩曰綿綿之葛在於曠野良工得之以爲絺紵書曰萬邦黎獻共惟帝臣是則有國家者不可不以求賢爲先三皇之所以皇五帝之所以帝三王之所以王悉由此道也故古者諸侯貢士一適謂之好德再適謂之賢賢三適謂之有功乃加九錫不貢士一則黜爵再則黜地三則黜爵地畢矣所以如斯者不過欲求賢以培養其元氣賢才進而元氣養則天下豈有不治也哉洪惟我朝滋培元氣長育賢才天地位而萬物育百有餘年矣矧浙爲東南大藩名山巨川甲觀天下其賢才之美亦復如是乃循例三年一大比考其德行道藝而興賢者能者苟於取之之際而無妍媸之别則如耳聞雷霆而稱爲聰眼見日月而稱爲明是舉天下無有不聰明之士也烏有是理哉况元氣有厚薄萬物有散殊則賢才固自有高下耳是以人之温厚者其文必潤澤人之剛愎者其文必峻厲人之侃侃自處者其文必直而不迂人之悻悻自是者其文必怪而不縝傳曰人之不良言之不詳也因言而求才因才而致用因用以核名因名而責實則取賢之能事畢矣爾諸士子登名是録可不思所以自盡也哉行將上春官對大廷小者佐使弼治大者承宣輔理期毋負有司貢士之意毋負主司揀拔之心將見國家之元氣愈厚而致治之德澤愈深則天下謂某藩某科取士得人而吾輩可以塞責矣

廣東肇慶府儒學教授安福劉祥謹序

成化十六年浙江鄉試録

浙江鄉試小録序

人君求賢以事天必養之於豫而登之以賢科者欲其盡天降之才與共天位食天禄而治天民也肆　聖天子建極敷化純心圖治益謹庠序之教翕受俊造之升乃成化庚子詔天下開科取士聿循舊章而申嚴之意有加浙江藩憲重臣率先祇奉禮聘儒紳來典文衡克謙幸與焉巡按監察御史謝秉中綜理其事暨提學副使胡榮合十一郡士三千余人一再試之擇其經義論策頗通者千七百有奇入場時則欽差司設監太監張慶鎮守其地巡鹽監察御史戴仁工部主事郭秩皆在公所相與勸勉贊襄冀成厥美内之提調監試有左布政使劉璋按察使楊繼宗左參政左贊副使張文外之綱維糾察有右參政吴森韓斐副使林傑左參議和遜右參議張敷華梁鏞僉事萬禮吴瑞魏富潘珪錢山張玉江孟綸李鑑爰及百執事俱遴選屬吏有才行者充之自鎖院至撤棘試士凡三歷旬幾二克謙等夙夜單心校讎惟明惟慎諸有事於試院者咸持寅秉哲恪供厥職務期得人以副當宁求賢事天之心既取其文之理明氣充者九十人復第其氏名刻純雅之辭爲小録仰惟皇朝膺天眷命奄有萬方建學育才不遺遐僻一祖四宗治教逾百年典禮命討式和民衷仁育義正化洽寰區亦惟天佑命之純克生多賢用資佐理上嗣大寶位十有七年大比賓興已歷六科近而密勿廟堂若保傅卿佐若侍從風紀遠而承流藩服若司府長貳若州邑守令惟科目之賢是重而中外臣工罔不欽若皇上憲天聰明之休保乂黎元嘉靖華夏萬邦黎獻游歌釁序服詩書禮樂之習爲明體適用之學亦惟發身科目媲美先達是志矧浙爲東南文物之邦山川秀淑産毓英才得隽書名垂聲邁烈者繇昔逮今彬彬其盛顧惟兹科防範取舍畢協至公蓋不雜以人爲而法乎天道之純誠也諸士子中式之文根本乎性道出入乎經史分章乎雲漢志勤而功博夫豈無徵者與故觀其理明足以驗所學之能知天觀其氣充足以驗所養之能事天有學有養庶乎其盡天降之才矣登名賢書抑何忝與行將會天下士偕試春官進敷廷對布列庶位雖所職异事

莫非天理之散殊可幾微少忽乎其必愓勵朝夕畏天命也懋修政教亮天工也弼固皇圖迓天休也若然則仰不愧俯不怍而天錫之福民懷其惠爲科目增重必矣書曰愼厥終惟其始諸士子大受遠到皆始乎發解故敢以是言爲規使定其初志云

山東兖州府儒學教授莆田王克謙謹序

成化十六年浙江鄉試

監臨官

巡按浙江監察御史謝秉中（惟時四川華陽縣人　己丑進士）

提調官

浙江等處承宣布政使司左布政使劉璋（廷信福建南平縣人　丁丑進士）

浙江等處承宣布政使司左參政左贊（時翊江西南城縣人　丁丑進士）

監試官

浙江等處提刑按察司按察使楊繼宗（承芳山西陽城縣人　丁丑進士）

浙江等處提刑按察司副使張文（存簡直隸泰州人　丙戌進士）

考試官

山東兖州府儒學教授王克謙（益之福建莆田縣人　壬午貢士）

河南衛輝府儒學教授徐昌（景隆山東嘉祥縣人　丙子貢士）

同考試官

直隸保定府祁州儒學學正陳順（成德福建龍谿縣人　乙酉貢士）

江西建昌府南豐縣儒學教諭謝文禮（仲謹福建長樂縣人　乙酉貢士）

江西南昌府豐城縣儒學教諭李璨（文炫廣東東莞縣人　乙酉貢士）

廣東廣州府順德縣儒學教諭吴希達（汝達福建莆田縣人　甲午貢士）

廣東南雄府保昌縣儒學教諭吴偉（汝大福建閩縣人　辛卯貢士）

山東兖州府東平州東阿縣儒學訓導瞿旻（宗仁直隸昌黎縣人　丙子貢士）

江西建昌府南城縣儒學訓導唐卿（廷佐廣東瓊山縣人　戊子貢士）

陝西西安府鄠縣儒學訓導韓弼（文臣山西澤州人　癸酉貢士）

收掌試卷官

台州府知府劉忠（攄誠山東濮州人　庚午貢士）　紹興府推官鄒

賢(世用四川内江縣人　戊戌進士)

印卷官

浙江布政使司照磨所照磨宋希魯(思賢山東濟陽縣人　吏員)

浙江布政使司照磨所撿校范孜(時勉河南息縣人　監生)

受卷官

嚴州府淳安縣知縣丁煉(質純江西豐城縣人　戊戌進士)

台州府黄巖縣知縣鄭達(德孚直隸歙縣人　戊戌進士)

彌封官

湖州府歸安縣知縣張璄(孟輝福建永福縣人　戊戌進士)

處州府松陽縣知縣劉琬(德資江西宜春縣人　戊戌進士)

謄録官

金華府東陽縣知縣繆樗(全之應天府溧陽縣人　乙未進士)

紹興府新昌縣知縣王進(以正應天府上元縣人　戊戌進士)

温州府永嘉縣知縣劉遜(時讓江西安福縣人　戊戌進士)

對讀官

金華府義烏縣知縣趙溥(以周直隸武進縣人　乙未進士)

台州府臨海縣知縣方進(維新直隸歙縣人　戊戌進士)

衢州府常山縣知縣余完(宗美福建侯官縣人　戊戌進士)

巡綽官

杭州前衛指揮使江昇(彦高直隸望江縣人)

杭州右衛指揮使許璋(宗器直隸定遠縣人)

搜檢官

杭州前衛正千户白保(廷弼興州人)

杭州前衛副千户魯鏞(鳴遠直隸合肥縣人)

杭州右衛正千户周祥(廷瑞直隸山陽縣人)

杭州右衛正千户梁雄(仲傑直隸江都縣人)

供給官

杭州府知府陳讓(德光直隸嘉定縣人　甲申進士)

杭州府同知李果(尚用直隸成安縣人　庚午貢士)

杭州府推官蕭英(文俊河南息縣人　戊戌進士)

杭州府仁和縣縣丞楊威(畏之河南鄧州人　監生)

杭州府錢塘縣縣丞劉顯(文著直隸定州人　監生)

杭州府餘杭縣縣丞金鐰（文耀直隸桐城縣人　吏員）
杭州府海寧縣典史劉綱（文振直隸壽州人　吏員）
杭州府海寧縣長安驛驛丞周易（宗道雲南石屏州人　承差）
杭州府富陽縣會江驛驛丞孫麒（廷瑞直隸定遠縣人　承差）

第一場

四書

己欲立而立人己欲達而達人　故君子不可以不修身思修身不可以不事親思事親不可以不知人思知人不可以不知天天下之達道五所以行之者三曰君臣也父子也夫婦也昆弟也朋友之交也五者天下之達道也知仁勇三者天下之達德也所以行之者一也或生而知之或學而知之或困而知之及其知之一也或安而行之或利而行之或勉强而行之及其成功一也子曰好學近乎知力行近乎仁知耻近乎勇知斯三者則知所以修身　鄉田同井出入相友守望相助疾病相扶持則百姓親睦方里而井井九百畝其中爲公田八家皆私百畝同養公田

易

謙尊而光卑而不可逾君子之終也象曰地中有山謙君子以裒多益寡稱物平施　利見大人亨利貞　大衍之數五十其用四十有九分而爲二以象兩掛一以象三揲之以四以象四時歸奇於扐以象閏五歲再閏故再扐而後掛乾之策二百一十有六坤之策百四十有四凡三百有六十當期之日二篇之策萬有一千五百二十當萬物之數也是故四營而成易十有八變而成卦八卦而小成引而伸之觸類而長之天下之能事畢矣　夫乾確然示人易矣夫坤隤然示人簡矣爻也者效此者也象也者像此者也爻象動乎内吉凶見乎外功業見乎變聖人之情見乎辭天地之大德曰生聖人之大寶曰位何以守位曰仁何以聚人曰財理財正辭禁民爲非曰義

書

肇十有二州封十有二山浚川象以典刑流宥五刑鞭作官刑扑作教刑金作贖刑　浮于江沱潛漢逾于洛至于南河　貳公弘化寅亮天地　德威惟畏德明惟明乃命三后恤功于民伯夷降典折民惟刑禹平水土主名山川稷降播種農殖嘉穀三后成功惟殷于民士制百姓于刑之中以教祗德穆穆在上明明在下灼于四方罔不惟德之勤故乃明于刑之中率乂于民棐彝

詩

我徂東山慆慆不歸我來自東零雨其濛我東曰歸我心西悲制彼裳衣勿士行枚蜎蜎者蠋烝在桑野敦彼獨宿亦在車下　天保定爾亦孔之固俾爾單厚何福不除俾爾多益以莫不庶天保定爾俾爾戩穀罄無不宜受天百禄降爾遐福維日不足天保定爾以莫不興如山如阜如岡如陵如川之方至以莫不增　濟濟多士文王以寧　畟畟良耜俶載南畝播厥百穀實函斯活或來瞻女載筐及筥其饟伊黍其笠伊糾其鎛斯趙以薅荼蓼荼蓼朽止黍稷茂止穫之挃挃積之栗栗其崇如墉其比如櫛以開百室百室盈止婦子寧止殺時犉牡有捄其角以似以續續古之人

春秋

春王正月（隱公元年）子同生（桓公六年）紀季姜歸于京師（桓公九年）鄭伯使其弟語來盟（桓公十四年）公會邾儀父盟于趡（桓公十七年）夏四月四卜郊（僖公三十一年）王使榮叔歸含且賵（文公五年）公孫敖如晋（同上）秦人入鄀（同上）公子遂如齊逆女（宣公元年）　晋人敗狄于箕（僖公三十三年）會于蕭魚（襄公十一年）　楚子入陳（宣公十一年）晋荀林父帥師及楚子戰于邲（宣公十二年）衛人救陳（同上）楚子圍宋（宣公十四年）宋人及楚人平（宣公十五年）公會劉子晋侯齊侯宋公衛侯鄭伯曹伯莒子邾子滕子薛伯杞伯小邾子于平丘（昭公十三年）公會劉子晋侯宋公蔡侯衛侯陳子鄭伯許男曹伯莒子邾子頓子胡子滕子薛伯杞伯小邾子齊國夏子召陵侵楚（定公四年）齊侯鄭伯盟于鹹（定公七年）齊國夏帥師伐我西鄙（同上）及齊平（定公十年）　叔孫州仇帥師墮郈（定公十二年）季孫斯仲孫何忌帥師墮費（同上）齊國書帥師伐我（哀公十一年）

禮記

有虞氏之祭也尚用氣血腥爓祭用氣也殷人尚聲臭味未成滌蕩其聲樂三闋然後出迎牲聲音之號所以詔告於天地之間也周人尚臭灌用鬯臭鬱合鬯臭陰達於淵泉灌以圭璋用玉氣也既灌然後迎牲致陰氣也蕭合黍稷臭陽達於墻屋故既奠然後爇蕭合羶薌凡祭慎諸此　君子如欲化民成俗其必由學乎玉不琢不成器人不學不知道是故古之王者建國君民教學爲先　禮樂明備天地官矣　言而履之禮也行而樂之樂也君子力此二者以南面而立夫是以天下大平也諸侯朝萬物服體而百官莫敢不承事矣

第二場

論

王道所以爲大

詔誥表（内科一道）

擬漢勸農桑禁采黄金珠玉詔（景帝後三年）　擬唐以房玄齡杜如晦爲僕射魏徵守秘書監參預朝政誥（貞觀三年）　擬宋以范仲淹參知政事謝表

判語（五條）

官文書稽程　立嫡子違法　私借官車船　官馬不調習　造作不如法

第三場

策五道

問　書曰惟皇上帝降衷于下民若有恒性克綏厥猷惟后粤稽諸古若堯之親睦九族舜之慎徽五典禹之文命四敷湯之肇修人紀文之緝熙敬止武之重民五教是已下至漢唐宋姑未暇論洪惟我太祖高皇帝肇造區夏御製大誥三編訓飭臣民太宗文皇帝輯寧邦家御製爲善陰隲孝順事實二書以勉人爲善爲孝宣宗章皇帝繼體守成御製五倫一書以教人明倫觀大誥所載或彰善以示勸而其所彰者何人或癉惡以示懲而其所癉者何人爲善陰隲所載有不妄殺一人而其女爲后者有辯孝婦之冤而後昆以興者誰歟孝順事實所載有負罪引慝克諧以孝者有一日三朝而問安視膳者又誰歟至居五倫書所載有生而神靈弱而能言見於聖德篇者何君有慎厥身修思永后從諫則聖見於輔德篇者何臣他如篤父子之恩有三見三笞負米百里者全夫婦之别有厘降溈汭娶瞽不貳者又有自縛詣賊免弟於難遇盜請代脱兄於烹而全兄弟之恩者一入京師見者嘆服一扣所學稱爲老友而篤朋友之倫者凡此皆可指其人而言歟列聖之立言垂訓其與堯舜禹湯文武之克綏厥猷果同一揆歟諸生佩服有年不知處於家達於官果以何人爲法歟幸明言之毋隱

問　張子西銘先儒謂訂頑之言極純無雜又謂訂頑一篇乃仁之體又曰西銘爲原道之宗祖又曰觀子厚所作西銘能養浩然之氣者可詳言其義歟程門弟子有半載後方得看者有往復書辯終未釋然者何爲其然歟紫陽

朱子又謂西銘前一段如棋盤後一段如人下棋所謂如棋盤者何所指所謂如人下棋者何所該又謂西銘有個直劈下底道理又有一個横截斷底道理推親親之厚以大無我之公因事親之誠以明事天之道何以見其然歟抑有一言以蓋其義歟盍著于篇以觀窮理之學

問　古者國家雖安尤必擇將傳曰君不擇將以其國與敵也然擇將之道惟審其才之可用不以遠而遺不以賤而弃不以詐而疏不以罪而廢自古爲將而起疏賤寒微罪累者可歷數其人歟凡選將以五材爲體五謹爲用而五材五謹之目可悉數歟將有五危六敗九術十過又有外貌十五不與衆情相應而知之有八徵之法者皆可得而舉歟説者謂將固貴乎能選而尤貴乎能用古之帝王負知人之明得用將之道往往命將出師而獲豐功偉迹昭在簡册享祀無窮者多矣可歷指而言歟諸生强學待問於兹有年願明以告我將獻之聖明用備采擾焉

問　江浙古揚州之域今爲天下冠冕之藩其間人物卓异不可以偏指盡也試舉其概與諸士子評之有自誓以四勿者有君稱其五絶者有與商山四皓之列者有居儒林四杰之班者有號二樓二肅者有目三劉三方者可得而條陳歟有治富春加右大將軍者有守會稽徵爲主爵都尉者有還合浦守人稱神明者有爲黄岩尉人稱鐵面少府者有見争我公封還内降者有彈劾奸欺賦詩愛民者可得而歷舉歟何才稱以李白何才稱以不羈息牂牁之疑乞侂胄之誅者誰歟斥蔡京逆豫之罪罵縉雲睢陽之賊者誰歟武康何人也昌黎見其人引爲忘年之交天台何人也徽宗覽其詩嘆其得見之晚獲稱於朱晦庵者一載於像贊一載於景行堂記可撮其略歟見咏於李忠定張公祐者一爲戮賊擢爵一爲清節愈堅可指其實歟封禪無書何人有是隱逸晚節勇退何人有是恬静徵召之屢若可就也寧破琴不彈何心耶尊禮之勤若可屈也寧一絲獨釣何意耶之數君子皆爾浙中人物必有景慕而願法之者其歷言之以觀尚友之學

問　窮經將以致用識時在於俊杰試以時務一二相與折衷之且如兩浙素稱富庶之邦而專水陸之利近年以來民窮財匱或曰習尚過於侈靡或曰徵斂傷於頻煩孰爲確論浙東之地多高不宜久晴浙西之地多卑不宜久雨稍遇水旱民輒告灾欲施賑濟之條則恐公廪已乏陳余欲舉勸分之典則恐私家亦無畜積何爲良法又聞沿海軍士粮餉有缺雖給府庫羡財慮恐後難相繼錢塘地方堤堰日坍雖委有司專理慮恐卒難成功今欲使富庶復舊倉廪有儲堤堰能久軍無恐嗟民免勞役必有鑿鑿可行者幸爲我言將采而

告之當道者

中式舉人九十名

第一名　李旻　錢塘縣學增廣生　易
第二名　王華　餘姚縣儒士　禮記
第三名　侯聘　臨海縣學生　書
第四名　俞穩　寧海縣學生　詩
第五名　謝圭　會稽縣學生　春秋
第六名　陶嵩　處州府學生　易
第七名　來登　蕭山縣學生　書
第八名　王鉞　台州府學生　詩
第九名　蔡鍊　餘姚縣學增廣生　禮記
第十名　夏賚　富陽縣學生　春秋
第十一名　范冕　臨海縣學生　書
第十二名　徐廷試　天台縣學增廣生　詩
第十三名　徐寬　海寧縣學生　易
第十四名　詹寶　松陽縣學生　書
第十五名　魏英　慈谿縣學增廣生　詩
第十六名　葛理　寧波府學生　書
第十七名　周津　慈谿縣儒士　詩
第十八名　查焕　海寧縣學生　易
第十九名　袁㴎　慈谿縣儒士　詩
第二十名　毛廣　平湖縣學生　書
第二十一名　王綸　慈谿縣儒士　詩
第二十二名　徐鶚　黄岩縣學增廣生　書
第二十三名　孫紘　餘杭縣學生　易
第二十四名　李文　慈谿縣儒士　詩
第二十五名　丁哲　嵊縣學生　書
第二十六名　王恩　餘姚縣學增廣生　禮記
第二十七名　姜瓚　衢州府學生　易

第二十八名　閔謙　嘉善縣學生　詩
第二十九名　龔琦　金華府學生　書
第三十名　傅瓚　山陰縣學增廣生　詩
第三十一名　周尚文　寧波衛軍余　易
第三十二名　魏澄　餘姚縣儒士　春秋
第三十三名　吴綜　長興縣學生　詩
第三十四名　盛雲　杭州府學生　書
第三十五名　周山　嵊縣學生　詩
第三十六名　傅錦　餘姚縣學生增廣生　禮記
第三十七名　江鈇　常山縣學生　易
第三十八名　金啓　樂清縣學生　書
第三十九名　吴仕偉　宣平縣學生　詩
第四十名　王瑫　鄞縣儒士　易
第四十一名　葛瓚　上虞縣學增廣生　詩
第四十二名　沈溥　湖州府學生　書
第四十三名　葉時賢　臨海縣學增廣生　詩
第四十四名　鄭如意　山陰縣學生　易
第四十五名　諸敞　山陰縣學生　書
第四十六名　祝瀚　紹興府學增廣生　詩
第四十七名　王玉　台州府學增廣生　禮記
第四十八名　丘霖　紹興府學生　春秋
第四十九名　孫潤　慈谿縣儒士　詩
第五十名　劉瑋　海鹽縣學生　書
第五十一名　胡瑭　奉化縣學生　易
第五十二名　余何　台州府學生　詩
第五十三名　常麟　嘉興縣學增廣生　書
第五十四名　陸寧　會稽縣學增廣生　詩
第五十五名　夏綱　金華府學生　易
第五十六名　陳湘　慈谿縣學生　詩
第五十七名　駱瓏　諸暨縣學生　禮記
第五十八名　葉清　蕭山縣學生　書
第五十九名　陸琛　湖州府學生　詩

第六十名　張璧　鄞縣學生　易
第六十一名　桂讃　慈谿縣儒士　詩
第六十二名　許塤　東陽縣學生　春秋
第六十三名　張景元　天台縣學生　書
第六十四名　嚴毅　天台縣學增廣生　詩
第六十五名　應紀　太平縣學生　易
第六十六名　許崇仁　天台縣學生　詩
第六十七名　嚴謹　餘姚縣學增廣生　禮記
第六十八名　徐鎡　紹興府學增廣生　書
第六十九名　楊琦　鄞縣學增廣生　易
第七十名　張景明　紹興府學增廣生　詩
第七十一名　吕大川　新昌縣學增廣生　書
第七十二名　李文昭　鄞縣儒士　詩
第七十三名　陳珂　杭州府學軍生　易
第七十四名　王子澄　慈谿縣儒士　詩
第七十五名　柳杲　平陽縣學生　書
第七十六名　林挺　黄岩縣學增廣生　春秋
第七十七名　俞鐔　餘姚縣學生　禮記
第七十八名　陳獻　新昌縣學生　書
第七十九名　金信　麗水縣學生　易
第八十名　姚淵　天台縣學增廣生　詩
第八十一名　林舜臣　紹興府學增廣生　書
第八十二名　盧榮　天台縣學生　詩
第八十三名　王尹　縉雲縣學生　易
第八十四名　高遷　餘姚縣儒士　禮記
第八十五名　費愚　紹興府學生　詩
第八十六名　金洪　寧波府學增廣生　易
第八十七名　范墇　嘉興府學增廣生　書
第八十八名　范繹　天台縣學增廣生　詩
第八十九名　祝獻　蘭谿縣學生　易
第九十名　吴世溥　天台縣學增廣生　詩

四書

已欲立而立人已欲達而達人

侯聘

同考試官教諭李批（題用揭書出所以杜僥幸也此作能以内外立説深合本旨）

考試官教授徐批（説出仁者之心是用録出）

考試官教授王批（辭順理明可取）

以己所欲而及於人此仁者之心也蓋仁者之心一天理之周流也曾何以所欲而有間於人己哉昔吾夫子因子貢以博施濟衆爲仁故狀仁之體以告之若謂内焉而身之修外焉而居之安皆所謂立也是己之所以欲亦人之所欲也但自私者惟欲自立而已烏能立人哉仁者之心渾然天理而物我無間己欲立也即以立人千以扶持之培植之而無忌克詆毁之私使之亦得以自立而囿于吾仁之中焉内焉而理無不通外焉而行無不得皆所謂達也是己之所欲亦人之所欲也但自私者惟欲自達而已烏能達人哉仁者之心廓然大公而人己一致己欲達也即以達人於以開導之汲引之而無遏塞沮抑之心使之亦得以自達而域於吾仁之内焉是則立不自立而與人同立達不自達而與人俱達於此觀之可以見天理之周流而無間矣狀仁之體孰切於是哉抑合是章論之博施濟衆仁之極功聖人所難能也立人達人安行此仁學者未易能也能近取譬强恕求仁學者所可能也子貢以博施濟爲仁愈難而愈遠矣使能因聖教而求諸己焉將必由所可能而進雖所難能者亦由是而可馴致矣苟志於仁者可不深思而静體之哉

故君子不可以不修身思修身不可以不事親思事親不可以不知人思知人不可以不知天天下之達道五所以行之者三曰君臣也父子也夫婦也昆弟也朋友之交也五者天下之達道也知仁勇三者天下之達德也所以行之者一也或生而知之或學而知之或困而知之及其知之一也或安而行之或利而行之或勉强而行之及其成功一也子曰好學近乎知力行近乎仁知耻近乎勇知斯三者則知所以修身

俞穩

同考試官訓導唐批（始終以修身立説僅見此篇）

同考試官教諭吴批（長題文字不假贅詞此作斂煩就簡而首尾照應

真作家也）

同考試官教諭謝批（説理明白措詞簡當可取）

考試官教授徐批（理明文暢可取）

考試官教授王批（題長而包括無遺佳作也）

中庸原君子修身之有本必詳其事而結其意也蓋君子修身固本於事親知人知天也然不詳其所以修身之事而結其意焉抑何以使人知所從入也哉中庸述孔子答哀公問政而言及此意謂爲政在人取人以身故君子不可以不修身修身以道修道以仁故思修身不可以不事親欲盡親親之仁必由尊賢之義思事親可不知人乎親親之殺尊賢之等皆天理也思知人可不知天乎修身之本如此而其所以修身豈有外於以達德而行達道哉是故天下之達道五所以行之者三君臣也父子也夫婦也昆弟也朋友之交也是五者天下古今所共由之路非達道乎知也仁也勇也是三者天下古今所同得之理非達德乎達道雖人所共由然無是三德則無以行之而道非己有矣此行之所以必本乎三德達德雖人所同得然一有不誠則人欲間之而德非其德矣此行之所以又本乎一誠然是達道也有生而知之者有學而知之者有困而知之者其聞道雖有蚤莫及其知之則同一達道之歸焉有安而行之者有利而行之者有勉强而行之者其行道雖有難易及其成功則同一達道之域焉夫以達德而行達道如此其未及乎達德者可不求以入德之事乎故好學非知然足以破愚而近乎知力行非仁然足以忘私而近乎仁知耻非勇然足以起懦而近乎勇誠能知此三近則所以入達德而行達道者在此所以盡事親而知天人者在此豈不知所以修身乎蓋知所以修身則取人有則治人有本而政焉有不舉者哉大抵人君一身天下國家之本故聖人因哀公問政既告以人存政舉而又推本於修身之道如此誠以人君能修其身則有君有臣而政之舉也何有故下文即繼之曰知所以修身則知所以治人知所以治人則知所以治天下國家矣中庸引此以繼大舜文武周公之緒豈無意歟

鄉田同井出入相友守望相助疾病相扶持則百姓親睦方里而井井九百畝其中爲公田八家皆私百畝同養公田

王華

同考試官教諭吴批（此作發明井田之善形體之制殆無遺藴蓋用心於本領之學者也）

考試官教授徐批（孟子論助法處善於形容足見學識）

考試官教授王批（説理詳明無逾此篇）

大賢告滕臣以井田之善必詳其形體之制也蓋井田王政之本大賢之於滕臣得不言其善而復詳其制以告之哉昔孟子因畢戰問井地上文既告以九一而助矣至此言助法之善若曰王政莫先於養民養民莫善於助法彼一鄉之田八家同井出而作也聲應氣求相友而出入而息也心孚形契相友而入或寇盗之不虞同謀以防禦之或疾病之不測協力以扶持之是則一鄉之民雖异姓也而於出入守望之間一恩愛之相結何有於不親乎同井之人雖各家也而於疾病扶持之際一情義之相維何有於不睦乎井田之善如此苟不詳其形體之制抑何使之有所據而行哉是故方里之間畫爲一井一井之地畫爲九區一區則爲田百畝焉九區則爲田九百畝焉中百畝爲公田此公家所斂以爲君子之常禄也外八百畝爲私田此八家所受以爲野人之常産也然公田非自養也必八家同力以養之而東作方興不敢後焉公田非自治也必八家通力以治之而西成載穫不敢緩焉井田形體之制如此此周之助法所以爲善而滕之君臣所以當行也歟大抵爲治不行助法則田賦不均而欲治也難矣助法一行則君子野人各有定業而上下相安此治之所以興也孟子當法制廢壞之余因滕文公使畢戰問井地乃能因略以致詳推舊而爲新不屑屑於既往之迹而能合乎先王之意真可謂命世亞聖之才矣惜乎滕這君臣不能潤澤而行也噫

易

謙尊而光卑而不可逾君子之終也象曰地中有山謙君子以裒多益寡稱物平施

李旻

同考試官訓導瞿批（此依本義講謙彖象之旨殆盡宜取以冠本房）

同考試官學正陳批（此題夫子傳謙彖象之意作者多溯流而不求源惟是篇融會本義織組成文佳士也高薦奚忝）

考試官教授徐批（依本義立説得旨）

考試官教授王批（發明謙德功效之旨殆盡佳作也）

彖傳申君子能謙之效象傳示君子體謙之功夫謙而有終自然之理也君子於此可不盡體謙之功乎宜彖象二傳各極其旨也昔伏羲畫謙之卦文王係以君子有終之辭吾夫子彖傳舉而申之若曰謙者人之至德也人能謙以自處不恃勞而傲物卑以自牧不耀功而忽人由是位乎尊也其德愈光而自不可掩是始雖晦而終益光也非君子之終乎居乎卑也其德愈厚而人莫

能過是始雖卑而終益尊也非君子之終乎君子能謙之效如此不有體謙之功其能然哉觀諸象傳謂夫謙之爲卦貞焉艮也其象爲山悔焉坤也其象爲地地中有山以卑藴高非謙之象乎君子體之以爲人之所行或過於自高非謙也吾則裒之以損其高則多不偏於多矣人之所爲或溺於自卑非謙也吾則益之以增其卑則寡不偏於寡矣夫多者裒之非矯激也正以稱物之宜俾吾之所施一趣於平何謙如之寡者益之非矯揉也正以稱事之宜使吾之所行一適乎均何謙似之吁君子體謙之功如此此其所以獲有終之效也歟大抵滿招損謙受益理勢然也故徵諸造化天道虧盈而益謙地道變盈而流謙徵諸幽明鬼神禍盈而福謙人道惡盈而好謙大哉謙乎爲天道之所益地道之所流鬼神之所福而况於人乎是宜有終之效悉萃於能謙者之身也然則未純乎謙者可不自裒多益寡始

夫乾確然示人易矣夫坤隤然示人簡矣爻也者效此者也象也者像此者也爻象動乎内吉凶見乎外功業見乎變聖人之情見乎辭天地之大德曰生聖人之大寶曰位何以守位曰仁何以聚人曰財理財正辭禁民爲非曰義

徐寬

同考試官訓導瞿批（此作能主卦爻吉凶造化功業立説見理真切行文簡當允宜録出）

同考試官學正陳批（此題作者多不切旨是篇文順理明可嘉）

考試官教授徐批（文有發揮允宜高薦）

考試官教授王批（發明卦爻吉凶造化功業得旨）

造化示易簡之理卦爻備之而吉凶以顯造化妙生物之德聖人備之而功業以成葢易簡之理生物之德一造化之陰陽也故其所以顯於占筮著於功業者有如是夫何則乾爲純陽確然至健常示人以易之理坤爲純陰隤然至順常示人以簡之理乾坤之理如此備是理者不在於卦爻乎故凡爻之奇偶所以效此易簡者也卦之消息所以像此易簡者也方其初筮也曰爻曰象隱然動於蓍卦之中及其既筮也曰吉曰凶昭然見於蓍卦之外由是利往利涉功業之妙也於變之動乎内者見焉趨吉避凶聖人之情也於辭之見乎外者著焉是則卦爻吉凶之所以顯者以此至若大哉乾元而資始之無間此天之大德曰生也至哉坤元而資生之不窮此地之大德曰生也天地之德如此備是德者不在於聖人乎聖人者出必御皇極之位而後可爲民物之主居九五之尊而後可遂民物之生非聖人之大寶曰位乎位何以守之曰人而已

蓋民惟邦本非衆罔與守邦也人何以聚之曰財而已蓋財爲民命非財無以養人也由是理財正辭俾争訟之端自息禁民爲非使强横之風不作何莫非一義爲之裁制乎是則造化功業之所以大者以此嗟夫易書一陰陽也陰陽一造化也其理則顯於卦爻吉凶之占其德則運於聖人功業之盛吾夫子對舉而互言之誠有以見易書之大有關乎治化不獨爲卜筮發也世以卜筮小吾易者烏足以知易

書

貳公弘化寅亮天地

來登

同考試官教諭李批（此題多不知貳公貫寅亮天地間有知者又以弘化之詞混講殊無愜意詞明意盡少類此篇）

考試官教授徐批（此題作者多昧貳公之意是篇深契本旨）

考試官教授王批（理明詞贍非□筆所到）

副三公以盡參贊之責此三孤之職也蓋三孤之副三公惟在弘化以寅亮天地也三孤之職如此其責不亦重乎昔成王訓迪厥官先之三公而遂及於三孤若曰論道固三公之責也三孤則貳三公以弘其化焉蓋化者天地之妙用而道則天地之本也使三公論道而非三孤貳之以弘化則斯道之用或有所未闡萬物何由而育哉孤必於化也弘而大之以盡範圍之責使寒往暑來而爲春爲夏者各順其序而生生之妙無窮暑往寒來而爲秋爲冬者各得其常而化化之功罔極如是則萬物可育三公所論之道豈不於是而益闡乎然道化既弘則天地可得而寅亮矣彼燮理陰陽固三公之任也三孤則副三公以寅亮天地焉蓋天地者陰陽之實體而陰陽則天地之氣也使三公燮理陰陽而非三孤副之以寅亮天地則陰陽之和或有所未充天地何由而位哉孤必於天地也敬而明之以致欽若之心俾日月星辰之麗於上莫不各安其所而無薄蝕之咎華岳河海之麗於下莫不各奠其位而無崩竭之虞如是則天地可位三公所燮之陰陽豈不於是而益和乎成王以是而訓迪三孤其責望輔己之意深矣抑考成王當君臨萬邦之日六服承德之余不遑他務而汲於董正治官蓋以國家紀綱所係根本所關爲至重也故於此既重公孤之托而下文又繼之六卿九牧至於凡有官君子莫不拳拳訓戒無非欲其相與致治於未亂保邦於未危也成王其賢矣哉

德威惟畏德明惟明乃命三后恤功于民伯夷降典折民惟刑禹平水土

主名山川稷降播種農殖嘉穀三后成功惟殷于民士制百姓于刑之中以教祗德穆穆在上明明在下灼于四方罔不惟德之勤故乃明于刑之中率乂于民棐彝

侯聘

同考試官教諭李批（此題頭緒雖多而前後實有關鍵作者多泛講不切是篇獨能發出有虞先德後刑之意閱卷得此眼不能不爲之明也）

考試官教授徐批（此題前後言刑主意有在是作得之）

考試官教授王批（發明穆王訓刑之意殆盡佳作也）

賢王歷叙聖世君臣德業盛而尤用夫刑必申言其所以用刑之故也蓋德者化民之本而刑特以輔其不及而已聖世君臣所以必先於德而後用刑者豈非化之不從而刑所不容已耶昔穆王訓刑之意若曰帝舜之世苗以虐爲威也帝反其道以德威而天下無不畏苗以察爲明也帝反其道以德明而天下無不明然聖人既以德爲化民之本乃命三后致憂民之功伯夷降典以折斯民之邪妄所以正民心也禹平水土以主有名之山川所以定民居也稷降播種農殖嘉穀又所以厚民生焉三后各成其功故民得以殷盛而富庶也民生既厚尤命皋陶爲士師之官制百姓於刑辟之中非以殘民也所以檢其心而教以敬德焉非以虐民也所以治其心而導以祗德焉然聖人所以必先德而後刑者何哉蓋以刑非所恃爲治不得已而用之耳觀之當時在上而爲君者德威德明穆穆而有和敬之容在下而爲臣者恤民殷民明明而有精白之容一穆穆之德昭灼於四方一明明之德敷著於天下故民之得於觀感者莫不惟德之是勤囿于甄陶者靡不惟德之是敏如是而尤有未化者刑其可已乎故士師明于五刑之中使無過不及之差輕重各得其宜取舍咸當其可率乂于民輔其常性于以去常舊染之污于以復其本然之善則所以教祗德者寧不在是乎穆王以是而訓刑可謂得有虞用刑之意矣抑考吕刑一書雖原訓刑而作然刑之本必主於德刑之用必合乎中故穆王訓刑以詰四方歷叙聖世德化之本末而歸之於皋陶明刑之中繼此曰惟克天德曰以成三德無非以德爲本也曰觀于五刑之中曰中聽獄之兩辭無非以中爲用也要之刑必合中而後刑即所以爲德穆王訓刑而拳拳及此此其所以爲可取歟

詩

天保定爾亦孔之固俾爾單厚何福不除俾爾多益以莫不庶天保定爾俾爾戩穀罄無不宜受天百禄降爾遐福維日不足天保定爾以莫不興如山如阜如岡如陵如川之方至以莫不增

俞穩

同考試官訓導唐批（此題三章作者往往分截不明差謬殊甚惟是篇獨能發揮臣子答君之意録出以祛群疑）

同考試官教諭吴批（一氣呵成不失傳意主司者得不爲之刮目）

同考試官教諭謝批（説出臣子忠愛其君之意藹然溢於言表故録之）

考試官教授徐批（此作深合傳意）

考試官教授王批（辭理俱到可取）

人臣屢托天以祝君不惟詳其福之盛而又擬其福之盛蓋臣受君賜舍祝福無以爲報也使徒詳言其福而不擬物以形容之何以見其祝君之至哉昔天保臣子答君子賜而祝其福若曰君之備禮以燕臣下也至矣我將何以爲報乎惟願天於冥冥之中所以安定我君者爲甚固焉則使我君之福日積月累以至於單厚但見往者盡而來者繼何福之不除舊生新乎使我君之福日新月盛以至於多益但見來如幾而多如式何福之不既庶且繁乎祝君至此若已至矣又願天於蒼蒼之表所以安定我君者爲益隆焉則使我君每事盡善無適而不攸宜者既受百禄於天矣天又申以無窮之福維日不足焉每事皆嘉無往而不自適者既膺多福於天矣天又錫以無疆之休維日不已焉祝君至此若已足矣又願上天安定我君使是單厚也多益也由此而益興百禄也遐福也於兹而益盛擬之以地勢則如山阜岡陵高大而不可測其增也何如擬之以水勢則如川流方至盛長而不可量其增也何若吁人臣祝君之福稱述之既詳而形容之尤切忠愛之意何其至歟大抵此詩六章皆臣下答君之詞也考之前篇人君以鹿鳴燕嘉賓四牡皇華燕使臣常隶伐木燕兄弟朋友逮下之恩可謂隆矣是以臣下答之拳拳祝頌有加而無已所謂上以是施之下以是報之也合而考之可以想當時明良之氣象

畟畟良耜俶載南畝播厥百穀實函斯活或來瞻女載筐及筥其餉伊黍其笠伊糾其鎛斯趙以薅荼蓼荼蓼朽止黍稷茂止穫之挃挃積之栗栗其崇如墉其比如櫛以開百室百室盈止婦子寧止殺時犉牡有捄其角以似以續續古之人

王鉞

同考試官訓導唐批（此題本平易作者多襲陳言令人厭觀惟此篇辭意親切寫出有周盛時氣象）

同考試官教諭吴批（是詩一章凡八節場中作者多於承上接下處破

碎支離此作命意精明措詞雄貫蓋有的見之士也高薦何快）

同考試官教諭謝批（頌義貴簡古此作得之）

考試官教授徐批（簡暢可取）

考試官教授王批（説出周人重農之意可嘉）

周人力農事而享豐年之樂必修祀事以紹先世之傳蓋農事有成祀事所由修也周人既力農事以樂乎豐年安得不修祀事以繼其先祖哉昔周人之務農也當夫東作之時以彼嚴利之耜而始事南畒之間其耕之也勤矣播此百穀於南畒而其實含氣以生其種之也時矣言其餉田婦子則持筐筥之器盛伊黍之具以饋農夫無珍味也言其耘田農夫則載輕舉之笠操剌土之鎛以薅荼蓼無怠力也荼蓼既朽嘉穀自茂我黍於焉而與與我稷於焉而翼翼苗盛如此迨夫西成之日穫之於野挃挃其聲積之在場而栗栗其密魯謂我田不既減乎積之高也而其勢如墉積之密也而其狀如櫛曾謂我田不有秋乎百室向也通力合作今則同時入穀而百室以開矣婦子向也饁彼南畒今則百室既盈而婦子以寧矣夫農事有成祭祀之禮容可緩乎於是殺時犉牡而其色也純有捄其角而其角也曲備此禮物豈徒然哉蓋以我祖於農事有成之日固嘗行報本之典矣今則是烝是享于宗廟之神以繼此典於不替焉我祖於農事甫畢之秋固嘗舉追遠之禮矣今則以享以祀子宗廟之主以續此禮於不忘焉吁力農事而利獲於今舉祀事而禮傳於古有周盛時之氣象蓋如是夫載考周家以農事開國以忠厚養民若后稷之教稼穡公劉之篤民事文王之即田功武王之重民食皆此意也故其見於詩風有七月雅有大田頌有載芟良耜風化之所由來者遠矣八百年靈長之祚豈偶然哉

春秋

春王正月（隱公元年）子同生（桓公六年）紀季姜歸于京師（桓公九年）鄭伯使其弟語來盟（桓公十四年）公會邾儀父盟于趡（桓公十七年）夏四月四卜郊（僖公三十一年）王使榮叔歸含且賵（文公五年）公孫敖如晋（同上）秦人入鄀（同上）公子遂如齊逆女（宣公元年）

謝圭

同考試官訓導韓批（場中作者於先後之倫上下之分多不能發揮此篇斷制明白宜表出之）

考試官教授徐批（得惇典庸禮之旨）

考試官教授王批（發明典禮惇庸殆無餘藴可取）

春秋叙先後之倫而五典以惇秩上下之分而五禮以庸此可見聖人之

作春秋其志存乎經世而其功則垂於後世也嗟夫周道衰微典禮廢壞聖人天理之所在不以爲己任而誰可於是假魯史以修春秋以爲五典弗惇已所當叙也書王正月以示諸侯當奉王朔而大一統之義明書子同始生以明與子之法而嫡庶之分定所以叙君臣父子之倫也季姜歸京而書字欲其無嫉妒之心而化天下以婦道鄭伯使弟盟魯而書名罪其有寵愛之私而非友于之義所以叙夫婦兄弟之倫也魯邾尋蔑之盟而平再伐之怨則書盟趡而責其無久要之信非所以叙朋友之倫乎聖人之叙先後之倫如此則五典由是而可惇矣若夫五禮弗庸已所當秩也書魯僖之四卜郊以著其非禮僭分而拂人道之大經書榮叔歸含且賵以見其恩數稠叠而妄加於諸侯之妾母所以明吉禮凶禮之分也文公慢王而事伯則書敖之如晋以示譏秦人專兵以虐小則書入鄀之後以寓意所以明賓禮軍禮之分也書宣公遣卿逆女以責其斬焉在疚而亟於結昏非所以明嘉禮之分乎聖人之秩上下之分如此則五禮由是而可庸矣吁天叙有典非聖人叙之而弗惇天秩有禮非聖人秩之而弗庸孰謂惇典庸禮有不賴於聖人乎不特此也他如有德者必褒而五服以章有罪者必貶而五刑以用其志存乎經世其功配於抑洪水膺戎狄放龍蛇驅虎豹其大要則皆天子之事也故曰知我者其惟春秋乎罪我者其惟春秋也

叔孫州仇帥師墮郈（定公十二年）季孫斯仲孫何忌帥師墮費（同上）齊國書帥師伐我（哀公十一年）

夏賫

同考試官訓導韓批（聖人行道作者類能言之而於明道處多爲所窘認題親切措詞簡當僅見此篇）

考試官教授徐批（能明聖人行藏之道可取）

考試官教授王批（得屬詞比事之旨）

聖人之進也行道以化人而其退也明道以淑人此孔子行道見於仲由墮邑之時而其明道則見於冉有勝齊之後也慨夫三家專魯各固其城遂致陪臣亦專國命而公室之削弱也滋甚尚何望其負固之都自毁哉幸而仲由爲季氏宰將墮三都時孔子爲魯司寇行乎季孫三月不違諭以家不藏甲邑無百雉之城於是叔孫道倡帥師而墮郈季孫接武帥師而墮費焉仲由之毁蓋孔子之意也然郈邑既墮而强幹弱枝之勢復振費都復毁而以身使臂之義猶存所謂苟有用我者期月而已可也爲足徵矣非行道以化人而何若夫

齊爲郞故師出淄澠及清涉泗洊薄國都而我魯之危殆也亦甚尚何望其逞憤之兵自退哉幸而冉有用事於魯運籌却齊欲禦諸境而季孫不能欲居封疆而二子不可遂自用矛於齊師而致齊人之宵遁康子因其勝齊有功追季桓子之遺言乃召孔子焉孔子之召由冉有之捷也然孔子知魯終不能用於是叙書而定禮樂以斯道爲己任删詩而贊易翕弟子之景從謂自衛反魯樂正雅頌各得其所不徒言也非明道以淑人而何雖然行道固有功於當時而明道尤有功於後世有功於當時者一時之幸也有功於後世者萬世之幸也彼或以聖人之心不得直遂於當時爲足惜而以郈費之墮爲後世之美談烏足以知聖人者哉

禮記

有虞氏之祭也尚用氣血腥爓祭用氣也殷人尚聲臭味未成滌蕩其聲樂三闋然後出迎牲聲音之號所以詔告於天地之間也周人尚臭灌用鬯臭鬱合鬯臭陰達於淵泉灌以圭璋用玉氣也既灌然後迎牲致陰氣也蕭合黍稷臭陽達於墻屋故既奠然後焫蕭合羶薌凡祭慎諸此

王華

同考試官教諭吴批（此題頭緒頗多作者類多冗泛且凡祭慎諸此一句名或言卑者或言群祀殊無定見此篇理明詞順允宜高薦）

考試官教授徐批（見理明行文暢是用録出）

考試官教授王批（説出歷代廟祭之禮可取）

知歷代之致祭各有所尚當知歷代之致祭各謹所尚蓋虞尚氣殷尚聲周尚臭固各有所尚也苟於致祭之時而一或不謹又何以求神於陰陽乎記郊特牲者論天子諸侯廟祭之禮如此謂夫有虞氏之祭也以鬼神之享在誠不在味故以氣爲尚焉觀其先薦以血而詔神於室次薦腥爓而詔神於堂是欲以誠敬之心交神於冥漠非尚氣而何殷人之祭也以聲音之感無間乎顯幽故以聲爲尚焉觀其犧牲未陳必先作樂於廟庭樂音三闋然後迎牲於廟外是欲以聲音之號詔告於兩間非尚聲而何以至周人之祭則又尚乎臭焉故夫方祭之初必灌地以鬯而香氣爲之芬芳和鬯以鬱而香氣爲之滋甚使臭陰之氣下達於淵泉矣然灌以圭璋而用玉之氣灌後迎牲而致氣於陰非尚其臭之陰者乎既灌之余取彼香蒿以雜夫牲牢之脂合彼黍稷以焫於爐炭之上使臭陽之氣達於墻屋矣然斯禮也又必宗祝酌酒之既奠然後蕭合黍稷之是焫非尚其臭之陽者乎是則尚氣聲固所以求神於陰陽也使或不謹其何以格於神乎故凡有事於太廟莫不一謹乎此而無慢易之心焉周人

尚臭亦所以求神於陰陽也使或不慎抑何以交於神乎故凡祀乎其先莫不一慎乎此而無怠忽之意焉吁古人致謹於宗廟之禮也如此宜記者記之以示人也歟抑考禮經言致祭之義不一而足有以求陰求陽言之者有以正祭祊祭言之者豈知神之所享於此於彼乎亦不過仁人孝子之心自盡其誠敬焉耳故曰鬼神無常享享於克誠其此之謂歟

禮樂明備天地官矣

蔡錬

同考試官教諭吴批（此題一本上文立説場中作者於明備處多專以五聲六律三千三百爲講殊失本旨詞簡理明僅見此篇）

考試官教授徐批（發明禮樂造化相爲流通之妙可取）

考試官教授王批（辭理俱到可取）

惟制作極其妙斯造化得其職夫造化禮樂相爲流通者也禮樂之精微寓於制作者既極其妙則造化之生成豈不各得其職哉今夫禮樂之明且備不外乎天地之和與序也是故高下散殊天地自然之序也周流同化天地自然之和也聖人仰觀俯察有見夫天地之序默運於秋冬者一斂藏之義而義近於禮矣由是因之以制禮則禮以辨异而配乎地其精微之寓於所制者豈不明且備乎天地之和流行於春夏者一合同之仁而仁近於樂矣由是本之以作樂則樂以敦和而應乎天其精微之寓於所作者又不明且備乎禮樂明備如此吾見天秉陽而位乎上固以生物爲職也然陽有時而過亢物不遂其生者有矣今樂以敦和則足以發達乎陽之所生而陽不過亢故夫春生夏而長萬物其熙熙矣天豈有不得其職者哉地秉陰而位乎下固以成物爲職也然陰有時而過肅物不得其成者有矣今禮以辨异則足以安定乎陰之所成而陰不過肅故夫秋而斂冬而藏萬物其秩秩矣地豈有不得其職者哉吁聖人始焉法天地而爲禮樂終焉以禮樂而贊天地也有如是夫雖然天地先禮樂而形禮樂後天地而作聖人則居其位而裁成輔相之爾觀諸上文有曰明於天地然後能興禮樂也此則曰禮樂明備天地官矣于以見天地者禮樂之本源禮樂者天地之妙用而聖人者禮樂之宗主也不可不知

論

王道所以爲大

李旻

同考試官訓導瞿批（場中作論雅或失之陳蹈奇或失之穿鑿此篇發

明王道之大如天之自然措詞典雅筆力老健信論手也）

同考試官學正陳批（立論正大措詞高古脱凡近而見新奇如此篇者指未許多屈也文哉文哉）

考試官教授徐批（寫出王道所以爲大可嘉）

考試官教授王批（形容王道之大深得孟子本旨録之以示後學）

論曰德業之盛一同乎造化之自然此王道之所以爲大也蓋大莫大乎天地之道也王者過化存神之妙與之同運并行舉一世之民皆囿於甄陶之内是其德業之盛誠非伯功之小所能彷佛其萬一矣此王者之道所以爲大也何如哉請舉天地之大以論王道之大天之道高也明也舉萬物無不覆焉而凡在所覆者無一而不遂其地之道博也厚也舉萬物無不載焉而凡在所載者無一而不得其所此天地之道大矣而其所以爲大者有本焉觀其四時迭運化育流行乃天地之用一過而無迹者也非化乎於穆之命純一不已乃天地之心常存而不測者也非神乎惟其化之大是以物各付物而各正性命之功莫得以窺其端倪惟其神之妙是以無聲無臭而健順生成之德莫得以測其機栝此天地之道所以爲大也王者之道何异於是彼王者之世民皆熙熙然廣大自得相忘於帝力何有之天皡皡然安養自如咸躋於至和氤氲之域殺之而不怨也利之而不庸也民日遷善而不知爲之者此王道之大也然其所以爲大者亦有本焉蓋王者之道即天地之道王者之心即天地之心凡身所經歷處即人無不化如雷一震而萬物生動霜一降而萬物成實蓋不待久於此而深治之焉凡心所存主處使神妙莫測不疾而速猶聲響之相應不行至猶形影之相隨有莫知其所以然而然者焉是以殺之不怨者因民之所惡而去之非有心於殺之也利不庸者因民之所利而利之非有心於利之也民日遷善而不知爲之者惟輔其性之自然使自得之耳抑何容心於其間哉此王道之所以爲大也故上焉而與大哉乾元萬物資始之化而同運舉一世而甄陶無遺視彼伯者但致民一時之歡虞不過小小補其罅隙而已比之王道奚啻泰山之於丘垤哉此王道之所以爲大也下焉而與至哉坤元萬物資生之化而并行合八荒而皆在我闥視彼伯者但急民一時之功利不過小小塞其滲漏而已較之王道奚啻河海之於行潦哉此王道之所以爲大也吁天地之道難於形容即其功用之廣大而見其神化之妙王者之道難於名狀即其德業之盛大而見其神化之速天地一王者也王者一天地也孰謂王道之所以爲大有不同於天地之所以爲大乎稽之往古堯舜之帝天下禹湯文武之王天下當是之時黎民於變四方風動民協于中會其有極固皆純乎王道

之流行然當時之民不識不知順帝之則而已孰知王道之大也未始有伯抑孰知伯功之小也逮夫世道日降王道變而爲伯圖矣人心陷溺但知有伯功之小而不知有王道之大矣又豈王道之所以爲大哉孟子生於戰國拳拳於王伯之辯所以正人心扶世道其功誠不在禹下千載而下朱子因孟子之意發明王道之所以爲大則又有功於孟子者也吁二帝三王遠矣純乎王道而斯世斯民皞皞如也愚何幸躬逢聖明之世

表

擬宋以范仲淹參知政事謝表

謝圭

同考試官訓導韓批（典雅）

考試官教授徐批（表得體）

考試官教授王批（駢麗可觀）

伏以貳秩臺衡居廟堂之要地參知鼎實預軍國之訏謀豈直藉夫虚名蓋將收其實用斡樞弗稱覆餗貽羞伏念臣仲淹猥以吴下迂疏竊慕古人風節早膺剡薦謬列諫司冀輔德於宸衷魯敷言論動獲尤於當道幾至竄投驅策塞垣微勞莫效運籌宥省涣寵有加滋蓋伏遇堯德聰明禹躬勤儉纘承大統允迪前徽惇四海之民彝壽萬年之國脉凡居覆載溥荷生成鋭意太平留心耆舊過聽諫官之論遽叨執政之遷雖簡任榮殊自知逾分而贊襄責重未允固辭臣敢不力奮駑庸惟切劘之是效誓殫鯁直以阿曲而自懲用圖庶績之熙勉决六聯之滯先憂後樂期不負于素心外攘内安庶少酬於洪造臣無任瞻天仰聖激切屏營之至謹奉表稱謝以聞

策

第一問

侯聘

同考試官教諭李批（能知國朝之制一貫帝王之道且事實不遺文辭精采非纏問目者比）

考試教授徐批（君道一策鋪叙有條是宜録出）

考試教授王批（此策條答詳明允宜高薦）

前聖迭興而立法垂教以爲百世軌範後聖繼作而立言垂訓用昭一代之文明蓋有一代之興必有一代之制二帝三王之迭興於前既立法垂教以軌範乎百世我朝列聖繼作於後其立言垂訓豈不有以昭一代文明之治乎敬陳以對書曰惟皇上帝降衷于下民若有恒性克綏猷惟后粤稽諸古若堯

之親睦九族而九族既睦舜之愼徽五典而五典克從禹之文命四敷而不距朕行湯之肇修人紀而兆民允殖文王緝熙敬止而萬民咸和武王重民五教而四海永清是已下逮漢唐宋皆於斯道有所未盡姑置無論洪惟我太祖高皇帝肇造區夏御製大誥三編訓飭臣民太宗文皇帝輯寧邦家御製爲善陰隲孝順事實二書以勉人爲善爲孝宣宗章皇帝繼體守成御製五倫一書以教人明倫觀大誥所載若唐鐸爲善之最則彰之以示勸郭桓爲惡之尤則癉之以示懲爲善陰隲所載不妄殺一人而其女爲后者鄧禹也辯孝婦之冤而後昆以興者非于定國乎孝順事實所載負罪引慝而克諧以孝者舜也一日三朝而問安視膳者非文王乎至若五倫書所載見於聖德篇若生而神靈弱而能言而具敦敏聰明之德者此黄帝之盡君道也見於輔德篇若愼厥身修思永后從諫則聖以致責難陳善之敬者此皋陶傅説之盡臣道也伯禽三見周公而三笞子路養親負米於百里其篤父子之倫爲何如堯妻舜而厘降潙汭劉庭式娶瞽而守義不貳其全夫婦之倫又何如他王琳自縛詣賊免弟於難趙孝遇盜請代脱兄於烹非全兄弟之倫者乎符融一見郭林宗於京師而輒然嗟服朱熹一扣蔡元定所學稱爲老友非全師友之倫者乎吁厚彝倫以盡參贊之功而神功聖德掀揭乎宇宙聚精神以建經綸之業而御翰宸章輝映乎日星囿斯民於德化之中躋斯世於仁壽之域是則列聖之立言垂訓與堯之親睦九族舜之愼徽五典禹之文命四敷湯之肇修人紀文之緝熙敬止武之重民五教無非欲使民各安其道也先聖後聖豈不异世而同一揆哉愚生佩服聖訓于兹有年若欲爲子必須舜文是法以求盡其孝若爲臣必須皋傅是效以求盡其忠期上不負所教下不負所學也管見如斯未知執事以爲然否

第二問

李旻

同考試官訓導瞿批（西銘一策義理玄微此篇敷答詳明必邃於理學者可采）

同考試官學正陳批（條達詳明蓋嘗究心於性理者）

同考試官教授徐批（善言理一分殊非究心性理者不能高薦奚忝）

同考試官教授王批（能答出西銘之旨宜置前列）

誦西銘之言不能不疑其异究西銘之旨不可不會其同蓋會其理之同則西銘之旨以明而所言之异者可以無疑矣敬因明問所及而條陳之横渠張先生學古力行篤志好禮爲關中士子宗師嘗於學堂雙牖左書砭愚右書

訂頑程伊川见之謂啓争端因改爲東西二銘且謂訂頑之言極純無雜秦漢以來學者未到又謂訂頑一篇意極完備乃仁之體也學者其體此意令有諸己則日用酬酢無往而非此理之流行矣又謂西銘乃原道之宗祖蓋孟子之後只有原道一篇原道言率性之謂道西銘則兼天命之性而言之也又謂弘而不毅則難立毅而不弘則無以居之觀子厚所作西銘則是能養浩然之氣者也尹彦明見伊川半載後方得看西銘楊中立答伊川往復書辯終有未釋然者蓋以西銘之旨隱奥而難知也紫陽朱子又謂西銘前一段如棋盤後一段如人下棋自乾父坤母至顛連無告非如棋盤乎自子之翼也以下非如人下棋乎又謂西銘有個直劈下底道理又有個横截斷底道理蓋謂每句直下而觀之事天事親之理皆在焉全篇中斷而觀之則上專是事天下專是事親各有攸屬也是書雖規模宏大其大指前一節明人爲天地之子後一節言人事天地當如子之事父母子朱子所謂推親親之厚以大無我之公因事親之誠以明事天之道正此意也求其一言足以盡蓋其義豈非程子所謂理一分殊乎性理之學愚生冥然莫知惟執事進教之

第三問

李旻

同考試官訓導瞿批（此策場中多不知事實是篇歷叙擇將之方與古之帝王駕御英豪驅用群策而成豐偉之功舉無遺漏非留心於史學者不能健羨健羨）

同考試官學正陳批（此答擇將事迹歷歷不遺真强學待問者可取可取）

考試官教授徐批（考據精審條對詳明策手也）

考試官教授王批（答將才策無逾此篇）

折衝禦侮以衛國家者在將之得人分閫授鉞以善任使者在君之知人蓋將所以統乎兵而君所以將乎將將不得人則無運用之術固無以統乎兵君不知將則無駕馭之道又何以用夫將哉請條陳之自古國家雖當太平隆盛之世不忘思患預防之心故必擇將於無事之日用將於有事之時然其所以擇之之道則不拘拘於一途亦惟審其材之可用而用之也如管仲舉於射鈎孟明舉於敗績此不以罪而見廢也穰苴拔於寒微吴超拔於羈旅此不以遠見遺也蘇秦之合從張儀之連衡曷嘗以詐而疏哉衛青起自人奴去病起自假子曷嘗以賤而弃哉是皆用其所長而弃其所短也夫選將以五材爲體所謂智信仁勇嚴是也以五謹爲用所謂理備果戒約是也其曰必死可殺必生可虜忿速可侮廉潔可辱愛民可煩非五危之謂乎其曰不量衆寡本乏刑

德失於訓練非理興怒法令不行不擇驍果非六敗之謂乎又有九術者曰仁將義將禮將智將信將步將騎將猛將大將則各有其術焉又有十過者曰可暴可久可貴可勞可窘可誑可侮可襲可事可欺是皆將之過焉又有所謂十五貌不與衆情相應者有賢而不肖者有温良而爲盜者有貌恭敬而心慢者有外廉謹而内無恭敬者有精而無情者有湛湛而無誠者有好謀而無決者有如果敢不能者有悾悾而不信者有恍惚而反忠實者有詭激而有功效者有外勇而内怯者有肅肅而反易人者有嗃嗃而反静慤者有勢虚形劣而出外無所不至無使不遂者凡是數者乃幾之藏於心而貌之見於外最難知也爲君上者可不察之以八徵之法乎必問之以言以觀其詞窮之以詞以觀其變與之間諜以觀其誠明白顯問以觀其德使之以財以觀其廉試之以色以觀其貞告之以難以觀其勇醉之以酒以觀其態由是外與内雖不同也而察之無所遁其情心與貌雖不一也而察之無所售其詐將見英雄悉歸於駕馭豪杰皆入於網羅勇者效其力智者效其謀隨所任使而皆著夫敵愾禦侮之功矣觀夫古之帝王負知人之明得用將之道若周宣王能用吉甫以伐玁狁而成中興之業漢高帝能用韓信以滅强楚而建興劉之功唐太宗善用李勣而邊陲以靖宋太祖善用曹彬而江南以平他如方叔鄧禹之流郭子儀岳飛之輩莫不有豐功偉迹照耀簡册而享祀於無窮也豈不宜哉愚也俎豆儒生軍旅未究姑述所聞以對不識執事以爲何如

第四問

俞穩

同考試官誤導唐批（歷叙江浙人物之盛鑿鑿皆實其有志於景行先哲者歟）

同考試官教諭吴批（對人物一策者比比浮詞塞白惟此敷答詳明且願學能知所擇其盆盎中古罍洗歟）

同考試官教諭謝批（此題場中敷演問目者多此篇條答無遺足見該博之學）

考試官教授徐批（能歷道鄉邦人物而知所法必有識之士）

考試官教授王批（歷道鄉先哲行事之詳如指諸掌佳士也）

歌維岳降神之章則知先哲之生有其由咏高山仰止之句則知先哲之風有可慕甚矣人才之生不偶然也鍾山川之秀關氣運之隆進而可以振起斯文退而可以敦回俗尚誠後學之所可敬可慕者也兹者秋闈論秀執事先生以鄉人物下詢承學請稽汗簡之所載者以復萬一可乎夫兩浙古爲揚州

之哉今爲天下首藩山川鍾秀其間人物卓异未易偪指盡也姑舉其概而言之彼其勿欺心勿負主勿永田勿問舍此蔣峴有四勿之□也曰德行曰忠直曰博學曰文辭曰書翰此虞世南得五絶之稱也并東園公之徒而與商山四皓之列者非夏黄公乎偕虞集之輩而居儒林四杰之班者非柳貫乎樓觀樓覺以其才名顯著號曰二樓謝肅唐肅以其學問該博名曰二肅先後登科則有劉鎮劉祖向劉銓焉迭魁大學則有方閎方闇方聞焉治富春加右大將軍守會稽徵爲主爵都尉此全淙朱買臣其人也守合浦而稱神明尉黄岩而稱鐵面少府此孟嘗楊王休其人也知州郡民爭我公在樞密封還内降非杜祁公清白宰相乎劾史浩懷奸誤國勸屬令體君愛民非王十朋磊落君子乎錢希白爲文數千百言頃刻而成故蘇易簡嘗稱其才同李白皇甫湜爲碑文三千字援筆立就故裴度嘗服其才思不羈牂牁致疑唐欽叟示義以息之侂胄奸惡吕祖泰上書乞誅之陳賓王與張九成或斥蔡京或斥逆豫其直氣也不沮詹良臣與許遠或罵霍成富或罵安禄山其義節也何堅孟東野頗寡諧合而韓昌黎一見引爲忘年之交陳與義嘗賦墨梅而宋徽宗一覽嘆其得見之晚有曰一身備四氣之和此吕祖謙見稱於朱子觀其像贊可見有曰行信於鄉而聞於朝此周正介見稱於朱子觀景行堂記可知吕頤浩戮賊擢爵故李忠定有手扶日月足履星辰之咏趙清獻廉節愈堅故張公佑有馬諳舊路龜放長江之聯封禪無書林和靖有是隱逸晚節勇退賀知章有是恬静武陵王徵召之屢若可就也而戴逵終不屑就者蓋以朵頤於富貴之鼎固非在己本心况列職於伶人之賤尤爲賢者之所耻故寧被琴不彈而終不就焉漢光武尊禮之至若可屈也而嚴光終不少屈者其意豈不以爲欲爲當時之治則當時之人才固足辨之若欲進乎西漢之事則又懼有未能信從者故寧一絲獨釣而終不屈焉之數君子皆浙中之人物著盛名於當時流芳聲於後世何莫非秀氣之所鍾乎雖然亦在乎爲之而已矣愚也生長是邦挹幽馨而起敬想遐躅而作求亦酌其所遇之時與所居之位何如耳未我以也我則曰嚴光戴逵林逋輩何如人也我其可以卑士風乎則必窮不失義焉方我以也我則曰杜衍趙抃吕祖謙輩何如人也我其可以虧臣節乎則必達不離道焉狂瞽之言未知是否惟進而教之

第五問

王華

同考試官教諭吴批（此篇有考據有識見其浙中之俊杰乎宜録出以俟當道者采）

考試官教授徐批（此策皆鑿鑿可行者取之）

考試官教授王批（時務一策處置得宜可刊）

或有之朱子曰自古救荒只有二説第一感召和氣以致豐穰其次只有儲蓄之計誠能豐歲預爲蓄積而又召商販運而不抑其價其有發粟未盡官爲收糴之則倉廩之有儲也何難至若沿海衛所多有無賴之人夤緣投軍以苟月粮支給典軍政者惟貪苞苴一概濫收以致軍士粮餉告缺上司雖以公帑羡財資給不過濟一時之急爾烏能行之久遠哉誠有如執事之慮也爲今之計莫若嚴加清理審其籍貫無籍者不許濫收入伍驗其精壯羸弱者無使濫支月粮而又斟酌輸運務使邊儲充積以時給餉則軍自無怨嗟矣江挾海潮爲患自昔爲然錢塘之捍江塘成于錢武肅以保障生聚自後潮水衝突不常歷代修築不一比來沙漲西興潮擊堤岸日漸坍壞有司雖勤修理卒難成功誠有如執事之慮也爲今之計莫若層立椿木以殺水勢然後修築石塘遠稽王荊公修築定海塘法不計其費務圖堅久近效侍郎周忱修築捍海塘例以税粮余米雇募人夫而又委官專制如古之監堰官遇有坍損隨即修理則堤堰能久而民免勞役矣然是數者又皆本於得人焉苟得其人則事罔弗濟功罔弗成否則因循玩愒而欲事功就緒亦難矣哉愚見如是惟執事折衷之

浙江鄉試録後序

皇上纘承列聖丕圖肆臨御以來誕敷文德茂熙庶績一惟憲天聰明出于至公成化庚子歲當大比率由舊章詔天下開科取士以衍文明靈長之運浙江藩臬重臣祇若德意諮謀于巡按監察御史謝秉中公舉昌等爲考官同考官于時十一郡抱藝之士來就試者幾二千人至期入院漏下巡按提調監試及昌輩于至公堂各肅容致恭焚香矢心告天精白惟謹而後揭書命題昭至公也丙辰初試己未再試壬戌三試之先後皆陰雨霖霪比試之日雲輒四斂日麗中天人咸喜動顏色以爲文明丕顯公道大開之徵又謂斯科必有公忠名世之士出于其間諸就試者亦皆忻然操觚染翰盡吐胸中之藴以求中于程度既而披閱其卷詞氣春容類多可取顧以定額拔其尤者九十人小録成谓昌宜序于後惟濂溪周子有言聖人之道至公而已矣魯齊許氏曰賢者以公爲心學其道而不心乎公何望有濟矧文章天下之公器相與品校其文之高下可不秉夫至公乎惟公生明如鑒之空而妍媸自辯使有一毫之私雜

之則昧夫天理之公何以質諸鬼神何以仰副國家求賢至公之盛典何以允協人心之公論哉諸士子登名是選進試春闈對揚大廷而洊膺官守言責之寄有日矣亦惟公尔忘私以圖報稱使人皆曰是科取人最公而得人爲最盛則昌亦與有榮焉庸敢以是爲勉

河南衛輝府儒學教授徐昌謹序

成化十九年浙江鄉試録

浙江鄉試録序

兩浙古吴越地也實維荒服國朝既入職方密邇南畿遂爲輔翊之地天下稱爲首蕃而士生其間沐浴清化迨今百有餘年領鄉書登天府而策名委質者往往爲天下先豈非草木向陽者易榮而疆土瀕河者易潤謂乎成化十九年秋例當大比浙蕃以考試官請而以體勤預焉時有欽差司設監太監張慶以節鉞之重鎮守其地巡按監察御史劉魁職係監臨乃與藩臬諸縉紳夙夜咨謀務實得賢材以興于鄉貢于禮部而旅進于天子之廷以待問焉其用心亦勤矣先是又得提學副使李士實造就周至比入院監臨御史與提調右布政使閻鐸右參議張敷華監試副使吴文元僉事魏富以肅于内而防範則監察御史鄒霶王琰左布政使劉璋左參政左贊右參政韓斐王勤副使閻佐張蕙左參議和遜右參議梁鏞僉事潘珪張玉江孟綸李鑒黄榮蕭謙同秉至公以理于外體勤則與考試官學正陳明等揭書命題誓惟去取之公於是合十有一郡士而群試之得其文中程度者九十人而又刻其文可法于人者以傳皆定制也録既成謂體勤宜序諸首夫道一也而學之有體焉有用焉有文焉人受形于兩間而性其體也道洽政孚而行無不獲其用也六經載道之器而文莫古于經也體備于盡性而用弗彰設錦覆阱而已尔學貫乎六經而政不達輪轅飾而弗庸非虚車乎此古之賢材所以體具而用周道明而德立形于文章見諸功業如劍刃發硎試無不利如鍾磬在懸動必有聲故能器重當時而鏗聞來世今諸士子樂育于庠校遵養于山林固明諸心知所往矣而用獨未之見焉所可見者其唯文乎古人論又以氣爲主氣不貫雖有英詞麗藻如編珠綴玉不得爲之實矣又必以理爲本譬諸絲竹繁奏而有希聲窈眇之音出焉聽者樂聞川流迅激而有泗洑逶迤之瀾見焉觀者心倦斯理與氣兼備而後取之爲有用之文也使之往登要津贊治化揚休邁烈而追媲于古之賢材也何難若飾言以希進藏機以钓名而實則罔聞匪惟貽今日司去取者之羞而亦孤中外諸重臣期待之至請以是爲諸士子勖焉

河南開封府儒學教授黄體勤謹序

成化十九年浙江鄉試

監臨官

巡按浙江監察御史劉魁（士元山東高唐州人　丙戌進士）

提調官

浙江等處承宣布政使司右布政使閻鐸（文振陝西興平縣人　辛未進士）

浙江等處承宣布政使司右參議張敷華（公實江西安福縣人　甲申進士）

監試官

浙江等處提刑按察司副使吴文元（善長福建歐寧縣人　丙戌進士）

浙江等處提刑按察司僉事魏富（仲禮福建龍溪縣人　丙戌進士）

考試官

河南開封府儒學教授黄體勤（乾甫福建莆田縣人　辛卯貢士）

山東東昌府高唐州儒學學正陳明（文顯福建懷安縣人　戊子貢士）

同考試官

廣東肇慶府德慶州封川縣儒學教諭顔□（體舒福建龍溪縣人　辛卯貢士）

江西饒州府樂平縣儒學教喻劉正隆（德甫福建莆田縣人　乙酉貢士）

直隸大名府魏縣儒學教諭王顒（□程山東平度州人　壬午貢士）

江西臨江府新喻縣儒學教諭崔昌（用吉福建寧德縣人　甲午貢士）

河南汝寧府光州商城縣儒學教諭夏雲（時望江西南城縣人　丁酉貢士）

江西吉安府泰和縣儒學教諭俞釗（時勉福建莆田縣人　甲午貢士）

四川保寧府閬中縣儒學教諭趙琥（時用江西餘平縣人　丁酉貢士）

江西南昌府新建縣儒學訓導黄萬碩（光大福建莆田縣人　戊子貢士）

收掌試卷官

嘉興府知府徐霖（用濟江西金谿縣人　丙戌進士）

金華府推官林沂（居魯福建莆田縣人　辛丑進士）

印卷官

浙江布政使司經歷司經歷龐洵（廷實四川南充縣人　庚午貢士）

金華府金華縣知縣葉巒（鍾秀直隸常熟縣人　辛丑進士）

受卷官

杭州府富陽縣知縣鄧淮（安濟江西吉水縣人　辛丑進士）

杭州府餘杭縣知縣鄭軾（式之江西永豐縣人　辛丑進士）

湖州府長興縣知縣林堪（舜卿福建莆田縣人　辛丑進士）

彌封官

寧波府慈谿縣知縣吴秀（文朴江西餘干縣人　戊戌進士）

嚴州府分水縣知縣李楫（時濟福建□□縣人　乙未進士）

謄録官

台州府臨海縣知縣方進（維新直隸歙縣人　戊戌進士）

温州府平陽縣知縣王嶽（希甫直隸靈壁縣人　辛丑進士）

紹興府蕭山縣知縣朱栻（良用直隸崑山縣人　辛丑進士）

對讀官

紹興府餘姚縣知縣賈宗錫（原善直隸常熟縣人　辛丑進士）

台州府寧海縣知縣張弘宜（時措直隸華亭縣人　辛丑進士）

温州府瑞安縣知縣丘天祐（恒吉福建莆田縣人　辛丑進士）

巡綽官

杭州前衛指揮使江昇（彦高直隸望江縣人）

杭州右衛指揮同知王宣（廷昭直隸山陽縣人）

搜檢官

杭州前衛正千户張玘（良用直隸真定縣人）

杭州前衛正千户張瑀（良玉直隸易州人）

杭州前衛副千户魯鏞（鳴遠直隸合肥縣人）

杭州右衛正千户周祥（廷瑞直隸山陽縣人）

杭州右衛副千户謝斌（時用直隸豐縣人）

杭州右衛副千户陳輔（良佐江西清□縣人）

供給官

浙江按察司經歷司知事丁寧（永康陝西長安縣人　監生）

紹興府通判于永仁（士毅河南洛陽縣人　乙酉貢士）

處州府遂昌縣知縣俞鯆（廷章應天府江寧縣人　乙酉貢士）

杭州府仁和縣縣丞韓紳（敬夫四川嘉定州人　監生）

杭州府錢塘縣縣丞趙銘（德新直隸蕭縣人　監生）

嘉興府平湖縣縣丞張輔（世卿山東商汀縣人　監生）
金華府義烏縣縣丞劉副（良佐直隸陸安州人　監生）
嘉興府崇德縣縣丞沈讓（宗仁直隸江都縣人　監生）
金華府蘭谿縣主簿馬信（克誠直隸鉅鹿縣人　監生）
紹興府蓬萊驛驛丞李綱（時正福建閩縣人　承差）
紹興府蕭山縣西興驛驛丞李鑛（仲器福建閩縣人　承差）

第一場

四書

君在踧踖如也與與如也　是故君子篤恭而天下平　以德服人者中心悦而誠服也如七十子之服孔子也詩云自西自東自南自北無思不服此之謂也

易

有孚中行告公用圭　萃聚也順以説剛中而應故聚也王假有廟致孝享也利見大人享聚以正也用大牲吉利有攸往順天命也觀其所聚而天地萬物之情可見矣　易其至矣乎夫易聖人所以崇德而廣業也知崇禮卑崇效天卑法地天地設位而易行乎其中矣成性存存道義之門　知者觀其彖辭則思過半矣

書

惟幾惟康其弼直　以蕃王室弘乃烈祖律乃有民永綏厥位毗予一人世世享德萬邦作式俾我有周無斁　其惟吉士用勱相我國家　尚胥曁顧綏爾先公之臣服于先王雖爾身在外乃心罔不在王室

詩

瞻彼淇奥緑竹猗猗有匪君子如切如磋如琢如磨瑟兮僩兮赫兮咺兮有匪君子終不可諼兮瞻彼淇奥緑竹青青有匪君子充耳琇瑩會弁如星瑟兮僩兮赫兮咺兮有匪君子終不可諼兮瞻彼淇奥緑竹如簀有匪君子如金如錫如圭如璧寬兮綽兮猗重較兮善戲謔兮不爲虐兮　民之質矣日用飲食群黎百姓徧爲爾德　錫爾介圭以作爾寶往近王舅南土是保申伯信邁王餞于郿申伯還南謝于誠歸王命召伯徹申伯土疆以峙其粻式遄其行申伯番番既入于謝徒御嘽嘽周邦咸喜戎有良翰　文王既勤止我應受之敷

時繹思我徂維求定時周之命於繹思

春秋

浚洙（莊公九年）鄭公孫夏帥師伐陳（襄公二十五年）同盟于平丘（昭公十三年）　齊人救邢（閔公元年）齊師宋師曹師次于聶北救邢（僖公元年）　諸侯會于扈（文公十七年）宋華元帥師及鄭公子歸生帥師戰于大棘宋師敗績獲宋華元晋人宋人衛人陳人侵鄭（宣公二年）晋人執季孫行父舍之于苕丘季孫行父及晋郤犨盟于扈（成公十六年）陳轅頗出奔鄭（哀公十一年）

禮記

次國之卿命於其君者如小國之卿天子之大夫爲三監監於諸侯之國者其禄視諸侯之卿　膾春用葱秋用芥豚春用韭秋用蓼　致樂以治心則易直子諒之心油然生矣易直子諒之心生則樂樂則安安則久久則天天則神天則不言而信神則不怒而威致樂以治心者也致禮以治躬則莊敬莊敬則嚴威心中斯須不和不樂而鄙詐之心入之矣外貌斯須不莊不敬而易慢之心入之矣故樂也者動於内者也禮也者動於外者也　見事鬼神之道焉見君臣之義焉見父子之倫焉見貴賤之等焉見親疏之殺焉見爵賞之施焉見夫婦之别焉見政事之均焉見長幼之序焉見上下之際焉

第二場

論

帝王所傳心法之要

詔誥表（内科一道）

擬漢令郡國求遺賢詔（高帝十一年）　擬唐以韓休爲黄門侍郎同平章事誥（開元二十一年）　擬宋以曹彬爲樞密使謝表（開寶九年）

判語（五條）

貢舉非其人　不操練軍士　官馬不調習　私借官畜産　决罰不如法

第三場

策（五道）

問　自古帝王君臨萬方必有治天下之大經大法以爲垂世立教之典唐虞三代焕乎其有文章六經是已洪惟國朝聖祖神宗制作輝煌萬古莫皇

上丕振鴻基緝熙聖學乃敕儒臣編纂宋元二史忝以朱子綱目凡例共爲一書命曰續資治通鑑綱目欽讀御製序文有曰凡誅亂討逆内夏外夷扶天理而遏人欲正名分以植綱常庶幾得朱子之意而可以羽翼乎聖經其實有可指歟凡例有曰事迹悉據正史有曰得天下有救世之功者每進之有曰中國爲正統夷狄不得紀元有曰夷狄干統中國正統未絶猶擊之中國有曰夷狄全有天下中國統絶然後以統擊之有曰中國義兵起即夷之於列國共實有可言歟序例所載如此亦可相通而爲用者歟恭惟宸翰奎章昭回宇宙正道由是而明風俗以之而厚誠億萬世垂教之大典也編帙浩瀚如春秋大義數十炳若日星然舉其要必有一言請陳以觀欽佩聖訓之要

問　唐虞之時群后德讓成周之臣三千一心其寮采之間固相尚以和矣降及後世士風不古功侔則相猜能同心輔政者誰歟勢并則相軋能讓直濟文者誰歟恥居左列欲面辱之視稱疾不争者孰先國計歟恥戮部將欲手刃之視稱疾引避者孰急公義歟佐唐中興將業齊美者始不相協矣而終於共濟國事較之平居相稱而議事則公言無私者所處何如佐宋恢復將略俱高者始不相下矣而終於釋憾相歡方之上前争事而下殿則和氣如初者所事何若他如鎮光之异姓其情固爲兄弟矣不知間因何議而亦牴牾爲公歟爲私歟浚鼎之同朝其初固如手足矣不知後因何人而至掣肘爲國歟爲己歟之數人者皆當世名臣其相與之際孰得孰失果無愧於虞周之臣否歟方今聖明在上揖讓成風百僚師師而同寅協恭固其時矣伊欲其心膂相孚而皆如虞后之德讓彼此相濟而咸體周臣之一心果何爲而可歟諸生積學待用將有官守請試言之以觀他日善處之術

問　學術功業二者常相須也君子之用世學術待功業以著功業本學術以隆載於經傳著於往昔不可比而同也姑舉一二與諸士子論之如禹皋伊周光明俊偉事業顯于當時矣而學術果何所見歟管仲晏子霸功烜赫功業著於當世矣而學術果何所徵歟木强少文者任安劉之托士何待於學耶不學無術者受托孤之寄何益於用耶專尚清談何能擊楫中流而自立事功少年貴胄何能談笑拒敵而揮却百萬孔明當世豪杰也而扶漢室果由於學歟趙普開國勛舊也而贊翊王化果本於學歟持剛介特立之操方將用於時矣而適賈黨錮之禍明聖賢大學之道蓋將施諸用矣而適啓僞學之讎豈明體適用自爲虛談而學術功業難以并舉歟抑學術有淺深而功業有難易歟諸士子明言其故何如

問　自古忠義士愛君憂國者於凡時政得失輒論諫無隱雖時或弗合而物論往往壯之若疏上治安策獻天人表陳佛骨策對賢良者忠義凜然固彰彰垂世矣自餘論諫有廷争折檻者有引落御裾者論何事而太激歟有叩頭流血者有碎首玉階者言何事而太若歟諫修洛宫者論若迂矣説者謂其論事有回天之力何所見歟諫受天書者言若忤矣説者謂其所言足以破人主之惑何成指歟諫沮五岳之封侍御常職也何時人有鳳鳴朝陽之稱諫詆宰執之佞争臣常事也何朝士有天下太平之賀劾取媚宫闈者時遭謫宦則人稱真御史矣視四賢之名播在流咏者其名節孰高歟糾熙寧臺憲者相繼落職則人稱三舍人矣視三烈之號藉在人口者其忠鯁孰者歟他如慶元之朝有伏闕上書竄五百里而人謂之六君子者不知其言何補而能得此於人歟寶祐之際有伏閣陳事編官遠州而人謂之六君子者不知其言何切而能得此於衆歟是皆忠義卓絶載在史書者諸生夷考久矣且有言責之寄况今聖明在上言路大開正可言之時也不知言於今何事在所當先質於右何人在所當法請陳經濟之藴以著忠愛之心

問　財用天下國家不可一日而無也大學論絜矩專以財用爲言蓋深探其本矣古者國用制於冢宰會計任於相國又設宜以分掌之者此何時也冢宰既制矣復者有諸府之設所藏何物總其出入者誰歟當時圜法流通泉布充足人主無侈用之心果何以致之也相國既任矣復有諸府之制所職何事總其盈縮者誰歟當時饋餉不乏陳腐相因國家有富庶之效果何以使之也既而司農少府分而爲二上林水衡裂而爲三西羌一役取少府禁錢以續之降胡數萬取御府禁錢以補之何也自冢宰而相國自相國而度支自度支而户部遂使財計之任屢變厥後以三司使而寓冢宰之任造作軍器土木河防各有所属財之出果誰以并制之其與冢宰總外府之意果合歟財賦之督既有其職錢帛之貯又有其所財之入果誰以專主之其與冢宰總王府之意果同歟此又何時也□法果善歟古者藏富於民後世藏富於國又其後藏富於府庫用度不足於是乎榷酤榷茶榷鹽楮幣而并興焉其始末可言歟恭惟我國家損益歴代參酌時宜財賦重於東南天下視浙以爲盈縮漕運以給饋餉鹽課以資邊需坑冶以助不及朝廷節用謹度既以時矣近來旱澇相仍衍於今者恐無以繼於後耗於後者不可不慮於今或者又以爲大臣不當理財用其果然歟兹欲上充國用而下寬民力必有良法試言以著經世之術

中式舉人九十名

第一名　周澤　嘉善縣學生　書
第二名　章延年　金華府學生　春秋
第三名　鄭文幖　台州府學生　禮記
第四名　蔡欽　餘姚縣儒士　詩
第五名　吴瓚　杭州府學生　易
第六名　陳汝勉　上虞縣儒士　詩
第七名　韋厚　長興縣學生　易
第八名　劉致中　黄岩縣儒士　書
第九名　祁仁　山陰縣學生　詩
第十名　陳雍　餘姚縣儒士　禮記
第十一名　莫璞　仁和縣學生　春秋
第十二名　茅光著　慈谿縣儒士　詩
第十三名　汪金恩　開化縣儒士　易
第十四名　范瑨　嘉興府學生　書
第十五名　傅瑛　餘姚縣學增廣生　詩
第十六名　金祺　麗水縣學生　易
第十七名　婁宿　仁和縣學增廣生　書
第十八名　吴軾　平湖縣學增廣生　詩
第十九名　翁文魁　蘭谿縣學生　易
第二十名　許濬　餘姚縣儒士　禮記
第二十一名　盧濬　天台縣學增廣生　詩
第二十二名　郎滋　建德縣學生　易
第二十三名　徐瑶　嘉興縣學增廣生　書
第二十四名　梁昱　嘉善縣學生　詩
第二十五名　□士克　紹興府學增廣生　春秋
第二十六名　□乾　仁和縣儒士　易
第二十七名　林綱　台州府學生　詩
第二十八名　宋佳　奉化縣學生　書
第二十九名　錢光　慈谿縣學生　詩

第三十名　朱悳　杭州府學生　易
第三十一名　包溥　寧波府學增廣生　詩
第三十二名　周厢　海寧縣學生　禮記
第三十三名　陳霖　長興縣學生　詩
第三十四名　陳瑞　鄞縣學增廣生　書
第三十五名　樊文昇　衢州府學生　易
第三十六名　王惠　慈谿縣儒士　詩
第三十七名　張珍　寧波府學增廣生　書
第三十八名　秦鋭　紹興府學增廣生　春秋
第三十九名　王德明　慈谿縣學增廣生　詩
第四十名　李堂　寧波府學生　易
第四十一名　袁孟悌　鄞縣儒士　書
第四十二名　蔣顒　台州府學增廣生　詩
第四十三名　陳世良　台州府學生　禮記
第四十四名　盧照　東陽縣學增廣生　易
第四十五名　陳□　慈谿縣學增廣生　詩
第四十六名　邵恒　太平縣學生　書
第四十七名　鄒虞　仁和縣學生　易
第四十八名　胡晁　慈谿縣學增廣生　詩
第四十九名　項亨明　黄岩縣學生　書
第五十名　楊茂仁　寧波府學增廣生　易
第五十一名　龐振治　天治縣學生　詩
第五十二名　徐一夔　紹興府學生　春秋
第五十三名　汪鉉　餘姚縣儒士　禮記
第五十四名　童永闓　黄岩縣學增廣生　詩
第五十五名　張嵿　蕭山縣學生　書
第五十六名　車份　會稽縣儒士　易
第五十七名　李元宏　黄岩縣學增廣生　詩
第五十八名　錢春　嘉興府學生　書
第五十九名　王嶠　鄞縣儒士　詩
第六十名　陳順　金華府學生　易
第六十一名　張景琦　紹興府學增廣生　詩

第六十二名　華璉　餘姚縣學增廣生　書
第六十三名　章晟　湖州府學生　易
第六十四名　卜垠　東陽縣學增廣生　詩
第六十五名　胡洪　餘姚縣學增廣生　禮記
第六十六名　周璋　象山縣學生　書
第六十七名　王純　慈谿縣儒士　詩
第六十八名　邵蕡　餘姚縣儒士　易
第六十九名　余价　嚴州府學生　春秋
第七十名　邵莊　寧波府學生　詩
第七十一名　徐驥　新城縣學生　書
第七十二名　宗佑　寧波府學增廣生　易
第七十三名　徐楷　慈谿縣學增廣生　詩
第七十四名　王祚　樂清縣學增廣生　書
第七十五名　張伯祥　鄞縣儒士　易
第七十六名　陳恪　歸安縣學生　詩
第七十七名　邵蕃　餘姚縣學生　禮記
第七十八名　沈嵩　嘉興府學生　書
第七十九名　周仲昕　餘姚縣儒士　詩
第八十名　王潤　鄞縣學增廣生　易
第八十一名　吕信　新昌縣學生　書
第八十二名　王術　嘉興縣學生　詩
第八十三名　毛鵬　鄞縣儒士　易
第八十四名　謝會　紹興府學生　春秋
第八十五名　張夔　黄岩縣學增廣生　詩
第八十六名　王楷　餘姚縣儒士　禮記
第八十七名　包澤　寧波府學生　書
第八十八名　金璿　定海縣學生　詩
第八十九名　童琥　蘭谿縣學生　易
第九十名　林鳳毛　慈谿縣學增廣生　詩

四書

君在踧踖如也與與如也

周澤

同考試官教諭俞批（説出踧踖與與氣象宜居前列）

同考試官教諭劉批（詞簡而氣昌佳作也）

考試官學正陳批（得旨可取）

考試官教授黄批（説理明措詞當是用録出）

聖人當君之視朝恭敬不寧而威儀中適也蓋事君之道恭敬不寧固難而威儀中適尤難聖人於此而兩盡焉非盛德之至孰能然哉且聖人之仕魯也過君位嘗色勃矣然非君視朝時也入公門嘗鞠躬矣然非君臨政所也今焉群僚肅止而君於是乎御朝乘輿至止而君於是乎聽政斯時也聖人睹君顔於咫尺其恭之著於外者肅肅然若執玉若捧盈而立有不寧焉仰君威於密邇其敬之存諸内者凛凛然若臨深若履薄而足有不安焉然常人恭而不寧易至於夫宜聖人恭雖不寧而威儀之間匪惟無過不及又且和裕自如無勉强也常人敬而不安易至於夫正聖人敬雖不安而容止之際匪惟中規中矩又且安舒自得無矯飾也是則踧踖恭敬之至也與與威儀之善也恭不一於恭而有至中者在敬不過於敬而有至當者存斯其所以爲事君盡道也歟抑嘗因是而觀鄉黨之篇見聖人一容貌一言動一衣服飲食之間莫非盛德之著譬則日星燦然在人耳目而人自不察且門人率皆審視而隨事記之千載而下有志於希聖者莊誦是篇猶可想見於心目

是故君子篤恭而天下平

章延年

同考試官教諭夏批（題本平易場中作者多馳聘浮詞冗長可厭此篇不泛不略録出）

考試官學正陳批（析理詳明措詞簡潔佳作也允宜高薦）

考試官教授黄批（得旨）

中庸申詩言聖人有不顯之至德成無爲之大化蓋德之至者化必大也聖人至德淵微自然之應豈人所能測哉子思子推中庸之極功而申言周頌烈文之詩如此蓋以君子存省之功既至則篤恭之妙愈深然君子之篤恭果何如耶殆必藴天德之妙泯人爲之迹以言其德之函深則穆穆其恭人雖欲測其機緘無聲無臭可尋焉以言其德之玄遠則淵淵其敬人雖欲窺其朕兆

無形無色可徵焉德焉而函深若無預於天下也然神機默運不疾而速故凡百辟群后罔不承德而斯世允升於大猷一人弗率者無有也德焉而玄遠若無涉於天下也然神化潜孚不令而行故凡群黎百姓遍爲爾德而斯民咸躋於時雍一夫弗化者無有也是果誰之所爲乃君子篤恭自然之應也吁德妙於無形化成於無外中庸極功至是蔑以加矣抑考上章言聖人天道至矣盡矣子思子又慮學者馳騖高遠而忘其指歸也故復自下學爲己之事推而極之以馴致乎篤恭而天下平之盛又贊其妙至於無聲無臭而後已焉其反覆丁寧之意扶世立教之功至深切矣學者其可不盡心乎

以德服人者中心悦而誠服也如七十子之服孔子也詩云自西自東自南自北無思不服此之謂也

鄭文幖

同考試官教諭崔批（發明人心誠應王化之旨無餘藴矣宜居前列）

考試官學正陳批（此作以四服字爲一意得旨）

考試官教授黄批（立意與常説不同録出）

論人心之應王道出於誠必即事引詩以明之也蓋彼以誠感此以誠應必然之理也則夫人心之應王道豈有不出於誠者哉宜孟子即事引詩以明之也昔孟子於上文既論王者之心至此又明王道之應若曰王者以德行仁不以力假仁故人以爲王者德有以及於我也於是傾心歸附而不違人以爲王者德有以裕於己也於是革心向化而不背此以德服人者也然所以服之者豈聲音笑貌云乎哉一出於中心之自然而無一毫之虚假一本於天真之自若而無一毫之虚僞人心之應黄道如此果何以擬之邪譬諸孔門七十其徒挹聖德之光輝者處患難而不去非名位以驅之悦其德而不去也七十其子沾聖化之時兩者遇困窮而不舍非勢力以迫之誠服其化而不舍也盍觀大雅文王有聲之詩所云自西自東非一地也而景仰武王之聲教者有异地而無异人人之心服乎王者正此詩之謂也自南自北非一人也而歸服武王之德化者有异人而無异心人之誠服乎王者非此詩之謂歟孟子以是爲言其貴王賤霸之意昭昭矣大抵此章上文論王伯之心誠僞不同於此論人心之應誠僞亦不同也伯者不足道矣然人心所以誠服乎王化者由王者心之誠而感之深也豈有意於服人哉使其有意於服人是即所謂以善服人未有能服人者也安得致人心如七十子之服孔子四方之歸武王也歟學者詳之

易

有孚中行告公用圭

吴瓚

同考試官教諭顔批（題本平易作者措辭陳腐能化腐爲新僅見此篇）

考試官學正陳批（得周公戒占之旨可取）

考試官教授黄批（文暢理明可録）

信於上而循乎中言於上以通其信此益六三之辭也蓋居下而受上之益固當信之篤而行之合乎中也然豈可不通信於上哉聖人以是係益六三之爻其戒占者可謂至矣今夫損上益下之卦爲益六三陰柔不中不正不當得益者也周公既係益之用凶事無咎矣而此又戒之意謂當益下之時上之所以警戒我者蓋欲益我之不能也我當信之誠而不貳以二凡所施爲必不偏不倚而合於中道焉上之所以震動我者蓋欲匡我之不逮也我當信之篤而不參以三凡所動作必無過不及而協於中德焉夫能因戒以自修如此可不告於上而求以自通哉彼圭者所以通信而達誠也是以向焉警戒之時雖告於公未必信也今則以所秉之誠道達於公而執圭以通信焉公豈有不信乎昔焉震動之際雖陳於上未免疑也今則以所行之中敷陳於上而用圭以達誠焉上豈有見疑乎噫周公係爻之意何其深切而著明哉抑論益之六三乃中人之性也有過能改故君子有取焉雖吉不能如六二千朋之益而凶已優於上九勿恒之擊聖人不貴無過而貴改過也尚矣苟或方命怙終以上之戒爲不足恤而悻悻以自好焉其不受禍也亦難矣學易者可不監諸

知者觀其彖辭則思過半矣

韋厚

同考試官教諭顔批（發揮題意明白宜魁本經）

考試官學正陳批（簡明可取）

考試官教授黄批（知者契易之理此作得之）

明者之於易所玩者要而所得者多也蓋彖辭乃卦爻之要也明者於此而觀之則其所得豈不多乎哉思昔聖人傳易上文既總言六爻之藴矣至此而復歸重於彖意謂初上二爻特言卦之本末耳而彖辭或論乎二體或論乎主爻是統論一卦之體焉中之四爻特論卦之互體耳而卦辭或言乎主爻或言乎卦變實總斷六爻之義焉是以存亡之道悉具於六爻人必遍觀之而後知也知者能燭理於未形但於彖辭而觀之則所思存亡之道已融會於心而

得十之五六矣豈待觀諸六爻而後知乎吉凶之理全備於六畫人必詳玩之而後見也知者能察理於未萌特於卦辭而玩之則所思吉凶之理已默契於心而得十之六七矣豈待玩諸六畫而後見乎噫求易之要而得理之多自非知者其孰能然哉抑又論之於書得其半者有言之易意在聖人後也於心得其半者無言之易意在聖人先也學者誠能由辭以達意得意以忘言可以揖羲文於前古見周孔於羹墻而吾心一易也易一吾心也於乎安得斯人相與講明乎易理

書

惟幾惟康其弼

周澤

同考試官教諭王批（講得幾康弼直渾然不露圭角當是作）

考試官學正陳批（典雅明白必有學之士也）

考試官教授黄批（文氣渾厚得有虞臣告君之體）

君致謹於圖事臣盡忠以輔君此謹位之道也蓋致謹圖事修於内也盡忠輔君修於外也内外交修謹位之道不外是矣昔禹因舜然謹位之謨而又推其所以謹在位之意若曰人君謹位固莫要於安所止尤莫要於圖厥事何者一日萬幾君之事也必於其事之發熟思之詳審之果發於善乎不善不發也務善而後發使不陷於人欲之危可也庶事康哉君之責也必於其事之安友觀之内省之果安於善歟不善不安也務善而後安俾不離乎道心之正可也此修於内者然也夫内既無不修而外亦不可忽是故左右之臣雖不一也又皆盡其绳愆糾繆之職使吾君事之發於善者念兹在兹而纖毫人欲之不萌焉輔弼之官雖不同也又悉竭其獻可替否之忠俾吾君事之安於善者始是終是而須更道心之不離焉此修於外者然也内外交修無有不至慎乃在位之道何以加於此哉抑禹因上文皋陶然已保治之謨特吾舜曰慎乃在位而推其意若是且又繼之以天人協應之效曰惟動丕應傒志以昭受上帝天其申命用休以歆動之所以其望於君也舜感弼直之義則於下文曰吁臣哉鄰哉鄰哉臣哉以嘆咏之所以期望於臣也君臣之相期望者如此有虞之治兹所以爲不可及也歟

其惟吉士用勱相我國家

劉致中

同考試官教諭劉批（此篇善發明周公告成王之意而一結尤佳）

考試官學正陳批（詞理明潔）

考試官教授黄批（必如此作方得經旨）

大臣告君欲其專意於用賢而使之勉力以輔治也蓋用賢則治理必然也苟或用之不專則邪間之矣雖欲輔治其可得哉昔周公之戒成王意若曰立政莫重於三宅三宅莫要於吉士役其德著於身而始終有常者非吉士乎是吉士可以爲常任可以爲牧夫王當信而用之使宅乃事宅乃牧而不以小人間之如禹湯之迪知克即可也德備諸己而終始無間者又非吉士乎是吉士可以爲牧可以爲準人王當委而任之使宅乃牧宅乃準而不以憸人參之如文武之克知灼見可也所以然者非以其位而貴之也亦非以其禄而富之也誠以我國家之政莫過於受民庶積也于以使吉士之爲牧夫常任者展布四體相我受民和我庶慎而升其國於明昌無异於禹湯大競丕厘之日焉我國家之事莫要於庶慎庶獄也于以使吉士之爲牧夫準人者精曰一心和我庶慎敬我庶獄而措其國於隆平不殊乎文武丕基并受之時焉夫勳相國家由用吉士如此然則繼自今立政其可不加之意哉抑觀周公之作立政以告成王前此既言禹湯文武之用君子以興欲其知所勸桀紂之用小人以亡欲其知所戒至此又合三代而歸之王身欲其親君子遠小人其勸戒諄切何至哉厥後成王仰惟前代時若訓迪厥官可謂以周公之言見之行事矣周公宗臣成王賢君蓋兩得之

詩

民之質矣日用飲食群黎百姓遍爲爾德

陳汝勉

同考試官教諭趙批（題意上下相照此作吻合）

考試官學正陳批（得斯民爲君德之旨可取）

考試官教授黄批（捨上文質實講德者殊失本旨體認真切無喻此篇）

即民之厚乎己德見民之化乎君德此臣子托神福君之意也蓋人君之福莫大於民德之厚也臣子以是而祝君何其忠愛之至哉昔天保臣子感君恩之重托神嘏之詞而答之謂夫君以民爲本民性不淳非所以爲福也吾君之民大樸未散而智巧之不施但於日月之間鑿而飲耕而食而耕鑿之外無他爲民心不古非所以爲福也吾君之民淳風未漓而機變之不作但於日用之間渴而飲飢而食而飲食之外無餘事夫民德歸厚如此則是群黎百姓一皆於吾君之德則而象之于以不識不知相忘於耕鑿之天何有於戾德乎不戾於德猶助君而爲德也君之福孰大焉庶民小子一皆於吾君之德儀而式

之于以無思爲相安於飲食之常何有於背德乎不背於德若輔君而爲德也君之福孰加焉吁不以一身之福爲福而以天下之福爲福臣子以爲答之可謂知所本者歟大抵民之德即君之德民之福即君之福也故箕子之告武王必曰斂時五福錫厥庶民棫樸之咏文王必曰豈弟君子遐不作人天保臣子其知乎此故不以安富尊榮爲福而必以民化爲福此可謂善答其君而非後世容悦之詞也猗歟休哉

錫爾介圭以作爾寶往近王舅南土是保甲伯信邁王餞于郿申伯還南謝于誠歸王命召伯徹申伯土疆以峙其粻式遄其行申伯番番既入于謝徒御嘽嘽周邦咸善戎有良翰

蔡欽

同考試官訓導黄批（通篇以保國爲主題意正如此）

考試官學正陳批（得遣餞預道之意）

考試官教授黄批（理明詞暢）

王者錫親臣以出封而深期其保國餞親臣以就封而咸擬其保國蓋王者之封親臣無非爲保國計也親臣就封而周人喜之可謂無負王之命矣詩人備述而預道之宜哉昔宣王之舅申伯出封于謝而尹吉甫作詩以送之此則述王遣之之詞意謂元舅以王室之懿親膺出封之重寄今我錫爾介圭使在彼則鎮重于爾國入覲則合端于王朝往哉王舅尚其維藩維垣而奠南土於無虞之屏之翰而保南邦於不墜宣王遣之如此申伯承王命而信邁于謝吾王屈萬乘而躬餞于郿由是申伯指南國以言還無遲留也望謝邑以誠歸無淹滯也所以然者蓋王先命召伯徹其土疆而賦裕之已斂積其粻糧而止宿之有需故申伯得以速於行而不阻於行也當是時想我申伯著威武之番番入彼謝邑將徒御之嘽嘽周邦之人咸喜而相謂曰謝邑乃我周之雄藩今得申伯以守之必能樹藩垣之偉績而無負王之付托矣汝不有良翰乎南土乃王朝之巨鎮今得申伯以主之必能著屏翰之奇勛而無忝王之委任矣汝不有良幹乎吁當受封之初而上有以期之下有以喜之申伯其周家之人望歟大抵分封國治有國家者之先務也故伯禽出封東魯而周家以之爲輔尹鐸出守晋陽而趙人賴之以安今申伯出鎮大藩宜宣王錫之重期之深餞之厚而周人爲之喜也歟噫莊誦是詩不惟見宣王親親之意篤尤足以見宣王中興之有本云

春秋

浚洙(莊公九年)鄭公孫夏帥師代陳(襄公二十五年)同盟于平丘(昭公十三年)

章延年

同考試官教諭夏批(題本簡明場中作者不泛則略此篇專以設險用賢立説而序事詳明措詞典雅非究心於麟經者不能宜置高遠)

考試官學正陳批(議論正大)

考試官教授黄批(得傳意)

設險以保國不若任賢以爲國此我魯之浚洙水鄭國之用子産春秋備書得失見矣且夫魯以周公之後儒書秉禮之邦世至莊公家法在焉夫何畏齊浚洙國計多舛何以見之設險所以守國而固國不以山溪之險鑿池所以禦暴而固國恒以保民爲本苟或妄興大作民力疲矣輕用民力邦本揺矣民力疲而邦本揺雖有長江巨川限帶封域何足恃也雖有洞庭彭蠡周圍疆土不足憑也若彼區區洙水有何益焉不過徒勞民於守國末務豈若用人之爲愈乎若夫鄭以蕞爾之國介在晋楚之間世至簡定衰弱甚矣孰意任用子産國勢稍振何以知之鄭初代陳有功子産則以俘獲而獻晋晋昭平丘示威子産則相鄭伯以從事于時獻捷有詰應對有文也平丘争承詳陳周制也言有文而周制詳晋始以爲詞順犯之不祥而受其獻矣晋終至於日昏無如之何而許其請矣不有君子其能國乎是知爲國以人才爲先豈若恃險者之可鄙乎雖然鄭用子産無復論矣然我魯浚洙本以備齊不逾時而齊至曾不以洙爲難而我魯又得曹劌獻謀敗之若劌者才而遣於下者使莊公早知而用之國有其人齊必寢謀何勞乎浚洙何至於交戰先儒謂莊公爲無志不立之君信夫

齊人救邢(閔公元年)齊師宋師曹師次於聶北救邢(僖公元年)

莫璞

同考試官教諭夏批(此題作者往往以不力不勇立説蓋得之而未精此篇原伯者心術之微詞氣簡嚴一掃陳立之陋録出)

考試官學正陳批(書法謹嚴)

考試官教授黄批(得聖筆誅心之法)

伯主無恤患之誠春秋嚴誅心之法此齊恒之兩救邢始以人繼而次同一伯者不誠之心也春秋得不原其心而誅之也哉世入春秋王靈不振中夏之統莫属外夷之患荐興人心所賴以維持者伯也乃今齊桓主伯宅心安攘

始因狄爲邢患而救之也既遣一軍以往繼因邢被狄難而恤之也又率三國偕行拯恤之念有在簡書之義以伸聖人於此宜有美詞稱揚其績而責其不誠何耶蓋救欲盡力不力不誠也救欲速往不速亦不誠也桓公始之救也聊遣一軍而大衆不行力不盡矣繼之救也雖合三師而聶北有次往不速矣桓亦何如其心哉吾知桓之心爲邢患未甚而弭之則在彼感德之心不深狄虐未甚而撲之則在我恤患之名不顯將隆其名必張其功將張其功必養其患養患之心生則救患分灾之義泯要功之念作則玩寇待弊之志形是以師出而苟簡不力者由此師行而逗留不進者由此卒使狄鋒莫遏邢都遂遷是果誰之責耶皆桓公始謀匪臧一念不誠所至也春秋得不責之哉故其始之救邢特書曰人終之救邢特書曰次而桓公不力不速之所以咸凛然於笔削之下矣誅心之法何其嚴哉雖然桓公救邢之責固難逃矣然邢遷之後爲之築城郭以防其患具器用以賙其乏使邢之君臣無國而有國又誰之功耶説者謂其得興滅繼絶之義而謂二百四十二年之美事有方叔城東方南仲城朔方遺意良有以夫

禮記

次國之卿命於其君者如小國之卿天子之大夫爲三監監於諸侯之國者其禄視諸侯之卿

陳雍

同考試官教諭崔批（王制一題重在制禄諸作詳略失宜甚至有不知禄數者晚陳此卷簡潔明快必究心於經紊者健羡健羡）

考試官學正陳批（説出尊王重内之意可嘉）

考試官教授黄批（得先王制禄之意允宜録出）

外臣命於主君者禄既有所視王臣監於侯國者禄亦有所視夫先王班禄各適其宜也然外臣命於主君者禄既如小國之卿矣則王臣監於侯國者其禄得不視諸侯之卿哉記王制者重釋篇首言制禄之意謂夫先王班禄之制必因事而適變通之宜彼諸伯之三卿有命於天子者焉有命於主君者焉命於天子者授以三大夫之禄矣命於主君者其禄若同於天子之所命則君臣之分不幾於無别乎故必如小國之卿于以受田一千六百畝計其所入可食一百四十四人焉所以然者以諸伯所命降於天子之所命故也若夫天子之大夫有在朝守常職者焉有使外爲三監者焉守常職者授以視子男之田矣監於侯國者其禄若等於諸侯之大夫則内外之分不幾於無辨乎故必視大國之卿于以受田三千二百畝計其所入可食二百八十八人焉所以然者

以王朝之臣尊於諸侯之大夫故也噫一班禄之間尊王重内其制有如是夫抑論之分田制禄王政之首務故此篇自天子之田方千里至制農田百畝乃其經制之常法此之所言又其變通之异宜於常法之中而有變通者存則先王經制大備巨細畢舉此亦可見其一端云有天下者鑒諸

致樂以治心則易直子諒之心油然生矣易直子諒之心生則樂樂則安安則久久則天天則神天則不言而信神則不怒而威致樂以治心者也致禮以治躬則莊敬莊敬則嚴威心中斯須不和不樂而鄙詐之心入之矣外貌斯須不莊不敬而易慢之心入之矣故樂也者動於内者也禮也者動於外者也

鄭文慓

同考試官教諭批（此題經注明白士子體認不真往往失旨此篇見理精到措詞典雅殆治身心有得者歟一薦何忝）

考試官學正陳批（約繁就簡辭理俱到録之）

考試官教授黄批（辭能説理其達禮樂之體用矣可嘉）

窮禮樂以治心身者有其驗原禮樂能治心身者有其由甚矣禮樂之切於人也兹欲心身各得其治而有其驗舍禮樂其何以哉記者論禮樂不可斯須去身及此謂夫樂所以窮本知變而治心莫切焉君子研窮其理以治心則邪穢以滌而易直慈良之心油然生矣善端以萌而欣喜愛樂之情勃然興矣樂則從容而安何勉强焉安則不息而久何間斷焉久則渾然天成不假作爲也天則變化無方不可度思也天雖何言而人自信之如蓍龜神雖不怒而人自威之如鈇鉞致樂治心之驗如此則窮本知變之妙可以盡識矣禮所以著誠去僞而治躬莫要焉君子研窮其理以治躬則足以固肌膚之會而莊敬之容儼乎其可掬矣夫既莊敬則足以著恭肅之儀而嚴威之象凛乎其難犯矣斯時也心中宜無斯須之不和樂也使有或間則鄙詐之心寧不乘間而入乎外貌宜無斯須之不莊敬也使有或息則易慢之心寧不抵隙而□乎致禮治躬之驗如此則著誠去僞之心不可少間矣然樂之所以能治心者非有他也蓋樂由中出動於内者也動於内則能治心而極其和焉禮之所以能治躬者非無自也蓋禮自外作動於外者也動於外則能治躬而極其順焉吁禮樂之切於心身如此夫豈可斯須去耶雖然禮樂之功用非特治心治躬而已觀之下文曰樂極和禮極順以至德輝動於内而民莫不承德理發諸外而民莫不承順感人動物其效如此君子極致禮樂之道雖舉而措之天下無難矣治心云乎哉治躬云乎哉讀者不可不知

論

帝王所傳心法之要

周澤

同考試官教諭俞批（一論正欲觀上子學識而場中作者多主中字陳言可厭此篇本農□之説發而爲文詞氣春容筆力老健富學之士也）

考試官學正陳批（論以識見遠大立説而文足□發之作手也起敬起敬）

考試官教授黃批（論超衆作高薦無疑）

論曰帝王識見遠大斯有以遍天下及後世也蓋識見近小者則爲事業也促狹立根本也淺易垂統緒也不久如器不宏所受不多如水無源其涸可待必然之理也有爲博厚載物之事業立深固不拔之根本垂悠久無窮之統緒蓋必識見度越爲天地立心爲生民立命爲萬世開太平者之所能也知此則南軒張氏有謂帝王所傳心法之要思過半矣請繹厥旨漢光知竇融之計人以爲明見萬里矣則吾所謂帝王識見之遠者則不在是宋祖以三河爲帶人以爲氣象不小矣而吾所謂帝王識見之大者亦不在是然則帝王識見遠大者何在重農是也農事何謂稼穡織紝是也或者謂有大人之事有小人之事以人君之尊而屑屑於農夫稼穡之事以非急務君臨外朝后總内政以王后之貴而瑣瑣於農婦織紝之事似昧大體噫帝王之重農事非謂與民并耕而後食也抑非吾身自織而後衣也其識其見蓋謂治常生於克敬而亂常生於驕肆誠使爲國者每念乎稼穡之勞而其后妃又不忘乎織紝之事則心有不存焉者寡矣心既常存必嚴恭朝夕而不敢怠也必懷保小民而不敢康也必思天下之飢猶己飢之必思天下之寒猶己寒之土木之功不與邊鄙之釁不開不興不開慮有以妨天下之農事也服飾之用不僭錦綺之施不濫不僭不濫慮有以害天下之女工也一農事之妨所擊若不重也天不農吾何以食一女工之害所關若不大也天下不蠶吾曷以衣帝王之識之見其遠也在此其大也在此是以聲名洋溢於中國恩澤普及於八荒事功廣博而深厚也措天下如泰山之安置四海如盤石之固根本深固而不摇也創業於前垂統於後一世肯堂肯搆則一世安富尊榮享之爲不盡也百世不愆不忘則百世禄位名壽用之豈有窮乎以至於千世萬世莫不皆然是豈不重農事而任權謀術數者能爲如此之事業乎能立如此之根本乎能垂如此之統緒乎所以古之帝王以禮樂刑政爲治世之法而未嘗以爲傳心之法以精一執中爲傳心之法而未嘗以爲心法之要其爲心法之要者其惟知重農事也歟昔者有周識見乎此自后稷以農事爲務歷世相傳其君子則重稼穡之事其室家則躬

織紝之勤相與咨嗟相與嘆息服習乎艱難咏歌其勞若以周公之聖臣輔成王之賢主告戒則以農桑之候爲先七月之詩可徵也獻替則以小人之依爲重無逸之書可驗也太王之妃姜女而王季之妃則太□也文王也妃太姒而武王之后則邑姜也皆助其君而焦勞於内咸勤於家而休美於外所以傳世三十歷年八百不獨有周爲然堯得此要命官造曆敬授人時所以土階三尺茅茨不翦而黎民於變也舜得此要憂民阻饑播時百穀所以罔游于逸罔淫于樂而四方風動也禹得此要身親稼穡盡力溝洫所以不崇宫室菲薄飲食而聲教四訖也湯得此六事自責禱雨桑林所以不邇聲色不殖貨利而萬邦惟懷也堯之子丹朱不可傳也堯則傳之於舜舜之子商均不可傳也舜則傳之於禹若成湯則又聞而得此要也歟使桀爲禹後知重農事以守其傳必不瓊宫瑶臺酒池肉林以殫民財也而禹之九有未必歸之於湯使紂爲湯裔知重農事以保其傳必不實鹿臺之財盈巨橋之粟以斂民怨也而湯之萬方未必歸之於周而周之衰又在幽王之寵褒姒婦無公事休其蠶織之所致也是則帝之所以帝王之所以王皆以所識所見在於重農事而爲所傳心法之要也歟若漢若唐宋諸君或躬耕籍田或衣敦觀農事或己身衣至瀚濯或後宫衣不曳地或繪無逸之圖或咏憫農之詩亦不可謂之不知重農事也但隆虚文而無實事求其知重農事而遠接帝王所傳之緒者其惟我朝列聖乎太祖高皇帝龍飛淮甸孝慈高皇后助成帝業於農桑之艱難知之詳悉所以躬行實踐也至告戒訓飭也詳聖聖相承率由此法故宗社奠安民物庶富殆同天長而地久也較之前代帝王爲有邁而漢唐宋風斯下矣愚何幸身親見之

表

擬宋以曹彬爲樞密院使謝表

祁仁

同考試官教諭趙批（表佳）

考試官學正陳批（表得駢麗體）

考試官教授黄批（典雅可觀）

伏以握兵西府班聯三省之榮進秩北樞拳出六卿之右非全才如旦奭詎可濫膺必碩望似臯夔庶幾允稱顧兹特授未遂堅辭竊念臣彬蠢爾武夫遭此昌運提戈有志幼竊虚名學劍無成長慚實用從龍飛于洛上近依駿德之光華息虎鬥于江南深仗廟謨之密勿囊韜弓矢幸奏捷於麒麟舟載圖書敢伐功於汗馬行同潘美罪比全斌甫及凱還遽蒙優賜方愧報恩水無地豈期申命之自天渙汗下臨淵水中惕兹蓋伏遇聰明神武仁厚謙恭撫治乘時乃太平之天子

誕生應祝真天縱之聖人洞然心地之虚明九門盡闢卓矣化功之炳烺兩曜争明舉杯酒而釋兵拳保全宿將用縉紳以持相軸隆重儒臣不爲言語文字之工真得誠正修齊之學書藏金匱孝友夙成布緣葦簾儉勤懋著讀虞書而嗟堯舜深嘉法綱之疏幸國學而贊孔顔肇啓人文之盛五星奎聚四海波恬還羲黄以上之淳風洗秦漢以來之陋治求賢若渴賤何弃乎布衣莅事惟能粗不遺於介胄遂令重寄猥及庸才臣彬敢不俯瀝蟻忱仰酬鴻造旌麾制勝焉敢辭百戰之勞帷幄運籌庶有裨萬全之計伏願聖武布昭乎遐邇王靈丕振乎華夷地厚天高莫象無前之偉績民安國泰永綿不拔之丕圖臣無任瞻天仰聖激切屏營之至謹奉表稱謝以聞

策

第一問

吴瓚

同考試官教諭顔批（考據事實敷對無遺足見學識之富可嘉）

考試官學正陳批（敷陳詳盡必熟於聖訓者）

考試官教授黄批（此策條答無遺非熟於史學者不能）

天葩睿藻昭回雲漢而褒之典著御翰宸章輝映日星而與奪之義公欽惟皇上丕振鴻圖緝熙聖學萬幾之暇潜心古典顧宋元二代之史迄無定本乃敕儒臣發秘閣之載籍恭國史之本文一遵朱子凡例編纂二史共爲一書命曰續資治通鑑綱目親洒綸翰用冠巨秩愚嘗拜手稽首揚言曰大哉皇言首一哉皇言乎其所以爲天地立心爲生民立極爲萬世開太平者乎其與唐虞三代焕乎易書詩禮春秋之文及我聖祖神宗之誥書以爲垂世立教之大經大法者同一揆也伏讀御製序文有謂誅亂討逆者於亂臣賤子之敗而書伏誅之類是也有謂内夏外夷者於女貞沙州之來而書入貢之類是也至如重韓通李筠之忠節而大書之所謂扶天理而遏人欲也嚴宋祖周主之廢立而明書之非所謂正名分以植綱常乎庶幾朱子之意者在是羽翼聖人之經者在是四百八年之事一筆一削莫此道枚數不盡特因明問所及舉其首事以爲對也凡例所載有曰事迹悉據舊史若宋遼金元之史及皇明實録是也有曰得天下救世之功者每進之若宋太祖於開寶八年大書之是也宋主中華金元分注於宋年之下所謂中國爲正統夷狄不得紀元也金虜據汴宋國猶從正統之法所謂中國之統未絶猶繫之中國也若至夷狄全有天下中國統絶然後以統繫之非元并六合崖山已亡之後乎中國有義兵起即夷之於列國非兵起中華清肅夷風之時乎序例所載固曰不同然序之所謂乃一書

之大義例之所載乃書法之微旨正如大學綱領統乎條目而條目屬於綱領孰謂義不可相通而爲用耶是以正道由之而明風俗以之而厚誠億萬世垂教之大典然編秩浩瀚如春秋大義數十炳若日星舉其大要不過褒貶一言而已昔人讀春秋有曰一字之褒榮於華衮一字之貶嚴於鈇鉞愚生欽誦聖訓管窺萬一如望旄頭之塵而聽屬車之音敢假斯言以爲聖訓頌

第二問

章延年

同考試官教諭夏批（辨古人相與得大而結有歸宿卓乎有識之士也取置前列允壯賢科）

考試官學正陳批（說出古人心術之正否制行之失得昭然莫遁他日之處寮采必有可觀者）

考試官教授黄批（策有事實宜録以爲程式）

對人臣之同事不難於和德之相協而難於公道之相倡不難於公道之相倡而難於誠意之相孚何則誠則可以動人而繫久要之好公則可以服人而消有我之私人臣相與而兼盡乎兹則以之修身必同道而相益以之事國必同心而相濟尚何患其和德之不協也哉請因明問而紬繹之夫同官爲寮采其班列相近也其職務相關也其計畫相聞也分雖异姓義若同氣其所相尚不在於和乎嘗觀之古矣有虞之朝九官濟濟百僚師師在位皆揖讓之風其和也何如有周之廷士讓爲大夫大夫讓爲卿三千人如一心之契其和也何若三代既還世道日降士風不復古矣若鄧艾平蜀鍾會害之王濬平吴王渾劾之則所謂功侔而相猜者信有之矣其間能寬嚴相濟而同心輔政者僅有如丙吉魏相其人焉李宗閔入翰院李德裕銜之王安石居政府吕惠卿訟之則所謂勢并而相軋者誠有之矣其間能協心佐理而讓直濟文者僅有如房玄齡杜如晦其人焉廉頗藺相如皆趙賢臣相如有功位列頗上頗不自揣欲面辱之何其私己也相如乃引避不與之争其知先國家之計乎冠恂賈復皆漢元勛復部將有罪爲恂所戮復不自反欲手刃之何其計仇也恂乃稱疾不與之見其知急公家之義乎佐唐中興如郭子儀李光弼者雖曰齊著將業而其素隙終不釋然若杜富諸公平居相稱而議事公言無私則真得和而不同之意矣其所處蓋尤善焉佐宋恢復如劉光世韓世忠者雖曰同擅將略而其宿釁終有圭角若韓范諸賢上殿争事而下殿和氣如初則真得公爾忘私之義矣其所事蓋尤美焉他如范景仁之於司馬光异姓相契不啻兄弟然論鍾律之事則反復相非非爲私也道不苟同也張浚之於趙鼎周朝相善有如

手足及因吕祉之□則彼此相左非爲己也議不苟合也是則數君子之相與得失較然要之暫异而隨同始殊而終合皆不至甚咈於和也惟以虞周之臣而□擬之則不無少貶焉肆我國家列聖相承群賢畢用揖遜興於朝仁讓洽於外其寮采之協和固遠出漢唐宋之上矣然而明明之意猶欲舉今日之臣而儕諸虞周之□□在當路執政之所優爲豈愚生所敢知哉雖然竊聞之孔子曰公則説孟子曰至誠而不動者未之有也夫知誠之可以動人則臨政遇事過必歸我善必歸彼而所以積吾誠者惟恐不至也知公之可以悦人則群居旅處私隙勿萌小嫌勿計而所以仗吾公者惟恐不盡也若然則意見雖异不害其爲同行事雖殊不失其爲合僚采之情分於是乎可得國家之大計於是乎不妨尚何患德讓之不虞后同心之不周臣也哉管見如此執事以爲何如

第三問

鄭文𢢾

同考試官教諭崔批（敷演略無凝滯具博洽之□歟）

考試官學正陳批（考據詳悉足見學識）

考試官教授黄批（論功業必本學術之正异日當有可觀）

觀學□則仕之言則知用世者必由於學觀不學無術之誚則知濟世者尤賴於學夫學以明道而仕以行其學也學術之淺深功業大小攸係也學術固可見於功業矣豈有功業而不本於學術者哉幼而學之壯而行之修之身行之家推之於國於天下其道一而已矣請因明問而歷陳之賢人君子出而康濟斯民無善天下未始不由於學問中來也本於學問則其寅亮也有具其調燮也有本其經綸也有要爲上則爲德爲下則爲民何施而不可哉故禹皋之謨禹皋之學術也而雍熙之治泰和之休實基於都俞吁咈之言賡歌戒敕之語也伊周之訓尹周之學術也而兆民之懷萬姓之服實兆於允德協下之陳立政任人之訓也九合諸侯一匡天下此管仲之伯業矣而管子一書非其學之所蘊乎齊國大治以其君顯此晏子之相業矣而晏于一書非其學之所藉乎然禹皋伊周之學駁故其規模狹隘之可鄙其可同年而語哉嬴秦無道灰燼六經周勃木强其知學爲何事雖在袒一呼漢鼎不摇而自防之蠢安能免疏昧之譏漢武嗣位尊崇方士霍光無術其視學爲何物雖漢昭之托始終不移而寵利自居安能兑猜疑之患然勃也專尚詐力小節奚觀光也憑仗忠義大節可取其可同時而語哉誓志渡江擊揖中流興復之舉非細故也祖逖其知春秋復讎之義矣而謂清談者能之乎提兵八千摧敵百萬淮淝之捷非細事也謝玄其達大易見幾之旨矣而謂談玄者能之乎孔明出師二表合伊

訓説命之旨足以扶炎劉再造之統趙普論語一部窺聖賢修治之道足以輔大宋維新之命然孔明學術純正用於世而有余趙普天資□□亦近似而可觀也至於李膺范滂之徒持剛介之資抱澄清之志平時自許峥嶸磊落而黨錮之禍轗軻萬狀豈其學之不逮哉時使然也晦庵元定之泒紹聖賢之傳明大學之道學問淵微義理精粹而僞學之讎釁搆百端正豈其學之不至哉時使然也夫東都之事吹栢嘘槁自相題榜處世之道殆有所未盡者而紫陽之學立身行道致君澤民豈人所能及哉故當時之□恨不能無而千古之事業不能泯也是則明體適用奚可視爲虚談學術功業烏可岐爲一道故學術有淺深而事功有大小時勢有順逆功業有難易也歟由是而觀君子但當盡在己之所當爲不可計事功之所難必蓋蕴籍於胸中有素而推行於事功有驗若廩之粟園之蔬隨取而隨有也得於己者有其實則見於用者有其功如庖之刀扁之劑屢試而屢效也愚也□□皇風菁莪聖化講明聖賢大學之至理服膺師友平昔之格言固竊慕聖賢之事業矣萬宇春盎麗日熙獨不能效春蟄秋蚓之一鳴乎但思處囊之已久恨脱穎之無由誰執事光生進教之幸甚

第四問

蔡欽

同考試官訓導黄批（有考據有斷制學識如是他日行事可視矣）

同考試官教諭趙批（於先正論諫事斷制明白而意寓抑揚其素負可窺矣异時有言責幸毋忘于斯言）

考試官學正陳批（忠義一策隨問隨答是宜録出）

考試官教授黄批（忠諫之論期不負於初心）

有愛君憂國之心而後敢言天下之事有救時切務之言而後能愜天下之論何則天下之事當國之政固人臣之所當言也惟夫忠肝義膽以天下爲己責以國計爲己憂然後其言感激痛切時務雖或犯宸怒觸逆鱗不見合于時而天下士天夫之清論自不能不翕然而歸之矣不然則首鼠自□仗馬不言或雖言之而無益於事不切於時欲免天下之□誚且雖尚何清論之有哉執事發策及此甚盛心也請陳之夫忠臣義士直言敢諫何代無之如賈誼治安之疏董仲舒天人之策韓愈佛骨之表劉蕡賢良之對垂今千百載矣其忠愛之□經濟之略讀之凛然猶有生氣自余諫者若朱雲請斬張禹而折檻其論之激非過也忠憤所發也彼陳禾論童貫而至引裾或者失之過焉褚遂良争立武后而流血其言之若非矯也忠誠所觸也□劉栖楚言晏朝而願碎首不免出於矯焉唐太宗欲修洛陽宫幾勞民矣張玄素以隋事爲喻而争止之

回天之力宜乎來魏徵之嘆宋真宗信受天書幾褻肅天矣孫奭以天□言哉而陳曉之破人主之惑宜乎致吕中之許永淳之際言路久壅李善感因對五岳而痛諫之時人得於創見安得無鳳鳴朝陽之稱乎貞元之時陸贄奏忤陽城因師諫垣而力救之朝士幸其忠直安得無天下太平之賀平皇祐之初文彦博取□宫闈相體玷矣唐介獨力争之雖遭謫宦而真御史之稱天下翕然名節何高也异時范仲淹□靖尹洙歐陽脩坐攻執政相繼左遷蔡襄以四賢咏之士林傳誦名節章章較之真御史奚忝哉熙寧之朝李定驟除臺憲銓考紊矣蘇頌宋敏求李大臨協力奏之雖遭落職而三舍人之稱于時籍甚忠鯁何著也异時徐經孫陳著陳茂濂坐議公田相繼引去時人以三烈號之萬口一談忠鯁諤諤方之三舍人奚愧哉他如在慶元間伏闕上書白趙汝愚之寃者楊宏中周端正朝張衜林仲麟蔣傳徐乾其人也時雖黜五百里而六君子之名洋溢中外豈其要譽於人哉言蓋補乎當世之務也在寶祐間伏閣陳事劾丁大全□奸者陳宜中黄鏞林則祖曾唯劉黻陳宗其人也時雖編管遠州而六君子之稱傳播遐邇豈其釣名於衆哉言蓋切乎當國之政也夫有忠義之心斯有鯁直之言若數公之論諫事雖不同而皆發於忠義見雖不一而皆歸於鯁直丹心烈日致氣秋霜嚮使得君而行之其匡救裨補宜亦多矣奈何道與時違動遭齟齬名雖愜於清論事無益於人國可慨也哉雖然數公之論諫固忠矣直矣而於所以論諫之道亦容有不盡也孔子曰勿欺也而犯之子夏曰君子信而後諫觀夫虞周之時皋稷陳謨周召進戒格心之學優游浸漬引其君於當道措其民於泰和上以成君之明下不顯己之直何者不欺之誠一念之信有以孚之於素也豈至臨事犯顔自取斥辱章君之闕而徒擅一身之名哉方今聖天子在上駿德格天忠賢布列廟堂有都俞之風天下有雍熙之化固無事於言矣然明問俯及乃欲扣异日得言之志顧愚草茅賤士何所知哉但所謂今事之當先則輾轉胸中千慮一得固有如數公之所言者所謂古人之當法則皋稷周召乃所願焉而姑置乎數公矣脱不弃而與進之尚當瀝葵藿之誠而敷獻于玉墀之下謹對

第五問

周澤

周考試官教諭俞批（有考據斷制蓋策場之優者）

同考試官教諭王批（援古證今其達國計者歟）

同考試官教諭劉批（財用一策敷答詳盡可謂博古通今者矣）

考試宫學正陳批（財用一策正欲觀士子學識此策條無遺宜置前列）

考試官教授黄批（酌古今而得理財之宜鑿□乎用之學也）

財用□乎古而周官之法詳財用制於今而地官之任重蓋財者軍國之需不可不理也其取用之制莫善於成周尤莫善於我朝也夫豈漢唐宋之所可及哉且財用關於天下國家大矣尚清談者以會計爲末務事筭會者以苛斂爲奇能而不知天學論絜矩專以是爲言者蓋深深其本矣粤自成周以冢宰而制國用如會同軍旅之需皆自外府給之而總其所出者冢宰也金玉貨賄之珍皆於王府藏之而總其所入者亦冢宰也是以當時圜法流通泉布充足而人主無侈用之心者豈非利拳之歸於一乎惟其一則人不得以貳之此成周之法爲古人之善法也漢除秦弊以相國而任會計公藏則主於内史而總之者相國也私藏則主於少府而領者亦相國也是以當時饋餉不乏陳腐相因而國家有富庶之效者豈非利拳之任猶專於一乎惟其專則人不得以分之此漢初之法猶有成周之遺意也自平勃失對之後遂以供養勞賜出於少府軍國大計歸於司農而拳分爲二矣孳牲蕃畜出於上林水衡而拳裂爲三矣是以西羌之役司農不繼而續以少府之禁錢降胡之費司農不給而補以御府之禁錢周之意固如是乎自相國拳移之後唐以度支郎掌歲計之所出復有拳判專判諸郎之設而隨設隨罷焉後唐以户部掌財計之所會復有度支鹽鐵三司之立而屢變屢分焉周之制固如此乎宋以三司而寓冢宰之任造作軍器属之胄案土木之役属之修造河防之役属之河渠而三司則制其所出也轉運督財賦之集内庭貯錢帛之私而三司則統其所入也其與冢宰總外府王府之意同乎夫古者井田之法立而富藏於民阡陌之法行而富藏於國鹽鐵之使立則富藏於府庫矣且酤之有禁爲傷德也而漢唐則榷之似矣茶之爲物則草食也而唐宋亦榷之可乎禹貢之青州貢鹽民之利廣也而歷代榷之似矣周官之楮幣貿易民之利微也而歷代亦取之可乎嗟夫法無古今便民者良洪惟我國家損益歷代參酌時宜闢自古所無之土地統自古未有之人民鹽則藏於民而禁之者恐其亂公法耳茶則采於民而禁之者恐其交外夷耳酤則造於民而弛其禁幣則造於官而便乎民方今財賦重於東南而尤重於江浙天下視之以爲盈縮也故漕運之設舟楫往來而饋餉賴之以給課鹽之地商賈輻輳而邊需賴之以充而其坑冶之所出不過助不及焉耳朝廷節用愛人無所不至猶慮豐歉相承而耗衍倚伏故專任户部以會計之此萬古不易之法也然當益重其任務在得人又必如大學絜矩之道務本以豐其源節用以防其流則生財有道取用有節國用以之而足民力以之而紓雖成周之制不過是也或謂大臣當理財賦夫豈知本之論哉

浙江鄉試録後序

浙士中試者九十人合九十人三試之文而拔其尤彰明者爲是録諸士子平日明於心習於身修於家以待用天下者盡著于此舉而措之焉往不濟切聞聖人惡文之過質君子耻言之違行記誦涉獵以幸一得又科目之通患此先正所以病其妨正學也使能實知於心允踐于身刑成於家其達也有施其窮也有守而富貴利禄一不以先後得失少動於中是即古賓興賢能庶常吉士也何所復議哉今兩浙名藩士習素厚去古人不遠諸士子尚克永觀省以聖賢極致自期待無失于前者當慎成于後未足於往者當勉進于來沿于故肄當有獨見之明逐于群趨當有特立之勇他日治千古義毋忘是録之經書政切時要毋忘是録之論策知制代言則所習詔誥之大體當謹進章折獄則經試表判之正言勿渝凡百猷爲永惟初服務使文與質宜言與行合名與實孚所謂上不負天子下不負所學然後科目有光鄉國增重是録信可稱賢能之書也今茲鹿鳴罷晏鴻漸及時將與天下豪杰翱翔下上于雲空之表非明輩所能測識尚惟笙簧之音未絶干磬之迹近存諸士可遽泯一日惠好而有遐心哉芻蕘之言幸無相忘也

山東東昌府高唐州儒學學正陳明謹序

成化二十二年浙江鄉試録

浙江鄉試録序

成化紀元之二十二年丙午秋八月天下當開科試士浙江實爲首藩先是欽差鎮守司設監太監張慶巡按監察御史荆茂咸祇若國家興學育才盛典殫厥心力罔敢少怠監察御史賀霖朱守恕黎鼎各以事莅兹土胥勤勸相以故士氣丕振於昔既而藩臬兩司重臣承檄部臺惟謹遂白諸巡按御史禮聘祥與訓導桑悦充考試官學正鄭時佐教諭李昌隆程鳳儀訓導陸坦王統張磬梁紈李卞中充同考試官提督學政副使李士實躬閲郡縣士拔其尤者覆核於巡按御史得千九百有奇比入院提調則左布政使端宏右參政張敷華監試則按察使戴珊僉事劉懋而右布政使閻鐸右參政夏寅副使閻佐吴文元左右參議李昊陳潭黄璉僉事張玉李鑒柯燉汪山王輔孫弁鄒霶相與贊理於外若受卷彌封謄録諸執事亦既遴選屬吏以充日之辛巳之甲申之丁亥合諸士子而三試之言之成文在理道純正而不雜者如定制取九十人巡按御史專監臨之寄試事顛末無小大悉綱紀之以雍以肅惟公惟慎無間然也有録用告厥成祥僭序之仰惟聖天子在位懸科設彀以待天下之士風化攸繫非尋常政務可比倫者祥等猥以文字叅被甄録區區芹曝之私恒懼莫之能遂乃今叨從禮聘以柄文衡誠欲自效以少逭尸素其或私以隳行怠以荒業非惟失人抑先失己祥不忍爲也顧智力思慮有所不逮舉置升落未能悉當人心心之憂危如臨深谷夫以數人之寡數昕夕之近萃千餘人之辭藝手披目閲銖稱而寸度之欲其無一失斯亦難矣而況有陸敬輿乃識韓退之有歐陽永叔乃識蘇軾轍曾子固兩浙東南巨省俊乂如林每科必有异材以充他日大受如祥之愚豈能於言語文字中測而知之雖然言者心之聲也言之精者文也言有醇駁而人品之邪正繇是以别蓋精神心術之微有不可得而掩者理固然也自鄉舉里選之法不行於天下上之所恃以登賢者舍言語文字其將奚從因文以稽其言因言以策其心盡吾力焉臧否下上之間當不相遠此主司所用以自解者也若夫勸勉規箴之詞聖賢成法具在宜無出

乎諸士子之所肄習之所講授者矣第恐行不及知言浮其實今日之病往往坐此祥不佞不敢肆爲陳説以重多言之咎願與諸士子以平日所能知能言者身體而力行之

江西饒州府儒學教授林祥謹序

成化二十二年浙江鄉試

監臨官

巡按浙江監察御使荆茂（庭春湖廣寧遠衛籍　戊戌進士）

提調官

浙江等處承宣布政使司左布政使端宏（仲仁直隸當塗縣人　丁丑進士）

浙江等處承宣布政使司右参政張敫華（公實江西安福縣人　甲申進士）

監試官

浙江等處提刑按察司按察使戴珊（廷珎江西浮梁縣人　甲申進士）

浙江等處提刑按察司僉事劉懋（勉之湖廣江陵縣人　壬辰進士）

考試官

江西饒州府儒學教授林祥（世祥福建莆田縣人　乙酉貢士）

江西吉安府泰和縣儒學訓導桑悦（民懌直隸常熟縣人　乙酉貢士）

同考試官

直隸徐州儒學學正鄭時佐（世卿福建閩縣人　丁酉貢士）

河南開封府祥符縣儒學教諭李昌隆（仲亨應天府江寧縣人　壬午貢士）

福建興化府莆田縣儒學教諭程鳳儀（應韶江西浮梁縣人　庚子貢士）

四川叙州府慶符縣儒學訓導陸坦（仕通雲南寧州人　戊子貢士）

河南汝寧府儒學訓導王統（文緒湖廣黄陂縣人　甲午貢士）

直隸保定府祁州束鹿縣儒學訓導張磬（中和陜西朝邑縣人　甲午貢士）

江西饒州府德興縣儒學訓導梁紈（尚素直隸崑山縣人　辛卯貢士）

湖廣岳州府臨湘縣儒學訓導李卞中（宗洛四川榮昌縣人　丁酉貢士）

收掌試卷官

金華府知府陳道（德脩直隸盱眙縣人　甲申進士）

紹興府推官周進隆（紹立福建莆田縣人　甲辰進士）

印卷官

浙江布政使司經歷司經歷陸愉（以和直隸嘉定縣人　監生）

杭州府知府張縉（朝用山西陽曲縣人　己丑進士）

受卷官

杭州府同知邵福（錫之湖廣沔陽州人　丙子貢士）

嘉興府嘉興縣知縣張鏞（洪鳴湖廣武昌縣人　乙酉貢士）

紹興府嵊縣知縣周磿（克禮直隸武進縣人　戊戌貢士）

台州府寧海縣知縣張弘宜（時措直隸華亭縣人　辛丑進士）

彌封官

杭州府富陽縣知縣鄧淮（安濟江西吉水縣人　辛丑進士）

嘉興府嘉善縣知縣汪貴（良貴直隸歙縣人　戊戌進士）

金華府武義縣知縣曾禄（汝學廣東博羅縣人　辛丑進士）

謄録官

台州府推官劉嶽（仰止江西安仁縣人　戊戌進士）

温州府瑞安縣知縣劉清（一之江西德化縣人　戊戌進士）

衢州府常山縣知縣余完（宗美福建候官縣人　戊戌進士）

對讀官

金華府同知黎暹（景升廣東順德縣人　乙酉貢士）

台州黄岩縣知縣鄭達（德孚直隸歙縣人　戊戌進士）

嘉興府桐鄉縣知縣梁敬（德興廣東高要縣人　辛丑進士）

巡綽官

杭州前衛指揮使江昇（彦高直隸望江縣人）

杭州右衛指揮使許璋（宗器直隸定遠縣人）

搜檢官

杭州前衛正千户白璽（大用山後人）

杭州前衛正千户張玘（良用直隸真定縣人）

杭州前衛正千户莫英（世傑直隸盱眙縣人）

杭州右衛正千户陳偉（彦奇山東汶上縣人）

杭州右衛副千户陳輔（良佐江西清江縣人）

杭州右衛副千户郭輔（良佐順天府密雲縣人）

供給官

嘉興府通判易海（文淵湖廣巴陵縣人　己卯貢士）

杭州府推官劉瑭（廷玉陝西河州人　戊子貢士）

杭州府臨安縣知縣方早（文敏直隸歙縣人　乙酉貢士）

紹興府諸暨縣知縣王瓚（秬充湖廣□陽州人　壬午貢士）

嘉興府崇德縣知縣趙希賢（堯卿直隸高邑縣人　戊子貢士）

嚴州府桐廬縣縣丞張茂（敏實福建惠安縣人　監生）

杭州府仁和縣主薄陳懋（日新福建清流縣人　監生）

杭州府錢塘縣主薄姜海（大源貴州貴竹長官□人　監生）

紹興府山陰縣主薄開銓（秉衡陝西甘泉縣人　監生）

衢州府上航埠頭驛驛丞崔福（以善廣西靈川縣人　知印）

金華府蘭谿縣瀫水驛驛丞翁以增（守增福建莆田縣人　承差）

第一場

四書

自天子以至於庶人壹是皆以修身爲本　莫春者春服既成冠者五六人童子六七人浴乎沂風乎舞雩咏而歸夫子喟然嘆曰吾與點也　仰不愧於天俯不怍於人

易

首出庶物萬國咸寧　夬決也剛決柔也健而説決而和揚于王庭柔乘五剛也　乾知大始坤作成物乾以易知坤以簡能易則易知簡則易從易知則有親易從則有功有親則可久有功則可大可久則賢人之德可大則賢人之業易簡而天下之理得矣天下之理得而成位乎其中矣　其於人也爲加憂爲心病爲耳痛爲血卦爲赤其於馬也爲美脊爲亟心爲下首爲薄蹄爲曳

書

臣作朕股肱耳目　惟事事乃其有備有備無患　皇天既付中國民越厥疆土于先王　冢宰掌邦治統百官均四海

詩

平王之孫齊侯之子　之子于苗選徒囂囂建旐設旄搏獸于敖駕彼四

牡四牡奕奕赤芾金舄會同有繹决拾既佽弓矢既調射夫既同助我舉柴四黄既駕兩驂不猗不失其馳舍矢如破蕭蕭馬鳴悠悠旆旌徒御不驚大庖不盈之子于征有聞無聲允矣君子展也大成　文王有聲遹駿有聲遹求厥寧遹觀厥成文王烝哉　思媚其婦有依其士

春秋

公及齊侯宋公陳侯衛侯鄭伯許男曹伯會王世子于首止（僖公五年）公會王人齊侯宋公衛侯許男曹伯陳世子款盟于洮（僖公八年）公會宰周公齊侯宋子衛侯鄭伯許男曹伯于葵丘（僖公九年）　公會晋侯衛侯曹伯邾子同盟于斷道（宣公十七年）晋侯衛世子臧伐齊（宣公十八年）季孫行父臧孫許叔孫僑如公孫嬰齊帥師會晋郤克衛孫良夫曹公子首及齊侯戰于鞌齊師敗績（成公三年）　公會劉子晋侯齊侯宋公衛侯鄭伯曹伯莒子邾子滕子薛伯杞伯小邾子于平丘　同盟于平丘　公不與盟（并昭公十三年）　晋士鞅宋樂祁犂衛北宫喜曹人邾人滕人會于扈（昭公二十七年）

禮記

古者庶子之官治而邦國有倫邦國有倫而衆鄉方矣　父子篤兄弟睦夫婦和家之肥也大臣法小臣廉官職相序君臣相正國之肥也天子以德爲車以樂爲御諸侯以禮相與大夫以法相序士以信相考百姓以睦相守天下之肥也是謂大順　若此則周道四達禮樂交通則夫武之遲久不亦宜乎

故謂之有行有行之謂有義有義之謂勇敢故所貴於勇敢者貴其能以立義也所貴於立義者貴其有行也所貴於有行者貴其行禮也故所貴於勇敢者貴其敢行禮義也

第二場

論

聖人天道之自然

詔誥表（内科一道）

擬漢文帝賜天下今年田租之半詔　擬唐以陳叔達爲禮部尚書誥擬宋胡安國進春秋傳表

判語（五條）

夜無故入人家　軍民約會詞訟　有事以財請求　官吏聽許財物

知情藏匿罪人

第三場

策（五道）

問　自古帝王之興必有制作以新一代之耳目洪惟我朝英宗睿皇帝大明一統志之作實籠八表於案内挫萬里於毫端者也試以全浙之風俗人物一講之其風俗之見於志者曰人性敏慧而習俗工巧曰人和物阜民貧而嗇曰知慕文儒頗勤農桑曰儒風始盛而習俗歸美又有俗勤畊織士知所學俗悍以寡耿耿好氣者又有君子尚禮小人勤稼俗重犯法篤志好學者又有其俗不雜而其人易治其人樸静而其俗倫約與夫争訟少而紡績勤器用備而粳稻足者可歴舉其地歟其人物之見于志者有侃然正色而百僚敬憚者有啓沃君心而知無不言者有論諫甚切而一本仁義者有論疏剴切而悚動人主者他如起兵勤王志在復國琴鶴自隨卒謚清獻者博學能文尤邃經術少有高名不屈仕進者與夫引落帝衣不惜碎首愛惜名器扶持正學發明中庸之大旨知伊洛之正學者可歴數其人歟夫班倕之里童子能雕鳶秦青之居耋者能弄吭風俗有係於人之變化尚矣諸士子樂育聖朝菁莪之化百有餘年平居素志所以化導鄉閭景仰先哲者果以何者爲至歟請陳毋略

問　聖者無不通也故生而知之不思而得皆所以論聖嘗觀古之所謂聖者而有疑焉稱堯者曰乃聖乃神矣然臣必試而後知稱文王者曰緝熙敬止矣然道猶望而未之見周公非聖人乎仰而思幸而得何其勤且艱若是也孔子之聖殆無容議姑以其細者言之萍實之對商羊之答玉羵之辨巨骨之考可謂無不通矣然問禮問官問樂學琴禘之説則曰不知軍旅之事則曰未學封禪之書讀之而不能盡通也聖人固如是乎夫聖人而亦有所不通則其爲聖亦易矣聖而猶有待於學則學而知之者亦可以謂之聖乎試言所以希聖之學

問　古之用賢無定法惟其人而已有非常之材者固不可以常法遇之莘野之聘傅岩之求渭濱之載姑置勿論降至西漢武宣號稱得人然當時賢臣名士往往有拔之芻牧之中而表之卿相之上者時論不以爲嫌何後世之不然耶夫大臣以人事君豈不欲明揚俊民以輔邦國顧知人則哲自古爲難然則當用人之柄者其甄奇録异如李蕭山濤乎抑慎守年資如崔亮裴光庭乎將舉先德行如牛弘推奬法吏如戴冑乎崔祐甫除吏八百未免有舉多親故之譏常衮盡公守法未免有賢愚同滯之誚又果將何所適從乎習俗之薄

議論之多欲望得人於微陋之中而成功於繩墨之外亦難以何施何爲而可以臻得人之盛願爲我言之

問　兵者國之大事聖人不得已而用之也商用之時若伊尹鳴條之役吕望牧野之師其神武不殺見之湯牧二誓不可尚已戰國以還善言兵者莫如孫武其法後世因之亦猶方圓之不能過乎規矩也試舉一二與諸士子商確之其法曰將能而君不御者勝上下同欲者勝孰用之而果能取勝乎曰用間者因其鄉人而用之因其宫人而用之孰取勝而果由用間乎曰屈人之兵而非戰與不戰而屈人之兵合其法而成功者誰歟曰以飽待飢以佚待勞循其法而得捷者誰歟厲於廊廟之上以誅其事興漢之迹可考也然以老將而曰兵難遥度兵聞拙速破羌之迹可稽耶然以老臣而曰吾緩之自當携貳是果出於□法歟裨將弃師若可斬也宥之而不□刁斗不擊若可襲也而士卒樂爲之用是又不用法者歟我朝承平之治曠古所無然安不忘危古人所戒諸士子倘膺推轂之任則所以出奇兵於樽俎之間掃狂猘於帷幄之内果以何人爲法歟願爲我言之毋隱

問　天下之政亦多矣故以兩浙言之其急有四一曰水利二曰鹽課三曰銀冶四曰海道諸湖之水計其所溉動可及數千百畝今堙爲平田者殆半議修浚則豪右不安縱而不問則日益堙何以使水利復而民不怨諸場之鹽校其所得歲何止數千萬緡今蕩爲虚費者殆盡議經畫則勢强不便置而不理則日益耗何以使商賈足而國亦饒銀冶之利本以充國賦也而但取之於民何以使官民兩得其利巡海之兵本以備外寇也而華民亦自爲盗何以使内外兩得其所古之學爲政者必自一鄉始諸士子膺鄉選而來試論其所可行者如或知爾執此以往可也

中式舉人九十名

第一名　孫鑰　鄞縣儒士　書

第二名　楊子器　慈谿縣學增廣生　詩

第三名　翁健之　餘姚縣學增廣生　易

第四名　吴雲　餘杭縣學生　春秋

第五名　毛實　餘姚縣學增廣生　禮記

第六名　陳邦弼　紹興府學增廣生　詩

第七名　張輔　台州府學生　易

第八名　張居仁　新昌縣學增廣生　書
第九名　夏鏃　天台縣學生　詩
第十名　潘府　上虞縣學生　禮記
第十一名　胡儀　紹興府學增廣生　春秋
第十二名　朱綬　嘉興縣學生　詩
第十三名　李麟　寧波府學增廣生　易
第十四名　毛瑚　江山縣學生　書
第十五名　姜元澤　諸暨縣學生　詩
第十六名　周元佐　寧波府學增廣生　易
第十七名　楊簡　餘姚縣學增廣生　書
第十八名　姜麟　蘭谿縣學增廣生　詩
第十九名　方絅　開化縣學生　易
第二十名　徐守誠　餘姚縣儒士　禮記
第二十一名　趙繼宗　慈谿縣學增廣生　詩
第二十二名　蔡餘慶　黄岩縣學生　易
第二十三名　吾謈　開化縣儒士　書
第二十四名　戴經　嘉興府學生　詩
第二十五名　胡悳　紹興府學增廣生　易
第二十六名　陳熙　慈谿縣儒士　詩
第二十七名　吕肅　新昌縣學生　書
第二十八名　王鐶　天台縣學增廣生　詩
第二十九名　楊縚　建德縣學生　易
第三十名　張禧　嘉興府學生　詩
第三十一名　張明遠　餘姚縣儒士　禮記
第三十二名　方天雨　淳安縣學增廣生　春秋
第三十三名　周旋　慈谿縣學增廣生　詩
第三十四名　馬輿　嘉興府學生　書
第三十五名　方誌　寧波府學生　易
第三十六名　劉覲　慈谿縣儒士　詩
第三十七名　張佐　嘉興府學生　書
第三十八名　沈珪　德清縣學生　易
第三十九名　徐球　分水縣學生　詩

第四十名　翁文茂　蘭谿縣學增廣生　易
第四十一名　李滂　嘉興府學生　書
第四十二名　桂詔　慈谿縣學增廣生　詩
第四十三名　周玉　台州府學生　禮記
第四十四名　戴鏞　太平縣學增廣生　易
第四十五名　王天民　海寧縣學生　詩
第四十六名　沈衡　海鹽縣學生　書
第四十七名　吕禧　蘭谿縣學生　易
第四十八名　沈瀾　紹興府學生　詩
第四十九名　朱祚　海鹽縣人監生　書
第五十名　俞�　紹興府學增廣生　易
第五十一名　侯溪　臨海縣學生　詩
第五十二名　汪澤　餘姚縣學增廣生　禮記
第五十三名　李燭　金華縣學生　詩
第五十四名　楊譽　昌化縣學生　書
第五十五名　董錀　寧波府學生　易
第五十六名　陶諮　會稽縣學增廣生　春秋
第五十七名　戴乾　台州府學增廣生　詩
第五十八名　錢鉞　湖州府學生　書
第五十九名　張儼　上虞縣學增廣生　詩
第六十名　杜淮　上虞縣學增廣生　易
第六十一名　趙暕　慈谿縣學增廣生　詩
第六十二名　秦璧　平湖縣人監生　書
第六十三名　范永昌　湯谿縣學生　易
第六十四名　張玗　山陰縣學生　詩
第六十五名　姚鏜　上虞縣學生　禮記
第六十六名　陳言　慈谿縣學增廣生　詩
第六十七名　方瑭　嚴州府學生　易
第六十八名　黄溥　蘭谿縣學生　書
第六十九名　王啓　黄岩縣學增廣生　詩
第七十名　曹瓊　平湖縣學生　書
第七十一名　蔡漢　東陽縣學生　詩

第七十二名　沈綸　仁和縣學生　易
第七十三名　吴舜　山陰縣儒士　詩
第七十四名　來天球　蕭山縣學增廣生　書
第七十五名　徐克讓　錢塘縣人監生　易
第七十六名　王術　慈谿縣學生　詩
第七十七名　葉訓　餘姚縣學生　禮記
第七十八名　鄭涞　臨安縣學生　書
第七十九名　賈宗易　上虞縣學生　詩
第八十名　俞瑞　寧波府學生　易
第八十一名　陶誥　會稽縣學增廣生　春秋
第八十二名　劉演　海鹽縣學生書
第八十三名　胡浩　慈谿縣學增廣生　詩
第八十四名　李珏　太平縣儒士　易
第八十五名　陳大經　上虞縣學生　詩
第八十六名　鄒泰　餘姚縣學生　禮記
第八十七名　施震　平湖縣學生　書
第八十八名　王經　紹興府學生　□
第八十九名　宋冕　餘姚縣儒士　易
第九十名　李韶　黄岩縣學增廣生　詩

四書

自天子以至於庶人壹是皆以修身爲本

翁健之

同考試官訓導梁批（大學一題連日披閱殊無可人意者忽得此作良玉出而燕石下矣）

同考試官訓導王批（理明辭健知所歸重宜表出之）

考試官訓導桑批（認理真遣辭暢）

考試官教授林批（體貼注義脱去陳言佳作也）

大學之結八條目必揭其要以示人焉夫大學之道莫要於修身也然非揭言以示人孰從而知其然哉且大學之綱領有三而條目則八焉八者何格致誠正修齊治平是已然八者之中而修身爲要人可不知所重乎故上

自天子而下至庶人貴賤雖不同也然均之爲人而壹是皆以修身爲本焉譬之網而提其綱也否則推之而有所不準奚可乎哉尊卑雖有异也然均之爲學而一切皆以修身爲本焉譬之裘而挈其領也否則動之而有所不化又可乎哉物欲格知欲致皆其修之之功意欲誠心欲正悉其修之之實自身而后家國所以齊治者孰不於我乎是準自家國而后天下所以平者孰不於我乎是化是則吾身一修而大學之能事以畢所繫之重若此身乎身乎其可以不修乎大學結八條目而揭此爲言其示人之意深矣大抵人之一身萬化之本原故人能修身則家國天下之事業隨之此正明德之事而新民之機實大學之要道也孟子他日亦曰君子之守修其身而天下平孔孟相傳心法於此可見

莫春者春服既成冠者五六人童子六七人浴乎沂風乎舞雩咏而歸夫子喟然嘆曰吾與點也

孫綸

同考試官訓導張批（場中作此題者類多陳言獨此篇能化腐爲新殆猶園林如故而眷則生輝者也）

同考試官訓導陸批（説聖人許曾□處他□□□□也）

同考試官教諭李批（形容曾點所樂如□□□□□）

考試官訓導桑批（氣昌）

考試官教授林批（理明語新録之以式後學）

賢者言志聖人嘆而許之也夫志乃心之所之也聖人因賢者言志而嘆許之得非有契於心乎昔子路曾點冉有公西華侍坐夫子問志有及於點故對之如此謂夫時維三月序屬莫春斯時也景物熙明春服既備長而已冠者五六人焉未冠而爲童子者六七人焉相與盥濯乎沂水之濱娱温泉之觱沸相與乘涼于舞雩之下挹惠風之暢和載歌載咏而伴奂爾游襟懷爲之一洗言還言歸而優游爾休物我爲之兩忠點之志如此而已夫子於是喟然嘆曰乘斯時也與斯人也寓斯地也樂斯樂也位不出其所居事惟在於日用見高一世無舍己爲人之意彼規規於事爲之末者其氣象不侔矣吾非點與而孰與乎胸次悠然有對時育物之妙彼屑屑於事功之小者其規模自异矣吾非點許而誰許乎噫夫子進曾點而激三子之意至矣抑觀曾點是志殆猶葛天無懷之民回視三子者之撰其相去奚翅什伯邪吾夫子之志在於老者安之少者懷之朋友信之其意蓋亦欲與斯世共浴沂風雩之樂者而局於時慨然方有感於用舍行藏之際故一

聆點也之言適與意會不自知其發嘆也天地氣象於此驗云

仰不愧於天俯不怍於人

楊子器

同考試官教諭程批（不愧不作之意體貼精切其知克己之學者歟）

考試官訓導桑批（能推所以不愧怍之本必足目兩到者也）

考試官教授林批（切實）

心無歉於天人惟君子爲然也夫天與人皆理之所在也於此而心無所歉謂非自克己中來邪昔孟子序君子之樂至此謂夫心者一身之主宰所以具衆理也是理也原於天而賦於人人可以不全乎使天既與之而我反斫喪之是弃天矣揆之方寸寧不有愧於天邪必已無不克而天之所以與我者無斫喪之非則人泯天定矣日用之間静焉而與天俱動焉而與天合方寸盎然仰而在上天雖高也吾何愧於天哉使人能盡志而我獨梏亡之則非人矣揣之靈臺寧不有怍於人邪必已無不克而我之所得於天者無梏亡之失則欲净理還矣日用之間人能知而我亦能知人能行而我亦能行靈臺泰然俯而在下人雖衆也吾何怍於人哉是則仰不愧於天則天即我而我亦天矣俯不怍於人則我即人而人亦我矣俯仰無歉心廣體胖克己之功其大如此君子之樂豈外於是哉抑考孟子此章論君子之三樂上文言父母俱存兄弟無故至此以是爲言下文又言得天下英才而教育之先儒謂此一樂者一係於天一係於人其可自致者惟不愧不怍而已學者必於是而有得焉庶可行道於家而傳道於來世也

易

首出庶物萬國咸寧

張輔

同考試官訓導梁批（辭簡理明深得本義之旨録出）

同考試官訓導王批（發揮聖人彖傳之意無遺必熟於易者）

考試官訓導王批（得旨）

考試官教授林批（易義似此者不多）

□人出於上天下成其治此聖人之利貞也蓋治由聖人而成也今焉高出於上而天下焉有不治者哉乾彖言聖人之利貞如此謂夫聖人具乾剛之體妙乾元之用應時而出疆宇賴之以統御撫運而興民物托之以依歸正五位以凝命卓乎其無與倫也乘六龍以御天巍乎其莫與并也乾德以之而廣布天道以之而大行所謂飛龍在天者此其時乎由是萬國雖大凡沐其德者

皆有以順其性萬邦雖廣凡被其澤者皆有以遂其生春臺玉燭之中熙熙乎其自如也光天化日之下皞皞乎其自若也□謂□下化咸者此其驗乎是則酉出庶物猶□□之變化也萬國咸寧猶萬物之各正性命而保合太和也聖人得天位行天道而天下成其治如此豈非與天同一利貞也歟抑論伏羲畫乾之卦文王繫以元亨利貞之辭矣至吾夫子傳彖又析爲四德以發明之在天道如此在聖人亦如此也有志於易者由己以考諸聖由聖以驗諸天斯理尤有以待乎人也故曰君子以自强不息

乾知大始坤作成物乾以易知坤以簡能易則易知簡則易從易知則有親易從則有功有親則可久有功則可大可久則賢人之德可大則賢人之業易簡而天下之理得矣天下之理得而成位乎其中矣

翁健之

同考試官訓導梁批（題雖平易意有照應此作得之）

同考試官訓導王批（於人兼體乾坤處發明親切可取）

考試官訓導桑批（易卷中之錚錚者）

考試官教授林批（簡潔）

大傳論乾坤之理分見於天地人兼體之可參乎天地蓋乾坤之理不外乎易簡而已人能兼體之則由賢而聖而參乎天地矣聖人得不推言至是哉昔大傳聖人承上文男女而言乾坤之理謂夫乾道固成男也而凡物屬乎陰陽者成象以爲始皆乾以主之坤道固成女也而凡物屬乎陰陽者效法以自生皆坤以成之蓋乾健而動即其所知便能始物而無所難故爲以易而知大始坤順而静凡其所能皆從乎陽而不自作故爲以簡而能成物乾坤之理分見於天地如此人之所爲如乾之勿則其心明白而人易知如坤之簡則其事要約而人易從易知則與之同心者多故有親易從則與之協力者衆故有功有親則一於内故可久有功則兼於外故可大可久則賢人之德而得於己也可大則賢人之業而成於事也自可久而極其易則天下理之易者盡得而無遺自可大而極其簡則天下理之簡者全體而無外天下之理既得則人道盡矣殆見天以易而知始於上吾以易成位乎中而上與天參也地以簡而作成於下吾以簡成位乎中而下與地參也體道之極功聖人之能事至是尚何加哉嗟夫易簡之於易理至矣乾坤生萬物聖人參兩儀一於是而已世之末學顧乃險阻其心煩擾其行則於理已相背馳而況於希賢乎況於希聖乎況於希天乎必知此然後可以語易

書

惟事事乃其有備有備無患

孫鑰

同考試官訓導張批（憲天聰明之意正如此）

同考試官訓導陸批（以未然將然字立説文思亦新傳説告君之意燁然在目也本房優選吾於□□之）

同考試官教諭李批（寫出思患豫防之意鑿鑿可行佳士也）

考試官訓導桑批（詞整意足書卷之最者）

考試官教授林批（發明傳説告君之意殆盡）

惟能防患於未然斯能免患於將然夫思患豫防君道所當盡也傳説得不以爲高宗告哉謂夫天下之事理亂安危相爲倚伏苟不防於未然而徒悔於將然豈憲天聰明者邪彼事有大小也知理焉亂所伏必展轉於心思使豫有一定之謀于以爲大於其小則事其事而事乃有備矣事既有備雖一旦沓至於倉卒之間吾應之之具已利奚患哉事有難易也知安焉危所倚必經畫於方寸俾先有審處之術于以圖難於其易則事其事而事乃有備矣事既有備雖一旦紛擾於急遽之時吾酬之之策無窮奚患哉如事莫大乎兵不事兵事如外侮何修車馬備器械以事乎兵事則兵有其備而外侮不能爲之憂矣事莫難於農不事農事如水旱何簡稼器修稼政以事乎農事則農有其備而水旱不能爲之害矣事事有備無患者如此則常理而不亂安而不危矣憲天聰明之道豈外是哉嗟夫防患於未然者易爲力防患於將然者難爲功故傳説告高宗憲天聰明而必以是爲言豈非惓惓愛君之深意乎在易之既濟曰君子思患豫防在詩之鴟鴞曰迨天之未陰雨徹彼桑土綢繆牖户即此意也有天下者鑒諸

冢宰掌邦治統百官均四海

孫鑰

同考試官訓導張批（能道天官職任之重而□□□）

同考試官訓導陸批（説冢宰掌邦治處甚佳）

同考試官教諭李批（周官一篇文有典則氣出雄渾是用録出）

考試官訓導桑批（渾然不費斧鑿其老匠之善雕者）

考試官教授林批（理明詞暢）

賢王正天官以掌邦治其職爲甚重焉蓋百官四海皆治道之所在也統

之均之天官之職其重矣哉昔成王董正治官而訓迪其職如此夫冢宰者天官卿治官之長列六卿而尊於五卿分一職而兼乎衆職蓋天子之相也所掌者豈非邦治乎邦治者何統百官均四海是已是故司徒宗伯各有其屬司馬司寇司空亦各有其屬教化禮樂之殊刑政邦土之异冢宰則□□使歸于一焉然非官官而控制之自百而歸六自六而歸一所操者至簡也東西相距海宇如彼其廣南北相去地里如彼其遠風俗之异宜人民之殊好冢宰則調劑使得其平焉然非人人而稱量之大與之爲大小與之爲小所居者至易也百官异職而能統之則倫要綱紀咸得其序矣四海异宜而能均之則遠近多寡咸得其正矣冢宰掌邦治而職任之重有如此成王得不董正而訓迪哉抑嘗考之周家之冢宰即唐虞之百揆統百官均四海即亮釆惠疇也冢宰之職所係甚重故三代之君知其重而不輕以授人而其臣亦知其所重而不敢少曠其官是以當時庶政惟和萬國咸寧者有由然矣後世有志於三代之治者尚鑒兹哉

詩

之子于苗選徒囂囂建旐設旄搏獸于敖駕彼四牡四牡奕奕赤芾金舄會同有繹决拾既佽弓矢既調射夫既同助我舉柴四黄既駕兩驂不猗不失其馳舍矢如破蕭蕭馬鳴悠悠旆旌徒御不驚大庖不盈之子于征有聞無聲允矣君子展也大成

楊子器

同考試官教諭程批（形容宣王朝會田獵之盛能嘘繁辭而留真液可嘉可嘉）

考試官訓導桑批（束繁久簡辭理俱到僅見此篇）

考試官教授林批（題長而善於該括可取）

詩人歷言賢君因會同而田獵必總叙其始終而深美之也蓋會同而田獵事有終始也賢君舉田獵於會同之餘詩人安得不歷叙而深美之哉思昔宣王興周業於中衰復朝會之故典鑾輿始至於東都有司先爲之戒具選徒囂囂衆且肅矣建旐設旄序且整矣待畢會同之禮將以搏獸于敖斯時也諸侯四牡之是駕望洛水以朝宗者何連絡布散歟赤芾金舄之是服覲天顔子于咫尺者何陳列聯屬歟會同既畢田獵攸舉决拾則在指在臂之相比弓矢則强弱輕重之相得諸侯之人咸於此乎協同所獲之禽使於此乎助舉心之齊也爲何如駕四馬以純黄正兩驂而不猗御能不詭而中馳驅之法舍矢如破而得巧力之全藝之善也爲何如既而耳所聞者蕭蕭馬鳴而已目所睹者

悠悠旆旌而已徒御雖衆安静不見其驚擾獲禽雖多君庖不見其充盈此蓋終事嚴而頒禽均也夫始聞師衆之征而不聞其聲此嚴肅也終聞師衆之行而聲無所聞亦此嚴肅也使有始而不謹其終或有終而不善其始謂之君子大成可乎今焉自始至終一嚴而無間由終達始一肅而無殊信矣其君子也誠哉其大成也吁宣王一朝會田獵間而中興之盛美豈不從可見哉抑考畋于有洛五子作歌以戒太康矣恒于游畋伊尹作訓以戒太甲矣車攻之詩若喜談而樂道之何邪蓋周公相成王營洛邑爲東都以朝諸侯周室既衰久廢其禮宣王始有以恢復之因田獵而示車馬之盛紀律之嚴所以爲中興之勢者在此其諸异乎尋常之田歟

思媚其婦有依其士

陳邦弼

同考試官教諭程批（貌出耕餉夫婦相與之情儼然在目而一結尤出人意表）

考試官訓導桑批（此篇分明見田野有太平氣象）

考試官教授林批（詩正而葩此作以之）

耕餉之人而洽慰勞之情治世之氣象也甚矣周人夫婦之厚也交相慰勞于耕餉之所不厚而能若是乎載芟詩人之意謂夫國以農爲本農以勤爲先東作方興南畝俶載侯主侯伯之具在而飲食必資諸婦人侯亞侯旅之畢集而饁餉必責諸内助沾體塗足於載芟載柞之餘耕非不勞也乃以爲男子當務而不辭惟知來饁者閨門弱質跋涉有所不堪以順以媚而慰勞爲之曲盡載筐及筥於徂隰徂畛之際餉非不煩也乃以爲婦人常職而不憚惟知在田者風雨侵凌飢渴有所不免以恩以愛而慰勞爲之周至如兄如弟藹然其親厚所謂黽勉同心者有矣爰笑爰語歡然其和樂所謂琴瑟静好者有矣噫以耕餉之人而洽慰勞之情如此使非治隆於上俗美於下安能有此氣象哉宜乎詩人有以頌之也抑考之中谷有蓷之詩曰慨其嘆矣遇人之艱難矣婦見弃於其夫而夫道薄矣北門之詩曰我入自外室人交徧讁我夫見困於其婦而婦道薄矣芟夫婦乃能均致其厚雖野處無异於室家之常其得諸人文之化豈淺淺哉先儒有曰世治則室家相保者上之所養也信夫

春秋

公及齊侯宋公陳侯衛侯鄭伯許男曹伯會王世子于首止（僖公五年）公會王人齊侯宋公衛侯許男曹伯陳世子款盟于洮（僖公八年）公會宰

周公齊侯宋子衛侯鄭伯許男曹伯于葵丘（僖公九年）

吴雲

同考試官學正鄭批（會傳意而文足以發之僅見此篇）

考試官訓導桑批（詞嚴義正杰作也）

考試官教授林批（得尊君抑臣之旨）

春秋於伯主會盟王室之君臣必嚴詞以正尊卑之名分蓋春秋之作所以道名分也安得不於齊桓首止于洮葵丘之會盟而深致其意哉且夫君臣人道大倫班位上下猶天尊地卑不可紊也世入春秋此義不明聖人假史修經果何以嚴其名分哉有如惠王溺愛子鄭危疑齊桓控大國扶小國特會首止以定之而王世子在焉然世子儲貳也下會諸侯則陵諸侯人臣也上與王世子會則抗春秋特書及以會者若曰世子在是諸侯往會示不可得而抗也未幾王室告難王人實來齊桓合諸侯約友邦復盟于洮以安之而王人與焉然王人下士也列諸侯之下則輕王命殊諸侯之會則同世子春秋不嫌列會而必先諸侯者若曰王人雖微王命惟重示不可得而輕也已而天下之大本已定大勢已安文武之胙頒賜於伯舅宰孔將命下會于葵丘夫孔以冢宰兼三公其職任重矣春秋曷爲亦例常詞而不殊會之邪誠以天無二日尊無二上宰孔之爵貴則貴矣上視世子乃儲君也尊則尊矣下視王人均人臣也人臣則有進退之節出入均勞之義苟待以殊詞則尊卑不分君臣之義何有哉故會葵丘之書宰周公祇與盟洮王人同序於諸侯之上而不與首止王世子殊會同書則天尊地卑而其分定典叙禮秩而其義明上下辨而班位正矣聖人尊君抑臣之旨何其嚴歟雖然聖人尊君大法豈惟是哉他如書王正月以大一統書從王伐鄭以正分義晋文召王而書狩劉成伐秦而不書從所以扶天常立人紀無往而不寓焉萬世之下君君而臣臣父父而子子誰之功歟宰我謂夫子賢於堯舜信不誣矣

晋士鞅宋樂祁犂衛北宫喜曹人邾人滕人會于扈（昭公二十七年）

胡儀

同考試官學正鄭批（此作發揮列序大夫處明快可嘉）

考試官訓導桑批（嚴整）

考試官教授林批（筆力老健）

春秋列序大夫於會者不以伯臣之貪利而廢其勤義也觀諸會扈之書法厥旨深一慨自子朝搆禍周室靡寧意如稔惡魯昭播遷維時晋頃主伯范

鞅當過乃合列國之大夫同講于扈之好會于以嚴成周之令于以倡納公之謀曰宋曰衛既率先固請曰曹曰邾亦俯首相從使鞅於圖周之餘而伸恤魯之義則一舉而兩善并矣夫何季孫之貨一入納公之謀遂寢廢天討不行辭小國以歸然則是舉也始爲義動若可取矣終以利沮罪孰甚焉春秋宜有貶詞以彰不職而諸國皆序意安在邪蓋利於納公者宋衛之大夫也受賂而不欲納公者獨范鞅主之耳又況成周之令行乎苟或略之則范鞅受賂可罪也宋衛之臣何辜弃魯可責也致周之成奚尤聖人公是非於筆削之間故會扈之役列序諸國之大夫者不欲以一人累衆人一慝掩他善也其取舍之大情輕重之權衡豈不因是而具見也哉大抵聖人立法謹嚴宅心忠恕惡者或少貸而與人爲善之心常汲汲也彼若秦伯悔過則取之楚子慕義則進之厥□序謀蔡之大夫伐邾釋宋公之取邑凡此類不一而足其善善長惡惡短之意概可見矣故曰聖人之心天地之心也

禮記

父子篤兄弟睦夫婦和家之肥也大臣法小臣廉官職相序君臣相正國之肥也天子以德爲車以樂爲御諸侯以禮相與大夫以法相序士以信相考百姓以睦相守天下之肥也是謂大順

毛賓

同考試官訓導李批（本傳注而絢之以□必留心經學者）

考試官訓導桑批（説大順處异人）

考試官教授林批（杰筆）

極成物之效此大順之道也蓋家國天下之肥則成物之效極矣大順之道何以加於是哉且聖學教養之事不惟有成己之功而已又有成物之效焉彼一家之内有父子兄弟夫婦也父慈子孝而篤天性之恩兄友弟恭而序同氣之好夫先而婦從陽倡而陰和則一家充盛而無不足矣豈不猶人身之肥乎一國之中有君臣官職也爲大臣者克盡爲臣之道爲小臣者不虧所守之節官職相序而秩然貴賤之有等君臣相正而截然名分之不逾則一國充盛而無不足矣又豈不猶人身之肥乎以至天下之大天子則由仁義行而以德爲可行之車動無不和而以樂爲行車之御諸侯朝聘以時而以禮相與也大夫上下相讓而以法相序也爲士者莫不久要不忘而以信相考焉爲百姓者莫不友助扶持而以睦相守焉則天下之充盛又何异於人身之肥哉夫一家之肥而國有不肥固未足以爲大順也一國之肥而天下有不肥亦未足以爲大順也家國天下無一不肥至和周流而無滯聖學之功極矣謂非大順而何

斯道洋溢而無間成物之效至矣又非大順而何吁大順之道如此記禮運者推而言之示人之意何如哉不特此也以至天不愛道地不愛寶人不愛情諸福之物可致之詳莫不畢至皆順之至也使無成己之極功何以致是邪故曰先王能修禮以達義體信以達順此順之實也有志於大順者宜鑒於斯

若此則周道四達禮樂交通則夫武之遲久不亦宜乎

潘府

同考試官訓導李批（武樂遲久之義此作得之）

考試官訓導桑批（得作樂象成之意）

考試官教授林批（文贍理明）

惟武功成於遲久故武樂宜於遲久蓋作樂所以象成功也然大武之舞非象武功之遲久哉昔孔子引賓牟賈武樂之間而告之至此若曰武王之樂所以遲而又久者豈無自哉蓋以武王之克殷也封帝王之後舉尊賢之典弛政而倍禄偃武而修文祭饗朝覲之禮以漸而舉耕籍養老之儀以次而行于以一天下之人心于以新天下之耳目是以嚮也歸目鎬京雖曰以崇天子周道猶未四達也令則敷布於天下東西南北無處而非周道之洋溢焉昔也歸于西土雖曰皇王維辟禮樂尚未交通也今則漸被於九有上下内外無適而非禮樂之貫徹焉夫其成功若是之遲其歷時若是之久則大武之作得不象之哉故其舞之始出於行列不惟已備戒之遲而又總干山立嶷然不動者所以象其遲以待天下之化耳舞之已就於部位不惟先備戒之久而又久立於綴乃始作舞者所以仿其久以待治功之成耳武樂之遲久豈不宜哉吁作樂象成聞樂知德反覆孔子之論大武之樂則武王之功德亦庶乎其可知矣他日又謂韶盡美矣又盡善也武盡美矣未盡善也何哉蓋舜之德性之也又以揖讓而有天下武王之德反之也又以征伐而有天下故其實有不同如此當合而觀之

論

聖人天道之自然

夏鍭

同考試官訓導李批（論聖人天道自然處詞理俱到必有學之士也）

同考試官教諭程批（此作如布帛菽粟足資世用識者當自知重）

考試官訓導桑批（此作如登終南太華而步步皆踏實地與凌虚厲空者异矣）

考試官教授林批（文理純正杰作也）

天之所以爲天聖人之所以爲聖人者一自然而然也天之道一至誠也聖人之道亦一至誠也至誠無息不息則不已此理之自然雖欲已之而有不可得者豈故使之然哉使天而故不已焉是嘗有時而已矣果足以爲天乎使聖人而故不已焉是嘗有時而已矣果足以爲聖人乎古之善言天者曰於穆不已善言聖人者曰文王之德之純而釋之者以爲天之不已其命猶聖人之不已其德是以爲有意而爲之非所以論聖人天道之自然矣請因子朱子之論而申之道之在天下真實而無妄故謂之誠誠也者天理之自然也誠極其至則無息自然而不息也不息則久自然而久也以其在天者言之高者自高明者自明和煦者自發舒而肅殺者自摧折皆實有是理而實有是用故春而夏夏而秋秋而冬冬而復春流行而不可遏也生而長長而收收而藏藏而復生聯續而不可斷也是誰爲張主而綱維之哉一實理之自然也人者得天之道以生者也聖人者全天之道而不雜焉者也仁則仁義則義仁義之外無增益也禮則禮智則智禮智之外無矯飾也動静云爲無一事之非道出入起居無一時之非道聖人豈有心而爲之哉亦一實理之自然也是故爲子而朝于王季孝之實也爲夫而睦于后妃禮之實也雍雍焉而在宫肅肅焉而在廟敬之實也一舉而伐密再舉而伐崇武之實也故光于四方顯于西土不以遠而殊不殄厥愠不殞厥聞不以險而變文王之聖曷嘗有一時之息哉使有一毫之僞焉則飾於外必歉於内非所以爲聖人矣使有一毫之勉焉則勉於此或忽於彼非所以爲聖人矣不足以爲聖人則人而已矣不足以合乎天矣所謂至誠者固如是乎嗚呼天一聖人也聖人一天也窺聖人而未極其至則未免以人而論聖人睹天而未極其至則未免以物而論天也然聖人天道之所以爲至者亦非幽深恍惚可望而不可到也乃在於真實無妄之間固局卑近者之所不能知亦騖高遠者之所忽也故曰中庸不可能也中也誠也其一理之自然者乎夫人非天也人不能皆聖人也則當勉以求之勉而至於誠則亦聖人矣亦天矣此則人道之説與論天道者各有所指而言若遂以爲天人异域凡聖不同科則亦非所以論天論聖人矣

孫鑰

同考試官訓導張批（筆力蒼健文采燁然風檐寸晷之下能有此作亦爲難得故不厭其複而録之）

同考試官教諭李批（文有發越理亦不背其究心於論學者歟）

考試官訓導桑批（此作如商彝周鼎望之皆知爲古器也）

考試官教授林批（有源委有操縱論場中之褎然者）

論曰天人之理誠其至乎聖人也者人之至天也者物之至誠也者天人之至聖人之所以爲聖人此誠也天之所以爲天此誠也聖人天道之誠皆迎之而不見其始之得溯之而不見其終之窮同一自然而然者也夫豈可以差殊觀哉聖人天道之自然請以朱子之言而論之誠立聖人之本聖人乃誠之郛廓誠爲天之根柢而天乃誠之形體聖人以誠而爲聖人天道以誠而爲天道分之則爲二合之則爲一者也以聖人言之知焉生知行焉安行性天之性德天之德語其仁義仁義無一之不誠語其禮智禮智無一之不誠鬼神莫知寂然寧謐之境者誠之源倏忽莫鑿熙然混沌之區者誠之幹何思何慮誠無爲也所以循環者無終窮不識不知誠無將也所以周流者無空闕内焉此誠外焉此誠内外一誠之闔闢少焉此誠老焉此誠老少一誠之運用聖人之所以爲聖人非一誠之自然邪以天道言之穹然其形蒼然其色日月星辰布其文風雨霜露宣其化孰爲主宰而凡榮瘁開落千古無不同孰爲綱維而凡飛潛蠢動萬世無或异其體之運行乎度數所以常運行者誠爲之樞其氣之升降乎上下所以常升降者誠爲之轂衡漠無眹誠無形象也而每顯相於陟將厥士之時曠蕩無涯誠無範圍也而恒通靈於監觀四方之際元而亨利而貞貞而復元春而夏秋而冬冬而復春動静無端一此誠乎機緘何有於矯揉陰陽無始一此誠乎橐籥何有於造作天之所以爲天又非一誠之自然邪是則天也聖人也同一誠之自然也誠者太極之理太極生天天生聖人太極之道盡於天天之道盡於聖人舍天無以見太極舍聖人無以見天道聖人也者其天之分形而太極之委順乎故欲求太極當觀之天欲求天道當觀之聖人聖人者在下之天天之誠即聖人之誠也天者在上之聖人聖人之誠即天之誠也是以天命之不已與聖德之不已一皆自然而然者也若謂不已其命而不已其德則是有意於不已詎足以明聖人天道之自然哉宜子朱子以是箴吕氏之失也考之子思作中庸二十六章言天道引詩言維天之命於穆不已蓋曰天之所以爲天也於乎不顯文王之德之純蓋曰文王之所以爲文也純亦不已蓋借文王以見群聖人皆與天而合德也至朱子又以是爲言合而觀之天道無息聖人亦無息皆此誠也使吾誠一有間斷則與天不相似矣其能合天而爲一乎方今聖天子在位至誠之德上配天道下浹四方則又曠千古而一見者也愚也何幸身逢其盛

表

擬宋胡安國進春秋傳表

楊子器

同考試官教諭程批（醞釀當時告君之意立説當是作手健羨健羨）

同考試官學正鄭批（善於作表他卷鮮有及者）

考試官訓導桑批（得駢麗體）

考試官教授林批（麗則）

伏以天子右文表六經之正學聖王設教全一統之宏規光生洙泗之流瑞應圖書之府泛稽古訓獨斷宸衷謂春秋乃孔子之刑書其旨趣實後王之治典事裁天理誠哉禮義之大宗言若化工允矣綱常之要脉每嫌群注之延蔓有翳微辭之本根爰命儒臣重加著釋臣自知濁質忝與□班深慚舊學之荒蕪莫究遺經之終始實王賤霸潜窺當日之□衡内夏外夷明著將來之法鑒取三傳於高閣爰探褒貶之源折衆説於專門庸執是非之柄成一家之論斷廢數載之光陰矧存時措之宜堪瀆夜分之覽兹蓋伏遇聰明天縱聖敬日躋嚴法度以正百官定名分以齊衆庶掩光武中興之業駕宣王復古之功道著爲邦欲聽周郊之鳳志存經世乃懷魯藪之麟倘觀一得之愚少裨萬幾之見感復讎而雪涕法勾踐之枕戈閲盟狄以寒心待温禺而釁鼓興作敢煩乎有衆灾祥咸省於厥躬公論既明庶杜外朝之議人心克正益堅中國之防伏願瀚海波清六合永調乎玉燭莫居塵掃萬年常保乎金甌臣無任瞻天仰聖激切屏營之至謹以所撰春秋傳隨表上進以聞

策

第一問

楊子器

同考試官教諭程批（兩浙風俗人物歷數無遺末復以孔孟道德爲化導景仰之本得士如此其國家教養之明驗歟）

考試官訓導桑批（條答全浙風俗人物而不安於□□是欲飲沆瀣於霄漢駕群流而獨出者也）

考試官教授林批（條逢詳明是宜録出）

乾坤之量包括四方雲漢之章昭回千古指授成於獨斷編摩集乎衆長揆前古之著述誠未有盛於我朝英宗睿皇帝大明一統志之作也四海風俗備載不遺天下人物詳書靡漏蓋欲人知習尚之弊而自相變易仰前哲之風而自□飭勵豈徒誇土地之廣饒人物之繁阜而已哉試以全浙言之禹貢在古楊州之域天文屬斗牛女之墟聳峙有湖山之秀麗襟帶有江海之吐吞以言其風俗杭州在藩省之中而嚴州與之接壤一則人性敏慧而習俗工巧一

則人和物阜民貧而嗇焉嘉興居藩省之址而湖州與之連封一則知慕文儒而頗勤稼穡一則儒風始盛而習俗歸美焉至於俗勤耕織而士知所學俗悍以寡而耿耿好氣非金華之與衢州乎君子尚禮而小人勤稼俗重犯法而篤志好學非處州之與紹興乎其俗不雜而其人易治衣冠文物甲於東南者寧波也其人樸静而其俗儉約閭閻之中興行禮遜者台州也至於争訟少而紡績勤器用備而粳稻足又非温州之所習尚者乎以言人物陸知命之侃然正色百僚敬憚王縉之啓沃君心知無不言則出於嚴杭者也陸贄之論諫切直一本仁義倪思之論疏剴切悚動人主則生於嘉湖者也金之與衢則有宗澤之起兵勤王志在興復□□□□□□隨卒謚清獻者焉處之與紹則又葉夢得之博學能文尤邃經術嚴光之少有高名不屈仕進者焉他如陳禾之引落帝衣不惜碎首非寧波所産乎謝申甫之愛惜名器扶持正學非台州所産乎至若周行□已之教□本州發明中庸之旨使人□知有伊洛之學又非温州之巨擘歟雖然浙之風俗善矣而習氣未除人□盛矣而道學未著我□□□氣□□□□朝列聖繼作漸摩之以仁義薫陶之以禮樂百有余年士生其間當尊德性以立其體道問學以致其用一以躬行爲先而變其舊染之習使俗純禮義咸有鄒魯之風人歸道德悉蹈孔孟之行則庶乎其至也斯志也非曰能之願學焉執事其進而教之幸甚

第二問

孫鑰

同考試官訓導張批（答者多得失相半此篇事實詳明宜表出之）

同考試官訓導陸批（能知聖人所以爲學之意其留心古訓者歟）

同考試官教諭李批（條答明快允宜高薦）

考試官訓導桑批（知作聖非藝而希聖有本必高識之士）

考試官教授林批（寓希聖之志於言表豪杰士也）

論聖人之於學無自足之心人之於聖人無不可至之理蓋天下之理一定而天下之事無窮故雖生知之聖亦未嘗自以爲足而不學學而知之則其成功有不异於生知者天下豈有不可至之聖哉噫聖人未易言也執事以是爲問愚敢不攄所聞以對書云思曰睿睿作聖聖者無所不通之謂也故不思而得不勉而中然其心未始以爲足也帝堯聖矣臣之不才若必試而後知者方命圮族堯不知而誰知乎其試之者不自以爲然也文王聖矣於道猶望而未之見緝熙敬止文王果未見而誰見乎其望之者不自以爲足也周公聖矣其有未得者仰而思之夜以繼日幸而得之坐以待旦周公之心曷嘗以爲已

得而不加之意哉孔子述堯舜法文武律天時襲水土古之所謂聖者至是而極姑以其小者言之對萍實之問則知楚之必霸對商羊之問則知齊之大水土缶藏物則知羵羊爲土之怪巨骨專車則知防風□之骨爲禹之所戮事之小者無不知則大者不待論矣物之奇者無不知則常者不待問矣然而終日不食終夜不寢未嘗自以爲極焉老聃之習於禮則問之長弘之通於樂則問之郯子之通於官則問之師襄之通於琴則學之孔子豈獨於此不能哉名物有定數術業有專攻問而得之則彼所知者我知之矣學而得之則彼所能者我能之矣合衆人之長爲一己之长而無遺焉此孔子之所以爲聖歟若禘之不知非不知也蓋不易言耳軍旅之未學非未學也蓋不足言耳封禪之不通非不通也蓋不屑言耳於其所不易言與其所不足言不屑言者觀聖人聖人之所知者又可測乎今之人聞一事則曰我善足矣格一物則曰我學至矣而欲求至於聖惡可得哉若孜孜以求汲汲以學舜人也文王我師也及其成功亦何生知學知之間哉愚不敏不足以語此有志於聖人者執事未可謂世無其人

第三問

吴雲

同考試官學正鄭批（用人一策有考據有斷制非纏繞問目者比其强學待問者歟）

考試官訓導桑批（選舉一事處置□條他日用之必知所從違矣）

考試官教授林批（酌古準今指陳切當可取）

當夫用人之柄者莫貴於明莫貴於公尤莫貴於勇明者無蔽而賢否不至於混淆公則無私而是非不至於倒置勇則無怯而予奪不至於撓沮集是三者然後天下之才可使無遺而天下之事不難乎理矣嗚呼此大臣宰相之事唐虞三代之所同然而漢唐以下之所絶無而僅有者也請爲執事論之明揚俊民固宰相之任而知人其難亦聖知之憂蓋人藏其心不可測識直者近訐而剛者近傲佞者似忠而詐者似信鳳鳴者或鷙其翰羊質者或虎其皮自非知言窮理如聖賢固難保其不失於驪黄之外矣愚嘗思之用人者固不可無定法亦不可拘定法法以待常人若瓌奇之士豪杰之材則又當以非常之法遇之此不易之論也莘野傅岩渭濱之事固不世見然十室之邑必有忠信百步之内必有香草堂堂海宇豈無奇偉特出如西漢之爲卿相者乎顧吾所以求之用之者如何爾大抵非明則有之而不知非公則知之而不用非勇則用之而不果魏晋隋唐之間風聲氣習愈趨愈下李繤山濤之爲吏部甄奇録

异品藻曲當是不任資格也至崔亮裴光庭則不问愚良專較年資矣夫爲國用人而惟年資是視則闒茸卑污者立登要津何怪於當世之譏牛弘之爲尚書舉先德行而後文才是未崇法律也至戴胄則好抑文雅推獎法吏矣夫求賢輔治而惟法吏是崇則不學無術者固居優選奚免於君子之譏常衮爲相而賢愚同滯天下譏之雖盡公守法其何補崔祐甫繼相而除用得人建中稱治雖舉多親故其奚害數子之得失固不待較當用人之柄者於此焉觀之則知所從違矣噫玉石之分鸞隼之判惟明者乃能辨之若夫利義之相勝毁譽榮辱之相尋非公且勇而欲成功於當時垂譽於後世亦難矣愚見如此執事倘有取焉亦士類之幸

第四問

毛實

同考試官訓導李批（歷舉漢唐諸將用兵制勝之策條答無遺□復以伊吕爲法蓋欲百尺竿頭進步者也）

考試官訓導桑批（折衷古名將用兵之法皆中肯綮蓋嘗入孫武之室而躊躇四顧者也）

考試官教授林批（機軸出於胸中華采流於筆下使□諸行事必有可觀者矣）

嘗謂用兵有一定之法用法無一定之機用兵而無其法是謂徒兵用法而無其機是謂徒法善用兵者固不可無法而亦豈可泥於法哉請因明問所及而條陳之夫兵者國之大事聖人不得已而用之也故箕子於洪範陳三八政而以師居其末焉稽之商周伊尹鳴條之役吕望牧野之師秉鉞之時皆如挾纊麾戈之際咸沁春風不可尚已戰國以還善言兵者莫如孫武觀其論將之五德必曰智信仁勇嚴而後及之於用法蓋能識古者用兵之遺意而兼以當時制勝之巧術此其法所以後世用之而不能違也且以漢唐以來諸將之成功而合於其法者言之若陳湯矯制誅莎車而成安邊之功是有得於將能而君不御之法也杜預不施節度於王□□著平吴之績非有得於上下□□□□□□孝寬以金帛啖齊人而知其動静是有得於因間用鄉人之法也于謹因蕭察有隙於梁而聽其來附非有得於内間用官人之法乎韓信遣辯士而舉全燕吴漢收守長而降五姓所謂不戰而屈人之兵與屈人之兵而非戰二子有焉班超收穀堅守而敗月氏之師周訪從杜曾破其两甄而有漢沔之捷所謂以飽待飢以佚待勞者二子有焉厲於廊廟之上以誅其事張良之運籌决勝然也彼充國之征羌而曰兵難遥度雖不同於良然與其因敵變

化以取勝之説則同兵之情主速馮逢世之一舉破羌然也彼郭子儀之討懷恩而欲堅壁以緩賊雖有异於奉世然與其强則避之之意則合若夫狄青不誅蘇建弃軍之罪以其以少而敵衆也非知夫小敵之堅大敵之擒者乎李廣不擊刁斗而得士卒之心以其用法之簡也非所謂其令素行與衆相得者乎是皆能用其法而乘之以機此其所以成功也其果與法背馳邪方今列聖統治百有余年太平之治曠古所無固無事於兵矣設或邊風摇草塞鼠穿墉職閫外之寄者必師伊吕以爲之本法孫吴以濟其用庶幾降龍虎之陣於九天張鸛鵝之軍於萬里使天下後世曉然知仁義之無敵斯其至矣捧尺一之詔操丈二之殳掃黄磧之飛塵弄私渠之清泚愚竊有志焉惟執事恕其狂妄而進教幸甚

第五問

翁健之

同考試官訓導王批（時務一策處置得宜其才之有用者乎是用録出）

同考試官訓導梁批（初二場連閲子卷如獲璆琅原觀時務一策益知爲閬池真産貢□天府必爲清廟之用無疑矣）

考試官訓導桑批（舉全浙之弊而拯濟有方非素置方橋於胸中其能然邪）

考試官教授林批（區處事宜迥出人表有識之士也）

夫君子居其鄉則知其鄉之俗觀于國則知其國之政有所見則識之有所憂則懷之有所謀則思所以行之行之於國而未能者則思行之於鄉行之於鄉而未能者有問焉則答之有詢焉則陳之可也愚也賤不敢與聞於國之政請以一鄉之利害爲執事陳之諸湖之水浙之巨浸藩會之所仰溉焉者也今洲渚之區半堙爲陸修復之令蓋屢議矣而卒尼於豪右之侵占其弊未可以遽革也今若集其耆民諭以禍福使知夫侵地之利甚微而溉田之利甚溥歸地者稍寬他役以酬其勤遏令者必示重罰而不爲其所撓則水利復而民亦奚怨之有哉諸場之鹽浙之大利天下之所仰給焉者也今課額之數半耗爲虚清理之法蓋累行矣而竟格於勢家之横奪其弊未可以輕去也若核實以稽之執法以平之附勢者無所恣其情私鬻者不得以肆其欲則商賈足而國亦何不足之患哉銀冶之利其始甚厚也今以私銀代公課課日耗而民之争鬥者亦益繁豈非并緣掊克之弊交病之邪故必使出納有制而司籍薄者不乘之爲鼠竊之奸撫字有素而領承宣者不假是爲狼貪之計則官課充於上私鬥息於下而上下皆安矣海道之備其初甚嚴也今以惰兵充重衛衛日

怠而民之從盗者亦益衆豈非教養禁制之法有未盡邪故必使民有恒産而仰事俯育之費無俟於他求兵有常律而坐作進退之法不怠於無教則民業安於内夷寇清於外而内外咸寧矣究四者之害皆久而後成圖四者之利必漸而後復此居是邦者所不敢知而亦當仁者之所不敢讓也執事其采而聞諸廟堂之上則芻蕘之獻亦豈必無涓埃之益也哉

浙江鄉試録後序

人才養之久則盛盛而旋取用之則不至失旦而無成國家陶育士類百有余年每三載一開科拔其尤公卿百執事之選咸出是途號爲得人成化丙午浙江當大比之秋鎖院日巡按監察御史荆茂洎藩臬提調監試與悦等凡有事於試事者咸矢心誓神期得真才以應世用時士之抱藝來試者霧湧雲集發而爲文皆能脱去凡近出入仁義而非苟作者精加披選共得九十人遵定額也悦濫司去取之衡録成因序於後曰國家設科取士非特榮諸士也士之發身科目非欲自榮也皆所以爲天下而已矣治天下亘古今惟二道經與變是也學純於王謂之經經一而變殊乘之而駿發謂之機貼之而沛蒸謂之時激之而坂下謂之勢是數者皆變也經者變之神變者經之郛闔而闢之弛而張之操之縱之運用之莫測其兆而曰機曰時曰勢雖枝葉迷漫而莫不根本於王霸者特假之而已不神於王鎔之汞化是以君子弗學之也今夫海掀之而爲浪噴之而爲漪哄之而爲濤浪也漪也濤也化之皆水也不觀之海圖乎有浪焉漪焉濤焉皆假也其可化而爲水否邪皋夔稷契之經濟真海也蕭曹房杜之斡旋海圖也易曰差之毫厘繆以千里此之謂也悦幼以王道爲學以爲平生律己誨人之憑藉諸士子既登名是録欲上春宫對大廷將有致君之途斯道不於諸士子告而奚告哉雖然王道不可以易學予嘗盡心於是而未之有得者也必主敬以凝之問學以聚之高立志以基之廣拓量以容之能是四者然後本心瑩而萬變通一或失之不涣則淺不卑則狹矣外有不窮之變内主不雜之王既進於是道矣吾知有股肱耳目之寄必溯漢唐而上之一以唐虞三代之事業爲終身事君之準正猶望燕而北轅雖未至燕終不至於至越也尚何功名之足云哉舜何人哉希之則是諸士子其勖諸他日□朝廷獲真儒之用而天下蒙至治之澤則斯科庶有光於萬世

江西吉安府泰和縣儒學訓導桑悦謹序

正德五年浙江鄉試録

浙江鄉試録序

國家三歲論秀著在今甲□□五年實維其期浙江藩□□司先事白于巡按監察御史陳鼐祗若成憲鋭□□□□時鎮守□□劉璟□□□□□□□□□有□造太監楊□監舶太監□□□□監察御史李春芳□□鹽法監察御史邢昭□□□贊有事兹土者主事滕□□金韓邦靖亦相厥美御□□鼐諗於衆曰以□事君在臣道爲忠□□□□□□□忠矣古人進賢□□□□□進□賢宜蒙重譴矣是弗可弗如之意於是公會藩臬分□□幣擇聘鳴鳳李泰爲考試官賈策余廷濟張禎秦鎡□信王德廣方瑛洪敏爲同考試官戒提學□簡譽髦副使楊旦始至歷十一郡群而□之得有藝□用場屋者二□□奇至八月朔巡按出□□□藩司職提調以屬左布政使劉琬右參議白圻臬司職□試以屬按察使邊憲僉事謝朝宣□□□□□□□□布□使夏景□□□□□□□右參政黄瓚副使彭澤左參議□渤右參議陳珀徐珏僉事□淮王金楊惟康吴希由□□都指揮僉事魏文禮吴□□昶陳璠張□楊輅亦與□□也此外收掌試卷則知府楊孟瑛石存禮餘悉選才以充總統試事而監臨之不察□明不苛而嚴不煩而密□□以貞御史鼐也七日庚寅□院九日壬辰鷄鳴庶正群□咸起將事巡按與藩臬啓籥偕鳴鳳等□□□□□四書五經剌題□□之士□附傳注紬繹經義争出所聞見□未將觀其論議試之三遵□□定額取九十人事竣勒□□□及可程之文爲録馳獻□□上鳴鳳得叙諸旨簡惟浙文獻□藩先正道□文章勛名忠節炳著百世嘗讀陸宣公□□獻公之書判正邪陳□□□忠悃救時弊下宣民鬱□□主聰蓋賢相業嘗讀許都□宗忠簡之書□謀畫厲威武才足以□□□□□□□變□匡社稷死生以之蓋□將□嘗讀吕東萊何北山諸君子之書析義淵微履道醇固□孔孟憲濂洛著述滿家□□儒也嘗讀黄晋卿柳道□□景濂之書□委宏深論□□博馳騁百□根據經史皆大家也是豈無所自哉蓋兩浙之區盤薄□山綱領完□□概雄偉襟帶江海脉絡□□潮汐

洶涌故其高大者□□爲勛名壯鋭者發而爲忠□純懿者發而爲道德英秀者發而爲文章此□□君子□以靈其地也惟今山川無□往昔肆多士之文雖得之□晷有雅意經世思樹勛業□陸如趙者有植志忠藎□□節義如許如宗者有析微□奥志於道□如吕如何者□含英咀華□於文章如□如柳如宋者□之奇珍海藴山藏卒不可□於戲懿哉惟祖宗至今百四十餘年承平重□光岳之氣益完文明之化□洽人才之出視古滋盛非□然也鳴鳳不□敬以此叙鹿鳴之宴□揚觶□□具訓名士俾知今日之遭雖山川□靈實賴聖朝作養宜相與感激而圖報□迶於愧負也

順天府薊州儒學學正張鳴鳳謹序

正德五年浙江鄉試

監臨官

巡按浙江監察御史陳鼐（汝和直隸遷安縣人　壬戌進士）

提調官

浙江等處承宣布政使司左布政使劉琬（德資江西□□□□　戊戌進士）

浙江等處承宣布政使司右參議白圻（輔之直隸□□□□　甲辰進士）

監試官

浙江等處提刑按察司按察使邊憲（汝成直隸任丘縣人　甲辰進士）

浙江等處提刑按察司僉事謝朝宣（□爲陝西西安左衛籍直隸臨淮縣人）

考試官

順天府薊州儒學學正張鳴鳳（□□山東清平縣人　丙辰進士）

陝西臨洮府蘭州儒學學正李泰（嚴夫河南祥符縣人　甲子貢士）

同考試官

河南汝寧府信陽州儒學學正賈策（廷獻羽□□□□□　甲子貢士）

山西遼州儒學學正余廷濟（仁甫福建□□□□　甲子貢士）

河南河南府洛陽縣儒學教諭張禎（國興山東章丘縣人　丁卯貢士）

湖廣長沙府湘鄉縣儒學教諭秦鎡（世周廣西宜山縣人　辛酉貢士）

陝西西安府□□縣儒學教諭□信（行之山西陵川縣人　甲子貢士）

直隸鳳陽府宿州靈璧縣儒學教諭王德廣（本脩福建候官縣人　辛酉貢士）

江西南昌府新建縣儒學訓導方瑛（潤甫福建莆田縣人　己酉貢士）

應天府儒學訓導洪敏（邦魯福建同安縣人　癸卯貢士）

印卷官

浙江等處承宣布政使司經歷司都事熊廣逵（九達江西豐□□□吏員）

浙江等處提刑按察司經歷司經理范畿（維止直隸□□縣人　監生）

收掌試卷官

杭州府知府楊孟瑛（温甫四川酆都縣人　□未進士）

紹興府知府石存禮（敬夫山東□都縣人　庚戌進士）

受卷官

浙江市舶提舉司提舉黄相（□甫福建莆田縣人　丙辰進士）

杭州府海寧縣知縣易蓁（士美南京錦衣衛人　戊辰進士）

紹興府蕭山縣知縣吴瓚（廷瓘直隸休寧縣人　戊辰進士）

彌封官

杭州府仁和縣知縣李穩（邦泰直隸□□□人　戊辰進士）

金華府蘭谿縣知縣許完（補之直隸丹徒縣人　乙丑進士）

杭州府富陽縣知縣陳伯諒（執之福建福清縣人　戊辰進士）

處州府松陽縣知縣楊谷（遷喬直隸山陽縣人　戊辰進士）

謄録官

杭州府推官趙鶴（鳴遠山西遼州人　戊辰進士）

紹興府上虞縣知縣陳言（獻可福建長樂縣人　乙丑進士）

衢州府開化縣知縣劉瓚（朝重四川會川衛籍□西安福縣人□□□□）

寧波府鄞縣知縣萬鎡（仕時江西進□□□　戊辰進士）

對讀官

處州府推官胡守（仁甫江西餘干縣人　戊辰進士）

寧波府慈谿縣知縣曾大顯（世榮湖廣麻城縣人　□戌進士）

湖州府歸安縣知縣武尚文（質夫福建泉州衛人　戊辰進士）

嘉興府秀水縣知縣蘇恩（從仁直隸□□縣人　戊辰進士）

巡綽官

杭州前衛指揮使張琳（國寶廣寧府望平縣人）

杭州右衛指揮使邵珉（秀夫山東滋陽縣人）

搜檢官

湖州守禦千户所署指揮僉事蔡希賢（德充浙江德□□人）

杭州前衛中所正千户薛景（文昭直隸江都縣人）

杭州前衛後所正千户李綱（朝憲直隸撫寧縣人）

杭州前衛左所副千户吴泰（世亨河南宜陽縣人）

杭州前衛後所副千户沈夔（良輔直隸合肥縣人）

杭州右衛左所副千户王宇（以仁直隸當塗縣人）

杭州右衛右所副千户郭輔（良佐順天府密雲縣人）

杭州右衛前所副千户李炤（彦明湖廣廣濟縣人）

供給官

温州府永嘉縣知縣黄銘（日新福建莆田縣人　己酉貢士）

紹興府諸暨縣縣丞蘇潤（時澤直隸石埭縣人　監生）

紹興府餘姚縣縣丞楊昌廷（朝用貴州施秉縣人　□印）

寧波府慈谿縣主簿周必復（復之江西廬陵縣人　監生）

嘉興府秀水縣主簿許瑛（廷輝直隸□□縣人　吏員）

嘉興府崇德縣典吏李滋（□潤直隸宜興縣人　承差）

杭州府新城縣典吏曾臬（穎司江西吉水縣人　吏員）

嚴州府淳安縣典吏潘廣（大用直隸舒城縣人　吏員）

杭州府錢塘縣浙江驛驛丞李標（時達廣東新會縣人　承差）

衢州府常山縣廣濟渡驛驛丞潘喬年（世高河南□□□人　承差）

第一場

四書

敬事而信節用而愛人使民以時　中立而不倚强哉矯　孔子登東山而小魯登太山而小天下

易

乾元者始而亨者也利貞者性情也　九二貞吉象曰九二貞吉以中也　形而上者謂之道　聚而上者謂之升故受之以升

書

禹拜昌言曰俞　伊洛瀍澗既入于河　天休滋至惟時二人弗戡其汝克敬德明我俊民在讓後人于丕時嗚呼篤棐時二人我式克至于今日休我咸成文王功于不怠丕冒海隅出日罔不率俾公曰君子不惠若兹多誥予惟用閔于天越民公曰嗚呼君惟乃知民德亦罔不能厥初惟其終祗若兹往敬用治　臣人咸若時惟良顯哉

詩

無已大康職思其居好樂無荒良士瞿瞿　樂只君子殿天子之邦　帝謂文王無然畔援無然歆羡誕先登于岸密人不恭敢距大邦侵阮徂共王赫斯怒爰整其旅以按徂旅以篤于周祜以對于天下　豐年多黍多稌亦有高廩萬億及秭爲酒爲醴烝畀祖妣以洽百禮降福孔皆

春秋

公及齊大夫盟于蔇（莊公九年）九月戊辰諸侯盟于葵丘（僖公九年）夏楚人滅黄（僖公十有二年）楚人敗徐于婁林（僖公十有五年）秋宋公楚子陳侯蔡侯鄭伯許男曹伯會于盂執宋公以伐宋（俱僖公二十有一年）公以楚師伐齊取穀（僖公二十有六年）冬楚人陳侯蔡侯鄭伯許男圍宋（僖公二十有七年）夏四月己巳晋侯齊師宋師秦師及楚人戰於城濮楚師敗績（僖公二十有八年）　秦人伐晋（文公三年）　夏曹公孫會自鄸出奔宋（昭公二十年）

禮記

八州八伯五十六正百六十八帥三百三十六長八伯各以其屬屬於天子之老二人　人生而静天之性也感於物而動性之欲也物至知知然後好惡形焉　其在朝廷則道仁聖禮義之序　氣如白虹天也

第二場

論

大其心能體天下之物

詔誥表（内科一道）

擬漢憂郡國灾异詔（鴻嘉四年）　擬唐加左僕射房玄齡太子少師誥（貞觀十三年）　擬禮部率句容縣民謝賜御製嘉瓜贊表（洪武五年）

判語（五條）

封掌印信　轉解官物　服舍違式　關津留難　冒破物料

第三場

策（五道）

問　皇帝堯舜垂衣裳而天下治取諸乾坤上棟下宇以待風雨取諸大壯夫衣服宫室制度之末若可緩也然民志因之而定夷夏因之而辨關繫治體爲甚巨焉肇古逮今習尚不一求其反正有功制作無議皆未有若我太祖高皇帝者嘗參古而論之如冠以竹皮則冠制未定袍製金紫則服色未明我朝尊卑冠服皆秩以官品俾不敢僭矧承左衽之餘乎宅甲諸第則式有未定□無公廨則制尚未立我朝公私廬舍皆憲以定式俾不敢紊况易穹廬之陋乎夫紹統治世厥功匪難纘緒亂邦建制不易我太祖當胡元汚夏之後獨能丕變其俗著焉萬世之典此所以有功天地度越古今非後世帝王所可擬也昔孔子從周而美鬱鬱之文諸士子躬逢當代之盛不容默也其敬揚之毋忽

問　孔子嘗曰教民七年可以即戎子路亦曰由也爲之可使有勇蓋以道而言文武相須以治而言文武并用不可偏廢也稽之有周武教不外於文故武事不出於學得人最盛克協文治可考□知也至於漢則武帝有選成帝有募平帝以下皆有詔所得之將或伸威外國或坐困西羌或屢破匈奴或削平秦凉亦可考而知於唐則開元有科天寶有科槍射有法翹負有法其所得者往往爲國名臣禄山思明之難實有賴焉至於宋則武學有官肄習有書内外有舍考定去取高下有法其所得者往往爲時名將元昊智高之難實有賴焉亦可考而知也若武舉所試爲書者七爲韜者六爲略者三又皆可考而之也恭惟我孝宗敬皇帝雅意武舉今上繼述遂舉行之騎射程才論策課學得文武士以修我戎諸生所目擊也讀其書論其世商其法數其人之姓名而參訂其是非得失皆學者能事蓋深有望於諸生也幸詳以告

問　民受天地之中以生所謂命也天之生人宜無彼此厚薄之私而人之生每有貧賤富貴之等壽夭禍福之异而憂樂於是乎生焉通塞於是乎判焉或者曰富與貴在我而已以智則得也何命之爲若然則以俟命爲愚矣而古之人乃不改於陋巷之樂不病夫衣冠之敝梁父之吟恬然於草廬之中精舍之心不動於除書之到涪州之行講道自如也南海之謫吟詩自若也甚而有將死而泰然不憂者有將就刑而神色不動者其心何主哉或者曰求之有不得而不求有得之者皆命也人事何爲若然則以徼幸爲非矣而昔之人乃輟爲窮途之哭動興附郭之嘆長安下泪頓移於得意之春風帝鄉空囊却誤

於樓上之攘奪逆旅奇遇而竟以流落内署□對而終於見弃甚而有欲打墨本而雷轟其碑者有欲得館職而修書至死者其計何如哉夫命一也有聖人之所罕言者有君子之所當知者於聖人之所罕言者固未易以强言而君子之所當知者自聖人以至於凡人皆不可以不知故孔子進以禮退以義得之不得曰有命此聖人之安命也諸士子學聖人者也試爲我言之將以觀子之進退之節焉

問 士莫先於立身而廉耻立身之大節也人而無耻遂至於有函谷之鷄鳴村莊之犬吠入錢五百萬胡椒八百斛方且侈然自得而略無沮喪之心者是又惡足與言人道哉聞有知廉耻爲重而其迹每每有相齟齬者金珠貝玉舉世所慕也而生平手不之執其視兼金之受者何懸絶耶水濱井内非有所主□而飲馬必投之錢其視一介不與者□徑庭耶非其耕與力則不食守之固矣然則傳食於諸侯者不曰泰乎居將與相而布被操之約矣然則累茵而坐者不曰侈乎居室一也有爲其子孫而不營者有爲其兄而不居者有爲其兄而不毁者其得失何在田産一也有欲全其身而多請者有欲完其節而不買者有欲傳其家而不問者其是非何居之數者皆辭受居處之大而日用之所□能無也玆欲擇其中而用之諸士子講貫於平昔熟矣其明以告我毋隱

問 水旱之灾自古有之然灾之未至有消弭之道灾之既罹有拯救之術受民社之寄者所宜討論也宋儒有言修德行政以應天也而比歲之旱今玆之潦奸和天地其咎安在可謂善言灾矣方今朝廷勵精更化内外庶政秉公協恭所以應天者亦至矣而京師不雨四方多灾以兩浙言之往歲則旱魃爲虐今春則霖潦爲殃所以干天地之和者誰任其咎將歸之天數歟抑責之人事歟宋大儒嘗行荒政於浙東興水利於黄岩皆所以防灾救灾也其詳可得聞歟抑可以舉而行之歟主司策士不欲以諛辭隱義相困而獨以是爲問蓋今浙事無有大於此者亦無有急於此者固諸士子所身履有司所心憂者當有確論願極言之

中式舉人九十名

第一名 戴顒 太平縣學增廣生 易

第二名 葉忠 臨海縣學生 詩

第三名 柴經 寧波府學生 書

第四名　王秉中　嚴州府學生　春秋
第五名　胡悦　餘姚縣學生　禮記
第六名　謝元順　紹興府學生　易
第七名　張大輪　東陽縣學生　詩
第八名　黄懿　蕭山縣學生　書
第九名　陳直卿　上虞縣學增廣生　易
第十名　沈應陽　慈谿縣學增廣生　詩
第十一名　余本　寧波府學增廣生　易
第十二名　李萱　紹興府學增廣生　書
第十三名　沈光大　慈谿縣學增廣生　詩
第十四名　虞文詡　義烏縣學增廣生　春秋
第十五名　張遠　麗水縣學生　易
第十六名　施崟　餘杭縣學生　禮記
第十七名　沈南金　錢塘縣學生　易
第十八名　洪鼐　壽昌縣學生　書
第十九名　施侃　歸安縣學生　詩
第二十名　洪澄　錢塘縣儒生易
第二十一名　方泰和　平湖縣學生　書
第二十二名　錢滔　山陰縣學生
第二十三名　趙會　奉化縣儒生詩
第二十四名　張傑　仁和縣學生　易
第二十五名　翁素　慈谿縣儒生詩
第二十六名　孫裕　鄞縣儒生書
第二十七名　應照　永康縣學生　詩
第二十八名　沈永年　海寧縣學增廣生　禮記
第二十九名　楊霶　餘姚縣學增廣生　易
第三十名　陳瓚　天台縣學增廣生　詩
第三十一名　沈芹　嘉興府學生　書
第三十二名　胡愷　餘姚縣儒生易
第三十三名　鍾梁　海鹽縣學生　詩
第三十四名　張應祺　杭州府學生　易
第三十五名　黄建　嚴州府學生　書

第三十六名　王禄　金華府學生　易
第三十七名　祝品　龍游縣學生　詩
第三十八名　金純　鄞縣學生　易
第三十九名　諸克諧　定海縣學增廣生　詩
第四十名　唐仁　蘭谿縣學生　易
第四十一名　劉候　壽昌縣學增廣生　詩
第四十二名　羅贇　新城縣學生　書
第四十三名　王鐸　西安縣學生　易
第四十四名　朱文　慈谿縣學增廣生　詩
第四十五名　王子謹　淳安縣學生　春秋
第四十六名　陳良謨　安吉州學生易
第四十七名　馬顯　富陽縣學生　詩
第四十八名　陸琳　平湖縣學生　書
第四十九名　王相　餘姚縣學增廣生　易
第五十名　潘鉞　黄岩縣學增廣生　詩
第五十一名　唐世卿 海寧縣學生　易
第五十二名　沈松　德清縣學增廣生　書
第五十三名　章九思　樂清縣學生　詩
第五十四名　施山　縉雲縣學生　易
第五十五名　韓洪　餘姚縣學附學生禮記
第五十六名　王諧　臨海縣學增廣生　詩
第五十七名　應棐　遂昌縣學增廣生　易
第五十八名　陳惟淵　慈谿縣學增廣生　詩
第五十九名　范震　永康縣學生　書
第六十名　毛益　鄞縣學增廣生　易
第六十一名　勞樟　崇德縣學生　詩
第六十二名　周崑　崇德縣學生　易
第六十三名　林桂　嘉興府學生　書
第六十四名　吴公義　嵊縣學生　詩
第六十五名　胡伯鰲　臨安縣學生　易
第六十六名　余鋟　遂安縣學生　春秋
第六十七名　鄒學　嘉善縣學增廣生　詩

第六十八名　鄭文夫　平陽縣學生　易
第六十九名　石淵之　上虞縣儒生書
第七十名　林元叙　台州府學生　詩
第七十一名　周積　江山縣學增廣生　易
第七十二名　毛仲通　慈谿縣學增廣生　詩
第七十三名　林元倫　台州府學增廣生　易
第七十四名　陸府　平湖縣學生　書
第七十五名　鄭騶　江山縣學增廣生　易
第七十六名　王嶅　慈谿縣學生　詩
第七十七名　戴駁　太平縣學增廣生　易
第七十八名　名　倪鎧　上虞縣學增廣生　詩
第七十九名　郭廉　餘姚縣儒士易
第八十名　沈澧　紹興府學生　書
第八十一名　陳禹卿　山陰縣學生　詩
第八十二名　韋商臣　長興縣學增廣生　易
第八十三名　陳隆　金華府學生　詩
第八十四名　陳仲珠　諸暨縣學生　禮記
第八十五名　聞澤　寧波府學增廣生　易
第八十六名　李渾　慈谿縣儒士詩
第八十七名　余初　淳安縣學生　春秋
第八十八名　劉杲　永嘉縣學增廣生　書
第八十九名　張敩　瑞安縣學增廣生　易
第九十名　董世康　台州府學生　禮記

第一場

四書

敬事而信節用而愛人使民以時

戴顒

同考試官訓導洪批（揭書出題初無所主作者多以務本相因立論故詞愈繁而意愈晦此篇文從理順體説詳明執此可以占子之從政矣）

同考試官學正余批（此篇於治國之要立論平易措辭雅實殆亦知要者歟）

考試官學正李批（佰仲文字間似此甚少）

考試官學正張批（以文叙事此作近之）

聖人於治國之要而必歷舉其目焉蓋治國之道固爲多端而其要則有五也苟能舉而行之於治乎何有宜聖人歷舉之以爲君人者告也吾想其意若曰人君治千乘之國不患乎政之不成而患乎要之未得其要維何亦曰敬信節愛時使五者而已何則敬爲萬事之權輿非敬則事不集矣必主一之心恒矜持於宰制之時不以事之大小而有异無適之念每恪存於顯之際不以事之難易而有殊固不敢忽於其始亦不敢怠於其終焉信爲人君之大寶不信則民弗從矣故有所敷宣也推以至誠務協群黎之心志有所期會也發自中孚毋眩百姓之聽聞不持疑於可否不紛更於旦夕焉敬事也信也非治國之要乎國以財爲用財不節用何由而舒邪必量入爲出而惜乎有限之財制節謹度不侈於無經之費務使軍國之需不竭於府庫之積而於用斯爲節矣國以人爲本人不愛本安而固邪必體大造之仁而保民如子擴同胞之念而視民如傷務俾子惠之正溥及於閭閻之間而於人斯爲愛矣節用也愛人也非治國之要乎至若農時乃民所恃以爲生而不可奪者如國有當作之事也必俟其力農之餘而後使之趨有當興之工也必乘其服穡之暇而後使之赴寧緩於興作而不緩於民事是使民以時又非治國之要乎吁人君果能行此五者則所操者約而所及者博治國之要孰有過於此哉雖然五者之中又當以敬爲本蓋持之以敬則中有主而自治嚴信與節愛時使凡見諸施爲者自然不苟而至治可馴致矣聖人言雖至近上下皆通此三言者若推其極堯舜之治亦不過此惜乎世以智謀功利爲尚而不足以語此治不古若有由然夫

中立而不倚强哉矯

葉忠

同考試官教諭張批（中立不倚難於立言典實若此篇學能窮理者録之）

同考試官教諭張批（昌於辭而不謬於理作中庸義能若此殆嘗用心於理學者歟）

同考試官學正賈批（理學文字下筆便難此篇敷析明潔非卓有定見者不能録之宜矣）

考試官學正李批（簡净無疵）

考試官學正張批（説理通徹）

論君子有特立之操見君子有自勝之强蓋所貴乎强者以其有特立之操也君子自立於中而無所倚焉非自勝之强能若是乎是宜聖人深贊之也昔夫子因子路問强告以所當强者及此謂夫道之所貴者中是中也原於帝降爲天理之精微著於民彝爲人心之極致自夫衆人不察能立於中者鮮矣君子則存養以立其體省察以達其用視至正之域爲依歸卓然而自樹以至當之理爲標的挺然而自持窮通得喪惟中是居固無太過亦無不及也夷險順逆惟中是履高不過亢卑不過貶也夫中立無依鮮有不倚者矣君子則心不移於外誘志不惑於他岐其立於中也不假維持自不至於偃仆無俟依附自不至於傾側窮通得喪勢雖變於前而中立之守不與之俱變貫始終而一致也夷險順逆境雖易於前而中立之節不與之俱易歷久暫而一轍也夫自立非難中立爲難中立固難不倚尤難也君子中立而不倚是其擇之已精守之已固吾知理足以勝私氣足以配道超乎流俗既不失於南方之不及伸於萬物亦不失於北方之大過其爲强也雖壁立萬仞不足以喻之矣豈不矯矯乎可尚哉雖氣奪三軍不足以擬之矣又不矯矯乎可嘉哉君子之强如此此所以爲德義之勇而子路所當致力者歟抑此特論其勇達道之一耳究其進爲之序而要其歸宿之區必知仁兼盡始無缺焉蓋知以知此仁以體此勇以强此知不如舜仁不如回勇不如夫子之告子路則求愈切而道愈離不以爲難而不敢爲則以爲易而不足爲矣然則將何所從事乎亦惟先立乎誠以入於德

孔子登東山而小魯登太山而小天下

柴經

同考試官訓導方批（題意甚明作者體認不真謂孔子親登是山鑿亦甚矣此篇見理明白造語整嚴特用録出以釋群疑）

考試官學正李批（孟子善言聖道之大子能敷析孟子之言程度之文如此篇者可多見乎即此可覘所負也）

考試官學正張批（豐約中度文字最佳者）

大賢狀聖道之大隨其所處之高异其所視之小蓋所處者高則其視下自不容於不小也聖人隨所處而小其所視焉其道之大不於是而可見哉孟子形容以示人厥有旨矣想起意若謂道莫大於聖人聖莫盛於孔子参乎天地憲萬世而莫倫冠乎古今高百王而莫并孔子其登東山乎蓋魯國之巨山

亦多矣惟夫東山拔峙境内爲一方之具瞻雄據域中作是邦之偉觀東山既登則一時望國傾目以無餘百里提封注望而殆盡龜蒙左右一指而祇見其卑凫繹後先一盼而第覺其隘是豈魯小乎東山之高迥乎魯國自東山視之不爲小矣孔子之道大無與儔一登東山而小魯耳孰能比擬之哉孔子其登太山乎蓋天下之大山不少矣惟夫太山尊逾華岱屹乎五岳之攸宗高壓鴻□巍乎九州之巨鎮太山既登則宇宙寥廓眇然於大觀之下輿圖廣博式微於眷注之間荆梁雍豫舉不足以曠其盈視青冀徐揚舉不足以盱其駭矚是豈天下之小邪太山之高超乎天下自太山視之難爲其大矣孔子之道大無與配一登太山而小天下耳孰能彷佛之哉是則登東山而小魯所處高而視下小登太山而小天下所處益高而視下益小孟子指是以狀聖道可謂善於名言者矣嗟夫夫子之道大孰不知之孰不能言之然必體驗之精深然後形容之親切故顔淵卓爾之嘆發於既竭吾才之後子貢天階之喻出於晚年進德之言孟子願學孔子造道精深故此章反覆形容道體親切而此二語殆亦發卓爾天階之藴也歟然則學者當何如亦曰成章而後達

易

乾元者始而亨者也利貞者性情也

戴顒

同考試官訓導洪批（天德妙於萬物聖人指其易見者以示人學者類多牽合以爲一元統天又於性情處於窘發揚説理精到如此篇者絶少）

同考試官學正余批（乾卦不難於措辭難於精當得明暢整潔之文若此可與言易矣）

考試官學正李批（爾雅精密無一長語夫子申釋彖傳之意瞭然在目）

考試官學正張批（明净無疵得易學之體）

文言申釋天德有以生物之機言者有以成物之實言者蓋始而亨者生物之機也性情者成物之實也天德之妙不於是而可見哉文言釋彖傳之意謂夫維天之命於穆不已觀萬物出入之機則有以見四德循環之妙矣是故乾之德始於元而通於亨方其始也静極而動闔久而闢化機一啓品彙於是乎權輿元氣一敷萬有於是乎朕兆權輿者必呈其質而不可遏朕兆者必流其形而不可禦資始未幾而嘉會之即至成象未已而效法之隨形生意勃勃無物不然何其明盛也景象熙熙無地不爾何其光大也氣至此而動理至此而行此誠之通也仁之顯也所謂生物之機者如此乾之元亨豈不可見乎乾之德遂於利而成於貞及其終也動極而静闢久而闔隨物成就性命於是乎

各正實理備具太和於是乎保合大化斂於無迹而孕和胎秀之意存神功隱於無爲而歸根復命之理寓出震齊巽者泯然而向實役坤説兑者寂然而實成性之所具堅定可見非復衝漠無眹之際也情之所寓完固可窺非復坱圠無垠之時也理至此而立氣至此而全此誠之復也用之藏也所謂成物之實者如此乾之利貞又不可見乎吁萬物生成妙於四德而一本乎天乾之大也有如是哉大抵理在天地間如環無端無有止極遠而世代之元會運世近而目前之瞬息呼吸大而天地小而一塵亦莫不有四德存焉是豈特生物然哉孔子發明乾之四德以物之生成言之指其易見者以示人耳體易君子當推其類而求之可也

聚而上者謂之升故受之以升

謝元順

同考試官訓導洪批（易本潔净精微之書豈容雜以浮辭辭愈多而去理愈遠矣此作用卦爻本色語立講舂容典則非邃於易學者不能是宜録出）

同考試官學正余批（序卦義當先講本卦然後參入人事□語仍當歸之卦上作者恣意謾説殊戾本旨此篇組織經文發明題義根理之作也可嘉可嘉）

考試官學正李批（意完語潔得序卦傳意）

考試官學正張批（得潔净精微之旨）

惟物之上進也有其由故卦之相承也取其義蓋物之積聚而益高大此上進之所由也然則萃卦之後而受之以升得無義乎宜夫子傳序卦而發其蘊也且上兑下坤卦名曰萃萃有聚之義也而何以謂之升邪蓋天下之物散之則小合而聚之則積小以成其高大也試以在人者言之如學必積而後德可崇也今則旁求博衆凡天下事物之理罔不學焉以聚之於一心兼收并蓄几前言往行之懿必多識焉以蘊之於一己由是萬理渾融於知至之餘衆善貫通於真積之久得於心者有日進無疆之勢止諸躬者有長裕不設之機駸駸乎上達之境矣得不謂之升乎如人必聚而後業可大也今則顯其比而無私合天下之心以爲心也豈但類聚而已乎同乎人而無我通天下之志以爲志也豈但財聚而已乎由是朋來盍簪而大有所得群聚若立而匪夷所思得衆賢以彙征而行必有尚可以樹不世之奇勛屈群策以協謀而往必有功可以建非常之偉績巍巍乎高大之業矣又不謂之升乎夫萃不徒萃萃必至於升升不自升升寔原於萃則萃卦之後將受之以困邪困則窮而非進也將繼

之以漸邪漸雖進而非上也惟升之爲卦地中生木有升進之象柔以時升有上進之義以升而次萃之後則名義相須截然不可易矣以萃而居升之前則卦序相因秩然不可紊矣萃升相次其義如此聖人之序卦夫豈苟焉者哉我儀圖之若孔子之志學以至從心孟子之善信以至聖神堯舜湯武上下相交而致盛治何莫非由聚而升乎後世志學之士願治之君觀此當知所從事矣吁一卦序相承之間而其藴有如此然則易豈卜筮之書哉

書

禹拜昌言曰俞

黄懿

同考試官訓導方批（題不難於遣詞而難於用事此篇能以本章意組織成文而理亦周至噫得士如此吾當斂容而拜矣）

考試官學正李批（禹拜昌言之意能於文字中發之知子不獨工於文者也）

考試官學正張批（文理平正得作經義體）

聖人之於同列也既敬受其所言復深然其所言甚矣善言之足以感人也然非既拜而俞亦何以見受之敬然之深哉聖人能然宜乎史臣有以紀之也昔大禹奉辭伐苗聞伯益贊佐之言而有所感故稱其言爲昌言而拜之其心以爲言焉無稽所見或泥於泛常而非昌言矣益乃諄諄乎惟德是修而不及於勤兵誠爲盛德之言聞之而不拜何以展其敬邪言焉遜志所陳或習於比昵而非德言矣益乃亹亹乎惟内之治而不事乎外攘實爲盛德之言得之而不拜何以答其意邪因外以感乎中斂容而拜不以時方用武而忽禮於倉卒之間由中以達於外鞠躬而拜不以身居既攝而忘情於僚寀之舊所以然者非過恭也受善之敬一發於中之存耳豈惟是哉禹於是又謂苗之逆命固當往征然勤兵不如修德汝之所言深有以契我心之同然豈泛常而爲無稽之言乎苗之弗率固當致討然内治切於外攘汝之所論良有以資今日之治道豈比昵而爲遜志之言乎反覆於中汝之所陳鑿乎其有見若果於理不合我亦不以倉卒之故不之咈而俞也體驗於事汝之所論信乎其可行苟或於道有違我亦不以僚寀之故不之吁而俞也所以然者非尚同也稱善之誠一本乎心之發耳吁聖人樂善之心如此蓋能視人猶己公天下以爲心者也有苗安能不來格於班師之後哉大抵虞廷君臣一德相與以成大業者也故禹聞益贊而整旅以還舜於其時而誕敷文德上下體悉蕩蕩然如天地之覆幬無一物不在其中蠢兹有苗順逆奚足較哉然干羽之舞未异而來格之化已

行蓋未有誠而不動者也聖人亦何容心之有數千載之下讀其書猶可以想其一時之氣象

天休滋至惟時二人弗戡其汝克敬德明我俊民在讓後人于丕時嗚呼篤業時二人我式克至于今日休我咸成文王功于不怠丕冒海隅出日罔不率俾公曰君子不惠若兹多誥予惟用閔于天越民公曰嗚呼君惟乃知民德亦罔不能厥初惟其終祗若兹往敬用治

柴經

同考試官訓導方批（作長題文字雖貴收拾然詞滯理晦亦在所忌此篇叙事不遺行文有則而於當緩急處言之略不費力殆邃於壁經者歟）

考試官學正李批（善言周召二公之心故録之）

考試官學正張批（此題作者類能言之長者傷於繁短者失其意甚至天命民心亦全體認不明此篇依經爲文詞理兩得故取之以冠本房）

聖臣歷叙天民之當重也其辭詳推言民心之尤重也其意切蓋天命民心實惟在人而民心又天命之本聖臣以是爲言何其忠愛之至哉昔召公告老而去周公留之意謂我欲公留之意固已陳夫往迹尚未溯其所由是故以天命言之天眷我周方有滋至之美是我二人將有不勝之憂汝若以盈滿爲懼也則當能自敬德益加寅畏于以明揚俊民布列於庶位國斯有人而時臻盛大汝乃肥遁而遜諸後人是或可也今天休未答豈可以言歸乎以民心言之篤於輔君實我二人之責明勖偶王用致今日之休然不可以小康自足也我欲與汝共成文王功業于不怠益廣修和之治大覆冒乎民使海隅日出之地雖荒邈莫及而臣服歸化之誠遠近同心然後可也今民心未服豈可以言去乎故我非不順於理而如此諄複以爲公告亦惟憂天命之不終而圖以亶乘焉耳我非不惠於道而若兹懇切以爲公語亦惟閔斯民之無賴而思以左右焉耳夫周公言意至於如此召公安能不爲留哉故於飭遣之際公復嘆而言曰國固以天民爲重而天命又本乎民心惟公踐履諳練之久知民嚮順之心今日之民固罔尤怨矣然向背靡常不思其終可乎今日之民固無違悖矣然去就無定不懷以永圖可乎公今祗順此誥往就其職當作汝民極無以爲微而可忽也顧畏民碞罔以爲小而不慎也夫能治民以敬則篤棐之功益至而滋至之休尚何弗戡之足慮哉抑古人論治動必以天推之則歸於民蓋天人一理通達無間而視聽因之敬也者又合天人而一者也故知敬德則知敬民知敬民則知敬天矣大臣與國同體而於告諭之間固不得不以此爲言厥

後召公既相成王又相康王再世猶未釋其政有味於斯言也夫

詩

無已大康職思其居好樂無荒良士瞿瞿

葉忠

同考試官教諭張批（唐人勤儉之俗摹寫殆盡宜録以爲學詩者式）

同考試官教諭張批（詩題平易揭書出也場中作者往往不知上一句爲過樂下三句爲節樂至分截不明殊失詩人立言之意求如此作者蓋寡矣風檐寸晷中得此爲之一唱三嘆）

同考試官學正賈批（風義貴切人情况民俗相戒之詞作者尤宜體認此意固求之過深何邪獨此篇親切簡當宜録）

考試官學正李批（得風人之體）

考試官學正張批（詩意春容）

懼爲樂而有所過思節樂而有所同唐人相戒然也蓋好樂人之常情也唐人恐過於樂必欲節之而擬良士焉風俗之厚何如哉昔唐人方燕飲爲樂之時而又遽相戒曰終歲之勞不可無暫時之樂而爲樂之過適足啓意外之危是故羅几筵於歲晚務閑之時固太平樂事也然樂不可極樂極則生悲矣今日之樂得不流於沉湎而已過乎列樽俎於蟋蟀在堂之日固豐登盛舉也然欲不可縱欲縱則敗度矣今日之飲得不溺於淫佚而已甚乎盍亦輾轉於思惟之内諄復欲顧念之間彼三時務農爾之職也身雖在於几筵心恒運於畎畝而不替其所當爲也終歲勤動爾之分也人雖處於樽俎心常繫於田疇而不忘其所有事也使其雖好樂也而廢時之戒常兢兢而存不肆情而荒淫雖燕樂也而失事之規常惺惺而在不役志於荒耽□儀畐之維良士之憂時每長慮也吾則法之一樂行而一思寓亦良士之長慮可焉予忖度之維良士之憫事每却顧也吾則效之一事舉而一念生亦良士之却顧可焉夫然則憂深思遠安可久而樂可繼有何危亡之足患也哉大抵民勞則思思則善心生樂則忘善忘善則惡心生斯固理也亦勢也唐之爲國乃堯之故都土瘠民貧而民聞勤儉質朴其丁寧勸戒酬答之詞諄諄然有安不忘危之意謂非民俗之厚而前聖遺風之遠何以得此聖人著之於經有以見堯之遺風尚存於唐而秉彝之在人心不以既久而可泯有如此

樂只君子殿天子之邦

張大輪

同考試官教諭張批（温雅中有典則誦此篇而諸侯來朝可樂之意溢於言表當是作手）

同考試官教諭張批（是題美來朝諸侯而作殿邦處須説鎮重王國方見體面之大況切當時之事作者多失之泛此篇不事穿鑿而詞足以發之讀詩者誦此寧不爲之解頤）

同考試官學正賈批（題雖明白但士子於樂只處下筆便曰和樂可愛未見匪紓意思及講殿邦處又不就來朝發揮求得詩人本意僅見此篇）

考試官學正李批（講殿邦處明白不泛）

考試官學正張批（雅義正大可觀）

詩人致美來朝之臣宜鎮王者之國蓋賢才係國家之輕重也尚矣諸侯來朝而可樂如此則其鎮重乎王國也固宜詩人得不有以美之哉采菽之詩天子所以答魚藻也意若曰臣之修職得君焉爲難君之保治得人爲貴維兹君子向也棋布四方欲見之而無由也今則有來雍雍肅儀容於拜瞻之頃而喜溢天顔矣昔也星羅六服欲睹之而無自也今則至止肅肅修臣職於接見之時而懼睿悃矣由是廟廊之上一魚水相投也其可樂也何如殿陛之間一風雲際會也其可樂也何若然是樂只君子也足方及於朝端名已傾於中外神州日月賴是人而掀揭而鎬京爲之光輝也班方聯於闕下望巳壓於市朝諸夏乾坤藉是人而廓清而邦畿爲之奠安也不必金城湯池也而碩德重望自足以培植乎國本堂堂天朝嶢然泰山磐石矣寧不有以鎮静天子之邦乎不必礪山帶河也而英聲茂烈自足以張大其國威巍巍帝闕屹然九鼎大吕矣寧不有以增重天子之邦乎周王以是美其臣殆亦美不忘規者歟嗟夫天地交而後萬物遂上下交而後德業成故君臣相遇自古爲難也今觀有周語其臣則有鴛鴦魚藻之咏語其君則有桑扈采菽之歌上下一德君臣同心宛乎唐虞賡歌都俞吁咈之氣象周家有道之長夫豈偶然之故哉

春秋

夏楚人滅黄（僖公十有二年）楚人敗徐于婁林（僖公十有五年）秋宋公楚子陳侯蔡侯鄭伯許男曹伯會于盂執宋公以伐宋（俱僖公二十有一年）公以楚師伐齊取穀（僖公二十有六年）冬楚人陳侯蔡侯鄭伯許男圍宋（僖公二十有七年）夏四月己巳晋侯齊師宋師秦師及楚人戰于城濮楚師敗績（僖公二十有八年）

王秉中

同考試官教諭秦批（題本明白場中作者議論紛紛殊無定見此篇以

貶楚之暴譏晋之譎立説善於叙事辭亦明暢殆經生之杰然者）

考試官學正李批（胡傳意正如此）

考試官學正張批（寫得貶楚責晋書法意出）

外夷猾夏極其横爲可貶伯主攘外失於譎爲可譏此楚之猾夏固所當攘而晋之攘楚則非其道也春秋均責之也宜哉慨昔楚在荆山禽獸與鄰使其思善慕義革彼藍縷之俗通我玉帛之好猶弗逮也奈何志於猾夏滅黄而伯主不能恤敗徐而諸大夫不能救執宋而在會者不敢争因魯人之請戍穀以逼齊摟諸侯之師合兵以圍宋戰勝中國滅動天下吾意楚必慶于朝而告諸人曰以諸夏衆大之區吾能恐之吾之志得矣曾何思率腥膻之醜污禮義之邦將變中國爲夷狄化人類爲禽獸其暴不亦慘哉詩曰蠢爾蠻荆大邦爲讎吾於是乎足徵維時晋文王伯職任安攘使其仗義執言問彼憑陵之罪雪我親暱之耻胡不可也詎意志於用譎許曹衛以携其黨拘宛春以激其怒退三舍以示其怯胥臣蒙馬而陳蔡先奔毛偃夾攻而子西繼潰收一戰克敵之功獲三日館穀之捷吾意晋必慶于朝而告諸人曰當荆楚暴横之秋吾能挫之吾之功偉矣曾何思廢正法而由詭道圖一朝而獲十禽是功雖多而道不足利雖博而義有虧其譎安可宥哉易曰師出以律失律凶也吾於是乎有恨吁中國不可謀也楚也何爲而陵之詭道不可由也晋也何爲而用之度彼參此楚之罪固大而晋之過亦不能掩也故春秋詳著其事而於城濮之戰得臣稱人而略其名氏晋侯書及而無美詞此揚之者所以均責之也其内外之辨正譎之分昭然矣雖然有伯非美事無伯非細故當時齊桓行荒宋舍無成故楚横行而無忌也迨文公勝楚遂主夏盟南陲醜虜帖耳海濱北方諸姬安身衽席使斯民免於被髪左衽之患者未必不由城濮一戰之勞也其功又可少哉是則語道義固三王之罪人語功烈則高矣先儒謂春秋明王法而不廢五伯之功信夫

夏曹公孫自鄸出奔宋（昭公二十年）

虞文詡

同考試官教諭秦批（此題類能言之但可人意者少辭理到而書法明僅見是篇故録之）

考試官學正李批（發明傳意殆無餘藴）

考試官學正張批（深得本旨）

春秋於大夫之去國也著其禮之合旌其類之賢甚矣聖人樂道人之善

也曹會去國以禮而實爲賢者之後春秋因其事而本其所從來得不詳於書法以致意哉且會者曹之大夫也鄸者會之食邑也昔嘗獲罪而待放于鄸今因被遣而托身於宋然奔未有言自者而曹無大夫此其言自而特稱公孫何邪蓋以其得去國之禮爲賢者之後耳誠以古者大夫之有罪去國也不窮夫一日之力待放於三年之久賜之環則復賜之玦則去是禮也復以君命不懟君以忘國去以君命不□土以要寵有補於名教也多矣會也因己之有罪而局蹐於采邑之下及君之無赦而躑躅於微子之邦不遽去以逃刑不説人以無罪則於禮也合矣無忠愛之心者朝出而暮去會之制行如此是禮絶無於當時而僅有於今日比諸武仲之出奔邪正何如邪况先世子臧之全身自牧也能讓千乘之國不取諸侯之位草芥功名浮雲富貴是舉也節概凛凛使争夫以讓義氣錚錚使貪夫以廉有益於斯世也大矣會也忠以事主而象先世之賢禮以律身而動今人之慕善積於其父蔭及□其子則其類也賢矣夫無固遜志節者□而名泯會之先公如此是賞不止於身存而可延於後世比諸華耦之族類賢否何如邪夫以子臧讓國既如彼而會之去國又如此可謂不墜先業而克紹箕裘者矣然則子臧其不泯乎故奔未有言自者此其言自明其待放也曹無大夫而必曰公孫者以其爲賢者之後而進之矣其樂與人爲善之意爲何如哉抑考賞延于世舜之典也仕者世禄文之政也夫子祖述堯舜憲章文武故其修經而見於書法有如此然天理之在人心不可泯滅以此垂法後世議者有乞録用賢者之類功臣之世如漢武帝封姬嘉成帝封孔吉宣帝求高祖功臣子孫失侯者封蕭何子孫之類蓋得春秋之旨矣噫此其所以爲經世之典撥亂反正之書百王不易之大法

禮記

人生而静天之性也感於物而動性之欲也物至知知然後好惡形焉

施崟

同考試官教諭王批（揭書出題本無主意而下等命辭自可觀人樂記題場中作者類皆餖飣可厭晚得此篇清新明快讀之令人灑然是可録也）

考試官學正李批（剖析明快蓋學禮而有得者）

考試官學正張批（此篇合此題之粹）

記者論人具性情之德必著性感爲情之機也蓋天命之性有生之本體也而人情之動孰非性之所感發者邪樂記君子謂夫先王之制禮樂緣乎人情而人情之所由來本乎天性是故人之生也方其静直而虚順逆未與之相投貞寂而凝事機未與之相觸不見有所好焉不見有所惡焉是則有生之初

天賦自然之本體所謂未發之中天下大本是已非天之性而何及其事交於前虛静者以之而流動物來而應貞寂者以之而顯行於其所好而好焉於其所惡而惡焉是則天命之性感動流行之大用所謂已發之和天下達道是已非性之欲而何夫性情之德如此而情之所以動豈無所由哉蓋以物之來者有善焉有惡焉吾心虛靈之本體觸之而即知有妍者有醜者吾心貞寂之自然感之而遂通善者好惡者惡道心知覺原於義理者於是乎始形見於外矣妍者好醜者恶人心知覺發於形氣者於是乎始呈露於外矣是則性情皆統於心好惡易馳於物苟無以節之則以物引物而流入於禽獸先王之制禮樂人爲之節豈無自哉大抵人生有欲各欲自遂苟無以爲防閑節制則衆暴寡勇怯弱相争相奪何時而已乎故先王之治有以制其心和其聲而又有勸率警省之具使天下之人咸囿於禮樂刑政之中有所欲而不敢萌有所求而不敢遂其所以成雍熙太和之俗正在於此後世之人不復古禮不用古樂而求先王之治不亦難乎

其在朝廷則道仁聖禮義之序

胡悦

同考試官教諭王批（題雖冠冕士子講到序字處便爲窘束發揮圓瑩通滑無如此篇録之以爲讀經者式）

考試官學正李批（講序字有見故録）

考試官學正張批（發明題意殆盡宜冠本居）

人君處夫地之肅然由夫理之秩然蓋地之嚴肅莫朝廷若也人君處之而仁聖禮義是由焉治己之道有如是哉且天子荷皇天眷命之隆焉爲斯世民物之主其與天地也固已體敵而道同政行而化溥耳然或惇庸命討而端居於卜筮瞽侑之中朝分授任而高處乎公孤卿士之上左乎聖也鄉乎仁也穆穆之容臨下其有赫矣右乎義也偕乎藏也恭己之德萬民其是望矣天子之在朝廷論道固其所也此身何所爲哉彼仁者天下之表聖者通明之極曰仁曰聖具於心而見諸行事固有自然之序也必以之而爲所由之方禮者恭敬之節義者天下之制曰禮曰義原於性而措諸施爲亦有自然之序也必以之而爲所道之則寬裕温柔足以有容聰明睿知足以有臨仁也聖也一循其序而□之不敢自立其身於有過之地也齊莊中正足以有敬發强剛毅足以有執禮也義也一循其序而道之不敢自置其身於非理之域也惟其由仁聖而不舍道禮義而不違則百官之得宜可以自此而致之矣萬事之得序可以

由此而臻之矣夫以天子之尊而不忘治己之道如此則其處既聖之地而無自聖之心寧不於是而可見哉不特此也燕處則聽雅頌之音行步則有環佩之聲升車則有鸞和之音居處有禮進退有度古之聖帝明王所以建功立業成天下之治者未有不本於治己之實德也故伯益論唐虞功化之本原惟在無怠無荒之一語成王得文武周公治道之筋髓惟有祗勤于德之四字外此而能有所建立者未之聞也然揆厥本原又在於人主之一心先儒進言有曰天下之事其本在於一人而一人之身其主在於一心然則欲治己以治人者請自正心始

第二場

論

大其心能體天下之物

戴顒

同考試官訓導洪批（文以氣爲主而理根其中是篇亹亹千言略無底滯而義理從之非學本關洛能若是乎四方誦此當爲一快）

同考試官學正余批（横渠是篇謂學者梏於見聞知有未至故著此説用啓後人即孟子盡心知性之意作者以一視同仁立論戾旨多矣此篇體認明白説理精詳且奇氣雅辭超脱塵俗之外而從容繩準之中場屋有此主司能不拭目乎）

考試官學正李批（論議宏碩氣格峥嶸駸駸乎古作詎可目爲科場文邪宜録以範來學）

考試官學正張批（渢渢乎大篇而理到辭工意見横出其慕古而得其矩度者歟可以式也）

論曰物理非吾度外也君子而能宏其度焉則天下無一物而非我矣夫理在天下散一於萬會萬於一萬者其物也一者其心也心也者萬理統會之地也其本然之量固包天地以爲體合萬物以爲度矣唯夫梏於聞見之小而不能盡夫虚靈之妙則狹隘迫蹙物與我歧而二之而天下之理遺於聞見之外者多矣信能心無所梏而恢乎其有容則以之體物何物非理以之觀理何理非心求之至近而有以該乎遠操之至約而有以收乎博安有知焉不至善焉不明之病哉先儒張子謂大其心則能體天下之物意蓋如此蓋嘗論之至不一者天下之物至一者吾心之理物在天地間與我共一範圍吾在天地間

與物同一陶冶其理本無二也吾以無二視物則天地間無一物而非我吾以有我視物則天地間物與我不相干矣試以物言之天地之高深鬼神之幽顯古今之沿革山川之流峙陰陽之迭運此物之大分也義之於君臣親之於父子序别信之於夫婦長幼朋友此物之真實也草木之榮枯昆虫之變化此物之纖悉也紛綸錯綜萬有不齊莫不有至理寓焉然即其紛綸之中而求其統宗之地就其錯綜之内而究其會歸之原則皆不外乎吾之一心也是心也測之不過方寸而足爲萬殊之樞紐斂之不盈一掬而足爲萬類之權輿太虚無形吾心亦無形也太虚無外吾心亦無外也心之大也既無外矣又安得而有心外之物哉唯其寂感動静攻取百途聞見之小又從而梏之將見限於所聞而不得其所未聞滯於所見而不得其所未見由是吾之一心憧憧往來如專顧影間區區一物之中耳欲其體天下之物也亦難矣君子於此誠不可不大其心也大其心何如神仙釋老之學不以惑其心刑名術數之學不以賊其心權謀功利之學不以喪其心博洽藝也吾何以涉獵相高而必求夫貫通之妙訓詁粗也吾何以辯説相雄而必究夫精微之極詞章末也吾何以華靡相勝而必探其性命之原養之於端莊静一之中以立此心之體窮之於學問思辯之際以達此心之用仰而觀俯而察中而盡物情以盡此心之靈心之時寓於易也則稽實待虚於易而學焉心之中寓於書也則出墳入典於書而學焉心之公寓於春秋也則屬詞比事於春秋而學焉學於詩以求此心之無邪學於禮樂以求此心之和敬遇一物則求一物之理遇萬物則求萬物之理即其所當然而不容已究其所以然而不可易夫然後講究功深而心之全體無不明沉潛既久而心之大用無不徹天地視吾心不見其爲大吾心視天地不見其爲小斂萬物於一心而不見其有餘推一心於萬物而不見其不足至虚也而足以納天下之繁至靈也而足以察天下之隱至一也而足以宰天下之不一天體物而不遺吾心亦體物而無外體天地之理則塞爲吾體帥爲吾性我與天地一理也體民物之理則民爲同胞物爲吾與我與民物一理也民彝物則之理在吾心而彝倫之攸叙不能外也屈伸變化之理在吾心而鬼神之情狀不能外也因革損益之理在吾心而古今之制作不能外也山川之流峙吾心之動静也春夏之陽舒吾心之喜悦也秋冬之陰慘吾心之肅殺也雲行雨施吾心之游日照月臨吾心之明草夭木喬吾心之生意也鳶飛魚躍吾心之昭著也洞而視之無一物而非吾心之事細而觀之無一息而非吾心之屬精而察之無一塵而非吾心之繫如統之有宗也如會之有元也耳不必聽而物不逃吾德性之聰目不必視而物不逃吾德性之明蓋不知物之爲我我之爲物

也尚何有彼此之間哉噫君子大心之功至是而盡矣君子體物之妙至是而極矣使其梏於見聞之小而不以窮理盡性爲功吾見一本既昏萬境皆蔽散焉者無統治之之幾離焉者無合之之地博焉者無約之之本析之雖有以極其精而不亂合之豈能盡其大而無遺心自心物自物而邈乎不相統攝矣其何以體天下之物而會萬殊於一本哉抑是道也即舜禹之精一吾夫子之一貫求之孔門心齋坐忘顔子能大其心也而卓爾之地有真見顔其體天下之物乎用心於内曾子能大其心也而一唯之外無費詞曾其體天下之物乎于思之擇善明善孟子之知性知天亦此意也張子之言蓋有得於此觀其西銘一篇明理一分殊而所包者天下之至大蓋亦非空言也雖然大心固在於窮理而窮理之要何先程子曰涵養須用敬進學則在致知

表

擬禮部率句容縣民謝賜御製嘉瓜贊表（洪武五年）

謝元順

同考試官訓導洪批（士子於場屋中能省記聖祖製贊組織成章而稱述揄揚一皆本乎忠愛是豈尋常經生所能到邪噫吾知子醖籍久矣）

同考試官學正余批（駢儷渾成）

考試官學正李批（典雅精緻）

考試官學正張批（妥帖可觀）

禮部尚書臣陶（凱）言洪武五年六月□日句容縣民臣（某）謹進嘉瓜伏蒙聖恩賜御製贊者臣等誠惶誠懼稽首頓首上言伏以地不愛寶鐘瑞颫於仙鄉天縱多能撝謙光於聖翰意栽培固有主者而休徵蓋無預焉仰窺日月之文俯答臣民之敬丕承有隕拜感何忘竊惟菝葜注于禮經黄菟標於爾雅感生赤色分種青門祭必上環爰盡享神之禮巾以精葛於昭事上之誠疆場利與民同郊祀旗因請繪歷代有圖可考于今爲瑞奚疑物豈無知時如有待恭惟皇帝陛下義圖軒製湯誓武成紐地補天冠履尊卑以正變夷用夏人神憤怨聿消至仁大賚於寰區和氣均沾於動植瑞麥甫獻嘉瓜朋來昔汴州延蔓而合形今畿壤敷榮而异實質惟共蔕車書以統攸同地産句容化育萬方有自摘嫌納履貢比南金太極而判陰陽燦然法象一躔而聯奎璧炳若光精情分盍簪之投氣味同心之臭曰當曰忖美如翠瓊或副或華甘如萍實耳目罕及似分枝荷於漢時雨露偏滋類合歡蓮於唐代惟一二稀摘感黄臺之詞當患難既平想奉天之獻駿走捧盈于殿陛鵷班動色於臣工拱聽絲綸立成贊序謂朕必以兩間盡豐爲上謂天不以一祥報我而驕既願民家户

和寧又祈民子孫昌大三復宸製允符姤卦之五爻屢申勸農載咏幽風之七月唐虞世方皡皡猶交儆爲言舜禹德并巍巍不以位爲樂奚煩藻繪雅有鏗鏘天地之高厚難名帝王之規模自别彼酣歌沛邑類非思治之心而雄著汾陰不過游賞之事未有如今日稽庶蕃於洪範欲厚生於虞書者也臣等鑒賞官之無功懼報琚之逾分珠聯寶字一時見者爲榮玉軸金函萬世傳之無斁用繼猗那之頌益宏符瑞之圖伏願聖德常新神功懋著疆拓禹迹溥呈表表之祥歷過周年大衍綿綿之慶臣等無任感天荷聖激切屏營之至謹奉表稱謝以聞

第三場

策

第一問

葉忠

同考試官教諭張批（士不知今望其知古難矣此策能悉皇祖丕變胡俗之陋事該而詞暢其善於鋪張對天之閎休者歟）

同考試官教諭張批（敷對詳悉□嘗佩服聖製而有得者參之前二場俱稱擢冠本房孰曰不宜）

同考試官學正賈批（宫室衣服日用最切者我皇祖肇造疆宇首厘正之良法美意具見於此子能敷答無遺其涵泳聖化之深者歟）

考試官學正李批（發策首以服舍爲問欲知聖祖經緯之密耳此策揄揚宏博誦之令人起敬兩浙豪杰子非其人耶）

考試官學正張批（我聖祖驅舊污之民而歸之禮義首爲定式子能揄揚鋪叙視他作瞠乎其後矣）

天下有大根本天下有大制度上下之分華夷之辨天下之大根本也酌古今之宜爲一代之法天下之大制度也非有不世出之君不足以立此根本非有得於心之妙不足以定此制度天下有制度則無干紀之憂制度而有本則非粉飾之具此自古帝天下者之所以留心而我太祖高皇帝之所以首事乎此也夫我太祖之制度詳於禮儀之定式而所謂制度者非止衣冠屋宇而已而論者僅止於此亦未矣蓋以迹言之則冠服止爲一身之章屋宇止爲一身之庇若細故也以理求之則天下之大名分繫焉天下之大界限存焉非細故也請竟其説伏羲以前草衣卉服未有衣冠也黄帝堯舜乃爲上衣下裳垂拱而天下治易謂取諸乾坤是已而乾坤之繫辭皆曰利貞貞者正也則衣冠

之制不可以不正矣三代因之以治天下至漢之高祖以竹皮爲冠而謂非公乘不冠則冠制未定唐之武后製金字於紫袍而以賜狄仁傑則服色未明迨夫宋祚既移而胡元帝天下焉豈惟僭逾者不爲品節蓋舉天下之衣冠而左衽之矣上古之時穴居野處未有宫室也黄帝堯舜乃爲上棟下宇成宫室以待風雨易謂取諸大壯是已而大壯之繫辭亦曰利貞以正爲利也則宫室之制不可以不正矣三代因之以安中國至漢之時田蚡私治宫室而甲諸第則式有未明宋之初京師職官而皆無公廨則制尚未立迨夫金俘既獻而胡元主中國焉豈惟僭越者不知禁止蓋舉中國之土宇而腥膻之矣别等威而明貴賤天下之大名分也有僭逾而無制度名分安在哉内中國而外夷狄天下之大界限也以夷狄而治中國界限何存哉噫至此極矣天生聖人爲生民主而我太祖高皇帝乃起自淮甸慨然以攘夷狄安中國爲己任辯上下定民志爲先務其躬行心得之實有以接夫執中建極之傳所謂君子之道本諸身者蕩蕩乎未易名言也由是天戈一揮義聲四達金陵鼎定勝國命革夷氛既遠而衣冠一經洗濯矣猶以爲未也乃酌百王之宜而創爲一代之定式冠則以梁數分品級而貂蟬立筆或以五以四之爲差革帶佩笏或以金以玉之不等服則以花樣爲次第而緋袍至於緑袍獨科至於雜花大小不同麒麟至於海馬仙鶴至於練鵲降殺各异下及庶民則止用紬絹素紗尤恐人之易犯也而玄黄之色龍鳳之文特示之禁焉冠服之制一何明歟胡塵既息而土宇一經掃除矣猶以爲未也乃於萬幾之首而建爲一代之弘規公署則隨諸司之職掌内而府部院寺如鳥斯革如翬斯飛者君子攸躋外而藩臬郡邑于時處處于時語語者職思其居私第則因品級之崇卑七間五間之异制而彩色青碧之爲飾以殊九架七架之异規而歇山轉角之爲戒則一下及庶民不過三間五架尤恐人之易忽也而房舍之違式公廨之不住特示之法焉宫室之制一何明歟冠服之制既明則天下知分之當守人人有守分之心而不逞之患無自興矣宫室之制既定則天下知義之當遵比屋皆遵義之人而出位之思無自作矣天下之大名分至是與日月并明天下之大界限至是與宇宙并立此我太祖之所以遠追古昔帝王之盛而非漢唐宋所可比擬也聖子神孫丕承丕顯至今天地位萬物育朝野相安中國尊崇外夷退帖今之民即堯之昭明舜之咸寧夏之作乂商之表正周之以正無缺之民也今之世即堯之蠻夷率服舜之四夷來王夏之有苗既格商之纘禹舊服周之四夷咸賓之世也愚也望海而莫測其涯談天而莫窺其大安能贊美鬱鬱之文哉然區區從周之心竊敢附於孔子焉執事幸恕其狂斐

第二問

戴顒

同考試官訓導洪批(古者寓兵於農而將領之選不出儒紳之外後世特設武舉欲專其義安不忘危之意也此篇能悉前代故實而於聖天子設科繼述之意條答詳明詞豐意足殆績學有待之士乎)

同考試官學正余批(文事武備吾儒兼之然知之者鮮此策援據古今酌以時制鑿鑿可行子之素蘊豈膚淺者可企哉)

考試官學正李批(策能道問意且識見不凡孰謂書生不知兵事乎)

考試官學正張批(反覆文武并用之意甚悉而文亦燦然)

三代之上武出於文而爲一道三代之下武判於文而爲兩途蓋武出於文則武亦道也武判於文則武特一事耳孔子曰教民七年可以即戎子路亦曰由也爲之可使有勇他日靈公問陳孔子又曰軍旅未學其稱子路曰千乘之國可使治賦而必曰不知其仁文武之輕重蓋有一定之權度矣至論用舍行藏及於行三軍乃曰必也臨事而懼好謀而成則又何嘗廢武事哉然則文武并用固爲治之體誠不可不加之意也愚請考其所可知者爲執事條陳之成周之時庠序之教有射賓客之燕有射祭祀以射而擇士賓興以射而薦賢弓矢之藝與禮樂之藝同貫干戈之舞與羽籥之舞并陳赳赳武夫公侯干城矯矯虎臣在泮獻馘周公冢宰也而破斧東征召公太保也而張皇六師王于出征尹吉甫以文士而奏公淮夷來求召穆公以世卿而維翰周之得人於是爲盛曷嘗有二道哉自漢以來文武之事始岐而二武帝以良家子立選成帝以知兵召募平帝有武勇明法之詔安帝有堪任將帥之詔明帝有武猛謀謨之詔靈帝有能知戰陳之詔其所得者威伸外國有如甘延壽坐困西羌有如趙充國屢破匈奴有如李廣削平秦凉有如馬隆雖不足比迹成周而亦可以名世於漢矣有唐益重武事開元有軍謀宏遠之科天寶有明習孫吴之科馬槍步射有法負重翹關有法武舉之制庶乎備矣得士如裴端服如郭子儀故當時安禄山史思明之變各成大功以靖唐室非唐之名臣而何有宋特設武學外舍生稱武選士内舍生稱武俊士以策論定去取以弓馬定高下武舉之制彌加密矣得士如高志寧如令狐挺故當時趙元昊儂智高之變各夷大難以安宋鼎非宋之名將而何武經有七書孫子一書也吴子一書也司馬法一書也尉繚子一書也唐太宗李衛公問對一書也若文韜武韜龍韜虎韜豹韜犬韜則所謂太公六韜亦一書也若上略中略下略則所謂黄石之三略又一書也黄石之略已非其真太公之韜全涉於僞其他五書大要不過詭道而已

國之所以取士者其科條如此武士之所以講學者經書如此雖欲不與文判其可得哉富弼所謂庸妄鄙淺蘇老泉所謂弓馬粗才非過論矣於戲躬耕南陽不求聞達諸葛孔明也乃能制魏輕裘緩帶羊祜也身不跨馬射不穿札杜預也乃能滅吴有韓而賊寒心有范而賊破膽豈必皆自武舉中起哉舍德行道藝而專治經義文章之敝且已滋甚舍經義而專治韜略武舉之敝將奈之何洪惟我聖祖肇造之初六王以智勇宣力於外而誠意伯以儒碩運籌於中列聖相承重熙承平孝宗敬皇帝雅意武舉今上嗣服舉而行之一時號稱得士誠欲媲休三代必使學校諸生皆仿安定門人講治兵之道皆遵祖宗教法通習射之藝至於軍職子弟皆遣入學修孝弟忠信之道知親上死長之方博辯故人之是非精曉軍法之奇正核試簡求隨才器使將見得人之盛上追先王下陋近代無事則樽俎折衝有警則威名震讋時靡有争王心載寧宣王豈得專美哉執事以爲何如

第三問

柴經

同考試官訓導方批（實理得之於心然後能安義命此策歷考古人得失而以孔子進禮退義爲標的其能居易以俟命者歟進退大節可預覘矣）

考試官學正李批（命最難言子能歷道古人得失而折以中道其必不受變於流俗矣他日效用幸毋食此言）

考試官學正張批（策士以命言用觀士子之審處何如此答灼有定見异時進退必能自處以道矣）

天之於人所賦不能無厚薄之偏人之於天所處不能無通塞之异蓋賦命者天而立命者人也天之所賦氣以形其外者雖微有差而理以具於中者則無少异予之者不出愛憎受之者不由恩怨何私也夫惟其氣之殊而人不能安之則因其身之所值厚焉而順則以爲喜喜則通矣薄焉而逆則以爲憂憂則塞矣惟其理之同而人能知之則隨其身之所遇無順無逆而無乎不樂無不樂則無不通矣無厚無薄而了無所憂無所憂則無地爲塞矣故曰通塞人之自有也蓋嘗聞之民受天地之中以生所謂命也此劉康公之言也公之言以理也以理則天之生人固無彼此厚薄之私矣以氣而言莫不有貧富貴賤之分焉莫不有生死禍福之别焉世之惡貧賤禍患者孰不思旦夕一去之也去之不得則戚然而憂懼集何其窮哉故李翱因世之情而爲或者之言曰富與貴在我而已以智則得也何命之爲其意蓋以齷齪之徒不知性分有可樂之地而往往以智力爲進取之媒故指其昧而闢之也而翱之所謂循方由

道者豈非有得於居易俟命之旨乎嘗以是而稽古之人有足法者如陋巷之居顔子不改其樂樂且不改豈知其窮也衣冠之敝原憲不以爲病貧且不病豈以爲塞也隆中高卧梁父是吟武侯蓋安於南陽之廬矣而先主之就非三顧之勤則不可武侯曾以其未達爲窮乎賦詩逍遥飲水自足應物殆安於集福之舍矣而除書之到尚以冠帶之約束自嫌應物曾以其既貴爲通乎涪州之行何等厄也而伊川講道自如語默不爲之易其節飲食不爲之失其味頤蓋不以涪州爲厄矣海南之謫何等患也而東坡起居自若飽食惠州之飯細和淵明之詩軾蓋不以海南爲患矣至若徐有功爲索元禮所誣將死而泰然不憂俄蒙赦免而亦無喜色生死之訣豈細故哉而視死如歸是其心不以得正而斃者爲憾也魏元忠爲來俊臣所誹將就刑而神色不動既而敕免而亦不改容存亡之際豈尋常哉而視存如寄是其心不以罔之生者爲幸也之數子者置貧賤富貴於身外以死生禍福爲一途其視或者智求之説若愚矣而數子豈真愚哉蓋有以深知義理之在我者爲可樂而不知身世之在外者爲可憂傳曰内重而見外之輕數子以之世之慕富貴利達者孰不欲談笑取之也取之不得欿然而悲憤劇何其塞哉故李翺因人之情而爲或者之言曰求之有不得而不求有得之者皆命也人事何爲其意蓋以欺罔之徒不知在我有當爲之理而往往覬覦人世有幸然之事故因其明而正之也而翺之所謂一飲不可受者豈非以其同於行險儌幸之歸乎嘗因是而及昔之人有可議者如阮籍之率易獨駕每遇車迹之所窮輒猖狂而痛哭何陋也季子之屢困游説一旦佩六國之相印而追嘆負郭之無田何鄙也孟郊之下第則云雨度長安陌空將泪見花及他日之登第遂謂一日看盡長安花夫進取得失常事也何前後憂樂之不倫哉賈島之下第則云下第惟空囊如何住帝鄉及法乾寺之遇宣宗乃坐不知而攘臂以奪卷夫邑薄司倉微職也何小兒造物之相誤哉温庭筠負不羈之才方切於進取及宣宗微形而得遇於逆旅可謂奇矣而傲然之詰竟以速方城之謫是負才求通竟坐此以不通也孟浩然亦負一時之英方切於致用及内署私邀而玄宗召對可謂機會矣而放還之命卒以不才明主弃之句是挾長離窮竟坐此以窮也至若薦福之墨本既許孰不謂饒生知富在即也既而紙墨方具雷碎其碑豈天之降罰書生邪雷轟出於偶然而饒生苦貧之心太甚祇見其愈窮以至是焉修書之敕既下孰不謂梅生之館職可待也然而書成未奏而遽爾云亡豈天之不祐儒生邪死生固有定數而梅生欲達之心太甚祇見其窮之極如此焉之數子者志馳於富貴利達之場而身窘於貧賤空乏之地其視或者無爲之説固异矣而數子亦果何爲

哉蓋不過徒事乎文藝之末以欺人而不知爲己之學爲何事傳曰得深而見誘之小數子何有由是而知命之在人能順受其正則性分内自有樂地達亦通而窮亦通不能順受責名教外恣爲機巧求愈深而窮愈極而君子小人於是乎分矣故孔子曰不知命無以爲君子也豈曰誣哉若夫命之爲理肇於涵三爲一之初而立於二五妙合之後夫子尚罕言之固未可强也道聽如此幸進而教之

第四問

胡悦

同考試官教諭王批（廉耻四維之二士可以弗之尚乎此答能悉古人失得而詞氣充然可以録矣）

考試官學正李批（此篇條答立身大節多出問目之外而取舍允當他日風采必有動人者）

考試官學正張批（廉耻一策於觀士子之□養何如此作歷陳無遺而末能以辭受取與斷之以義所學之深可知矣）

士之在於天下也莫先乎立其大士之立於天下也尤貴乎用其中夫廉耻之於人大矣於此焉而不知自立則將爲委靡貪饕之徒而其波流淪胥之勢固不可言矣苟立焉而倚於一偏則將爲離世絶俗之行而其矯激變詐之弊亦何益於道哉君子於此亦惟擇其中而用之中道而立斯無議矣請終執事發問之意士爲四民之首而廉耻爲四維之大人之所以异於禽獸者以其有廉耻也廉耻一喪則亦何所不至哉如孟嘗之客欲以脱禍而鷄鳴於函谷之關京兆之尹欲以取容而犬吠於南園之内入五百萬之錢者崔烈也徒貽銅臭之譏致八百斛之椒者元載也足爲受賕之戒廉耻一喪遂至於此又惡足以齒於士君子之口也哉夫無耻之人固不足言間而有知無耻之爲耻而求以自立如崔洪之於珠玉一執爲嫌王曇之於金玉不屑手執其律身之嚴固也然金玉何罪哉古者以玉作六瑞而封邦國以金飾圭瓚而行祼將亦未嘗賤之也故交際之間苟適於義雖兼金之餽孟子受之受之者非貪也義可受也項中山飲馬於渭而投錢渭水郝子廉飲馬於井而投錢井中其施物之溥固也然渭井何知哉昏夜叩人之門户求水火無弗與者亦未必取償也况授受之際苟非其義雖一介之微伊尹不與不與者非吝也義不當與也周燮勤力自給非其身所耕則不食徐稚常自耕稼非出於己力則不食議者皆曰二子之勤如是也殊不知有無之相濟君子野人之相資如其義也雖後車數十乘傳食於諸侯孟子安之泰云乎哉公孫弘位居漢相而特用布被祭遵身

爲漢將而被□以布議者皆曰二子之儉如是也殊不知素貧賤行乎貧賤素當貴行乎富貴如其義也雖列鼎而食累茵而坐仲由安之侈云乎哉至若居室天下所同也齊之仲子遠處於陵以其兄之室爲不義而不居焉仲之操若高矣然而母子兄弟之間乃人倫之所繫而蚯蚓無求之地又非人世之所能則其持以自高者適以自賊也漢之蕭何不治垣屋欲令後世賢師其儉不賢無爲勢家所奪焉何之見似達矣然而世代興廢之常固非人力之所能爲而生子賢不肖之際又豈生前所能預料則其言之若達者祇見其塞也惟能處以自然則夫輪奐之美雖作於其兄而居止之常仍從乎其舊不彰兄之不損己之名君子所以有取於孟獻焉田産八口所賴也秦之王翦求請過多者蓋托此以自污庶幾秦不我疑翦之謀似矣然秦多變詐我欲自免惟守以至誠自能動物顧甘爲污下卒以同附變詐之歸焉豈不惑哉東都之吴漢絶然不買者蓋恐其少同於俗則我名節之皎皎者不彰漢之守似矣然養生喪死人所不免苟以其道方且爲義田之立□乃用意絶之欲以明其矯激之行焉豈不固哉惟能安其自然則産業之有無付之度外清白吏之子孫足以貽謀關西夫子當時仰之四知美譽後世誦之君子所以有取於楊震焉由是觀之廉耻美名也能立此名美士也然立而倚於一偏則其拘縱矯激之間自不能無過不及之謬反爲吾道之累矣故元城了翁曰願士夫立此名節不願士夫立此門户蓋吾道之在天下中而已依乎中庸則名節泯然於不可名言之内必絶俗離世而後門户張皇於指顧之表此先正所以有願立不願立之异也噫知此言也可以入道矣謹對

第五問

王秉中

同考試官教諭秦批（能悉前賢救荒備荒之術而以今日之咎責成有司究本之論也披閱之餘知子負經濟之志久矣）

考試官學正李批（士子用世之學每於時務見之此策區處荒政其悉而文足以發之异時從政必有可觀者矣）

考試官學正張批（浙事莫重於荒政夫人能言之敷答詳悉而規處協宜皆不如此篇之的確也）

人事之修者自有以消天變備荒之豫者斯可以濟民艱蓋思患在於平日而天道繫乎人心不患於有變而患於弭變置無其方不患於有荒而患於救荒之無其素徒歸咎於茫昧取給於倉皇事何所濟民何所仰哉執事發策及此其誠以吾浙之民爲憂者乎敢以舊所討論者上復明問於萬一焉真德

秀宋名儒也嘗以時事策士言修德行政所以應天而旱潦相仍其咎安在諉之天數既戾於正事之誼驗諸證應又拘於漢儒之説蓋以爲奸和之咎格天之要皆在於上與董仲舒所謂天心仁愛人君之意先後符契豈非善言灾者乎方今聖天子厲精更化端治本於宵旰内外庶正秉公協恭贊治化於廟堂所以應天者至矣然在京師則風霾不雨在四方則水旱多灾至於吾浙旱魃爲虐連歲皆然霖潦爲殃今春尤甚所以干天地之和者歸之適然之數固非所宜言參之當然之事抑恐有未盡非在朝廷也非在百執事也其咎在有司乎古之爲郡邑者固有麥秀兩岐蝗不入境者矣彼獨非民牧邪以今觀之玩愒依違者視民瘼如罔聞優游不斷者付民隱於度外甚者以譸張紛更爲能以苛刻集事爲功一鷄日攘二蛇歲捕平時殊無蓋藏之地歉歲苟具濡沫之需至於揖遜救焚臨渴掘井蓋亦有之其何以召天地之和杜旱潦之灾邪頃者明詔謂有司奉行過當齊信然矣朱子嘗爲浙東提舉力修荒政分饑民爲三十五場哺而活之凡二十萬口荒田設檢踏之法米商開招誘之文勸分在民之粟則請賞再三奏留在官之米則陳情懇悃申戒遏糴之禁則約法甚嚴其在黄岩鑒救荒之無策爲備荒之遠計治陂澤之堰函而田有灌溉築瀕海之堤岸而江無波濤浙東之政所以救灾也黄岩之政所以防灾也文公修有司之職務盡人事之當爲饑者以哺殍者以生涸者以潤溢者以翕則水旱之已然者有所救未然者有所備變可以消而有所濟矣爲有司者悉舉而行之□荒歲之足憂乎夫以浙東黄岩之事謂爲文公之功則今日吾浙之灾謂非有司之咎不可也前修軌範後人師承况二者之政又嘗試於浙中乎其未有荒也因地勢之宜通水泉之利陂塘則浚其湮塞斗門則時其咎閉潦則有泄旱則有蓄則亦朱子之水利矣其或有荒也稽户口之數發倉庾之積里書不使售其奸官吏不使漁其利招米商俾價直不至於騰涌散煮粥俾貧病不至於流離則亦朱子之荒政矣雖然爲吾民者不願有常平而願有心勞撫字之陽城不願有義倉而願有不爲繭絲之尹鐸任法不如任人雖書生常談究本之論恐不出此執事以爲然否

浙江鄉試録後序

國家以道興治化故以道養人才然養才以道而取才獨以文蓋道與文初非二塗道載於辭則爲文措於事則爲政知文則知道知道則知政矣聖祖

立教設科列聖率由舊典意殆出此歟皇上嗣位之五年屬當大比巡按監察御史陳（蕭）暨藩臬二司舉行如故事十一郡黎獻懷道而文共惟帝臣者咸萃董學精選之尚餘二千人檐晷草次隨問而出吐華揚英蔚然成章人才之盛一至是哉夫文章政治相爲流通故治化美則文醇法度弛則文骫是非謬則文龐而士之於文深於道則文懿達於道則文暢充於道則文贍若文人者於道無所見文焉而已耳浙士之文大都貫道而前代巨儒又多浙産淵源門户承傳固遠而聖化之涵煦聖德之作成實不可誣譽髦斯士其亦有遭也哉但惟程試之文談經了了而修諸身者未必昭昭立論便便而議諸朝者未必侃侃陳謨鑿鑿而見諸事業者未必言言審如是則世之取士求其文而遺其實士之希世盭於道而徒假於文古人所謂筌蹄者不幸言中矣國家將爲攸賴乎竊爲多士圖之植文之本充文之用沃文之光在言責據經論事以文盡吾忠也在官守緣經飾吏以文盡吾職也在丞弼經天緯地以文佐吾君也粵稽之古禮樂爲教則子游之文同升諸公則公叔文（此處底本缺頁——編者注）

正德八年浙江鄉試録

浙江鄉試録序

正德癸酉當天下鄉試之期浙藩臬二司請於巡按監察御史王堯封禮聘龍等以司試事及期監察御史袁宗儒奉命代至寔維監臨眷兹重務謂臣子以人事君之忠莫大於此乃以龍與教諭林世明爲考試官教諭吴度蜀戴儉李員郝文瑞蔡元用何亦尹唐彝訓導田獻張輅爲同考試官凡所以矢心誓衆明約厲禁督察裁節之務經畫授成靡有闕遺維時雅好儒彦崇獎作興則鎮守太監劉璟申飭諸司開布公道則巡視右都御史陶琰相成厥美則督造太監楊軏晁進監舶太監王堂督染太監杜甫鹽法監察御史林季瓊清戎監察御史喻文璧有事兹土者主事伍全王念陸節胡璉罔不樂預盛事而提調監試於内則右布政使蔣昇左參政詹璽副使鄭陽高貫協贊於外則右參政陳仁官昶副使閻睿謝琛左參議羅欽德右參議段敏僉事吴希由儲珊劉祥炳汪大章王鼒而參將李隆都指揮僉事陳璠張奎江洪傳銘亦與焉其餘執事自收掌試卷知府梁材劉斐以下咸慎簡以充罔敢弗虔合提學副使徐蕃所選士千八百人如故事三試之拔其尤者九十人録其姓名與文以獻而龍謹序其首曰國朝取士之法參酌古制黜詞賦以本經術并异路以歸科目崇雅黜浮正習敦化可謂簡要切實行之萬世而無弊矣但文有規制進無雜途兹欲據三試之作較一日之長識拔特達之才以盡收一時英杰斯亦難矣然道義積中英華發外文也者道義之英華也雖曰程試之文苟典雅平正可以見其德之純雄健通達可以見其才之充辯析該洽可以見其學之博高朗閎遠可以見其識之明即其外以卬其中豪杰之士率於此焉得之今兩浙多士鍾山川之秀而涵濡聖化之深學貫于經言根于理源流有自而途轍不迷故發於文者如醇雅如雄健如辯博如高遠無所不備文質得中初無所謂浮雜粗淺之弊則夫德之所成才之所能學之所至識之所達亦略得其一二矣他日推之天下國家措諸事業必有可觀者焉於戲盛哉雖然士始固以文進而其終之所立則又不止於文士固可以文知而士之所以爲士有非文之所

能盡也蓋所貴於士者志欲正而守欲專氣欲一而分欲定通則不以勢利易其志塞則不以事變奪其氣益培才德以厚其本益充學識以周其用使他日立朝居位論建如褚僕射陸宣公之於唐清忠如趙清獻宗忠簡之於宋德業文章如劉伯温宋景濂之於國朝庶幾不愧鄉之先哲無負朝廷作養甄拔之意然後可尚勖之哉

福建福州府儒學教授陳龍謹序

正德八年浙江鄉試

監臨官

巡按浙江監察御史袁宗儒（醇夫直隸雄縣人　戊辰進士）

提調官

浙江等處承宣布政使司右布政使蔣昇（誠之廣西全州人　丁未進士）

浙江等處承宣布政使司左參政詹璽（廷信江西貴溪縣人　甲辰進士）

監試官

浙江等處提刑按察司副使鄭陽（宗乾直隸安肅縣人　丙辰進士）

浙江等處提刑按察司副使高貫（曾唯直隸江陰縣人　己未進士）

考試官

福建福州府儒學教授陳龍（元輔江西新昌縣人　壬子貢士）

山東兖州府東平州汶上縣儒學教諭林世明（自虚福建莆田縣人　甲子貢士）

同考試官

陝西西安府鄠縣儒學教喻吴度蜀（大瞻四川眉州人　甲子貢士）

直隸廣平府永年縣儒學教諭戴儉（尚質河南祥符縣人　丙午貢士）

湖廣長沙府安化縣儒學教諭李昺（德明廣西義寧縣人　癸卯貢士）

山西平陽府絳州稷山縣儒學教諭赦文瑞（德麟陜西咸寧縣人　丁卯貢士）

福建福州府古田縣儒學教諭蔡元用（勉行直隸無錫縣庚午　貢士）

山東濟南府陵縣儒學教諭何亦尹（公志廣東番禺縣人　甲子貢士）

直隸廣平府邯鄲縣儒學教諭唐彝（天彝貴州普安州人　丁卯貢士）

河南河南府陝州靈寶縣儒學訓導田献（宗道山東壽張縣人　丁卯

貢士）

直隷池州府儒學訓導張輅（從殷湖廣江夏縣人　甲子貢士）

印卷官

浙江等處承宣布政使司經歷司都事熊廣逵（九達江西豐城縣人　吏員）

浙江等處提刑按察司經歷司知事吴錞（迁重廣西賀縣人　監生）

收掌試劵官

杭州府知府梁材（大用南京金吾右衛籍順天府大城縣人　己未進士）

處州府知府劉斐（文夫廣東海陽縣人　己未進士）

受卷官

兩浙都轉運監使司同知白翱（鳳儀府軍前衛籍四川綿州人　丁未進士）

浙江市舶提舉司提舉黄相（弼甫福建莆田縣人　丙辰進士）

杭州府錢塘縣知縣張文造（汝升福建古田縣人　乙卯貢士）

彌封官

嘉興府推官俞璋（朝相直隷太倉州人　辛未進士）

紹興府山陰縣知縣張焕（主奎江西泰和縣人　戊辰進士）

金華府浦江縣知縣鄒輗（敏行直隷武進縣人　辛未進士）

衢州府龍游縣知縣謝珊（伯聲湖廣松滋縣人　辛未進士）

謄録官

台州府推官林潮（君信福建晋江縣人　乙丑進士）

杭州府仁和縣知縣楊應奎（文焕山東益都縣人　辛未進士）

紹興府新昌縣知縣毛震（畏之直隷崑山縣人　辛未進士）

嘉興府桐鄉縣知縣任洛（仲伊河南鈞州人　辛未進士）

對讀官

紹興府蕭山縣知縣王瑋（美中應天府江浦縣辛未進士）

紹興府上虞縣知縣伍希儒（汝真江西安福縣人　辛未進士）

處州府松陽縣知縣楊谷（遷喬直隷山陽縣　戊辰進士）

寧波府奉化縣知縣陶麟（仁夫直隷吴縣人　辛未進士）

巡綽官

杭州前衛指揮使張琳（國寶廣寧府望平縣人）

杭州右衛指揮使邵珉（秀夫山東滋陽縣人）

搜檢官

杭州前衛指揮僉事李端（元貞直隸盱眙縣人）

杭州右衛指揮僉事劉舉（希仁直隸全椒縣人）

杭州前衛左所副千吴泰（世亨河南宜陽縣人）

杭州前衛後所正千户李綱（朝憲直隸撫寧縣人）

杭州前衛後所副千户陳輔（良佐直隸儀真縣人）

杭州前衛後所副千户卜吉（汝占山東掖縣人）

杭州右衛右所副千户郭輔（良佐順天府密雲縣人）

杭州右衛中所正千户周鎮（文遠直隸山陽縣人）

杭州右衛中所副千户謝斌（時用直隸豐縣人）

杭州右衛前所副千户李炤（彦明湖廣廣濟縣人）

供給官

杭州府同知馮琨（君美直隸崑山縣人　丙午貢士）

嘉興府經歷司經歷蘇淙（大淵河南考城縣人　監生）

杭州府照磨所照磨韓磐（仕安山西黎城縣人　監生）

紹興府諸暨縣縣丞蘇潤（時澤直隸石埭縣人　監生）

杭州府仁和縣縣丞胡騰（祥鸞江西豐城縣人　吏員）

杭州府海寧縣縣丞周必復（復之江西廬陵縣人　監生）

杭州府錢塘縣主薄李時（天節山東歷城縣人　監生）

嘉興府桐鄉縣主薄李昭（孔明陝西漢中衛人　監生）

杭州府富陽縣典史關福（天錫直隸當塗縣人　吏員）

紹興府蓬萊驛驛丞張振（世威直隸清苑縣人　吏員）

寧波府四明驛驛丞韓汝卿（士亨山東商河縣人　承差）

嘉典府西水驛驛丞袁苓（時敦江西豐城縣人　承差）

第一場

四書

出門如見大賓使民如承大祭己所不欲勿施於人在邦無怨在家無怨　迴之爲人也擇乎中庸得一善則拳拳服膺而弗失之矣　仁人心也義人路也

易

初九素履往無咎　六二鴻漸于磐飲食衎衎吉　乾之策二百一十有

六坤之策百四十有四凡三百有六十當期之日二篇之策萬有一千五百二十當萬物之數也　變動不居周流六虛上下無常剛柔相易

書

刑期于無刑　五百里甸服百里賦納緫二百里納銍三百里納秸服四百里粟五百里米　兹亦惟天若元德永不忘在王家　文王惟克厥宅心乃克立兹常事司牧人以克俊有德

詩

南有樛木葛藟纍之樂只君子福履綏之南有樛木葛藟荒之樂只君子福履將之南有樛木葛藟縈之樂只君子福履成之　爰居爰處爰笑爰語　考卜維王宅是鎬京維龜正之武王成之　念兹皇祖陟降庭止維予小子夙夜敬止

春秋

公追戎于濟西（莊公十八年）　諸侯明于扈（文公十五年）　宋人圍滕（宣公九年）宋師伐滕（宣公十年）　季孫斯叔孫州仇仲孫何忌帥師伐邪取漷東田及沂西田癸巳叔孫州仇仲孫何忌及邾子盟于句繹（衰公二年）

禮記

凡侍坐於大司成者遠近間三席可以問終則負墻列事未盡不問　獨樂其志不厭其道備舉其道不私其欲是故情見而義立樂終而德尊　盡其道端其義而教生焉　獻君君舉旅行酬而后獻卿卿舉旅行酬而后獻大夫大夫舉旅行酬而后獻士士舉旅行酬而后獻庶子

第二場

論

修身則道立

詔誥表（内科一道）

擬漢親耕籍田詔（文帝二年）　擬唐以長孫無忌爲右僕射誥（貞觀元年）　擬宋起太師文彦博平章軍國重事班宰相上謝表（元祐元年）

判語（五條）

舉用有過官吏　錢糧互相覺察　見任官輒自立碑　私越冒度關津　詐教誘人犯法

第三場

第五道

問　古昔帝王之有天下必制度以飭治功修典章以詔後世我國家祖宗列聖御製諸書布之天下固已家傳人誦雖文身左衽之國罔不祇若而尊信之頃者孝宗敬皇帝仰承英廟之志復有會典之作我皇上繼述益勤命儒臣讎校而頒布焉凡百五十年之間沿革損益之政無乎不具今士大夫得睹宸編若獲拱璧私家之藏永爲世寶不知是典近何所稽遠何所取而制作之本意可仰窺而測識之邪夫有典有則貽厥子孫先帝爲後世慮至深遠也今日臣工敬而誦之體而行之不知其要何在諸生幸以其所知者告我□

問　人君之治天下非賞無以慶善非罰無以威惡固也然酬酢運用之間少戾其常則不免於過中失正之弊均賞矣而不足以爲勸均罰矣而不足以爲懲是果何説哉古之人有懼殃民而不許求郎之請者有念至公而不私秦府舊人者又有因太原未平而不與使相者賞善如是無乃吝之過而近於刻印刓忍弗予者乎有因上書而除肉刑者有念不能全民之生而再定棰令者又有讀明堂針炙書而禁鞭背者恤刑如是無乃畏之過而近於斷死刑垂涕泣者乎兹欲一賞而人無不勸一怒而人無不威其要安在考之論刑賞者説亦不一或曰善爲國者賞不僭而刑不濫又曰寧僭無濫矣何仕者復有世禄之制刑國復有重典之施歟或曰爲政者不賞私勞不罰私怨是矣何孔門問答復有以直報怨以德報德之説將舊有德怨之人待之不能不异歟或者又曰有功不賞有罪不刑雖唐虞不能以化天下而與不賞而民勸不怒而民威於鈇鉞者何背馳也或者又曰有功則賞有罪則刑雖敢不竭心盡力以修職業而宋臣又謂有功而後爵天下必有遺善故有無功而爵者有罪而後罰天下必有遺惡故有無罪而罰者斯二説者又何如其抵捂也諸生明經待問久矣於是二事與前數説相與質而訂之何如

問　風俗教化儒先論之詳矣教化本於朝廷而責任於守令風俗移于好尚而振作于士人固史以來所傳循吏非一然觀其所稱者不曰力行教化則曰教以禮讓可舉其人而言之歟今之爲守令者以因循苟免爲賢嚴急集事爲能至於古之教化概乎其未聞也其故何哉又學嘗觀乎古人之有意於風俗者其嘉言善行誠可師法故有誤認車牛而不與較者有苦居畎畝而不入城府者有婦亡父之金而不肯受者有遜其園爲黌舍者有退居于洛而不

言時事者之數者非甚高遠而難能也今有之不亦可以興廉而崇讓乎有爲無不是父母之説者有爲難得兄弟之説者有爲絶友令可交出妻令可嫁之説者有爲居是邦不非其大夫之説者又有爲律設大法禮順人情之説者是數者亦非空言而無施也今信而行之不猶可以寬鄙而敦薄乎夫禮義廉耻謂之四維四維之張弛其所係大矣吾爲此懼而相與折衷冀有聞焉幸毋迂以視我

問　西漢尚寬大東漢尚節義史氏之論尚矣今以西漢之人物考之有不受卒徒唾背者有不聽兩吏挾持者有見大將軍而不拜者有至虜庭而不屈者上欲起禮樂也徵之而不肯行上方興文學也答以不在多言由是觀之西漢之節義何歉於東漢哉夫兩漢之節義信皆有之矣而先儒又有爲東漢節義不如西漢之説者是果然歟否歟迨至于唐有死守江淮者有伏閤極諫者有布衣對策極言時政者有太學儒生倡義止亂者宋之時又有使虜庭而抗論者有年强仕而勇退者有被謫雖困而無書至京師者有交游雖舊而無書抵政府者唐宋之節義如是又何歉於兩漢哉然後世之論獨以節義歸之於東漢者其故安在而史氏之言去漢未遠果不足信否歟是必有攸當之説請明言之且以觀平居之所養

問　今日之務所重而可議者莫切於食與兵蓋非兵無以禦侮非食無以供費古者藏兵於民而兵足用田不加賦而食足供固無庸議矣厥後創業如漢高提兵恒數十萬以一蕭何饋餉而有餘守成如文帝遣四將軍以禦匈奴其兵亦已衆矣然屢蠲田租或詔减半而國用不聞告竭不知當時何以能然也今兵掌於司馬督於憲臣簡閲之法清理之規未嘗廢也但四方諸路之兵不足以制諸路之寇卒遇有警至勤王師或募土兵或調邊將噫我兵之弱何至是哉兵食之供掌於司徒綱於藩司其征輸之法儲峙之規未少變也但各省一歲之積不足以供一歲之費一有所需則束手無策非請内帑則截綱運矣噫我財之匱何至是哉豈典兵理財者未得其人將兵之訓練者未精而逃亡者未盡復伍歟冗食之員尚多而無益之費未盡裁省歟抑别有其故也或者曰邇年盜賊動以千萬非區區尋常兵力之可勝而天下府庫之空虛民力之重困又非一朝一夕可以完復而救藥者宜大有所處不知其計將安出願明言之

中式舉人九十名

第一名　陳器　台州府學生　詩
第二名　趙廷富　鄞縣學生　易
第三名　俞振强　新昌縣學生　書
第四名　葉應驄　鄞縣學增廣生　春秋
第五名　陳焕　餘姚縣學增廣生　禮記
第六名　王峪　慈谿縣學生　詩
第七名　陸銄　寧波府學增廣生　易
第八名　王鏞　蕭山縣學生　書
第九名　朱篪　山陰縣學附學生　詩
第十名　謝汝儀　鄞縣學生　易
第十一名　施信　餘姚縣學附學生　書
第十二名　周文進　慈谿縣學附學生　書
第十三名　薛宗明　寧波府學附學生　易
第十四名　吴榮賀　僊居縣學生　春秋
第十五名　柴鑣　台州府學增廣生　詩
第十六名　鄭蒙吉　山陰縣儒士　易
第十七名　張瀾　餘姚縣學增廣生　禮記
第十八名　胡瑞　餘姚縣學附學生　書
第十九名　祝繼龍　海寧縣學生　易
第二十名　朱良　慈谿縣學增廣生　詩
第二十一名　徐守　蕭山縣學生　書
第二十二名　陳中孚　海寧縣學生　易
第二十三名　秦金　慈谿縣學生　春秋
第二十四名　范洵　天台縣學生　詩
第二十五名　朱湘　寧波府學增廣生　易
第二十六名　王澈　温州府學生　詩
第二十七名　黄懌　蕭山縣學生　書
第二十八名　胡玠　餘姚縣學附學生　易

第二十九名　袁在　慈谿縣學附學生　詩
第三十名　吴瑞　杭州府學生　禮記
第三十一名　陳廷華　山陰縣學生　易
第三十二名　侯緘　台州府學增廣生　詩
第三十三名　曹輻　上虞縣學生　易
第三十四名　陸杰　平湖縣學生　書
第三十五名　周雍　永康縣學生　詩
第三十六名　周大經　紹興府學生　易
第三十七名　徐衍　樂清縣學生　書
第三十八名　陳銘　鄞縣學生　易
第三十九名　毛一言　紹興府學生　詩
第四十名　許仁　仁和縣學生　易
第四十一名　應典　永康縣學生　詩
第四十二名　徐官　蕭山縣學增廣生　書
第四十三名　姚鍾　仁和縣學生　易
第四十四名　馮震　慈谿縣學生　詩
第四十五名　徐漸　寧波府學附學生　易
第四十六名　張徽　秀水縣學生　詩
第四十七名　劉世龍　慈谿縣學增廣生　春秋
第四十八名　胡東　湯溪縣學生　易
第四十九名　秦吉　慈谿縣學附學生　詩
第五十名　金廷瑞　錢塘縣學生　易
第五十一名　林元秩　台州府學生　詩
第五十二名　陳輔　餘姚縣學生附學生　易
第五十三名　吴珎　武義縣學生　書
第五十四名　徐州　慈谿縣學附學生　詩
第五十五名　范栻　寧波府學增廣生　易
第五十六名　朱同芳　餘姚縣學生　禮記
第五十七名　項鰲　臨海縣學生　詩
第五十八名　陸澄　歸安縣學增廣生　易
第五十九名　王欽　龍游縣學生　詩
第六十名　吕愛　鄞縣儒士　書

第六十一名　姚世儒　山陰縣儒士　易
第六十二名　張璵　崇德縣學生　詩
第六十三名　張文宿　杭州府學增廣生　易
第六十四名　湯霖　慈谿縣學生　書
第六十五名　陳楠　上虞縣學生　詩
第六十六名　鄭天鵬　諸暨縣學生　易
第六十七名　鄭特　黄岩縣學增廣生　春秋
第六十八名　秦鉞　慈谿縣學生　詩
第六十九名　陳賦　寧波府學生　易
第七十名　李鶴鳴　義烏縣學生　書
第七十一名　何贇　黄岩縣學生　詩
第七十二名　潘周錫　上虞縣儒士　易
第七十三名　張思聰　山陰縣學增廣生　詩
第七十四名　汪嘉會　開化縣學增廣生　易
第七十五名　李鴻　永康縣學生　書
第七十六名　張文　諸暨縣學生　易
第七十七名　何鰲　山陰縣儒士　詩
第七十八名　朱京　錢塘縣學生　易
第七十九名　管邦宰　黄岩縣學附學生　詩
第八十名　李椿　處州府學生　易
第八十一名　諸偁　秀水縣學生　書
第八十二名　葉照　慈谿縣儒士　詩
第八十三名　張心　餘姚縣學生附學生　易
第八十四名　王洙　臨海縣學生　詩
第八十五名　虞守愚　義烏縣學生　禮記
第八十六名　王椿　湖州府學生　易
第八十七名　沈馴　山陰縣學生　詩
第八十八名　張儉　僊居縣學生　春秋
第八十九名　賀表　嘉興府學生　書
第九十名　張時啓　餘姚縣儒士　易

第一場

四書

出門如見大賓使民如承大祭己所不欲勿施於人在邦無怨在家無怨

趙廷富

同考試官教諭唐批（是篇作者類能言之然不腐則贅殊令厭觀忽得此卷句法清新而歸於典則能不爲之起敬）

同考試官教諭蔡批（夫子告仲兮爲仁功效詞易簡而味無窮此作衝澹高古足發其精蘊思文字外當有別學）

同考試官教諭郝批（題本寇冕諸作多騁浮詞以相勝此作理溢乎詞取之）

考試官教諭林批（講聖言用莊重語其知文哉）

考試官教授陳批（文從理順非淺學可到）

敬恕兼盡而内外交孚聖人告賢者之爲仁也蓋主敬行恕則私意無所容而心德全矣内外之人焉有不孚者哉夫子因仲兮問仁而告之以此謂夫學莫先於爲仁而仁莫切於敬恕是故敬者德之聚持己不敬則私意有所容於内非所以爲仁也要必戒慎常存一出門也雖無大賓是見肅恭收斂儼若接大賓於揖讓之間罔敢以慢心乘之一使民也雖非大祭是承嚴恭寅畏恍若承大祭於越之頃罔敢以易心處之若然則敬以持己而仁之體立矣恕者仁之方待物不恕則私意有所容於外亦非所以爲仁也要必近取諸身以人之心不异於我也凡我所不欲者則勿以之而施於人待人猶待己也我之心不殊於人也凡我所不願者則勿以之而加於彼處己猶處人也若然則恕以及物而仁之用行矣敬恕兼書則心德以全由是外而在邦也自上及下皆相安於敬恕之間欽仰愛慕而怨惡之不形蓋感應之機自有不約而同者焉内而在家也由親及疏咸相承於敬恕之餘歡欣怡愉而怨讟之不作蓋動物之誠自不戒而孚者焉夫敬恕之功盡而無怨之效臻仁不外是矣脱效之未臻是功之未至也雍也盍亦知所自考以爲加勉也哉抑仁一也敬恕之旨視克復之訓若有弗類何也蓋天之生物因材而篤聖人教人亦因人而施期於有成而已雖然一敬可徹於上下而恕亦未可易而視之也誠能從事於此而得有焉亦將無已之可克矣

迴之爲人也擇乎中庸得一善則拳拳服膺而弗失之矣

陳器

同考試官教諭何批（理學文字最難措詞多則冗短則晦此作發明透徹而又若不竟其説者豈可多得）

同考試官教諭戴批（能擇能守處講者率多膚淺非所以語顔子也此作能概括其梗概而探索其淵微理到而文自工過時輩遠矣）

同考試官教諭吴批（意正大而詞簡明視掇搭陳言而晦塞題意者相去何如蓋玩理而有心得者）

考試官教諭林批（詞藻沛然了無纖麗習氣可爲鳴盛之作矣讀之一倡三嘆）

考试官教授陳批（根理之言自是典雅且氣充才贍而筆端有力非名士不及此）

聖人稱大賢之於道擇之精而守之固也蓋擇善固難而守善尤難大賢能擇能守此所以見稱於聖人也歟昔子思因道之所以不明故引夫子稱美顔子之言有曰天下有一定之理而昧焉者不能擇人心有一定之操而惰焉者不能守吾見迴之爲人也以明健之資加好學之篤知道之散於事者不能無過與不及也則必隨事觀理辨之别之以求其所謂中庸者何在理之寓於物者不能無過中失正也則必即物窮理審之擇之以求其所謂中庸者何居精權度於衆論之間務求至當不易之理有以要其歸持藻鑒於兩端之際務求大中至正之道有以見其的若然則其擇之也精矣及於辨别之餘得一中庸之道必拳拳而着之於心胸之間務使理與心融而人欲不得以雜之審擇之際得一中正之理必拳拳而着之於靈府之内務使心與理契而私欲不得以間之會萬理於一原曷嘗暫合遽離而復陷於過與不及之差乎貫始終於一致何嘗暫得遽失而復淪於過中失正之謬乎若然則其守之也固矣吁迴之能擇能守如此則非知者過之而不肖者之不及也子思引之以見道之所由明歟抑道在天下欲明而行之惟存乎人故必智如大舜而道所以行仁如顔子而道所以明不然欲道之明之行難矣子思作中庸深爲此懼故引大舜顔淵之事以示人蓋欲人以智仁爲入道之門不致斯道終於不明不明也子思功不亦大乎

仁人心也義人路也

施信

同考試官訓導張批（題本難體貼作者多不能據理摹寫每下筆不覺

便有差句此篇詞理俱精到講人心處更融會親切殆非草草於心學者）

考試官教諭林批（朱傳解仁義與他處自別此作辯認既真故語自不苟當不以富麗求之也）

考試官教授陳批（破渾厚講尤不疏說理文字正可作式於此故録之　）

大賢揭所性之大而著其切於人焉蓋性莫大於仁義而仁義實切於人身也自非大賢各舉而名之何以知其然哉昔孟子之意語夫語理於茫昧則人難知孰若名之於切近而人易曉哉是故立人之道有所謂仁也人皆知其曰仁而已孰知仁之所以爲仁其切於己乎蓋仁也者即人之心也四端之善兼統於方寸之間萬善之元囊括於一腔之内寂然不動一生意之充周所謂虚靈不昧者此也感而遂通一善念之藴藉所謂神妙不測者此也夫有是心即有是仁外心以言仁則心爲血肉之軀耳豈人心之外别有所謂仁哉立人之道有所謂義也人皆知其曰義而已孰知義之所以爲義其切於身乎蓋義也者即人之路也天理當行實爲踐履之地人事質幹久爲蹈迪之途無偏無黨一蕩蕩之康莊所謂周道如砥者是也無反無側一平平之大道所謂其直如矢者是也夫有是義即有是路外路以言義則路爲邪曲之徑耳豈人路之外别有所謂義哉仁而謂之人心則可以見其爲此身酬酢萬變之主而不可須臾失矣義而謂之人路則可以見其爲出入往來必由之道而不可須臾舍仁義之切於人如此人可不知所以求之哉雖然仁義根於人心之固有何假聖賢之立名邪天下不知易故孔子以生生名易天下不知中故子思以喜怒哀樂名中天下溺於功利而不知有仁義故孟子以人心人路名仁義蓋非聖賢意也覺天下之不知者也聖賢立言垂訓每如此而人猶有放其心而不求舍其路而不由者亦獨何心哉

易

六二鴻漸于磐飲食衎衎吉

陸釘

同考試官教諭唐批（文詞中發出人臣事君之義他日不苟於禄位可以占矣）

同考試官教諭蔡批（豐贍中典雅自存非才富而理到者不能得士如此可以冠本房矣）

同考試官教諭郝批（本爻生意出處之義畢見佳作也）

考試官教諭林批（命意造詞皆在經傳中出没惟深於易者能之）

考試官教授陳批（理明詞贍）

□之六二有進得其所之象有進獲乎善之占蓋進以有德有應爲貴也六二兼之則其進之安而善之獲也有以哉周公擊爻之意以爲君子之仕也不以爵禄之榮爲念而以出處之正爲難漸之六二柔順中正而得漸進之道上應九五而有可進之機則是爲人臣者外比於賢宅俊於我乎是職有高而不危之休也上麗大明公孤於我乎是任無處非其□之嫌也於是享鼎之大烹而優游於見食於人之時俯仰何愧怍乎受夬之施禄而委蛇於退食自公之際情意何順乎適殆猶鴻焉將翱將翔漸于磐石而棲止之自安也以飲以啄遠於水涯而和樂之自若也其象如此其占維何蓋德薄而位尊□□來負乘之誚功卑而禄崇者難免素餐之譏今既有德而有應吾知其譽達於顯比之君而朱紱方來有以荷天休之滋至道行於乎嘉之日而大車以載足以勝重任而不疑平居之抱負發而爲俊偉之事功天位與共三公不爲□也言孰加焉疇昔之涵養措而爲光大之勛業天禄與食萬鍾不爲泰也吉孰尚焉夫以君子之不苟於進而進得所安如此其君臣相遇之際殆非偶然者周公以是而著六二爻義其示占者之意深矣抑考此爻之義古之人有行之者伊吕是也觀其保衛商家弼成周室厥功偉矣然使成湯無三聘之勤而文王無後車之載則二公之志亦終於莘野渭濱而已是知行道者君子之本心而所以得行其道者則顧所遇何如耳後世之士汲汲以仕進爲心而昧於出處之宜蓋亦不占而已矣

乾之策二百一十有六坤之策百四十有四凡三百有六十當期之日二篇之策萬有一千五百二十當萬物之數也

趙廷富

同考試官教諭唐批（蓍策一題多病於詞説之贅此篇明白簡當非衆作可及其精於理學者興）

同考試官教諭蔡批（蓍數最爲微妙子能探而發之録之以式來學）

同考試官教諭郝批（此題重在當期之日與當萬物之數士子類無的見挑剔明白僅見此篇噫若子者可以語數學矣）

考試官教諭林批（數學最難而子能言之可嘉）

考試官教授陳批（蓍數之妙此作盡之）

大傳論過揲之策有純卦之所準者有全經之所準者蓋蓍數與造化相爲流通者也不自其所準觀之何以見其妙哉大傳論數法至此則以過揲之策生於河圖之四面者言之意謂數雖具於蓍策妙實符乎造化何也蓋揲蓍

三變之未九六迭出之餘三奇而九四之則爲三十□六也積而至於六畫之乾則爲三十有六者凡六而得二百一十有六之策焉三偶而六四之則爲二十有四也積而至於六畫之坤則爲二十有四者凡六而得百四十有四之策焉以乾策之二百一十有六合坤策之百四十有四□爲數也凡三百有六十寧不有以當期之日乎蓋一歲之日有氣盈有朔虚雖不能無多寡之殊而三百六十乃其成數也二卦之策適與之而相當初若有擬議焉者其妙也何如至若乾爲陽物凡百九十二之陽爻散見於二篇者皆乾也而其策莫非三十有六即是數而乘之以諸陽則得夫六千九百一十二策焉坤爲陰物凡百九十二之陰爻分布於二篇者皆坤也而其策莫非二十有四即是數而乘之以諸陰則得夫四千六百八策焉以陽爻之六千九百一十二策合陰爻之四千六百八策其爲數也凡萬有一千五百二十寧不有以當萬物之數乎蓋天下之物有氣化有形化其數雖不止於萬而萬有其多乃其常數也二篇之策適與之而相當初若有比度焉者其妙也又何如是則乾策坤策蓍數之一定也而於造化有所準日數物數造化之有常也而於蓍策不能外筮法之妙有如此夫抑斯論也蓋謂陽主乎進少陽□而未極乎盈則不足以爲化陰主於退少陰退而未極乎虚則不足以爲變故卦之乾坤爻之奇偶獨以二老計之至於以二少計之則其數莫不有吻合焉者此亦夫子之意而諸儒之説也

書

刑期于無刑

俞振强

同考試官訓導張批（題不難於遣詞而難於上下文不相黏礙此作得之是宜録出）

考試官教諭林批（莊整可觀）

考試官教授陳批（此篇詞不繁而意自足得作二典體）

聖君稱士師始不免於刑之施心實期於刑之措夫刑以不用爲美也大臣於用刑之時而心期於不用焉聖君稱之也宜哉昔帝舜不聽禹之讓而稱皋陶之美以勸勉之若曰人但知汝皋陶以刑爲之職耳抑孰知其心存之美邪是故臣工之多未必無違教者焉設或有之而刑其可已乎汝爲士師之官蓋嘗明以弼教而五刑之是用矣民庶之衆未必無梗化者焉容或有之而刑其可廢乎汝居掌刑之職蓋嘗明以輔治而五刑之惟允矣墨也劓也推之而得其情則舉以加之使知不善者有所懲剕官也大辟也審之而當其罪則因以施之使知爲惡者有所懼汝之不免於用刑者如是原汝之心豈欲恃以爲

治邪將以致夫治隆之功使在朝廷也禮義流行純乎道德之懿而刑法殆爲虛器矣將以收夫俗美之效使在閭閻也德化洋溢藹乎淳朴之風而理官若爲虛設矣一心之所願直欲舉國皆遵其教而過焉有所不爲則墨劓之刑雖小不用焉一念之所存直欲舉世皆從其化而罪焉决於不犯則剕宫大辟之典雖重不施焉吁皋陶有無刑之期而今卒能副之如此此伯禹之所以讓而帝舜所以稱之也歟大抵聖人之治德爲化民之本刑爲輔治之法然謂之輔則見其用於時者皆聖人之不得已也有虞之刑司之以明慎之皋陶主之以欽恤之帝舜尚不足以爲恃必求至于不犯有司四方風動而後已彼後世之鍛鍊以爲能根連株繫而不忌者獨何心哉

茲亦惟天若元德永不忘在王家

王鏞

同考試官訓導張批（茲字只指稽德饋祀而言元德亦不過此士子乃并前羞考説來於元德上卒無歸着惟此篇體貼經傳作出且文氣老成規度嚴肅宜録之以式）

考試官教諭林批（簡實可觀）

考試官教授陳批（理明詞順可取可取）

聖君教妹臣能有謹酒之實則膺天眷於無窮矣夫天之休命得之固難而有永尤難也非妹臣有謹酒之實天之所眷豈若是哉昔者武王告康叔欲其教妹土之臣也其意謂夫汝庶士有正庶伯君子毋以修德爲無益謹酒爲小德也誠能反觀内省悉稽乎中正之德而有盛大之實充羞饋祀自用夫宴樂之飲而無沉湎之累如此有不足以得天者乎吾知禍福不常天至難諶也鑒此元德自有以順之於衝漠之中予奪靡定天未易得也眷此大德自有以若之於亭毒之表天非有私於汝也而富貴以厚其生者方興而未艾汝非有求於天也而福澤以庇其身者滋至而無已曰名曰位昔固見録於王家矣今則居之安而綿綿不絶不但居之一時也將歷悠久而常保矣豈復有瑕殄者乎曰職曰禄昔嘗見錫於王家矣今則守之固則源源不竭非但守之一時也將至悠遠而常享矣寧復有弃絶者乎吁武王欲其臣之謹酒而舉天若元德勸如此其亦誘掖之至者歟嗟夫妹土臣民蕞爾之微耳况以康叔往爲之君宜其無難化者武王乃致告之如此者何哉蓋商受酗酒天下化之而妹土爲其故都染惡尤深武王誅君吊民一新其政孰有急於是邪禹於子孫嘗有甘酒之訓成湯風愆之戒説以酣歌寓乎其間古昔聖人未嘗不拳拳于是也噫

彼昏不知堤糟池酒者何哉

詩

考卜維王宅是鎬京維龜正之武王成之

王嵱

同考試官教諭何批（稽疑決處作者多挑剔不明此作認題精確而詞义足以發之令人拭目）

同考試官教諭戴批（剖析詳明而詞意警拔駸駸然追逼古作蓋不梏於專經者）

同考試官教諭吴批（作此篇者形容都遷氣象綺語動盈卷帙顧於遷都不苟處不相發此作因題命意根理遣詞使武王當年心事宛然在目奇士也）

考試官教諭林批（氣昌理到掃去陳言時作中不多得）

考試官教授陳批（詞豐贍而意圖活宜録以式承學）

稽諸神以定都決諸神以建都詩人美聖君然也夫遷都國之大事也聖君必稽於神而後決焉其慎重之意何如哉此詩美武王遷鎬而作也蓋謂我武王當四方攸同之日遂有遷都于鎬之舉以爲開國承家非細故也烏可苟哉與其謀於人也不若謀之於神乃考之於卜于以決吉凶於猶豫之間與其斷於己也不若斷之於神乃稽之於占于質休咎於疑似之頃遷此鎬京必欲得形勝而據之建宗社營宫室居重馭輕而爲萬國都會之區也居此鎬京必欲得險阻而依之築城邑立朝市宅中圖大而垂萬世無疆之休也于斯時也灼彼元龜適有以協人謀考成象於墨食之初有吉而無凶也允矣王者之都向之猶豫以決燋彼楚焞適有以符己見驗成卦於鑽刻之後有休而無咎也信矣邦畿之地昔之疑似以定於是斷自宸衷據此天下之形勝宗社以建宫室以營制度焕乎其聿新也所謂萬邦之方者在是出自睿筭依此天下之險阻城邑以築朝市以立規模秩乎其鼎建也所謂下民之王者在是吁武王遷鎬必決之神謀而不敢焉苟如此君道之盡不於此而可見乎詩人所以美之也宜矣大抵遷都所以爲民而出於爲民之外者皆私也亦所以爲後世謀而爲後亦爲民也武王之遷鎬以豐邑難容而遷是故爲民而遷耳遷之而謀無不悉亦爲民而謀焉耳視彼後世若長安之都惟圖以一面控制諸侯洛陽之遷惟欲以舊迹比隆周室良非所以爲斯民圖者果可與周武同日而語哉

念兹皇祖陟降庭止維予小子夙夜敬止

陳器

同考試官教諭何批（武王之孝止是個敬字故成王欲勉敬以承之詞浮於理者殊爲可厭求其渾厚爾雅而善寫成王意緒者有如此篇）

同考試官教諭戴批（官樣題目作者不泛則略此篇説理精到造語警策殆邃於經學者）

同考試官教諭吴批（孝敬書生之常談固不難於操筆詞峻整而思春容此作得之）

考試官教諭林批（形容成王追慕之意妙在紆餘宛轉之中醖藉之學固如是）

考試官教授陳批（平淡典雅如太羹玄酒自有深味可録）

表前王克孝之實勉在己持敬之常賢王然也夫敬之所在即孝之所在也成王表前王之孝而自勉以敬其得繼述之道者歟此成王免丧朝廟而作嘆前王永世克孝而勉之以敬蓋謂昔我皇考之念皇祖痛儀容之永隔而追慕之心不忘於頃刻惟欲繼其志也念覆育之深恩而哀慕之情不替於斯須惟欲述其事也心之所至目常之在皇祖雖遠常若見其陟之于庭而睹無像於有像恍乎謦咳之有聞念之所切視之如存皇祖雖往恒若見其降之于庭而視無形於有形宛乎儀容之相接皇考之克孝如此是皆一敬之所存也顧予小子年甫幼衝負此守成之托一或不敬則先業隳矣敢自怠乎眇躬凉薄撫此盈成之運一有不敬則先緒墜矣敢自晝乎故必夙焉而興虔恭寅畏不以夙而或懈一以皇考之念皇祖者而念我皇考務有以踐共遺規也夜焉而寐戰兢惕勵不以夜而少替一以皇考之思皇祖者而思我皇考務有以步其後塵也噫成王述前王之考而勉在己之敬如此其所以就文武之業而崇大化之本端在此矣抑考敬者千聖傳心之要致治保邦之本也故欽明若堯允恭若舜祇德若禹聖敬若湯乃知自古帝王創業垂統未有不本於敬也成王有見於此思前王創業之難知在己守成不易故於嗣大歷服之初拳拳以敬自勉可謂得聖賢傳心之法嗣王繼述之要也其所以基命宥密緝熙大業而爲有周守成令主夫豈無自而然哉

春秋

宋人圍滕（宣公九年）宋師伐滕（宣公十年）

吴榮賀

同考試官教諭李批（聖經稱人稱師之意類能發之明白痛快如此作殊尠當是老於經學者録之）

考試官教諭林批（以仁義二字發明稱人稱師之旨良是）

考試官教授陳批（辭嚴義正春秋文字當如此作）

大國始乘難以虐小春秋貶其不仁繼縱惡而虐小春秋譏其不義此宋兩加兵於滕皆非其道也春秋一稱人一稱師豈無意哉且滕介於宋敖慢不恭宋也圍之似不爲過者經以人稱説者曰剌伐喪也則凡不恭之國將置而不問乎蓋當是時滕昭不禄變故方殷人所共憫者也凡有仁心者必將哀矜惻怛吊恤之不暇矣况於鄰□之邦玉帛往來之舊乎宋不念此顧以私忿小怨命將出師汲汲於滕之是圍焉假曰滕不事己不爲無罪盍亦思己德無乃有闕歟乃乘其喪以圍之欺人之孤而不忌弱人之寡而罔恤其與見落阱不能求反擠之而下石者何异邪非至不仁者莫之忍爲經於圍滕特以人稱意蓋如此夫滕雖見圍負固自若宋復伐之似無足怪者經以師稱説者曰譏用衆也則凡負固之邦將諉而不討乎蓋當是時徵舒不軌惡逆滔天人得而誅者也苟有仗義者必將怒目切齒致辟之恐後矣况於上公之尊先代伯業也餘乎宋不慮此顧以細故微瑕揚兵耀武區區於滕之是伐焉借曰滕不降心在所必討盍亦思事豈無大於此者歟乃動大衆以伐之舍所重而務所輕弃所急而治所緩其與不能三年之喪而緦小功之察者何殊邪非至不義者莫之暇爲經於伐滕特以師稱意蓋如此吁始而圍滕非仁也而春秋貶之繼而伐滕非義也而春秋譏之然則後之用師者其可不本於仁義哉抑考宋之伐喪非仁矣後日士匄侵齊聞喪乃還其庶幾仁人之心乎宋之不能討徵舒非義矣未幾楚莊入陳執而戮之其庶幾仗義之舉乎又以見人心理義之天雖春秋之世未盡泯而夷狄之國未嘗無也噫

季孫斯叔孫州仇仲孫何忌帥師伐邾取漷東田及沂西田癸巳叔孫州仇仲孫何忌及邾子盟于句繹（哀公二年）

葉應驄

同考試官教諭李批（此題胡氏發明列書三卿書伐書取書盟責哀公之意殆盡作者體認失真率以責邾責三卿混之而於盟邾于處又爲傳所窘專以季氏立説非矣此作得之是用録出以破群惑）

考試官教諭林批（春秋五經斷案此作議擬切當正謂老吏不如也）

考試官教授陳批（書法明白較之舍經任傳者自别）

兵興而失有所在春秋詳致其責信講而利有所歸春秋特紀其實此我魯伐邾之役哀公獨任其責而句繹之盟季孫不與其列也書法詳略寧無意哉在昔季孫當國有事於邾一逞於兵則叔孫仲孫之衆悉行一放於利則漷

東沂西之田是取既又以二卿要邾君即句繹以講盟焉則是役也倡之者季孫和之者叔仲若何而歸罪於哀公誠以有國者必攬權馭下而以禮義自處也哀公得國公室不張假鈇鉞於三卿掃元戎於四境伐國取地若罔聞知以臣抗君略不能禁政柄於是乎隳哉贅旒干焉而成矣况邾之於魯吊問方通何負於我轍未及息而諸卿繼伐其邦以禮爲國者若是乎我之於邾壤域相接何釁可尋伐猶未足又取地而盟其君以義睦鄰者若是乎噫權柄移則辱有不免禮義失則物無以親將何以爲國哉故春秋列書三卿書伐書取書盟所以詳其責也而三卿之罪則不待於貶矣然伐既三卿同伐盟必三卿同盟若何而獨書叔仲誠以盟者各盟其所得而無得不與也伐邾之旅雖三卿并興而取田之利實二卿獨得内貪邾地以自廣而據非其有外結邾君以自安而犯非其分在得之戒罔知抗尊之嫌奚顧若季孫則取同取也然念公室四分輸我已半委之以補其不足矣何嘗列名姓於載書伐同伐也然謂家難再遭賴彼以脱歸之以償其私勞矣曷曾厠足迹於壇坫噫同於取而不同於得與於伐而不與於盟豈可以無别哉故春秋不書季孫而獨書叔孫仲孫及邾子盟所以紀其實也而季孫之情亦不容於掩矣雖然吾於叔仲二卿姑置勿論獨惜乎意如逐君遺臭萬年昭公孫齊其鑒不遠季斯既不能蓋前人之愆哀公亦不知鑒覆車之轍見囚之禍適越之辱豈非自貽伊戚哉然則後之爲君臣者宜奈何亦曰我其立政立事無有作福作威

禮記

獨樂其志不厭其道備舉其道不私其欲是故情見而義立樂終而德尊

陳煥

同考試官訓導田批（樂記題似易而難且作者多在後二句欠安頓着實輒以成己成物善始善終立破可厭此作取樂觀其深一語括之不覺意見自别且通篇詞氣春容殊不見有斧鑿痕是不可以不録也）

考試官教諭林批（觀子之文可以見子之所養殆有得於樂之和者矣）

考試官教授陳批（樂義無出此者可佳可佳）

原樂之爲用也大著樂之所觀者深蓋爲己爲人非樂無以成其用之大也而德與義存焉者又豈不於樂而可見哉古者樂舞之理蓋如此且樂之道有所謂極幽不隱者矣舞之容有所謂奮疾不拔者矣而修己及人之道於是乎存焉是故君子以之而爲己則必歌咏以陶其情性之正舞蹈以消其邪慢之非而悦懌之心優游乎進修之地者要所以養其和平之德也何有於厭斁邪君子以之而爲人必因其情性之失正教之歌咏以融液之因其邪慢未消

教之舞蹈以動蕩之而覺悟之方周愁乎誘掖之間者要所以溥其至公之愛也肯終於獨樂邪夫樂之爲用如此則其本之所存從可知矣故自樂之初言之先鼓警戒三步見方雖未及乎文采節奏之飾而欣喜歡愛之情已見情之見者一志和行成之發越也向使百體之義有未正則情隨事遷樂以情乖而何以見其義之立乎以樂之終言之君子好善小人聽過要不出乎和平公愛之間而風移俗易之化以成化之成者一反情和志之充周也向使一身之德有來修則以欲忘道教與民違而何以見其德之尊乎是則成己成物之功每溢乎聲容之表而善始善終之妙恒存乎德義之間信乎樂觀其深矣吁是其可以僞爲之哉抑求之樂舞之爲道先王所以動天地感鬼神推之政治無施不可故足以成化善俗如古之雍熙太和所謂感人心而天下和平要皆一德之流行無間也後世不知出此適足以爲導欲增悲之具觀之害德之音祭祀弗用八佾之舞忍於僭竊者可鑒已又何義立德尊之足云也邪

盡其道端其義而教生焉

張瀾

同考試官訓導田批（祭統一題場中作者惑於下文類多泛説殊不知此篇專爲祭言下文之意蓋謂必如此絜矩方能盡道端義固非即指絜矩爲道義也晚得此篇深合經傳且法度嚴整宜録以爲學經者式）

考試官教諭林批（以祭講盡道端義最是）

考試官教授陳批（合經傳旨）

祭有以順其當然斯教之所由興也蓋祭者教之本也然有不以順於禮而致其備焉教亦何自而興哉祭統君子之意謂夫祭之所以成教者豈徒本於備物之謂哉亦曰求諸道義而致其備焉耳誠以祭必有道所以達是禮之當然循而行之者也君子則竭誠共物務盡其道而無所遺三牲八簋之具水草陸産之陳凡所以致其備者一以是爲之定制焉曾何執己見而有所乖亂邪祭必有義所以協是禮之當然行而宜之者也君子則因物稱情務端其義而有所立宜少者不可多應隆者不可殺凡所以備於物者一以是爲之裁制焉曾何徇己私而有所加損邪夫君子盡道端義如此則其祭以嚴上自足以感人心一念之忠祭以追養自足以觸人心一念之孝由是已以度物教之以尊其君長則凡臣工之效職於下莫不知尊所當尊事君能致其身焉所謂明君在上而諸臣服從是已天下之教不本於祭之嚴上而生乎由是推己及人教之以孝於其親則凡子孫之克念於家莫不知親所當親事父母能竭其力

焉所謂崇事宗廟社稷而子孫順孝是已天下之教不本於祭之追養而生乎夫教生於祭祭主乎順而所以順於禮者即所以順於道義也立教君子可不知所務哉抑又驗之天下之教固必以祭爲本而行之實存乎人故下文必舉而歸之絜矩之君子誠得其人則一德格天百神受職至禮不讓而天下自治三代之隆尚矣竊惑乎是禮不明於後世乃至有神君太乙瀆亂不經太祫太嘗尊卑無序而圜丘方澤亦或分合而無常是蓋不知禮爲何物尚何望教之成也噫

第二場

論

修身則道立

陳器

同考試官教諭何批(連日閱卷論場文字殊無可人意者晚得此篇議論馴雅亹亹千餘言若不出於風檐寸晷之下者可敬也)

同考試官教諭戴批(論題本自平正但作者不能體認類皆凌虚駕空率意滿紙殊爲可厭晚得此卷本旨不失而文思清新可以式後學矣)

同考試官教諭吴批(論場文字作者類千餘言而馴雅者甚少惟此卷不離九經達道而命辭立意自然出群是可録也)

考試官教諭林批(初得前場固已知爲佳士及讀此論尤可以占胸中所養秋闈首選舍子其誰歟)

考試官教授陳批(論題雖平易而作者實難措手惟此卷不爲章旨所繞而讀之灑然佳作也)

治天下國家有機也有本也君子端其本斯可以運其機而神其化矣夫天下國家之大兆民之衆君子欲以一人之身號令指揮於其間而使之風動景從未可以强而致也有機焉有本焉君子修其身以端其本神其機立其表則一鼓舞振作間殆猶風行草上無不偃仆而化行矣人徒見其神也然不知本端於此機在於我其觀法感化之功固已妙於不言之表而亦何待於容力也邪孔子告哀公問政而曰修身道立其亦示之以本與機也請論其旨凡天下之事循其本執其機則所務者寡而可以御煩所守者近而可以及遠若逐末遺本事事而爲之制物物而爲之防則吾心愈勞事物愈衆日不暇給亦徒見其勞擾而已何以明之今夫一人之身至静也以一人而化一人至少也諄

諄而告諭之切切而戒飭之明遣而導之拜受而退已違矣况天下國家之大民物之衆欲恃吾聰明謹吾條章嚴吾政刑驅引之使偕歸大道不已遠乎故夫天之生物也必敦厚其化而後形者形色者色若物物而雕刻之則不能矣户之啓閉也必圓轉其樞而後左則左右則右若時時而上下之則不能矣君子之於天下國家不端其本執其機而亦何能神其化也邪且吾以一人之身立乎萬民之上有所言論震若雷霆有所作爲明并日月過言過動下之人得於觀法視效之余固已深入於心而不可解矣乃爲之條章立之法制驅之而從於善所令反於所好其誰聽從之邪故君子知機在於我本在於身而身不可以不修也身之所主者心而内不以不一也内既一而衣服容儀不可以不飭也敬以自守動由於規矩之中禮以自防務立於無過之地凡有一言必擬之而後言惟恐過言而招尤凡舉一事必議之而後動惟恐過動而招悔奸聲亂色不敢留於聰明淫樂慝禮不敢接於心術惰慢邪僻之氣不敢施於四體深宫得肆之地所以謹飭而防閑者無异於大廷清廟之上一念萌動之天所以省察而克治者無异於十手十目之間好學以爲知力行以爲仁知耻以爲勇語父子則極其仁語君臣則極其義語夫婦長幼朋友無不各止其極而五倫備矣由是身修行立道成德尊以之而親師友則賢否明以之而處家人則九族睦以之而待小大之臣各得其情以之而治庶民百工各安其分以之而御諸侯遠人各歸其德而怀其仁出乎身而加乎民動不離於規矩發乎邇而見乎遠舉不逾於法度人誰不有父子舍吾以爲親人誰不有君臣舍吾何以義人誰不有夫婦長幼朋友舍吾何以求其序别信焉譬之表立於此本身而家自家而朝廷而國而天下咸於我乎取正所謂動而世爲天下道行而世爲天下法言而世爲天下則者是也視效之余不言而喻感化之妙不疾而速吾但垂衣裳於九五之尊動容貌於穆清之上一鼓舞一轉移之間天下固已從風而靡矣尚何假於區區刑賞法制之具諄諄言語告誡之末乎雖以魯國微弱勉强而力行之端其本執其機神其化固可以柔遠人而懷諸侯孔子之論不徒托之空言惜乎哀公知問而不知用也抑孔子告哀公以九經而天下國家之本在身是修身一言實爲九者之本而其身之所以修者有要焉亦曰成而已能主於誠則知身之當修而求其所以修雖曰齊明盛服非禮不動而日用事物之微動静食息之末何者爲禮何者非禮必辨析而講明之則所嚮不差而可以無過舉矣親親也尊賢也敬大臣也體群臣也子庶民也來百工也柔遠人也懷諸侯也尚何舉而不當哉是修身爲九經之本而明善又爲修身

之本其要則主於一誠故曰凡爲天下國家有九經所以行之者一也

表

擬宋起太師文彦博平章軍國重事班宰相上謝表（元祐元年）

陸鈳

同考試官教諭唐批（起用宿德元老是元祐初盛事讀是表令人躍然）

同考試官教諭蔡批（人主重宗社之計而倚毗老臣老臣念祖宗之恩而忠愛君上是作其見此意録之不專以其辭也）

同考試官教諭郝批（詞意并佳）

考試官教諭林批（得四六體而意勝之可敬可敬）

考試官教授陳批（典麗宜録）

元祐元年四月某日臣彦博伏蒙聖慈起臣以太師平章軍國重事班宰相上者臣誠惶誠恐稽首頓首上言伏以翔輝紫極台階垂象于三師簉羽玉墀風采具瞻乎百辟顧舊銜之尚在而新寵之洊加居公孤輔弼之先任彌綸參贊之大幸非承乏懼益增慚蓋必有不世之賢斯可稱非常之任故商相有待於岩築而三公不備於周官伏念臣彦博性本迂愚才非經濟甫登仕版旋領州麾隨事以就功名矢心而圖報稱一資一級漸叨兩府之榮屢仆屢興不替三朝之眷睹四時之有序敢戀恩私慕二疏之見幾乞全骸骨濯纓伊洛喜心志與俱清結社耆英訝鬚眉之盡白惟宴閑之爲幸付黜陟於不聞詎意衰殘復蒙甄拔玆蓋伏遇春秋鼎盛睿知夙成紹述列聖之洪謨有因有革密邇太皇之至訓克長克君剗新法而海宇騰歡去憸人而仕途清軌首納元寮之薦深惟輔德之言謂老臣寔繫天命而屬人心雖靖恭可服四夷而尊中國濟事則日知不足成功則歲計有餘曾無敝冕之嫌遂辱安車之召且憫龍鍾之已甚更加禮遇之過隆軍國平章細事不煩念慮殿庭趨拜崇階特邁班行兩月始預經筵六日一朝斧扆禮不責全於筋骨人惟求舊於遺忘是固天地之洪恩而實帝王之盛節臣敢不黽策頹齡對揚休命譬息肩之已久而重任曷辭慨髀肉之復生而據鞍思奮將見逼桑榆之晚皆爲效犬馬之年眵以求明快睹太平之治前而復却尚追彙進之踪庶一言以興邦有懷未泯假衆工而集事舊墨猶存雖勵己之志未衰懼報君之日已短伏願緝熙聖學唯先正心總攬乾綱永懷論相冀真才之必得期大業以日隆天休至而克堪周召釋二人之懼君道成而勇退阿衡作一德之書宗社靈長引歷年於勿替明良終始歌帝德以無疆臣彦博無任感天荷聖激切屏營之至謹奉表稱謝以聞

第三場

策

第一問

鄭蒙吉

同考試官教諭唐批（初場文勢滂沛論又有波瀾至五策洶洶涌出而聖製一策各溯源委非有本者不能如是噫子其衆水之滄海歟）

同考試官教諭蔡批（我朝聖製輝煌照耀今古真與二帝三王之德業同符合轍此策能鋪陳其盛西揚厲于數言間其亦漸染聖化之深者與）

同考試官教諭郝批（此策能鋪叙我孝宗皇帝制作之盛而末又以正心結之蓋有志於經世非沉酣口耳者能到）

考試官教諭林批（鋪張聖訓超越前代有識之士也）

考試官教授陳批（我孝宗制作之盛前代罕比此篇能條對詳盡非素服膺者不能）

聖人繼治而守文不惟有全盛之治功而尤有大備之制作治功之全盛者見之於當時而天下有以蒙其仁制作之大備者垂之於後世而後世有以被其澤於乎傳稱功業之隆悠遠以致高厚高厚又悠久者於此足徵矣請因明問而敬陳之昔者高皇帝之興也殪滅群凶肅清中夏駿德神功與天地同其大典章文物與日月同其明制作之盛有祖訓大誥諸司職掌諸書自古創業之君所未遑也太宗文皇帝克纘武功益隆文治又有聖學心法孝順事實之作宣宗章皇帝統承大業修明百度又有五倫書之作凡此皆自古守成之君所難能也猗歟休哉迨于英宗嘗有條格之作未及成書而中已之豈亦若有待者邪我孝宗敬皇帝以天縱之資撫盈成之運緝熙聖學達于古今躬親萬機明燭幽隱一十八年之間深仁厚澤洽民肌膚大化旁流無遠弗届守成之業於是乎至而無以復加矣所謂全盛之治功者不在是哉然自國初以來百司庶務之繁凡閣文書之富日就散漫遂命儒臣纂集成編名曰會典遠有所取自洪武戊申之歲近有所稽迄弘治壬戌之秋主之以諸司職掌類之以頒降群書附之以歷年事例大綱概舉而官職制度寓焉衆目畢張而名數儀文繫焉始於宗人府終于兩京諸衛其凡一百有七均事實以分其卷多或析之少或合之其凡百有八十如大明律服制有圖則仍附禮部如詹事府職掌未載則系以春坊六部之建置沿革無書於吏部五府之建置沿革無書于中府朝廷之詔敕臣下之奏議有增革沿罷者則直書之其事繫於年或年繫於

事則指事分款而連書之自有載籍以來未有是典之明且備也開局之年爲弘治丁巳至正德辛未今上皇帝孝隆繼述乃命儒臣校正而刊布焉天下臣工争先快睹信乎獲之者如拱璧藏之者爲世寶也明問又欲聞夫今日臣工誦而習之體而行之之要生也不敏敢出位而妄言邪竊嘗窺之矣無建六部分設諸司則六卿不可不知率屬之義政以類分事各責成則庶官不可不知董正之義自粟米之征以至竹木之税皆有其數當體之以戒侵漁自太學之教以至庠序之育皆有其方當體之以崇道化體禮制以一民志則十一其綱體律意以防民奸則四百六十其條論功以剿殺北虜爲首遼東女直次之内地反賊又次之將臣之所當體也行止語默必須循理務循公義以協衆情毋求細事羅織人過憲臣之所當體也典所是吾不得而違也典所因吾不得而革也典所無吾不得而有也則吾之所執者無非先帝之舊章矣雖然帝王之治本之於心焉耳是典主於記事而不及心然非心存理得又何以盡事物之變哉故先帝御製序文又舉純乎天理以爲之訓是即先正其心之意草茅所負之暄也願以獻于明天子謹對

第二問

陳器

同考試官教諭何批（此策作者多欠斷案是篇文整意到如老將用兵奇正迭出而終有節制士林巨擘也）

同考試官教諭戴批（有考核有斷制如燭照數計略無所遺杰作也宜置優選）

同考試官教諭吴批（五策皆佳刑賞一策尤詳明豐贍而必以公心爲主其爲知本之論與高薦何忝）

考試官教諭林批（斟酌刑賞合於古而宜於今場中不多見）

考試官教授陳批（不惑問目卓有斷制可知他日之猷爲矣）

行賞罰者當協至公之道議賞罰者當求至一之歸夫賞罰者人主之大柄治天下之大法也有公心以爲之本則處賞罰之事而無不當論賞罰之説而無不定矣然則法固爲治之所當有而本尤爲治之不可缺也歟請略陳之惟辟作福五服五彰爵賞所以待有功也不及則吝吝固不可然太過而僭則名器輕輕則人心賤如昔之所謂車載斗量者得之非榮矣復何所勸乎惟辟作威五刑五用刑罰所以待有罪也不及則縱縱固不可然太過而濫則刑政紊紊則人心駭如昔之所謂重足側目者無所趨避矣亦何所懲乎故夫求郎之請爲公主若可以曲從也而懼其殃民則漢明帝不之許秦邸宫僚念舊人

若可以超遷也而害於至公則唐太宗不之許至宋藝祖於曹彬與之以緡錢靳之以使相以太原之未平耳之三君者爲之公可也謂之吝不可也視刓印弗與者大有逕庭肉刑之用舊矣而文帝始除之蓋感緹縈之請也笞棰之令足矣則景帝復定之蓋懼殘民之生也至於太宗之禁鞭背則因針灸之書知五臟之附不得而不禁之耳之數事者謂之公可也謂之縱不可也與涕泣死刑者大相遼邈酌古之道定今之宜賞不必予之太驟也奪之太速也賞一人而當其功則人皆以爲慶孰不敏於爲善刑不必加之太重也赦之太數也罰一人而當其罪則人皆以爲威孰不勇於去惡且刑賞之説古人論之詳矣蔡聲子曰善爲國者賞不僭而刑不濫固矣而文王之世禄所以重世功周官之重典所以懲亂國其爲不僭不濫均焉周人有言曰爲政者不賞私勞不罰私怨固矣而孔門報怨以直者非矯情報德以德者非朋比其與無私之意同焉有功不賞有罪不誅雖唐虞不能以化天下宣帝有是言也示人以治道之常耳不賞而民勸不怒而民威中庸有是言也所以著誠敬之效不待有言而人自化不待有爲而人自服一則以明其用一則以循其本體用相資何背馳乎有功則賞有罪則刑誰敢不竭心盡力以修職業此太宗通論馭臣之道耳宋臣蘇軾復有所謂無功之爵無罪之罰者則言六德六行之賢僞言僞行之士先王不待其功之顯而後爵之不待其罪之顯而後罰之一則語其顯一則闡其微顯微一道何抵捂乎由是觀之人君惟患其賞之不公不患於人之不勸惟患其罰之不公不患於人之不懲至于所以求其公者又必黽勉於學問之間戒慎於理欲之際在己之喜怒不妄在人之邪正莫逃然後大道之公在我執此以應天下之變以盡萬物之情將無所施而不當而况於刑賞間邪鄙見如是不識執事以爲何如

第三問

葉應驄

同考試官教諭李批（教化風俗作者類能言之然不過就題掇補故實成文獨此乃能吐出胸中許多奇氣議論有餘所謂士人美節子殆素養者矣）

考試官教諭林批（詞氣精彩波瀾浩瀚自是不凡録之以示式也）

考試官教授陳批（子平居抱負充足有意於教化風俗於此可覘）

善言天下之治者無貴乎遠有所慕亦無貴乎近有所遺夫古今天下之心一也民以是善亦以是偷治以是隆亦以是替是必有教化風俗爲之機焉以轉移于其間者矣然則所以張主而維特之者亦何容心於遠者之足慕而近者之可遺也哉羅氏曰教化者朝廷先務廉耻者士人之美節風俗者天下

之大事至哉言矣愚請得而大其説焉以爲今日明問復人之言曰觀化在朝觀俗在野又曰慕古者爲不便於今好今者必無意於古愚則曰天下之心一也舉放勲之憂勤泯於知識之地則可以合朝野之歡以漢武之多欲假諸仁義之途衹見其有古今之异耳蓋嘗徵之於古求其可宜於今者而粗有得焉教化本於朝廷而責任於守令執事之論公矣然今之爲守令者果能脱去因循苟免之陋習嚴急集事之苛聲可續班范二史所傳循良者乎信有之愚不可得而盡知也風俗移于好尚而振作于士人執事之憂切矣然今之爲士人者果能涵養平居廉静之節君子長者之心可無愧於古之嘉言善行者乎信有之愚亦不可得而盡知也不可得而盡知則几所以扶植教化于上陶成風俗于下其責將安歸邪抑求之遠而易忽近而易玩者邪夫亦曰驗之古今人心而已矣者力行教化若文翁之守蜀郡若黄霸之守潁川一時光後相望具載班史者六人至于今猶能使人動必稽之以爲美談興行禮讓若衛颯任延若秦彭劉矩當時同爲范史所傳者十有二人要皆勞來躬行使民异地而同化故説者謂三代而下惟兩漢風化近厚今也守令之選簡自天曹而授之以政凡所以承宣教化豈不以古之人望之也然而每病於奉行之未至者無乃文程束約之過嚴使豪杰不得得其志乎否則陋習苛聲之咎將何以自釋也古者善行著稱如劉文饒之宏度龐德公之高致范文之不私其家司馬君實之恬退自娱而京兆小民猶能却歸亡父之金是皆高風靖節百世而下凛乎猶可想見者嘉言可述如羅仲素論舜之孝蘇瓊息普明兄弟之争古語所謂善終乎夫婦朋友之道禮曰不非其大夫以全上下之交而卓茂又有律設大法禮順人情以爲通變之説是皆微言正論藹然有益於世教可舉而行之者故説者謂古今風俗惟有道君子可以維持之今也士人之節出自天性而養之以善凡所以激勵風化孰不以古之人期之也然而每患於積習之相移者無乃群排聚笑之弗容使頓失其心乎否則飭躬勵行之戒亦可以自治也若之何而可逃其責哉矧夫天下之大以一人而領萬化不見其不足以兆民而懷一人不見其有餘方今天下之教化天下之風俗亦匪必人人而面命之事事而拘持之也責之守令使各以古人之心爲心則循良傳不可以不讀也他日紹前修而輝史筆者將非今之賢守令而誰歸飭之士人使各以古人之言行爲法則座右銘不可一日無也他日追往哲而風後世者將非今之賢士大夫而誰歸若是而曰教化之不可行風俗之不可厚吾不之信也雖然成天下之化者守令士人也所以運天下之化者吾君與吾相也運之以仁民亦從而仁之運之以非仁則亦唯恐其從矣其成與否何足計哉噫此所以禮義之風

廉耻之俗每必於人心去惡從善之機而轉移之誠使士人賢矣守令賢矣天下之人心得以大其善而小其惡矣夫然後反而求之教化本原之地爲之勸懲黜陟之典行焉此則機之謂也亦所以守天下之化者也愚不敏他又何足以知之

第四問

陳焕

同考試官訓導田批（秋闈策士以節義正欲觀其所養何如此卷於前人行事之概條答無遺可以古平居之志向矣他日效用其所建立必有可觀者）

考試官教諭林批（節義雖非士君子全節然亦兩間正氣扶植世教所不可少者此卷條對詳明且能知所宗尚可佳也）

考試官教授陳批（此卷隨問而對充然不窘参之前二場皆稱本房之冠固無以易子矣）

對崇節義者君子之美名稽名實者後儒之公論蓋有節義之名不若循其實若并與其實而亡之不若猶宗其名之爲愈也此後儒之責實者有取於西京史氏之憫時者奬進乎東漢而不及唐宋吾士君子立身行己之間又安得不擇取於是哉請因明問而陳之三代而上聖學大明公論素著士君子生於其時幼而學壯而仕行其所無事而已降自秦漢人心放失聖學湮微輿論不主於廟堂而縉紳草茅或執其柄於是乎始有節義之名者矣且以兩漢言之高祖除秦之暴約法三章史氏稱其尚寬大是也若光武當士夫頑鈍之後而大興振作之功召嚴光褒卓茂論文講道崇尚儒學而東都一代之士風已倡起於斯時矣是陳蕃竇武之徒繼世而起高名大節與日月而争光危言峻行雖死亡而不悔桓靈以後國家失柄奸雄拱手環視神器莫敢先動猶延數十年而後亡史氏謂東漢之尚節義者不以此歟以西漢人物而言坐事下獄不肯受卒徒之唾背有若田延年者矣因誣被逮不肯受兩吏之挾持有若蕭望之者矣以大將軍之尊重而長揖不拜有汲長孺焉以匈奴之暴鷙而漢節不屈有蘇子卿焉高帝欲興禮樂召魯兩生守乎儒禮而不至武帝大崇文教迎魯申公告以力行之一言西京高尚之士如此初不聞有節義之名蓋能循其實耳故東萊吕氏謂東漢之節義不如西漢豈不以東都之張其名而西京之得其實乎若史氏謂東漢尚節義而西漢不之尚者豈不以西漢之嫚駡折辱東漢之能振作乎自是而後有唐焉其節義之臣若巡遠力守睢陽捍安史之亂而江淮賴之以保障陽城欲壞相麻勎裴延齡之奸朝廷賴之而振肅劉蕡對制策極言時政雖權奸無所避忌何蕃在大學倡以大義而六館不敢從

亂其氣節有可尚也自唐而後有宋焉其節義之臣若富弼奉使虜庭議論慷慨而折服其君臣錢若水年當强仕急流勇退而輕視乎富貴唐介謫於英州困亦極矣而終無一書以至京師劉器之交於温公情亦厚矣卒無一言抵於政府其節概有可嘉也夫唐宋之節義無愧於西京而西京之節義不讓於東漢史氏獨以是名歸之東京者蓋以漢唐宋三代士之□節而伏義者代不乏人元氣賴之以不絶國家賴之以久存天地賴之以有立者也至於上人之振作者獨光武明章之爲烈耳噫國家而不尚節義則其後也苟且廢墮而無以振作乎人心士大夫而不尚節義則其流也委靡頑鈍而無以興起乎事業是節義雖非三代以上之美名而實士君子立身行己之大端也若徒托東都黨錮之名而專爲全身固位之計以小人之無忌憚而曰由大中以出則是相率爲孔光張禹而後已世道將焉攸賴哉昔人有言求士於三代之上惟恐其好名三代之下惟恐其不好名愚於節義亦云不識執事以爲何如

第五問

俞振强

同考試官訓導張批(論兵食而未歸之守令尤爲確論天下事有一不由於良吏乎他日效用稱良吏者必若而人矣)

考試官教諭林批(時務策只看處置處置有方儘是策手)

考試官教授陳批(鋪叙詳明斷制允當其策場中之杰出者乎)

法有垂於久者守之不可以不固事有變於今者處之不可以不宜蓋體國經久百世不刊者祖宗創置之法事變之來因時損益者後人救弊之權也自古以來率由斯道於乎此我國家兵食之計當守祖宗之舊而制今日之宜也歟請爲執事陳之天下之務亦多矣所以重於兵食者以今日盜賊之故非兵則無以衛民非食則無以養兵也古者寓兵於農入之則比閭族黨出之軍師伍兩而無不足之兵藏富於民斂之則什一之征散之則三年之積故無不足之食厥後創業如漢高誅秦蹙項提兵數十萬以一蕭何餽餉而有餘意者得人專運之故歟守成如漢文遣將四出以大禦匈奴累蠲田租而軍儲不餽意者恭儉休息之效歟我國家之兵制掌於司馬督於憲臣有五府都司以總其綱有衛所官旗以分其目其制可謂密矣况簡閲有法清理有規乎邇者有事于蜀于江于畿内而所在兵力爲之不足至廑宵旰之憂而募土兵調邊將者其故有三焉埋没紊於坐册逃亡隱於僞籍一也寄名於籍而役占於私家二也承平日久人不知兵爲將者皆膏粱之蔭子爲兵者皆尺五之市人三也安得我兵之不寡我國家之國計掌於户部有京兆藩司以總其政有郡守縣

令以分其職其制可謂善矣况征輸有法儲峙有規乎邇因饋餉于蜀于江于畿内而兵食爲之告匱至煩九重之聽以發内帑截綱運者其故亦有三焉旱潦相仍歲無全賦一也豪黠侵漁而不畏禁綱二也五方之財止有此數高庾大廪鮮有蓋藏冗食奢華一切糜費三也安得我財之不匱爲今之計於軍政也必以祖宗之法而整頓之搜其埋没禁其僞籍嚴其訓練剔其隱占而又有不從者重罰以懲之其既從也生息以蕃之如此則諸路之兵亦足以禦諸路之寇矣於國計也必以祖宗之法而調度之備其旱潦稽其侵漁汰其冗食禁其奢靡有羨餘也則倉庾以儲之有措置也則歲月以積之如此則天下之食亦足以供天下之兵矣然此特就事論事耳若要其極與其急於兵食孰若急於弭盜與其急於弭盜孰若急於安民安民之道無他焉在乎慎選守令重其權久其任使民尊之信之而已今之守令固未必皆賢也而民恒有輕忽之心何者利不能爲民興也害不能爲民除也以近事言之賊至而不能禦賊去而不能追也其無益於民者如此而欲民相信而服從也不亦難乎必也得其賢也言聽而計用信賞而必罰藩司觀其風俗之大而不較其簿領之煩瑣監司察其賢否之大而不較其一刑一政之得失使其志得以上達而其澤得以下敷如是而民不相敬信不相悦服乃復去而爲盜萬萬無是理也明問所謂大處分者亦唯不過責之有司之職如前之云耳舍是固不能以有爲也自古有治人無治法此雖老生之常談而至理實不外是惟執事進而教之幸甚

浙江鄉試録後序

三歲取士額浙江九十人度地定才著爲令甲遵行既久奉率彌周是爲正德八年之秋巡按浙江監察御史袁宗儒循近制限列郡之士一千八百人以世明等典試事鎖院校閲中式者二十而一擇其文之醇與士之邑里名氏内外百執事職名爲鄉試録録成謂世明當序其後竊惟浙古揚州地也其見於圖經記序辭賦倡和諸集者曰帶江海抱湖山曰江東一都會東南一大都會而會稽天目赤城雁蕩之爲山錢塘震澤浙江鏡湖姚江之爲水峻□秀麗巀嶭蜿蜒流注停蓄環抱委蛇清淑所鍾陶和孕粹物受其偏尚有嘉木异卉以資民用魚龍隱見變怪滄溟萬頃間時出雲兩以蘇枯槁而况人受其正者乎故求其美俗曰士知所學曰家習儒業同受學漢祖者懷仁輔義詞約而達是雖投札口授萬世立言者所不能逾遭遇唐宗者十八登進士瀉胸中之藴論諫數百皆本仁義文起八代之衰則其考試時所取士也王忠文紹興中廷

對下筆數千言百忠憤所激可與天人三策相表裏高宗親擢爲第一朱文公嘗稱之曰磊磊落落君子人也有梅溪集朗誦之氣象自别吕成公召試館職文特典美嘗讀陸九淵之文喜之及試禮部得一卷曰此江西小陸之文也揭示果九淵人服其精陳文節公著書明道簡册充棟片言落筆傳誦震響場屋相師文體丕變其作爲論學論者謂之决科之文吕公以爲其長不獨在文字間金仁山所著大學疏義尚書表注論孟考證中庸標注諸書許白雲聞而從之求聖賢之心而著爲四書叢説二人之書雖非專爲科舉而作要亦科舉之士之所不能遺也我朝國初宋景濂劉伯温王忠文諸大儒作爲文字微詞奥義渾厚典則是正國人之所矜式今所取士冀得諸若人而用之其仰止思齊效規模矩力追古作於千百載之上渾厚正大典則純明與理俱勝者固深嘉樂進求其進也則融通變化師其意不泥其迹豈但獵涉記誦祖襲陳言而務爲同次則理勝乎文雖無前輩渾厚正大典則純明氣象要亦近似無相齟齬繼是而勉焉以充以馴致其極拭目改觀莫可涯涘故在不遺下此則非所敢知焉今日取士他日用之其光明俊偉立遠大事業以步鄉先哲後塵又由是而求其上焉是固以人事君者至願若但假文詞以爲進身之階而他日所行與今所學經傳所傳授聖賢所議觀鄉邦先哲無一相當者遂使論者謂以文欺人襲取之敝至謂文不可以得士嗚呼是豈文之罪哉故以文取士固主司者之所當盡心而勉焉以塞責者也至於主司之所願望而不能悉用其力者則爾多士之責也其勉之哉

山東兖州府平州汶上縣儒學教諭林世明謹序

嘉請七年浙江鄉試録

浙江鄉試録序

嘉靖戊子秋八月浙江鄉試給事中臣粲郎中臣鑰寔奉命主之臣粲竊惟浙江古揚州之境而今之首藩也粤自我皇祖起南服定金陵遂下浙東西諸郡方國家草創日不暇給而崇禮樂考文章搢紳先生出入風議訢訢如也其間二三耆碩參待帷幄者大抵皆自浙起以博學贍辭潤色鴻業於是皇明之號令典法炳焉與三代同風而浙之文遂先天下粲不佞嘗好觀國朝故事而知其概矣乃今承乏考校始盡得其賢士者之文而縱觀焉有取之無窮而讀之不厭者信乎其爲盛也於是知皇福之澤遠矣雖然文者道之華而行之飾也昔者孔子稱周之盛曰鬱鬱乎文哉他日論禮樂則慨然思從先進又曰我於辭命則不能也非謂夫文之有本哉由周以下言文者必曰秦漢秦漢尚矣近世以文取士宜莫盛於唐時則有若陸贄者司考校而韓愈輩出焉天下至于今稱之然愈嘗自言其當時程試之文以爲讀之使人忸怩而已耳其信然乎抑有激而云爾也夫唐之文初亦之靡矣自愈出然後一振之以復于古彼所謂豪杰之士者非邪而其始也微贄孰能知而取之我國家稽古立法以經術造士百六十年治教熙洽文亦日趨于盛學士大夫操筆伸紙類能達其所欲言者顧藻飾有餘而朴茂忠實之意視前輩若少衰焉當是時其亦有豪杰者出而振之而司考校者亦能知而取之乎聖天子方篤意教化屢詔所司選師儒嚴條約將責士以有本之學而非直曰文云者故屬者之舉雖有司存而特簡近臣莅之意嚮所在昭然可識士於是時有弗自奮也者非夫也况若浙之嘗以文先天下者哉將必有异才焉如愈者卓然出其間乎得若人以稱塞明詔則司考校者之責任亦無負矣而愧無贄之明弗能識也抑所謂公無私者或庶幾焉爾矣是舉也同考試則學正孫鰲凌雲教諭鄭子充徐逵宋大本唐佐吴畀陳岳林汝永毛鳳監臨則巡按監察御史張問行申飭藩臬百務具舉提調則左布政使潘旦右布政使劉節監試則按察使桑溥副使傅鑰遴士以試則提學副使萬潮協贊于外則監察御史王化工部主事郭秉

聽南京户部主事王鋭参政胡纘宗葉寬朱裳参議萬廷彩龐浩副使党以平何鰲汪金僉事孫元巴思明梁世驃江良材都指揮僉事張浩李節士就試者二千八百有奇預選者九十人刻其文之優者二十一篇合諸執事姓名爲録以獻粲序之

從仕郎工科給事中陸粲謹序

嘉請七年浙江鄉試

監臨官

巡按浙江監察御史張問行（子書直隸内黄縣人　辛巳進士）

提調官

浙江等處承宣布政使司左布政使潘旦（希周直隸婺源縣人　乙丑進士）

浙江等處承宣布政使司右布政使劉節（介夫江西大庾縣人　乙丑進士）

監試官

浙江等處提刑按察司按察使桑溥（汝公山東濮州人　甲戌進士）

浙江等處提刑按察司副使傳鑰（希準遼東廣寧左衛人　辛未進士）

考試官

從仕郎工科給事中陸粲（浚明直隸長洲縣人　丙戌進士）

承德郎兵部武庫清吏司署郎中事主事華鑰（德啓直隸無錫縣人　癸未進士）

同考試官

河南開封府歸德州儒學學正孫鰲（用寧雲南晋寧州籍直隸通州人　壬午貢士）

湖廣荆州府荆門州儒學學正凌雲（應賢福建閩縣人　丙子貢士）

湖廣黄州府黄陂縣儒學教諭鄭子充（道充福建莆田縣人　壬午貢士）

山東兖州府曹州曹縣儒學教諭徐逵（九達江西金谿縣人　丙子貢士）

山東濟南府章丘縣儒學教諭宋大本（秉中直隸親城縣人　己卯貢士）

福建福州府長樂縣儒學教諭唐佐（一夔廣西臨桂縣人　丙子貢士）

廣東廣州府番禺縣儒學教諭吴畀（汝畀福建龍溪縣人　壬午貢士）

福建福州府懷安縣儒學教諭陳岳（舜咨廣東海陽縣人　丙子貢士）

直隸大名府南樂縣儒學教諭林汝永（君脩福建莆田縣人　壬午貢士）

直隸鳳陽府懷遠縣儒學教諭毛鳳（□鳴廣西桂林中衛籍湖廣□陽縣人　壬午貢士）

印卷官

浙江等處承宣布政使司經歷司經歷竇鋼（世用萬全都司龍門衛人　監生）

浙江等處提刑按察司經歷司經歷于璽（邦信遼東廣寧前屯衛人　監生）

收掌試卷官

兩浙都轉運鹽使司運使吴瓚（廷濟直隸□寧縣人　戊辰進士）

湖州府知府萬雲鵬（圖南直隸鹽城縣人　甲戌進士）

受卷官

杭州府知府陳力（以相四川内江縣人　甲戌進士）

寧波府推官王守（履約直隸吴縣人　丙戌進士）

湖州府安吉州知州廖梯（雲卿福建興化衛官籍雲南景東府人　丁丑進士）

温州府瑞安縣知縣曹誥（廷寵湖廣黄□縣人　丙戌進士）

温州永嘉縣知縣倪鏡（汝公福建閩縣人　丙戌進士）

寧波府慈谿縣知縣何世祺（勉翼福建清縣人　丙戌進士）

彌封官

寧波府同知曹山（仁甫四川什邡縣人　辛酉貢士）

金華府推官朱方（子大山西平定州官籍直隸泗州人　丙戌進士）

紹興府山陰縣知縣楊行中（唯慎順天府通州人　癸未進士）

湖州府烏程縣知縣戴嘉猷（猷之直隸績溪縣人　丙戌進士）

湖州府歸安縣知縣戚賢（秀夫直隸全椒縣人　丙戌進士）

台州府寧海縣知縣唐愈賢（子中湖廣□陵縣人　丙戌進士）

謄録官

台州府推官程資（仲朴進隸婺源縣人　丁丑進士）

紹興府推官喻希禮（節之湖廣麻城縣人　癸未進士）

紹興府諸暨縣知縣周朝佽（勤可福建閩縣人　辛巳進士）

杭州府錢塘縣知縣王橋（汝濟湖廣京山縣人　丙戌進士）

金華府永康縣知縣金洲（士敦直隸嘉定縣人　丙戌進士）
嚴州府桐廬縣知縣沈椿（元材直隸吴縣人　丙戌進士）

對讀官

杭州府同知楊文昇（時明直隸無錫縣人　乙卯貢士）
杭州府推官劉望之（商霖四川内江縣人　丙戌進士）
嘉興府推官余鍧（子振江西德興縣人　丙戌進士）
嘉興府嘉善縣知縣戴梧（鳳卿湖廣襄陽縣籍江西永新縣人　丙戌進士）
寧波府定海縣知縣周懋（光政直隸常熟縣人　丙戌進士）
嚴州府淳安縣知縣林塈（茂貞福建侯官縣人　丙戌進士）

巡綽官

杭州右衛指揮同知崔繼宗（立天山西代州人）
觀海衛指揮同知梁鳳（鳴陽山東濱州人）
海寧衛指揮僉事商霖（起巖直隸通州人）
寧波衛指揮僉事顧邦重（良弼江西奉新縣人）
昌國衛錢倉千户所副千户易經（天緯湖廣攸縣人）

搜檢官

杭州前衛指揮使許曾（希賢直隸合肥縣人）
海寧衛指揮使王大邦（世寧直隸定遠縣人）
杭州右衛指揮僉事李圭（朝用直隸臨淮縣人）
海寧衛指揮僉事馬鋹（朝用山後人）
杭州右衛前千户所副千户倪佐（良輔直隸臨淮縣人）

供給官

杭州府通判周忠（節夫福建閩縣人　癸酉貢士）
湖州府能判馮宗龍（舜卿山東濮州人　丁卯貢士）
温州府通判粟廷用（良弼湖廣松滋縣人　庚午貢士）
杭州府仁和縣知縣白經（正夫直隸儀真衛籍山陽縣人　丙子貢士）
觀海衛經歷周正（廷表四川仁壽縣人　吏員）
松門衛經歷李美（鳳韶江西新淦縣人　吏員）
紹興府新昌縣縣丞侯祖德（繩武直隸無錫縣人　監生）
嚴州府桐廬縣主簿屠繼祖（述之直隸宜興縣人　監生）
杭州府吴山驛驛丞馮克睿（守愚山東高唐州人　承差）

杭州府武林驛驛丞羅衢（子由廣東高要縣人　承差）
杭州府錢塘縣浙江驛驛丞寇灌（天滋山東濟寧州人　吏員）
處州府括蒼驛驛丞張芳（應秀直隸鳳陽縣人　承差）

第一場

四書

禮云禮云玉帛云乎哉樂云樂云鍾鼓云乎哉　唯天下至誠爲能經綸天下之大經立天下之大本知天地之化育夫焉有所倚肫肫其仁淵淵其淵浩浩其天　夫道一而已矣成覵謂齊景公曰彼丈夫也我丈夫也吾何畏彼哉顔淵曰舜何人也予何人也有爲者亦若是公明儀曰文王我師也周公豈欺我哉

易

先王以建萬國親諸侯　觀其所聚而天地萬物之情可見矣　是故君子所居而安者易之序也所樂而玩者爻之辭也是故君子居則觀其象而玩其辭動則觀其變而玩其占是以自天祐之吉無不利　復則不妄矣故受之以無妄

書

人心惟危道心惟微惟精惟一允執厥中　朝夕納誨以輔台德　王省惟歲卿士惟月師尹惟日　受王嘉師監于兹祥刑

詩

葛之覃兮施于中谷維葉莫莫是刈是濩爲絺爲綌服之無斁　宜爾室家樂爾妻帑是究是圖亶其然乎　追琢其章金玉其相勉勉我王綱紀四方　紹庭上下陟降厥家休矣皇考以保明其身

春秋

公會齊侯于防（隱公九年）　楚子蔡侯次于厥貉（文公十年）公會宋公陳侯衛侯鄭伯許男曹伯晋趙盾癸酉同盟于新城（文公十有四年）齊人伐我北鄙（僖公二十有六年）楚公子貞帥師伐鄭（襄公八年）晋人執宋仲幾于京師（定公元年）

禮記

故人情者聖王之田也修禮以耕之陳義以種之講學以耨之本仁以聚之播樂以安之故禮也者義之實也協諸義而協則禮雖先王未之有可以義

起也義者藝之分仁之節也協於藝講於仁得之者强仁者義之本也順之體也得之者尊　禁於未發之謂豫當其可之謂時　樂則安安則久久則天天則神　博施備物可謂不匱矣

第二場

論

治天下者審所上

詔誥表（内科一道）

擬漢令郡國舉孝廉詔（元光元年）　擬唐以孫伏伽爲治書侍御史誥（武德元年）　擬宋開天章閣引輔臣入對參知政事范仲淹謝表（慶歷三年）

判語（五條）

上言大臣德政　檢踏灾傷田糧　禁止師巫邪術　關防内使出入　失時不修堤防

第三場

策（五道）

問　古之有國家者必封建宗親以藩王室我太祖高皇帝肇創大業廣樹親藩希列天下磐石之宗萬世永賴既又親作祖訓以貽東宫及諸王使世守焉數傳之後本支益昌敦睦之風内外隆洽所以恪遵訓典者至矣自今觀之猶竊有未安於心者夫歲禄時賜禮秩有定矣然支庶日蕃而勢將不贍何以處之而使無戚戚具爾之心樂善好禮賢名有聞矣然稍逾檢制者亦未嘗無也何以道之而使有卓爾不群之行抑又有异焉者親賢并用故事也今連姻帝胄則任者不得通籍京朝内外均勞常法也今備位藩僚則終身無遷轉之望果皇祖之訓則然乎抑别有據乎是皆關擊政體之大者願一言之將轉聞焉以爲當寧法祖睦親之助

問　廉耻者士人之美節風俗者天下之大事也古昔人知自重行已有耻而習以相安此豈一朝一夕之故哉秦漢而下士多隨世以就功名守義者少尚通者多其問明君賢輔間嘗崇奬高潔以激厲一時如不拜諫議遇以故人不受右相待爲賓友固辭諫官特加待制安於静退乞賜甄擢私書不至京師召復御史問訊不及政府薦充館職若此者可歷數其人歟我國家所以造士道民者率由禮義廉耻而又風勸養厲于其間宜乎道德可一風俗可同也

夫何習俗尚未盡美而士風亦未盡淳恬退者固多冒進者猶或間有其故何歟恭遇皇上聖資高明動稽堯舜力欲挽回隆古之盛兹固首務也歷考前聞或謂退讓不可以刑罰使或謂莫若倡清議于天下或謂崇静退以率之或謂妙求人物参錯立朝之數説者施之于今何者爲當抑别有其本乎願相與一論之

問　孔門學者以德行言語政事文學并稱而獨稱顔子爲好學曰不遷怒不貳過夷考之其過與怒無聞焉顔子嘗曰夫子博我以文約我以禮亦不見其所謂文也然則顔子所好果何學歟自是千有餘年獨宋儒有曰學顔子之所學曰顔子示不違如愚之學於後世曰顔子之學與今之學异觀其道之所傳有天資出人造養深遠者有探索本原洞見道體者有默坐澄心體認天理者而皆不涉於言語文字之間豈即所謂顔子之學歟厥後朱子繼出乃取聖賢之遺言遺旨發明精藴自有經傳以來著述之盛一人而已其書一出天下家傳而人誦之學者曉然趨道之至正誠所謂有大造於萬世者也當時乃有陸子静者議其專道問學而不尊德性朱子又謂子静之學不自知其日入于禪儒先已有定論無庸贅矣然顔子不以言語政事文章爲學而朱子似以著述爲教同乎戾乎且今之讀其書者多取之以資論説爲文章而不知所以反之約其弊胡爲乎然也夫學貴知要而必有所從入也諸生試舉所嘗用力者告我

問　禹貢揚州之田下下今嘉湖與蘇松諸郡皆其境也計其財賦所入幾當天下之半夫以今視昔地非加廣而取之之多如此民何以堪之古者什一之法後世弗可行矣獨不能稍從節省以寬吾民與今天下財力大抵殫盡而此諸郡其尤也其間積弊之病民者蓋不可縷數當事者亦嘗爲之深憂而卒未有所處也夫官逋日積而長鄉賦者靡不破家何以救之徵斂無經而輸納之費動至數倍何以省之徭役有常期矣而輕重失均何以平之田賦有定額矣而詭射之弊至不可勝窮何以厘之民多轉從而荒蕪未闢又遺其税以爲公私之累何以處之水利有專官而旱潦不免於涸溢何以拯之當是時欲求經常簡易之法可以弭斯患者非豪杰之士誰與議此故願諸君之極言之也

問　記稱問國之富數馬以對馬之所繫亦重矣考之周禮大司馬之屬有校人以掌王六馬有庾人以掌十二閑又有趣馬巫馬馬質牧師圉師圉人之類夫一事而設官之多如此無乃失之冗與至其取之民者自丘甸以上積而數之至於一同之地出戎馬百乘亦不爲不多矣不識當時國有征役何以能弗擾而事集與抑其法亦可用於今日否與今國馬所出内則計丁以牧之

民間外則用茶以易之蕃夷是法也亦嘗襲前代之舊與夫飼牧之民日困而孳畜不聞其蕃息差發之制不行而招易所得未必皆良也馬政也弊至今日極矣兹欲舉二者之法一振起之使上不病國下不妨民而馬皆足用若何而可諸生其必有以處此矣

中式舉人九十名

第一名　姜良翰　金華府學生　詩
第二名　謝紘　會稽縣學生　春秋
第三名　周如底　餘姚縣學生　書
第四名　俞介　餘姚縣學附學生　易
第五名　許來學　餘姚縣學附學生　禮記
第六名　顧四科　錢塘縣學增廣生　易
第七名　符驗　黄巖縣學生詩
第八名　錢應揚　餘姚縣學生　書
第九名　羅洪　慈谿縣學生　春秋
第十名　徐建　餘姚縣學生　禮記
第十一名　夏淳　餘姚縣學附學生　易
第十二名　翁溥　諸暨縣學增廣生　易
第十三名　張嘉秀　海鹽縣學生　書
第十四名　石繼興　餘姚縣學附學生　易
第十五名　徐轂　山陰縣學生　詩
第十六名　費滂　嘉興府學生　詩
第十七名　江樊　開化縣學生　易
第十八名　周宗文　紹興府學增廣生　詩
第十九名　沈鑾　嘉興府學生　書
第二十名　王鶚　寧波府學增廣生　易
第二十一名　章朝鳳　樂清縣學生　詩
第二十二名　曹金　平湖縣學生　易
第二十三名　徐緯　山陰縣學增廣生　詩
第二十四名　李本　餘姚縣學附學生　書

第二十五名　沈師賢　德清縣學生　易
第二十六名　張純　永嘉縣學生　詩
第二十七名　吴至　餘姚縣學附學生　易
第二十八名　趙鑾　永康縣學附學生　書
第二十九名　陶謨　秀水縣學生　詩
第三十名　秦鳴春　台州府學附學生　春秋
第三十一名　吴源　杭州府學生　禮記
第三十二名　錢㬙　慈谿縣學增廣生　易
第三十三名　余鳳　遂安縣學增廣生　易
第三十四名　謝廷試　會稽縣學生　詩
第三十五名　邵基　餘姚縣學附學生　書
第三十六名　許安　餘姚縣學附學生　易
第三十七名　趙術　東陽縣學增廣生　詩
第三十八名　馮璋　慈谿縣學附學生　春秋
第三十九名　徐雲路　武康縣學生　易
第四十名　馮良亨　臨海縣學生　詩
第四十一名　鄭邦仰　餘姚縣儒士　書
第四十二名　王璣　衢州府學生　易
第四十三名　顧翀　慈谿縣學附學生　詩
第四十四名　邵濬　太平縣學生　書
第四十五名　毛文邦　松陽縣學生　易
第四十六名　吕鑾　永康縣學生　詩
第四十七名　徐一鳴　餘姚縣學附學生　禮記
第四十八名　孫宗器　蕭山縣學生　書
第四十九名　王元春　山陰縣學附學生　易
第五十名　沈渭定　海縣學增廣生　詩
第五十一名　童珂　寧波府學增廣生　易
第五十二名　鍾藻　慈谿縣學生　詩
第五十三名　包桐　寧波府學附學生　易
第五十四名　余永麟　寧波府學附學生　詩
第五十五名　鮑龍　臨安縣學生　易
第五十六名　胡希周　餘姚縣學附學生　書

第五十七名　葉禎　麗水縣學生　春秋
第五十八名　賈大亨　上虞縣學附學生　詩
第五十九名　謝瑜　上虞縣學增廣生　易
第六十名　金志　山陰縣學增廣生　詩
第六十一名　王杏　奉化縣學附學生　易
第六十二名　姚翔鳳　上虞縣學增廣生　詩
第六十三名　孫憲　奉化縣學生　易
第六十四名　黄九皋　蕭山縣儒士　書
第六十五名　陸芹　餘姚縣學生　易
第六十六名　沈夢鯉　紹興府學附學生　詩
第六十七名　蔡鴻漸　寧波府學增廣生　易
第六十八名　徐緝　紹興府學生　詩
第六十九名　杜鏠　寧波府學附學生　易
第七十名　范欽　寧波府學附學生　書
第七十一名　黄齊賢　紹興府學生　易
第七十二名　嚴諒　慈谿縣學附學生　春秋
第七十三名　吕用和　湖州府學增廣生　易
第七十四名　魏夢賢　山陰縣學附學生　詩
第七十五名　陳束　寧波府學生　易
第七十六名　虞价　紹興府學增廣生　詩
第七十七名　毛夢龍　餘姚縣學增廣生　易
第七十八名　黄德賢　蕭山縣學附學生　書
第七十九名　王金　寧波府學生　易
第八十名　張榮　東陽縣學生　詩
第八十一名　沈維鏞　嘉興府學附學生　禮記
第八十二名　毛國賢　寧波府學附學生　易
第八十三名　陸鰲　平湖縣學生　書
第八十四名　徐楚　淳安縣學生　春秋
第八十五名　徐澤　海寧縣學生　易
第八十六名　李一瀚　僊居縣學增廣生　詩
第八十七名　王珽　諸暨縣學生　易
第八十八名　閔如霖　湖州府學生　詩

第八十九名　方綱　慈谿縣學附學生　春秋
第九十名　胡德信　餘姚縣儒士　書

第一場

四書

禮云禮云玉帛云乎哉樂云樂云樂鍾鼓云乎哉

周如底

同考試官教諭唐批（聖人語意含蓄深遠非達禮樂者未易識是作默會成文詞理俱到其達者乎）

同考試官教諭林批（題本正大作者領尚華藻而於夫子當時本意顧反失之是篇明白典雅詞若近簡而讀之自有一倡三嘆之妙殆有意於變浮靡之習者與）

考試官署郎中華批（詞明潔而意甚是當是作者）

考試官給事中陸批（簡明可取）

聖人論禮樂不專於末以見其本之有在也甚矣禮樂之有本也玉帛鍾鼓特其末耳曾足以盡之乎且夫禮樂之在天下不可一日無顧人有終身由之而不知者矣自夫斯人之相際也而有禮以節之禮云禮云孰不曰玉帛而已乎夫禮行於文飾玉帛固不可無也然方其物之未將必有所以爲之先者彼圭璧之錯陳玄黄之稠叠皆其具耳禮果專在是乎蓋禮非文飾之謂也有無體之禮矣自夫斯人之相與也而有樂以洽之樂云樂云孰不曰鍾鼓而已乎夫樂寓於聲音鍾鼓固不可無也然方其聲之未著必有所以爲之主者彼節奏之抑揚音律之高下特其文耳樂果專在是乎蓋樂非聲音之謂也有無聲之樂矣要之玉帛不足以言禮敬而將之斯禮之成也鍾鼓不足以言樂和而發之斯樂之成也從事於禮樂者惡可遺其本而惟末之是務哉聖人言此所以警當世者切矣抑斯言即易所謂道器之説耳禮樂之原出於天地而其道則具於人心玉帛鍾鼓皆器也器由道而立道以器則彰二者相須以成而先後本末之間則自有等矣夫子所云雖一時有警之言而聖人制作之本意宜不外此故欲知禮樂之情者必先明於道器之説而後可

唯天下至誠爲能經綸天下之大經立天下之大本知天地之化育夫焉

有所倚肫肫其仁淵淵其淵浩浩其天

姜良翰

同考試官教諭徐批（至誠功用自然之妙學者類能言之然體認不精支離可厭是義詞理俱到非平日用心於内者不能作）

同考試官教諭鄭批（一破卓有定見講中以誠字發明精蘊讀之令人豁然）

同考試官學正孫批（題本難作諸卷非泛則略惟此篇體認親切而氣象舂容即文可以占人矣）

考試官署郎中華批（説理精密）

考試官給事中陸批（自是理趣文字）

中庸極言至誠之道必贊其道之至也夫道之所以爲至者一誠而已中庸極言以贊之聖人人道之極致豈復有餘藴哉且均是人也而有所謂至誠者焉渾乎賦予之真而天德無不實湛乎純一之體而天下莫能加是故天下有大經焉人倫是也則隨其分而比其類各盡夫當然之實所謂惟聖盡倫而天下後世之法於是乎在矣天下有大本焉人性是也則得於天者全於己無一毫私僞之雜所謂惟聖盡性而千變萬化之道胥此焉出矣且化育著于兩間至神妙也則斯理之中涵一天命之於穆而於所謂發見流行之實與之默契而弗違焉凡若此者蓋其無妄盡天下之理極誠一天下之動不假於思勉而亦無事乎心力夫豈有所倚著于物而後能哉是以自其盡倫者言之五品之間藹然至恩之篤純乎其純而情意之懇到是即仁而已矣而無或間焉者也自其盡性者言之一中之立允爲衆理之源淵乎其淵而静深之無際是即淵而已矣而無或二焉者也自其知化者言之神明不測一太極本然之妙而浩浩乎其廣大是即所謂天焉又非特如之而已也上下一致徹性命之精微道器相安妙身心之神化而天下至誠之功用斯其至矣借曰有所倚而能之固不若是其至也吁其斯以爲天道歟大抵人之一心萬善咸備盛德大業皆由此出至誠之道亦惟有是心而已是心也人病弗求耳擴而充之人皆可以爲堯舜復而執之君子之所以不可及也要其所入亦自下學爲己立心之始求之故曰惟慎獨可以行王道

夫道一而已矣成覸謂齊景公曰彼丈夫也我丈夫也吾何畏彼哉顔淵曰舜何人也予何人也有爲者亦若是公明儀曰文王我師也周公豈欺我哉

謝紘

同考試官教諭陳批（能發孟子道性善之旨而氣昌辭達殆究心於性學而有得者）

考試官署郎中華批（峻整可誦）

考試官給事中陸批（得孟子語意）

大賢論道無二致而引言以明之所以發性善之旨備矣夫人性之善未始不一也不然何以見聖賢之必可學哉宜孟子以是釋世子之疑也其意若曰道之原出於天而其體存乎性性之所在道之所在也是故時有古今而天之賦於物者未始不均人有聖愚而我之得於天者未嘗不一蓋性善之外無他道而論性之外無他说矣然非特吾有是言也古人有是言也觀諸成覸之謂齊景公則曰聖賢與我均之爲丈夫也在彼不過能盡其性耳我能自勉則亦聖賢而已何足畏哉顔淵之言則曰舜之於予均是人也在舜不過能充其性耳人能有爲則亦如舜而已何所愧哉若公明儀則又以爲彼文王優入於聖域而周公稱其爲我師是蓋以人性無不同故聖人有可學驗之以理而理所必有言雖大而非誇也度之於力而力有可能事雖難而非异也周公豈欺我者哉夫三人不同而其言一也三人之言不同而性善之旨一也所謂道無二致者如此世子亦惟篤信力行以師聖賢而已尚何他説之可求乎抑孟子性善之云豈獨爲世子告哉實以示天下後世也自道學不明而儒者之言性往往失之君子以爲欲知性之本善求諸心而已方其寂然不動之中善未形而惡所謂惡又惡有所謂善惡混與三品者哉夫心與性亦有异乎曰非异也語有之曰心之神明是謂性

易

是故君子所居而安者易之序也所樂而玩者爻之辭也是故君子則觀其象而玩其辭動則觀其變而玩其占是以自天祐之吉無不利

俞介

同考試官教諭毛批（詞理明瑩機軸自别場中如此作者絶少）

同考試官教諭吴批（題本明白正大作者紛紜令人厭觀認理精切措詞渾雅無逾此篇而一結尤有發明其深於易者乎）

同考試官教諭宋批（所居而安説多不一是義順題平寫自覺明備子之所養可知矣）

考試官署郎中華批（善體貼）

考試官給事中陸批（是善言易者）

大傳即君子得易之妙著君子學易之益甚矣君子之有得乎易也然非

動静兼致其學亦孰從而得之哉且易既作於聖人則象變辭占之已具而天下之理盡之矣非君子不能學也何則君子以言動順適乎隨時變易之天而無所困所居何其安也蓋易有事理當然之序昭著於卦爻而君子爲能得之時有萬變一陰陽消息之流通也事或殊途一剛柔盈虚之運用也泰然從容於自足孰非易之序乎心領神會沉潛於得意忘言之表而不可遠所樂何其深也蓋易有吉凶悔吝之辭發揮於諸爻而君子爲能玩之精蘊之所發有以研其旨趣也隱顯之所之有以極其幾微也悠然涵泳于不厭孰非爻之辭乎是蓋隨在有得乎易矣然非學何以致之也哉是以君子時乎静焉尚象以觀其形容而尤玩味乎所繫之辭先事而説諸心也時乎動焉尚變以觀其變化而尤精審乎所值之占臨事而研諸慮也静知所學則静與天俱動知所學則動與吉會若或相之在在有資深逢原之益矣何所往而不利哉若或祐之隨處有引伸觸類之妙矣何所適而不宜哉夫君子學易之事如此其資於易者深矣人亦何憚而不學乎大抵學易之道不外乎安分窮理二者而已君子所樂而玩玩其理也所居而安安其分也安分則窮理愈精窮理則安分愈固此君子終身之心學也若不進於此而徒牽滯于辭變象占之間則亦藝焉而已其諸异乎君子之學歟

復則不妄矣故受之以無妄

翁溥

同考試官教諭毛批（此題似易實難場中多爲所窘是篇平平寫出若不經意且明白衝淡必深於理學者故録）

同考試官教諭吴批（説理文字至此亦精矣高薦何忝）

同考試官教諭宋批（心學之妙極難形容是篇酌量不苟舂容有條愈讀而愈有味）

考試官給事郎中華批（易義當如是作）

考試官給事中陸批（説復與無妄處明白）

觀實理所以得于心知無妄所以次于復夫人心有主則實亦復其理而已矣序卦之義以之宜聖人發明以示人也歟且理在人心本無不實自夫物欲交蔽理斯失焉而妄即乘之矣謂之曰復則善端著于介然之頃有以收其放而存其良天理於是乎復全也全體呈于本心之明有以啓其端而致其養天真於是乎復反也夫理欲相爲消長而誠僞不容并立天理既還則復者漸以實而私欲自爾其潛消將馴致于至誠無息之域矣而尚何妄之存哉天真

内涵則實者漸以充而德性自爾其完固將日進于純一無僞之地矣而亦何妄之有哉夫人心之機如此是以聖人之序卦也於復之後必以無妄次之蓋復有復善之義而無妄有實理自然之義一先後之相承而斷乎其不可易一次第之相因而確乎其不容紊存乎易者猶夫存乎人者也聖人序卦之意夫豈苟焉者哉大抵理之在人心者未嘗息而君子之學莫有先于復者復則不妄至于無妄則誠矣誠則止矣復者賢人之事無妄則聖人之道也若理雖粗復而有未純己雖粗克而有未盡皆非君子自止之地也故雖以顔子之不遠復幾于聖矣而夫子猶曰未見其止也學易者審諸

書

人心惟危道心惟微惟精惟一允執厥中

錢應揚

同考試官教諭唐批（帝王授受心法最所難言此作認理明白詞亦暢達録之）

同考試官教諭林批（體認精切詞理明瑩是善言心學者）

考試官署郎中華批（講危微精一處似有得者）

考試官給事中陸批（文有典則）

觀聖君治法之傳一心學之要也蓋天下無心外之治也即一心而察以守之則執中之要在是矣帝舜命禹攝位而傳以治之之法如此且治道不外乎中執中必本於心心一也自其發於形氣者謂之人心人心雖未入於邪惡而牽引之機已動易私而難公也何危如之自其發於義理者謂之道心道心雖根於天性而發見之端始萌難明而易昧也何微如之二者雜於方寸之間而無以治之則危者愈危微者愈微矣必也自其一念之所從起者而察之極其精使凡感於外而動於中者不雜於形氣之私也既精矣必也因吾之所已明者而守之極其固使凡萌於中而漸以著者一純乎義理之正也夫然則人心已收孰非道心道心所擴孰非中道由一心之動静以至萬變之酬酢而自無過不及之差自一身之云爲以至萬幾之裁决而皆至當不易之理謂之允執厥中蓋信乎其能執中而天下之治皆從此出矣舜之命禹何其言約而義盡也哉抑是道也乃舜所親受於堯者唐虞之治所以精純粹美而非後世所能及端在於此自秦自漢以下心學不傳而千載不得蒙至治之澤良以人君不知用力於此耳欲學堯舜者其可以他求哉然學之之要一言以蔽之曰敬而已

王省惟歲卿士惟月師尹惟日

周如底

同考試官教諭唐批（題本正大作者爲五氣五事休咎得失等語所困往往纏繞可厭詞不費而意足獨見此篇）

同考試官教諭林批（措詞命意自是精確箕子告武王之旨正如此）

考試官署郎中華批（衝淡中有餘味）

考試官給事中陸批（整潔）

君子叙庶徵之當省者一視其分之尊卑而已夫庶徵之休咎因天以驗於人者也然則君臣之分不同而其所省能弗异乎箕子衍庶徵之疇以告武王及此謂夫天人相與之際亦甚可畏矣彼王統卿士而卿士統乎師尹猶夫歲之統月而月之統日也故五事有得失而庶徵之休咎應之其所當省者則各有等焉莫尊於王而所省則其係於一歲之利害者也蓋王者統御萬國而綱紀四方凡歲功之虧全在君德之修否自當容心于其大者矣王省不於歲而何其次則有卿士焉輔佐之任攸歸而調燮之功有賴然其位稍卑而所統者則有限矣故順天行以考其職業者獨於一月之利害所係耳是雖未擬於王者而亦非無所當省也所謂卿士惟月者以此其次則有師尹焉分理之務既衆而奉順之責惟均然其職愈降而所及者益無幾矣故因時變以驗其修爲者獨於一日之利害所係耳是雖未同於卿士而亦自有所當省也所謂師尹惟日者以此其尊者省之大而要非曰略也其卑者省之小而詳非曰繁也即人事之當爲以準天時之序有自然而不容紊者矣抑所謂省之云者夫豈必遍求於歲日月之間哉亦視其有所關係者云爾然大小之分雖殊而警懼之心則一孰謂王者於月日之徵略而不問卿士師尹於歲之徵避而不省耶有國家者必上下交修以免夫咎徵之及然後協於箕子衍疇之旨

詩

追琢其章金玉其相勉勉我王綱紀四方

姜良翰

同考試官教諭徐批（是題最難措詞晚得此卷殆不可以場屋文字目之）

同考試官教諭鄭批（於追琢金玉處盡去陳言綱紀只就勉勉上見而文王當時維持世道之心溢出言表真得詩人咏歌聖德之意）

同考試官學正孫批（士子既以勉勉講德而於綱紀又以政治言之殊戾傳意此篇詞不繁而意已獨至宜録之以式來學）

考試官署郎中華批（得旨）

考試官給事中陸批（醇雅）

詩人興聖德之純繫人心之至夫惟德可以繫天下之心也聖人之德純而不已則所以綱紀四方者不已至耶此亦以咏歌文王之德也且百工之事攻金曰追攻玉曰琢文非追琢猶夫文耳而非美之至也惟追之琢之以致其飾焉則雕刻之功既極而天下之文無以尚之矣質非金王猶夫質耳而非美之至也惟以金以玉而爲之地焉則純瑩得之天成而天下之質不足言矣夫物且然况我周王之德乎我周王以視民如傷之心持遹求厥寧之志一誠貫徹於終始而勤勞之匪懈一敬緝熙於無息而日□之不遑雖未嘗有所勉也而人見之若勉勉不已者焉勉勉如此則蘊之而爲天德徵之而爲王道天下雖大也精神志向與吾而相攝由人心觀之祇自覺其有所屬焉而莫知其然也億兆雖衆也心神意氣與吾而相關由斯民觀之祇日見其有所統焉而莫知爲之者也謂之曰綱紀四方信乎文王之德繫於人心而歸附趨向之勢自有所不容已矣抑禹思天下有溺者由己溺之也稷思天下有飢者由己飢之也文王當殷道之衰天下之憔悴於虐政也甚矣勉勉之心固有不容自已者故位不在文王而天命人心在焉蓋一念憂勤王業勃然興雖然文王豈心於是哉爲人臣止於敬是亦勉勉之心也

紹庭上下陟降厥家休矣皇考以保明其身

符驗

同考試官教諭徐批（成王繼述之志實在於道而延訪群臣其意甚至此篇寫出句句親切直是作者）

同考試官教諭鄭批（繼體守不外乎敬而成王之學多得于此是作文勢沛然而結意尤爲明備）

同考試官學正孫批（文字典雅僅見此篇務實之學也）

考試官署郎中華批（平實可取）

考試官給事中陸批（詞到意足）

欲法乎先王之所爲以承乎先王之所庇周王訪其臣然也夫先王之道隨在而有著也於此法之亦焉往而不得其庇哉成王延訪群臣之意如此蓋以先王之治本於道先王之道見於行吾於多難則未堪而求道則未合必何如而可乎誠以皇考常莅之以出治者廷也一上一下正百官者以此御萬幾者以此亦於此而繼之于以仰希其成憲之所在謨訓功烈識其大也禮樂文章識其小也紹之弗得弗措焉皇考常居之以正始者家也一陟一降端本者以此善則者以此亦於此而繼之于以近守其懿範之所貽几席觴豆求其志

也定省起居述其事也紹之弗能措焉將見循前人之迹或可以得前人之休拱穆清而正位凝命法之所在即休之所在也庶幾賴之以保吾之所未安優游者或以享而泮奂者或可期九重無震驚之虞亦吾克艱之一助耳不然身且不保成業可得而守乎亶聰明而垂憲貽謀法之所存即休之所存也庶幾賴之以啓吾之所未明不聰者或以擴而緝熙者或可至萬幾無叢脞之患亦吾造哲之一資耳不然則身且不明盛治可得而致乎夫成王纘緒之圖如此其切此所以道無不合而克光前烈也歟大抵守成之君未有不得其祖宗之法而可以善其治者也成王繼序不忘乎心猶訪于臣而不自是於是群臣進以敬之之戒而事天事親之道備矣噫君臣一心創守一道此所以就文武之業崇大化之本歟

春秋

楚子蔡侯次于厥貉（文公十年）公會宋公陳侯衛侯鄭伯許男曹伯晋趙盾癸酉同盟于新城（文公十有四年）

謝紘

同考試官教諭陳批（聖人予奪晋楚之意無非以謹君臣之義耳此作能發之而辭義嚴正自是關繫世教文字未可以場屋之士目之）

考試官署郎中華批（謹嚴有法）

考試官給事中陸批（得傳意）

夷惡逞而與國從春秋以大義奪之伯信講而諸侯協春秋以大義予之夫君臣之義春秋之所謹也得不于晋楚之行事而予奪以見意哉且楚之行事猶夫晋耳而春秋每奪之者何吾觀其筆削於厥貉之舉而知之蓋楚以變夷而竊王號其負犯義之罪大矣今焉穆也將逞志於北方因按兵而脅宋是舉也藏禍心以憑諸夏也而陳鄭與宋從之蓋迫於禍難弗獲已耳若蔡無他虞乃輕爲服役得非樂於异類之從耶噫四夷雖大不過曰子王法所在夫誰敢不嚴楚也實亂之而蔡人則甘習爲之羽翼是僭王之惡楚爲首而蔡亦其從也苟自此而或逞其志使禍及宗周君臣之義其與存者幾何春秋以尊周爲本者不能無懼乎此故削三國而書蔡侯以罪之奪從之蔡所以奪僭王之楚也若晋之行事猶夫楚耳而春秋每予之者何吾觀其致意於新城之盟而知之蓋晋自文襄已主夏盟其著仗義之略久矣今焉趙盾倡爲外楚之謀因講服貳之信是盟也抑强夷以安周室也而陳鄭與宋在焉蓋出於同欲非强之矣雖蔡不預盟而決於從楚亦何害于衆志之同耶噫周德雖衰天命未改王室之憂其誰能弗恤晋也實念之而諸侯則協心爲之股肱是尊王之舉晋

爲主而諸國其輔也苟繼此而益堅其從使威伸强楚君臣之義不尚亦有賴哉春秋以大義率人者不能不謹乎此故特書同盟以善之予從晋之諸侯所以予尊王之晋也其進退抑揚皆非苟然者夫豈有所私於其間□抑當是時動天下屬諸侯有大戚焉列國若罔聞知而盟好是講悖矣又况主之者晋卿而其君不預也春秋何善乎是而與之夫中國不振旅而蠻夷入伐是盟也猶有憂思防患之意焉且其事關於君臣夷夏之際春秋有不得不予之者矣嗚呼其衰世之意耶

齊人伐我北鄙（僖公二十有六年）楚公子貞帥師伐鄭（襄公八年）

羅洪

同考試官教諭陳批（斐然之文奇氣溢發而叙事且極詳備録此以警世之學春秋而忽傳注者）

考試官署郎中華批（詳贍）

考試官給事中陸批（不失題旨）

稱王命以郤敵賢臣修辭之功背伯信以從夷大夫失職之罪此展禽之郤齊所以能安其國而子駟之從楚卒於不免其身也觀春秋所書而得失見矣當夫莒衛請平而我僖因皆齊以從之一盟于洮再盟于向而齊人逞忿之兵至矣爲魯者苟如臧孫之謀不以義服而從以賂免其何耻如之幸而柳下惠有辭以應敵而展喜實將膏沐之禮於是乎稱先王之命以對之不曰股肱周室之盟載書猶在則曰糾合諸侯之舉舊職未忘果爾其言未終而齊師遂退當是之時室如縣磬野無青草魯幾無以爲國微惠也誰安之從容應對以抑强暴之鋒偃息笑談而紓危亡之禍辭之有益蓋如傳曰不有君子其能國乎斯之謂矣後此仲相魯秉禮而化强齊以惠方之殆庶幾哉當夫晋楚争鄭而鄭人復侵蔡以怒之既敗其兵又獲其將而楚人問罪之師至矣爲鄭者能如子展之謀堅守老楚而杖信待晋其誰曰不可夫何公孫騑决謀以嚮楚而諸卿共執牛耳之盟於是乎背五會之信以從之晋君方明不能事也而親我無成楚師將歸弗能也而鄙我是欲果爾爲盟未久而晋師又至自是之後犧牲玉帛待於二竟鄭幾不免於亡則騑也實爲之忽陪貳之尊而甘心市井之行忘政本之重而終遺社稷之憂謀之不臧孰甚焉詩曰誰生厲階至今爲梗斯之謂矣後此子産相鄭馳詞以當晋楚以騑視之不有愧哉蓋未幾有西宫之難騑與二卿死焉君子謂斯人之宜及此久矣春秋削其大夫所以示當官失職者之戒也抑又有可深慨者夫以展季之賢魯國賴之以安而終不見用

雖臧孫之竊位蔽賢而魯僖亦不能無責矣若公孫騅之謀所謂一言喪邦者顧其盟與否皆二三臣主之而君不與知焉此何爲者哉然則春秋所書不惟人臣謀國任事之鑒亦人君聽言用人之法也

禮記

故人情者聖王之田也修禮以耕之陳義以種之講學以耨之本仁以聚之播樂以安之故禮也者義之實也協諸義而協則禮雖先生未之有可以義起也義者藝之分仁之節也協於藝講於仁得之者强仁者義之本也順之體也得之者尊

徐建

同考試官學正凌批（聖王治情以禮義仁爲急而講學播樂非從事於三者之外此作識見真到詞意貫通以下爲廣明相須之義尤根本注疏成説以發集説所未備其殆究心經學者高薦允宜）

考試官署郎中華批（亦可與言禮矣）

考試官給事中陸批（縝密）

記者叙聖王修道以治情必深明其道有相須之義也夫聖王治情之道亦多矣序不可紊而義實相須此所以盡善而無弊歟記禮運者若曰農人耕種耨穫以治田聖王修道以治人情是人情乃聖王之田而治之何如夫禮者人情之防範可以濯舊習正持循也則品節于開導之初猶農夫舉趾于載耕之候然特習其事耳義者事之宜也必陳義以示其裁制之方使善端滋長如播種而有生夫種之斯耨之矣於此有非義之義不能擇而去之也則講學以明之去非存是而義於是乎精焉然特明諸心耳仁者心之德也必本仁以要其合一之歸使心德渾全如既耨而有穫夫穫之斯得之矣於此而强仁利仁未遽至於安之也則播樂以養之咏歌無蹈而仁於是乎熟焉夫治情之道如此然亦未始不相須也以禮言之視權度之推移而經制由之以定非義之實乎若有事合於義而在所當爲則禮雖未有固可以義而創爲之制矣禮之義如此其廣也不觀諸義乎義也者爲藝之分限而協合其事宜爲仁之品節而量度其隆殺且得義者强足以有執也義之義如此其博也又不觀諸仁乎仁也者以全德則爲斯義之本以大用則爲百順之質且得仁者尊足以長人也夫禮義仁之相須如此學也者明此者也樂也者安此者也盡始終條理之功而有曲暢旁通之妙則情無不治而禮制行矣其斯以爲君人之大柄歟大抵禮者一定不易而人情則曲折萬殊制禮本以治情也故必酌諸義之權度藝之分量仁之支節以觀其會通然後可以言禮雖三代因革與天地不磨者惟

此噫禮一也修之則情其性矣廢之則性其情矣是故先王慎其所以治情者

樂則安安則久久則天天則神

許來學

同考試官學正凌批（樂音和平中正故致此以治心而感化之妙如此此作妙會是意而天神久安四字句句親切非有得於樂而窮神知化者不能）

考試官署郎中華批（此樂化章中精粹語而學者若於無注子獨發揮明白且神字處與人异是之取爾）

考試官給事中陸批（語和而莊）

善豫於中而馴致其妙此樂之治心然也甚矣樂之入人深也既豫於中則有所得矣而安久天神之妙有不馴致者哉且君子所貴乎樂者無他正以治其心耳誠於和平中正之音以致則易直子諒之心以生其不有所樂乎蓋善端萌動悦意自爾其流通有義理以養其心也道腴深味至趣悠然其自適有和粹以平其性也夫心每患於不安爲其未能樂也既樂矣則豈弟之美優柔厭飫而外物無以撓共真性分之懿涵泳從容而非僻無以奪其守一何如其安乎夫心每難於持久爲其未能安也既安矣則心與理一確乎貞固不以始終而或違德惟日新卓乎堅定不以先後而或間又何如其久乎持之以久不但已也充養渾化而朕兆不萌于見聞存主純熟而機緘不涉於形迹即吾心固有之天而得乎渾然自成之妙矣非天而何既至于天不徒然也無聲無臭而淵乎幾微之默運無方無體而闃乎流動之不拘即吾心神明之奥而入于變化莫測之中矣非神而何夫曰樂曰安曰久人道之所由至也曰天曰神天德之所由達也一致樂以治心而其妙如此君子之於樂也而可斯須去身哉抑此論君子治心之學至爲精切雖禮順樂和表裏交養而養於中者實爲之主故以禮治身不過嚴威而止樂之治心則至于天且神即子思之致中孟子之大化也要之聖人作樂之本端在于此故曰致禮樂之道舉而措之天下無難矣

第二場

論

治天下者審所上

顧四科

同考試官教諭毛批（筆勢滔滔波瀾千里而自有曲折往復之妙學者

得之文體當爲一變）

同考試官教諭吴批（此題作者類以陳言綴緝成文是篇立意迥別而詞足以發之故録）

同考試官教諭宋批（文氣秀發佳士佳士）

考試官署郎中華批（清美圓健機軸自別）

考試官給事中陸批（脱去近時浮靡之習是亦能審所上者）

君子所以先天下者亦惟有定志而已天下之俗未始不自夫在上者爲之也是故必有所上焉以先之者然而古之爲治者其術亦甚不同也有先之以禮者矣有先之以刑者矣是二者其志不同故所上不同而俗之美惡因之此無他存乎審不審之間而已故夫治天下者莫先於定其志志定則所上無不審而天下之治幾矣嘗觀賈誼之論治有所謂審取舍者而匡衡告元帝亦白治天下者審所上彼衡之言亦誼之遺説與夫二子者以爲刑罰之不如禮誼法令之不如教化而思以是易天下也其意亦美矣雖然天下之治則莫先於人主之有定志而二子者之論未之及也刑罰之不如禮誼也法令之不如教化也世主亦知之矣然不能勉於此而顧安於彼者何也彼其志不先定則見之弗明而行之有弗力故也是故其道非難知而難擇非難擇而難守能擇能守可以言審所上矣而非有定志者其孰知之今夫法之所用易見而禮之所爲難知也人主之能無惑焉者鮮矣苟擬議之間稱有不當將有不勝其弊者故必辨之明而斷之决曉然見其若黑白之相去也而後從之夫是之謂能擇天下固有知所上者也勉於一時而不能持之終身其心初嚮於道而异説入焉則有盡弃其所爲以從之者此尤君子之所慎焉而不敢忽也執此之政堅如金石持此之令信如四時吾之所上在是則舉天下無以加之夫是謂能守能擇而後得所審能守而後所審者不易所審者不易夫然後推而行之則教化之流由内及外動之而和綏之而安民日遷善遠罪而不自知也而其俗有弗廓然大變者乎古之能審所上者其知之矣堯舜禹都俞唯諾而四方爲之風動文王之治岐也躬行于國中而兔且漢廣之俗莫不化之何修而得此哉彼其爲政也本於身行於家自夫起居飲食之間而達之天下行之數十世而禮叙不衰其積之有本而施之有漸如此者有定志故也彼以是爲不足法而以刑驅其民者秦是也是以弃禮義損廉耻而其俗日壞傳二世而禍亂隨之嗟乎世主之欲審所上者亦舉三代與秦之事觀之矣故曰取舍之極定於内而安危之萌應於外其弗信乎吾觀夫西漢之俗則亦有甚敝者蓋自文景武宣之間則然而何有於孝元之衰世顧嘗考其一時賢人君子之論議亦懇

愬於禮樂教化而莫粹於董子正心之論此雖賈誼未之及而陋儒若匡衡何足以知之然今之言治則舍是而曰有定志云者何哉夫未有不定其志而能正其心者吾之言固董子意也學不足以知此而謂有二焉者是未足與言審所上也

同前

姜良翰

同考試官教諭徐批（士子類用匡衡語而重叠排比之是卷筆老意新而步驟衝逸興妙於文哉）

同考試官教諭鄭批（場中作論記者固多率掇拾腐説誇多鬥靡此卷獨能會題意於言外理到而句亦工也）

同考試官學正孫批（此作波瀾叠壓而源委不紊讀之惟恐其盡是宜録出）

考試官署郎中華批（詞氣充贍而亦不失程文之矩度）

考試官給事中陸批（有議論有操縱他作鮮及）

聖人有先天下之見而後可以善其道於不窮夫聖人之道以治民也民之趨于治也恒不于其所治而于其治之所先何謂治之所先上者下之先也近者遠之先也聖人有見焉於是預爲之所裁度於一心推移於世變逆睹於斯民之所欲趨而鼓之以爲風漸之以爲化使相率而趨之不自知其由也夫然後惟吾之所欲爲而無不如意匡衡曰治天下者審所上此之謂也夫有一代之興必有一代之尚尚也者一人作之百人和之一日行之百年從之其始也翕然而趨其既也恬然而習其成也帖然而安尚而至於成則雖聖人不能以自挽挽之而天下不從是故聖人必審之於先而不敢以自易嘗觀古者聖人之作易也於泰則曰無平不陂無往不復於否則曰其亡其亡繫干苞桑而於賁則曰觀乎人文以化成天下聖人豈故深思而過慮之直以天下之治不可以法病道道固萬世無弊而紛紜膠轕以變更乎天下者皆法也觀其變神其幾其預待乎天下後世者審矣故夏之尚忠也忠弊而商救之以質質弊而周則以文救之皆通於道而不離於法善其道於不窮者也雖然後世之徒法也久矣清静而黄老之刻核而申韓之執一實以御百虚而權謀功利之兹數者恒足以奔走天下之人而聖人則育於仁陶於禮成於義而終不肯以彼易此彼以厲吾恬以和彼以速吾安以鈍□功程效而吾則疏宜乎後世之君深信彼之有成而不吾尚也夫吾之治一道也非徒法也彼雖不吾信而吾將見

彼之日窮矣此非神於幾達於變者孰能察識於心術之微而審之也哉審之無异術也是其所是必其非天下之公是也非其所非必其非天下之公非也非非而是是者求之吾心之公也求之道也而非徒法也吾計已定吾術已明諒其非而去之原其是而從之由是見微於泰以防天下之過也由是起教於否以約天下之趨也由是觀變於賁以成天下之文也明物采設典則天下之化成而民情樂彼之清静無爲者吾弗尚之矣慎感孚妙鼓舞天下之風清而習俗淳彼之綜核名實者吾弗尚之矣不識不知與天下相安於仁義禮樂之歸彼之執實以御虚如權謀術數之類皆吾所見弃者也吾又何求然吾則之所尚者皆道也而非徒法也苟不此之審而與天下日逐逐于赦令刑罰之末則雖强焉以必之而天下不從是何也不從其所治而從其治之所先也且刑者仁之薄也令者禮之衰也赦者義也竭也祗見其民日殘而俗日壞矣雖日赦而求其治不可得也古之聖人未嘗一日不審所以爲天下先特以漢承乎秦而先王之良法美意幾盡非惟不知所審且文帝過於仁而近于黄老武帝過於義而近於權謀宣帝尚嚴刻而近于刑名歷孝元而天下之弊極矣此固識治體者所深憂也匡衡乃以斯言進雖其言未發致審之要而亦深可取也已善乎程子之言曰三代之治後世决可復不以三代爲治者終苟道也嗚呼夷考于漢之諸君其不安於苟道也者幾希

表

擬宋開天章閣引輔臣入對參知政事范仲淹謝表(慶歷三年)

費滂

同考試官教諭徐批(表語駢麗已非古意而近代舉業復襲浮詞以益之趨愈下矣此篇鏟華就實親切簡當得士如此豈獨重其文乎)

同考試官教諭鄭批(宋范質憚太祖英武每事具劄子進呈遂廢命坐面論之禮仁宗開閣引對此致治之本也是作莊整得體讀之使人興起)

同考試官學正孫批(辭氣恭謹寫出希文忠愛至情宜録以獻)

考試官署郎中華批(典重不浮寓意懇切)

考試官給事中陸批(得宋人告君之意)

慶歷三年某月某日伏蒙開天章閣引輔臣入對者伏以道隆交際鴻猷益懋于泰來義重彌綸清問式勤於晋接當萬幾之少暇誠千載之一時表著聳觀薦紳動色臣仲淹誠歡誠忭稽首頓首竊惟元首得股肱而弘化宰輔贊天子以經邦二典都俞浚開心學昌言厲翼洪慎面從一家人父子之相親敦

左右臣鄰之大義但道隨時降而分與堂高坐論風衰恩覃造膝疇咨日懈獻匪格心補過漢庭願每違于紫闥論思唐閤制旋廢乎正牙尋當僅止趨班臨御多從畸日延英五刻便殿無時或假借而强從或背議而少直徒沿故事遹侈彌文兹蓋伏遇聖功天監神道民懷言路一開攬機權而獨運仁聲四訖斂智勇以無爲謂三聖經綸久布昭回之象而百年禮樂當調未解之弦不有盡立曷裨至理弘開秘閣廣仡論思尚手携面命之風求苦口沃心之助蓋禮意極其周至而寵渥無復有加者也臣仲淹夙夜先憂致身是願再三陳列多口兹憎方甘盡瘁於邊防忽荷深知于巷遇適當通變宜民之際可無補偏救敝之陳言出心聲情因義激内外本末其凡一十餘條興革後先冀采萬分之一私切惓惓自許敢謂鑿鑿可行伏願舍己從人廣好問好察之智任賢去幸秉勿貳勿疑之公同朝儆戒於無虞群類尊親于有截臣無任瞻天仰聖激切屏營之至謹奉表稱謝以聞

第三場

策

第一問

周如底

同考試官教諭唐批（皇祖垂訓之意詳審精密仁至義盡莫有加者此作能鋪叙揄揚且所處亦皆有見一以法祖睦親爲主是可爲當宁獻矣）

同考試官教諭林批（聖祖貽謀盡善具在祖訓誠聖子神孫所當世守也此策鋪張偉麗區書詳審殆有識之士録之豈特以其文哉）

考試官署郎中華批（此策關係國家大務自非通達治體能仰窺我聖祖□訓之心者不能言也得此亦可以轉聞子上矣）

考試官給事中陸批（朝廷體聖祖之心以待宗室者至矣其有未安正在隨宜處之耳子所言大祇有見末復欲建白以通融之可謂卓識有言責者爲子興感矣）

帝王之治天下本於仁義而行之必自近始故親親之道恩以懷之而法以御之恩施而濟以法則其恩不流於褻仁之至也法立而先以恩則其法不傷於刻義之盡也我皇祖所以垂訓萬世之意惟此而在今日繼述之道亦惟此而已請敬陳之嘗觀古之有天下者必建宗親以藩王室然或懷之以恩恩勝則流於褻故寵禄逾制者啓奢僭之端或御之以法法勝則傷於刻故防撿

過密者致殫微之患其能盡善而無弊者鮮矣肆我皇祖創業之初深惟根本之慮擇良日王諸子宰臣授册宗伯授詔次第畢封而藩屏海内者二十有四王既又親作祖訓以授之歷六年七謄藁而始成所以貽燕翼之謀至深遠也雖金匱石室之藏不可窺見然其條章已出示臣民而見於學士大夫之所叙述者詳矣其間如禮儀之節法律之守職制之等兵衛之法營繕之式供用之度宏綱大體粲然具列條貫品式纖悉不遺維持保愛之意無所不至而節制防範之道亦未嘗不行乎其間恩法并施仁義兼得真足以傳之萬世而無弊矣百六十年聖子神孫守爲家法朝廷隆敦叙之恩諸藩膺忠謹之福自三代以還未有若是之盛也執事乃以爲猶有所未安者殆弗然乎藉今有之而愚以爲皇祖訓典具在聖孝之繼述方隆舉而行之亦甚易爾夫禄賜不贍誠有可慮者愚以爲莫若訓之以儉必也示撙節之方以去其靡習且於歲時之給無所稽滯而屬之疏者則間施不時之恩如古所謂以脤膰親兄弟之國者可也或者患其不繼則曰是何不繼也國家之冗費多矣盍推共餘以厚同姓乎若然庶可使無戚戚具爾之心如曹植所議矣檢制稍逾亦不能無者愚以爲莫若示之以禮必也重輔翼之任以謹其法守且使誘惑之徒無由親昵而年之幼者則别爲訓迪之法如古所謂庶子之正於公族者可也或者病其難行則曰是何難行也宗室之賢能多矣盍擇其人以爲之倡乎若然庶可使有卓爾不群之行如班固所稱矣有文武才能依常調選用此祖訓所以待天族者不聞并廢其姻戚也不然當時淑媛之選大抵出於勛閥至有一家數人者獨不慮其有他乎逆未形之患而弃有用之才似非所以勸親親也導王以義者必以禮相待此祖訓所以處藩僚者不聞禁絶其遷轉也不然當時侍從之臣大抵起於藩府至有位登三事者豈謂其無人乎居輔導之任而同廢錮之流似非所以厚本支也若是者在祖訓無之而本朝禮制諸書則草莽之臣未能遍考是雖不敢斷然以爲無所據而推皇祖垂訓之意則竊有知其不然者意者一時有所懲創而其後遂因襲之乎聖天子方率祖攸行以親九族有能建白及此下廷臣集議或有以通融之者一以廣因心之孝一以開進賢之途顧不爲盛舉哉雖然事關宗室人所難言惟在上者以至公爲心主議者以體國爲重念舊章之當復而不惟近事之拘然後可望其必行耳大抵親親之道雖貴於恩與法之并行然與其使法勝恩也寧使恩勝法故曰仁可過也義不可過也愚也願以斯言爲今日法祖睦親之助

第二問

姜良翰

同考試官教諭徐批（士習之係於教化固也子言養之者有本而道之者有幾誠探本之論）

同考試官教諭鄭批（才氣渾厚立論不迂必佳士也）

同考試官學正孫批（議論數暢典實□□以昭德照臨于上爲言其知風化之機者矣噫字忠定所謂見善明用心剛者子非其人乎）

考試官署郎中華批（國家以養士爲先而士以不自失爲貴此策得之）

考試官給事中陸批（議論正大而文體莊重可以觀所養矣）

甚矣士習之有與於世道也貴乎充所養以端其守而審所尚以道其趨夫義者士之守也表位以旌義明王之所尚也孔子曰不患無位患所以立下焉者夫亦守吾義而已矣又曰舉善而教不能則勸上焉者夫亦提衡旌别而已矣蓋朝廷有教化然後士人有廉耻士人有廉耻然後天下有風俗事固有始而治必有機也嘗聞治世所貴乎位者三一曰貴道二曰貴禮三曰貴志貴道者師而不臣就而不召也貴禮者三揖而進一辭而退也貴志者不事王侯高尚其事也所順乎位者三一曰道順二曰職順三曰心順道者樂乎其義也職順者循乎其資也心順者安乎其分也後世所貴乎位者一而所輕乎位者五一曰貴貴貴貴者以貴高人也以貴相高則競生競生則逆逆則何貴之有是故高下失序則位輕班級不固則位輕遷轉煩瀆則位輕黜陟不明則位輕責任弗久則位輕夫位也者天位也天下之所寶也輕則喪吾寶矣孰謂聖人握天之寶以貴天下而可容競進於其間哉要之治世之所由貴者以養而後世之所由輕者以競何謂養有上者設爵禄車服禮樂于朝以待天下之賢賢者修仁義忠信孝悌於家以需一時之用下能副其待則者愈厚上知厚乎下則下愈不自輕故能履三順以享三貴也是之謂充所養以端其守後世反是爵人者必俟于求無爵者不自進則無由以得嗚呼求之則予不自進則不得此士之所以必於求進而競逆所由生也雖然良心不异乎古今而豪杰不移於習染未嘗厚士不可謂下無其人未嘗自重不可謂上無其人不觀東京節義之所由植乎一嚴光不仕而光武高之耳不觀布衣有貴於宰相之榮乎一李泌尚志而肅宗成之耳司馬池固辭諫官仁宗則命爲待制矣韓維不就廷試文彦博則薦乞甄擢矣唐介復爲御史非以其私書不至京師乎劉安世得充館職非以其書問不及政府乎凡若此者皆表揚高潔三代以後所僅見也是之謂審所尚以道其趨雖然世之所尚隨時而异要在審其宜耳故庾峻有

曰退讓不可以刑罰使莫若聽朝士時時從志山林往往間出游酢則曰欲人人自好而相高以名節莫若朝廷之上倡清讓於天下李綱又曰欲息奔競莫若崇静退以率之静退之士内有養見善明用心剛者也以類立朝必有可觀之三説者言雖不同其欲崇好尚以道之則一也劉光祖見士無廉静言於朝曰其患在於不封植人材朝堂初無長養幸妙求人物朝野共屬者參錯立朝國勢自壯是説也深有得乎養士之意然亦有其本也我國家之告士斂才也經術以陶之學校以群之科第以羅之資格以劑之殿最以澄之禮義廉耻長之育之德行道藝優之游之所以充乎其養者純以備也右循良重正直表内修獎恬退拔幽滯所以道其所尚者廉以潔也故自立國以來人才獨盛習尚可觀而非漢唐宋所能及者正在此耳執事乃慮士風尚未醇而冒進者或有欲挽之以追隆古誠不可以他求也竊謂道德之心勝則功名之念薄恬退之風盛則念躁之圖沮衆正之門開則驟遷之途塞誠聽朝野名才間出互入廩廩自好名節相高則静退者無淹抑而奔競者自無所容矣静退者無淹抑則所謂妙求碩望崇立朝端者在是學術政理有宗廟堂滋長養之風人材自是封植而奔競者自知所化矣然於此有本焉必有至公至明之心照臨于上而所以養之道之者一務乎實而不事乎虚文率之以漸持之以久則立教也有本運化也有機五輕之柄反乎上三順之道成于下上下交相貴而先王治隆俗美之盛可立而俟矣

第三問

許來學

同考試官學正凌批（聖賢之所以爲學博約二字盡之矣此策以求諸内爲説學有要據而不知反約一節最切今時學者之弊且文字不事馳騁而步驟自與人殊是明録之）

考試官署郎中華批（此策正欲觀學者之趨向與其所得之淺深子能於心學之要敷析詳明確有定識將來造就予日望之）

考試官給事中陸批（朱子之道師範當世非末學可得妄議者然學如子静要有所自得吾豈敢遽以爲非哉他日願從子而極論之）

學之道無他求諸内而已矣求諸内無他要其所歸而已矣天下之理必先求諸心知所往而後力行以要其至未有不知而能行者也其行之未至與幾至而畫者皆知之未至也夫道若大路然吾心譬諸日之明而光之照也日以明爲體以光爲用吾心以虚靈爲體神明爲用也亦弗蔽之而已矣弗蔽則虚虚則明矣吾心管攝乎衆理也虚明則純静純静則動以天矣聖人之學端

不外此故孔門獨顔子以好學稱而其學所從入亦曰博文約禮而已夫文與禮者非他也性分之内天理燦然隨處發見各有條理昭而析之謂之文執而安之謂之禮顯諸文藏諸禮而天下之學盡之矣顔子則明睿所照觸處洞然博約之功無所不至而皆用於人所不見之地有不可得而名言者其於禮也非禮也非禮之禮也悉精擇而禁止之過不再萌怒隨物釋以視以聽以言以動無適而非天理之周流祗見其服膺勿失也不遠復也不改其樂也而言語政事文章不與焉自得之學莫有深于顔子者子思之學問思辨而要之於篤行孟子之博學詳説而要之於反約皆是物也自秦而下聖學失傳漢人索于訓詁唐人牽于詞章枝葉茂而本根離矣有宋周程三子者出始知聖道有在而顔氏爲真傳也濂溪清明高遠超然獨得明道思索妙造以静爲學伊川潛神静閲教人以敬而千載不傳之緒於是乎續傳之龜山則天資出人造養深遠德器蚤成吾道有托矣再傳之豫章則探索本原洞見道體潛心力行任重詣極矣又傳之延平則默坐澄心體認天理驗□中於未發會覺處於静極矣一脉相承深造自得踐履多於發用涵養多於講説孔顔之道不自此而一著乎然當時學者論格致每遺精微論中庸或淫於老佛至謂大本既立則不必讀書可以逕造聖域蓋見周程之至而不知其所從入也於是未子出焉啓之以致知本之以居敬而反躬以踐其實其爲教也必始諸下學而著述獨盛于前古極吾心之大用析百氏之异同所謂集大成者是矣夫濂洛獨啓心傳於詞章口耳盛行之餘而朱子乃救流弊於馳心空渺之始一則予欲無言之旨一則删述垂憲之意也嗚呼朱子之用心若此其慮後世也遠矣愚獨怪夫今之學者滯章句以溺其心而無或進于道也豈朱子之爲是教也將徒傳而已乎夫亦擴我聰明之實耳今之學者或涉獵章句或綴緝詞章占畢而言性命道德之不離于口肆筆而書習爲奇僻甚至不能以句則曰學云學云而不知身心性情爲何物由朱子觀之其异于俗學也者幾希豈顔子之所謂博乎無惑乎其不知約也夫學之爲道未有不知要而能博者亦未有不博而能逕約者故曰耳目之官不思而蔽於物心之官則思思則得之博必資於耳目而耳目則役于心心固萬理咸具也其所謂蔽者有二查滓以渾淆於有生之初邪僞以污壞於既長之後不知省察慎獨而溺心章句譬諸目醫交蔽坐于寶藏之中不自知其所有也其必讀書以破愚以格物窮理使吾心之蔽光明四達萬理畢見而不可勝用夫然後謂之博耳程子曰聖賢千言萬語欲人將已放之心約之使反復入身來朱子説以居敬窮理互相發爲讀書之要夫亦求博于吾心之智則今之學者之弊亦庶乎其可救矣或者乃曰盍亦以子静之學

救之乎夫子静專尊德性而先立乎其大者自是高明獨得之學有子静之資斯可矣惟恐不善學者後致知而先行事將必至廢書而不讀則識見不充蕴蓄不大無復經綸大經焉而理學之功用狹矣夫子静之學一也善學者則進于高明不善學者則馳于空渺存乎人之自識而非所以示人也教人者亦曰讀書窮理求博于吾心之智而反之約也約之維何仁人心也顔子自視聽言動以至不違亦約諸仁耳約而未至于仁仁而或在或亡不足以言約也其博也以智而其約也以仁何往而非心學哉愚故曰求諸内而已矣要其所歸而已矣

第四問

俞介

同考試官教諭毛批(識見高遠愛國憂民之念溢於言表經世之學也)

同考試官教諭吴批(推原東南之患起於賦重最爲有見而末三弊之説尤甚警切所謂豪杰之士非耶)

同考試官教諭宋批(東南之地財賦所仰給關係匪細是策于致弊之由補弊之法歴歴條答無遺非平日究心于時務者諒不及此讀之令人起敬)

考試官署郎中華批(東南利病夫人能言之未有善處如是者所謂識時務者子其人耶)

考試官給事中陸批(議論切中時弊而規畫皆有定見當路者得是説而推行之吴浙之民其有瘳乎)

古所謂豪杰之士必其能通於世務者也執事之意蓋以是望諸生而愚也豈其人哉雖然天下之事非愚所知而東南之利病則習聞之矣執事之問及之愚其容默乎夫東南之地自晋宋以來蓋已日趨於富庶非復往時厥田下下之舊已若今嘉湖與蘇松諸郡民力勤而物産盛則財賦因之加多固也然嘗考前代賦額皆莫有重於今者雖國初猶不至是也蓋自永樂以後漕運既遠且凡離征泛賦一切取給于其中而加耗日重至于今日極矣洪武開創之初軍國之用甚廣然猶屢下蠲租之詔宣德間亦嘗降旨減蘇郡賦額至七十餘萬石當其時民未甚病也矧疲弊如今而可無以寛之哉夫賦額一定誠有未可輕議者彼舊逋之積能損以予民如洪武之詔額外之入能稍爲節省如宣德之旨奚獨不可乎雖然聖天子賢公卿在上苟有意於養民而本末之政兼舉其久也雖一定之賦亦安知其終不可減哉蓋今日爲東南之患者固難縷數而其原皆起於賦重苟於此有以處之則其他如執事所憂者固可以漸而去也夫昔之民長鄉賦者督其賦之入而已今則厨傳饋遺百需萃焉

重以貪吏侵年豪强逋負歲運則利歸於奸民交兑則力屈於悍卒誠舉是數者悉去之且使長民者無徒以威虐加之而有體悉愛護之意則亦庶幾其有瘳乎輸納之費在於懲有司之苛刻絶胥史之旁緣而事涉中禁又能不以宫府有所异同俾外廷年制其出入則或可省矣徭役之制舉十年之力而盡於一時既非所堪而九等之數奸人又得上下其手必也計里而受役論丁以出庸舉周文襄之舊法而復之乎田賦之則自巧歷者所不能筭而以喻愚氓難矣今欲計其所入之數而均之於田使較若畫一足以杜詭射之弊而豪貴不便自非主計之臣誠心經理無爲身謀而廟堂之上剛斷不惑未易行也民多轉徙而荒蕪未闢賦役不均之所致耳而其間亦不能無所欺蔽固有冒其名而享膏腴之利有其實而蒙督責之擾者今必先核其真僞然後盡蠲舊逋與之更始而於願耕之民厚加優恤庶乎有開墾之漸而釋公私之累矣水利之不修則主其事者憚於任怨而弗躬親之耳誠得果敢有爲者任之按圖籍以尋源委之迹懲豪猾以復陂堰之利嚴修築以固堤防之設時疏浚以續已成之功且無與水争尺寸而多爲之委以瀦瀉之又何旱潦涸溢之足患哉夫是數者皆方今迫切之憂有志者所欲亟圖而終莫能遂則有故矣吏之不肖者監司容養而不問曰惜其出於科目也愛其善於承迎也是故吏得以肆于民上而無忌此一弊也昔之主計大臣任之久者至二十餘年而郡縣親民之吏亦七八年五六年而後遷也今也歲歲易之彼雖賢者亦不暇行其志矣此一弊也在上者求治甚切也然吏之奉行者取具文移而無實是以詔書每下詞意懇惻士民欣欣而奸胥老吏已相與竊笑之彼知其文雖美而其實終無所成耳此一弊也使此三弊而不去則雖有良法莫爲之經理求民之息□終不可得矣夫當積蠹大壞之餘而欲求經常簡易之説不先從其要者圖之雖一日百變法豈有益哉執事苟不以愚言爲迂妄而有取焉豈惟東南雖推之天下可也

第五問

謝絃

同考試官教諭陳批（馬政國之大事固儒者所當究心也士子所對殊爲疏略晚得此策條答敷暢考據詳明而議論鑿鑿讀之令人忘倦吾如斯人行且空冀比之群矣）

考試官署中郎中華批（此策救弊窮源而得其處之之要他日有位亦何施而不可）

考試官給事中陸批（馬政策詳贍且以東南之士而能具知西北之利

害亦難得矣）

馬政之不善未有甚於今日者也在民有無窮之害而於國無纖毫之益當是時雖吾祖宗之舊法有不能盡行者矣乃欲議及於周官之政難矣哉雖然有治人無治法法之立也不能保其無弊變而通之亦存乎人焉爾矣嘗讀周禮而知周公留意於馬政之切也掌邦政者以司馬名之蓋示戎事之莫急於此而其屬則有校人掌王六馬有庾人掌十二閑趣馬齊其節巫馬治其疾馬質平其賈牧師掌其地圉師主其教圉人供其役設官多而立法詳若是聖人之所重者亦可識矣至其取之於民則以六千四百井之地而出馬百乘積而數之誠若不可勝計而視後世則已省矣矧目其并牧之法行而上下之間聯絡通貫國有大事不待徵發之勞而無弗具集事已兵休則涣然復故而已亦何病於擾哉由周而來言馬政者凡幾變矣牧之官者典守怠而侵牟起則病於國牧之民者亡失多而輸納困則妨於民而本朝實兼受弊在今日則耗散窘迫之勢極矣誠宜亟處而不容已者以民牧之法言之則宋熙寧保馬之舊也然牧必計丁不問其願否不貰其他役則其害視宋益甚矣矧孳生有供給之繁倒失有陪納之費其所養且多羸劣無益戎行河洛齊魯兩畿之民日困而國家曾未得其利也爲今之計亦惟優恤貧弱蠲其舊逋令民當出馬者輸直有差而不復歲課其駒之入至於畿内之寄養孳生者則官自牧之而不以煩民可矣近時丘文莊公常論此欲即里社爲厩舍寓官牧於民養是或一説然愚恐其如昔人社倉之制終貽擾民之害此或未易行耳以招易之法言之亦宋熙寧茶馬之遺也然名曰差發如田之有賦如身之有庸則國體視彼爲尊矣自金牌之制廢而私易行給蕃之茶僞而官市沮故所得大抵駑下徒費豢養洮河西寧三衛之卒苦之而邊方非全賴其用也爲今之計亦惟嚴設屯戍以遏私販令茶之輸官者每篦皆精而仍復往年招商之舊至於諸邊之奏乞開中者則弗徇其請而專以易馬可矣近時李文正公嘗論此欲增馬直以啖群胡捐微利以收奇駿是誠良策然愚則以爲我聖祖差發之設實寓制戎之機此所當先復耳抑馬政有可議者惟牧於官爲善而執事之問未之及也今欲振而起之則有二説焉得其地也得其人也夫燕薊之地馬之所生而秦隴□渭之間有唐人監牧之迹今草場侵没□□上多污萊矣能核實以歸官則芻牧□惠乎無資厩寺之官牧政所寄而撫諭巡察之職又督率作興之機今選用滅裂而更代者不常矣能精擇而久任則綱紀何患乎不舉如是則可以復祖宗之政而侵據有罰倒失有罰剋减盗易者有罰凡可以爲馬之害無不去也可以行周官之政而攻駒有法講馭有法游牝去特者有法凡可以

爲馬之利者無不興也亦何必襲宋人之弊法以重困吾民哉雖然得其地易得其人難是二者之輕重亦知也故曰存乎人焉爾矣

浙江鄉試録後序

我高皇帝立國之明年即建學弘化又明年詔開科取士俾士各專一經以效用諸所科條盡刷漢唐以來苟簡之規而歐之古將以成全才也是以百六十年于兹涵育既久人文暢達昌大衍溢之才相望于海内顧各省校文專限學職而議其不便者亦久矣恭遇皇上厘敝更化百度咸貞時惟戊子鄉試爰稽故事分遣廷臣爲各省考試官録士之文率尚平實爾雅思得醇篤真材以資化理乃六月丁卯上方精白載嘗以承休慶而臣粲臣鑰寔受命典試浙中深以譾劣弗稱是懼至則合諸事事者鎖院試之三而防檢經理加密矣因得一省多士之文而熟觀之淵乎理之奥也浩乎政之藏也蔚乎氣之光也文運道化風行海流顧兹藩亦極盛也已竊嘗論之理精矣貴得也政達矣貴純也文盛矣貴不窮也天下之盛而久久不窮者鮮矣聖人垂衣裳而天下治爲其實有得而用無窮也夫自渾淪初闢凡幾開明而後道法始備道法既立凡幾述作而後六經始成六經也者天地聖人之精藴也學者舍是無以學治者舍是無以治而顧使之專守其一以器天下之才賢何哉於乎易以神變書以彌化詩以長善春秋以精義禮以密而樂以宣其入不同其歸一也天下之業專則精精則得得則久久則通通則一不專則不信不達而無所於得百物賈而六學窮矣故示之以弗兼實引而深之以俟其通耳若或施之有政而弗果於用畏且遷焉弗周于室且跆焉則六經一筌蹄耳矣而亦何貴於專哉我皇祖首詔作成之意殆不若是也夫豈獨作成之意有在我皇上今日側席之懷亦夫人所可測而知也諸士子獲登兹選幾於專以精矣博以達矣其將守之終身而弗畏弗遷矣乎其將局於一藝而弗利弗安矣乎今之登兹選者固他日致用之地也敢於試事告竣因以諗之

承德郎兵部武庫清吏司署郎中事主事華鑰謹序

嘉靖七年浙江同年録

葉禎　字瑞卿　號石川　祖廷桂　父天慶　兄政　弟祥（生員）　子仲成　叔通　孫成化　丁未二月初二日生處州府麗水縣人住高谿　春秋　授江西宜黄縣知縣調湖廣巴東縣

孫憲　字孔章　號前谿　祖惠茂（贈主事）　父玉　兄　弟　子　孫　弘治戊申三月十一日生寧波府奉化縣人住北鄉三角地　易　授直隸溧陽縣學教諭升福建南安縣知縣

石繼興　字克興　號學愚　祖瑾　父諫　兄　弟繼典繼异繼與　子雨雷電　孫　弘治戊申七月十六日生紹興府餘姚縣人住四明山　易　授河南歸德州學正

徐轂　字良用　號蘭岡　祖興　父統　兄　弟輩軥轔範　子思蘭思惠思蓮思蕚　孫　弘治己酉五月二十六日生紹興府山陰縣人住偏門外亭山西北　詩　授池州府貴池縣學教諭升江西南昌府學教授丁□艱起復補湖廣荆州府學

夏淳　字惟初　號復吾　祖時（僉事）　父釜（府同知）　兄濬（長史）　弟濠渟（俱生員）滈　子思道（監生）　孫　弘治己酉六月十二日生紹興府餘姚縣人住鳳亭鄉　易　授廣東肇府通判升廣西思恩府同知卒

徐建　字曰中　號桐湖　祖孔鳴　父訓　兄　弟建仲建叔建幼　子紹心紹德紹祉　孫　弘治□□十一月二十二日生紹興府餘姚縣人住馬堰　禮記　授福建福州府福清縣知縣丁内艱起復補古田縣

周宗文　字道鳴　號阜山　祖章（主薄）　父琛　兄　弟宗明　子蘭葵　孫繼芳繼馨繼隆　弘治庚戌五月二十七日生紹興府山陰縣人住後馬　詩

鍾藻　字允薦　號南渠　祖溥　父恕　兄葩芑芬英　弟　子百禄百祥　孫　弘治庚戌八月十三日生寧波府慈谿縣人住二十都　詩　卒

王璣　字在叔　號在菴　祖璽　父文暉（封給事中僉事）　兄瓊（生

員）瑢（義官） 弟 子念偉念儁 孫 弘治庚戌十一月二十四日生衢州府西安縣人住在城三橋 易 己丑進士授兵科給事中升山東僉事江西右參議山東副使

陸芹 字時獻 號洋山 祖祜 父鴻逵 兄 弟芝蘭 子諫謽訥 孫 弘治辛亥九月十九日生紹興府餘姚縣人住東横河 易 授南直隸池州府東流縣知縣

王金 字仲南 號西洲 祖鞏謙（贈御史） 父瑫（知府） 兄 弟鏌録鐈鈞 子大治大濩 孫 弘治辛亥十月二十三日生寧波府鄞縣人住府西門外 易 授雲南劍州知州

羅洪 字充道 號寶泉 祖彝 父鉉 兄 弟 子汝文汝學汝器□□□ 孫應□應璧應斗應元應□應□應□應乾 弘治辛亥十一月十三日生寧波府慈谿縣人住大寶山南 春秋 授南直隸鳳陽府宿州知州調河南鄧州卒累世進士

徐澤 字説之 號□□ 祖振 父雷 兄晋 弟 子含章來章大章 孫 弘治辛亥十二月十二日生杭州府海寧縣人住□城南隅 易 卒

張嘉秀 字文英 號白川 祖寧（知府） 父啓宋（生員） 兄 弟 子 孫 弘治壬 子六月初一生嘉興府海鹽縣人住青黄巷駟車橋 書 己丑進士授江西饒州府學教授升南京刑部主事員外郎郎中謫直隸霸州知州升江西饒州府同知

徐雲路 字道亨 號玉泉 祖昂 父汝霖 兄雲鶚（州同知） 弟雲鴻（生員） 子焕奎焕章焕猷 孫 弘治癸丑正月二十八日生湖州府武康縣人住縣前直街 易

方綱 字憲卿 號雙湖 祖浩 父璋（驛丞） 兄經 弟紳綬子簡 孫 弘治癸丑閏五月二十二日生寧波府慈谿縣人住大方橋 春秋卒

陸鰲 字子任 號南溟 祖輔 父際 兄山（生員） 弟鯨（生員）科□環稱 子萬峻萬衮 孫 弘治癸丑閏五月二十八日生嘉興府平湖縣人住縣治東 書

符驗 字大克 號嵩巖 祖孚 父匡（教諭） 兄璽（生員） 弟瓊 子良夢 孫 弘治癸丑八月十四日生台州府黄巖縣人住北隅驛巷 詩 戊戌進士授南京福建道御史升直隸常州府知府

吴源 字宗乾 號龍江 祖謙（義官） 父璿（府同知） 兄濟

沂溥漢泰洵深　弟澈濬瀛潭潮洲涝演湘涣治法浤浹洽泳（廿四兄弟）子木森　孫　弘治癸丑八月二十三日生杭州府錢塘江人住南門外　禮記　戊戌進士授工部主事升員外郎廣西僉事

江樊　字文衛　號□□　祖廷輝　父巽　兄萑　弟　子恢　孫　弘治甲寅七月初九日生衢州府開化縣人住荆山　易　授直隸順德府通判改山西太原府

童珂　字仲輝　號曉峰　祖智　父斌　兄琳環璐　弟　子　孫　弘治□□七月二十一日生寧波府鄞縣人住府□千歲坊　易　授江西樂平縣學教諭丁□艱起復補直隸沭陽縣學

貫大亨　字貞甫　號環峰　祖暹（教諭）　父幼安（生員奉例冠帶）兄大川　弟大節　子璠（生員）　孫　弘治乙卯九月十二日生紹興府上虞縣人住半山　詩　戊戌進士授行人司行人升陝西道御史

魏夢賢　字良輔　號南野　祖嬰　父淳　兄　弟夢朴（生員）　子宗魯（生員）　孫　弘治乙卯□□月十三日生紹興府山陰縣人住湖塘西　詩　戊戌進士授江西永豐縣知縣

陶謨　字大顯　號見湖　祖楷（贈御史）　父儼（按察司副使）　兄　弟諾訥（俱監生）訓（生員）　子　孫　弘治丙辰二月十三日生嘉興府秀水縣人住王江涇　詩　壬辰進士授直隸建德縣知縣調福建莆田縣升四川道御史

王杏　字世文　號鯉湖　祖綬　父訓　兄　弟檑　子元臣元準　孫　弘治丙辰閏三月二十五日生寧波府奉化縣人住西錦街　易　己丑進士授山西道御史謫直隸廣德州判官升直隸揚州府同知

許安　字原順　號後南　祖謹（知縣）　父恩（七品散官）　兄　弟宷寧　子　孫　弘治丙辰四月十九日生紹興府餘姚縣人住學前　易

顧翀　字曰翔　號遠齋　祖文　父銓（封主事）　兄翊（生員）　弟□翱翊　子琺珍璉璜珮（俱監生）　孫　弘治丙辰六月二十三日生寧波府慈谿縣人住西街　詩　壬辰進士授工部主事丁外艱起復補兵部升員外郎河南僉事

孫宗器　字承之　號禹山　祖全　父時舉　兄同琬俎　弟□瑞篚　子　孫　弘治丙辰九月十四日生紹興府蕭山縣住西興鎮　書　授直隸晉州學正升河間府學教授順天寶坻縣知縣

周如底　字允直　號履所　祖澐　父壁（生員封工部主事員外郎）

兄　弟如山如斗（貢士）如登（生員）如綸（監生）如江如漢（俱生員）子思立（生員）思齊思卞思言　孫　弘治丙辰□□月二十五日生紹興府餘姚縣人住大江口壩　書　己丑進士授直隸徽州府婺源知縣升湖廣武昌府通判工部主事員外郎郎中

商廷試　字汝明　號明洲　祖澄　父公澤　兄璡（推官）　弟　子爲正爲中爲京　孫　弘治丁巳二月初八日生紹興府會稽縣人住樊江　詩　辛丑進士授刑部福建司主事

金志　字允立　號鑒濱　祖玘　父謐（知縣）　兄恕愚（俱生員）　弟　子達遠（俱生員）迪遷遂　孫政教　弘治丁巳三月十三日生紹興府山陰縣人住鑒湖南　詩　戊戌進士授直隸淮安府推官升南京江西道御史

馮璋　字如之　號養虛　祖魯　父雋　兄良貴　弟節　子　孫　弘治丁巳七月十四日生寧波府慈谿縣人住觀音堂巷　春秋　戊戌進士授南京廣西道御史升副使

曹金　字秉良　號海山　祖正　父參　兄銓鉞　弟鍔　子繼周（監生）　孫　弘治丁巳十月十七日生嘉興府平湖縣人住縣治南　易　授福建邵武府同知

俞介　字仲和　號學可　祖欽　父瀾（知縣）　兄　弟仝（生員）子策（生員）第節　孫昌言　弘治丁巳十月十七日生紹興府餘姚縣人住龍泉山北　易　甲辰進士

胡崇德　字伯賢　號梅山　祖紹　父丙　兄德元德亨　弟　子郁（監生）邠　孫　弘治丁巳十一月初五日生紹興府餘姚縣人住埋馬　書　乙未進士授廣東順德縣知縣

胡希周　字文卿　號二川　祖良朋　父檝　兄希文　弟希召　希哲　子　孫　弘治丁巳十一月十五日生紹興府餘姚縣人住埋馬　書

吴朝鳳　字鳴仲　號南岡　祖玄應（布政使）　父九仁　兄　弟　子希韓（生員）希歐希賈　孫　弘治戊午二月十四日生温州府樂清縣人住南閣里　詩　甲辰進士

毛夢龍　字大化　號兩楓　祖和　父麒　兄夢賢（生員）　弟夢詩夢弼夢周（生員）　子布尤本　孫　弘治戊午三月初三日生紹興府餘姚縣人住滸塘山前　易

徐一鳴　字原默　號近川　祖漢　父廣　兄　弟一鶚（生員）一

撲　子惇（監生）　孫如京　弘治戊午六月初九日生紹興府餘姚縣人住儒學後　禮記　辛丑進士授南京禮部主事

嚴諒　字仲友　號蒙齋　祖操　父憲　兄諫　弟讓　子三人（□生員）　孫　弘治□六月二十一日生寧波府慈谿縣人住大寶山南　春秋　授青陽縣知縣升淮安府通判致仕

張純　字伯循　號滄江　祖阜　父珂　兄紡緎（俱生員）　弟　子鳴鸞（生員）鳴鶴　孫　弘治戊午九月初六日生温州府永嘉縣人住永嘉場　詩

余水麟　字原仁　號匯塘　祖鏜　父□　兄　弟　子有壬有丁（壬戌科探花）　孫　弘治己未正月二十二日生寧波府鄞縣人住鹹塘匯　詩　授福建浦城縣學教諭丁外艱起復補直隸蘇州府崑山縣學

徐楚　字世望　號吾谿　祖源　父讓　兄　弟楙棽　子應符應範應策應箕應籌應箎　孫鳴盛　弘治己未七月初一生嚴州府淳安縣人住蜀阜　春秋　戊戌進士授工部主事丁□艱起復補工部

黄德賢　字汝官　號文巖　祖洲　父植　兄德華（生員）　弟　子應奎應塤應垣（俱生員）應墀應埛　孫　弘治己未七月初九日生紹興府蕭山縣人住埭上　書　授江西南康縣知縣卒

謝瑜　字良卿　號狷齋　祖俊　父允中（監生）　兄瑝（縣丞）　弟珣　子東東　孫　弘治己未七月十四日生紹興府上虞縣人住縣後山　易　壬辰進士授福建浦城縣知縣升南京廣東道御史改雲南道

王珽　字以正　號東崖　祖縠　父榮　兄瑄　弟琰寶　子化　孫　弘治己未七月二十八日生紹興府諸暨縣人住店口　易

錢應揚　字俊民　號後楓　祖裕　父紳　兄　弟應宿應亨應乾（俱生員）　子嗣良　孫　弘治己未八月二十九日生紹興府餘姚縣人住龍泉山後　書　乙未進士授湖廣長沙府推官升河南道御史謫廣西全州判官升江西樂安縣知縣

鄭邦仰　字思賢　號秘湖　祖輅　父相　兄邦彦　弟邦貞　子志學　孫　弘治庚申九月初七日生紹興府餘姚縣人住童家橋　書　辛丑進士授廣東南海縣知縣

虞价　字維藩　號龍峰　祖輝　父九□　兄　弟俊（貢士）　子唐宗　孫　弘治丁巳九月十四日生紹興府山陰縣人住鯉魚橋　詩　授江西贛州府通判丁外艱起復補直隸揚州府調

許來學　字汝聞　號四峰　祖夔（訓導）　父慶（生員）　兄　弟性學身學敬學　子子明子暘見會見爵見桂　孫　弘治庚申九月二十日生紹興府餘姚縣人住儒學東　禮記　授直隸開州學正升直隸順德府鉅鹿縣知縣調保定府唐縣調

沈夢鯉　字應龍　號海石　祖輔　父芳　兄　弟夢麟夢鹿　子　孫　弘治庚申九月二十八日生紹興府山陰縣人住白洋　詩　乙未進士授刑部主事升員外郎郎中卒

邵基　字子厚　號橫江　祖蒙（七品散官）　父煉（副使）　兄　弟垔（生員）　子梧格柷　孫祥孫　弘治庚申十月初二日生紹興府餘姚縣人住江南　書　乙未進士授江西進賢縣知縣升南京江西道御史

王鶚　字子薦　號鄮峰　祖章　父偉　兄鋭　弟鈺镃鈿鋐鋒　子　孫　弘治庚申十一月初八日生寧波府鄞縣人住城隍廟前　易　卒

徐緯　字文成　號是山　祖鋼　父恇　兄　弟縮縿　子養中養賢　孫　弘治庚申十二月十四日上紹興府山陰縣人住江北遺風　詩　戊戌進士授兵部主事改禮部升員外郎福建僉事

沈鎜　字大新　號少坡　祖玫　父嵩（封主事）　兄年銓官欽鏷堂鏊　弟鉦鏞鎣金　子茂完　孫　弘治辛酉二月十一日生嘉興府嘉興縣人住東門外　書　乙未進士授福建興化府推官升南京工部主事員外郎兵部郎中

馮良亨　字貞伯　號鳳橋　祖恒圭　父宗禮　兄　弟良武　子□南（生員）召南少南　孫　弘治辛酉二月二十三日生台州府臨海縣人住府城草巷　詩

余鳳　字文瑞　號梧岡　祖璣　父廷鑾（義官）　兄　弟鳶　子應元應選　孫　弘治辛酉六月初五日生嚴州府遂安縣人住雲林　易

徐緝　字文熙　號玄江　祖鋼　父懌　兄　弟綜　子京　孫　弘治辛酉六月初六日生紹興府山陰縣人住江北遺風　詩　乙未進士授刑部主事升員外郎謫福建建寧府推官

鮑龍　字汝化　號鏡石　祖觀　父瑆　兄鵬鯨　弟　子　孫　弘治辛酉八月十六日生杭州府臨安縣人住奉東　易　乙未進士授福建晋江縣知縣升南京太僕寺寺丞南京刑部員外郎

顧四科　字齊賢　號六泉　祖恭（生員）　父璦（知縣）　兄三綱　弟五常一經六德四教　子□言（生員）　孫　弘治辛酉八月十九

日生杭州府錢塘縣人住豐寧里　易　壬辰進士授刑部主事升員外郎郎中福建漳州府知府

錢照　字叔初　號粤南　祖深　父栻（封評事）　兄烋熟　弟丞鯨（御史）奕（貢士）然鷖　子　孫　弘治辛酉九月初十日生寧波府慈谿縣人住金家井巷　詩　壬辰進士授直隸南陵縣知縣升大理寺評事寺副湖廣僉事卒

沈師賢　字德秀　號渠陽　祖孚　父觀　兄師聖　弟師儒　子□□　孫□□　弘治辛酉十月初八日生湖州府德清縣人住栗安　易　己丑進士授工部主事升員外郎郎中福建副使丁外艱起復補山東

□溥　字德宏　號夢山　祖珪　父銓　兄　弟瀚洋　子餘慶餘庥　孫　弘治壬戌六月初十日生紹興府諸暨縣人住店口　易　己丑進士授直隸太湖縣知縣升吏科給事中謫江西龍泉縣縣丞升廬陵縣知縣直隸蘇州府同知廣東僉事參議

王元春　字廷和　號圖南　祖哲　父滋　兄　弟材　子□静　孫□□　弘治壬戌十二月三十日生紹興府山陰縣人住□湖　易

□渭　字德清　號五橋　祖瀚　父鏜　兄□弟　子榛（生員）栗椅桐梓　孫　弘治癸亥五月初九日生寧波府定海縣人住曲塘五橋　詩　授江西南康府都昌縣知縣

閔如霖　字師望　號午塘　祖□　父蕙（封編修）　兄　弟　子道孚道□　孫　弘治癸亥八月二十日生湖州府烏程縣人住城東晟舍村　詩　壬辰進士選翰林院庶吉士授編修升右春坊右中允兼修撰

李本　字汝立　號南渠　祖懋（贈禮部尚書）　父政（封檢討贈謹身殿大學士）　兄　弟永棐（生員）采（中書舍人）　子元允兖兑（俱中書）　孫　弘治甲　子　六月初一生紹興府餘姚縣人住西南隅　書　壬辰進士選翰林院庶吉士授檢討升南京國子監□業祭酒中允掌詹事府事東閣大學士太子太保兼禮部尚書加太傅謹身殿大學士

謝紘　字天章　號雲門　祖會（舉人）　父殷（兵馬指揮）　兄□　弟綱　子□（生員）　孫　弘治甲　子　七月二十八日生紹興府會稽縣人住孟家□　春秋　己丑進士授刑部主事謫湖廣茶陵州同知調山西绛州升福建漳州府同知南京刑部郎中

□至　字道卿　號中山　祖秩　父徵（封刑部員外郎）　兄　弟□至學至允至弘至應至□　子□金乾金兑金　孫　弘治甲子八月初六

日生紹興府餘姚縣人住龍山後　易　壬辰進士授刑部主事升員外郎郎中山東濟南府知府謫直隸開州知州升廣東瓊州府同知江西廣信府知府丁外艱復補廣東惠州府

呂用和　字子宣　號雲川　祖旻（縣丞）　父珊　兄　弟用節用中　子　孫　弘治甲子四月二十六日生湖州府歸安縣人住□溪村　易卒

姚翔鳳　字國瑞　號愚軒　祖鏜（教諭）　父霽（封主事）　兄　弟　子　孫　弘治甲子十二月初五日生紹興府上虞縣人住楂湖夾塘　詩　壬辰進士授兵部主事升員外郎郎中福建副使

蔡鴻漸　字于□　號水涯　祖琛　父欽　兄　弟鴻濛　子　孫　弘治甲子十二月十一日生寧波府鄞縣人住縣治西南　易　授太平府當塗縣教諭升廣東龍川縣知縣

姜良翰　字希申　號韋軒　祖瑛（知縣）　父淮（知縣）　兄　弟良策良謨（生員）　子邦基邦奇（生員）邦直邦彦邦禮　孫承輅　弘治甲子十二月二十二日生金華府金華縣人住十九都　詩　甲辰進士

毛文邦　字希周　號春埜　祖晋熙　父泰　兄文郁　弟文崇（生員）文教文元　子懋觀懋昭　孫　弘治乙丑六月十五日生處州府松陽縣人住鳳臻門内　易

李一翰　字源甫　號景山　祖震　父鑼　兄一灌一浙一潮　弟　子　孫　弘治乙丑八月二十日生台州府僊居縣人住赤石　詩　戊戌進士授江西安福縣知縣

黄齊賢　字汝思　號明山　祖敬　父仕　兄　弟京賢（生員）國賢　子榜　孫　弘治乙丑十月二十五日生紹興府餘姚縣人住四明　易　乙未進士授江西弋陽縣知縣調永豐縣升刑部主事謫福建延平府推官

包桐　字子同　號同谷　祖銘（贈御史）　父汶（恩授散官）　兄梧（通判）梓　弟　子大咸大英大韶　孫　正德丙寅三月二十四日生寧波府鄞縣人住甬東　易

趙術　字子慎　號白峰　祖錸　父璠　兄植　弟困　子　孫　正德丙寅四月初五日生金華府東陽縣人住梅山詩　卒

趙鑾　字鳴和　號方山　祖聰　父機　兄鉞鈺　弟鉉□釴鈳鏐　子　孫　正德丙寅五月十二日生金華府永康縣人住縣治北　書　己丑進士授南京刑部主事升南京兵部員外郎郎中四川順慶府知府

費滂　字子雨　號澹山　祖慎　父欽　兄瀹　弟汀洲　子崇儉

孫　正德丙寅八月二十日生嘉興府海鹽縣人住府東門崇街巷　詩　辛丑進士卒

毛國賢　字正之　號峨山　祖策　父益（知縣）　兄國賓（監生）　弟國欽　子孟積昌積　孫　正德丙寅九月初二日生寧波府鄞縣人住西門外　易

范欽　字堯卿　號東明　祖訢（訓導）　父璧（封員外郎）　兄鏞　弟鈞鎬（貢士）鉅鏓（俱生員）　子達節　孫　正德丙寅九月十九日生寧波府鄞縣人住府城西　書　壬辰進士授湖廣隨州知州升工部員外郎郎中江西袁州府知府江西副使

秦鳴春　字子元　號惠峰　祖彦彬　父禮（僉事）　兄　弟鳴夏（右中允）鳴秋（生員）鳴雷（修撰）鳴冬（生員）（礼部尚書）　子懋學□□□□　孫　正德丁卯正月初一日生台州府臨海縣人住儒學前　春秋

黄九皋　字汝鳴　號竹山　祖淵　父懌（通判）　兄九韶　弟九川（生員）九苞九山　子世第世簡世策世籍　孫　正德丁卯閏正月初十日生紹興府蕭山縣人住埭上　書　戊戌進士授工部主事

杜鏊　字邦成　號館江　祖儀　父璵　兄　弟鋭録鍇鉒　子　孫　正德丁卯閏正月十九日生寧波府鄞縣人住館江　易　壬辰進士授直隸旌德縣知縣調上海縣黟縣行取至京卒

陳束　字約之　號龍岡　祖鑰　父濂　兄模柬　弟　子　孫　正德戊辰四月十六日生寧波府鄞縣人住平橋下　易　己丑進士授禮部主事升員外郎改翰林院編修升湖廣僉事河南提學副使卒

沈維鏞　字宣卿　號小山　祖煉（參政）　父堂（監生）　兄維金（生員）　弟錫鐘欽録鍔　子　孫　正德庚午五月十九日生嘉興府平湖縣人生清水　禮記

嘉靖十三年浙江鄉試録

浙江鄉試録序

維皇嗣極十有三載秋乃浙江鄉試簡膺守臣聘發維揚渡江而南巡按御史張子立迓于館遂會教授何元述教諭易時中陳全毛豸曾嘉慶吴焕章李梓芳馬呈瑞訓導李彬率入簾御史曰浙之文其敝乎敢廑執事簡聞而懼甚試之明日得卷閲之如御史言乃曰學術弗正心術罔以端宜御史有憂也失今弗圖蔑有紀矣雖然二三子淆焉爾矣夫文者言之飾也而道之昌也善言者不剿説以附同不襲名以亂道獵言匪基誠僞浮矣詭言無章授受駁矣紕言异製規度哆矣文之涣也故稱敝焉是附同而亂道者也昔者先王之建國也彰六藝以丕文敦三德以崇化習察而言範物軌而行臧是故攟聚攎蓄厘澆歸雅摛精掞華弘其言也而非標也鮮不程矣今天子明聖慎德考言垂休彝作人有司者將之以其制也未嘗不再三焉維兹全浙自古在昔文獻足徵其孰以爲虞而乃敝也不亦甚乎矧宣治采風匪言奚以故君子修之於其言也寔昭明德吾聞之也有德者必有言言之而罔德斯之謂蹊焉于何其賴文矣將焉用之簡也無良罔敢攸知罔敢攸受也雖然二三子淆焉爾矣或有賦鶴鳴之首章者乃憮然曰命簡哉兹殫力核精磢諸弗式諧以庶言得九十人敷如理如有孚粲如其吴越之良乎嗚呼爾多士固社稷之隸也毋多爾文其將自謀也則令名是圖令圖天所贊也簡寔麗焉而資之以永也然有爽言之懼矣乃以告于御史御史曰古之遺訓也垂之而稽其符也肅而彦約而遜胥而不淪是役也御史子立寔監臨焉維提調則左布政使党以平左參政洪珠維監試則按察使路迎副使陳儒就試之士二千七百有奇提學僉事徐階簡也維時理鹺監察御史盧瓚貞勵士風克敦丕績工部主事程嘉行南京户部主事王文儒慶觀厥成允叶嘉樂右布政使張原明右參政萬廷彩郭日休副使王卿戴金魏綸左參議范韶吴山右參議姜儀僉事陸冕朱子和莊用賓焦煜方紀達及期原明遷代之者任忠咸後先贊襄罔或弗共都指揮僉事李節李光榮署都指揮僉事張大本湯慶胥閑衛惟虔法得備書告成事將歌鹿

嗚以好之也并梓乃文以獻

直隸揚州府儒學教授高簡謹序

嘉靖十三年浙江鄉試

監臨官

巡按浙江監察御史張子立（原禮山東黄縣人　丙戌進士）

提調官

浙江等處承宣布政使司左布政使党以平（守衡河南鈞州人　甲戌進士）

浙江等處承宣布政使司左參政洪珠（玉方福建莆田縣人　辛巳進士）

監試官

浙江等處提刑按察司按察使路迎（賓陽山東汶上縣人　戊辰進士）

浙江等處提刑按察司副使陳儒（汝宗錦衣衛官籍　癸未進士）

考試官

直隸揚州府儒學教授高簡（公敬四川綿州人　己丑進士）

廣東惠州府儒學教授何元述（元孝福建晋江縣人　壬辰進士）

同考試官

直隸池州府東流縣儒學教諭易時中（嘉會福建泉州衛籍江西南城縣人　壬午貢士）

河南開封府祥符縣儒學教諭陳仝（仁父湖廣麻城縣人　乙酉貢士）

河南南陽府唐縣儒學教諭毛豸（文憲湖廣荆州右衛人　丙子貢士）

湖廣黄州府羅田縣儒學教諭曾嘉慶（汝亨江西泰和縣人　壬午貢士）

直隸淮安府鹽城縣儒學教諭吴焕章（欽華福建莆田縣人　戊子貢士）

河南汝寧府光州光山縣儒學教諭李梓芳（啓孝湖廣華容縣籍江西豐城縣人　戊子貢士）

直隸河間府肅寧縣儒學教諭馬呈瑞（于河福建莆田縣人　壬午貢士）

直隸大名府開州長垣縣儒學訓導李彬（希惠貴州前衛官籍直隸華亭縣人　丙子貢士）

印卷官

浙江等處承宣布政使司經歷司經歷段英（世傑四川閬中縣人　監生）

浙江等處提刑按察司經歷司經歷張嘉儀（元愷河南河陰縣人　監生）

收掌試卷官

兩浙都轉運鹽使司運使楊表（汝忠福建龍溪縣人　甲戌進士）

嚴州府知府盛應陽（斯顯直隸吴縣人　癸未進士）

寧波府知府鄭威（伯震福建閩縣人　丙戌進士）

台州府知府許繼（士永福建閩縣人　癸未進士）

受卷官

杭州府同知李中孚（伯虚湖廣江陵縣人　己丑進士）

温州府推官劉訓（于伊河南汝陽縣人　壬辰進士）

湖州府德清縣知縣謝九儀（君賜山東章丘縣人　壬辰進士）

紹興府上虞縣知縣張光祖（德徵河南潁川衛人　壬辰進士）

嘉興府秀水縣知縣林應亮（熙載福建候官縣人　壬辰進士）

嘉興府崇德縣知縣張守約（彦博湖廣華容縣人　丙戌進士）

彌封官

湖州府推官劉汝楠（孟材福建同安縣人　壬辰進士）

温州府永嘉縣知縣周琉（潤夫湖廣應城縣人　壬辰進士）

金華府東陽縣知縣吴希孟（子醇太醫院籍直隸武進縣人　壬辰進士）

紹興府餘姚縣知縣顧存仁（伯剛直隸太倉州人　壬辰進士）

湖州府長興縣知縣黄光昇（明舉福建晋江縣人　己丑進士）

嘉興府海鹽縣知縣董玠（子純直隸涇縣人　壬辰進士）

謄録官

嘉興府推官張遜（士敏直隸高郵衛人　壬辰進士）

杭州府仁和縣知縣趙愈和（以禮江西星子縣人　壬辰進士）

金華府永康縣知縣洪垣（峻之直隸婺源縣人　癸未進士）

紹興府蕭山縣知縣王聘（念覺山東利津縣人　癸未進士）

嘉興府嘉興縣知縣黄獻可（堯俞福建莆田縣人　壬辰進士）

嚴州府分水縣知縣林繼皋（德謨福建閩縣人　己丑進士）

對讀官

紹興府推官陳讓（原禮福建晋江縣人　壬辰進士）

杭州府錢塘縣知縣王釴（公儀福建福州□□人　壬辰進士）

温州府平陽縣知縣唐時英（子中雲南平夷衛籍湖廣盧溪縣人　己丑進士）

紹興府會稽縣知縣王教（道修直隸上海縣籍華亭縣人　壬辰進士）
嘉興府嘉善縣知縣徐榮（仁卿福建晋江縣人　壬辰進士）
嚴州府遂安縣知縣錢籍（汝載直隸常熟縣人　壬辰進士）

巡綽官

杭州前衛指揮同知吴傑（士英直隸貴池縣人）
紹興衛指揮同知戴嵩（廷鎮遼陽縣人）
杭州右衛指揮僉事李圭（朝用直隸臨淮縣人）
海寧衛指揮僉事崔鼎（元器直隸鳳陽縣人）

搜檢官

杭州前衛左千户所正千户于允忠（世臣浙江錢塘縣人）
杭州前衛中千户所副千户許振（德彰山東陽信縣人）
杭州右衛前千户所副千户李選（朝用湖廣廣濟縣人）
杭州右衛前千户所副千户倪佐（良輔直隸臨淮縣人）
台州衛前千户所副千户張鈇（器之直隸滑縣人）
温州衛左千户所副千户胡美（彦卿直隸武進縣人）

供給官

浙江都指揮使司經歷司經歷劉琉（廷肅直隸嘉定縣人　監生）
杭州府通判楊琬（元仁直隸丹徒縣人　己卯貢士）
金華府通判汪昉（伯明直隸婺源縣人　癸酉貢士）
杭州府經歷司經歷李南山（壽卿直隸太倉州人　監生）
杭州府照磨所檢校王鵬（騰霄湖廣鍾祥縣人　禮生）
湖州府烏程縣知縣錢學（汝明直隸常熟縣人　丙子貢士）
金華府武義縣知縣譚學（時敏江西吉安守禦千户所籍湖廣茶陵州人　壬午貢士）
金華府湯溪縣知縣鄭澄（世揚福建閩縣人　壬午貢士）
杭州府仁和縣縣丞王佩（大□山西高平縣人　監生）
杭州府錢塘縣縣丞車楷（廷式江西臨川縣人　監生）
台州府太平縣縣丞王元輝（中美直隸與化縣人　監生）
嘉興府平湖縣主薄陳肅（文獻山東登州衛籍直隸□城縣人　監生）
杭州府錢塘縣典史蘇鏞（汝器福建永安縣人　吏員）
杭州府武林驛驛丞黄嘉謀（廷諫貴州婺川縣人　承差）
杭州府吴山驛驛丞蔣克家（節之山東高唐州人　承差）

浙江市舶提舉司安遠驛驛丞董永寧（世安山西定襄縣人　承差）
金華府蘭谿縣瀔水驛驛丞張焕（文明福建閩縣人　承差）
寧波府車厩驛驛丞樊鸞（應祥陝西安化縣人　承差）

第一場

四書

子曰賢哉回也一簞食一瓢飲在陋巷人不堪甚憂回也不改其樂賢哉回也　溥博如天淵泉如淵見而民莫不敬言而民莫不信行而民莫不説　是集義所生者非義襲而取之也

易

休復之吉以下仁也　九五有孚惠心勿問元吉有孚惠我德　與天地相似故不違知周乎萬物而道濟天下故不過旁行而不流樂天知命故不憂安土敦乎仁故能愛　夫乾天下之至健也德行恒易以知險夫坤天下之至順也德行恒簡以知阻

書

帝乃誕敷文德舞干羽于兩階七旬有苗格　若金用汝作礪若濟巨川用汝作舟楫若歲大旱用汝作霖雨　貌曰恭言曰從視曰明德曰聽思曰睿　乃命三后恤功于民伯夷降典折民惟刑禹平水土主名山川稷降播種農殖嘉穀三后成功惟殷于民

詩

維鵲有巢維鳩居之之子于歸百兩御之維鵲有巢維鳩方之之子于歸百兩將之維鵲有巢維鳩盈之之子于歸百兩成之　飲之食之教之誨之命彼後車謂之載之　帝謂文王無然畔援無然歆羨誕先登于岸　自古在昔先民有作温恭朝夕執事有恪

春秋

三月公及邾儀父盟于蔑（隱公元年）　冬十有二月丙子齊侯衛侯鄭伯來戰于郎（桓公十年）春正月齊人衛人鄭人盟于惡曹（桓公十有一年）　蔡公子履出奔楚　陳侯之弟黄出奔楚（俱襄公二十年）　夏楚子蔡侯陳侯鄭伯許男徐子滕侯頓子胡子沈子小邾子宋世子佐淮夷會于申（昭公四年）

禮記

刑者侀也侀者成也一成而不可變故君子盡心焉　祭天掃地而祭焉於其質而已矣　爲人君者謹其所好惡而已矣君好之則臣爲之上行之則民從之　先王之所以治天下者五貴有德貴貴貴老敬長慈幼此五者先王之所以定天下也

第二場

論

君子尊德性而道問學

詔誥表（内科一道）

擬漢舉賢良方正直言極諫之士詔（建元元年）　擬唐以左光禄大夫陳叔達爲禮部尚書誥（貞觀元年）　擬聖駕重幸太學群臣賀表

判語（五條）

舉用有過官吏　丁夫差遣不平　禁止師巫邪術　邊境申索軍需　子孫違犯教令

第三場

策（五道）

問　禮曰天子立六官以聽天下之外治以理天下之男教立六宫以聽天下之内治以明章婦順此明王之定制也我朝稽古立法率以道治天下其所以教之者不惟其身教之懿而言教亦至純備自今觀之其統治于外以示教者有祖訓有教民榜有孝順事實爲善陰隲有五倫書諸書迨我皇上敬一有箴五箴有注陽教備矣不知與古帝王之書果有合歟其輔治于内以示順者有高皇后傳有仁孝文皇后内訓二十章迨我章聖皇太后又製爲女訓十二章婦順章矣不知與古后妃之訓亦相仿歟夫陽教不修陽事不得適見於天日爲之食陰教不修陰事不得適見於天月爲之食今自宫闈以達天下修齊治平之化亦既協于一矣而日月之食猶復見之豈天心仁愛已至而益求其至歟抑數之適然而無關於政事之修否歟夫由之而不知者凡民也爾諸士通古今之故達天人之藴請明言之以爲今日治化之助

問　選舉考課法之相因者也周禮大司徒以鄉三物教萬民而賓興之因民之常而施十有二教其考察而書之者又有鄉大夫黨正之屬有司諫掌糾萬民之德而勸之夫其所以爲教者素矣至於嚴諸考課乃復有六計有八

法太宰於歲終詔百官廢置之三歲則大計群吏之治而誅賞之豈所進者或非賢歟抑養之未至而賢者或變於初歟然較諸唐虞法爲已密而稱盛治者恒歸諸堯舜何也隋唐以降取士恒以詞章用士恒以資格方諸成周之教若有异矣而亦未嘗之才者何居豈其所得者非古之才乎或謂漢舉孝廉茂才庶幾近之不知其所以教之者何如也方今聖明在上立賢無方駸駸乎復古之治矣翕受敷施不知有足以副當宁之求者乎不然則先王選舉之義考課之方其在今日固不可不之講矣願悉究之以觀所藴

問　天有五財民并用之何能去兵古者君子爲射御之學而宴享之會亦具左右司馬則兵固儒者事也方今天下承平日久將不知兵兵不知戰武書廢而不講識者憂焉試舉一二相與諸士折衷之左氏喜言陣法其載一時卒乘偏兩之制前茅慮無之警不知果可用於戰歟觀其不欲廢車而乃未始及騎則毁車崇卒以騎易車其法亦何所始歟太公告武王十勝九敗之詳其説在于六韜武王之時猶用騎戰顧其法絶不見于春秋至於車戰亦絶不見於後世則車騎卒伍之戰不知可偏廢歟或曰六韜非周書戰國知兵之士祖其餘論而推廣之設爲問答以極兵家之變今觀其書智略奇詭雜然横出有諰諰然憂天下諸侯合而軋己之意則以爲戰國之書者夫亦有所據歟諸葛武侯好韜略岳飛好左氏皆足以摧敵制勝其法异而功同者何歟今之用兵者將祖六韜三略而用之歟抑亦取之左氏歟頃者雲中之變上廑當宁之慮至屯兵易將始克底平則講武一事寔惟急務願詳言之將以轉聞于上

問　三代之治名與實相副而享國長久萬世之所宜法焉者也然其文章制度各有因革而不甚相沿固其時然爾其亦有同焉而可言者乎董仲舒謂三代有改制之异而無變道之實者其果然乎由秦而後雖治亂興衰不一其變而英君碩輔亦代有人卒不聞有致三代之隆建萬世之長策者何也豈三代制作不可行於後世矣乎然亦有復井田六官者矣曾靡裨於治則三代之制果終不可行歟抑别有其故歟唐太宗號稱英主考其治庶幾於古而於三代之制未竟其施焉豈所謂善治焉者惟直究其實而不必於其名歟抑惟循名責實者而后可以爲善之至也其舉至當之論以復固將以考材焉

問　古有言曰識時務者在俊杰諸士平日固以後杰自期也試以時務一二商確可乎浙爲東南首藩海育地産財賦充饒食宜無不足也夫何倉廩日虚一遇水旱之虞爲之牧者輒議勸借勸之誠是也不知督税之吏徵輸于官者何在枕山臂江果悍自負兵宜無不競也夫何軍伍日耗一遇潢池之警當其事者輒稱招募招之誠是也不知清戎之官操練于衛者何爲鹽徒海寇

備禦終年然詰捕之擾徒增萑澤之患如故不知何以弭之山鄉水區勤動終歲然稱貸之苦徒聞川陸之利未獲不知何以處之議者多歸咎於歲凶或又以爲長吏不得其人兹欲寓兵於農使緩急得有所賴藏富於民使水旱不能爲灾如之何其可也諸士留心世故久矣請著于篇以觀用世之學

中式舉人九十名

第一名　張志淑　台州府學生　春秋
第二名　陳善　錢塘縣學增廣生　易
第三名　潘仲驂　湖州府學生　禮記
第四名　楊機　寧波府學附學生　詩
第五名　孫汝賢　餘姚縣學生　書
第六名　□蒙　歸安縣學生　易
第七名　查秉鉞　海寧縣學生　詩
第八名　來昇　蕭山縣學生　書
第九名　汪吕之　黄巖縣學增廣生　春秋
第十名　胡采　嵊縣學生　禮記
第十一名　茅坤　歸安縣學生　書
第十二名　張鳴鶴　錢塘縣學生　易
第十三名　沈棐　德清縣學生　詩
第十四名　張元　餘姚縣學生　易
第十五名　彭輅　嘉興縣學生　詩
第十六名　唐禹　海寧縣學增廣生　易
第十七名　吴儒　歸安縣學生　書
第十八名　徐袍　蘭谿縣學生　易
第十九名　張輻　山陰縣學生　詩
第二十名　葉選　餘姚縣學附學生　易
第二十一名　林夔　臨海縣學生　詩
第二十二名　應奎　杭州府學增廣生　易
第二十三名　周鼎　温州府學增廣生　詩
第二十四名　徐文通　永康縣學附學生　書

第二十五名　李廷元　縉雲縣學增廣生　易
第二十六名　朱佐　海鹽縣學生　春秋
第二十七名　馮覲　杭州府學生　詩
第二十八名　王宗聖　義烏縣學生　書
第二十九名　張堯年　慈谿縣學增廣生　詩
第三十名　盧璘　餘姚縣學附學生　易
第三十一名　韓應龍　餘姚縣學附學生　禮記
第三十二名　商璉　會稽縣學生　詩
第三十三名　王秉敬　紹興府學附學生　易
第三十四名　沈宏　崇德縣學生　詩
第三十五名　俞邦佐　湖州府學生　書
第三十六名　趙時齊　蘭谿縣學生　易
第三十七名　孫珙　慈谿縣學增廣生　詩
第三十八名　陸應龍　遂安縣學生　春秋
第三十九名　陸美中　餘姚縣學附學生　易
第四十名　錢奕　慈谿縣學附學生　詩
第四十一名　諸祖　紹興府學生　書
第四十二名　諸葛峴　蘭谿縣學附學生　易
第四十三名　陳鵠　紹興府學增廣生　詩
第四十四名　邵時敏　餘姚縣學增廣生　書
第四十五名　宋淳　開化縣學生　易
第四十六名　丘嶅　桐鄉縣學生　詩
第四十七名　鄒珩　餘姚縣學附學生　禮記
第四十八名　孫植　平湖縣學生　書
第四十九名　張瀚　杭州府學生　易
第五十名　陳佐　上虞縣學增廣生　詩
第五十一名　舒纓　鄞縣學生　易
第五十二名　邵化之　温州府學增廣生　詩
第五十三名　應昂　江山縣學增廣生　易
第五十四名　王治　山陰縣學生　詩
第五十五名　邵萬　桐廬縣學生　春秋
第五十六名　章檗　鄞縣學生　易

第五十七名　張永明　湖州府學生　書
第五十八名　高應冕　杭州府學附學生　詩
第五十九名　諸燮　紹興府學生　易
第六十名　鈕緯　會稽縣學生　詩
第六十一名　徐文沔　開化縣學生易
第六十二名　符良佶　黄巖縣學附學生　詩
第六十三名　汪鏜孫　鄞縣學附學生　禮記
第六十四名　范之箴　嘉興府學附學生　書
第六十五名　翁大立　餘姚縣學附學生　易
第六十六名　張凝　黄巖縣學生　詩
第六十七名　方長卿　餘杭縣學生　易
第六十八名　郁蘭　嘉興府學增廣生　詩
第六十九名　劉集　紹興府學增廣生　易
第七十名　翁五倫　蕭山縣學附學生　書
第七十一名　徐惟賢　上虞縣學生　易
第七十二名　趙大佑　太平縣學生　春秋
第七十三名　朱有孚　海寧縣學生　易
第七十四名　王子卿　仁和縣學附學生　詩
第七十五名　朱孫炎　錢塘縣學增廣生　易
第七十六名　徐郡　杭州府學增廣生　詩
第七十七名　裘隆　富陽縣學生　易
第七十八名　俞則全　新昌縣學增廣生　書
第七十九名　唐玠　烏程縣學生　易
第八十名　邵悳久　餘姚縣學附學生　禮記
第八十一名　姚汝舟　崇德縣學生　詩
第八十二名　沈應龍　烏程縣學生　春秋
第八十三名　鄭炯　餘姚縣學附學生　易
第八十四名　周希程　象山縣學生　書
第八十五名　諸大綱　紹興府學增廣生　易
第八十六名　何鏜　處州府學增廣生　詩
第八十七名　章秉中　會稽縣學附學生　春秋
第八十八名　程文　仁和縣學增廣生　易

第八十九名　李儒烈　嘉興府學生　書
第九十名　王許　東陽縣學增廣生　詩

第一場

四書

子曰賢哉回也一簞食一瓢飲在陋巷人不堪其憂回也不改其樂賢哉回也

彭輅

同考試官訓導李批（淡而不厭蓋慕顏子之樂者）

同考試官教諭吴批（顏子非以貧爲樂也蓋忘貧而樂自得者也此作能盡之故録）

考試官教授何批（衡澹有味）

考試官教諭高批（清雅）

聖人稱大賢必即其安貧者而深贊之焉夫處貧而不改其樂顏子所以爲賢也固宜夫子贊之而深致意也如此且君子不隕穫於貧賤不充詘於富貴顏氏子其殆庶幾乎故夫子曰賢哉回也蓋自其處貧者而觀之其食也一簞焉爾矣無餘物也其飲也一瓢焉爾矣無餘味也方且陋巷爰居而終窶且貧困亦甚矣夫人亦孰堪其憂也回也素位而行與簞瓢而順適自養之貞而莫之有求也素履之往與陋巷而相忘於土皆安而無所於懷也曷嘗以貧窶累其心而改其所樂哉蓋回之心誠有見于其大者是故無喪無得而富貴貧賤處之一也然則回也其賢矣哉吁再言賢哉回也則夫子所以嘆美之者意獨至矣考諸易曰困而不失其所亨其唯君子乎蓋古之聖人無欲故其視天下之故如寒暑晝夜相代乎前吾豈有二其心哉昔茂叔亦謂顏子見大心泰而歸諸亞聖嗟乎樂天知命故不憂夫子之謂也不遠復無祇悔固顏子之庶幾焉者乎學者要當尋孔顏樂處

溥博如天淵泉如淵見而民莫不敬言而民莫不信行而民莫不説

張志淑

同考試官教諭陳批（言聖德之發見本於充積之盛親切有味末復歸誠之一言意亦獨至有本者如是是之取爾）

考試官教授何批（是有見者）

考試官教授高批（温裕）

中庸於至聖之德必申贊其體用之全焉蓋充積極其盛而發見當其可德之體用所以爲全也非天下至聖其孰能與於此中庸三十一章言至聖之德以明天道及此復申言之謂夫言天下之至德者存乎聖言天下之至感者存乎時其積中發外之盛何如哉蓋自其溥博言之萬物皆備而充周不可窮天德純全而廣大不可禦擬諸形容固即天之爲天而蕩蕩難名者矣自其淵泉言之寂然不動有以通天下之故渾然在中有以立天下之本擬諸形容固即淵之爲淵而淵淵莫測者矣充積之極其盛也蓋如此由是時而見也則爲德容恭己之施固天下之所觀而化者而莫有不敬者焉時而言也則爲德言巽命之申固天下之所訓而行者而莫有不信者焉又時而行也則爲德行而聲教所訖有以丕冒乎天下媚兹一人亦自有不能已於悦焉發見之當其可也又如此固皆積盛致然爾非聖人而能若是乎吁此聖人之所以爲天道也雖然聖人亦何以得此也哉維天之命於穆不已於乎不顯文王之德之純聖人之德一誠而已矣然則學者欲造於聖人亦求之戒懼慎獨去不誠以復於誠而已矣誠復而體立焉用行焉藴之爲德行發之爲事業是固一以貫之者也故曰誠者天之道也誠之者人之道也

是集義所生者非義襲而取之也

張元

同考試官教諭毛批（沉渾而不浮圓融而不滯子固集義而有得者因其文可想見其人）

同考試官教諭易批（講是集義所生處甚是纔一著力便不是矣且文亦昌大惇厚非襲取者所能及）

考試官教授何批（是善養其氣者）

考試官教授高批（讀之充如）

大賢指言氣之所由充所以示養氣之始事也夫氣生於集義而不可以襲取然則養氣者其可不於義焉求之哉此孟子所以爲公孫丑告也其意若曰理之與氣每相須而成其功效亦相因而見是故配義與道人知夫氣之充耳而其養之之始何如哉蓋由事之行也義以爲質達諸萬變而皆協善之動也持以有常聚爲百順而無歉則内而反於身也常直而事爲有本外而形於氣也常充而操之有要盛大流行之勢殆將日新月盛塞天地而配道義此其

本矣乃若於義積習之未深謂可以偶合而盡推行之不豫謂可以襲取而充則徇外者遺内將何以爲體驗擴充之地正助者心忘亦何以收直養無害之功至大至剛之氣吾見隨得隨失塞天地而配道義無是理也氣其可以義襲而取哉是則義也者集也而非襲也故氣也者生也而非取也功效之得失如此養氣者亦維善事其心而已抑於是而知集義養氣體用一原之理也自反而縮體用合矣孟子之不動心其原蓋在於此告子以義爲外故亦外心與氣而不求其於體用舉無所屬則亦冥然悍然而已爾此孟子告子不動心之异也學之者深求其原固盡心知性知天之學矣其何异端得而亂之

易

九五有孚惠心勿問元吉有孚惠我德

陳善

同考試官教諭毛批（寫出王者得民氣象可以爲文矣）

同考試官教諭易批（易義潔净精微此作得之）

考試官教授何批（象傳中正有慶是如此）

考試官教授高批（典實）

聖人於益之九五而著以交孚之義也蓋孚而曰交則一德之相感者深矣上下以此爲益吉又何待於問邪周公繫辭之意有如此且夫人君有相之道求無負也已生民有欲之道求無拂也已是故以益之九五言之陽剛中正以居尊位矣而又當益下之時是其所以爲益也視民如傷心既純於天德矣即以其心而推之務使下究之澤真足以怙冒乎群生而不徒襲之以仁聲也愛民如子心既純於王道矣即以其心而擴之務俾大賚之恩真足以覃敷乎庶物而不徒隆之以仁聞也上之惠下如此則信以發志有不疾而速之機乎乃化邦有無遠弗届之妙其爲大善固不待於占筮也吾見遺以樂也民樂之而不忍忘蓋翊戴之爲元后殆有中心悦而不假於其貌者矣導以利也民利之而不忍負蓋親愛之如父母殆有内志誠而非革於其面者矣是固所謂大善也而亦奚俟於問邪爻義如此占在其中矣抑考之書曰民非后罔克胥匡以生后非民罔以辟四方又曰爾惟風下民惟草則知一體之義其相須也甚殷而其相感也甚速否則志乖而道睽矣乖與睽聖人不由也故曰王者之民皡皡如也霸者之民歡虞如也公私之辯讀易者詳之

與天地相似故不違知周乎萬物而道濟天下故不過旁行而不流樂天知命故不憂安土敦乎仁故能愛

慎蒙

同考試官教諭毛批（知周以下説聖人智仁與天地合德良是）

同考試官教諭易批（聖人盡性事發得明潔録之）

考試官教授何批（得旨）

考試官教授高批（衝澹）

大傳言聖人盡性之事以見其用易也蓋知仁合德而與天地參易之能事備矣聖人以之而盡性焉謂非善於用易者邪大傳之意蓋如此且天地設位而易行乎其中矣聖人盡性于易者也而崇效天焉卑法地焉則固與之克肖矣而亦奚有于違邪何者天陽化也其道曰知地陰變也其道曰仁聖人知仁合德者也故有以見天下之賾而知無不周尤必大其道以濟之則明而且當有以協于中矣夫何過焉亦有以見天下之動而權無不達尤必正其經以守之則貞而不諒有以偕於時矣夫何流焉及其至而言之理所自出者曰天命則禀于天之數也惟其樂天知命則心無累于物而見不惑于私故能無憂而知益深矣身所素居者曰土仁則根于心之德也惟其安土敦仁則志不願乎外而欲不留于内故能愛而仁益篤矣夫知仁如天地矣又推之以達經權極之而妙神化則性于是盡殆如子之事親善繼其志善述其事矣豈不成位乎中而與天地參哉雖然厥彰厥微匪靈弗瑩在聖人固誠無不明而能用夫易矣然人不能皆聖也則思誠之功獨可少之哉有志于學易者亦曰自慎動始

書

帝乃誕敷文德舞干羽于兩階七旬有苗格

孫汝賢

同考試官教諭李批（宣武功而徵諸文德帝王柔遠之道也此作足以發之概見其盛）

同考試官教諭曾批（苗人格化聖人動物之誠也揭以繹之有見矣爲之擊節）

考試官教授何批（能悉聖人來遠之化）

考試官教授高批（整肅）

史臣紀聖世内治修而遠人服以見其盛也甚矣威武之未可以服人也帝舜之修文德而有苗格也有以夫昔禹之征有苗也因益之贊而班師矣帝之當是時也夫何爲哉是故四方風動九功惟叙文教之成於天下者久矣兹乃誕而布之凡五教之敷與好生之洽者方惟日不足而無遠弗届矣夫何有于止極邪帝之敷是德也抑何見哉是故武舞以干文舞以羽文物之昭於朝

廷者素矣兹乃發而揚之或舞之阼階或舞之賓階者惟進退有度而泰和可象矣夫何如其雍容邪是惟盡其在我帝之心初不期於苗之格者迨夫溯自班師甫七旬耳蠢兹有苗漸被于聲教者皆相率而來王于以睹中國文物之盛焉鼓舞乎德化者皆革心而效順于以被天地覆載之仁焉由是而懷柔之有加也由是而分北之可行也是蓋誠能動物苗之格亦有莫能自已者耳夫文德之敷不在於禹班師之後而有苗之格適會於舞干羽之時有虞之盛信千載而一見矣抑征伐之道上世以德末世以力而舒慘隨之雖以湯武之聖有度德之論而爰及干戈義士猶不滿焉况其下者乎史稱三苗有洞庭彭蠡之險若未易圖者而帝堯竟以文德格之然則威武何用哉後世有鋭志雪恥致海内虚耗窮兵以貽晚年之悔者惜乎無以此語之

貌曰恭言曰從視曰明聽曰聰思曰睿

來日升

同考試官教諭李批（五事各具一德也而一以貫之者也子能言之有見矣受形受性亦有本之説也）

同考試官教諭曾批（讀此作四體不言而喻矣心服）

考試官教授何批（敷暢）

考試官教授高批（是嘗有誠身之功者）

君子叙五事而各著其德誠身之義昭矣蓋天生蒸民有物必有則也君子隨在而能敬以從事焉身有不誠者乎箕子演五事之疇以告武王意蓋如此且夫天以五行生人也與之以形而理即賦焉人以五事爲德也能踐其形而身斯誠矣何以言之人之始生而形色具是則所謂貌也貌之澤者水之爲也而其德則恭焉莊敬之節不忒於臨下之儀祗恪之容罔愆於人望之度是有此貌則有此恭矣恭非貌之德乎人之形色具而聲音發是則所謂言也言之揚者火之爲也而其德則從焉心聲之發因言以宣者無鄙倍之氣德音之布托辭以達者無躁妄之失是有此言則有此從矣從非言之德乎能言而後能視矣視所以爲木之散也視而曰明蓋其貞明不昧之體不爲淺近所蔽以通神明之德以類萬物之情是故明之所受出其視焉而天下無遁形矣謂非視之德邪能視而後能聽矣聽所以爲金之收也聽而曰聰蓋其至虚能通之神不爲疑似所惑以涵萬象之感以收萬物之聲是故聰之所受出其聽焉而天下無遺響矣謂非聽之德邪至於思能通土心之官也精氣之會也思則清明之體有以見天下之賾如神之知有以達天下之故寂然不動感而遂通恭

從明聰一以貫之而無遺矣思不曰睿乎是則觀五事則知受形之原天之所以命諸人也觀五德則知受性之原人之所以合諸天也君子誠身可不於其敬焉圖之抑理氣之相承也久矣人惟不思耳是以舉物而遺則言人而昧天道之大原荒矣大禹因數第疇以人合天諄諄以敬爲言則學問之極功聖人之能事不外是也故曰大禹開萬世之學之源

詩

帝謂文王無然畔援無然歆羨誕先登于岸

楊機

同考試官訓導李批(聖人造道處不數語而足蓋亦深有得者)

同考試官教諭吴批(只平平説云而義理自見刻之爲務纖麗者式)

考試官教授何批(是作雅義者取之)

考試官教授高批(典重)

天命聖人以天德之純其寓意深矣夫德未純私心累之也文王無是焉斯造位乎天德歟此詩言文王伐密之事而推本於天也故設爲帝命文王之詞曰利害相形而畔援生焉人心至難制也爾其以理制欲相忘於彼此之分一取一舍惟其可而不容心焉情欲相感而歆羨生焉己私未易克也爾其以道御氣虚心於物我之交欲也惡也視之理而不妄動焉夫人心有所畔援則不得其正有所歆羨則不得其正欲造道也難矣爾惟無是二者是以物不爲撓而天賦之知識以盡獨能精思力踐與太極爲全體凡道之極至爾蓋越衆人而先得之矣外無所動而自然之明覺不虧獨能融會貫通與天德爲一致凡道之涯涘爾其先天下而獨濟之矣吁此文王之德所以爲盛蓋天實命之而非人力之所及也其伐密也夫豈有所作惡於其間哉抑考伐密伐崇皆文王事也而詩人每原諸天者見帝王行師非出於得已乃所以奉天也而已不與焉其訓嚴矣後世不此之務伐楚以圖霸攻秦以泄停蓄之憤是皆聖人之弃也而天理之在人心者亦滅矣噫此春秋之所以作乎

自古在昔先民有作温恭朝夕執事有恪

查秉鉞

同考試官訓導李批(辭不浮而理自足可謂善頌者矣)

同考試官教諭吴批(説詩人不敢忘敬之意宛然當是作手)

考試官教授何批(典雅)

考試官教授高批(文字嚴整録之)

商人於祀先之敬必推本其所傳者遠也蓋敬也者所以祀乎其先也商人奉祭而歸諸古焉其亦思所以繼之矣舊説以此爲祀成湯之樂也蓋曰宗廟之祭樂爲大而所以將之者敬爲大顧兹升歌清廟而一敬是承豈自我作古哉蓋自古在昔之時有開物成務之道曰先民也者有以盡性命之微而制爲典常是故俟后聖而不惑有以萃天下之涣而肇稱殷禮足以昭懿範于無窮故自其祀事言之精白乃心又嚴於夙夜在公之際淑慎爾止祇承於奏假無言之餘儼陟降之求而慎乃攸司薦其俎豆序其禮樂勿勿乎欲其饗之也蓋自一獻以至九獻而罔有弗欽者矣篤思成之綏而修乃常職對越在天奔走在廟業業乎如將弗勝也蓋自一成以至九成而罔有或黷者矣古人恭敬之傳蓋如此顧予烝嘗其敢以或忘哉吁此商人之樂所以爲盛也抑商人尚聲而那之詩乃卒歸之一敬者何哉記曰心怵而奉之以禮唯賢者能盡祭之義必受其福蓋禮樂行乎陰陽而通乎鬼神有不可偏廢者是故恭敬之傳商人以之而魯祭不欲觀者豈獨以其禘之僭也哉嗚呼知禮樂之情者能作識禮樂之文者能述乃今知三代之治弗可及也已

春秋

冬十有二月丙子齊侯衛侯鄭伯來戰于郎（桓公十年）春正月齊人衛人鄭人盟于惡曹（桓公十有一年）

張志淑

同考試官教諭陳批（夫子罪三國意或如此叙事核而有條文亦稱之諸君可作當失辯矣）

考試官教授何批（是公穀之餘也）

考試官教授高批（斷案不謬於聖人）

春秋變詞以責諸侯忿以興兵而黨以結信也夫忿則夫道黨則非義三國實爲之固王法之禁乎此齊鄭衛也于郎曷戰乎爾鄭人釋憾之請也主三國奈何歸惡於諸侯也魯後鄭班鄭人讎焉摟而戰其皆褊心之肆乎先王之制兵也亂略惟遏匪是則觀釁焉矣同惡其孰敢乃兹异邦之涉悖道而恣焉以逞法也如之何或以鍾巫之難桓故之以此固甘心焉者然越之盟稷之會其誰尸之舍大憝而爰問攽黷不亦傎乎斯之謂不知類也噫諸侯非用兵之患也而無義問之難不然瀦宫污室周法具在也而奚有於三國是故不言侵伐而特以來戰爲文著罪也以其事而惡之者也猶夫齊衛鄭也惡曹曷盟乎爾三國自固之謀也窮諸人奈何分惡於諸侯也魯師戰衄三國虞焉要而歃其皆忮心之崇乎先王之設盟也王室是蕃匪是則善鄰焉矣濟惡其孰敢乃

今徇師而誓蔑義而群焉匪臧法也如之何或以門庭之耻桓是之圖此固戒心焉者然兵于郎外於桃丘其誰甚之略修睦而徼福明神不亦鄙乎斯之謂不知務也噫諸侯非有盟之患也而無義舉之難不然定亂平怨周官可稽也而何靳於一盟是故不録諸侯特以人稱示貶也以其事而微之者也聖人律三國也其諸敕法乎是役也始禍者鄭忽習奸者齊之録父衛晋也奚糊其口於四方桃丘之約亦既何爲乃二三其德殄邦禮而厚鄰怨民弗與也於逮嗣世相鼠賦焉昭業允休其文公乎君子謂衛宣免也幸矣

夏楚子蔡侯陳侯鄭伯許男徐子滕子頓子胡之沈子小邾子宋世子佐淮夷會于申（昭公四年）

汪吕之

同考試官教諭陳批（晋平之世伯業其不競乎申之會夷夏盛衰之迹可考也讀子之作有余慨焉録之）

考試官教授何批（知脱時格）

考試官教授高批（不俗）

春秋於中國崇夷之信責君而備及其臣焉此申之會中國君臣失而夷也不亦傷乎且于申曷會楚虔請之晋而得諸侯有是會也其狄中國曷虔也弗軌於君矣而胥戴焉是之狄爾及大夫曷蔽其罪也夫陳蔡諸國王室之衛也寔共命焉幾盡乎人殘執之刑其誰屬之兹維罔克作休將焉用會矧以時祭而魯辭以疾而衛辭以難而曹邾辭俾皆若而人虔不惴焉恐乎而歸之天道祇見其誣也已無亦利其茈與事襲召陵敝焉爾矣何禮之爲爰以淪於夷而莫之諭也其奚以辭於四方致其身若此舛孰甚焉猶有异焉者向戌列卿諸侯之良也寔服事焉何以爲國沐浴之請其誰圖之兹維匪克夾乂毋庸于從矧乃叔向以君無辱命有獻乃向戌以薦聞有獻乃僑如以薦守有獻僉之若而人虔不矯焉肆乎而委諸天命祇見其謬也已無亦怵干勢與度以十年億焉爾矣何智之爲遄以變於夷而不可由也其奚以謝諸天下謀其國至此耻孰大焉是故春秋累數諸侯而淮夷不殊以夷諸國以責備賢者聖人於此所甚隱也抑椒舉之謀范山之餘智也北方可圖楚之慝其未搜乎申之役闢天下之大也合諸侯執徐子圍朱方遷賴而縣陳蔡天寔殷其毒也界而崇亂申亥之變天固斁而降之罰也文襄之業嗣是焉晋其弗克靈承矣嗚呼聖人憂之也至已

禮記

為人君者謹其所好惡而已矣君好之則臣為之上行之則民從之

潘仲驂

同考試官教諭馬批（結以夫子告顔子爲邦意印證儘有發明）

考試官教授何批（詞理精明可録）

考試官教授高批（録此以勵夫固於説樂者）

人君當致慎於感人者以其所關者大也夫人心之從感視上之好惡以爲之趨耳君人者其欲無慎得乎子夏告魏文侯以古樂新樂至此欲其審於好惡之幾也以爲德音之正溺音之邪其道雖有不同然音感於外而情動於中豈能自已乎使於此而好惡無節於内則易流者益以蕩矣君人者夫亦察之於微以致其決之其所可好也而好之必歸諸道所以章好而象德者在是之其所可惡也而惡之必歸諸非道所以殫惡而綴淫者在是若是果何爲哉蓋以君者臣之則也心之所好雖未大於聲色然臣將近而法之是訓是行從厥攸好蓋有不率而勸者矣苟所好或非其正寧能免於首惡之名邪上者民之表也身之所行雖未修之播告然民將遠而效之而康而色惟皇之極殆有不戒以孚者矣使所行弗順於道豈能已其效尤之弊邪是則好惡雖微而係於臣民之重如此吾君聽音可不慎於所擇以爲感人動物之本乎抑古樂之作聖人本之性情均之律度以宣暢其和心終而格人神感天地順氣成象而太和與焉其視鄭衛之音蓋霄壤矣大音寖微日趨靡曼文侯聽古樂而恐卧聽溺音而不知倦何足咎哉故子夏終陳謹於好惡之言以開悟之豈非夫子告顔子爲邦之道而欲其用韶舞放鄭聲之意歟嗚呼以此爲坊後世猶有芝房寶鼎霓裳羽衣之作如漢唐之君者

先王之所以治天下者五貴有德貴貴貴老敬長慈幼此五者先王之所以定天下也

胡采

同考試官教諭馬批（形容王者氣象得出蓋留心經學者）

考試官教授何批（五者關係世道風俗故能定天下此作發揮明盡録之）

考試官教授高批（題常而意新可取）

先王治道有其要而因著治之所由成也夫貴德貴貴貴老敬長慈幼皆先王治天下之要也而治道之成亦豈外是哉且夫先王之治天下法天作則而後世莫能及者固非遍物以爲智也亦非博施以爲功也其要則有五者已

矣批　彼道充於己謂之有德先王則尊而尚之嚴惟丕式毋敢慢焉貴則朝廷之爵不容於或褻必隆之而示其體貌之尊老則鄉黨之齒不可以或遺必惇之而修其孝養之義以至行吾敬而祗事之罔違所以長長也推吾恩而撫字之不失所以幼幼也先王爲治之道如此而何以定天下哉蓋天下之人有此五者雖各异其分而能施之有道使各當其欲則賢才用而爵位崇世道底隆平之盛齒讓行而慈愛洽風俗著淳美之休自將各止其所而天下平矣是知聖人固未嘗外天下以爲治而天下卒不能外于聖人以安其所治焉可見治道出於人心之所同然而非意之也此先王之教因而弗改所以領天下國家也歟雖然尊賢育才敬老慈幼無忘賓旅桓文嘗以是盟五伯矣卒不能淑季世於三代何邪善乎孔子告哀公曰凡爲天下國家有九經所以行之者一也後世有願治之君而皆非本於誠意雖有所爲不過藻飾之虚耳何益於治哉故曰有天德者然後可以語王道其要祗在謹獨

第二場

論

君子尊德性而道問學

張志淑

同考試官教諭陳批（精一之訓昉於虞廷萬世之言學者莫加焉子思子之言夫亦有所受也是作反覆論議而聖賢體用之學讀之躍如豈深造而有得者邪噫是未可以科舉文字目子矣）

考試官教授何批（昔人謂文章須明白正大此作近之可以式矣）

考試官教授高批（只就本題發明而紆徐曲折綽有法度是理到之言）

君子學以會道之全則其功固不容有所偏廢矣何則道原於天而備於聖人其大也極於無外也然而無不體焉未始有遺於小也其小也極於無内也然而無不統焉未始不足於大也合小與大渾然一以貫之是道之所以爲全也君子於此語大而略其小則弊也淪於空語小而昧其大則弊也滯於物二者以言乎失道均也而豈君子之所謂學哉是故其大無外其小無内道本如是其全也尊德性而道問學學亦本如是其全也循其尊與道者而無有偏廢焉夫是謂學之全功而道之全者於是乎會焉矣君子尊德性而道問學子思子其善言學者乎雖然此非子思之言也孔子曰君子博學於文約之以禮文也者問學之資也禮也者德性之藴也博文約禮乃所謂尊德性而道問學也雖然亦非孔子之言也舜之命禹曰惟精惟一允執厥中精也者道問學以

致其察也一也者尊德性以守其正也精之一之而中者常不失焉乃所以會道之全也故道之全者會而聖可幾聖可幾而學之事盡焉矣自今言之發育萬物峻極于天聖人之道其大何如也禮儀三百威儀三千聖人之道其小何如也然而大也非空也萬殊之一本也小也非物也一本之萬殊也自其發育峻極也析而言之則所謂三千三百矣大而未始有遺於小也自其三千三百也統而言之則所謂發育峻極矣小而未始不足於大也蓋道之所以爲全而吾之得於天者其體本如是也顧道之得於天者本如是其全而卒未有能會焉者何也廣大之弗致高明之弗極故者弗温而厚者弗敦則性真喪而無以極乎道之大也精微之弗盡中庸之弗道新有弗知而禮有弗崇則問學荒而無以盡乎道之小也夫惟道之大有未極也於是徒泥其小而其學局焉而不能通道之小有未盡也於是徒慕其大而其學蕩焉而無所歸宿或失則空或失則物而道之全者病矣嗚呼斯道之全其得之於天我與聖人一也聖人者以其道參天地贊化育而我乃以其學爲道病夫獨能無所愧怍乎是故君子尊德性而道問學其功不容以偏廢也然所謂尊德性者非求諸玄虚寂滅如世之禪伯之爲也廣大吾致焉高明吾極焉故者吾温厚者吾敦焉蓋無所加於性分之外而事皆下學也所謂道問學者非求諸詞章訓詁如世之俗儒之爲也精微吾盡焉中庸吾道焉新也吾知禮也吾崇焉蓋將以究性命之奥而事皆上達也故自夫德性之尊也則有以極道之大而物不足言矣自夫問學之道也則有以盡道之小而空不足言矣又自夫尊德性而事皆下學也則舉其大而小無不該道問學而事皆上達也則舉其小而大亦無不具矣又自其小大之互舉也則萬殊一本語用而體存焉一本萬殊語體而用備焉而體用出於一矣又自其體用之一也則致飭於外而未始遺内致養於内而未始遺外而顯微内外無不出於一矣道之全者不於是會焉矣乎道之全者會則所謂發育峻極者又將由我乎出三千三百者又將由我乎裁而聖人之能事在我矣學之全功豈復有加於比乎是故道必全而後可謂之道學必會道之全而後可謂之學其功固不容有所偏廢也雖然孔子之告哀公曰博學之審問之慎思之明辯之篤行之此其言乃若專於道問學孟子曰學問之道無他求其放心而已此其言又若專於尊德性何也蓋既曰學之問之則所謂問學者必有所在而不容舍德性以爲宗既曰求其放心則所謂求者必有所事而不容舍問學以爲功初未嘗有偏廢也然則學者如之何程子曰涵養須用敬進學則在致知朱子曰非存心無以致知而存心者又不可以不致知取以爲法焉可矣

表

擬聖駕重幸太學群臣賀表

茅坤

同考試官教諭李批（我皇上崇儒重道之意是如此且知國家典禮可以稱賀矣）

同考試官教諭曾批（能揄揚我皇上禮重先師之盛可謂識其大者）

考試官教授何批（得賀表體）

考試官教授高批（雅而麗）

具官臣某等嘉靖十二年某月某日恭遇聖駕重幸大學者伏以華蓋天臨久快虞文之睹辟雍日麗載瞻周典之光一代會通百王斯盛臣某等誠歡誠忭稽首頓首上言竊以至化昭聖人之道太學乃賢士所關丕闡人文誕宣王度故視學之禮先警衆於大昕而釋奠之規寔興誠乎秩節哲王先教必慎德以考材治世右文通化民而成俗五典惇慎徽之叙四術極造士之科禮乾坤而峻發育之仁懋詩書而著綏猷之化粤徵殷法斯養老以乞言相古虞庠固承師而問道慨風聲之既遜遂文教之失湮馬上從戎徒塵過魯園中習射竊比臨雍教化不聞於西京典籍奚裨於東觀談經而徐張帟幕論難而輒齒沙門學乏身心罔敦率履教惟口耳匪克摳衣永式良猷無如昭代茲蓋伏遇皇帝陛下聰明振古神聖憲天本三代而明人倫繼百年而興禮樂帝王列祀允正師資敬一傳心遠紹道統重念先師之奠是出追崇載稽前代之規詎容襲陋爰從塑像遂及爵封厘彼弗經率爾歸正肅昭明薦躬屈至尊景耀祥輝萬國依彤幃之近聲傳清蹕九重回黄道之開文圭祗謁於宫墻榮生俎豆黼座端臨於胄監寵被章縫命坐而講易書均拜宫袍之錫侍席而憲文武普沾珍茗之頒千官傾聽於圜橋多士願來於鼓篋禮逮神明之裔其維象賢班聯誦法之臣兹欽扈聖日垂天語風教星敷知爲治不在多言俾讀書大有听益唐宗漢制帝典王謨奚啻丁寧於再三有儼寅承乎萬一聿敷文命亶開太平臣某等仰覲□模躬逢曠典慶斯文之鼎重四海攸同履世道而泰來萬邦作乂百辟駿奔而莅止諸生鵠立以顒觀肆未選於前聞豈謾修於故事協正己率人之誼懷開物成務之功播載聲名篤崇彝訓思皇多士於昭培植之方有孚作人不盡綱羅之意志貞顓静風俗大略同焉至治和平禮樂庶幾備矣焕乎唐虞之盛煒如金玉其相顯服鴻圖私深雀躍伏願道承精一惟聖人允執厥中學懋緝熙幸天子躬行於上日新賁飾天啓離明臣某等瞻天仰聖不勝欣躍舞忭之至謹奉表稱賀以聞

第三場

策

第一問

孫汝賢

同考試官教諭李批（我祖宗刑家化國之道今古罕儷直逼唐虞而上之逮我皇上遠繼道統垂範作則四方有風動之休子書生也而能鋪張揄揚其盛且文頗莊重亦奇矣故薦）

同考試官教諭曾批（我國家治教隆盛民日由之而不知也蓋自宫壺以達朝廷□不有訓故玆内外稱治焉此作足昭聖製之懿是科得人矣）

考試官教授何批（策以國朝典章者試諸士以明習耳得子之作不覺愕然）

考試官教授高批（觀是作和而雅足鳴我國家之盛）

聖人之治法天者也天之道曰陰與陽而聖人之治曰内與外内外者陰陽之象也陰陽備而天之道以立内外和而聖人之治以成嗚呼此聖人所以爲法天者乎執事發策秋闈首以我國家治外治内者爲□此固愚所謂法天者也然而其本原之邃功用之神非愚所能識也獨嘗莊誦太祖高皇帝所製祖訓教民榜太宗文皇帝所製爲善陰隲孝順事實宣宗章皇帝所製五倫書及我皇上所製敬一箴五箴注而有以仰窺其治外之迹焉祖訓爲目十有二曰持守曰嚴祭祀曰謹出入曰慎國政曰禮儀曰法律曰内令曰内官曰職制曰兵衛曰營繕曰供用至弘規大要則别舉以爲首章而制治保邦之道備教民榜爲語凡六曰孝順父母曰尊敬長上曰和睦鄉里曰教訓子孫曰各安生理曰毋作非爲而修身教家之綱舉爲善陰隲爲卷凡十而福善禍淫之理明孝順事實爲卷亦十而孝子順孫之式具五倫書有總論以冠於前有嘉言善行以實於後而綱常之義著敬一箴有曰匪敬弗純匪一弗聚有曰咨爾諸侯卿與大夫以至士庶一遵斯謨而大易之微闡心箴注惜宋君之未能體察四箴注歸重於人君之視聽言動而君人之責彰是製作也以垂示子孫則所謂禹貽之典則以頒示臣庶則所謂皇極之敷言也而所以治外者何至乎又嘗莊誦孝慈高皇后傳仁孝文皇后所製内訓及我章聖皇太后所製女訓而有以仰窺其治内之迹焉高皇后傳稱造次顛沛恪遵婦道完緝衣鞋助給將士左右規畫動中事機而深有裨於皇祖創業之功夙興夜寐無時豫怠勸帝親賢講學隨事幾諫訪求古訓諭告六宫孜孜不倦而深有裨於皇祖致理之績

内訓爲章二十曰德性曰修身曰慎言曰謹行曰勤勵曰警戒曰節儉曰積善曰遷善曰崇聖訓曰景賢範曰事父母曰事君曰事舅姑曰奉祭祀曰母儀曰睦親曰慈幼曰逮下曰待外戚而條目之詳先後之次備見於自序之辭女訓爲章十有二曰閨訓曰修德曰受命曰夫婦曰孝舅姑曰敬夫曰愛妾曰慈幼曰妊子曰教子曰慎静曰節儉而其檃栝乎經史參驗乎古今矯制乎情質歆警乎貞悔備見於恭穆獻皇帝之序是製作也以體諸身則思媚思齊之德以見諸言則葛覃卷耳之咏也而所以治内者何至乎夫是以百六十年語内則有樛木之仁有小星之義鷄鳴思警魚貫順序而家之齊者猶諸嬀汭周京之盛也語外則有靖共之節有敬讓之忠庶績咸熙百揆時叙而國之治者猶諸唐虞三代之盛也蓋我國家之治與天無極而外内和理則既法天矣禮曰天子修男教后修女順男教者父之道也陽之事也象見於天則爲之日女順者母之道也陰之事也象見於天則爲之月是故教順修而後陰陽不忒陰陽不忒而日月順則矣惟我皇上全體太極合德陰陽教順成俗國家理治而又何加焉乃日月之常猶或有忒其度者豈漢仲舒所謂天心之仁愛與不然則行有常度或灾而非异也是未可知也雖然嘗聞之陽之爲象君也陰之爲象后也而或爲君子焉或爲中國焉則亦陽之屬也或爲小人焉或爲夷狄焉則亦陰之屬也方今崇賢之途雖廓而君子之道或未光柔夷之化雖孚而中國之靈或未震官或龐於承德之辟釁或修於通道之蠻則陰陽之動容有爲之適者是亦未可知也昔在哲王克謹天戒則雖有其象而無其應而聖人兢兢業業之心則又與草茅之憂有不同者惟我皇上萬幾之暇深思而慎省之則祈天永命之功日以配天而承嘏者詒之億萬無强之休胥在是矣愚何幸身親見之

第二問

陳善

同考試官教諭毛批（選舉考課我國家監成周之制而爲之良法美意可謂歷萬世而無弊俟後聖而不惑者矣子能言之足占用世之學）

同考試官教諭易批（選課之法以教之在豫考之在嚴立説可謂知本之論矣末復有所歸重不有憫時之君子則子言得無傷於激乎）

考試官教授何批（叙事平實措辭雅重子之所養可知矣）

考試官教授高批（議論切中肯綮是通達治體者）

人君欲得人以成治其始也教之不可不豫也其終也考之不可不嚴也教之豫故人有所資以進於善而無乏材之憂考之嚴故人有所儆以益勵於

善而無匪人之議豫以始之嚴以終之此選舉考課之法所以常相因而圖治者之不可忽也今夫人材之生古今不甚相遠大抵上智恒少而中材者恒多夫以中材之多也而始也教之不豫則或局於小而不能成其大狃於近而不能究其遠如是而卒然欲得夫豪杰之士彼必無以應吾之求而吾又欲苟以充任於是有舉非其人者矣終也考之不嚴則或志盈於小得官怠於宦成如是而居然欲得夫靖共之臣彼必無以副吾之望而吾又欲强以不能於是有任非其人者矣故欲舉之而無以教之猶欲木之生而不培其根也既舉之而無以考之猶木之既生而不虞蠹之或生乎其間也是二者其無以致木之用均也然則選舉考課之義可不慎歟粤自唐虞以降稱長治久安者莫如周稱法制之備者亦莫如周今自其選舉考課載在周禮者言之大司徒以六德六行六藝教萬民而賓興之鄉大夫考民之德行道藝而興賢者能者此其舉之固已异後世之文詞矣然其教之於始也大司徒因民之常而施十有二教曰祀曰陽曰陰曰樂曰儀曰俗曰刑曰誓曰度曰世事曰賢曰庸總之於上如此州長考德行道藝而勸之糾其過惡而戒之黨正屬民讀法而書其德行道藝族師書其孝弟睦婣有學者閭胥書其敬敏任恤者分以教之於下如此而又有司諫掌糾萬民之德而勸之所以教之者何如其豫也使民興賢出使長之使民興能入使治之此其用之固已异後世之資格矣至其考之於終也太宰以八法治官府其□曰官刑以糾邦治八曰官計以弊邦治總之於上如此小宰以聽官府之六計弊群吏之治曰廉善曰廉能曰廉敬曰廉正曰廉法曰廉辯分以理之於下如此而又太宰歲終令百官府各正其治受其會聽其致事詔王廢置三歲大計群吏之治而誅賞之所以考之者何如其嚴也夫惟教之豫而人有所資以進於善也考之嚴而人有所儆以益勵於善也此周之所由得人以成治也執事謂選舉考課其法相因是矣然又以論治者必歸唐虞而有疑於周之考課以隋唐取士用人之陋而有取於漢舉孝廉茂材之近古愚則以爲考課之法非至周始嚴也昔在有虞曰敷奏以言明試以功車服以庸曰三載考績三考黜陟幽明然則其來久矣彼論治者獨歸唐虞夫豈皇降而帝帝降而王其時使然乎未可爲周病也漢武孝廉茂才之舉雖小异於隋唐也顧在當時挾書之律再世始除禮樂之請謙讓未遑然則爲教可知矣彼其屢詔邦國夫亦因董仲舒之對慕古之名姑爲是文具乎未可與周并也審如是選舉之義考課之方大略可知矣我國家取士以文而三試之若循文詞之舊矣其用人稽其年勞而叙遷之若循資格之舊矣然社有學郡縣有學而其爲教又皆宗六經首德行是黨正閭胥教民之意也郡縣有守令提調之而

總於藩司是州長考勸糾戒之意也畿輔諸省有憲臣督視之是司諫糾民之意也士三歲試於鄉論其秀者而升之禮部是鄉長鄉大夫大司徒賓興之意也而選舉即周之法矣况懷材抱德賢良方正之士訪延徵辟不專爲文夫豈倚於文詞者所可擬乎内外百司三載一考績各書其功過而奏之銓曹是受會致事之意也考功第其殿最而黜陟之是六計弊治之意也其在内者復五年一考察之在外者復三年一考察之是三歲大計之意也又臺諫時以所聞舉劾之太宰請於上而去留之是歲終詔王廢置之意也而考課即周之法矣况奇才异能精忠大節之士超遷特拜不專以資又豈倚於資格者所可擬乎百六十年士有成材官有成績而海内乂安有由然矣而執事猶欲講求其法者愚以爲成周之法未必不可行於今也隋唐之事又非所以爲訓也爲今之計豈可以他求哉亦惟守吾祖宗之法而時振飭之而已矣是故學校之教或隳於士習之浮薄或敗於師儒之怠弛則申敕中外本實必敦遴選必慎去其害吾教者可也黜陟之典或亂於毀譽之失真或誤於形迹之疑似則申敕所司事求其實聽求其公去其害吾政者可也如是則選舉考課豈復有失人之患而成周之治有不可再見於今哉愚不敏敢執此以復

第三問

張志淑

同考試官教諭陳批（書生談兵亹亹若老將他日爲文武全才者子豈其人邪主司爲國得賢可預慶矣庸執此以驗）

考試官教諭何批（六韜左氏互相爲用孔明武穆各有所長子能指而言之有見矣録之）

考試官教諭高批（是亦胸中有甲兵者）

平邦國之治存乎兵備之不可不豫馭天下之兵存乎法講之不可不明備不豫則倉卒應變無以成折衝禦侮之功講不明則淺率寡謀何以收戰勝攻取之效是故先王謀其始也睽乖取象則弧矢利夫天下師嚴以律則地水制于剛中皆以潛消暴亂陰奪不軌輔弼教化宣昭文德歸于無亂以成君之仁初非必於用武以毒天下也是故泥焉者敗變焉者神馳焉者弗可振也然則備之其可以弗豫講之其可以弗明邪執事以文策士而以武事相與講明豈以書生亦有識達時務者乎請試言之兵也者天地之義氣也天無是氣則不成歲功人無是氣則不成人道故宋子罕曰天有五財民并用之廢一不可何能去兵夫兵金象也五財無金則木煩而不制水煩而不化五行舉乖其用則兵固天道之不可廢者聖人明於天道故五射五御之學備於周官而夾谷

之會雖孔子大聖亦具左右司馬以從則兵尤儒者事也自軒轅制五陣以生克爲勝負太公爲六韜以極陰陽之變化而兵法始著於天下矣夫五陣五行之理也六韜八卦之象也其法出于河圖洛書後世兵家者流雖出奇效詭縱横經緯至于百千萬變不可勝窮然終不能有出於五行八卦之外者迨夫一變而爲春秋則左氏得其意觀其叙晋敗狄曰兩於前伍於後專爲右角参爲左角偏爲前拒則步戰之五陣也其叙楚敗晋曰軍行右轅左追前茅慮無中權後勁則車戰之五陣也其法純用軒轅蒙馬遁荆采樵致絞左氏以叙事寓兵法用之於戰其可乎哉左氏去周未遠古法猶存故有車戰而無騎戰當時有車而無騎也自鄭莊公用徒兵中行穆子毁車崇卒趙武靈王用胡騎而車騎步卒始并用于天下矣又變而爲戰國則武經七書得其精觀其載太公論戰騎有必走必懼必败必饑必亂可克可擒可虜之十勝焉有敗地圍地死地没地竭地艱地困地患地隅地之九敗焉其法載于六韜然而不用于周不見于春秋其深謀妙法反出于孫武子之下蘇子謂六韜非周書則其所言亦有據矣誠爲戰國知兵之士祖其餘論而推廣之設爲問答以極兵家之變也然躪轢强陣遏禦奔衝不可以無車乘亂搗虚追敗結離不可以無騎短戟相交投石超距不可以無卒而車騎步卒不可偏廢于天下矣是故用兵貴乎有紀尚節制也决勝至于無形尚權變也二者兵家之大權左氏多古法尚近節制之兵六韜多變法已極權謀之秘武侯八陣本六韜而其節制則得諸左氏故武侯之兵極天下之至深岳飛兵法本左氏而其運用則得諸六韜故岳飛之兵極天下之至變兵志曰凡兵之道莫貴乎一一者能獨往獨來階於道幾於神用之在於機顯之在於勢所謂奇正相生循環無端者也此又兵家之至要二公之所獨得也今觀武侯八陣擊首則尾至擊尾則首至擊中則首尾皆至岳飛行陣兵識將意將識士情人人各自爲戰此皆會于一而幾于神者也摧敵制勝有以哉法异功同一者基之矣是故以兵法言則左氏不如六韜之盡而深六韜不如左氏之約而大以知兵言則岳飛不如武侯之深而安武侯亦當以岳飛之兵爲變且神也使今之爲兵者學六韜皆如武侯之得其深學左氏皆如岳飛之得其變則用左氏可也用六韜可也使學六韜而徒得其數學左氏而徒尚其辭則左氏固陳言也六韜亦陳言也所謂徒讀父書者耳其何以應天下之變哉洪惟我朝稽古定制擇將備邊其置兵也内設兵部五府以統之外設都司衛所以翼之大小相維犬牙相制備至豫矣其訓兵也内則嚴團營操練之典外則慎考較演習之法調度有時開闔有方講至明矣一或有變則又命將出師擇人任勢使騎步相参五兵互用兵識將意將識士情

百六十年以來兵威强盛邊境肅清有由然矣然而承平日久邊卒漸驕日者雲中之變至廑宵旰之憂屯兵易將始克底平豈兵威未豫而使之狎兵謀不素而使之縱邪故愚謂宜於學校之中别立戎教科舉取士試以兵務又於武學武舉之外别立講武一司隸諸禁籍博采天下文臣武將謀略智勇之士延置其中使之日講韜略推演八陣極深研幾制器尚象皆可以施於實用如孔明之深也以盡天下之變又時以其法閲練軍士使皆知將意而識士情有若一身之於四肢如岳飛之變也以盡天下之神則今之兵猶夫古也而古今人豈不相及哉矧我國家至仁有道神武不殺威德所加無遠弗届若莅戎者法自昭明而不可犯事有豫備而不失宜則赳赳武夫足爲公侯腹心而桓桓甲胄足爲王室屏翰矣尚何外患之足慮乎抑又聞宋儒之告其君曰聖王制御夷狄之道其本不在乎威强而在乎德業其任不在乎邊境而在乎朝廷其具不在乎兵食而在乎紀綱則所以斡旋化機以爲長治久安之圖者其尚有進於是者乎草茅之見固有欲言而未盡者執事其與進之

第四問

楊機

同考試官訓導李批（名實一策正驗儒生用世之志子以法其意不泥其迹立説蓋識治體而有卓見者）

同考試官教諭吴批（有議論有斷制終篇復歸以格致誠正之學即此可占子之所藴矣）

考試官教授何批（循名責實正今日急務是作敷陳詳盡録之不獨以其文也）

考試官教授高批（是精於名實之辯者）

善爲治者法古之意而不泥其迹者也夫意也者制作之所由出也迹也者制作之所由寓也是本非二物也而何以曰意可法迹不可泥哉蓋天下之勢其變無常形而吾之治之不可以膠於一定故古昔帝王之有所制作也由其初言之治如其時事如其意固所謂名實相副者及行之既久勢以時變嚮之制作有所窒礙而不可復行則雖帝王身當其任亦且視爲陳迹推其意而更爲之矣况治於其後者尚可以泥乎是故法其意則雖事不相沿無所往而非實泥其迹則雖行之舉相似無所往而非名是名實之辯也請因明問所及而陳其概世之論名實者其於名類能知之至所謂實則吾猶惑焉立官而命之曰是冢宰是司徒是宗伯司馬司寇司空以爲六官之實在是矣取民之田而限之曰毋過百畝割其羸以畀鄉里九族以爲井田之實在是矣嗚呼此其

所謂實乃正吾所謂名也夫六官之所由設何爲也哉以治民焉耳井田之所由畫何爲也哉以養民焉耳治也養也是帝王制作之實也而其曰六官曰井田陳迹之存乎簡編者皆所謂名也使爲國家者興賢而用之擇能而使之邦治果修也邦教果敷也邦禮果秩也邦政果舉也邦禁果章也邦土果奠也雖不立六官其實六官也不然獨名而已矣因民之利而興之擇民之害而去之强不得凌弱也衆不得暴寡也富不得兼并於貧也吏不得多取於下也雖不畫井田其實井田也不然亦名而已矣古之帝王有見於此是故唐虞建官惟百夏商官倍周官三百六十周固無所襲於夏商而夏商亦自不襲唐虞之舊夏貢殷助周徹文王九一武王十一三代固不相沿而武王亦自不沿其父之制苟益於民則帝王之意也昔者周公之思兼三王以施四事也其有不合仰而思之坐以待旦而孟子之論井地曰若夫潤澤之則在君與子變通以盡利神化以宜民聖賢之所爲蓋如此至於後世時益以降則勢宜益以殊而顧泥六官井田之迹思舉而復之於數千載之下徇其名不責其實此其爲莽歟此其爲宇文歟夫莽之事自其迹觀之不可謂非井田也宇文之事自其迹觀之不可謂非六官也然卒之六官無救於周之亡而井田適以促新之滅然則其效可睹矣自孟子以下善論治者愚於漢得董仲舒焉其告武帝曰三王之道所祖不同非其相反將以救溢扶衰故王者有改制之名無變道之實斯言也非無所見而云也殷因於夏禮所損益可知周因於殷禮所損益可知是魯論之旨而精於名實之辯者也周公以下善爲治者愚於唐得太宗焉口分世業以授民租庸調以取民而天下稱治斯義也非無所本而然也聖人不先天以開人各因時以立政是春秋之旨而深有得於名實之辯者也執事發策乃不能無疑於仲舒之論而惜太宗之不竟其施其亦小泥焉矣至謂三代制作不可行於後世意若有深諱焉者愚以爲是無損於三代也蓋今所謂三代制作皆其迹也未有能得其意也誠得其意則豈惟今之世行之無弊哉雖千百世可矣故愚嘗竊譬之帝王制作之意歷千百世而可行者猶天之元氣流通運行無有止息者也其制作之迹隨時改易者猶天之五行二象始終升降循環而不窮者也而烏能一之是故善爲治者法古之意而不泥其迹如是而止矣雖然欲法古必先自治使徒欲得帝王之意而已之所以爲意者或牽於有我則不能舍以從天下之公或敢於自用則不能虚以稽衆論之是或狃於柔□則不能斷以祛浮議之惑或蔽於近小則不能明以燭幽隱之情彼其執以爲古之意者將出於一己之見而非帝王之本然其因仍故事也必失於偷惰變易法制也必失於紛更雖有過人之資必爲之志亦終爲漢文之謙讓未遑宋

神之偏信獨斷而可不戒哉故爲人君者必有格致之學以明乎天下之理必有誠正之功以踐乎天下之理然後能識古帝王之意而所謂致三代之隆建萬世之長策者可得而言焉是又執事未發之意也謹對

第五問

潘仲驂

同考試官教諭馬批（足食足兵國政之大也子能區處得宜是有先憂之志者詞亦足以發之參之他策俱優録此鼎嘗一臠矣）

考試官教授何批（其人存則其政舉法之弊何患焉此文盡之）

考試官教授高批（是識時務者）

對財猶水也水勢易涣以濬之而爲利兵猶火也火勢易熸以煽之而爲明夫亦因其勢而利導之非有求於水火之外者也明此則可與論救弊之理不必求新於常法之外苦用力於其法之所無而更張之唯於常法之所有者順導而整齊之則因地之利可以足國因人之力可以足兵執事愛民體國之心可無終慮矣何則海育地産財賦充饒浙固東南之富區也乃今一遇水旱輒議勸借夫勸借之法亦黄香之不得已於漢者耳追呼之苦倍于徵需濡沫之利豈堪賑貸毋亦有因其勢而顺導之者乎蓋浙之民浮而侈夫其導之以質乎專逐末者驅之於田畝尚奢侈者教之以節儉而又以身先之痛加抑損力爲節制用民之財若取諸家用民之力若出諸身所謂冗役冗費凡可以蠹吾財者皆盡去而不靳又必於預備倉之法而廣之如李悝之平糴熟則斂之於官饑則散之於民耿壽昌之常平賤則增價以糴貴則減價以糶隨處可設也若然則民財可阜倉廩可實有備無患而勸借之議容可免矣枕山臂江果悍自負浙固東南之巨鎮也乃今一遇有警輒稱招募夫招募之法亦韓愈之不得已於唐者耳供給勞費倍于養兵經歷騷擾比諸剽掠毋亦有因其法而整齊之者乎蓋浙之兵惰而驕夫其整之以經乎壯者在伍毋役以私富者在行毋縱以賄而又必身先之甲胄與同甘苦與同月給之餉無後其時日練以法無惰其力而其爲商爲賈凡所以荒武事者皆痛懲而必革又必合吾民兵而教之如吴子所謂一人教十人十人教百人百人教千人千人教萬人孫子所謂教目知形色之旗教耳知號令之數教足知進退之度教手知長短之兵教心知賞罰之用者無日可廢也若然則習熟藝精志定氣飽有備無患而招募之議容可免矣乃若鹽徒起於商販海寇起於番舶皆以死覓利愈撲而不可滅者也漢人牢盆之法既不足以盡其奸則整齊之不可以已也何則鹽法之弊所禁不在於鹽徒當在於竈户鹽徒之禁又不當在於所治當在於他方

故在所治則當盡弛挑負之禁凡欲市者皆給之引輕其直以抵月報之數其在竈户當嚴私賣之法凡欲市於人者皆驗之引時其直以爲竈户之利捕鹽徒兵不必獲挑負之鹽徒特令查私賣之竈户仍令出鹽地方一切居民得互相舉發有私賣者治以重典則他方鹽徒入吾境已無可市之鹽出其境又有盤獲之禁無利可趨有害可畏自將歸于故土以業生矣若海寇弗靖則武職之罪也泊蒙衝于近地而威望不著老弱守舟而巡警不嚴又有陽爲詰捕而陰受其賂者是以海寇時生無所忌畏使船皆在鎮軍皆在船又時習水戰以示之威時出游鵃而警之備則何萑澤之弗靖哉乃若小民稱貸起於饑寒地利未獲由之兼并皆忍死求生欲已而不能自已者宋人青苗之法既不可行之於官則利導之不可以已也何則民窮之弊在官居其十九富豪居其十一法外徵求剥膚椎髓則其勢不得不稱貸而輸之官非時之役勞筋苦骨而其力不得以自盡於南畝終歲勤動少有所獲則追呼之吏峻其科所貸之家索其息則又哀呼求假於富豪之前矣負息既多勢必有訟大吏則臨之刑威而責償旦夕小吏則受人賄賂而淹禁逾年二者相因展轉交害如之何民不窮且盗也則民財就盡非長吏之責乎必於山鄉水區凡可以厚其生者□之無禁使得以盡自然之利賦税徭役凡所以需于上者徵之以時使得以受一分之賜事爲之制曲爲之防無名征求一切可罷也貪暴多取悉力與裁也則又何民瘁之弗蘇哉是故財以裕民非推所有以與之也兵以止盗非取諸外以昌之也民自有財導之則源開國自有兵整之則威振特患濟之者之無其人耳有其人矣或病於職業之弗專有其職矣又病於遷徙之無常或以議論之不一或以奉行之弗稱是以法久弊生財殫兵弱以至於此苟忠惠公清上下皆有其人節制奉行上下皆一其心相與利導而整齊之則兵寓于農緩急得有所賴富藏于民水旱不能爲灾此其可行之道固不在遠也未識以爲何如

浙江鄉試録後序

嘉靖甲午八月癸亥浙江鄉試録成故事元述宜有言以勖多士曰夫士幸而生聖明之世又幸以其藝升於有司將進而立於天子之廷以其氏名與其文詞梓而爲録將登諸天府傳示海内及於無窮若爾多士今日之事其可謂至榮也已雖然人榮之則必有以責之責之而不副則必罪且尤之是故其升於有司進而立於天子之廷也善固藉以顯而惡亦因之以彰其梓而爲録

登諸天府傳示廣遠也善固資之有聞而惡亦無以自覆然則夫人之所謂榮乃吾所深懼者也爾多士亦嘗思所以居其榮者乎古稱太上有立德其次有立功其次有立言三者謂之不朽國家之制每三歲一舉士每舉合海内之衆蓋千餘人至考其所終有能具是三者寡矣夫然吾未見榮之能居也而况反道敗德自速戾以負於聖明者歟爾多士勉之毋溺於榮知以爲懼焉可也夫浙天下首藩也聖天子在上豈弟作人觀文成化浙之漸被尤深士養於庠序既充然有所藴乃試之日監臨御史子立朝夕儆于簾内外之吏惟公惟慎以仰副聖天子側席求賢之心爾多士又皆選而拔其尤固足以居其榮而無歉者元述獨慮夫志之怠也故有以勖多士其尚毋以予言爲贅也哉遂次其説書諸末簡

廣東惠州府儒學教授何元述謹序